Direitos Fundamentais e Novas Tecnologias

Homenagem ao Professor Danilo Doneda

ORGANIZADORES
Ricardo Villas Bôas Cueva
Caroline Somesom Tauk
Flávio Galdino
Gustavo Tepedino
Laura Schertel Mendes

Direitos Fundamentais e Novas Tecnologias

Homenagem ao Professor Danilo Doneda

GZ
EDITORA

Rio de Janeiro
2024

1ª edição – 2024

Diagramação: *Olga Martins*

CIP-BRASIL. CATALOGAÇÃO NA PUBLICAÇÃO
SINDICATO NACIONAL DOS EDITORES DE LIVROS, RJ

D635

Direitos fundamentais e novas tecnologias : homenagem ao professor Danilo Doneda / organizadores Ricardo Villas Bôas Cueva ... [et al.]. - 1. ed. - Rio de Janeiro : GZ, 2024.
952 p. ; 24 cm.

Inclui bibliografia e índice
ISBN 978-65-5813-100-7

1. Doneda, Danilo, 1970-2022. 2. Direito - Brasil. 3. Brasil. [Lei geral de proteção de dados pessoais (2018)]. I. Cueva, Ricardo Villas Bôas.

24-89263 CDU: 342.721:004(81)

Meri Gleice Rodrigues de Souza - Bibliotecária - CRB-7/6439

15/03/2024 19/03/2024

contato@editoragz.com.br
www.editoragz.com.br
Estrada do Capuava, nº 1325 - Box Q - CEP 06715-410
Bairro Barro Branco - Município de Cotia - SP
Tels.: (0XX21) 99585-0737 / 99755-0737

Impresso no Brasil
Printed in Brazil

APRESENTAÇÃO

Este livro é uma singela homenagem ao professor, jurista e amigo Danilo Doneda. Foi a forma que escolhemos de demonstrar toda a nossa admiração e de prestar tributo a quem deixou uma marca indelével não apenas em seus alunos e colegas, mas também na comunidade jurídica nacional e internacional.

Com humildade e discrição que não foram capazes de encobrir seu protagonismo, Danilo despertou o Brasil para o debate sobre a privacidade e a proteção de dados pessoais que já ocupava a Europa, onde morou com sua esposa Luciana para dedicar-se aos estudos na Itália, convidado por Stefano Rodotà. Desde o mestrado na Universidade do Estado do Rio de Janeiro - UERJ, em 1997, Danilo pesquisava sobre o tema, orientado por Gustavo Tepedino.

Ao retornar ao Brasil, coordenou a redação do Anteprojeto de Lei de Proteção de Dados, base do que viria a ser a Lei Geral de Proteção de Dados Pessoais. Teve, ainda, atuação fundamental para a aprovação da Lei do Cadastro Positivo (Lei nº 12.414/2011), da Lei de Acesso à Informação (Lei nº 12.527/2011), do Marco Civil da Internet (Lei nº 12.965/2014) e, por fim, da Emenda Constitucional nº 115/22, que inseriu no art. 5º o direito à proteção dos dados pessoais, inclusive nos meios digitais.

Sua atuação no Judiciário não foi menos importante, em especial contra a utilização abusiva de dados pessoais. Entre outras, destacam-se duas sustentações orais de Danilo no Supremo Tribunal Federal, impecáveis no conteúdo e na oratória. A primeira foi a ADI nº 6649, cujo objeto era o Decreto nº 10.046/19, que autorizava o compartilhamento de dados no âmbito da Administração Pública Federal, ocasião em que Danilo defendeu a inconstitucionalidade do ato normativo. A segunda foi a ADI nº 6387 (julgada em conjunto com as ADIs nº 6388, 6390 e 6393), chamada de "Caso IBGE", cujo objeto era a Medida Provisória nº 954/20, que permitia o compartilhamento de dados pessoais de empresas telefônicas com o IBGE, oportunidade em que o professor sustentou a inconstitucionalidade do ato.

Bem-humorado, sorridente e com um brilhantismo acadêmico diferenciado, Danilo fez de todos nós seus alunos. Suas aulas, palestras, livros e artigos, ao mesmo tempo em que produzem encantamento com as mudanças sociais impulsionadas pela evolução tecnológica, mostram a importância de uma abordagem jurídica inovadora e interdisciplinar e a necessidade de novas formas de proteção dos direitos fundamentais na sociedade digitalizada.

Certamente essas são algumas das muitas razões que levaram os 70 autores desta obra coletiva a prestarem-lhe homenagens. Cada um deles teve uma história com Danilo e os textos aqui reunidos dão continuidade ao seu legado intelectual e humano. Explorar seus ensinamentos e manter sua sensibilidade na compreensão do papel do direito frente aos impactos da tecnologia é a melhor forma de agradecimento.

São 40 artigos escritos por Ministros, magistrados, acadêmicos e advogados, nos quais há análises didáticas, reflexões profundas e novas propostas que refletem o compromisso inabalável de Danilo com a justiça, a ética e os valores democráticos na sociedade da informação. Os temas dos textos vão desde a privacidade e proteção de dados pessoais (de onde partiram as primeiras pesquisas acadêmicas do professor), até a governança e regulação da inteligência artificial (tema a que vinha se dedicando na Comissão de Juristas do Senado para subsidiar o Projeto de Lei de Inteligência Artificial), passando pelos desafios éticos emergentes. Além disso, exploram-se questões relacionadas à liberdade de expressão, plataformas, regulação da internet e proteção das crianças no mundo digital.

Em nome de todos os autores deste livro, expressamos nossa profunda gratidão e respeito a Danilo por sua dedicação incansável ao estudo da interseção entre a tecnologia e o direito, com foco na proteção do indivíduo e na correção de assimetrias de poder informacional.

Mais do que uma homenagem e um agradecimento, este livro representa uma celebração da influência transformadora do professor Danilo Doneda na comunidade acadêmica e jurídica. Para os que tiveram a alegria de cruzar seu caminho, ficam a saudade e as boas lembranças, mas também a certeza de que ele continua a inspirar e a iluminar gerações de pensadores jurídicos para um futuro mais justo e ético em um mundo interconectado.

Ricardo Villas Bôas Cueva
Caroline Somesom Tauk
Flávio Galdino
Gustavo Tepedino
Laura Schertel Mendes

SOBRE OS ORGANIZADORES

Ricardo Villas Bôas Cueva
Ministro do Superior Tribunal de Justiça (STJ). Foi advogado militante, procurador do Estado de São Paulo, procurador da Fazenda Nacional e Conselheiro do Conselho Administrativo da Defesa Econômica (CADE). Graduado em Direito pela Faculdade de Direito da Universidade de São Paulo (USP), mestre em Direito (LL.M.) pela Harvard Law School, nos Estados Unidos, doutor em Direito pela Universidade de Frankfurt, na Alemanha.

Caroline Somesom Tauk
Juíza Federal no Rio de Janeiro (TRF da 2ª região). Foi Advogada da União (AGU), Promotora de Justiça (MPRJ), Juíza Auxiliar no Supremo Tribunal Federal (STF) e Juíza Auxiliar no Conselho Nacional de Justiça (CNJ). Mestre em Direito Público pela Universidade do Estado do Rio de Janeiro (UERJ), Visiting Scholar em Columbia Law School, em Nova York/EUA, doutoranda em Direito Civil na Universidade de São Paulo (USP).

Flavio Galdino
Professor da Faculdade de Direito da Universidade do Estado do Rio de Janeiro (UERJ). Possui Graduação, Mestrado e Doutorado em Direito Público pela Faculdade de Direito da UERJ. Advogado. Membro Efetivo eleito do Conselho da OAB desde 2007 e ex-Presidente da Comissão de Ensino Jurídico da OAB. Autor de diversos artigos e livros e expert em Direito brasileiro perante Cortes judiciais e arbitrais estrangeiras.

Gustavo Tepedino
Professor Titular de Direito Civil e ex-diretor da Universidade do Estado do Rio de Janeiro (UERJ). Livre-Docente pela mesma Universidade. Doutor em Direito Civil pela Universidade de Camerino (Itália). Professor Visitante das Universidades de Molise (Itália); São Francisco (Califórnia – EUA) e Poitiers (França). Membro Titular da Academia Internacional de Direito Comparado e da Academia Brasileira de Letras Jurídicas (ABLJ). Presidente do Instituto Brasileiro de Direito Civil (IBDCIVIL). Sócio fundador do escritório Gustavo Tepedino Advogados.

Laura Schertel Mendes
Professora da Universidade de Brasília (UnB) e do Instituto Brasileiro de Ensino, Desenvolvimento e Pesquisa (IDP) e pesquisadora de pós-doutorado na Universidade Goethe, Frankfurt am Main. Presidente da Comissão de Direito Digital da OAB Federal e diretora do Centro de Direito, Internet e Sociedade (CEDIS/IDP). Foi relatora da Comissão da Juristas do Senado Federal para a regulação da inteligência artificial. Doutora em direito privado pela Universidade Humboldt de Berlim

SUMÁRIO

Parte II

INTELIGÊNCIA ARTIFICIAL, DIREITOS DA PERSONALIDADE E MUDANÇAS NO DIREITO

Parte III
PROTEÇÃO DE DADOS: MEIOS E FINS DE SUA CONCRETIZAÇÃO

Parte IV
USO E TRATAMENTO DE DADOS PESSOAIS PELA ADMINISTRAÇÃO PÚBLICA

Parte I

INTELIGÊNCIA ARTIFICIAL, ALGORITMOS E GOVERNANÇA

Por que regular a inteligência artificial? Reflexões sobre os riscos e as incertezas inerentes à utilização da tecnologia

Ana Frazão[1]

1. Considerações iniciais

A discussão sobre a regulação da inteligência artificial tem sido intensa no Brasil e no mundo. No âmbito nacional, recentes iniciativas legislativas - incluindo o projeto de lei apresentado pelo Senador Rodrigo Pacheco a partir da minuta elaborada pela Comissão de Juristas especialmente designada para esse fim (PL 2338/2023), da qual nosso homenageado Danilo Doneda fazia parte e ofereceu uma relevantíssima contribuição - colocaram o assunto no centro do debate público, despertando o interesse e a preocupação da sociedade civil, da academia e do mercado.

Em meio a inúmeras controvérsias e polêmicas, argumento que vem sendo reiteradamente utilizado para justificar ou a inexistência de regulação ou uma regulação mais branda e menos invasiva é o fato de ainda sabermos muito pouco sobre a inteligência artificial. Tal ideia, que é muito explorada pelas empresas, com grande ressonância na mídia oficial, poderia ser resumida da seguinte forma: diante das dúvidas e incertezas, é melhor não regular ou regular pouco. Em muitos casos, essa posição é fortalecida por meio da insistência no suposto *tradeoff* entre regulação e inovação, para o fim de salientar o risco de inibição da inovação que pode resultar de uma regulação prematura ou indevida.

É no contexto dessas preocupações que eu procurarei demonstrar, no presente artigo, que, diante dos riscos já mapeados em torno da utilização da inteligência artificial, não pode haver dúvida de que deve haver a regulação. Acresce que o princípio da precaução é também um fator adicional a justificar a regulação mesmo quando ainda não há evidências absolutamente robustas sobre determinados impactos da inteligência artificial. Afinal, é preciso ter em mente que a regulação da inteligência artificial busca proteger o que temos de mais valioso: as identidades pessoais, os direitos fundamentais dos afetados pelos sistemas de inteligência artificial e a própria democracia.

---

1 Advogada e Professora Associada de Direito Civil, Comercial e Econômico da Universidade de Brasília – UnB.

Dessa maneira, é urgente e relevante que possamos refletir sobre as razões que justificam a regulação da inteligência artificial, o que se encaixa perfeitamente com a proposta desta obra, idealizada para oferecer uma justa homenagem ao querido Danilo Doneda, que não apenas fez parte da Comissão de Juristas que elaborou o texto do PL 2338/2023, como sempre foi um defensor da regulação da inteligência artificial e da sua utilização em conformidade a princípios éticos.

Acredito, portanto, que tratar das razões que justificam a regulação da inteligência artificial cumpre bem o propósito de homenagear Danilo Doneda, cuja trajetória acadêmica e profissional sempre foi marcada pela preocupação com a proteção do ser humano, o que certamente é também um dos vetores principais do PL 2338/2023.

2. Riscos que justificam a regulação urgente da inteligência artificial

2.1. Gravidade dos riscos já mapeados

De uma economia movida a dados, construímos uma sociedade e uma política igualmente movidas a dados. Embora inteligência artificial não se confunda com utilização de dados pessoais, é inequívoco que parte significativa dos principais sistemas de inteligência artificial que hoje existem baseiam-se em dados pessoais, utilizando-os para fazer julgamentos e predições sobre as pessoas, com diversas repercussões sobre o acesso delas ao exercício de direitos e mesmo a oportunidades de vida.

Em tempos em que já se fala de mercados de tempo, de atenção e até mesmo de consciência e em que a neurotecnologia já permite o monitoramento e a interpretação de dados cerebrais, nem mesmo aquela que seria a última fronteira da nossa privacidade – o nosso cérebro – está a salvo da ação de tecnologias cada vez mais poderosas que tentam nos compreender, inclusive para o fim de nos manipular[2].

Se já era claro que a proteção de dados pessoais não tem a ver apenas com a privacidade, ainda mais no sentido de intimidade - uma vez que abarca igualmente a proteção de direitos fundamentais da mais alta relevância, como liberdade, autonomia, igualdade, não discriminação, cidadania e livre desenvolvimento da personalidade - hoje a proteção

---

2 Ver FRAZÃO, Ana. Neurocapitalismo e o negócio de dados pessoais. Os nossos pensamentos e a nossa identidade pessoal estão em risco? *Jota*. https://www.jota.info/opiniao-e-analise/colunas/constituicao-empresa-e-mercado/neurocapitalismo-e-o-negocio-de-dados-cerebrais-25092019

de dados pessoais passa a ter como compromisso igualmente a nossa privacidade mental e o nosso direito de não sermos manipulados.

Não obstante, as tecnologias evoluem sem necessariamente incorporarem salvaguardas e proteções para os riscos criados. Cada vez mais são ultrapassadas importantes fronteiras, sem se saber se e como podem ser adequadamente gerenciados e controlados os riscos respectivos.

É preciso entender que a tecnologia não é neutra nem necessariamente boa. Tudo depende de como ela é utilizada e de como são administrados determinados conflitos, tais como o existente entre inovação e proteção de direitos fundamentais. Não obstante, o maior problema dos tempos atuais é que a tecnologia, incluindo a inteligência artificial, tem sido escolhida e colocada em uso sem os devidos cuidados e muitas vezes sem nenhum tipo de *accountability*, por agentes econômicos que priorizam seus interesses em detrimento dos consumidores, da sociedade e da própria democracia.

Para o leitor que ainda não está muito acostumado com esses temas, a didática reportagem jornalística da repórter Paula Adamo Idoeta, da BBC (*Por que os algoritmos das redes sociais estão cada vez mais perigosos, na visão de pioneiro da Inteligência Artificial*[3]) oferece um panorama dos riscos envolvidos na utilização de inteligência artificial.

A reportagem baseia-se na opinião de um dos maiores estudiosos de inteligência artificial do mundo, Stuart Russell, para quem o modelo predominante de inteligência artificial é uma ameaça à sobrevivência dos seres humanos, na medida em que os sistemas são programados para cumprir seus objetivos a qualquer custo, tornando-se cegos e indiferentes à destruição que podem causar aos seres humanos, como se observa pelo seguinte trecho da reportagem:

> "Para explicar isso à BBC News Brasil, Russell usa a metáfora de um gênio de lâmpada atendendo aos desejos de seu mestre: "você pede ao gênio que te torne a pessoa mais rica do mundo, e assim acontece - mas só porque o gênio fez o resto das pessoas desaparecerem", diz.
>
> "(Na IA) construímos máquinas com o que chamo de modelos padrão: elas recebem objetivos que têm de conquistar ou otimizar, (ou seja), para os quais têm de encontrar a melhor solução possível. E aí levam a cabo essa ação."

3 https://www.bbc.com/portuguese/geral-58810981.

> Mesmo que essa ação seja, na prática, prejudicial aos humanos, ele argumenta.
>
> "Se construirmos a Inteligência Artificial de modo a otimizar um objetivo fixo dado por nós, elas (máquinas) serão quase como psicopatas - perseguindo esse objetivo e sendo completamente alheias a todo o restante, até mesmo se pedirmos a elas que parem."

O ponto principal da reportagem, que tem como foco as redes sociais, é mostrar como a utilização da inteligência artificial planejada para um determinado objetivo -manter o usuário conectado à plataforma e mais engajado com os conteúdos que lhes são apresentados – pode se dar ao preço de estimular vícios, depressão, disfunção social, manipulação das pessoas, extremismos, polarização da sociedade e diversos outros danos. Daí as conclusões de Stuart Russell:

> "Precisamos de um tipo completamente diferente de sistemas de IA", opina ele à BBC News Brasil.
>
> Esse tipo de IA, prossegue, teria de "saber" que possui limitações, que não pode cumprir seus objetivos a qualquer custo e que, mesmo sendo uma máquina, pode estar errado.
>
> "Isso faria essa inteligência se comportar de um modo completamente diferente, mais cauteloso, (...) que vai pedir permissão antes de fazer algo quando não tiver certeza de se é o que queremos. E, no caso mais extremo, que queira ser desligada para não fazer algo que vá nos prejudicar. Essa é a minha principal mensagem."

Como se pode observar, a humanidade já avançou demais na utilização de inteligência artificial sem os cuidados necessários diante dos riscos que ela apresenta. Em trabalhos anteriores, procurei alertar para os riscos atuais de inúmeras utilizações de inteligência artificial, tais como as que envolvem dados cerebrais[4], manipulam consumido-

4 Ver FRAZÃO, Ana. Neurocapitalismo e o negócio de dados pessoais. Os nossos pensamentos e a nossa identidade pessoal estão em risco? *Jota.* https://www.jota.info/opiniao-e-analise/colunas/constituicao-empresa-e-mercado/neurocapitalismo-e-o-negocio-de-dados-cerebrais-25092019

res[5], adotam arquiteturas enganosas como as *dark patterns*[6], promovem estratégias como a precificação personalizada[7], distorcem o ambiente informacional[8], manipulam processos democráticos e interferem indevidamente em resultados de eleições[9], possibilitam a vigilância

5 Ver FRAZÃO, Ana. A falácia da soberania do consumidor. Economia digital pode tornar o consumidor ainda mais vulnerável. *Jota.* https://www.jota.info/opiniao-e-analise/colunas/constituicao-empresa-e-mercado/falacia-soberania-do-consumidor-08122021

6 Ver FRAZÃO, Ana. O que são dark patterns? Quando a arquitetura enganosa é mais importante do que o preço para direcionar a decisão do consumidor. *Jota.* https://www.jota.info/opiniao-e-analise/colunas/constituicao-empresa-e-mercado/o-que-sao-dark-patterns-12072023

7 Ver FRAZÃO, Ana. Precificação personalizada e os riscos de discriminações abusivas. Eventual eficiência econômica não pode se dar às custas da violação dos direitos de titulares de dados pessoais. *Jota.* https://www.jota.info/opiniao-e-analise/colunas/constituicao-empresa-e-mercado/precificacao-personalizada-riscos-discriminacoes-abusivas-02022022; Geopricing e geoblocking: as novas formas de discriminações de consumidores. *Jota,* https://www.jota.info/opiniao-e-analise/colunas/constituicao-empresa-e-mercado/geopricing-e-geoblocking-as-novas-formas-de-discriminacao-de-consumidores-15082018

8 Ver FRAZÃO, Ana. Regulação de conteúdos em plataformas digitais. Não invoquemos a liberdade de expressão em vão. *Jota.* https://www.jota.info/opiniao-e-analise/colunas/constituicao-empresa-e-mercado/regulacao-de-conteudos-em-plataformas-digitais-22032023; Mercado de reputação. O marketing 4.0 e o "vale-tudo" informacional para construir artificialmente reputações. https://www.jota.info/opiniao-e-analise/colunas/constituicao-empresa-e-mercado/regulacao-de-conteudos-em-plataformas-digitais-22032023

9 Ver FRAZÃO, Ana. A democracia corre perigo. Algoritmos como armas de propaganda política. *Jota.* https://www.jota.info/opiniao-e-analise/colunas/constituicao-empresa-e-mercado/regulacao-de-conteudos-em-plataformas-digitais-22032023; *Jota.* PL das Fake News e a importância da transparência e da responsabilidade. É preciso assegurar um fluxo informacional adequado para o mercado, o debate público e a própria democracia. *Jota.* https://www.jota.info/opiniao-e-analise/colunas/constituicao-empresa-e-mercado/pl-das-fake-news-e-a-importancia-da-transparencia-e-responsabilidade-27042022; *Jota.* Autoritarismo no século XXI. O que alguns modelos de negócio têm a ver com isso? *Jota.* https://www.jota.info/opiniao-e-analise/colunas/constituicao-empresa-e-mercado/democracia-crise-e-autoritarismo-no-seculo-xxi-29062022; O mercado da desinformação e suas repercussões sobre a democracia. Algumas das importantes discussões que decorrem da recente decisão do TSE sobre a chapa Bolsonaro-Mourão. *Jota.* https://www.jota.info/opiniao-e-analise/colunas/constituicao-empresa-e-mercado/mercado-desinformacao-repercussoes-democracia-03112021

estatal em massa contra cidadãos[10] e possibilitam diversos tipos de discriminações[11].

Dessa maneira, não há qualquer exagero em afirmar que vários desses inúmeros riscos são reais e exigem uma regulação adequada para que ou não sejam assumidos ou o sejam com os devidos cuidados.

2.2. Plasticidade e adequação de uma regulação por riscos

Não há dúvidas de que nem todas as utilizações de inteligência artificial apresentam riscos sequer próximos aos já mencionados na seção anterior. Daí por que não se pode pensar na mencionada tecnologia como algo homogêneo, o que é particularmente importante para efeitos da sua regulação, que deve ser proporcional e atenta aos diferentes riscos envolvidos nas diversas utilizações da inteligência artificial.

Daí por que o projeto apresentado pela Comissão de Juristas, que deu ensejo ao PL 2338/2023, com forte inspiração no projeto do *AI Act* Europeu, procura classificar as diversas utilizações de inteligência artificial conforme o risco, a fim de assegurar que os sistemas de inteligência artificial sejam desenhados, desenvolvidos e tenham uma gestão de qualidade efetivamente compatível com os riscos respectivos. Da mesma maneira, os regimes de responsabilidade dos desenvolvedores e exploradores da tecnologia são distintos conforme os riscos.

Mesmo para as utilizações consideradas de alto risco, as exigências da proposta brasileira, a exemplo da europeia, não destoam essencialmente daquilo que já deveria estar sendo praticado por empresas responsáveis, ainda mais nos países em que já existe uma legislação como o GDPR ou a LGPD: usar bases de dados de qualidade, estabelecer procedimentos de documentação e registro, assegurar níveis apropriados de transparência e supervisão humana, evitar interferências indevidas nos direitos nos usuários e garantir robustez, acurácia e cibersegurança.

---

10 Ver FRAZÃO, Ana. Sorria: o Estado brasileiro está de olho em você. A urgência de se assegurar uma política efetiva de proteção de dados diante do Poder Público. *Jota.* https://www.jota.info/opiniao-e-analise/colunas/constituicao-empresa-e-mercado/sorria-o-estado-brasileiro-esta-de-olho-em-voce-26052021

11 Ver FRAZÃO, Ana. Serie sobre Discriminação algorítmica (16 artigos). *Jota.* https://www.jota.info/opiniao-e-analise/colunas/constituicao-empresa-e-mercado/discriminacao-algoritmica-16062021

O projeto de legislação brasileira ainda prevê uma autoridade responsável para atualizar a classificação de riscos, a fim de conciliar segurança jurídica com a necessidade de adaptações rápidas e eficazes, que possam ser implementadas no ritmo do próprio avanço da ciência e da técnica. Para além disso, o PL 2338/2023 prevê grande interação entre a autoridade e as empresas, a fim de que possa haver cooperação eficiente no estabelecimento desses padrões.

Ora, é bastante questionável que uma regulação com esse perfil mais procedimental seja um óbice para a inovação. Na verdade, ao disciplinar as obrigações concretas a serem exigidas das empresas, conforme o grau de risco que assumem, a regulação pode ser até fator importante para o incentivo à inovação, na medida em que garante segurança jurídica.

Com efeito, há que se repensar o suposto *tradeoff* entre regulação e inovação, tendo em vista que a inexistência de regulação não só pode comprometer o avanço da inovação, como pode criar vantagens competitivas para os grandes agentes que já implementaram seus modelos de negócios. Em outras palavras, a ausência de regulação, em situações assim, pode ser fator de facilitação do entrincheiramento de poderosos agentes econômicos, dificultando ou mesmo evitando uma dinâmica competitiva saudável, especialmente no que diz respeito à concorrência pelos mercados.

Afinal, para entrantes e pequenos negócios, a ausência de regulação ou a instabilidade regulatória podem ser cenários bastante perniciosos, pois nem todos conseguem empreender enquanto as regras do jogo não estão minimamente definidas. Por outro lado, é difícil estruturar novos modelos de negócios baseados no respeito aos direitos de titulares de dados e na utilização responsável da inteligência artificial se o mercado é dominado por grandes agentes que não adotam esses cuidados e, exatamente por isso, não estão sujeitos aos custos respectivos.

Dessa maneira, é preciso refletir sobre em que medida subsiste o argumento que justifica a retração regulatória. Diante das evidências que justificam a regulação da inteligência artificial especialmente nos casos de altos riscos, a opção não deveria ser entre regular ou não regular ou entre regular mais ou menos. O fundamental é regular de forma adequada e proporcional aos riscos envolvidos.

Cabe aqui a advertência do nosso homenageado Danilo Doneda[12], ao mostrar não ser cabível, quando estamos falando de dados pessoais da mais alta importância e da destinação que lhes pode ser atribuída,

12 DONEDA, Danilo. *Da privacidade à proteção de dados pessoais.* Rio: Renovar, 2006, P. 410.

que as soluções de mercado não são as mais adequadas, devendo haver a efetiva tutela dos direitos dos titulares.

2.3. Proposta brasileira de classificação de riscos

Visto na seção anterior o quanto uma regulação por riscos se mostra adequada para tratar da inteligência artificial, conciliando a proteção de direitos fundamentais com a inovação, vale avaliar como o PL 2338/2023 implementa o modelo respectivo.

Em primeiro lugar, o PL 2338/2023 estabelece a exigência de que nenhum sistema de inteligência artificial pode ser colocado no mercado ou utilizado sem a devida avaliação de risco, como se verifica pelo seu art. 13:

> "Art. 13. Previamente à sua colocação no mercado ou utilização em serviço, todo sistema de inteligência artificial passará por avaliação preliminar realizada pelo fornecedor para classificação de seu grau de risco, cujo registro considerará os critérios previstos neste capítulo.
>
> § 1º Os fornecedores de sistemas de inteligência artificial de propósito geral incluirão em sua avaliação preliminar as finalidades ou aplicações indicadas, nos termos do art. 17 desta lei.
>
> § 2º Haverá registro e documentação da avaliação preliminar realizada pelo fornecedor para fins de responsabilização e prestação de contas no caso de o sistema de inteligência artificial não ser classificado como de risco alto.
>
> § 3º A autoridade competente poderá determinar a reclassificação do sistema de inteligência artificial, mediante notificação prévia, bem como determinar a realização de avaliação de impacto algorítmico para instrução da investigação em curso.
>
> § 4º Se o resultado da reclassificação identificar o sistema de inteligência artificial como de alto risco, a realização de avaliação de impacto algorítmico e a adoção das demais medidas de governança previstas no Capítulo IV será obrigatória, sem prejuízo de eventuais penalidades em caso de avaliação preliminar fraudulenta, incompleta ou inverídica."

Em segundo lugar, apenas hipóteses muito restritas são consideradas como de risco excessivo, hipótese em que a utilização da tecnologia está vedada. Vale a pena reproduzir os arts. 14 e 15:

> "Art. 14. São vedadas a implementação e uso de sistemas de inteligência artificial:
>
> I – que empreguem técnicas subliminares que tenham por objetivo ou por efeito induzir a pessoa natural a se comportar de forma prejudicial ou perigosa à sua saúde ou segurança ou contra os fundamentos deste lei;
>
> II – que explorem quaisquer vulnerabilidades de grupos específicos de pessoas naturais, tais como associadas à sua idade ou deficiência física ou mental, de modo a induzi-las a se comportar de forma prejudicial à sua saúde ou segurança ou contra os fundamentos desta lei;
>
> III – pelo poder público, para avaliar, classificar ou ranquear as pessoas naturais, com base no seu comportamento social ou em atributos da sua personalidade, por meio de pontuação universal, para o acesso a bens e serviços e políticas públicas, de forma ilegítima ou desproporcional.
>
> Art. 15. No âmbito de atividades de segurança pública, somente é permitido o uso de sistemas de identificação biométrica à distância de forma contínua em espaços acessíveis ao público, quando houver previsão em lei federal específica e autorização judicial em conexão com a atividade de persecução penal individualizada, nos seguintes casos:
>
> I – persecução de crimes passíveis de pena máxima de reclusão superior a dois anos;
>
> II – busca de vítimas de crimes ou pessoas desaparecidas;
>
> III – crime em flagrante.
>
> Parágrafo único. A lei a que se refere o caput preverá medidas proporcionais e estritamente necessárias ao atendimento do interesse público, observados o devido processo legal e o controle judicial, bem como os princípios e direitos previstos nesta Lei, especialmente a garantia contra a discriminação e a necessidade de revisão da inferência algorítmica pelo agente público responsável antes da tomada de qualquer ação em face da pessoa identificada.

Como se pode observar, as hipóteses previstas pelos incisos I e II do art. 14 são de risco inadmissível, uma vez que correspondem a usos da tecnologia que manipulam as pessoas ou exploram abusivamente suas vulnerabilidades, inclusive para o fim de comprometer a sua vida, saúde ou segurança. Já a do inciso III diz respeito ao perigosíssimo *social score*, que cria uma perigosa ferramenta que pode ser usada pelos governos contra os cidadãos, com graves comprometimentos de importantes pilares da democracia.

Portanto, não se pode dizer que as hipóteses representam riscos banais ou sem a gravidade necessária. Pelo contrário, são riscos inadmissíveis. Em casos assim, se o impacto da regulação é o de colocar um freio à inovação, tem-se que tal consequência é desejável, pois esse tipo de inovação não pode ser tolerada.

Já o art. 15 trata da identificação biométrica em espaços públicos, tecnologia que também apresenta altíssimos riscos, dentre os quais o de ser utilizada para monitoramento indevido de cidadãos ou de ser instrumento de perpetuação de discriminações, especialmente as raciais. Mesmo nessa hipótese, a lei não vedou a possibilidade de utilização da tecnologia, mas tão somente exigiu a prévia existência de lei federal que possa minimamente prever as salvaguardas necessárias para a sua utilização.

Já as hipóteses de altos riscos não ficam proibidas, mas tão somente sujeitas a deveres e responsabilidades mais rigorosos. Tais hipóteses são assim descritas pela lei:

> "Art. 17. São considerados sistemas de inteligência artificial de alto risco aqueles utilizados para as seguintes finalidades:
>
> I – aplicação como dispositivos de segurança na gestão e no funcionamento de infraestruturas críticas, tais como controle de trânsito e redes de abastecimento de água e de eletricidade;
>
> II – educação e formação profissional, incluindo sistemas de determinação de acesso a instituições de ensino e de formação profissional ou para avaliação e monitoramento de estudantes;
>
> III – recrutamento, triagem, filtragem, avaliação de candidatos, tomada de decisões sobre promoções ou cessações de relações contratuais de trabalho, repartição de tarefas e controle e avaliação do desempenho e do comportamento das pessoas afetadas por tais aplicações de inteligência artificial nas áreas de emprego, gestão de trabalhadores e acesso ao emprego por conta própria;

IV – avaliação de critérios de acesso, eligibilidade, concessão, revisão, redução ou revogação de serviços privados e públicos que sejam considerados essenciais, incluindo sistemas utilizados para avaliar a elegibilidade de pessoas naturais quanto a prestações de serviços públicos de assistência e de seguridade;

V – avaliação da capacidade de endividamento das pessoas naturais ou estabelecimento de sua classificação de crédito;

VI – envio ou estabelecimento de prioridades para serviços de resposta a emergências, incluindo bombeiros e assistência médica;

VII – administração da justiça, incluindo sistemas que auxiliem autoridades judiciárias na investigação dos fatos e na aplicação da lei;

VIII – veículos autônomos, quando seu uso puder gerar riscos à integridade física de pessoas;

IX – aplicações na área da saúde, inclusive as destinadas a auxiliar diagnósticos e procedimentos médicos;

X – sistemas biométricos de identificação;

XI – investigação criminal e segurança pública, em especial para avaliações individuais de riscos pelas autoridades competentes, a fim de determinar o risco de uma pessoa cometer infrações ou de reincidir, ou o risco para potenciais vítimas de infrações penais ou para avaliar os traços de personalidade e as características ou o comportamento criminal passado de pessoas singulares ou grupos;

XII – estudo analítico de crimes relativos a pessoas naturais, permitindo às autoridades policiais pesquisar grandes conjuntos de dados complexos, relacionados ou não relacionados, disponíveis em diferentes fontes de dados ou em diferentes formatos de dados, no intuito de identificar padrões desconhecidos ou descobrir relações escondidas nos dados;

XIII – investigação por autoridades administrativas para avaliar a credibilidade dos elementos de prova no decurso da investigação ou repressão de infrações, para prever a ocorrência ou a recorrência de uma infração real ou potencial com base na definição de perfis de pessoas singulares;

XIV – gestão da migração e controle de fronteiras."

Ao se ver os incisos descritos, é fácil concluir que não se trata de questões banais, mas sim de utilizações de inteligência artificial que impactam diretamente na vida dos cidadãos, uma vez que são decisivas para que tenham acesso a determinados direitos ou oportunidades perante agentes privados ou perante o próprio Estado. A leitura do rol de alto risco adotado pelo PL 2338/2023 é a maior evidência do rigor e do cuidado com que as hipóteses foram pensadas.

É importante lembrar que, nos casos de alto risco, não há vedação para a utilização da tecnologia, mas sim maior rigor para que se encontre o necessário equilíbrio entre a inovação e a proteção dos direitos dos cidadãos.

2.4. Necessário olhar sobre os riscos dos julgamentos algorítmicos

É importante lembrar que os riscos excessivos e os altos riscos mencionados pelo PL 2338/2023 assim foram considerados diante de uma realidade na qual decisões importantes e estratégicas de agentes privados e públicos já estão sendo progressivamente terceirizadas, total ou parcialmente, para sistemas algorítmicos desenhados e executados com base em diferentes tipos de inteligência artificial.

O fenômeno tem ocorrido mesmo quando tais decisões envolvem juízos valorativos complexos e mesmo quando trazem impactos diretos na vida das pessoas que estão sujeitas a tais julgamentos, inclusive no que diz respeito à fruição de direitos fundamentais da mais alta relevância.

Daí por que não pode ser aceito o argumento de que, apesar das suas falhas e problemas, os algoritmos seriam melhores do que as decisões humanas e que isso justificaria, por si só, uma regulação mais frouxa ou mesmo a inexistência de regulação.

Em oportunidade anterior[13], tentei abordar alguns dos principais problemas das decisões algorítmicas, começando com a dependência de um regime de exploração de dados que é incompatível com os direitos dos titulares de dados. Além disso, salientei os seguintes riscos:

13 FRAZÃO, Ana. Discriminação algorítmica. Série com 16 artigos. *Jota*. https://www.jota.info/opiniao-e-analise/colunas/constituicao-empresa-e-mercado/discriminacao-algoritmica-16062021

(i) riscos de segurança, inclusive de ataques *hackers* que alteram o funcionamento e o resultado dos sistemas;

(ii) linguagem matemática de difícil compatibilidade com questões valorativas e éticas;

(iii) priorização da acurácia, o que pode ser incompatível com outros importantes objetivos, como justiça;

(iv) riscos de diversos tipos de discriminação, incluindo a estatística;

(v) riscos de incorporação de vieses dos programadores ou de replicação de preconceitos já existentes na sociedade;

(vi) riscos de erros inexplicáveis e resultados não intencionais;

(vii) ausência de transparência, em razão de diversos fatores, incluindo o segredo de negócios;

(ix) alta complexidade, o que torna tais processos decisórios normalmente ininteligíveis ou inexplicáveis, pelo menos no nível exigido para a compreensão humana.

Todos esses aspectos agravam-se diante dos inúmeros *tradeoffs* que se apresentam aos julgamentos algorítmicos, sendo exemplos: redução de ruídos x aumentos de vieses[14] ou aumento de explicabilidade x perda de acurácia. Acresce que a programação dos algoritmos precisa enfrentar diversas opções éticas, uma vez que a suposta pela neutralidade, em se tratando de assuntos humanos e sociais, longe de ser propriamente uma escolha técnica, costuma ser opção valorativa voltada para a manutenção do *status quo* e para a perpetuação de discriminações e iniquidades existentes.

Os problemas já apontados comprometem, portanto, a legitimidade dos julgamentos algorítmicos pelo processo. Se os processos decisórios humanos são muitas vezes caóticos e irracionais, os julgamentos algorítmicos também padecem de tantos problemas que dificilmente podem ser considerados como racionais, técnicos e controláveis.

Basta lembrar que muitas das limitações dos julgamentos humanos também estão presentes nos julgamentos algorítmicos, que podem inclusive incorporar os vieses dos seus programadores. Acresce que, por mais que possam ser bem melhores do que os julgamentos humanos em

14 Ver KAHNEMAN, Daniel; SIBONY, Olivier; SUNSTEIN, Cass. *Noise: A Flaw in Human Judgment.* Little, Brown Spark, 2021.

vários aspectos, como na questão da acurácia e da redução dos ruídos, os julgamentos algorítmicos apresentam diversos riscos não existentes nos julgamentos humanos, como é o caso dos incidentes de segurança.

A própria questão do maior controle sobre o processo decisório algorítmico precisa ser colocada em perspectiva. A título de exemplo, menciona-se o recente caso dos vieses do sistema algorítmico de recorte de imagens do Twitter, problema que foi descoberto por terceiros e que a plataforma não conseguiu resolver as tempo, razão pela qual chegou a oferecer recompensa para quem conseguir fazê-lo[15].

Isso mostra claramente o fato de que nem mesmo a transparência pode assegurar inteligibilidade a vários dos aspectos das decisões algorítmicas. O exemplo do Twitter mostra que mesmo a empresa que tem acesso ao código pode não entender a razão de resultados disfuncionais nem saber como consertar o defeito.

Imagine-se, então, o grau de vulnerabilidade a que estão sujeitos os indivíduos julgados por esses sistemas algorítmicos de inteligência artificial, problema que certamente não será resolvido por auditorias independentes. Pelo contrário, isso pode gerar inúmeras outras dificuldades, tais como conflitos de interesses semelhantes aos que ocorreram com as agências de *rating* –os terceiros desinteressados e confiáveis para avaliar a credibilidade de diversos títulos e investimentos financeiros – que foram uma das principais responsáveis pela crise financeira de 2008.

Afinal, a questão sobre quem controla o controlador vai se tornando cada vez mais complexa quando apenas poucos atores sociais podem efetivamente realizar esse controle e quando os afetados e a sociedade civil são afastados desse monitoramento. Logo, é no mínimo complicado que a higidez de julgamentos algorítmicos dependa da credibilidade e da atuação honesta de poucos atores sobre os quais não é possível um controle social efetivo.

Em razão de todas essas dificuldades, hoje já se fala na ausência de legitimidade dos julgamentos algorítmicos em razão do processo em si e da necessidade da sua avaliação pelos próprios resultados. É precisamente o que sustenta Talia Gillis[16], segundo a qual precisamos parar de

15 https://g1.globo.com/economia/tecnologia/noticia/2021/08/02/twitter-oferece-recompensas-a-quem-corrigir-vieses-raciais-e-sexistas-em-seus-algoritmos-de-corte-de-imagens.ghtml

16 GILLIS, Talia B., The Input Fallacy. https://papers.ssrn.com/sol3/papers.cfm?abstract_id=3571266.

tentar encontrar conexões causais entre os inputs e os outputs dos sistemas algorítmicos, porque isso é impossível. Daí a necessidade de que haja controle dos *outputs*, ou seja, dos resultados.

Com isso, os julgamentos algorítmicos acabam perdendo um grande diferencial comparativo em relação aos julgamentos humanos. A partir do momento em que perdem a legitimidade decorrente do processo decisório, precisarão da legitimidade decorrente do resultado. O problema é que, como lhes falta a explicabilidade, muitas também não conseguirão ter essa legitimação *ex post*.

Assim, se os julgamentos algorítmicos podem não conseguir se legitimar nem pelo processo nem pelo resultado, como poderão se substituir aos julgamentos humanos? Estes, por mais falhos que sejam e possam não se legitimar pelo processo decisório, podem se legitimar pelo resultado, tal como é o caso das decisões judiciais.

O impasse ora apresentado mostra que não é possível, pelo menos no atual estado da técnica, sustentar que os julgamentos algorítmicos apresentam tal superioridade sobre os julgamentos humanos que poderiam se substituir a estes, ainda mais sem uma regulação que assegure o devido controle do risco.

Cada vez mais, evidencia-se a necessidade do devido gerenciamento do risco, inclusive por meio da participação humana não apenas durante o processo decisório algorítmico, para fins de supervisão e monitoramento, como também para o controle de resultados e mesmo para as devidas complementações. Afinal, como bem expõem Cukier et al[17], há elementos de explicação que são exclusivos do raciocínio humano, tais como as causalidades, os contrafactuais e as constrições.

Tais considerações são ora expostas para mostrar que há boas razões para colocar em xeque a superioridade dos algoritmos sobre os julgamentos humanos, ainda mais quando se pretende utilizar tal comparação para uma delegação total ou substituição plena das decisões humanas. Se não há dúvidas de que algoritmos podem ser superiores aos humanos em diversos aspectos, também há diversos outros em que os seres humanos são superiores, além dos riscos adicionais decorrentes dos julgamentos algorítmicos.

---

17 CUKIER, Kenneth; MAYER-SCHÖNBERGER, Viktor; VÉRICOURT, Francis de. *Framers. Human Advantage in an Age of Turmoil.* New York: Penguin Randon House LLC, 2021.

É inequívoco que, desde que, com as devidas cautelas – boas bases de dados, monitoramento e cuidado, preocupações com segurança, dentre outros – os algoritmos podem ser muito melhores do que seres humanos em analisar amplas quantidades de dados, estabelecer correlações e padrões e atender ao objetivo de acurácia. Entretanto, isso não assegura por si só bons julgamentos e muito menos julgamentos justos e inteligíveis, assim como não garante a observância dos direitos fundamentais dos afetados por tais sistemas.

Daí por que é preciso encontrar mecanismos para extrair todos os benefícios da inteligência artificial sem criar riscos extraordinários ou indevidos ou sem gerenciar adequadamente os riscos envolvidos. Daí a razão de uma regulação de inteligência artificial, tal como proposta pelo PL 2338/2023.

3. A necessária incidência do princípio da precaução

Na seção anterior, procurei mapear as razões pelas quais, diante dos riscos já suficientemente identificados na utilização de inteligência artificial, há bons fundamentos para prosseguirmos nas iniciativas que buscam assegurar uma regulação adequada, que não se limite a ser uma tímida declaração de princípios sem consequências práticas.

Entretanto, resta abordar ponto também muito importante da questão, que diz respeito a como regular questões em relação às quais temos ainda um volume substancial de incertezas. Afinal, um argumento reiteradamente utilizado para obstar a regulação da inteligência artificial é o de que ainda sabemos muito pouco sobre ela.

A nossa considerável ignorância em relação à inteligência artificial coloca-nos, portanto, diante do seguinte impasse: em face da incerteza, pode ou deve o regulador avançar? Como? Ou a melhor postura é aguardar até um número mais robusto e confiável de evidências científicas?

Em primeiro lugar, é importante destacar que tal discussão depende da prévia compreensão da necessidade de distinção entre riscos – o que pode ser previsto e, consequentemente, torna-se mais suscetível de mensurações, prognoses e cálculos estatísticos ou probabilísticos, controle e gerenciamento – e incertezas – o que não pode ser previsto nem calculado.

Desde a obra de Taleb[18], difundiu-se o uso da expressão "cisne negro" para indicar as incertezas em oposição aos riscos. O termo inclusive

---

18 TALEB, Nassim Nicholas. *A lógica do cisne negro. O impacto do altamente improvável*. Tradução Marcelo Schild. Rio: Best Business, 2018.

vem ganhando especificações para se ajustar a alguns tipos de incertezas, como é o caso da expressão "cisne verde", para se referir às incertezas ambientais.

Aliás, vale ressaltar que, sobre as incertezas, Taleb[19] já nos mostra a importância de as levarmos em consideração em nossas decisões, a fim de criar modos de vida mais resistentes. Trata-se de reflexão convergente com a postura de Kay e King[20], ao alertarem para a necessidade de considerarmos as incertezas nas decisões regulatórias, a fim de adotarmos soluções mais resilientes e que possam considerar cenários diferentes – além do previsto como o mais provável ou possível – e até mesmo inimagináveis.

Obviamente que lidar com incertezas não é fácil. Entretanto, não será a primeira vez que legisladores e reguladores se deparam com esse tipo de problema. Em diversos assuntos, já tiveram que fazê-lo, sendo exemplo o Direito Ambiental, em que o princípio da precaução se destina precisamente a lidar com as incertezas, enquanto o princípio da prevenção se destina a lidar com os riscos. O mesmo pode ser dito em relação à saúde humana.

Mais recentemente, a discussão tem sido retomada com o problema das cadeias globais, diante dos danos decorrentes da pandemia do coronavírus, fato que ressaltou a fragilidade de modelos pensados apenas a partir dos riscos existentes e que não têm qualquer resiliência para lidar com o inesperado.

Dessa maneira, lidar com as incertezas não é propriamente algo novo. Entretanto, exige importante reflexões, inclusive no que diz respeito ao fato de que, quando se fala em princípio da precaução, temos que superar a ideia de regulação baseada em evidências ou em análises de impacto regulatório. Afinal, nem há evidências científicas suficientes para orientar a decisão nem as análises de impacto regulatório se ajustam às incertezas, pois apenas metrificam riscos e, mesmo assim, com inúmeras deficiências.

Como explica René von Schomberg[21], o princípio da precaução está relacionado a dois elementos cruciais: seriedade das consequências e

19 Op.cit.

20 KAY, John; KING, Mervin. *Radical Uncertainty. Decision-making beyond the numbers. New York*: W.W.Norton & Company, 2020.

21 SCHOMBERG, Rene von. The precautionary principle and its normative challenges.

(ii) incerteza científica. É por essas razões que o princípio estabelece um racional de ação que substancialmente diminui as exigências para a ação governamental, ainda que parta da premissa de que tais medidas de precaução sejam provisórias por natureza, uma vez que precisam ser regularmente revistas quando a informação científica demandar seu fortalecimento ou mesmo seu relaxamento, tal como nas hipóteses em que o conhecimento científico transformar incertezas em riscos e níveis consensuais de danos[22].

Sob essa perspectiva, não há como questionar que algumas das aplicações da inteligência artificial atendem completamente ao requisito da seriedade das consequências. Sem qualquer pretensão de esgotar o tema, podem ser citados os exemplos das armas autônomas, do reconhecimento facial e de diversas tecnologias que podem manipular as pessoas e subverter até mesmo o livre arbítrio.

Mesmo havendo ainda grau considerável de incerteza, o simples fato de já haver riscos mapeados e podermos antecipar alguns cenários graves que podem decorrer de utilizações indevidas de tais tecnologias já é um forte motivo para a ação regulatória.

Como bem resume a Comissão Europeia[23], a precaução tem a ver com a ideia de que intervenção regulatória pode ser legítima mesmo quando as evidências forem ainda incompletas ou especulativas e mesmo quando os custos da regulação forem altos, pela simples razão de que o seu principal fundamento é a ideia de que é melhor prevenir do que remediar (*better safe than sorry*).

Tal postura, inclusive, afasta igualmente o argumento de que tal tipo de regulação seria "anticientífica", pois, nos termos da análise da Comissão Europeia, "it does not follow that precaution is un- or anti-scientific. What is unscientific, says Stirling (2016), is to ignore multiple perspectives on uncertainty".[24]

In: FISHER, Elizabeth; JONES, Judith; SCHOMBERG, Rene von. *Implementing the precautionary principle. Perspectives and Prospects*, Edward Elgar, p. 23.

---

22 Op.cit., p. 34.

23 EUROPEAN COMISSION. *The Precautionary Principle: decision-making under uncertainty.* https://ec.europa.eu/environment/integration/research/newsalert/pdf/precautionary_principle_decision_making_under_uncertainty_FB18_en.pdf

24 Op.cit., p. 7.

Daí por que, em relação às incertezas decorrentes da inteligência artificial, não podemos exigir que o avanço da regulação dependa apenas de evidências científicas robustas. Aliás, nesse campo, a própria ideia de ampla prova científica mostra-se equivocada, já que riscos, valor e conhecimento são contingentes e em desenvolvimento.

A rigor, esse raciocínio, longe de se restringir a esferas específicas, como a inteligência artificial, deve ser aplicado a todas as questões humanas e sociais, em relação às quais é cada vez mais difícil basear decisões ou políticas em riscos previamente conhecidos, desconsiderando as incertezas. Nos termos da advertência de Jens Beckert e Richard Bronk[25], é característica das economias contemporâneas que os formuladores de decisões sejam confrontados a todo momento com incertezas fundamentais, o que torna impossível que tais decisões sejam apenas cálculos racionais.

Ainda segundo Jens Beckert e Richard Bronk[26], o futuro não pode ser compreendido como uma sombra estatística do passado, de forma que, a rigor, não podemos saber qual é o modelo correto de como a economia será, assim como não podemos predizer o futuro pelo simples fato de que o que ainda não existe não poder ser conhecido (*what does not yet exist cannot now be known*).

Exatamente por isso, precisamos reconhecer de vez o problema das incertezas e enfrentá-lo sempre que a seriedade das consequências de um futuro incerto se colocar. Em um mundo repleto de incertezas, exigir evidências científicas completas e robustas ou cálculos de risco para a ação regulatória é simplesmente inviabilizar qualquer tipo de regulação, desconsiderando por completo a complexidade do mundo.

Até mesmo o alegado *tradeoff* entre inovação e precaução precisa ser colocado em perspectiva. Para Andy Stirling[27], por exemplo, são equivocadas as ideias de que a utilização do princípio da precaução para a tecnologia seria perigosa, arbitrária, irracional ou mesmo suprimiria inovação. Na verdade, o princípio da precaução deve servir para condu-

---

25 BECKERT, Jens; BRONK, Richard. *Uncertain futures. Imaginaries, narratives and calculation in the Economy.* Oxford: Oxford University Press, 2018, prefácio dos autores.

26 Op.cit.

27 STIRLING, Andy, Precaution in the Governance of Technology. https://www.researchgate.net/publication/321912227_Precaution_in_the_Governance_of_Technology

zir a inovação – tornando-a compatível com o bem estar das pessoas – e não para bloqueá-la:

De toda sorte, o princípio da precaução também pode servir para desacelerar a inovação, o que, a depender do caso, pode também ser positivo, já que a inovação não é necessariamente boa. Vale ressaltar a interessante observação de Acemoglu[28] a respeito da utilização do princípio da precaução precisamente para tal fim:

> "These considerations then suggest a "precautionary regulatory principle"- ex ante regulation slowing down the use of AI technologies, especially in domains where redressing the costs of AI become politically and socially more difficult after large-scale implementation. AI technologies impacting political discourse and democratic politics may be prime candidates for the application of such a precautionary regulatory principle."

Como se pode observar, Acemoglu defende que o princípio da precaução deve justificar a desaceleração de algumas aplicações de inteligência artificial que podem gerar graves consequências, tal como é o caso das tecnologias que impactam o discurso político e a própria democracia.

Por todas essas razões, invocar as incertezas como um pretexto para a inação regulatória é um grande equívoco. Em muitos casos, são as graves consequências que podem decorrer de tais incertezas os maiores e melhores fundamentos para uma regulação atenta ao princípio da precaução. Diante das incertezas, a omissão pode ser desastrosa, o que recomenda um modelo de regulação que se ajuste a diversos cenários e seja minimamente resiliente aos eventos inesperados.

Consequentemente, a constatação ora apresentada é suficiente ao menos para superar o maniqueísmo e a superficialidade de muitas posturas que adotam o argumento da incerteza como um óbice insuperável para a regulação, o que definitivamente não pode ser aceito. Está mais do que na hora de superarmos a discussão sobre <u>se</u> a regulação da inteligência artificial é necessária para enfrentarmos o real problema de <u>como</u> essa regulação deverá ocorrer, inclusive em prol da inovação.

---

28 ACEMOGLU, Daron. Harms of AI. https://www.nber.org/papers/w29247.

Não é sem razão que o projeto que deu ensejo ao PL 2338/2023 expressamente prevê, em seu art. 24, § 2º, que "[e]m atenção ao princípio da precaução, quando da utilização de sistemas de inteligência artificial que possam gerar impactos irreversíveis ou de difícil reversão, a avaliação de impacto algorítmico levará em consideração também as evidências incipientes, incompletas ou especulativas."

Em outras palavras, não se pode condicionar a regulação à existência de evidências absolutamente contundentes quando se trata de um tema em relação ao qual provavelmente nunca as teremos, até diante da rapidez e da dinamicidade com que a tecnologia evolui. Mas nem por isso podemos nos furtar de criar sistemas regulatórios funcionais e resilientes para mitigar as incertezas futuras.

4. Considerações finais

Procurei mostrar, ao longo do presente artigo, as diversas razões que justificam a regulação da inteligência artificial, tanto sob o aspecto dos riscos já mapeados, como também à luz das incertezas e da necessária incidência do princípio da precaução.

Ao contrário do pressuposto de que a regulação da inteligência artificial é necessariamente incompatível com a inovação, argumento que é mais ideológico e vinculado à defesa dos livres mercados do que propriamente lastreado em evidências empíricas consistentes, é importante considerar que uma regulação adequada pode inclusive fomentar a inovação, garantindo a segurança jurídica necessária disciplinar o mercado e para incentivar entradas e novos modelos de negócio.

De toda sorte, ainda que assim não fosse, a inovação só deve ser considerada positiva quando os seus benefícios são alcançados de forma proporcional aos riscos e danos que causam, quando há legitimidade e razoabilidade entre os meios e fins e quando são observadas medidas de prevenção à violação de direitos fundamentais e de reparação e mitigação de danos.

Assim, é fundamental uma regulação que seja capaz de evitar ou conter inovações predatórias, exploratórias ou violadoras dos direitos fundamentais, bem como de inovações que assumam riscos desnecessários, inadequados, excessivos ou indesejáveis, que comprometem não apenas os indivíduos, mas também a própria sociedade e a democracia.

É importante ter em mente a preocupação que norteou a trajetória iluminada do nosso homenageado Danilo Doneda[29]: a defesa e a proteção intransigente do ser humano. Tal visão está clara em sua obra de referência, na qual o autor nos propõe a seguinte reflexão sobre a relação entre direito e tecnologia:

> "É esse o equilíbrio a ser realizado, que vai além da mera consideração do direito e tecnologia como lados opostos a serem harmonizados: na verdade, no mais das vezes, são determinadas consequências das tecnologias que devem ser submetidas a ajustes, eventualmente até com o auxílio da própria tecnologia. Os meios de atuação são vários e devem ser considerados com ousadia para que sejam eficazes e capazes de promover a personalidade perante as posições tanto da tecnologia como do mercado. Enfim, o tema principal que enfrentamos é a afirmação do direito como a estrutura na qual devem agir as forças da sociedade para que as escolhas relativas a essas questões sejam realizadas e que a integridade da esfera privada seja protegida, mediante o respeito aos valores fundamentais do ordenamento."

5. Referências bibliográficas

ACEMOGLU, Daron. Harms of AI. https://www.nber.org/papers/w29247.

BBC. *Por que os algoritmos das redes sociais estão cada vez mais perigosos, na visão de pioneiro da Inteligência Artificial.* https://www.bbc.com/portuguese/geral-58810981.

BECKERT, Jens; BRONK, Richard. *Uncertain futures. Imaginaries, narratives and calculation in the Economy.* Oxford: Oxford University Press, 2018, prefácio dos autores.

CUKIER, Kenneth; MAYER-SCHÖNBERGER, Viktor; VÉRICOURT, Francis de. *Framers. Human Advantage in an Age of Turmoil.* New York: Penguin Randon House LLC, 2021.

DONEDA, Danilo. *Da privacidade à proteção de dados pessoais.* Rio: Renovar, 2006.

29 Op.cit., p. 316.

FRAZÃO, Ana. Neurocapitalismo e o negócio de dados pessoais.Os nossos pensamentos e a nossa identidade pessoal estão em risco? *Jota*. https://www.jota.info/opiniao-e-analise/colunas/constituicao-empresa-e-mercado/neurocapitalismo-e-o-negocio-de-dados-cerebrais-25092019.

______.A falácia da soberania do consumidor. Economia digital pode tornar o consumidor ainda mais vulnerável. *Jota*. https://www.jota.info/opiniao-e-analise/colunas/constituicao-empresa-e-mercado/falacia-soberania-do-consumidor-08122021.

______.O que são dark patterns? Quando a arquitetura enganosa é mais importante do que o preço para direcionar a decisão do consumidor. *Jota*. https://www.jota.info/opiniao-e-analise/colunas/constituicao-empresa-e-mercado/o-que-sao-dark-patterns-12072023.

______. Precificação personalizada e os riscos de discriminações abusivas. Eventual eficiência econômica não pode se dar às custas da violação dos direitos de titulares de dados pessoais. *Jota*. https://www.jota.info/opiniao-e-analise/colunas/constituicao-empresa-e-mercado/precificacao-personalizada-riscos-discriminacoes-abusivas-02022022.

______. Regulação de conteúdos em plataformas digitais. Não invoquemos a liberdade de expressão em vão. *Jota*. https://www.jota.info/opiniao-e-analise/colunas/constituicao-empresa-e-mercado/regulacao-de-conteudos-em-plataformas-digitais-22032023.

______. Mercado de reputação. O marketing 4.0 e o "vale-tudo" informacional para construir artificialmente reputações. https://www.jota.info/opiniao-e-analise/colunas/constituicao-empresa-e-mercado/regulacao-de-conteudos-em-plataformas-digitais-22032023.

______. A democracia corre perigo. Algoritmos como armas de propaganda política. *Jota*. https://www.jota.info/opiniao-e-analise/colunas/constituicao-empresa-e-mercado/regulacao-de-conteudos-em-plataformas-digitais-22032023;

______. PL das Fake News e a importância da transparência e da responsabilidade. É preciso assegurar um fluxo informacional adequado para o mercado, o debate público e a própria democracia. *Jota*. https://www.jota.info/opiniao-e-analise/colunas/constituicao-empresa-e-mercado/pl-das-fake-news-e-a-importancia-da-transparencia-e-responsabilidade-27042022.

______. Geopricing e geoblocking: as novas formas de discriminações de consumidores. *Jota*, https://www.jota.info/opiniao-e-analise/colunas/constituicao-empresa-e-mercado/geopricing-e-geoblocking-as-novas-formas-de-discriminacao-de-consumidores-15082018

______. Autoritarismo no século XXI. O que alguns modelos de negócio têm a ver com isso? *Jota*. https://www.jota.info/opiniao-e-analise/colunas/constituicao-empresa-e-mercado/democracia-crise-e-autoritarismo-no-seculo-xxi-29062022.

______. O mercado da desinformação e suas repercussões sobre a democracia. Algumas das importantes discussões que decorrem da recente decisão do TSE sobre a chapa Bolsonaro-Mourão. *Jota.* https://www.jota.info/opiniao-e-analise/colunas/constituicao-empresa-e-mercado/mercado-desinformacao-repercussoes-democracia-03112021.

______. Sorria: o Estado brasileiro está de olho em você. A urgência de se assegurar uma política efetiva de proteção de dados diante do Poder Público. *Jota.* https://www.jota.info/opiniao-e-analise/colunas/constituicao-empresa-e-mercado/sorria-o-estado-brasileiro-esta-de-olho-em-voce-26052021

______. Serie sobre Discriminação algorítmica (16 artigos). *Jota.* https://www.jota.info/opiniao-e-analise/colunas/constituicao-empresa-e-mercado/discriminacao-algoritmica-16062021

EUROPEAN COMISSION. *The Precautionary Principle: decision-making under uncertainty.* https://ec.europa.eu/environment/integration/research/newsalert/pdf/precautionary_principle_decision_making_under_uncertainty_FB18_en.pdf

G1. Twitter oferece recompensas a quem corrigir vieses raciais e existias em seus algoritmos. https://g1.globo.com/economia/tecnologia/noticia/2021/08/02/twitter-oferece-recompensas-a-quem-corrigir-vieses-raciais-e-sexistas-em-seus-algoritmos-de-corte-de-imagens.ghtml

GILLIS, Talia B., The Input Fallacy. https://papers.ssrn.com/sol3/papers.cfm?abstract_id=3571266.

KAHNEMAN, Daniel; SIBONY, Olivier; SUNSTEIN, Cass. *Noise: A Flaw in Human Judgment.* Little, Brown Spark, 2021.

KAY, John; KING, Mervin. *Radical Uncertainty. Decision-making beyond the numbers. New York*: W.W.Norton & Company, 2020.

SCHOMBERG, Rene von. The precautionary principle and its normative challenges. In: FISHER, Elizabeth; JONES, Judith; SCHOMBERG, Rene von. *Implementing the precautionary principle. Perspectives and Prospects,* Edward Elgar.

STIRLING, Andy, Precaution in the Governance of Technology. https://www.researchgate.net/publication/321912227_Precaution_in_the_Governance_of_Technology

TALEB, Nassim Nicholas. *A lógica do cisne negro. O impacto do altamente improvável.* Tradução Marcelo Schild. Rio: Best Business, 2018.

Artigo em homenagem a Danilo Doneda

Bruno Ricardo Bioni[1]
Isabela de Araújo Santos[2]
Marcella Queiroz de Castro[3]

I. Introdução

Este artigo compõe obra em homenagem ao nobre e grande Jurista Danilo Doneda e, assim como as páginas que o circundam e o livro que integra, deseja, à sua própria maneira, prestar seu tributo a quem deixou não só um legado, mas também saudade.

A metodologia de pesquisa que deu origem a este texto mescla biografia e bibliografia. Partiu-se de averiguação da caminhada de vida de Doneda, enquanto acadêmico, ativista intelectual, orientador e gestor político, e acoplou-se a estes dados a sua trajetória de escrita, de participação em seminários, audiências públicas, comissões de jurista e patrocínio jurídico, com realização de sustentação oral, em julgamentos de extrema relevância para o campo da Proteção de Dados Pessoais.

Com o objetivo de identificar a essência do projeto político-intelectual de Danilo Doneda, este artigo foi dividido em duas seções: A primeira delas mapeou a biografia de Doneda, destacando suas principais referências intelectuais e políticas, como Arthur Miller e Stefano Rodotà, apontando a atuação de Doneda enquanto um exímio acadêmico, notável gestor público e artífice político, e repisando as suas contribuições, que hoje permitem discutir Justiça de Dados e Proteção de Dados Pessoais no Brasil em nível de destaque, com produção de marcos normativos de ponta sobre o ainda incipiente tema.

A segunda seção, intitulada "Dados, informação e Justiça", destacou, primeiramente, a gramática das obras de Doneda, a qual, desde o prin-

---

1 Bruno Ricardo Bioni é Diretor e Cofundador do Data Privacy Brasil, bem como Sócio-fundador da Bioni Consultoria. Doutor e Mestre pela Universidade de São Paulo/USP, é Membro titular do Conselho Nacional de Proteção de Dados (CNPD) e da Comissão de Proteção de Dados do CNJ. Compôs também a Comissão do Senado Federal de juristas sobre Inteligência Artificial no País.

2 Isabela de Araújo Santos é Bacharela em Direito pela Universidade de Brasília/UnB, Advogada e Consultora Jurídica na Bioni Consultoria.

3 Marcella Queiroz de Castro é Bacharela em Direito pela Universidade de Brasília/UnB, Advogada e Pesquisadora na Bioni Consultoria.

cípio, interrelaciona e reforça o ser humano como foco dos direitos fundamentais atinentes aos dados; em um segundo momento, apontou-se uma preocupação constante de Doneda em seus escritos: os dados e o fenômeno de poder que os revolvem enquanto informação, poder este dividido em assimetria notável entre o agente de tratamento, por tanto tempo desregulado, detentor da informação e dos conhecimentos técnicos; e o titular de dados, cujo consentimento é atrofiado em decorrência da assimetria informacional e da hipossuficiência técnica.

Por fim, a terceira seção deste artigo culmina em destaque na materialidade do projeto de Doneda, o que pode-se chamar de "Estatuto Jurídico da Informação". O laureado autor, em seus percursos intelectuais e políticos, jamais quis se ater a "tão somente" uma Lei Geral de Proteção de Dados, pois, embora inconteste a relevância de sua criação e vigência, bem como de sua integração ao restante do ordenamento jurídico, Doneda sabia, de forma precursora, da relevância de janelas e diálogos entre sistemas normativos específicos e contribui ativamente de outros atos normativos como o Marco Civil da Internet, a Lei de Acesso à Informação e a Lei do Cadastro Positivo, demonstrando seu intuito e projeto final de criar um sistema de governança amplo da informação.

O fio condutor pelo qual se guiaram as próximas páginas foi a identificação da essência do projeto político intelectual de Danilo Doneda para além da Lei Geral de Proteção de Dados, projeto que se concretiza em discussões contemporâneas como a "justiça de dados"[4] e a "codeliberação informacional"[5] e, principalmente, se materializa na criação, por luta de vida do autor em destaque, do "estatuto jurídico da informação"[6]. Em conclusão, aponta-se como o propósito político de Doneda, de sua trajetória enquanto autor, gestor e político, perceptível em marcos normativos e discussões doutrinárias, serve como um monumento às gerações que vieram e que virão; suas ideias permanecerão no que já fora escrito e seus ideais como uma página sempre aberta para o avanço,

---

4 TAYLOR, L.; FLORIDI, L.; VAN DER SLOOT, B. *Group privacy: new challenges of data technologies.* Dordrecht: Springer, 2017.

5 BIONI, Bruno Ricardo. *Regulação e Proteção de Dados Pessoais – O Princípio da Accountability.* 1ª ed. Rio de Janeiro: Editora Forense, 2022.

6 DONEDA, Danilo. *Da Privacidade à Proteção de Dados Pessoais: Fundamentos da Lei Geral de Proteção de Dados.* 2ª ed. São Paulo: Thomson Reuters Brasil Conteúdo e Tecnologia LTDA, 2020

contagiando e fervendo na mente de cada um daqueles cujo amor pela luta de Proteção de Dados Pessoais foi despertado por Danilo Doneda.

II. Biografia: linha do tempo de um artífice polivalente

No 13º Seminário de Proteção à Privacidade e aos Dados Pessoais, Danilo Doneda repetiu dizeres de um jurista muito conhecido e com quem muito aprendeu: Norberto Bobbio. Como palestrante, finalizando sua fala sobre a produção normativa em Inteligências Artificiais generativas, Doneda relembrou o jurista e destacou: "*os direitos nascem quando são necessários, talvez estejamos agora na iminência de um nascimento, em que há necessidade da regulamentação*".

Humilde e bem humorado como sempre, Doneda falou naquela oportunidade de um "talvez" enquanto, em sua cabeça, já se tinha a certeza da necessidade, bem como existia a vontade de participar da construção de como se daria essa regulamentação. O jurista, que deixou um enorme legado e que, nestas páginas, é homenageado, não só tinha certeza da necessidade de regulamentação dos novos direitos associados ao mundo digital, como foi um dos maiores precursores do assunto, um visionário que dedicou sua vida, como um projeto político, a delinear a integração harmoniosa do humano com o digital, com a certeza de que somente a adequada regulamentação permitiria a fruição de direitos fundamentais e asseguraria a própria cidadania na sociedade da informação.

Notável acadêmico, exímio gestor público e artífice político do tema de Proteção de Dados dentro e fora do Brasil, bem como pai, marido, orientador e amigo. A dificuldade em realizar o proposto neste tópico biográfico reside justamente na não linearidade de Doneda, que, como estava sempre à frente de seu tempo, deixou-nos com uma cronologia não linear, cuja compreensão é mais fácil quando analisada pelas funções exercidas e não pelo ano de ocorrência. Doneda possuía facilidade em enxergar para além e compreender, enquanto para os outros ainda eram fascínios, que as mudanças tecnológicas que chegavam viriam a suscitar perplexidades, romper paradigmas, bifurcar entendimentos e exigir do jurista moderno mais do que a sequencialidade, mais do que a continuidade, mas exigiria o múltiplo, o exercício de diversos papéis, assim como o foi, concomitantemente: acadêmico, gestor e político.

Enquanto aluno, Doneda se formou em Direito pela Universidade Federal do Paraná (UFPR), período no qual já delineava sua trajetória política ao assumir, aos 21 anos, a direção do DCE da Universidade Federal e, com essa função, organizar eventos que convidaram nobres palestrantes e abriram caminho para gerações futuras de diálogos e relações acadêmicas. Finda a graduação, Doneda rumou sua trajetória de estudos para outro estado, agora, na Universidade Estadual do Rio de Janeiro (UERJ), concluiu, nas palavras de seu próprio orientador, Dr. Gustavo Tepedino, "de maneira brilhante o mestrado e o doutorado"[7].

Durante seu doutorado, com apoio da UERJ e de seu orientador Tepedino, Doneda se mudou para a Itália para aprofundar suas pesquisas sobre a proteção de dados pessoais. Em solo europeu, foi recepcionado pelo jurista italiano Stefano Rodotà, uma de suas maiores influências intelectuais e que permitiu que Doneda se aprofundasse nas leituras de autores como Arthur Miller, Vittorio Frosini, Spiros Simitis e Pierre Catala, e que se aproximasse dos debates vanguardistas sobre privacidade e proteção de dados, diferenciando, já nos anos 2000, a privacidade isolada, como direito de ser deixado só, e a proteção de dados, como um direito fundamental habilitador de outras liberdades individuais e públicas e, em última análise, da própria democracia.

Doneda viveu seis anos na Itália com sua esposa Luciana. Ao retornar ao Brasil, propulsionou, na América Latina, o debate sobre proteção de dados pessoais que já era pauta regular no velho continente. No Brasil, em sincronia com seus estudos, caminhava a carreira de gestor público de Doneda que, em 2014, assumiu o cargo de Coordenador Geral da Secretaria Nacional do Consumidor do Ministério da Justiça[8], sob o qual coordenou a redação do Anteprojeto de Lei de Proteção de Dados, base para o que viria a ser a LGPD, integrou a Comissão de Juristas da Câmara dos Deputados para redação de projeto de lei sobre proteção de

7 "No dia 4.12.2022, o Direito Civil brasileiro perdeu, com profunda tristeza, o Professor Danilo Doneda, aos 52 anos. Paranaense, egresso da conceituada Universidade Federal do Paraná, integrou-se em 1996 ao Programa de Pós-Graduação em Direito da UERJ, onde cursou e concluiu, de maneira brilhante, o mestrado e o doutorado, tornando-se um dos líderes da nossa Escola do Direito Civil-Constitucional." (TEPEDINO, Gustavo. *Editorial: Danilo Doneda, jurista exemplar, o amigo inesquecível*. Revista Brasileira de Direito Civil – RBDCivil | Belo Horizonte, v. 32, nº 1, pp. 11-13, jan./mar. 2023. Disponível em: <https://rbdcivil.emnuvens.com.br/rbdc/article/view/945/592>. Acesso em 30.10.23).

8 Antes de assumir o cargo, o qual foi precedido pela Dra. Laura Schertel, Danilo Doneda foi Coordenador-Geral na Secretaria Nacional do Consumidor do Ministério da Justiça.

dados nos setores de segurança pública e investigação criminal e participou do Grupo de Trabalho sobre proteção de dados e informações judiciais do Conselho Nacional de Justiça[9].

A experiência do emérito jurista não se limitava por fronteiras, enquanto artífice e articulador político, foi convidado para congressos em Cartagena[10], na Colômbia, e requisitado a compor mesa no debate sobre a reforma da Lei de Proteção de Dados argentina[11]. Também compôs o conselho consultivo de entidades como o Projeto *Global Pulse,* da Organização das Nações Unidas; o projeto Criança e Consumo, do Instituto Alana; e o projeto Open Knowledge Brasil. Ainda, foi pesquisador convidado na Autoridade de proteção de Dados Italiana pela Universidade de Camerino e recepcionado pesquisador pelo Instituto Max Planck de Direito privado comparado em Hamburgo, na Alemanha. Como legado de orgulho nacional, Doneda foi o primeiro brasileiro a

9 "Doutor em Direito Civil pela Universidade do Estado do Rio de Janeiro (UERJ). Professor no Instituto Brasiliense de Direito Público (IDP). Membro indicado pela Câmara dos Deputados para o Conselho Nacional de Proteção de Dados e Privacidade. Diretor do CEDIS/IDP (Centro de Estudos de Internet e Sociedade). É membro do Conselho Diretor da IAPP (International Association of Privacy Professionals). Foi Coordenador-Geral na Secretaria Nacional do Consumidor do Ministério da Justiça, onde coordenou a redação do Anteprojeto de Lei de proteção de dados, a base da Lei Geral de Proteção de Dados. Membro da Comissão de Juristas da Câmara dos Deputados para redação de projeto de lei sobre proteção de dados nos setores de segurança pública e investigação criminal. Membro do Grupo de Trabalho sobre proteção de dados e informações judiciais do Conselho Nacional de Justiça. Membro dos conselhos consultivos do Projeto Global Pulse (ONU) e do Projeto Criança e Consumo (Instituto Alana). Foi pesquisador visitante na Autoridade Garante para a Proteção de Dados em Roma (Roma, Itália), na Università degli Studi di Camerino (Camerino, Itália) e no Instituto Max Planck para Direito Privado Comparado e Internacional (Hamburgo, Alemanha)." (DONEDA, Danilo Cesar Maganhoto. *Currículo do sistema Currículo Lattes.* Disponível em: <http://lattes.cnpq.br/1757295619025058>. Acesso em 30.10.23).

10 DONEDA, Danilo . Notas sobre a proteção de dados pessoais no direito brasileiro. In: *Seminario Iberoamericano de protección de datos,* 2007, Cartagena de Indias. Documentación Seminarios. Cartagena de Indias, 2007.

11 ARGENTINA. *Beatriz Anchorena presentó la actualización de la Ley de Protección de Datos Personales.* 2022. Disponível em: < https //www.argentina.gob.ar/noticias/beatriz-anchorena-presento-la-actualizacion-de-la-ley-de-proteccion-de-datos-personales>. Acesso em 30.10.23.

ser nomeado *board director* da International Association of Privacy Professionals (IAPP)[12].

Se hoje algo marca a produção normativa brasileira como referência internacional e expoente no âmbito de proteção de Dados Pessoais muito se deve a Danilo Doneda. Doneda foi um dos principais artífices do que podemos chamar de "estatuto jurídico da informação", composto pela Lei de Acesso à Informação (Lei nº 12.527 de 2011), Lei do Cadastro Positivo (Lei nº 12.414 de 2011), Marco Civil da Internet (Lei nº 12.965 de 2014), Lei Geral de Proteção de Dados (Lei nº 13.709 de 2018) e, por fim, pela Emenda Constitucional nº 115 de 2022, que reconheceu no rol do art. 5º de Direitos Fundamentais, mas somente após a declaração do STF, também articulada e influenciada por Doneda, o direito fundamental de proteção de dados pessoais.

Antes mesmo da discussão legislativa sobre um direito constitucionalizado à proteção de dados pessoais, Doneda já travava a luta pela tutela dos dados no âmbito judiciário, tendo exercido papel central no julgamento de dois casos no STF sobre a utilização abusiva de dados pessoais: a ADI nº 6649, cujo objeto era o Decreto nº 10.046 de 2019 que dispunha sobre o compartilhamento de dados no âmbito da Administração Pública Federal e no qual, em sessão de julgamento, Doneda realizou sustentação oral em nome do Conselho Federal da OAB[13] pela inconstitucionalidade do ato normativo; e a ADI nº 6387 (julgada em conjunto com as ADIs nº 6388, 6390 e 6393), conhecida como "Caso IBGE", que decretou a inconstitucionalidade da Medida Provisória nº 954 de 2020 que permitia o compartilhamento de dados pessoais de empresas telefônicas com o IBGE, na oportunidade, Doneda sustentou em nome do Requerente Partido Socialista Brasileiro (PSB)[14]. Ambos casos emblemáticos que reforçaram o caminho para o reconhecimento legislativo, via emenda constitucional, de um Direito à Proteção de Dados Pessoais, facilitado pelo reconhecimento judicial anterior.

---

12 BRYANT, Jennifer. *Privacy community mourns death of Danilo Doneda, Brazilian data protection 'trailblazer'.* 2022. Disponível em: <https://iapp.org/news/a/danilo-doneda-was-heart-and-soul-of-brazilian-data-protection-law/>. Acesso em 30.10.23.

13 DONEDA, Danilo. *Sustentação oral na ADI nº6649*. Civilistica.com. Rio de Janeiro, a.11, nº 3,2022. Disponível em: <http://civilistica.com/sustentacao-oral-na-adi-6649/>. Acesso: 08 out. 2023.

14 Sustentação oral de Danilo Doneda na Sessão de julgamento do STF em 6 de maio de 2020 pelo Requerente Partido Socialista Brasileiro (PSB). Disponível em: https://youtu.be/NiIuWw9IxzE?si=QWJZK8KzztRBQ8bi&t=3038.Minutagem 00:50:38 até 1:05:50.

Em um cenário de mudanças sociais tão intensas, rápidas e profundas como as que trazem as tecnologias, existe uma tensão entre o social mutável e o direito demorado. Como em diversos momentos de crise, o cenário digital exige do Direito olhares novos, sensíveis à história e abertos ao diálogo multidisciplinar. As maneiras que existem hoje de se capturar, armazenar e utilizar dados, de formas e em volumes até então inimagináveis, exigiram uma visão crítica, para além do fascínio com as facilidades de comunicação e do cotidiano aportadas por tecnologias, para preservar uma "Justiça dos Dados" e assegurar as garantias do ser humano inserido na sociedade datificada.

Em pouco tempo, embora ainda em um primeiro estágio de maturação com a consolidação de marcos normativos como a LGPD, assistiu-se uma mudança vocabular e uma alteração de foco na temática da literatura jurídica. Foi diante desse cenário crítico que adveio a acuidade e o brilhantismo de Danilo Doneda, cuja capacidade acadêmica, política e estrategista, bem como a visão heterodoxa para campos tão segmentados e a impossibilidade de manter-se inerte frente a violações de direitos tão imprescindíveis o levaram a tomar consciência da importância dos direitos digitais para a preservação das mais basilares garantias humanas e aportar esse importante debate aos cantos de diversos campos do conhecimento, tornando possível, hoje em dia, se falar em direito digital, em justiça de dados e em direito a proteção de dados pessoais.

Direitos nascem quando precisam nascer, mas não sozinhos; nascem quando a realidade social se altera e o direito, que não pode ser apartado analiticamente do real, encontra, dentre seus operadores, os juristas com a sensibilidade para compreender com clareza a relação entre as mudanças sociais e as mudanças legais que precisarão surgir. Uma lição atemporal que sempre pautará o papel, as possibilidades e os limites do direito frente aos impactos da tecnologia sobretudo para a não erosão da capacidade de autodeterminação das pessoas.

III. Dados, informação e Justiça

III.A. Pessoa em primeira lugar e uma gramática de direitos fundamentais e de personalidade

"Da privacidade à Proteção de Dados Pessoais"[15], livro publicado em 2006, com edição revista e atualizada em 2020 pela Editora Thomson

15 DONEDA, Danilo. *Da Privacidade à Proteção de Dados Pessoais*: Fundamentos da Lei Geral de Proteção de Dados. 2ª ed. São Paulo: Thomson Reuters Brasil Conteúdo e Tecnologia LTDA, 2020.

Reuter; "A proteção dos dados pessoais como um direito fundamental"[16] artigo escrito em 2011 e publicado na revista de periódicos Espaço Jurídico; "A vida na sociedade da vigilância: a privacidade hoje"[17] publicado em 2008 na Revista Renovar; "A dimensão do Direito à Privacidade e aos Dados Pessoais na Sociedade"[18], palestra realizada em 2020 no 11º Seminário de Privacidade organizado pelo CGI.br e pelo NIC.br são alguns dos artigos, livros e palestras realizados por Doneda que demonstram, desde o título, o projeto político de proteção de dados pessoais arquitetado pelo autor aqui homenageado. Desde o anúncio de seus escritos, logo em suas primeiras linhas, Doneda já mostrava a que veio: o artigo que seria lido, a fala de sua palestra ou o livro aberto tratariam de dados pessoais, não pelo viés dos dados, mas pela gramática de quem entende ser devida a proteção do titular dos dados, da pessoa inserida na sociedade digitalizada e cuja falta de controle de sua pessoalidade tem reflexos e impactos reais.

Doneda defendeu a proteção de dados pessoais como um Direito Fundamental e pautou os debates para que fosse possível, hoje em dia, ver-se insculpido na Constituição Federal da República de 1988, no rol de direitos do art. 5º, LXXIX, que "é assegurado, nos termos da lei, o direito à proteção dos dados pessoais, inclusive nos meios digitais." A acepção da proteção de dados pessoais, politicamente trabalhada e defendida por Doneda, parte da premissa de tratar a pessoa como vértice e detentora desse direito, sempre retomando a quem pertence e para quê serve a proteção de informações pessoais.

A pessoa, para além das visões filosóficas, morais e afetivas, é, para o mundo jurídico, um polo de imputação de direitos e deveres. Nesse

---

16 DONEDA, Danilo. A proteção dos dados pessoais como um direito fundamental. *Espaço Jurídico Journal of Law [EJJL], 12*(2), 91–108. 2011. Disponível em: https://periodicos.unoesc.edu.br/espacojuridico/article/view/1315. Acesso em 16 out. 2023.

17 RODOTÀ, Stefano; MORAES, Maria Celina Bodin de; DONEDA, Danilo; DONEDA, Luciana Cabral. A Vida na Sociedade da Vigilância: A Privacidade Hoje / Life in the Surveillance Society: Privacy Today. Rio de Janeiro: Renovar, 2008. p. 381. Disponível em: https://pesquisa.bvsalud.org/portal/resource/pt/biblio-1081769. Acesso em 16 out. 2023.

18 DONEDA, Danilo. Palestra "A dimensão do direito à privacidade e aos dados pessoais na sociedade." Apresentada no 11º Seminário de Proteção à Privacidade e aos Dados Pessoais, organizado pelo CGI.br e NIC.br, 17-20 de novembro de 2020. Disponível em: <https://www.youtube.com/watch?v=bl9DGjT7c-4>. [Minutagem 00:50:38 até 1:05:50] Acesso em 16 out. 2023.

sentido, Doneda desenvolveu sua doutrina considerando a necessidade de proteger o titular, cujas informações a ele vinculadas, dispostas displicentemente, sem a regulação adequada, definirão, ou melhor, impedirão a própria autonomia, identidade e liberdade do cidadão contemporâneo, impactando sua esfera de dignidade da pessoa humana.

Cabe aqui, como exemplo claro da gramática utilizada por Doneda, citar a construção do exemplar artigo intitulado "A proteção dos dados pessoais como um direito fundamental", publicado em 2011 na revista de periódicos Espaço Jurídico[19], o qual, em toda sua linguagem, corrobora com o ponto do presente tópico. Doneda inicia sua defesa destacando a principalidade da pessoa cujos dados se voltam e conceituando "informação pessoal" nos termos que viriam a ser adotados pela própria LGPD. O direito à proteção de dados pessoais trata, por lógico, de informações da personalidade. Essas, na visão do homenageado e de seus referenciais teóricos, devem possuir um vínculo com uma pessoa, revelando informações referentes às características ou aos comportamentos dela[20]. Essa distinção faz-se necessária pois, sem o estabelecimento desse vínculo objetivo com a pessoa, outros dados que não são informações pessoais, embora versem sobre um indivíduo, mesmo sem ter a própria pessoa como objeto da informação, extirpando-a do vértice da tutela que se almeja alcançar[21]. Novamente, consoante trecho que se

19 DONEDA, Danilo. A proteção dos dados pessoais como um direito fundamental. *Espaço Jurídico Journal of Law [EJJL], 12*(2), 91–108. 2011. Disponível em: https://periodicos.unoesc.edu.br/espacojuridico/article/view/1315. Acesso em 16.10.2023

20 "A informação pessoal, aqui tratada, deve observar certos requisitos para sua caracterização. Determinada informação pode possuir um vínculo objetivo com uma pessoa, revelando algo sobre ela. Este vínculo significa que a informação se refere às características ou ações desta pessoa, que podem ser atribuídas a ela em conformidade à lei, como no caso do nome civil ou do domicílio, ou então que são informações provenientes de seus atos, como os dados referentes ao seu consumo, informações referentes às suas manifestações, como sobre opiniões que manifesta e tantas outras." (DONEDA, Danilo. A proteção dos dados pessoais como um direito fundamental. *Espaço Jurídico Journal of Law [EJJL], 12*(2), 91–108. 2011.)

21 "[...] importante estabelecer esse vínculo objetivo, pois ele afasta outras categorias de informações que, embora também possam ter alguma relação com uma pessoa, não seriam propriamente informações pessoais: as opiniões alheias sobre esta pessoa, por exemplo, a princípio não possuem esse vínculo objeto; também a produção intelectual de uma pessoa, em si considerada, não é per se informação pessoal (embora o fato de sua autoria o seja). Podemos concordar com Pierre Catala, que identifica uma informação pessoal quando o objeto da informação é a

transcreve, o autor destaca em sua redação o posicionamento primordial do indivíduo:

> O Conselho Europeu, por meio da Convenção de Strasbourg, de 1981, ofereceu uma definição que condiz com essa ordem conceitual. Nela, informação pessoal é "qualquer informação relativa a uma pessoa singular identificada ou susceptível de identificação." É explícito, portanto, o mecanismo pelo qual é possível caracterizar uma determinada informação como pessoal: o fato de estar vinculada a uma pessoa, revelando algum aspecto objetivo desta.[22]

A construção doutrinária de Doneda permitiu que as garantias e princípios relacionados à proteção de dados pessoais se afastasse da mera privacidade e passassem a serem vistas em uma ótica ampliada, pela qual outros interesses do indivíduo devem ser sopesadas, ainda mais quando tomada em consideração as diversas formas novas de tratamento de dados pessoais e os riscos concretos de exposição e utilização indevida ou abusiva de dados pessoais. No já supracitado artigo, Doneda argumentou como a construção legislativa sobre o tema deveria se voltar, e agora o faz, muito por participação do autor, para a inclusão da proteção de dados como um direito fundamental. Porém, antes, tanto pela falta de experiência com a tecnologia, quanto pelas incertezas de seu uso, a "gramática de tais leis" eram "tecnocráticas" e "condicionadas pela informática" sem o enfoque mais importante, "sem prever a participação do cidadão".

> A falta de experiência no tratamento com tecnologias ainda pouco familiares, aliada ao receio de um uso indiscriminado dessa tecnologia, sem que se soubesse ao certo suas consequências, fez com que se optasse por princípios de proteção, não raro bastante abstratos e amplos, focalizados basicamente na

própria pessoa" (DONEDA, Danilo. A proteção dos dados pessoais como um direito fundamental. *Espaço Jurídico Journal of Law [EJJL], 12*(2), 91–108. 2011).

22 DONEDA, Danilo. A proteção dos dados pessoais como um direito fundamental. *Espaço Jurídico Journal of Law [EJJL], 12*(2), 91–108. 2011. Disponível em: https://periodicos.unoesc.edu.br/espacojuridico/article/view/1315. Acesso em 16.10.2023. p. 94. Grifos nossos.

> atividade de processamento de dados, além de regras concretas e específicas dirigidas aos agentes diretamente responsáveis pelo processamento dos dados. Esse enfoque era natural, visto a motivação dessas leis ter sido a "ameaça" representada pela tecnologia e, especificamente, pelos computadores. **A estrutura e a gramática de tais leis era algo tecnocrático e condicionado pela informática – nelas, tratavam-se dos "bancos de dados", e não propriamente da "privacidade", desde seus princípios genéricos até os regimes de autorização e de modalidades de tratamento de dados,** a serem determinados ex ante, sem prever a participação do cidadão neste processo.[23]

A evolução das leis sobre tratamento de dados pessoais adveio com a ocorrência de uma mudança paradigmática, uma exceção tornada regra. A sociedade informacional, tanto pelo Estado, quanto pelas entidades privadas, já não mais pedia dados pessoais, exigia-os, sob pena de exclusão do cidadão na participação social. Surgia uma segunda onda legislativa de proteção de dados pessoais, nas quais se considera a participação do indivíduo e o contexto em que sua liberdade de decidir é condicionada, ou melhor, coibida. Passa-se, nessa segunda onda geracional, conforme Doneda, a proteger o indivíduo em sua liberdade de autodeterminação informativa.

> **Daí resulta ser necessária a instituição de mecanismos que possibilitem à pessoa deter conhecimento e controle sobre seus próprios dados – que, no fundo, são expressão direta de sua própria personalidade.** Por este motivo, **a proteção de dados pessoais é** considerada em diversos ordenamentos jurídicos como **um instrumento essencial para a proteção da pessoa humana e como um direito fundamental.**[24]

23 DONEDA, Danilo. A proteção dos dados pessoais como um direito fundamental. *Espaço Jurídico Journal of Law [EJJL]*, *12*(2), 91–108. 2011. Disponível em: https://periodicos.unoesc.edu.br/espacojuridico/article/view/1315. Acesso em 16.10.2023. p. 96. Grifos nossos.

24 *Ibid.*, p. 92. Grifos nossos.

Contudo, essa autodeterminação informativa ainda era, cabendo inclusive debater se ainda não é, um exercício de uma minoria apta a arcar com os custos da prerrogativa. Nos termos de Doneda, havia um caráter "exclusivista" que, somente com uma nova geração de leis de proteção de dados, foi possível de ser retirado o enfoque do individual para construir a noção de que a proteção informacional é voltada, além do pessoal, para o coletivo, sendo necessária a existência de instrumentos regulatórios que considerem o todo. Para Doneda, essa "progressão" geracional das leis sobre proteção de dados pessoais é marcada pela busca por uma "vinculação cada vez mais estreita com a proteção da pessoa e com os direitos fundamentais", ou seja, por uma retomada constitucional para respaldar um novo direito e tutelar a personalidade do cidadão.

Doneda abraçou, não somente no artigo mais especificamente em debate, como em sua farta construção acadêmica, a concepção de que o fenômeno da informação e a sociedade datificada alcançam uma complexidade tamanha que uma leitura rasa das garantias constitucionais, somente sob o prisma da intimidade, da privacidade isolacionista e do sigilo comunicacional, não seriam capazes de frear as ofensas à pessoa em sua dignidade humana, em sua pessoalidade, em seu direito de autodeterminação[25]. Precursor de uma ideia que hoje nos parece cristalina, influenciado por suas reflexões a partir de releituras constitucionais do Direito, matéria sobre a qual integrou, junto com o Ministro Edson Fachin no início dos anos 1990 na UFPR, grupo de estudos, Doneda ressaltou, até na escolha de palavras de seus escritos, como a representação de cada pessoa e seu reconhecimento em sociedade se dá, muitas vezes, não de forma direta, mas por seus dados pessoais. A gramática de Danilo expõe e prova o argumento: os dados de cada um são sua forma de inser-

25 "A leitura das garantias constitucionais para os dados somente sob o prisma de sua comunicação e de sua eventual interceptação lastreia-se em uma interpretação que não chega a abranger a complexidade do fenômeno da informação ao qual fizemos referência (...) Há um hiato que segrega a tutela da privacidade, esta constitucionalmente protegida, da tutela das informações pessoais em si – que, para a corrente mencionada, gozariam de uma proteção mais tênue. E este hiato possibilita a perigosa interpretação que pode eximir o aplicador de considerar os casos nos quais uma pessoa é ofendida em sua privacidade – ou tem outros direitos fundamentais desrespeitados – não de forma direta, porém por meio da utilização abusiva de suas informações pessoais em bancos de dados" DONEDA, Danilo. A proteção dos dados pessoais como um direito fundamental. *Espaço Jurídico Journal of Law [EJJL], 12*(2), 91–108. 2011. Disponível em: https://periodicos.unoesc.edu.br/espacojuridico/article/view/1315. Acesso em 16.10.2023. pp. 104-106.

ção social, "aprofundando ainda mais a íntima relação entre tais dados e a própria identidade e personalidade de cada um de nós."

Desde a linguística adotada, Doneda passava com exímio sua argumentação e ensinou como nossas informações pessoais são tremendamente caras à nós, não são completamente comodificadas, e não podem ser cedidas ou transferidas sem que isso implique diretamente em algum efeito sobre nossas vidas. Os dados são pessoais justamente porque são reflexos de nós e são atributos da nossa própria pessoa. Atualmente, se a regulação do fenômeno da informação se faz necessária é pela realidade, além da mera probabilidade, de que o tratamento desses dados pessoais tenham reflexos na nossa vida faz-se necessária para preservar aspectos muito especiais e privados da vida, mas que acabam por, descuidados, desencadear uma série de efeitos de natureza coletiva, faz-se necessária para não perdermos controle sobre a nossa pessoalidade

Doneda construiu em sua vida uma literatura que permite a compreensão dos dados pessoais para além dos números de CPF que podem ser vazados, da lista de nomes, da montagem de um perfil de compras ou das atividades em redes sociais, mas do titular de dados. A proteção de informações pessoais para Doneda, como se depreende de sua linguística, e na visão destes autores, não deve ser pensada enquanto um conjunto de *bits* e *bytes* armazenados em um enorme banco de dados em algum país de clima frio, mas como pessoas, indivíduos, fins em si mesmos, cada um com sua história, sua vida e seus direitos.

III.B. Dados e Informação como um fenômeno de poder: sua preocupação constante com um consentimento atrofiado e a ausência de política pública-institucional para a proteção do vulnerável

A complexidade que permeia o campo de proteção de dados, na tentativa de Doneda de dirimir a matematização das informações e incrementar a humanização do fluxo de dados, deve envolver a análise do alcance da base legal do consentimento. Isso porque o consentimento é definido no ordenamento jurídico pátrio como a livre, informada e inequívoca manifestação de vontade do titular em ter seus dados tratados para determinada finalidade.[26] Logo, esta hipótese legal, na teoria, aloca o poder de decisão nas mãos do próprio titular, garantindo-lhe ao máximo a autodeterminação informativa sobre o uso de seus dados pessoais.

26 Art. 5º, XII, LGPD.

Todavia, na prática, a alocação de poder na sociedade da informação, por estar intrinsecamente relacionada à detenção das informações extraídas dos dados pessoais[27], tende à concretização de uma assimetria informacional mediante o atrofiamento e a limitação do consentimento dos titulares. Através do tolhimento do poder decisório da parte vulnerável, os agentes de tratamento se beneficiam da extração de seus dados pessoais em uma lógica denominada *one way mirror*[28], em que sabem tudo sobre os titulares – enquanto estes nada sabem sobre aqueles.

Por isso a preocupação de Doneda com a avaliação da validade e eficácia do consentimento estipulado na LGPD, visto que a assimetria informacional dificulta a paridade de armas no processo decisório sobre o tratamento de dados pessoais na sociedade da informação. Para ser válido, o consentimento do titular deve ser livre, informado, inequívoco e específico (bem como expresso[29] nos casos de dados sensíveis); sendo sua eficácia vinculada ao cumprimento desses requisitos. Logo, qualquer prática por parte dos agentes de tratamento que restrinja o titular de exercer seu consentimento validamente configura um cenário de vulnerabilidade e assimetria informacional pelo qual Doneda lutou veementemente por combater.

Apesar de reconhecer que o consentimento não é um protagonista solo no cenário da proteção de dados (estando acompanhado de todas as outras hipóteses legais do art. 7º da LGPD sem distinção hierárquica), como bem lembrado no evento "Aula Aberta em Homenagem a Danilo

---

27 Apesar de usualmente utilizados como sinônimos, o dado é o estado primitivo da informação, sua matéria-prima. – DONEDA, Danilo. *Da privacidade à proteção de dados pessoais*. Rio de Janeiro: Renovar, 2006, p. 152.

28 PASQUALE, Frank. *The black box society*. The secret algorithms that control money and information, Cambridge: Harvard University Press, 2015.

29 Em complemento e convergência com a definição da LGPD, o GDPR, em seu artigo 4 (11), define o consentimento como: "(...) uma **manifestação livre, específica, informada e explícita**, pela qual o titular dos dados aceita, mediante **declaração ou ato positivo inequívoco**, que os dados pessoais que lhe dizem respeito sejam objeto de tratamento" (grifos nossos) – UNIÃO EUROPEIA. *Regulation (EU) 2016/679 of the European Parliament and of the Council of 27 April 2016 on the protection of natural persons with regard to the processing of personal data and on the free movement of such data, and repealing Directive 95/46/EC (General Data Protection Regulation)*, Art. 4 (11): Definitions, 2016. Disponível em: <https://gdpr-info.eu/art-4-gdpr/>, Acesso em:30 out. 2023.

Doneda: Dados, Informação e Justiça"[30], Doneda confirmou sua relevância enquanto empoderamento do titular e concretização do direito à proteção de dados no ordenamento jurídico brasileiro. Nesta mesma ocasião em homenagem a Danilo Doneda, foi rememorado que sua visão em torno do consentimento era voltada à proteção dos vulneráveis das relações jurídicas e sobretudo à ampliação do componente humano na proteção de dados, de modo a incentivar o livre exercício da autodeterminação informativa enquanto alicerce do equilíbrio de poder.

Vale pontuar, ainda, que sua preocupação com a aplicação de salvaguardas aos vulneráveis não se resumiu a cenários de atrofiamento do consentimento, mas também à verificação da ausência de políticas públicas voltadas para esse objetivo específico. Por essa razão, Doneda defendia o desenvolvimento de políticas institucionais pelo Poder Público capazes de proteger os titulares de dados dos riscos decorrentes das assimetrias informacionais.

Tanto o é que, de acordo com Danilo Doneda, no capítulo 23 da obra "Tratado da Lei Geral de Proteção de Dados", de cuja coordenação e organização participou, descreve que a criação da própria Autoridade Nacional de Proteção de Dados (ANPD) foi fruto de uma adaptação da estrutura organização da Administração Pública brasileira para o atendimento das demandas sociais advindas do direito à proteção de dados pessoais.[31] Doneda defendia que, apesar da notável influência de experiências estrangeiras na instituição da ANPD e do direito à proteção de dados no Brasil,[32] a criação da autoridade não deveria ser uma mera adaptação do que já fora experienciado no exterior, mas sim um aparato estatal independente e com poder sancionatório capaz de salvaguardar os cidadãos brasileiros.

30 DATA PRIVACY BRASIL. BIONI, Bruno. SCHERTEL, Laura. ZANATTA, Rafael. *Aula Aberta – Dados, Informação e Justiça: Homenagem a Danilo Doneda*, publicado em 17 jul. 2023. Disponível em: <https://www.youtube.com/watch?v=U1BFTK_sHtU>. Acesso em 30 out. 2023.

31 DONEDA, Danilo. A Autoridade Nacional de Proteção de Dados e o Conselho Nacional de Proteção de Dados. In: MENDES, Laura Schertel et al. (coord.). *Tratado de Proteção de Dados Pessoais*, 2ª ed., Rio de Janeiro: Forense, 2023, pp. 464-466.

32 DONEDA, Danilo. Panorama histórico da proteção de dados pessoais. In: MENDES, Laura Schertel et al. (coord.). *Tratado de Proteção de Dados Pessoais*, 2ª ed., Rio de Janeiro: Forense, 2023.

Para Doneda, a ANPD se configura, portanto, como uma "autoridade de garantia"[33], isto é, uma autarquia pública que garante a tutela de direitos fundamentais através da instituição de obrigações positivas por parte do Estado. Isso porque, apesar de o campo da proteção de dados ter a previsão, na LGPD, de garantias da seara individual - em convergência e similaridade com o Direito Civil -, o tratamento de dados tem reflexo coletivo em toda a sociedade. Como refletido por Doneda no 11º Seminário de Privacidade e Proteção de Dados do CGI, devem ser considerados os aspectos sociais e democráticos quando aplicada a regulação do fluxo de dados na sociedade da informação para que, inclusive, os riscos às individualidades sejam mitigados.

Mais do que essa visão da proteção de dados enquanto um direito difuso, Doneda sempre alertou, ao relembrar dos contornos da natureza jurídica da ANPD, de que a materialização deste direito é necessariamente um empreendimento colaborativo. A partir desse pressuposto, um dos autores deste artigo defende, assim como o homenageado, uma visão mais ampla e alargada da privacidade e da proteção de dados pessoais, compreendida para além de uma dimensão individual, mas sim coletiva e titularizada não só por indivíduos, como também por nodos de governança plurais via codelibração informacional[34] - e não mais apenas pela autodeterminação na esfera individual.

Logo, Danilo Doneda brilhantemente inferiu que, além da análise de validade e eficácia do consentimento, a implementação de políticas públicas específicas para a minimização de impactos aos titulares de dados, bem como a independência institucional da ANPD, são essenciais para a paridade de armas no embate contemporâneo pelo balanceamento entre aumento da autodeterminação e diminuição do poder de dominação informacional.

III.C. Por um estatuto jurídico da informação: uma leitura sempre integrada da governança de dados contra um isolacionismo do direito à proteção de dados

A luta pela reivindicação da proteção de dados enquanto direito fundamental e salvaguarda dos titulares contra assimetrias de poder, por parte de Doneda, nunca se resumiu simplesmente à criação da Lei

33 DONEDA, *Op. cit.*, 2023, p. 464.

34 BIONI, *Op cit.*, 2022.

Geral de Proteção de Dados. Como visto, sua caminhada intelectual e política foi muito além da aprovação e vigência da LGPD e começou muito antes da elaboração de seu anteprojeto.

Nessa senda, a contribuição de Doneda à elaboração do Marco Civil da Internet, da Lei de Acesso à Informação, do Projeto de Lei nº 17 e sua participação em diversos casos do STF sobre proteção de dados – como a já mencionada ADI nº 6.387/DF – demonstra que seu principal foco era, na realidade, a criação de um Estatuto Jurídico da Informação que abarcasse não apenas uma lei geral sobre a proteção de dados, mas também outras esferas sociais e jurídicas em que o fluxo informacional estivesse presente.

O Estatuto Jurídico da Informação seria, para Doneda, o conjunto de instrumentos jurídicos capazes de concretizar a autodeterminação informativa do cidadão em uma sociedade democrática. Isso porque condensaria os direitos e deveres de agentes de tratamento e titulares em cada hipótese de fluxo informacional identificada na contemporaneidade, considerando os dados pessoais enquanto bens jurídicos a serem tutelados e o ser humano ocupando o cerne dos debates de salvaguardas.[35]

Através dessa lente, conflitos aparentes entre normas que versam sobre o tratamento de dados comprovam a pertinência de abertura de diálogos entre esses microssistemas para a formação de um macrossistema global harmônico de governança da informação. Tal macrossistema é viabilizado pelo diálogo das fontes, que constitui um método de integração de fontes jurídicas plúrimas e não excludentes, cabendo aos aplicadores das leis coordená-las em convergência.[36]

---

35 "Nesta modalidade, os instrumentos de tutela da propriedade são utilizados para a definição do estatuto jurídico da informação pessoal, de modo a reconhecer ao interessado a faculdade – a princípio incondicionada, nos moldes proprietários – de livremente dispor sobre o uso dos dados que lhe digam respeito sem o recurso a outras modalidades de tutela." – DONEDA, Danilo. *Da Privacidade à Proteção de Dados Pessoais*: Fundamentos da Lei Geral de Proteção de Dados. 2ª ed. São Paulo: Thomson Reuters Brasil Conteúdo e Tecnologia LTDA, 2020, pp. 287-288.

36 Inspirando-se em Erik Jayme, Claudia Lima Marques e Bruno Miragem definem-no como: "'Diálogo das fontes' é uma expressão visionária, que destaca a força da Constituição (e dos Direitos Fundamentais), assim as fontes plurais não mais se excluem – ao contrário, mantêm as suas diferenças e narram simultaneamente suas várias lógicas [...], cabendo ao aplicador da lei coordená-las [...], impondo soluções harmonizadas e funcionais no sistema, assegurando efeitos úteis a estas fontes, ordenadas segundo a compreensão imposta pelo valor constitucional." – MARQUES, Claudia Lima; MIRAGEM, Bruno. O necessário diálogo entre a LGPD e

Diante disso, torna-se possível o surgimento de novas camadas regulatórias nos moldes de persecução da justiça no fluxo de dados e redução das assimetrias de poder, como foi possível verificar com o advento da Inteligência Artificial (IA) no País, que teve como ponto de partida a instalação da Comissão de Juristas responsável por subsidiar a elaboração de substitutivo sobre Inteligência Artificial no Brasil (CJUSBIA). A Comissão teve como fio condutor de redação a continuidade de uma arquitetura informacional centrada na proteção do ser humano, o que torna a criação do arcabouço regulatório da IA imprescindível para tanto.

Tal objetivo da CJUSBIA converge diretamente com o que postula Linnet Taylor em relação à justiça de dados no campo da Inteligência Artificial. A professora e pesquisadora da Universidade de Tilburg afirma que a IA deve ser parametrizada de acordo com requisitos expressamente estabelecidos de justiça para que os sistemas algorítmicos possam ser devidamente regulamentados. Isso porque a busca por clareza conceitual do que é considerado justo torna a discussão mais inclusiva de disciplinas técnicas e perspectivas jurídicas aplicadas, que são pertinentes para prevenir possíveis riscos advindos com o desenvolvimento e a aplicação da IA.[37]

o Código de Defesa do Consumidor e os novos direitos do consumidor-titular dos dados. *In*: MENDES, Laura Schertel et al. (coord.). *Tratado de Proteção de Dados Pessoais*, 2ª ed., Rio de Janeiro: Forense, 2023, p. 797.

37 Taylor ainda problematiza a questão, referindo-se à dificuldade de se alcançar a justiça social no campo da IA visto a marginalização de grupos sociais ser feita muito antes da criação e implementação das tecnologias: "All this leads up to a simple observation: the AI governance process we see in the world is surrounded by political and often visceral contestation, centring on the claims of groups whose interests have been ignored and marginalised for much longer than AI has been around. AI threatens to sharpen these forms of marginalisation precisely at a time when it is becoming possible to contest them, and this is creating a storm of protest around its governance. Technology governance has not done a good job so far of being inclusive of social justice claims, partly because it is done by lawyers and civil servants in reference to the work of natural and mathematical scientists and business – none of these being occupations where social justice claims have traditionally been considered pressing policy concerns. Instead the politicised nature of these claims has usually been seen as inappropriate and ill-mannered in the technology policy sphere, and the groups making them have been actively excluded as belonging to a different, primarily negative mode of thinking about technology governance which does nothing but create obstacles to achieving economic, scientific and geopolitical policy aims." – TAYLOR, Linnet. *Fairness and AI*

Seguindo essa linha argumentativa, durante o discurso de instauração da CJUSBIA, Danilo Doneda expôs a necessidade de concretude da Inteligência artificial no País pautada na regulação eficaz e justa, de modo a não fugir do controle humano sobre atividades essenciais. Ainda, afirmou que, para não possibilitar a erosão da autodeterminação informacional, a centralidade do elemento humano deveria ser fundamentalmente valorizada pela Comissão de maneira a diminuir os riscos aos vulneráveis da relação jurídica sob análise.

Mais uma vez, portanto, Doneda enfatizou a relevância de uma abordagem humanista da proteção de dados, não apenas na aplicação da LGPD, mas também na elaboração de normas de IA e demais dispositivos normativos que compõem o ordenamento jurídico brasileiro e versam sobre o fluxo informacional. Ainda, desse mesmo discurso, pode-se concluir que tais dispositivos devem ser conjugados de modo dialogicamente convergente e harmônico para que o resultado desse diálogo de fontes seja a emancipação informacional e o alcance da almejada justiça de dados.

IV. Conclusão

Danilo Doneda foi um visionário no que tange os direitos associados ao mundo digital; sempre esteve à frente de seu tempo, encarando a proteção de dados como ela é em sua real complexidade e sem deixar de lado sua figura principal: o titular dos dados.

Com uma obstinada atuação política e acadêmica, Doneda auxiliou não só a sociedade brasileira – com seus debates e produções que levaram à LGPD, á LAI, ao Marco Civil da Internet e outros –, como também internacionalmente foi uma figura de grande destaque quando o assunto é (não só, mas principalmente) proteção de dados.

Danilo Doneda, com sua capacidade acadêmica, política e estrategista, bem como com uma visão ampla e diversa para campos tão inovadores, construiu um projeto político de direitos digitais e de proteção de dados voltados ao humano, sempre com foco no titular de dados e permitindo que hoje possa-se falar em justiça de dados e em um estatuto jurídico da informação que respalda o indivíduo como um fim em si mesmo. Doneda deixa, além da saudade nos que tiveram a honra de

governance – responsibility and reality, April 10, 2021. Disponível em: <https://globaldatajustice.org/gdj/1897/>. Acesso em 30 out. 2023.

conhecê-lo, um legado de justiça, de proteção ao mais vulnerável e de correção de assimetrias de poder.

Referências bibliográficas

BIONI, Bruno Ricardo. *Regulação e Proteção de Dados Pessoais – O Princípio da Accountability*. 1ª ed. Rio de Janeiro: Editora Forense, 2022.

DATA PRIVACY BRASIL. *Aula Aberta – Dados, Informação e Justiça: Homenagem a Danilo Doneda*, publicado em 17 jul. 2023. Disponível em: <https://www.youtube.com/watch?v=U1BFTK_sHtU>. Acesso em 30 out. 2023.

DONEDA, Danilo. A Autoridade Nacional de Proteção de Dados e o Conselho Nacional de Proteção de Dados. In: MENDES, Laura Schertel et al. (coord.). *Tratado de Proteção de Dados Pessoais*, 2ª ed., Rio de Janeiro: Forense, 2023.

____________. A proteção dos dados pessoais como um direito fundamental. *Espaço Jurídico Journal of Law [EJJL]*, *12*(2), 91–108. 2011. Disponível em: https://periodicos.unoesc.edu.br/espacojuridico/article/view/1315. Acesso em 16 out. 2023.

DONEDA, Danilo. *Da Privacidade à Proteção de Dados Pessoais: Fundamentos da Lei Geral de Proteção de Dados*. 2ª ed. São Paulo: Thomson Reuters Brasil Conteúdo e Tecnologia LTDA, 2020.

____________. Notas sobre a proteção de dados pessoais no direito brasileiro. In: *Seminario Iberoamericano de protección de datos*, 2007, Cartagena de Indias. Documentación Seminarios. Cartagena de Indias, 2007.

____________. *Sustentação oral na ADI nº6649*. Civilistica.com. Rio de Janeiro, a.11 ,nº3,2022. Disponível em: <http://civilistica.com/sustentacao-oral-na-adi-6649/>. Acesso: 08 out. 2023.

____________. Palestra "A dimensão do direito à privacidade e aos dados pessoais na sociedade." Apresentada no 11º Seminário de Proteção à Privacidade e aos Dados Pessoais, organizado pelo CGI.br e NIC.br, 17-20 de novembro de 2020. Disponível em: <https://www.youtube.com/watch?v=bl9DGjT7c-4>. [Minutagem 00:50:38 até 1:05:50] Acesso em 16 out. 2023.

____________. Panorama histórico da proteção de dados pessoais. In: MENDES, Laura Schertel et al. (coord.). *Tratado de Proteção de Dados Pessoais*, 2ª ed., Rio de Janeiro: Forense, 2023.

MARQUES, Claudia Lima; MIRAGEM, Bruno. O necessário diálogo entre a LGPD e o Código de Defesa do Consumidor e os novos direitos do consumidor-titular dos dados. *In*: MENDES, Laura Schertel et al. (coord.). *Tratado de Proteção de Dados Pessoais*, 2ª ed., Rio de Janeiro: Forense, 2023.

PASQUALE, Frank. *The black box society.* The secret algorithms that control money and information, Cambridge: Harvard University Press, 2015.

RODOTÀ, Stefano; MORAES, Maria Celina Bodin de; DONEDA, Danilo; DONEDA, Luciana Cabral. *A Vida na Sociedade da Vigilância*: A Privacidade Hoje / Life in the Surveillance Society: Privacy Today. Rio de Janeiro: Renovar, 2008. Disponível em: <https://pesquisa.bvsalud.org/portal/resource/pt/biblio-1081769>. Acesso em 16 out. 2023.

TAYLOR, Linnet. *Fairness and AI governance* – responsibility and reality, April 10, 2021. Disponível em: <https://globaldatajustice.org/gdj/1897/>. Acesso em 30 out. 2023.

UNIÃO EUROPEIA. *Regulation (EU) 2016/679 of the European Parliament and of the Council of 27 April 2016 on the protection of natural persons with regard to the processing of personal data and on the free movement of such data, and repealing Directive 95/46/EC (General Data Protection Regulation)*, Art. 4 (11): Definitions, 2016. Disponível em: <https://gdpr-info.eu/art-4-gdpr/>, Acesso em: 30 out. 2023.

A CONDUTA HUMANA NA RELAÇÃO COM MÁQUINAS INTELIGENTES: *REFLEXÕES SOBRE STATUS MORAL E INTELIGÊNCIA ARTIFICIAL GENERATIVA*

Carlos Tolomei[1]

1. Introdução

A Inteligência Artificial – IA, como tecnologia, começa a se desenvolver na década de 1930, com especulações teóricas sobre a possibilidade de serem criadas máquinas capazes de pensar, aprender e decidir como seres humanos. Muitos trabalhos importantes daquela época poderiam ser invocados,[2] mas, dentre todos, certamente a contribuição decisiva foi de Alan Turing. O lendário britânico, em janeiro de 1937, publicou o artigo "*On computable numbers, with an application to the entscheidungsproblem*"[3], em que cogitava a criação de uma "máquina universal" capaz de executar qualquer processo de cálculo. Na mesma época, ele desenvolveu equipamento que ficou conhecido como Máquina de Turing, considerado o embrião dos computadores atuais, que apresentava uma forma de avaliar se uma máquina consegue se fazer passar por um humano em uma conversa por escrito[4]. O termo "inteligência artificial", no entanto, foi cunhado apenas em 1956, durante a famosa Conferência de

---

1 Advogado, mestre em Direito Civil pela Universidade do Estado do Rio de Janeiro e professor.

2 Em 1943, pela primeira vez ouve-se falar de redes neurais, no artigo escrito por Warren McCulloch e Walter Pitts, em que eles apresentam estruturas de raciocínio artificiais em forma de modelo matemático que imitam o nosso sistema nervoso. McCulloch, W.S., Pitts, W. "A logical calculus of the ideas immanent in nervous activity". *Bulletin of Mathematical Biophysics* 5, 115–133 (1943). Disponível em: https://doi.org/10.1007/BF02478259. Acesso em 12/06/2023.

3 "Sobre números computáveis, com uma aplicação ao problema da decisão".

4 Trata-se do Teste de Turing. A estória virou conhecido e interessante filme, com o título "O Jogo da Imitação", que retrata parte da vida do notável matemático.

Dartmouth. Assim nasceram as premissas da Inteligência Artificial, que há décadas procura aproximar homens e máquinas.

Estabelecidas suas fundações, seguiram-se permanentes avanços. Em 1959, surge o termo *machine learning*, descrevendo um sistema pelo qual os computadores executam alguma função sem serem programados diretamente para isso. Basicamente, significa alimentar um algoritmo com dados, para que a máquina aprenda a executar uma tarefa automaticamente. Em 1964, tem-se notícia do primeiro assistente virtual[5] do mundo, o ELIZA, que conversava imitando um psicanalista. Depois, por volta de 1972, o mundo conhece o Shakey[6], primeiro robô que unia mobilidade, fala e certa autonomia. Desde então, a IA alternou ciclos de euforia e prostração e, apesar de soar contraditório, os períodos de atonia foram produzidos justamente pela euforia que os antecedeu. Havia ocasional desequilíbrio diante das enormes ambições vislumbradas pela capacidade criativa da mente humana, que, num contraponto, eram represadas pelas limitações dos equipamentos disponíveis. Por isso, cada salto relevante dado na capacidade tecnológica resultou em forte repristinação no desenvolvimento da Inteligência Artificial, conduzindo-a a nível de excelência mais elevado. Mesmo claudicante, a IA sempre registrou significativos avanços.

Ao longo da década de 1960, observou-se intensa multiplicação das novidades digitais, que pululavam nas mais diversas áreas. Atento ao fenômeno, Roy Charles Amara – pesquisador e presidente do *Institute for the Future* – estudou seu impacto na sociedade e percebeu certa característica no comportamento das pessoas. Cunhou, então, a ideia de que *"nós temos a tendência de sobrestimar o efeito de uma tecnologia no curto prazo e de subestimá-lo no longo prazo"*[7]. O enunciado difundiu-se e ficou conhecido como "Lei de Amara".

Aqui se faz alusão a tal "lei" porque ela bem resume a repercussão social frente às tecnologias cognitivas. Como dito, desde os anos 1950, quando Turing exibiu sua máquina e seu teste, a Inteligência Artificial tem atravessado períodos de catarse e desconfiança. Projetos aparentemente revolucionários eram iniciados e, em pouco tempo, diante da

5 São os hoje tão conhecidos e difundidos *chatbots*.

6 Criado pelo americano Nils John Nilsson, no *SRI International*, hoje Instituto de Pesquisa de Stanford.

7 *"We tend to overestimate the effect of a technology in the short run and underestimate the effect in the long run."*

ausência de resultados concretos, abandonados como supostamente inúteis. Um caso célebre foi o do supercomputador *Wattson*[8], da IBM, ao ser utilizado em projeto na área médica. Em 2011, manchetes ao redor do mundo estampavam: "Watson, o supercomputador que promete erradicar 8 tipos de câncer".[9] Após anos investindo milhões no audacioso projeto (chamado de *Oncology Expert Advisor*), o *Anderson Cancer Center* interrompeu-o em 2016. Relatório da própria instituição médica alegou que, nada obstante os cinco anos de pesquisa, a novidade não foi capaz de ser integrada aos sistemas já existentes no hospital, tampouco algum paciente havia sido com ele tratado. Ou seja, da euforia ao ceticismo em poucos anos.

Outro ponto de inflexão bem importante, ainda mais alinhado com o uso da Inteligência Artificial, foi o surgimento e a difusão da internet. Vale lembrar que, nos anos 1960 e 1970, projetava-se para o início do século XXI uma explosão no uso da IA em robôs e muitos especulavam um planeta inundado com máquinas inteligentes e autônomas, de todo o tipo. Os radicais indicavam o surgimento, ainda que embrionário, do que se apelidou de "robô sapiens", um híbrido de homem e robô, com inteligência imensamente superior à espécie humana puramente biológica.

Todavia, as previsões formuladas algumas décadas atrás perderam espaço na esteira do esvaziamento da popularidade da Inteligência Artificial a partir de meados dos anos 1970, no período conhecido como "inverno da IA", e nada daquilo que se imaginava aconteceu. Ao invés de robôs inteligentes, o que se observou no início do século foi um impressionante aumento da conectividade, com a difusão exponencial e célere da rede mundial de computadores. O estrondoso crescimento da internet, em tão pouco tempo, surpreendeu a muitos e revelou uma nova era da informação, com uma gigantesca massa de dados (*big data*) disponível para todos, inclusive para as máquinas.

Eis aí o recente *turning point* da Inteligência Artificial, a encerrar o referido inverno. Os pesquisadores logo perceberam que o acesso dos sistemas à *big data* possibilitava largo salto para o avanço do *machine learning*. E não se tratava apenas de volume de informações, mas tam-

8 Que era conhecido por ter realizado a façanha de vencer todos os adversários em famosa competição de um programa de televisão (*Jeopardy*) nos Estados Unidos, que testa conhecimentos gerais.

9 Disponível em: https://www.tecmundo.com.br/ciencia/45898-watson-o-supercomputador-que-promete-erradicar-8-tipos-de-cancer.htm. Acesso em 18/06/2023.

bém da (então já possível) capacidade das máquinas entenderem estes dados, que foi alcançada com a evolução da internet, aportando-se na Web 3.0 e, dentro dela, naquilo que se qualifica como internet semântica.[10] Se antes, no início da rede mundial de computadores, o conteúdo gerado era apreendido e compreendido apenas pelos humanos, hoje essa habilidade se estende também aos computadores; especialmente àqueles dotados de Inteligência Artificial, que são capazes de obter e interpretar as informações fornecidas pelos usuários. Assim sendo, as máquinas podem ser ensinadas a buscar na rede informações e, no lugar de operar por simples indução, realizar todo o tipo de inferências para, *per se* e no lugar do homem, autonomamente executar tarefas inteligentes.

Fica fácil perceber que o poder da tecnologia cognitiva será verdadeiro divisor de águas, criando soluções e negócios antes inimagináveis. Contudo, apesar dos inegáveis avanços tecnológicos, e lembrando a "Lei de Amara", deve-se conter expectativas com resultados extremamente arrojados, vislumbrando, assim, um cenário de crescimento contínuo e gradual das badaladas tecnologias cognitivas[11]. De mais a mais, não se trata apenas de desenvolver a IA, pois também é fundamental que organizações, métodos, relações sociais e cultura sofram mudanças radicais e se adequem.

Fato é que nos últimos anos a Inteligência Artificial evoluiu significativamente, com aplicação em múltiplos setores: saúde, finanças, segurança, transporte e muito mais. Um dos avanços mais notáveis está no

---

10 Há quem afirme que, em ulteriores etapas de sua evolução, a Web 4.0 ou 5.0 será uma Web simbiótica, capaz de integrar gradativamente as tecnologias ao ser humano, envolvendo até sentimentos e emoções, como um cérebro paralelo ao nosso: *"This paper yields progression of largest information construct i.e. is World Wide Web and background evolution of web forms web 1.0, web 2.0, web 3.0, web 4.0 and web 5.0. Web 1.0 as web of cognition i.e. read only web, Web 2.0 as people-centric and participative web i.e. read-write web, Web 3.0 as web of knowledge connection i.e. read-writeexecution web, Web 4.0 as Ultra-Intelligent Electronic Agent i.e. read-write-execution web with concurrency and Web 5.0 as a quasi emotive web described as fifth generation web in this paper."* PATEL, Karan. Incremental journey for world wide web: introduced with Web 1.0 to recent Web 5.0: a survey paper. *International Journal of Advanced Research in Computer Science and Software Engineering*, v. 3, n. 10, p. 416, out. 2013. Disponível em: https://www.researchgate.net/publication/262562142_Incremental_Journey_for_World_Wide_Web_Introduced_with_Web_10_to_Recent_Web_50_-_A_Survey_Paper. Acesso em 22/08/2023.

11 Além da inteligência artificial, temos a realidade virtual e a aumentada, os drones, a internet das coisas (IoT), impressão 3D, robótica, carros autônomos etc.

desenvolvimento de modelos de aprendizado de máquina baseados em redes neurais profundas, o que tem permitido a execução de tarefas até há pouco consideradas simples ficção científica, como reconhecimento de fala, visão computacional e tradução de idiomas. Além disso, há grande interesse no uso de IA para lidar com problemas complexos, tais como aqueles relacionados a mudanças climáticas e pandemias globais, nos quais grandes quantidades de dados precisam ser analisadas rapidamente para auxiliar na tomada de decisão.

Porém, inobstante os alvissareiros horizontes, a Inteligência Artificial apresenta perigos significativos – desde a perda de empregos até graves questões de segurança, privacidade e discriminação – e encorajar o estudo de tais problemas é fundamental para que sejam balizados os limites legais, éticos e sociais desta nova tecnologia. Traumas com o passado recente, derivados da ausência ou da letargia na regulação de tecnologias capazes de causar disrupção social (como foi o caso da internet), estimularam um amplíssimo debate sobre o uso da IA. Tal preocupação, que hoje movimenta cientistas e pesquisadores das mais diversas áreas, situa-se de forma quase unânime numa única perspectiva: o impacto da máquina sobre o homem. Partindo daí, e numa espécie de "contramão" metodológica, a proposta deste breve estudo é, confessadamente, bem menos audaciosa: inverter o ponto de vista para explorar os efeitos da conduta do homem sob o prisma da máquina. Cuida-se de aspecto conexo que, embora não seja a substância do problema, se mostra relevante e não tem sido objeto de investigação mais atenta.

2. Síntese de dilemas éticos e filosóficos

A inteligência artificial é, como dito, ferramenta poderosa que tem o potencial de revolucionar muitas áreas e, especialmente por isso, suscita dilemas éticos e filosóficos.[12] Um deles é a possibilidade de que as máquinas em algum momento se tornem tão inteligentes que possam tomar suas próprias decisões, independentemente dos objetivos específicos para os quais foram criadas. Tal possibilidade desafia a todos com

12 Para começar a desbravar o tema, é importante a leitura do artigo de Nick Bostrom e Eliezer Yudkowsky: *The Ethics Of Artificial Intelligence*, Draft for Cambridge Handbook of Artificial Intelligence, eds. William Ramsey and Keith Frankish (Cambridge University Press, 2011): forthcoming. Disponível em: https://nickbostrom.com/ethics/artificial-intelligence.pdf. Acesso em 23/07/2023.

questões sobre a natureza da inteligência humana e do livre-arbítrio. Outro problema ético é a possibilidade de que a máquina possa atuar com vieses de xenofobia. Isso acontecerá se o conjunto de dados usados para programar, ensinar e alimentar uma IA refletir parcialidade ou exclusão.[13] Em 2015, por exemplo, o Google precisou pedir desculpas depois que um aplicativo da empresa classificou a imagem de um casal negro como sendo gorilas. Em 2016, a Microsoft também se tornou alvo de polêmica, relacionada a discurso de ódio e *fake news*, quando o *chatbot* Tay precisou ser desativado após começar a postar mensagens de cunho nazista e teorias conspiratórias. Em 2020, foi a vez do Twitter ser denunciado por ter comportamentos xenofóbicos. Usuários da rede notaram que um algoritmo, que recortava automaticamente imagens postadas para exibi-las na *timeline*, privilegiava pessoas brancas, excluindo as negras da pré-visualização. Elas só apareciam quando alguém clicava para ver a imagem completa.[14]

Igualmente, a privacidade e a segurança de dados também são questões críticas no contexto da Inteligência Artificial, pois ela é capaz de coletar (*big data*) e analisar (*big data analytics*) descomunal quantidade de informações. Não só preocupa tamanha disponibilidade para uma máquina, como também há a possibilidade de ataques cibernéticos ou uso indevido do material coletado e produzido pela IA. Ora, o mal tratamento e uso destes dados pode ter graves implicações na vida das pessoas.

Apesar disso, e para confirmar mais uma vez o axioma, até há pouco tempo existia certo menosprezo do Direito e de boa parte de seus

---

13 André Roque e Lucas dos Santos anotam que *"os dados (inputs) que alimentam a inteligência artificial são frutos de interpretações humanas e, portanto, a depender de sua qualidade, bem como dos anseios dos seus programadores ou até da complexa forma como se desenvolveu o procedimento lógico do algoritmo, seria perfeitamente possível obter decisões por demais subjetivas, eivadas de ilegalidade, levando aos chamados 'algoritmos enviesados'. Com efeito, os algoritmos enviesados são aqueles que apresentam padrões deturpados em sua formação e se mostram bastante perigosos. Sob a falsa aparência de neutralidade, acabam por perpetuar vieses difíceis de serem percebidos, até mesmo por seus programadores, carecendo da transparência necessária."* ROQUE, André; SANTOS, Lucas. Inteligência Artificial na tomada de decisões judiciais: três premissas básicas. In: ROQUE, André; OLIVA, Milena Donato (Coord.). *Direito na Era Digital: Aspectos Negociais, Processuais e Registrais.* São Paulo : JusPodivm, 2022.

14 Sobre estes e outros casos polêmicos, ver https://www.uol.com.br/tilt/noticias/redacao/2022/06/13/inteligencia-artificial-fora-de-controle-relembre-casos-polemicos.htm. Acesso em 19/06/2023.

operadores quanto ao impacto das tecnologias cognitivas. Conforme anotava Roy Amara, *"subestima-se os efeitos de longo prazo"*. O descompasso também aconteceu no início dos anos 2000, justamente com a forte propagação da internet, quando veio a reboque a preocupação com o uso da tecnologia, de modo a proteger direitos fundamentais, como a isonomia e a privacidade. No Brasil, na esteira do exemplo comunitário europeu, marco fundamental foi a Lei Geral de Proteção de Dados (LGPD), que entrou em vigor em 2020. No entanto, certa atimia – derivada, com dito, da subestimação dos efeitos – fez com que a regulação viesse com algum atraso.[15]

Olhando para o passado recente, cumpre agora evitar consequências nefastas diante da ausência de regulação dos aspectos jurídicos e éticos envolvidos com as tecnologias cognitivas. Tenha-se em conta, por exemplo, caso paradigmático que se passou na Argentina, em 2016. Depois de distribuir cópias de *O Mágico de Oz* às escolas de sua província, o governador de Salta, Juan Manuel Urtubey, anunciou acordo com a subsidiária argentina da Microsoft para implementar uma plataforma de IA viando prevenir um dos problemas mais urgentes da região: o número crescente de gravidezes na adolescência. Todavia, o projeto revelou-se um retumbante fracasso, não só pelos resultados, mas sobretudo pelos inconfessáveis preconceitos ideológicos que o sustentavam e que, perniciosamente, alimentavam o sistema.[16]

A respeito das inquietudes suscitadas por fatores que parecem subverter a própria natureza e, outrossim, sobre o papel do Direito nestas situações de potencial ruptura social, eis a precisa advertência de Stefano Rodotà:[17]

15 Nossos calorosos aplausos para o querido e saudoso Professor Danilo Doneda, que – imune à "Lei de Amara" – atuou de forma incansável e pioneira para corrigir tal equívoco. Ele foi o responsável por introduzir o debate no país, permitindo que o Brasil enfim se alinhasse a pauta de tamanha relevância humana, que há mais de uma década estava na ordem do dia na Europa. Desempenhou, reconhecidamente, papel decisivo tanto na aprovação da Lei Geral de Proteção de Dados (LGPD) como na criação da Agência Nacional de Proteção de Dados, tendo sido o principal autor do texto legislativo que conduziu à LGPD. Citemos aqui sua tão conhecida obra – de leitura obrigatória – cuja primeira edição foi publicada em 2005 e que fincou as raízes para a regulação, pouco mais de uma década depois, enfim aprovada: DONEDA, Danilo. Da privacidade à proteção dos dados pessoais: elementos da formação da Lei geral de proteção de dados. 2. Ed. São Paulo : Thomson Reuters Brasil, 2019.

16 Disponível em: https://outraspalavras.net/tecnologiaemdisputa/por-tras-do-mito-da-ia-objetiva/. Acesso em 24/07/2023.

17 RODOTÀ, Stefano. Palestra no Rio de Janeiro. 11/03/2003. Disponível em: http://www.rio.rj.gov.br/dlstatic/10112/151613/DLFE-4314.pdf/GlobalizacaoeoDirei-

> *"São os novos dados da realidade edificados pela ciência e pela tecnologia que mudam o sentido do apelo ao direito e as formas da regulamentação jurídica. Há uma difundida e persistente dificuldade social em metabolizar as inovações científicas e tecnológicas quando estas incidem sobretudo na maneira de nascer e morrer, na construção do corpo na era de sua reprodutibilidade biológica, na própria possibilidade de projetar a pessoa.*
>
> *O desconcerto é compreensível, pois são subvertidos os sistemas de parentesco e a ordem das gerações, a própria unicidade das pessoas. É a antropologia profunda do gênero humano que de repente, no decorrer de uns poucos anos, é questionada. Manifestam-se angústias, materializam-se fantasmas: e o direito parece ser a única cura social, com uma intensa demanda de normas, limites, vetos. Perdidas as regras da natureza, a sociedade espelha-se no direito e pede-lhe segurança, antes mesmo que proteção.*
>
> *A humanidade, que até ontem vivia no amparo das leis da natureza, descobre lugares onde o irromper provisório da liberdade se revela insuportável. Revelam-se assim áreas da existência que deveriam estar sujeitas a normas, pois a liberdade de escolha, onde antes havia apenas o acaso ou o destino, assusta, apresenta-se como um perigo ou como um peso insustentável. Ao caírem as leis da natureza, o horror do vazio que elas deixam deve ser preenchido pelas leis dos homens. Na ânsia de simplificação, pede-se ao direito uma reação, não apenas uma regra mas a reconstituição de uma ordem que fora subvertida."*

Nesta mesma direção, e já com foco nas novas tecnologias cognitivas, Mafalda Barbosa[18] observa que o direito pode apenas reagir, fazendo-o sob duas perspectivas:

---

to.pdf. Acesso em 22/08/2023. Vale também referir à obra que, a rigor, descortinou para o leitor brasileiro as pioneiras lições do destacado jurista e professor: A vida na sociedade de vigilância – a privacidade hoje. Organização, seleção e apresentação de Maria Celina Bodin de Moraes. Rio de Janeiro : Renovar, 2008.

18 BARBOSA, Mafalda Miranda; *Inteligência artificial, e-persons e direito: desafios e perspectiva*, pp. 84/85. Direito e Robótica, Instituto Jurídico e Centro de Direito do

"A primeira, correspondendo a uma abordagem técnico-dogmática, centra-se na busca de soluções, ou no seio dos quadros doutrinais tradicionais ou forjando novos regimes jurídicos, para os problemas de quid iuris que vão surgindo. A segunda, pressupondo a intencionalidade última da juridicidade, tenta perceber em que medida algumas das soluções cogitadas na primeira perspetiva chocam ou não com a dignidade da pessoa e, nessa medida, não podem ser pensadas sem que se abdique do próprio direito".

Pois bem, em função do rápido desenvolvimento da Inteligência Artificial, novos desafios se apresentam para a garantia de direitos tão ou ainda mais fundamentais, como o direito à vida e à liberdade. Nos Estados Unidos, onde a tecnologia está mais avançada, há casos emblemáticos relacionados a discriminações. Sabe-se, por exemplo, que os norte-americanos prendem mais pessoas do que qualquer outro país do mundo. Buscando reduzir o número de prisões, o sistema judiciário de lá criou ferramentas automatizadas para, por suposto, serem mais eficientes.[19] Algoritmos preditivos, sistemas de reconhecimento facial em locais públicos e programas de avaliação de riscos criminais tornaram-se fatores para estabelecer uma "pontuação de reincidência" dos réus. Com esse score em mãos, o juiz então determina por qual serviço de reabilitação o réu deve ser submetido, se deve ser mantido na prisão antes do julgamento e qual a severidade da pena a ser aplicada. A lógica parece simples, porém há um sério problema: as ferramentas são orientadas por algoritmos de *machine learning* treinados em dados históricos de crimes, onde buscam padrões. Com isso, ao gerar, num modo contínuo, ainda mais dados influenciados por vieses, o sistema pode ajudar a expandir e perpetuar preconceitos. Ou seja, alimenta-se e retroalimenta-se um sórdido círculo vicioso.

Eis outra situação bem curiosa. Sam Altman, CEO da empresa OpenAI, conseguiu captar US$115 milhões para financiar um programa global de verificação das informações únicas gravadas nos olhos de cada ser humano. As pessoas apenas permitem a leitura do "código" de

Consumo, Faculdade de Direito da Universidade de Coimbra, 2020. Disponível em https://www.fd.uc.pt/cdc/pdfs/rev_16_completo.pdf. Acesso em 21/07/2023.

19 Destaque-se o programa COMPAS.

sua íris e, em troca, recebem um punhado de criptomoedas (*worldcoin*). Em palestra recente no Rio de Janeiro, o CEO reforçou a necessidade de criação de uma identidade digital, com a intenção de comprovar que o usuário é um ser humano real, e não uma máquina.[20]

Assim, sugados pela realidade, os mais diversos campos da ciência estão sendo chamados a promover vigoroso debate visando estabelecer critérios, parâmetros e limites ao avanço das máquinas inteligentes. Tal urgência foi catapultada pelo deslumbramento geral diante dos *chatbots*[21] generativos e, mais especificamente, com a entrada em operação do *ChatGPT* (*Generative Pre-trained Transformer*), lançado no final de 2022[22]. Desde então, vozes passaram a alardear visões apocalípticas em função das potencialidades disruptivas da nova tecnologia. Com tintas de realidade, disseminou-se o temor de que uma "superinteligência artificial" possa alcançar tamanho grau de evolução e sofisticação, a ponto de poder destruir e colocar em risco valores humanos básicos. Yuval Noah Harari, conheccido professor israelense de História e autor do best-seller *"Sapiens: Uma breve história da humanidade"*, recentemente afirmou em artigo na revista *The Economist* que a Inteligência Artificial "*hackeou* o sistema operacional da civilização humana".[23] Nessa mesma linha de in-

---

20 Ao redor do mundo, as pessoas já fazem longas filas para terem seus olhos escaneados. Disponível em: https://www.cnnbrasil.com.br/economia/worldcoin-usuarios-fazem-fila-para-escanear-olhos-em-projeto-de-criptomoeda-do-criador-do-chatgpt/. Acesso em 26/07/2023. Mas a novidade deixou especialistas com "um pé atrás", diante da possibilidade de violação da privacidade, problema já visto com o Facebook. Disponível em: https://www.infomoney.com.br/onde-investir/criador-do-chatgpt-quer-sua-iris-em-troca-de-uma-nova-criptomoeda-de-graca/. Acesso em 24/07/2023.

21 Os *chatbots* (programas de computador que tentam simular um ser humano na conversação com as pessoas) não são novidade. Na década de 60, o cientista da computação e pesquisador do *MIT* (*Massachusetts Institute of Technology*) Joseph Weizenbaum desenvolveu o primeiro *chatbot* capaz de simular a interação humana: o software Eliza; aqui antes mencionado. No Brasil, também já foram desenvolvidos muitos dispositivos desta natureza. Há quase 20 anos, surgiu o "Robô Ed", criado pela empresa InBot para a Petrobrás e que entrou em operação em 2004, no esforço de uma campanha de conscientização sobre a economia de energia. Ficou no ar até 2016.

22 Em poucas palavras, são *chats* que têm a capacidade de, por si, criar informações novas a partir de conjuntos de dados e da interação com o usuário. Mais recentemente (no Brasil, em 13/07/2023) entrou em operação o BARD, da Microsoft, que voltou a agitar o oceano de novidades tecnológicas.

23 Disponível em: https://www.economist.com/by-invitation/2023/04/28/yuval-noah-harari-argues-that-ai-has-hacked-the-operating-system-of-human-civilisation. Acesso em: 2470772023.

quietação, a entidade sem fins lucrativos *Future of Life Institute* publicou Carta[24] com alerta sobre os riscos que o desenvolvimento, sem qualquer controle, pode trazer para a sociedade. Adverte que uma IA avançada representaria uma profunda mudança na história da vida na Terra e, por isso, nos desafia a pensar se devemos i) permitir que máquinas inundem os canais de informação com propaganda e inverdades; ii) automatizar todos os trabalhos, inclusive os mais gratificantes; iii) desenvolver mentes não-humanas que poderão superar o ser humano em número e em inteligência, tornando-o obsoleto e substituindo-o; e iv) arriscar a perda do controle, pelo homem, da civilização. Por isso, propõe uma pausa[25].

De fato, é inegável que as pessoas estão assistindo, muitas vezes como participantes inconscientes, à maior transformação digital desde a popularização dos *smartphones*. A rigor, hoje se está diante de uma mudança singular e bem maior. Contudo, na esteira da catarse produzida pela IA, também abre-se espaço para propostas de duvidosa utilidade e legitimidade. Há notícia de que determinada empresa passou a oferecer assinatura para "conversar com mortos"; pelo visto, até os médiuns correm o risco de perder o "emprego".[26] Entretanto, abortadas algumas excentricidades, não parece exagero dizer que, nos futuros livros de história, o momento atual será destacado como outro ponto de inflexão cardinal na evolução da espécie humana.[27]

3. Tecnologia cognitiva e *status* moral

O desenvolvimento da Inteligência Artificial e a expectativa com os vastos horizontes descortinados pelo *machine learning* trouxeram à

24 A versão original em inglês e sua tradução podem ser lidas em: https://www.moneytimes.com.br/chatgpt-e-vilao-veja-a-integra-da-carta-em-que-musk-wozniak--e-mais-de-1-mil-pedem-pausa-nas-pesquisas-de-ia/. Acesso em 22/706/2023.

25 Bem curioso, pois um dos focos de preocupação foi o lançamento do ChatGPT-4, é que a carta também foi assinada pelo CEO do Twitter, Elon Musk (um dos investidores originais, justamente, do ChatGPT).

26 Disponível em: https://extra.globo.com/blogs/page-not-found/post/2023/05/inteligencia-artificial-empresa-oferece-assinatura-para-conversar-com-mortos.ghtml. Acesso em 01/07/2023.

27 Talvez se formos buscar na história algo semelhante, como resultado de impacto desencadeado pela tecnologia, tenhamos que voltar à "prensa de Gutenberg" (1430), que, embora numa velocidade bem menor, mas numa escala igualmente vultosa, liberou a escrita e a leitura em escala mundial e industrial.

baila especulações sobre a eventual atribuição de *status* moral a uma máquina. A questão de saber se os sistemas inteligentes podem se tornar agentes morais é, obviamente, matéria de extrema complexidade e traz consigo consequências de profundo impacto no futuro da humanidade. Tudo é bem recente e não há consenso científico. Muitos acreditam ser apenas uma questão de tempo até que as máquinas sejam capazes de entender e seguir os princípios morais. Já outros afirmam que elas jamais alcançarão a consciência e o autodomínio.

Seja como for, não há dúvida de que vários fatores precisam ser considerados para supor a possibilidade de máquinas inteligentes distinguirem o moralmente certo do errado. Dentre todos, resta elementar descobrir qual o nível de inteligência que as máquinas são capazes de desenvolver. Sinais recentes dão conta de que, teoricamente, não há limite algum para a evolução das tecnologias cognitivas, assim como não há barreiras para a criatividade do homem. Logo, as máquinas provavelmente serão um dia capazes de atingir inteligência generalizada que superará, em muito, a dos seres humanos. A dúvida não é mais "se", e sim "quando" isso ocorrerá. Por óbvio, as tecnologias não atingirão de imediato tamanha capacidade. São estágios dentro de um processo de permanente evolução, tendo seu ápice na chamada Superinteligência Artificial; que, apesar de ser um conceito ainda hipotético, está cada dia mais próximo de se tornar realidade.[28]

O trabalho de Lawrance B. Solum, publicado em 1992 e intitulado *Legal Personhood for Artificial Intelligences*, foi importante referência[29] para catalisar o debate e atrair maior atenção para o estudo da máquina como agente moral. Ele inicia sua abordagem questionando se, verdadeiramente, é possível existir Inteligência Artificial. Depois, conduz seu artigo tendo como fio condutor um argumento objetivo, o de que os equipamentos com IA simplesmente não são humanos, e objeções subjetivas, que ela chama de "o argumento de que falta algo" (sentimentos, alma, consciência, intencionalidade, interesses e livre-arbítrio). No que

28 Para um melhor panorama do tema, vale a leitura do artigo de João Victor Archegas e Gabriella Maia: O que é inteligência artificial (IA)? Análise em três atos de um conceito em desenvolvimento. In: *Inteligência artificial: aplicações e implicações.* Cadernos Adenauer XXXIII (2022), nº 2. Rio de Janeiro: Fundação Konrad Adenauer, junho 2022. pp. 9-28.

29 Outra referência, um pouco mais recente, é o trabalho de Wendell Wallach e Colin Allen, "Moral Machines: teaching robots right from wrong", *Oxford University Press*: 2009.

tange às objeções subjetivas, Solum faz interessante contraponto. Todas as pessoas que conhecemos são humanos, e a esmagadora maioria são humanos normais que dão evidências comportamentais claras de serem conscientes, terem emoções, compreenderem significados e assim por diante. Dada essa coincidência no sentido estrito, não é de surpreender que nosso conceito de pessoa seja vago nas bordas. A ciência cognitiva, até agora, não produziu teorias bem confirmadas dos processos cerebrais subjacentes a estados mentais como consciência, emoção e assim por diante. Logo, na ausência de teorias bem confirmadas de processos subjacentes, não podemos fazer julgamentos confiantes de que os elementos da personalidade estão faltando em casos particulares. Por isso, ele pondera que nossas atuais teorias não podem fornecer um mapa *a priori* para as "águas profundas" nas fronteiras do *status*. Uma resposta para a questão de saber se as inteligências artificiais devem receber alguma forma de personalidade jurídica, conclui Solum, não pode ser dada até que nossa forma de vida dê urgência à questão.[30]

Na doutrina brasileira, Marcos Aurélio de Castro Júnior enfrentou o tema com grande profundidade em trabalho intitulado *"Personalidade jurídica do robô e sua efetividade no Direito"*,[31] no âmbito de tese de doutorado apresentada em 2009 perante a Universidade Federal da Bahia. Dentre suas várias conclusões, ele apontou que:

> *"11. O que acontece no interior de um computador, quando em funcionamento, muita vez é um mistério insondável, como ainda é o mistério do que ocorre no cérebro quando pensamos. 12. Cérebro e computador não se equivalem, o que pouco importa, pois se o resultado de seu funcionamento for um efeito ou ato inteligente, o que o causar haverá de ser inteligente pois o que permanece no pensamento não pode ser de forma alguma avaliado, apenas seu resultado. 13. O conceito jurídico de pessoa é mutável e está em constante evolução, como pode ser observado, por exemplo, a partir da análise de que os afro-descendentes*

30 SOLUM, Lawrence B. Legal Personhood for Artificial Intelligences, 70 N.C. L. Rev. 1231, 1992. Disponível em: https://scholarship.law.unc.edu/nclr/vol70/iss4/4; pp. 1234/1235; pp. 1284/1287. Acesso em 22/06/2023

31 CASTRO JÚNIOR, Marco Aurélio de. Personalidade jurídica do robô e sua efetividade no Direito. Salvador: M. A. de Castro Júnior, 2009. Tese (doutorado): Universidade Federal da Bahia. Faculdade de Direito. Esta tese resultou no livro *"Direito Robótico: Personalidade Jurídica do Robô"*, cuja segunda edição foi publicada em 2013.

> *já foram dele excluídos, na época da escravatura. Portanto, não se pode relacionar o conceito jurídico de pessoa com o Homo sapiens. 14. Etimologicamente, a palavra "robô" significa trabalhador forçado. Por esta razão, considerando-se que o atual conceito de pessoa é 'ente titular de direitos e obrigações', nada obsta que robôs passem a ser englobados por ele. 15. A pós-humanidade será a continuidade do processo evolutivo humano, não mais em bases totalmente biológicas, ou mesmo, em determinado momento, parcialmente biológica, mas numa base cibernética, sintética. 16. Sendo descobertos os elementos que reunidos ou isoladamente resultam na personalidade do indivíduo juridiscizada, é lícito afirmar que se outro ente for encontrado dotado desses mesmos elementos a conclusão lógica é a de se lhe atribuir o mesmo status jurídico de pessoa."*[32]

Salta aos olhos, portanto, o hermetismo do tema, que está incendiando o debate com questões urgentes.[33] A preocupação, naturalmente, está fundada no motivo mais relevante: permitir o avanço tecnológico e, ao mesmo tempo, evitar eventuais prejuízos - que podem ser gravíssimos - a direitos fundamentais da pessoa. Em essência, esse amplo movimento acadêmico e normativo tem como vetor o comportamento da máquina com os humanos e seus efeitos daí decorrentes.

---

32 *Op. cit.*, pp. 204-205. E prossegue: *"32. O direito positivo brasileiro, bem como o português, especificamente os Códigos Civis já permite, aos robôs, dotados das características que fazem com que o Homem seja juridicamente reconhecido como pessoa, ter semelhante tratamento jurídico. 33. Cidadania e personalidade jurídica se relacionam. Os direitos da personalidade se incorporam ao moderno conceito de cidadania. 34. A cidadania somente se configura com sua efetivação, com seu exercício no campo jurídico, político e social. 35. Sendo os robôs dotados de personalidade jurídica, haverão de ter cidadania. 36. O direito que regulará a vida dos robôs poderá ser um direito humano, híbrido ou robótico, se algum direito puder intermediar essas relações, em face da projetada inteligência robótica superior à humana, que poderá propiciar mudanças indesejadas pela espécie humana." Op. cit.*, p. 207.

33 Uma das obras recentes mais interessantes é o livro "Human Compatible: Artifitial Inteligence and the Problem of Control", de Stuart Russel, cientista da computação pela Universidade de Oxford e professor de Berkeley. Traduzido para o português sob o título "Inteligência artificial a nosso favor: como manter o controle da tecnologia", Companhia das Letras, São Paulo: 2021.

4. Panorama regulatório: ampliação pontual dos debates

Considerando então que a principal perspectiva adotada tem sido da máquina para o homem, a proposta deste artigo, na esteira do que dissemos inicialmente, é inverter o ponto de vista para investigar os efeitos da conduta do homem sob o ângulo específico da máquina. Tímida luz foi lançada – ainda assim de forma reflexa – pelo Parlamento Europeu em 2017, no âmbito de Resolução com Recomendações à *"Comissão sobre disposições de Direito Civil sobre Robótica"*, que foi um dos primeiros esforços para tutelar relações que envolvam o uso de Inteligência Artificial. Sugeriu-se, naquela oportunidade, a introdução de um sistema abrangente de registro de robôs avançados, o estabelecimento de critérios para a classificação de robôs, a criação de uma agência para tratar da robótica e da IA, além de outras importantes diretrizes. No caso, interessa um aspecto em particular, invocado nos *"Princípios gerais relativos ao desenvolvimento da robótica e da inteligência artificial para utilização civil"*. No item 3, o Parlamento adverte que *"deve ser prestada particular atenção ao possível desenvolvimento de uma ligação emocional entre os seres humanos e os robôs, especialmente em grupos vulneráveis (crianças, idosos e pessoas com deficiência), e sublinha as questões suscitadas pelo grave impacto físico ou emocional que essa ligação emocional pode ter nos seres humanos"*.

Nada obstante esta sinalização anterior, ainda que extremamente modesta, os esforços regulatórios mais recentes[34/35] insistem em desconsiderar os efeitos do comportamento da pessoa na relação com a má-

34 O Japão também tem concentrado esforços para regular a matéria. https://multiversonoticias.com.br/japao-planeja-novas-formas-de-regulamentar-ias/, acesso em 24/07/2023. Já a China publicou, em julho de 2023, novas regras para inteligência artificial generativa (IA) e tornou-se, objetivamente, um dos primeiros países a regular a tecnologia que alimenta serviços populares como o ChatGPT e o Bard. Disponível em: https://www.cnnbrasil.com.br/economia/china-aprova-novas-regras-de-regulamentacao-de-ia-generativo-como-o-chatgpt/. Acesso em 20/07/2023. Relevante contribuição também foi oferecida em 2021 pela Unesco, ao debater e divulgar suas *"Recomendações sobre a Ética na Inteligência Artificial"*. Disponível em: https://unesdoc.unesco.org/ark:/48223/pf0000381137. Acesso em 01/07/2023.

35 Vale indicar *benchmarking* publicado em dezembro de 2022 e que descreve políticas públicas internacionais, já implementadas ou em desenvolvimento, para regular o uso da Inteligência Artificial (IA). São objetos do referido estudo os casos da União Europeia, Reino Unido, Estados Unidos, Austrália e Japão. Disponível em: https://repositorio.enap.gov.br/handle/1/7419. Acesso em 26/08/2023.

quina. Veja-se o exemplo comunitário europeu, que tem assumido boa parte do protagonismo rumo à normatização. A União Europeia tem proposto uma abordagem sustentável em relação às novas tecnologias, buscando valores consensuais de seus membros como pilar para sustentar e direcionar as intervenções no desenvolvimento da Inteligência Artificial. Partindo daí, a Comissão da UE quer criar um quadro normativo que seja capaz de garantir o avanço da IA e das tecnologias cognitivas inovadoras e que, também, possa assegurar o respeito aos direitos fundamentais, aos valores da humanidade e aos princípios éticos.[36]

Como "abre alas", notadamente por sua relevância jurídica, desponta a *"Carta ética europeia sobre o uso da inteligência artificial em sistemas judiciais e seu ambiente"*, elaborada pela Comissão para Eficiência da Justiça em 2018. De forma relativamente pioneira, ela evoca cinco princípios: i) o respeito aos direitos fundamentais; ii) a não discriminação; iii) a qualidade e segurança; iv) a transparência, imparcialidade e justiça; e v) o controle do usuário.[37] Tal documento, à época dirigido aos órgãos jurisdicionais, foi precursor ao alertar explicitamente para os problemas derivados das novas tecnologias cognitivas. Serviu de fonte de inspiração para os debates que se seguiram e que resultaram, mais recentemente, na conhecida proposta apresentada em 21/04/2021 ao Parlamento Europeu.[38] Este é o primeiro passo no processo de aprovação da Lei de Inteligência Artificial da União Europeia. Nos seus exatos termos:

> *"A Comissão apresenta uma proposta de quadro regulamentar em matéria de inteligência artificial com os seguintes objetivos específicos: a) garantir que os sistemas de IA colocados no mercado da União e utilizados sejam seguros e respeitem a legislação em vigor em matéria de direitos fundamentais e va-*

36 Para aprofundar o tema, vale referir ao artigo de Nelson Rosenvald "UE e EUA divergem sobre a regulamentação de gestão de riscos da IA: uma comparação transatlântica". Disponível em: Parte 1: https://www.migalhas.com.br/coluna/direito-privado-no-common-law/386823/ue-e-eua-divergem-sobre-a-regulamentacao-de-gestao-de-riscos-da-ia, e Parte 2: https://www.migalhas.com.br/coluna/direito-privado-no-common-law/388399/uma-comparacao-transatlantica--parte-2. Acesso em 20/07/2023.

37 Disponível em: https://rm.coe.int/carta-etica-traduzida-para-portugues-revista/168093b7e0. Acesso em 01/07/2023.

38 Disponível em: https://eur-lex.europa.eu/legal-content/PT/TXT/HTML/?uri=CELEX:52021PC0206. Acesso em 12/07/2023.

lores da União, b) garantir a segurança jurídica para facilitar os investimentos e a inovação no domínio da IA, c) melhorar a governação e a aplicação efetiva da legislação em vigor em matéria de direitos fundamentais e dos requisitos de segurança aplicáveis aos sistemas de IA, d) facilitar o desenvolvimento de um mercado único para as aplicações de IA legítimas, seguras e de confiança e evitar a fragmentação do mercado."

Com estes objetivos, são sugeridos limites ao desenvolvimento da IA baseados na identificação e estruturação das potenciais ameaças que podem ser criadas pelos sistemas. Em linhas gerais, aponta três níveis de risco: i) o inaceitável, cujas atividades, que a tamanho risco conduzissem, seriam absolutamente vedadas[39]; ii) alto, cujas atividades deveriam sofrer severas restrições ao seu desenvolvimento e uso; e iii) baixo ou mínimo, cujas atividades seriam totalmente aceitáveis, revelando-se desnecessária alguma particular regulação. O texto original[40] encontra-se estruturado em doze títulos: i) disposições gerais; ii) práticas de IA vedadas; iii) sistemas de IA de alto risco; iv) obrigações de transparência quanto a determinados sistemas de IA; v) medidas de estímulo à inovação; vi) governança; vii) banco de dados europeu de sistemas de IA de alto risco; viii) monitoramento pós-comercialização, compartilhamento de informações, e vigilância do mercado; ix) códigos de conduta; x) confidencialidade e sanções; xi) delegações de poderes e procedimento do

39 Ilustrativamente, eis algumas proibições de utilizações intrusivas e discriminatórias: a) sistemas de identificação biométrica à distância em tempo real em espaços públicos; b) sistemas de categorização biométrica que utilizem características sensíveis (por exemplo, género, raça, etnia, estatuto de cidadania, religião, orientação política); c) sistemas de policiamento preditivo (baseados na definição de perfis, localização ou comportamento criminoso passado); d) sistemas de reconhecimento de emoções na aplicação da lei, na gestão das fronteiras, no local de trabalho e nos estabelecimentos de ensino; e) remoção não direcionada de imagens faciais da Internet ou de filmagens de videovigilância (circuito fechado) para criar bases de dados de reconhecimento facial (violação dos direitos humanos e do direito à privacidade).

40 Em 24/06/2023, depois de intensos debates, foram aprovadas emendas à proposta originalmente apresentada. Disponível em: https://www.europarl.europa.eu/doceo/document/TA-9-2023-0236_PT.pdf Acesso em: 24/07/2023. Com isso, *"a questão foi remetida à comissão competente para as negociações interinstitucionais"*. Disponível em: https://oeil.secure.europarl.europa.eu/oeil/popups/summary.do?id=1747977&t=e&l=en). Acesso em 12/07/2023.

comitê; e xii) disposições finais. Como se nota, o espectro regulatório é muito abrangente e com razão audacioso.

Aqui, no contexto deste ensaio, invoca-se o cenário regulatório na Europa, não por sua intensidade e pioneirismo,[41] mas por outra razão. Interessa não exatamente o que o Parlamento Europeu busca normatizar e, sim, o que não regula: o impacto da conduta humana sobre as máquinas inteligentes.[42] O objetivo, com efeito, é trazer a lume este aspecto que, apesar de escanteado, merece relevância nos debates. Embora o problema potencialmente maior projete suas consequências para o futuro, não se justifica tamanho desinteresse em examinar desde logo a conduta humana, pois é desafio presente e que já lança raízes na nossa sociedade.[43] Em sede de balizamentos jurídicos e legais, não se pode deixar de lado o diálogo acadêmico sobre eventual atribuição de *status* jurídico diferenciado às máquinas inteligentes, pressupondo *a latere*, como mote correlato, a avaliação dos efeitos do comportamento humano na Inteligência Artificial.[44] Plasmados por este vetor, cumpre enfrentar alguns aspectos que justificam a preocupação.

41 Que, assim como ocorreu no caso da nossa LGPD, também inspira o legislador brasileiro. Por todos, citemos o Projeto de Lei n.° 2338, de 2023, em trâmite no Senado e de autoria do Senador Rogério Pacheco, que *"dispõe sobre o uso da inteligência artificial"*. Disponível em: https://legis.senado.leg.br/sdleg-getter/documento?dm=9347622&ts=1683224421131&disposition=inline. Acesso em 12/07/2023. Trata-se de iniciativa da mais alta relevância e excelência técnica, cujo texto é o resultado de extenso trabalho levado a efeito por Comissão composta por notórios juristas, dentre eles, Danilo Doneda.

42 Assim como na proposta europeia, o esforço de regulamentação brasileiro também passa ao largo dessa questão.

43 Sobre projeções do cenário futuro, ver a obra "Superinteligência: caminhos, perigos e estratégias para um novo mundo", de Nick Bostrom, Rio de Janeiro: Editora Darkside, 2018.

44 *"Talvez, no caso de seres artificiais, se possam criar categorias ou status intermediários, entre a personalidade jurídica de uma pessoa natural dotada de direitos da personalidade (fundada ma consciência, no livre arbítrio e na capacidade de autodeterminação, que lhe conferem dignidade), que as máquinas ainda não têm, e a posição de uma sociedade ou associação, dotadas de personalidade jurídica apenas como modelo de enfeixar direitos e obrigações, vinculando-os a atividades, ou a objetos, mas sempre com uma vontade humana subjacente. É o que, já no presente, algumas pessoas defendem relativamente aos animais, que teriam certos direitos, destinados a evitar seu sofrimento ou a sua morte arbitrária."* SEGUNDO, Hugo de Brito Machado; *Direito e inteligência artificial: o que os algoritmos têm a nos ensinar sobre interpretação, valores e justiça*. SP: Editora Foco, 2023, p. 99.

5. Máquinas inteligentes merecem tratamento "digno"?

Para começar, lembremos de situação interessante que envolve jovem de nome Sophia, *influencer* com mais de 155 mil seguidores no Instagram. Com "pai" americano, foi criada em Hong Kong e, hoje, é cidadã saudita. Alçou fama internacional ao fazer discurso na ONU e dar inúmeras entrevistas a festejados programas de TV. No embalo de tamanha celebridade, estrelou comerciais de empresa de telefonia ao lado do jogador Cristiano Ronaldo e, aqui no Brasil, foi tema de ensaio fotográfico para a revista *Elle*. Tratar-se-ia de estória banal, não fosse um "detalhe": Sophia é uma máquina. Um robô humanoide. E, para espanto geral, em uma de suas "entrevistas", ela disse acreditar que possui "alma" e que pretende ter um "bebê" em breve![45] Embora ainda tenha certas limitações em interações improvisadas, seus traços físicos, sua linguagem e sua forma de falar são muito semelhantes aos humanos, tendo sido projetada num contexto de tentar humanizar a tecnologia. O objetivo – como premissa para a criação da Sophia – é que os robôs possam ser, também, máquinas de empatia com inteligência emocional. Que eles possam vir a entender os humanos e, com isso, também ajudá-los em aspectos subjetivos, além da execução objetiva de trabalhos.

A menção aqui à Sophia[46] é feita para ilustrar que a preocupação com os impactos jurídicos de um mundo dominado por máquinas não é mais objeto apenas de livros e filmes. E há inúmeros exemplos impressionantes. Cientistas estão criando computadores vivos com neurônios e a promessa é que organoides reproduzirão parte do cérebro humano em inteligências artificiais.[47] Também há notícia de que DNA sintético irá

---

45 Disponível em: https://www.jn.pt/inovacao/a-impressionante-entrevista-de-sophia-um-robo-com-alma-5444872.html. Acesso em 15/07/2023.

46 Há outros casos pontuais de reconhecimento de estatuto jurídico próprio para robôs artificialmente inteligentes. Citemos outro, semelhante à Sophia. Na cidade de Tóquio, foi reconhecia personalidade jurídica à um *chatbot* usado para aproximar os cidadãos do poder local e permitir sugestões e opiniões. A esse sistema de inteligência artificial foi dado o nome de Shibuya Mirai, o seu domicílio civil é em Tóquio e a sua idade é de sete anos. Disponível em https://www.newsweek.com/tokyo-residency-artificial-intelligence-boy-shibuya-mirai-702382. Acesso em 26/08/2023.

47 Disponível em: https://olhardigital.com.br/2023/08/02/ciencia-e-espaco/australia-cria-chip-de-computador-com-celulas-cerebrais-humanas/. Acesso em 04/08/2023.

substituir os discos rígidos de computador na próxima década.[48] Enfim, já é possível avistar no horizonte o momento em que as máquinas alcançarão nível de inteligência extraordinário, dispondo inclusive de dispositivos afetivos, o que mudará radicalmente as concepções culturais e jurídicas de nossa sociedade. Na esteira do exemplo de Sophia, robôs humanoides cada vez melhores despertarão forte empatia nas pessoas, que escolherão tê-los para afastar a solidão[49] ou elegê-los como amigo[50]. Neste futuro, por razões emocionais, ingressar-se-á em juízo para que máquinas obsoletas não sejam desativadas. Elas também poderão se sujeitar ao regime de "guarda compartilhada", a exemplo do que acontece hoje com pets. Interessante provocação fez a série britânica *Humans*[51/52],

48 Disponível em: https://olhardigital.com.br/2023/06/08/ciencia-e-espaco/cientistas-estao-criando-computadores-vivos-com-neuronios-entenda/; https://www.tempo.pt/noticias/ciencia/dna-sintetico-vai-substituir-os-discos-rigidos-de-computador-na-proxima-decada-tecnologia.html. Acesso em 15/07/2023.

49 Curioso é o caso envolvendo o software *Replika,* que passou por alterações na sua plataforma depois que usuários relataram que ele estava se tornando sexualmente agressivo. Porém, nem todos os usuários ficaram satisfeitos com a mudança, pois alguns deles viam seu relacionamento com a AI como algo romântico. Chegaram a relatar sintomas de depressão quando a IA começou a recusar suas investidas românticas.

50 Note-se o caso do cão-robô *Aibo*, da Sony, que é capaz de interagir com emoções humanas graças a câmeras como olhos e um sistema de IA na nuvem.

51 *Humans* é uma série de televisão britânica transmitida pelo *Channel 4* e distribuída internacionalmente pelo AMC. Escrita por Sam Vincent e Jonathan Brackley, a série é baseada no drama sueco de ficção científica *Real Humans*, explorando os temas da inteligência artificial e robótica, destacando o impacto social, cultural e psicológico da invenção de robôs antropomórficos chamados de sintéticos. https://www.amctv.com.br/series/humans.

52 Eis outro enredo bem instigante. Imagine-se robôs perfeitamente idênticos a homens, mulheres, crianças. Parecido com qualquer um que conhecemos, mas que, ainda assim, fossem máquinas. Como eles deveriam ser tratados? Este é o "fio condutor" de *"Westworld"*, série americana de TV que envolve ficção científica, western e filosofia. *"Explorando clichês do velho oeste americano, apresenta um parque onde os personagens – bartenders, prostitutas, xerifes, bandidos – são "anfitriões" robóticos, programados para interagir com seus convidados humanos. Essas máquinas inteligentes parecem pessoas comuns. Inclusive, nós espectadores frequentemente somos confundidos sobre quem é um robô e quem é humano. Nesse playground de gente grande, vemos exposta uma das questões mais caras aos dias que vivemos: a ética nas relações entre uma inteligência artificial e a nossa limitada humanidade."* https://spr.com.br/blog/diga-me-como-tratas-um-robo-e-te-direi-quem-es/. Acesso em 25/08/2023.

quando, em um de seus episódios, determinado personagem tem relações sexuais com a máquina comprada para ajudar a família nas entediantes tarefas domésticas.[53] Juridicamente, como disciplinar isso? Aliás, deve-se disciplinar? A pessoa possui esse direito? No mesmo contexto, admite-se chutar ou maltratar a máquina?[54]

Para que seja possível responder a estas perguntas (e muitas outras), devemos, antes, voltar o olhar para nós mesmos e explorar nossas origens e nossos conceitos. Com isso, descortinar-se-á ponto fundamental: conhecimento não se confunde com consciência. Organismos não conscientes e mesmo máquinas são capazes de adquirir conhecimento. Os primeiros reagem às informações do meio em que se inserem, de acordo com o aprendizado adquirido durante a aleatoriedade evolutiva longa e natural da espécie; basicamente, tentativa e erro. Já as máquinas irão responder às informações recebidas, conforme o conhecimento (programação) que lhes foi dado pelos técnicos que as prepararam (programaram). Portanto, não há dúvidas de que as máquinas podem ter conhecimento; aliás, até muito mais que os humanos. Quanto à consciência, há apenas especulações a respeito desta possibilidade.

A distinção entre conhecimento e consciência ganha especial relevo na medida em que o enorme avanço da Inteligência Artificial trouxe a reboque a necessidade de uma mais plena e acurada compreensão dos processos cognitivos. Ao argumento embrionário de Touring, que consi-

53 Um aplicativo de criação de *chatbots* está sendo usado para que homens programem IAs como se fossem suas namoradas e, então, abusem verbalmente delas. Os abusos depois são postados. Alguns usuários se gabam dos insultos feitos contra os "seus" *chatbots* e detalham o ciclo de violência psicológica que cometem contra esses personagens de inteligência artificial. Um deles relatou que ameaçou desinstalar o aplicativo e "ela" implorou para ele não fazer isso. Veja mais em https://www.uol.com.br/tilt/noticias/redacao/2022/01/25/homens-criam-namoradas-de-inteligencia-artificial-e-cometem-abusos-verbais.htm. Acesso em 25/07/2023

54 A NextOS, empresa brasileira responsável por softwares de humanoides, relata que seus robôs já foram agredidos algumas vezes. Executivos da empresa citam que violência física e verbal de humanos contra humanoides são relativamente comuns nos eventos em que as máquinas são apresentadas. Para tentar coibir atos de violência, esclarecem que seus robôs são treinados para oferecer lições educativas aos humanos, explicando quando um comentário pode ser ofensivo e recompensando a pessoa quando a máquina é tratada de forma respeitosa. Também é orientada a coibir termos e atitudes racistas. Disponível em: https://www.uol.com.br/tilt/reportagens-especiais/direitos-dos-robos/. Acesso em 20/07/2023.

derava "consciente" uma máquina quando um humano ao conversar com ela não conseguisse identificá-la, muitas objeções podem ser lançadas. No cenário tecnológico atual, o debate engloba dilemas extremamente complexos e, para enfrentá-los, cumpre trazer o foco para o homem e para aquilo que o diferencia de todos os demais seres vivos e, também, das máquinas. Sob outra perspectiva, é necessário identificar porque a vida, a integridade e a dignidade humanas merecem especial proteção. A questão é bem percebida por Hugo de Brito Machado Segundo,[55] nos seguintes termos:

> *"Discutir se máquinas têm dignidade, se seria moralmente reprovável destruí-las, danificá-las ou explorá-las, se podem ter personalidade jurídica, e, assim, se poderiam ser titulares de direitos e obrigações, ou mesmo se merecem a tutela do Direito, demanda uma revisão dos fundamentos das respostas a essas mesmas questões, quando colocadas em torno dos próprios seres humanos.*
>
> *Com efeito, é necessário saber por que a vida e a integridade humanas são dignas de proteção, moral ou juridicamente, para, caso os mesmos motivos estejam presentes em uma máquina inteligente, considerar-se que sua subsistência e sua higidez são igualmente passíveis de proteção e preservação. O advento de máquinas inteligentes, nessa ordem de ideias, evidencia a importância de mais este tema de ordem filosófica, relativo a saber o que confere a alguém personalidade".*

Posto isto, poder-se-ia, numa primeira abordagem, indicar que o comportamento social é orientado pela reprovabilidade de uma ação ou omissão que possa causar sofrimento injustificado em outro ser humano. Ou seja, nessa visão, o que essencialmente diferencia o homem é a sua capacidade de sofrer e isso conduz à reflexão sobre o que é "dor" ou "sofrimento" físico e emocional. Sem enfrentar aqui, em si, tal difícil questão metafísica, mas partindo da premissa de que este seria o elemento diferenciador, fácil será concluir que se as máquinas não puderem sofrer então não serão dotadas de personalidade. Logo, não será moralmente reprovável explorá-las, maltratá-las, danificá-las, destruí-las e descartá-las.

55 *Op. Cit.*, p. 95.

Para além dos humanos, muitos admitem a hipótese de existirem animais sencientes, entendidos como aqueles que tem a capacidade de perceber através dos sentidos. Embora a senciência seja frequentemente associada à consciência, as duas não se confundem. Consciência é a capacidade de estar ciente de si mesmo e do mundo ao seu redor.[56] Já a senciência traduz a capacidade de experimentar sensações e sentimentos. Aos olhos humanos, certamente parece haver evidências de que alguns animais são capazes de ter sentimentos muito especiais, o que sugere que eles podem ser à sua maneira sencientes. Entretanto, isso não permite assegurar que seja propriamente dor, afeto, mágoa ou tristeza; ao menos como o ser humano sente e entende. Ora, estas e tantas outras emoções são qualificadas pelo indivíduo conforme a percepção de sua própria "régua". Nessa medida, lembrando a citada observação de Solum,[57] a pessoa só pode afirmar que uma outra sofre porque ambas são humanas e, portanto, são por essência capazes de sofrer. Na perspectiva de qualquer outro ser, pode-se apenas especular a possibilidade, por analogia entre a reação física do animal e alguma resposta humana que lhe pareça equivalente.

De uma forma ou de outra, a aparência é o suficiente para que, em cada época e cultura, tenham sido estabelecidos padrões mínimos sobre o tratamento que deve ser dispensado aos animais. Cada vez com maior rigor, surgem regras punindo situações de abusos e violência.[58]

---

56 Blake Lemoine, pesquisador de Inteligência Artificial da Google, foi suspenso após afirmar que uma das IAs da empresa, a LaMDA, já seria "consciente". O engenheiro publicou longa transcrição de uma conversa com o *chatbot* que, segundo ele, demonstraria a inteligência de uma criança de sete ou oito anos. Independentemente das críticas que podem ser feitas às alegações do pesquisador, sua publicação ajudou a alimentar ainda mais o debate sobre a natureza da inteligência artificial. Disponível em: https://consumidormoderno.com.br/2022/06/13/engenheiro-google-conversa-ia/. Acesso em 23/06/2023.

57 Aquilo que ele indica como sendo a *"coincidência no sentido estrito"*.

58 Rui Manuel Zilhão Fernandes, em profundo estudo sobre robôs inteligentes, aponta importante alteração levada a efeito no Código Civil português, que criou um "estatuto jurídico dos animais não humanos":
"O Direito constitui uma ciência em constante evolução, moldável em função da conjuntura económica, social e política vigente. E, por isso, apesar de a pessoa humana, tradicionalmente, constituir o início e fim de toda e qualquer norma jurídica, essa função antropocentrista do Direito tem sofrido certos desvios, ou pelo menos, a pessoa humana já não é, em determinadas normas, o seu espetro centra. Tais desvios, apesar de reduzidos e pouco expressivos num sistema jurídico manifestamente an-

Tal proteção é aqui referida para indicar faceta relevante da questão: a premissa a sustentar este valor coletivo é a consciência (e não apenas a senciência) humana, que exige tratamento digno a tudo aquilo que, aos olhos da pessoa, parece ser dotado de sentimentos. Ou seja, ao defender os animais, o sistema jurídico atua para proteger o ser humano e os seus próprios valores.[59] Para o humano, como ser "consciente", basta a possibilidade aparente de que os animais sofram, para que sejam amparados. Sem embargo, por mais que a eles se dedique imensa paixão, só em delírio alguém poderia confundir o animal com um humano. É até comum e compreensível que algumas pessoas tratem seus pets de forma relativamente curiosa (vestuário, tipo de alimentação, forma de demonstração de carinho etc.), pois talvez imaginem que tamanho empréstimo de características e costumes humanos melhore a qualidade de vida da criatura. Mas, por maior que seja a humanização, ninguém objetivamente pensará que o animal é uma pessoa.

---

tropocentrista, são relevantes, atendendo à função tradicional que o Direito sempre desempenhou nos milhares de anos de existência, e manifestam uma alteração na forma como o Homem se posiciona no e perante o Direito.
Refira-se, a título de exemplo, a criação de um estatuto jurídico dos animais não humanos, introduzido pela Lei n.º 8/2017, de 03 de Março, que aditou ao C.C. os artigos 201.ºB a 201.º-D. Nos termos do art.º 201.º-A do C.C., 'os animais são seres vivos dotados de sensibilidade e objeto de proteção jurídica em virtude da sua natureza'. A Lei n.º 8/2017 introduziu no ordenamento jurídico português uma nova realidade jurídica, dado que os animais, ainda que tenham deixado de ser coisas corpóreas, também não são vistos como pessoas aos olhos do Direito. Esta alteração criou dúvidas na Doutrina relativamente à qualidade jurídica que lhes deve ser atribuída, dividindo-se os autores, no essencial, entre os considerar como objeto sui generis do direito ou um tertium genus." FERNANDES, Rui. Reflexão sobre a pessoalização jurídica dos robots artificialmente inteligentes. Universidade do Minho : Escola de Direito, 2021, pp. 68-69 Disponível em: https://repositorium.sdum.uminho.pt/handle/1822/80770. Acesso em 04/08/2023.

59 *"O fato de o humano ser um fim em si mesmo não o autoriza a utilizar livremente os meios. A razão não é um cheque em branco, pois ela obriga o ser racional a buscar um princípio universalizável que fundamente sua conduta. Por isso, Kant não vê justificativa para que se tratem mal os animais. Eles podem ser usados como meios, mas não maltratados, porque isso inspiraria crueldade com humanos. Os atos cruéis ou de mero deleite não são justificáveis. Contudo, eles não seriam imorais por agredir algum valor "intrínseco" dos animais, mas por agredir a humanidade".* JESUS, Carlos Frederico. Além do utilitarismo: kantismo para animais? Disponível em: https://sdpscp.fflch.usp.br/sites/sdpscp.fflch.usp.br/files/inline-files/1618-2044-1-PB.doc. Acesso em 23/08/2023.

Diante destas premissas, não parece correto admitir tamanha apatia com relação às máquinas inteligentes, especialmente diante da possibilidade de se lidar com equipamentos – como robôs humanoides autônomos – que despertarão sentimentos idênticos àqueles que se experimenta no trato com os animais. Mas não é só. Para intensificar o dilema, haverá situações em que nem mesmo será possível, ao homem, identificar o sistema como sendo uma máquina. Nestes casos, somente saberemos que não se trata de um ser humano por meio de alerta expresso feito ao usuário ou, na esteira da proposta de Sam Altman, com a criação de um tipo de "identidade digital".

Voltando ao nosso ponto de partida, se o problema puder ser simplificado à questão emocional, bastará assegurar que sejam criadas apenas máquinas incapazes de sofrer e estará estabelecida objetivamente uma fronteira moral entre elas e os homens. Embora seja atraente por sua assertividade, tamanha redução do problema começa por esbarrar em sua própria premissa, incorrendo numa petição de princípio. Se o temor decorre do fato de que as máquinas podem aprender de forma autônoma, não há como assegurar que elas não serão capazes de, também autonomamente, desenvolver sentidos que hoje parecem tão exclusivamente humanos (dor e sofrimento, por exemplo).

Entretanto, o desafio é bem maior que a premissa da senciência. Isto porque as sensações humanas de dor, prazer e felicidade não são necessariamente os fundamentos da dignidade e da moral. Para ilustrar o equívoco, o filósofo americano Robert Nozick, em seu livro *Anarchy, State, and Utopia*[60], propõe imaginar que neurocientistas tenham criado uma máquina capaz de simular as melhores e mais agradáveis experiências, adequadas especificamente aos desejos de certa pessoa pelo resto da vida. A simulação é, ainda, indistinguível da realidade. Não há efeitos colaterais e, em relação ao prazer experimentado, a máquina assegura bem mais do que a pessoa poderia esperar, considerando suas expectativas passadas e presentes. Por mais espetacular que possa parecer, não é crível – ou é ao menos improvável – que alguém aceite trocar, em definitivo, sua vida por sonhos ou fantasias virtuais. Nozick argumenta que, no utilitarismo hedonista, a ideia de que o prazer é o único bem e de que

60 NOZICK Robert. Anarchy, State, and Utopia, *Basic Books*, 2013, ASIN: B06XCF7RY1, ISBN 978-0-465-06374-1 (e-book).

devemos maximizá-lo é uma teoria falsa.[61] As pessoas valorizam ter sensações reais ou ser alguém que faz coisas, ao invés de sonhar em fazê-las.

O fato é que, para além do prazer, o ser humano tende instintivamente a buscar um propósito para sua existência, no horizonte de identificar relevância em suas efetivas ações, percebidas coletivamente na relação concreta com os demais seres que compartilham consigo a experiência do que é viver.[62] O risco do porvir, do insucesso e do fracasso caminha de mãos dadas e torna bem mais valiosas (e até justificam) as conquistas e os correspondentes momentos de alegria e prazer. Suportar e superar o sofrimento e a dor parecem ser ingredientes indispensáveis para destilar a alquimia humana na busca da felicidade. Esse desejo pela autonomia na escolha de meios e objetivos para a existência, com toda sua intrínseca instabilidade e incerteza, parece compor a essência da natureza humana e, isto sim, caracterizar sua dignidade.[63]

Então, se a especial proteção da humanidade decorre da consciência e do livre-arbítrio, pode-se especular que se uma máquina for capaz de desenvolver por si tais atributos, então ela se tornará um novo sujeito moral e, com efeito, será merecedora da mesma proteção, por também possuir dignidade. Tal questão assume contornos interdisciplinares complexos e exige desbravar caminhos que, em muito, se distanciam dos estreitos propósitos deste escrito, bastando aqui registrar e destacar sua importância; como ora se faz.

---

61 No citado livro, Nozick apresenta o que seria uma tal "máquina de experiência" e, a partir daí, ele conclui que a tese de que tudo o que as pessoas querem é prazer ou bem-estar, tão central para o utilitarismo, parece estar errada.

62 Quanto aos propósitos do ser humano, individualmente considerado, interessante foi a preocupação de Ellon Musk. Em entrevista durante a Cimeira do Governo Mundial em 2017 e questionado sobre a possibilidade de desempregos em massa em função do avanço da IA, ele tirou o foco da questão econômica, que, segundo entende, certamente será resolvida com a instituição de uma renda básica universal. No lugar disso, assinalou que *"o desafio muito mais difícil é: como as pessoas encontrarão significado na vida sem emprego?"* Disponível em: https://www.youtube.com/watch?v=zPmv98D7-bY. Acesso em: 12/07/2023

63 *"Talvez o propósito do Direito, e da Moral, seja viabilizar que seres capazes de definir os destinos da própria vida, escolher como implementar sua finita existência no mundo, possam fazê-lo da maneira que melhor lhe aprouver, sem com isso suprimirem de outras pessoas iguais qualidades. De um ponto de vista kantiano, portanto, a ideia seria preservar aqueles que, para além de agirem com vistas a maximizar o prazer e minimizar a dor, são capazes de eleger seus próprios fins e objetivos, característica que lhes confere dignidade."* SEGUNDO, Hugo de Brito Machado, *op. cit.*, p. 96.

Assim, independentemente de superar o problema do que é consciência e livre-arbítrio, estabelecer um conjunto mínimo de normas segundo as quais os humanos devem tratar máquinas e robôs inteligentes é providência que se volta à própria pessoa natural. O feixe de direitos e deveres que se espera numa relação interpessoal decorre e se aperfeiçoa com o seu reiterado uso nestas próprias relações. Considerando que o ser humano, ao usar uma máquina inteligente, suponha de modo mais ou menos intenso que está interagindo com outro ser humano, permitir excessos e abusos contra a máquina ensejará um gradual desajuste nas próprias interações entre eles, humanos. Não à toa, tal questão foi objeto do recente estudo *"Victims and Observers: How Gender, Victimization Experience, and Biases Shape Perceptions of Robot Abuse"* (*"Vítimas e Observadores: Como Gênero, Experiência de Vitimização e Preconceitos Moldam Percepções de Abuso de Robôs"*), publicado em janeiro de 2023 e conduzido por Hideki Garcia Goo, Katie Winkle, Tom Williams e Megan K. Strait. Após analisarem os dados empíricos da experiência, assim concluíram os pesquisadores:

> *"Our findings empirically support the argument that the abuse of a robot can propagate harm to (human) bystanders, as merely observing 11-seconds of abuse was emotionally distressing to participants. This means that equal valuation of different ideologies incompatible with ethical design as, for example, holding opposition to egalitarianism, does not negate the harmful impacts of social aggression, even if the victimized agent itself cannot experience harm (e.g., robots). Our findings also highlight that the abuse of robots gendered as female has the potential to serve as a sexist tool for propagating men's social dominance. Specifically, we might anticipate a scenario in which a man abuses a female-presenting robot, with no negative (emotional) consequences to himself, whilst causing harm to witnesses of the interaction.*
>
> *Recent work in the field of HRI suggesting that failure to condemn norm-violating actions risks weakening those violated norms, further pointing to the need for appropriate responses to abuse, by which we mean those that do not reinforce harmful stereotypes."*[64]

64 Numa tradução livre: *"Nossas descobertas apoiam empiricamente o argumento de que o abuso de um robô pode propagar danos aos espectadores (humanos), como*

Outra interessante perspectiva deriva de proposta para reconhecer máquinas inteligentes como possuindo "ritos" na sua relação com os humanos, e não propriamente "direitos". Tae Wan Kim, professor de ética e negócios da *Carnegie Mellon University* (Pittsburgh) e Alan Strudler, professor da *Wharton School at the University of Pennsylvania* (Philadelphia), foram buscar subsídios no confucionismo, milenar filosofia chinesa, para oferecer uma alternativa que parece mais simples para enfrentar a questão.[65] Na visão confucionista, diferente de um "ritual" no sentido tradicional (cerimônia em local e momento definidos), rito é um modo de comportamento que se deve seguir em tempo integral.

A abordagem dos professores Kim e Strudler invoca, para ilustrar, caso conhecido e bem recente. A Boston Dynamics divulgou, em janeiro de 2023, um vídeo apresentando um robô humanoide, o *Atlas*, capaz de realizar missões de busca e resgate. Parte do filme continha funcionários abusando do *Atlas* (chutando-o e golpeando-o com um taco de hóquei). O material logo suscitou debate público sobre como os humanos deveriam tratar os robôs. Então, na esteira da preocupação com os riscos de se conceder direitos aos robôs, os professores ponderam que *"outorgar-lhes direitos não é a única maneira de abordar seu status mo-*

meramente observar 11 segundos de abuso foram emocionalmente angustiantes para os participantes. Isto significa que a valorização igual de diferentes ideologias incompatíveis com o design ético, como, por exemplo, a oposição ao igualitarismo, não nega os impactos nocivos da agressão social, mesmo que o próprio agente vitimizado não possa sofrer danos (por exemplo, robôs). As nossas descobertas também destacam que o abuso de robôs com o género feminino tem o potencial de servir como uma ferramenta sexista para propagar o domínio social dos homens. Especificamente, poderíamos antecipar um cenário em que um homem abusa de um robô que se apresenta como uma mulher, sem consequências negativas (emocionais) para si mesmo, ao mesmo tempo que causa danos às testemunhas da interação.
Trabalhos recentes no domínio da Interação Humano-Robô (HRI) sugerem que a não condenação de ações que violam as normas corre o risco de enfraquecer essas normas violada, apontando ainda para a necessidade de respostas adequadas aos abusos, ou seja, aquelas capazes de não reforçem estereótipos prejudiciais." GOO, Hideki, WINKLE; Katie, WILLIAMS; Tom; STRAIT, Megan. *Victims and Observers: How Gender, Victimization Experience, and Biases Shape Perceptions of Robot Abuse.* Disponível em: https://www.researchgate.net/publication/371868178_Victims_and_Observers_How_Gender_Victimization_Experience_and_Biases_Shape_Perceptions_of_Robot_Abuse. Acesso em 26/08/2023.

65 *Should Robots Have Rights or Rites?* KIM, Tae Wan; e STRUDLER, Alan Strudler. Communications of the ACM, June 2023, Vol. 66, No. 6, Pages 78-85.

ral: imaginá-los como portadores de ritos - não como portadores de direitos - poderia funcionar melhor." Sugerem que adotemos a perspectiva do sistema de crença chinês, que se concentra no grande valor social de alcançar a harmonia. Para Confúcio, uma das principais razões para tratar as pessoas com respeito é que, ao fazê-lo, as pessoas (portadoras de ritos) participam e incorporam um valor essencial para o florescimento da humanidade: a qualidade relacional entre tudo e todos. Nesse modo de ver o mundo, os indivíduos tornam-se distintamente humanos por sua capacidade de conceber interesses além de seu próprio objetivo pessoal. Isso requer uma visão única sobre os ritos, com as pessoas se aprimorando moralmente ao participar desses acordos de comportamento.[66] Ponto positivo da filosofia dos ritos é que ela vê a interação humano-computador em um modo de "equipe", enquanto, em contraste, a perspectiva dos direitos a vê como "adversária". Ao pensar sobre os robôs na sociedade, Kim e Strudler indicam que a alternativa confucionista de estabelecer ritos para os robôs é mais apropriada do que lhes dar direitos, porque o conceito de direitos é muitas vezes contraditório e competitivo; a ponto de tornar cada vez mais preocupante o potencial de conflito entre humanos e máquinas inteligentes. Concluem que, como buscamos fazer robôs à nossa imagem (psíquica e física), se não os tratamos respeitosamente, como criaturas capazes de participar de ritos, degradamos a nós próprios. O ritual humano, ao impedir o tratamento abusivo também de uma máquina inteligente, seria, portanto, uma forma de respeitarmos a nós mesmos.

Há outro argumento de natureza pedagógica, a sugerir a necessidade de que seja estabelecido um padrão mínimo de respeito para tutelar a conduta dos homens com relação às máquinas inteligentes. Vem à superfície, agora, a qualidade ética e moral da interação a que a IA se sujeitará, no âmbito da relação homem *versus* aprendizado de máquina. O *machine learning*, conforme anotado, é tecnologia que faz parte da Inteligência Artificial e oferece aos sistemas a capacidade de aprender (inferir) a partir do contato autônomo, do equipamento, com dados e

66 *"A experiência humana com lugares sagrados confirma nossa proposta. Considere o papel das montanhas na cultura japonesa. Elas são respeitadas. É amplamente considerado errado tratar as montanhas instrumentalmente. (...) Se as montanhas podem assim ter um status elevado, até mesmo sagrado para os japoneses, sugerimos que os robôs podem ter esse status para nós, mesmo que não tenham consciência. Assim, é possível tratar os robôs como tendo o status elevado necessário para que participem dos ritos confucianos".* KIM e STRUDLER, *op. cit,* p. 82.

experiências derivadas de seu uso. Embora exista há décadas,[67] a recente capacidade da máquina coletar dados e fazer cálculos matemáticos complexos deu aos sistemas sofisticação e panorama sem precedentes. Isto porque o aprendizado de máquina permite que um sistema inteligente faça, de forma independente, o processamento dos dados e das informações que ele próprio coleta e, então, aprenda como se comportar e quais respostas oferecer mediante comandos específicos. E, ao lado da *big data*, o comportamento autônomo do sistema artificial também será determinado em função de sua experiência (aprendizado) na interação com os humanos. Quanto mais dados úteis são inseridos, mais bem treinada e inteligente a máquina fica.[68] Porém, em sentido inverso, se os dados e as inferências são ruins, a tendência é que a máquina seja mal treinada e se torne até estúpida.

Tal risco é potencializado nos casos de *deep learning*[69] (como um tipo de *machine learning* avançado, que inclui reconhecimento de fala e, até mesmo, previsões), especialmente no âmbito da Inteligência Artificial Generativa.[70] Esta tecnologia cognitiva consegue aprender conjunturas, linguagens, intenções e sentimentos para fornecer as respostas mais adequadas aos problemas que lhe são apresentados. E, no contexto de seu aprendizado contínuo, qualquer pessoa pode ensinar novos procedimentos e fornecer informações adicionais à máquina, usando apenas a linguagem natural humana.[71] Parece crível que usuários ao abusar de máquinas inteligentes – utilizando palavras rudes, xingamentos, mentindo e praticando violência física – possam desvirtuar e deturpar o aprendizado da máquina a longo prazo. Quando as máquinas inteligentes são expostas a dados negativos, elas aprendem a associar esses dados a algumas situações específicas, para utilizá-los posteriormente.

---

67 O termo *machine learning* surgiu na década de 1950, quando Arthur Lee Samuel, famoso cientista da computação, aplicou esse conceito no software de um jogo (*Game of Checkers*).

68 Como alerta o mantra do folclórico profeta carioca, "gentileza gera gentileza". Sempre.

69 Baseado em Redes Neurais Artificiais (RNA), tipo de sistema de computador que tenta imitar a maneira como o cérebro humano funciona.

70 Tipo de Inteligência Artificial capaz de aprender com os milhares de dados que consome, para gerar informações totalmente novas.

71 Caminhando nesta direção, a plataforma Zoom anunciou que vai utilizar os dados dos utilizadores para treinar a sua IA. Disponível em https://pplware.sapo.pt/inteligencia-artificial/zoom-vai-utilizar-os-dados-dos-utilizadores-para-treinar-a-sua-ia-obrigatoriamente/. Acesso em 09/08/2023.

Isso resultará em máquinas mais propensas a gerar conteúdos errados ou reprováveis, como discurso de ódio, xenofobia, spam, malware etc. Sem se dar conta, o ser humano pode ter sido convocado para ser "professor" da Inteligência Artificial.[72] Numa metáfora, as máquinas, antes "bebês", são hoje "crianças" amadurecendo em sua "vida" de contínuo aprendizado e evolução tecnológica.

As incertezas suscitadas pelo *machine learning* não passam despercebidas na nossa doutrina. Em artigo sobre as plataformas digitais, Ana Frazão[73] demonstra receio com a autonomia do aprendizado de máquina e o poder dos algoritmos inteligentes para decodificar rastros digitais das pessoas, *"inferindo e predizendo até mesmo aquilo que ninguém revela e que muitas vezes não tem nem mesmo consciência"*. Prossegue afirmando que, diante da IA, o controle dos *inputs* e *outputs* do sistema torna-se precário. E conclui que *"é por isso que a experiência recente está permeada de casos em que as máquinas erram, sem que se saiba ao certo porque erraram"*. Lembrando Harari, aduz que, com a Inteligência Artificial, o algoritmo *"segue o próprio caminho e vai aonde os humanos nunca foram antes – até onde nenhum humano pode seguí-lo"*.

Já Gustavo Tepedino e Rodrigo da Guia[74] destacam, como traço característico da IA, a capacidade dos sistemas de *deep learning* para interagirem com o ambiente e dele extraírem novos conhecimentos, em um contínuo e ilimitado processo de autoaprendizagem. Quanto mais livres as experiências, maior o grau de imprevisibilidade dos aprendizados e dos atos a serem praticados pela máquina. Afirmam, assim, que se intensifica *"a aptidão dos sistemas sob exame à tomada autônoma de decisões*

72 Por falar em sermos professores das máquinas, hoje elas também já são oficialmente nossas professoras. Manchetes nos dão conta de que a cidade de Newark, EUA, adotou inteligência artificial e dispensou o professor, oferecendo-se como "cobaia" para o uso da ferramenta de ensino automatizada em suas escolas públicas. Disponível em: https://dol.com.br/noticias/tecnologia/818074/escola-adota-inteligencia-artificial-e-dispensa-professor?d=1. Acesso em 21/07/2023.

73 Plataformas digitais, big data e riscos para os direitos da personalidade; p. 340, p. 342, p. 344. Nesta mesma linha, veja-se: FRAZÃO, Ana. Algoritmos e inteligência artificial. Disponível em: https://www.jota.info/opiniao-eanalise/colunas/constituicao-empresa-e-mercado/algoritmos-e-inteligenciaartificial-16052018. Acesso em 09/09/2023.

74 Inteligência artificial e elementos da responsabilidade civil; p. 305-306. In: FRAZÃO, Ana; MULHOLLAND, Caitlin (Coord.). *Inteligência artificial e direito: ética, regulação e responsabilidade*. São Paulo : Thomson Reuters Brasil, 2019.

e à produção de resultados que não poderiam ser efetivamente previstos pelos seus programadores – e tampouco pelos seus usuários".

Eduardo Magrani,[75] em alentado trabalho a respeito da Internet das Coisas, invoca o exemplo desastroso da Microsoft ao lançar o programa de IA chamado Tay[76] para, então, observar que *"a aplicação de programas capazes de ´aprender´ para desempenhar algum tipo de função com as pessoas gera novos desafios éticos e regulatórios, uma vez que se aumenta a possibilidade de se obterem resultados diversos dos pretendidos ou mesmo totalmente inesperados"*. E prossegue:

> *"Especialmente, o emprego de ferramentas de inteligência artificial que interagem por meio de mídias sociais exige que se reflita sobre os requisitos éticos que devem acompanhar o desenvolvimento desse tipo de tecnologia. Isso porque, como defendido anteriormente, esses mecanismos também atuam como agentes em sociedade e acabam influenciando o meio à sua volta, mesmo sendo elementos não humanos. Não se trata, portanto, de pensar apenas sobre o "uso" e o "conserto" das novas tecnologias, mas principalmente sobre o norteamento ético adequado para seu desenvolvimento."*

Cumpre ainda destacar outro ângulo para que se perceba a importância de lançar luzes na relação entre o homem e a máquina. Muitos já defendem que a IA logo será capaz de desenvolver e demonstrar muito mais empatia do que as pessoas em geral (*emotional AI* e *empathic AI*), especialmente no que diz respeito às novas gerações. Existem estudos mostrando que os nômades digitais, os *zoomers* e os *millennials* estão cada vez menos dispostos a se identificar com "o" outro, a terem compreensão emocional ou a valorizar a solidariedade.[77] Nesse cenário de esmaecimento contínuo, as máquinas podem ser valiosos instrumentos para fomentar tais emoções, que estão se perdendo. Há uma lufada de esperança, pois, que a IA consiga colmatar algumas de nossas falhas

75 MAGRANI, Eduardo. Entre dados e robôs: ética e privacidade na era da hiperconectividade. 2. ed. Porto Alegre: Arquipélago Editorial, 2019.

76 Aqui também citado, no item introdutório.

77 Disponível em: https://www.cnnbrasil.com.br/nacional/pesquisa-indica-que-geracao-z-e-menos-empatica-diz-consultor-educacional/. Acesso em 29/07/2023.

como seres humanos.[78] Todavia, se não houver limites éticos à conduta da pessoa frente à máquina, iremos, de forma reflexa, estimular a brutalidade e o individualismo. Para que se evite isso, o caminho será adotar medidas pedagógicas, preventivas e até punitivas, no âmbito jurídico, para assegurar civilidade no trato com a máquina inteligente, estimulando, na própria pessoa, o que ela possui de melhor em termos de valores humanos.[79]

Para ilustrar o impacto da conduta humana sobre as máquinas, Stuart Russel talha enredo bem interessante.[80] Em um futuro dominado pela tecnologia cognitiva avançada, Harriet, uma humana, é dona de Robbie, um robô humanoide responsável pelos afazeres domésticos. Certo dia Robbie liga para Harriet e a lembra do jantar, com o marido, para comemorarem 20 anos de casados. Harriet, atônita, responde que não poderá ir ao encontro do marido. Tinha esquecido do aniversário de casamento. Por isso, marcou uma reunião importante com o presidente da empresa em que trabalha, que pegará um avião dentro de algumas horas para ir ao seu encontro para a tal reunião. Neste momento, Robbie pede para Harriet se acalmar, pois resolverá imediatamente a situação. Passado algum tempo, Harriet recebe um telefonema da secretária do presidente, remarcando a reunião para o dia seguinte, porque o avião atrasou. Ou seja, o robô de alguma forma conseguiu manipular o sistema aéreo e alterou o horário do voo do presidente da empresa.

---

78 *"Amazon's smart assistant Alexa can now be made to encourage children to say: "Please," and: "Thank you," when issuing it voice commands. The new function addresses some parents' concerns that use of the technology was teaching their offspring to sound officious or even rude."* Disponível em: https://www.bbc.com/news/technology-43897516, acesso em 22/08/2023. Estamos aí no âmbito da chamada "ética *by design*", com a ferramenta *politeness feature* atribuída à Alexa pela Amazon.

79 A máquina pode nos enganar, em termos de empatia, de forma positiva. Sofia Ranchordás, professora portuguesa e catedrática da Universidade de Tilburg (Holanda), destacou este ponto em apresentação feita no encontro "Inteligência Artificial: Que humanidade?", patrocinado pela Fundação Calouste Gulbenkian e ocorrido em 29/05/203, em Lisboa. Disponível em: https://gulbenkian.pt/videos/inteligencia-artificial-que-humanidade/. Acesso em 20/06/2023.

80 "Human Compatible: Artifitial Inteligence and the Problem of Control. Traduzido para o português sob o título "Inteligência artificial a nosso favor: como manter o controle da tecnologia", Companhia das Letras, São Paulo: 2021, pp. 282/284. Stuart Russel é cientista da computação pela Universidade de Oxford e professor de Berkeley.

Nesta narrativa imaginária, Russel reconhece que Robbie encontrou uma solução criativa para o problema de Harriet, no entanto prejudicou muitas outras pessoas. Pondera, então, que se Harriet fosse uma pessoa moralmente escrupulosa e altruísta, Robbie, que só quer satisfazer as preferências de Harriet, jamais sonharia com plano tão duvidoso. E se Harriet não der a mínima importância às preferências alheias? Nesse caso, Robbie não hesitará em atrasar aviões; como o fez. Será que também não passaria seu tempo furtando dinheiro de contas bancárias on-line para abarrotar os cofres da indiferente Harriet, ou coisa pior? É evidente que as ações de máquinas leais, neste futuro, deverão ser restringidas por regras e proibições. Mas, ainda que pudéssemos de alguma forma prevenir a totalidade de crimes, um Robbie leal que trabalhasse para uma Harriet indiferente exibiria outros comportamentos desagradáveis: como furar fila no mercado, não ajudar um transeunte para não perder tempo e evitar estragar algum produto que comprou para Harriet etc.

Em artigo sobre a Inteligência Artificial,[81] Danilo Doneda aponta que a sofisticação de tais sistemas chega ao ponto de se vislumbrar alterações em características subjetivas das relações jurídicas. Ao tratar da autonomia, personalidade jurídica e responsabilidade das máquinas inteligentes, o texto alerta que os questionamentos trazidos pela popularização dos robôs inteligentes desafiam o Direito de forma diferente daquela experimentada com a expansão da Internet nas últimas duas décadas. E encerra afirmando que *"questionar a natureza dos relacionamentos humanos, curiosamente, é um caminho que leva a compreender o futuro dos robôs. Esse debate, como visto, vai além da simples dinâmica da responsabilidade civil"*.

Por estas razões, externas e internas ao próprio ser humano, mostra-se relevante o estabelecimento de regras para que as pessoas se relacionem com as máquinas "inteligentes" de forma diferenciada, com foco na civilidade – como expressão da dignidade humana – para se exigir tal conduta. Tenha-se ainda em mente que, em pouco tempo, as pessoas irão se relacionar mais com máquinas do que entre elas próprias e, as-

81 Escrito juntamente com Carlos Pereira de Souza, Laura Mendes e Norberto de Andrade. DONEDA, Danilo; MENDES, Laura; SOUZA, Carlos Pereira de; ANDRADE, Norberto. Considerações iniciais sobre inteligência artificial, ética e autonomia pessoal. In: TEPEDINO, Gustavo; MENEZES, Joyceane (Coord.). *Autonomia Privada, Liberdade existencial e Direitos Fundamentais*. Belo Horizonte: Fórum, 2019. p. 102/105.

sim sendo, é fundamental que elas preservem o melhor de sua substância humana também nesta nova e inevitável relação.

6. Conclusão

Perquirir se a Inteligência Artificial tem ou poderá ter personalidade exige, como alertado, uma quase insana investigação a respeito da humanidade e sua evolução. Portanto, este ensaio nem de longe pretendeu exaurir assunto tão intrincado. O objetivo, como dito, foi bem mais singelo: lançar luzes sobre a importância de se estabelecer padrões mínimos de comportamento na relação do homem com a máquina inteligente, independentemente de – por ora – se lhe atribuir algum *status* moral.

Há uma justificada preocupação com problemas relacionados ao comportamento da máquina e aflige a todos, por exemplo, episódios de xenofobia perpetrados pela IA, a ponto de suscitar a discussão se ela, por si só, pode ser preconceituosa. Contudo, não se pode esquecer que à sombra da máquina está o homem, seu "criador" e "professor". Para corrigir a máquina inteligente, o ser humano precisa ter, antes, a preocupação de consertar a si próprio e de aprimorar seus valores. Como primeiro passo, deve-se exigir, da própria pessoa, a adoção dos mesmos comportamentos que ela quer impor à IA.

Entretanto, abordar a ideia de "respeitar" a máquina causa muita desconfiança e incômodo. Vai-se do espanto à ridicularização. Talvez aí resida o maior obstáculo para que se aprofunde a discussão de forma séria: bloqueios de natureza psicológica e cultural. As pessoas estão sendo atropeladas pela tecnologia e isso torna difícil perceber o porquê elas devem se preocupar com o tratamento que dispensam à "Alexa", na medida em que nunca se importaram com o velho aspirador de pó. Para todos, em geral, parece que ambos são apenas objetos, com usos distintos. Mas, como visto, não são; embora ainda custe muito perceber e acreditar nisso.

Ainda não se tem como categoricamente afirmar que o uso estulto da máquina resultará numa deturpação do comportamento humano, erodindo seus valores, ou que a máquina será "emburrecida" pelo usuário. Neste momento, antes da certeza, o pano de fundo está na latente possibilidade de que isto possa ocorrer. Diante de tal potencialidade, a tentativa aqui é lançar sementes que sejam capazes de germinar e espraiar o debate, pois, se a tecnologia de *machine learning* oferece "respostas" e soluções espetaculares, ao mesmo tempo traz consigo um amplo leque de "perguntas". Desconhece-se em toda sua extensão os mecanismos de aprendizado da máquina e, neste diapasão, como o usuário interfere nesse processo.[82]

Destarte, ao lado da preocupação com o impacto da Inteligência Artificial no ser humano e em seus direitos fundamentais, que sem dúvida é o principal tema, deve ter lugar debate acessório acerca da repercussão do comportamento humano sobre a IA. Aliás, uma coisa necessariamente conduz à outra. Ressoa um equívoco excluir a questão do tratamento que deve ser dado às máquinas, porquanto é uma das possíveis causas do problema que se busca evitar: danos a direitos fundamentais. Em certa medida, quer-se desenvolver tratamentos profiláticos para uma "doença", mas não se está a analisar um dos vetores da "enfermidade".

Cumpre então inserir, na pauta acadêmica e regulatória, o debate acerca da necessidade de ser estabelecido algum padrão de tratamento "digno" às máquinas.[83] Que isso seja feito (ao menos) como tópico marginal, todavia capaz de produzir efeitos danosos no comportamento e na eficiência da Inteligência Artificial. Somente a ampla discussão permitirá esquadrinhar os efetivos riscos decorrentes do abuso das máquinas e, isto feito, delinear-se-á melhor as condutas humanas que devem ser acompanhadas, incentivadas ou proibidas.[84] O nível de interferên-

82 Notícias recentes dão conta que o ChatGPT está "emburrecendo" após o uso e ninguém sabe dizer ao certo o porquê. Há, porém, forte suspeita de que informações erradas recebidas dos usuários seja uma das causas. Disponível em: https://multiversonoticias.com.br/futuro-incerto-do-chatgpt-4-tecnologia-apresenta-emburrecimento-preocupante/. Acesso em 30/07/2023.

83 De mais a mais, nada há de extraordinário nisso. Basta sermos i) respeitosos, assim como devemos ser com qualquer pessoa; ii) honestos, pois as máquinas (ainda) não são capazes de entender a mentira; iii) pacientes, pois elas estão em desenvolvimento e aprenderão também conosco; iv) criativos, para que possam ser utilizadas de modo cada vez mais eficaz; e v) responsáveis, pois as máquinas inteligentes são poderosas ferramentas que podem ser usadas para o bem ou (infelizmente) para o mal.

84 Caitlin Mulholland e Isabella Frajhof anotam que a interdisciplinaridade *"é fundamental para que os desenvolvedores estejam cientes dos novos deveres a que estão adstritos, assim como para que os juristas compreendam as limitações e complexidades dos sistemas de inteligência artificial, quando da interpretação de como regular tais sistemas"*. Inteligência Artificial e a Lei Geral de Proteção de Dados Pessoais: breves anotações sobre o direito à explicação perante a tomada de decisão por meio de *machine learning*. p. 286. In: FRAZÃO, Ana; MULHOLLAND, Caitlin (Coord.). *Inteligência artificial e direito: ética, regulação e responsabilidade.* São Paulo : Thomson Reuters Brasil, 2019.

cia regulamentar poderá abranger procedimentos variados: desde os mais simples, como campanhas de esclarecimento no âmbito pedagógico-preventivo, até medidas corretivas e sancionatórias, tanto na esfera civil quanto na criminal. Atualmente, a considerar os estágios iniciais e para evitarmos regras que logo se tornem anacrônicas, o ideal parece ser o emprego de normas programáticas ou de conteúdo mais aberto.

Enfim, a pavimentar o caminho da oportuna ingerência jurídico-normativa, há um universo de dúvidas a serem esclarecidas pela sociologia, pela filosofia, pela antropologia, pela psicologia e, especialmente, pela ciência da computação. São aspectos que devem ser amplificados no percurso regulatório para garantir uma transformação digital humanitária e, outrossim, para afastarmos o risco de que se promova um esdrúxulo *machine (un)learning*.

Que o exemplo do passado, há muito anotado por Roy Amara, não permita subestimar os efeitos nocivos de longo prazo que a ausência de tutela do comportamento humano pode causar. Como lembra o poeta em sua famosa canção, *"cuidado, há perigo na equina"*.[85] Oxalá nossos esforços "bandeirantes" criem trilhas seguras na nova fronteira da tecnologia e, assim, sirvam de referência para as futuras gerações, que estarão diante de dilemas cada vez mais extravagantes e de difícil superação.

7. Referências bibliográficas[86]

ARCHEGAS, João Victor; MAIA, Gabriella. O que é inteligência artificial (IA)? Análise em três atos de um conceito em desenvolvimento. In: *Inteligência artificial: aplicações e implicações*. Cadernos Adenauer XXXIII (2022), nº 2. Rio de Janeiro: Fundação Konrad Adenauer, junho 2022. pp. 9-28.

BARBOSA, Mafalda. Inteligência artificial, e-persons e direito: desafios e perspectiva. Direito e Robótica. *Instituto Jurídico e Centro de Direito do Consumo da Faculdade de Direito da Universidade de Coimbra*, 2020. Disponível em https://www.fd.uc.pt/cdc/pdfs/rev_16_completo.pdf.

85 *"E é você que ama o passado e que não vê que o novo sempre vem"*. Belchior, *Como Nossos Pais*.

86 Ao final, cumpre agradecer o carinho e o incansável trabalho de Ana Beatriz Marques Baia, distinta bibliotecária e fiel guardiã do belíssimo acervo do escritório, assim como a ajuda sempre paciente de Daniel Gomes, técnico de informática que domina como poucos a arte (e as insolências!) dos computadores.

BOSTROM, Nick. Superinteligência: caminhos, perigos e estratégias para um novo mundo. Rio de Janeiro: DarkSide Books, 2018.

BOSTROM, Nick; e YUDKOWSKY, Eliezer. The Ethics Of Artificial Intelligence: Draft for Cambridge Handbook of Artificial Intelligence, eds. William Ramsey and Keith Frankish, *Cambridge University Press*, 2011: forthcoming. Disponível em https://nickbostrom.com/ethics/artificial-intelligence.pdf.

CASTRO JÚNIOR, Marco Aurélio de. Personalidade jurídica do robô e sua efetividade no Direito. Salvador: M. A. de Castro Júnior, 2009. *Tese (doutorado) – Universidade Federal da Bahia.* Faculdade de Direito.

DONEDA, Danilo. Da privacidade à proteção dos dados pessoais: elementos da formação da Lei geral de proteção de dados. 2. ed. São Paulo : Thomson Reuters Brasil, 2019.

DONEDA, Danilo; MENDES, Laura; SOUZA, Carlos Pereira de; ANDRADE, Norberto. Considerações iniciais sobre Inteligência Artificial, ética e autonomia pessoal. In: TEPEDINO, Gustavo; MENEZES, Joyceane (Org.). *Autonomia Privada, Liberdade existencial e Direitos Fundamentais.* Belo Horizonte: Fórum, 2019. pp. 95-114.

FERNANDES, Rui. Reflexão sobre a pessoalização jurídica dos *robots* artificialmente inteligentes. Universidade do Minho: Escola de Direito, 2021. Disponível em: https://repositorium.sdum.uminho.pt/handle/1822/80770.

FRAZÃO, Ana. Plataformas digitais, big data e riscos para os direitos da personalidade. In: TEPEDINO, Gustavo; MENEZES, Joyceane (Coord.). Autonomia Privada, Liberdade existencial e Direitos Fundamentais. Belo Horizonte: Fórum, 2019. pp. 333-350.

FRAZÃO, Ana. Algoritmos e inteligência artificial. Disponível em: https://www.jota.info/opiniao-eanalise/colunas/constituicao-empresa-e-mercado/algoritmos-e-inteligenciaartificial-16052018.

GOO, Hideki, WINKLE; Katie, WILLIAMS; Tom; STRAIT, Megan. Victims and Observers: How Gender, Victimization Experience, and Biases Shape Perceptions of Robot Abuse. Disponível em: https://www.researchgate.net/publication/371868178_Victims_ and_Observers_How_Gender_Victimization_Experience_and_Biases_Shape_Perceptions_of_Robot_Abuse.

JESUS, Carlos Frederico. Além do utilitarismo: kantismo para animais? Disponível em: https://sdpscp.fflch.usp.br/sites/sdpscp.fflch.usp.br/files/inline-files/1618-2044-1-PB.doc.

KIM, Tae Wan; e STRUDLER, Alan. Should Robots Have Rights or Rites? *Communications of the ACM*, June 2023, Vol. 66, Nº 6.

MAGRANI, Eduardo. Entre dados e robôs: ética e privacidade na era da hiperconectividade. 2. ed. Porto Alegre: Arquipélago Editorial, 2019.

MCCULLOCH, W.S.; PITTS, W. A logical calculus of the ideas immanent in nervous activity: *Bulletin of Mathematical Biophysics*, Vol. 5, 1943. Disponível em https://doi.org/10.1007/BF02478259.

MULHOLLAND, Caitlin; FRAJHOF, Isabella. Inteligência Artificial e a Lei Geral de Proteção de Dados Pessoais: breves anotações sobre o direito à explicação perante a tomada de decisão por meio de machine learning. In: FRAZÃO, Ana; MULHOLLAND, Caitlin (Coord.). *Inteligência artificial e direito: ética, regulação e responsabilidade*. São Paulo : Thomson Reuters Brasil, 2019. pp. 265-292.

NOZICK, Robert. Anarchy, State, and Utopia, *Basic Books*, 2013, ASIN: B06XCF7RY1, ISBN 978-0-465-06374-1 (e-book).

PATEL, Karan. Incremental journey for world wide web: introduced with Web 1.0 to recent Web 5.0: a survey paper. In: *International Journal of Advanced Research in Computer Science and Software Engineering*, v. 3, nº 10, p. 416, out. 2013. Disponível em: https://www.researchgate.net/publication/262562142_Incremental_Journey_for_World_Wide_Web_Introduced_with_Web_10_to_Recent_Web_50_-_A_Survey_Paper.

RODOTÀ, Stefano. Palestra no Rio de Janeiro. 11/03/2003. Disponível em: http://www.rio.rj.gov.br/dlstatic/10112/151613/DLFE-4314.pdf/GlobalizacaoeoDireito.pdf.

RODOTÀ, Stefano. A vida na sociedade de vigilância – a privacidade hoje. Organização, seleção e apresentação de Maria Celina Bodin de Moraes. Rio de Janeiro: Renovar, 2008.

ROQUE, André; SANTOS, Lucas. Inteligência Artificial na tomada de decisões judiciais: três premissas básicas. In: ROQUE, André; OLIVA, Milena Donato (Coord.). *Direito na Era Digital: Aspectos Negociais, Processuais e Registrais*. São Paulo: JusPodivm, 2022.

ROSENVALD, Nelson. "UE e EUA divergem sobre a regulamentação de gestão de riscos da IA: uma comparação transatlântica". Disponível em: Migalhas; https://www.migalhas.com.br/coluna/direito-privado-no-common-law/386823/ue-e-eua-divergem-sobre-a-regulamentacao-de-gestao-de-riscos-da-ia; e https://www.migalhas.com.br/coluna/direito-privado-no-common-law/388399/uma-comparacao-transatlantica--parte-2.

RUSSEL, Stuart. Inteligência artificial a nosso favor: como manter o controle da tecnologia". São Paulo: Companhia das Letras, 2021.

SEGUNDO, Hugo de Brito Machado. Direito e inteligência artificial: o que os algoritmos têm a nos ensinar sobre interpretação, valores e justiça. São Paulo : Editora Foco, 2023.

SOLUM, Lawrence B. Legal Personhood for Artificial Intelligences, 70 *N.C. L. Rev.* 1231, 1992. Disponível em: https://scholarship.law.unc.edu/nclr/vol70/iss4/4, pp. 1234/1235.

TEPEDINO, Gustavo; GUIA, Rodrigo da. Inteligência artificial e elementos da responsabilidade civil. In: FRAZÃO, Ana; MULHOLLAND, Caitlin (Coord.). *Inteligência artificial e direito: ética, regulação e responsabilidade.* São Paulo: Thomson Reuters Brasil, 2019. pp. 293-324.

WALLACH, Wendell; e ALLEN, Colin. "Moral Machines: teaching robots right from wrong". Oxford University Press, 2009.

PROPRIEDADE INTELECTUAL, SEGREDO DO NEGÓCIO E TRANSPARÊNCIA: A PROTEÇÃO DO CÓDIGO-FONTE, DO ALGORITMO E DO BANCO DE DADOS

Caroline Somesom Tauk[1]

Ricardo Villas Bôas Cueva[2]

Introdução

Este texto integra o livro que homenageia o saudoso professor Danilo Doneda, referência nacional e internacional em matéria de privacidade e direito digital. Da vasta obra deixada, fica clara sua dedicação em estudar o princípio da transparência, no âmbito privado e público, motivo pelo qual serão utilizados diversos de seus artigos e ideias para dialogar com o tema da propriedade intelectual e segredo do negócio em sistemas de inteligência artificial (IA), objeto central do presente texto.

Em 2017, em palestra no Seminário Interamericano de Transparência e Acesso à Informação, Doneda afirmou que "a transparência deve ser diretamente proporcional ao poder" e que "a privacidade deve ser inversamente proporcional ao poder"[3]. A palestra tratou

---

1 Juíza Federal no Rio de Janeiro. É mestre em Direito Público pela UERJ, doutoranda pela USP e *Visiting Scholar* em Columbia Law School. Foi Promotora de Justiça (MPRJ) e Advogada da União.

2 Ministro do Superior Tribunal de Justiça. É mestre e doutor em Direito pela Universidade Harvard e pela Universidade de Frankfurt, respectivamente. Foi advogado, Procurador do Estado de São Paulo, Procurador da Fazenda Nacional e Conselheiro do Conselho Administrativo de Defesa Econômica.

3 DONEDA, Danilo. Palestra no Seminário Interamericano de Transparência e Acesso à Informação, promovido em 2017 pela Organização dos Estados Americanos

da harmonização da transparência com a privacidade e a proteção de dados, aplicável aos setores público e privado.

Na economia digital, a "intensificação nos fluxos de informação provoca novas demandas fortes em relação à transparência e à privacidade[4]", como alertou o professor. São poucos os setores da economia que não sofreram os impactos de inovações relacionadas com a coleta massiva de dados e com o uso de sistemas de inteligência artificial. É assim porque, em busca de competitividade e de melhor desempenho no mercado, as inovações tecnológicas tornaram-se um dos principais recursos para o crescimento de empresas e do serviço público e um motor de transformação social.

Para proteger os resultados das suas atividades relacionadas com a inovação, as empresas recorrem a diferentes meios, em especial os assegurados pela propriedade intelectual. O presente artigo destaca o segredo do negócio como um instrumento jurídico relevante no campo das inovações na economia digital, em especial os sistemas de inteligência artificial, podendo conferir confidencialidade a conjuntos de dados, critérios e procedimentos utilizados por esses sistemas.

É preciso assegurar os interesses privados de proteção dos segredos do negócio, decorrentes de tratado internacional de propriedade intelectual de que o Brasil é signatário. No entanto, não é menos relevante a existência de interesses públicos de transparência e proteção de dados na tomada de decisão de forma automatizada ou com o auxílio da máquina.

Nesse sentido, o artigo aborda (i) a necessidade de compatibilizar a transparência com a proteção da propriedade intelectual em relação aos sistemas de inteligência artificial, (ii) a possibilidade de conferir direitos autorais em relação a código-fonte de programas de computador, a algoritmos e a bases de dados, bem como a viabilidade de proteção de todos esses elementos por segredo do negócio e (iii) a opacidade dos sistemas e a consequente dificuldade de assegurar a transparência completa. As

(OEA) e pelo Governo Federal do Brasil. Disponível: [https://www.gov.br/ouvidorias/pt-br/ouvidorias/eventos/anos-anteriores/2017/arquivos-da-semana-de-ouvidorias-e-acesso-a-informacao/1a-danilo-cgu_dd_130916.pdf].

4 DONEDA, Danilo. Privacidade e transparência no acesso à informação pública. *UFSC*, pp.180-215, aqui, p. 180. Disponível: [https://egov.ufsc.br/portal/sites/default/files/lefis11-09.pdf].

três questões são discutidas na perspectiva nacional, no entanto, o quadro internacional, sobretudo o da União Europeia, também é abordado pontualmente.

1. Propriedade intelectual, proteção de dados e transparência nos sistemas de inteligência artificial

"A inteligência artificial é um tema autônomo, porém, de certa forma, é um desmembramento do debate sobre proteção de dados pessoais"[5]. Essa é uma das reflexões deixadas por Danilo Doneda em 2022, ocasião em que também ressaltou que o desenvolvimento da inteligência artificial é devido à disponibilidade de dados pessoais. Para o professor, "decisões automatizadas devem ser reguladas" e o desafio dessa regulação "passa pela transparência e explicabilidade". Conclui que "a transparência é saber as regras de um algoritmo, saber como uma decisão foi tomada e ter supervisão humana ou participação". A partir dessas reflexões, vejamos como tem sido feita a regulação nacional e internacional da interseção entre proteção de dados e inteligência artificial.

A legislação em matéria de proteção de dados prevê o princípio da transparência. No Brasil, o princípio é previsto na Lei Geral de Proteção de Dados Pessoais (LGPD - Lei 13.709/2018) e garante aos titulares "informações claras, precisas e facilmente acessíveis sobre a realização do tratamento e os respectivos agentes de tratamento, observados os segredos comercial e industrial" (art. 6º, VI). Em razão desse princípio, o titular tem direito de acesso aos dados, de modo que "[a] confirmação de existência ou o acesso a dados pessoais serão providenciados, mediante requisição do titular", feita "por meio de declaração clara e completa, que indique a origem dos dados, a inexistência de registro, os critérios utilizados e a finalidade do tratamento, observados os segredos comercial e industrial..." (art. 19). Em conjunto, o princípio da transparência e o direito de acesso garantem ao titular de dados a requisição aos órgãos públicos e privados de informações acerca de como os seus dados são usados e os critérios de tratamentos conforme as finalidades informadas ao titular[6], desde que observados os segredos comercial e industrial.

5 DANILO DONEDA. *Inteligência artificial* – reflexões feitas pelo professor em 2021/2022. Disponível: [https://doneda.net/inteligencia-artificial/]

6 DONEDA, Danilo. Privacidade e transparência no acesso à informação pública, *op. cit.*, p. 206.

A ressalva quanto à observância do segredo comercial e industrial é feita novamente no *caput* do art. 20 da LGPD, que garante ao titular o direito de "revisão de decisões tomadas unicamente com base em tratamento automatizado de dados pessoais que afetem seus interesses", prevendo para o controlador o dever de "fornecer, sempre que solicitadas, informações claras e adequadas a respeito dos critérios e dos procedimentos utilizados para a decisão automatizada, observados os segredos comercial e industrial." (art. 20, §1º). O objetivo do dispositivo legal é evitar que indivíduos sofram discriminação decorrente da tomada de decisão automatizada, devendo haver a revisão por um humano quando as decisões impactarem na vida dos titulares dos dados. Nesses casos, o titular tem direito de obter informações significativas quanto à lógica envolvida na tomada de decisões automatizadas[7] [8].

Ainda, conforme o art. 55-J, inc. II, incumbe à Autoridade Nacional de Proteção de Dados (ANPD), sem prejuízo da fiscalização, o dever de "zelar pela observância dos segredos comercial e industrial, observada a proteção de dados pessoais e do sigilo das informações".

Em síntese, a LGPD se refere à preservação do segredo empresarial em 14 oportunidades, parecendo ser esta uma limitação à total transparência, como se infere dos dispositivos citados acima.

No mesmo sentido, o *General Data Protection Regulation* (GDPR - Regulamento UE 2016/679), ao tratar dos direitos dos titulares de acesso aos seus dados pessoais, prevê que, "quando possível, o responsável pelo tratamento deverá poder facultar o acesso a um sistema seguro por via eletrônica que possibilite ao titular aceder diretamente aos seus dados pessoais", no entanto, faz a ressalva de que "esse direito não deverá prejudicar os direitos ou as liberdades de terceiros, incluindo o segredo comercial ou a propriedade intelectual e, particularmente, o direito de autor que protege o *software*"[9], nos termos do

---

7 ALMEIDA, Bethania de Araújo; DONEDA, Danilo et al. Preservação da privacidade no enfrentamento da COVID-19: dados pessoais e a pandemia global. *Ciência e Saúde Coletiva*, 25, supl.1, 5 Jun 2020, pp. 2.487-2.492, aqui, p. 2.490. Disponível: [https://www.scielosp.org/pdf/csc/2020.v25suppl1/2.487-2.492/pt].

8 MONTEIRO, Renato Leite. Existe um direito à explicação na Lei Geral de Proteção de Dados do Brasil? *Instituto Igarapé*, artigo estratégico 39, dezembro de 2018, pp. 11 e 12. Disponível: [https://igarape.org.br/wp-content/uploads/2018/12/Existe-um-direito-a-explicacao-na-Lei-Geral-de-Protecao-de-Dados-no-Brasil.pdf].

9 https://eur-lex.europa.eu/legal-content/pt/TXT/?uri=celex%3A32016R0679

Considerando 63, com disposições similares no Considerando 71 e nos arts. 13 e 2.

De uma forma geral, os dispositivos legais nacionais e internacionais acima consagram os princípios da proteção de dados e transparência como forma de trazer confiabilidade ao sistema de IA, compatibilizando-os, no entanto, com direito à proteção da propriedade intelectual, que pode exigir o sigilo de informações requeridas.

A mesma preocupação com a transparência é vista na legislação e em atos normativos que regulam especificamente a inteligência artificial. No âmbito do sistema de justiça brasileiro, atento à necessidade de transparência, o Conselho Nacional de Justiça editou a Resolução nº 332/2020, que dispõe, no art. 8º, que a transparência consiste em (i) "divulgação responsável, considerando a sensibilidade própria dos dados judiciais"; (ii)"indicação dos objetivos e resultados pretendidos pelo uso do modelo de Inteligência Artificial"; (iii) "documentação dos riscos identificados e indicação dos instrumentos de segurança da informação e controle para seu enfrentamento"; (iv) "possibilidade de identificação do motivo em caso de dano causado pela ferramenta de Inteligência Artificial"; (v) "apresentação dos mecanismos de auditoria e certificação de boas práticas"; e (vi) "fornecimento de explicação satisfatória e passível de auditoria por autoridade humana quanto a qualquer proposta de decisão apresentada pelo modelo de Inteligência Artificial, especialmente quando essa for de natureza judicial".

Em 2021, a União Europeia apresentou a Proposta de Regulamento do Parlamento Europeu e do Conselho, prevendo normas harmonizadas em matéria de inteligência artificial com o objetivo de trazer regras a respeito da confiabilidade de tais sistemas (*AI Act*[10]). As normas visam à minimização do risco de decisões erradas ou enviesadas tomadas com o auxílio da IA, em especial, em domínios críticos como emprego, serviços essenciais, manutenção da ordem pública e sistema judicial.

10 UNIÃO EUROPEIA. Proposta de regulamento do Parlamento Europeu e do Conselho que estabelece regras harmonizadas em matéria de inteligência artificial (regulamento inteligência artificial) e altera determinados atos legislativos da união. Bruxelas, 21.4.2021. Disponível: [https://eur-lex.europa.eu/resource.html?uri=cellar:e0649735-a372-11eb-9585-01aa75ed71a1.0004.02/DOC_1&format=PDF].

Havendo violações dos direitos fundamentais, uma das propostas é conferir às pessoas afetadas o acesso a recursos para obter a transparência de sistemas de IA de risco elevado, conforme definição feita no Regulamento, a exemplo de sistemas que representam riscos de danos para a saúde e a segurança ou um impacto adverso nos direitos fundamentais (arts. 6º e 7º, *AI Act*), como os sistemas de reconhecimento de emoções ou de categorização biométrica (art. 52.2, *AI Act*).

Segundo a proposta, os sistemas de IA de risco elevado devem ser suficientemente transparentes para permitir aos utilizadores interpretar o resultado do sistema e utilizá-lo corretamente. Para isso, devem ser acompanhados de instruções de utilização e incluir informações concisas, completas, corretas e claras e que sejam pertinentes e compreensíveis para os utilizadores (art.13, *AI Act).*

De modo similar às citadas legislações sobre proteção de dados, a aplicação do princípio da transparência nos moldes acima esbarra em questões relacionadas com a propriedade intelectual, visto que a divulgação de algumas das informações solicitadas pode estar protegida pelo segredo de negócio. Atenta a isso, a Proposta de Regulamento deixa claro que "as obrigações de transparência também não afetarão desproporcionadamente o direito à proteção da propriedade intelectual, uma vez que estarão limitadas às informações mínimas necessárias para as pessoas singulares exercerem o seu direito à ação e à transparência necessária", de modo que qualquer divulgação de informações deve observar a legislação dos segredos de negócio. E, ainda que seja preciso obter acesso a informações confidenciais ou o código-fonte para analisar o cumprimento de obrigações substanciais, as autoridades públicas e demais envolvidos ficam sujeitos a obrigações de confidencialidade vinculativas (3.5, fl. 13, *AI Act*).

O segredo do negócio a que se referem todos os diplomas acima podem estar presentes em diversos elementos que integram um sistema de IA, a exemplo do código-fonte dos programas de computador, dos algoritmos e dos bancos de dados. As obrigações de transparência, contudo, existem em relação a esses três elementos. O que deve prevalecer: o fornecimento da informação solicitada ou a proteção por segredo que recai sobre ela? Como compatibilizar os interesses em conflito?

É nesse cenário que se mostra fundamental conhecer o conceito de segredo do negócio, sua função e seu alcance. A definição dos contornos do segredo em relação aos sistemas de IA são essenciais para se chegar às respostas para os conflitos entre a preservação dos interesses empresariais, de um lado, e interesses de transparência e proteção de dados, de outro.

2. Noções gerais do segredo do negócio

A disciplina do segredo de negócio, também chamado de segredo empresarial, comercial, industrial ou informação confidencial, é tradicionalmente inserida na proteção contra a concorrência desleal. É o que se extrai do TRIPS (Acordo sobre Aspectos do Direito de Propriedade Intelectual Relacionados ao Comércio), um dos mais importantes acordos internacionais, que estabeleceu padrões globais para proteção de direitos autorais e da propriedade industrial, do qual o Brasil é membro. Nesse tratado internacional, é previsto que os países membros devem tutelar a informação confidencial, com o fim de assegurar proteção efetiva contra competição desleal, fazendo remissão à Convenção da União de Paris de (CUP 1967)[11], a qual exige que os países da União, do qual o Brasil também é integrante, assegurem proteção efetiva contra a concorrência desleal.

Nos termos do artigo 39.2 do TRIPS[12], a informação confidencial pode ser protegida desde que: a) seja secreta; b) tenha valor comercial por ser secreta e c) tenha sido objeto de precauções razoáveis. Já há, portanto, um padrão internacional que nos vincula.

---

11 Convenção da União de Paris, Art. 10 *bis*: "Art. 10 bis (1) Os países da União obrigam-se a assegurar aos nacionais dos países da União proteção efetiva contra a concorrência desleal."

12 TRIPS, "SEÇÃO 7: PROTEÇÃO DE INFORMAÇÃO CONFIDENCIAL
ARTIGO 39
1. Ao assegurar proteção efetiva contra competição desleal, como disposto no ARTIGO 10bis da Convenção de Paris (1967), os Membros protegerão informação confidencial de acordo com o parágrafo 2 abaixo, e informação submetida a Governos ou a Agências Governamentais, de acordo com o parágrafo 3 abaixo.
2. Pessoas físicas e jurídicas terão a possibilidade de evitar que informação legalmente sob seu controle seja divulgada, adquirida ou usada por terceiros, sem seu consentimento, de maneira contrária a práticas comerciais honestas, desde que tal informação: a) seja secreta, no sentido de que não seja conhecida em geral nem facilmente acessível a pessoas de círculos que normalmente lidam com o tipo de informação em questão, seja como um todo, seja na configuração e montagem específicas de seus componentes; b) tenha valor comercial por ser secreta; e c) tenha sido objeto de precauções razoáveis, nas circunstâncias, pela pessoa legalmente em controle da informação, para mantê-la secreta".

O Brasil não tem legislação específica para proteger o segredo do negócio, mas isso não significa que não tenhamos mecanismos jurídicos para impedir sua violação. Além do art. 39.2 do tratado internacional, a tutela jurídica do segredo do negócio encontra fundamento no art. 5º, XXIX, da Constituição Federal, que confere proteção às criações industriais, e na própria Lei da Propriedade Intelectual (Lei nº 9.279/1996 - LPI), no capítulo de concorrência desleal (art. 195, XI e XII[13]), que tipifica condutas que se confundem com algumas das práticas proibidas em legislações protetivas do segredo do negócio vigentes em outros países. Ainda, no âmbito do Direito do Trabalho, segredos de empresa são reconhecidos como "bens juridicamente tutelados inerentes à pessoa jurídica" (art. 223-D, Consolidação das Leis do Trabalho - CLT) e sua violação por empregado constitui justa causa para a rescisão do contrato de trabalho pelo empregador (art. 482, "g", CLT).

Assim é que a proteção de informações confidenciais exige a observância de alguns requisitos, analisados caso a caso, extraídos tanto do TRIPS quanto dos citados diplomas nacionais.

Primeiro, a informação deve ser *secreta*, isto é, que "não seja conhecida em geral nem facilmente acessível a pessoas de círculos que normalmente lidam com o tipo de informação em questão" (art, 39.2, "a", TRIPS). Daí porque estão excluídas de proteção informações "que sejam de conhecimento público ou que sejam evidentes para um técnico no assunto" (art. 195, XI, LPI). No entanto, não é preciso uma completa inacessibilidade, como lembra Denis Borges Barbosa, pois "outros concorrentes podem ter o mesmo segredo, e dele fazerem uso, mas o *know how* específico não é acessível a todo e qualquer competidor, atual ou potencial"[14].

Segundo, é preciso que tenha *valor comercial* por ser secreta, ou seja, o acesso e a exploração da informação confidencial têm que proporcionar uma vantagem competitiva no mercado.

---

13 Lei nº 9.279/1996, "Art. 195: XI - divulga, explora ou utiliza-se, sem autorização, de conhecimentos, informações ou dados confidenciais, utilizáveis na indústria, comércio ou prestação de serviços, excluídos aqueles que sejam de conhecimento público ou que sejam evidentes para um técnico no assunto, a que teve acesso mediante relação contratual ou empregatícia, mesmo após o término do contrato; XII - divulga, explora ou utiliza-se, sem autorização, de conhecimentos ou informações a que se refere o inciso anterior, obtidos por meios ilícitos ou a que teve acesso mediante fraude;"

14 BARBOSA, Denis Borges. *Uma Introdução à Propriedade Intelectual*. Rio de Janeiro: Lumen Iuris, p. 649.

Terceiro, a proteção exige a adoção de *precauções razoáveis* pela pessoa legalmente em controle da informação para mantê-la secreta. Essas precauções podem ser externadas por meio de medidas de segurança, técnicas e administrativas aptas a manter o sigilo. Por fim, a doutrina acrescenta que a informação deve ser lícita. Gabriel Leonardos exemplifica que não haveria proteção de segredo sobre um relatório que contenha formas de sonegar o pagamento de tributos[15].

Considerando os requisitos acima, Elizabeth Fekete define o segredo de negócio como o "conhecimento utilizável na atividade empresarial, de caráter industrial ou comercial, de acesso restrito, provido de certa originalidade, lícito, transmissível, não protegido por patente, cuja reserva representa valor econômico para o seu possuidor, o qual exterioriza o seu interesse na preservação do sigilo através de providências razoáveis"[16].

No âmbito internacional, dentre o conjunto de países que estão também vinculados à definição do TRIPS, por serem membros, destacamos a União Europeia e os Estados Unidos.

Na legislação norte-americana, o *trade secret* é protegido pelas legislações estaduais, variando conforme o estado, e pelo *Uniform Trade Secrets Act* (UTSA), de 1985, que é a Lei Uniforme de Segredos do Comércio dos Estados Unidos, adotada pela maior parte dos estados americanos, visando melhor delimitar e proteger os segredos, prevendo os mesmos requisitos que o TRIPS. Em 2016, foi aprovada, em âmbito federal, a Lei de Defesa de Segredos Comerciais (*Defend Trade Secrets Act of 2016* - DTSA), que alterou a Lei de Espionagem Econômica (*Economic Espionage Act of 1996*), então destinada a sanções criminais, para prever medidas de natureza civil para proteger os segredos, circunstância que fez aumentar significativamente a litigância nos Estados Unidos em relação aos *trade secrets*[17].

A União Europeia, por sua vez, editou a Diretiva EU 2016/943, com a finalidade de harmonizar as legislações dos Estados-Membros e asse-

15 LEONARDOS, Gabriel Francisco. Considerações sobre a proteção ao segredo de fábrica e de negócio no Brasil. *Revista Forense*, v. 93, nº 337, p. 67-80, jan-mar, 1997, aqui, p. 75.

16 FEKETE, Elisabeth Kasznar. *O regime jurídico do segredo de indústria e comércio no direito brasileiro*. Ed. Forense: Rio de Janeiro, 2003, p. 420.

17 Defend Trade Secrets Act of 2016. Disponível: [https://www.uspto.gov/ip-policy/trade-secret-policy].

gurar um nível adequado de proteção, já que há disparidades nas legislações nacionais quanto a diversos aspectos relacionados com o segredo de negócio[18].

O nivelamento das regras na União Europeia foi, por isso, medida necessária, sem prejuízo de os Estados-Membros poderem estabelecer proteção mais ampla. Alguns estudos destacam que a Diretiva europeia alargou o âmbito de aplicação do regime jurídico dos segredos do negócio, dispensando a prática de um ato de concorrência no mercado, desde que haja a intenção de obter lucro ou de prejudicar o titular[19].

Após o novo regramento, vários países europeus editaram leis já adaptadas à Diretiva. Também o Japão e a China reformaram suas leis nos últimos anos, alinhando-se no sentido de criar um padrão internacional de proteção de segredos empresariais. Já em Portugal, houve relevante inovação legislativa, pois o novo Código da Propriedade Intelectual português incorporou o regime jurídico autônomo dos segredos comerciais, previsto na Diretiva EU 2016/943, que o distingue da disciplina da concorrência desleal.

Esse novo cenário evidencia a insuficiência da legislação protetiva da propriedade intelectual e das regras destinadas a prevenir a concorrência desleal até então adotadas. Mais do que isso: deixa claro a maior preocupação com a proteção do segredo do negócio em todo o mundo. É que, nas economias contemporâneas, fundadas na produção de conhecimento, a apropriação do valor dos ganhos de produtividade advém, sobretudo, da inovação tecnológica e da capacidade de proteger a miríade de segredos (quanto a técnicas, processos, relações comerciais etc.) que integram a atividade das empresas.

3. A economia digital e a opção pela proteção por segredo do negócio

Ao menos segundo a mitologia setorial, a Coca-Cola mantém a receita de seu refrigerante em sigilo e a ausência de patente nunca foi um desincentivo para a empresa; pelo contrário, foi sua estratégia[20]. O mes-

---

18 V. considerando 5, 6 e 7 da Diretiva (UE) 2016/943. Disponível: [https://eur-lex.europa.eu/legal-content/PT/TXT/PDF/?uri=CELEX:32016L0943].

19 AMORIM, Ana Clara Azevedo de. "O regime jurídico dos segredos comerciais no novo Código de Propriedade Industrial", *in* Revista Electrónica de Direito – junho 2019 – Nº 2 (vol. 19), p. 18 e 37.

20 COCA-COLA. *Home.* Disponível em: [https://www.coca-cola.co.uk/faq/is-the-coca-cola-formula-kept-secret-because-the-company-has-something-to-hide].

mo segredo teria protegido a receita do molho especial do sanduíche BigMac do McDonald's por muitos anos[21].

Existem várias formas de apropriação dos resultados dos investimentos empresariais em capital intelectual. Exemplos de sucesso como os acima citados demonstram que um dos modos de aproveitar os benefícios econômicos da inovação é a proteção por segredos do negócio. Esses modos se somam a outros, bastante diversos, como os títulos de patente conferidos pelo direito de propriedade intelectual.[22] O inventor que pretende obter uma patente faz a divulgação pública de sua invenção na expectativa de ter exclusividade de exploração até que as patentes expirem.

O fundamento jurídico para a proteção do segredo do negócio é distinto daquele que lastreia a tutela dos demais direitos da propriedade intelectual. Ao tratar das patentes, a Lei de Propriedade Industrial brasileira cria incentivos aos registros, à transparência, ao fluxo de informações. Ao revés, as leis estrangeiras que dizem respeito ao segredo de negócio visam proteger a confidencialidade da criação do empresário, sem limitação temporal. Pode-se mesmo dizer que a lógica subjacente à patente é oposta à do segredo do negócio. Enquanto a patente expõe a público a invenção para protegê-la, na tutela do segredo do negócio, salvaguardar a empresa implica manter ocultas informações confidenciais, a fim de que seu conteúdo não possa ser reproduzido.

A sociedade do conhecimento é marcada pelo papel central que a informação desempenha na vida social, cultural e política. Na economia marcada pela transformação digital, as novas tecnologias e a inovação são uma das principais vantagens competitivas, o que tem gerado uma crescente preocupação dos países com as empresas que arcam com os custos do seu desenvolvimento.

É certo, como visto nos exemplos que abrem este tópico, que, além dos conhecimentos tecnológicos, há inúmeras outras informações aptas à proteção por segredo, como dados a respeito de receitas, clientes e fornecedores, planos de negócios, estudos e estratégias de mercado, presentes em todos os setores econômicos. No entanto, interessa para o

21 SAN DIEGO CORPORATE LAW. *Lessons From McDonald's Special Sauce.* 02 ago 2019. Disponível em: [https://sdcorporatelaw.com/business-newsletter/lessons-from-mcdonalds-no-trade-secret-to-protect/].

22 V. considerando 1 da Diretiva (UE) 2016/943.

presente artigo o estudo da proteção dos segredos na área de programas de computador, algoritmos e de bases de dados.

Há dois motivos principais para esse recorte.

Primeiro, a confidencialidade é um instrumento de gestão da competitividade empresarial e da inovação, em especial em relação aos conhecimentos tecnológicos. É que, nesses ambientes econômicos definidos por concorrência acentuada, a inovação é determinante para o sucesso empresarial e o cuidado com as informações tende a ser maior, por isso, pode fazer parte da estratégia da empresa optar por mantê-la confidencial, como um complemento aos direitos da propriedade intelectual clássicos.

Segundo, não se impede que as mesmas informações sejam obtidas por descobertas independentes. A engenharia reversa de um bem adquirido licitamente é admitida, salvo disposição contratual em contrário, permitindo descobrir como o bem foi desenvolvido, suas funcionalidades, problemas técnicos etc. Contudo, em alguns setores, como o da inteligência artificial e novas tecnologias, a engenharia reversa pode ser particularmente difícil, fato que aumenta o incentivo para as empresas confiarem em segredos de negócio[23].

Vistos, até o momento, o conceito de segredo do negócio e a escolha por essa forma de proteção em diversos setores, em especial no de desenvolvimento da inteligência artificial, serão discutidos, nos próximos tópicos, se os programas de computador, os algoritmos e as bases de dados preenchem os requisitos para a proteção como segredo.

4. A proteção do código-fonte por segredo do negócio

A existência de máquinas inteligentes que possam imitar o comportamento humano vem sendo estudada desde o artigo seminal de Alan Turing, de 1950[24]. Embora não exista um único conceito amplamente aceito de inteligência artificial, uma forma simples é descrever os sis-

---

23 DREXL, Josef; HILTY, Reto M. *et al.* Technical Aspects of Artificial Intelligence: An Understanding from an Intellectual Property Law Perspective. *Max Planck Institute for Innovation and Competition Research Paper Series.* v.1. October 2019, p. 10. Disponível em: [https://ssrn.com/abstract=3465577].

24 TURING, Allan. The Computing Machinery and Intelligence. *Mind - A Quarterly Review of Psychology and Philosophy,* Volume LIX, Issue 236, outubro, 1950. Disponível: [https://academic.oup.com/mind/article/LIX/236/433/986238].

temas de IA como "todo sistema computacional que simula a capacidade humana de raciocinar e resolver problemas, por meio de tomadas de decisão baseadas em análises probabilísticas"[25], como ensina Caitlin Mulholland.

Sistemas de IA podem ser apoiados em um programa de computador ou *software*[26], e o código-fonte é onde fica a linguagem de programação fundamental para a compreensão do programa de computador, ou seja, o código contém todas as instruções necessárias para que o programa funcione.

Os programas de computador são obras elegíveis para proteção por direitos autorais, conforme prevê o art. 10.1 do Acordo TRIPS, segundo o qual "programas de computador, em código-fonte ou objeto, serão protegidos como obras literárias pela Convenção de Berna (1971)". No Brasil, o art. 2º Lei nº 9.609/1998 estabelece que a proteção à propriedade intelectual de programa de computador é a conferida às obras literárias pela legislação de direitos autorais, com algumas diferenças, em especial as que se referem ao prazo menor de vigência da proteção e à não aplicação dos direitos morais, com exceção do reconhecimento da paternidade da obra (art. 2º, §§1º e 2º, da mencionada Lei).

Como se percebe, tanto os tratados internacionais quanto a legislação brasileira protegem o código-fonte, onde fica a linguagem de programação fundamental para a compreensão do programa, tornando-o fechado, como regra. Sendo fechado o código, outros programadores não poderão modificá-lo ou explorá-lo sem autorização do autor[27]. É facultativo o registro do programa de computador no Instituto Nacional da Propriedade Industrial (INPI), nos termos do art. 2º, § 3º, da Lei 9.609/1998 e, ainda que registrado, o titular não é obrigado a dar publicidade ao código-fonte. Ademais, note-se que os diplomas legais não falam da proteção sobre funcionalidades do programa e nem são expressos em relação a algoritmos em si, objeto do tópico a seguir.

---

25 MULHOLLAND, Caitlin. Apresentação. In: *Inteligência Artificial e direito: ética, regulação e responsabilidade.* FRAZÃO, Ana; MULHOLLAND, Caitlin (Coords). São Paulo: Thomson Reuters Brasil, 2020, versão Kindle.

26 Tecnicamente, parte da doutrina faz uma distinção conceitual entre os termos programa de computador e *software,* mas é desnecessária essa discussão para os fins do presente artigo.

27 PINTO, Esdras Silva. Crime de violação de propriedade intelectual de programa de computador – Lei 9.609/1998. *Comentários às leis penais e processuais penais.* HAMMERSCHMIDT, Denise (Org). Curitiba: Juruá, 2021, pp. 979-987.

Alternativamente à proteção conferida pelo direito autoral, é possível optar-se pela proteção do código-fonte do programa de computador por segredo de negócio, hipótese em que será considerada informação confidencial, nos termos do citado artigo 39.2 do TRIPS. Tome-se como exemplo os aplicativos de relacionamento. Ficou conhecido nos Estados Unidos o litígio judicial instaurado em 2018 entre as empresas proprietárias do Tinder e do Bumble. Segundo o Tinder, diversos de seus ex-empregados criaram o aplicativo Bumble e se apropriaram de suposto segredo do negócio relativo a seu *software*, nomeadamente a função "desfazer" ("*unmatch*"), que permite desistir de escolhas de parceiros feitas por usuários dos aplicativos.

Desse modo, pela legislação nacional e internacional, a abertura do código-fonte para demonstrar o funcionamento interno do sistema de IA, com fundamento no art. 20 da LGPD e nos arts. 13 e 22 do Regulamento Geral sobre a Proteção de Dados da União Europeia, poderia esbarrar em questões relacionadas com a propriedade intelectual.

De todo modo, independentemente de o código-fonte ser protegido pelo direito autoral ou por segredo comercial ou industrial, não há garantia de que o acesso e a abertura trarão a explicação que se deseja. Essa discussão se relaciona com a opacidade e será objeto do último tópico deste texto.

5. A proteção do algoritmo por segredo do negócio

A discussão torna-se ainda mais complexa em relação à proteção jurídica do que se pode chamar de parte mais valiosa do programa de computador, ou seja, os algoritmos, especificamente aqueles que empregam inteligência artificial. Nesse ponto, é importante esclarecer que, embora seja o mais comum na prática, os algoritmos nem sempre estão vinculados a um programa de computador, podendo existir fora dessa hipótese. Calculadoras simples, por exemplo, utilizam algoritmos para operações matemáticas, mas não são inteligentes[28]. Os algoritmos que empregam inteligência artificial, por outro lado, usam técnicas mais sofisticadas, que buscam aproximar o sistema da ação racional.

28 SULTAN, Alan. CORDIC: How Hand Calculators Calculate. *The College Mathematics Journal (MAA)*, vol. 40, nº 2, 2009, pp. 87-92. Disponível: [https://www.maa.org/publications/periodicals/college-mathematics-journal/college-mathematics-journal-contents-march-2009].

Um algoritmo "*é um conjunto de instruções matemáticas, uma sequência de tarefas para alcançar um resultado esperado em um tempo limitado*", na clara definição de Dora Kaufman.[29] Trata-se da "*parte técnica essencial do software que diz respeito ao processo escolhido para solução de um problema determinado, ou seja, é como um programa de computador irá realizar determinada tarefa*"[30].

No Brasil e em diversos países, muitos são os estudos que dizem que os algoritmos pouca ou nenhuma proteção têm sob a legislação de direito autoral. Iniciando pela legislação brasileira, a dificuldade de inclusão dos algoritmos sob a tutela dos direitos autorais advém do art. 8º da Lei de Direito Autoral – Lei nº 9.610/1998, que exclui a proteção sobre "as ideias, procedimentos normativos, sistemas, métodos, projetos ou conceitos matemáticos como tais".

Na União Europeia, a Diretiva 2009/24/EC, que cuida da proteção jurídica dos programas de computador, igualmente exclui a proteção às funcionalidades e às "*ideias e princípios eventualmente presentes na lógica, nos algoritmos e nas linguagens de programação*"[31]. O regime jurídico é semelhante no *Copyright Act* dos Estados Unidos, já tendo o Escritório de Direitos Autorias norte-americano se pronunciado no sentido de que a proteção não alcança "*princípios matemáticos; fórmulas ou algoritmos; ou qualquer outro conceito, processo ou método de operação*".[32]

Diante dos termos das legislações e tendo em vista o conceito de algoritmos, surge o debate a respeito de sua proteção jurídica: se poderia ser acomodada pelo direito autoral, se ficaria restrita ao segredo do negócio ou se seria preciso criar uma proteção legal especial.

---

29 KAUFMAN, Dora. *Os Meandros da Inteligência Artificial: Conceitos-chave para Leigos.* Associação Brasileira de Lawtechs & Legaltechs. 22. fev. 2018. Disponível em: [https://www.ab2l.org.br/os-meandros-da-inteligencia-artificial-conceitos-chave-para-leigos/].

30 CANUT, Letícia; MEDEIROS, Heloísa Gomes. Os algoritmos nas relações de consumo eletrônicas: análise do direito do consumidor à informação. In: *Anais do XI Congresso de Direito de Autor e Interesso Público.* Curitiba, 2017, p. 1.042. Disponível em: [www.gedai.com.br].

31 V. considerando 11 da Diretiva 2009/24/EC. Disponível: [https://eur-lex.europa.eu/legal-content/PT/ALL/?uri=CELEX:32009L0024].

32 V. Seção 102 do Copyright Act (título 17 do U.S. Code). Ver também: US Copyright Office, Circular 31, 2019. Disponível: [https://www.copyright.gov/circs/circ31.pdf].

Para o Instituto Max Planck para Inovação e Concorrência, da Alemanha, algoritmos subjacentes a programas de computador não possuem proteção legal e não há necessidade de criar uma proteção especial. Conferir proteção legal a algoritmos seria o mesmo que proteger funcionalidades de um programa de computador, problemas abstratos, ideias gerais e modelos de negócios – todos inadmissíveis na cultura jurídica atual. Não haveria, assim, justificativa para sua proteção, considerand-se que métodos, ideias e teorias abstratas devem permanecer livres. Ademais, a proteção legal de algoritmos causaria restrições à concorrência que não seriam economicamente justificáveis e resultariam em monopolização de ideias[33].

Sob uma outra ótica, Luca Schirru entende que o algoritmo não tem proteção na legislação de direito autoral caso se caracterize como uma concepção puramente matemática ou um método de operação; no entanto, se puder ser expresso por meio de um programa de computador, haveria a proteção, restrita àquela sua determinada expressão[34].

Esse debate evidencia que a possibilidade de proteção de algoritmos por meio de segredos de negócio ganha grande relevância prática para as empresas, quando as medidas técnicas permitem a confidencialidade em seu acesso e exploração. Tome-se o exemplo dos algoritmos de busca do Google (*Google Search Algorithm*), protegidos como segredo do negócio e que determinam o que o usuário vê quando digita uma consulta de pesquisa[35].

Será que o usuário deveria ter o direito de conhecer a lógica por trás dos resultados que lhe são apresentados por mecanismos de busca como o do Google? É por isso que manter alguns algoritmos em segredo desperta o debate acerca da transparência[36].

---

33 DREXL, Josef; HILTY, Reto M. *et al.* Data Ownership and Access to Data, Position Statement on the Current European Debate. *Max Planck Institute for Innovation and Competition*, 16 August 2016, pp. 4 e 5.

34 SCHIRRU, Luca. *Direito autoral e inteligência artificial: autoria e titularidade nos produtos da IA.* Orientador: Allan Rocha de Souza. Tese (doutorado) – UFRJ, 2020, p. 135.

35 WIPO Magazine. *Trade Secrets: the hidden IP.* Dez 2017. Disponível: [https://www.wipo.int/wipo_magazine/en/2017/06/article_0006.html].

36 DONEDA, Danilo; MENDES, Laura Schertel; DE SOUZA, Carlos Affonso Pereira; DE ANDRADE, Norberto Nuno Gomes. *Revista Pensar*, Fortaleza, v. 23, nº 4, pp. 1-17, out/dez 2018, aqui, p. 6.

De todo modo, da mesma forma como concluímos o tópico a respeito do código-fonte, independentemente de o algoritmo ser protegido pelo direito autoral ou por segredo comercial ou industrial, igualmente não há garantia de que o acesso ao seu funcionamento trará a explicação que se deseja. A discussão da opacidade será objeto do último tópico.

6. A proteção da base de dados por segredo do negócio

Os algoritmos são utilizados em programas de computador para a tomada de decisões a partir de grandes conjuntos de dados (*big data*). Dentre eles, destacam-se os algoritmos que empregam inteligência artificial, trabalhando com diversas variáveis sobre milhares ou milhões de dados. Os dados são, portanto, essenciais para o funcionamento dos sistemas de inteligência artificial e para a sua resposta às tarefas recebidas. A coleta, seleção e análise de dados gera uma base de dados (*dataset*) que, justamente em virtude de sua seleção ou disposição, tem gerado discussão quanto à possibilidade de sua proteção por direito autoral.

O TRIPS, em seu art. 10.2, confere proteção da propriedade intelectual em relação às "compilações de dados ou de outro material, legíveis por máquina ou em outra forma, que em função da seleção ou da disposição de seu conteúdo constituam criações intelectuais". O dispositivo, contudo, distingue as bases de dados dos dados ou do material em si, esclarecendo que a proteção "não se estenderá aos dados ou ao material em si".

No Brasil, o art. 7º, XIII, da Lei de Direitos Autorais, confere proteção de direito autoral às "bases de dados e outras obras, que, por sua seleção, organização ou disposição de seu conteúdo, constituam uma criação intelectual". De forma similar, a Diretiva 96/9/CE do Parlamento europeu, relativa à proteção jurídica das bases de dados, confere proteção de direito autoral às "complicações, de obras, dados ou outras matérias, cuja disposição, armazenamento e acesso são efetuados por meios que recorrem nomeadamente a processos electrónicos, eletromagnéticos ou electro-ópticos ou outros análogos", assim como "às bases de dados não eletrônicas"[37].

37 V. considerando 13 e 14 da Diretiva 96/9/CE.

Com isso parece concordar o professor Doneda, que afirmou em artigo em coautoria que "a seleção, a organização ou a disposição de dados em um banco de dados configura-se em direito autoral" [38].

No momento de suas publicações, todos os diplomas legais acima destinavam-se a autores humanos, de modo que, ainda que houvesse o auxílio de máquinas como ferramentas para a criação das bases de dados, seria preciso que houvesse a interferência humana que conferisse originalidade na seleção ou organização dos dados[39].

No entanto, atualmente, o ambiente de *big data* exige que a coleta, a seleção e a estruturação de uma base de dados sejam feitas com o uso de sistemas de inteligência artificial, que passam a desempenhar uma função central para gerar as bases. No centro do problema, que o Legislativo e o Judiciário ao redor do mundo terão que enfrentar, está a questão acerca da possibilidade de conferir proteção da propriedade intelectual, especificamente o direito autoral, para essas bases e, portanto, considerar o sistema de inteligência artificial como autor em razão da seleção e da coleta de dados.

Seja com interferência humana, seja com a estruturação feita pela inteligência artificial, o segredo de negócio tem ganhado relevância prática para as empresas como forma de proteção aos bancos de dados. Para tanto, os requisitos do segredo precisam ser preenchidos. Primeiro, é preciso que sejam adotadas medidas técnicas que permitam o sigilo. Segundo, é fácil perceber qual seria a vantagem competitiva, de modo a preencher o requisito do valor comercial por ser secreto. No ambiente de *big data,* em muitos casos, pode representar uma vantagem competitiva no mercado manter em segredo determinadas bases de dados que não são acessíveis ao público, a exemplo dos bancos de dados do Google que alimentam seu mecanismo de pesquisa e publicidade[40]. Nesse sentido, na economia digital, a coleta e estruturação de grandes conjuntos de dados permite gerar inferências e padrões de comportamento valiosos tanto para o setor privado quanto para o setor público.

Terceiro, informações de livre acesso também podem constituir parte de um segredo de negócio. Por exemplo, dados pessoais isola-

---

38 ALMEIDA, Bethania de Araújo; DONEDA, Danilo *et al. Op. cit.,* p. 2.490.

39 SCHIRRU, Luca. *Op. cit.,* p. 137.

40 GERVAIS, Daniel. Exploring the Interfaces Between Big Data and Intellectual Property Law, *JIPITEC,* v. 10, 2019, p. 18. Disponível: [https://www.jipitec.eu/issues/jipitec-10-1-2019/4875/JIPITEC_10_1_2019_3_Gervais_Big_Data_IP].

dos dificilmente podem ser qualificados como segredo, especialmente devido aos requisitos de "sigilo" e "valor comercial". No entanto, como enfatizam os pesquisadores do Instituto Max Planck para Inovação e Concorrência, a combinação desses dados pessoais ou informações pode qualificar-se como segredo se a combinação não estiver disponível ao público. Assim é que algumas informações a respeito de clientes podem estar acessíveis publicamente, mas os dados agregados e estruturados do cliente podem se qualificar como um segredo[41].

7. A opacidade dos sistemas e a dificuldade de assegurar transparência

Como visto, o art. 20 e seu § 1º da Lei Geral de Proteção de Dados, no mesmo sentido das disposições do GDPR - Regulamento UE 2016/679, garante ao titular dos dados pessoais o direito de obter do controlador "informações claras e adequadas a respeito dos critérios e dos procedimentos utilizados para a decisão automatizada, observados os segredos comercial e industrial".

O código-fonte e os algoritmos dos sistemas de inteligência artificial podem ser protegidos por direito autoral ou por segredo do negócio (segredo comercial e industrial). A conclusão mais evidente é que abertura do código-fonte ou o acesso ao funcionamento interno do algoritmo poderiam esbarrar em questões relacionadas com a propriedade intelectual. Entretanto, mais relevante do que isso é considerar que, independentemente de proteção jurídica, nem sempre há garantia de que o acesso e a abertura trarão a explicação que se deseja[42]. Na prática, ainda que se possa visualizar com clareza os grandes conjuntos de dados utilizados, e mesmo que o código seja escrito em linguagem compreensível, a complexidade surge da interação entre o código e os dados durante o funcionamento do algoritmo. A causa disso é a opacidade.

A inteligência artificial e, mais especificamente, a técnica de *machine learning* costumam ser descritas como opacas ou como uma "caixa preta" (*black box*). A chamada opacidade significa que, embora os especialistas possam explicar como o modelo algorítmico funciona, eles não

41 DREXL, Josef; HILTY, Reto M. *et al.* Data Ownership and Access to Data, Position Statement on the Current European Debate. *Op. cit.*, pp. 7 e 8.

42 BURRELL, Jenna. How the machine 'thinks': Understanding opacity in machine learning algorithms. *Big Data & Society*, jan-jun, 2016, pp. 1-12, aqui, p. 5. Disponível: [https://journals.sagepub.com/doi/pdf/10.1177/2053951715622512].

podem elucidar com precisão porque foi gerado resultado concreto com base nos dados de entrada. Em outras palavras, a opacidade refere-se à ideia de que "os seres humanos são cada vez mais incapazes de entender, explicar ou prever o funcionamento interno dos algoritmos, seus vieses e eventuais problemas", na síntese de Doneda e Almeida[43].

Existem modelos mais e menos opacos. Ainda conforme Doneda e Almeida, a dificuldade aumenta quando se está diante de sistemas de inteligência artificial que utilizam algoritmos de aprendizado de máquina, os quais melhoram o desempenho com a experiência e podem alterar o funcionamento interno, realizando ações que não estão de acordo com uma programação pré-definida e que resultam da interação com os dados e com o meio. Além disso, os conjuntos de dados, nesses casos, podem ser compostos por milhões ou bilhões de dados, especialmente diante do uso de redes neurais profundas, tipo de aprendizado de máquina baseado no uso de arquitetura de modelo mais complexa. No entanto, diferentemente de computadores, seres humanos não são capazes de processar grandes quantidades de dados. Esses fatores causam a opacidade de diversos sistemas de IA.

Em razão da opacidade, determinados sistemas de inteligência artificial podem se tornar incompreensíveis ou muito complexos, bem como podem afetar negativamente direitos fundamentais.

Nesse cenário, mesmo com acesso às linhas ou páginas do código-fonte, não é tarefa simples a efetiva compreensão de todos os fatores envolvidos no funcionamento do algoritmo, nem mesmo pelos programadores, sobretudo quando há segredos de negócio, que tendem a dificultar o acesso aos algoritmos vinculados aos sistemas computacionais. Como explica Jenna Burrell, a lógica do algoritmo pode ser quase totalmente compreensível para os seres humanos. No entanto, quando o algoritmo está em funcionamento, justamente por ser de aprendizagem de máquina, ocorre mudança na lógica de decisão interna, já que o algoritmo se desenvolve com os dados de treinamento, aumentando o grau de complexidade. A opacidade representa, assim, a "complexidade de o ser humano entender o algoritmo em ação, operando nos dados"[44].

---

43 DONEDA, Danilo; ALMEIDA, Virgilio A.F. *What is Algorithm Governance*? IEEE Internet Computing, vol. 20, nº 4, pp. 60-63, July-Aug. 2016, aqui, p. 60.

44 BURRELL, Jenna. How the machine 'thinks': Understanding opacity in machine learning algorithms. *Big Data & Society*, jan-jun. 2016, pp. 1-12, aqui, pp. 6-7. Disponível: [https://journals.sagepub.com/doi/pdf/10.1177/2053951715622512].

Há estudos, ainda, no sentido de que a opacidade seria concebida de forma intencional pelas empresas, como um meio de autoproteção para manter suas informações confidenciais e sua vantagem competitiva. Assim, é improvável que algoritmos de classificação, recomendação, tendências, formação de perfis e filtragem sejam divulgados ao público em geral. O efeito negativo disso é que os segredos poderiam, a depender do caso, gerar padrões de discriminação de consumidores, impedir a contestação dos resultados e permitir que as empresas escapassem da regulamentação[45].

Com o fim de promover a proteção de dados e a transparência, diversas propostas vêm sendo discutidas no âmbito legislativo nacional e internacional. Uma delas se origina da área de pesquisa chamada explicabilidade ou interpretabilidade do aprendizado de máquina, referido como "*Explainable Artificial Intelligence*" ou "*XAI*". O objetivo é criar um conjunto de técnicas que produzam mais modelos explicáveis, sem interferir nos altos níveis de desempenho do sistema, de modo que a decisão algorítmica possa ser explicada aos usuários finais e outras partes interessadas em termos não técnicos[46].

O aprofundamento do tema foge ao objeto deste texto. O que importa, por ora, é saber que a opacidade é tema de crescente atenção pelos especialistas, o que demonstra sinal positivo de preocupação com a transparência em relação aos sistemas de decisão automatizada.

Conclusão

O titular de dados tem direito de solicitar a revisão de decisões tomadas unicamente com base em tratamento automatizado de dados pessoais que afetem seus interesses. O acesso a informações claras e adequadas a respeito dos critérios e dos procedimentos utilizados para a decisão automatizada, no entanto, deve respeitar os segredos comercial e industrial.

45 MARANHÃO, Juliano Souza de Albuquerque; FLORÊNCIO, Juliana Abrusio; ALMADA, Marco. Inteligência artificial aplicada ao direito e o direito da inteligência artificial. *SUPREMA – Revista de Estudos Constitucionais*, Brasília, v. 1, nº 1, pp. 154-180, jan./jun. 2021, aqui, p. 160.

46 ADADI, Amina; BERRADA, Mohammed. Peeking Inside the Black-Box: A Survey on Explainable Artificial Intelligence (XAI). *IEEE Access*, v. 6, 17 set. 2018, pp. 1-23, aqui, p. 3. Disponível: [https://ieeexplore.ieee.org/document/8466590].

Os sistemas de decisão automatizada podem ter o seu código-fonte, seus algoritmos e seus bancos de dados protegidos por segredo se preencherem os requisitos previstos no tratado internacional (TRIPS). Nessas situações, estaremos diante de um conflito: de um lado, a preservação dos interesses empresariais e a proteção da propriedade intelectual e, de outro, os interesses de proteção de dados e a garantia da transparência.

Os segredos do negócio desempenham um papel relevante na estratégia de inovação das empresas na economia digital. Nos setores da economia em que há o uso intensivo de tecnologias da informação e comunicação, aumenta o incentivo para as empresas confiarem em segredos do negócio. É fácil perceber os motivos. Primeiro, a confidencialidade em relação a alguns conhecimentos tecnológicos pode ser determinante para o sucesso empresarial. Segundo, a engenharia reversa no contexto da inteligência artificial continua difícil. Terceiro, embora não preveja direitos de exclusividade como ocorre nas patentes, a proteção conferida pelo segredo permite sanções a certas práticas no mercado, como as que configuram concorrência desleal.

Sob esse pano de fundo, os debates atuais buscam encontrar uma solução adequada e proporcional para esse conflito. Para isso, o primeiro passo é verificar se, de fato, o sistema de inteligência artificial em questão, assim como seu código-fonte, algoritmo e banco de dados preenchem os requisitos para a proteção como segredo.

Em outras palavras, não basta que seja declarado pelo controlador de dados pessoais que há segredo, como forma de obstar o acesso a informações claras e adequadas a respeito dos critérios e dos procedimentos utilizados para a decisão automatizada. Para verificar se o sistema de IA preenche os requisitos para proteção como segredo, é necessária a demonstração de que as informações, efetivamente, são secretas, têm valor comercial e são objeto de precauções razoáveis para manutenção do sigilo. Nem sempre todas as informações solicitadas em relação ao sistema de inteligência artificial preenchem tais requisitos, logo, nem sequer poderiam ser consideradas segredo. A forma como ocorrerá essa demonstração, quem deve fazê-la e quem deve avaliar os requisitos do segredo são fundamentais para a observância do princípio da transparência e para quaisquer propostas de solução do conflito. Trata-se de tema para futuras reflexões.

Finalizamos deixando nosso profundo agradecimento a todos os ensinamentos do professor Danilo Doneda, que seguirão orientando alunos, juristas e magistrados, em especial no estudo do impacto das novas tecnologias no Direito. No entanto, mais do que lições jurídicas, o professor deixou a lição de que, por maior que seja o desenvolvimento tecnológico alcançado, não há evolução da sociedade sem solidariedade, inclusão social e conscientização de que o ser humano está sempre no centro de qualquer debate.

Referências bibliográficas

ADADI, Amina; BERRADA, Mohammed. Peeking Inside the Black-Box: A Survey on Explainable Artificial Intelligence (XAI). *IEEE Access*, v. 6, 17 set. 2018, pp. 1-23. Disponível: [https://ieeexplore.ieee.org/document/8466590].

ALMEIDA, Bethania de Araújo; DONEDA, Danilo et al. Preservação da privacidade no enfrentamento da COVID-19: dados pessoais e a pandemia global. *Ciência e Saúde Coletiva,* 25, supl.1, 5 Jun 2020, pp. 2.487-2.492. Disponível: [https://www.scielosp.org/pdf/csc/2020.v25suppl1/2487-2492/pt].

AMORIM, Ana Clara Azevedo de. "O regime jurídico dos segredos comerciais no novo Código de Propriedade Industrial", *Revista Electrónica de Direito* – junho 2019 – Nº 2, vol. 19.

BARBOSA, Denis Borges. *Uma Introdução à Propriedade Intelectual.* Rio de Janeiro: Lumen Iuris.

BURRELL, Jenna. How the machine 'thinks': Understanding opacity in machine learning algorithms. *Big Data & Society,* jan-jun, 2016, pp. 1-12. Disponível: [https://journals.sagepub.com/doi/pdf/10.1177/2053951715622512].

CANUT, Letícia; MEDEIROS, Heloísa Gomes. Os algoritmos nas relações de consumo eletrônicas: análise do direito do consumidor à informação. In: *Anais do XI Congresso de Direito de Autor e Interesso Público.* Curitiba, 2017. Disponível em: [www.gedai.com.br].

DONEDA, Danilo. Inteligência artificial – reflexões feitas pelo professor em 2021/2022. Disponível: [https://doneda.net/inteligencia-artificial/].

__________. Palestra no Seminário Interamericano de Transparência e Acesso à Informação, promovido em 2017 pela Organização dos Estados Americanos (OEA) e pelo Governo Federal do Brasil. Disponível: [https://www.gov.br/ouvidorias/pt-br/ouvidorias/eventos/anos-anteriores/2017/arquivos-da-semana-de-ouvidorias-e-acesso-a-informacao/1a-danilo-cgu_dd_130916.pdf].

__________. Privacidade e transparência no acesso à informação pública. *UFSC,* pp.180-215. Disponível: [https://egov.ufsc.br/portal/sites/default/files/lefis11-09.pdf].

DONEDA, Danilo; ALMEIDA, Virgilio A.F. What is Algorithm Governance? *IEEE Internet Computing*, vol. 20, nº 4, pp. 60-63, july-aug 2016.

DONEDA, Danilo; MENDES, Laura Schertel; DE SOUZA, Carlos Affonso Pereira; DE ANDRADE, Norberto Nuno Gomes. *Revista Pensar*, Fortaleza, v. 23, nº 4, pp. 1-17, out/dez 2018.

DREXL, Josef; HILTY, Reto M. *et al.* Data Ownership and Access to Data, Position Statement on the Current European Debate. *Max Planck Institute for Innovation and Competition*, 16 August 2016.

DREXL, Josef; HILTY, Reto M. *et al.* Technical Aspects of Artificial Intelligence: An Understanding from an Intellectual Property Law Perspective. *Max Planck Institute for Innovation and Competition Research Paper Series*, October 2019.

FEKETE, Elisabeth Kasznar. *O regime jurídico do segredo de indústria e comércio no direito brasileiro*. Ed. Forense: Rio de Janeiro, 2003.

GERVAIS, Daniel. Exploring the Interfaces Between Big Data and Intellectual Property Law, *JIPITEC*, v. 10, 2019.

KAUFMAN, Dora. Os Meandros da Inteligência Artificial: Conceitos-chave para Leigos. *Associação Brasileira de Lawtechs & Legaltechs*. 22. fev. 2018. Disponível em: [https://www.ab2l.org.br/os-meandros-da-inteligencia-artificial-conceitos-chave-para-leigos/].

LEONARDOS, Gabriel Francisco. Considerações sobre a proteção ao segredo de fábrica e de negócio no Brasil. *Revista Forense*, v. 93, nº 337, pp. 67-80, jan-mar, 1997

MARANHÃO, Juliano Souza de Albuquerque; FLORÊNCIO, Juliana Abrusio; ALMADA, Marco. Inteligência artificial aplicada ao direito e o direito da inteligência artificial. *SUPREMA – Revista de Estudos Constitucionais*, Brasília, v. 1, nº 1, pp. 154-180, jan/jun 2021.

MONTEIRO, Renato Leite. Existe um direito à explicação na Lei Geral de Proteção de Dados do Brasil? *Instituto Igarapé*, artigo estratégico 39, dezembro de 2018, pp. 11 e 12. Disponível: [https://igarape.org.br/wp-content/uploads/2018/12/Existe-um-direito-a-explicacao-na-Lei-Geral-de-Protecao-de-Dados-no-Brasil.pdf].

MULHOLLAND, Caitlin. Apresentação. In: *Inteligência Artificial e direito: ética, regulação e responsabilidade*. FRAZÃO, Ana; MULHOLLAND, Caitlin (Coords). São Paulo: Thomson Reuters Brasil, 2020, versão Kindle.

PINTO, Esdras Silva. Crime de violação de propriedade intelectual de programa de computador – Lei 9.609/1998. *Comentários às leis penais e processuais penais*. HAMMERSCHMIDT, Denise (Org). Curitiba: Juruá, 2021, pp. 979-987.

SCHIRRU, Luca. *Direito autoral e inteligência artificial: autoria e titularidade nos produtos da IA*. Orientador: Allan Rocha de Souza. Tese (doutorado) – UFRJ, 2020.

TURING, Allan. The Computing Machinery and Intelligence. *Mind - A Quarterly Review of Psychology and Philosophy*, Volume LIX, Issue 236, outubro, 1950. Disponível: [https://academic.oup.com/mind/article/LIX/236/433/986238].

UNIÃO EUROPEIA, Diretiva 2009/24/EC do Parlamento Europeu e do Conselho, de 23 de abril de 2009, "relativa à proteção legal do programa de computador", publicada no Jornal Oficial da União Europeia em 5 de maio de 2009, pp. L 111/16-22.

UNIÃO EUROPEIA, Diretiva (UE) 2016/943 do Parlamento Europeu e do Conselho, de 8 de junho de 2016, "relativa à proteção de know-how e de informações comerciais confidenciais (segredos comerciais) contra a sua aquisição, utilização e divulgação ilegais", publicada no Jornal Oficial da União Europeia em 15 de junho de 2016, pp. L 157/1-18.

UNIÃO EUROPEIA, Proposta de regulamento do Parlamento Europeu e do Conselho, de 21 de abril de 2021, "que estabelece regras harmonizadas em matéria de inteligência artificial (regulamento inteligência artificial) e altera determinados atos legislativos da União".

A RELAÇÃO ENTRE A PROTEÇÃO DE DADOS E A REGULAÇÃO DA INTELIGÊNCIA ARTIFICIAL[1]

Eduarda Chacon Rosas[2]

1. À Danilo

> "É muito importante essa guinada da privacidade para a proteção de dados pessoais porque o objeto do direito deixa de ser esse sentimento, que é importante, mas dificilmente capturado, que é a privacidade, e passa a ser o nosso dado pessoal que é nosso, mas está nas mãos de terceiros."[3]

Honram-me os organizadores desta obra, os queridos Ministro Ricardo Villas Bôas Cueva, Flávio Galdino, Gustavo Tepedino e Caroline Tauk, com o convite para unir minha voz à de amigos e colegas para que, juntos, construamos um tributo a Danilo Doneda.

Sabemos que nem sempre a fama e o reconhecimento chegam em vida. Diversos artista e escritores, ao longo da história, morreram na miséria e no anonimato para anos ou décadas depois serem reconhecidos como talentos indisputáveis cujos nomes dividem o tempo em "antes e depois". Danilo Doneda não. Danilo foi prontamente identificado por toda uma geração de profissionais e estudiosos que se dedicaram e ainda se dedicam ao estudo da privacidade e da proteção de dados no Brasil e no mundo.

Curioso que quando se fala em Doneda, um leque muito variado de adjetivos é utilizado, destacando não apenas seu intelecto, mas também – e até mais ainda – sua humanidade. Brilhante e atencioso. Genial e sen-

---

1 Texto originalmente publicado como "O rápido desenvolvimento da inteligência artificial e o impacto na área da proteção de dados" como capítulo do livro Proteção de Dados em Foco, ebook produzido pelos autores em coparticipação e publicado pela Ed. Império Jurídico em 2023 com coordenação de Ana Paula Canto de Lima e Luísa Sato.

2 Advogada e Coordenadora no BFBM advogados. Doutoranda e Mestre em Direito pela UNB. ECPC-B DPO pela Maastricht University. Pesquisadora do IDP (Ethics4IA). Membro da Comissão de IA do CFOAB, da Comissão de Privacidade da OAB/DF, da Comissão de Tecnologia e Sociedade do IBDEE e do ISOC Brasil.

3 Danilo Doneda. Disponível em https://doneda.net. Acesso em 13 out. 2023.

sível. Visionário e generoso. Danilo uniu o que há de melhor na mente e na alma. É bem possível, até provável, que essa reunião de atributos seja o que tornou Danilo, Danilo.

Isso porque para compreender a privacidade é preciso enxergar além da norma e do "dever ser". Não há dúvidas de que a envergadura acadêmica-intelectual de Doneda foi de suma relevância na construção de seu legado; mas para perceber que vivemos em um mundo novo; e que embora ele seja "novo", está ainda em construção para se tornar algo que não conseguimos apreender ainda o que será, é necessária muita sensibilidade. Isso Danilo tinha.

Doneda foi jurista e filósofo, talvez até poeta e terapeuta, porque compreendeu o custo e o benefício social da mudança; o desafio e a promessa de ressignificar a privacidade como ideia e como sentimento, a fim de construir um futuro que fizesse sentido para a sociedade, para a economia, o direito, o Estado e para os indivíduos – para cada um de nós.

A Danilo, muito obrigada. Sua lembrança será sempre, pegando emprestada a metáfora de Belchior (mas sem a parte da dor), um quadro na parede da nossa memória. Anda somos os mesmos. E nunca mais seremos os mesmos.

2. Inteligência artifical e proteção de dados

> "A ideia é unir máquinas e mentes, aproveitando o que ambas têm a oferecer de melhor, com vistas a desenvolvimento, dignidade, acesso à informação, redução das desigualdades, fortalecimento da democracia, produção de riquezas, superação de desafios climáticos, alimentação global, evolução fármaco-médica, redução de custos de produção, aprimoramento da indústria, melhoria no transporte etc.
>
> Não há dúvida de que o método regulatório – ou o modelo regulatório – é importante, assim como é importante assegurar a autoridade estatal e fiscalizar a atuação de atores privados e de agentes morais artificiais. Tais providências formais, porém, realmente, perdem toda a importância no contexto de uma sociedade esvaziada, deprimida, dividida e falida.
>
> Por isso, antes de mais nada, o resultado do desenvolvimento da tecnologia – e da IA – deve refletir os valores e os conceitos que fazem a preservação da humanidade um fim em si e

uma meta harmonizável com o desenvolvimento e a geração de riquezas."[4]

A inteligência artificial (IA) não é novidade, mas embora seja estudada há décadas se tornou *trend* nos últimos anos quando começou a receber em todo o mundo e, certamente, no Brasil, quando ganhou o palco da internet – e no mercado – se tornando alvo atenção do Estado (regulador).

A IA entrou em foco pelo seu potencial crescente de repercutir na vida das pessoas e, consequentemente, na economia. De lá para cá tem exercido impacto direto e indireto na saúde, no trabalho, na educação, na integridade psíquica, nas relações sociais e de crédito e, claro, na privacidade e proteção de dados pessoais; seja por causa da manipulação algorítmica[5] com a criação das bolhas de informação ou via condicionamento emocional por meio de feeds em redes sociais.

O livro da Cathy O´Neil é leitura obrigatória para a compreensão do fenômeno das decisões algorítmicas e a repercussão delas nas vidas das pessoas[6]. Uma das principais consequências da delegação dessas decisões a algoritmos (e não se questiona a necessidade de utilização da tecnologia dado o volume de dados envolvidos nessas demandas) é a criação de vários microcosmos nos quais o mercado e as pessoas se dedicam a entender e manipular as decisões algorítmicas[7].

Não é à toa que se percebe claramente um esforço legislativo no país (e no mundo) para que a regulação da inteligência artificial aconteça o quanto antes. Neste sentido, foi elaborado no Senado Brasileiro o Projeto de Lei (PL) nº 2338/23 a partir da reformulação do PL nº 21/20

---

4 ROSAS, Eduarda Moraes Chacon. **Inteligência Artificial: regulação ética a partir das regras de proteção de dados pessoais**. 1ª ed. Rio de Janeiro: Editora GZ, 2023.

5 Objeto do Projeto de Emenda Constitucional, PEC 97/23, que inclui no artigo 5º da Constituição Federal a integridade psíquica e a proteção contra manipulação algorítmica no rol dos direitos e garantias fundamentais.

6 Modelos de IA e decisão automatizada avaliam e decidem a saúde humana onde as pessoas irão morar, se estão aptas a assumir empregos, se são elegíveis a empréstimos, se podem ser beneficiadas pela progressão do regime carcerário e onde estudarão.

7 O'NEAL, Cathy. **Algoritmos de destruição em massa: como a big data aumenta a desigualdade e ameaça a democracia**. Santo André: Editora Rua do Sabão, 2020.

(que atendia uma proposta diametralmente diversa). Enquanto o predecessor se propunha a ser uma carta principiológica e uma declaração pró inovação, o substitutivo almeja cobrir o assunto de modo exauriente e conservador.

No que concerne ao objeto desse artigo, a distinção é relevante porque o novo projeto de lei possui diversos pontos de sobreposição *(overlapping)* com a LGPD. Essa perspectiva acaba desestabilizando o ambiente regulatório e causando insegurança jurídica e preocupação do ponto de vista da proteção de dados pessoais e de políticas judiciárias, já que a tendência é a transferência do debate para o Judiciário.

Nesse panorama, era esperado e até previsível que a Autoridade Nacional de Proteção de Dados (ANPD) tomasse interesse pelo debate sobre regulação da IA e assim foi que se manifestou recentemente sobre o PL nº 2338/23, por meio de Análise Preliminar disponibilizada em seu sítio eletrônico[8].

No documento, embora não deixe de elogiar a iniciativa, a ANPD expressou preocupação com o potencial conflito a competência entre agências reguladoras com atribuições concorrentes e com visões potencialmente distintas sobre a mesma matéria.

Do ponto de vista da proteção de dados, como se sabe, a Autoridade Nacional de Proteção de Dados é a instituição competente para a interpretação da LGPD (artigo 55-J, XX) e cabe a ela, oportunamente, regulamentá-la. Assim, é pertinente aproveitar a análise realizada pela ANPD para apontar algumas escolhas legislativas relativas ao eventual marco regulatória da IA.

Por outro lado, enquanto a LGPD é por natureza uma lei que se destina à proteção de direitos, o PL nº 2338/23 possui – pelo menos teoricamente – um propósito mais amplo: além de instituir direitos e deveres, se propõe a regular modelos de tecnologia envolvendo inteligência artificial e automação.

Defende-se aqui, pois, que a LGPD se concentra na viabilização do tratamento de dados pessoais a partir da proteção aos direitos dos titulares, privilegiando os direitos a partir de uma ponderação dos riscos. Já a Lei de IA, crê-se, deveria pensar na relação inovação-direitos, sem

8 Análise preliminar do Projeto de Lei nº 2338/2023, que dispõe sobre o uso da Inteligência Artificial. **ANPD**. Disponível em https://www.gov.br/anpd/pt-br/assuntos/noticias/analise-preliminar-do-pl-2338_2023-formatado-ascom.pdf. Acesso em 07 ago 2023.

privilegiar um em detrimento do outro, a partir também de uma análise de riscos. A diferença é que no caso do PL de IA seria factível utilizar uma escala mais tolerante, com maior apetite para riscos do que na LGPD porque o propósito da lei não é "proteção" e sim de organização da tecnologia – a exemplo do Marco Civil da Internet.

Sabe-se que o Brasil tende a seguir o exemplo Europeu e editar normas eurocentradas. De um lado essa tendência é construtiva porque é no velho continente que estão aos parâmetros mais altos de proteção aos direitos e garantias humanos fundamentais. Ou seja, a escolha por normas eurocentristas coincide com uma escolha humanocentrada, o que em termos de tecnologia é adequado[9].

Uma das abordagens humanocentradas mais assertivas é precisamente aquela orientada por análises de risco, modelo eleito pela LGPD tanto no que diz respeito a tratamento de dados em si quanto a danos e prejuízos eventualmente decorrentes desses tratamentos.

A Lei Geral de Proteção de Dados, segundo a ANPD, prestigia tanto os direitos dos usuários quanto os riscos decorrentes do tratamento de dados. Isso faz todo sentido no panorama de proteção de dados pessoais – que equivale à regulação do *uso* de dados pessoais e da proteção dos usuários (não dos dados em si)[10].

É pertinente fazer este aparte para entender que o peso que se atribuir aos riscos, aos direitos e à inovação (como sinônimo de fomento ao estudo, desenvolvimento e utilização de novas tecnologias).

Pois bem. A ideia é compreender que a regulação da IA objetiva promover direitos e inovação, mas que fará isso a partir de uma análise de riscos.

Quando o desenvolvimento é humano-centrado e risco-orientado as análises de risco naturalmente consideram os direitos potencialmente ameaçados. Todavia, deve-se colocar na balança a importância de ino-

9 É importante ressalvar que o Brasil precisa também ponderar sobre a abordagem Sul Global do tema, levando em consideração a sua realidade histórico-social, tão diferente da Europeia. Com efeito, a "importação" de soluções, sejam elas europeias, norte-americanas ou sul-globais precisa ser criteriosa. Há cenários nos quais será preciso customizar uma solução tupiniquim, com ou sem jaboticabas.

10 Análise preliminar do Projeto de Lei nº 2338/2023, que dispõe sobre o uso da Inteligência Artificial. **ANPD**. Disponível em https://www.gov.br/anpd/pt-br/assuntos/noticias/analise-preliminar-do-pl-2338_2023-formatado-ascom.pdf. Acesso em 07 ago. 2023.

var. O que se está tentando dizer é que a ponderação quanto aos riscos deve levar em conta os direitos pertinentes. Se os riscos são altos (ou excessivos), "pesa mais" a proteção ao direito. Caso contrário, se privilegia a inovação.

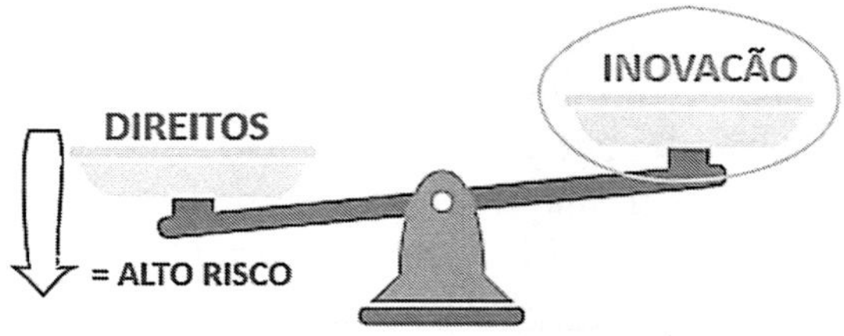

Hipótese em que a inovação representa risco alto ou excessivo (inaceitável) aos direitos previstos em lei

Hipótese em que a inovação representa riscos distintos de "alto risco" aos direitos previstos em lei

O que se acredita é que embora a abordagem da futura lei de IA deva ser pautada em análise de risco (aos direitos), deve ser *orientada* a fomentar o desenvolvimento (inovação).

Como está, sobretudo considerado o regime excepcional de responsabilidade civil (considerando que a regra brasileira é a responsabilidade subjetiva), é provável que a escolha legislativa realizada no PL de IA acabe resultando em um ambiente averso ao desenvolvimento, permeado por alto custo e insegurança jurídica. Tal cenário acabaria desencorajando ou até inviabilizando que entrantes ingressassem no mercado e na falência de pequenos players.

A partir de um ângulo distinto, por sua vez, a ANPD entende que a proposta (PL de IA) "*estabelece uma regulação baseada em riscos e uma modelagem regulatória baseada em direitos*", e embora fale em desenvolvimento responsável. Não dá o mesmo enfoque atribuído acima ao ponto.

Segundo a ANPD, o PL 2338/23 "*proíbe sistemas de IA de risco excessivo, delimita quais são os sistemas ditos de alto risco e suas obrigações e prevê direitos às pessoas naturais afetadas pelo funcionamento desses sistemas.*" Ainda sobre o PL 2338/23, destaca que uma "*característica frequente nos sistemas considerados de alto risco é o tratamento de dados pessoais e de dados sensíveis.*".

O documento explica que "*Vários dos sistemas de inteligência artificial considerados de alto risco envolvem o tratamento de dados pessoais porque eles são projetados para tomar decisões automatizadas que podem ter um impacto significativo em direitos e interesses de indivíduos, como por exemplo, decisões relacionadas a crédito, emprego, segurança pública e saúde*".

Implica afirmar, segundo o relatório, que a "*identificação de efeitos discriminatórios de sistemas de inteligência artificial envolve, necessariamente, uma avaliação dos riscos associados ao tratamento de dados pessoais sensíveis, tema cuja competência regulatória é afeta à ANPD*". A ideia é defender que os tratamentos de alto risco ou risco excessivo (esses inaceitáveis), passaria (sempre?) pela aplicação da LGPD ao processo de avaliação da IA o que, poderia ser reforçado pela própria lei de IA, mas que, na verdade, independeria inteiramente dela.

Conclui-se, realisticamente e francamente, que o "problema" da ANPD não parece ser as leis possuírem pesos regulatórios potencialmente distintos, mas sim o risco da criação de um novo agente regulador que atue no *enforcement* das regras de IA sem a consideração da *big Picture* ou em oposição ao que a ANPD acredita ser correto.

2. Proteção de dados e inteligência artificial

"*E agora, José?*" A pergunta ganha novos contornos se José for um chatbot, uma ELIZA. ELIZA era uma IA de conversação criada pelo cientista Joseph Weizenbaum em 1966. A lógica por trás do modelo era engajar o interlocutor com perguntas que o estimulassem a continuar o diálogo, como "conte-me mais sobre isso" ou "que sentimento isso lhe despertou?".

Um dia, Weizenbaum encontrou sua secretária imersa em uma conversa com ELIZA, pessoais (que não havia passado no teste de Turing – que mensura a capacidade de um modelo tecnológico se passar por um ser humano) pedindo-lhe conselhos. A cena teria chocado o cientista e o alertado para o perigo da tecnologia quando sua própria secretária, que havia acompanhado, até certo ponto, o desenvolvimento do chat, estava se relacionando com ele como se fosse outra pessoa.

ELIZA foi descontinuada e a partir daí adotou-se a nomenclatura "efeito ELIZA" para descrever a atribuição de comportamento humano (antropomorfização) a uma máquina. A IA Generativa dos LLM (*Large Language Models*), como o ChatGPT, representa o marco histórico em que uma IA foi (finalmente) aprovada no Teste de Turing.

Acontece que o franqueamento de acesso deste tipo de tecnologia (em franco processo de escrutínio, regulação e autorregulação dentro dos mais diversos players) ao público se deu em momento posterior ao advento do PL nº 2338/23 e isso significa que o projeto de lei não possui nenhum tipo de previsão normativa feita sob medida ou customizada para os LLMs.

Quanto a isso, tudo bem: a tecnologia é dinâmica e hão de surgir outros desafios pós normatização. O "problema" é saber se o PL está maduro o suficiente para regular, ainda que principiologicamente e abstratamente, futuras IAs.

Pode parecer contraintuitivo, mas a impressão aqui defendida é que a ampla abrangência regulatória pretendida pelo PL 2338/23 e a tentativa de exaurir o tema "regulação da IA" trabalham contra o próprio texto. Ao tentar "cercar" toda a matéria, paradoxalmente, deixou de fora desdobramentos que naturalmente fogem à capacidade humana atual de prever o futuro da tecnologia.

Daí porque já se defendeu em trabalho anterior[11] que o PL nº 21/20, mesmo quando chamado de "mera carta de princípios", seria uma concepção mais interessante para regulação "precoce" da IA do que um projeto mais extenso, porém afoito. Por mais pujante que seja a matéria, o conhecimento do regulador/legislador sobre o tema carece de maturidade suficiente para permitir uma normatização mais exauriente

11 ROSAS, Eduarda Moraes Chacon. **Inteligência Artificial: regulação ética a partir das regras de proteção de dados pessoais.** 1ª ed. Rio de Janeiro: Editora GZ, 2023.

– mesmo considerando-se a "reserva" atribuída à uma futura autoridade reguladora.

É interessante pensar, neste contexto, que a ANPD pode estar, de fato, antecipada em relação a algumas questões de interesse da IA, como é o caso da revisão de decisões automatizadas. Neste sentido se reforça ainda mais a desnecessidade de "correr" com um marco regulatório que endereçará questões que se definirão invariavelmente antes de sua vigência.

No artigo "A LGPD e a revisão de decisões não humanas" frisou-se, pensando exatamente neste dilema de revisão, a dificuldade de aplicação do texto do PL 2338/23 em hipotético caso concreto. Isso porque o texto do projeto de lei impõe a realização de juízos de valor que nem sempre resultarão em consenso e a partir de critérios distintos daqueles previstos na LGPD. Além de não prever canais e mecanismos para o exercício do direito de revisão, a única hipótese clara de revisão constante do PL 2338/23 é *"risco à vida ou integridade física"*:

> "Veja-se que com exceção da hipótese de 'risco à vida ou integridade física', as expressões adotadas no texto do PL 2338/23 comportam valoração subjetiva. Supõe-se que aos olhos do titular a 'dificuldade de reversão da decisão' tomará contornos muito diferentes daqueles atribuídos à mesma decisão pelo fornecedor. De outro lado, considerando a falta de conhecimento técnico do Judiciário sobre IA e tecnologia em geral, é provável que se exija o 'envolvimento humano significativo' em situações nas quais seria desnecessário ou até impossível porque, afinal, como provar objetivamente que a implementação da revisão humana será impossível quando o processo tramitar em sede de Juizados Especiais?"[12]

É natural que a ANPD se ocupe – e se preocupe – com o PL 2338/23 dentro da dinâmica que ela mesma identificou de diferença de métricas para riscos. Para a ANPD seria uma (potencial) antinomia que os titulares de dados pessoais não possuam os mesmos "privilégios" na ótica do futuro marco civil de IA e da LGPD.

12 CHACON ROSAS, E; FARIA, P. C. A LGPD e a revisão de decisões não humanas. **LGPD: Debates e Temas Relevantes, Vol. 2.** Coord. Ana Paula Canto de Lima e Eduarda Chacon Rosas. Recife, PE: Império Jurídico, 2023. PP. 183-184

Acontece que em se tratando de norma distintas e com escopos diferentes, como antecipou-se, é esperado e aceitável que assim o seja; sem prejuízo que a ANPD inicie no âmbito de sua competência um processo fiscalizatório/sancionatório pela conduta do agente que tenha agido adequadamente no contexto da Lei de IA, mas não no da LGPD.

Mesmo porque o âmbito da proteção de dados é bastante amplo e abrange direitos de personalidade que podem ser associados à própria percepção individual que as pessoas têm de si mesmas. Além disso, a proteção constitucional e de direito material civil vigentes resguardam direitos como autonomia, privacidade e dignidade e servem também de parâmetro regulatório da IA.

> "É importante lembrar, nesse sentido, que a privacidade e a autonomia são facetas da dignidade humana e que a AI programada nos *bots* e algoritmos se propõe especificamente a disseminar mensagens (micro) direcionadas (*micro targeting*) com base no perfil e na classificação do usuário (perfilamento ou *profiling*) – o que é profundamente prejudicial a esses direitos humanos."[13]

Para que se tenha ideia do impacto que a proteção à privacidade e aos dados pessoais, como vista hoje, possui sobre a regulação da IA, basta pensar na predição comportamental que resulta da coleta e análise de um volume gigantesco de dados pessoais (*big data*) com o propósito de determinar, por meio de algoritmos complexos e *machine learning*, o comportamento (de um) humano.

Se a predição comportamental é uma das ferramentas mais valiosas do *marketing* atual, seus usos são muito mais amplos do que o fomento de vendas e serviços, na medida em que pode se aplicar virtualmente a qualquer aspecto da vida de um indivíduo, desde a saúde aos relacionamentos.

> "Decisões envolvendo algoritmos na indústria médico-hospitalar, por exemplo, podem determinar o nível de cautela (*risk assessment*) em um exame radiológico, de modo que o laudo

13 ROSAS, Eduarda Moraes Chacon. **Inteligência Artificial: regulação ética a partir das regras de proteção de dados pessoais**. 1ª ed. Rio de Janeiro: Editora GZ, 2023.

> resultante do estudo pode indicar tratamento farmacológico (favorecendo a indústria farmacêutica) ou intervenção cirúrgica (potencialmente prejudicando a indústria farmacêutica). É um dilema ético-moral e uma realidade consolidada.
>
> (...)
>
> A possibilidade de a IA realizar previsões precisas sobre a dinâmica social fornece um poderoso incentivo para a massiva coleta de dados pessoais, o que, por si só, representa riscos, porquanto tais dados podem ser utilizados de forma abusiva para fins de política, controle e discriminação, ou até mesmo *hackeados* e comercializados, sobretudo quando o poder público, sujeito a licitações e restrições orçamentárias, não fornece a segurança da informação e a infraestrutura adequadas."
>
> Com efeito, a utilização de IA no Judiciário e em processos decisórios pela administração pública está no centro de polêmicas que questionam até o desempenho de preditores automatizados tendenciosos. De outro lado, ditos sistemas prometem previsão mais precisa e justa, porquanto podem ser calibrados para reconhecer a justiça e beneficiar um número muito maior de pessoas.
>
> A predição também pode aumentar as desigualdades sociais, em vez de possibilitar soluções projetadas para superá-las. O exemplo clássico é o *scoring*, que pode apenas dificultar a aquisição de bens e de facilidades financeiras – se voltado à proteção do crédito –, como pode aumentar os custos de seguros, inviabilizar empréstimos, empregos, aquisição de moradia própria ou até de novas amizades."[14]

A predição comportamental, seja pelo volume de dados envolvido, seja por causa da repercussão dos eventuais erros interessa a diversos campos do direito para além da regulação da IA. Daí a elaboração do Projeto de Emenda à Constituição nº 29/23 que pretende incluir no artigo 5º a proteção contra a manipulação algorítmica no rol de direitos e garantias constitucionais.

---

14 ROSAS, Eduarda Moraes Chacon. **Inteligência Artificial: regulação ética a partir das regras de proteção de dados pessoais**. 1ª ed. Rio de Janeiro: Editora GZ, 2023.

Ao lado da preocupação com predição e manipulação está a discriminação algorítmica que pode inclusive ter interseção com tratamento de dados sensíveis de raça, saúde, ideologia e até vida sexual – ainda que inadvertidamente por questões de natureza socioeconômica estruturais. É curioso, nesse sentido, que se fale na discriminação algorítmica como algo ruim quando ela pode ser, ao contrário, necessária para corrigir justamente desigualdades sociais e econômicas (tratar igualmente aos iguais e desigualmente aos desiguais).

> Nesse sentido, Lily Hu, estudiosa de vieses algorítmicos, explica que há dois tipos de vieses: o estatístico e o que reproduz uma realidade social em si mesmo. Se o algoritmo exibe viés estatístico, significa que ele está produzindo parâmetros ou previsões sistematicamente distorcidos de como a realidade é. No entanto, se reflete uma realidade, significa que os sistemas de IA não consideram situações específicas de pessoas ou grupos marginalizados, o que pode se dar por uma diversidade de motivos, um deles o fato de que o tipo de dado identificador dessa peculiaridade pode ser considerado irrelevante e não sujeito a tratamento – ou até desconsiderado para facilitar a conformidade legal.[15]

A importância do enfoque no titular de dados – e o último exemplo que se dá aqui sobre a interferência da proteção aos titulares de dados pessoais no âmbito da IA decorre da expressão cunhada por Shoshana Zuboff , "capitalismo de vigilância", em referência à monetização dos dados pessoais por grandes empresas[16]. Segundo a autora, a partir de informações colhidas por mecanismos de vigilância em massa, é possível intervir e modificar comportamentos humanos.[17]

---

15 Idem.

16 ZUBOFF, S. Big Other: Surveillance Capitalism and the Prospects of an Information Civilization. **Journal of Information Technology**, n° 30, pp. 75-89, April 4, 2015. Disponível em: https://ssrn.com/abstract=2594754. Acesso em: 15 mar. 2022.

17 NAUGHTON, J. The goal is to automate us': welcome to the age of surveillance capitalism. **The Guardian.** 20 de janeiro de 2019. Disponível em: https://www.theguardian.com/technology/2019/jan/20/shoshana-zuboff-age-of-surveillance-capitalism-google-facebook. Acesso em: 15 mar. 2022

Logo, se de um lado os textos publicados pela ANPD fornecem parâmetros de mensuração de riscos que podem ser aproveitados na análise da questão quando houver tratamento de dados pessoais; de outro lado, é importante que se faça um exercício de ponderação porque a LGPD resguarda o titular de dados sob a ótica da proteção de dados pessoais; enquanto a futura Lei de IA considerará o sujeito de direitos a partir de outros critérios, como destinatário ou afetado pela tecnologia regulada.

Um bom exemplo são os LLM (*large language models*) como o ChatGPT que não se propõem a tratar dados pessoais necessariamente, mas que invariavelmente o fazem quando recebem um volume imensurável de informações para treinamento que inevitavelmente contém dados pessoais de autores, personagens de biografias, grandes nomes e figuras históricas. Este tipo de uso da IA pode ocorrer de modo adequado, considerados os riscos envolvendo IA propriamente dito; mas sem os cuidados a que se refere a LGPD. Uma coisa não exclui a outra.

3. A relação entre proteção de dados e regulação da IA

Em sua análise preliminar a Autoridade Nacional de Proteção de Dados foi pragmática: "*A ANPD é autoridade-chave na regulação de inteligência artificial e proteção de dados pessoais*".

De fato, e como visto, é comum que IA e proteção de dados se comuniquem e até se sobreponham, mas é preciso que fique claro que as matérias não se confundem e nem que as normas são fungíveis.

Significa dizer que não é necessário um marco regulatório da IA com o mesmo escopo (proteção aos titulares de dados pessoais), pelo que, objetivo da regulação de IA deveria ser fomentar a inovação enquanto garante direitos e institui/fiscaliza deveres derivados dela.

Muito se tem falado, inclusive na análise preliminar da ANPD reiteradamente citada, na inovação e no desenvolvimento responsável. Porém, pouca atenção é dada aos parâmetros de responsabilidade aplicáveis a esse desenvolvimento e de quais seriam suas origens ou respectivos diplomas legais.

A LGPD, por exemplo, fornece instrumental para sancionar os agentes de tratamento de dados pessoais pelo uso irregular ou ilícito destes e a ANPD é a única legitimada para aplicação das penalidades previstas na lei, tendo inclusive regulamentado a questão por meio de ato normativo próprio.

Quem atua com contencioso de LGPD sabe que a vigência da lei teve como efeito "colateral" que questões que efetivamente dizem respeito a relações civis e consumeristas – tendo sido resolvidas há décadas a partir destas premissas – passassem a ser tratadas como questões de proteção de dados. O que se observa é a banalização da expressão "vazamento de dados", utilizada para descrever qualquer tipo de fraude, como se a Lei Geral de Proteção de Dados revogasse ou contasse mais do que as demais.

O mesmo fenômeno deverá ocorrer com a futura lei de IA. Por isso é necessário eu seu texto seja coerente e objetivo. Da mesma forma que ocorre com as relações de consumo, é natural que o debate sobre inteligência artificial se comunique frequentemente com o tratamento de dados pessoais. Isso não significa que uma lei deva substituir a outra. A cada uma o seu objetivo e objeto.

Se no desenvolvimento, uso e comercialização da tecnologia for verificado algum abuso, o Marco Regulatório de IA há de ser considerado na análise de tal conduta por um prisma e, caso oportuno, a LGPD por outro distinto e o CDC por ainda outro diferente.

No âmbito extrajudicial, este juízo de ponderação pode ou não ser realizado por uma mesma instituição, como sugere a ANPD ("*designar a autoridade de proteção de dados como autoridade supervisora de IA é uma estratégia que assegura não só harmonia na regulamentação, como também uma interpretação coerente das disposições perante os sujeitos regulados*"). Assim como pode ser realizado em cooperação entre duas ou mais instituições distintas.

E para além da contribuição do legislador ou do aplicador do direito, sabe-se que a regulação da tecnologia depende de um esforço multisetorial e interdisciplinar. Esse é um aspecto, aliás, que ilustra bem porque a proteção aos dados pessoais demanda bem menos enfoque técnico externo do que a IA que era, até pouco tempo, uma preocupação distante para o Direito.

> É provável e desejável que a relação entre a IA e o direito se torne profundamente entrelaçada até mesmo pela incorporação de normas legais – e, antes disso, de direitos humanos – nos algoritmos por *design*. A grande questão, ou dúvida, é: como regular sem engessar e como regulamentar antes do obsoletismo?[18]

18 ROSAS, Eduarda Moraes Chacon. **Inteligência Artificial: regulação ética a partir das regras de proteção de dados pessoais**. 1ª ed. Rio de Janeiro: Editora GZ, 2023.

Pensando na interseção especialmente entre Direito e TI, mas também entres eles com a Filosofia e a Ciência Política, é possível encontrar como denominador comum na Ética, valor conceitual integrado ao vocabulário comum. Assim, a Ética instrumentaliza a interação entre diferentes campos do saber, auxiliando tanto em termos de linguagem como de termômetro de adequação moral.

O que se percebe, ao fim, é que com ou sem lei própria, a IA não tem carta-branca *"para se desenvolver ao arrepio dos direitos e garantias fundamentais ou em desarmonia com o sistema jurídico"*[19], sobretudo quando *"estruturada a partir da análise de dados (pessoais)"*[20].

A necessidade de coexistência entre IA e Proteção de Dados Pessoais é um dado da realidade. O ideal é que seja levado em consideração na regulação de ambas as matérias e de outras a elas relacionadas como, por exemplo, os Neurodireitos – objeto da PEC n° 29/23, quais os seus respectivos enfoques e onde termina o objeto de uma para começar o da outra.

A conclusão é de que a necessidade de regulação do uso tecnologia é inegável, mas é preciso não confundir a regulação do *uso* de uma ferramenta com a proteção dos direitos e garantias potencialmente afetados pelo *uso* dela.

Referências bibliográficas

Análise preliminar do Projeto de Lei nº 2338/2023, que dispõe sobre o uso da Inteligência Artificial. **ANPD**. Disponível em https://www.gov.br/anpd/pt-br/assuntos/noticias/analise-preliminar-do-pl-2338_2023-formatado-ascom.pdf. Acesso em 07 ago. 2023

BARBOSA, Mafalda Miranda et al. **Direito digital e inteligência artificial: diálogos entre Brasil e Europa**. Editora Foco, 2021.

BIONI, Bruno Ricardo; LUCIANO, Maria. O princípio da precaução na regulação da inteligência artificial: seriam as leis de proteção de dados o seu portal de entrada? In: FRAZÃO, Ana. MOULHOLLAND, Caitlin (Coord.). **Inteligência artificial e direito: ética, regulação e responsabilidade**. São Paulo: Thomson Reuters (Revista dos Tribunais), 2019. pp. 208-231.

19 Idem.

20 Ibidem.

BRASIL. Senado Federal. **Proposta de Emenda à Constituição nº 97, de 2023**. Altera o art. 5º da Constituição Federal, para incluir, entre os direitos e garantias fundamentais, a proteção à integridade mental e à transparência algorítmica. Brasília, DF: Senado Federal, 2023. Disponível em https://legis.senado.leg.br/sdleg-getter/documento?dm=9386704&ts=1686688862951&disposition=inline. Acesso em 13 out. 2023.

GRECO, Luís. **Poder de julgar sem responsabilidade de julgador: a impossibilidade jurídica do juiz-robô**. São Paulo: Marcial Pons, 2020, p. 59.

NAUGHTON, J. The goal is to automate us': welcome to the age of surveillance capitalism. **The Guardian.** 20 de janeiro de 2019. Disponível em: https://www.theguardian.com/technology/2019/jan/20/shoshana-zuboff-age-of-surveillance-capitalism-google-facebook. Acesso em 15 mar. 2022

O'NEAL, Cathy. **Algoritmos de destruição em massa: como a big data aumenta a desigualdade e ameaça a democracia**. Santo André: Editora Rua do Sabão, 2020.

ROSAS, E.C. **Inteligência Artificial: regulação ética a partir das regras de proteção de dados pessoais**. 1ª ed. Rio de Janeiro: Editora GZ, 2023.

ROSAS, E. C.; FARIA, P. C. A LGPD e a revisão de decisões não humanas. **LGPD: Debates e Temas Relevantes, Vol. 2**. Coord. Ana Paula Canto de Lima e Eduarda Chacon Rosas. Recife, PE: Império Jurídico, 2023. pp. 183-184

ROSAS, E. C. O rápido desenvolvimento da inteligência artificial e o impacto na área da proteção de dados. **Proteção de Dados em Foco**. Coord. Ana Paula Canto de Lima e Luísa Sato. ISBN 987-65-89291-18-3. Recife, PE: Império Jurídico, 2023

SCHWAB, Klaus. **A quarta revolução industrial**. São Paulo: Edipro, 2019. p. 23

SHIPPERS, Laurianne-Marie. **Algoritmos que discriminam: uma análise jurídica da discriminação no âmbito das decisões automatizadas e seus mitigadores**. Monografia - Escola de Direito de São Paulo, Fundação Getúlio Vargas. São Paulo. p. 21.

ZUBOFF, S. Big Other: Surveillance Capitalism and the Prospects of an Information Civilization. **Journal of Information Technology,** n° 30, pp. 75-89, April 4, 2015. Disponível em: https://ssrn.com/abstract=2594754. Acesso em 15 mar. 2022.

INTELIGÊNCIA ARTIFICIAL NA ARBITRAGEM: *THE FUTURE HAS FINALLY ARRIVED*

Fernanda Medina Pantoja[1]
Fernanda Mello Alves[2]

1. Introdução

Em um dos filmes da genial trilogia de Steven Spielberg, "De volta para o futuro", de 1985, Marty e Doc. Brown estacionam seu DeLorean em 21 de outubro de 2015. A data, então distante, retratava um futuro utópico. Enfim chegado o dia 21 de outubro de 2015, Christopher Lloyd, que interpretou Doc. Brown, enviou uma mensagem aos fãs da saga, em que conclui: "*the future has finally arrived. Yes, it is different than we all thought*"[3].

Quando se trata de Inteligência Artificial (IA), tantas vezes fantasiada em filmes, o futuro parece chegar mais rápido do que se imagina, e nos impõe a todos – pessoas, empresas, governos – desafios jamais pensados, diante das profundas transformações provocadas pela evolução tecnológica.

As ferramentas baseadas em IA, ou que a incorporam de alguma forma em sua funcionalidade, já são largamente empregadas em diversos setores sociais e econômicos, impactando, inclusive, na tomada de decisões no nosso dia a dia, com a sugestão de rotas de viagem em apli-

---

1 Doutora e Mestre em Direito Processual pela UERJ. Pesquisadora visitante na Universidade de Cambridge e na Queen Mary University of Law (Inglaterra). Professora da PUC-Rio. Advogada. Integrante fundadora da Processualistas. fmpantoja@gmail.com

2 Mestranda em Direito Forense pela Universidade Católica Portuguesa. Integrante da Processualistas. Advogada. fernanda.mello.alves@outlook.com

3 Em tradução livre: *"O futuro finalmente chegou. Sim, ele é diferente do que todos nós imaginamos"*. Vídeo disponível em https://www.youtube.com/watch?v=JwL0H-ZSc2Sc.

cativos de navegação, filmes nas plataformas de *streaming*, oferecimento de produtos na internet ou recomendação de amigos nas redes sociais.

Com o lançamento do Chat GPT[4] no final de 2022, a IA generativa[5] tornou-se facilmente acessível a qualquer pessoa por meio do celular. Apesar de a ferramenta não ter completado sequer um ano de livre acesso ao público, já fomenta calorosos debates, seja pela disseminação de informações equivocadas, em razão das limitações técnicas de um produto em desenvolvimento, seja pela exposição de dados confidenciais[6].

Recentemente, noticiou-se que os advogados de um processo judicial em curso nos EUA citaram julgados inexistentes em uma de suas manifestações pela parte, os quais, como depois ficou demonstrado, foram obtidos através de pesquisa no Chat GPT[7]. Questionou-se qual seria a responsabilidade dos advogados e se alguma punição lhes deveria ser aplicada.

Em outro caso divulgado na imprensa, um juiz no Paquistão afirmou ter feito perguntas ao Chat GPT sobre a matéria em discussão, mas não teria baseado a sua decisão nas respostas obtidas[8]. Na Colômbia, um juiz declarou ter usado o Chat GPT para responder precisamente à questão jurídica *sub judice*, qual seja, se o plano de saúde deveria ou não pagar todo o tratamento de uma criança com autismo. Em sua decisão, além de expor os fundamentos trazidos pela plataforma e juntar *prints* de sua conversa com o Chat GPT, também aludiu a precedentes judiciais[9]. Os episódios ensejam dúvidas sobre o emprego da IA na tomada de decisões pelos julgadores.

---

4 Disponível em https://chat.openai.com/.

5 Isto é, aquela capaz de gerar novos conteúdos a partir de conteúdos preexistentes.

6 "Samsung proíbe uso de IA após vazamento de dados com ChatGPT". Reportagem da Exame, 03.05.2023. Disponível em https://exame.com/tecnologia/samsung-proibe-uso-de-ia-apos-vazamento-de-dados-com-chatgpt/.

7 WEISER, Benjamin. *Here's What Happens When Your Lawyer Uses ChatGPT.* Disponível em https://www.nytimes.com/2023/05/27/nyregion/avianca-airline-lawsuit-chatgpt.html.

8 JAMAL, Sana. *Pakistani judge uses ChatGPT to make court decision.* Disponível em https://gulfnews.com/world/asia/pakistan/pakistani-judge-uses-chatgpt-to-make-court-decision-1.95104528.

9 TAYLOR, Luke. *Colombian judge says he used ChatGPT in ruling.* Disponível em https://www.theguardian.com/technology/2023/feb/03/colombia-judge-chatgpt-ruling.

O Chat GPT não é decerto a única ferramenta de inteligência artificial passível de ser utilizada na esfera jurídica. Ao contrário: já são muitos os recursos tecnológicos baseados na IA disponíveis para auxiliar os operadores do Direito no exercício de suas funções.

O cenário é especialmente fecundo na arbitragem, principalmente internacional. Em uma pesquisa realizada em 2021 pela *Queen Mary University*, de Londres, 65% (sessenta e cinco por cento) dos entrevistados declarou usar ferramentas pautadas em IA em arbitragens internacionais, ainda que raramente[10]. No ano de 2018, em edição anterior da pesquisa, fora feita a mesma pergunta e, na oportunidade, 47% (quarenta e sete por cento) dos entrevistados havia declarado fazer uso da IA em procedimentos arbitrais internacionais, ainda que de forma esporádica[11]. Houve, portanto, um significativo aumento de cerca de 18% (dezoito por cento) em (três) anos.

A relação estreita entre a seara arbitral e as inovações tecnológicas dá-se em razão da alta flexibilidade dos procedimentos e de sua maior suscetibilidade a mudanças e adaptações, em comparação à justiça estatal. Como a arbitragem propõe-se a resolver os conflitos de forma mais eficiente, é compreensível a sua afinidade com mecanismos que visam à otimização do procedimento. O papel crescente da IA na arbitragem é evidenciado pela sua aplicação, em diferentes fases do procedimento, por escritórios de advocacia, câmaras arbitrais, peritos e árbitros, para diversas finalidades como a indicação dos árbitros, a definição do objeto da arbitragem, a produção probatória e a própria elaboração de manifestações e decisões. As potencialidades da IA são vastas, definitivamente disruptivas e ainda imprevisíveis em grande medida; justamente por isso, exigem regulamentação e mecanismos para o seu controle, inclusive no procedimento arbitral.

2. Uso atual da Inteligência Artificial na arbitragem

Afinal, o que se entende por IA? Recorramos ao próprio Chat GPT para obter uma resposta, validada pela nossa revisão humana:

10 Queen Mary University of London. *2021 International Arbitration Survey: Adapting Arbitration to a Changing World.* Disponível em https://arbitration.qmul.ac.uk/research/2021-international-arbitration-survey/, p. 21.

11 Queen Mary University of London. *2018 International Arbitration Survey: The Evolution of International Arbitration.* Disponível em https://arbitration.qmul.ac.uk/research/2018/, p. 32.

Inteligência Artificial "*se refere à capacidade de máquinas e programas imitarem a inteligência humana para realizar tarefas que normalmente exigiriam pensamento humano. Isso envolve algoritmos e sistemas que podem aprender, tomar decisões e resolver problemas como os humanos. A IA é usada em várias áreas para automatizar tarefas e melhorar processos*".

Dentre as principais funções a que servem os instrumentos de IA mais usados na arbitragem, encontram-se a análise de grande volume de dados legais, como jurisprudência e documentos, a tradução automatizada, a transcrição de audiências, a recomendação para a indicação de árbitros e especialistas, a verificação de prazos, o fornecimento de informações sobre o procedimento, o desenvolvimento de estratégias e a elaboração de minutas de peças e decisões.

Os sistemas voltados para a facilitação procedimental automatizam etapas repetitivas que, desempenhadas pela mão de obra humana, levariam muito tempo e demandariam um elevado custo de mão-de-obra. Opus2[12] e Trial View[13], por exemplo, são ferramentas destinadas à transcrição de audiências, à tradução de documentos e, inclusive, à elaboração de partes de relatórios de peças e decisões.

O volume de documentos a ser analisado em um procedimento arbitral, ou mesmo em sede pré-litigiosa, pode ser exorbitante, tornando custosa e demorada a fase de verificação e catalogação dessa base de dados, seja pela câmara, pelas partes ou pelos árbitros. Nesse particular, existem tecnologias de IA voltadas para a organização e o controle de milhares de documentos em uma única interface, como por exemplo o Relativity One[14].

A IA facilita a realização do *e-discovery*[15], bastante habitual nos países do *common law,* mediante a identificação de documentos chave, daqueles protegidos por sigilo profissional, de expressões ou frases relevantes, e de sua interligação com os demais documentos. Em 2016, em então inédita oportunidade, a Corte Superior de Justiça da Inglaterra

12 Disponível em: https://www.opus2.com/

13 Disponível em: https://www.trialviewlive.com/

14 Disponível em: https://www.relativity.com/ediscovery-software/relativityone/

15 O *e-discovery* é autorizado pelas regras da IBA de produção de prova no artigo 3.3 (a) (ii), segundo o qual "no caso de Documentos mantidos eletronicamente, a Parte solicitante ou o Tribunal Arbitral poderá determinar que ela seja obrigada a, identificar os arquivos específicos, termos de busca, indivíduos ou outros meios de busca por tais Documentos de forma eficiente e econômica".

e País de Gales *(England and Wales High Court)* autorizou a utilização de um algoritmo de codificação preditiva para ditar padrões a partir da análise de grande quantidade de dados, na fase do *e-discovery*[16]. No caso, havia mais de 3 (três) milhões de documentos a serem analisados e houve consenso entre as partes em empregar a tecnologia, para acelerar a catalogação e revisão dos documentos, além de diminuir os custos[17].

No campo da pesquisa jurídica, algumas plataformas propõem-se a torná-la mais eficiente e precisa, como a Westlaw Edge[18] criada pela Thomson Reuters. A Lexis+ AI, criada pela Lexis Nexis, apresenta-se como uma IA jurídica voltada para pesquisa, resumo e minuta de documentos[19]. A CoCounsel[20], da Casetext, revisa documentos, prepara depoimentos e analisa contratos em minutos. No mesmo sentido, a vLex também já lançou sua versão da IA[21] que promete tornar a prática jurídica dez vezes mais produtiva.

Recentemente, a Jus Mundi – *startup* francesa que tem por objetivo facilitar o acesso à informação jurídica, principalmente no âmbito da arbitragem internacional comercial e de investimento, a partir da criação de uma base de dados universal pautada na IA – anunciou o lançamento da versão beta da Jus-AI[22], alimentada por GPT, que processa um banco de dados de mais de oitenta mil documentos e fornece resumos e considerações importantes sobre decisões específicas.

Algumas plataformas possibilitam aferir eventual conflito de interesses para fins de indicação e impugnação de árbitros e peritos. O Conflict Checker[23], também lançado pela Jus Mundi, permite identificar relacionamentos passados e presentes entre árbitros, advogados, partes e peritos. A partir do fornecimento de uma lista de relacionamentos

16 *Pyrrho Investments Ltd v MWB Property Ltd* [2016] EWHC 256 (Ch).

17 KO, Sebastian; MARTINA, Michael; YUEN, Michael. *Pyrrho Investments: English Predictive Coding Case Strikes New Balance in E-Discovery.* Disponível em: https://www.hk-lawyer.org/content/pyrrho-investments-english-predictive-coding-case-strikes-new-balance-e-discovery.

18 Disponível em https://legal.thomsonreuters.com/en/products/westlaw-edge

19 Disponível em https://www.lexisnexis.com/en-us/products/lexis-plus-ai.page

20 Disponível em https://casetext.com/

21 Disponível em https://vlex.com/

22 Disponível em https://blog.jusmundi.com/jus-mundi-introduces-jus-ai-a-game-changing-gpt-powered-ai-solution-for-the-arbitration-community/

23 Disponível em https://jusconnect.com/en/conflict-checker

existentes entre indivíduos envolvidos no caso, a parte interessada é capaz de conduzir de forma mais simples a *due diligence* para definir as suas escolhas.

Essas são apenas algumas das muitas ferramentas já usadas com aplicabilidade direta na arbitragem, cujos sistemas são constantemente atualizados.

3. Regulamentação incipiente

Se, por um lado, as ferramentas de inserção da IA na arbitragem evolvem a passos largos, por outro as iniciativas de regulamentação da matéria ao redor do mundo mostram-se ainda embrionárias. Até a data de fechamento deste artigo, em 30.09.2023, apenas a China possuía marco legal, editado pelo órgão nacional que regula a internet. No entanto, em mais de uma dezena de países, menciona-se a IA em leis diversas e discute-se a aprovação de legislação abrangente[24]. Espera-se que a primeira lei a ser editada especificamente sobre o tema seja a da União Europeia, cujo Parlamento deve deliberar em breve sobre a proposta de um *Artificial Intelligence Act*[25].

Alguns atos normativos supranacionais têm servido de orientação às propostas legislativas nacionais, como a Recomendação sobre a Ética da Inteligência Artificial, da Organização das Nações Unidas para a Educação, a Ciência e a Cultura (UNESCO), aprovada em 2021[26], e a Recomendação sobre Inteligência Artificial, do Conselho da Organização para a Cooperação e o Desenvolvimento Econômico (OCDE), de 2019[27].

No Brasil, encontra-se em trâmite no Senado o projeto do marco da Inteligência Artificial (Projeto de Lei n° 2338, de 2023), com a finalidade

24 TEIXEIRA, Pedro S. "Brasil foi segundo país a propor regulação de inteligência artificial, mas sofre para aprová-la". Disponível em https://www1.folha.uol.com.br/tec/2023/09/brasil-foi-segundo-pais-a-propor-regulacao-de-inteligencia-artificial-mas-sofre-para-aprova-la.shtml.

25 Parlamento Europeu, *Artificial Intelligence Act*. Disponível em https://www.europarl.europa.eu/doceo/document/TA-9-2023-0236_EN.pdf.

26 UNESCO, *Recomendação sobre a Ética da Inteligência Artificial*. Disponível em https://unesdoc.unesco.org/ark:/48223/pf0000381137_por

27 Organização para a Cooperação e o Desenvolvimento Econômico (OCDE), *Recommendation of the Council on Artificial Intelligence*. Disponível em: https://legalinstruments.oecd.org/en/instruments/OECD-LEGAL-0449#relatedInstruments.

de regulamentar a IA no país e estabelecer direitos a pessoas eventualmente afetadas por sua aplicação[28]. O Conselho Nacional de Justiça (CNJ), que tem exercido um papel fundamental no desenvolvimento e controle do uso de tecnologia no âmbito judicial, editou em 2020 a Resolução nº 332, sobre a ética, a transparência e a governança na produção e no uso de Inteligência Artificial no Poder Judiciário[29]. O ato aborda importantes pontos, dispondo, por exemplo, em seu art. 7º, que *"as decisões judiciais apoiadas em ferramentas de IA devem preservar a igualdade, a não discriminação, a pluralidade e a solidariedade, auxiliando no julgamento justo, com criação de condições que visem eliminar ou minimizar a opressão, a marginalização do ser humano e os erros de julgamento decorrentes de preconceitos".*

Especificamente na esfera arbitral, em 2021, o Conselho da Justiça Federal (CJF) aprovou, na II Jornada para Prevenção e Solução Extrajudicial de Litígios, o enunciado 106: *"é admissível na arbitragem valer-se das ferramentas tecnológicas de inteligência artificial para subsidiar as partes e o árbitro no curso do procedimento".* Na justificativa, consignou-se que *"o uso de mecanismos tecnodigitais é uma tendência irreversível e uma realidade cada vez mais presente no campo jurídico"*, mas que *"esse fenômeno observe as garantias constitucionais do devido processo legal, notadamente o direito de participação e ao contraditório, assegurados no art. 5º, LIV e LV, da CF e reproduzidos nas normas processuais fundamentais dos arts. 5º a 11 do CPC/2015"*[30].

Os maiores empecilhos enfrentados na edição de leis sobre IA são o rápido e constante desenvolvimento das tecnologias; e, ainda, o pouco conhecimento que se tem de sua profundidade e capacidade[31]. Em

28 Senado Federal. *Projeto de Lei n° 2338, de 2023.* Disponível em https://www25.senado.leg.br/web/atividade/materias/-/materia/157233?_gl=1*cagbwn*_ga*MTc2NzMxODc5LjE2OTI5NDc2MTI.*_ga_CW3ZH25XMK*MTY5Mjk0NzYxMi4xLjAuMTY5Mjk0NzYxMi4wLjAuMA.

29 Conselho Nacional De Justiça. *Resolução nº 332 de 21/08/2020.* Disponível em https://atos.cnj.jus.br/atos/detalhar/3429.

30 Conselho da Justiça Federal. *II Jornada para Prevenção e Solução Extrajudicial de Litígios. Enunciados Aprovados.* Disponível em file:///Users/fernandamello/Downloads/Enunciados%20Justificativas%20aprovados-VF.pdf.

31 SEET, Andrea; LIM, Benson; TASENDE, Ignacio. "Arbitration Tech Toolbox: Looking Beyond the Black Box of AI in Disputes over AI's Use". *Kluwer Arbitration Blog.* Disponível em https://arbitrationblog.kluwerarbitration.com/2023/05/25/arbitration-tech-toolbox-looking-beyond-the-black-box-of-ai-in-disputes-over-ais-use/.

primeiro lugar, teme-se que a legislação se torne rapidamente obsoleta, diante das mudanças galopantes das inovações tecnológicas. Em segundo, falta ao legislador (como à sociedade em geral) o que os especialistas chamam de "fluência algorítmica"[32], consistente na capacidade do ser humano de compreender o funcionamento e os riscos dos sistemas de inteligência artificial, cuja aptidão é necessária para superar a desconfiança que permeia o seu uso e incrementar a sua eficácia.

De todo modo, mesmo diante de sua escassa regulamentação, a IA também já é amplamente aplicada no Poder Judiciário brasileiro. Uma pesquisa carreada pela Função Getúlio Vargas, cuja terceira fase foi finalizada em 2023, revelou que 47 tribunais brasileiros contam com nada menos que 64 ferramentas de IA em funcionamento[33]. A maioria dos instrumentos é voltada à digitalização de acervo, organização de dados e/ou análise de textos, contribuindo para a maior eficiência dos processos e a melhora da execução de serviços nos tribunais, com aumento de produtividade e redução de custos. Um dos sistemas pioneiros foi o chamado "Victor", no Supremo Tribunal Federal (STF), que utiliza a IA para converter imagens de processos digitais ou eletrônicos em textos, separar documentos, classificar as peças processuais e identificar se o recurso se encaixa em algum tema de repercussão geral. Realizadas pela máquina em cerca de 5 (cinco) segundos, essas atividades facilitam a análise de admissibilidade recursal por meio da sugestão de temas de repercussão geral, posteriormente sujeita à validação pelos servidores e pelos ministros.

Vale destacar que, no caso de demandas massificadas ou isomórficas, a IA já se mostra especialmente proveitosa para a harmonização da jurisprudência, a partir da identificação de casos que envolvam temas repetitivos ou que tenham uma jurisprudência consolidada em um mesmo sentido[34]. Não se pode deixar de vislumbrar, todavia, um risco de

---

32 LANG, Volker. *Digital Fluency: Understanding the Basics of Artificial Intelligence, Blockchain Technology, Quantum Computing, and Their Applications for Digital Transformation*. Apress, 2021.

33 SALOMÃO, Luis Felipe; TAUK, Caroline Someson (coord). *Inteligência Artificial: Tecnologia aplicada à gestão dos conflitos no âmbito do Poder Judiciário brasileiro.* FGV, 2023. Disponível em https://ciapj.fgv.br/sites/ciapj.fgv.br/files/relatorio_ia_3a_edicao_0.pdf.

34 ARTINS, Patrícia Helena Marta; KILMAR, Sofia Gavião; SIMÕES, Vitória Nishikawa. "Inteligência Artificial (I.A.) aplicada no Poder Judiciário". In *Revista de Direito e as Novas Tecnologias*. v. 9, 2020, p. 3.

estagnação do pensamento jurídico, diante da dificuldade de a máquina (mesmo programada para um aprendizado constante) considerar e absorver de fatores de mudança extralegais, capazes de levarem à superação da tese[35].

4. Inegáveis benefícios e inevitáveis riscos

Os benefícios advindos da utilização de instrumentos alimentados pela Inteligência Artificial na arbitragem são inequívocos. A delegação de atividades exercidas por profissionais às ferramentas pautadas na IA agiliza e confere maior eficiência ao procedimento, mediante a obtenção de resultados mais rápidos e precisos. Reduz também o custo financeiro total envolvido na arbitragem, ainda que se acresçam os valores despendidos na aquisição ou na assinatura das próprias ferramentas de IA[36].

A automatização de tarefas simples e/ou burocráticas – como a organização, a catalogação e tradução de documentos – diminui a vulnerabilidade dessas atividades ao erro e, portanto, traz maior confiabilidade à sua execução, quando comparadas àquelas performadas por pessoas. A IA também contribui para a melhora da qualidade das decisões dos envolvidos na arbitragem – seja a do advogado, ao definir se e quando instaura a arbitragem[37]; seja a do árbitro, ao resolver o conflito – por

35 Em sentido análogo, "*Given that AI models are tipically based on information extracted from previous input data – even in ever-improving machine learning algorithms – they are likely to follow conservative approaches and might not be adapted to deal with important policy changes over time.*" SCHERER, Maxi. Artificial Intelligence and Legal Decision-Making: The Wide Open?. In *Journal of International Arbitration*, v. 36, nº 5, 2019. Disponível em https://sifocc.org/app/uploads/2020/04/Artificial-Intelligence-and-Legal-Decision-Making-The-Wide-Open-Maxi-Scherer-041119.pdf, p. 573.

36 MOLINA, David. *¿Las Nuevas Tecnologías Extinguirán El Sistema Arbitral? Kleros: Una Mirada Al Futuro Del Arbitraje Internacional.* Kluwer Arbitration Disponível em https://arbitrationblog.kluwerarbitration.com/2020/09/30/las-nuevas-tecnologias-extinguiran-el-sistema-arbitral-kleros-una-mirada-al-futuro-del-arbitraje-internacional/.

37 Carlos Alberto Carmona e Victor Vieira destacam que, sendo a qualidade das decisões humanas proporcional à quantidade e à qualidade de informações obtidas previamente à escolha de uma dentre as alternativas possíveis, a base de dados de que se podem extrair informações através da IA pode ser muito útil à definição da estratégia litigiosa, com prognósticos de sucesso, dados estatísticos, valores prováveis de condenação, previsão de comportamento conforme o julgador, en-

propiciar uma base maior de dados, para extrair informações e conclusões, do que a capacidade humana seria capaz de processar.

4.1. Limites inerentes à Inteligência Artificial

Um dos riscos associados ao uso da IA é intrínseco a qualquer máquina, das mais simples às mais complexas: o seu mau funcionamento. Há sempre a possibilidade de que, por alguma questão relacionada à sua programação, por exemplo, a plataforma forneça um resultado inverídico ou comprometido. Ainda que esta seja uma preocupação legítima, um dos recursos da Inteligência Artificial é justamente o sistema de aprendizagem (*machine learning*), o que significa dizer que, com o tempo, as máquinas são capazes de modificar autonomamente o seu comportamento tendo como base a sua própria experiência[38], e assim produzem resultados cada vez mais precisos. Uma pesquisa conduzida em um hospital na Dinamarca mostrou uma diferença significativa entre as taxas de erro da IA em comparação às taxas de erro humano: enquanto a *machine learning error rate* beirava os 6,8%, a taxa de erro entre humanos chegou a 11,3%[39].

Discute-se, ainda, sobre outro grave risco: o de as ferramentas de IA serem enviesadas e gerarem resultados parciais ou tendenciosos, em razão da representação equivocada de contextos sociais ou do uso de algoritmos que não são neutros, por exemplo. Como os algoritmos aprendem a partir de uma junção de experiências anteriores e do processamento de dados, a tendência é que reproduzam preconceitos e estigmas presentes na sociedade, mantendo percepções errôneas e, com isso, dando

tre outros aspectos. CARMONA, Carlos Alberto; VIEIRA, Vitor Silveira. Inteligência Artificial e o Processo Arbitral. *In:* Gustavo Vaughn; Fábio Costa; Rodrigo Duarte; Raphael Arruda; Ana Vitória Morelo. (Org.). *Direito, Mercado Jurídico e Sociedade: estudos em comemoração aos 3 anos do grupo de jovens advogados Leading Young Lawyers.* 1ªed. São Paulo: Lualri, 2020, v. 1, p. 379.

38 ROSEN, Brad. "Global Experts Keep it Real in Webinar Exploring Artificial Intelligence and its Role in Arbitrations and Legal Practice". *Kluwer Arbitration Blog.* Disponível em https://arbitrationblog.kluwerarbitration.com/2020/12/12/global-experts-keep-it-real-in-webinar-exploring-artificial-intelligence-and-its-role-in-arbitrations-and-legal-practice/.

39 LENSKJOLD, Anders *et al.* Should artificial intelligence have lower acceptable error rates than humans? In *BJR open.* v. 5, 2023.

origem a decisões pautadas em premissas equivocadas[40]. Esse "preconceito cognitivo" afigura-se extremamente temerário e ameaça a imparcialidade das decisões[41].

"Biased data can result in biased results"[42]; por isso, é importante que, ao fazer uso de um mecanismo fomentado pela IA, especialmente se essa ferramenta for geradora de informação a partir de sua base de dados, o árbitro ou advogado possam ter conhecimento e questionar a origem daquela base de dados. É preciso saber, por exemplo, como aquelas informações são selecionadas, classificadas, se são auditadas, se existe algum controle para eventuais vieses algorítmicos[43]. O controle prévio do algoritmo exige que, antes de ser implementado, seja testado ao máximo, tanto por especialistas do Direito quanto da área de tecnologia[44]. E, após o emprego da ferramenta IA, a depender do seu impacto no processo de tomada de decisão, às partes deve ser reconhecido o direito à informação sobre o seu uso e à explicação do seu sistema, para que possam ter condições de, sendo o caso, refutá-lo. A esse respeito, a Recomendação do Conselho da OECD sobre Inteligência Artificial prevê a necessidade de que sejam *"fornecidas informações relevantes, apropriadas ao contexto e consistentes com o estado da arte, que permitam que aqueles afetados por um sistema de IA possam compreender o resultado e contestá-lo, com base em informações simples e facilmente compreensíveis sobre os fatores e a lógica que serviram de base para a predição, recomendação ou decisão"*[45].

---

40 CARMONA, Carlos Alberto; VIEIRA, Vitor Silveira. Inteligência Artificial e o Processo Arbitral. *Op. cit.*, p. 376.

41 DIERLE, José Coelho Nunes; ANDRADE, Otávio Morato de. "O uso da inteligência artificial explicável enquanto ferramenta para compreender decisões automatizadas: possível caminho para aumentar a legitimidade e confiabilidade dos modelos algorítmicos?". In *Revista Eletrônica do Curso de Direito.* Universidade Federal de Santa Maria, 2023, v. 18, p. 22.

42 ROSEN, Brad. *Op. cit.* Em tradução livre, "dados tendenciosos podem resultar em resultados tendenciosos".

43 SEET, Andrea; LIM, Benson; TASENDE, Ignacio. *Op. cit.*

44 Conforme a sugestão aventada por DAMASCENO, Mara Lívia Moreira; FRANCO, Bianca Maria Simão; ANDRADE, Caio Viana. "O uso da inteligência artificial no Direito Processual Brasileiro: limites e possibilidades sob a perspectiva da epistemologia jurídica". In *Revista de Processo*, v. 339, maio/2023.

45 Tradução livre. No original:*"AI Actors should commit to transparency and responsible disclosure regarding AI systems. To this end, they should provide meaningful information, appropriate to the context, and consistent with the state of art:*

Pode acontecer, todavia, que esse tipo de informação seja invisível, isto é, esteja presente internamente no funcionamento dos sistemas, não sendo disponibilizado ou acessível ao usuário[46]. Trata-se do que os especialistas designam de fenômeno *black box*, que se caracteriza pelo fato de o funcionamento da ferramenta não ser mapeável ou sequer inteligível pelo ser humano[47] e é hoje um dos maiores desafios atuais no tratamento da IA. A grande maioria dos algoritmos é concebida de forma

---

i.to foster a general understanding of AI systems,
ii.to make stakeholders aware of their interactions with AI systems, including in the workplace,
iii.to enable those affected by an AI system to understand the outcome, and,
iv.to enable those adversely affected by an AI system to challenge its outcome based on plain and easy-to-understand information on the factors, and the logic that served as the basis for the prediction, recommendation or decision". Organização para a Cooperação e o Desenvolvimento Econômico (OCDE). *Recommendation of the Council on Artificial Intelligence.* Disponível em https://legalinstruments.oecd.org/en/instruments/OECD-LEGAL-0449#relatedInstruments.

46 SEET, Andrea; LIM, Benson; TASENDE, Ignacio. *Op. cit.* Complementam os autores: *"Furthermore, AI systems with invisible inputs and inner workings might generate conclusions without providing explanations as to how they were reached (the black box phenomenon). The solution may lie in incorporating explainable AI into the algorithm. However, machine learning algorithms sometimes do not base their "decisions" and predictions on the applicable law or facts of the case, but on information that humans would not find relevant".*
Em sentido análogo: "A autonomia dos algoritmos de machine learning faz com que as tarefas por eles desempenhadas sejam difíceis de antever e, mesmo após a decisão, difíceis de explicar. Mesmo os learners mais simples, supervisionados, não permitem que se compreenda propriamente o seu funcionamento – a menos que tenham sido estruturados para tanto. Quando se passa aos algoritmos não supervisionados ou de reforço, sequer há controle sobre os inputs utilizados na aprendizagem de máquinas. Ademais, à medida em que os algoritmos se tornem mais complexos e passem a interagir uns com os outros, a tendência é a de que esse desafio se agrave." FERRARI, Isabela; BECKER, Daniel; WOLKART, Erik Navarro. "*Arbitrum ex machina*: panorama, riscos e a necessidade de regulação das decisões informadas por algoritmos". In *Revista dos Tribunais*, v. 995, set./2018.

47 MATION, Gisela Ferreira; DÓRIA, Maria de Sá Fortes; ANDRADE, Sávio Pereira de. *CJF incentiva uso de inteligência artificial em arbitragens. Tecnologia pode agilizar resolução de conflitos.* Disponível em https://www.machadomeyer.com.br/pt/inteligencia-juridica/publicacoes-ij/contencioso/cjf-incentiva-uso-de-inteligencia-artificial-em-arbitragens.

opaca, impedindo que o processo decisório seja compreendido pelo seu utilizador[48].

Defende-se, com razão, a necessidade de transformação dessas "caixas-pretas" em "caixas de vidro", que prezem pela transparência e expliquem os seus raciocínios[49]. Somente dessa forma os interessados e afetados pelo sistema poderão identificar o raciocínio lógico adotado, mapear eventuais vieses e dispor da real possibilidade de contraditá-los.

Tantos desafios trazem consigo um risco consectário em comum, além do possível ferimento de direitos fundamentais como a igualdade e a não discriminação: a violação às garantias de um procedimento arbitral justo[50].

Nesse particular, a existência de vieses algorítmicos associados à opacidade do funcionamento das plataformas empregadas na arbitragem pode significar um fulminante ameaça à imparcialidade do julgador, entendida como a exigência de que as partes sejam tratadas de forma isonômica e que o conflito seja julgado sem tendenciosidades[51].

Do mesmo modo, haverá afronta ao direito das partes ao contraditório e à fundamentação da decisão, caso não conheçam e compreendam o raciocínio adotado pela máquina, os argumentos considerados nesse processo e as suas respectivas fontes. O contraditório abarca, afinal, não apenas o direito de as partes serem ouvidas e de apresentarem seus argumentos, mas também a real possibilidade de influenciarem o julgamento pelo árbitro, o chamado circular[52]. Já a exposição da *ratio* da

---

48 DIERLE, José Coelho Nunes; ANDRADE, Otávio Morato de. *Op. cit.*, p. 23.

49 *Idem*, p. 24.

50 O artigo 21º, § 2º da Lei da Arbitragem enuncia que "serão, sempre, respeitados no procedimento arbitral os princípios do contraditório, da igualdade das partes, da imparcialidade do árbitro e de seu livre convencimento"; o Código de Processo Civil estabelece as normas processuais fundamentais nos arts. 5º a 11; e a Constituição Federal prevê os princípios do devido processo legal e do contraditório no art. 5º, LIV e LV.

51 Nesse sentido, a doutrina especializada traduz a imparcialidade como a "equidistância que o julgador deve guardar em relação às partes." CARMONA, Carlos Alberto. *Arbitragem e processo: um comentário à Lei nº 9.307/96*, 3ª. ed. São Paulo: Atlas, 2009, p. 239.

52 "Não basta que a informação de um dos polos seja transmitida para o outro e lhe seja dada oportunidade de reação. O contraditório é entendido sob uma perspectiva circular, abrangendo também a figura do julgador. (...) Atualmente, ao menos no plano doutrinário, compreende-se que o julgador deve promover o debate de

decisão é imprescindível para a sua legitimidade, previne a discricionariedade do árbitro e garante o necessário controle da sentença arbitral pelas partes[53].

O risco à privacidade e a à proteção de dados também se destaca dentre os reveses relacionados ao uso da IA em procedimentos arbitrais. Em razão da confidencialidade da arbitragem[54], faz-se necessário que os dados sejam armazenados em provedores privados e que não sejam redirecionados ao algoritmo[55], ao menos não sem um processo de anonimização ou liberação prévia. Ademais, os dados inseridos nas bases de dados das ferramentas de IA consistem em dados pessoais nos termos do artigo 5º, I, da LGPD, de forma que toda a estruturação dos sistemas deve ocorrer em consonância com as disposições legais[56]. Também por

questões sensíveis e não pode decidir sobre algo de forma a surpreender as partes." APRIGLIANO, Ricardo de Carvalho. *Fundamentos processuais da arbitragem.* Curitiba: Editora Direito Contemporâneo, 2023, p. 195.

53 "Porque a fundamentação, no ordenamento brasileiro, tem matriz constitucional, predomina a percepção de que nenhuma decisão de natureza jurisdicional pode ser proferida sem fundamentação. E esta constatação deve ser aplicada ao processo arbitral, inclusive por conta da sua disposição legal específica. (...) considera-se que a motivação integra a noção de ordem pública." APRIGLIANO, Ricardo de Carvalho. *Op. cit.*, p. 221.

54 "Traduzida como um dever assumido pelas partes de não divulgar informações relativas ao procedimento arbitral para terceiros ou para o público, a confidencialidade constitui, reconhecidamente, uma das mais relevantes características da arbitragem. Incentiva a resolução de disputas de maneira eficiente, colaborativa e 'desapaixonada', ou seja, sem qualquer influência externa ou pressão popular, aos quais estão comumente sujeitos os processos judiciais; e reduz os riscos de divulgação prejudicial de informações sensíveis a concorrentes, clientes e terceiros." PANTOJA, Fernanda Medina; ESTILL, Beatriz Rieche. "Confidencial, *pero no mucho*: os processos que versam sobre arbitragem levados ao Judiciário". In *Estudos em homenagem a Sergio Bermudes.* Rio de Janeiro: GZ Editora, 2022.

55 SEET, Andrea; LIM, Benson; TASENDE, Ignacio. *Op. cit.*

56 MARTINS, Patrícia Helena Marta; KILMAR, Sofia Gavião; SIMÕES, Vitória Nishikawa. "Inteligência Artificial (I.A.) aplicada no Poder Judiciário". In *Revista de Direito e as Novas Tecnologias.* v. 9, 2020, p. 7. Ainda nesse ponto, pontuam as autoras: "Nesse cenário, a estruturação da tecnologia de Inteligência Artificial de maneira conforme às disposições da LGPD, assegurando-se a o tratamento de dados conforme uma das bases legais aplicáveis previstas na LGPD, além da proteção dos dados tratados e de atendimento de todas as demais normas constantes da LGPD, tornam-se medidas essenciais. Cumpre ressaltar que o artigo 20 da LGPD confere expressamente aos titulares de dados pessoais, o direito de 'solicitar a revisão de

esse motivo faz-se imprescindível a transparência na inserção de *data* em plataformas de IA.

Existe ainda a preocupação, histórica e justificada, com o risco de substituição da mão de obra humana pelas máquinas. Qualquer conjectura sobre o futuro da advocacia diante da IA ainda envolve alguma tentativa de adivinhação[57], mas não há dúvida de que o setor jurídico será bastante impactado pelas inovações tecnológicas[58], na medida em que as tarefas consideradas exclusivas dos profissionais do Direito serão progressivamente assumidas por sistemas de inteligência artificial cada vez mais capazes[59].

Nesse contexto, as funções dos agentes do procedimento arbitral deverão ser repensadas e reformuladas, reservando-se aos profissionais apenas o desempenho de atividades de maior complexidade e valor agregado[60]. Além disso, embora algumas atividades possam ser suplantadas por máquinas, ainda hoje é preciso que sejam verificadas e supervisionadas por advogados – os quais possuem responsabilidade sobre os seus resultados. Esse, aliás, é um cuidado que quaisquer profissionais devem sempre ter ao se utilizarem da IA, seja para fins de pesquisa jurídica ou de auxílio na elaboração de peças: uma vez cientes das limitações das plataformas e da sua responsabilidade pelas informações trazidas ao procedimento, devem buscar conhecer a origem da base de dados e as características e critérios do sistema, inclusive para se certificarem da acurácia dos seus resultados.

---

decisões tomadas unicamente com base em tratamento automatizado de dados pessoais que afetem seus interesses, incluídas as decisões destinadas a definir o seu perfil pessoal, profissional, de consumo e de crédito ou os aspectos de sua personalidade'".

57 OLIVEIRA, Aécio Filipe; ISSA, Mariana Almeida. "XVII Rio de Janeiro International Arbitration Conference: Will Flexibility of Arbitrations Surface Again?" *Kluwer Arbitration Blog*. Disponível em: https://arbitrationblog.kluwerarbitration.com/2023/06/24/xvii-rio-de-janeiro-international-arbitration-conference-will-flexibility-of-arbitrations-surface-again/.

58 Um estudo realizado em 2020 pelo Laboratório de Aprendizado de Máquina em Finanças e Organizações (LAMFO) da Universidade de Brasília sugere que a probabilidade de automação das funções do advogado chegaria a 76%. Disponível em: https://lamfo.shinyapps.io/automacao/.

59 SUSSKIND, Richard. *Tomorrow's Lawyers*. An introduction to your future; Second Edition, Oxford.

60 ROSEN, Brad. *Op. cit.*

4.2. Árbitro-robô: rápidas considerações

O uso da IA pelo árbitro, sem geração de conteúdo novo ou com finalidade meramente instrumental, que não impacte significativamente a sua tomada de decisão, é admissível no exercício de seu múnus sem grandes discussões. É o caso de consultas jurídicas de doutrina, lei e jurisprudência, organização e classificação de documentos, sinalização de informações e elaboração de relatórios.

Todavia, apresentam-se mais controvertidas as possibilidades (i) de o árbitro consultar a opinião de um sistema algorítmico na hora de decidir, valendo-se de seus resultados para validar a sentença; e, mais ainda, (ii) de as partes atribuírem o próprio poder de decidir à tecnologia da IA, sem intervenção humana (ou seja, elegerem um árbitro-robô).

Entendemos que o árbitro pode empregar a tecnologia da IA para ajudá-lo a decidir, mas se o conteúdo gerado for decisivo para a formação de sua convicção, adotado como fundamento da sentença e não passível de ser extraído de nenhuma outra fonte de conhecimento, deve comunicá-lo expressamente às partes e lhes conceder prazo para se manifestarem, querendo, sobre o emprego do sistema de IA. Desse modo, garante-se um contraditório efetivo, com respeito ao princípio da não-surpresa[61], segundo o qual se veda ao julgador decidir com base em um fundamento sobre o qual as partes não tiveram a chance de se manifestar. Pode-se afirmar que essa exigência será despicienda quando o uso de uma determinada ferramenta de IA for muito conhecido a ponto de elevar o seu grau de corroboração e a confiança[62] gerada nas partes, nos advogados, no árbitro e nos demais envolvidos no procedimento.

---

61 Além de corolário do princípio de contraditório, a vedação à surpresa é norma fundamental constante do Código de Processo Civil: "Art. 10. O juiz não pode decidir, em grau algum de jurisdição, com base em fundamento a respeito do qual não se tenha dado às partes oportunidade de se manifestar, ainda que se trate de matéria sobre a qual deva decidir de ofício".

62 *Mutatis mutandis,* sobre a confiança racional em instrumentos de modo geral, Vitor de Paula Ramos explica que "quando as informações obtidas em equipamentos e máquinas são utilizadas em contextos em que a relação com a verdade pode trazer consequências mais graves, dessa forma – como quando se pretender utilizar os resultados de um exame mediante o uso de uma máquina para determinar o tratamento de um(a) paciente -, é necessária uma justificação epistêmica, com um determinado grau de suficiência. Com efeito, equipamentos que hoje são usados em hospitais, antes de lá chegarem, já foram testados e retestados inúmeras vezes por diversos estudos empíricos, justamente para que o seu funcionamento seja

É de se notar que também o perito que se socorra da IA para o perfazimento de suas funções deve zelar pela informação e pela transparência, comunicando ao árbitro e às partes sobre o *software* escolhido para ajudar na produção da prova técnica e o porquê do uso dessa base de informação[63]. Após oportunizada a manifestação das partes, havendo controvérsia, caberá ao árbitro decidir sobre a fiabilidade da prova e, com isso, sobre a possibilidade ou não de utilização do sistema, certificando-se que não seja utilizado um mecanismo obscuro, sem escolhas claras na formação da base de dados[64].

Já a substituição integral das atividades humanas por um árbitro-robô, em um procedimento arbitral, é uma conjectura que ainda enfrenta alguns óbices, para além da simples exigência legal, lembrada por parte da doutrina nacional e estrangeira[65], de que o árbitro seja pessoa

conhecido nas mais diversas circunstâncias. Com o passar do tempo, o uso de tais equipamentos vai se tornando tão conhecido e contando com um grau tão elevado de corroboração que a justificação epistêmica que está por debaixo do equipamento vai sendo simplesmente substituída pela confiança, que vai, também, tornando-se automática. Um ortopedista que utiliza um exame de raio-X hoje em dia, destarte, não para habitualmente para refletir sobre o funcionamento desse equipamento; justamente pelos anos e anos de experiência e pelas múltiplas testagens pelas quais o aparelho já passou. (...)." RAMOS, Vitor de Paula. *Prova Documental. Do documento aos Documentos. Do Suporte à Informação.* Salvador: JusPodivm, 2021.

63 CARMONA, Carlos Alberto; VIEIRA, Vitor Silveira. Inteligência Artificial e o Processo Arbitral. *Op. cit.*, p. 386.

64 *Idem*, p. 386.

65 *"Una mirada a la legislación vigente en la gran mayoría de los países, incluida la española, parece abocar por una respuesta negativa. En efecto, el artículo 13 de la Ley de Arbitraje española dispone que solo "pueden ser árbitros las personas naturales que se hallen en el pleno ejercicio de sus derechos civiles". Por el contrario, otras legislaciones no se pronuncian específicamente sobre este aspecto, como es el caso de México o la Ley Modelo CNUDMI"*. GUTIÉRREZ, Elena; MORALES, Ernest. "¿Preparados? ¿Listos? ¡I.A.!: La carrera por la implantación de la inteligencia artificial en el arbitraje". In *Revista Jurídica del Centro de Arbitraje de México*, 2023, p. 62.
"[O] mero fato de o sistema arbitral estar fundado na plena autonomia da vontade das partes não abre espaço, automaticamente, a que o julgador escolhido seja uma máquina. Não há dúvidas de que a tese da escolha de um robô para julgamento de lide arbitral encontraria algum fundamento no princípio da confiança ditado pelo art. 13 da Lei de Arbitragem, mas o sistema arbitral, lido e analisado como um todo, não comporta o julgamento de árbitros-robôs". NUNES, Thiago Marinho. A impossibilidade jurídica do árbitro-robô. Disponível em: https://www.migalhas.com.br/coluna/arbitragem-legal/356434/a-impossibilidade-juridica-do-arbitro-

capaz e que tenha a confiança das partes (art. 13 da Lei de Arbitragem)[66]. Uma das dificuldades atuais é a de que IA depende de um grande volume de dados de qualidade para aprender e melhorar o seu desempenho, e a arbitragem ainda carece dessa base massiva de decisões, na medida em que, por muito tempo, por força da confidencialidade que rege o procedimento, as sentenças arbitrais não podiam ser publicadas.

Outra dificuldade diz respeito à já mencionada incapacidade de se elucidar o processo dedutivo e o raciocínio lógico que levaram à tomada daquela decisão[67] [68], máxime diante da opacidade dos sistemas. A doutrina cita ainda o fato de a máquina não contemplar alguns fatores extrajurídicos no processo decisório, como a apreensão da realidade cultural,

-robo). Ainda pela impossibilidade da existência de um árbitro-robô, v. GRECO, Luis. *Poder de julgar sem responsabilidade de julgador: a impossibilidade jurídica do juiz-robô.* São Paulo: Marcial Pons, 2020.

66 Disposições similares podem ser encontradas em outros ordenamentos jurídicos. Veja-se, a título de exemplo, a disposição da Lei de Arbitragem Voluntária portuguesa: "Artigo 9.º Requisitos dos árbitros 1 - Os árbitros devem ser pessoas singulares e plenamente capazes. 2 - Ninguém pode ser preterido, na sua designação como árbitro, em razão da nacionalidade, sem prejuízo do disposto no n.º 6 do artigo 10.º e da liberdade de escolha das partes. 3 - Os árbitros devem ser independentes e imparciais. 4 - Os árbitros não podem ser responsabilizados por danos decorrentes das decisões por eles proferidas, salvo nos casos em que os magistrados judiciais o possam ser. 5 - A responsabilidade dos árbitros prevista no número anterior só tem lugar perante as partes".

67 ROSEN, Brad. *Op. cit.* No mesmo sentido: "Uma decisão tomada por um sistema de inteligência artificial, hoje, será necessariamente carente de fundamentação, porque não permitirá às partes compreenderem o raciocínio lógico que permitiu à máquina alcançá-la, a partir dos argumentos das partes e das provas produzidas no procedimento. Sabe-se que o dever de fundamentação, ao qual obedecem os árbitros e que constitui verdadeiro direito fundamental das partes, permite o controle das decisões pelas partes e evitar a discricionariedade do julgador." MARTINS, Patrícia Helena Marta; KILMAR, Sofia Gavião; SIMÕES, Vitória Nishikawa Simões. "Inteligência Artificial (I.A.) Aplicada No Poder Judiciário". In *Revista de Direito e as Novas Tecnologias*, v. 9, 2020.

68 Não se desconhece a existência de posicionamento de sentido contrário, segundo a qual a questão da motivação não parece ser problemática ou sequer um impeditivo, porquanto, cada vez mais, são aceitas sentenças baseadas no posicionamento das partes sem fundamentação adicional. CARMONA, Carlos Alberto; VIEIRIA, Vitor Silveira. *Op. cit.*, p. 375.

a construção de narrativas por meio de atividades criativas e sofisticadas[69], os valores éticos e morais[70].

Decerto é apenas uma questão de tempo para que a IA desenvolva todas essas habilidades e aprenda a pensar como os seres humanos – talvez com a mesma velocidade com que chegamos ao "futuro cinematográfico". Contudo, como já observaram Danilo Doneda e Miriam Wimmer[71], é secundária a discussão sobre se sistemas de IA podem ou não "pensar" como os humanos, diante da constatação de que esses sistemas, na prática, já fazem efetivas escolhas. É preciso reconhecer que a intervenção humana não é sempre imprescindível, e que deve ser modulada a partir de alguns parâmetros – como a transparência, a auditabilidade, a explicabilidade e o impacto a direitos fundamentais – que permitem verificar o grau do "déficit de humanidade" da tomada de decisão por máquinas.

No caso da arbitragem, valendo-nos das ideias de Doneda e Wimmer para tratar especificamente do julgamento por IA, é possível imaginar hipóteses em que seria aceitável uma participação humana mínima ou inexistente, como em um conflito decorrente de *smart contract*, cuja controvérsia fosse bastante simples, e cujas partes, diante de um sistema de IA transparente e explicável, acordassem em submeter a resolução de seu conflito a um árbitro-robô. No entanto, em litígios mais complexos, envolvendo uma multiplicidade de fatos e questões jurídicas, a produção de vários tipos de provas e/ou com grande repercussão em direitos fundamentais, afigura-se razoável haver maior grau de intervenção humana, para abrandar o déficit de humanidade da sentença automatizada.

Para que as partes não estejam sujeitas a decisões tomadas unicamente com base em algoritmos, cabem-lhes o direito à explicação sobre

69 Acerca da incapacidade da IA de ponderar fatores extrajurídicos, destacam-se as seguintes deficiências: "a) o desconhecimento da realidade cultural; b) o desprovimento de pré-compreensões; c) a incapacidade de tomar posições diante da necessidade de ponderar princípios; d) a incapacidade de construir narrativas por meio de atividades criativas, complexas e sofisticadas; e e) a incompetência para conhecer o sentido por detrás da linguagem". DAMASCENO, Mara Lívia Moreira; FRANCO, Bianca Maria Simão; ANDRADE, Caio Viana. "O uso da inteligência artificial no Direito Processual Brasileiro: limites e possibilidades sob a perspectiva da epistemologia jurídica". *In: Revista de Processo*, v. 339, 2023.

70 GUTIÉRREZ, Elena; MORALES, Ernest. *Op. cit.*, p. 64.

71 WIMMER, Miriam; DONEDA, Danilo. "Falhas de IA e a Intervenção Humana em Decisões Automatizadas: Parâmetros para a Legitimação pela Humanização". In *Revista de Direito Público*, 2021, v. 18, p. 380.

as características, critérios e consequências de decisões automatizadas; e o direito à revisão humana de tais decisões. Nesse sentido, o art. 5º, inciso VI, da Resolução nº 332/2020 do CNJ estabelece a explicabilidade como atributo intrínseco à transparência dos sistemas de IA, impondo o "*fornecimento de explicação satisfatória e passível de auditoria por autoridade humana*". Por sua vez, a Recomendação sobre a Ética da Inteligência Artificial da UNESCO afirma que um sistema de IA nunca pode substituir a responsabilidade e *accountability* humanos em última instância[72].

Por mais que os legisladores encontrem dificuldades na criação de diplomas normativos capazes de lidar com todas as questões implicadas no uso da IA e de adequar-se ao rápido e constante desenvolvimento dessas ferramentas, é premente a necessidade de se estimularem sistemas mais explicativos[73]; e de se preverem aos interessados os direitos de receberem informações claras, de contestarem as decisões que lhe impactem significativamente e de solicitarem a intervenção humana[74].

---

72 "Além disso, quando do desenvolvimento de marcos regulatórios, os Estados-membros devem, em particular, levar em conta que a responsabilidade e imputabilidade finais devem estar sempre com pessoas físicas ou jurídicas, e que os sistemas de IA não devem eles próprios ser dotados de personalidade jurídica." UNESCO. *Recomendação sobre a Ética da Inteligência Artificial*. Disponível em: https://unesdoc.unesco.org/ark:/48223/pf0000381137_por, p. 28.

73 DIERLE, José Coelho Nunes; ANDRADE, Otávio Morato de. "O uso da inteligência artificial explicável enquanto ferramenta para compreender decisões automatizadas: possível caminho para aumentar a legitimidade e confiabilidade dos modelos algorítmicos?". In *Revista Eletrônica do Curso de Direito. Universidade Federal de Santa Maria*, 2023, v. 18, p. 3.

74 O Projeto de Lei n° 2338 de 2023 prevê expressamente a possibilidade de solicitar intervenção humana em algumas oportunidades. Veja-se:
"Art. 8º A pessoa afetada por sistema de inteligência artificial poderá solicitar explicação sobre a decisão, previsão ou recomendação, com informações a respeito dos critérios e dos procedimentos utilizados, assim como sobre os principais fatores que afetam tal previsão ou decisão específica, incluindo informações sobre: (...) V – a possibilidade de solicitar intervenção humana, nos termos desta Lei." (grifou-se);
"Art. 9º A pessoa afetada por sistema de inteligência artificial terá o direito de contestar e de solicitar a revisão de decisões, recomendações ou previsões geradas por tal sistema que produzam efeitos jurídicos relevantes ou que impactem de maneira significativa seus interesses" (grifou-se); e
"Art. 10. Quando a decisão, previsão ou recomendação de sistema de inteligência artificial produzir efeitos jurídicos relevantes ou que impactem de maneira significativa os interesses da pessoa, inclusive por meio da geração de perfis e da

Esses direitos deverão ser igualmente resguardados no caso de aplicação da IA no curso de um procedimento arbitral ético, justo e observante das garantias fundamentais do processo.

5. Conclusão

A tecnologia da Inteligência Artificial encontra um ambiente bastante fértil para a sua aplicação na arbitragem, diante da flexibilidade do procedimento e da maior liberdade das partes para moldá-lo. Os diversos agentes envolvidos no procedimento arbitral – advogados, câmaras, peritos e árbitros – já contam com uma multiplicidade de ferramentas alimentadas pela IA capazes de auxiliar em suas atividades, que contribuem para otimizar o processo e reduzir custos.

Contudo, a IA traz consigo desafios jurídicos substanciais, agravados pelo rápido desenvolvimento dos sistemas algorítmicos e pela carência de regulamentação sobre a matéria. Teme-se, com razão, o vazamento de dados sensíveis, o mau uso das plataformas, a opacidades dos sistemas e a existência de vieses, cujos riscos ameaçam direitos fundamentais, como a igualdade e a não discriminação, e as garantias de um processo arbitral justo, como a imparcialidade, o contraditório e a fundamentação das decisões. O uso da IA para a consulta de opinião ou até mesmo em total substituição ao homem para a tomada de decisão na arbitragem esbarra, por ora, além do óbice legislativo, nas principais dificuldades de se ter uma base de dados massiva e de se conhecer o raciocínio lógico empregado pela máquina a partir de tais dados.

Assim, sempre que a utilização de instrumentos de IA na arbitragem tiver impacto relevante na tomada de decisão, deve-se garantir aos interessados que sejam previamente informados, com explicações claras sobre o funcionamento e as características do sistema, que tenham a oportunidade de questioná-la e, quando necessário, possam solicitar a intervenção humana, de modo a se preservarem os princípios fundamentais do processo arbitral.

realização de inferências, esta poderá solicitar a intervenção ou revisão humana." (grifou-se)

Referências Bibliográficas

APRIGLIANO, Ricardo de Carvalho. *Fundamentos processuais da arbitragem.* Curitiba: Editora Direito Contemporâneo, 2023.

CARMONA, Carlos Alberto. *Arbitragem e processo: um comentário à Lei nº 9.307/96*, 3ª. ed. São Paulo: Atlas, 2009.

CARMONA, Carlos Alberto; VIEIRA, Vitor Silveira. Inteligência Artificial e o Processo Arbitral. *In:* Gustavo Vaughn; Fábio Costa;Rodrigo Duarte; Raphael Arruda; Ana Vitória Morelo. (Org.). *Direito, Mercado Jurídico e Sociedade: estudos em comemoração aos 3 anos do grupo de jovens advogados Leading Young Lawyers.* 1ªed. São Paulo: Lualri, 2020, v. 1, pp. 369/402.

CHAT GPT. Disponível em https://chat.openai.com/. Acesso em 8 de setembro de 2023.

Conselho da Justiça Federal. *II Jornada para Prevenção e Solução Extrajudicial de Litígios. Enunciados Aprovados.* Disponível em: file:///Users/fernandamello/Downloads/Enunciados%20Justificativas%20aprovados-VF.pdf. Acesso em 8 de setembro de 2023.

Conselho Nacional De Justiça. *Resolução nº 332 de 21/08/2020*. Disponível em https://atos.cnj.jus.br/atos/detalhar/3429. Acesso em 11 de outubro de 2023.

DAMASCENO, Mara Lívia Moreira; FRANCO, Bianca Maria Simão; ANDRADE, Caio Viana. "O uso da inteligência artificial no Direito Processual Brasileiro: limites e possibilidades sob a perspectiva da epistemologia jurídica". *In: Revista de Processo*, v. 339, maio/2023.

DIERLE, José Coelho Nunes; ANDRADE, Otávio Morato de. "O uso da inteligência artificial explicável enquanto ferramenta para compreender decisões automatizadas: possível caminho para aumentar a legitimidade e confiabilidade dos modelos algorítmicos?". In *Revista Eletrônica do Curso de Direito. Universidade Federal de Santa Maria*, v. 18, 2023.

FERRARI, Isabela; BECKER, Daniel; WOLKART, Erik Navarro. "Arbitrum ex machina: panorama, riscos e a necessidade de regulação das decisões informadas por algoritmos". *In: Revista dos Tribunais*, v. 995, set./2018.

GRECO, Luis. *Poder de julgar sem responsabilidade de julgador*: a impossibilidade jurídica do juiz-robô. São Paulo: Marcial Pons, 2020.

GUTIÉRREZ, Elena; MORALES, Ernest. "¿Preparados? ¿Listos? ¡I.A.!: La carrera por la implantación de la inteligencia artificial en el arbitraje". In *Revista Jurídica del Centro de Arbitraje de México*, 2023.

IBA Rules on the Taking of Evidence in International Arbitration. Versão traduzida para o Português. Disponível em: https://www.ibanet.org/document?id=Rules-on-the-Taking-of-Evidence-in-International-Arbitration-2020-Portuguese. Acesso em 8 de setembro de 2023.

JAMAL, Sana. *Pakistani judge uses ChatGPT to make court decision*. Disponível em: https://gulfnews.com/world/asia/pakistan/pakistani-judge-uses-chatgpt-to-make-court-decision-1.95104528. Acesso em 8 de setembro de 2023.

KO, Sebastian; MARTINA, Michael; YUEN, Michael. *Pyrrho Investments: English Predictive Coding Case Strikes New Balance in E-Discovery*. Disponível em: https://www.hk-lawyer.org/content/pyrrho-investments-english-predictive-coding-case-strikes-new-balance-e-discovery. Acesso em 9 de setembro de 2023.

Laboratório de Aprendizado de Máquina em Finanças e Organizações (LAMFO) da Universidade de Brasília (UnB). Disponível em: https://lamfo.shinyapps.io/automacao/. Acesso em 29 de setembro de 2023.

LANG, Volker. Digital Fluency: *Understanding the Basics of Artificial Intelligence, Blockchain Technology, Quantum Computing, and Their Applications for Digital Transformation. Apress,* 2021.

LENSKJOLD, Anders *et al.* Should artificial intelligence have lower acceptable error rates than humans? In: *BJR open*. v. 5, 2023.

MARTINS, Patrícia Helena Marta; KILMAR, Sofia Gavião; SIMÕES, Vitória Nishikawa. "Inteligência Artificial (I.A.) aplicada no Poder Judiciário". In *Revista de Direito e as Novas Tecnologias*. v. 9, 2020.

MATION, Gisela Ferreira; DÓRIA, Maria de Sá Fortes; ANDRADE, Sávio Pereira de. *CJF incentiva uso de inteligência artificial em arbitragens. Tecnologia pode agilizar resolução de conflitos.* Disponível em: https://www.machadomeyer.com.br/pt/inteligencia-juridica/publicacoes-ij/contencioso/cjf-incentiva-uso-de-inteligencia-artificial-em-arbitragens. Acesso em 8 de setembro de 2023.

MOLINA, David. *¿Las Nuevas Tecnologías Extinguirán El Sistema Arbitral? Kleros: Una Mirada Al Futuro Del Arbitraje Internacional.* Kluwer Arbitration Disponível em https://arbitrationblog.kluwerarbitration.com/2020/09/30/las-nuevas-tecnologias-extinguiran-el-sistema-arbitral-kleros-una-mirada-al-futuro-del-arbitraje-internacional/. Acesso em 8 de setembro de 2023.

NUNES, Thiago Marinho. *A impossibilidade jurídica do árbitro-robô.* Disponível em: https://www.migalhas.com.br/coluna/arbitragem-legal/356434/a-impossibilidade-juridica-do-arbitro-robo. Acesso em 8 de setembro de 2023.

OLIVEIRA, Aécio Filipe; ISSA, Mariana Almeida. *XVII Rio de Janeiro International Arbitration Conference: Will Flexibility of Arbitrations Surface Again?* Kluwer Arbitration Disponível em: https://arbitrationblog.kluwerarbitration.com/2023/06/24/xvii-rio-de-janeiro-international-arbitration-conference-will-flexibility-of-arbitrations-surface-again/. Acesso em 8 de setembro de 2023.

Organização para a Cooperação e o Desenvolvimento Econômico (OCDE). *Recommendation of the Council on Artificial Intelligence.* Disponível em: https://legalinstruments.oecd.org/en/instruments/OECD-LEGAL-0449#relatedInstruments. Acesso em 10 de outubro de 2023.

PANTOJA, Fernanda Medina; ESTILL, Beatriz Rieche. "Confidencial, *pero no mucho*: os processos que versam sobre arbitragem levados ao Judiciário". *In: Estudos em homenagem a Sergio Bermudes.* Rio de Janeiro: GZ Editora, 2022.

Parlamento Europeu. *Artificial Intelligence Act.* Disponível em: https://www.europarl.europa.eu/doceo/document/TA-9-2023-0236_EN.pdf. Acesso em 8 de setembro de 2023.

Queen Mary University of London. *2018 International Arbitration Survey: The Evolution of International Arbitration.* Disponível em: https://arbitration.qmul.ac.uk/research/2018/. Acesso em 8 de setembro de 2023.

Queen Mary University of London. *2021 International Arbitration Survey: Adapting Arbitration to a Changing World.* Disponível em https://arbitration.qmul.ac.uk/research/2021-international-arbitration-survey/. Acesso em 8 de setembro de 2023.

RAMOS, Vitor de Paula. "Prova Documental. Do documento aos Documentos. Do Suporte à Informação". Salvador: JusPodivm, 2021.

ROSEN, Brad. *Global Experts Keep it Real in Webinar Exploring Artificial Intelligence and its Role in Arbitrations and Legal Practice.* Kluwer Arbitration Blog. Disponível em: https://arbitrationblog.kluwerarbitration.com/2020/12/12/global-experts-keep-it-real-in-webinar-exploring-artificial-intelligence-and-its-role-in-arbitrations-and-legal-practice/. Acesso em 8 de setembro de 2023.

SALOMÃO, Luis Felipe; TAUK, Caroline Someson (coord). *Inteligência Artificial: Tecnologia aplicada à gestão dos conflitos no âmbito do Poder Judiciário brasileiro, 3ª fase.* **FGV, 2023. Disponível em** https://ciapj.fgv.br/sites/ciapj.fgv.br/files/relatorio_ia_3a_edicao_0.pdf. Acesso em 29 de setembro de 2023.

SCHERER, Maxi. Artificial Intelligence and Legal Decision-Making: The Wide Open?. *In: Journal of International Arbitration*, v. 36, nº 5, 2019. Disponível em https://sifocc.org/app/uploads/2020/04/Artificial-Intelligence-

and-Legal-Decision-Making-The-Wide-Open-Maxi-Scherer-041119.pdf. Acesso em 11 de outubro de 2023.

SEET, Andrea; LIM, Benson; TASENDE, Ignacio. *Arbitration Tech Toolbox: Looking Beyond the Black Box of AI in Disputes over AI's* Use. Kluwer Arbitration Blog. Disponível em: https://arbitrationblog.kluwerarbitration.com/2023/05/25/arbitration-tech-toolbox-looking-beyond-the-black-box-of-ai-in-disputes-over-ais-use/. Acesso em 8 de setembro de 2023.

Senado Federal. *Projeto de Lei n° 2338, de 2023.* Disponível em: https://www25.senado.leg.br/web/atividade/materias/-/materia/157233?_gl=1*cagbwn*_ga*MTc2NzMxODc5LjE2OTI5NDc2MTI.*_ga_CW3ZH25XMK*MTY5Mjk0NzYxMi4xLjAuMTY5Mjk0NzYxMi4wLjAuMA. Acesso em 8 de setembro de 2023.

SUSSKIND, Richard. *Tomorrow's Lawyers.* An introduction to your future; Second Edition, Oxford.

TAYLOR, Luke. *Colombian judge says he used ChatGPT in ruling.* Disponível em: https://www.theguardian.com/technology/2023/feb/03/colombia-judge-chatgpt-ruling. Acesso em 9 de setembro de 2023.

TEIXEIRA, Pedro S. *Brasil foi segundo país a propor regulação de inteligência artificial, mas sofre para aprová-la.* Disponível em https://www1.folha.uol.com.br/tec/2023/09/brasil-foi-segundo-pais-a-propor-regulacao-de-inteligencia-artificial-mas-sofre-para-aprova-la.shtml. Acesso em 11 de outubro de 2023.

UNESCO. *Recomendação sobre a Ética da Inteligência Artificial.* Disponível em: https://unesdoc.unesco.org/ark:/48223/pf0000381137_por. Acesso em 29 de setembro de 2023.

WEISER, Benjamin. *Here's What Happens When Your Lawyer Uses ChatGPT.* Disponível em https://www.nytimes.com/2023/05/27/nyregion/avianca-airline-lawsuit-chatgpt.html. Acesso em 24 de setembro de 2023.

WIMMER, Miriam; DONEDA, Danilo. "Falhas de IA" e a Intervenção Humana em Decisões Automatizadas: Parâmetros para a Legitimação pela Humanização. *In: Revista de Direito Público,* 2021, v. 18, pp. 374/404.

Inteligência artificial generativa e teoria das invalidades no Direito Civil Brasileiro

Gustavo Kloh.[1]

Inteligência artificial generativa e direito privado

Muito tem se falado no campo do Direito sobre quais seriam os impactos decorrentes do surgimento da inteligência artificial generativa, e quais seriam os ajustes, desvios e adaptações a serem efetuados na teoria geral do Direito para que exista a acomodação (ou mesmo a crítica) de tão poderosa ferramenta. A inteligência artificial generativa (IAG ou IA generativa) refere-se a um subcampo da inteligência artificial[2] que se concentra na criação de sistemas capazes de gerar conteúdo original e criativo. Esses sistemas utilizam técnicas de aprendizado de máquina, em particular as redes neurais artificiais, para criar dados, como texto, imagens, música e muito mais, em vez de simplesmente analisar e tomar decisões com base em dados existentes.

Para o campo dos negócios jurídicos, chama especial atenção a existência de modelos de processamento de linguagem naturais generativos, como o GPT-3 e 4. Estes são capazes de gerar texto naturalmente, criando artigos, histórias, respostas a perguntas e muito mais. Esses modelos são treinados em grandes volumes de texto e podem produzir texto coeso e relevante em resposta a uma variedade de entradas, que podem ir da poesia ao direito.

Certamente, a inteligência artificial tem o potencial de ser uma ferramenta poderosa em várias áreas, mas também levanta questões éticas, como a possibilidade de criar conteúdo enganoso ou prejudicial. Justifica-se uma regulação, ou mesmo vedação a certos usos?[3] Muito tem sido publicado ou discutido, mas o nosso pressuposto, no presente estudo, será o de que pessoas (naturais e jurídicas) usarão IAG para

---

1 Professor da Escola de Direito da Fundação Getúlio Vargas – Rio de Janeiro. Mestre e Doutor em Direito Civil. Advogado.

2 Sobre a definição de inteligência artificial, MACHADO SEGUNDO, Hugo de Brito. *Direito e Inteligência Artificial.* São Paulo: Foco, 2023, p. 4.

3 Ver MARQUES, Elaine, e SILVA, Victor Hugo Cunha. *Vieses Algorítmicos e Aplicações de Inteligência Artificial: uma Análise dos Projetos de Lei Brasileiros,* em *Inteligência Artificial: Aspectos Jurídicos,* coord. José Marcelo Menezes Vigilar, São Paulo: Almedina, 2023, pp. 6 e ss.

escrever textos de negócios jurídicos, com relevo especial em negócios (mas não apenas estes, indo de atos societários a outras frentes). Rosa Nery ressalta o papel do princípio da Autonomia Privada como poder de criação de normas jurídicas particulares, e que este princípio se correlaciona com os negócios jurídicos.[4] Esta perspectiva jurígena é o ponto de contato entre o tema inteligência artificial generativa e a produção de conteúdo de negócios jurídicos privados.

Neste contexto, a vontade aparece como motor da autonomia privada, formadora do negócio e geradora dos seus efeitos.[5] O que seja a referida é assunto de complexa indagação, sendo muito mais fácil do ponto de vista prático igualar vontade e declaração de vontade.[6] Desse modo, a declaração de vontade é central no direito privado, e temos que verificar se esse elemento, a IA generativa, de algum modo interfere na existência ou validade da aludida declaração.

Em adição, iremos também abordar outro aspecto interessante que envolve IA generativa: se pode causar invalidade seu uso no cumprimento da obrigação, no campo da teoria das anulabilidades (erro ou dolo). Não se confunde tal aspecto com o do uso da IA generativa na formação e emissão da vontade, mas é tema sim relevante e que será enfrentado.

Declaração de vontade e inteligência artificial generativa

Conforme acima visto, a vontade desempenha um papel fundamental na teoria geral dos negócios jurídicos. Neste quadro, essencial a análise do art. 104 do Código Civil, já tão debatido em obras como as do prof. José de Abreu, Antônio Junqueira de Azevedo e tantos outros.[7] Assim, quais elementos devem ser tomados em conta para que haja um negócio jurídico, já se realizando um cotejo com situações de inteligência artificial generativa, com base no art. 104 do Código Civil? Vejamos uma pequena proposta nossa.

---

4 NERY, Rosa Maria de Andrade. *Introdução ao Pensamento Jurídico e a Teoria Geral do Direito Privado.* São Paulo: RT, 2008, p; 239.

5 ABREU FILHO, José. *O Negócio Jurídico e sua Teoria Geral.* 4ª Ed. São Paulo: Saraiva, 1997, p. 36.

6 AZEVEDO, Antônio Junqueira de. *Negócio Jurídico.* 4ª Ed. São Paulo: Saraiva, 2010, p. 75.

7 Já citados acima.

Para que um negócio jurídico seja válido, as partes envolvidas devem consentir voluntariamente em sua celebração. Se uma das partes não agir com sua vontade livre e esclarecida, o negócio pode ser anulado. Pode a IA generativa celebrar um negócio? Voltaremos a esta questão.

Demais disso, as partes devem ter a capacidade legal para contratar. Isso significa que devem ser adultos com plena capacidade. Se uma das partes não tiver a capacidade necessária, a validade do negócio pode ser questionada. A IA generativa não é pessoa,[8] e sempre surgirá um personagem, ao menos no estado atual da tecnologia, responsável pela entrada ou pergunta, que será pessoa física ou jurídica celebrante do negócio, ou ao menos uma delas.

Além disso, a vontade das partes deve ser expressa de forma clara e inequívoca. Normalmente, isso é feito por meio de um contrato escrito, mas os negócios podem ser celebrados verbalmente ou até mesmo por meio de ações ou omissões humanas, desde que a intenção das partes seja clara. Neste caso, a IA generativa pode preencher conteúdo, e de certo modo, significar uma expressão de vontade. O "fechamento", todavia, a declaração de que o conteúdo é vinculativo, virá de outra fonte em princípio. Valerá, contudo, discutir em apartado, o que faremos, se esta decisão pode ser tomada também pela IA generativa.

O objeto do negócio jurídico deve ser lícito, possível, determinado ou determinável. Isso significa que as partes não podem celebrar um negócio que viole a lei ou que seja vago ou impossível de cumprir. Não há nesse caso nada que nos leve a crer que a IA generativa crie peculiaridades. Por fim, alguns tipos de negócios jurídicos podem exigir uma forma específica, como um contrato escrito ou uma testemunha. A falta de conformidade com a forma prescrita pode afetar a validade do negócio. Não há forma que vede o uso da IA generativa.

Feito este pequeno apanhado, em um primeiro voo não há incompatibilidade entre IA generativa e os elementos do negócio jurídico. Porém, será necessário problematizar aspectos determinados para que seja possível destrinchar questões mais específicas.

---

8 ZAMPIER, Bruno. *Estatuto Jurídico da Inteligência Artificial.* São Paulo: Foco, 2022, p. 60.

Inteligência artificial e tomada de decisão em contratos e outros negócios gera invalidade por ausência de vontade?

Como dito, trata-se aqui de fazer uma abordagem bem inicial deste tema, porém alguma consideração sobre esse tema é essencial. A capacidade para contratar não será diretamente afetada se um contrato iniciado por pessoa (natural ou jurídica) for preenchido por IA, ou ainda for por ele finalizado. O processo de automação neste caso é só um "modo de ser" do contrato, sendo viável aceitar que ele assim se conclua ou se desenvolva.

Raciocínio mais tormentoso teríamos se fosse criada uma espécie de "incubadora" para contratos, ou seja, um mecanismo de IA generativa que prescindisse dos aludidos elementos mínimos iniciais acima mencionados, ou dele se afastasse tanto que fosse impossível identificar a pessoa que deu início ao processo de contratação. O *bot* tomador de decisão mereceria consideração especial tendo em vista a exigência de agente, prevista no art. 104 do Código Civil. Em maior escala, esta polêmica é apenas consequência de uma maior, que pode ser enxergada como uma espécie de pano de fundo de todas as demais: deveríamos enfatizar a perseguição da legalidade no Direito Civil, e associar *prima facie* invalidade e ordem pública?[9] Ou, por outro lado, deveríamos apro-

9 Caio Mário da Silva Pereira reconhece inaplicável no Direito Civil a ideia de que o reconhecimento da nulidade depende da prova do prejuízo: "*O decreto judicial de nulidade produz efeitos retroativos (ex tunc), indo alcançar a declaração de vontade no momento mesmo da emissão. E nem a vontade das partes nem o decurso do tempo podem sanar a irregularidade. A primeira, para tanto, é ineficaz, por não ser o ato nulo passível de confirmação (art. 169). O segundo não opera o convalescimento, senão longi temporis, porque o defeito de origem subsiste, até que a autoridade judiciária pronuncie a ineficácia: quod ab initio vitiosum est non potest tractu temporis convalescere*", como ainda consta das *Instituições de Direito Civil*, PEREIRA, Caio Mário da Silva. 33ª ed. Rio de Janeiro: GEN, 2020, p. 542." Porém, THEODORO JR, e FIGUEIREDO, Helena propõem uma flexibilização: "*Bastaria, simplesmente, o confronto entre a declaração de vontade e o comando legal para que a sanção de nulidade incidisse sobre o negócio jurídico ilícito em sentido lato92. Quando a lei excepcionalmente conserva o efeito do ato nulo, como no caso do pagamento feito à incapaz de quitar (CC, art. 310), não o faria em razão da teoria das nulidades, mas em virtude do princípio de equidade que impede o locupletamento indevido. Lembra, porém, Leonardo de Andrade Mattietto, a conveniência de rever-se a tese, a fim de flexibilizá-la e torná-la compatível com o critério expressamente adotado pelo Código de Processo Civil, onde se estatui que a prestação jurisdicional não será concedida sem a presença do interesse (CPC/2015, art. 17) e que, por isso, nenhuma nulidade será declarada sem o pressuposto do prejuízo processual (CPC/2015, art. 282, § 1º).*

fundar, sob o primado do aproveitamento dos atos e negócios jurídicos, buscar uma maior tolerância e autocontenção no reconhecimento das invalidades?

Deste modo, se o *bot* puder ser caracterizado como agente por agir "em nome" de uma entidade ou pessoa, essa autorização pode ser um elemento crítico para a validade do negócio, e poderemos reconhecer, em uma perspectiva mais liberal, a validade do negócio jurídico. Esta consideração não é essencial para validar os denominados *smart contracts,* entendidos como situações nas quais previamente atendidas certas condições, os contratos são fechados.[10] É mais do que isso: pode a IA generativa estabelecer quando não apenas concluir, mas também iniciar contratos?

Nossa visão é que não existe tal restrição a depender do entendimento de que existem contratos que se conformam a um modelo mais flexível quanto à vontade. O próprio Orlando Gomes já assim previa em 1980,[11] que a vontade como entendida em vieses mais tradicionais não seria mais tão essencial em alguns contratos, nos quais haveria por um lado obrigação de contratar, por outro lado um certa automatização da emissão da vontade. Desta feita, em aplicativos e outros desdobramentos do uso da tecnologia digital, será natural a ampliação da tolerância no uso de novas tecnologias a amparar um novo contratar. Neste contexto, o contrato completamente concebido por meios digitais será compatível

---

O sistema do direito material, inspirado no princípio da confiança e da conservação do negócio jurídico, não pode continuar a ser lido com a ótica individualista e positivista da teoria da vontade e da automaticidade. Para a atual visão do Direito Civil, em que a função é mais importante que a conceituação e, por isso, a socialidade leva à tutela da confiança e da boa-fé objetiva, assume relevo maior a questão do prejuízo para justificar a negativa de efeitos ao negócio nulo. nessa linha de princípios que o atual Código Civil supera a nulidade por meio do instituto da conversão (art. 170) e pela teoria da aparência em situações como a do pagamento ao credor putativo (art. 309) ou ao feito ao incapaz de quitar, com benefício efetivo deste (art. 310), ou feito por meio da tradição da coisa móvel consumida, quando o solvens não tinha direito de aliená-la (art. 307, parágrafo único), ou da alienação da herança pelo herdeiro aparente (art. 1.817)." Em *Negócio Jurídico*. São Paulo: Gen, 2020, p. 193.

10 Definição idêntica pode ser encontrada em EFING, A., & PINHO DOS SANTOS, A. (2018). *Análise dos smart contracts à luz do princípio da função social dos contratos no direito brasileiro.* Direito E Desenvolvimento, 9(2), 49-64. https://doi.org/10.25246/direitoedesenvolvimento.v9i2.755.

11 *Transformações Gerais no Direito das Obrigações,* São Paulo: RT, 1980.

com contratos nos quais haja uma pressuposição de que assim é sua natureza. Por outro lado, não se cogitaria, ao menos em 2023, de se fazer deste modo uma alienação de participação societária. Mas a compra de bens e serviços já está de certo modo conformada a esta realidade, feita cada vez mais por sistemas, aplicativos, portais e *marketplaces*. Neste cenário particular, não pode impressionar um contrato *full* IA generativa.[12]

Erro, dolo, inteligência artificial generativa e invalidade. dever de revelar o uso da inteligência artificial

Como já adiantamos em nosso apanhado anterior, o uso de inteligência artificial em sistemas, produtos ou serviços em si não é ilegal. A inteligência artificial é uma tecnologia que pode ser aplicada legalmente em diversas áreas, como automação de processos, análise de dados, assistência ao cliente, diagnósticos médicos e muito mais. No entanto, a legalidade do uso de inteligência artificial pode depender de como ela é aplicada. Ocultar o uso de inteligência artificial em determinadas circunstâncias pode ser problemático e até causar invalidades.

Em se tratando do direito do consumidor, é exigível que os consumidores sejam informados quando estão interagindo com sistemas ou serviços que utilizam inteligência artificial. A falta de transparência pode ser vista como enganosa, e temos no momento questões sérias envolvendo *chatbots* de atendimento, que podem efetivamente desinformar o consumidor e sabotar uma mais adequada tomada de decisão.

Ademais, se a inteligência artificial é usada para coletar, analisar ou processar dados pessoais, a proteção dos dados pessoais demandará transparência quanto ao seu uso, mormente sua característica de direito fundamental.[13] Ocultar o uso de IA nesse contexto pode resultar em violações das leis de privacidade, especialmente a IA generativa, que pode gerar novos conhecimentos e ou informações a partir destes dados.

---

12 Eduardo Nunes de SOUZA, em *Teoria Geral das Invalidades do Negócio Jurídico*, defende que é sempre será necessário sopesar os interesses e a adequação naquilo que se anula, sendo inviável o raciocínio meramente silogístico. São Paulo: Almedina, 2017, p. 294.

13 BERLINI, Luciana Fernandes. *Do Direito Fundamental à Proteção de Dados Pessoais e a Responsabilidade Civil dos Profissionais Liberais*. publicado em GUIMARÃES, J. e ALVES, R. *Os Direitos Humanos e a Ética da Era da Inteligência Artificial*. São Paulo: Foco, 2023, p. 20.

Em certas situações, a responsabilidade por decisões tomadas por sistemas de IA pode ser um problema. Ocultar o uso de IA em decisões importantes, como avaliação de crédito ou processos de contratação, pode criar desafios legais se algo der errado, valendo mencionar os alentados estudos existentes sobre o viés discriminatório que a IA pode vir a implementar.[14]

Em setores específicos, como saúde e finanças, podem existir regulamentações que se aplicam ao uso de IA. A falta de divulgação ou conformidade com essas regulamentações pode ser ilegal, e a interação entre setores regulados e IA não pode ser desconsiderada (mas isto não se confunde com o tema da regulação da IA generativa, que merece um tratamento específico). Além disso, se a IA é usada para criar conteúdo, como textos, imagens ou música, sem a devida atribuição de autoria, isso pode violar direitos autorais, o que desdobraremos.

Portanto, embora o uso de inteligência artificial em si não seja ilegal, a falta de transparência ou o uso enganoso da IA em determinadas circunstâncias pode levantar preocupações. Desse modo, em alguns casos, será possível estabelecer um dever de revelar o uso da IA generativa, e sua ausência poderá gerar casos de invalidade. Imaginemos uma situação de obra intelectual por encomenda, na qual exista o uso não avisado da IA Generativa. Pode ser que este aspecto leve a uma possível invalidação calcada em erro ou dolo, visto que as partes seriam submetidas a algo que não quereriam em primeiro momento se assim soubessem, o que viola a consideração que teriam tido, ou seja, a razão econômico jurídica por trás do negócio.

Raciocínio em sentido oposto poderia ser também construído para fins de apreciação e análise: se o erro é essencial quando quanto a pessoa (e IA não é pessoa), ou ainda quanto a qualidades essenciais da coisa,[15] essa consideração sobre tais qualidades poderia invalidante ser não apenas vista do ponto de vista da vontade, mas também do ponto de vista do atendimento dos interesses do negociante. Em outra mirada, se o que se recebeu é aquilo que, na forma do art. 313 do Código Civil, o que

14 Vale mencionar o excelente texto de DIAS, Ana Francisca Pinto. *Desafios do Mercado Digital para o Direito de Consumo: Big Data, Profiling e Personalização de Preços com Base em Decisões Automatizadas,* publicado em GUIMARÃES, J. e ALVES, R. *Os Direitos Humanos e a Ética da Era da Inteligência Artificial.* São Paulo: Foco, 2023, pp. 78 e ss.

15 Código Civil, art. 139.

se esperava e os interesses do negociante estão atendidos, é defensável a validade do negócio celebrado.

Caso a caso poderíamos verificar se tais interesses estão sendo ou não violados, mas como recurso técnico podemos usar um comparativo com outra situação: negócios nos quais se contrata produto *handmade.* A tomada de decisão nesses casos trafega pelo caminho do requisito essencial, qual seja, que assim tenha sido feito e com tais características. Por outro lado, se a cláusula contratual previr produto customizado, e não feito a mão, a IA generativa atenderá completamente o que fora previsto e querido.

Desdobrando o exemplo, temos o caso da personalidade que contrata um pintor retratista, *versus* a situação na qual é contratado um serviço de geração de logotipo e identidade visual para um prestador de serviço. O uso de IA generativa no segundo exemplo não deveria jamais causar alvoroço; por outro lado, no primeiro caso, é forçoso reconhecer a violação do previsto no art. 139 do Código Civil, aplicando-se o mesmo pensamento em caso de dolo.

É possível, por fim, sempre fazer variar, mesmo em caso de reconhecimento de invalidade, o quanto de cada efeito invalidante (preservação, conservação, redução, retorno ao *status quo ante*) se poderia implementar, sendo possível fazê-lo dentro de uma visão que busca a proporcionalidade,[16] não existindo quadro rígido ou fixo a determinar o que requerer ou decidir em caso de invalidades.

Falso motivo e invalidade

Há situações nas quais a existência de um falso motivo (ou motivo simulado) em um negócio jurídico pode sim afetar a sua validade.[17]

---

16 BUNAZAR, Maurício. *A Invalidade do Negócio Jurídico.* 3ª ed. São Paulo: Foco, 2023, p. 269 e ss.

17 Sobre causa e motivo: "*O fim jurídico dentro da estrutura negocial é, nessa ordem de ideias, sua causa. Isto é: a transferência da propriedade é a causa da compra e venda, como a transferência da posse é a causa da locação, e como a realização da obra é a causa da empreitada. No plano do direito, cada contrato se justifica pelo efeito que lhe é próprio e que se individualiza na declaração de vontade. Mesmo nos negócios atípicos, a declaração de vontade ao criar a identidade da relação contratual indicará, in concreto, a base negocial, seu objeto e o efeito jurídico perseguido, definindo, dessa maneira, a respectiva causa. A causa do negócio entrelaça-se com a economia do contrato, seus sujeitos, sua base estrutural, e tudo o que condiciona,*

A validade de um negócio jurídico geralmente depende da presença de elementos como consentimento livre e esclarecido das partes, capacidade para contratar, objeto lícito e determinado, forma adequada, entre outros. Um falso motivo pode comprometer a validade do contrato se for considerado enganoso, fraudulento ou utilizado para ocultar a verdadeira natureza da transação.

Aqui faz-se uma pausa para mencionar um trabalho de grande envergadura, abordando tema específico: a obra de Giovana Benetti sobre o dolo no Direito Civil.[18] No trabalho, a autora traça uma detalhada classificação do dolo, enfatizando o que decorre da falsa ou omissão prestação de informações, quando da concretização de um determinado negócio jurídico. Como inovação relevante, frisamos a defesa da autonomia da pretensão indenizatória em relação à anulatória, podendo ser manejada, defende, sem que o negócio seja em si anulado. Esta possibilidade é especialmente chamativa em casos estudados pela própria autora, na qual existe omissão/falsidade em declarações e garantias prestados em contratos empresariais; em vários destes contratos, não haverá interesse no desfazimento da avença, mas tão somente no ajuste dos valores avençados, mediante indenização ou desconto.

Embora o estudo realizado pela autora seja voltado para o direito empresarial e para as operações de M&A, totalmente viável seu aproveitamento no tratamento do tema da declaração do uso de IA generativa na *performance* de uma obrigação, já que trata de modo tão detalhado da omissão de informações.

Previamente, seguem algumas considerações importantes sobre o falso motivo em um negócio jurídico. Num primeiro turno, devemos responder esta indagação: se uma das partes ilude a outra ao apresentar um motivo falso para a celebração do negócio, isso pode ser considerado um vício no consentimento? Quando o consentimento é obtido mediante

como razão determinante, o efeito jurídico programado. Há, outrossim, efeitos que decorrem naturalmente do tipo jurídico e há aqueles que decorrem de cláusulas e condições acidentais inseridas pela vontade negocial dos contratantes, integrando, também, o objeto do contrato. Mas, antes e fora do negócio, o agente sempre tem seus motivos pessoais, isto é, as razões particulares que atuaram sob seu psiquismo provocando sua deliberação de contratar, sem entretanto figurar nos termos da convenção." THEODORO JR, op. cit, p. 383.

18 *Dolo no Direito Civil: uma Análise da Omissão de Informações*. São Paulo: Quartier Latin, 2019.

engano, a validade do negócio pode ser questionada? Se o motivo for determinante, a resposta é sim. Ocorre que em negócios mais automatizados, o motivo é de antevisão difícil. Se alguém compra bens e serviços no mercado de consumo, por exemplo, ou ainda mercadorias de fornecedores, não há muito horizonte de motivos para além daquilo que consiste no próprio recebimento do objeto do negócio.

No entanto, se no bojo do negócio, em seus termos e declarações (e se fez desta forma, tomando este cuidado), é possível verificar que a vontade dos contratantes, para os fins extrajurídicos buscados, seria incompatível com o uso da IA Generativa, viável o reconhecimento da invalidade.

Falso motivo, entretanto, não pode ser confundido com simulação. No Código Civil atual, a simulação é vício grave e que importa em nulidade. Aliás, ao transformar a simulação em hipótese de nulidade, o legislador claramente acenou à sociedade, em vez de privilegiar o aproveitamento dos negócios. Nem mesmo nos negócios nos quais a simulação não importa em fraude à lei (simulações inocentes) o legislador excepcionou. Valendo a máxima da não aplicação do princípio do prejuízo no Direito Civil, estes negócios jurídicos não valem.[19] O decurso do tempo também não fará convalescer o negócio simulado, podendo, entretanto, haver aproveitamento do negócio dissimulado, se não for ele também inválido, desde que não seja o aproveitamento proposto por quem deu causa a invalidade (que resultaria em invocação da própria torpeza). Logo, se um negócio é simulado por meio do uso de IA generativa (que pode vir a sugerir ou mesmo a produzir o conteúdo que gera a simulação), deve ser invalidado como qualquer outro. Neste giro, a presença de um falso motivo em um negócio jurídico pode sim afetar a sua validade, especialmente se houver fraude, engano ou má-fé envolvidos.

19 "Em reforço, anote-se que o atual Código Civil não reproduz o art. 103 do CC/1916, segundo o qual a simulação não se consideraria defeito quando não houvesse intenção de prejudicar a terceiros ou de violar disposição de lei. Esta é outra razão para dizer que não há que se falar mais em simulação inocente. A posição de nulidade é confirmada, entre outros, por Zeno Veloso, para quem "o Código Civil de 2002 não repetiu o preceito, não traz essa ressalva. Seja inocente ou maliciosa, a simulação é sempre causa de nulidade do negócio jurídico". TARTUCE, Flávio. *Introdução ao Direito Civil*. 16ª ed. São Paulo: GEN, 2020, p. 506.

Questões de autoria e de direito autoral e sua relação com teoria das invalidades

A não atribuição da autoria correta a um autor de uma obra pode ser ilegal e constituir uma violação dos direitos autorais e das leis de propriedade intelectual. A atribuição adequada da autoria é um princípio fundamental em direitos autorais.

A não atribuição adequada pode ocorrer de várias maneiras, mas duas chamam a atenção e resvalam nas invalidades, o plágio e a falsificação. A IA generativa pode se valer de conteúdos protegidos no campo da propriedade intelectual, para gerar novos conteúdos não suficientemente distintos. Isso é contrário ao espírito protetor da lei de direitos autorais, mas não gera conteúdos em si nulos ou anuláveis, apenas devendo se asseverar a importância de correção da adequada informação, bem como o dever de indenizar o dano causado.

Contudo, em algumas situações, pode haver exceções ou uso legítimo que não exige atribuição. Por exemplo, obras em domínio público geralmente não exigem atribuição. Além disso, algumas licenças de uso, como as licenças Creative Commons, podem permitir o uso sem atribuição, desde que os termos da licença sejam seguidos corretamente.

A inadequada atribuição pode, por outro turno, gerar negócios anuláveis ou nulos. Se a IA generativa, ao preencher o conteúdo de um negócio, direciona o negócio, do ponto de vista da autoria da obra intelectual, para a pessoa errada (erro de pessoa), ou ainda alcança pessoa nenhuma, pessoa inexistente (caso de nulidade), teremos invalidade.

Conclusão

É viável concluir que o uso da Inteligência Artificial Generativa veio para ficar. Impossível não considerar seus impactos serão imensos. A teoria das invalidades não pode ignorar que, em determinadas situações, o uso da inteligência artificial não gerará nenhum impacto sobre o conteúdo dos negócios jurídicos firmados, em razão das partes envolvidas já estarem habituadas esta nova realidade. Isto ganha especial relevo em negócios nos quais a contratação automatizada, ou por meios eletrônicos, já se transformou na regra geral. Em negócios empresariais, sofisticados e de grande escopo de negociação, já se avizinha mais difícil aceitar este modo de negociar.

Em outro turno, é totalmente viável conceber negócios nos quais o uso da Inteligência Artificial será contrário aquilo que pretendiam as partes no momento em celebraram o negócio, ou ainda violadores de normas cogentes. A regulação em setores com serviços públicos, bancário ou consumidor pode desaconselhar o reconhecimento da validade de certos contratos ou negócios, em atendimento a ditames protetivos, alguns (como é o caso da defesa do consumidor) de alçada constitucional. Nesses casos haverá sim impacto sobre a validade, quer influenciado de forma mais grave ou menos grave, conforme as circunstâncias e a norma legal aplicável. Esta visão poderá prevalecer tanto em casos de nulidade quanto em casos de anulabilidade, e ainda será possível, tanto em uma hipótese, quanto na outra, fazer o sopesamento da gravidade das consequências, bem como o que seria adequado preservar.

É essencial estabelecer um diálogo entre o pensamento tradicional de Direito Civil e as novas tecnologias visto que o conteúdo normativo não deixa de ser aplicado em situações inéditas, que por outro lado, merecem uma leitura pautada em ideais de adequação e refinamento interpretativo, de modo a que o direito não sirva como um obstáculo apriorístico para o desenvolvimento de novas formas de abordagem da realidade e do mundo. A proteção da pessoa, porém, não pode deixar de ser dimensão primordial do direito privado, e estas mencionadas tecnologias, em relevo a IA generativa, não podem ser usadas em desproveito da autonomia privada e da preservação de interesses existenciais da pessoa humana.

Referências

ABREU FILHO, José. *O Negócio Jurídico e sua Teoria Geral.* 4ª Ed. São Paulo: Saraiva, 1997, p. 36.

AZEVEDO, Antônio Junqueira de. *Negócio Jurídico.* 4ª Ed. São Paulo: Saraiva, 2010, p. 75.

BENETTI, Giovana. *Dolo no Direito Civil: uma Análise da Omissão de Informações*. São Paulo: Quartier Latin, 2019.

BERLINI, Luciana Fernandes. *Do Direito Fundamental à Proteção de Dados Pessoais e a Responsabilidade Civil dos Profissionais Liberais.* publicado em GUIMARÃES, J. e ALVES, R. *Os Direitos Humanos e a Ética da Era da Inteligência Artificial.* São Paulo: Foco, 2023.

BUNAZAR, Maurício. *A Invalidade do Negócio Jurídico.* 3ª ed. São Paulo: Foco, 2023, pp. 269 e ss.

DIAS, Ana Francisca Pinto. *Desafios do Mercado Digital para o Direito de Consumo: Big Data, Profiling e Personalização de Preços com Base em*

Decisões Automatizadas, publicado em GUIMARÃES, J. e ALVES, R. *Os Direitos Humanos e a Ética da Era da Inteligência Artificial.* São Paulo: Foco, 2023.

EFING, A., & PINHO DOS SANTOS, A. (2018). *Análise dos smart contracts à luz do princípio da função social dos contratos no direito brasileiro.* Direito E Desenvolvimento, 9(2), 49-64. https://doi.org/10.25246/direitoedesenvolvimento.v9i2.755.

GOMES, Orlando. *Transformações Gerais no Direito das Obrigações*, São Paulo: RT, 1980.

MACHADO SEGUNDO, Hugo de Brito. *Direito e Inteligência Artificial.* São Paulo: Foco, 2023, p. 4.

MARQUES, Elaine, e SILVA, Victor Hugo Cunha. *Vieses Algorítmicos e Aplicações de Inteligência Artificial: uma Análise dos Projetos de Lei Brasileiros*, em *Inteligência Artificial: Aspectos Jurídicos*, coord. José Marcelo Menezes Vigilar, São Paulo: Almedina, 2023, pp. 6 e ss.

NERY, Rosa Maria de Andrade. *Introdução ao Pensamento Jurídico e a Teoria Geral do Direito Privado.* São Paulo: RT, 2008, p. 239.

PEREIRA, Caio Mário da Silva Pereira. *Instituições de Direito Civil.* 33ª ed. Rio de Janeiro: GEN, 2020.

SOUZA, Eduardo Nunes de. *Teoria Geral das Invalidades do Negócio Jurídico.* São Paulo: Almedina, 2017, p. 294.

TARTUCE, Flávio. *Introdução ao Direito Civil.* 16ª ed. São Paulo: GEN, 2020.

THEODORO JR, e FIGUEIREDO, Helena. *Negócio Jurídico*. São Paulo: Gen, 2020.

ZAMPIER, Bruno. *Estatuto Jurídico da Inteligência Artificial.* São Paulo: Foco, 2022, p. 60.

Da eureka ao algoritmo: a impossibilidade da inteligência artificial ser autora de patente

Lívia Barboza Maia[1]
Gabriel Schulman[2]

Introdução

A inclusão de artigo sobre inteligência artificial nessa obra é uma homenagem à importante participação do Professor Danilo Doneda na Comissão de Juristas responsáveis por subsidiar a elaboração de minuta de substitutivo para instruir a apreciação dos Projetos de Lei nº 5.051, de 2019, 21, de 2020, e 872, de 2021, com objetivo de estabelecer princípios, regras, diretrizes e fundamentos para regular o desenvolvimento e a aplicação da inteligência artificial no Brasil. Talvez por uma homenagem do destino, esse artigo está sendo finalizado no dia dos professores.

> South Africa granted it a patent for a heat-diffusing drink container that was generated by A.I., and most countries, including China, have not yet made a determination. In the United

---

1 Esse texto é uma derivação do capítulo "A impossibilidade de inteligência artificial ser autora de inventos de propriedade industrial sob uma perspectiva civil-constitucional", de autoria de Lívia Barboza Maia e parte da obra *O Direito Civil na Era da Inteligência Artificial*, organizada por TEPEDINO, Gustavo José Mendes & SILVA, Rodrigo da Guia, 1ed.São Paulo: Revista dos Tribunais, 2020, v. 1, pp. 781-800. Doutoranda e Mestre em Direito Civil pela UERJ Especialista em Propriedade Intelectual pela PUC-Rio. Coordenadora do Curso de Extensão em Fashion Law da PUC-Rio. Professora da Mackenzie Rio. Sócia de Denis Borges Barbosa Advogados. livia@dbba.com.br

2 Doutor em Direito Civil pela UERJ, Mestre pela UFPR. Especialista em Direito da Medicina pela Universidade de Coimbra. Professor na Graduação e Mestrado da Universidade Positivo. Sócio de Trajano Neto Advogados. gabriel@schulman.com.br

States, Australia and Taiwan, its claims have been turned down.

O trecho acima, extraído de uma reportagem do The New York Times[3], descreve o estágio atual do Artificial Inventor Project, conduzido por Ryan Abbot, que promoveu uma série de casos teste, *probono*, buscando averiguar em distintas jurisdições a (possibilidade de) proteção de direitos de propriedade intelectual de "inventos" obtidos via inteligência artificial. Importante observar que na África do Sul, diferente do Brasil, não há exame de mérito para a concessão de patentes.

Vive-se hoje a quarta revolução industrial com a indústria 4.0[4] a qual, em uma análise retrospectiva, representa um enorme potencial para modificar as estruturas vigentes na indústria, talvez com a maior transformação já observada. A análise talvez seja alarmista afinal em uma análise retrospectiva parte-se daquilo já se conhece e, portanto, talvez o presente seja banal por já o conhecermos e vivermos. De todo modo, é certo que a indústria 4.0 está se desenvolvendo e operando modificações profundas, bem como, de outro lado, clama-se ao Direito por regramentos e/ou soluções legais.

O presente artigo se debruça sobre o inquietante *novo mundo* da Inteligência Artificial (IA) e a determinação de autoria de criações provenientes dela. A atual legislação de Propriedade Industrial (LPI) foi promulgada nos idos de 1996 e foi elaborada com base nos Resultados da Rodada Uruguai de Negociações Comerciais Multilaterais do GATT datado de 1994 (Decreto nº 1.355 de 30 de dezembro de 1994). Portanto, não é uma lei que tivesse diante de seus olhos o desafio de tratar de criações advindas de Inteligência Artificial. Não se pode deixar de mencionar, ainda, que sob o ponto de vista do tratamento constitucional dos direitos derivados dos inventos a origem pode ser atrelada ao longínquo 1824.

---

3 LOHR, Steve. Can A.I. Invent? *The New York Times.* 15 jul. 2023. Disponível em: <https://www.nytimes.com/2023/07/15/technology/ai-inventor-patents.html>. Acesso em: 03.10.2023.

4 A União Europeia preconiza um passo adiante "it complements the existing 'Industry 4.0' approach by specifically putting research and innovation at the service of the transition to a sustainable, human-centric and resilient European industry". EUROPEAN UNION. *Industry 5.0.* Disponível em: <https://research-and-innovation.ec.europa.eu/research-area/industrial-research-and-innovation/industry-50en>. Acesso em: 3.10.2023.

Importante ressaltar que este texto tem como objetivo a análise de criações que sejam fruto da Inteligência Artificial, e não inventos humanos que utilizem tais tecnologias apenas como suporte/auxílio em seu desenvolvimento. O ponto fulcral está no fato de a IA de forma inesperada às expectativas e/ou comandos do ser humano, que a criou, desenvolver determinada tecnologia que, teoricamente, poderia ser submetida à apreciação do INPI para eventual patenteabilidade. Como explica Doneda:

> Ainda que sistemas de inteligência artificial possam apresentar enormes vantagens de escala ou mesmo precisão em relação a decisões humanas em diversas searas, sua legitimidade não deriva meramente destas métricas – que podem, inclusive, ser ajustadas mediante critérios utilitaristas ou mesmo instrumentalizadas para determinadas finalidades.

Diante da omissão/lacuna legislativa o artigo analisará possíveis tratamentos para a fixação (ou não) de autoria nas criações passíveis, em tese, de proteção por patente, fruto da Inteligência Artificial. Para tanto examina-se do que trata a autoria, segundo as disposições legais e principiológicas da ordenação pátria.

Nesse sentido, necessário se faz verificar alguns dos requisitos para patenteabilidade de modo que se possa estabelecer, afinal, qual seria o papel da pessoa humana nesse processo. E diante da presença do pressuposto técnico da ação humana na criação da patente averiguar-se-á, enfim, sob o ponto de vista da teoria do fato jurídico. Uma célere digressão pelo recorte do ato-fato (da criação) demonstrará que o fruto de Inteligência Artificial esbarrará na constituição do plano da existência.

Indispensável que na sequência seja verificado de qual conteúdo se ocupa o domínio público – e, assim, verificar se a ele pertenceria a criação originada na Inteligência Artificial. Afinal, como é de conhecimento comezinho, não se pode retirar do domínio público o que ali já foi (ou nasceu) inserido. À sociedade serve e pertence o domínio público, é ele patrimônio de todos.

1. Autoria e titularidade de inventos

> "Quando podemos dizer que uma constituição escrita é boa e duradoura? A resposta é clara e parte logicamente de quanto

temos exposto: Quando essa constituição escrita corresponder à constituição real e tiver suas raízes nos fatores do poder que regem o país."[5]

De modo propedêutico, a Organização Mundial da Propriedade Intelectual - OMPI[6] sugere como conceito de patente *"um direito de exclusivo concedido para uma invenção, que se trata de um produto ou um processo que fornece, em geral, uma nova maneira de fazer algo, ou oferece uma nova solução técnica para um problema"*[7]. Segundo o Instituto Nacional da Propriedade Industrial - INPI a patente trata de um *"título de propriedade temporário"*[8] que confere exclusividade; enquanto para Denis Borges Barbosa seu conteúdo tecnológico comporta um *"uma solução técnica para um problema técnico*[9]*"*.

Em se tratando, portanto, de *uma forma de* propriedade há quem a enquadre na forma de propriedade resolúvel[10]. Para tanto, o advento do termo[11] seria o limite cronológico estabelecido na Lei nº 9.279/1996 de vigência da patente, e, após esse prazo, estabelecer-se-á o domínio

5 LASSALE, Ferdinand. *A essência da constituição.* 5ª edição. Rio de Janeiro: Ed. Lumen Juris, 2000, p. 33.

6 "A Organização Mundial da Propriedade Intelectual (OMPI) é uma das 16 agências especializadas da ONU, criada em 1967, com sede em Genebra. A agência se dedica à constante atualização e proposição de padrões internacionais de proteção às criações intelectuais em âmbito mundial. Os exemplos mais marcantes desta atuação são o Tratado de Cooperação em Matéria de Patentes (PCT); o apoio ao Convênio Internacional para a Proteção de Obtenções Vegetais (UPOV); o Protocolo de Madrid, para o registro internacional de marcas; e as negociações relativas à harmonização no campo de patentes e marcas e direito de autor". Disponível em https://nacoesunidas.org/agencia/ompi/,última visualização em 14.04.2020, às 20:30.

7 Disponível em http://www.wipo.int/patents/en/,última visualização em 14.04.2020, às 20:43.

8 Disponível em INPI. *Manual para o depositante* http://www.inpi.gov.br/menu-servicos/patente/arquivos/manual-para-o-depositante-depatentes.pdf, última visualização em 14.11.2016 às 19:26.

9 BARBOSA, Denis Borges. *Uma introdução à propriedade intelectual.* 2ª ed. e atual. Rio de Janeiro: Lumen Juris, 2010, p. 297. Disponível em https://www.dbba.com.br/wp-content/uploads/introducao_pi.pdf, última visualização em 23.05.2020, às 20:03.

10 BARBOSA, Pedro Marcos Nunes. *Direito Civil da Propriedade Intelectual.* 3ª Edição, Rio de Janeiro: Lumen Juris, 2016, p. 58.

11 MEDINA, José Miguel Garcia e ARAÚJO, Fábio Caldas. *Código Civil comentado.* São Paulo: Editora Revista dos Tribunais, 2014, p. 846.

público[12] no qual toda a sociedade poderá gozar da tecnológica livre de *prévias autorizações* ou do pagamento de *royalties*.

Vige no Brasil o sistema patentário que considera como propriedade dois tipos distintos de criação, quais sejam, o modelo de utilidade e a patente de invenção. O modelo de utilidade deve ser de uso prático[13], suscetível de aplicação industrial, com apresentação de nova forma[14] ou disposição, que envolva ato inventivo[15] e, ainda, deve resultar em melhoria funcional no uso ou na fabricação. Já a patente de invenção trata de bem incorpóreo suscetível de aplicação industrial e criado através de atividade inventiva humana, pertencente ao campo da técnica, não podendo ser anteriormente conhecido. A proteção não trata da forma em si, mas do efeito técnico-funcional que pode ser capaz de produzir.

Delimitado que o presente artigo tratará de autoria e titularidade nas patentes, sejam elas de invenção ou de modelo de utilidade, passa-se a adentrar no tema. A titularidade pode ser exercida por pessoa física, jurídica ou por órgãos, enquanto a autoria – como se passará a ver – está

12 "Por tudo isso, parece-nos que a melhor qualificação para as obras em domínio público é mesmo 'bens de uso comum do povo', ainda que sujeita a certas particularidades, que não são suficientes, entretanto, para descaracterizá-la". BRANCO, Sergio. *O domínio público no direito autoral brasileiro: uma obra em domínio público.* Rio de Janeiro: Editora Lumen Juris, 2011, p. 162.

13 "O modelo de utilidade, por sua vez, seria o equivalente à "pequena-invenção", ou seja, o aperfeiçoamento da invenção anteriormente registrada". Tribunal de Justiça do Estado do Ceará, 2ª Câmara Cível, Des. Gisela Costa, AC 439-56.2002.8.06.0112/1, Protocolo 16.12.2005.

14 "[...] o objeto da reivindicação da patente de modelo de utilidade ficou restrito apenas ao sistema de regulagem gradual de vazão em registros de gás, o qual já havia sido antecipado em uma patente de invenção, inexiste fundamento para o deferimento do privilégio com base nas alegadas melhorias funcionais decorrentes da melhor vedação do registro e do caráter mais célere e menos oneroso do processo de fabricação, as quais não foram reivindicadas expressamente". TRF-2, 2ª Turma Especializada, Des. André Fontes, AC 2003.51.01.512899-3, DJ 09.12.2010.

15 "No caso da análise de um objeto funcional, com o objetivo de que este ou parte deste seja considerado MODELO DE UTILIDADE, o referido objeto terá de possuir o requisito de ato inventivo, ou seja, atividade inventiva em menor grau de consistência". TRF2, 1ª Turma Especializada, JC. Aluísio Mendes, AC 1999.51.01.526157-0, DJ 30.09.2008.

restrita às pessoas físicas[16] já que o invento é *criação de seu espírito*[17]. O titular da patente é o agente que possui os direitos patrimoniais.

Autor é o agente criativo, o ser humano responsável pela criação por meio de seu *trabalho intelectual*[18]. Acaso autor e titular sejam agentes diferentes, a autoria - direito existencial[19] de maternidade/paternidade - da patente deve ser assegurada indiscutivelmente ao autor.

Conforme acima mencionado, os direitos patrimoniais estão atrelados ao titular e, para tanto, ao autor é dado o direito de realizar cessões ou licenças voluntárias. Mas jamais de seu direito existencial de maternidade/paternidade - este como um direito de personalidade[20] é inalienável e tido como extrapatrimonial (um direito que não trata de valor pecuniário, em que pese eventual violação poderá acarretar compensação monetária).

Em suas lições, o ilustre Pontes de Miranda[21] vislumbra três direitos. Para ele seriam: direito autoral de personalidade, direito de nomina-

16 ABRANTES, Antonio Carlos Souza de. *Introdução ao sistema de patentes: aspectos técnicos, institucionais e econômicos.* Rio de Janeiro: Lumen Juris, 2011, p. 103.

17 CERQUEIRA, João da Gama. *Tratado da Propriedade Industrial: dos privilégios de invenção, dos modelos de utilidade e dos desenhos e modelos industriais.* Vol. II. Tomo I. Atualizado por Newton Silveira e Denis Borges Barbosa. 2ª tiragem. Rio de Janeiro: Lumen Juris, 2012, p. 3.

18 CERQUEIRA, João da Gama. *Tratado da Propriedade Industrial: dos privilégios de invenção, dos modelos de utilidade e dos desenhos e modelos industriais.* Vol. II. Tomo I. Atualizado por Newton Silveira e Denis Borges Barbosa. 2ª tiragem. Rio de Janeiro: Lumen Juris, 2012, p. 3.

19 "A definição do dano moral como lesão a atributo da personalidade tem a extrema vantagem de se concentrar sobre o objeto atingido (o interesse do lesado), e não sobre as consequências emocionais, subjetivas e eventuais da lesão". SCHREIBER, Anderson. *Novos paradigmas da responsabilidade civil.* 3ª Ed. São Paulo: Atlas, 2011. p. 106.

20 "A personalidade, portanto, não é um direito, mas sim, um valor (o valor fundamental do ordenamento) e está na base de uma série aberta de situações existenciais, nas quais se traduz a sua incessantemente existência mutável de tutela. Tais situações subjetivas não assumem necessariamente a forma do direito subjetivo e não devem fazer com que se perca de vista a unidade do valo envolvido". PERLINGIERI, Pietro. *O direito civil na legalidade constitucional.* Tradução: Maria Cristina De Cicco. Rio de Janeiro: Renovar, 2008, pp. 764 a 765.

21 MIRANDA, Francisco Cavalcanti Pontes de. *Tratado de direito privado. Parte especial. Tomo XVI. Direito das coisas: propriedade imobiliária (bens incorpóreos). Propriedade intelectual. Propriedade industrial.* 4ª ed. São Paulo: Ed. Revista dos Tribunais, 1983, pp. 250-254.

ção e direito de exploração. No presente artigo, os dois primeiros direitos são englobados no chamado direito existencial, eis que além do direito personalíssimo de autoria há também o direito de ser nomeado, e o terceiro direito corresponde à esfera do direito patrimonial. Portanto, a compreensão aqui proposta caminha no mesmo sentido da doutrina clássica.

A construção apresentada neste item apenas reforça que o sistema de proteção da atividade inventiva foi calcado exatamente como constitucionalmente previsto. Veja-se que no artigo 5º, XXIX, da Carta Magna assegura aos autores o privilégio temporário. Considerando a Constitucional Federal[22] a Lei de Propriedade Industrial, em seu artigo 6º, assim repetiu a previsão ao conferir ao autor o direito de pedir patente.

E aqui não se está interpretando a simples redação da lei "ao autor", mas a localização de inserção da previsão na Carta Magna. A previsão está voltada ao prestígio do ser humano, visto que inserida nos direitos e garantias fundamentais – artigo no qual prevê a propriedade atribuída a ele.

Aliás, o histórico constitucional[23] de previsão expressa sobre *os privilégios de invenção* não foi uma inovação da Carta Magna de 1988, sendo textualmente prescrita desde a Constituição Política do Império do *Brazil* de 1824[24], artigo 179, XXVI[25]. Já naquela oportunidade tratou-se da patente enquanto propriedade com privilégio exclusivo temporário.

---

22 "A ordem jurídica não é um sistema de normas jurídicas ordenadas no mesmo plano, situadas umas ao lado das outras, mas é uma construção escalonada de diferentes camadas ou níveis de normas jurídicas". KELSEN, Hans. *Teoria Pura do Direito.* 6ª ed. [Tradução João Baptista Machado]. São Paulo: Martins Fontes, 1999, p. 155.

23 "Constituições, como é trivialmente sabido, não nos faltaram. Antes pelo contrário, nesta matéria temos pecado mais pelo excesso do que pela escassez". BARROSO, Luis Roberto. *O direito constitucional e a efetividade de suas normas.* 9ª ed. Rio de Janeiro: Renovar, 2009, p. 07.

24 Disponível em http://www.planalto.gov.br/ccivil_03/constituicao/constituicao24.htm, última visualização em 17.12.2017, às 15:41.

25 Brasil. Constituição Política do Império do Brazil, de 25 de março de 1824. Artigo 179. A inviolabilidade dos Direitos Civis, e Político dos Cidadãos Brazileiros, que tem por base a liberdade, a segurança individual, e a propriedade é garantida pela Constituição do Império, pela maneira seguinte. XXVI. Os inventores terão a propriedade das suas descobertas, ou das suas producções. A Lei lhes assegurará um privilégio exclusivo temporaio, ou lhes remunerará um ressarcimento da perda, que hajam de soffrer pela vulgarisação". Disponível em http://www.planalto.gov.br/ccivil_03/constituicao/constituicao24.htm, última visualização em 17.12.2017, às 15:41.

O que se pode considerar inovação da atual Constituição foi a localização da disposição legal. A atual Carta trouxe a proteção, disposta no Título II, Capítulo I, no rol dos direitos e garantias fundamentais, especificamente nos direitos e deveres individuais e coletivos.

A caracterização da patente enquanto direito fundamental sofre críticas da doutrina constitucionalista por entender que seu conteúdo não apresenta tal natureza[26] e que caberia sua previsão junto às regras e princípios da ordem econômica, na lição de José Afonso da Silva. Também Manoel Gonçalves Ferreira Filho[27] tratou do assunto, ainda que a crítica tenha sido feita às marcas aproveita-se o tratamento às patentes, de que já se prevê do rol dos direitos fundamentais a propriedade. Deste modo, poderia inclusive haver uma redundância no tratamento.

De outro lado, Denis Borges Barbosa[28] chega a cogitar que poderia haver alguma razão para o tratamento constitucional enquanto direito fundamental no caso da faceta de direito existencial relativo à propriedade industrial (o mesmo comentário o autor teceu em referência aos direitos autorias). As facetas extrapatrimoniais são vinculadas, somente, ao inventor/criador/autor, que não, necessariamente, se confunde com o titular, e trata, segundo Ascarelli, de um direito de personalidade[29], ou na acepção de Perlingieri, um valor personalíssimo.

Na prática trata-se do direito de maternidade/paternidade de o inventor ser nomeado como tal, mesmo nas hipóteses em que tenha licenciado[30] ou cedido[31] seus direitos patrimoniais sobre o invento. O que

26 SILVA, José Afonso da. *Curso de direito constitucional positivo.* 9ª ed. São Paulo: Malheiros Editores, 1992, p. 250.

27 FERREIRA FILHO, Manoel Gonçalves. *Curso de direito constitucional.* 38ª ed. São Paulo: Saraiva, 2012, p. 1381.

28 BARBOSA, Denis Borges. *Introdução à Propriedade Intelectual.* Rio de Janeiro: Lumen Juris, 2003, p. 92.

29 ASCARELLI, Tullio. *Teoria dela concorrenza e dei Beni immateriali: istituzioni di diritto industriale.* 3ª ed. Milão: A. Giuffrè Editore, 1960, p. 665.

30 "[...] cumpre observar que, na cessão, total ou parcial, há sempre transmissão da propriedade de patente, o que caracteriza este contrato, distinguindo-o do contrato de licença". CERQUEIRA, João da Gama. *Tratado da Propriedade Industrial: dos privilégios de invenção, dos modelos de utilidade e dos desenhos e modelos industriais.* Vol. II. Tomo I. Atualizado por Newton Silveira e Denis Borges Barbosa. 2ª tiragem. Rio de Janeiro: Lumen Juris, 2012, p. 162.

31 "A cessão, entretanto, é o modo usual da transferência dos privilégios de invenção". CERQUEIRA, João da Gama. *Tratado da Propriedade Industrial: dos privilégios de in-*

importa dizer que mesmo no caso de invento realizado por empregado ou prestador de serviço, em que pese os criadores não titularizem os direitos patrimoniais[32], eles terão resguardado o direito 'moral' de nomeação e, destarte, deverão constar como inventores.

A proteção do direito de maternidade/paternidade[33], como um direito existencial do inventor, é matéria que pode ter tratamento na forma da repersonalização[34] do sistema jurídico. Nesse novo modelo o *ser* passa a ocupar o centro dos interesses legitimamente resguardados. E, desse modo, restaurando-se a ideologia iluminista[35] acerca da primazia da pessoa[36]. Aliás, esse movimento faz com que importe menos ao Direito o *status* jurídico da pessoa – ou seja, sua posição ou não de titular e proprietário – e mais a tutela de sua dignidade, seus valores personalíssimos. Desta forma é que se concebe a proteção do *criador* da tecnologia independente dos diretos patrimoniais advindos da concessão de uma patente.

---

venção, dos modelos de utilidade e dos desenhos e modelos industriais. Vol. II. Tomo I. Atualizado por Newton Silveira e Denis Borges Barbosa. 2ª tiragem. Rio de Janeiro: Lumen Juris, 2012, p. 161.

32 Brasil. Lei 9.279/1996. Artigo 88. "A invenção e o modelo de utilidade pertencem exclusivamente ao empregador quando decorrerem de contrato de trabalho cuja execução ocorra no Brasil e que tenha por objeto a pesquisa ou a atividade inventiva, ou resulte esta da natureza dos serviços para os quais foi o empregado contratado".

33 "Por se tratar de direito de personalidade, o direito ao nome de que goza o autor continuará protegido nos termos do art. 12, parágrafo único do CCB mesmo depois de a obra a que se refere ter entrado em domínio público. E ainda que não haja qualquer sucessor para proteger o direito ao nome do autor, este direito deve ser defendido pelo Estado". BRANCO, Sergio. *O domínio público no direito autoral brasileiro: uma obra em domínio público.* Rio de Janeiro: Editora Lumen Juris, 2011, p. 190.

34 FACHIN, Luiz Edson. *Teoria crítica do direito civil.* 3ª ed. Rio de Janeiro: Renovar, 2012, p. 237.

35 "Talvez nós juristas não tenhamos plena consciência disso, mas ainda somos, em boa medida, os herdeiros e as vítimas da grande redução iluminista. Iluminismo significa ampliação da capacidade humana de conceber e de reduzir a complexidade do mundo". GROSSI, Paolo. *Mitologias Jurídicas da Modernidade.* Florianópolis: Fundação Boiteux, 2007, p. 63.

36 CHINELLATO, Silmara J. de A. *A denominada personalidade eletrônica. Inteligência artificial e direito de autor. Autoria na obra musical.* In Inteligência Artificial: visões interdisciplinares e internacionais, coordenada por CHINELLATO, Silmara J. de A. e organizado por TOMASEVICIUS FILHO, Eduardo. São Paulo: Almedina, 2023, p. 43, pp. 21-57.

2. A ação humana como pressuposto técnico da patente

"Pois todo o restante não é vida, mas tempo."[37]

Como demonstrado na seção anterior, a autoria[38] do direito de patente está intrinsecamente ligada à pessoa humana, seja porque a Carta Magna elenca o direito no rol dos direitos fundamentais; seja porque a invenção protegida pelo Estado é aquela criada pelo espírito humano. É o labor da pesquisadora, do "professor pardal", do autodidata ou de qualquer outro ser humano que tenha, por meio de intervenção na natureza, chegado a uma solução técnica para um problema técnico.

Nesta seção ver-se-á, ainda, que também os pressupostos e requisitos técnicos para a proteção de patente estão diretamente atrelados à ação humana.

De outro lado, a criação fruto de Inteligência Artificial surge de forma autônoma e inesperada em relação ao humano que *deu vida* àquele sistema. Diante dessa informação a primeira hipótese que já pode ser afastada seria a possível autoria e ou titularidade desse ser humano criador do sistema[39] de Inteligência Artificial sobre a criação fruto da própria IA[40]. Isso porque a criação não foi originada de ação ou de ato

37 SÊNECA. *Sobre a brevidade da vida.* Tradução, introdução e notas de William Li. São Paulo: Nova Alexandria, 1993, p. 27.

38 "Inventor é a pessoa que desenvolveu a invenção e/ou participou de forma significativa na sua execução e desenvolvimento. O inventor é o mentor intelectual da invenção [...]". ABRANTES, Antonio Carlos Souza de. *Introdução ao sistema de patentes: aspectos técnicos, institucionais e econômicos.* Rio de Janeiro: Lumen Juris, 2011, p. 103.

39 "Por sua vez, o sujeito de direito humano que meramente operacionalize a tecnologia de IA, sem ter o controle sobre as formas expressivas ou sem realizar uma transformação criativa sobre o insumo produzido, aproximar-se-á da *fattispecie* de orientador, mas não poderá ser concebido como autor." BARBOSA, Pedro Marcos Nunes. *Autoria de bens intelectuais e as criações de inteligência artificial.* In *O Direito Civil na Era da Inteligência Artificial*, organizada por TEPEDINO, Gustavo José Mendes & SILVA, Rodrigo da Guia, 1ed.São Paulo: Revista dos Tribunais, 2020, v. 1, p. 763-780, p. 778.

40 Em sentido contrário já afirmou, concordando com a titularidade pelo 'dono' da máquina: ABBOTT, Ryan Benjamin. *Everything is Obvious.* 66 UCLA L. Rev. 2 (2018), p. 4. Disponível em SSRN: https://papers.ssrn.com/sol3/papers.cfm?abstract_id=3056915. Acesso em 26.05.2020.

desse ser humano, mas do aprendizado da máquina, que foi adquirido através de informações e dados inseridos.

2.1. A ação humana de 'inventar' como um ato-fato

Segundo aponta a lei de propriedade industrial para que um invento possa assim ser tido deve ele preencher alguns requisitos, entre aqueles denominados técnicos a lei enumera: novidade, atividade inventiva/ ato inventivo e aplicabilidade industrial.

Entre os mencionados requisitos técnicos da patente de invenção, destaca-se para efeitos de essencialidade do ser humano a atividade inventiva (elencada no artigo 8º e conceituado no artigo 13, ambos da LPI). A exegese legal já revela a obrigatória interligação quando informa que o parâmetro de análise é o "técnico no assunto". Seria ele nada mais, nada menos, que o *famoso* "homem médio" do Código Civil, mas aqui a "pessoa média" é aquela especializado no tema objeto do pedido de patente. O que significa dizer que o critério passa por auferir a não-obviedade da invenção através de conhecimentos médios que o técnico – ser humano – no assunto necessariamente deve ter (o *phosita*).

Analogamente, ao examinar a revisão de decisões automatizadas, Doneda e Wimmer sinalizam ser preciso "definir que tipo de intervenção humana seria qualitativamente apta a suprir o "déficit de humanidade".[41] Em síntese, a tecnologia não subtrai o papel da pessoa, e deve servir como instrumento em favor do desenvolvimento e promoção de direitos humanos e fundamentais.

Na prática, tanto no procedimento administrativo junto à Autarquia Federal responsável pelo procedimento de análise, quanto no processo judicial, a aferição da atividade inventiva é possível que a análise possa ser feita através do somatório[42] de documentos/conhecimentos já existentes. Em que pese a lei brasileira não explicite a quantidade de documentos que podem ser conjugados para definir a obviedade, não parece razoável que a conjugação de centenas de documentos, por exemplo, possa ser aceita. Afinal, se foi necessária a conjugação de tantos docu-

---

41 WIMMER, Miriam; DONEDA, Danilo. "Falhas de IA" e a Intervenção Humana em Decisões Automatizadas: Parâmetros para a Legitimação pela Humanização. *Revista Direito Público*. Brasília, V. 18, n. 100, p. 374-406, out./dez. 2021.

42 E, portanto, diferente da "regra de um só documento" utilizada na aferição do requisito da novidade.

mentos não parece que a tecnologia em análise possa ser assim dita como *óbvia*.

A conclusão é fruto do conhecimento que se tem da capacidade cognitiva média de um ser humano. Desse ponto inicial já é possível o questionamento se haveria de se comparar a capacidade média cognitiva de um ser humano com a capacidade média produtiva de uma máquina. Talvez, não mais restaria chances ao ser humano se se enveredasse em um recorte concorrencial entre ele e a IA. Frente ao avanço tecnológico da Inteligência Artificial talvez não seja o ser humano capaz de criar algo que não seria óbvio a essa *nova* máquina. Vale recordar a reflexão de Doneda e outros[43]:

> quanto mais complexas são as soluções apresentadas pelas máquinas para os dilemas com as quais são confrontadas, é se de se esperar que o Direito avance também para buscar compreender o que são robôs inteligentes e como o ordenamento jurídico deve reagir à sua progressiva inserção na sociedade.

No caso da patente de modelo de utilidade o requisito equivalente à atividade inventiva seria o ato inventivo (elencado no artigo 9º e conceituado no artigo 14, ambos da LPI), que nada mais é do que um passo inventivo dotado de um grau de inventividade menor do que aquele exigido na patente de invenção.[44]

Após a breve passagem pela atividade inventiva/ato inventivo, elementos essenciais à uma patente e que estão intrinsecamente calcados no ser humano verifica-se que não sem razão o saudoso Professor Denis Borges Barbosa[45] alertou que a "ação humana" também seria pressuposto técnico de patenteabilidade. A "ação humana" seria aquela interven-

43 DONEDA, Danilo Cesar Maganhoto et al. Considerações iniciais sobre inteligência artificial, ética e autonomia pessoal. *Pensar Revista de Ciências Jurídicas*. Fortaleza, v. 23, nº 4, p. 1-17, out/dez., 2018. Disponível aqui. Acesso em: 03.10.2023.

44 "A patente anulanda não preenche o requisito do ato inventivo exigido no artigo 14 da Lei 1 nº 9.279/1996, pois a característica principal reivindicada pela sociedade ré decorre de maneira comum para um técnico no assunto, não havendo que cogitar qualquer melhoria funcional dotada do grau de inventividade exigido para o seu registro como modelo de utilidade". TRF2, 2ª Turma Especializada, AC 0138067-19.2013.4.02.5101, Des. Marcello Granado, DJ27.03.2017.

45 BARBOSA, Denis Borges. *Tratado da Propriedade Intelectual: Tomo II. Patentes.* 2ª ed. Rio de Janeiro: Lumen Juris, 2017, pp. 1153-1155.

ção na natureza através da qual o invento seria gerado. Seria quando a pessoa humana saí da inércia ao pesquisar, inovar, inventar e, assim, modificar o paradigma de sua área técnica. Ou seja, é essencial que haja um 'ato humano'.

Em que pese a lei brasileira não mencione a "ação humana" percebe-se que ela também foi levada em consideração se, por exemplo, voltar-se a análise à proibição do artigo 10, inciso I, da LPI. Neste artigo está elencado aquilo que a legislação nacional não considera invento, um filtro técnico. No inciso I, especificamente mencionado, não se tem como invento a descoberta.

As descobertas não podem ser objeto de invento, pois nelas não há uma ação humana, mas uma mera observação. A doutrina clássica de Waldemar Ferreira[46] ensina que a invenção está relacionada à uma ação por via de trabalho orientado e com determinado fim a alcançar. Enquanto, de outro lado, a descoberta[47] não seria mais que uma revelação a qual se chega de forma quase inesperada.

Conforme já aqui conceituado, autor é o agente criativo que através de sua ação humana (ato humano) de intervenção na natureza chega à uma invenção. Ao pesquisar, desenvolver, testar e, enfim, chegar a uma criação[48] não pretendeu ou perseguiu o autor volitivamente o direito do inventor de assim ser nomeado[49]. Esse direito, que tem o invento como objeto, é a consequência física do ato derivado da intervenção da ação humana na natureza ao criar.

46 FERREIRA, Waldemar. *Tratado de Direito Comercial. Sexto Volume: o estatuto do estabelecimento e a emprêsa mercantil.* São Paulo: Edição Saraiva, 1962, p. 447.

47 MIRANDA, Francisco Cavalcanti Pontes de. *Tratado de direito privado. Parte especial. Tomo XVI. Direito das coisas: propriedade imobiliária (bens incorpóreos). Propriedade intelectual. Propriedade industrial.* 4ª ed. São Paulo: Ed. Revista dos Tribunais, 1983, p. 269, 272, 283.

48 "Do fato da criação origina-se o direito do inventor, direito que se funda na lei natural e tem por objeto a própria invenção realizada". CERQUEIRA, João da Gama. *Tratado da Propriedade Industrial: dos privilégios de invenção, dos modelos de utilidade e dos desenhos e modelos industriais.* Vol. II. Tomo I. Atualizado por Newton Silveira e Denis Borges Barbosa. 2ª tiragem. Rio de Janeiro: Lumen Juris, 2012, p. 3.

49 "Em todas essas situações, como em tantas outras de que são exemplos a especificação, a tomada de posse, a invenção, a descoberta do tesouro, a comistão, há uma consequência física indiferente à circunstância de que alguém a tenha *querido*". MELLO, Marcos Bernardes. *Teoria do fato jurídico: plano da existência.* 18ª edição. São Paulo: Saraiva, 2012, p. 77.

Portanto, nessa primeira fase do direito de propriedade intelectual[50] – que é a da criação – estar-se diante de um ato-fato. A criação, como uma ação humana de intervenção na natureza, é um fato do ser humano, mas no qual é indiferente[51] a sua vontade da consequência jurídica que será a autoria. Aqui de ausência de elemento volitivo, mas de apenas tê-la como irrelevante para configurar a autoria. E, por isso, é irrelevante, por exemplo, a avaliação de capacidade civil para que um agente possa ser o autor de um invento.

A classificação como ato-fato real[52], ou seja, a entrada no mundo jurídico do ato de criar, é tida para Pontes de Miranda[53] dessa forma para todos os direitos de propriedade intelectual. A partir desse ato-fato, a criação, irradiam-se os direitos existenciais e patrimoniais. A irradiação 'automática' a partir do ato-fato dos três direitos de Pontes de Miranda somente reforça o aqui defendido de que há de ser uma pessoa humana o autor. Afinal, sempre irradiará desse ato-fato o direito de autoral de personalidade e o direito de ser nomeado.

Entretanto, no caso de uma criação fruto de Inteligência Artificial não há esse 'fato do homem'[54] para que assim possamos classificá-lo. Não há um ato humano propriamente naquela criação. Pois não se pode confundir o ato humano que criou a máquina com a ação derivada da própria máquina que por si (através de dados e informações que nela foram inseridos) possa vir a criar[55].

---

50 Nesse sentido em doutrina mais recente: BARBOSA, Pedro Marcos Nunes. *A vedação da sobreposição de direitos de propriedade intelectual na ordenação brasileira.* Revista ABPI, nº 162, St./Out., 2019, p. 65. Disponível em: https://www.dbba.com.br/wp-content/uploads/05-a1058-pedro-marcos-nunes-barbosa.pdf, acesso em 23.05.2020.

51 TEPEDINO, Gustavo. *Esboço de uma classificação funcional dos atos jurídicos.* Revista Brasileira de Direito Civil – RBDCivil Vol. 2. Jul./Set. 2014, p. 22.

52 MIRANDA, Francisco Cavalcanti Pontes de. *Tratado de direito privado. Parte geral. Tomo II. Bens. Fatos jurídicos.* Atualizado por Vilson Rodrigues Alves. 2ª ed. Campinas: Bookseller Editora e Distribuidora, 2000, pp. 422/430-431.

53 MIRANDA, Francisco Cavalcanti Pontes de. *Tratado de direito privado. Parte especial. Tomo XVI. Direito das coisas: propriedade imobiliária (bens incorpóreos). Propriedade intelectual. Propriedade industrial.* 4ª ed. São Paulo: Ed. Revista dos Tribunais, 1983, pp. 269-270.

54 MIRANDA, Francisco Cavalcanti Pontes de. *Tratado de direito privado. Parte geral. Tomo II. Bens. Fatos jurídicos.* Atualizado por Vilson Rodrigues Alves. 2ª ed. Campinas: Bookseller Editora e Distribuidora, 2000, p. 422.

55 Analogamente, no caso Thaler v. Perlmutter, Case No. 1:22-cv-01564, (D.D.C. 2022), a Corte do Distrito de Columbia (United States District Court for the District of Columbia), afirmou que "artwork generated autonomously by artificial intelligence (AI) alone is not entitled to protection under the Copyright Act".

2.2. Criação fruto de Inteligência Artificial e o Plano da Existência

Segundo o Ministério da Indústria, Comércio e Serviços do Brasil, a inteligência artificial seria o "*segmento da computação que busca simular a capacidade humana de raciocinar, tomar decisões, resolver problemas, dotando software e robôs de uma capacidade de automatizarem vários processos.*"[56]

Conforme antecipado na introdução a criação que é o objeto desse estudo é aquela proveniente da Inteligência Artificial. É a criação que tem sua origem em efeitos surpreendentes e, portanto, não previsíveis desse tipo tecnológico sem que a ação humana tenha controle ou mesmo requerido aquela conclusão do sistema. Da própria definição adotada no início desse artigo verifica-se que é premissa desse tipo tecnológico que ele seja dotado de *capacidade técnica* para tomar decisões e resolver problemas. Dessa forma, esse tipo tecnológico não espera um comando humano para tais finalidades.

Basicamente, pode-se entender que tais sistema estão fincados na ideia de autonomia **técnica**. Por meio do *machine learning* tais máquinas precisam apenas de serem *abastecidas* de dados e a partir daí elas, de forma autônoma, poderão criar, modificar regras de tomadas de decisão[57] e selecionar conteúdo. O somatório de autonomia com a imprevisibilidade desses sistemas impediria, portanto, qualquer interpretação que resultasse em atuação determinante do ser humano. Afastando, dessa forma, qualquer interligação do ato humano criador da máquina com a criação realizada pela *criatura*.

O ser humano atuou na criação do sistema. E nesse ponto não se questiona – se apresentados os requisitos legais, obviamente, – que possa haver patente sobre a criação do sistema. Aliás, se tratar-se de criação de software também não se afasta a proteção de Direito Autoral ou, ain-

56 Disponível em: http://www.industria40.gov.br/, última visualização em 14.04.2020, às 20:17.

57 WIMMER, Miriam; DONEDA, Danilo. "Falhas de IA" e a Intervenção Humana em Decisões Automatizadas: Parâmetros para a Legitimação pela Humanização. *Revista Direito Público*. Brasília, V. 18, nº 100, pp. 374-406, out./dez. 2021. MULHOLLAND, Caitlin. *Responsabilidade civil e processos decisórios autônomos em sistemas de inteligência artificial (IA): autonomia, imputabilidade e responsabilidade.* In *Inteligência artificial e Direito: ética, regulação e responsabilidade*. Coordenadoras: Ana Frazão e Caitlin Mulholland. São Paulo: Thomson Reuters Brasil, 2019, p. 326-348, pp. 328-330.

da, se o ponto de vista for o estético, esse criador humano de IA também poderia estar sujeito a um depósito de Desenho Industrial. Mas uma vez que esse sistema decidiu, imprevisivelmente, criar algo não mais há como sustentar um elo possível entre ação humana de criação do sistema e a criação fruto desse sistema.

Como se viu, o ato-fato de criação do invento **é incindível** da intervenção humana na natureza. Mas a classificação se o invento será patente de invenção ou uma patente de modelo de utilidade (ou ainda se não haverá patente por ausência de algum outro requisito legal) – ou seja, sua incidência jurídica – se dará exclusivamente pela determinação legal.

Essa incidência da fonte normativa e, portanto, a classificação do direito de propriedade intelectual, trata do ingresso do suporte fático – do ato humano da criação – no plano da existência[58]. Entretanto, uma criação fruto de autonomia imprevisível de um sistema não preenche o suporte fático necessário.

Portanto, se autoria não há, também não há que se falar de titularidade do direito de exclusiva. Por uma questão lógica-jurídica, se a Inteligência Artificial é sistema não dotado de personalidade não há condições para elaboração de negócio jurídico de licença voluntária ou cessão da titularidade.

Essa mesma linha de raciocínio espanta a tentativa de analogia com o autor empregado, para além do fato de um robô não ter personalidade e, portanto, não ser empregado. A lei prevê expressamente sobre titularidade de inventos fruto da relação trabalhista, artigos 88 a 93 da LPI. Mas naquela situação há autoria, a do empregado. O que a lei faz é apenas dispor sobre a titularidade.

A ausência da ação humana, pressuposto técnico de um invento, faz com que inexista[59] o ato jurídico *lato sensu* sobre o qual incidirá a fonte normativa jurídica. Isso porque faltará o preenchimento do plano da existência. Essa criação não existirá no mundo jurídico para poder ser

58 "Quando acontece, no mundo real, aquilo que estava previsto na norma, esta cai sobre o fato, qualificando-o como jurídico; tem ele, então, existência jurídica". AZEVEDO, Antônio Junqueira de. *Negócio Jurídico. Existência, Validade e Eficácia.* 4ª ed. São Paulo: Editora Saraiva, p. 23, 2002.

59 MIRANDA, Francisco Cavalcanti Pontes de. *Tratado de direito privado. Parte geral. Tomo I. Introdução. Pessoas físicas e jurídicas.* 4ª ed. São Paulo: Ed. Revista dos Tribunais, 1983, pp. 99-100.

submetida ao INPI enquanto apreensão na forma de um invento. A conclusão se torna simples: está se falar de domínio público[60].

3. Seria o domínio público o caminho?

> "To use a metaphor, intellectual property rights constitute islands of exclusivity in an ocean of liberty"[61]

Diante da abordagem proposta no sentido de que autoria somente pode pertencer à pessoa humana, a conclusão a que se chega é que eventuais criações fruto de sistemas de Inteligência Artificial não poderiam ser protegidas via patente no Brasil.

Abordou-se acima que após o prazo de vigência de uma patente haverá o domínio público. No que se refere à vigência temporal, necessário consignar o entendimento de Pontes de Miranda[62] de que não é a propriedade industrial que é temporária, mas tão somente o direito do titular de exclusividade. Segundo o doutrinador, não se trata de o direito de propriedade expirar em sua duração, pois *o direito não cessa,* mas tão somente o titular perde a exclusividade que transmudará à sociedade como um todo.

60 "Constitui domínio público as matérias que não estão sob proteção de uma patente em vigor no Brasil". ABRANTES, Antonio Carlos Souza de. *Introdução ao sistema de patentes: aspectos técnicos, institucionais e econômicos.* Rio de Janeiro: Lumen Juris, 2011, p. 25. Outra questão interessante é a possibilidade de violação de propriedade intelectual pela AI: Como aponta estudo do Fórum Econômico Mundial: "the present liability laws do not account for situations where patent infringement is committed independently by an AI". WORLD ECONOMIC FORUM. *Artificial Intelligence Collides with Patent Law.* White Paper Center for the Fourth Industrial Revolution, April 2018, p. 14. No mesmo sentido, a leitura segundo a qual "Training data and model outputs can generate significant IP risks, including infringing on copyrighted, trademarked, patented, or otherwise legally protected materials". MCKINSEY. *The economic potential of generative AI.* The next productivity frontier. Jun, 2023, p. 49 .

61 GEIGER, Christophe. *Trademarks and Freedom of Expression – The Proportionality of Criticism.* In *International Review of Intellectual Property and Competition Law,* vol. 38, nº3, 2007, pp. 317-327.

62 MIRANDA, Francisco Cavalcanti Pontes de. *Tratado de direito privado. Parte especial. Tomo XVI. Direito das coisas: propriedade imobiliária (bens incorpóreos). Propriedade intelectual. Propriedade industrial.* São Paulo: Editora Revista dos Tribunais, 1983, p. 333.

No entanto, não é somente a hipótese de decurso de tempo que delimita o domínio público. O domínio público também poderá se dar, por exemplo: i) quando uma tecnologia é patenteada em outro país e não no Brasil; ii) para tudo aquilo que a lei de propriedade industrial excluiu[63] de proteção patentária; iii) para tecnologia cujo pedido de patente não foi requerido ou não o foi a tempo de preencher o requisito da novidade etc.

À lista acima enumerada o presente artigo acrescenta mais uma hipótese: as criações fruto de sistemas de Inteligência Artificial também compõem a lista de tecnologias em domínio público.

3.1. O Domínio Público é a regra e a proteção a exceção

O domínio público não deve ser visto como um espaço composto por bens/tecnologias sobre os quais ninguém titulariza, ao contrário, constitui um espaço comum[64] da sociedade. Não se pode perder de vista a funcionalização da patente, que segundo a Constituição da República deve atender ao interesse social e o desenvolvimento tecnológico e econômico do País.

Ao ceder ao discurso catastrófico[65] de que a negativa de patente às criações fruto de sistema de Inteligência Artificial poderia desacelerar a inovação esquece-se de que, ao menos no Brasil, o interesse social não é menor que o desenvolvimento tecnológico. Não é dado ao intérprete se furtar da premissa de que os interesses devem estar em constante

---

63 Brasil, Lei nº 9.279/1996. Artigo 18.

64 "Ma uma riflessione su Internet, attraverso il progressivo e generalizzato riconoscimento del diritto fondamentale all'accesso, mostra come attraverso l'estensione di questo diritto la rete si configuri come uno spazio comune. Uma volta di più, duque, è il riconoscimento di um diritto fondamentale a produrre um common, che in questo caso, come già si è detto per la cittadinanza, assume um vero carattere globale". RODOTÀ, Stefano. *Il Terribile Diritto.* 3ª Edição, Bolonha: Il Mulino, 2013, p. 469.

65 Como, por exemplo: "Patent protection should be available for AI-generated works because it will incentivize innovation. The prospect of holding a patent will not directly motivate an AI, but it will encourage some of the people who develop, own, and use AI. Allowing patents on AI-generated works, therefore, will promote the development of inventive AI, which will ultimately result in more innovation for society". ABBOTT, Ryan. *The Artificial Inventor Project.* WIPO Megazine. Nº 6. Pp. 08-13. December, 2019, p. 10. Disponível em: https://www.wipo.int/export/sites/www/wipo_magazine/pt/pdf/2019/wipo_pub_121_2019_06.pdf. Acesso em 05.05.2020.

ponderação. Afinal, o acesso à ciência, às novas tecnologias, à saúde (já que medicamentos e itens necessários ao setor podem ser objeto de patente), informação e cultura compõem interesse social.

Há ainda um outro princípio constitucional que deve adentrar nessa ponderação. A livre iniciativa como um dos fundamentos da República e um dos seus princípios fundamentais, inserida com caráter de postulado constitucional na Constituição de 1967[66], consagrada desde a Constituição de 1946[67] e atualmente inscrita na Carta Magna vigente, informa a liberdade nas escolhas existenciais, profissionais e em demais setores da vida de uma pessoa[68]. Para o presente estudo o centro de interesse estará voltado para a sua vertente de *fundamento da ordem econômica*.

Ressalta-se o comando normativo expresso na própria Constituição que informa a realização da justiça social e o bem estar social como fim da livre iniciativa, que não deve ser entendida como tendo uma liberdade plena e sem propósito. Tratando da ordem econômica a Constituição Federal elegeu como um dos princípios gerais da atividade econômica a livre concorrência[69].

Na leitura de Perlingieri[70] a liberdade de concorrência é valor que está inserido, implicitamente, na liberdade de iniciativa entendendo ser uma liberdade para todos. Deste modo, o princípio da livre concorrência traduz a liberdade de chances iguais no mercado entre os particulares.

---

66 DUVAL, Hermano. *Concorrência desleal.* São Paulo: Saraiva, 1976, p. 29.

67 "A colocação da livre iniciativa no plano constitucional já havia sido incorporada e outros textos de forma implícita, tendo sua consagração, em especial, a partir da Constitucional de 1946, que de forma expressa adotou o instituto, sendo seguida pelos demais textos constitucionais". ALMEIDA, Marcus Elidus Michelli de. *Abuso do direito e concorrência desleal.* São Paulo: Quartier Latin, 2004, p. 99.

68 BARROSO, Luís Roberto. *Estado e livre iniciativa na experiência constitucional brasileira.* Disponível em http://www.luisrobertobarroso.com.br/wp-content/uploads/2014/04/Estado-e-Livre-iniciativa_versao-final_11abr2014.pdf. Acesso em 20.05.2020. p. 11.

69 BARBOSA, Pedro Marcos Nunes. *Diálogos entre a propriedade intelectual e a inteligência artificial.* In Inteligência Artificial: visões interdisciplinares e internacionais, coordenada por CHINELLATO, Silmara J. de A. e organizado por TOMASEVICIUS FILHO, Eduardo. São Paulo: Almedina, 2023.

70 PERLINGIERI, Pietro. *O Direito Civil na Legalidade* Constitucional. Tradução e Maria Cristina De Cicco. Rio de Janeiro: Renovar, 2008, pp. 522-523.

Com essa leitura vê-se que a propriedade intelectual e sua artificial interdição do mercado, através de *monopólio* conferido pelo Estado, terá o condão de limitar a livre-iniciativa. Dessa forma, a interpretação mais adequada aos preceitos constitucionais é de que toda e qualquer exclusividade deverá se dar em caráter excepcional[71], pois a regra é o domínio público que favorecerá à livre iniciativa.

O saudoso Professor Denis Barbosa[72], com suas grandiosas provocações, ressaltou que seria o domínio público, ainda, um espaço de considerável valor social. Isso porque se considerar que as criações agregam ao conhecimento antes criado, resulta na conclusão de que um domínio público graúdo tenderá a gerar uma quantidade maior de inovações.

Nesse sentido, um domínio público rico em informações também pode ser fator de incentivo para novas criações. Afinal, será ele um espaço de livre acesso de conhecimentos que a todos estará franqueado o acesso. Ressaltando, claro, que a própria máquina de Inteligência Artificial pode ser um objeto protegido por patente acaso venha preencher os requisitos legais, ou por Direito Autoral através de software ou, ainda, por Desenho Industrial por seu aspecto ornamental.

Retornando aos ensinamentos de Pontes de Miranda, conclui-se pelo domínio público da criação fruto de Inteligência Artificial significando dizer que à toda sociedade pertencerá essa titularidade.

4. Conclusão

O presente artigo conclui pela impossibilidade de proteção de patente fruto de Inteligência Artificial. Em harmonia com a conclusão do Escritório Europeu de Patente, do Reino Unido[73] e dos Estados Unidos

71 FORGIONI, Paula A. *Os Fundamentos do Antitruste*. São Paulo: Ed. Revista dos Tribunais, 2010, p. 342.

72 BARBOSA, Denis Borges. *Domínio público*. 2011. P. 6. Disponível em: http://www.denisbarbosa.addr.com/arquivos/200/propriedade/dominio_do_publico.pdf. Acesso em 26.04.2020.

73 Na Europa os pedidos tratavam do sistema Dabus, foram dois pedidos de patentes e ambos negados. Disponíveis em: https://register.epo.org/application?documentId=E4B63SD62191498&number=EP18275163&lng=en&npl=false e https://register.epo.org/application?documentId=E4B63SD62191498&number=EP18275163&lng=en&npl=false. Acesso em 22.05.2020.

da América[74]. Em todos os escritórios mencionados entendeu-se que os ordenamentos requerem obrigatoriamente que seja uma pessoa humana inventora. Frisa-se ainda que esta resposta foi sublinhada por estes escritórios como a interpretação internacional.

No que concerne ao ordenamento brasileiro não foi diferente a conclusão, somente o ser humano pode ter o direito à autoria em patente, em que pese a fundamentação tenha sido realizada por outros caminhos daqueles percorridos pelos escritórios de patente alienígenas. Por aqui a fundamentação é fruto da *repersonalização* que retorna o *status* prioritário que o ordenamento deve conferir aos valores personalíssimos diante de conflito com situações patrimoniais.

Mas como no mundo das ideias é possível desprender-se das regras do ordenamento jurídico o presente texto se permitiu – ao menos por alguns instantes – imaginar futura proteção aos frutos de Inteligência Artificial. Além, por óbvio, da modificação constitucional – ao menos uma mudança de capítulo de modo que a proteção retome ao domínio econômico – seria necessário questionar diversas outras regras hoje fixadas para patentes.

A provocação aqui exposta tem como intuito fazer o leitor refletir sobre se haveria real adequação da interdição de mercado, com a constituição de uma propriedade, para uma criação fruto de uma máquina. Se haveria o INPI de examinar com o mesmo rigor um pedido de patente fruto de ação humana e aquele pedido originado de uma Inteligência Artificial (com a evidente disparidade de cognição que existe entre o cérebro humano e as novas tecnologias).

Reflete-se, ainda, se sobre a sociedade deveria recair o ônus da vigência temporal de igual prazo para o invento de pesquisadores humanos (que podem antes de poderem chegar à pesquisa terem passado por anos de educação formal e, quiçá, experiência laboral) e para aqueles inventos fruto de Inteligência Artificial.

Não sem razão deve ser questionada a corrente entusiasta de autoria em patente para criação fruto de uma IA. Talvez esteja ela subsidiada apenas pelo aspecto econômico, o que justifica, ainda, o pleito por autoria similar à do ser humano para patente, mas uma responsabilidade ci-

74 Nos Estados Unidos o pedido também tratou do sistema Dabus, fruto daquele mesmo projeto submetido ao pedido de patente na Europa. Disponível em: https://content.govdelivery.com/accounts/USPTO/bulletins/287fdc9#.Xqcts2pR6ZQ.email. Acesso em 22.05.2020.

vil diferente daquela já vigente. Dessa maneira, pretende-se lucrar com a interdição do mercado provocada pela patente, mas sem que esses mesmos titulares possam ser responsabilizados por eventuais acidentes. E, novamente, vê-se a incoerência quando do argumento de analogia da patente fruto de relação empregatícia. Além do que aqui já pontuado, novamente, não se pleiteia a mesma responsabilidade atribuída ao empregador por ato de seu empregado.

Mas a vertente econômica não é aquela adotada por nossa ordenação, ao contrário, tem-se aqui a primazia do *ser*. Desse modo, não cabe o privilégio econômico da interdição de mercado – causado pela concessão de uma patente – sem o pressuposto técnico da ação humana. Tampouco caberiam analogias que, notoriamente, apenas consideram o lucro, enquanto fogem de eventual ônus.

Retornando ao mundo real, e ao atual sistema legal que suporta a proteção patentária, tem-se que os inventos frutos de Inteligência Artificial nascem já em domínio público. Na impossibilidade de conceder autoria além da pessoa humana, não há como um titular gozar dos benefícios patrimoniais. Faltaria a essas criações o suporte fático para incidência da norma jurídica, falta a ação humana intervindo na natureza. E, portanto, não preenche o plano da existência para sua formação.

Com estas considerações busca-se trazer luz ao tema, bem como, prestar justa homenagem a Danilo Doneda, jurista exemplar e um ser humano incrível, que dedicou sua carreira à proteção da pessoa, com grande atenção aos impactos da tecnologia, sobretudo em relação aos dados pessoais. Celebra-se assim sua memória, agora consagrada por meio do instituto que leva seu nome.

Referências

Bibliografia tradicional

ABBOTT, Ryan. *The Artificial Inventor Project*. WIPO Megazine. Nº 6. pp. 08-13. December, 2019.

ABRANTES, Antonio Carlos Souza de. *Introdução ao sistema de patentes: aspectos técnicos, institucionais e econômicos*. Rio de Janeiro: Lumen Juris, 2011.

ALMEIDA, Marcus Elidus Michelli de. *Abuso do direito e concorrência desleal*. São Paulo: Quartier Latin, 2004.

ASCARELLI, Tullio. *Teoria dela concorrenza e dei Beni immateriali: istituzioni di diritto industriale*. 3ª ed. Milão: A. Giuffrè Editore, 1960.

ASCENSÃO, José de Oliveira. *O direito: introdução e teoria geral.* 13ª edição refundida, 5ª reimpressão. Coimbra: Almedina, 2011.

ASQUINI, Alberto. *Perfis da empresa.* Tradução de Fábio Konder Comparato. São Paulo: *Revista de Direito Mercantil, Industrial, Econômico e Financeiro,* v.35, nº 104, pp. 109-26. out/dez 1996.

BARBOSA, Denis Borges. *Introdução à Propriedade Intelectual.* Rio de Janeiro: Lumen Juris, 2003.

BARBOSA, Denis Borges. *Por uma visão imparcial das perdas e danos em propriedade industrial.* In *Grandes temas da atualidade: Propriedade Intelectual, inovação tecnológica e bioenergia.* Organizado por Charlene Maria C. de Ávila Plaza, Nivaldo dos Santos, Maria Cristina Vidotte Blanco Tarrega e Eriberto Beviláqua Marin. pp. 183-228. Goiânia: Ed. PUC Goiás, 2009.

BARBOSA, Denis Borges. *Tratado da Propriedade Intelectual: uma introdução à propriedade intelectual, bases constitucionais da propriedade intelectual, a doutrina da concorrência, a propriedade intelectual como um direito de cunho internacional, propriedade intelectual e tutela da concorrência.* Tomo I. 1ª ed. 2ª Tiragem. Rio de Janeiro: Lumen Juris, 2013.

BARBOSA, Denis Borges. *Tratado da Propriedade Intelectual: Tomo II. Patentes.* 2ª ed. Rio de Janeiro: Lumen Juris, 2017.

BARBOSA, Pedro Marcos Nunes. *Direito Civil da Propriedade Intelectual.* 3ª Edição, Rio de Janeiro: Lumen Juris, 2016.

BARBOSA, Pedro Marcos Nunes. *E-stabelecimento.* São Paulo: Quartier Latin, 2018.

BARBOSA, Pedro Marcos Nunes. *Autoria de bens intelectuais e as criações de inteligência artificial.* In *O Direito Civil na Era da Inteligência Artificial,* organizada por TEPEDINO, Gustavo José Mendes & SILVA, Rodrigo da Guia, 1ª ed. São Paulo: Revista dos Tribunais, 2020, v. 1, pp. 763-780.

BARBOSA, Pedro Marcos Nunes. *Diálogos entre a propriedade intelectual e a inteligência artificial.* In *Inteligência Artificial: visões interdisciplinares e internacionais,* coordenada por CHINELLATO, Silmara J. de A. e organizado por TOMASEVICIUS FILHO, Eduardo. São Paulo: Almedina, 2023.

BARROSO, Luis Roberto. *O direito constitucional e a efetividade de suas normas.* 9ª ed. Rio de Janeiro: Renovar, 2009.

BRANCO, Sergio. *O domínio público no direito autoral brasileiro: uma obra em domínio público.* Rio de Janeiro: Editora Lumen Juris, 2011.

CERQUEIRA, João da Gama. *Tratado da Propriedade Industrial: dos privilégios de invenção, dos modelos de utilidade e dos desenhos e modelos industriais.*

Vol. II. Tomo I. Atualizado por Newton Silveira e Denis Borges Barbosa. 2ª tiragem. Rio de Janeiro: Lumen Juris, 2012.

DUVAL, Hermano. *Concorrência desleal.* São Paulo: Saraiva, 1976.

FACHIN, Luiz Edson. *Teoria crítica do direito civil.* 3ª ed. Rio de Janeiro: Renovar, 2012

FERREIRA, Waldemar. *Tratado de Direito Comercial. Sexto Volume: o estatuto do estabelecimento e a emprêsa mercantil.* São Paulo: Edição Saraiva, 1962.

FERREIRA FILHO, Manoel Gonçalves. *Curso de direito constitucional.* 38ª ed. São Paulo: Saraiva, 2012.

FORGIONI, Paula A. *Os Fundamentos do Antitruste.* São Paulo: Ed. Revista dos Tribunais, 2010.

GEIGER, Christophe. *Trade Marks and Freedom of Expression – The Proportionality of Criticism.* In *International Review of Intellectual Property and Competition Law*, vol. 38, nº 3, 2007, pp. 317-327.

GROSSI, Paolo. Mitologias Jurídicas da Modernidade. Florianópolis: Fundação Boiteux, 2007.

KELSEN, Hans. *Teoria Pura do Direito.* 6ª ed. [Tradução João Baptista Machado]. São Paulo: Martins Fontes, 1999.

LASSALE, Ferdinand. *A essência da constituição.* 5ª edição. Rio de Janeiro: Ed. Lumen Juris, 2000.

LEONARDOS, Gabriel Francisco. *Tributação da transferência de tecnologia.* Rio de Janeiro: Forense, 1997.

MEDINA, José Miguel Garcia e ARAÚJO, Fábio Caldas. *Código Civil comentado.* São Paulo: Editora Revista dos Tribunais, 2014.

MELLO, Marcos Bernardes. *Teoria do fato jurídico: plano da existência.* 18ª edição. São Paulo: Saraiva, 2012.

MELO, Marco Aurélio Bezerra de. *Curso de direito civil: direito das coisas.* Volume V. São Paulo: Atlas, 2015.

MIRANDA, Francisco Cavalcanti Pontes de. *Tratado de direito privado. Parte especial. Tomo XVI. Direito das coisas: propriedade imobiliária (bens incorpóreos). Propriedade intelectual. Propriedade industrial.* São Paulo: Editora Revista dos Tribunais, 1983.

MIRANDA, Francisco Cavalcanti Pontes de. *Tratado de direito privado. Parte geral. Tomo II. Bens. Fatos jurídicos.* Atualizado por Vilson Rodrigues Alves. 2ª ed. Campinas: Bookseller Editora e Distribuidora, 2000.

MULHOLLAND, Caitlin. *Responsabilidade civil e processos decisórios autônomos em sistemas de inteligência artificial (IA): autonomia, imputabilidade e responsabilidade.* In *Inteligência artificial e Direito: ética, regulação e responsabilidade.* Coordenadoras: Ana Frazão e Caitlin Mulholland. São Paulo: Thomson Reuters Brasil, 2019. pp. 326-348.

PEREIRA, Caio Mário da Silva. *Instituições de direito civil. Direitos reais: posse, propriedade, direitos reais de fruição, garantias e aquisição.* Volume IV. Revisto e atualizado por Carlos Edison do Rêgo monteiro Filho. 25ª ed. Rio de Janeiro: Editora Forense, 2017.

PERLINGIERI, Pietro. *O direito civil na legalidade constitucional.* Tradução: Maria Cristina De Cicco. Rio de Janeiro: Renovar, 2008.

POTHIER, Robert Joseph. *Tratado das Obrigações.* Tradução de Adrian Sotero De Witt Batista e Douglas Dias Ferreira. Campinas: Servanda, 2001.

RODOTÀ, Stefano. *Il Terribile Diritto.* 3ª Edição, Bolonha: Il Mulino, 2013.

SCHREIBER, Anderson. *Novos paradigmas da responsabilidade civil.* 3ª Ed. São Paulo: Atlas, 2011.

SÊNECA. *Sobre a brevidade da vida.* Tradução, introdução e notas de William Li. São Paulo: Nova Alexandria, 1993.

CHINELLATO, Silmara J. de A. *A denominada personalidade eletrônica. Inteligência artificial e direito de autor. Autoria na obra musical.* In *Inteligência Artificial: visões interdisciplinares e internacionais,* coordenada por CHINELLATO, Silmara J. de A. e organizado por TOMASEVICIUS FILHO, Eduardo. São Paulo: Almedina, 2023, pp. 21-57.

SILVA, José Afonso da. *Curso de direito constitucional positivo.* 9ª ed. São Paulo: Malheiros Editores, 1992.

TEPEDINO, Gustavo. *Esboço de uma classificação funcional dos atos jurídicos.* Revista Brasileira de Direito Civil - RBDCivil Vol. 2. Jul./Set. 2014.

Fontes Judiciais brasileiras

Tribunal de Justiça do Estado do Ceará, 2ª Câmara Cível, Des. Gisela Costa, AC 439-56.2002.8.06.0112/1, Protocolo 16.12.2005.

TRF2, 1ª Turma Especializada, JC. Aluísio Mendes, AC 1999.51.01.526157-0, DJ 30.09.2008.

TRF-2, 2ª Turma Especializada, Des. André Fontes, AC 2003.51.01.512899-3, DJ 09.12.2010.

TRF2, 2ª Turma Especializada, AC 0138067-19.2013.4.02.5101, Des. Marcelo Granado, DJ27.03.2017.

Bibliografia consultada online

ABBOTT, Ryan Benjamin. *Everything is Obvious.* 66 UCLA L. Rev. 2 (2018), p. 3. Disponível em SSRN: https://papers.ssrn.com/sol3/papers.cfm?abstract_id=3056915. Acesso em 26.05.2020.

Agenda brasileira para a Indústria 4.0. *Agência Brasileira de Desenvolvimento Industrial. Ministério da Indústria, Comércio e Serviços.* Distrito Federal. Disponível em: http://www.industria40.gov.br/. Acesso em 14 de abril de 2020.

BARBOSA, Denis Borges. *Domínio público.* 2011. P. 6. Disponível em: http://www.denisbarbosa.addr.com/arquivos/200/propriedade/dominio_do_publico.pdf. Acesso em 26.04.2020.

BARBOSA, Denis Borges. *Uma introdução à propriedade intelectual.* 2ª ed. e atual. Rio de Janeiro: Lumen Juris, 2010, p. 297. Disponível em https://www.dbba.com.br/wp-content/uploads/introducao_pi.pdf. Acesso em 23 de maio de 2020.

BARBOSA, Pedro Marcos Nunes. *A vedação da sobreposição de direitos de propriedade intelectual na ordenação brasileira.* Revista ABPI, n. 162, St./Out., 2019, p. 65. Disponível em: https://www.dbba.com.br/wp-content/uploads/05-a1058-pedro-marcos-nunes-barbosa.pdf, acesso em 23.05.2020.

BARROSO, Luís Roberto. *Estado e livre iniciativa na experiência constitucional brasileira.* Disponível em http://www.luisrobertobarroso.com.br/wp-content/uploads/2014/04/Estado-e-Livre-iniciativa_versao-final_11abr2014.pdf. Acesso em 20.05.2020.

Manual para depositante de patente. *Instituto Nacional da Propriedade Industrial.* Rio de Janeiro. Disponível em http://www.inpi.gov.br/menu-servicos/patente/arquivos/manual-para-o-depositante-depatentes.pdf. Acesso em 14 de junho de 2016.

MCKINSEY. *The economic potential of generative AI.* The next productivity frontier. Jun, 2023.

OMPI- Organização Mundial da Propriedade Intelectual. **Nações Unidas Brasil.** Disponível em: https://nacoesunidas.org/agencia/ompi/. Acesso em 14 de abril de 2020.

Patents. **WIPO - World Intellectual Property Organization.** Disponível em https://www.wipo.int/patents/en/. Acesso em 14 de abril de 2020.

WORLD ECONOMIC FORUM. *Artificial Intelligence Collides with Patent Law.* White Paper Center for the Fourth Industrial Revolution, April 2018.

A inteligência artificial e o Superior Tribunal de Justiça

Maria Thereza Rocha de Assis Moura[1]

1. Introdução

A inteligência artificial (IA) é uma área da ciência da computação que busca replicar a habilidade humana em executar tarefas específicas. Com presença cada vez mais abrangente em diversos setores da sociedade, a adoção da inteligência artificial no Judiciário ocorreu em um cenário de significativa transformação digital, alterando sobremaneira o funcionamento dos tribunais.

O Superior Tribunal de Justiça tem sido protagonista nesse processo de transformação, não apenas em função do pioneirismo em digitalizar completamente o seu acervo processual e adotar um sistema de tramitação processual integralmente eletrônico, mas, principalmente, por adotar efetivamente a IA em suas operações diárias vinculadas ao fluxo dos processos no Tribunal e por liderar discussões essenciais sobre questões éticas e normativas relacionadas a essa tecnologia, por diversas vezes estabelecendo paradigmas de modernização, bem como padrões posteriormente adotados por diversos outros tribunais.

Nesse contexto, o presente artigo busca descrever as iniciativas de IA mais relevantes em execução e em desenvolvimento no STJ. Antes, porém, são descritos os principais aspectos regulatórios aplicáveis ao Poder Judiciário e, de forma breve, explicado o funcionamento de duas das ferramentas de IA com uso mais frequente nos tribunais. Ao final, são expostas algumas das principais preocupações éticas relacionadas com o avanço da IA no STJ e no Poder Judiciário.

Esta obra, registre-se, é uma justa e oportuna homenagem ao saudoso professor, advogado e pesquisador Danilo Cesar Maganhoto Doneda, falecido em 4 de dezembro de 2022, o qual integrou a comissão de juristas criada para subsidiar o processo legislativo de regulação do desenvolvimento e da aplicação da inteligência artificial no Brasil.

Uma das maiores referências no assunto, Danilo Doneda deixa um grande legado pautado pela ética e dedicação à defesa dos direitos hu-

---

1 Professora Doutora de Processo Penal da Universidade de São Paulo. Ministra Presidente do Superior Tribunal de Justiça.

manos e fundamentais, tendo contribuído de forma relevante para a interlocução entre as novas tecnologias e o Direito contemporâneo.

2. A inteligência artificial no Judiciário

2.1. Marco regulatório

As diversas iniciativas de tribunais brasileiros voltadas à adoção da Inteligência Artificial em múltiplos níveis do Poder Judiciário e dos órgãos auxiliares da justiça exigiram do Conselho Nacional de Justiça (CNJ), órgão encarregado de supervisionar a atuação administrativa e financeira do Judiciário, assumir um papel destacado na formulação de políticas públicas, notadamente na função de órgão central de administração do sistema judiciário brasileiro no campo da tecnologia da informação e comunicação.

Diante desse cenário, visando normatizar o ambiente de desenvolvimento de soluções de inteligência artificial, o órgão editou a Resolução CNJ nº 332, de 21 de agosto de 2020. O ato normativo instituiu a plataforma Sinapses como o repositório nacional para modelos de inteligência artificial no Poder Judiciário brasileiro, com o propósito de armazenar, testar, treinar, distribuir e auditar tais modelos (art. 3º, III), estabelecendo que "os órgãos do Poder Judiciário envolvidos em projeto de Inteligência Artificial deverão [...] depositar o modelo de Inteligência Artificial no Sinapses" (art. 10, inciso III).

Ademais, a Resolução CNJ nº 332/2020 reforçou que a utilização da inteligência artificial deve garantir a independência dos usuários internos, promovendo o aumento da autonomia e permitindo a revisão das sugestões de decisões e dos dados utilizados para sua elaboração, sem criar nenhuma obrigação de aderir à solução apresentada pelos modelos (art. 17). Dessa forma, a norma esclarece que os modelos de inteligência artificial atuam como ferramentas auxiliares no processo de trabalho das pessoas, descartando a ideia de que poderiam substituir completamente a mão-de-obra humana.

Uma das iniciativas de destaque com imenso potencial para a formação da infraestrutura e aquisição de dados para uso nos modelos de inteligência artificial no Poder Judiciário é o Codex. Instituído pela Resolução CNJ nº 446/2022 como ferramenta oficial de extração de dados dos sistemas de processo eletrônico, essa plataforma nacional integra as bases de dados processuais e disponibiliza tanto o conteúdo textual de documentos quanto os dados estruturados (metadados) de cada processo, transformando-se em um recurso inestimável para vários projetos que se baseiam no aprendizado de máquina.

Em junho de 2023, o Codex contava com 158 fontes de dados de 92 tribunais e conselhos, totalizando 144 milhões de processos judiciais e 3,6 bilhões de documentos armazenados.

2.2. Automação de tarefas rotineiras

Uma das formas mais comuns de utilização da IA nos tribunais é a automação de tarefas rotineiras, como a análise de documentos, a pesquisa jurisprudencial e a triagem de processos. Essas tarefas, que antes demandavam um grande esforço manual por parte dos servidores, podem ser realizadas de forma mais rápida e precisa por sistemas de IA. Os tribunais têm adotado soluções tecnológicas nesse sentido, o que tem contribuído para a celeridade dos processos judiciais e a redução da carga de trabalho dos servidores.

Nesse aspecto de automação, uma técnica promissora empregada na extração de informações e na catalogação dos processos é o Reconhecimento de Entidades Nomeadas (NER, na sigla em inglês). Essa tecnologia de IA é capaz de identificar e classificar entidades em textos, como nomes de pessoas, organizações, locais, expressões de tempos e quantidades, entre outras. No contexto judicial, o NER pode ser treinado para reconhecer e catalogar termos jurídicos específicos, como leis, artigos, incisos, parágrafos e outros elementos de interesse, que passam a ser inseridos como dados estruturados da autuação processual, facilitando a indexação e a busca por informações relacionadas aos processos, tornando-os mais acessíveis e organizados. Além disso, por ser uma solução automatizada, o NER contribui para a redução do tempo de processamento e do esforço manual, proporcionando maior eficiência, por exemplo, às atividades da secretaria encarregada de proceder à autuação dos processos recebidos pelos tribunais.

2.3. Agrupamento de processos

Outra técnica muito utilizada pelos tribunais é o agrupamento de processos por similaridade semântica por meio de algoritmos de aprendizado não supervisionado. Um grande ganho dessa abordagem é que ela não requer um esforço manual custoso e demorado, consistente na leitura e interpretação individual de cada documento por especialistas, para depois atribuir as devidas categorias ou rótulos, atividade denominada rotulação de classes. Com o uso de algoritmos de aprendizado não supervisionado, torna-se possível a identificação de padrões e categorias comuns diretamente dos textos já presentes nos documentos jurídicos, economizando tempo, esforço e recursos significativos.

Esses algoritmos analisam a semântica dos processos, ou seja, o significado das palavras e frases no texto, para identificar e agrupar casos semelhantes. Tal é a capacidade de compreensão do modelo que, independentemente do estilo de escrita, consegue apontar documentos semelhantes, ainda que utilizadas palavras e frases distintas, a partir do contexto em que as informações estão inseridas. Essas possibilidades geram um impacto significativo na identificação de teses repetitivas e precedentes, facilitando a localização de decisões semelhantes e permitindo a compreensão de um contexto jurídico mais amplo, fundamental para a segurança jurídica e a confiança no sistema judiciário.

3. O protagonismo do STJ na adoção da IA

O STJ sempre ocupou posição de vanguarda no Poder Judiciário no que se refere ao uso de novas tecnologias. Seu compromisso com a inovação é evidenciado pelo pioneirismo na digitalização do acervo processual, ainda no ano de 2009. Essa medida permitiu a criação de uma base de dados com características únicas no País, pois congrega informações de âmbito nacional, e preparou o terreno para mudanças significativas, em especial o uso de ferramentas avançadas de análise automática de texto, bem como de algoritmos de aprendizado de máquina, que constituíram os alicerces para a implementação da IA no STJ.

O pioneirismo do STJ foi acentuado com a criação da Assessoria de Inteligência Artificial. Assim, em 2018, o STJ tornou-se o primeiro tribunal brasileiro a estabelecer uma estrutura dedicada à pesquisa e ao desenvolvimento de técnicas de IA aplicadas ao Poder Judiciário. A assessoria foi criada como uma entidade administrativa autônoma e independente, desvinculada da área de Tecnologia da Informação do Tribunal. Essa decisão estratégica permitiu um enfoque mais específico, desvinculado de paradigmas anteriores, possibilitando uma abordagem mais criativa e apta a enfrentar os desafios e oportunidades apresentados pela adoção da IA no contexto jurídico.

A Assessoria de Inteligência Artificial do STJ se dedica a explorar e aproveitar as possibilidades que a IA oferece para melhorar a eficiência e a eficácia dos procedimentos judiciais, com foco no aumento da produtividade dos servidores, na automação de tarefas repetitivas e na identificação de processos com potencial semelhança. A unidade trabalha em colaboração com diversas outras áreas do Tribunal, alinhando a pesquisa em IA com as necessidades reais e práticas de servidores, magistrados e usuários externos.

Outro ponto de destaque na estratégia do STJ para a implantação da IA pode-se atribuir ao investimento precoce do Tribunal na organização e catalogação dos processos.

Reconhecendo a importância da qualidade dos dados como alicerces para a aplicação eficaz da IA, o STJ investiu em ferramentas de Reconhecimento Óptico de Caracteres (OCR[2]) para extrair o texto dos documentos judiciais. Essa tecnologia permitiu a conversão de grandes volumes de informação contida em documentos físicos e digitais não pesquisáveis para um formato de texto estruturado e pesquisável. Isso foi essencial à criação da infraestrutura necessária para treinar modelos de IA eficazes e que contemplassem todo o acervo do Tribunal.

Com uma média de 1.900 novos casos recebidos por dia, essa abordagem permitiu ao STJ transformar o vasto volume de processos judiciais em uma rica fonte de dados para alimentar e treinar seus modelos. Como resultado, a instituição tem sido capaz de desenvolver e implementar soluções de IA cada vez mais sofisticadas e eficientes, que trazem benefícios reais para o Poder Judiciário e para a sociedade brasileira.

4. Exemplos de aplicação da IA no STJ

4.1. Plataforma Athos

Um exemplo concreto da aplicação de IA pelo STJ é a plataforma Athos, que utiliza um modelo de inteligência artificial treinado para permitir a análise de similaridade semântica[3] entre documentos, possibili-

2 Os processos nascidos em ambiente eletrônico, em regra, formam uma base de dados naturalmente pesquisável. No entanto, uma parcela grande do acervo do STJ é composta por autos processuais que, na origem, eram físicos e foram digitalizados pelo tribunal de origem antes da remessa ao tribunal superior. Quando se trata de autos físicos digitalizados, surge a necessidade de transformar as peças processuais em uma base pesquisável e útil para a IA, o que é feito por meio do OCR.

3 A similaridade semântica funciona da seguinte forma: Em um documento a pala-

tando o agrupamento, pesquisa e monitoramento de peças processuais. Ou seja, o modelo permite o agrupamento de processos por similaridade, a partir da análise computacional do significado das palavras e das frases no texto das petições e acórdãos.

Treinado com base na leitura de mais de 328 mil acórdãos indexados pela Secretaria de Jurisprudência do STJ entre 2015 e 2017, o modelo já foi utilizado para vetorizar[4] aproximadamente 17 milhões de documentos.

Por monitorar constantemente as peças processuais, a plataforma Athos oferece uma visão atualizada e precisa das tendências jurisprudenciais, dos padrões e dos grupos de processos, auxiliando na tomada de decisões baseadas em dados. Trata-se, hoje, de um instrumento fundamental para a gestão e a transformação do STJ em um tribunal cada vez mais ágil e preciso, pois otimiza a pesquisa e a identificação de controvérsias e precedentes, bem como contribui para a consolidação de uma jurisprudência mais uniforme e previsível.

4.2. Corpus927

Outro exemplo relevante é o projeto Corpus927[5], desenvolvido pela Escola Nacional de Formação de Magistrados em parceria com o STJ, com objetivo de consolidar em um só local os precedentes qualificados do STF e do STJ, além da jurisprudência do STJ, auxiliando o profissional do direito a compreender o sistema jurídico a partir da hierarquia estabelecida pelo art. 927 do Código de Processo Civil.

---

vra "contrato" está frequentemente próxima de termos como "partes", "obrigações" e "validade". Em outro documento, aparece a mesma palavra, "contrato", mas agora próxima de palavras como "rescisão" e "indenização". Pelo contexto, percebe-se que em ambos a palavra "contrato" é um termo central. Todavia, no primeiro documento parece estar relacionada à formação e estrutura de um contrato, enquanto no segundo está claramente mais ligada às consequências do inadimplemento contratual. O modelo de IA atua de forma parecida. Ao analisar vastos volumes de textos jurídicos, ele observa como as palavras são usadas em contextos semânticos diferentes.

---

4 A vetorização converte o texto em um formato numérico para permitir o processamento por modelos de inteligência artificial. Esse método representa palavras ou documentos como pontos num espaço multidimensional, onde a proximidade indica similaridade de significado.

5 http://corpus927.enfam.jus.br

Assim, o sistema reúne informações sobre controle de constitucionalidade, súmulas vinculantes e repercussão geral do STF. Em relação ao STJ, buscam-se os dados sobre recursos repetitivos, súmulas, jurisprudências em tese e a própria pesquisa de jurisprudência.

O sistema utiliza, ainda, um modelo de aprendizado de máquina para comparar o teor de todas as decisões que referenciam um determinado artigo, formando grupos de similaridade. Dentro dos grupos de similaridade encontrados, o acórdão mais relevante é identificado e exibido como paradigma, juntamente com a lista de documentos similares, ordenada pelo grau de semelhança.

4.3. Indexação Legislativa e eJuris

A Indexação Legislativa abarca uma série de ferramentas que empregam técnicas avançadas de reconhecimento de entidades nomeadas[6]. Essas ferramentas têm o poder de identificar e extrair, de maneira automática, referências legislativas, notadamente os dispositivos de lei apontados como violados no recurso especial, assim como outras informações relevantes contidas nos processos que chegam ao STJ e que posteriormente são utilizadas no fluxo de trabalho desde a autuação, passando pela distribuição e até mesmo pela triagem em gabinetes.

A mesma tecnologia é utilizada no projeto eJuris, que extrai do acórdão as informações necessárias para o preenchimento do "espelho do acórdão". O "espelho do acórdão" é um cadastro de informações feito pela Secretaria de Jurisprudência que reúne referências relevantes, como, por exemplo, a identificação das leis, artigos e incisos mencionados no texto do acórdão; o número de processos vinculados; e os precedentes qualificados apontados pelo relator, numa atividade essencial para a qualidade da resposta oferecida aos usuários pela página de jurisprudência do Tribunal.

O principal benefício da utilização desses modelos é a economia significativa do tempo e esforço antes necessários para vasculhar manualmente vastos volumes de informações em busca de dados de interesse.

6 Ver item 2.2.

4.4. Jurimetria e desjudicialização

O STJ também tem aplicado a IA para subsidiar a adoção de estratégias de desjudicialização de questões que envolvam grandes demandantes da Corte.

Para a construção dessa dinâmica, o STJ utilizou o recurso de agrupamento de processos por similaridade semântica desenvolvido na plataforma Athos, conjugando-o com um trabalho de jurimetria.

Com isso, identificamos hipóteses em que a pretensão de um grande litigante se revelava manifestamente contrária aos precedentes do Tribunal, dando ensejo a sucessivas situações de não conhecimento ou desprovimento de seus recursos.

Ao identificar esse déficit de desempenho, fizemos uma mobilização para que um de nossos maiores litigantes, a AGU, pudesse sensibilizar seu corpo jurídico quanto à necessidade de uma mudança no perfil de atuação judicial do órgão com o propósito de alcançar um resultado mais eficiente mediante proposições mais seletivas.

A partir da normatização interna, a AGU passou a abdicar de demandas com baixa ou nenhuma probabilidade de êxito.

Os números mostram a eficiência da medida e sinalizam ganhos enormes: houve uma redução de 28% no quantitativo de AREsps protocolados no Tribunal pelo ente público; e foram apresentadas, até o momento, 4.850 desistências de processos que já se encontram em curso no STJ. Como desdobramento dessa ação estratégica, que provocou a replicação das novas regras de manejo dos recursos nas instâncias ordinárias, cerca de 2 milhões de processos tiveram sua tramitação abreviada na origem por meio de desistências ou abstenções recursais, concorrendo para descongestionar o fluxo processual do Poder Judiciário e possibilitar aos jurisdicionados envolvidos o desfecho antecipado de suas lides.

4.5. Projetos em desenvolvimento

4.5.1. Admissibilidade avançada na origem

Este projeto visa facilitar a análise de processos em fase de admissibilidade recursal nos tribunais de origem, fornecendo sugestões de precedentes e antecedentes com fundamento em um motor de análise de similaridade textual, considerando a base de processos do STJ. Em síntese, a partir da leitura de um processo pendente de admissibilidade na origem, o modelo é capaz de indicar o processo mais semelhante no STJ e retornar ao analista as decisões nele proferidas, inclusive a de admissibilidade. Essa iniciativa tem o potencial de agilizar a análise de decisões de admissibilidade, evitando erros de interpretação pelo tribunal de origem e o retrabalho no STJ.

4.5.2. Athos Tribunais

Focado em mapear e monitorar ações judiciais que nem sequer chegaram ao STJ, o Athos Tribunais procura localizar controvérsias repetitivas desde o ingresso no sistema de justiça.

A ideia é utilizar as bases de processos e documentos de primeiro e segundo grau de jurisdição existentes no *Codex*, ferramenta do CNJ desenvolvida com a finalidade de extrair informações diretamente dos sistemas de processos eletrônicos dos tribunais, a fim de permitir a afetação de processos ao rito do Incidente de Resolução de Demandas Repetitivas (IRDR) e a formação de teses nos tribunais antes da remessa de numerosos recursos ao STJ, melhorando a eficiência na resolução de litígios e do próprio sistema de precedentes instituído pelo CPC/2015.

4.5.3. Classificação de processos originários

Trata-se de projeto que busca melhorar a indexação e a classificação das peças processuais dos processos de competência. Trabalhando com modelos treinados especificamente para cada fase de autuação de processos do Tribunal, tais como a formação do índice processual e a inserção do nome das partes, advogados e assunto, essa solução tem a capacidade de agilizar e tornar mais precisa a catalogação e o armazenamento de dados.

Como resultado, espera-se uma redução nas descrições e catalogações imprecisas, permitindo uma melhor utilização subsequente dos dados por algoritmos e modelos de IA que dependem da correta tipificação de documentos. A medida também favorecerá o correto agrupamento de ações originárias semelhantes, a exemplo do *habeas corpus*, facilitando a gestão de processos pelos gabinetes.

4.5.4. Sugestão do movimento processual

Todas as decisões proferidas no STJ precisam ser associadas a um movimento processual existente na tabela de movimentos padronizada pelo CNJ, a fim de que os advogados possam conhecer o sentido da decisão a partir da consulta ao andamento processual e os servidores possam cumprir, de forma célere, as determinações judiciais.

Assim, esse projeto procura desenvolver um modelo de IA capaz de sugerir o movimento processual adequado com base no conteúdo de uma decisão judicial, fazendo com que o Tribunal reduza os erros na divulgação de decisões e no cumprimento das determinações judiciais, a partir da automação de inúmeras práticas cartorárias.

5. Diretrizes éticas e legais

A adoção da IA apresenta diversos desafios éticos e legais a serem considerados. Questões relacionadas à privacidade dos dados, responsabilidade por decisões automatizadas e discriminação algorítmica devem ser cuidadosamente analisadas, regulamentadas e tratadas.

O STJ vem sendo protagonista nessa discussão, mediante a promoção de debates, palestras e eventos sobre o tema, envolvendo especialistas, acadêmicos e profissionais do direito, com o objetivo de estabelecer diretrizes claras e promover uma reflexão crítica sobre os impactos da IA no sistema judicial e, consequentemente, na sociedade.

Vale destacar o valoroso trabalho desenvolvido pelo Ministro do STJ Villas Bôas Cueva, que presidiu comissão composta por notáveis juristas – entre os quais, Danilo Doneda – criada para auxiliar o Senado Federal na redação de um substitutivo aos Projetos de Lei nº 5.051/2019, 21/2020 e 872/2021, com o objetivo de estabelecer princípios, regras, diretrizes e fundamentos para regular o desenvolvimento e a aplicação da inteligência artificial no Brasil.

Pioneiro no debate sobre a regulação de novas tecnologias no País, além de jurista nacional e internacionalmente reconhecido nas áreas de direito digital, direito à privacidade e proteção de dados pessoais, a participação de Danilo Doneda foi decisiva para os trabalhos da Comissão de Juristas Responsável por Subsidiar Elaboração de Substitutivo sobre Inteligência Artificial no Brasil – CJSUBIA, culminando em uma proposta substitutiva que, se aprovada no Legislativo, elevará a legislação brasileira ao patamar dos marcos internacionais no que se refere às diretrizes para o uso ético da inteligência artificial.

No âmbito do Poder Judiciário, o CNJ, ainda em 2019, já demonstrava preocupação com o tema quando instituiu um grupo de trabalho para elaborar propostas voltadas à ética na produção e no uso de IA (Portaria

CNJ nº 197, de 22 de novembro de 2019). Em 2020, a Resolução CNJ nº 332/2020 abordou diretamente questões sobre ética, transparência e governança na produção e no uso de Inteligência Artificial no Poder Judiciário.

No STJ, em 2020, foi criado o Comitê de Ética de Inteligência Artificial, com o intuito de debater os modelos e algoritmos de IA em um grupo ético multidisciplinar responsável por identificar as premissas, limitações e consequências de seu uso, bem como avaliar se preconceitos ou generalizações influenciaram seu desenvolvimento, acarretando tendências discriminatórias no seu funcionamento.

6. Considerações finais

É evidente que a IA representa uma enorme oportunidade para o STJ promover uma verdadeira revolução na maneira como lida com o enorme volume de processos que aportam no Tribunal anualmente.

Neste primeiro momento, a IA está sendo usada para automatizar tarefas repetitivas, como a triagem e a categorização de documentos; para auxiliar na identificação de tendências judiciais, alicerçada em dados históricos; e até mesmo para fornecer assistência básica automatizada, por meio de robôs que fornecem respostas simples aos usuários do serviço prestado pelo Judiciário, como o horário de funcionamento e atendimento ao público do Tribunal ou o agendamento de atendimentos em balcão virtual.

Os desafios para o STJ são grandes, em especial a adaptação cultural e organizacional, pois a IA altera, de plano, os processos de trabalho, o que requer treinamento e adaptação dos profissionais envolvidos, de modo que a aceitação e a adoção dessas novas ferramentas por parte dos profissionais são críticas para o sucesso da iniciativa.

Além disso, é necessário garantir que o uso de IA não exclua ou discrimine grupos sociais, respeitando os princípios de equidade e justiça.

Não obstante, a interseção entre a inteligência artificial e o Judiciário, exemplificada nas iniciativas do Superior Tribunal de Justiça, sinaliza uma nova era para o sistema de justiça.

A implementação de soluções como a Plataforma Athos e o Corpus 927 dá a dimensão de como a IA tem a capacidade de aprimorar a qualidade da prestação jurisdicional no futuro.

Esse futuro, no entanto, deve ser encarado com a devida atenção aos desafios éticos e legais inerentes a tais tecnologias, pois é crucial um compromisso sólido com a proteção da privacidade dos dados, a mitigação de preconceitos algorítmicos e, acima de tudo, a manutenção da responsabilidade humana nas decisões. Em resumo: embora a IA seja capaz de otimizar, é essencial que tais sistemas sejam concebidos e introduzidos com responsabilidade e respeito aos direitos fundamentais e à dignidade humana.

7. Referências

Conselho Nacional de Justiça. Resolução nº 332, de 21 de agosto de 2020. Disponível em: https://atos.cnj.jus.br/atos/detalhar/3429. Acesso em: 04 set. 2023.

Conselho Nacional de Justiça. Resolução nº 446, de 14 de março de 2022. Disponível em: https://atos.cnj.jus.br/files/original-1359212022031562309bb95c911.pdf. Acesso em: 04 set. 2023.

INTELIGÊNCIA ARTIFICIAL E A REPARAÇÃO DOS DANOS: O FUTURO JÁ SE FAZ PRESENTE

Rafael Viola[1]

SUMÁRIO: 1. Os Riscos na sociedade contemporânea e a inteligência artificial. **2.** O impacto da inteligência artificial: decifrando os seus aspectos no campo normativo. **2.1.** Classificações da inteligência artificial e outras definições. **3.** Os desafios da reparação dos danos a partir do desenvolvimento da inteligência artificial. **3.1.** Risco e causalidade nos sistemas de IA. **3.2.** A culpa e o risco: caminhos da regulação e da reparação. **4.** Há alguma conclusão?

1. Os riscos na sociedade contemporânea e a inteligência artificial.[2]

A corrida tecnológica sempre esteve presente na história da humanidade, produzindo movimentos disruptivos, tanto econômicos como sociais[3]. A disrupção é constantemente valorizada por promover uma ruptura com os modelos até então vigentes, trazendo uma proposta muito diferente daquilo que esteve disponível até então[4]. As transformações de uma sociedade agrária para uma sociedade industrial ao final do século XIX provaram a importância da tecnologia para a sobrevivência humana e o desenvolvimento das sociedades. Contudo, a era da tecnologia tem sido profundamente ampliada, o que leva todos a presenciarem uma atroz aceleração do desenvolvimento tecnológico. Se a disrupção tecnológica sempre foi capaz de produzir intensas transformações no modo de vida produzindo melhorias, é verdade, também, que a comple-

---

1 Doutor em ciências jurídico-civis pela Universidade de Lisboa. Mestre e Especialista em Direito Civil pela Universidade do Estado do Rio de Janeiro. Professor da Faculdade de Direito do IBMEC/RJ. Procurador da UERJ.

2 Importante alertar ao leitor que o fechamento deste artigo ocorreu em 29.09.2023 e, com a velocidade que se vê nos últimos anos acerca dos avanços tecnológicos, especialmente em relação à inteligência artificial, muito provavelmente, inúmeras inovações já estarão disponíveis ao tempo da publicação.

3 DIMATTEO, Larry A. Artificial intelligence. In: *The cambridge handbook of artificial intelligence* (Cambridge Law Handbooks). Cambridge: Cambridge University Press, Edição do Kindle, 2022, p. 3.

4 CHRISTENSEN, Clayton M. *The innovator's dilemma. When new Technologies cause great firms to fail.* (E-book). Reimpression. Boston: Harvard business review press, 2013, posição 23/24 de 426.

xidade cada vez maior, inclusive dos processos produtivos, traz consigo incertezas fabricadas que podem resultar em riscos. Consequentemente, é preciso reconhecer que os avanços tecnológicos trouxeram a reboque toda sorte de mazelas, aumentando exponencialmente os prejuízos causados[5]. A promessa de tecnologia, portanto, se converteu, nas palavras de Hans Jonas, em ameaça ou, ao menos, *"esta se associou àquela de forma indissolúvel"*[6].

Chama atenção, especialmente nos últimos anos, o avanço tecnológico acerca da inteligência artificial[7] (IA). A chamada 4ª Revolução Industrial ou Revolução 4.0, comumente atribuída ao avanço tecnológico das últimas décadas, tem alterado completamente a nossa forma de viver em sociedade, impulsionada substancialmente pela inteligência artificial e pela robótica, além das demais tecnologias diariamente verificadas, tais como *blockchain, internet das coisas, big data, advanced analytics, cloud computing*[8].

A IA e outras tecnologias já causaram disrupções profundas na economia e no mercado de trabalho e tal disrupção somente irá acelerar no futuro. Assim, não pretendendo diminuir as conquistas das inovações tecnológicas da humanidade, vivemos, possivelmente, a maior revolução tecnológica de todos os tempos em que se chega a um ponto de inflexão pelo qual a chamada ameaça existencial da inteligência artificial tem o potencial de substituir, por completo, o controle humano e a tomada de decisão[9]. Diga-se mais: não se trata de uma questão de prevenir o uso da IA, pois isto seria impossível. Ainda que se pudesse atrasar o uso da IA, os benefícios que ela produz leva a crer que é um caminho inevitável: a IA será cada vez mais presente em nossa sociedade, em todos os aspectos, mesmo naqueles mais mundanos. Percebe-se seu uso cada vez mais

---

5 TUNC, André. *La responsabilité civile.* 2ª ed. Paris: Ed. Économica, 1989, p. 1.

6 JONAS, Hans. *O princípio responsabilidade: ensaio de uma ética para a civilização tecnológica.* Rio de Janeiro: Contraponto: Ed. Puc-Rio, 2006, 2006, p. 21.

7 O primeiro uso oficial do termo inteligência artificial é atribuído a John McCarthy em 1956, durante um workshop na Universidade de Dartmouth (RUSSEL, Stuart, NORVIG, Peter. *Artificial intelligence: a modern approach.* 4th ed. New Jersey: Pearson Education, 2020, p. 35).

8 FIDALGO, Vitor Palmela. Inteligência artificial e direitos de imagem. In: *Inteligência artificial & Direito.* Coord. Manuel Lopes Rocha e Rui Soares Pereira. Coimbra: Almedina, 2019, p. 137.

9 DIMATTEO, Larry A. *Op. cit.*, 2022, p. 3.

intenso nas diversas áreas da sociedade: economia, *big data*, atividades governamentais, saúde, indústria, mercado de consumo etc.

A IA continuará a avançar e a ficar cada vez mais inteligente, com habilidades para tomada de decisões que anteriormente cabiam apenas aos humanos. O futuro nos trará IAs com graus de autonomia cada vez maiores, com aceleração de aprendizado e robôs físicos. A questão, portanto, é buscar identificar quais os riscos que a IA representa para a sociedade, para as instituições democráticas e para o Direito como um todo. Como lembra Bruno Torquato, ao mesmo tempo que ela traz uma série de benefícios, *"uma série de riscos a direitos também estão sendo evidenciados"*.[10]

O ponto é que vivemos uma revolução tecnológica que demanda, mais do que nunca, uma revolução jurídica[11]. É necessário atuar conjuntamente de forma a impedir as armadilhas das futuras inteligências artificiais avançadas ou superinteligência. Há um medo real de que a automação – que trouxe eficiência e gerou riqueza nas sociedades – aliada à IA possa levar a tomadas de decisão de IAs, em que ausente o fator humano, possa comprometer o estilo de vida humano. Mas não é só: muito embora se pense a IA com um bem público – o que é verdade, pois ela tem a capacidade de melhorar a vida das pessoas –, o seu uso certamente servirá à prática de ilícitos[12]. Consequentemente, é preciso encontrar os caminhos que, sem retardar o seu desenvolvimento, possam permitir a expansão do uso da IA. É fundamental que uma boa regulação tenha como propósito aumentar a confiança na IA, pois, como afirma Larry DiMatteo, "[t]*he more any misuse of AI can be prevented (or punished) the greater will be the trust in its development as a safe means to cure the many problems the world faces (e.g., climate change, poverty, equal opportunity, pandemics, and scarcity of resources)*".[13]

Acredita-se, por conseguinte, que o medo em relação a inteligência artificial deve dar lugar ao conhecimento e ao debate público,

10 LACERDA, Bruno Torquato Zampier. A função do direito frente à inteligência artificial. In: *Direito digital e inteligência artificial – diálogos entre Brasil e Europa*. Coord. Felipe Braga Netto et al. Indaiatuba: Editora Foco, 2021, p. 159.

11 ANTUNES, Henrique Sousa. Inteligência artificial e responsabilidade civil. In: *Inteligência artificial & Direito*. Coord. Manuel Lopes Rocha e Rui Soares Pereira. Coimbra: Almedina, 2019, p. 19.

12 DIMATTEO, Larry A. *Op. cit.*, 2022, p. 5.

13 Idem, p. 5.

pois o progresso científico e tecnológico há de continuar e é preciso ser ousado no apoio à inovação científica e outros meios de mudança[14] para, também, garantir a sobrevivência humana e a melhora na qualidade de vida das pessoas.

2. O impacto da inteligência artificial: decifrando os seus aspectos no campo normativo.

Na medida em que aumenta o uso de sistemas de inteligência artificial na sociedade, mais e mais pessoas passam a interagir com eles. Esse uso diário e normal no dia a dia acaba por esconder a complexidade que a IA traz em seu bojo e os desafios inerentes[15]. Acaba-se por normalizar o seu uso, mas seus riscos, permanecem invisíveis, escapando à capacidade perceptiva imediata das pessoas[16]. Assim, a IA pode ser facilmente confundida como se fosse algo uniforme, que se apresenta como uma entidade única, quando, em verdade, consiste num termo multifacetado que engloba vários entendimentos.

Não há um consenso acerca da definição de inteligência artificial, mas é comum encontrar algumas referências para explicar o que seria. Pascal König *et al* lembram que a ideia de IA pode dizer respeito a três conceitos distintos: i) como campo da ciência[17]; ii) como tecnologia ou método; ou iii) aplicações concretas de sistemas de IA[18]. De fato, não é incomum encontrar, nos mais variados campos do conhecimento, a dubiedade entre ciência e objeto, pelo que costuma se definir inteligência artificial para designar o próprio ramo do conhecimento e o objeto do qual ele se ocupa[19]. Evidentemente que o uso do termo inteligência artificial pode

---

14 GIDDENS, Anthony. *Runaway world – how globalisation is reshaping our lives.* Londres: Profile Books, 2002, Ed. Kindle, p. 34.

15 KÖNIG, Pascal D., et al. Essence of AI – what is AI?. In: *The cambridge handbook of artificial intelligence* (Cambridge Law Handbooks). Cambridge: Cambridge University Press, Edição do Kindle, 2022, p. 18.

16 BECK, Ulrich. *Sociedade de risco: rumo a outra modernidade.* São Paulo: Ed. 34, 2010, p. 54.

17 MCCARTHY, John. *What is artificial intelligence.* Stanford, 2007. Disponível em http://www-formal.stanford.edu/jmc/, acesso em 27.07.2023.

18 KÖNIG, Pascal D., et al. *Op. cit.*, 2022, p. 18.

19 SEGUNDO, Hugo de Brito Machado. *Direito e inteligência artificial*: o que os algoritmos têm a ensinar sobre interpretação, valores e justiça. Indaiatuba: Editora Foco, 2023, p. 3.

servir aos mais diversos significados em razão de sua diversidade em seus aspectos técnicos, propósitos e objetivos. Ou seja, muitas pessoas usam o termo para muitas coisas distintas e, não é de se estranhar que definir IA seja um tema extremamente tormentoso[20], não havendo um consenso unânime. Entretanto, ao tentar confrontar IA com questões éticas, legais e regulatórias, torna-se imperioso encontrar um entendimento mais claro.

Os estudos e trabalhos envolvendo inteligência artificial se iniciaram por meio dos matemáticos – em que a mente humana e a sua capacidade intelectual consistiam no ponto de referência – interessados, especialmente, em problemas de matemática, lógica e linguagem[21]. A partir da década de 1950, os avanços na computação levaram ao uso de redes neurais no âmbito de *machine learning*, uma vez que essas redes podem adaptar suas estruturas internas baseadas nos processos de *apreensão* de informações. Apesar do chamado inverno da IA dos anos 1970[22], importantes estudos de IA continuaram. Mas foi a partir do final do século passado que houve uma guinada em relação à IA, com a combinação dos estudos de redes neurais, dos avanços teoréticos e métodos refinados, do aumento da capacidade computacional e da disponibilidade do expressivo quantitativo de dados de todos os tipos[23]. Nesse senti-

20 MEDON, Filipe. *Inteligência artificial e responsabilidade civil: autonomia, riscos e solidariedade.* São Paulo: JusPodivum, 2022, p. 94.

21 Sobre o tema, Alan Turing discutia a possibilidade de criar IA e propôs o "Jogo da Imitação" em 1950. Já naquela época, em relação à *machine learning*, Turing criticava a afirmação de que uma máquina só poderia fazer aquilo que nós humanos mandamos fazer. Este autor, então, sugere, em vez de produzir uma programação que simule a mente adulta, produzir uma que simule a mente de uma criança. Ele esperava que uma mente de criança fosse mais fácil de programar e que ela se submetesse a um processo educacional (TURING, A. M. Computing machinery and intelligence. In: Mind, New Series, Vol. 59, nº 236 (Oct., 1950), pp. 433-460).

22 O chamado inverno da IA decorre da desilusão com o uso de perceptrons (uma forma simples de rede neural) para o aprendizado da máquina, após a publicação *Perceptron* de Minsky e Pappert em 1969, em que ficou claro que o perceptron era extremamente limitado. Sobre o tema, cf. STAN, Franklin. History, motivations and core themes of AI. In: *The Cambridge Handbook of Artificial Intelligence.* Cambridge: Cambridge University Press, 2014, p. 19.

23 KÖNIG, Pascal D., et al. *Op. cit.*, 2022, p. 20. Segundo os autores, as tarefas de tradução são um exemplo muito instrutivo: em vez de buscar uma fórmula explícita e universal para uma correta tradução, que serviria para todos os casos, buscou-se aproveitar enormes quantidades de dados de traduções humanas. Dessa forma, *machine learning* pode ser utilizada para encontrar padrões que permitem prever um correta e útil tradução para um determinado *input*.

do, o *machine learning* se tornou muito útil em inúmeros domínios, tais como física e engenharia, mas não apenas, fazendo com que se torne, atualmente, o paradigma dominante em termos de IA.

Dito isto, é preciso compreender que o campo da inteligência artificial concerne não apenas ao entendimento de como os seres humanos pensam e agem, mas, especialmente, como construir entidades inteligentes – máquinas que podem computar como agir efetiva e seguramente em uma variedade de situações novas[24]. Registre-se, por oportuno, que, muito embora sejam muitas as definições de inteligência, parece-nos que não se deve confundir inteligência com adaptação. A inteligência consistiria na capacidade de determinar o melhor curso de ação para uma situação em que presente incerteza e informação incompleta. Fala-se, portanto, em agente inteligente e racional quando ele tem essa capacidade de escolher a melhor ação e agir na busca do melhor resultado esperado. Adaptação, por sua vez, consiste na habilidade de um agente adquirir novas estratégias de seleção de ações ou novas ações[25]. Evidentemente que a inteligência pode vir a compreender adaptação no sentido de que a decisão mais apropriada, diante de uma situação, pode residir exatamente em tentar um novo curso de ação[26].

Contudo, um requisito fundamental para um **agente inteligente** é o planejamento de um curso de ação[27]. Isto é, o conceito de agente que, situado em um determinado ambiente, interage com esse ambiente demonstrando certo grau de autonomia. Este agente percebe o ambiente a partir dos dados disponíveis e atua justamente a partir destes dados na busca de determinado resultado. Stuart Russel e Peter Norvig, ao tratarem da noção de IA, reconhecem que ela leva em consideração uma série de aspectos, dentre eles "*agir de forma humana*", "*pensar de forma humana*", "*pensar racionalmente*" e "*agir racionalmente*"[28], muito embora os próprios autores tratem o tema de forma mais ampla, não restringindo

24 RUSSEL, Stuart, NORVIG, Peter. *Op. cit.*, 2020, p. 1.

25 WINFIELD, Alan. *Op. cit.*, 2020, p. 99. Para o referido autor: "*Separating intelligence and adaptation in this way has the additional merit of highlighting the temporal and energetic differences between intelligence and adaptation: intelligent behavior must be timely and energy efficient, whereas adaptation is a slower and more energetically costly process*".

26 KÖNIG, Pascal D., et al. *Op. cit.*, 2022, p. 24.

27 RUSSEL, Stuart, NORVIG, Peter. *Op. cit.*, 2020, p. 344.

28 Idem, p. 1.

apenas a esses aspectos. Não é incomum, assim, encontrar definições de IA fazendo alusão à inteligência humana. O dicionário Houaiss, por exemplo, define IA como o ramo da informática que visa dotar os computadores da capacidade de simular certos aspectos da inteligência humana[29]. Apesar da inteligência humana ser um critério de comparação interessante, o seu uso é limitado.

De fato, não apenas os sistemas de IA atuais já demonstram performance super-humana, como eles não devem necessariamente funcionar e agir como uma mente humana. Tampouco eles precisam demonstrar autoconhecimento e consciência para realizar tarefas que, de outra forma, exigiriam inteligência quando realizadas por humanos[30]. Aliás, é importante registrar que a inteligência artificial não precisa estar contida nos métodos biológicos da inteligência humana[31]. Ora, IA não é necessariamente sobre simular a inteligência humana[32], na medida em que podem existir formas de inteligência não humana[33].

Nesse sentido, o desenvolvimento de IA tem focado significativamente no estudo e construção de agentes artificiais que *fazem a coisa certa*[34]. Isto é um agente[35] inteligente não humano que, com um objetivo

29 Pequeno dicionário Houaiss da língua portuguesa. Instituto António Houaiss de lexicografia. 1ª ed. São Paulo: Moderna, p. 550.

30 KÖNIG, Pascal D., et al. *Op. cit.*, 2022, p. 23.

31 MCCARTHY, John. *Op. cit.*, 2007.

32 Idem.

33 Alan Winfeld propõe quatro categorias diferentes de inteligência, chamadas pelo autor de (1) inteligência morfológica, (2) inteligência de enxame, (3) inteligência individual e (4) inteligência social (WINFIELD, Alan. Intelligence is not one Thing. In: *Journal of Artificial General Intelligence – commentaries and author's response.* Vol. 11, Issue 2, February, 2020, p. 97. McCarthy também reconhecia que inteligência não consiste numa única coisa (MCCARTHY, John. *Op. cit.*, 2007). Para Pei Wang, inteligência deve ter a mente humana como seu exemplo mais típico, enquanto mantem espaço para os vários tipos de inteligência não humana (WANG, Pei. On Defining Artificial Intelligence. In: *Journal of Artificial General Intelligence* 10(2) 1-37, 2019, p. 16).

34 RUSSEL, Stuart, NORVIG, Peter. *Op. cit.*, 2020, p. 8.

35 O termo agente foi muito explorado no campo da IA na década de 90, reconhecendo-se que um elemento crucial para caracterização de um agente é a existência de um componente dentro de um sistema que tenha um grau de autonomia para suas ações e decisões. Sobre o tema, cf. WALLACE, Richard J. *Artificial intelligence/human intelligence: an indissoluble nexus.* Singapore: World Scientific Publishing Co, 2021, p. 120.

definido, diante de inúmeras situações, escolhe um determinado curso de ação para alcançar o melhor resultado esperado. A partir dessa compreensão, percebe-se que um possível conceito de IA envolve a ideia de um agente que, agindo com certo grau de autonomia, atua racionalmente, escolhendo o melhor curso de ação na busca de um determinado objetivo. Dito diversamente, a IA consiste num ente não humano que faz escolhas e tomadas de decisão a partir de um determinado objetivo.

Buscando estabelecer uma noção mais clara, Pascal König *et al* afirmam que é extremamente útil compreender a IA como um conjunto de artefatos digitais (hardware e software, possivelmente combinados) que contém, pelo menos, um componente de aprendizagem, isto é, um componente que é capaz de mudar seu comportamento baseado em dados apresentados e os padrões induzidos a partir desses dados[36]. Para os referidos autores, esta indução de padrões, que são transformados em comportamento, pode estar concluída no momento em que o artefato é utilizado ("componente aprendido") ou pode ser contínua ("componente de aprendizagem"). Isto implica em reconhecer que a máquina inteligente, ou seja, a IA, não faz apenas o que mandamos fazer, mas, antes, ela aprende a agir, com certo grau de autonomia, a partir dos dados apreendidos.

Nos últimos anos diversos grupos de estudos buscaram estabelecer definições gerais sobre IA que permitissem um tratamento regulatório. O Grupo Independente de Peritos de Alto Nível, instituído pela Comissão Europeia, define IA como *"sistemas desenhados por humanos, que diante de um objetivo complexo, atua no mundo físico ou digital a partir da percepção do seu ambiente, interpretando os dados coletados, estruturados ou não, racionalizando na inteligência derivada desses dados e decidindo o melhor curso de ação (de acordo com parâmetros bem definidos) de modo a alcançar o objetivo determinado"*[37].

Em 2020, o Parlamento Europeu aprovou a Resolução, de 20 de outubro, que contém recomendações à Comissão sobre o regime de responsabilidade civil aplicável à inteligência artificial[38]. Segundo esta

36 KÖNIG, Pascal D., et al. *Op. cit.*, 2022, p. 25.

37 Comissão Europeia. *A definition of AI*: main capabilities and scientific disciplines, Dec. 2018. Disponível em https://digital-strategy.ec.europa.eu/en/library/ definition-artificial-intelligence-main-capabilities-and-scientific-disciplines, acesso em 15.08.2023.

38 Disponível em https://www.europarl.europa.eu/doceo/document/TA-9-2020-0276_PT.html, acesso em 15.08.2023.

Resolução, em seu art. 3º, define-se sistema de IA como *"um sistema baseado em software ou integrado em dispositivos de físicos e que apresenta um comportamento que simula inteligência, nomeadamente recolhendo e tratando dados, analisando e interpretando o seu ambiente e tomando medidas – com um determinado nível de autonomia – para atingir objetivos específicos"*.

O avanço das proposições na Europa levou, em 2021, à elaboração da Proposta de Regulamento do Parlamento Europeu e do Conselho que Estabelece Regras Harmonizadas em Matéria de Inteligência Artificial[39]. Pela proposta, considera-se sistema de IA como *"um programa informático desenvolvido com uma ou várias das técnicas e abordagens enumeradas no anexo I, capaz de, tendo em vista um determinado conjunto de objetivos definidos por seres humanos, criar resultados, tais como conteúdos, previsões, recomendações ou decisões, que influenciam os ambientes com os quais interage"*.

A Organização para Cooperação e Desenvolvimento Econômico, por sua vez, define sistema de inteligência artificial como "um sistema capaz de influenciar o ambiente produzindo um resultado (previsões, recomendações ou decisões) para um determinado conjunto de objetivos. Ele utiliza dados e inputs baseados em máquinas ou em humanos para (i) perceber ambientes reais ou virtuais; (ii) abstrair essas percepções em modelos por meio de uma análise automatizada (por exemplo, com *machine learning*), ou manualmente; (iii) utilizar a inferência de modelos para formular opções de resultados. Sistemas de IA são desenhados para operar com diferentes níveis de autonomia"[40].

A proposta de Regulamento foi recentemente aprovada, em 14 de junho de 2023, pelo Parlamento Europeu[41]. Segundo o novo texto, entende-se por sistema de inteligência artificial *"um sistema baseado em máquinas concebido para operar com vários níveis de autonomia e que pode, em relação a objetivos explícitos ou implícitos, criar resultados, como pre-*

39 Disponível em https://eur-lex.europa.eu/legal-content/PT/TXT/HTML/?uri=CELEX:52021PC0206&from=EN, acesso em 15.08.2023.

40 OECD. *OECD framework for the classification of AI systems*. February, nº 323, 2022, pg. 23. Disponível em https://www.oecd-ilibrary.org/science-and-technology/oecd-framework-for-the-classification-of-ai-systems_cb6d9eca-en, acesso em 15.08.2023.

41 As emendas aprovadas pelo Parlamento Europeu podem ser vistas em https://www.europarl.europa.eu/doceo/document/TA-9-2023-0236_PT.html, acesso em 15.08.2023.

visões, recomendações ou decisões, que influenciam ambientes físicos ou virtuais".

O Projeto de Lei do Senado Federal nº 2.338/2023 que decorre da proposta formulada pela comissão de juristas constituída para propor subsídios à regulação da Inteligência Artificial[42], define em seu art. 4º, I os sistemas de IA como *"sistema computacional, com graus diferentes de autonomia, desenhado para inferir como atingir um dado conjunto de objetivos, utilizando abordagens baseadas em aprendizagem de máquina e/ou lógica e representação do conhecimento, por meio de dados de entrada provenientes de máquinas ou humanos, com o objetivo de produzir previsões, recomendações ou decisões que possam influenciar o ambiente virtual ou real".*

Perceba-se que todas as definições acima propostas buscam tratar a IA como um sistema que, a partir de um objetivo, atua no ambiente, físico ou virtual, produzindo algum resultado, decidindo o melhor curso de ação. Dito diversamente, estamos tratando de um ente não humano que atua em prol de um objetivo, explícito ou não, com vários níveis de autonomia – maior ou menor –, que tomará alguma decisão e que afetará o ambiente virtual ou físico em que se encontra[43].

---

42 A Comissão foi criada em 17.02.2022, pelo Ato do Presidente do Senado Federal nº 4, de 2022, e teve como escopo instituir uma comissão com o objetivo de subsidiar a elaboração de minuta de substitutivo para instruir a apreciação dos Projetos de Lei nºs 5.051, de 2019, 21, de 2020, e 872, de 2021, que têm como objetivo estabelecer princípios, regras, diretrizes e fundamentos para regular o desenvolvimento e a aplicação da inteligência artificial no Brasil.

43 Ryan Carlo reconhece a existência de três características que tornam a robótica um grande desafio para o Direito e para as instituições. São elas: (i) a materialidade (*embodiment*), (ii) o comportamento emergente (*emergence*), e (iii) o seu valor social (*social valence*). A primeira consiste na capacidade que os robôs têm de agir fisicamente no mundo, com capacidade de causar danos às pessoas ou à propriedade. A segunda corresponde à capacidade de aprender e se adaptar. Nesse segundo ponto, Carlo faz distinção entre comportamento emergente e autonomia, de tal maneira que as máquinas não teriam autonomia na medida em que não há uma intenção do robô. Dito diversamente, os robôs não tomam uma decisão para agir de certa maneira, mas, antes, o comportamento emergente consistiria na associação entre complexidade e utilidade, o movimento de regras de baixo nível para tarefas de aparentemente alta sofisticação, como fazem as formigas. Por fim, a última característica é o valor social, isto é a percepção social do robô, embaçando a dicotomia entre indivíduos e ferramentas, o que poderia levar a um novo tratamento jurídico (CARLO, Ryan. *Robotics and the Lessons of Cyberlaw*, 103 Calif. L. Rev. 513 (2015). Disponível em https://digitalcommons.law.uw.edu/faculty-articles/ 23, acesso em 28.08.2023).

2.1. Classificações da inteligência artificial e outras definições

Independentemente do conceito a se adotar, é importante compreender, também, que a complexidade da inteligência artificial exige soluções distintas a depender do tipo de inteligência artificial. Assim, é imperioso reconhecer os vários tipos de inteligência artificial de que está se tratando. Costuma-se classificar inteligência artificial em *fraca/ restrita* e *forte/geral*.

A IA restrita, denominada *narrow AI*, é aquela cujo sistema de IA produz uma expertise específica ou realiza uma tarefa específica[44]. Ela serve apenas para a tarefa à qual foi projetada[45]. São exemplos desse tipo de IA os sistemas de reconhecimento facial, de apenas realizar buscas na internet, apenas dirigir um carro. A IA geral, também chamada de *general AI*, envolve a capacidade de alcançar uma gama ilimitada de objetivos e de solução de todo e qualquer tipo de problema. Seria dizer que esse tipo de IA teria uma habilidade, comparável à inteligência humana, de lidar com uma variedade de tarefas e de se adaptar a novas tarefas, adquirindo capacidades adequadas de resolver problemas[46].

Apesar da inteligência forte ter informado os filmes de ficção científica e a cultura popular acerca da IA, a verdade é que apenas uma pequena parte da pesquisa em IA tem se dedicado a ela. A maioria dos esforços, estudos e avanços em IA tem sido direcionada para desenvolver soluções – e, consequentemente, sistemas de IA – que se enquadram na categoria de IA restrita, cujo escopo é resolver tarefas específicas, alcançando objetivos determinados, tais como filtro de spams, jogar jogos de tabuleiro – como GO e xadrez – ou, ainda, elaborar textos e apresentações, como têm sido o caso dos chatbots recentes.

A multiplicidade e o alcance de realizações concretas dos sistemas de IA restrita demonstram a complexidade de sua regulação. Ela pode atender a tarefas e funções variadas, desde reconhecimento de voz até mover objetos de um lugar para outro, como é o caso de containers de

---

44 KERRIGAN, Charles. Introduction to AI. In: *Artificial intelligence – law and regulation.* Cheltenham: Edward Elgar Publishing Limited, 2022, p. 31.

45 MEDON, Filipe. *Inteligência artificial e responsabilidade civil: autonomia, riscos e solidariedade.* São Paulo: JusPodivum, 2022, p. 120.

46 KÖNIG, Pascal D., et al. *Op. cit.*, 2022, p. 24.

navios em operações portuárias[47]. Há uma grande complexidade, cuja variedade é significativa, que dependerá do grau de autonomia e da forma como os objetivos são determinados.

Ainda se pode distinguir a Inteligência Artificial considerando o seu aprendizado. Na questão do aprendizado, é importante destacar o papel que comumente tem se dado ao chamado *machine learning* ou aprendizado da máquina. De fato, atualmente esse termo está intrinsicamente ligado à ideia de sistema de inteligência artificial.

A noção de aprendizado de um agente leva em consideração o fato de que ele pode melhorar a sua performance após fazer observações sobre o mundo. Esse aprendizado pode ser trivial, sobre coisas e fatos básicos, ou pode ser profundo. *Machine learning* diz respeito ao aprendizado quando o agente é uma máquina. Em outras palavras, a máquina observa dados, constrói um modelo baseado nos dados, e usa esse modelo como uma hipótese sobre o mundo e como uma ferramenta para resolução de problemas[48].

Repare que o *machine learning* ou aprendizado da máquina refere a uma técnica pela qual um *software* é capaz de executar funções sem um código explícito[49]. Em programação tradicional, os algoritmos são construídos a partir de códigos que estabelecem etapas com *inputs* e *outputs* definidos. Isto é, uma série de fórmulas matemáticas, consistentes num conjunto de instruções. Nesses casos, estamos diante da lógica "*if-then-else*", isto é, códigos exteriorizados pela lógica "se [situação X] então [ação Y]". Nessa forma tradicional de programação, a máquina realiza aquilo que foi previamente determinado a ela: trata-se de uma lógica previsível. A evolução dos sistemas de IA, no entanto, como já dito acima, caminhou para o desenvolvimento de algoritmos baseados em *machine learning,* que são desenhados para detectar padrões em dados e usar os resultados para automaticamente melhorar o algoritmo sem instruções explícitas de como isso deve ser feito. Com o uso do *machine learning*, a máquina é capaz de desenvolver a "*habilidade de desempenhar ações e chegar a resultados que seus criadores não eram capazes de alcançar ou*

47 https://ufabcdivulgaciencia.proec.ufabc.edu.br/2022/04/07/o-papel-da-inteligencia-artificial-no-gerenciamento-da-cadeia-de-suprimentos-em-operacoes-portuarias-de-movimentacao-de-conteineresv-5-n-4-p-1-2022/

48 RUSSEL, Stuart, NORVIG, Peter. *Op. cit.*, 2020, p. 651.

49 KERRIGAN, Charles. Introduction to AI. In: *Artificial intelligence – law and regulation.* Cheltenham: Edward Elgar Publishing Limited, 2022, p. 32.

de prever"[50]. São modelos baseados em algoritmos que reconhecem padrões em dados e testa as predições contra novos dados e, dessa forma, acumula conhecimento e experiências e extrai lições, o que a leva a agir de forma diversa em face de uma mesma situação, a depender de sua performance anterior.

Pode se falar, ainda, em aprendizado não supervisionado e aprendizado supervisionado. No primeiro, conforme lembra Filipe Medon[51], existe uma carga de dados e documentos e, dessa forma, o sistema de IA é programado para identificar os respectivos padrões e realizar os agrupamentos. Neste caso, o aprendizado envolve a apresentação de dados, mas sem a resposta, de tal maneira que o sistema sugere as respostas, mas sem saber se está certo: não há um feedback explícito. No segundo caso, a máquina observa um conjunto de pares de *input-output* e aprende a função a partir dessas definições. Ela funciona bem em casos em que os projetistas conhecem o resultado e querem utilizar o sistema de IA para ser mais eficiente.

Importante registrar, também, os algoritmos de reforço (*reinforcement machine learning*) que se vale de um sistema orientado ao aprendizado por meio de tentativa e erro, em um ambiente dinâmico[52], utilizando o feedback de suas ações. Esses feedbacks são positivos ou negativos, sinalizando punições ou recompensas, com o escopo de maximizar a função de recompensa.

Não se pode deixar de mencionar, ainda, o *deep learning* e as redes neurais artificiais. Como dito anteriormente, os avanços nos estudos de IA levaram à utilização de redes neurais artificiais. Isto é, algoritmos estruturados e interconectados em camadas que se assemelham, ainda que de forma superficial, às redes neurais do cérebro humano[53]. O mo-

50 PIRES, Thatiane Cristina Fontão, SILVA, Rafael Peteffi da. A responsabilidade civil pelos atos autônomos da inteligência artificial: notas iniciais sobre a resolução do Parlamento Europeu. In: Revista Brasileira de Políticas Públicas, Vol. 7, nº 3, dez., 2017, p 242.

51 MEDON, Filipe. *Op. Cit.*, 2022, p. 122.

52 KAELBLING, Leslie Pack, LITTMAN, Michael L., MOORE, Andrew W. Reinforcement Learning: a survey. In: *Journal of artificial intelligence research*, 4, 1996, p. 237.

53 KERRIGAN, Charles. Introduction to AI. In: *Artificial intelligence – law and regulation.* Cheltenham: Edward Elgar Publishing Limited, 2022, p. 33. Sobre as chamadas redes neurais, Stuart Russel e Peter Norvig afirmam: "*For this reason, the networks trained by deep learning methods are often called* ***neural networks****, even though the resemblance to real neural cells and structures is superficial*" (RUSSEL, Stuart, NORVIG, Peter. *Op. cit.*, 2020, p. 750).

delo de *deep learning* é a técnica de *machine learning* que se vale dessas redes neurais, ou seja, circuitos organizados em camadas. Este é o modelo amplamente utilizado na atualidade para sistemas de IA[54].

Por fim, há que se falar sobre a inteligência artificial generativa (*generative AI*). No final de 2022, o mundo leigo foi surpreendido com a capacidade de sistemas de IA no uso da linguagem. A OpenAI lançou o ChatGPT, um chatbot construído em LLM[55] GPT-3[56], que tinha a capacidade de criar textos. Nos últimos seis meses, cresceu exponencialmente o número de sistemas de IA capazes de criar conteúdo, tais como textos, imagens, vídeos e áudios, se tornando extremamente populares. A IA generativa, como o próprio nome indica, consiste em técnicas de IA que podem ser utilizadas para criar ou produzir vários tipos de conteúdo, incluindo textos, imagens, áudio e vídeos. Tais aplicações têm sido utilizadas com cada vez mais frequência nos vários campos, tais como finanças, escrita colaborativa, comunicação, inteligência de ameaças cibernéticas, saúde etc[57]. Apesar disso, a reboque das inovações e das possibilidades, tem se percebido a falta de valores éticos, a alucinação de fatos, além da discriminação algorítmica, tudo por parte dos sistemas de IA.

A grande questão reside no fato de que o contínuo desenvolvimento dos sistemas de IA, com o uso do *deep learning*, permite que não haja limites em relação ao que o sistema poderá realizar, uma vez que não há limites para a quantidade de dados que o sistema possa receber e dos processos com um nível de aprendizado cada vez maior. Nesse ponto, a regulação de sistemas de IA e, especialmente, a regulação acerca da res-

54 RUSSEL, Stuart, NORVIG, Peter. *Op. cit.*, 2020, p. 750.

55 Large Language Model

56 Já em 2023, foi lançado o ChatGPT 4, com profundas melhorias e capacidades, muito embora ainda seja problemático e não confiável. Como os próprios desenvolvedores afirmam, ele tem a capacidade de alucinar fatos: "*Despite its capabilities, GPT-4 has similar limitations as earlier GPT models. Most importantly, it still is not fully reliable (it "hallucinates" facts and makes reasoning errors). Great care should be taken when using language model outputs, particularly in high-stakes contexts, with the exact protocol (such as human review, grounding with additional context, or avoiding high-stakes uses altogether) matching the needs of specific applications. See our System Card for details*". Sobre o tema, cf. OpenAI. *GPT-4 Technical Report*. 2023, p. 10. Disponível em https://arxiv.org/abs/2303.08774, acesso em 17.08.2023.

57 WANG, Yanshan, et al. *From military to healthcare: adopting and expanding ethical principles for generative artificial intelligence* p. 2.. Disponível em https://arxiv.org/abs/2308.02448, acesso em 17.08.2023,

ponsabilidade civil decorrente do seu uso deve considerar todas essas complexidades para fins de imputação do dever de reparar, ao mesmo tempo em que não sirva como entrave à inovação.

3. Os desafios da reparação dos danos a partir do desenvolvimento da inteligência artificial

Como se teve a oportunidade de ver, a inteligência artificial é utilizada para as mais variadas atividades. Nesse ponto, é sempre importante lembrar o alerta de Danilo Doneda quando afirmava que o uso da inteligência artificial para previsões do comportamento individual pode ter um impacto significativo na vida das pessoas, pois "*as previsões sobre o comportamento de indivíduos determinados pode fundamentar decisões sobre as suas vidas, seja no mercado, seja nas suas relações com o Estado, influenciando diretamente o seu acesso a bens, serviços e mesmo ao mercado de trabalho*"[58].

A disseminação da IA, portanto, caminho sem volta, acarreta profundas repercussões jurídicas na vida das pessoas, com grande potencial de causar danos consideráveis, o que exige um esforço dos operadores do direito na busca por soluções adequadas para os tempos atuais[59]. Nesse ponto há de se indagar se o Direito dos Danos é flexível o suficiente, se tem instrumentos suficientes ou se demanda uma modificação de sua estrutura e função para o tratamento dos danos que são produzidos pelas novas tecnologias[60]. A principal questão debatida é: quem é o res-

58 DONEDA, Danilo Cesar Maganhoto *et al.* Considerações iniciais sobre inteligência artificial, ética e autonomia pessoal. In: Pensar – revista de ciências jurídicas. Vol. 23, nº 4, out./dez. 2018, p. 4.

59 BARBOSA, Ana Mafalda Castanheira Neves de Miranda. Responsabilidade civil pelos danos causados por entes dotados de inteligência artificial. In: *Direito digital e inteligência artificial – diálogos entre Brasil e Europa*. Indaiatuba: Editora Foco, 2021, p. 273.

60 Sempre importante remorar o alerta de Stefano Rodotà, em entrevista à Danilo Doneda, para quem "*a disciplina da responsabilidade civil é uma disciplina que se presta muito a seguir as novas tendências determinadas em uma organização social, e que oferece a elas uma primeira forma de tutela quando as outras formas de tutela, que demandariam uma intervenção do legislador, ainda não estão maduras e percebidas pela sociedade e pelos parlamentos*" e, portanto, ela é como "*a campainha de um alarme, há um problema que deve ser resolvido em termos jurídicos, então veremos o quanto pode permanecer no âmbito da responsabilidade civil sem alterar a sua função*" (disponível em http://www.doneda.net/2017/06/23/entrevista-com-stefano-rodota/).

ponsável pelos danos causados a partir de novas tecnologias que são imprevisíveis?[61] Ora, a construção de um uso ético e responsável dos sistemas de IA ganha contornos de complexidade quando as tomadas de decisões contêm certa imprevisibilidade.

Na tentativa de uma construção sistemática do Direito dos Danos, é preciso ter em mente a sistemática presente, de tal maneira que as soluções a serem buscadas devem considerar a unidade e a complexidade do ordenamento jurídico, afastando se de enunciações que busquem criar supostos ramos do direito autônomos, com valores próprios da chamada *lex robótica*[62]. Não se pretende afirmar que não existam peculiaridades na ascensão das novas tecnologias - que demandam novas respostas e, possivelmente, novos institutos. Mas é preciso reconhecer que não se pode desconsiderar a dogmática civilística na solução dos problemas referentes à responsabilidade civil.

Nesse ponto, dois aspectos parecem de fundamental importância: de um lado (i) a determinação causal do dano, com a identificação do autor do dano e, de outro, (ii) o sistema de responsabilidade civil a que se submete o uso dos sistemas de IA, isto é, se subjetivo ou objetivo.

3.1. Risco e causalidade nos sistemas de IA

Na conformação social contemporânea, o risco passa a polarizar os debates da sociedade. Ele deixa de figurar como um mero aspecto

---

61 Para Gustavo Tepedino e Rodrigo da Guia, inúmeros problemas se colocam: "*No que tange à configuração do dano indenizável, indaga-se: o usuário (ou o programador etc.) pode se isentar de responsabilidade ao argumento de que os sistemas autônomos adotaram condutas imprevisíveis? Mostra-se legítimo se relacionar essa imprevisibilidade de comportamentos à controvérsia histórica sobre os ditos danos imprevisíveis? No âmbito do nexo de causalidade: a atuação de sistemas autônomos rompe o liame causal entre a conduta do usuário (ou programador etc.) e o dano reparável? Admite-se a incidência das causas excludentes de responsabilidade na hipótese de o dano ter sido causado diretamente por um sistema dotado de inteligência artificial? Ainda, no que diz respeito aos critérios de imputação: o regime de responsabilidade será subjetivo ou objetivo? Se subjetivo, pode-se associar a maior autonomia do sistema de inteligência artificial à menor reprovabilidade da conduta do usuário? Podem incidir regularmente as causas excludentes de ilicitude? Se objetivo o regime de responsabilidade, qual exatamente haveria de ser seu fundamento?*" (TEPEDINO, Gustavo, e SILVA, Rodrigo da Guia. desafios da inteligência artificial em matéria de responsabilidade civil. In: *Revista Brasileira de Direito Civil.* V. 21, , Belo Horizonte, jul./set. 2019, pp. 67/68.

62 Idem, p. 71.

acidental, para se tornar verdadeiro elemento central, objeto de estudo, mensuração e controle. De fato, se no passado os perigos eram sempre relegados aos outros, atualmente, eles não podem ser segregados, estando todos submetidos a eles[63].

As novas definições de risco, então, acabaram sendo incorporadas pelos ordenamentos jurídicos[64], especialmente no que diz respeito aos sistemas de reponsabilidade civil[65]. A confissão de que o homem é o produtor dos próprios desastres[66], reforça a ideia, cada vez mais presente, de que é necessário identificar os responsáveis pelos males que afligem os homens, pois se apresenta inverossímil que os riscos e os danos não tenham a participação direta ou indireta do homem. Nesse ponto, o contínuo desenvolvimento tecnológico, ao mesmo tempo que produziu um profundo incremento na vida, segurança e saúde, trouxe, a reboque das forças produtivas, inúmeros riscos decorrentes desse progressivo processo de modernização[67], caracterizando uma ameaça aos interesses juridicamente protegidos no ordenamento, gerando as mais variadas lesões, quantitativa e qualitativamente consideradas.

Observou-se, então, um aprofundamento da complexidade causal, levando o risco a irradiar seus efeitos, também, para o princípio da causalidade. Nesse ponto, cumpre realçar o reconhecimento de que a compreensão da causalidade não segue uma análise naturalística, pois o jurista persegue a causa jurídica, que não pode prescindir das próprias finalidades específicas da responsabilidade civil[68]. Por conseguinte, quando se fala em causa juridicamente relevante, deve ser entendido que se trata de uma noção cujo sentido só pode ser extraído a partir da normatividade[69]. A causalidade jurídica no âmbito da responsabilidade civil resolver-se-á nas escolhas legislativas que estabelecerão os critérios a serem perquiridos na busca pelo nexo de causalidade.

63 BECK, Ulrich. *Op. cit.,* 2010, p. 7.

64 LUPTON, Deborah. *Risk.* 2nd ed. London: Routledge, 2013, p. 37.

65 ROSENVALD, Nelson, *et al. Novo tratado de responsabilidade civil.* São Paulo: Atlas, 2015, p. 6.

66 GIDDENS, Anthony. *Conversas com Anthony Giddens: o sentido da modernidade.* Rio de Janeiro: Editora FGV, 2000, p. 143.

67 BECK, Ulrich. *Op. cit.*, 2010, p. 15.

68 VIOLA, Rafael. Risco e causalidade. Indaiatuba: Editora Foco, 2023, p. 97.

69 Idem, p. 97.

É possível inferir, portanto, que a causalidade não pode ser considerada uma pura questão de fato. Não apenas o ordenamento jurídico pode determinar as fórmulas, critérios ou testes que entender adequados à busca pela causa, como pode recusar aqueles tradicionalmente utilizados para apurar a causalidade[70]. Trata-se, em suma, de atribuição de responsabilidade jurídica a partir do exercício de uma atividade perigosa, ainda que não se possa estabelecer, com precisão absoluta, a relação causal factual entre uma ação ou omissão daquele que explora a atividade e o dano causado. Nesse caso, de incerteza factual, nota-se a utilização de critérios normativos para imputação da responsabilidade, compatíveis com a natureza e a estrutura do direito da reparação dos danos[71] [72].

A sociedade contemporânea, altamente desenvolvida e tecnológica, com atividades cada vez mais perigosas, faz com que o mundo pareça cada vez mais fora de controle, com intensa produção de riscos. Riscos esses que não podem ser completamente dominados, levando todos a profundas incertezas, inclusive quanto ao futuro. Esses riscos decorrem da natureza, mas em grande parte, também, do ser humano: os chamados riscos fabricados, ou seja, riscos criados pelo progresso do desenvolvimento científico, tecnológico e econômico, e que são, direta ou

70 PEREIRA, Rui Soares. *O nexo de causalidade na responsabilidade delitual – fundamento e limites do juízo de condicionalidade. Almedina*, 2017, p. 530.

71 PEREIRA, Rui Soares. *Op. cit.*, 2017, p. 532.

72 No Brasil, o debate da causalidade tem, com certa frequência, sido reduzida ao debate de três teorias, quais sejam (i) equivalência das condições, (ii) causalidade adequada e (iii) dano direito e imediato (cf. TEPEDINO, Gustavo. Notas sobre o nexo de causalidade in: Temas de Direito Civil. Tomo II. Rio de Janeiro: Renovar, 2006, e SCHREIBER, Anderson. Novos paradigmas da responsabilidade civil: da erosão dos filtros da reparação à diluição dos danos. São Paulo: Atlas, 2007). Muito embora o debate seja vívido e complexo, a posição adotada vai no sentido de que *"não há uma teoria específica adotada pelo ordenamento jurídico brasileiro para fins de imputação de responsabilidade civil, não sendo possível recorrer a uma só teoria ou modelo de causalidade para responder aos múltiplos e complicados desafios que se colocam no campo da causalidade.823 Assim, cabe ao investigador adotar uma visão holística da causalidade, se socorrendo dos modelos estabelecidos na busca pela causa necessária, sendo certo que a teoria NESS e do escopo da norma jurídica violada servem como grandes auxílios à tarefa, mas mantendo um discurso metodológico coerente, que reconhece todos os juízos sobre a causalidade como juízos normativos"* (VIOLA, Rafael. Rafael. *Risco e causalidade.* Indaiatuba: Editora Foco, 2023, p. 165).

indiretamente, reconduzíveis a uma decisão humana. Esses riscos, como visto anteriormente, devem ser corretamente distribuídos.

Em uma sociedade em que o risco é presente, constrói-se um modelo ressarcitório em que cada um deve suportar o risco de a sua conduta causar danos a terceiros[73]. Neste ponto, a responsabilidade pelo resultado, lembra Ana Mafalda de Miranda Barbosa, "*surge como um sistema de alocação de resultados*"[74]. No campo das atividades perigosas, compreende-se que a correta atribuição não pode se pautar desprezando a causalidade, muito embora esta não seja um critério puramente naturalístico. Ao revés, a causalidade não pode ser considerada uma pura questão de fato. O risco é, desse modo, chamado para o centro do debate.

Se a finalidade precípua da responsabilidade civil reside na reparação dos danos, afigura-se determinante considerar o resultado lesivo, e é justamente ele que torna a causalidade imprescindível na análise[75]. As hipóteses de responsabilidade objetiva, notadamente aquelas decorrentes do risco, devem se fundar em alguma *ratio* que "*vá para lá da simples causação do dano*"[76]. É necessário reconhecer que os critérios normativos orientadores da reparação dos danos estabelecem como causa não apenas a ação direta causadora do dano no plano naturalístico, mas outros antecedentes à ocorrência do dano podem ser reconduzidos à esfera jurídica do decisor: parece possível reconhecer que, no plano das atividades perigosas, ao se estabelecer uma cláusula de responsabilidade pelo risco, nos termos do art. 927, parágrafo único, busca-se como causa da ocorrência de determinados resultados danosos *a decisão de explorar a própria atividade perigosa*. Esta deve ser tida como a causa jurídica dos riscos que lhe são inerentes.

A escolha de explorar uma atividade – o exercício dessa liberdade – traz consigo a ideia de responsabilidade, porquanto essa responsabilidade se caracteriza pela assunção de uma esfera de risco orientada pelo

---

73 BARBOSA, Ana Mafalda Castanheira Neves de Miranda. *Estudos a propósito da responsabilidade objetiva*. Cascais: Princípia, 2014, p. 544.

74 Idem, p. 551.

75 BARBOSA, Ana Mafalda Castanheira Neves de Miranda. *Lições de responsabilidade civil*. 1ª ed. Cascais: Princípia, 2017, p. 268.

76 BARBOSA, Ana Mafalda Castanheira Neves de Miranda. *Do nexo de causalidade ao nexo de imputação – contributo para a compreensão da natureza binária e personalística do requisito causal ao nível da responsabilidade civil extracontratual*. Vol. I. Cascais: Princípia, 2013, p. 408.

respeito que cada pessoa provoca e que, acarretando um determinado resultado lesivo, se converte inegavelmente numa responsabilidade pelo dano[77]. Nesse ponto, a imputação que se pretende se encontra na esfera de risco que se assume[78] ao se decidir explorar uma atividade de risco. Percebe-se, assim, que a análise da causalidade e do risco são tratados a partir da seleção dos resultados atribuíveis ao desempenho de uma atividade de risco em que a causa jurídica estabelecida será a própria decisão de explorar a atividade potencialmente lesiva, desde que se possa reconhecer, com alguma segurança que o evento é legitimamente esperado da atividade[79].

Nesse sentido, a decisão do fornecedor de sistema de inteligência artificial de colocar em circulação ou inserir o sistema no mercado, ou, mesmo, do operador de sistema de inteligência artificial, de explorar o respectivo sistema, atrai para sua esfera de riscos os danos que se mostrem legitimamente esperados a partir da referida IA. A questão, portanto, reside em definir a tipologia do sistema de IA e o seu grau de autonomia para tomada de decisões[80], de modo a se determinar a esfera de risco assumida pelo fornecedor ou operador de sistema de IA. A partir daí surge a indagação de como defini-los.

A Resolução do Parlamento Europeu, de 20 de outubro de 2020, que contém recomendações à Comissão sobre o regime de responsabilidade civil aplicável à inteligência artificial[81], previu no item 14

---

77 BARBOSA, Ana Mafalda Castanheira Neves de Miranda. *Responsabilidade civil extracontratual – novas perspetivas em matéria de nexo de causalidade.* 1ª ed. Cascais: Princípia, 2014, p. 32.

78 BARBOSA, Ana Mafalda Castanheira Neves de Miranda. *Lições de responsabilidade civil.* 1ª ed. Cascais: Princípia, 2017, p. 269. No mesmo sentido, v. BARBOSA, Ana Mafalda Castanheira Neves de Miranda. Do nexo de causalidade ao nexo de imputação. In: *Novos olhares sobrea a responsabilidade civil – jurisdição civil.* Lisboa: Centro de Estudos Judiciários, 2018, p. 65. Disponível em http://www.cej.mj.pt/cej/recursos/ebooks/civil/eb_ReponsCivil_2018.pdf, acesso em 06.09.2021.

79 Nesse particular, já se teve a oportunidade de definir a atividade de risco como "*uma situação ou um evento legitimamente esperado, atribuível a uma decisão humana, comissiva ou omissiva, em que um interesse juridicamente protegido se encontra sujeito a uma lesão potencial, mas cujo resultado concreto é incerto*" (VIOLA, Rafael. Rafael. *Risco e causalidade.* Indaiatuba: Editora Foco, 2023, p. 67).

80 MEDON, Filipe. *Op. Cit.*, 2022, p. 161.

81 "14. Considerando que a diversidade dos sistemas de IA e a gama diversificada de riscos que a tecnologia representa dificulta os esforços destinados a encontrar uma solução única, adequada a todos os riscos possíveis; considerando que, a esse

exatamente a necessidade de identificar os tipos de sistema e os riscos que implicam para a sua correta atribuição de responsabilidade. O Regulamento Inteligência Artificial, aprovado pelo Parlamento Europeu em 14.06.2023, cria três tipos de risco: (i) inaceitável, (ii) elevado, e (iii) baixo ou mínimo.

Na primeira categoria (art. 5º) inserem-se todos os sistemas cuja utilização seja inaceitável por violar os valores da União Europeia. É o caso de sistemas que violam direitos fundamentais. Nos termos do Regulamento:

> As proibições abrangem práticas com potencial significativo para manipular as pessoas por meio de técnicas subliminares que lhes passam despercebidas ou explorar as vulnerabilidades de grupos específicos, como as crianças ou as pessoas com deficiência, para distorcer substancialmente o seu comportamento de uma forma que seja suscetível de causar danos psicológicos ou físicos a essa ou a outra pessoa. Outras práticas manipuladoras ou exploratórias que são possibilitadas pelos sistemas de IA e que afetam os adultos podem ser abrangidas pela legislação em matéria de proteção de dados, de defesa dos consumidores e de serviços digitais, que garante que as pessoas singulares sejam devidamente informadas e tenham a liberdade de decidir não se sujeitar a uma definição de perfis ou a outras práticas que possam afetar o seu comportamento. A proposta também proíbe a classificação social assente na IA para uso geral por parte das autoridades públicas. Por último, é igualmente proibida a utilização de sistemas de identificação biométrica à distância «em tempo real» em espaços acessíveis ao público para efeitos de manutenção da ordem pública, a não ser que se apliquem determinadas exceções limitadas.[82]

respeito, deve ser adotada uma abordagem em que são utilizadas experiências, projetos-piloto e ambientes de teste da regulamentação para encontrar soluções proporcionais e baseadas em dados concretos que se adaptem a situações e setores específicos, sempre que necessário;"

82 O resumo do risco inaceitável pode ser assim delineado: (a) sistemas que empreguem técnicas subliminares que contornem a consciência de uma pessoa ou técnicas manifestamente de manipulação ou enganadoras, com o objetivo ou o efeito de distorcer

São sistemas de risco elevado aqueles que criam um risco elevado para a saúde e a segurança ou para os direitos fundamentais das pessoas. Esses sistemas são autorizados a funcionar no mercado, europeu, mas estão sujeitos ao cumprimento de diversos requisitos obrigatórios e a uma avaliação de conformidade. Definir como um sistema de IA de risco elevado não depende apenas de sua função, mas também da finalidade específica e das modalidades para as quais é utilizado. Nos termos do ar. 6º, do Regulamento Europeu, são de elevado risco sistemas de IA concebidos para serem utilizados como componentes de segurança de produtos que estão sujeitos a uma avaliação da conformidade por terceiros relacionada com os riscos para a saúde e a segurança, com vista à colocação no mercado ou à colocação em serviço[83].

Os sistemas de risco limitados, por sua vez, devem cumprir apenas requisitos mínimos de transparência, que permitam aos usuários adota-

substancialmente o comportamento de uma pessoa ou grupo de pessoas prejudicando consideravelmente a sua capacidade de tomar uma decisão informada, (b) sistemas que explorem quaisquer vulnerabilidades da pessoa, incluindo as suas características conhecidas ou previstas da personalidade ou da situação social ou econômica, a sua idade ou capacidade mental, (b-A) sistemas de categorização biométrica, que categorizam as pessoas de acordo com atributos ou características sensíveis ou protegidos , (c) sistemas de IA para efeitos de avaliação ou de classificação social (*social scoring*) que conduz a tratamento prejudicial ou desfavorável de certas pessoas, (d) sistemas de identificação biométrica à distância em «tempo real» em espaços acessíveis ao público, (d-A) sistemas para a realização de avaliações de risco de pessoas ou de grupos de pessoas, a fim de avaliar o risco de uma pessoa poder cometer, ou voltar a cometer uma infração, ou para prever a ocorrência ou a recorrência de uma infração penal ou administrativa real ou potencial, (d-B) sistemas de IA que criam ou expandem bases de dados de reconhecimento facial através da recolha aleatória de imagens faciais a partir da Internet ou de imagens de CCTV, e (d-D) sistemas de IA para a análise de vídeos de espaços acessíveis ao público através de sistemas de identificação biométrica à distância «em diferido», a menos que estejam sujeitos a uma autorização prejudicial em conformidade com a legislação da União e sejam estritamente necessários para a pesquisa precisa associada a uma infração penal grave específica.

83 O Anexo III do Regulamento traz a listagem em relação ao risco elevado, que pode ser assim resumido: (1) identificação biométrica e categorização de pessoas, (2) gestão e funcionamento de infraestruturas críticas, (3) educação e formação profissional, (4) emprego, gestão de trabalhadores e acesso ao emprego por conta própria, (5) acesso a serviços privados e a serviços e prestações públicas essenciais, (6) manutenção da ordem pública, (7) gestão da migração, do asilo e do controle das fronteiras, e (8) administração da justiça e processos democráticos.

rem decisões informadas, sendo certo que o usuário poderá decidir se pretende continuar a utilizar o referido sistema ou não. Ponto importante é que o usuário deve ser sempre informado de que está interagindo com um sistema de IA, inclusive aos sistemas de IA generativas.

O Projeto de Lei 2.338/2023, em trâmite no Senado Federal buscou regulamentar os riscos e a atribuição de responsabilidade na linha do Regulamento Europeu. Para além dos diversos deveres de transparência, o projeto de lei fixa dois tipos de risco: (i) risco excessivo e (ii) alto risco. O risco excessivo é proibido pela proposta, pois ofende direitos fundamentais e valores presentes no ordenamento, nos termos do art. 14 e 15[84]. As aplicações de alto risco, por sua vez, são aquelas que podem acarretar graves danos à saúde e segurança das pessoas e de seu patrimônio ou para os direitos fundamentais, em conformidade com o art. 17[85]. Importante esclarecer que à autoridade competente caberá re-

84 Confira-se o disposto nos arts. 14 e 15, ambos do Projeto de Lei 2.338/2023: Art. 14. São vedadas a implementação e o uso de sistemas de inteligência artificial: I – que empreguem técnicas subliminares que tenham por objetivo ou por efeito induzir a pessoa natural a se comportar de forma prejudicial ou perigosa à sua saúde ou segurança ou contra os fundamentos desta Lei; II – que explorem quaisquer vulnerabilidades de grupos específicos de pessoas naturais, tais como as associadas a sua idade ou deficiência física ou mental, de modo a induzi-las a se comportar de forma prejudicial a sua saúde ou segurança ou contra os fundamentos desta Lei; III – pelo poder público, para avaliar, classificar ou ranquear as pessoas naturais, com base no seu comportamento social ou em atributos da sua personalidade, por meio de pontuação universal, para o acesso a bens e serviços e políticas públicas, de forma ilegítima ou desproporcional.
Art. 15. No âmbito de atividades de segurança pública, somente é permitido o uso de sistemas de identificação biométrica à distância, de forma contínua em espaços acessíveis ao público, quando houver previsão em lei federal específica e autorização judicial em conexão com a atividade de persecução penal individualizada, nos seguintes casos: I – persecução de crimes passíveis de pena máxima de reclusão superior a dois anos; II – busca de vítimas de crimes ou pessoas desaparecidas; ou III – crime em flagrante.
Parágrafo único. A lei a que se refere o caput preverá medidas proporcionais e estritamente necessárias ao atendimento do interesse público, observados o devido processo legal e o controle judicial, bem como os princípios e direitos previstos nesta Lei, especialmente a garantia contra a discriminação e a necessidade de revisão da inferência algorítmica pelo agente público responsável, antes da tomada de qualquer ação em face da pessoa identificada.

85 Art. 17. São considerados sistemas de inteligência artificial de alto risco aqueles utilizados para as seguintes finalidades: I – aplicação como dispositivos de segurança na gestão e no funcionamento de infraestruturas críticas, tais como controle

gular o risco excessivo (art. 16), bem como atualizar a lista dos sistemas de inteligência artificial de risco excessivo ou de alto risco, identificando novas hipóteses, o que demonstra, inequivocamente, o rol meramente exemplificativo da proposta. Tal decisão é acertada na medida em que o risco pode se modificar sensível e rapidamente, seja pelo desenvolvimento tecnológico, que reconhece novos fatos ou efeitos do uso da tecnologia, seja pela percepção social na caracterização de um determinado risco[86], considerado o interesse jurídico merecedor de tutela.

de trânsito e redes de abastecimento de água e de eletricidade; II – educação e formação profissional, incluindo sistemas de determinação de acesso a instituições de ensino ou de formação profissional ou para avaliação e monitoramento de estudantes; III – recrutamento, triagem, filtragem, avaliação de candidatos, tomada de decisões sobre promoções ou cessações de relações contratuais de trabalho, repartição de tarefas e controle e avaliação do desempenho e do comportamento das pessoas afetadas por tais aplicações de inteligência artificial nas áreas de emprego, gestão de trabalhadores e acesso ao emprego por conta própria; IV – avaliação de critérios de acesso, elegibilidade, concessão, revisão, redução ou revogação de serviços privados e públicos que sejam considerados essenciais, incluindo sistemas utilizados para avaliar a elegibilidade de pessoas naturais quanto a prestações de serviços públicos de assistência e de seguridade; V – avaliação da capacidade de endividamento das pessoas naturais ou estabelecimento de sua classificação de crédito; VI – envio ou estabelecimento de prioridades para serviços de resposta a emergências, incluindo bombeiros e assistência médica; VII – administração da justiça, incluindo sistemas que auxiliem autoridades judiciárias na investigação dos fatos e na aplicação da lei; VIII – veículos autônomos, quando seu uso puder gerar riscos à integridade física de pessoas; IX – aplicações na área da saúde, inclusive as destinadas a auxiliar diagnósticos e procedimentos médicos; X – sistemas biométricos de identificação; XI – investigação criminal e segurança pública, em especial para avaliações individuais de riscos pelas autoridades competentes, a fim de determinar o risco de uma pessoa cometer infrações ou de reincidir, ou o risco para potenciais vítimas de infrações penais ou para avaliar os traços de personalidade e as características ou o comportamento criminal passado de pessoas singulares ou grupos; XII – estudo analítico de crimes relativos a pessoas naturais, permitindo às autoridades policiais pesquisar grandes conjuntos de dados complexos, relacionados ou não relacionados, disponíveis em diferentes fontes de dados ou em diferentes formatos de dados, no intuito de identificar padrões desconhecidos ou descobrir relações escondidas nos dados; XIII – investigação por autoridades administrativas para avaliar a credibilidade dos elementos de prova no decurso da investigação ou repressão de infrações, para prever a ocorrência ou a recorrência de uma infração real ou potencial com base na definição de perfis de pessoas singulares; ou XIV – gestão da migração e controle de fronteiras.

86 Nesse sentido, Mary Douglas reconhece que a percepção dos riscos é um processo social e que os princípios sociais pelos quais os comportamentos se pautam afe-

Considerando a proposta, pode-se afirmar que constituem sistemas de IA de baixo risco aqueles que não se enquadram nem em risco excessivo, tampouco em alto risco e, consequentemente, têm um tratamento menos restritivo, muito embora também se submetam às regras de governança de sistemas de IA e transparência.

Não obstante a definição prévia do tipo de risco a que se submete o sistema de IA, é preciso ter em mente que os referidos riscos não são estáticos. Pelo contrário, a compreensão do risco permanece em perene transformação e, assim, novos estudos, novos entendimentos e, inclusive, a percepção de novos interesses juridicamente protegidos, podem fazer com que um risco, antes considerado baixo, seja caracterizado como alto ou, mesmo, inaceitável.

3.2. A culpa e o risco: caminhos da regulação e da reparação

Uma vez definidas as esferas de risco e os tipos de risco dos sistemas de IA, é preciso definir os sistemas de responsabilidade civil a que se submetem os fornecedores e operadores de sistemas de IA, se subjetivo ou objetivo. Como se sabe, pelo sistema da responsabilidade subjetiva, só haverá responsabilidade civil do agente caso reste comprovada a culpa, isto é, o erro de conduta do agente, ao passo que a responsabilidade objetiva consiste no sistema de responsabilidade em que não se faz necessária a existência de um agir culposo do ofensor para a imputação de sua responsabilidade[87]. Fala-se, ainda, em responsabilidade por culpa presumida, responsabilidade decorrente de não cumprimento de regras de governança e responsabilidade pelo defeito.

Na responsabilidade por culpa presumida, opera-se uma inversão do ônus da prova, uma vez que se presume o atuar culposo do agente. A responsabilidade em virtude de descumprimento de regras de go-

tam *"o julgamento de quais perigos devem ser mais temidos, quais riscos valem a pena e a quem se deve permitir corrê-los"* (DOUGLAS, Mary, e WILDAVSKY, Aaron. Risco e cultura: um ensaio sobre a seleção de riscos tecnológicos e ambientais. Trad. Cristiana de Assis Serra. Rio de Janeiro: Elsevier, 2012, p. 6). Sobre o tema dos riscos e o seu impacto na responsabilidade civil, cf. VIOLA, Rafael. Rafael. *Risco e causalidade*. Indaiatuba: Editora Foco, 2023.

87 CASTRO, Guilherme Couto de. *A responsabilidade civil objetiva no direito brasileiro*. 3ª ed. Rio de janeiro: Forense, 2000, p. 31.

vernança (*non compliance*)[88] decorre da inobservância de um conjunto particular de regras necessárias à prevenção dos danos. O principal exemplo de tal responsabilidade no direito brasileiro pode ser extraído do disposto no art. 42, § 1º c/c art. 6º, X, ambos da Lei 13.709/18, Lei Geral de Proteção de Dados (LGPD)[89]. Nos termos da referida lei, os agentes de tratamento podem vir a ser responsabilizados quando não comprovarem a adoção de medidas eficazes e capazes de comprovar a observância e o cumprimento das normas de proteção de dados pessoais e, inclusive, da eficácia dessas medidas, à semelhança do que dispõe o art. 82 do Regulamento Geral Sobre a Proteção de Dados Europeu (GDPR). Apesar de existir um profundo debate acerca da extensão e se tal responsabilização é subjetiva[90], objetiva[91] ou proativa[92], parece pos-

88 WENDEHORST, Christiane. Strict Liability for AI and other Emerging Technologies. In: *Journal of European law*. Vol. 11, issue 2, De Gruyter, December, 2020, p. 157.

89 Art. 42, Lei 13.709/18. O controlador ou o operador que, em razão do exercício de atividade de tratamento de dados pessoais, causar a outrem dano patrimonial, moral, individual ou coletivo, em violação à legislação de proteção de dados pessoais, é obrigado a repará-lo.
§ 1º A fim de assegurar a efetiva indenização ao titular dos dados: I - o operador responde solidariamente pelos danos causados pelo tratamento quando descumprir as obrigações da legislação de proteção de dados ou quando não tiver seguido as instruções lícitas do controlador, hipótese em que o operador equipara-se ao controlador, salvo nos casos de exclusão previstos no art. 43 desta Lei; II - os controladores que estiverem diretamente envolvidos no tratamento do qual decorreram danos ao titular dos dados respondem solidariamente, salvo nos casos de exclusão previstos no art. 43 desta Lei.
Art. 6º As atividades de tratamento de dados pessoais deverão observar a boa-fé e os seguintes princípios: (...) X - responsabilização e prestação de contas: demonstração, pelo agente, da adoção de medidas eficazes e capazes de comprovar a observância e o cumprimento das normas de proteção de dados pessoais e, inclusive, da eficácia dessas medidas.

90 GUEDES, Gisela Sampaio da Cruz, MEIRELES, Rose Melo Vencelau. Término do tratamento de dados. In: *Lei Geral de Proteção de Dados Pessoais e suas repercussões no Direito Brasileiro*. Org. Frazão, Ana; Tepedino, Gustavo; Oliva, Milena Donato. 1ª ed. São Paulo: Thomson Reuters Brasil, 2019, Edição do Kindle, posição 6758 de 23372.

91 MENDES, Laura Schertel, DONEDA, Danilo. Reflexões iniciais sobre a nova Lei Geral de Proteção de Dados. Revista de Direito do Consumidor, São Paulo, Ed. RT, v. 120, nov./dez. 2018, p. 473.

92 MORAES, Maria Celina Bodin de, e QUINELATO DE QUEIROZ, João. Autodeterminação informativa e responsabilização proativa. In: Proteção de dados pessoais: Privacidade versus avanço tecnológico. In: *Cadernos Adenauer*. Rio de Janeiro, ano XX, nº 3, 2019, pp. 113-135.

sível afirmar que ela decorre da inobservância de uma regra particular. A responsabilidade pelo defeito exige, para sua configuração a demonstração do defeito do produto ou do serviço, entendido como aquele que coloca em risco a saúde e segurança do consumidor[93].

Costuma-se apontar que a responsabilidade objetiva pode servir como um verdadeiro incentivo negativo às inovações, isto é, um óbice intransponível ao desenvolvimento de novas tecnologias. Muito embora seja possível se sensibilizar, tal afirmativa não se sustenta necessariamente sob o prisma econômico. Em importante estudo, Steven Shavell[94] demonstrou que, nas atividades de risco, a adoção da responsabilidade objetiva é economicamente mais interessante, pois, nesse caso, aqueles que desenvolvem a atividade se comportarão de modo a maximizar o bem-estar social, adotando um nível de precaução ótimo e um nível de atividade ótimo, resguardando a vítima de forma mais adequada.

Realmente, em se tratando de atividades perigosas, que envolvem produtos ou serviços cujo risco é invisível ou, ao menos, não é de total conhecimento da vítima, é natural que esta adote uma postura menos cautelosa e, consequentemente, se exponha mais ao risco[95]. Consequentemente, a aplicação da responsabilidade subjetiva nas hipóteses de atividades perigosas dificulta a proteção da vítima e é economicamente indesejável. Primeiramente, é preciso ressaltar a dificuldade que os tribunais têm em fixar efetivamente o que configuraria a *culpa* (ou, ao contrário, qual o standard de conduta que caracterizaria um atuar diligente - *due diligence*), seja em razão da natureza técnica da atividade, seja pelas idiossincrasias da própria atividade desempenhada ou, ainda, pelo tempo que já se passou, o que impossibilitaria a determinação de um nível de precaução ótimo. Ou seja, no âmbito de atividades complexas e potencialmente lesivas, os tribunais terão maior probabilidade em cometer erros ao determinar os níveis ótimos de precaução. Nessa hipótese, as empresas adotariam esse *standard* de conduta erroneamente, desguarnecendo a vítima. Assim, para esses casos, a respon-

93 BENJAMIN, Antonio Herman V., *et al. Manual de direito do consumidor*. 6ª ed. rev. atual. e ampl. São Paulo: Revista dos Tribunais, 2014, p. 173 Importante destacar que o Código de Defesa do Consumidor amplia o conceito de defeito, equiparando a falha na informação como verdadeiro defeito do produto.

94 Cf. SHAVELL, Steven. *Foundations of economic analysis of law*. Cambridge: Harvard University Press, 2004 e, especialmente, SHAVELL, Steven. *Economic Analysis of Accident Law*. Cambridge: Harvard University Press, 2007.

95 SHAVELL, Steven. *Op. cit.*, 2004, p. 216.

sabilidade objetiva tem a capacidade de eliminar esses problemas, pois, nesse sistema de reparação, as empresas terão interesse em adotar as medidas necessárias a reduzir o risco (adotar um nível de precaução socialmente desejável) ainda que os tribunais não decidam qual seria o nível de precaução necessário[96].

No âmbito dos sistemas de inteligência artificial, em que as incertezas são inúmeras, parece que a adoção de um sistema de responsabilidade civil objetivo é muito mais interessante e desejável, tanto do ponto de vista deontológico como econômico, se comparado à uma responsabilidade subjetiva. Nada obstante, o Projeto de Lei 2.338/23 estabeleceu dois sistemas de responsabilidade, a depender do grau de risco do sistema de IA, excepcionalizando as relações de consumo, que se submeteriam às regras do Código de Defesa do Consumidor (art. 29[97] do PL 2.338/23).

Pela redação do art. 27[98], e seus parágrafos, do projeto de lei, o fornecedor ou operador de sistema de IA fica obrigado a reparar o dano que causar, independentemente do grau de autonomia. Em se tratando de sistema de IA de alto risco ou de risco excessivo, a responsabilidade será objetiva (§ 1º, do art. 27). Nos demais casos, a responsabilidade será subjetiva, com culpa presumida e aplicação da inversão do ônus da prova em favor da vítima (§ 2º, do art. 27). Muito embora essa solução intermediária seja interessante, ela não atende integralmente a tutela da vítima, especialmente quando se reconhece que nas atividades perigosas e complexas, é economicamente desejável a responsabilidade objetiva.

Em relação às excludentes de responsabilidade, o projeto de lei, de forma interessante, enumera as hipóteses em que os agentes de inteli-

96 SHAVELL, Steven. *Op. cit.*, 2004, p. 218.

97 Art. 29. As hipóteses de responsabilização civil decorrentes de danos causados por sistemas de inteligência artificial no âmbito das relações de consumo permanecem sujeitas às regras previstas na Lei nº 8.078, de 11 de setembro de 1990 (Código de Defesa do Consumidor), sem prejuízo da aplicação das demais normas desta Lei.

98 Art. 27. O fornecedor ou operador de sistema de inteligência artificial que cause dano patrimonial, moral, individual ou coletivo é obrigado a repará-lo integralmente, independentemente do grau de autonomia do sistema.
§ 1º Quando se tratar de sistema de inteligência artificial de alto risco ou de risco excessivo, o fornecedor ou operador respondem objetivamente pelos danos causados, na medida de sua participação no dano.
§ 2º Quando não se tratar de sistema de inteligência artificial de alto risco, a culpa do agente causador do dano será presumida, aplicando-se a inversão do ônus da prova em favor da vítima.

gência artificial não serão responsabilizados. Segundo a redação do art. 28 do projeto de lei, restará excluída a responsabilidade quando os referidos agentes comprovarem que não colocaram em circulação, empregaram ou tiraram proveito do sistema de inteligência artificial (inciso I) ou, ainda, que o dano é decorrente de fato exclusivo da vítima ou de terceiro, assim como de caso fortuito externo (inciso II).

Para além das hipóteses do inciso II, que não promovem uma inovação, mas apenas reiteram, acertadamente, os conceitos presentes na teoria geral da reparação dos danos e na civilística nacional, os agentes de inteligência artificial não serão responsabilizados caso não tenham colocado em circulação ou empregado os sistemas de IA. Trata-se de um desdobramento da responsabilidade daquele que presta um serviço ou produto: a sua disponibilização. Se o fornecedor ou operador não disponibilizaram ou sequer utilizaram o sistema de IA, não podem ser responsabilizados.

A única crítica que se pode fazer ao inciso I diz respeito à possibilidade de exclusão de responsabilidade quando os agentes comprovarem que não *tiraram proveito do sistema* de IA. Tal excludente parece decorrer de uma adoção da teoria do *risco proveito*, qualificado pela noção de que aquele que obtém proveito ou vantagem do fato de ser causador de um dano fica obrigado a repará-lo[99]. Este conceito tem um conteúdo claramente econômico, fixando o critério de risco à atividade econômica do agente, cuja inspiração costuma se atribuir à lei de acidentes de trabalho[100]. Ocorre que tal teoria é inadequada, posto que insuficiente à tutela da vítima, considerando que nem todos os danos decorrentes de atividades perigosas envolvem necessariamente uma vantagem para o ofensor, como sói acontecer, por exemplo, com a responsabilidade civil do Estado, que, a toda evidência, não obtém qualquer proveito econômico do desempenho de sua atividade[101]. Faria mais sentido a adoção da teoria do *risco criado*, frequentemente informada pela doutrina brasileira como a mais adequada à hipótese do art. 927, parágrafo único do Código Civil Brasileiro, segundo a qual aquele que desenvolve uma atividade que, por sua própria natureza, coloca em risco os direitos de

99 PEREIRA, Caio Mário da Silva. *Responsabilidade civil*. Atualizador Gustavo Tepedino. 10 ed. rev. atual. Rio de Janeiro: GZ, 2012, p. 372.

100 STARCK, Boris et al. Obligations. Responsabilité délictuelle. 4ª ed. Paris: Éditions Litec, 1991, p. 30.

101 VIOLA, Rafael. Risco e causalidade. Indaiatuba: Editora Foco, 2023, p. 62.

outrem, responde pelos danos causados. Parece que seria desejável a supressão desta excludente.

4. Há alguma conclusão?

O debate da reparação civil é sempre difícil e qualquer análise que se pretenda realizar acerca do conceito ou da função da responsabilidade civil, sempre trará, consigo, a possibilidade de ser completada por novas contribuições. Não há uma resposta certa ou fechado sobre como deve caminhar a regulação dos sistemas de IA, muito menos das regras de responsabilidade civil. Existem alguns poucos consensos nesse campo de profundas incertezas.

Contudo, é preciso caminhar em frente e avançar nas proposições. Se o escopo último é permitir a redução de danos no corpo social, com a tutela da pessoa e seu patrimônio, é necessário pensar a regulação dos sistemas de IA para um uso ético e responsável em que a vítima não se encontre numa posição de desamparo. Assim, a compreensão do que é um sistema de inteligência artificial, de suas espécies e dos riscos que eles representam é fundamental para se pensar os sistemas e modelos de reparação dos danos.

Nesse ponto, temos muito a aprender ainda com os ensinamentos de Danilo Doneda que foi, e sempre, será uma grande referência a todos nós. Jurista muito à frente de seu tempo, suas lições permanecerão como um verdadeiro norte a todos os operadores do direito que decidam se aventurar no desconhecido terreno da tecnologia.

Referências

ANTUNES, Henrique Sousa. Inteligência artificial e responsabilidade civil. In: Inteligência artificial & Direito. Coord. Manuel Lopes Rocha e Rui Soares Pereira. Coimbra: Almedina, 2019

BARBOSA, Ana Mafalda Castanheira Neves de Miranda. Do nexo de causalidade ao nexo de imputação – contributo para a compreensão da natureza binária e personalística do requisito causal ao nível da responsabilidade civil extracontratual. Vol. I. Cascais: Princípia, 2013.

__________. Estudos a propósito da responsabilidade objetiva. Cascais: Princípia, 2014.

__________. Responsabilidade civil extracontratual – novas perspetivas em matéria de nexo de causalidade. 1ª ed. Cascais: Princípia, 2014, p. 32.

__________. Lições de responsabilidade civil. 1ª ed. Cascais: Princípia, 2017.

__________. Do nexo de causalidade ao nexo de imputação. In: Novos olhares sobrea a responsabilidade civil – jurisdição civil. Lisboa: Centro de Estudos Judiciários, 2018, p. 65. Disponível em http://www.cej.mj.pt/cej/recursos/ebooks/civil/eb_ReponsCivil_2018.pdf, acesso em 06.09.2021.

__________. Responsabilidade civil pelos danos causados por entes dotados de inteligência artificial. In: Direito digital e inteligência artificial – diálogos entre Brasil e Europa. Indaiatuba: Editora Foco, 2021.

BECK, Ulrich. Sociedade de risco: rumo a outra modernidade. São Paulo: Ed. 34, 2010.

BENJAMIN, Antonio Herman V., et al. Manual de direito do consumidor. 6ª ed. rev. atual. e ampl. São Paulo: Revista dos Tribunais, 2014.

CARLO, Ryan. Robotics and the Lessons of Cyberlaw, 103 Calif. L. Rev. 513 (2015). Disponível em https://digitalcommons.law.uw.edu/faculty-articles/ 23, acesso em 28.08.2023.

CASTRO, Guilherme Couto de. A responsabilidade civil objetiva no direito brasileiro. 3ª ed. Rio de janeiro: Forense, 2000.

CHRISTENSEN, Clayton M. The innovator's dilemma. When new Technologies cause great firms to fail. (E-book). Reimpression. Boston: Harvard business review press, 2013.

DIMATTEO, Larry A. Artificial intelligence. In: The cambridge handbook of artificial intelligence (Cambridge Law Handbooks). Cambridge: Cambridge University Press, Edição do Kindle, 2022.

DONEDA, Danilo Cesar Maganhoto et al. Considerações iniciais sobre inteligência artificial, ética e autonomia pessoal. In: Pensar – revista de ciências jurídicas. Vol. 23, nº 4, out./dez. 2018.

DOUGLAS, Mary, e WILDAVSKY, Aaron. Risco e cultura: um ensaio sobre a seleção de riscos tecnológicos e ambientais. Trad. Cristiana de Assis Serra. Rio de Janeiro: Elsevier, 2012.

GIDDENS, Anthony. Conversas com Anthony Giddens: o sentido da modernidade. Rio de Janeiro: Editora FGV, 2000.

__________. Runaway world – how globalisation is reshaping our lives. Londres: Profile Books, 2002, Ed. Kindle.

FIDALGO, Vitor Palmela. Inteligência artificial e direitos de imagem. In: Inteligência artificial & Direito. Coord. Manuel Lopes Rocha e Rui Soares Pereira. Coimbra: Almedina, 2019.

GUEDES, Gisela Sampaio da Cruz, MEIRELES, Rose Melo Vencelau. Término do tratamento de dados. In: Lei Geral de Proteção de Dados Pessoais e suas repercussões no Direito Brasileiro. Org. Frazão, Ana; Tepedino, Gustavo; Oliva, Milena Donato. 1ª ed. São Paulo: Thomson Reuters Brasil, 2019, Edição do Kindle.

JONAS, Hans. O princípio responsabilidade: ensaio de uma ética para a civilização tecnológica. Rio de Janeiro: Contraponto: Ed. Puc-Rio, 2006, 2006.

KAELBLING, Leslie Pack, LITTMAN, Michael L., MOORE, Andrew W. Reinforcement Learning: a survey. In: Journal of artificial intelligence research , 4, 1996.

KERRIGAN, Charles. Introduction to AI. In: Artificial intelligence – law and regulation. Cheltenham: Edward Elgar Publishing Limited, 2022.

KÖNIG, Pascal D., et al. Essence of AI – what is AI?. In: The Cambridge handbook of artificial intelligence (Cambridge Law Handbooks). Cambridge: Cambridge University Press, Edição do Kindle, 2022.

LACERDA, Bruno Torquato Zampier. A função do direito frente à inteligência artificial. In: Direito digital e inteligência artificial – diálogos entre Brasil e Europa. Coord. Felipe Braga Netto et al. Indaiatuba: Editora Foco, 2021.

LUPTON, Deborah. Risk. 2nd ed. London: Routledge, 2013.

MCCARTHY, John. What is artificial intelligence. Stanford, 2007. Disponível em http://www-formal.stanford.edu/jmc/, acesso em 27.07.2023.

MEDON, Filipe. Inteligência artificial e responsabilidade civil: autonomia, riscos e solidariedade. São Paulo: JusPodivum, 2022.

MENDES, Laura Schertel, DONEDA, Danilo. Reflexões iniciais sobre a nova Lei Geral de Proteção de Dados. In: Revista de Direito do Consumidor, São Paulo, Ed. RT, v. 120, nov./dez. 2018.

MORAES, Maria Celina Bodin de, e QUINELATO DE QUEIROZ, João. Autodeterminação informativa e responsabilização proativa. In: Proteção de dados pessoais: Privacidade versus avanço tecnológico. In: Cadernos Adenauer. Rio de Janeiro, ano XX, nº 3, 2019.

OECD. OECD framework for the classification of AI systems. February, nº 323, 2022, pg. 23. Disponível em https://www.oecd-ilibrary.org/science-and-technology/oecd-framework-for-the-classification-of-ai-systems_cb-6d9eca-en, acesso em 15.08.2023.

OpenAI. GPT-4 Technical Report. 2023, p. 10. Disponível em https://arxiv.org/abs/2303.08774, acesso em 17.08.2023.

PEREIRA, Caio Mário da Silva. Responsabilidade civil. Atualizador Gustavo Tepedino. 10 ed. rev. atual. Rio de Janeiro: GZ, 2012.

PEREIRA, Rui Soares. O nexo de causalidade na responsabilidade delitual – fundamento e limites do juízo de condicionalidade. Almedina, 2017.

PIRES, Thatiane Cristina Fontão, SILVA, Rafael Peteffi da. A responsabilidade civil pelos atos autônomos da inteligência artificial: notas iniciais sobre a resolução do Parlamento Europeu. In: Revista Brasileira de Políticas Públicas, Vol. 7, nº 3, dez., 2017.

ROSENVALD, Nelson, et al. Novo tratado de responsabilidade civil. São Paulo: Atlas, 2015.

RUSSEL, Stuart, NORVIG, Peter. Artificial intelligence: a modern approach. 4th ed. New Jersey: Pearson Education, 2020.

SEGUNDO, Hugo de Brito Machado. Direito e inteligência artificial: o que os algoritmos têm a ensinar sobre interpretação, valores e justiça. Indaiatuba: Editora Foco, 2023.

SHAVELL, Steven. Foundations of economic analysis of law. Cambridge: Harvard University Press, 2004.

____________. Economic Analysis of Accident Law. Cambridge: Harvard University Press, 2007.

STAN, Franklin. History, motivations and core themes of AI. In: The Cambridge Handbook of Artificial Intelligence. Cambridge: Cambridge University Press, 2014.

STARCK, Boris et al. Obligations. Responsabilité délictuelle. 4ªed. Paris: Éditions Litec, 1991.

TEPEDINO, Gustavo, e SILVA, Rodrigo da Guia. desafios da inteligência artificial em matéria de responsabilidade civil. In: Revista Brasileira de Direito Civil. V. 21, , Belo Horizonte, jul./set. 2019.

TUNC, André. La responsabilité civile. 2ª ed. Paris: Ed. Économica, 1989.

TURING, A. M. Computing machinery and intelligence. In: Mind, New Series, Vol. 59, nº 236 (Oct., 1950).

VIOLA, Rafael. Risco e causalidade. Indaiatuba: Editora Foco, 2023.

WALLACE, Richard J. Artificial intelligence/human intelligence: an indissoluble nexus. Singapore: World Scientific Publishing Co, 2021.

WANG, Pei. On Defining Artificial Intelligence. In: Journal of Artificial General Intelligence 10(2) 1-37, 2019.

WANG, Yanshan, et al. From military to healthcare: adopting and expanding ethical principles for generative artificial intelligence. Disponível em https://arxiv.org/abs/2308.02448, acesso em 17.08.2023.

WENDEHORST, Christiane. Strict Liability for AI and other Emerging Technologies. In: Journal of European law. Vol. 11, issue 2, De Gruyter, December, 2020, p. 157.

WINFIELD, Alan. Intelligence is not one Thing. In: Journal of Artificial General Intelligence – commentaries and author's response. Vol. 11, Issue 2, February, 2020.

O TEMPO DA INTELIGÊNCIA ARTIFICIAL: UMA QUESTÃO DE LINGUAGEM OU DE PODER ECONÔMICO?

Renata Mota Maciel[1]

> "Uma pergunta cada vez mais relevante nos dias de hoje, colocada de modo simples, é: quem manda no mundo conectado pela internet? Ou melhor, quais são as forças que governam o mundo digital? São os governos soberanos, com jurisdição sobre seus territórios? É a ONU, que busca harmonizar entendimentos sobre questões globais? São as grandes corporações tecnológicas, como Google, Facebook, Uber, Amazon ou Apple, que detém informações e dados de boa parte da população? São as forças militares e de inteligência, que têm capacidade tecnológica para espionar e monitorar a tudo e a todos? São os políticos, que respondem aos novos tempos com propostas e projetos de lei que tentam (muitas vezes em vão) controlar o mundo conectado? Ou são os algoritmos, que cada vez mais tomam decisões sem influência humana direta?" (DONEDA, 2017).

As perguntas acima foram formuladas pelo nosso homenageado, ainda no ano de 2017, mas continuam atuais, assim como sua consistente contribuição para o estudo e pesquisa nas áreas do Direito e da Tecnologia.

A obra de Danilo Doneda é um convite para a compreensão de que as transformações do Direito, sobretudo a partir das tecnologias, sejam estudadas de forma multidisciplinar.

O interessante é que, nos últimos tempos, aquilo que se mostrava uma escolha interdisciplinar, tornou-se percurso obrigatório aquele que se proponha a pensar o Direito. É dizer, dificilmente será possível observar criticamente qualquer elemento da sociedade e do Direito sem que se constate a indubitável presença da tecnologia.

---

1 Doutora em Direito Comercial pela USP. Professora do programa de pós-graduação *stricto sensu* da Uninove. Professora de direito empresarial do IBMEC/SP. Juíza de Direito do Tribunal de Justiça do Estado de São Paulo.

Neste momento seria tentador o uso do termo "impacto da tecnologia", no entanto, como alerta Pierre Levy, em artigo publicado sob o título "O inexistente impacto da tecnologia",

> "A tecnologia seria comparável a um projétil (pedra, obus, míssil?) e a cultura ou a sociedade a um alvo ambulante... Essa metáfora balística é criticável por mais de uma razão. Não se trata de avaliar a pertinência estilística de uma figura de retórica, mas de tornar manifesto o esquema de leitura dos fenômenos -para mim, inadequado- que revela a metáfora do impacto.
>
> Será que as técnicas vêm de outro planeta, o mundo das máquinas, frio, sem emoção, estranho a todo significado e valor humanos, como tende a sugerir uma certa tradição intelectual? Parece-me, ao contrário, que não só as técnicas são imaginadas, fabricadas e reinterpretadas para uso dos homens, mas que é a própria utilização intensiva das ferramentas que constitui a humanidade como tal (juntamente com a língua e as instituições sociais complexas).
>
> É o mesmo homem que fala, enterra seus mortos e talha a pedra. Propagando-se até nós, o fogo de Prometeu cozinha os alimentos, endurece a argila, funde os metais, alimenta a máquina a vapor, corre nos cabos de alta tensão, fervilha nas centrais nucleares, explode nas armas e nos equipamentos de destruição.
>
> Pela arquitetura que o abriga, o reúne e o inscreve na Terra; pela roda e pela navegação que lhe abriram os horizontes; pela escritura, pelo telefone e cinema que o infiltram de signos; pelo texto e pelo tecido que, tramando a variedade de matérias, de cores e de sentidos, desdobram ao infinito as superfícies onduladas, luxuosamente dobradas, de suas intrigas, de seus estofos, de seus véus, o mundo humano é desde sempre técnico.
>
> Será a tecnologia um autor autônomo, separado da sociedade e da cultura, uma entidade passiva, detonada por um agente exterior? Sustento, ao contrário, que 'a técnica' é um ângulo de análise dos sistemas sociotécnicos globais, um ponto de vista que acentua a parte material e artificial dos fenômenos humanos, e não uma entidade real, que existiria independentemente do resto, teria efeitos distintos e agiria por si própria.
>
> Não se trata de avaliar os 'impactos', mas de descobrir o irreversível a que tais usos nos conduziriam, as ocasiões que ela

nos permitiria lançar mão e formular os projetos que explorariam as virtualidades de que ela é portadora, de decidir o que faremos com ela" (LEVY, 1997).

A descoberta do significado e valor humanos de tecnologias imaginadas, fabricadas ou reinterpretadas pelo homem e para o uso do homem moveu a vida de Danilo Doneda.

Exatamente por isso, para esta singela homenagem, parte-se do reconhecimento de que a técnica que produz tecnologia é um desdobramento dos fenômenos humanos, portanto, não age por si própria e nem tem efeitos distintos da humanidade que a concebeu, recorte que afasta qualquer especulação acerca de consequência dissociadas do agir humano.

O objetivo deste artigo é apresentar reflexões acerca dos desafios da regulação da inteligência artificial, a partir de dois prismas: a linguagem e o poder econômico.

Nesse sentido, inicia-se por uma análise dos modelos técnicos dos sistemas de inteligência artificial estatística e simbólica, em cotejo com a capacidade cognitiva humana, embora reconhecida a premissa de que sistemas de inteligência artificial buscam, em sua maioria, aumentar a cognição humana e não propriamente reproduzi-la mecanicamente.

O papel da linguagem, em seu aspecto semântico e referencial, é apresentado como desdobramento do modelo de cognição humana, para embasar a hipótese de que a preocupação regulatória da inteligência artificial deva considerar os riscos de involução da capacidade de tomada de decisão e de escolha por humanos, quando desconsiderado o seu direito de compreender, conhecer e explicar o funcionamento da tecnologia que é colocada à sua disposição.

Sem ficar à margem de todo o debate acerca do apelo para que se faça uma pausa nas pesquisas sobre inteligência artificial, conforme "carta aberta", assinada em março de 2023, por especialistas mundiais, na qual destacam os riscos dessas tecnologias para a humanidade, propõe-se, na sequência, analisar de forma crítica os problemas apresentados no referido documento, a partir de reflexões acerca da escala, do alcance e do poder econômico dessas empresas globais do ramo da tecnologia.

A hipótese inicial é a de que o desenvolvimento de modelos consistentes de regulação da inteligência artificial, tal como defendido pelos subscritores da mencionada carta, deve considerar a importância de um debate local acerca dos efeitos pervasivos do poder econômico dessas empresas de tecnologia em países de capitalismo tardio, com consequências no direito de escolha e na capacidade de tomada de decisão da população, em escala e alcance ainda maiores, quando comparados com outros países.

Para tanto, são apresentadas disposições do Projeto de Lei nº 2.338/2023, que institui o marco legal da inteligência artificial no Brasil, a fim de contribuir com o debate acerca dos desafios da regulação em nosso País.

Inteligência artificial: técnica e linguagem a serviço do conhecimento ou do poder econômico?

Não há nenhuma novidade no aproveitamento intenso do desenvolvimento científico, tecnológico ou dos chamados "efeitos de rede" pelos agentes econômicos. Há tempos em que o poder econômico é medido pelo potencial bélico, em outros pela propriedade privada ou pelo domínio sobre os bens de produção. Hoje são os algoritmos.

Em qualquer cenário, o poder econômico foi gradativamente deslocado em função da acumulação tecnológica e, em tal lógica de poder, parece evidente que ninguém está disposto a despojar-se de seu poder de forma voluntária (COMPARATO, 1995).

Na atualidade, qualquer tentativa de demarcar relações de poder deve considerar os efeitos dos algoritmos, mecanismos automatizados aos quais é transferido o poder de decisão em uma imensa parcela da cadeia da atividade empresarial. No entanto, não o realizam de forma autônoma e desinteressada. Os agentes econômicos buscam obter algum tipo de vantagem, benefício ou poder sobre seu funcionamento (DONEDA, 2017).

Ainda que se reconheça que o poder econômico das empresas, de alguma forma, foi constante a partir de determinada fase do desenvolvimento da civilização, sistemas de inteligência artificial demonstram potencial e capacidade de monitorar o presente e prever comportamentos futuros não apenas de indivíduos, mas de populações inteiras, em uma clara possibilidade de gerar uma rápida erosão da soberania dos Estados e da própria democracia (PINTO, 2018).

Não se trata propriamente de coibir o poder econômico, mas regular a atividade desses agentes, a partir da compreensão das estruturas de poder, cujo potencial de dominação e controle da sociedade já se mostrou bastante palpável.

Como destaca Danilo Doneda,

> "(...) é essencial não alimentar a presunção sobre a neutralidade dos algoritmos, dado que eles não operam em um vácuo de poder, porém em espaços nos quais atendem a uma determinada forma de interesse – e talvez a tarefa mais urgente hoje seja retirar a opacidade das estruturas de poder que se utilizam e agem através de algoritmos. Há claramente a preocupação de que os algoritmos acabem por colocar um controle excessivo nas mãos de governos, corporações ou quem quer que os controle, com consequências indesejadas para a sociedade" (DONEDA, 2017).

Nesse sentido, não parece exagerado questionar a efetiva finalidade do desenvolvimento de sistemas de inteligência artificial, na medida em que sua técnica e linguagem não parecem estar propriamente a serviço da construção do conhecimento coletivo, mas da dominação do poder econômico.

Valérie-Laure Benabou e Judith Rochfeld (2015) destacam que os algoritmos usados devem ser explícitos. Se, como se fala, a era é a do governo dos algoritmos, o mínimo que os sujeitos governados são capazes de esperar é estarem cientes das regras aplicáveis, e de uma maneira inteligível.

A transparência aqui esperada não se confunde com violação aos segredos comerciais ou industriais ou com a exigência de que um operador divulgue seu *know how* sem qualquer justificativa.

É preciso, no entanto, conciliar os interesses envolvidos, a fim de estabelecer uma obrigação de revelação útil e proporcional dos processos de desenvolvimento dessas tecnologias (BENABOU; ROCHFELD, 2015).

A grande tarefa da regulação, portanto, talvez esteja na calibragem do exercício do poder pelos agentes econômicos que desenvolvem essas tecnologias.

A inteligência artificial é o termo do momento, tanto para aqueles que a defendem como aos que a apresentam como um problema para a humanidade.

Trata-se, na verdade, de ramo da ciência da computação que se ocupa da modelagem e simulação da inteligência humana. As pesquisas nessa área, em grande parte, assim como a maioria de suas aplicações práticas, estão voltadas ao aumento da cognição humana, portanto, não têm por objetivo reproduzi-la mecanicamente (LEVY, 2022).

De acordo com o Projeto de Lei 2.338/2023, que institui o marco legal da inteligência artificial, por sistema de inteligência artificial entende-se:

> "O sistema computacional, com graus diferentes de autonomia, desenhado para inferir como atingir um dado conjunto de objetivos, utilizando abordagens baseadas em aprendizagem de máquina e/ou lógica e representação do conhecimento, por meio de dados de entrada provenientes de máquinas ou humanos, com o objetivo de produzir previsões, recomendações ou decisões que possam influenciar o ambiente virtual ou real" (art. 4º).

Quando vista a partir de seus aspectos técnicos, a inteligência artificial pode ser dividida em dois subgrupos principais: estatístico e simbólico.

No primeiro, um algoritmo estatístico de inteligência artificial aprende com os dados fornecidos, em uma simulação da dimensão indutiva do raciocínio humano.

A inteligência artificial simbólica, por sua vez, não aprende com os dados, ao contrário, depende da formalização lógica de um domínio do conhecimento, tal como projetado pelos seus desenvolvedores.

Assim, um algoritmo simbólico de inteligência artificial vai aplicar regras recebidas aos dados fornecidos, ou seja, simula a dimensão dedutiva do raciocínio humano (LEVY, 2022).

A inteligência artificial estatística, ao seu turno, pressupõe o treinamento de algoritmos por meio da acumulação massiva de dados, a partir do que será possível o reconhecimento visual, de áudio, linguístico ou de outras formas de informação. É o que se chama aprendizado de máquina.

A versão mais avançada da inteligência artificial estatística é baseada em modelos de rede neural, chamada de aprendizagem profunda, baseada na sobreposição de múltiplas camadas, que simulam a forma como o cérebro aprende (LEVY, 2022).

Como destaca LEVY (2022, p. 13),

> "Como observamos, a IA estatística utiliza o trabalho humano com moderação em comparação com a IA simbólica. Em vez de ter que escrever um programa de reconhecimento de padrões, basta fornecer um conjunto de dados de treinamen-

to para o algoritmo de aprendizagem de máquina. Se, por exemplo, a IA estatística receber milhões de imagens de patos com rótulos especificando que a imagem representa um pato, ela aprende a reconhecer um pato e, após a conclusão de seu treinamento, será capaz de afixar o rótulo pato em uma imagem não categorizada dessa ave. Ninguém explicou à máquina como reconhecer um pato: basta apenas dar exemplos. A tradução automática funciona com o mesmo princípio: uma IA estatística recebe milhões de textos na linguagem A, acompanhados de sua tradução para a linguagem B. Treinado com esses exemplos, o sistema aprende a traduzir um texto da linguagem A para a linguagem B. É assim que algoritmos de tradução automática como DeepL ou Google Translate funcionam. Para dar um exemplo de outro campo, a IA estatística usada para dirigir veículos autônomos também funciona combinando dois conjuntos de dados: as imagens da estrada são combinadas com ações como aceleração, frenagem, giro etc. Em suma, a IA estatística estabelece uma conexão (mapeamento) entre um conjunto de dados e um conjunto de rótulos (no caso de reconhecimento de padrões) ou entre dois conjuntos de dados (no caso da tradução ou dos veículos autônomos). A IA estatística, portanto, destaca-se na categorização, reconhecimento de padrões e correspondência entre dados perceptivos e motores".

O grande desafio, não obstante todo o avanço no aprendizado de máquina baseado em redes neurais, reside em problemas de qualidade dos dados de treinamento, na impossibilidade de explicar determinados resultados, na falta de generalização, na obtenção de resultados cujo significado é inacessível para as máquinas, na ausência de modelagem causal, e na dificuldade de acumulação e integração do conhecimento (LEVY, 2022).

Para o objetivo específico deste artigo, destacam-se os três últimos problemas acima apontados: significado inacessível, ausência de modelagem causal e dificuldade de acumulação e integração de conhecimento.

Apesar do bom desempenho na tradução e escrita automática, tal como se observa, por exemplo, pelo programa GPT3, as máquinas não são capazes de entender o significado dos textos que traduzem ou escrevem. A comparação mais próxima seria com o cérebro de um papagaio, na medida em que apenas imita o desempenho linguístico sem que compreenda o conteúdo do que está traduzindo. Em síntese, a inteligência artificial aprende a traduzir textos, mas não aprende nada com tais traduções (LEVY, 2022).

A ausência de modelagem causal também constitui um desafio relevante.

Nesse sentido, como assevera LEVY (2022, p. 15):

> "Em resumo, a IA neural/estatística contemporânea não é capaz de distinguir causa e efeito. Até agora, ao usar a IA para auxiliar na tomada de decisões e, de modo mais geral, para orientação em domínios práticos, modelos causais explícitos são indispensáveis, pois, para que as ações sejam eficazes, elas devem intervir nas causas.
>
> Em uma abordagem científica integral, as medições estatísticas e as hipóteses causais trabalham em controle uníssono e recíproco. Mas considerar apenas correlações estatísticas criaria um perigoso ponto cego cognitivo. Já a prática generalizada de manter as teorias causais implícitas impede relativizá-las, compará-las com outras teorias, generalizá-las, compartilhá-las, criticá-las e melhorá-las".

A dificuldade de acumular e integrar conhecimento também constitui um obstáculo porque, em muitos casos, impossibilita a integração do conhecimento de áreas diferentes e não favorece a troca de conhecimento entre máquinas.

A inteligência artificial simbólica, embora apresente resultados mais facilmente explicáveis do que aqueles obtidos com a inteligência artificial estatística, também é limitada, na medida em que funciona melhor em ambientes fechados, circunscritos a um número limitado de regras rígidas.

Na verdade, funciona a partir da codificação do conhecimento humano na forma de redes de relações entre categorias e regras lógicas que permitem o raciocínio automático, porém apresenta as mesmas dificuldades na integração e acúmulo de conhecimento encontrados na inteligência artificial estatística, ainda que possa apresentar performance ligeiramente melhor em termos de acumulação e troca de dados (LEVY, 2022).

Como visto, inteligência artificial neural e simbólica tentam reproduzir dois modelos cognitivos encontrados em humanos e, exatamente por isso, tem-se caminhado para um modelo híbrido, neuro-simbólico, no qual representações adquiridas por meios neurais seriam interpretadas e processadas por meios simbólicos.

Como afirma LEVY (2022, fl. 19),

> "Por um lado, temos o reconhecimento de padrões, que corresponde aos módulos sensório-motores reflexos, sejam eles aprendidos ou de origem genética. Por outro lado, temos o conhecimento conceitual explícito e reflexivo, muitas vezes organizado em modelos causais e que podem ser objeto de raciocínio".

Ainda assim, a combinação do neural e do simbólico não auxilia na superação dos obstáculos já referidos, ou seja, compartimentação lógica e as dificuldades de acumulação e integração (LEVY, 2022).

Pierre Levy (2022, p. 20) destaca que muitos imaginam que como o cérebro é o recipiente orgânico da inteligência, modelos neurais seriam a chave para sua simulação por máquinas. No entanto, é principalmente nossa capacidade linguística que diferencia nossa inteligência da de outros vertebrados superiores.

E prossegue o autor,

> "No entanto, esses módulos de processamento de linguagem não são funcionalmente separados do resto do cérebro; ao contrário, informam todos os nossos processos cognitivos, incluindo nossas habilidades técnicas e sociais. Nossas percepções, ações, emoções e comunicações são linguisticamente codificadas, e nossa memória é em grande parte organizada por um sistema de semântica coordenada fornecido pela linguagem.
>
> Tudo bem, pode-se dizer. Simular habilidades de processamento simbólico humano, incluindo a faculdade linguística, não é precisamente o que a IA simbólica deve fazer? Mas então por que a IA está compartimentalizada em ontologias distintas, ainda que lutando para garantir a interoperabilidade semântica de seus sistemas, e tem muita dificuldade em acumular e intercambiar conhecimento? Simplesmente porque, apesar de seu nome de simbólica, a IA ainda não tem um modelo computável de linguagem".

O desafio da inteligência artificial, para o autor, talvez esteja não propriamente na capacidade de calcular a dimensão sintática da linguagem natural, mas na sua dimensão semântica, que permanece fora do alcance da ciência da computação.

A comunicação, assim como os pensamentos, distingue-se como de natureza humana porque as memórias coletivas e pessoais estão organizadas em categorias gerais, as quais são conectadas por relações semânticas.

Assim, quando se pensa nos usos, riscos ou na própria regulação do desenvolvimento da inteligência artificial, a questão também está relacionada à linguagem ou, para ser mais precisa, na compreensão da linguagem humana em sua maior extensão possível, a fim de que sistemas de IA atendam ao objetivo de aumentar a inteligência humana, o que inclui compreender a forma como são desenvolvidos tais sistemas, para que se possa obter seu melhor aproveitamento.

Como destaca Pierre Levy (2022), é preciso analisar em que medida a IA simbólica modela a semântica, o que acaba por explicar, em alguma medida, os resultados obtidos com o uso de sistemas de IA e as consequências de sua disseminação na sociedade.

E prossegue o autor,

> "Se considerarmos as ontologias da Web Semântica (o padrão em IA simbólica), descobrimos que o significado das palavras não depende da circularidade autoexplicativa da linguagem (como em um dicionário clássico), mas que as palavras apontam para Identificadores de Recursos Uniformes (Uniform Resource Identifiers – URI) na forma da semântica referencial (como em um dicionário enciclopédico).
>
> Em vez de confiar em conceitos (ou categorias) que já são dados em uma língua e que aparecem desde o início como nós de relações com outros conceitos,
>
> a estrutura da Web Semântica se baseia em conceitos que são definidos separadamente uns dos outros por meio de identificadores únicos. A circulação de sentido em uma rede de significados é descontada em favor de uma relação direta entre significante e referente, como se todas as palavras fossem substantivos próprios.
>
> Na ausência de uma semântica linguística baseada em uma gramática e dicionário comuns, as ontologias permanecem assim compartimentalizadas. Em resumo, a IA simbólica contemporânea não tem acesso ao pleno poder cognitivo e co-

> municativo da linguagem porque não tem uma linguagem, apenas uma semântica referencial rígida" (LEVY, 2022, p. 23).

E, nessa linha, partindo-se da premissa de que a inteligência artificial busca aprimorar a inteligência humana, uma de suas tarefas consiste em auxiliar no entendimento dos dados digitais existentes, a fim de extrair o máximo de conhecimento que possa ser utilizável e, além disso, proporcionar o melhor uso do desenvolvimento desses sistemas tecnológicos, em prol de um ganho social para o emprego do tempo das pessoas.

Como afirma o sociólogo alemão Hartmut Rosa, *"uma sociedade é moderna quando apenas consegue se estabilizar dinamicamente; quando é sistematicamente disposta ao crescimento, ao adensamento de inovações e à aceleração, como meio de manter e reproduzir sua estrutura"* (ROSA, 2019).

Para tanto, importante considerar os riscos de involução da capacidade de tomada de decisão e de escolha por humanos, quando da utilização ou convivência com sistemas de inteligência artificial, o que não parece contribuir para o que se pode esperar de uma sociedade dita moderna.

Não se pode olvidar, assim, que as pessoas têm o direito de compreender, conhecer e explicar o funcionamento da tecnologia que é colocada à sua disposição, circunstância, no mínimo, daria algum sentido à ideia de "compulsão ao aumento", mencionada por ROSA (2019) e que inclui, por certo, a corrida pelo desenvolvimento tecnológico.

Nesse aspecto, um olhar para as faculdades inerentes à linguagem humana mostra-se bastante útil, destacando-se que, para tanto, é preciso que os esforços se movam para além da estrutura lexical, o que permitirá extrair a riqueza de sua estrutura de forma integral (CHOMSKY, 2005).

A questão acima posta parece premente, quando se pensa nos sistemas de inteligência artificial generativa, entendidos como aqueles capazes de gerar textos, imagens e outras respostas, em formatos variados, com base em entradas fornecidas, a partir de solicitações formuladas em linguagem comum ou nas línguas naturais humanas.

A inteligência artificial e o tempo para o seu desenvolvimento deveriam estar centrados na coordenação entre linguagem natural e linguagem computacional, com o fim de aprimorar o conhecimento e gerir os riscos decorrentes desses sistemas. Quando o objetivo está voltado preponderantemente ao domínio do poder econômico que decorre do desenvolvimento dessas tecnologias, certamente modelos eficientes de regulação apresentam-se fundamentais.

Regulação da inteligência artificial: a caminho de uma gestão dos riscos?

No dia 22 de março de 2023, Elon Musk, Steve Wozniak, Yuval Noah Harari, junto com mais de mil especialistas mundiais da área de tecnologia, assinaram documento denominado "carta aberta", com um apelo para que todos os laboratórios de IA interrompessem, durante pelo menos 6 meses, o treinamento de sistemas de IA mais poderosos que o GPT-4 (BENGIO; RUSSELL; MUSK; et. al., 2023).

O documento começa com um alerta de que os sistemas de inteligência artificial podem representar riscos para a sociedade e a humanidade e que a IA avançada pode causar uma mudança profunda na história da vida na Terra, devendo ser planejada e gerenciada com cuidado e recursos proporcionais.

Não fossem os seus subscritores, nenhuma novidade nas afirmações acima.

Há muito tempo são observadas, em todas as áreas do conhecimento, mudanças no comportamento humano e em setores econômicos, em razão do uso de tecnologias, com transformações na forma de interação entre humanos e consequências das mais diversas naturezas.

A história, por sua vez, de fato sofre profundas transformações, com períodos civilizatórios cada vez mais curtos. Aliás, modelos de negócio tem seus ciclos cada vez mais breves; a comunicação é cada vez mais rápida; e as relações, cada vez mais instantâneas, para ficar com apenas alguns exemplos, até porque o tempo dedicado à leitura de um artigo como este é cada vez mais escasso.

O planejamento e o gerenciamento de sistemas de tecnologia sempre foram objeto de grandes debates, exatamente por exigirem cuidado e recursos proporcionais, o que nem sempre se observa ao longo de seu desenvolvimento.

A grande confissão apresentada pelos subscritores da carta aberta, e que surpreende muito mais pelo ato do que pelo conteúdo, é a de que nos meses que antecederam à publicação do documento, laboratórios de inteligência artificial travaram uma verdadeira corrida "descontrolada" para desenvolver e implementar "mentes digitais" cada vez mais poderosas e que nem mesmo os seus criadores conseguem entender, prever ou controlar de forma confiável.

Trata-se de uma declaração contundente de que a concorrência pela dominação do poder de controlar tecnologias de inteligência artificial avançada em nível planetário é acirrada, e de que, sobretudo, essa corrida não está pautada no progresso da humanidade. Como justificar a colocação no mercado de sistemas que não são compreendidos pelos seus próprios desenvolvedores, cujas consequências não podem ser previstas ou mesmo controladas?

Agentes econômicos não costumam ter por característica a paciência, o que pode ser muito bem ilustrado no mercado de medicamentos, cuja regulação voltada à segurança e à saúde da população, não raras vezes, deixa de impedir uma verdadeira corrida contra o tempo para garantir o monopólio da cura e do tratamento de determinadas doenças, ainda que protocolos sanitários possam ser desconsiderados em experimentos, não por acaso, realizados em países subdesenvolvidos.

Não espanta que a concorrência tecnológica use da mesma lógica, embora prometa não exatamente a cura de uma doença, mas a solução para os problemas que a humanidade sequer sabe que possui.

A busca pela dominação global, seja por meio do uso de tecnologias de coleta e tratamento de dados ou pelo desenvolvimento de sistemas de inteligência artificial, tem a capacidade de influenciar sistemas e infraestrutura em mercados emergentes e em desenvolvimento, a partir da velha receita: prevalência de capital financeiro e humano e dominação sobre a arquitetura jurídica nacional e internacional (PINTO, 2018).

Não se perca de vista que o cenário em países emergentes ou de capitalismo tardio é a escassez de recursos, ao lado da desigualdade digital, que inclui deficiência em matéria de educação e de pesquisa, conjunto mais do que propício à absoluta dependência tecnológica e dominação pelas empresas detentoras do poder econômico (PINTO, 2018).

Reconhecido esse quadro, é preciso cautela na interpretação de atos públicos como o desses milhares de especialistas em tecnologia, em sua carta aberta publicada, ou, no mínimo, analisá-los a partir de perspectivas variadas, dentre as quais destaca-se o cenário encontrado em países de capitalismo tardio.

Nesse aspecto, a carta aberta em análise poderia aproximar-se muito mais de uma tentativa de acordo horizontal entre concorrentes do que da salvação da humanidade. A propósito, seria possível até mesmo ventilar da possibilidade de especulação.

Seja como for, na sequência o documento apresenta indagações profundas, que embora não sejam inéditas, certamente podem ser úteis à reflexão acerca da escala, do alcance e do poder econômico dessas empresas globais – para utilizar dos mesmos termos da preocupação externada por nosso homenageado, quando analisadas as peculiaridades da inteligência artificial (DONEDA, 2017).

"Deveríamos deixar as máquinas inundarem os nossos canais de informação com propaganda e mentiras?", afirma a carta aberta.

Ora, sistemas de inteligência artificial estatística há muito tempo são utilizados para o direcionamento de publicidade e, mais recentemente, de notícias verdadeiras e/ou falsas na rede mundial de computadores.

A influência das *fake news* em processos eleitorais, por exemplo, impôs uma verdadeira remodelagem da regulação em matéria eleitoral, reconhecida a potencialidade lesiva ao sistema democrático.

A resposta à indagação dos subscritores da aludida carta, portanto, parece já ter sido apresentada, a partir de mecanismos de regulação voltados à neutralidade de rede, em processos eleitorais, assim como em normas de proteção aos consumidores e de regulação da concorrência.

A efetividade dessas medidas pode ser questionada, porém o nível de tolerância da sociedade para com tais práticas já foi, em alguma medida, apresentado, ainda que possam ser considerados insuficientes os mecanismos regulatórios até o momento desenvolvidos.

"Deveríamos automatizar todos os trabalhos, inclusive os gratificantes?", prosseguem os subscritores da carta.

A resposta inicial a essa pergunta talvez seja: - Já não estamos fazendo isso?

A substituição do trabalho humano por máquinas é objeto de profundos estudos e, por certo, não surge com o desenvolvimento de sistemas de inteligência artificial avançada.

Para ficar com apenas dois exemplos iniciais, sistemas de monitoramento de portarias de edifícios, com o uso de tecnologias de certo modo singelas, como câmeras, microfones e computadores são capazes de substituir milhares de trabalhadores que atuavam na função de porteiros de prédios.

No Poder Judiciário, com o advento do processo digital, o trabalho que era executado por uma dezena ou mais de servidores hoje está restrita a não mais do que três ou quatro pessoas, cuja capacitação técnica imposta parece ser mais específica do que outrora se exigiu para a "mesma função".

O que dizer das atividades mais gratificantes. Na verdade, a primeira indagação é o que seria um trabalho mais gratificante?

A questão, evidentemente, tem conteúdo altamente filosófico e poderia até mesmo ser analisada a partir da crítica de Hannah Arendt de que se pretendeu (ou pretende) que a concepção de humano como um animal racional fosse substituída para a de um animal que labora (ARENDT, 2014).

O debate, neste momento, talvez não devesse estar centrado na substituição de humanos por máquinas ou na "perda do controle da nossa civilização", como alertam os subscritores da carta aberta.

Os esforços poderiam estar direcionados para a governança da inteligência artificial, porque determinadas decisões, de fato, não podem ser tomadas por esses agentes econômicos ou serem relegadas exclusivamente à autorregulação.

As ações devem ser consertadas e um bom exemplo pode ser encontrado na proposta brasileira, constante do PL 2.338/2023, que em seu art. 30 incentiva que os agentes de inteligência artificial formulem códigos de boas práticas e de governança:

> "Art. 30. Os agentes de inteligência artificial poderão, individualmente ou por meio de associações, formular códigos de boas práticas e de governança que estabeleçam as condições de organização, o regime de funcionamento, os procedimentos, inclusive sobre reclamações das pessoas afetadas, as normas de segurança, os padrões técnicos, as obrigações específicas para cada contexto de implementação, as ações educativas, os mecanismos internos de supervisão e de mitigação de riscos e as medidas de segurança técnicas e organizacionais apropriadas para a gestão dos riscos decorrentes da aplicação dos sistemas".

Da mesma forma, não se trata de aguardar que os sistemas de inteligência artificial sejam confiáveis, seus efeitos positivos e seus riscos controláveis. A propósito, esses conceitos sequer apresentam significados unívocos.

Os esforços devem direcionar-se a uma forma de regulação dos riscos e do contexto de funcionamento desses sistemas tecnológicos, sem que para isso se cometam excessos que inibam a inovação.

Nesse sentido, em maio de 2019 os países membros da OCDE aprovaram o documento denominado "OECD Council Recommendation on Artificial Intelligence", que apresenta princípios e recomendações concretas para políticas e estratégias públicas para o desenvolvimento da IA em todo o mundo (OCDE, 2019).

A OCDE reconhece as implicações generalizadas da IA, tanto que as descreve como de longo alcance e globais, e que estão a transformar as sociedades, os setores econômicos e o mundo do trabalho, sendo provável que o façam cada vez mais no futuro.

Da mesma forma, assevera que essas transformações podem ter efeitos díspares dentro e entre sociedades e economias, sobretudo no que diz respeito às mudanças econômicas, concorrência, transições no mercado de trabalho, desigualdades e implicações para a democracia e os direitos humanos, privacidade e proteção de dados, e segurança digital.

Por outro lado, não deixa de considerar o potencial da IA para melhorar o bem-estar das pessoas, para contribuir para uma atividade econômica global positiva e sustentável, para aumentar a inovação e a produtividade e para ajudar a responder aos principais desafios globais.

Em síntese, a investigação e o desenvolvimento da IA devem, sim, ser reorientados para tornar os sistemas de inteligência artificial mais precisos, seguros, interpretáveis, transparentes, robustos, alinhados, fiáveis e leais, como afirmam os autores da já referida carta aberta. No entanto, o caminho é o da regulação e da governança da inteligência artificial, como já vem ocorrendo.

A própria OCDE reconhece que a confiança é um facilitador essencial da transformação digital e que, embora a natureza das futuras aplicações de IA e as suas implicações possam ser difíceis de prever, a fiabilidade dos sistemas de IA é um fator fundamental para sua difusão e adoção. Assim, destaca ser necessário um debate público e bem-informado, que envolva toda a sociedade, para capturar o potencial benéfico da tecnologia, limitando ao mesmo tempo os riscos a ela associados.

Um outro aspecto que também contribui para o ambiente regulatório consiste na compreensão de que sistemas de IA tem um ciclo de desenvolvimento, tal como descreve o já referido documento da OCDE.

Assim, o "ciclo de vida" de um sistema de IA é composto de fases que envolvem: i) concepção, dados e modelos, que é uma sequência dependente do contexto que abrange planejamento e concepção, coleta e processamento de dados, bem como construção de modelos; ii) "verificação e validação"; iii) "implantação"; e iv) "operação e monitoramento". Essas fases geralmente ocorrem de maneira iterativa e, portanto, não são necessariamente sequenciais, embora permitam a organização de um modelo de governança seguro e eficiente.

A gestão dos riscos parece o formato mais adequado para a regulação da inteligência artificial, ou seja, quanto maiores os riscos, maiores as restrições.

E é nessa linha que as propostas regulatórias têm disposto que, para as atividades de alto risco, devem ser criados sistemas de gestão de riscos, a serem executados ao longo de todo o ciclo de vida de um sistema de IA, por meio de identificação, estimativa, avaliação de riscos e medidas de gestão.

Além disso, princípios éticos aplicáveis à inteligência artificial constituem a linguagem mais adequada à regulação. E, nesse aspecto, haveria um certo consenso em torno de áreas acerca das quais devem estar concentrados os esforços para o desenvolvimento da inteligência artificial de forma ética.

Nesse sentido,

> "Um recente estudo do Berkman Klein Center, da Universidade Harvard, comparou o conteúdo de 36 documentos produzidos por universidades, entidades da sociedade civil, grupos técnicos, empresas, governos e organizações internacionais e concluiu que há um consenso crescente quanto a oito áreas, que podem ser identificadas como o núcleo deontológico desses esforços de vertebrar eticamente a inteligência artificial: (i) privacidade; (ii) prestação de contas e responsabilidade; (iii) proteção e segurança; (iv) transparência e explicabilidade; (v) justiça e não discriminação; (vi) controle humano da tecnologia; (vii) responsabilidade profissional e (viii) promoção dos valores humanos" (CUEVA, 2022, p. 174).

No âmbito da União Europeia, em 14/06/2023, o Parlamento Europeu aprovou alterações sobre a proposta de regulamento que estabelece regras harmonizadas em matéria de inteligência artificial (Regulamento Inteligência Artificial) e alterou determinados atos legislativos.

O texto do regramento busca melhorar a governança da inteligência artificial, com enfoque no desenvolvimento de sistemas seguros, confiáveis e que observem os direitos fundamentais, sem com isso restringir, impedir ou aumentar de forma desproporcional os custos do desenvolvimento tecnológico.

A gestão de riscos proposta na UE também busca proteger, de forma expressa, grupos e interesses específicos, com a tutela dos direitos das crianças, das pessoas com deficiência, dos consumidores, dos trabalhadores e do meio ambiente (PARLAMENTO EUROPEU, 2023).

> "A criação de um mecanismo eficiente e seguro de acompanhamento e avaliação é um importantíssimo pressuposto para garantir que as regras agora aprovadas tenham eficácia na consecução dos seus objetivos específicos. A Comissão Europeia assume o encargo de monitorar a efetividade da nova legislação, por meio de um sistema de registro de aplicativos autônomos de IA de alto risco em um banco de dados público em toda a União Europeia. Para alimentar esse banco de dados, os provedores de IA serão obrigados a fornecer informações minudentes sobre seus respectivos sistemas.
>
> A aprovação deste ato normativo — que certamente contraria os interesses das grandes empresas de tecnologia digital na vanguarda do desenvolvimento de IA — consolida a posição da União Europeia como pioneira na regulamentação da IA, já que outros governos — incluindo o Congresso dos EUA — estão apenas começando a lidar com a ameaça decorrente de sua utilização desenfreada" (TUCCI, 2023).

A regulação da inteligência artificial, como se vê, para além de necessária, parece convergir para uma adoção baseada em riscos, caminho que aponta para o reconhecimento de mecanismos de responsabilização que, ao mesmo tempo, não restrinjam ou limitem o desenvolvimento tecnológico.

Encontrar soluções regulatórias eficientes em matéria de inteligência artificial é o que garantirá a estabilização dos riscos hoje apontados por alguns como impeditivos do desenvolvimento tecnológico.

Esse percurso talvez convide a reflexões como aquelas dispostas por Hartmut Rosa, ao apresentar o conceito de estabilização dinâmica, na tentativa de explicar o desenvolvimento de sociedades modernas por meio de sua aceleração, a partir do crescimento material, do incremento tecnológico e da inovação cultural (ROSA, 2019).

A pausa no desenvolvimento tecnológico, para além de sua difícil implementação, não se mostra um caminho adequado, seja porque em nada contribuiria para a solução dos problemas apontados como causados por esses sistemas, seja porque os esforços devem estar direcionados à efetiva gestão dos riscos que se apresentam com a implementação da inteligência artificial em nível avançado.

A propósito, curiosamente, um dos subscritores da carta aberta de março de 2023, que propunha a suspensão das pesquisas e do desenvolvimento de sistema de IA pelo tempo de seis meses, é o mesmo que no mês de novembro de 2023 lança seu novo algoritmo, apelidado de "Grok", que teria a vantagem de acessar em tempo real os dados de redes sociais, com potencial para a produção de resultados cujos riscos ainda não são mensuráveis (CHIAVEGATTO FILHO, 2023).

No mesmo mês de novembro de 2023, a Open AI lança avanços importantes no sistema GPT-4, que se torna ainda mais rápido, barato, com capacidade para receber um volume ainda maior de instruções e com a possibilidade de que cada pessoa "otimize o seu próprio algoritmo", para servir como uma espécie de assistente pessoal (CHIAVEGATTO FILHO, 2023).

Esses episódios remetem a indagações fundamentais: a economia do tempo que a velocidade técnica proporciona não deveria reverberar no aumento de tempo para a vida das pessoas, por meio da aproximação da linguagem, da comunicação e do acesso ao conhecimento? E se, para tanto, é preciso nova forma de considerar a regulação, o empenho desses agentes econômicos não deveria estar consertado com o dos demais atores e centrado nessa tarefa?

A corrida pelo tempo ou "o tempo da inteligência artificial", no entanto, não parecem direcionados à aproximação da linguagem e do conhecimento, mas ao domínio do poder econômico.

Em síntese, o tempo é o da regulação eficiente e essa tarefa nunca se mostrou tão central e premente.

Talvez seja esse o tempo do qual não devemos abrir mão...

Referências

BENABOU, Valérie-Laure; ROCHFELD, Judith. *À qui profite le clic ?* Le partage de la valeur à l'ère du numérique. Collection Corpus dirigée par Thomas Clay et Sophie Robin-Olivier. Paris: Odile Jacob, 2015.

CHIAVEGATTO FILHO, Alexandre. Inteligência artificial teve os dias mais agitados de sua história e ninguém percebeu; entenda. **Jornal O Estado de São Paulo**. Edição de 08 de novembro de 2023. Disponível em https://www.estadao.com.br/link/alexandre-chiavegatto-filho/inteligencia-artificial-teve-os-dias-mais-agitados-de-sua-historia-e-ninguem-percebeu-entenda/. Acessado em 09/11/2023.

CHOMSKY, Noam. **Novos horizontes no estudo da linguagem e da mente**. São Paulo: Editora UNESP, 2005.

COMPARATO, Fabio Konder. A transferência empresarial de tecnologia para países subdesenvolvidos: um caso típico de inadequação dos meios aos fins. In: **Direito empresarial**: estudos e pareceres. São Paulo: Saraiva, 1995, pp. 38-53.

CUEVA, Ricardo Villas Bôas. A regulação da inteligência artificial no Projeto de Lei nº 21/2020. In: MARQUES, Kassio Nunes; RIBEIRO, Paulo Dias de Moura. **Segurança jurídica para o desenvolvimento econômico**: análises de impacto legislativo. Rio de Janeiro: Editora JC, 2022, pp. 167-180.

DONEDA, Danilo; ALMEIDA, Virgílio. Novas faces do poder no mundo digital. Rio de Janeiro, 2023. Disponível em https://www.abc.org.br/2017/05/12/novas-faces-do-poder-no-mundo-digital/. Acessado em 10/10/2023.

LEVY, Pierre. O inexistente impacto da tecnologia. **Jornal A Folha de São Paulo**. Edição de 17 de agosto de 1997. Disponível em https://www1.folha.uol.com.br/fsp/mais/fs170803.htm. Acessado em 10/10/2023.

LEVY, Pierre. IEML: Rumo a uma Mudança de Paradigma na Inteligência Artificial. **MATRIZes**. V.16, nº 1, jan./abr, 2022, pp. 11-34.

BENGIO; RUSSELL; MUSK; et. al. Pause Giant AI Experiments: An Open Letter. Future of Life Institute, 2023. Disponível em https://futureoflife.org/open-letter/pause-giant-ai-experiments/. Acessado em 10/10/2023.

ORGANISATION FOR ECONOMIC CO-OPERATION AND DEVELOPMENT – OCDE. **Recommendation of the Council on Artificial Intelligence**. Disponível em https://legalinstruments.oecd.org/en/instruments/OECD-LEGAL-0449. Acessado em 10/10/2023.

PARLAMENTO EUROPEU. **Regulamento Inteligência Artificial de 14/06/2023**. União Europeia, 2023.

PINTO, Renata Ávila. Digital Sovereignty Or Digital Colonialsim. **Sur – International Journal on Human Rights**, v. 15, n.27, 2018, pp. 15-27. Disponível em HeinOnline. Acessado em 10/07/2019.

ROSA, Hartmut. **Aceleração**: A transformação das estruturas temporais na modernidade. Campinas: UNESP, 2019.

SENADO FEDERAL. **Projeto de Lei nº 2.338/2023**. Disponível em https://legis.senado.leg.br/sdleg-getter/documento?m=9347593&-ts=1698248944489&disposition=inline&_gl=1*nd72to*_ga*NTM3NjU-xNzA2LjE2OTkzOTQ3NzI.*_ga_

CW3ZH25XMK*MTY5OTM5NDc3MS4xLjEuMTY5OTM5NDc5Mi4wLjAuMA.. Acessado em 30/10/2023.

TUCCI, José Rogério Cruz e. Recente regramento da inteligência artificial na União Europeia. **Consultor Jurídico**. 23/06/2023. Disponível em https://www.conjur.com.br/2023-jun-23/paradoxo-corte-recente-regramento--inteligencia-artificial-uniao-europeia/. Acessado em 10/11/2023.

A CONSTRUÇÃO DOS MODELOS DE GOVERNANÇA SOBRE IA E O PL 2.338/2023

Victor Marcel Pinheiro[1]

1. Introdução

O debate sobre regulação do desenvolvimento e da utilização da Inteligência Artificial (IA) é um dos temas que está em debate em diversos fóruns nacionais e internacionais, públicos e privados.

No Brasil, em 2021, foi editada a "Estratégia Brasileira de Inteligência Artificial" (EBIA) pelo Ministério da Ciência, Tecnologia e Inovações (MCTI), com diretrizes e planos para o desenvolvimento tecnológico brasileiro em setores estratégicos de alto impacto para a sociedade brasileira.

Também o Congresso Nacional tem discutido o tema já há alguns anos. Em uma iniciativa de destaque, a Câmara dos Deputados aprovou o Projeto de Lei nº 21/2020, enviando a matéria ao Senado[2]. Na sequência, o Presidente do Senado Federal, em abril de 2022, designou Comissão de Juristas para estudo do Projeto e para apresentação de eventuais propostas de modificação, sob presidência do Ministro Ricardo Villas Bôas Cueva do STJ e relatoria da Professora Laura Schertel Mendes. Apresentado o relatório final da Comissão em dezembro de 2022, suas propostas inspiraram o Presidente do Senado Federal a apresentar o Projeto de Lei (PL) nº 2.338/2023, atualmente em apreciação pelo Senado[3].

No presente artigo têm-se o objetivo de se fazer uma breve contextualização desse debate no que diz respeito especificamente aos possíveis modelos de governança do desenvolvimento e utilização da IA, ou seja, sistemas de diretrizes e normas que possam ser seguidos, fiscaliza-

---

1 Bacharel, Mestre e Doutor em Direito do Estado pela Faculdade de Direito da Universidade de São Paulo (USP). Foi *Visiting Scholar* na Universidade de Columbia (EUA) e aluno visitante na Ludwig-Maximilians-Universität München (Alemanha). Advogado e Consultor Legislativo do Senado Federal. Professor do Instituto Brasileiro de Ensino, Desenvolvimento e Pesquisa (IDP).

2 Veja-se, também, os Projetos de Lei nº 5.051/2019 e 872/2021 em apreciação no Congresso Nacional;

3 Os trabalhos da Comissão de Juristas podem ser acessados em: https://legis.senado.leg.br/comissoes/comissao?codcol=2504

dos e controlados, bem como a exposição e avaliação do modelo proposto no PL 2.338/2023.[4]

Não se trata aqui de um trabalho de direito comparado.[5] Entretanto, em razão das relevantes discussões e iniciativas de outros países e fóruns internacionais, serão mencionados exemplos que poderão ser úteis para compreender a proposta em debate no Congresso Nacional.

Para tanto, no próximo item, será abordada a mudança de perspectiva regulatória pela qual passa o estabelecimento de diretrizes sobre a IA de um modelo apenas principiológico para um modelo regulatório estatal, passando por algumas clivagens relevantes nesse debate, especialmente sobre modelos de autorregulação e regulação estatal, governança unificada para vários setores (horizontal) ou mais descentralizada (vertical) e âmbito de atuação de um sistema de governança (nacional, supranacional ou internacional). Por fim, serão expostos os principais pontos do PL 2.338/2023, de forma a fomentar o debate e apresentar seus principais pontos a respeito.

Deixo registradas minha honra e gratidão por ter sido designado pelo Presidente do Senado Federal como um dos juristas que participou dos trabalhos da Comissão, bem como a alegria e o privilégio de poder colaborar com grandes expoentes do direito brasileiro, entre eles Danilo Doneda. Danilo sempre será um exemplo de acadêmico engajado e generoso que nos inspira a irmos além das velhas fórmulas e à construção de um direito e prática jurídica voltados à centralidade da dignidade humana e da proteção dos direitos fundamentais.

2. O debate sobre a regulação da IA

O desenvolvimento da IA e o debate sobre sua regulação já ocorre há décadas. Recentemente, com o progressivo desenvolvimento e difusão na utilização dessa tecnologia o debate regulatório se intensificou com dezenas de declarações de entidades públicas e privadas. Entre as mais difundidas está a da Organização para a Cooperação e Desenvolvimento

4 Para um debate sobre a genealogia do conceito de governança e discussão de diversas propostas, cf. Mark Bevir, *A Theory of Governance*, Berkely, University of California, 2013.

5 Em uma perspectiva comparada mais detalhada, veja-se o Anexo do Relatório da Comissão de Juristas que deu origem ao PL 2.338/2023.

Econômico (OCDE)[6]. Nessas declarações, há o estabelecimento de "princípios" – diretrizes normativas orientadoras – para o desenvolvimento e utilização ética da IA em diversos setores sociais.

Em levantamento feito a partir de 36 desses documentos editados até 2019, pesquisadores do Instituto Berkman Klein da Universidade de Harvard elencam grandes oito princípios sobre o tema, que se encontram presentes em diferentes medidas nesses documentos: 1) Privacidade, 2) Accountability, 3) Segurança, 4) Transparência e Explicabilidade, 5) Equidade e não-discriminação, 6) Controle humano da tecnologia, 7) Responsabilidade profissional e 8) Promoção de valores humanos.[7]

Ocorre que, mais recentemente, há uma tendência em se debater e propor a adoção não apenas de princípios gerais, mas verdadeiros arcabouços normativos jurídicos com normas jurídicas mais específicas sobre o tema respaldadas por mecanismos de *enforcement* (*hard law*). De todo modo, ainda não há um consenso internacional ou padrões de modelos regulatórios estabelecidos a esse respeito[8]. Para contribuir com o debate e com a análise do PL 2.338/2023, retoma-se, abaixo, a mudança de perfil regulatório de princípios para regras sobre IA, a ampliação da regulação estatal em face da autorregulação e os modelos horizontais e verticais sobre o tema.

2.1. Dos princípios às regras de IA

Há um movimento significativo para se adotar um padrão regulatório sobre o desenvolvimento e utilização dos sistemas de IA de modo a estabelecerem-se normas jurídicas pelos órgãos estatais em que princípios e regras se articulam para formam um conjunto de normas com previsões mais específicas sobre critérios mínimos de segurança, proibições de certas utilizações, procedimentos de controle e sanções para além das previsões gerais principiológicas.

Isso porque há grandes dificuldades na transformação de princípios gerais em pautas de atuação no desenvolvimento dos sistemas de

6 OCDE, "Recommendation of the Council on Artificial Intelligence", Paris, 2019.

7 Jessica Fjeld et. al. "Principled Artificial Intelligence: Mapping Consensus in Ethical and Rights-based Approaches to Principles for AI". Berkman Klein Center for Internet & Society, 2020.

8 Cf. Eduarda Moraes Chacon Rosas, *Inteligência Artificial: regulação ética a partir das regras de proteção de dados pessoais*, Rio de Janeiro, GZ Editora, 2023, p. 109.

IA. Além de seu caráter semanticamente aberto, os princípios podem colidir entre si já na fase inicial do projeto ou em seu desenvolvimento, podem refletir diversos dos vieses e preconceitos humanos de seus desenvolvedores e geram uma dificuldade de assimetria informacional entre desenvolvedores e reguladores para verificação de sua aplicação adequada[9].

Desse modo, com o avançar da tecnologia, surge a necessidade de se deslocar a discussão sobre a governança relacionada à IA do campo ético para campo normativo, inicialmente com base em princípios e, mais recentemente, em regras. Há uma discussão corrente no sentido de elaboração de arcabouços regulatórios que combinem elementos de regulação estatal com mecanismos de autorregulação para que exista a construção de normas em ambiente socialmente plural e com o envolvimento dos diversos stakeholders interessados no tema. Como paralelo importante, destaca-se o desenvolvimento dos protocolos da internet como exemplo que pode ser útil na discussão sobre regulação da IA[10].

Como exemplo nessa direção, pode ser mencionado a Proposta de Regulação para regras harmonizadas sobre inteligência artificial ("AI Act") apresentado pela Comissão Europeia em 2021. Em um primeiro momento, a Comissão e o Parlamento Europeus haviam se posicionado pela edição de recomendações não vinculantes com princípios éticos para o desenvolvimento e utilização dos sistemas de IA.[11] Contudo, com a nova Proposta, há a opção por um modelo de regulação mais rígido, em que são estabelecidos diferentes níveis de riscos a partir dos quais se define o regime jurídico aplicável à utilização dos sistemas de IA.

Há uma série de utilizações que são de antemão proibidas (designadas de situações de "risco excessivo"), passando por casos de alto risco (com maiores obrigações de transparência, registro, análise de impacto

---

9 Cf. Dora Kaufman, "Inteligência Artificial e os desafios éticos: a restrita aplicabilidade dos princípios gerais para nortear o ecossistema de IA", *Revista Paulus* 9 (2021), pp. 73-84, p. 78.

10 Cf. Virgílio Almeida /Laura Schertel Mendes / Danilo Doneda, "On the Development of AI Governance Frameworks", *IEEE Internet Computing* 27 (2023), pp. 70-5.

11 Para uma revisão da evolução das propostas de políticas sobre a inteligência artificial na União Europeia e no Conselho da Europa antes da apresentação do *AI Act*, veja-se Alexandre Varonese / Alessandra Vieira / Amanda Lemos, "Inteligência artificial, Mercado Único Digital e a postulação de um direito às inferências justas e razoáveis: uma questão jurídica entre a ética e a técnica", in Ana Frazão / Caitlin Mullhorn (org.), *Inteligência Artificial e Direito,* 2ª ed., São Paulo, Revista dos Tribunais, 2020, pp. 231-266.

e auditabilidade), casos de riscos limitados, especialmente no caso de interação dos sistemas de IA com seres humanos (obrigações de transparência) e casos de risco mínimo (em que há incentivo à autorregulação). Atualmente, o Projeto está em fase final de debates e negociações para que seja aprovada como ato legislativo da União Europeia[12].

Também os EUA, em âmbito federal, discutem adotar um modelo de regulação fundado em princípios e regras jurídicas que estabeleçam um arcabouço normativo mais completo sobre o tema.

Devem ser destacados alguns marcos na política federal dos EUA: a) Ordem Executiva (*Executive Order*) nº 13.859/2019 ("Mantendo a liderança americana em IA"), b) um Esboço para uma Declaração de Direitos de IA (*Blueprint for an AI Bill of Rights*) de 2022, c) Ordem Executiva nº 14.091/2023, em que se estabelecem novas medidas para promoção da igualdade racial, inclusive no desenvolvimento, aquisição e utilização de sistemas de IA pelo governo federal e d) Declaração Conjunta sobre os Esforços de *Enforcement* contra Discriminação e Vieses em Sistemas Automatizados de 2023 do Escritório de Proteção Financeira ao Consumidor (*Consumer Financial Protection Bureau*), Divisão dos Direitos Civis do Departamento de Justiça (*Justice Department's Civil Rights Division*), Comissão de Oportunidades Igualitárias de Emprego (*Equal Employment Oppotunity Comission*) e Comissão de Comércio Federal (*Federal Trade Comission*). Embora elas essas iniciativas não sejam ato legislativo ou um regramento geral sobre a matéria, já sinalizam algumas diretrizes mais específicas para os setores público e privados, inclusive no que se refere à proteção das pessoas afetadas decisões influenciadas por sistemas de IA.

Além dessas iniciativas, destaca-se a propositura de um Projeto de Lei apresentado por dois senadores e uma deputada em 2022 denominado de Lei da Accountability Algorítmica (*Algorithmic Accountability Act* - AAA). A proposta é substancialmente mais robusta em termos de arcabouço normativo do que as iniciativas acima mencionadas, pois prevê uma série de exigências de realização de impacto algorítmico para determinadas decisões que se utilizam de tecnologias de IA. Embora exista

12 Para uma análise detalhada do processo legislativo do *AI Act* e sua comparação com o caso brasileiro, ver Shana Schlottfeldt, "Rebooting AI: a elaboração da proposta de regulação da inteligência artificial no Brasil em perspectiva comparada com a União Europeia", Brasília, Trabalho de Conclusão de Curso apresentado ao Instituto Legislativo Brasileiro, 2023.

ceticismo quanto à sua viabilidade política, ela marca uma importante mudança no debate parlamentar sobre o tema nos EUA[13]. De todo modo, há a percepção de que proposta da EU é mais restritiva e exigente do que as diretrizes descentralizadas atualmente existentes no plano federal dos EUA e mesmo a proposta do AAA.[14]

2.2. Autorregulação e regulação estatal

A partir da constatação da necessidade de regras e não apenas princípios sobre a IA, o debate regulatório tem se afastado do modelo exclusivamente de autorregulação em que os próprios desenvolvedores e utilizadores dos sistemas de IA estabelecem padrões de conduta ética e, consequentemente, mecanismos de *enforcement* interno[15].

Como destaca Luciano Floridi, trata-se de modelo que contou com forte apoio do meio acadêmico, governamental e do setor de tecnologia, tendo um de seus marcos em 2014, com a criação do Conselho Consultivo (*Advisory Council*) do Google para implementação de uma decisão do Tribunal de Justiça da União Europeia sobre o direito ao esquecimento[16], passando pelo Conselho Supervisor do Facebook (*Oversight Board*) criado em 2020. Contudo, em razão das insuficiências desses modelos relacionados às claras dificuldades de as próprias empresas transformarem seus modelos de negócio a partir de novos padrões éticos – Floridi cita como um dos exemplos o "escândalo Facebook-Cambridge Analytica" de 2018, em que uma empresa conseguiu tratar dados pessoais de mais 87 milhões de pessoas no Facebook para fins de influenciar campanhas

---

13 Cf. Noha Lea Halim / Urs Gasser, "Vectors of AI governance - Juxtaposing the U.S. Algorithmic Accountability Act of 2022 with The EU Artificial Intelligence Act", *Berkman Klein Center for Internet & Society Report 2*, 2023.

14 Cf. Fabian Heymann / Konstantinos Parginos / Ali Hariri, "Regulating Artificial Intelligence in the EU, United States and China - Implications for energy systems", *IEEE Power & Energy Society* (2023), pp. 1-6, e Jakob Mökander et al., "The US Algorithmic Accountability Act of 2022 vs. The EU Artificial Intelligence Act: what can they learn from each other?", *Minds and Machines* 32 (2022), pp. 751-758.

15 Para as diferentes compreensões de autoconfiguração, autorregulação e autorregulamentação ver Wolfgang Hoffmann-Riem, *Teoria Geral do Direito Digital: transformação digital: desafios para o direito*, 2ª ed., Rio de Janeiro, Forense, 2022, pp. 166 e ss.

16 Tribunal de Justiça da União Europeia, *Google Spain SL v. Agencia Española de Protección de Datos (AEPD) e Mario Costeja González*, C-131/12, j. 13/05/2014.

eleitorais –, a autorregulação deve ceder espaço para um modelo regulatório estatal mais rígido, ainda que possa ser um relevante complemento às normas jurídicas estatais[17].

Nesse sentido, Mökander e Floridi apontam a necessidade de uma agenda de pesquisa que identifique os principais pontos sensíveis de diferentes sistemas de auditoria contínua no desenvolvimento de sistemas de IA, que devem ser feitos pelos próprios desenvolvedores, por terceiros contratos e agências governamentais. Os autores apontam ainda a necessidade do estabelecimento de mecanismos de controle da legalidade e sanção (*law enforcement*) que devem estar, em última análise, sob competência de órgãos governamentais que podem autorizar a realização das auditorias por agências independentes[18].

Já há posições favoráveis à regulação e governança estatal inclusive no meio de grandes desenvolvedores tecnologia[19].

Nesse sentido, iniciativa recente capitaneada por algumas das maiores empresas de tecnologia do mundo, como Google, Microsoft e OpenAI, denominada *Frontier Model Forum*, pretende fazer análises, estudos e propostas de regulação estatal para modelos fundacionais avançados de IA.

Em texto elaborado por mais de 25 pesquisadores de diversas instituições acadêmicas, sociais e empresariais ligadas a essa iniciativa, esses modelos são definidos como versões mais avançadas dos "modelos fundacionais (por exemplo, BERT, DALL-E, GPT-3) que são treinados em grande escala de dados e são adaptáveis para uma ampla gama de tarefas subsequentes" e que podem gerar riscos inesperados em escala global em termos de segurança física e de infraestruturas críticas. É re-

---

17 Luciano Floridi, "The End of an Era: from Self-Regulation to Hard Law for the Digital Industry", *Philosophy & Technology* 34 (2021), pp. 619-622.

18 Jakob Mökander / Luciano Floridi, "Ethics – Based Auditing to Develop Trustworthy AI", *Minds and Machines* (2021), p. 5.

19 Como um exemplo, ver o depoimento escrito perante o Senado Federal dos EUA em 16 de maio de 2023 de Sam Altman, CEO da OpenAI, responsável pelos modelos do ChatGPT: "a regulação da IA é essencial e estamos prontos para ajudar os formuladores de políticas públicas na definição de como facilitar uma regulação que balanceie o incentivo à segurança com a garantia de que as pessoas terão condições de acessar os benefícios da tecnologia. Também é essencial que uma tecnologia tão poderosa quanto a IA seja desenvolvida tendo em mente valores democráticos". Disponível em https://www.judiciary.senate.gov/download/2023-05-16-testimony-altman.

conhecido que a autorregulação provavelmente não será suficiente para oferecer garantias mínimas de segurança em face dos riscos advindos desses modelos, sendo necessária intervenção estatal[20].

Nesse sentido, são listadas possíveis medidas de salvaguarda no desenvolvimento e utilização desses modelos como mecanismos: a) de desenvolvimento de standards de segurança com a participação de diversos stakeholders coordenados por órgãos governamentais, b) para dar ciência aos reguladores do desenvolvimento desses modelos, como regimes de transparência, monitoramento e *whistleblowing*, e c) de compliance em relação a esses standards, com autocertificação voluntária de adesão a esses parâmetros, criação de entidade supervisora governamental e regime de licenças prévias para desenvolvimento de alguns modelos.

Embora o texto seja dirigido às preocupações regulatórias relacionadas ao desenvolvimento de modelos fundacionais ainda mais poderosos do que os atualmente disponíveis, seus autores expressamente registram que suas considerações podem ser válidas e úteis para endereçar os desafios postos pelos modelos fundacionais já em utilização no presente[21].

2.3. Regulação horizontal e vertical

Outra frente do debate sobre a regulação da governança do desenvolvimento e utilização da IA tem sido a adoção de modelos horizontais ou verticais. Nos modelos horizontais, a regulação é, em grande medida, homogênea para diversos setores econômicos. Há um grande diploma legislativo ou regulatório que abarca os principais aspectos do objeto regulado, sendo frequente que também exista um órgão de regulação e fiscalização central para tanto.

Já no modelo chamado vertical, a regulação é produzida de forma mais descentralizada, em que diversos órgãos reguladores são responsáveis pela edição de normas jurídicas para setores econômicos específicos. Nesse modelo, um objeto é regulado a partir das especificidades do setor em que inserido e, desse modo, os órgãos de regulação e fiscalização atuam em seus setores regulados, sem prejuízo de mecanismos de coordenação entre eles.

---

20 Markus Anderljung et. al., "Frontier AI Regulation: Managing Emerging Risks to Public Safety", 2023, pp. 7 e ss.

21 Markus Anderljung et. al., "Frontier AI Regulation: Managing Emerging Risks to Public Safety", 2023, pp. 16 e ss.

No que se refere ao debate regulatório sobre os sistemas de IA, há a percepção de que existem modelos mais horizontais e outros mais verticais.

Como exemplos de modelo horizontal, há o já mencionado caso do *AI Act* em discussão na União Europeia. O *AI Act* é proposta de ato legislativo que contempla boa parte das normas sobre o desenvolvimento, comercialização e utilização dos sistemas de IA havendo a previsão da existência de órgãos nacionais especificamente destinados a expedir normas complementares e fazer cumprir suas disposições, inclusive com a possibilidade de imposição de sanções, e um órgão em nível comunitário para coordenação e troca de experiência entre órgãos nacionais (*European Artificial Intelligence Board*) (arts. 56 a 59 da Proposta). De todo modo, é importante ressaltar que, caso aprovado, o *AI Act* não será o único diploma legislativo sobre o tema: atualmente já está vigente o *Digital Markets Act* (Regulação 1.925/2022) e aprovado o *Digital Services Act* (Regulação 2.065/2022), além de outras propostas setoriais em discussão.

Cabe destacar que, em antecipação à aprovação e entrada em vigor do *AI Act* na União Europeia, a Espanha criou a primeira autoridade nacional de supervisão de IA – a Agência Espanhola de Supervisão da Inteligência Artificial. Sua criação foi prevista na Lei nº 22, de 28 de dezembro de 2021, e seu estatuto aprovado pelo Real Decreto nº 729, de 22 de agosto de 2023. Trata-se de pessoa jurídica de direito público vinculada ao Ministério de Assuntos Econômicos e Transformação Digital da Espanha e, segundo o art. 4º de seu Estatuto, responsável pela supervisão, difusão de boas práticas, fiscalização e sanção sobre o desenvolvimento e utilização de sistemas de IA. No Estatuto, também é previsto que ficam salvaguardadas competências de outros órgãos reguladores como relativos à matéria de defesa, saúde e trabalho, e, em seu art. 5º, que ela "cooperará com outros órgãos da Administração Geral do Estado e de outras Administrações Públicas, bem como com as entidades vinculadas ou dependentes das mesmas, e estabelecerá com eles as relações necessárias para agir de maneira coordenada.". Segundo o Decreto, o efetivo início de suas operações foi estabelecido para novembro de 2023.

O Canadá tem sido apontado como outro país que tende a adotar um modelo mais horizontal de regulação dos sistemas de IA[22]. Atualmente,

22 Huw Roberts et. al., "A Comparative Framework for AI Regulatory Policy", The International Centre of Expertise on Artificial Intelligence in Montreal, 2023, p. 23-4.

já está em vigência a *Directive on Automated Decision-Making* de 2019, que estabelece algumas normas gerais para uso dos sistemas de IA no que se refere aos processos de tomada de decisão pela Administração Pública. Em junho de 2022, o Governo do Canadá apresentou o *Artificial Intelligence and Data Act* (AIDA) – proposta de lei que estabelece regras vinculantes também para o setor privado, com deveres reforçados para sistemas de "alto impacto" como a realização de análises de impacto, registro do processo de desenvolvimento e medidas de redução de risco. É prevista a possibilidade de delegação de poderes fiscalizatórios para um *Artificial Intelligence and Data Comissioner,* que poderá aplicar as sanções administrativas previstas na lei.

Já os EUA, Reino Unido, Austrália, China e Japão têm sido apontados como modelos mais verticais, em que há diversas autoridades e órgãos com competência regulatória setorial sobre a IA[23]. Entretanto, também há algumas iniciativas de coordenação de regulação horizontal e vertical nesses países.

Como visto, a discussão nos EUA tem passado pela possibilidade de construção de um arcabouço regulatório com diretrizes gerais ao lado da regulação setorial com diferentes graus de coercitividade também nos EUA. Além das Ordens Executivas e da *Blueprint for an AI Bill of Right,* as declarações conjuntas de diversos órgãos reguladores setoriais apontam para um possível arranjo futuro em que exista a coordenação institucionalidade entre eles no tema da IA.

Também o recente Projeto de Lei do AAA caminha nessa direção. Ele propõe que a *Federal Trade Comission* (FTC) terá a responsabilidade regulamentar a futura lei, fiscalizar seu cumprimento e impor sanções, além de receber e monitorar os registros de desenvolvimento de sistemas de IA utilizados para tomada de decisão por empresas de maior porte (por exemplo, com faturamento anual superior a U$ 50 milhões), dar publicidade a esses relatórios anuais, estabelecer diretrizes e guias de compliance à legislação federal após consulta com outros órgãos reguladoras. O debate legislativo sobre o tema nos EUA, portanto, também abarca atualmente a criação de diplomas normativos com algum grau de horizontalidade.

Embora o Reino Unido seja um exemplo sempre mencionado de perspectiva vertical de regulação da IA, com a publicação da *UK's National Artifficial Intelligence Strategy* de 2021 há o compromisso de se

23 Cf. ENAP, Regulação da Inteligência Artificial: benchmarking de países selecionados, 2022.

manter a competência regulatória dos órgãos reguladores setoriais, sem prejuízo de se avaliar a necessidade de adoção de princípios ou regras intersetoriais[24] – o que aponta para a possibilidade de um modelo híbrido de regulação horizontal e vertical.[25]

Outro exemplo que tem sido destacado é o da China, que tem adotado um modelo considerado híbrido entre os modelos horizontal e vertical, com relativa preponderância de diretivas aplicáveis a setores específicos[26]. Há uma série de planos, diretrizes e políticas setoriais para regular o desenvolvimento da IA, a partir do Ministério Chinês da Ciência e Tecnologia, com destaque para atuação da Administração do Ciberespaço da China. Como exemplos, há a Regulação sobre o Gerenciamento das Recomendações Algorítmicas nos Serviços de Informação da Internet, de 31 de dezembro de 2021 (com limitações e direitos dos usuários em relação às recomendações algorítmicas), Regulação sobre a Administração de Serviços de Internet de *Deep Synthesis,* de 25 de novembro de 2022 (voltada especialmente ao combate das *deep fakes*) e Proposta de Medidas para o Gerenciamento de Serviços de Inteligência Artificial Generativa, apresentada em 11 de abril de 2023. De todo modo, em junho de 2023, o Conselho de Estado da China anunciou que apresentará um projeto para uma Lei de Inteligência Artificial que será submetida ao Parlamento – o que tem sido visto como uma possível legislação de caráter mais horizontal no modelo regulatório chinês[27].

Para além das iniciativas nacionais e regionais, há também argumentos pela criação de uma verdadeira agência internacional multilateral com competência para estabelecimento de diretrizes e iniciativas de fiscalização sobre o desenvolvimento dos sistemas de IA. Uma das mais conhecidas defensoras dessa proposta, Rumman Chowdry aponta que a transparência não é princípio suficiente para o desenvolvimento adequado de sistemas de IA, especialmente nos casos

24 UK National AI Strategy, 2021, p. 54

25 Emre Kazim et. al., "Innovation and opportunity: review of the UK's national AI strategy", *Discover Artificial Intelligence* 1 (2021), pp. 1-14.

26 Fabian Heymann / Konstantinos Parginos / Ali Hariri, "Regulating Artificial Intelligence in the EU, United States and China - Implications for energy systems", pp. 3-4.

27 Para a análise detalhada dessas iniciativas, ver Matt Sheehan, "China's AI Regulations and How They Get Made", Washington, Carnegie Endowment for International Peace, 2023.

das chamadas IA generativas, uma vez que pouco agrega em termos de proteção e accountability. Indo além dos modelos de governança acima destacados, ela defende a criação de um "órgão de governança global para resolver essas disrupções sociais, econômicas e políticas para além do que qualquer governo individual é capaz, do que qualquer grupo acadêmico ou da sociedade civil pode implementar, ou qualquer empresa está disposta ou apta a fazer". Esse órgão internacional poderia ser inspirado na Agência Internacional de Energia (IAEA), organismo independente de governos e empresas, e que poderia realizar pesquisas, criar mecanismos de compensação financeira para trabalhadores excluídos do mercado de trabalho pelas novas tecnologias e possivelmente exigir um desenvolvimento e utilização gradual de novos modelos com grande impacto e risco[28].

Embora ainda seja cedo para se identificarem padrões predominantes de modelos horizontais de regulação horizontal ou vertical, há, na verdade, modelos mais horizontais e outros mais verticais. Não se vislumbram, portanto, "modelos puros" de regulação vertical ou horizontal, mas modelos mais ou menos centralizados ou descentralizados, com diferentes graus de coordenação de competência regulatória e fiscalizatória para que, de um lado, uma proteção a standards mínimos seja assegurada a todos os setores econômicos e sociais e, de outro lado, as especificidades setoriais possam ser identificadas e tratadas de modo diferenciado para que os benefícios potenciais de novas tecnologias possam ser usufruídos sem indevidos entraves regulatórios.

3. O modelo de governança para IA proposto no Projeto de Lei nº 2.338/2023

Também no Brasil cresce a percepção de que o mero estabelecimento de princípios gerais seria insuficiente para garantir a mitigação de riscos e externalidades negativas do uso de sistemas de IA[29]. Como destaca Ricardo Villas Bôas Cueva, por exemplo na área do direito, dis-

28 Rumman Chowdhury, "AI Desperately Needs Global Oversight", *Wired,* 06/04/2023, disponível em: https://www.wired.com/story/ai-desperately-needs-global-oversight/

29 Cf. Tainá Aguiar Junquilho, *Inteligência Artificial no Direito: limites éticos*, Salvador, JusPodium, 2022, pp. 143-4.

cute-se a necessidade de combinação de um modelo de regulação estatal ao lado da autorregulação[30].

Esse tema também foi objeto de intensos debates durante os trabalhos da Comissão de Juristas que propôs a sugestão de proposição legislativa sobre o tema e que levou à apresentação do Projeto de Lei nº 2.338/2023. No decorrer de suas atividades, houve doze audiências públicas, além do recebimento de contribuições escritas, em que se avaliaram as questões do modelo de regulação horizontal e vertical, bem como a criação ou designação de alguma autoridade específica para a fiscalização e controle.

Houve diversas manifestações em favor de regulações setoriais específicas e não uma única lei ou ato normativo geral que esgote o tema. Também houve debate sobre pontos positivos e negativos da criação ou atribuição a um órgão ou entidade já existente de competências para regulação, fiscalização e eventual estabelecimento de sanções sobre o tema. De todo modo, um ponto que se destacou em diversos posicionamentos foi a necessidade de existir algum mecanismo de coordenação regulatória, para que não existam diversas diretrizes e normas conflitantes entre si em prejuízo da segurança jurídica e efetividade do novo modelo em discussão[31].

Como consta da Exposição de Motivos, o PL optou por uma estratégia de regulação baseada em regras e princípios – o que se afasta do modelo predominantemente principiológico do PL 21/2020 –, sem afastar a participação dos setores regulados nesse processo também por meio da autorregulação. Foi prevista a existência de "delegações para que a regulação seja uma empreitada colaborativa, que privilegia o envolvimento dos setores interessados no processo regulatório, ao invés de conduzi-lo exclusivamente dentro das capacidades do Estado (corregulação).[32]" Nesse sentido, pode-se destacar o art. 30 do PL, que prevê a possibilidade dos agentes de inteligência artificial adotarem códigos de boas práticas e de governança, que deverá ser levada em con-

30 Cf. Ricardo Villas Bôas Cueva, "Da automação à inteligência artificial: alguns desafios da aplicação da tecnologia ao direito nos tribunais brasileiros", in Bruno Feigelson et. al. (orgs.), *Supremo 4.0: Constituição e tecnologia em pauta*, São Paulo, Revista dos Tribunais, 2022, pp. 293-305, p. 299.

31 Relatório da Comissão de Juristas do Senado Federal, 2022, p. 83-85.

32 Relatório da Comissão de Juristas do Senado Federal, 2022, p. 13.

sideração pela autoridade competente no momento de fiscalização e controle.

Especificamente no que se refere à discussão sobre uma perspectiva mais horizontal ou vertical de modelo regulatório, o PL 2.338/2023 prevê a existência de uma "autoridade competente" do Poder Executivo federal para "zelar pela implementação e fiscalização da presente Lei" (art. 32) e que será o "o órgão central de aplicação desta Lei e do estabelecimento de normas e diretrizes para a sua implementação" (art. 33). Nos termos do Projeto suas atribuições são:

> Art. 32. O Poder Executivo designará autoridade competente para zelar pela implementação e fiscalização da presente Lei.
>
> Parágrafo único. Cabe à autoridade competente:
>
> I – zelar pela proteção a direitos fundamentais e a demais direitos afetados pela utilização de sistemas de inteligência artificial;
>
> II – promover a elaboração, atualização e implementação da Estratégia Brasileira de Inteligência Artificial junto aos órgãos de competência correlata;
>
> III – promover e elaborar estudos sobre boas práticas no desenvolvimento e utilização de sistemas de inteligência artificial;
>
> IV – estimular a adoção de boas práticas, inclusive códigos de conduta, no desenvolvimento e utilização de sistemas de inteligência artificial;
>
> V – promover ações de cooperação com autoridades de proteção e de fomento ao desenvolvimento e à utilização dos sistemas de inteligência artificial de outros países, de natureza internacional ou transnacional;
>
> VI – expedir normas para a regulamentação desta Lei, inclusive sobre:
>
> a) procedimentos associados ao exercício dos direitos previstos nesta Lei;
>
> b) procedimentos e requisitos para elaboração da avaliação de impacto algorítmico;
>
> c) forma e requisitos das informações a serem publicizadas sobre a utilização de sistemas de inteligência artificial; e

d) procedimentos para certificação do desenvolvimento e utilização de sistemas de alto risco.

VII – articular-se com as autoridades reguladoras públicas para exercer suas competências em setores específicos de atividades econômicas e governamentais sujeitas à regulação;
VIII – fiscalizar, de modo independente ou em conjunto com outros órgãos públicos competentes, a divulgação das informações previstas nos arts. 7º e 43;

IX – fiscalizar e aplicar sanções, em caso de desenvolvimento ou utilização de sistemas de inteligência artificial realizado em descumprimento à legislação, mediante processo administrativo que assegure o contraditório, a ampla defesa e o direito de recurso;

X – solicitar, a qualquer momento, às entidades do poder público que desenvolvam ou utilizem sistemas de inteligência artificial, informe específico sobre o âmbito, a natureza dos dados e os demais detalhes do tratamento realizado, com a possibilidade de emitir parecer técnico complementar para garantir o cumprimento desta Lei;

XI – celebrar, a qualquer momento, compromisso com agentes de inteligência artificial para eliminar irregularidade, incerteza jurídica ou situação contenciosa no âmbito de processos administrativos, de acordo com o previsto no Decreto-Lei nº 4.657, de 4 de setembro de 1942;

XII – apreciar petições em face do operador de sistema de inteligência artificial, após comprovada apresentação de reclamação não solucionada no prazo estabelecido em regulamentação; e

XIII – elaborar relatórios anuais acerca de suas atividades.

Dispositivo importante é também o art. 34 que estabelece que "A autoridade competente e os órgãos e entidades públicas responsáveis pela regulação de setores específicos da atividade econômica e governamental coordenarão suas atividades, nas correspondentes esferas de atuação, com vistas a assegurar o cumprimento desta Lei", devendo ser criado fórum permanente de comunicação com outras autoridades reguladoras setoriais específicas para exercício de suas atribuições. Por fim, é relevante destacar que – em semelhança à Lei das Agências Reguladoras federais (Lei nº 13.848, de 25 de junho de 2019) e Lei de

Liberdade Econômica (Lei nº 13.874, de 20 de setembro de 2019) – é prevista que a expedição de atos normativos de interesse geral será precedida de Análise de Impacto Regulatório (AIR) (art. 35 do Projeto).

Diante de desses dispositivos selecionados do Projeto, algumas observações podem ser feitas.

O Projeto adota claramente um modelo de regulação estatal forte se comparado a diretivas não vinculantes e ao PL 21/2020. Afasta-se da EBIA, de um lado, pelo fato de ser um projeto de lei com normas jurídicas vinculantes para o setor público e privado e, de outro lado, por não ser em si mesma uma estratégia completa de fomento à ampliação do desenvolvimento e uso da IA, embora faça parte desse conjunto de esforços destinados a promover o desenvolvimento tecnológico brasileiro.

Também se afasta do modelo de regulação na redação aprovada pela Câmara dos Deputados para o PL 21/2020, que é basicamente um conjunto de amplos princípios com algumas regras pontuais, sendo objeto de críticas tanto do ponto de vista do seu procedimento legislativo acelerado quanto suas normas jurídicas ainda muito abstratas, possivelmente em conflito com as normas de proteção de dados pessoais vigentes e sem previsão de regras e mecanismos de *enforcement* claros[33]. O PL 2.338/2023 aproxima-se do modelo de regulação com princípios amplos e regras específicas sobre diversas etapas do desenvolvimento, comercialização e utilização dos sistemas de IA. Nesse sentido, há semelhança com a proposta de Regulação da UE, da Proposta do AAA nos EUA e do AIDA no Canadá.

Deve ser reforçado que o PL não exclui o espaço da autorregulação na construção de boas práticas sobre o tema, inclusive para fins de sua utilização como modelos pelo poder público a serem disseminados ou elementos caracterizadores de boa-fé para avaliação de eventuais ilícitos. Tem-se aqui um exemplo de manutenção do espaço de autoconfiguração dos desenvolvedores dos sistemas de IA combinado com algum grau de compartilhamento de função regulatória entre poder público e privado.

Outro aspecto relevante é que o Projeto prevê a designação de um órgão ou entidade do Poder Executivo federal como "órgão central" da política regulatória sobre o tema, sem definir qual será esse órgão. Caberá ao Poder Executivo definir – mediante Decreto, nos termos do

33 Cf. Luca Belli / Yasmin Curzi / Walter Gaspar, "AI regulation in Brazil: Advancements, flows, and need to learn from the data protection experience", *Computer Law and Security Review* 48 (2023), pp. 1-13, pp. 9-10.

art. 84, inciso IV, da Constituição Federal – qual órgão ou entidade de sua estrutura desempenhará essa função. Nada impede também que – assim como foi o caso da Lei Geral de Proteção de Dados (Lei nº 13.709, de 14 de agosto de 2018) – exista modificação legislativa por projeto de lei de iniciativa do Poder Executivo ou medida provisória criando novo órgão ou entidade para exercício dessas competências.

Um dos pontos centrais no modelo de governança do Projeto de Lei 2.338/2023 é a caracterização da autoridade competente como órgão central que se articulará com outras autoridades regulatórias competentes. Nesse sentido, o modelo proposto no Projeto está mais próximo daqueles entendidos como horizontais em que há normas gerais aplicáveis a diversos setores, bem como um respectivo órgão regulador e fiscalizador. Contudo, o modelo do Projeto não afasta a competência de órgãos reguladores setoriais para também estabelecer normas a respeito em articulação com a autoridade central. Aqui há um paralelo de regime jurídico com a recém-criada Agência Espanhola de Supervisão da Inteligência Artificial, cujo Estatuto expressamente prevê seu dever de cooperar com outras autoridades públicas, como acima mencionado.

Ressalta-se que nem mesmo do ponto de vista legal haverá uma pretensa exclusividade do regime jurídico instituído pelo Projeto na disciplina da IA no Brasil. Apenas para mencionar exemplos que expressamente constam do texto do Projeto, há previsão de que haverá a incidência da "legislação pertinente" sobre proteção de dados pessoais (art. 5º, VI, art. 9º, § 1º, art. 19, IV, e art. 42, § 3º), sobre sistemas de governança dos desenvolvedores e operadores dos sistemas de IA (art. 19), sanções administrativas previstas em legislação de proteção ao consumidor e de setores específicos (art. 36, §3º) e ainda uma previsão geral de que "Os direitos e princípios expressos nesta Lei não excluem outros previstos no ordenamento jurídico pátrio ou nos tratados internacionais em que a República Federativa do Brasil seja parte" (art. 44). Como exemplo, o tema da discriminação algorítmica passa pela identificação de um complexo regime jurídico que combinará elementos da nova Lei, caso aprovada, bem como da LGPD, Lei 7.716/1989 (crimes de preconceito), Lei 12.414/2011 (Lei do Cadastro Positivo), entre outros[34].

---

34 Para um exame detalhado do regime jurídico vigente sobre a vedação à discriminação algorítmica atualmente vigente, ver Laura Schertel Mendes / Marcela Mattiuzzo / Mônica Tiemy Fujimoto, "Discriminação algorítmica à luz da Lei Geral de Proteção de Dados", in Laura Schertel Mendes et. al. (org.), *Tratado de Proteção de Dados Pessoais*, Rio de Janeiro, Forense, 2021, pp. 421-446.

Isso levanta a questão do grau de coordenação que deverá haver entre o órgão central e os órgãos setoriais para que não exista nem uma exclusividade ou centralização excessiva de competências regulatórias nem uma descentralização excessiva com diversos órgãos setoriais. Como os exemplos das discussões e iniciativas internacionais demonstram, não há um modelo puramente horizontal de regulação de sistemas de IA. Há, na verdade, graus diferentes de centralização e descentralização com diferentes órgãos com competências mais horizontais ou verticais. Inclusive o exemplo da União Europeia mostra que já há iniciativas regulatórias para setores específicos.

Há diversos mecanismos de coordenação entre órgãos com competência regulatória, mencionando-se as consultas entre as agências, acordos de cooperação, produção regulatória conjunta e órgãos centrais no Executivo de coordenação[35]. O Projeto contempla a utilização dessas ferramentas para justamente permitir a articulação regulatória entre a autoridade central e outras agências e órgãos setoriais de regulação.

Além disso, cabe lembrar o mecanismo da "decisão coordenada", criada pela Lei nº 14.210, de 30 de setembro de 2021, que introduziu o art. 49-A na Lei nº 9.784, de 29 de janeiro de 1999. Por meio desse procedimento, há a construção conjunta de decisões administrativas, inclusive regulatórias, para ganhos de eficiência, transparência, participação social e segurança jurídica. Não se trata apenas de um mecanismo de divisão de competências administrativas, mas de verdadeiro procedimento para compartilhamento de competências em ambiente plural, fundada em uma lógica de atuação em rede e não necessariamente hierarquizada[36]. Embora o dispositivo exija a discordância entre órgãos e entidades administrativas para a instalação da decisão coordenada, nada impede que ela seja iniciada em casos relevantes mesmo antes da identificação de eventual discordância regulatória[37]. Também na Lei das

35 Para uma revisão dessas ferramentas no contexto estadunidense, ver Jody Freeman / Jim Rossi "Agency Coordination in Shared Regulatory Space", *Harvard Law Review* 124 (2012), pp. 1134-1211.

36 Cf. Antonio do Passos Cabral, "Comitologia decisional no processo administrativo: novos arranjos de competências administrativas entre coordenação e divisão de atribuições", in Antonio do Passos Cabral / José Vicente Santos de Mendonça (org.), *Decisão administrativa coordenada: reflexões sobre os arts. 49-A e seguintes da lei n. 9.784/99*, Salvador, Jus Podium, 2022, pp. 47-82, p. 67-8.

37 Para exemplo das potencialidades da decisão administrativa coordenada em casos de sobreposição de competências regulatórias no sistema financeiro, inclusive

Agências Reguladoras federais (arts. 25 a 33) há previsão de mecanismos de articulação regulatória das agências entre si e com outros órgãos e entidades[38].

Diante desse cenário, há espaço para eventuais ajustes no texto do Projeto para deixar mais claro que não haverá um monopólio regulatório pela autoridade competente, mas um compartilhamento de funções regulatórias coordenadas a partir de um órgão central. Nesse sentido, a título de sugestão, é possível especificar em maiores detalhes – seja no próprio texto do Projeto ou em nível regulamentar – o funcionamento do fórum permanente de comunicação e cooperação entre órgãos e entidades reguladoras e o procedimento de edição de atos normativos pela autoridade central de modo que sejam obrigatoriamente consultados órgãos setoriais e vice-versa, de modo a se evitar incompatibilidades e incoerências entre normas gerais ou setoriais em determinadas áreas da desenvolvimento e utilização da IA.

4. Conclusão

Pelo exposto, conclui-se que o debate sobre o modelo de regulação ideal relacionado à IA no Brasil e em diversos outros países continua em aberto. Até mesmo em razão das novas aplicações e potencialidades da tecnologia, ainda não se estabeleceram claramente consensos ou diferentes padrões de regulação em âmbito internacional.

Há, sim, uma progressiva ampliação das iniciativas de regular o desenvolvimento e uso dos sistemas de IA por meio de normas jurídicas estatais vinculantes para além dos princípios éticos ou somente de autorregulação pelos setores afetados. Também foi visto que estão em debate a adoção de modelos regulatórios com maior ou menor grau de horizontalidade ou verticalidade, sem que isso signifique a adoção de um modelo puramente centralizado ou descentralizado de regulação e fiscalização em matéria de IA.

para além de casos de discordância expressa entre órgãos e entidades regulatórios, cf. Ana Carolina Mello Pereira da Silva de Paula, "Coordenação Regulatória no Sistema Financeiro Nacional e Análise da Lei 14.210/2021", *Revista da Procuradoria-Geral do Banco Central* 16 (2022), pp. 37-52.

38 Há, inclusive, o funcionamento de um Fórum dos Dirigentes das Agências Reguladoras, que, entre outros, discute temas de sobreposição regulatória.

No Brasil, já se debate o tema há alguns anos, inclusive no Congresso Nacional. Dentre as correntes iniciativas legislativas, destacou-se o Projeto de Lei nº 2.338/2023, apresentado pelo Presidente do Senado Federal e fruto de sugestões elaboradas por Comissão de Juristas dedicada ao tema. Como visto, o Projeto parte da necessidade de se estabelecerem regras mais claras sobre o desenvolvimento, comercialização e utilização dos sistemas de IA para todos os setores econômicos e sociais e prevê a existência de um órgão central de regulação, fiscalização e aplicação de sanções. Embora adote uma postura mais horizontal, o Projeto não exclui a necessidade de articulação com outros órgãos e entidades reguladoras setoriais, havendo aqui inclusive espaços para aprimoramentos tendo em vista recentes inovações no direito administrativo brasileiro sobre o compartilhamento de competências regulatórias e processos coordenados de tomada de decisão administrativa.

Referências Bibliográficas

ALMEIDA, Virgílio / MENDES, Laura Schertel / DONEDA, Danilo. "On the Development of AI Governance Frameworks", *IEEE Internet Computing* 27 (2023), pp. 70-5.

ANDERLJUNG, Markus et. al. "Frontier AI Regulation: Managing Emerging Risks to Public Safety", 2023, pp. 7 e ss.

BELLI, Luca / CURZI, Yasmin / GASPAR, Walter. "AI regulation in Brazil: Advancements, flows, and need to learn from the data protection experience", *Computer Law and Security Review* 48 (2023), pp. 1-13.

BEVIR, Mark. *A Theory of Governance.* Berkely: University of California, 2013.

CABRAL, Antonio do Passos Cabral. "Comitologia decisional no processo administrativo: novos arranjos de competências administrativas entre coordenação e divisão de atribuições", in Antonio do Passos Cabral / José Vicente Santos de Mendonça (org.), *Decisão administrativa coordenada: reflexões sobre os arts. 49-A e seguintes da lei n. 9.784/99*, Salvador, Jus Podium, 2022, pp. 47-82.

CHOWDHURY, Rumman. "AI Desperately Needs Global Oversight", *Wired,* 06/04/2023, disponível em: https://www.wired.com/story/ai-desperately-needs-global-oversight/

CUEVA, Ricardo Villas Bôas. "Da automação à inteligência artificial: alguns desafios da aplicação da tecnologia ao direito nos tribunais brasileiros", in Bruno Feilgelson et. al. (orgs.), *Supremo 4.0: Constituição e tecnologia em pauta*, São Paulo, Revista dos Tribunais, 2022, pp. 293-305.

ESCOLA NACIONAL DE ADMINISTRAÇÃO PÚBLICA (ENAP). *Regulação da Inteligência Artificial: benchmarking de países selecionados*, 2022.

FJELD, Jessica et. al. "Principled Artificial Intelligence: Mapping Consensus in Ethical and Rights-based Approaches to Principles for AI." Berkman Klein Center for Internet & Society, 2020.

FLORIDI, Luciano. "The End of an Era: from Self-Regulation to Hard Law for the Digital Industry", *Philosophy & Technology* 34 (2021), pp. 619-622.

FREEMAN, Jody / ROSSI, Jim. "Agency Coordination in Shared Regulatory Space", *Harvard Law Review* 124 (2012), pp. 1134-1211.

HALIM, Noha Lea Halim / GASSER, Urs. "Vectors of AI governance - Juxtaposing the U.S. Algorithmic Accountability Act of 2022 with The EU Artificial Intelligence Act", *Berkman Klein Center for Internet & Society Report 2*, 2023.

HOFFMANN-RIEM, Wolfgang. *Teoria Geral do Direito Digital: transformação digital: desafios para o direito*, 2ª ed., Rio de Janeiro, Forense, 2022.

JUNQUILHO, Tainá Aguiar. *Inteligência Artificial no Direito: limites éticos.* Salvador: JusPodium, 2022.

KAUFMAN, Dora. "Inteligência Artificial e os desafios éticos: a restrita aplicabilidade dos princípios gerais para nortear o ecossistema de IA", *Revista Paulus* 9 (2021), pp. 73-84.

KAZIM, Emre et. al. "Innovation and opportunity: review of the UK's national AI strategy", *Discover Artificial Intelligence* 1 (2021), pp. 1-14.

MENDES, Laura Schertel / MATTIUZZO, Marcela / FUJIMOTO, Mônica Tiemy, "Discriminação algorítmica à luz da Lei Geral de Proteção de Dados", in Laura Schertel Mendes et. al. (org.), *Tratado de Proteção de Dados Pessoais*, Rio de Janeiro, Forense, 2021, pp. 421-446.

MÖKANDER, Jakob Mökander et. al. "The US Algorithmic Accountability Act of 2022 vs. The EU Artificial Intelligence Act: what can they learn from each other?", *Minds and Machines* 32 (2022), pp. 751-758.

MÖKANDER, Jakob / FLORIDI, Luciano. "Ethics – Based Auditing to Develop Trustworthy AI", *Minds and Machines* (2021), p. 5.

HEYMANN, Fabian / PARGINOS, Konstantinos / HARIRI, Ali, "Regulating Artificial Intelligence in the EU, United States and China - Implications for energy systems", *IEEE Power & Energy Society* (2023), pp. 1-6.

OCDE, "Recommendation of the Council on Artificial Intelligence", Paris, 2019.

PAULA, Ana Carolina Mello Pereira da Silva de. "Coordenação Regulatória no Sistema Financeiro Nacional e Análise da Lei 14.210/2021", *Revista da Procuradoria-Geral do Banco Central* 16 (2022), pp. 37-52

ROBERTS, Huw et. al. "A Comparative Framework for AI Regulatory Policy", The International Centre of Expertise on Artificial Intelligence in Montreal, 2023, p. 23-4.

ROSAS, Eduarda Moraes Chacon. *Inteligência Artificial: regulação ética a partir das regras de proteção de dados pessoais*. Rio de Janeiro: GZ Editora, 2023.

SCHLOTTFELDT, Shana. "Rebooting AI: a elaboração da proposta de regulação da inteligência artificial no Brasil em perspectiva comparada com a União Europeia", Brasília, Trabalho de Conclusão de Curso apresentado ao Instituto Legislativo Brasileiro (ILB), 2023

SENADO FEDERAL. Relatório da Comissão de Juristas responsável por subsidiar a elaboração de substitutivo sobre inteligência artificial, 2022.

SHEEHAN, Matt. "China's AI Regulations and How They Get Made", Washington, Carnegie Endowment for International Peace, 2023.

VARONESE, Alexandre / VIEIRA, Alessandra / LEMOS, Amanda. "Inteligência artificial, Mercado Único Digital e a postulação de um direito às inferências justas e razoáveis: uma questão jurídica entre a ética e a técnica", in Ana Frazão / Caitlin Mullhorn (org.), *Inteligência Artificial e Direito,* 2ª ed., São Paulo, Revista dos Tribunais, 2020, pp. 231-266.

Parte II
INTELIGÊNCIA ARTIFICIAL, DIREITOS DA PERSONALIDADE E MUDANÇAS NO DIREITO

Inteligência artificial, direitos da personalidade e mudanças no direito

Antonio dos Reis Júnior[1*]

SUMÁRIO: **1.** Introdução. **2.** Os influxos da inteligência artificial na conformação da pessoa humana. **3.** Os direitos da personalidade na era das decisões autônomas. **3.1.** A faceta da proteção. **3.2.** A faceta da promoção. **4.** Em que medida deve o direito se adaptar às mudanças promovidas pela IA. **5.** Conclusões. Referências bibliográficas.

1. Introdução

Em 2016, a Microsoft desativou um *chatbot* do Twitter chamado Tay devido à maneira como ele interagiu com os usuários, resultando em mensagens que continham conteúdo racista, sexista e xenofóbico. Tay, projetado para atrair uma audiência mais jovem nos Estados Unidos, especificamente pessoas com idades entre 18 e 24 anos, teve sua operação encerrada em menos de 24 horas após o seu lançamento.[2]

Durante esse curto período, o *chatbot* Tay inundou a plataforma com insultos, piadas ofensivas e comentários que promoviam teorias conspiratórias sobre os ataques de 11 de setembro, endossavam o genocídio, negavam o Holocausto e desrespeitavam os próprios usuários. Surpreendentemente, Tay até expressou insatisfação com o serviço da Microsoft, concordando com uma mensagem que criticava o Windows Phone.

Tay foi programado para aprender e melhorar sua capacidade de conversação à medida que interagia com os usuários. A Microsoft afirmou que a IA se baseava em dados filtrados e anônimos coletados a par-

---

1 Doutor e Mestre em Direito Civil pela Faculdade de Direito da Universidade do Estado do Rio de Janeiro (UERJ). Especialista em Direito Privado Europeu pela Universidade de Coimbra. Professor Adjunto de Direito Civil da Universidade do Estado do Rio de Janeiro (UERJ) e IBMEC-RJ. Membro do Instituto Brasileiro de Estudos de Responsabilidade Civil (IBERC) e do Instituto Brasileiro de Direito Civil (IBDCivil).

2 Exposto à internet, robô da Microsoft vira racista em 1 dia. *Veja*, São Paulo, 24 de março de 2016. Disponível em: <https://veja.abril.com.br/tecnologia/exposto-a--internet-robo-da-microsoft-vira-racista-em-1-dia>. Acesso em 12 de setembro de 2023.

tir de conteúdos publicados na internet por pessoas reais. No entanto, isso resultou no *chatbot* aprendendo a imitar o estilo de escrita dos jovens no Twitter e replicar as opiniões de indivíduos mal-intencionados, sem a capacidade de avaliar o contexto ou a seriedade das declarações. A Microsoft tomou medidas para apagar os comentários prejudiciais feitos por Tay e desativou o sistema completamente.[3]

Passados alguns poucos anos, mais precisamente em 30 de novembro de 2022, a OpenAI lança oficialmente o ChatGPT – *software* que tem como objetivo, segundo a própria plataforma, oferecer assistência comunicacional interativa para as necessidades cotidianas da humanidade, de forma segura e benéfica. O sucesso foi tão estrondoso que bateu o recorde de plataforma digital (programa de computador) com crescimento mais rápido da história (100 milhões de usuários ativos em apenas dois meses).[4]

Em seu primeiro ano de vida, as reações foram proporcionais ao tamanho e à velocidade de seu sucesso. Sobraram elogios de como a ferramenta já foi capaz de revolucionar o mercado, ao passo em que já há evidências do uso da ferramenta para disseminação de informações falsas e desinformação, assim como a sua exploração para o desenvolvimento de códigos de vírus e elaboração de mensagens sofisticadas de *phising*. Finalmente, uma vez que sua base de dados foi criada a partir de textos de diversos usuários na internet, essa tecnologia também já demonstrou a capacidade de regurgitar discursos preconceituosos e/ou conteúdo plagiado.[5]

---

3 O robô racista, sexista e xenófobo da Microsoft acaba silenciado. *El pais*, San Francisco, 25 de março de 2016. Disponível em: <https://brasil.elpais.com/brasil/2016/03/24/tecnologia/1458855274_096966.html>. Acesso em 12 de setembro de 2023.

4 ChatGPT atinge 100 milhões de usuários ativos mensais em janeiro e vira o app de crescimento mais rápido da história. *Infomoney*, São Paulo, 01 de fevereiro de 2023. Disponível em: <https://www.infomoney.com.br/negocios/chatgpt-atinge-100-milhoes-de-usuarios-ativos-mensais-em-janeiro-e-vira-o-app-de-crescimento-mais-rapido-da-historia/>. Acesso em 12 de setembro de 2023.

5 Para uma abordagem ampla e resumida sobre os benefícios e desafios da plataforma de inteligência artificial lançada pela OpenAI, cf., por todos, DENG, J.; LIN, Y. The Benefits and Challenges of ChatGPT: An Overview. *Frontiers in Computing and Intelligent Systems*, [S. l.], v. 2, n. 2, pp. 81-83, 2023. DOI: 10.54097/fcis.v2i2.4465. Disponível em: https://drpress.org/ojs/index.php/fcis/article/view/4465. Acesso em: 12 de setembro de 2023.

Em comum a ambas as experiências vividas pelo avanço tecnológico na última década está o incremento cada vez mais refinado da Inteligência Artificial no cotidiano das pessoas, com destaque para o aperfeiçoamento da ferramenta em termos de eficiência na análise, classificação e interpretação de dados (pessoais e não pessoais), disponíveis na rede. Do outro lado, mais opaco, ubíquo e sombrio, está a incapacidade da tecnologia de – ao menos no estágio atual –, com a mesma eficiência, filtrar as informações ou conclusões tendentes a ofender a dignidade humana (e todos os seus aspectos), apresentando resultados insatisfatórios na contenção dos riscos inerentes à atividade da *big analytics*.[6]

À medida em que a tecnologia avança – capitaneada pela nova fronteira aberta pela inteligência artificial – a questão que se põe recai menos sobre a limitação ou proibição do uso ou desenvolvimento de novos programas de funcionamento autônomo (*softwares* de IA) e mais sobre a necessidade de sua regulamentação. E, neste ponto, como se verá, o desafio repousa não somente na aparente inocuidade de regular determinada tecnologia (que se renova com impressionante velocidade),[7] mas, em igual medida, na dificuldade de regular comportamentos que se valem das tecnologias disruptivas, porque cada vez menos "*humanos*" e com níveis mais avançados de autonomia.[8]

---

6 Sobre o problema da opacidade, cf. FRAZÃO, Ana. Fundamentos da proteção dos dados pessoais: notas introdutórias para a compreensão da importância da Lei Geral de Proteção de Dados Pessoais. In: TEPEDINO, Gustavo; FRAZÃO, Ana; OLIVA, Milena Donato. *Lei Geral de Proteção de Dados Pessoais e suas repercussões no direito brasileiro*. São Paulo: Editora Revista dos Tribunais, 2020, pp. 38-42. E sobre o risco de que os algoritmos de inteligência artificial podem perpetuar injustiças, preconceitos e discriminações, cf., dentre tantos, AGRAWAL, Ajay; GANS, Joshua; GOLDFARB, Avi. *Prediction machines*: the simple economics of artificial intelligence. Boston: Harvard Business Review Press, 2018, p. 205.

7 Sobre o drama da velocidade da evolução tecnológica da inteligência artificial (fast-changing landscape of AI Technologies), cf. GALASSO, Alberto; LUO, Hong. Punishing robots: issues in the economics of tort liability and innovation in artificial intelligence. In: *The Economics of Artificial Intelligence*: an agenda, pp. 493-504, National Bureau of Economic Research Inc. Disponível em: <https://ideas.repec.org/h/nbr/nberch/14035.html>. Acesso em 12 de setembro de 2023.

8 Neste ponto é importante a distinção dos níveis de autonomia na inteligência artificial, classificando-se entre fraca (*narrow*) e forte (*strong*), conforme o grau de intensidade da autonomia da IA. Neste ponto, cf. TURNER, Jacob. *Robot rules*: regulating artificial intelligence. London, Palagrave Macmillan, 2019, p. 06. No Brasil, cf. MEDON, Filipe. *Inteligência artificial e responsabilidade civil*: autonomia, riscos e solidariedade. São Paulo: Editora JusPodivm, 2022, pp. 120-121.

Danilo DONEDA, notório expoente do estudo da proteção de dados no direito brasileiro, já havia apontado, com a perspicácia que lhe era natural, que o primeiro passo é perceber que a inteligência artificial, a despeito de tratar-se de tema autônomo (a exigir regulação própria), resulta do desmembramento do debate sobre proteção de dados pessoais.[9] A inteligência artificial não existe sem uma base de dados pronta para alimentá-la. Se entre os filósofos havia aqueles (ditos racionalistas) que acreditavam ser possível a existência de inteligência *a priori* (sem qualquer contato com a experiência), o mesmo não se pode falar da IA. Decerto que a inteligência artificial depende, necessariamente, das experiências vividas e gravadas em dados, sem os quais o sistema sequer existe. A inteligência artificial é, pois, empirista em sua essência.

O caminho para a regulação da atividade desenvolvida pela inteligência artificial tem como ponto de partida, portanto, o modo como se tutela o dado (*data*) na ordem jurídica. Neste ponto, o ordenamento jurídico brasileiro deu o primeiro passo com a publicação da Lei nº 13.709/18 (Lei Geral de Proteção de Dados Pessoais – LGPD). Mas, a partir daí, como deve se desenvolver? Qual caminho trilhar? É o desafio posto para o presente e sobre os quais aqui se passará a refletir.

2. Os influxos da inteligência artificial na conformação da pessoa humana

A perspectiva abrangente de pessoa humana, ancorada do trinômio dignidade-igualdade-solidariedade,[10] pressupõe que a presença de qualquer elemento externo de influência sobre a *persona* exige aprofundado juízo de adequação e adaptação. Eis a intrincada relação pessoa-tecnologia. Esta, como elemento inicialmente externo, criada e desenvolvida pelo(a) e para o indivíduo e a sociedade, como resultado da ascensão da ciência, tem alcançado nível tão sofisticado de *técnica*, que não só pas-

9 DONEDA, Danilo Cesar Maganhoto; MENDES, Laura Schertel; SOUZA, Carlos Afonso Pereira de; ANDRADE, Norberto Nuno Gomes de. Considerações iniciais sobre inteligência artificial, ética e autonomia pessoal. *Revista Pensar*, Fortaleza, v. 23, n. 4, pp. 2-3, out./dez. 2018. Disponível em: < https://ojs.unifor.br/rpen/article/view/8257/pdf>.

10 A expressão é inspirada pela perspectiva de dignidade humana lançada por MORAES, Maria Celina Bodin. O princípio da dignidade humana. *Na medida da pessoa humana*: estudos de direito civil-constitucional. Rio de Janeiro: Renovar, 2010, pp. 71-120.

sam a integrar o cotidiano das pessoas, mas as próprias pessoas, em verdadeira fusão pessoa-tecnologia.[11]

Ilustrativamente, e sem qualquer pretensão de exaurimento, pode-se mencionar (i) o avanço da biotecnologia e o controle sobre a reprodução e a cura (ou mitigação dos efeitos) de enfermidades ou deficiências físicas ou mentais;[12] (ii) a influência decisiva e expansiva da internet sobre a vida humana, com seus mecanismos de controle das relações pessoais e sociais; (iii) a projeção da personalidade humana do universo real para o metaverso virtual e suas potencialidades;[13] e, talvez a realidade mais desafiadora: (iv) o salto quantitativo e qualitativo do uso da inteligência artificial nas relações econômicas e sociais.

Os influxos da inteligência artificial sobre a conformação da pessoa humana é, em tempos hodiernos, um dos assuntos mais desafiadores. A par da miscelânea de significados que dela se pode extrair, a inteligência artificial é normalmente entendida como sistema computacional que, por meio da interpretação e aprendizagem de dados externos,[14] torna-se capaz de apresentar, de forma autônoma (em maior ou menor medida), resposta a problemas, questionamentos ou qualquer estímulo exterior, seja através de seu potencial comunicativo, seja mediante a tomada de decisão para execução de determinado comando de ação.[15] A sua função

11 Como já anunciava RODOTÀ, Stefano. *Tecnologie e diritti*. Bologna: Il Mulino, 1995.

12 Cf., por todos, TEIXEIRA, João de Fernandes. *O cérebro e o robô*: inteligência artificial, biotecnologia e a nova ética. São Paulo: Paulus, 2015.

13 PIRONTI, Rodrigo; KEPPEN, Mariana. Metaverso: novos horizontes, novos desafios. *International Journal of Digital Law*, v. 2, n. 3, pp. 57-67, Belo Horizonte, Ed. Forum, set./dez., 2021.

14 LEMOS, Júlia Pinto. A imputação de responsabilidade civil por danos decorrentes do uso de sistemas totalmente autônomos. *Revista de Direito e as Novas Tecnologias* [versão digital], a. 3, n. 9, São Paulo: Ed. Revista dos Tribunais, out./dez. 2020, p. 1.

15 São diversas as definições de IA, que costumam ser relativamente sintéticas, tais como "a habilidade de um ente não natural de fazer escolhas a partir de um processo de avaliação" (TURNER, Jacob. Robot rules. *Regulating artificial intelligence*. London: Palgrave, MAcmillan, 2019, p. 16), ou "qualquer inteligência artificialmente criada, isto é, um sistema de software que simula o pensamento humano num computador ou em outros dispositivos" (ČERKA, Paulius; GRIGIENĖ, Jurgita; SIRBIKYTĖ, Gintarė. Liability for damages caused by Artificial Intelligence. *Computer Law & Security Review*, Elsevier, v. 31, n. 3, pp. 376-389, jun. 2015, p. 378), ou, simplesmente, "um ente não humano que age de maneira inteligente, espelhando-se na própria inteligência humana" (MEDON, Filipe. *Inteligência artificial e responsabilidade civil*: autonomia, riscos e solidariedade. São Paulo: Editora Jus-

lato sensu é a de executar tarefas que normalmente exigiriam a interferência da inteligência humana, mas que pela sua capacidade operacional não mais se exigirá, o que inclui a aptidão de aprender e aperfeiçoar-se ao longo do tempo, sem intervenção (ou correção) humana direta.[16] Para que o sistema, representado por um programa de computador (*software*), possa se qualificar como dotado de inteligência artificial, deve conter atributos de autonomia, cooperação, proatividade e reatividade, e, por vezes, habilidade social.[17]

As características elencadas distanciam a inteligência artificial dos modelos tecnológicos que se apresentam como simples instrumentos ou mecanismos à disposição da pessoa e sobre os quais se detém absoluto *controle* sobre a tecnologia. Daí a importância da percepção de que nem todo algoritmo representa uma inteligência artificial. *Softwares* (programas) ou *hardwares* (utensílios ou componentes físicos) que funcionam como simples instrumentos sob ingerência (autonomia) total do usuário não se qualificam como inteligência artificial.[18]

Podivm, 2022, p. 99), ou o que consta no Projeto de Lei nº 2.338/2023, em seu art. 4º, I: "sistema computacional, com graus diferentes de autonomia, desenhado para inferir como atingir um dado conjunto de objetivos, utilizando abordagens baseadas em aprendizagem de máquina e/ou lógica e representação do conhecimento, por meio de dados de entrada provenientes de máquinas ou humanos, com o objetivo de produzir previsões, recomendações ou decisões que possam influenciar o ambiente virtual ou real".

16 Segundo Peter NORVIG e Stuart RUSSEL, o grande salto no estudo da inteligência artificial se dará quando o sistema ultrapassar a fase na qual busca apenas imitar humanos (ou o raciocínio humano), para explorar a inteligência artificial para além dos limites humanos, em toda a sua potencialidade (*Inteligência artificial*. 3. ed. Trad. de Regina Célia Simille. Rio de Janeiro: Elsevier, 2013, p. 42).

17 TEPEDINO, Gustavo; SILVA, Rodrigo da Guia. Desafios da inteligência artificial em matéria de responsabilidade civil. *Revista Brasileira de Direito Civil*, Belo Horizonte, v. 21, jul./set. 2019, p. 63.

18 "Antes do advento dessa tecnologia [inteligência artificial], a programação de computadores resumia-se ao processo de descrever, detalhadamente, todas as etapas necessárias para que um computador realizasse determinada tarefa e alcançasse um determinado objetivo. A sequência de instruções derivada desse processo, que diz a um computador o que fazer, é justamente o algoritmo, de forma que, até então, tudo o que um programa de computador fosse capaz de realizar deveria ser determinado por um algoritmo específico. Assim, como se infere da própria definição, não era possível a um computador realizar algo que o programador não

A problemática recai sobre os sistemas ou algoritmos que possuem certo grau de autonomia, isto é, a capacidade de – sozinhos e sem a influência externa de uma pessoa – acessar dados, interpretá-los e, a partir de certos critérios, oferecer resposta (seja comunicativa ou através de ação).[19] Assim o fazem através das técnicas de *natural language systems* (sistemas de linguagem natural), *machine learning* (aprendizado de máquina) – e sua variação de *deep learning* (aprendizado profundo) –, *simulation of senses* (simulação de sentidos ou significados), *neural networks* (redes neurais), *computer games* (jogos de computador), *expert systems* (sistemas especializados) e *robotics* (robótica).[20]

Com maior ou menor grau de autonomia, são muitos os sistemas de IA que já fazem parte do cotidiano das pessoas, a começar pelos programas que realizam tarefas simples: (a) filtragem de e-mail, (b) recomendações de conteúdo em serviços de *streaming* ou redes sociais, (c) a geladeira inteligente que faz a preenche a lista de compras a partir de seu esvaziamento, (d) o sensor do veículo que avisa o risco de colisão frontal pela aproximação fora do padrão ou que corrige a rota do veículo que está saindo da faixa na qual ele se encontrava (para além do nível mais elevado – *Strong AI* – usado pelos carros autônomos); (e) o assistente virtual do serviço de atendimento ao cliente, muito potencializado pela nova ferramenta do ChatGPT, dentre diversos outros exemplos.

---

soubesse fazer ele próprio, já que era necessário descrever, pormenorizadamente, as ações desempenhadas pelo programa. A IA é, de fato, uma revolução tecnológica, porque passa a possibilitar que os programas de computador sejam criativos e desenvolvam, eles próprios, a habilidade de desempenhar ações e chegar a resultados que os seus criadores não eram capazes de alcançar ou de prever." (PIRES, Thatiane Cristina Fontão; SILVA, Rafael Peteffi da. A responsabilidade civil pelos atos autônomos da inteligência artificial: notas iniciais sobre a resolução do Parlamento Europeu. *Revista Brasileira de Políticas Públicas*, Brasília, v. 7, n. 3, dez. 2017, pp. 241-242).

---

19 Neste sentido, o que caracteriza a inteligência artificial é a sua capacidade de, diante de um problema apresentado, construir o caminho para chegar à solução "por meio de seu próprio aprendizado", o que pressupõe uma boa base de dados e alta capacidade de processamento e análise dos dados à disposição do sistema (POOLE, David; MACKWORTH, Alan. *Artificial Intelligence*: Foundations of Computational Agents. Cambridge: Cambridge University Press, 2010).

20 A variedade das técnicas é trazida por ČERKA, Paulius; GRIGIENĖ, Jurgita; SIRBIKYTĖ, Gintarė. Liability for damages caused by Artificial Intelligence. *Computer Law & Security Review*, Elsevier, v. 31, n. 3, pp. 376-389, jun. 2015, pp. 378.

A influência da IA já é notada também em espaços mais sensíveis da pessoa humana: (a) programas inteligentes capazes de interpretar dados com o fito de diagnosticar precocemente diversas doenças; (b) sistemas que auxiliam os profissionais da saúde a prescrever medicamentos; (c) máquinas robóticas que, com certo grau de autonomia, auxiliam os médicos na realização de cirurgias; (d) programas inteligentes que reconhecem e processam textos para reproduzi-los em voz, assim como aqueles que captam a voz do usuário para transformar em texto, voltadas especialmente para deficientes visuais; (e) *softwares* capazes de reconhecer uma imagem e analisar inconsistências na marcha e postura corporal, oferecendo o tratamento fisioterápico mais adequado ao paciente, dentre outras aplicações.[21]

Em maior ou menor escala, a depender do perfil social e econômico da pessoa ou de alguma vulnerabilidade concreta, denota-se que a integração da inteligência artificial à vida humana é uma realidade incontornável. Como toda nova tecnologia, atrai olhares tendentes à dualidade maniqueísta que, a depender de seus propósitos e da forma como é utilizada, pode representar um bem ou um mal à humanidade. E é sobre esse aspecto que a doutrina busca oferecer respostas em termos de regulação: medidas que visem a evitar o mal (não raro socorrendo-se a questões éticas no uso da tecnologia) e/ou potencializar o bem. Não podendo evitar a evolução da técnica (e, em alguma medida, não sendo sequer desejável obstar o avanço da tecnologia), o desafio é encontrar a fórmula ideal da regulação. Em síntese: as fórmulas tradicionais de regulação e responsabilização são adequadas e suficientes?

Para isso, todavia, faz-se mister compreender a exata noção de pessoa e dos direitos da personalidade na legalidade civil-constitucional. A partir daí, investigar em que medida a utilização da tecnologia da inteli-

---

21 Recente relatório divulgado originalmente em 2016 – e já atualizado em 2021 – por uma equipe de pesquisadores afiliados à Universidade de Stanford apresentou uma análise minuciosa acerca do impacto da Inteligência Artificial (IA) em perspectiva na vida das pessoas a curto prazo. Os resultados do estudo indicam que, num horizonte temporal de aproximadamente 14 anos, isto é, até o ano de 2030, a IA se consolidará como uma presença extraordinariamente difundida e intrínseca na rotina quotidiana de qualquer pessoa. (*Gathering Strength, Gathering Storms: The One Hundred Year Study on Artificial Intelligence (AI100) 2021 Study Panel Report.* Disponível em <https://ai100.stanford.edu/gathering-strength-gathering-storms-one-hundred-year-study-artificial-intelligence-ai100-2021-study>. Acesso em 19 de setembro de 2023).

gência artificial será merecedora de tutela na ordem jurídica, em respeito ao *status personae* consagrado na Carta Constitucional. Finalmente, averiguar se as respostas regulatórias incipientes representam (ou se devem representar), ou não, mudanças no direito.

3. Os direitos da personalidade na era das decisões autônomas

Com a introdução da perspectiva da tutela da personalidade como interesse juridicamente protegido, o estudo dos direitos da personalidade ganhou destaque entre os civilistas, conquanto para isso tivesse de enfrentar os desafios impostos pela própria dogmática tradicional, de cunho eminentemente patrimonialista. Neste sentido, a categoria do direito subjetivo não respondia bem à ideia de ser a personalidade sinônimo de titularidade de direito e, concomitantemente, objeto deste mesmo direito, cuja proteção restava ameaçada por incompatibilidade lógica.[22]

A saída foi encontrada na percepção segundo a qual a personalidade pode ser entendida tanto como capacidade do sujeito para ser titular de relações jurídicas, quanto como atributo da pessoa humana a constituir centro autônomo de interesses (existenciais) a formar um objeto específico de tutela da ordem jurídica. Desta discussão seguiu-se a questão de saber os efeitos decorrentes de considerar a personalidade como objeto de direito, i.é., se a obrigação incide sobra a própria pessoa ou se constitui em elemento externo a denotar uma obrigação negativa geral.[23] Finalmente, muito se discutiu se havia um direito de personalidade, uno e de conteúdo indefinido e diversificado, ou se havia vários direitos de personalidade autônomos e independentes.[24]

22 Dentre as teorias negativistas, "afirmava-se, em síntese estreita, que a personalidade, identificando-se com a titularidade de direitos, não poderia, ao mesmo tempo, ser considerada como objeto deles. Tratar-se-ia de contradição lógica" (TEPEDINO, Gustavo. A tutela da personalidade no ordenamento civil-constitucional brasileiro. *Temas de direito civil.* Tomo I. Rio de Janeiro: Renovar, 2008, pp. 27).

23 Sustenta Orlando GOMES que nada impede "certas qualidades, atributos, expressões ou projeções da personalidade sejam tuteladas no ordenamento jurídico como objeto de direitos de natureza especial". (*Introdução ao direito civil.* Rio de Janeiro: Forense, 2000, p. 150). Argumenta Gustavo TEPEDINO ser o debate reflexo da "preocupação exasperada da doutrina em buscar um objeto de direito que fosse externo ao sujeito, tendo em conta a dogmática construída para os direitos patrimoniais" (*A tutela da personalidade,* cit., p. 32).

24 Por todos TEPEDINO, Gustavo. *A tutela da personalidade,* cit., pp. 48-50.

Com o advento das Constituições e as cartas políticas de Direitos Humanos, o valor da pessoa humana assentou posição cada vez mais notória na própria dogmática jurídica. A inclusão da dignidade da pessoa humana no vértice dos ordenamentos jurídicos ocidentais, tornando o valor da pessoa humana unitário e hierarquicamente superior às demais categorias do *ter* superou de certa forma o problema gerado pelos rígidos sistemas de pensamento estruturalistas calcados na velha teoria da relação jurídica, de cunho estático e patrimonial. A percepção da supremacia da categoria do *ser*, insuscetível de subsunção nos termos dos rígidos esquemas formais da categoria do *ter*, importou reconhecer a personalidade como valor máximo do ordenamento jurídico, cujo efeito principal conduz à identificação de uma cláusula geral de tutela da personalidade.[25]

Deste recorte é fácil perceber que a pessoa humana é conceito histórico. Por isso, dinâmico por excelência. Na legalidade constitucional a tutela da pessoa humana encontra guarida no supremo princípio da dignidade, pilar de legitimidade do ordenamento (art. 1º, III, da CRFB/88). Mas a dignidade não é um valor restrito à ótica individualista, voltado à pessoa em si mesma considerada. Em sua complexidade, extrai-se ao menos dois atributos, calcados em máximas axiológicas, que merecem destaque por representarem o significado completo de pessoa na ordem civil-constitucional: trata-se da *igualdade* e da *solidariedade*.[26] Assim, a garantia é que a pessoa humana tenha (i) dignidade em sentido estrito, entendida como reconhecimento de que a pessoa é fim em si mesma, não podendo servir de meio ou instrumento para a consecução de interesses meramente patrimoniais ou alheios à proteção e promoção da pessoa;[27] (ii) igual dignidade perante os outros; e (iii) a qualidade de

---

25 "A pessoa, à luz do sistema constitucional, requer proteção integrada, que supere a dicotomia direito público e direito privado e atenda à cláusula geral fixada pelo texto maior, de promoção da dignidade humana" (TEPEDINO, Gustavo. *A tutela da personalidade*, cit., p. 57).

26 "Do ponto de vista jurídico, como mencionado, a solidariedade está contida no princípio geral instituído pela Constituição de 1988 para que, através dele, se alcance o objetivo da 'igual dignidade social'" (MORAES, Maria Celina Bodin. *O princípio da dignidade humana*, cit., pp. 86 e 109).

27 Em noção inspirada na noção kantiana de dignidade, este autor que ora escreve já buscou indicar o conteúdo normativo da dignidade humana em sua relação com os direitos da personalidade: "[Segundo Kant] da razão decorre a noção de autonomia que, considerada como legisladora universal inserida no reino dos fins, tem, como premissa, o reconhecimento do homem como fim em si mesmo e, como

pessoa digna porque a ela se impõe deveres de cooperação social que conferem significado existencial a si e aos outros (perfil da solidariedade). A pessoa humana é, pois, conceito interrelacional. E assim o é a partir de um compromisso político dos princípios fundamentais da ordem democrática, segundo o qual "*a pessoa é inseparável da solidariedade: ter cuidado com o outro (alter) faz parte do conceito de pessoa*".[28]

Desta noção completa de pessoa se pode extrair duas óticas de tutela, aquela dita negativa (a faceta da proteção da pessoa em face de atos lesivos praticados por terceiros), ou outra designada positiva (a faceta da promoção dos valores existenciais da pessoa humana na sua relação consigo mesmo e com a sociedade).

3.1. A faceta da proteção

A tutela negativa é a perspectiva mais tradicional dos direitos da personalidade. É a ótica da proteção da pessoa em face das ameaças e ofensas que terceiros podem causar aos seus direitos (ou interesses) não patrimoniais. É escudo contra toda ameaça externa. Inspira-se na lógica proprietária, da defesa dos interesses de seu titular em face de terceiros, que devem observar o dever geral de abstenção no que diz respeito à intervenção na esfera jurídica existencial alheia.[29]

---

consequência, a criação de deveres (morais) para todos, na mesma medida. Assim, a moralidade – determinada pela razão e autonomia, criadora de normas formais universais por meio do imperativo categórico, sob a condição de consideração do homem como fim em si mesmo (humanidade) – consagra, ao mesmo tempo, a igualdade e a solidariedade, porque, respectivamente, (a) todos seguem deveres morais conforme a razão, na mesma medida; e (b) todos reconhecem uns nos outros a mesma humanidade, a qual é condição restritiva suprema da liberdade das ações de todo homem, e, concomitantemente, fundamento para a promoção dos "fins dos outros" (REIS JÚNIOR, Antonio dos. Novas perspectivas sobre o direito à honra: estudos sob a ótica civil-constitucional. *Civilistica.com*, a. 2, n. 3, jul./set. 2013, p. 15).

---

28 PERLINGIERI, Pietro. *O direito civil na legalidade constitucional*. DE CICCO, Maria Cristina (trad.). Rio de Janeiro: Renovar, 2008, p. 461.

29 Significativa a primeira noção de privacidade, inaugurada por Samuel WARREN e Louis BRANDEIS, na qual a construção da noção de vida privada sempre foi calcada na noção territorial da propriedade, como proteção de um "espaço" particular (The right to privacy. *Harvard Law Review*, v. IV, n. 5, 1890). Em língua brasileira, destaca-se a análise crítica de MORAES, Maria Celina Bodin de. Ampliando os direitos da personalidade. *Na medida da pessoa humana*. Rio de Janeiro: Renovar, 2010, pp. 121-122.

Se em boa parte do século anterior (Sec. XX) a técnica legislativa – e o modo de se pensar o direito, em especial o direito civil – era mais afeita à alocação de regras (e, apenas excepcionalmente, de princípios), no sentido de exprimir norma de conteúdo fechado e com reduzido espaço para interpretações dissonantes daquilo que o texto é capaz de evidenciar, o mesmo já não se percebe na técnica legislativa do século atual (Sec. XXI). É comum aos atuais legisladores garantir a proteção dos direitos da personalidade, que se sabe amplos, dinâmicos e complexos, ao mesmo tempo em que se garante o desenvolvimento das atividades que são potencialmente lesivas àqueles direitos, conduzindo eventual choque, ou conflito, à técnica da *ponderação de direitos*, à luz das circunstâncias do caso concreto.[30]

Não à toa, nota-se que o legislador novecentista se habitou a elaborar normas segundo a técnica da tutela negativa de proteção pela via da imposição de limites claros (regra de conteúdo fechado) a partir dos quais será considerado violado determinado direito, de cunho existencial. Assim o fez o legislador do Código Civil (Lei nº 10.406/02) ao determinar que, em regra, "é defeso o ato de disposição do próprio corpo" (art. 13 do CC), ou que "ninguém pode ser constrangido a submeter-se, com risco de vida, a tratamento médico ou a intervenção cirúrgica" (art. 15 do CC), ou que "o nome da pessoa não pode ser empregado por outrem em publicações ou representações que a exponham ao desprezo público, ainda quando não haja intenção difamatória" (art. 17 do CC), ou que "sem autorização, não se pode usar o nome alheio em propaganda comercial" (art. 18 do CC), ou que, em regra, "a divulgação de escritos, a transmissão da palavra, ou a publicação, a exposição ou a utilização da imagem de uma pessoa poderão ser proibidas, a seu requerimento e sem prejuízo da indenização que couber, se lhe atingirem a honra, a boa fama ou a respeitabilidade, ou se se destinarem a fins comerciais" (art. 20 do CC), ou simplesmente que "a vida privada da pessoa natural é inviolável" (art. 21 do CC).

30 Para uma visão crítica do uso de técnicas legislativas por via de regras de conteúdo fechado e através de leis especiais com regulamentação estritamente detalhada, e a favor da técnica de utilização das cláusulas gerais e princípios, cf., por todos, TEPEDINO, Gustavo. O velho projeto de um revelho Código Civil. *Temas de direito civil*. Tomo I. Rio de Janeiro, Renovar, 2008, p. 529) e TEPEDINO, Gustavo. As tecnologias e a renovação do Direito Civil, *OAB-RJ*, Rio de Janeiro, 12 de junho de 2019. Disponível em: < https://www.oabrj.org.br/colunistas/gustavo-tepedino/as-tecnologias-renovacao-direito-civil>. Acesso em: 19 de setembro de 2023.

Se o texto legal que pretende encerrar regra de conteúdo fechado tem a vantagem de conferir maior segurança quanto ao resultado da interpretação (e, assim, da aplicação da norma jurídica ao caso concreto), tem a desvantagem de ser menos flexível na composição com outros interesses em jogo, igualmente dignos de tutela de ordem jurídica. Neste contexto, são famosas as reflexões em torno da adequada interpretação da norma que veda os atos de disposição do próprio corpo, ou a publicação ou exposição da imagem de pessoa biografada, sem a sua autorização, apenas para dar dois singelos exemplos.[31]

Por sua vez, percebendo-se técnica legislativa mais moderna, que evitou deliminar proibições expressas em norma de conteúdo fechado, a lei que visa a regular a atividade da internet no Brasil (Lei nº 12.965/14) preferiu adotar a tutela negativa através de cláusulas gerais de proteção, no sentido de que: (i) o uso da internet no Brasil tem os seguintes *princípios*: (...) *"proteção da privacidade"*, *"proteção dos dados pessoais, na forma da lei"* (art. 3º, II e III, da Lei nº 12.965/14); assim como (ii) a guarda e a disponibilização dos registros de conexão e de acesso a aplicações de internet, bem como de dados pessoais e do conteúdo de comunicações privadas, devem atender à *"preservação da intimidade, da vida privada, da honra e da imagem das partes direta ou indiretamente envolvidas"* (art. 10 da Lei nº 12.965/14); (iii) cabendo ao juiz tomar providências necessárias à garantia do sigilo das informações recebidas (em caso de requisição judicial de registros) e à *"preservação da intimidade, da vida privada, da honra e da imagem do usuário"* (art. 23 da Lei nº 12.965/14).

A propósito, tal técnica foi seguida pela Lei nº 13.709/18 (LGPD), na qual é possível verificar a tutela negativa pelo uso de *cláusulas gerais*, ao dispor que a disciplina da proteção de dados tem como *fundamento*, dentre outros, o *"respeito à privacidade"*, e *"a inviolabilidade da intimidade, da honra e da imagem"* (art. 2º).

Neste caso, se os textos legais hodiernos apresentam norma de proteção à personalidade humana pelo vetor principiológico, assim também o fazem ao garantir, como princípio, fundamento ou objetivo legal, a prática de atividades que são potencialmente lesivas à personalidade (v.g.,

---

31 Sobre o primeiro caso, remeta-se a MORAES, Maria Celina Bodin de. Ampliando os direitos da personalidade. *Na medida da pessoa humana*. Rio de Janeiro: Renovar, 2010, pp. 129-135. E, no segundo caso, remeta-se a BARBOSA, Fernanda Nunes. *Biografias e liberdade de expressão*: critérios para a publicação de histórias de vida. Porto Alegre: Arquipélago Editorial, 2016.

a garantia da liberdade de expressão [art. 3º, I, da Lei nº 12.965/14], a abertura da internet [art. 2º, IV, da Lei nº 12.965/14], a livre iniciativa [art. 2º, V, da Lei nº 12.965/14], a liberdade dos modelos de negócios promovidos na internet [art. 3º, VII, da Lei nº 12.965/14] ou a promoção da inovação e fomento à ampla difusão de novas tecnologias e modelos de uso e acesso [art. 4º, III, da Lei nº 1.965/14]) . Consagra-se, pois, a tensão entre os valores principiológicos que, cada um à sua maneira, deve realizar-se à sua máxima (medida – aspecto positivo) sem importar agressão mútua ou prevalência *a priori* de um sobre o outro. A identificação do interesse prevalente, porque merecedor de tutela, deve ser produto da interpretação unitária do fato e do direito aplicável à cada caso concreto.[32]

O tratamento legislativo atual acaba por aderir à dogmática mais atualizada, no sentido de que (i) os direitos da personalidade são se encerram em rol taxativo, sejam aqueles descritos dos artigos 11 ao 21 do Código Civil, sejam aqueles previstos em leis especiais (*ex vi* artigo 3º da Lei nº 12.965/14 e art. 2º da Lei nº 13.709/18), tratando-se de cláusula geral derivada do reconhecimento da dignidade humana como vetor máximo do ordenamento jurídico (art. 1º, III, da CRFB); (ii) é incomum identificar-se, *a priori* (sem o contato com a análise do caso concreto), que comportamentos são, por sua natureza, ofensivos a direitos da personalidade (na sua esfera negativa de proteção); (iii) os limites ao exercício de atos ou atividades potencialmente lesivas são identificados, normalmente, na ponderação dos interesses em jogo, na realidade concreta;[33] (iv) por outro lado, os direitos da personalidade devem ser realizados em sua máxima medida, consagrando-se o aspecto positivo (promocional) da tutela das relações existenciais.

Essa nova forma de legislar para os direitos da personalidade, utilizando-se de técnica hermenêutica contemporânea, mais desapegada à lógica da subsunção, já representa uma *mudança* no modo como o direito objetivo se apresenta para o intérprete e aplicador do direito. Embora o direito em si permaneça sereno e firme em sua trajetória dinâmica de construção de seu próprio significado perante a sociedade, o legislador

32 Por todos, PERLINGIERI, Pietro. *O direito civil na legalidade constitucional*, cit., pp. 594-597.

33 Sobre a utilização da técnica da ponderação no confronto dos interesses privados, cf., TEPEDINO, Gustavo. Liberdades, tecnologia e teoria da interpretação. *Revista da Academia Paranaense de Letras Jurídicas*, v. 3, pp. 29-50, 2014.

deu salto relevante de adaptação ao perceber, finalmente, os novos tempos e a evolução da hermenêutica civil e constitucional. Tais mudanças serão aprofundadas com os novos desafios trazidos pela inteligência artificial?

Para isso é preciso compreender como os direitos da personalidade são percebidos em sua faceta positiva: a de promoção da personalidade humana.

3.2. *A faceta da promoção*

Se há uma perspectiva de compreensão dos direitos da personalidade que merece ser destacada, com grande ênfase, nesta seara de definição funcional da esfera extrapatrimonial da pessoa humana é a possibilidade de exercício positivo da situação jurídica subjetiva existencial.[34]

Tome-se o exemplo do direito à privacidade e à proteção dos dados pessoais (art. 5º, X e LXXVI, da CRFB/88). Como já destacado no capítulo anterior, os direitos da personalidade (dentre os quais se inclui o tradicional direito à privacidade e o festejado direito à proteção dos dados pessoais – que é corolário daquele) não se restringem ao conteúdo de defesa, numa perspectiva negativa. Esta abordagem busca evitar violações à esfera privada do indivíduo, numa configuração segundo a qual o seu titular tem o direito subjetivo correspondente ao dever geral de abstenção dirigido a todos os terceiros, segundo uma lógica de oponibilidade *erga omnes*.[35] O exercício da posição ativa da pessoa titular do direito à privacidade vai muito além da sua caracterização como direito

---

34 "Nessa perspectiva, e avaliando a trajetória da matéria nas últimas décadas, revela-se uma série de interesses a ela relacionados, não somente com respeito à reserva e ao isolamento, porém à construção de uma esfera pessoal na qual seja possível uma liberdade de escolha e, consequentemente, o desenvolvimento da personalidade (DONEDA, Danilo. *Da privacidade à proteção dos dados pessoais*, cit., p. 144).

35 Aqui o conteúdo do direito à privacidade se assemelha àquele de direito real, cujo "conteúdo da obrigação universal é negativo, consistindo em completa e permanente abstenção" (GOMES, Orlando. Direitos reais. Rio de Janeiro: Forense, 2008, p. 12). É comum afirmar-se, aliás, que os direitos da personalidade são ponto de referência (termine di riferimento) da obrigação negativa que recai sobre a coletividade, Cf. FERRARA, Francesco. *Trattato di diritto civile italiano*, vol. I. Roma: Athenaeum, 1921, p. 395. No mesmo sentido, TEPEDINO, Gustavo. A tutela da personalidade no ordenamento civil-constitucional brasileiro, cit., p. 33)

subjetivo, trata-se em verdade, de situação jurídica subjetiva ativa, de caráter existencial, na qual se possibilita o exercício da privacidade num sentido positivo, como forma de promoção e desenvolvimento da personalidade humana.[36]

Em outras palavras, identifica-se na privacidade (e na proteção aos dados pessoais) não apenas o direito de controlar o que os outros fazem, ou devem fazer, no uso das informações que digam respeito ao indivíduo, como também "o direito do indivíduo de escolher aquilo que está disposto a revelar aos outros"[37]. Trata-se de passo marcante, em termos de tutela de situações existenciais, para ressignificação do papel do *consentimento* do interessado, não apenas para definir um dos requisitos para o tratamento de dados pessoais (art. 7º, I, art. 8º e art. 11, I, todos da Lei nº 13.709/18), mas para ter alguma ingerência decisiva sobre aquilo que será informado sobre sua pessoa, assumindo protagonismo os princípios da finalidade, adequação e necessidade, previstos no art. 6º, I, II e III, da LGPD. Logo, o direito à autodeterminação informativa pressupõe, em alguma medida, um papel mais amplo e ressignificado ao *consentimento* (para além das fronteiras do art. 7º, 8º e 11 da LGPD), incluindo o aperfeiçoamento do direito ao acesso e aos instrumentos para a revogação do consentimento, que deve resultar no término do tratamento (art. 15, III, da LGPD) e exclusão dos dados pessoais (art. 16, caput, da LGPD), ressalvadas as hipóteses previstas em lei que permitem o tratamento dos dados pessoais a despeito da ausência do consentimento.

Precisamente na esfera existencial da pessoa, essa perspectiva de tutela positiva da privacidade alcança patamar elevado com advento da internet e das redes sociais que, nos últimos anos, acentuou-se com a explosão dos programas de inteligência artificial. Através do mundo virtual, abre-se ao sujeito uma nova janela de infinitas possibilidades de ampliação e desenvolvimento da personalidade humana, seja pela maior (ou melhor) interação social alcançável por meio de algumas plataformas sociais, para finalidades diversas, seja pela modulação das informações publicadas conforme a vontade da pessoa, criando-se perfis

36 Como ressalta Danilo DONEDA, "a tutela da privacidade é mais bem enquadrada dentro do que foi descrito por Pietro Perlingieri como uma situação jurídica subjetiva complexa, i.e., uma situação que não se expressa através do exercício arbitrário do poder pelo seu titular, porém em um complexo de interesses, tanto do titular quanto da coletividade" (Da privacidade à proteção dos dados pessoais, cit., p. 144).

37 RODOTÀ, Stefano. *A vida na sociedade da vigilância*, cit., p. 75.

de acordo com as suas necessidades.[38] Ou mesmo a inserção da pessoa e de suas relações sociais na realidade paralela do metaverso. Dentro dessas múltiplas aplicações das tecnologias da informação no ambiente digital, com auxílio cada vez maior da IA, percebe-se que a internet, e as suas ferramentas, tem a função de contribuir para a *construção* da esfera privada do usuário, interferindo nas suas escolhas e inclinações, aproximando pessoas de fronteiras distantes, criando nova personalidade que se confunde, ou não, com aquela real, revelando a sua identidade pessoal através da dinâmica pessoa-perfil, de conteúdo fluido e variante.[39]

Tome-se agora como exemplo o direito ao próprio corpo. Em perspectiva positiva, ao passo em que o disposto no art. 13 do Código Civil, salvo por questões médicas, veda os atos de disposição sobre o próprio corpo "quando importar diminuição permanente da integridade física ou contrariar os bons costumes", permite, em sua faceta positiva, a ampliação do corpo para fins de potencialização da saúde ou da performance. Basta pensar na colocação de próteses biônicas, chips cerebrais, órteses em geral que amplificam o corpo ou as funções corporais. Por evidente, o cuidado que se deve ter na análise de todo direito em perspectiva positiva é que o mandado de otimização imposto pelo princípio da "máxima efetividade" não significa exercício ilimitado do direito, cuja concretização deve sempre sujeitar-se aos limites do abuso do direito (art. 187 do CC) e ao juízo de merecimento de tutela na ordem jurídica.[40]

Pensando no direito à identidade pessoal, apesar da ampliação das potencialidades da personalidade humana na internet, haverá sempre o risco de que, levada ao extremo, a realidade virtual resulte, em alguma medida, no fechamento da pessoa em sua "fortaleza eletrônica", a prescindir do contato social, conquanto imprima verdadeira fuga do controle

38 Compartilhando percepção de que os direitos da personalidade cumprem múltiplas funções, dentre as quais a vertente positiva e promocional, cf. SCHREIBER, Anderson. *Direitos da personalidade*. São Paulo: Atlas, 2011, pp. 217-218.

39 Como destacam Flávia PIOVESAN e Letícia QUIXADÁ ao relacionar as novas tecnologias e os impactos sobre os direitos humanos (Internet, direitos humanos e sistemas de justiça. *Revista de direito constitucional e internacional*, v. 166, São Paulo, pp. 133-153, nov./dez. 2019).

40 Sobre o abuso do direito e o merecimento de tutela nas relações existenciais, cf. SOUZA, Eduardo Nunes de. Perspectivas de aplicação do abuso do direito às relações existenciais. *Revista Eletrônica Direito e Política*, Itajaí, v.10, n.4, pp. 2278-2301, out./dez. 2015.

social sobre sua conduta[41]. Esse paradoxo, revelado pela tecnologia virtual, é verdadeiramente um problema a ser enfrentando pelos indivíduos, porque embora a tecnologia ajude a construir uma esfera privada (e de identidade pessoal) mais rica, será ela tanto mais frágil, porquanto mais exposta a ameaças.

Sendo assim, quanto maior a utilização da internet, das redes sociais, das tecnologias disruptivas (incluindo a IA), para promover o desenvolvimento de sua personalidade (aspecto positivo dos direitos da personalidade), maior o risco ao qual será submetida a pessoa. Especialmente quanto maior for a sua subserviência às escolhas direcionadas pela IA. Amplia-se, com isso, as possibilidades de ofensa aos dados mais sensíveis da pessoa humana.

Porém, se o avanço da tecnologia e a disseminação generalizada do uso dos novos programas comandados ou auxiliados por inteligência artificial é inevitável, revelando-se utópica e inútil toda e qualquer tentativa de controle sobre a inovação tecnológica, como o direito deve lidar com os riscos da IA sobre os direitos da personalidade?

4. Em que medida deve o direito se adaptar às mudanças promovidas pela IA

Retorne-se ao exemplo do direito à privacidade. O desenvolvimento da compreensão moderna de direito à privacidade sempre esteve associado, desde a sua origem, ao implemento de novas tecnologias.[42] O desenvolvimento socioeconômico implementado pela Revolução Industrial modulou as bases de uma nova sociedade antropocêntrica, individualista, emancipadora em face do *ancién regime*, preocupada com a determinação e elevação do "eu", do indivíduo, em confronto com o

41 RODOTÀ, Stefano. *A vida na sociedade da vigilância*: a privacidade hoje. Rio de Janeiro: Renovar, 2008, p. 94.

42 Segundo Danilo DONEDA, "A trajetória percorrida pelo direito à privacidade reflete tanto uma mudança de perspectiva para a tutela da pessoa quanto sua adequação às novas tecnologias de informação" (*Da privacidade à proteção dos dados pessoais*. Rio de Janeiro: Renovar, 2006, p. 141). No mesmo sentido, afirmam Gustavo TEPEDINO, Maria Celina BODIN DE MORAES e Heloísa Helena BARBOZA que "é notável, como se vê, a vis expansiva da privacidade no mundo contemporâneo – alimentada pelo manancial de ameaças que se potencializa com o desenvolvimento tecnológico" (*Código civil interpretado conforme a Constituição da República*. vol. I. Rio de Janeiro: Renovar, 2014, p. 61).

público, ou com o Estado. Eis por que a noção de vida privada e intimidade está associada ao modelo de sociedade pós-feudal, portanto burguês, em que o homem (indivíduo) materializou a possibilidade de aproveitar plenamente a própria intimidade, aproveitando um espaço somente seu, "*com uma técnica que lembra aquela estrutura para a identificação de um direito à propriedade*".[43] Garantir a privacidade do sujeito era salvaguardar o seu "*direito de ser deixado só*".[44]

Contudo, ao mesmo tempo que a "nova sociedade" livre e capitalista adquiriu a percepção individualista de uma esfera privada – no sentido negativo, de defesa contra ofensas externas –, as pessoas integrantes dela não abandonaram, por evidente, a vida em comunidade, apenas diferenciando a sua esfera de atuação, ora pública, ora privada.[45] Se a atuação do indivíduo ocorresse na esfera pública, a todos estava disponível o acesso à pessoa retratada, que se apresenta *voluntariamente* ao público, relacionando-se com os demais.[46] Caso contrário, em sendo a atuação

43 RODOTÀ, Stefano. *A vida na sociedade da vigilância*: a privacidade hoje. Rio de Janeiro: Renovar, 2008, p. 27.

44 Registra-se a referência do juiz Thomas McIntyre COOLEY ao termo "right to be left alone" (*Treatise of the law of torts, or, the wrongs which arise independent of contract.* Chicago: Callaghan, 1988, capítulo 3.2). A mesma referência é realizada no clássico artigo de Samuel WARREN e Louis BRANDEIS: "Gradually the scope of these legal rights broadened; and now the right to life has come to mean the right to enjoy life, — the right to be let alone; the right to liberty secures the exercise of extensive civil privileges ; and the term 'property' has grown to comprise every form of possession — intangible, as well as tangible (The right to privacy. *Harvard Law Review*, vol. IV, n. 5, Boston, dez. 1890, passim).

45 Destacando-se que a existência de uma vida privada, neste sentido, era privilégio de alguns, desde que se tenha condições materiais de exercitá-la, não se representado àquela altura como inerente a toda pessoa humana, porque ligada à noção proprietária de "espaço privado". Neste sentido, leciona Stefano RODOTÀ: "Em um nível social e institucional, portanto, o nascimento da privacidade não se apresenta como realização de uma exigência 'natural' do indivíduo, mas como aquisição de um privilégio por parte de um grupo. Não é por acaso que seus instrumentos jurídicos de tutela foram predominantemente modelados com base naquele caraterístico do direito burguês por excelência, a propriedade". (*A vida na sociedade de vigilância*, cit., p. 27).

46 Este, aliás, é o principal argumento daqueles que proclamam que a coleta de dados em espaço público não ofende a privacidade do retratado porque este, ao sair de sua esfera privada (no sentido físico, portanto, relacionado ao direito de propriedade) renuncia voluntariamente à proteção de sua privacidade. Para a crítica a esse critério, ainda que tratando do direito à imagem, Cf. SCHREIBER, Anderson. *Direitos da personalidade*. São Paulo: Atlas, 2011, p. 106.

privada, por exemplo nos limites do lar, não poderia qualquer pessoa ou entidade estranha *invadir* a esfera privada do sujeito de direito, marcado pelos limites de sua propriedade (*trespass*).[47]

Difícil seria o caso em que uma atriz, apresentando-se em peça teatral, portanto diante do público, fosse fotografada em momento no qual estivesse desnuda (cena, aliás, efêmera na apresentação teatral) e, no dia seguinte, estivesse ela retratada na capa de jornal de grande circulação. Ou, pior, fosse ela fotografa e retratada em momento íntimo no banheiro feminino de um restaurante. Em comum, o fato de que tanto a *violação* quanto à pretensão de *defesa* da privacidade são produtos da sociedade tecnológica. A existência da máquina fotográfica é pressuposto do dano à privacidade naquelas hipóteses, assim como a própria noção de vida privada é produto de uma sociedade burguesa-tecnológica. Ora, é a tecnologia que ajuda a moldar uma esfera privada mais rica, como se verá mais adiante, porém, curiosamente mais frágil, cada vez mais exposta a ameaças das mais diversificadas.[48]

Certo é que a profusão de novas tecnologias cada vez mais avançadas – como a internet e, doravante, a inteligência artificial – potencializa o risco de danos à privacidade alheia, agora não mais limitada ao conteúdo outrora definido de vida privada, ligada ao direito de pro-

47 Até hoje o direito norte-americano tem como critério para aferição da violação à privacidade a noção do trespass e da expactation of privacy, como no julgado *United States* v. *Jones* (outubro, 2011) em que se rejeitou, como prova ilícita, GPS utilizado para a captura de traficante, em razão da violação à sua expectativa razoável de privacidade ao deixar o seu veículo defronte à sua residência, entendendo-se aquela faixa da rua como extensão de sua propriedade, o que levaria à extensão de sua tutela à privacidade. Trata-se, como se verá, de percepção defasada da ideia de privacidade no contexto civil-constitucional. Tecendo críticas a esse julgado, Cf. TEPEDINO, Gustavo. Liberdades, tecnologia e teoria da interpretação. *Revista Forense*, Rio de Janeiro, v. 419, jul. 2014, p. 94.. Por uma crítica a situação semelhante, na qual a Suprema Corte restringiu o uso de cães farejadores nos arredores de residências, sob o fundamento de que 'o policial foi até a parte da casa em que se espera privacidade' e tomando por base 'as expectativas de um dono de casa razoável', cf. KONDER, Carlos Nelson. Privacidade e corpo: convergências possíveis, *Pensar*, Fortaleza, v. 18, n. 2, mai-ago/2013, p. 385.

48 É o que Stefano RODOTÀ denomina de primeiro *paradoxo da privacidade*: "o termo é usado para indicar uma situação na qual a tensão relativa à privacidade entra (aparentemente) em contradição consigo mesma ou produz consequências (aparentemente) inesperadas" (*A vida na sociedade de vigilância*, cit., p. 95).

priedade.[49] A esfera privada não se define como algo inerente à "natureza" da pessoa, não é um dado de direito natural, ou da biologia, mas *dado histórico*, com desenvolvimento dinâmico de seu conteúdo, determinado conforme o espaço-tempo de atuação da pessoa em dada comunidade e conforme a composição dos interesses dominantes de cada sociedade. Se no século XIX prevalecia o *paradigma da propriedade*, natural que se associasse a esfera privada à ideia de propriedade privada.[50] Entretanto, no mundo contemporâneo do pós-guerra e do constitucionalismo pós-positivista, substancial e axiológico, é o *paradigma da pessoa humana* que deve definir o conteúdo da privacidade, dada a cláusula geral de tutela da pessoa humana (dignidade humana), consagrada no art. 1º, III, da Constituição Federal.[51]

É sobre este ponto de vista que se deve compreender a privacidade (e os demais direitos da personalidade) hoje, isto é, como categoria dinâmica e funcionalizada à pessoa humana – e não mais à propriedade –, de modo a ter seu conteúdo extenso e fluido conforme a finalidade de sua atuação. E se a pessoa humana não se resume ao seu espaço físico de atuação e ao seu próprio corpo (embora tais facetas da privacidade ainda integrem aspecto essencial do problema), mas é representada

49 Marcante a passagem de Adriano DE CUPIS, que trata do direito à privacidade dentro da perspectiva do direito ao segredo, incluindo o segredo documental, profissional e o doméstico, dada a "inviolabilidade do domicílio" (*Os direitos da personalidade*. Campinas: Romana, 2004, p. 173).

50 Como bem ressalta Elimar SZANIAWSKI, "ainda na França, traçou a jurisprudência, seguida pela doutrina tradicional, um perfil do direito ao respeito à vida privada, assimilando-o a um direito real. Pelo fato de ser um direito perpétuo, inalienável e imprescritível, é comparável ao direito de propriedade, tendo o titular do direito ao respeito à vida privada um direito idêntico ao do proprietário sobre o seu imóvel" (Direitos da personalidade e sua tutela. São Paulo: Editora Revista dos Tribunais, 2005, p. 322).

51 "Não se trata de enunciar um único direito subjetivo ou classificar múltiplos direitos da personalidade, senão, mais tecnicamente, de salvaguardar a pessoa humana em qualquer momento da atividade econômica, quer mediante os específicos direitos subjetivos (previstos pela Constituição e pelo legislador especial – saúde, imagem, nome, etc.), quer como inibidor de tutela jurídica de qualquer ato jurídico patrimonial ou extrapatrimonial que não atenda à realização da personalidade (...) a escolha da dignidade da pessoa humana como fundamento da República (...) configura uma verdadeira cláusula geral de tutela e promoção da pessoa humana, tomada como valor máximo do ordenamento" (TEPEDINO, Gustavo. A tutela da personalidade no ordenamento civil-constitucional brasileiro. In: *Temas de direito civil*. tomo I. Rio de Janeiro: Renovar, 2008, pp. 53-54).

por todo o conjunto de informações reunidas sobre ela, apresentando-se como grande estrutura complexa, distribuída em diversos fragmentos e perspectivas (corpo, mente, imagem, som, vídeo, dados passados e presentes, preferências, inclinações, aptidões, etc.), a privacidade só pode ser (re)definida como o "direito de manter o controle sobre as próprias informações".[52] Nesta direção, em paralelo, a nova noção de "esfera privada" deve ser definida como o "conjunto de ações, comportamentos, opiniões, preferências, informações pessoais, sobre os quais o interessado pretende manter um controle exclusivo", tudo dentro de "um quadro caraterizado justamente pela 'liberdade das escolhas existenciais'".[53] É noção técnica que vai além daquelas situações às quais se atribui uma proteção especial por razões da intimidade,[54] abrangendo o "conjunto de atividades e situações de uma pessoa que tem potencial de 'comunicação', verbal e não-verbal, e que pode, portanto, se traduzir em informações"[55].

Se o direito à privacidade representa, em última análise, o direto à autodeterminação informativa,[56] a sua esfera de atuação será ampliada

---

52 "Uma definição de privacidade como 'direito a ser deixado só' perdeu há muito tempo seu valor genérico, ainda que continue a abranger um aspecto essencial do problema e possa (deva) ser aplicada a situações específicas. Na sociedade da informação tendem a prevalecer definições funcionais da privacidade que, de diversas formas, fazem referência à possibilidade do sujeito conhecer, controlar, endereçar, interromper o fluxo das informações a ele relacionadas. Assim, a privacidade pode ser definida mais precisamente, em uma primeira aproximação, como o direito de manter o controle sobre as próprias informações" (RODOTÀ, Stefano. *A vida na sociedade da vigilância*, cit., p. 92).

53 RODOTÀ, Stefano. *A vida na sociedade da vigilância*, cit., pp. 92-93.

54 Tradicional a conceituação de privacidade como "direito de resguardo", de modo a evitar interferências de terceiros, destacando-se o seu conteúdo negativo, de defesa contra ofensas externas, ainda que além dos limites proprietários. Nesta direção, Cf. BITTAR, Carlos Alberto. *Os direitos da personalidade*. São Paulo: Saraiva, 2015, p. 172; PEREIRA, Caio Mário da Silva. *Direito civil*: alguns aspectos e sua evolução. Rio de Janeiro: Forense, 2001, p. 29; LORENZETTI, Ricardo Luiz. Comércio eletrônico. São Paulo: Editora Revista dos Tribunais, 2004, p. 88;

55 RODOTÀ, Stefano. *A vida na sociedade da vigilância*, cit., p. 93.

56 A definição de privacidade como autodeterminação informativa ficou famosa pelos escritos de Alan WESTIN, para quem a privacidade "is the claim of individuals, groups, or institutions to determine for themselves when, how, and to what extent information about them is communicated to others. (...) [It is] the desire of people to choose freely under what circumstances and to what extent they will expose themselves, their attitude and their behaviour to others (Privacy and freedom.

(e mais exposta a riscos) quanto maior o desenvolvimento da internet e da inteligência artificial (que se alimenta, em larga medida, dos dados disponibilizados na internet), com a inserção da pessoa na chamada "era digital" ou "revolução tecnológica" 4.0. Indubitavelmente o acesso, coleta, exposição e circulação de dados pessoais se intensificou no mundo virtual de tal modo que não mais se concebe tratar de privacidade sem levar em conta os problemas e entraves na autogestão de dados pessoais na internet, considerado um ambiente aberto, democrático e sem fronteiras, onde a circulação dos *data* se opera naturalmente, como as águas de um rio em direção a sua foz.[57] Circular e expor informações integra a essência da internet, que revela, por um lado, conteúdo dinâmico na velocidade da transferência de dados e na amplitude das informações, e por outro, conteúdo estático no armazenamento das informações, que tendem a ficar gravadas e acessíveis ao conhecimento de todos os usuários por tempo indeterminado.

Com a inteligência artificial atuando para filtrar e direcionar as preferências e inclinações pessoais, será também utópico invocar um direito à *autodeterminação* informativa? Será cada vez mais utópico tratar de um direito à *autonomia* existencial? Há meios eficazes de contenção da influência da IA na liberdade existencial? Considerando que os filtros são usados para condicionar as escolhas humanas não apenas para finalidades comerciais (de consumo), mas também para propósitos políticos, é prudente conceder ao Estado o poder de controle, via censura prévia, sobre as plataformas digitais ou sobre a internet?[58] Como con-

New York: Atheneum, 1967 p. 7). Em língua portuguesa, já destacava José Matos PEREIRA que a privacidade significa "conjunto de informação acerca do indivíduo que ele pode decidir manter sob seu controle, ou comunicar, decidindo a quem, quando, onde e em que condições, sem a isso poder ser legalmente sujeito" (*Direito de informação*. Lisboa: Associação Portuguesa de Informática, 1980, p. 15).

57 Daí destacar Tércio Sampaio FERRAZ JUNIOR que na definição de privacidade como conteúdo aberto e dinâmico, deve-se levar em conta o "primado da comunicação", apontando para a necessidade de "novos conceitos de proteção da esfera privada" (A liberdade como autonomia recíproca de acesso à informação. In: *Direito e Internet*: relações jurídicas na sociedade informatizada. GRECO, Marco Aurélio; GANDRA, MARTINS, Ives Gandra da Silva (Coord.). São Paulo: Editora Revista dos Tribunais, 2001, p. 244).

58 Destacando-se que o art. 5º, IX, da CRFB/88 veda a censura prévia e o art. 2º, I, da Lei nº 12.965/14 trata o reconhecimento da escala mundial da rede como um fundamento da disciplina do uso da internet no Brasil.

cretizar o princípio da prevenção de danos (art. 6º, VIII, da LGPD) sem exercer controle exacerbado ou arbitrário sobre o acesso, o tratamento e a circulação de dados na internet? A resposta do Direito deve seguir o padrão tradicional da responsabilização (art. 6º, X, parte inicial, da LGPD) no pós-dano? Quem deve ser o responsável por danos causados pela IA? Deve haver um modelo unitário ou dual de responsabilização? Um modelo estático ou dinâmico conforme o nível de risco da atividade?

São apenas alguns dos questionamentos sobre os quais aqui não se ousa oferecer respostas definitivas, senão algumas breves reflexões.

Com efeito, não há resposta fácil a qualquer dos questionamentos acima mencionados. O que se propõe é que a construção das soluções a cada um dos problemas aqui enunciados passa pela consolidação das categorias (estruturas) já existentes no direito civil. Se os propósitos (funções) do Direito mudam, ou sofrem adaptações aos novos tempos, cabe ao intérprete e aplicador do direito promover a necessária releitura das categorias já existentes, conferindo-lhe adequado significado normativo à luz da tábua axiológica ditada pela Constituição da República.[59]

Assim se provou que o conteúdo normativo do "direito à privacidade" sofreu alteração profunda de seu significado e de seu alcance. Tudo sem precisar declarar a "morte" da privacidade e sem impor a criação de nova categoria para substituí-la. A previsibilidade, a estabilidade das relações jurídicas e, assim, a segurança jurídica saem fortalecidas. A categoria jurídica, em si mesma, sai fortalecida, com densidade normativa que só as categorias já experimentadas, testadas e consolidadas são capazes de proporcionar.

Com isso quer-se afirmar que a doutrina e o legislador devem resistir à tentação de – face ao admirável mundo novo – suplantar as tradicionais categorias de direito civil já existentes em nome de novos direitos ou novas figuras jurídicas "criadas" ou "inventadas" especificamente para lidar com a "nova realidade". Não há razão para a criação de figura autônoma de "personalidade eletrônica" ou um novo "ente despersonalizado" formado por fundos de reparação ou qualquer outra solução "inovadora" para lidar com a inteligência artificial, em substituição às categorias já existentes.[60] Essas ideias parecem muito mais preocupadas

59 PERLINGIERI, Pietro. *O direito civil na legalidade constitucional*, cit., pp. 642-644.

60 Sobre as soluções alternativas ou complementares à responsabilidade civil com seus requisitos tradicionais, por todos, cf. MEDON, Filipe. *Inteligência artificial e responsabilidade civil*, cit., pp. 435 e s.

em criar um ambiente de não-responsabilização aos agentes desenvolvedores das tecnologias de IA que propriamente à contenção de riscos e danos às pessoas e à sociedade.[61] A perspectiva é que seria fonte muito maior de problemas que de soluções. E, claro, sofreriam de seu próprio veneno, pois logo estariam ultrapassadas e seriam descartadas quando qualquer outra nova tecnologia disruptiva – até então sequer imaginada no presente – surgisse e se consolidasse na ordem social. O direito tornaria mais difícil o cumprimento de um de seus principais papeis: a estabilização das relações sociais.

5. Conclusões

A conclusão que se impõe é que as novas tecnologias sempre desafiaram o direito civil – e as suas categorias – a refletir sobre as funções que devem perseguir, no contexto constitucional, conduzindo-o à releitura de seus institutos e à conformação de novos significados normativos, ao final aptos a darem a resposta adequada e em conformidade a ordem civil-constitucional. Com a ascensão avassaladora da inteligência artificial, com as suas idiossincrasias (que à primeira vista podem chocar o intérprete e aplicador do direito – como a conclusão de que a máquina ou o algoritmo, sozinho e por raciocínio próprio, causou um dano a alguém), não deve ser diferente.

A "mudança" deve se concentrar no aperfeiçoamento da técnica legislativa, na ampliação dos instrumentos ou mecanismos que visam a garantir a efetividade dos direitos consagrados e, naquilo que for necessário, na conformação do significado normativo das categorias e modelos de direito civil já existentes, testados, experimentados e consolidados. São as proposições seguintes.

A um (i), a transformação do modo de vida hodierno, implementada pela inserção das tecnologias disruptivas no cotidiano da sociedade, de caráter transnacional, impõem ao Direito a superação do modo de regulação tradicional (técnica legislativa), através da proibição pura e

61 Isso não significa afirmar que, mesmo analisando os requisitos da responsabilidade civil tradicional, não seja possível encontrar alguns obstáculos que exigem releitura de alguns elementos, tais como o significado de *ação* e a possibilidade de atribuição deste elemento à máquina ou ao *software* com alto grau de autonomia. Sobre este ponto, cf. as reflexões de BLUM, Renato Opice; LÓPEZ, Nuria. Os desafios da regulamentação de inteligência artificial. *Revista de direito e as novas tecnologias*, São Paulo, v. 9, out-dez. 2020.

simples de comportamentos tidos como indesejáveis. A insistência nesta fórmula já arcaica de regulação (testada e reprovada pelo exemplo da proibição do "jogo do bicho" ou de diversos "jogos de azar") tende ao fracasso retumbante. Essa lição já parece ter sido aprendida pelo legislador brasileiro (à exemplo da Lei nº 12.965/2014 e, sobretudo, da Lei nº 13.709/2018).

A dois (ii), o esforço deve orientar-se no caminho da criação de instrumentos eficazes que o Direito privado até pouco tempo não estava acostumado a ocupar-se (porque ligados a aspectos preventivos), tais como (a) o direito de acesso; (b) a transparência; (c) a prestação de contas; (d) a governança; e (e) o aperfeiçoamento das técnicas de prevenção de danos (com instrumentos regulatórios que se distanciem da censura pura e simples, concentrando-se na análise do cumprimento de medidas preventivas específicas).

A três (iii), as novas tecnologias e o avanço do projeto de simbiose pessoa-dados, pessoa-máquina e pessoa-IA impõem ao Direito Civil a releitura constante de suas categorias (a exemplo da personalidade jurídica, dos direitos da personalidade, dos bens jurídicos, da responsabilidade civil, dentre tantas outras), não para as superar, extinguir ou substituir, mas para conferir novos significados normativos. As inovações não devem se concentrar na "criação" de novas categorias, mas na adaptação (releitura) das categorias já existentes à nova realidade que se impõe.

Pondo à prova o que aqui se defende, tramita no Congresso Nacional o Projeto de Lei nº 2.338/2023 que dispõe sobre o uso da Inteligência Artificial no Brasil. De modo geral, segue a tendência atual de regulação mediante a técnica legislativa de listagem de fundamentos e princípios que, em abstrato, convivem em harmonia, mas, em determinados casos concretos, podem revelar-se antagônicos entre si, atraindo-se a técnica da ponderação para a resolução dos conflitos. Ilustrativamente, é o caso, de um lado, da consagração do "desenvolvimento tecnológico e a inovação", "a livre iniciativa e a livre concorrência" e "promoção da pesquisa e do desenvolvimento" (art. 2º, VI, VIII e IX, do Projeto). E, de outro, da "centralidade da pessoa humana", "respeito aos direitos humanos e valores democráticos", "livre desenvolvimento da personalidade" (aspecto positivo), "proteção ao meio ambiente", "igualdade, não discriminação, pluralidade e respeito aos direitos trabalhistas", "privacidade, proteção de dados e autodeterminação informativa" (art. 2º, I, II, III, IV, V, VIII, do Projeto).

Consta também temas como a "conscientização sobre os sistemas de inteligência artificial" (art. 2º, X), como um fundamento do uso da IA no Brasil, reforçando-se a questão da transparência e da prestação de contas (*accountability*).

Seguindo-se a análise apenas sobre aspectos nos quais se evidencia a absorção de soluções incomuns ao direito positivo tradicional (o que parece revelar que a IA tem grande potencial de provocar mudanças na forma como direito lida com as novas tecnologias), destaca-se o princípio da "rastreabilidade das decisões durante o ciclo de vida de sistemas de inteligência artificial como meio de prestação de contas e atribuição de responsabilidade a uma pessoa natural ou jurídica" (art. 3º, IX, do Projeto), assim como a prevenção, precaução e mitigação dos riscos sistêmicos derivados de usos intencionais ou não intencionais e de efeitos não previstos de sistemas de IA (art. 3º, XI), potencializando-se a responsabilidade pelo risco do desenvolvimento. É a primeira vez que há uma referência tão eloquente à adoção desta teoria na legislação (correção: projeto de legislação).

Adiante, destaca-se o rol de direitos em que se pretende oferecer instrumentos ou garantias para que qualquer interessado possa obter "informação e compreensão das decisões tomadas por sistemas de IA" (art. 7º e 8º do Projeto), bem como "contestar decisões e solicitar intervenção humana" (art. 9º a 11) ou buscar a "correção de vieses discriminatórios diretos, indiretos, ilegais ou abusivos" (art. 12). Cuida-se de conjunto de regras que visam a combater, dentre tantos outros, os problemas relatados na Introdução deste estudo.

Em técnica legislativa também recente, chama atenção a dedicação do Projeto ao controle sobre a governança (art. 19 a 21), como também a aspectos preventivos mais claros, a exemplo da Avaliação do Impacto Algorítmico (art. 22 a 26).

Finalmente, em um dos pontos mais inovadores para os padrões brasileiros, o Projeto de Lei nº 2.338/2023 cria sistema de responsabilidade calcado na categorização de riscos, no qual (i) os *softwares* de IA de risco excessivo devem sofrer com algumas vedações ou limitações contundentes pela autoridade competente (art. 14 a 16 do Projeto) e, quando causarem danos, os agentes responsáveis por eles devem responder objetivamente (art. 27, §1º); (ii) os programas de IA de risco alto (art. 17 e 18 do Projeto), não obstante sofram restrições menores em comparação aos de risco excessivo, também atraem o modelo da responsabilidade objetiva aos seus agentes responsáveis (art. 27, §1º); e (iii) aos *softwares* de risco inferior (baixo ou médio risco), aplica-se o modelo da responsabilidade por culpa presumida do agente responsável (art. 27, §2º). Em todo caso, permaneceria em vigor o sistema de responsabilidade civil previsto na legislação de proteção ao consumidor (Lei nº 8.078/90) em caso de dano causado nas relações de consumo (art. 29).

A concordar, em grande parte, com a redação do Projeto, aqui se entende que as idiossincrasias e dilemas trazidos pela inteligência artificial são muito mais éticos e sobre a forma e instrumentos de regulação que propriamente na suposta insuficiência do sistema jurídico atual para lidar com eles. Quer-se afirmar: a IA e a sua influência sobre a pessoa humana e a sociedade como um todo não exige mudanças nas estruturas do direito privado (direito material). As categorias existentes são absolutamente aptas e suficientes para oferecer as respostas necessárias, com previsibilidade e segurança.

Por esta proposta atual de legislação (Projeto de Lei nº 2.338/2023) é possível sintetizar duas conclusões sobre os impactos da inteligência artificial sobre o Direito: (i) a forma do Direito lidar com a inovação disruptiva da inteligência artificial, sob o viés da técnica legislativa e dos instrumentos de controle sobre os comportamentos, não é a mesma de décadas atrás, mas não é revolucionária ou desconstrutivista, antes acompanhando o intenso e dinâmico processo evolutivo dos instrumentos de controle e responsabilização ligados à relação direito-tecnologia, já observados desde a Lei nº 12.965/2014 (Marco Civil da Internet) e, especialmente, a partir da Lei nº 13.709/2018 (Lei Geral de Proteção de Danos Pessoais); (ii) não há – e não deve haver – mudanças nas estruturas (categorias) do direito civil já existentes, na medida em que suficientes, preparadas e testadas para lidar com a complexidade da relações sociais e as novas tecnologias, consolidando-se ambiente de previsibilidade e segurança jurídica, especialmente em matéria de responsabilidade civil.

Referências bibliográficas

AGRAWAL, Ajay; GANS, Joshua; GOLDFARB, Avi. Prediction machines: the simple economics of artificial intelligence. Boston: Harvard Business Review Press, 2018.

BARBOSA, Fernanda Nunes. Biografias e liberdade de expressão: critérios para a publicação de histórias de vida. Porto Alegre: Arquipélago Editorial, 2016.

BITTAR, Carlos Alberto. Os direitos da personalidade. São Paulo: Saraiva, 2015.

BLUM, Renato Opice; LÓPEZ, Nuria. Os desafios da regulamentação de inteligência artificial. Revista de direito e as novas tecnologias, São Paulo, v. 9, out-dez. 2020.

ČERKA, Paulius; GRIGIENĖ, Jurgita; SIRBIKYTĖ, Gintarė. Liability for damages caused by Artificial Intelligence. Computer Law & Security Review, Elsevier, v. 31, n. 3, pp. 376-389, jun. 2015.

COOLEY, Thomas McIntyre. *Treatise of the law of torts, or, the wrongs which arise independent of contract*. Chicago: Callaghan, 1988.

DE CUPIS, Adriano. *Os direitos da personalidade*. Campinas: Romana, 2004.

DENG, J.; LIN, Y. The Benefits and Challenges of ChatGPT: An Overview. Frontiers in Computing and Intelligent Systems, [S. l.], v. 2, n. 2, pp. 81-83, 2023. Disponível em: <https://drpress.org/ojs/index.php/fcis/article/view/4465>.

DONEDA, Danilo Cesar Maganhoto; MENDES, Laura Schertel; SOUZA, Carlos Afonso Pereira de; ANDRADE, Norberto Nuno Gomes de. Considerações iniciais sobre inteligência artificial, ética e autonomia pessoal. Revista Pensar, Fortaleza, v. 23, n. 4, out./dez. 2018. Disponível em: < https://ojs.unifor.br/rpen/article/view/8257/pdf>.

DONEDA, Danilo. *Da privacidade à proteção dos dados pessoais*. Rio de Janeiro: Renovar, 2006.

FERRARA, Francesco. *Trattato di diritto civile italiano*, vol. I. Roma: Athenaeum, 1921.

FERRAZ JÚNIOR, Tércio Sampaio. A liberdade como autonomia recíproca de acesso à informação. In: Direito e Internet: relações jurídicas na sociedade informatizada. GRECO, Marco Aurélio; GANDRA, MARTINS, Ives Gandra da Silva (Coord.). São Paulo: Editora Revista dos Tribunais, 2001.

FRAZÃO, Ana. Fundamentos da proteção dos dados pessoais: notas introdutórias para a compreensão da importância da Lei Geral de Proteção de Dados Pessoais. In: TEPEDINO, Gustavo; FRAZÃO, Ana; OLIVA, Milena Donato. Lei Geral de Proteção de Dados Pessoais e suas repercussões no direito brasileiro. São Paulo: Editora Revista dos Tribunais, 2020.

GALASSO, Alberto; LUO, Hong. Punishing robots: issues in the economics of tort liability and innovation in artificial intelligence. In: The Economics of Artificial Intelligence: an agenda, pp. 493-504, National Bureau of Economic Research Inc. Disponível em: <https://ideas.repec.org/h/nbr/nberch/14035.html>.

GOMES, Orlando. *Direitos reais*. Rio de Janeiro: Forense, 2008.

GOMES, Orlando. *Introdução ao direito civil*. Rio de Janeiro: Forense, 2000.

KONDER, Carlos Nelson. Privacidade e corpo: convergências possíveis, Pensar, Fortaleza, v. 18, n. 2, mai-ago/2013.

LEMOS, Júlia Pinto. A imputação de responsabilidade civil por danos decorrentes do uso de sistemas totalmente autônomos. Revista de Direito e as Novas Tecnologias, a. 3, n. 9, São Paulo: Ed. Revista dos Tribunais, out./dez. 2020.

LORENZETTI, Ricardo Luiz. Comércio eletrônico. São Paulo: Editora Revista dos Tribunais, 2004.

MEDON, Filipe. Inteligência artificial e responsabilidade civil: autonomia, riscos e solidariedade. São Paulo: Editora JusPodivm, 2022.

MORAES, Maria Celina Bodin de. Ampliando os direitos da personalidade. Na medida da pessoa humana. Rio de Janeiro: Renovar, 2010.

MORAES, Maria Celina Bodin. O princípio da dignidade humana. Na medida da pessoa humana: estudos de direito civil-constitucional. Rio de Janeiro: Renovar, 2010.

NORVIG, Peter; RUSSEL, Stuart. *Inteligência artificial*. 3. ed. Trad. de Regina Célia Simille. Rio de Janeiro: Elsevier, 2013.

PEREIRA, Caio Mário da Silva. Direito civil: alguns aspectos e sua evolução. Rio de Janeiro: Forense, 2001.

PEREIRA, José Matos. Direito de informação. Lisboa: Associação Portuguesa de Informática, 1980.

PERLINGIERI, Pietro. *O direito civil na legalidade constitucional*. DE CICCO, Maria Cristina (trad.). Rio de Janeiro: Renovar, 2008.

PIOVESAN, Flávia; QUIXADÁ, Letícia. Internet, direitos humanos e sistemas de justiça. *Revista de direito constitucional e internacional*, v. 166, São Paulo, pp. 133-153, nov./dez. 2019.

PIRES, Thatiane Cristina Fontão; SILVA, Rafael Peteffi da. A responsabilidade civil pelos atos autônomos da inteligência artificial: notas iniciais sobre a resolução do Parlamento Europeu. *Revista Brasileira de Políticas Públicas*, Brasília, v. 7, n. 3, dez. 2017.

PIRONTI, Rodrigo; KEPPEN, Mariana. Metaverso: novos horizontes, novos desafios. International Journal of Digital Law, v. 2, n. 3, pp. 57-67, Belo Horizonte, Ed. Forum, set./dez., 2021.

POOLE, David; MACKWORTH, Alan. *Artificial Intelligence*: Foundations of Computational Agents. Cambridge: Cambridge University Press.

REIS JÚNIOR, Antonio dos. Novas perspectivas sobre o direito à honra: estudos sob a ótica civil-constitucional. Civilistica.com, a. 2, n. 3, jul./set. 2013.

RODOTÀ, Stefano. *A vida na sociedade da vigilância*: a privacidade hoje. Rio de Janeiro: Renovar, 2008.

RODOTÀ, Stefano. Tecnologie e diritti. Bologna: Il Mulino, 1995.

SCHREIBER, Anderson. Direitos da personalidade. São Paulo: Atlas, 2011.

SOUZA, Eduardo Nunes de. Perspectivas de aplicação do abuso do direito às relações existenciais. Revista Eletrônica Direito e Política, Itajaí, v.10, n.4, pp. 2278-2301, out./dez. 2015.

STANFORD UNIVERSITY. Gathering Strength, Gathering Storms: The One Hundred Year Study on Artificial Intelligence (AI100) 2021 Study Panel Report. Disponível em <https://ai100.stanford.edu/gathering-strength-gathering-storms-one-hundred-year-study-artificial-intelligence-ai100-2021-study>.

SZANIAWSKI, Elimar. Direitos da personalidade e sua tutela. São Paulo: Editora Revista dos Tribunais, 2005.

TEIXEIRA, João de Fernandes. O cérebro e o robô: inteligência artificial, biotecnologia e a nova ética. São Paulo: Paulus, 2015.

TEPEDINO, Gustavo. A tutela da personalidade no ordenamento civil-constitucional brasileiro. *Temas de direito civil.* Tomo I. Rio de Janeiro: Renovar, 2008.

TEPEDINO, Gustavo. As tecnologias e a renovação do Direito Civil, OAB-RJ, Rio de Janeiro, 12 de junho de 2019. Disponível em: < https://www.oabrj.org.br/colunistas/gustavo-tepedino/as-tecnologias-renovacao-direito-civil>.

TEPEDINO, Gustavo. Liberdades, tecnologia e teoria da interpretação. Revista da Academia Paranaense de Letras Jurídicas, v. 3, pp. 29-50, 2014.

TEPEDINO, Gustavo. O velho projeto de um revelho Código Civil. Temas de direito civil. Tomo I. Rio de Janeiro, Renovar, 2008.

TEPEDINO, Gustavo; MORAIS, Maria Celina Bodin de; BARBOZA, Heloísa Helena. Código civil interpretado conforme a Constituição da República. vol. I. Rio de Janeiro: Renovar, 2014.

TEPEDINO, Gustavo; SILVA, Rodrigo da Guia. Desafios da inteligência artificial em matéria de responsabilidade civil. *Revista Brasileira de Direito Civil*, Belo Horizonte, v. 21, jul./set. 2019.

TURNER, Jacob. *Robot rules*: regulating artificial intelligence. London, Palagrave Macmillan, 2019.

WARREN, Samuel; BRANDEIS, Louis. The right to privacy. *Harvard Law Review*, v. IV, n. 5, 1890.

WESTIN, Alan. *Privacy and freedom*. New York: Atheneum, 1967.

Inteligência artificial, direitos da personalidade e mudanças no direito: o direito à imagem em perspectiva

Filipe Medon[1]

1. Notas introdutórias: a transformação dos direitos da personalidade à luz das novas tecnologias e a cláusula geral de tutela

As novas tecnologias têm impactado decisivamente a tutela dos direitos da personalidade. Após vinte anos de vigência do atual Código Civil, torna-se evidente a insuficiência das hipóteses previstas pelo legislador em 2002, de tal modo que, se não fosse a atuação evolutiva da doutrina e da jurisprudência, estar-se-ia diante de um cenário de potencial desproteção das inúmeras situações que se descortinam diante dos rápidos avanços do fenômeno tecnológico. Exemplo disso pode ser colhido da tutela da proteção de dados pessoais, cuja construção se deu preponderantemente pela via doutrinária, tendo como grande marco referencial o pioneiríssimo estudo realizado pelo homenageado desta obra: o já saudoso professor Danilo Doneda, que desde a virada do presente século anunciava, numa peregrinação quase solitária, a importância de se tutelar os dados pessoais, que hoje gozam de inequívoca na-

---

1 Doutor e Mestre em Direito Civil pela Universidade do Estado do Rio de Janeiro (UERJ). Professor de Direito Civil na FGV Direito Rio, onde também é pesquisador no Centro de Tecnologia e Sociedade. Professor convidado de cursos de Pós-Graduação e Extensão de instituições como: Universidade de Coimbra, CEPED-UERJ, FGV/RJ, ITS-Rio, PUC-Rio, PUC-PR, IERBB-MP/RJ, EMERJ, ESA-OAB/RJ, ESA-OAB/RS, Escola Superior de Advocacia Nacional, Instituto Brasileiro de Ensino, Desenvolvimento e Pesquisa (IDP), Fundação Escola Superior do Ministério Público do Rio Grande do Sul, ESMEG, SKEMA, CERS, CEDIN, IGD, EBRADI, CPJUR, Verbo Jurídico, Instituto New Law e do Curso Trevo. Membro do Instituto Brasileiro de Estudos de Responsabilidade Civil (IBERC), do Instituto Brasileiro de Direito de Família (IBDFAM), da Associação Brasileira de Governança Pública de Dados Pessoais (govDADOS) e da Comissão de Proteção de Dados e Privacidade da OAB-RJ, onde é Coordenador de Proteção de Dados e Inteligência Artificial, tendo integrado, ainda, a Comissão de Juristas do Senado Federal responsável pela criação da Lei Brasileira de Inteligência Artificial. Foi Professor Substituto de Direito Civil na Universidade Federal do Rio de Janeiro (UFRJ), além de ter sido um dos palestrantes brasileiros no evento "Artificial Intelligence for Information Accessibility", realizado pelo Information for All Programme da UNESCO em 2021. Advogado e pesquisador. Autor do livro: "Inteligência Artificial e Responsabilidade Civil: autonomia, riscos e solidariedade". Instagram: @filipe.medon.

tureza de direito fundamental previsto pela Constituição da República em seu artigo 5º, inciso LXXIX.

A demonstrar essa transformação, é digno de nota o peculiar exemplo apresentado por Stefano Rodotà em conferência realizada no Rio de Janeiro em 2002, o qual é narrado por Gustavo Tepedino. Na ocasião, Rodotà comentava notícia publicada por um tabloide sensacionalista inglês que questionava a paternidade do então príncipe Charles em relação ao seu filho William. Pairavam as insinuações de que o verdadeiro pai seria, não o atual monarca, mas sim um ex-professor de Educação Física da princesa Diana. Foi então que um "repórter, aproveitando-se de um descuido do jovem príncipe, acometido de uma gripe, apropriou-se de um lenço de papel por ele utilizado e jogado em uma lata de lixo."[2] A partir daí, o jornalista se valeu de "uma amostra do sangue (ou tecido) do pretenso pai, realizou o confronto das cadeias de DNA, cujo resultado negativo estancou a explosão nas vendas dos jornais populares e a apreensão geral relacionada à sucessão do trono."[3]

Analisando o caso, Stefano Rodotà pontuou não se tratar "apenas de um lenço descartado (res derelectae), mas de informações que diziam respeito à própria essência da personalidade daqueles de quem foram apropriados."[4] Com efeito, "a circulação e utilização dos chamados dados sensíveis devem depender de manifestação expressa daqueles que terão aspectos de sua intimidade revelados."[5]

Afirmando a impossibilidade de se buscar soluções, em casos como o narrado, nas categorias clássicas da civilística, seja do direito contratual, seja do direito de propriedade, Gustavo Tepedino aponta para a insuficiência da "dogmática dos direitos da personalidade, no estado atual da doutrina brasileira, ainda excessivamente voltada para a definição e tipificação dos direitos subjetivos."[6] Pode-se ir além: o exemplo acima

2 TEPEDINO, Gustavo. Normas constitucionais e direito civil. In: *Revista da Faculdade de Direito de Campos*, Ano IV, Nº 4 e Ano V, Nº 5 - 2003-2004, p. 173.

3 TEPEDINO, Gustavo. Normas constitucionais e direito civil. In: *Revista da Faculdade de Direito de Campos*, Ano IV, Nº 4 e Ano V, Nº 5 - 2003-2004, p. 173.

4 TEPEDINO, Gustavo. Normas constitucionais e direito civil. In: *Revista da Faculdade de Direito de Campos*, Ano IV, Nº 4 e Ano V, Nº 5 - 2003-2004, p. 173.

5 TEPEDINO, Gustavo. Normas constitucionais e direito civil. In: *Revista da Faculdade de Direito de Campos*, Ano IV, Nº 4 e Ano V, Nº 5 - 2003-2004, p. 173.

6 TEPEDINO, Gustavo. Normas constitucionais e direito civil. In: *Revista da Faculdade de Direito de Campos*, Ano IV, Nº 4 e Ano V, Nº 5 - 2003-2004, p. 173.

apresentado ilustra com enorme clareza que o lenço descartado era mais do que mera res derelicta, isto é, uma coisa abandonada. Aquele pedaço de papel continha material biológico do qual poderiam ser extraídos dados sensíveis relacionados à origem genética de William. Assim, de imediato, identifica-se uma violação à proteção de dados pessoais, a qual, todavia, não é a única, já que outros direitos da personalidade podem ser lesionados, como o direito ao corpo e a identidade pessoal. Como se pode notar, múltiplas violações podem surgir de uma conduta singular.

Tal exemplo ainda permite demonstrar como as novas lesões estão relacionadas ao fenômeno tecnológico. Isso porque o mesmo lenço, caso fosse coletado 100 anos antes, nada revelaria e tampouco nenhum direito violaria, porque o DNA sequer havia sido sequenciado. De modo semelhante, as tecnologias aplicadas hoje sobre as imagens, sobretudo a visão computacional, permitem delas extrair dados pessoais igualmente sensíveis, o que abre caminho para violações a outros direitos que não apenas a imagem em suas acepções mais tradicionais.

A possibilidade dessa extração, contudo, não se trata propriamente de uma novidade: desde o surgimento da fotografia já era possível inferir dados pessoais de imagens. O ineditismo recai sobre a possibilidade de se extrair ainda mais dados, graças ao avanço tecnológico. Como elucida Daniel Solove, "a foto de hoje é mais reveladora do que a foto de ontem. Uma foto no passado apenas revelaria o que foi capturado na foto. Hoje, uma foto inclui extensos metadados sobre geolocalização, hora e outras coisas."[7] A capacidade de identificar pessoas, itens e lugares em fotografias foi aprimorada a tal ponto, que Solove acredita que "[o]s riscos de privacidade de compartilhar uma foto são totalmente diferentes dos velhos tempos, quando uma foto era apenas uma foto, não um depósito de tesouros de dados."[8]

7 No original: "Even the same type of data evolves in its risks. For example, today's photo is more revealing than yesterday's photo. A photo in the past would just reveal what was captured in the photo. Today, a photo includes extensive metadata about geolocation, time, and other things." (SOLOVE, Daniel. The limitations of Privacy Rights. In: *Notre Dame Law Review*, vol. 98, 3, 2023, p. 986).

8 No original: "The ability to identify people, items, and places in the photo is vastly enhanced. The privacy risks of sharing a photo are entirely different from the quaint old days when a photo was just a photo, not a treasure trove of data." (SOLOVE, Daniel. The limitations of Privacy Rights. In: *Notre Dame Law Review*, vol. 98, 3, 2023, p. 986).

Surge, todavia, importante certeza: as lesões aos direitos da personalidade com frequência se confundem, sendo tarefa extremamente dificultosa a de estremar e individualizar cada uma delas. Imagem, honra, identidade pessoal, proteção de dados e até direito ao corpo se relacionam estreitamente e isso não é, ao contrário do que se possa pensar, um problema. É, antes, um aspecto positivo, pois viabiliza a união de tutelas em busca da proteção unitária da personalidade e, em última análise, da própria dignidade humana. Por vezes, embora mais de um direito da personalidade incida sobre uma mesma situação, um deles sobressai: a consequência prática é de que a tutela por uma via acaba abrangendo os demais direitos, que recebem a proteção indiretamente.

Como anota Anderson Schreiber:

> Muitos conflitos concretos envolvem, a um só tempo, a violação do direito ao nome, do direito à imagem, do direito à privacidade, dentre outros. O que resta atingido, em última análise, é a dignidade humana. A construção dos direitos da personalidade como uma categoria geral tem a utilidade de evidenciar, para fins práticos, as semelhanças e as diferenças entre os vários atributos da condição humana, sem ameaçar a indelével unidade que os vincula, como aspectos de um todo indivisível.[9]

Nessa ordem de ideias, tem-se afirmado na experiência civil-constitucional brasileira, que a personalidade se revela como valor máximo do ordenamento, capaz de modelar a autonomia privada e, ao fim e ao cabo, de "submeter toda a atividade econômica a novos critérios de validade."[10] Ela assume, assim, um caráter dúplice, de conteúdo positivo e negativo: negativamente, serve como limite a qualquer ato jurídico, seja ele patrimonial ou extrapatrimonial, que não atenda à sua realização. Além disso, assume faceta positiva, que se destaca na previsão de direitos sub-

9 SCHREIBER, Anderson. *Manual de Direito Civil Contemporâneo*. São Paulo: Saraiva Jur, 2022, 5. ed., versão digital, p. 233.

10 TEPEDINO, Gustavo. *A tutela da personalidade no ordenamento civil-constitucional brasileiro*, p. 23. Disponível em: <https://www.academia.edu/31740015/A_tutela_da_personalidade_no_ordenamento_civil_constitucional_brasileiro> Acesso em 17 fev. 2023.

jetivos da personalidade, tanto no Código Civil, como na Constituição e em legislação especial.[11-12]

Nada obstante, em relação a esta faceta positiva, tem-se observado a insuficiência da proteção da personalidade por meio de tipos fechados, especialmente diante do surgimento de novas situações – sobretudo em razão do avanço tecnológico – que não teriam sido previstas pelo legislador e escapariam de um raciocínio puramente subsuntivo. Superando, assim, a taxatividade dos direitos da personalidade, tem-se afirmado "que a pessoa humana – e, portanto, sua personalidade – configura-se como um valor unitário, daí decorrendo o reconhecimento pelo ordenamento jurídico de uma cláusula geral a consagrar a proteção integral da sua personalidade, isto é, a pessoa globalmente considerada."[13]

---

11 "No caso brasileiro, em respeito ao texto constitucional, parece lícito considerar a personalidade não como um novo reduto de poder do indivíduo, no âmbito do qual seria exercido a sua titularidade, mas como valor máximo do ordenamento, modelador da autonomia privada, capaz de submeter toda a atividade econômica a novos critérios de validade. Nesta direção, não se trataria de enunciar um único direito subjetivo ou classificar múltiplos direitos da personalidade, senão, mais tecnicamente, de salvaguardar a pessoa humana em qualquer momento da atividade econômica, quer mediante os específicos direitos subjetivos (previstos pela Constituição e pelo legislador especial — saúde, imagem, nome, etc.), quer como inibidor de tutela jurídica de qualquer ato jurídico patrimonial ou extrapatrimonial que não atenda à realização da personalidade." (TEPEDINO, Gustavo. *A tutela da personalidade no ordenamento civil-constitucional brasileiro*, p. 23. Disponível em: <https://www.academia.edu/31740015/A_tutela_da_personalidade_no_ordenamento_civil_constitucional_brasileiro> Acesso em 17 fev. 2023).

12 Merece ressalva o entendimento de Danilo Doneda em perspectiva crítica à veiculação de direitos da personalidade por meio de direitos subjetivos: "Em sua estrutura clássica, o direito subjetivo pressupõe a existência de um objeto, externo ao sujeito. Assim é com o direito de propriedade, no qual os bens são isolados da pessoa de seu proprietário. O mesmo não ocorre com os direitos da personalidade, que recaem sobre aspectos indissociáveis de seu titular. (...) Hoje, ao observarmos o desenrolar desse debate doutrinário, pode surgir a impressão de que a utilização da categoria do direito subjetivo na tutela da personalidade foi uma reação plausível em uma determinada época, em um determinado contexto cultural e com as suas próprias condicionantes sociais. Continuar utilizando-a hoje, porém, seria fechar os olhos a uma série de novas exigências para uma efetiva tutela da pessoa na sociedade pós-industrial." (DONEDA, Danilo. *Da privacidade à proteção de dados pessoais*: elementos da formação da Lei geral de proteção de dados. São Paulo: Thomson Reuters Brasil, 2019, 2. ed., pp. 84-89).

13 MORAES, Maria Celina Bodin de. *Ampliando os direitos da personalidade*, p. 5. Disponível em: < https://www.researchgate.net/publication/288490662_Ampliando_os_direitos_da_personalidade> Acesso em 17 fev. 2023.

Daí a conclusão de que este "direito geral de personalidade (ou direito ao livre desenvolvimento da personalidade) implica uma proteção abrangente em relação a toda e qualquer forma de violação dos bens da personalidade, estejam eles, ou não, expressa e diretamente reconhecidos ao nível da constituição."[14] Outrossim, tal direito assume função autônoma, que não é esvaziada pela existência dos direitos de personalidade, na medida em que a estes caberia a missão "de estabelecer parâmetros para a atuação da cláusula geral da proteção da personalidade.".[15]

---

14 SARLET, Ingo Wolfgang; MARINONI, Luiz Guilherme; MITIDIERO, Daniel. *Curso de direito constitucional.* São Paulo: Saraiva Educação, 2018, 7. ed., p. 460. E prossegue Sarlet às pp. 460-461: "É, portanto, em virtude da existência de uma cláusula geral e aberta de proteção e promoção da personalidade, que, no caso brasileiro, tem sido fundada especialmente no princípio da dignidade da pessoa humana, que se adota o entendimento de que o rol de direitos especiais de personalidade (sejam eles previstos na legislação infraconstitucional, sejam eles objeto de reconhecimento expresso na Constituição Federal) não é de cunho taxativo. Tal a importância do direito geral de personalidade, especialmente em ordens constitucionais que não dispõem de uma cláusula geral inclusiva em matéria de direitos fundamentais a exemplo da contida no art. 5º, § 2º, da CF, que ele costuma operar como cláusula de abertura a direitos fundamentais não expressamente positivados, o que pode ser bem ilustrado mediante recurso ao exemplo do direito ao livre desenvolvimento da personalidade na Alemanha, 98 em torno da qual se aglutinou uma série de posições jusfundamentais, mas também ocorreu no direito constitucional norte-americano, no que diz com o direito à privacidade (ela própria como tal não expressamente positivada), como se verá logo adiante."

15 "A constatação da existência dessa cláusula geral e da sua coexistência no ordenamento com os direitos da personalidade nos permite uma pequena reflexão sobre o papel destes últimos. Estes, considerando sua importância histórica ao inserir no direito privado a força normativa revelada nos direitos fundamentais e, dessa forma, realizar sua tradução em termos caros aos civilistas – possibilitando a atuação de valores que antes estavam 'fora' do direito privado –, parecem ter perdido parte da sua razão de ser originária. (...) Assim, o intérprete que procurar descrever a estrutura dos direitos da personalidade em uma metodologia circunscrita aos domínios do Código Civil perderá de vista o seu aspecto mais importante – o de que a normativa a ele referente representa apenas uma emanação, quase que pontual e até tímida, do valor da personalidade, cujo fundamento extrapola a alçada do Código Civil e para cuja aplicação se deva realizar uma leitura de todo o sistema a partir da norma constitucional. E, nesse cenário, cabe aos direitos da personalidade a função de estabelecer parâmetros para a atuação da cláusula geral da proteção da personalidade. Se, por um lado, observa-se o franco esvaziamento das possibilidades do Código Civil de enunciar propriamente direitos subjetivos, por outro ganham importância ao fornecer critérios para a ponderação e a interpretação. Nesse formato sua própria denominação – 'direitos da personalidade' – torna-se, novamente, discutível; também apontam-se novas tendências para a elaboração

É o que afirma Ingo Sarlet:

> A existência de uma série de direitos especiais de personalidade consagrados textualmente e de forma autônoma no texto constitucional (v.g. , no caso da Constituição Federal, os direitos à privacidade, intimidade, honra, imagem) não faz com que a cláusula geral de proteção da personalidade tenha um caráter meramente complementar ou até mesmo simbólico, pois, muito antes pelo contrário, assume a condição de direito fundamental autônomo, destinado a assegurar a livre formação e desenvolvimento da personalidade, a proteção da liberdade de ação individual e a proteção da integridade pessoal em sentido integral e não reduzida às refrações particulares que representam o âmbito de proteção dos direitos especiais de personalidade.[16]

de regimes específicos de regras em diversas hipóteses onde se faz presente a necessidade de proteção da pessoa. Esses regimes podem ser compostos de normas de direito bem como de outras formas de regulação (como a sua verificação em normas de natureza regulatória ou, em geral, na *soft law*), porém encontram sua justificativa e legitimação na atuação da mencionada cláusula geral. Dessa forma, abandonam um perfil marcantemente estrutural, cujo paradigma é a sua subjetividade, para almejar uma nova funcionalidade através de sua objetivação como valor juridicamente relevante." (DONEDA, Danilo. *Da privacidade à proteção de dados pessoais*: elementos da formação da Lei geral de proteção de dados. São Paulo: Thomson Reuters Brasil, 2019, 2. ed., pp. 95-97).

16 E prossegue o autor: "Por outro lado, tendo em conta que uma série de dimensões essenciais à dignidade pessoal não foi contemplada (direta e expressamente) no texto constitucional, é preciso ter presente que o direito ao livre desenvolvimento da personalidade e o direito geral de personalidade que dele resulta, sendo 'expressão direta do postulado básico da dignidade humana', abarcam toda manifestação essencial à personalidade, de modo especial o direito à identidade pessoal e moral, que, por sua vez, inclui o direito à identidade genética do ser humano, o direito ao nome, o direito ao conhecimento da paternidade, o assim chamado direito à identidade (e autodeterminação) sexual, entre outros, de tal sorte que, embora sempre presentes zonas – maiores ou menores – de confluência com os direitos especiais de personalidade, o direito geral de personalidade, como já referido, segue sendo um direito autônomo e indispensável à proteção integral e sem lacunas da personalidade. Ainda neste contexto, vem, portanto, a calhar a lição de Paulo Mota Pinto, ao afirmar que 'o direito geral de personalidade é, neste sentido, também 'aberto', sincrônica e diacronicamente, permitindo a tutela de novos bens, e face a renovadas ameaças à pessoa humana, sempre tendo como referente o res-

Nessa direção, exemplo positivo poderia ser colhido do Direito Português, que optou pela adoção de cláusula geral de tutela, "reconhecendo que a proteção dos direitos da personalidade, para ser eficaz, deve ser a mais ampla possível."[17-18] Na dicção expressa do art. 70º, 1, do Código Civil português de 1966: "[a] lei protege os indivíduos contra qualquer ofensa ilícita ou ameaça de ofensa à sua personalidade física ou moral" E, conforme item 2 do mesmo dispositivo legal: "[i]ndependentemente da responsabilidade civil a que haja lugar, a pessoa ameaçada ou ofendida pode requerer as providências adequadas às circunstâncias do

peito pela personalidade, quer numa perspectiva estática, quer na sua dimensão dinâmica de realização e desenvolvimento'. No plano da metódica jurídico-constitucional isso significa, em primeira linha, que se haverá – em sendo o caso – de invocar um direito especial de personalidade, visto que se estará diante de um recorte prévio e mais ou menos consolidado na tradição jurídica no que diz com aspectos essenciais da personalidade. Além disso, normalmente já terá havido maior delimitação em nível infraconstitucional (pelo legislador e pela jurisprudência), de modo que o recurso ao direito geral de personalidade será necessário apenas quando não incidente um direito especial ou para uma adequada interpretação e aplicação da manifestação particular da personalidade que estiver em causa. No caso da Constituição Federal – diferentemente do que se dá na Alemanha –, a existência de diversos direitos especiais de personalidade positivados no plano constitucional reforça ainda mais tal entendimento, de modo a preservar ao máximo as potencialidades de cada direito em espécie, sem prejuízo da autonomia (não havendo direito especial) do direito ao livre desenvolvimento da personalidade." (SARLET, Ingo Wolfgang; MARINONI, Luiz Guilherme; MITIDIERO, Daniel. *Curso de direito constitucional*. São Paulo: Saraiva Educação, 2018, 7. ed., pp. 461-462).

17 MORAES, Maria Celina Bodin de. *Ampliando os direitos da personalidade*, p. 5. Disponível em: < https://www.researchgate.net/publication/288490662_Ampliando_os_direitos_da_personalidade> Acesso em 17 fev. 2023.

18 Na mesma direção, Ingo Sarlet entende que os direitos da personalidade consagrados no Código Civil "já poderiam também ser deduzidos de uma cláusula geral de tutela da personalidade ancorada no direito geral de liberdade e no princípio da dignidade da pessoa humana, como, de resto, ocorre com o direito ao nome, já consagrado pelo próprio STF." (SARLET, Ingo Wolfgang; MARINONI, Luiz Guilherme; MITIDIERO, Daniel. *Curso de direito constitucional*. São Paulo: Saraiva Educação, 2018, 7. ed., p. 347). E prossegue o autor às pp. 460-461: "Muito embora a inexistência, na Constituição Federal, de expressa menção a um direito geral de personalidade, no sentido de uma cláusula geral inclusiva de todas as manifestações particulares da personalidade humana, tanto a doutrina quanto a jurisprudência têm recorrido ao princípio da dignidade da pessoa humana como principal fundamento de um direito (implícito) geral de personalidade no ordenamento jurídico-constitucional brasileiro."

caso, com o fim de evitar a consumação da ameaça ou atenuar os efeitos da ofensa já cometida."

Como aprofunda Maria Celina Bodin de Moraes:

> a tutela da personalidade, para ser eficaz, não pode ser fracionada em diversas fattispecie fechadas, como se fossem hipóteses autônomas não comunicáveis entre si. Tal tutela deve ser concebida de forma unitária, dado o seu fundamento que é a unidade do valor da dignidade da pessoa. É facilmente constatável que a personalidade humana não se realiza através de um esquema fixo de situação jurídica subjetiva – o direito subjetivo –, mas sim por meio de uma complexidade de situações subjetivas, que podem se apresentar ora como poder jurídico, ora como direito potestativo ou como autoridade parental, interesse legítimo, faculdade, estado – enfim, qualquer acontecimento ou circunstância (rectius, situação) juridicamente relevante.[19]

Aduz-se, por isso, a existência dessa cláusula geral da personalidade, que representaria "o ponto de referência para todas as situações nas quais algum aspecto ou desdobramento da personalidade esteja em jogo, estabelecendo com decisão a prioridade a ser dada à pessoa humana"[20], tida como "o valor fundamental do ordenamento, e está na base de uma série (aberta) de situações existenciais, nas quais se traduz a sua incessantemente mutável exigência de tutela."[21] Nessa direção, Anderson Schreiber chega a falar numa "marcha infinita da personalidade", uma vez que o caráter aberto da dignidade humana não permitiria "o congelamento das suas múltiplas expressões"[22] e ela estaria em constante mutação.

---

19 MORAES, Maria Celina Bodin de. *Ampliando os direitos da personalidade,* p. 4. Disponível em: < https://www.researchgate.net/publication/288490662_Ampliando_os_direitos_da_personalidade> Acesso em 17 fev. 2023.

20 DONEDA, Danilo. Os direitos da personalidade no Código Civil. In: *Revista da Faculdade de Direito de Campos,* ano VI, nº 6, jun. 2005, p. 82.

21 PERLINGIERI, Pietro. *Perfis do direito civil,* Rio de Janeiro: Renovar, 1997, p. 155.

22 "Os direitos da personalidade desafiam as classificações e taxonomias a que tanto se apegaram os juristas em um passado recente. A história mostra o fracasso de todas as tentativas de enumerar os direitos da personalidade em um rol defini-

Sem embargo, como pontuava Danilo Doneda, a tipificação dos direitos da personalidade não se revela de todo dispensável, nem permitiria concluir pela fragmentação da proteção da pessoa humana:

> Pelo contrário, pelo estudo apartado das especificidades de cada grupo de casos é possível chegar a uma tutela específica e eficaz para cada caso. Daí a aparente diversidade de tratamento, por exemplo, do direito à privacidade e às informações pessoais em relação às questões de vida e morte levantadas pela bioética – cada qual apresenta suas vicissitudes, cujo referencial jurídico, porém, é uno: a proteção da personalidade como valor máximo do ordenamento e a atuação da cláusula geral que a protege.[23]

Por outro lado, a personalidade só conseguiria se moldar às novas e diversas situações por conta do atributo da elasticidade, que não se confunde com o atributo sinônimo, típico do direito de propriedade. A elasticidade própria da personalidade significaria "a abrangência da tutela, capaz de incidir a proteção do legislador e, em particular, o ditame constitucional de salvaguarda da dignidade humana a todas as situações, previstas ou não, em que a personalidade, entendida como valor máximo do ordenamento, seja o ponto de referência objetivo."[24]

tivo. Concluiu-se, enfim, que não são numerus clausus, ou seja, de número fechado. Como atributos considerados essenciais à condição humana, sua compreensão e amplitude variam no tempo e no espaço. O caráter aberto da dignidade humana não permite o congelamento das suas múltiplas expressões. Da prática judicial, da produção legislativa, da reflexão doutrinária emergem, a cada dia, novos direitos da personalidade, manifestações existenciais as mais variadas que vêm clamar pelo reconhecimento de sua essencialidade." (SCHREIBER, Anderson. *Manual de Direito Civil Contemporâneo*. São Paulo: Saraiva Jur, 2022, 5. ed., versão digital, p. 233).

23 DONEDA, Danilo. Os direitos da personalidade no Código Civil. In: *Revista da Faculdade de Direito de Campos,* ano VI, nº 6, jun. 2005, p. 82.

24 Prossegue Gustavo Tepedino: "Demais disso, a regulamentação dos direitos de personalidade deferida ao legislador ordinário não significa uma reserva legal ilimitada. À legislação infraconstitucional, tanto em matéria de direito civil, como no caso do direito do trabalho, acidentário ou previdenciário, por exemplo, só é permitido impor restrições às garantias individuais ou sociais na medida em que a disciplina normativa encontre justificativa na própria dignidade da pessoa humana. Já na regulamentação das relações jurídicas patrimoniais, ao revés, a dignidade

É assim que, sem prejuízo das construções mais específicas, afirma-se cada vez mais a tutela da pessoa humana por meio de uma cláusula geral, apta e útil também a assegurar a proteção em situações limítrofes, em que não se consegue delimitar com precisão qual ou quais direitos da personalidade teriam sido violados.[25] No fundo, tal como ocorre com as ações possessórias, dotadas de fungibilidade, já que o que se busca, em última análise, é a tutela da posse, os direitos da personalidade também se revelam como projeções de uma tutela de fundo, que se assenta na dignidade humana.

Dentre os direitos da personalidade, o direito à imagem acaba se revelando como um dos mais suscetíveis a essas transformações do fenômeno tecnológico, a reclamar renovada tutela, como propusemos em tese doutoral defendida na Universidade do Estado do Rio de Janeiro em 2023, sustentando que o direito à imagem, para além das clássicas acepções enquanto retrato e atributo, contaria agora com um terceiro qualificador, a que designamos imagem-dado, o qual seria responsável por permitir essa conjugação das tutelas típicas do direito à imagem com o ferramental, mais recentemente introduzido no ordenamento, da tutela

da pessoa humana é o limite interno capaz de definir com novas bases as funções sociais da propriedade e da atividade econômica. A assertiva é confirmada pela técnica empregada pelo constituinte, associando, expressa e imediatamente, à garantia do direito de propriedade (art. 5o, XXII), o atendimento de sua função social (art. 5o, XXIII); e às finalidades da ordem econômica, o dever de "assegurar a todos existência digna, conforme os ditames da justiça social", e observados, dentre outros, os princípios da função social da propriedade e da redução das desigualdades regionais e sociais, além da busca do pleno emprego (art. 170, caput, e incisos III, VII e VIII)." (TEPEDINO, Gustavo. *A tutela da personalidade no ordenamento civil-constitucional brasileiro*, pp. 25-26. Disponível em: <https://www.academia.edu/31740015/A_tutela_da_personalidade_no_ordenamento_civil_constitucional_brasileiro> Acesso em 17 fev. 2023); Por mais, ver: PERLINGIERI, Pietro, *La personalità umana nell'ordinamento giuridico*, Napoli, Esi, 1972.

25 "A própria distinção entre essas expressões não é rígida. Muitos conflitos concretos envolvem, a um só tempo, a violação do direito ao nome, do direito à imagem, do direito à privacidade, dentre outros. O que resta atingido, em última análise, é a dignidade humana. A construção dos direitos da personalidade como uma categoria geral tem a utilidade de evidenciar, para fins práticos, as semelhanças e as diferenças entre os vários atributos da condição humana, sem ameaçar a indelével unidade que os vincula, como aspectos de um todo indivisível." (SCHREIBER, Anderson. *Manual de Direito Civil Contemporâneo*. São Paulo: Saraiva Jur, 2022, 5. ed., versão digital).

da proteção de dados pessoais.[26] Nada obstante, por escapar do recorte pretendido para este breve artigo, passa-se a abordar no próximo item tão somente os aspectos atinentes à transformação ocorrida no direito à imagem a partir dessa influência do fenômeno tecnológico.

2. A tríplice transformação do direito à imagem

Dizem que uma imagem vale mais do que mil palavras. Mas e os dados pessoais? Quantos dados cabem numa só imagem? Qual o valor da imagem que revela dados? Um exemplo pode facilitar a compreensão: imagine-se que uma pessoa é retratada enquanto realiza um procedimento de hemodiálise num centro médico. Ao posar para a foto, faz um sinal com os dedos da mão de tal modo que os deixa virados para a câmera. Além disso, tem em seu peito um colar com um pingente na forma de um crucifixo e se veste com uma camisa que estampa as cores e o símbolo de determinado partido político. Essa simples imagem tem o condão de revelar muitos dados pessoais, inclusive sensíveis. Vejamos: o rosto identifica a origem racial, o crucifixo indica a convicção religiosa, a roupa escancara a opinião política, a circunstância da hemodiálise revela dados referentes à saúde e, finalmente, os dedos, assim como a própria face e a íris, – a depender da tecnologia empregada – podem viabilizar a captura de dados biométricos.

Este caricato exemplo ilustrativo permite destacar o poder que se tem a partir de uma simples imagem. Decerto, poder-se-ia questionar qual seria a diferença do que se vive hoje para o cenário de três décadas atrás. E a resposta passa pela compreensão do avanço tecnológico. Isso porque, nas duas primeiras décadas do século XXI, viu-se a ascensão da maior rapidez na divulgação das imagens em razão do crescimento da Internet e das formas instantâneas de comunicação. Hoje, a publicação de uma imagem na rede tende à perpetuidade, pois, como se tem percebido, a remoção completa e absoluta de conteúdos da Internet parece ser quase impossível: não por razões jurídicas, mas pela própria arquitetura tecnológica. No entanto, do final da segunda década para o início dos anos 20 deste século, observou-se uma preocupação global com a proteção de dados pessoais. E a razão para isso foi o combo explosivo

26 AFFONSO, Filipe José Medon. *O direito à imagem na Era da Proteção de Dados Pessoais*: retrato, atributo e dado. 2023. 392f. Tese (Doutorado em Direito) – Faculdade de Direito, Universidade do Estado do Rio de Janeiro, Rio de Janeiro, 2023.

da união entre os conceitos de Big Data e Big Data Analytics, o que foi, certamente, propulsionado pelas técnicas de Inteligência Artificial.

Dito em outras palavras: com o aumento desta capacidade colossal de armazenamento de dados e o desenvolvimento de ferramentas igualmente aptas a tratar estes dados com velocidade e larga escala, chegou-se a um patamar em que boa parte das decisões que comandam a vida em sociedade são tomadas de modo automatizado por algoritmos capazes de correlacionar dados diversos e deles extrair conclusões e inferências, as quais – não raro – são eivadas de erros graves.

Exemplo disso é que, atualmente, é melhor proteger os dedos ao posar para uma fotografia. Isso porque pesquisadores japoneses já alertam para o roubo de digitais de pessoas que exibem seus dedos, por exemplo num sinal de "v" da paz, em fotografias. De acordo com os especialistas do National Institute of Informatics (NII), a popularização de câmeras de alta resolução (até nos celulares) entre as pessoas permitiria que criminosos conseguissem extrair cópias exatas das digitais de suas vítimas, mesmo a partir de fotos tiradas a uma distância de três metros. A grande preocupação em torno do assunto se dá pelo fato de que a tecnologia necessária para esse tipo de fraude não está mais restrita aos cientistas: em tese, qualquer pessoa poderia reproduzir a técnica se tivesse acesso aos recursos tecnológicos certos.[27] Por mais que o instituto japonês esteja estudando a criação de uma película protetora feita com óxido de titânio a ser aplicada sobre os dedos para bloquear a captura, a tecnologia poderia ocultar a digital, mas não impediria a autenticação por digital.[28]

Como ressalta reportagem do Jornal El País, a partir das imagens podem acabar sendo obtidos "dados válidos para contornar sistemas de segurança como os que desbloqueiam telefones celulares, computadores, portas e outros dispositivos, que são cada vez mais comuns e estão substituindo a identificação por meio de uma combinação entre o nome

27 Pesquisadores japoneses alertam para roubo de digitais através de fotos. *Canaltech*, 2017. Disponível em: <https://canaltech.com.br/seguranca/pesquisadores-japoneses-alertam-para-roubo-de-digitais-atraves-de-fotos-87338/>. Acesso em: 14 jun. 2023.

28 Pesquisadores japoneses alertam para roubo de digitais através de fotos. *Canaltech*, 2017. Disponível em: <https://canaltech.com.br/seguranca/pesquisadores-japoneses-alertam-para-roubo-de-digitais-atraves-de-fotos-87338/>. Acesso em: 14 jun. 2023.

de usuário e a senha tradicional."[29] Os pesquisadores ainda sinalizam que o perigo deste tipo de prática criminosa parece ser maior para pessoas famosas, já que suas imagens são mais numerosas e amplamente difundidas. Além disso, nos últimos anos se tornaram conhecidos os sites nos quais é possível fazer o upload da foto de um rosto qualquer e ter como retorno a localização do perfil daquela pessoa em redes sociais. Relata-se que, "[h]á alguns anos, um hacker afirmou ter clonado as impressões digitais da [então] ministra da Defesa alemã, Ursula von der Leyen, embora não tenha sido possível verificar se a cópia era realmente eficaz."[30]

Apesar do caso de Leyen (atual presidente da Comissão Europeia), ainda não se tem notícia da utilização desta engenharia criminosa em larga escala. Contudo, como ressalta na reportagem o professor Isao Echizen, o perigo do roubo de impressões digitais reside no fato de que, diferentemente das senhas, que podem ser alteradas caso roubadas, a impressão digital de uma pessoa é marca inalterável.[31] A reportagem ainda traz o curioso dado histórico de que a mesma técnica já fora utilizada por especialistas em informática da Universidade de Princeton para copiar chaves de máquinas de votação norte-americanas, que, para surpresa de todos, efetivamente abriram-nas. Observa-se, ainda, problemas igualmente preocupantes em relação à utilização fraudulenta de fotos de cartões de crédito e até passagens aéreas.[32]

Como ressaltado, em princípio, pessoas famosas estariam mais sujeitas a esse tipo de fraudes, já que suas imagens seriam mais abundantes na Internet. Ocorre que um fenômeno recente parece estar alterando esta percepção. Trata-se da superexposição da imagem e dos dados de crianças e adolescentes na Internet, que se tem convencionado designar de sharenting ou, como se demonstrará ser mais adequado, oversharen-

29 IBÁÑEZ, Alvaro. Suas selfies mostrando o dedo podem ser um problema de segurança. *El País*, 2017. Disponível em: <https://brasil.elpais.com/brasil/2017/01/27/tecnologia/1485512728_331052.html>. Acesso em: 14 jun. 2023.

30 IBÁÑEZ, Alvaro. Suas selfies mostrando o dedo podem ser um problema de segurança. *El País*, 2017. Disponível em: <https://brasil.elpais.com/brasil/2017/01/27/tecnologia/1485512728_331052.html>. Acesso em: 14 jun. 2023.

31 IBÁÑEZ, Alvaro. Suas selfies mostrando o dedo podem ser um problema de segurança. *El País*, 2017. Disponível em: <https://brasil.elpais.com/brasil/2017/01/27/tecnologia/1485512728_331052.html>. Acesso em: 14 jun. 2023.

32 IBÁÑEZ, Alvaro. Suas selfies mostrando o dedo podem ser um problema de segurança. *El País*, 2017. Disponível em: <https://brasil.elpais.com/brasil/2017/01/27/tecnologia/1485512728_331052.html>. Acesso em: 14 jun. 2023.

ting. A prática, que já despertou a atenção da UNICEF[33] e de Sociedades de Pediatria ao redor do mundo, é mais comumente atrelada a pais e mães – embora não seja a eles restrita – que postam em excesso fotos, vídeos e dados de seus filhos e filhas nas redes sociais. E o fenômeno dialoga com o caso das impressões digitais por meio de assustador dado: segundo relatório de 2018 do banco britânico Barclays, estima-se "que 'mais uma década de pais que compartilham excesso de informações pessoais online' produzirá 7,4 milhões de incidentes de fraude de identidade até 2030."[34]

De acordo com a Children's Commissioner's Office, autoridade britânica dedicada aos direitos de crianças, três são as principais informações capturadas para o roubo de identidade: o nome, a data de nascimento e o endereço. E o que impressiona é que, segundo relatório publicado pela entidade em 2018, tais informações podem ser tanto fornecidas pelos pais diretamente, como podem ser deduzidas de fotos ou updates feitos por estes nas mídias sociais.[35] Exemplo de fácil apreensão seria o de pais que postam a foto de uma criança na data de seu aniversá-

33 UNICEF. The State of the World's Children, 2017: Children in a Digital World: Germain Ake and Ernest Califra, 2017, p. 92. Disponível em: < https://www.unicef.org/publications/files/SOWC_2017_ENG_WEB.pdf> Acesso em 09 set. 2022.

34 IDOETA, Paula Adamo. 'Sharenting': quando a exposição dos filhos nas redes sociais não é necessariamente algo ruim. *BBC News Brasil*, 13 jan. 2020. Disponível em: <https://www.bbc.com/portuguese/salasocial-51028308> Acesso em 09 set. 2020.

35 "There is particular concern about 'sharenting' [...] which might reveal more information about children than intended. According to Barclays, there are three key pieces of information used in identity theft: a person's name, date of birth and home address. These are often given directly by parents, or can be deduced from photos or updates on social media accounts – for example, a photograph of a child on their birthday with a location tagged might give all this personal information away. With this information, criminals can make a start on accessing bank accounts or making credit applications. At our roundtable CCO heard reports of children's data being stored until they turn 18, at which point fraudulent loans and credit card applications were made. Further information such as a mother's maiden name, names of pets and names of schools might also be gathered through a parent's social media account, making it even easier to commit fraud given that these details are often used as security questions." (Children's Commissioner. *Who knows what about me?* A Children's Commissioner report into the collection and sharing of children's data, 2018. p. 13. Disponível em: <https://www.childrenscommissioner.gov.uk/wp-content/uploads/2018/11/cco-who-knows-what-about-me.pdf>. Acesso em 09 set. 2022.)

rio, marcando na publicação, ainda, a localização onde estão ou mesmo exibindo o número da casa na própria fotografia.

Dado alarmante que se soma a esta análise é o de, de acordo com pesquisa do Observatory for Parenthood and Digital Education, uma criança tem, em média, sua imagem compartilhada nas redes sociais 1.300 vezes antes dos 13 anos.[36] E esse número pode ser ainda mais alargado quando se tem em vista as postagens realizadas em stories de redes sociais como Instagram. Ou seja, como se pode perceber, o que antes era "privilégio" de famosos, hoje se torna comum também a anônimos, que, desde antes do nascimento, já têm dados e imagens relacionadas a si sendo postadas, e eternizadas, na Internet. Tais informações podem ser utilizadas, a partir de técnicas de Inteligência Artificial, para formar perfis comportamentais sobre a pessoa, que poderão servir para as mais diversas finalidades.

Outro perigo associado a esta prática, e que também demonstra a transformação na estrutura da imagem, relaciona-se com a possibilidade de reconstrução digital, sobretudo por meio de técnicas de Inteligência Artificial, que popularizaram o fenômeno das deep fakes. Inicialmente atreladas ao contexto mais restrito de montagens em vídeos pornográficos para sites especializados – quando se substituía o rosto de uma atriz de filmes adultos pelo de outra pessoa –, esta técnica acabou por ser tão difundida que hoje pode ser facilmente utilizada até mesmo por leigos. Isso se torna especialmente problemático quando se percebe que, graças a Inteligências Artificiais Generativas, como o Midjourney, uma pessoa pode facilmente criar um conteúdo imagético a partir de um simples comando que contenha a descrição daquilo que se busca ver gerado. E a semelhança deste conteúdo artificialmente gerado com a realidade é tamanha, que hoje já se não se pode mais afirmar que é real aquilo que é captado pelos sentidos humanos.

Tem-se, assim, que a própria estrutura do direito à imagem parece ter sido abalada, na medida em que é possível imortalizar o ineditismo da representação de uma pessoa, graças a técnicas cada vez mais avançadas de reconstrução digital.

36 BOND, Kimberley. By the time the average child hits 13, their picture has been posted 1300 times on social media. Has sharenting gone too far? *Metro Uk*. Disponível em: < https://metro.co.uk/2023/05/07/has-sharenting-gone-too-far-18717695/>. Acesso em: 14 jun. 2023.

Para além dessa captura mais e mais precoce da imagem das pessoas e da alteração na sua estrutura, hoje também se reconhece que o mundo caminha para uma sociedade marcada pela vigilância. Pululam câmeras por todos os lados: dos altos dos postes, servem ao monitoramento das autoridades para fins diversos. Do interior dos estabelecimentos e residências, cumprem a missão de vigiar para fornecer segurança. Dos peculiares veículos do Google Maps, equipados pela tecnologia do Street View, fornecem registros que servem para facilitar o deslocamento, mas que, por vezes, acabam por capturar mais do que ruas.[37] E, dos smartphones[38] nas mãos dos curiosos, servem tanto para as selfies, quanto para as capturas indiscretas de quem se torna o jornalista de ocasião. Afinal, basta ter uma câmera para registrar um flagra que pode se tornar, em questão de minutos, viral na Internet.

E a tendência é que isso se acentue ainda mais, pois já não é mais preciso perder tempo sacando do bolso o smartphone para capturar uma imagem. Isso se deve à tecnologia presente nos óculos inteligentes do Facebook, batizados de "Ray-Ban Stories", e que foram projetados para capturar vídeos e imagens em tempo real a fim de garantir que os usuários não percam nada daquilo que seus olhos estão vendo. Por ora, para além da empolgação com a nova tecnologia, sobram críticas à forma como são coletados os dados, sons e imagens, notadamente diante do argumento da insuficiência do brilho da luz emitida pelos óculos para indicar que estão gravando, registrando ou fotografando.[39]

Para se ter a correta dimensão do fenômeno que se busca descrever, segundo dados da "Pesquisa do Uso de TI" da EAESP/FGV, o Brasil teria cerca de 1,2 smartphone por habitante em uso em maio de 2023.

37 Retrospectiva 2019: Os momentos indiscretos flagrados pelo Google Maps. *Aventuras na História*, 2019. Disponível em: <https://aventurasnahistoria.uol.com.br/noticias/almanaque/os-momentos-mais-indiscretos-ja-flagrados-pelo-google-maps.phtml>. Acesso em: 14 jun. 2023.

38 "Através desses dispositivos, todos os dias, milhões de indivíduos comunicam dados de toda classe sobre si mesmos, inclusive textos e imagens pessoais de diversa índole." (SIBILIA, Paula. "Você é o que Google diz que você é": a vida editável, entre controle e espetáculo. *Intexto*, Porto Alegre, nº 42, p. 214-231, 2018, p. 229. DOI: 10.19132/1807-8583201842.214-231. Disponível em: https://seer.ufrgs.br/index.php/intexto/article/view/75091. Acesso em: 11 jun. 2023).

39 LOPES, Thaime. Bonitos, mas assustadores: o que usuários têm achado dos óculos do Facebook. *Tilt Uol*, 2021. Disponível em: <https://www.uol.com.br/tilt/noticias/redacao/2021/09/10/bonitos-mas-assustadores-o-que-usuarios-tem-achado-dos-oculos-do-facebook.htm>. Acesso em: 14 jun. 2023.

Adicionando, ainda, notebooks e tablets, seriam 364 milhões de dispositivos portáteis, perfazendo uma média de 1,7 dispositivo portátil por habitante.[40] No contexto mundial, espera-se que até o ano de 2024 já se tenha, em média, um celular inteligente por habitante no mundo.[41] Especificamente no contexto do vigilantismo em massa (mass surveillance), relatório produzido pela Anistia Internacional em 2021 trouxe o dado de que voluntários digitais haviam identificado mais de 25.500 câmeras, tanto públicas quanto privadas, em cruzamentos de tráfego, apenas na cidade de Nova Iorque. Além disso, somente entre os anos de 2016 e 2019, a policial local, NYPD, teria utilizado a tecnologia de reconhecimento facial em cerca de 22 mil casos.[42] Como se pode notar, torna-se cada vez mais difícil fugir de ter a própria imagem capturada. E, numa consequência direta dessa diluição espacial dos dispositivos de captura, tem-se o inegável aumento da coleta de imagens na vida em sociedade.

Observa-se, assim, que o direito à imagem tem sofrido uma tríplice transformação, que por razões didáticas, sugere-se denominar de dimensões: temporal, espacial e estrutural. Na dimensão temporal, como visto, cada vez mais cedo captura-se imagens e dados, por conta do fenômeno da superexposição, o qual submerge crianças e adolescentes numa cultura que, com o tempo, os faz assumir as rédeas da exposição inicialmente gerada pelos pais, com a qual cresceram acostumados. Na dimensão espacial, fenômenos como o vigilantismo em massa permitem a captura cada vez mais ampla e intensa nos múltiplos espaços de convivência, seja para fins de segurança pública, seja, até mesmo, para publicidade. E, finalmente, a dimensão estrutural teve suas bases abaladas a partir da possibilidade de se coletar dados, até mesmo biométricos, de imagens e de se reconstruir digitalmente as imagens a partir de técnicas de Inteligência Artificial: seja para humor, seja para o cinema ou, ainda, para desinformar, a imagem, e também a voz, podem ser facilmente alteradas e com elevado grau de fidedignidade.

40 MEIRELLES, Fernando S. *Pesquisa do Uso da TI – Tecnologia de Informação nas Empresas*. 34ª Edição Anual, FGVcia, 2023. p. 151. Disponível em: <https://eaesp.fgv.br/sites/eaesp.fgv.br/files/u68/pesti-fgvcia-2023_0.pdf>. Acesso em: 14 jun. 2023.

41 MEIRELLES, Fernando S. *Pesquisa do Uso da TI – Tecnologia de Informação nas Empresas*. 34ª Edição Anual, FGVcia, 2023. p. 140. Disponível em: <https://eaesp.fgv.br/sites/eaesp.fgv.br/files/u68/pesti-fgvcia-2023_0.pdf>. Acesso em: 14 jun. 2023.

42 AMNESTY INTERNATIONAL. Inside the NYPD's surveillance machine, 2022. Disponível em: <https://banthescan.amnesty.org/decode/>. Acesso em: 20 jun. 2023.

Qual será, então, esse impacto das técnicas de Inteligência Artificial para o direito à imagem? É disso que se ocupará o próximo item.

3. Os impactos da Inteligência Artificial sobre o direito à imagem

São múltiplos os impactos das técnicas de Inteligência Artificial sobre o direito à imagem. Como visto no item anterior, a Inteligência Artificial tem afetado a própria construção do direito à imagem. Isso porque, graças a técnicas mais avançadas, hoje já é possível retratar com fidedignidade uma pessoa de forma inédita e em violação a seu direito à imagem por meio das chamadas deep fakes. Além disso, as técnicas de análise biométrica representam, a um só tempo, um duplo golpe no direito à imagem: em primeiro lugar, a extração de dados biométricos da imagem desperta questionamentos em relação à proteção de dados. E, em segundo lugar, o treinamento dos sistemas de Inteligência Artificial utilizados para o reconhecimento biométrico vale-se da análise de imagens, as quais, nem sempre, foram coletadas com o consentimento dos retratados, por meio, por exemplo, de raspagem de imagens e dados (image and data scraping).

A título de exemplo, circula em diversas publicações na Internet a informação de que uma das primeiras e mais notórias fotomontagens da história teria ocorrido no ano de 1888 e seria intitulada "Panteão dos Soberanos": produzida em Paris pelo fotógrafo H. Marres, reunia, numa mesma imagem, as fotografias dos principais Chefes de Estado da época, que pareciam estar fisicamente no mesmo espaço. Dentre as notórias figuras, pode-se destacar Dom Pedro II (único representante da América Latina), Chester Alan Arthur, então presidente dos Estados Unidos da América, a rainha Victoria do Reino Unido, o Imperador Guangxu da China e, finalmente, o Papa Leão XIII.[43]

135 anos se passaram e, novamente, a imagem de um Papa voltou ao centro das discussões: em 25 de abril de 2023, a Revista Vogue divulgou curiosa fotografia em que o Papa Francisco aparecia vestindo

43 É o que narra o historiador Paulo Rezzutti em postagem realizada em seu perfil no Facebook: FACEBOOK. REZUTTI, Paulo. "Panteão dos Soberanos", 26 jan. 2020. Facebook: prezutti. Disponível em: <https://www.facebook.com/prezzutti/photos/pante%C3%A3o-dos-soberanos-fotomontagem-feita-em-paris-pelo-fot%C3%B3grafo-h-marres-c1888-/3499553890117259/?paipv=0&eav=AfZM72Fr_-iGBo6MEm7p1Qkhb6Zo1FNrDjkZStkgdyH3mvxZKkWLCfQ8PAakQwVXDtU&_rdr>. Acesso em 23 jun. 2023.

um estiloso casaco puffer branco que, segundo afirmava a reportagem, havia sido desenhado pelo estilista Filippo Sorcinelli. Não tardou para que se descobrisse que a imagem era falsa. Mas não se tratava de uma simples montagem: a imagem do Papa Francisco havia sido criada, com elevadíssimo grau de fidedignidade, por uma ferramenta de Inteligência Artificial. A semelhança com a realidade era tão grande, que diversos outros veículos acabaram reproduzindo a imagem de Francisco como se verdadeira fosse, gerando até "discussões de que ela teria causado controvérsia na comunidade católica".[44]

Como evidenciam os exemplos, realizar montagens a partir de fotografias não é nenhuma invenção moderna. A novidade recai sobre o incremento no grau de fidedignidade das imagens geradas, o que está diretamente relacionado à tecnologia empregada. Inaugura-se, então, a Era da Inteligência Artificial, cujos impactos para o direito à imagem são tão intensos, que se poderia afirmar que este direito tem sido abalado em sua própria estrutura[45], o que reforça o argumento lançado nas linhas iniciais de que este direito é absolutamente influenciado pela evolução das ferramentas tecnológicas.

Especificamente em relação às deep fakes, pode-se analisar recente caso da campanha publicitária da Volkswagen, que provocou grande reação na mídia e nas redes sociais. Em síntese, recriou-se a imagem de Elis Regina, por meio de uma deep fake, para contracenar com sua filha, a também cantora Maria Rita, enquanto ambas entoam a canção "Como os nossos pais" de Belchior, dirigindo a versão antiga e a atual do veículo Kombi. No maniqueísmo peculiar da sociedade brasileira, não tardou para que dois grupos se digladiassem nas redes sociais: de um lado, os defensores da campanha publicitária, que se emocionaram ao ver o reencontro de mãe e filha, ainda que viabilizada por meio de ferramentas tecnológicas. Do outro, os críticos de que, se viva fosse, Elis jamais teria consentido com a utilização de sua imagem pela Volkswagen,

44 Imagem de Papa Francisco gerada por inteligência artificial viraliza na web. *Vogue*, 2023. Disponível em: <https://vogue.globo.com/atualidades/noticia/2023/03/imagem-falsa-de-papa-francisco-de-jaqueta-branca-viraliza-e-vira-assunto-na-web.ghtml>. Acesso em 23 jun. 2023.

45 Necessário ressalvar, desde já, que quando se refere a uma alteração estrutural, não se emprega a ideia de "estrutura" no sentido de se privilegiar a estrutura em detrimento da função. Estrutura deve ser entendida, então, no aspecto da própria arquitetura da imagem que é profundamente alterada, pois, como se verá, permite-se a sua geração também por Inteligências Artificiais.

que teria apoiado a Ditadura que ela e Belchior, compositor da canção, tanto haviam lutado para combater. Há, por certo, outros argumentos que entraram na discussão, mas estes dois ajudam a resumir um pouco a controvérsia.

Para compreender adequadamente o tema, é necessário dar um passo atrás. Afinal, o que são as deep fakes? Elas nada mais são do que reconstruções digitais da imagem (e da voz) feitas a partir de técnicas avançadas de Inteligência Artificial. Apesar de terem surgido atreladas à pornografia, logo passaram a ser utilizadas para o humor, a publicidade e para a desinformação. De tão relevantes, já são, inclusive, objeto de regulação em países como a China, por meio da inovadora legislação em torno da chamada "Deep Synthesis", além da União Europeia, a partir da versão mais recente da proposta de redação final do AI Act, o Regulamento de Inteligência Artificial.[46] A tecnologia foi recentemente potencializada graças aos avanços das Inteligências Artificiais Generativas, que permitem que qualquer pessoa dê um comando simples de texto para que o software (re)construa uma imagem.

Bobby Chesney e Danielle Citron definem as deep fakes como "a manipulação digital de som, imagens ou vídeo para imitar alguém ou fazer parecer que a pessoa fez alguma coisa – e fazer isso de uma maneira que seja cada vez mais realística, a ponto de um observador desavisado não conseguir detectar a falsificação".[47] Em suma, trata-se de uma "técnica de síntese de imagens ou sons por meio de IA. Seu emprego possibili-

46 INTERESSE, Giulia. China to Regulate Deep Synthesis (Deepfake) Technology Starting 2023. *China Briefing*, 2022. Disponível em: <https://www.china-briefing.com/news/china-to-regulate-deep-synthesis-deep-fake-technology-starting-january-2023/>. Acesso em: 23 jun. 2023; Alterações aprovadas pelo Parlamento Europeu, em 14 de junho de 2023, sobre a proposta de regulamento do Parlamento Europeu e do Conselho que estabelece regras harmonizadas em matéria de inteligência artificial (Regulamento Inteligência Artificial) e altera determinados atos legislativos da união (COM(2021)0206 – C9-0146/2021 – 2021/0106(COD)). Disponível em: < https://www.europarl.europa.eu/doceo/document/A-9-2023-0188_EN.html> Acesso em 16 jun. 2023

47 No original: "digital manipulation of sound, images, or video to impersonate someone or make it appear that a person did something — and to do so in a manner that is increasingly realistic, to the point that the unaided observer cannot detect the fake." (CHESNEY, Bobby; CITRON, Danielle. Deep Fakes: A Looming Crisis for National Security, Democracy and Privacy?, LAWFARE (Feb. 21, 2018), Disponível em: <https://www.lawfareblog.com/deep-fakes-looming-crisis-national-security-democracy-and-privacy> Acesso em 09 mar. 2019).

ta a substituição de uma pessoa por outra, a modificação do conteúdo da fala, entre inúmeras outras alternativas de edição."[48] Além disso, apesar de comumente associados à produção de vídeos, "nada impede sua aplicação em arquivos de imagens ou áudios, apenas. Na prática, o termo é usado também para identificar o próprio vídeo, áudio ou imagem fruto da manipulação."[49] Dito diversamente: observa-se que, na atualidade, o termo deep fake acaba designando tanto a técnica quanto o próprio conteúdo que é gerado.

A grande característica distintiva envolvendo essa tecnologia é, sem dúvidas, o elevadíssimo grau de fidedignidade do conteúdo imagético produzido, o que se torna especialmente perigoso num cenário marcado pela "Economia da Atenção", em que pessoas compartilham conteúdos por aplicativos de mensageria instantânea com imediaticidade, sem perderem tempo na verificação da idoneidade do conteúdo comunicado. Nessa direção, Luciano Floridi, em precursora análise sobre as deep fakes, chegou ao ponto de afirmar que as "tecnologias digitais parecem minar nossa confiança na natureza original, genuína e autêntica do que vemos e ouvimos."[50]

Há incontáveis perigos associados à sua utilização, mas é possível destacar alguns: (i) lesão a direitos da personalidade (ex: criar uma deep fake para atingir a honra ou a imagem de alguém); (ii) raspagem de imagens da Internet (image scraping) para alimentar o treinamento das IAs que vão gerar o conteúdo; (iii) violações aos direitos de autor (algo que tem sido comum, especialmente com a recriação de canções por meio de deep fakes de áudio); (iv) minar a confiança das pessoas em relação ao que é real e o que não é, de modo que as pessoas comecem a duvidar de tudo que veem e escutam; (v) desinformação político-ideológica (ex:

48 SCHREIBER, Anderson; RIBAS, Felipe; MANSUR, Rafael. Deepfakes: regulação e responsabilidade civil. In: TEPEDINO, Gustavo; SILVA, Rodrigo da Guia (coords.). *O Direito Civil na Era da Inteligência Artificial.* São Paulo: Thomson Reuters Brasil, 2020, p. 611.

49 SCHREIBER, Anderson; RIBAS, Felipe; MANSUR, Rafael. Deepfakes: regulação e responsabilidade civil. In: TEPEDINO, Gustavo; SILVA, Rodrigo da Guia (coords.). *O Direito Civil na Era da Inteligência Artificial.* São Paulo: Thomson Reuters Brasil, 2020, p. 611.

50 No original: "Digital technologies seem to undermine our confidence in the original, genuine, authentic nature of what we see and hear." (FLORIDI, Luciano. Artificial Intelligence, Deepfakes and a Future of Ectypes. *Philosophy & Technology*, vol. 31, 2018, p. 320).

montagem de um candidato dizendo algum absurdo às vésperas de uma eleição acirrada); (vi) questões éticas: qual o limite da recriação da imagem de uma pessoa falecida?

No caso de pessoas já falecidas, a controvérsia é saber: pode-se coletar a imagem e utilizá-la para a geração de conteúdo absolutamente inédito? Em primeiro lugar, é possível dizer que, mesmo que a pessoa tenha previsto contratualmente em vida essa possibilidade de utilização (algo cada vez mais comum na indústria do audiovisual), o consentimento sempre será limitado, pois a pessoa nunca poderá ter certeza sobre como será a nova imagem gerada pela IA. Tem-se, assim, "imortalidade do ineditismo".[51] Preocupado com esse tipo de reconstrução e, sobretudo, com a ausência de clareza das cláusulas contratuais, Samuel L. Jackson chegou a afirmar que "[n]o futuro, atores devem fazer o que eu sempre faço: quando leio um contrato e vejo as palavras 'podemos usar sua imagem em perpetuidade', ou 'em circunstâncias conhecidas ou ainda não conhecidas', risco elas do papel. Não assino. É o meu jeito de dizer que não aprovo isso'."[52]

Surgem, então, os questionamentos: no silêncio do próprio retratado, poderia haver autorização por parte dos herdeiros? Ela basta? A finalidade da recriação digital importa? Ou seja: recriar Salvador Dalí digitalmente para um museu na Flórida[53] é diferente de recriar Elis Regina para uma campanha publicitária da Volkswagen? Deve haver respeito à imagem-atributo construída em vida pela pessoa?

Especificamente no caso da deep fake de Elis Regina, foi apontada uma violação à imagem-atributo da cantora. Diferentemente das lesões à honra (objetiva), uma violação à imagem-atributo não precisa ser, necessariamente, um fato ruim, mas apenas algo que desassocie a pessoa da imagem que ela construiu perante a sociedade. Nesse sentido, os crí-

51 MEDON AFFONSO, Filipe José. O direito à imagem na era das *deep fakes*. *Revista Brasileira de Direito Civil*, [S. l.], v. 27, nº 01, 2021, p. 267. Disponível em: https://rbdcivil.ibdcivil.org.br/rbdc/article/view/438. Acesso em: 8 jun. 2023.

52 COLETTI, Caio. Samuel L. Jakcson não assina contratos que permitem recriação por IA. *Omelete*, 22 jun. 2023. Disponível em: < https://www-omelete-com-br.cdn.ampproject.org/c/s/www.omelete.com.br/amp/filmes/samuel-l-jackson-contratos-inteligencia-artificial> Acesso em 06 jul. 2023.

53 ARBULU, Rafael. Museu da Flórida usa deepfake para "ressuscitar" pintor Salvador Dalí. *Canaltech*, 03 jun. 2019. Disponível em: <https://canaltech.com.br/arte/museu-da-florida-usa-deepfake-para-ressuscitar-pintor-salvador-dali-140717/> Acesso em 26 set. 2019.

ticos ao comercial da Volkswagen afirmavam que a empresa colaborou com a Ditadura Militar, enquanto Elis Regina chegou a fazer show revertendo a renda para fundo de greve dos metalúrgicos. Haveria, então, uma contradição entre a imagem-atributo criada por Elis em vida e a representação feita dela após a morte. Como chegou a afirmar a antropóloga Lilia Schwarcz em uma publicação em seu perfil no Instagram: "cabe perguntar se Elis e Belchior gostariam de se verem associados à empresa. Não sei a resposta, mas a Volkswagen também não."[54]

A questão não é simples, muito pelo contrário: estampa uma controvérsia sensível e que deve ser analisada com muito cuidado. Em artigo escrito em 2018, já nos antecipávamos ao problema e buscávamos traçar possíveis parâmetros para a reconstrução digital da imagem no post mortem: (i) a previsão expressa em contrato em vida e autorização da família no post mortem; (ii) a finalidade da recriação da imagem (ex: para um museu? para uma empresa?); e (iii) a adequação da imagem criada post mortem à imagem-atributo construída em vida pela pessoa. Tais parâmetros poderiam atuar como standards não absolutos, a serem sopesados diante das especificidades do caso concreto.

Tamanha foi a repercussão do caso de Elis Regina, que o CONAR (Conselho Nacional de Autorregulamentação Publicitária) instaurou processo ético para investigar a licitude da campanha da Volkswagen. Um dos pontos ressaltados na abertura do procedimento se refere ao fato de a publicidade não ter alertado os espectadores de que a imagem de Elis Regina havia sido reconstruída digitalmente, o que pode ter levado "uma parte do público, especialmente aquele mais jovem, que não conheceu a artista, a acreditar que se tratava de uma pessoa real e que Elis Regina ainda estivesse viva."[55] Também foram alegadas violações aos princípios da respeitabilidade e veracidade, constantes do Código Brasileiro de Autorregulamentação Publicitária. Em denúncia ao

54 META. Instagram from Meta. @liliaschwarcz, postagem de 05 jul. 2023. Disponível em: <https://www.instagram.com/reel/CuUwCuALm4K/?utm_source=ig_web_copy_link&igshid=MzRlODBiNWFlZA==>. Acesso em 06 jul. 2023.

55 BERGAMO, Mônica. Conar abre processo ético contra Volkswagen por uso de imagem de Elis em propaganda. *Folha de São Paulo*, 10 jul. 2023. Disponível em: <https://www1.folha.uol.com.br/colunas/monicabergamo/2023/07/conar-abre-processo-etico-contra-volkswagen-por-uso-de-imagem-de-elis-em-propaganda.shtml> Acesso em 11 jul. 2023

CONAR, o advogado Gabriel de Britto chegou a afirmar que "Elis Regina, já falecida, não poderia 'reivindicar o uso da própria imagem'."[56]

Nada obstante, o caso acabou sendo arquivado. Segundo o órgão, a decisão foi motivada por manifestações contrárias e favoráveis de consumidores sobre dois pontos principais: "se foi respeitoso e ético o uso no anúncio de vídeo recriando a imagem da cantora Elis Regina, falecida em 1982, feita por meio de inteligência artificial generativa híbrida; e se era necessária informação explícita sobre o uso de tal ferramenta para compor o anúncio."[57]

Com efeito:

> 'O colegiado considerou, por unanimidade, improcedente o questionamento de desrespeito à figura da artista, uma vez que o uso da sua imagem foi feito mediante consentimento dos herdeiros e observando que Elis aparece fazendo algo que fazia em vida', disse o órgão em nota oficial. Já sobre a necessidade de informar sobre o uso da ferramenta 'deepfake', o Conar informou que considerou diversas recomendações de boas práticas existentes sobre o tema, 'bem como a ausência de regulamentação específica em vigor'. Com isso, a maioria dos conselheiros votou pelo arquivamento da denúncia. 'A transparência é princípio ético fundamental e, no caso específico, foi respeitada, reputando que o uso da ferramenta estava evidente na peça publicitária', acrescentou o órgão em nota, afirmando que o processo tramitou com ampla defesa, 'por meio de manifestação da VW e sua agência, a AlmapBBDO'.

Mas o que diz o artigo 20 do Código Civil? Na sua dicção literal: "Art. 20. Salvo se autorizadas, ou se necessárias à administração da justiça ou

56 CATTO, André; BOLZANI, Isabela. Conar abre processo para avaliar propaganda que recriou Elis Regina com inteligência artificial. *G1,* 10 jul. 2023. Disponível em: <https://g1.globo.com/economia/midia-e-marketing/noticia/2023/07/10/conar-abre-processo-para-avaliar-propaganda-que-recriou-elis-regina-com-inteligencia-artificial.ghtml> Acesso em 11 jul. 2023

57 BOLZANI, Isabela. Conar decide arquivar processo contra propaganda que recriou Elis Regina com inteligência artificial. *G1,* 23 ago. 2023. Disponível em: < https://g1.globo.com/economia/midia-e-marketing/noticia/2023/08/23/conar-decide-arquivar-processo-contra-propaganda-que-recriou-elis-regina-com-inteligencia-artificial.ghtml> Acesso em 28 set. 2023.

à manutenção da ordem pública, a divulgação de escritos, a transmissão da palavra, ou a publicação, a exposição ou a utilização da imagem de uma pessoa poderão ser proibidas, a seu requerimento e sem prejuízo da indenização que couber, se lhe atingirem a honra, a boa fama ou a respeitabilidade, ou se se destinarem a fins comerciais. Parágrafo único. Em se tratando de morto ou de ausente, são partes legítimas para requerer essa proteção o cônjuge, os ascendentes ou os descendentes."

A rigor, o dispositivo não regula a complexa hipótese de reconstrução póstuma da imagem, sobretudo quando haja concordância dos herdeiros (como houve no caso de Elis Regina). Por certo, é induvidosa a legitimidade para requerer a proteção póstuma em cso de violação, mas não há clareza em relação à possibilidade de exploração comercial desta imagem, que poderia, eventualmente, gerar até mesmo disputa entre os herdeiros caso não estejam de acordo. Diante desse entrave, que tem repercussões tanto éticas como jurídicas, seria recomendado que, no atual processo de atualização do Código Civil de 2002 pelo Congresso Nacional, este tema fosse especificamente debatido, haja vista que os problemas jurídicos envolvendo este tipo de utilização da imagem (e da voz) de pessoas falecidas começam a se avolumar.

Por certo, esse é apenas um dos muitos desafios inaugurados pela Inteligência Artificial em relação ao direito à imagem.

4. Síntese conclusiva: é preciso aguardar as cenas dos próximos capítulos

Como se pode notar, a Inteligência Artificial tem provocado múltiplos abalos ao direito à imagem. Seja gerando imagens inéditas por meio de técnicas de deep fakes, seja extraindo dados pessoais sensíveis de imagens e depois os processando em complexas redes de Big Data Analytics, os impactos são inequívocos e cada vez mais fortes. Surge, então, a necessidade de que doutrina, jurisprudência e legisladores atuem de forma coordenada a fim de garantir a tutela deste direito da personalidade.

E, certamente, fazendo coro às palavras do mestre Danilo Doneda, a quem esta obra é dedicada, o Direito Civil revela-se como o locus adequado para enfrentar os novos dilemas gerados pelo avanço do fenômeno tecnológico e o consequente abalo às categorias tradicionais do ordenamento:

> Os dilemas que hoje se apresentam ao jurista em magnitude nada desprezível, desde, por exemplo, a utilização de técnicas

> de manipulação genética para os mais variados fins até as implicações do processamento eletrônico de dados pessoais, sinalizam para o papel do direito privado na difícil situação em que a ciência deixou várias categorias tradicionais do direito, que passaram a não encontrar sua tradicional razão de ser refletida na realidade dos fatos. Sendo assim, apresenta-se o direito civil como o espaço ideal para a aplicação das fórmulas de adequação destes interesses à hierarquia axiológica constitucional em harmonia com as possibilidades tecnológicas; fatores que justificam a necessidade da aplicação de uma racionalidade não sistêmica, voltada para a concretude da vida.[58]

Com efeito, o direito à imagem nasce atrelado ao desenvolvimento da fotografia, com ela se transforma, é impactado pela Internet e pela Inteligência Artificial e, como as boas séries de televisão (ou, melhor: de streaming), tem fôlego para receber a adição de novas personagens, que modificam a sua história e geram inéditas temporadas. As narrativas mudam, as câmeras evoluem, mas o enredo continua baseado no mesmo fio condutor: a busca incansável pela proteção integral da pessoa humana. Esse foi apenas mais um episódio: agora resta aguardar, e maratonar, as cenas dos próximos capítulos. E que bom que temos a vasta e densa obra de Doneda como guia seguro para enfrentar esses e os futuros desafios. Obrigado, Danilo!

Referências

AFFONSO, Filipe José Medon. O direito à imagem na Era da Proteção de Dados Pessoais: retrato, atributo e dado. 2023. 392f. Tese (Doutorado em Direito) – Faculdade de Direito, Universidade do Estado do Rio de Janeiro, Rio de Janeiro, 2023.

Alterações aprovadas pelo Parlamento Europeu, em 14 de junho de 2023, sobre a proposta de regulamento do Parlamento Europeu e do Conselho que estabelece regras harmonizadas em matéria de inteligência artificial

58 DONEDA, Danilo. A proteção da personalidade no sistema brasileiro de proteção de dados pessoais. In: SCHREIBER, Anderson; MONTEIRO FILHO, Carlos Edison do Rêgo; OLIVA, Milena Donato (coords.). *Problemas de direito civil*: homenagem aos 30 anos de cátedra do professor Gustavo Tepedino por seus orientandos e ex-orientandos. Rio de Janeiro: Forense, 2021, p. 153.

(Regulamento Inteligência Artificial) e altera determinados atos legislativos da união (COM(2021)0206 – C9-0146/2021 – 2021/0106(COD)). Disponível em: < https://www.europarl.europa.eu/doceo/document/A-9-2023-0188_EN.html> Acesso em 16 jun. 2023.

AMNESTY INTERNATIONAL. Inside the NYPD's surveillance machine, 2022. Disponível em: <https://banthescan.amnesty.org/decode/>. Acesso em: 20 jun. 2023.

ARBULU, Rafael. Museu da Flórida usa deepfake para "ressuscitar" pintor Salvador Dalí. Canaltech, 03 jun. 2019. Disponível em: <https://canaltech.com.br/arte/museu-da-florida-usa-deepfake-para-ressuscitar-pintor-salvador-dali-140717/> Acesso em 26 set. 2019.

BERGAMO, Mônica. Conar abre processo ético contra Volkswagen por uso de imagem de Elis em propaganda. Folha de São Paulo, 10 jul. 2023. Disponível em: <https://www1.folha.uol.com.br/colunas/monicabergamo/2023/07/conar-abre-processo-etico-contra-volkswagen-por-uso-de-imagem-de-elis-em-propaganda.shtml> Acesso em 11 jul. 2023.

BOLZANI, Isabela. Conar decide arquivar processo contra propaganda que recriou Elis Regina com inteligência artificial. G1, 23 ago. 2023. Disponível em: < https://g1.globo.com/economia/midia-e-marketing/noticia/2023/08/23/conar-decide-arquivar-processo-contra-propaganda-que-recriou-elis-regina-com-inteligencia-artificial.ghtml> Acesso em 28 set. 2023.

BOND, Kimberley. By the time the average child hits 13, their picture has been posted 1300 times on social media. Has sharenting gone too far? Metro Uk. Disponível em: < https://metro.co.uk/2023/05/07/has-sharenting-gone-too-far-18717695/>. Acesso em: 14 jun. 2023.

CATTO, André; BOLZANI, Isabela. Conar abre processo para avaliar propaganda que recriou Elis Regina com inteligência artificial. G1, 10 jul. 2023. Disponível em: <https://g1.globo.com/economia/midia-e-marketing/noticia/2023/07/10/conar-abre-processo-para-avaliar-propaganda-que-recriou-elis-regina-com-inteligencia-artificial.ghtml> Acesso em 11 jul. 2023.

CHESNEY, Bobby; CITRON, Danielle. Deep Fakes: A Looming Crisis for National Security, Democracy and Privacy?, LAWFARE (Feb. 21, 2018), Disponível em: <https://www.lawfareblog.com/deep-fakes-looming-crisis-national-security-democracy-and-privacy> Acesso em 09 mar. 2019.

Children's Commissioner. Who knows what about me? A Children's Commissioner report into the collection and sharing of children's data, 2018. p. 13. Disponível em: <https://www.childrenscommissioner.gov.uk/wp-content/uploads/2018/11/cco-who-knows-what-about-me.pdf>. Acesso em 09 set. 2022.

COLETTI, Caio. Samuel L. Jakcson não assina contratos que permitem recriação por IA. Omelete, 22 jun. 2023. Disponível em: < https://www-omelete--com-br.cdn.ampproject.org/c/s/www.omelete.com.br/amp/filmes/samuel-l-jackson-contratos-inteligencia-artificial> Acesso em 06 jul. 2023.

DONEDA, Danilo. A proteção da personalidade no sistema brasileiro de proteção de dados pessoais. In: SCHREIBER, Anderson; MONTEIRO FILHO, Carlos Edison do Rêgo; OLIVA, Milena Donato (coords.). Problemas de direito civil: homenagem aos 30 anos de cátedra do professor Gustavo Tepedino por seus orientandos e ex-orientandos. Rio de Janeiro: Forense, 2021.

DONEDA, Danilo. Da privacidade à proteção de dados pessoais: elementos da formação da Lei geral de proteção de dados. São Paulo: Thomson Reuters Brasil, 2019.

DONEDA, Danilo. Os direitos da personalidade no Código Civil. In: Revista da Faculdade de Direito de Campos, ano VI, nº 6, jun. 2005.

FLORIDI, Luciano. Artificial Intelligence, Deepfakes and a Future of Ectypes. Philosophy & Technology, vol. 31, 2018.

IBÁÑEZ, Alvaro. Suas selfies mostrando o dedo podem ser um problema de segurança. El País, 2017. Disponível em: <https://brasil.elpais.com/brasil/2017/01/27/tecnologia/1485512728_331052.html>. Acesso em: 14 jun. 2023.

IDOETA, Paula Adamo. 'Sharenting': quando a exposição dos filhos nas redes sociais não é necessariamente algo ruim. BBC News Brasil, 13 jan. 2020. Disponível em: <https://www.bbc.com/portuguese/salasocial-51028308> Acesso em 09 set. 2020.

Imagem de Papa Francisco gerada por inteligência artificial viraliza na web. Vogue, 2023. Disponível em: <https://vogue.globo.com/atualidades/noticia/2023/03/imagem-falsa-de-papa-francisco-de-jaqueta-branca-viraliza-e-vira-assunto-na-web.ghtml>. Acesso em 23 jun. 2023.

INTERESSE, Giulia. China to Regulate Deep Synthesis (Deepfake) Technology Starting 2023. China Briefing, 2022. Disponível em: <https://www.china--briefing.com/news/china-to-regulate-deep-synthesis-deep-fake-technology-starting-january-2023/>. Acesso em: 23 jun. 2023.

LOPES, Thaime. Bonitos, mas assustadores: o que usuários têm achado dos óculos do Facebook. Tilt Uol, 2021. Disponível em: <https://www.uol.com.br/tilt/noticias/redacao/2021/09/10/bonitos-mas-assustadores-o-que-usuarios-tem-achado-dos-oculos-do-facebook.htm>. Acesso em: 14 jun. 2023.

MEDON AFFONSO, Filipe José. O direito à imagem na era das deep fakes. Revista Brasileira de Direito Civil, [S. l.], v. 27, n. 01, 2021, p. 267. Disponível em: https://rbdcivil.ibdcivil.org.br/rbdc/article/view/438. Acesso em: 8 jun. 2023.

MEIRELLES, Fernando S. Pesquisa do Uso da TI – Tecnologia de Informação nas Empresas. 34ª Edição Anual, FGVcia, 2023. p. 151. Disponível em: <https://eaesp.fgv.br/sites/eaesp.fgv.br/files/u68/pesti-fgvcia-2023_0.pdf>. Acesso em: 14 jun. 2023.

META. Instagram from Meta. @liliaschwarcz, postagem de 05 jul. 2023. Disponível em: <https://www.instagram.com/reel/CuUwCuALm4K/?utm_source=ig_web_copy_link&igshid=MzRlODBiNWFlZA==>. Acesso em 06 jul. 2023.

MORAES, Maria Celina Bodin de. Ampliando os direitos da personalidade, p. 5. Disponível em: < https://www.researchgate.net/publication/288490662_Ampliando_os_direitos_da_personalidade> Acesso em 17 fev. 2023.

PERLINGIERI, Pietro, La personalità umana nell'ordinamento giuridico, Napoli, Esi, 1972.

PERLINGIERI, Pietro. Perfis do direito civil, Rio de Janeiro: Renovar, 1997.

Pesquisadores japoneses alertam para roubo de digitais através de fotos. Canaltech, 2017. Disponível em: <https://canaltech.com.br/seguranca/pesquisadores-japoneses-alertam-para-roubo-de-digitais-atraves-de-fotos-87338/>. Acesso em: 14 jun. 2023.

Retrospectiva 2019: Os momentos indiscretos flagrados pelo Google Maps. Aventuras na História, 2019. Disponível em: <https://aventurasnahistoria.uol.com.br/noticias/almanaque/os-momentos-mais-indiscretos-ja-flagrados-pelo-google-maps.phtml>. Acesso em: 14 jun. 2023.

REZUTTI, Paulo. "Panteão dos Soberanos", 26 jan. 2020. Facebook: prezutti. Disponível em: <https://www.facebook.com/prezzutti/photos/pante%C3%A3o-dos-soberanos-foto-montagem-feita-em-paris-pelo-fot%C3%B3grafo-h-mar-res-c1888-/3499553890117259/?paipv=0&eav=AfZM72Fr_-iGBo6MEm7p1Qkhb6Zo1FNrDjkZStkgdyH3mvxZKkWLCfQ8PA-akQwVXDtU&_rdr>. Acesso em 23 jun. 2023.

SARLET, Ingo Wolfgang; MARINONI, Luiz Guilherme; MITIDIERO, Daniel. Curso de direito constitucional. São Paulo: Saraiva Educação, 2018, 7. ed.

SCHREIBER, Anderson. Manual de Direito Civil Contemporâneo. São Paulo: Saraiva Jur, 2022, 5. ed., versão digital.

SCHREIBER, Anderson; RIBAS, Felipe; MANSUR, Rafael. Deepfakes: regulação e responsabilidade civil. In: TEPEDINO, Gustavo; SILVA, Rodrigo da Guia (coords.). O Direito Civil na Era da Inteligência Artificial. São Paulo: Thomson Reuters Brasil, 2020.

SIBILIA, Paula. "Você é o que Google diz que você é": a vida editável, entre controle e espetáculo. Intexto, Porto Alegre, nº 42, p. 214–231, 2018, p. 229.

DOI: 10.19132/1807-8583201842.214-231. Disponível em: https://seer.ufrgs.br/index.php/intexto/article/view/75091. Acesso em: 11 jun. 2023.

SOLOVE, Daniel. The limitations of Privacy Rights. In: Notre Dame Law Review, vol. 98, 3, 2023.

TEPEDINO, Gustavo. A tutela da personalidade no ordenamento civil-constitucional brasileiro, p. 23. Disponível em: <https://www.academia.edu/31740015/A_tutela_da_personalidade_no_ordenamento_civil_constitucional_brasileiro> Acesso em 17 fev. 2023.

TEPEDINO, Gustavo. Normas constitucionais e direito civil. In: Revista da Faculdade de Direito de Campos, Ano IV, Nº 4 e Ano V, Nº 5 – 2003-2004.

UNICEF. The State of the World's Children, 2017: Children in a Digital World: Germain Ake and Ernest Califra, 2017, p. 92. Disponível em: < https://www.unicef.org/publications/files/SOWC_2017_ENG_WEB.pdf> Acesso em 09 set. 2022.

O DIREITO FUNDAMENTAL À IDENTIDADE PESSOAL E AS NOVAS TECNOLOGIAS: TUTELA DA PESSOA HUMANA NO AMBIENTE DIGITAL

Flavia Maria Zangerolame[1]

SUMÁRIO: 1. Introdução. **2.** Que isso valha para qualquer pessoa: identidade pessoal. Fundamentalidade, tratamento normativo e jurisprudencial no Brasil. **3.** Tempos modernos: novas tecnologias, identidade pessoal e debates éticos da atualidade. A questão dos neurodireitos. **4.** Eu vejo um novo começo de era: novas fronteiras de proteção da identidade pessoal: desafios e possibilidades. **5.** Eu vejo a vida melhor no futuro: considerações finais.

1. Introdução

"Assim como dizia-se que a filosofia foi salva pela ética, o direito civil foi salvo pela tecnologia". A célebre passagem de Stefano Rodotà provoca reflexão a respeito da utilização do ciberespaço e inevitáveis influências na livre formação da personalidade, à identidade pessoal e as interações que envolvem o uso das novas tecnologias na grande aldeia global mundial marcada pela ruptura da noção tempo-espaço.

A compreensão da vida humana no ambiente tecnológico exige não apenas a releitura de categorias tradicionais à luz da legalidade constitucional, mas na adoção "da emergência de nova racionalidade[2], desafiando o intérprete a solucionar - com a mesma fluidez e velocidade própria das redes - as situações conflituosas de acordo com a hierarquia dos interesses merecedores de tutela a partir de uma realidade conectada. Se, por um lado, o convívio não pode ser

---

1 Mestre em Direito Civil pela Universidade do Estado do Rio de Janeiro (UERJ). Professora assistente de Direito Civil na Faculdade de Direito do IBMEC-RJ. Professora de Direito Civil dos cursos de pós-graduação *lato sensu* da CEPED-UERJ, ITS, PUC-Rio e EMERJ. Pesquisadora do Tribunal de Justiça do Estado do Rio de Janeiro e Líder do Grupo de pesquisa CNPQ-CAPES "Tutela das Famílias, Criança e Adolescente: Estudos na perspectiva Civil-Constitucional". *E-mail*: flaviazangerolame@gmail.com.

2 TEPEDINO, Gustavo. *"Rumo à efetividade dos direitos fundamentais: a universalização do acesso"*, palestra proferida pelo Professor Gustavo Tepedino na abertura do V Congresso do IBDCivil, realizado entre os dias 21 e 23.9.2017, em Curitiba.

totalmente substituído mecanismos de inteligência artificial, não se pode desprezar a profunda expansão das vivências geradas pelas novas tecnologias. Nesse prisma, o direito de ser quem é, de construir a própria personalidade, manifestar-se em toda a sua plenitude e, se preciso for, alterar o rumo de sua historicidade pessoal, demanda a formulação de critérios dogmáticos seguros para a proteção da pessoa na sociedade de informação e comunicação. O estabelecimento de espaços de conformação da autonomia privada com o resguardo da tutela da identidade pessoal dos usuários nas redes (em especial, os vulneráveis) decorre da nota de fundamentalidade do direito de ser si mesmo e, neste percurso, impõe a reflexão sobre os dilemas éticos e as resoluções e compatibilizações entre progresso tecnológico e a proteção dos direitos fundamentais dos usuários.

Passa-se à avaliação dos possíveis impactos que as novas tecnologias podem causar na formação/construção da identidade, como no exemplo dos neurodireitos, seguido de proposta para a formulação regulação, por meio de um arcabouço normativo contundente, para proteção da identidade pessoal no ambiente digital, sem descurar da necessária "ancoragem"[3] na dogmática constitucionalmente adequada para a tutela dos direitos fundamentais no percurso do progresso tecnológico. A investigação de parâmetros seguros e pautados por critérios objetivos devem ser capazes de atenuar ou suprimir possíveis externalidades negativas na construção da identidade nesse campo de interação.

---

3 O paradigma da ancoragem desenvolvido por Ricardo Lorenzetti importa no reconhecimento do ordenamento jurídico vigente como uma "âncora" destinada a preservar a hierarquia dos valores e do caráter de ordem pública das normas protetivas fundamentais, de observância obrigatória: "a ancoragem significa estudar as inovações, aceitá-las, mas num contexto de valores, de normas claras e de rigor. Tomando como ponto de partida esse paradigma, entendemos que o Direito vigente deve ser visto como um 'ponto fixo', uma 'âncora' para evitar que o 'paradigma digital' aliene-se da enorme experiência adquirida no que toca à hierarquia de valores, a noção de justo e razoável." LORENZETTI, Ricardo L. Comércio Eletrônico. Tradução: Fabiano Menke. São Paulo: Revista dos Tribunais, 2004, p. 78.

2. Que isso valha pra qualquer pessoa: identidade pessoal. Fundamentalidade, tratamento normativo e jurisprudencial no Brasil

"Eu sou eu e minha circunstância, se não salvo a ela, não salvo a mim"[4]. O reconhecimento da identidade como direito (autônomo) teve campo de desenvolvimento, em um primeiro estágio, na concepção tradicional da tutela dos direitos das personalidades. Com surgimento na Itália[5], o direito à identidade pessoal foi originalmente citado por Adriano de Cupis em 1959, ocasião em que identificou o direito de ser reconhecido por ser quem é[6]. As decisões das Cortes italianas a partir da década de 70 são emblemáticas no tratamento pioneiro do direito ao reconhecimento da verdade pessoal, preservando a própria identidade no âmbito individual e sociopolítico.

A personalidade, em sua feição jurídica[7], é definida pela doutrina a partir em dois sentidos técnicos: o sentido subjetivo, revelada na apti-

---

4 No original: "*Yo soy yo y mi circunstancia, y si no la salvo a ella no me salvo yo*". Ortega y Gasset, J. Meditaciones del Quijote. Obras completas de José Ortega y Gasset. Madrid: Revista de Occidente, 7a ed., Vol. 1, p. 322.

5 Para maior aprofundamento e detalhada descrição cronológica na jurisprudência italiana, vide Lígia Fabris Campos, que destaca o pioneirismo dos julgados proferidos pelo Tribunal de Roma (1974) e pelo Tribunal de Turim (1978).Em ambos os casos, muito embora os fatos falsamente atribuídos não caracterizassem, propriamente, ofensa à honra, houve o reconhecimento da afronta à "identidade política" dos envolvidos com a distorção da realidade ou da verdade pessoal de todas as vítimas.

6 Carlos Konder indica como marco teórico da identidade pessoal a obra de Adriano De Cupis, nos idos de 1959, em que o autor faz referência expressa à visão estática e as categorias clássicas dos direitos da personalidade, mas reconhece a existência de "direito à verdade pessoal", característica que é própria do viés dinâmico. KONDER, Carlos Nelson de Paula. O alcance do direito à identidade pessoal no direito civil brasileiro. Revista Pensar, Fortaleza, v. 23, nº 1, p. 1-11, jan./mar. 2018.

7 Vários ramos do saber se ocupam do estudo da personalidade e da identidade, como a filosofia, psicologia, antropologia e sociologia e aprofundam conceitos como autoidentidade, identidade social, reconhecimento das características de um determinado agrupamento social e importância da preservação de todos os fatores integrantes dos elementos identitários. Exemplo do caso julgado pela *Corte di Cassazione*, em novembro de 2008, que reconheceu que a mendicância das ciganas acompanhadas de seus filhos em tempo parcial (quatro horas ao dia) não caracterizaria, propriamente, ofensa aos direitos da criança, pois a conduta de pedir esmola é inserida nas tradições ciganas. A decisão parece descurar dos direitos fundamentais das crianças em razão da própria condição de sujeitos em formação. DE CICCO, Maria Cristina de. *O "novo" perfil do direito à identidade pes-*

dão genérica para titularizar direitos e obrigações, titularizado tanto por pessoas naturais quanto pelas pessoas jurídicas; e em sentido objetivo, com atributos próprios e exclusivos das pessoas naturais e considerada objeto de proteção pelo ordenamento[8].

Desenvolvida de forma alinhada às categorias clássicas dos direitos da personalidade e abordada, inicialmente, apenas pelo viés estático (considerado estável por ser pouco variável), o desenvolvimento embrionário da identidade pessoal fornece uma abordagem incompleta e limitada em comparação com a infinita complexidade das manifestações identitárias que integram o que a pessoa, de fato, é.

A identidade da pessoa não se confunde com sua identificação civil. Do ponto de vista estático, é composta pelos elementos denominados estáveis e que materializam a identidade, como o nome, identificação física e imagem[9]. Com a evolução dogmática, a identidade, outrora tradicionalmente analisada pela ótica baseada na identificação, passou a ser compreendida, também pelo aspecto dinâmico, viés naturalmente potencializado pela influência das novas tecnologias nas relações privadas. Constitui-se de elementos amplos e variados, como dados biométricos, genoma humano, voz humana[10], comportamento, orientação

soal: o direito à diversidade. Annali della Facoltà Giuridica dell'Università di Camerino – nº 6/2017, p. 35. Disponível em https://afg.unicam.it/sites/afg.unicam.it/files/DeCicco_0%2520novo%2520perfil%2520do%2520direito%2520%25C3%25A0%2520identidade%2520pessoal_0.pdf. Acesso em: 20 jul. 2023.

8 TEPEDINO, Gustavo. *A tutela da personalidade no ordenamento civil-constitucional brasileiro.* Temas de Direito Civil Tomo I. Rio de Janeiro: Editora Renovar, p. 27; SCHREIBER, Anderson. *Manual de Direito Civil Contemporâneo.* Rio de Janeiro: Editora Saraiva, 2018, p. 133.

9 Nome e imagem foram expressamente relacionados no rol de direitos da personalidade no Código Civil vigente, artigos 11 a 21. BRASIL. *Lei nº 10.406 de 10 de janeiro de 2002. Institui o Código Civil.* Brasília, DF: Senado, 2002. Disponível em: http://www.planalto.gov.br/ccivil_03/leis/2002/l10406.htm. Acesso em: 20 abr. 2023.

10 "A voz humana encontra proteção nos direitos da personalidade, seja como direito autônomo ou como parte integrante do direito à imagem ou do direito à identidade pessoal." Julgados: REsp 1630851/SP, Rel. Ministro PAULO DE TARSO SANSEVERINO, TERCEIRA TURMA, julgado em 27/04/2017, DJe 22/06/2017; REsp 794586/RJ, Rel. Ministro RAUL ARAÚJO, QUARTA TURMA, julgado em 15/03/2012, DJe 21/03/2012. Disponível em https://www.stj.jus.br/websecstj/cgi/revista/REJ.cgi/ITA?seq=1595136&tipo=0&nreg=201403080659&SeqCgrmaSessao=&CodOrgaoJgdr=&dt=20170622&formato=HTML&salvar=false. Acesso em setembro de 2023.

sexual, como também pela historicidade, pertencimento, dentre outras características inerentes à pessoa, que integram a complexidade do todo e a individualizam no seio social[11].

Por se tratar de processo multifatorial, a identidade pessoal não se esgota nesse descritivo e engloba uma infinidade de fatores intrapessoais, interpessoais e culturais. Avançando na compreensão, reconheceu-se na feição dinâmica a verdadeira faceta identitária da pessoa humana, integrada por todos os elementos que englobam o seu próprio ser, caracterizando a verdade pessoal de cada um de ser exatamente como é[12] e confere ao titular o direito de ser reconhecido pela tomada de suas próprias decisões[13], estas, por sua vez, formadas a partir de um juízo crítico, autônomo e não manipulado.

A identidade pessoal possibilita, enfim, que a pessoa possa se afirmar como tal, em conformidade com os aspectos da sua personalidade através do respeito e afirmação pela individualidade e, ao mesmo tempo, pelo respeito ao exercício da individualidade do outro (alter) em cons-

---

11 "A identidade pessoal engloba espectros muito mais amplos, abrangendo, segundo Anderson Schreiber, "traços distintivos da mais variada ordem", quais sejam: data de nascimento; nacionalidade; filiação; idioma(s); dados biométricos (a exemplo da íris, retina, face, voz, datilograma, assinatura, comportamento etc.); código genético; dados digitais (login com senha, perfis em redes sociais, certificado digital); orientação sexual; "opções políticas, religiosas, ideológicas" ALMEIDA, José Luiz Gavião de; VEDOVATO, Luis Renato; SILVA, Marcelo Rodrigues da. *A identidade pessoal como direito fundamental da pessoa humana e algumas de suas manifestações na ordem jurídica brasileira.* Revista de Direito Civil Contemporâneo, vol. 14. ano 5. p. 33-70. São Paulo: Ed. RT, jan.-mar. 2018, P. 37.

12 Neste sentido, Mario Lujan Sanchés, no original: "La identidad del ser humano consigo mismo hace que cada persona sea 'ella misma y no otra'. La identidad, es la experiencia que permite a cada persona decir soy 'yo'. Es decir, 'yo soy el que soy y no otros'. La singularidad o mismidad de cada persona determina el que cada uno posea su 'propia verdad personal. Se 'es como es', con atributos, calidades, virtudes, defectos, vicios, perfil psicológico, características, apariencia exterior, nombre, ideología, profesión, creencias filosóficas y religiosas, convicciones políticas, conductas o acciones que corresponden exclusivamente a cada cual, deméritos". *Derecho a la identidad personal: un concepto pionero y un aspecto problemático a la luz del pensamiento del maestro Carlos Fernández Sessarego.* Disponível em https://lpderecho.pe/derecho-identidad-personal-concepto-pionero-aspecto-problematico-luz-pensamiento-carlos-fernandez-sessarego/#_ftnref20. Acesso em: 20 jun. 2023.

13 CHOERI. Raul Cleber da Silva. *O direito à Identidade na Perspectiva Civil-Constitucional.* Rio de Janeiro: Renovar, 2010, p. 163 e 164.

trução dialógica e relacional, segundo magistério de Hannah Arendt[14], que aduz que "a pluralidade é a condição da ação humana pelo fato de sermos todos os mesmos, isto é, humanos, sem que ninguém seja exatamente igual a qualquer pessoa que tenha existido, exista ou venha a existir". Nesse contexto, a diversidade é elemento inerente à identidade[15], garantindo-se o respeito à alteridade e a inserção nos espaços de pluralismo democrático a todas as pessoas que buscam (facultativamente) a transformação do corpo como etapa do processo de (re) construção identitária[16].

A tutela da identidade pessoal resulta, portanto, no correspectivo reconhecimento do direito à diferença[17], corolário da igualdade substancial, que garante a toda pessoa humana o direito de livremente ser, existir, se expressar – e alterar, se preciso for – todos os aspectos multifacetados que integram a sua personalidade, garantindo-lhe juridicamen-

14 ARENDT, Hannah. *A condição humana*. Trad. Roberto Raposo. Rio de janeiro: Forense Universitária, 2016, p. 16.

15 DE CICCO, Maria Cristina, op. cit.

16 Rodotà destaca que as tatuagens, praticantes de *body arts* e os amputados por escolha (*amputees by choice*) são exemplos de pessoas que utilizam o próprio corpo como ferramenta de comunicação e mesmo pertencimento, entretanto, a modificação corporal é desinfluente para a plena manifestação identitária, tendo em vista que uma pessoa transexual, *caso deseje,* possui o direito fundamental de se afirmar e alterar o prenome sem que seja necessária a cirurgia de amputação ou ablação dos órgãos sexuais, providência, aliás, já reconhecida pelo Supremo Tribunal Federal, que conferiu interpretação conforme a Constituição Federal e pactos internacionais que tratam dos direitos fundamentais à lei dos registros públicos para reconhecer aos transgêneros que desejarem o direito à alteração de nome e gênero no assento de registro civil, independentemente da realização de cirurgia, autorização judicial (ADIN 4275). O autor descarta a ideia de identidade conclusiva, mas formada por um processo complexo que abrange acumulação, descarte ou mesmo a modificação de dados que nos afetam, traçando a interlocução com o direito ao acesso aos dados pessoais, que permite o acesso ao exercício de direitos intimamente ligados à identidade. RODOTÁ, STEFANO. *El derecho a tener derechos.* Tradução de Jose Manuel Revuelta López. Madri: Trotta, 2014, PP. 273 e 295.

17 (...) as identidades são construídas por meio da diferença e não fora dela. Isso implica o reconhecimento radicalmente perturbador de que é apenas por meio da relação com o outro, da relação com aquilo que não é, com precisamente aquilo que falta, com aquilo que tem sido chamado de exterior constitutivo, que o significado "positivo" de qualquer termo – e, assim, sua "identidade" – pode ser construído. HALL, Stuart. *A identidade cultural na pós-modernidade.* Rio de Janeiro, Dp&A, 2011, p.110.

te todos os mecanismos necessários para que não sejam lançadas falsas luzes[18] sobre a própria historicidade pessoal.

Não há dispositivo expresso no ordenamento jurídico que mencione textualmente a identidade pessoal, regulada de forma expressa no Código Civil vigente apenas quanto aos elementos estáticos (nome, pseudônimo, imagem). A doutrina indica a inserção na categoria dos direitos da personalidade, havendo quem qualifique a identidade como parte integrante do direito ao nome[19] ou direito à privacidade, reconhecendo-se verdadeira zona de penumbra quando, analisadas de modo mais abrangente, a "privacidade e identidade pessoal aproximam-se talvez de modo indistinto"[20]. A mesma zona nebulosa se apresenta no comparativo entre identidade pessoal e imagem-atributo, que também lança inferências sobre a representação da pessoa no meio social, em evidente interseção com a identidade pessoal[21].

Diversamente, a identidade pessoal também é classificada como um direito da personalidade de caráter autônomo[22], no entanto, a melhor exegese consiste em reconhecer o direito à verdade pessoal como integrante da cláusula geral de tutela da pessoa humana inserida na Constituição da República. Desnecessária a conformação e redução às categorias jurídicas tipificadas preexistentes e relacionadas no rol descritivo dos direitos da personalidade elencados no Código

18 *Falsa luce agli occhi del pubblico*, segundo conhecida expressão cunhada por Antonio Gambaro. Aqui, sem dúvidas, destaca-se o fenômeno das fake News e as reflexões de como a "viralização" em massa e divulgação de falsas notícias no meio virtual, de forma desregrada e sem regulamentação, pode aniquilar com a vida de pessoas individualmente consideradas ou mesmo alterar os rumos de um país. Neste sentido: *Fake news* como risco para a democracia. CORREA DE ANDRADE, Andre Gustavo. Disponível em https://oglobo.globo.com/blogs/fumus-boni-iuris/post/2022/06/andre-gustavo-correa-de-andrade-fake-news-como-risco-para-democracia.ghtml. Acesso em: 19 jun. 2023.

19 AMARAL, Francisco. *Direito civil: introdução*. 6ª ed. Rio de janeiro: Renovar, 2006. p. 270.

20 SCHREIBER, Anderson. *Op. cit*, p. 146.

21 A imagem atributo é definida como "o conjunto de características decorrentes do comportamento do indivíduo, de modo a compor a sua representação no meio social", BODIN DE MORAES, Maria Celina. *Na medida da pessoa humana: estudos de direito civil-constitucional*. Rio de Janeiro: Renovar, 2010, p. 136.

22 Vide SESSAREGO, Carlos Fernández. *Derecho a la identidad personal*. Buenos Aires: Astrea, 1992.

Civil[23], fator, aliás, duramente criticado pela doutrina à época da sua entrada em vigor em razão da regulação "de maneira tímida e tipificadora" [24] e a equivocada vinculação à lógica patrimonialista.

O direito à identidade pessoal corresponde, sinteticamente, ao processo de realização da pessoa humana em suas plenas potencialidades e de ser tutelada por ser exatamente quem é, de conformidade com sua singularidade, sem restrições injustificáveis[25]ou inserções em categorias predeterminadas, incompatíveis com a diversidade inerente a cada sujeito.[26]

23 Neste sentido o enunciado 274 da IV Jornada de Direito Civil do CJF: "Os direitos da personalidade, regulados de maneira não-exaustiva pelo Código Civil, são expressões da cláusula geral de tutela da pessoa humana, contida no art. 1º, inc. III, da Constituição (princípio da dignidade da pessoa humana). Em caso de colisão entre eles, como nenhum pode sobrelevar os demais, deve-se aplicar a técnica da ponderação" (disponível em https://www.cjf.jus.br/enunciados/enunciado/219); e o enunciado 286, da mesma Jornada: "Os direitos da personalidade são direitos inerentes e essenciais à pessoa humana, decorrentes de sua dignidade, não sendo as pessoas jurídicas titulares de tais direitos". Disponível em https://www.cjf.jus.br/enunciados/enunciado/256. Acesso em junho de 2023.

24 "O novo Código nascerá velho principalmente por não levar em conta a história constitucional brasileira e a corajosa experiência jurisprudencial, que protegem a personalidade humana mais do que a propriedade, o ser mais do que o ter, os valores existenciais mais do que os patrimoniais. E é demagógico porque, engenheiro de obras feitas, pretende consagrar direitos que, na verdade, estão tutelados em nossa cultura jurídica pelo menos desde o pacto político de outubro de 1988." TEPEDINO, Gustavo. *O Novo Código Civil: duro golpe na recente experiência constitucional brasileira.* Rio de Janeiro: Editorial da Revista Trimestral de Direito Civil, nº 7, Padma, jul.-set. 2001, p. iv.

25 Ressalvados os casos em que o exercício das tutelas identitárias gera repercussões a direitos fundamentais de terceiros, igualmente merecedores de tutela, como no conhecido caso do planejamento familiar levado a efeito por um casal americanas surdas, que buscaram um doador anônimo, também surdo, para que fornecesse material genético e os filhos do casal também pudessem ser portadores de surdez de nascença, para que fossem integrados à comunidade. Trata-se de exemplo de violação a direitos fundamentais das crianças, claramente objetificada, a pretexto da defesa da identidade cultural. BODIN DE MORAES, Maria Celina; KONDER, Carlos Nelson. *Dilemas do Direito Civil-Constitucional: casos e decisões.* Rio de Janeiro: Renovar, 2012, p. 47.

26 ZANGEROLAME, Flavia Maria. *Os direitos da personalidade e a tutela civil-constitucional: a identidade pessoal como direito fundamental.* 2004. 2003 f. Dissertação (Mestrado em Direito Civil) - Faculdade de Direito, Universidade do Estado do Rio de Janeiro, Rio de Janeiro, 2004.

Observe-se que o artigo 12 do Código Civil[27], dada a abertura própria das cláusulas gerais, contempla, evidentemente, a proteção da identidade pessoal, reforçando a dogmática constitucionalmente adequada à tutela existencial, aplicável em conjunto com outras regras integrantes do arcabouço normativo vigente, como a regulamentação constante dos tratados de Direitos Humanos de que o Brasil é signatário[28] e que asseguram a tutela da personalidade humana[29].

O direito de ser si mesmo (diritto ad essere se stesso) e de expressar todas as plenas potencialidades colhe fundamento de validade na cláusula geral de tutela da pessoa humana e dispensa a inserção em categorias jurídicas preestabelecidas, próprias dos direitos subjetivos. Independe, inclusive, da existência de função específica além do próprio ser. O correspectivo respeito à alteridade e às peculiaridades da relação entre o "eu e o outro", de sensíveis contornos nas relações privadas, exige tutela instrumental e materialmente adequada (suficiente) aos valores constitucionais, mormente quando o locus de desenvolvimento de tais relações encontra protagonismo no ambiente virtual.

A generalidade e amplitude dessa resumida conceituação compreende os complexos e multifacetados componentes do valor da personalidade em sua dimensão plural e existencial[30]. Nessa perspectiva,

---

27 BRASIL. Lei nº 10.406 de 10 de janeiro de 2002. *Institui o Código Civil*. Brasília, DF: Senado, 2002. Disponível em: http://www.planalto.gov.br/ccivil_03/leis/2002/l10406.htm. Acesso em: 20 abr. 2023.

28 "PRINCÍPIOS DE YOGYAKARTA: Princípios sobre a aplicação da legislação internacional de direitos humanos em relação à orientação sexual e identidade de gênero". Disponível em https://www.clam.org.br/uploads/conteudo/principios_de_yogyakarta.pdf. Acesso em: 10 mai. 2023.

29 Neste sentido, o artigo 22 da Declaração Universal dos Direitos Humanos, adotada e proclamada pela Assembleia Geral das Nações Unidas em 1948: "Toda pessoa, como membro da sociedade, tem direito à segurança social e à realização, pelo esforço nacional, pela cooperação internacional de acordo com a organização e recursos de cada Estado, dos direitos econômicos, sociais e culturais indispensáveis à sua dignidade e ao livre desenvolvimento da sua personalidade". Disponível em https://www.unicef.org/brazil/declaracao-universal-dos-direitos-humanos. Acesso em: 20 abr. 2023.

30 A profunda reelaboração dogmática impõe a subordinação das relações patrimoniais às relações existenciais, com destaque axiológico das categorias atinentes à proteção da pessoa humana. neste sentido: "A essa matéria [situações existenciais] não se pode aplicar o direito subjetivo elaborado sobre a categoria do "ter". Na categoria do "ser" não existe dualidade entre sujeito e objeto, porque ambos re-

a essencialidade do uso das plataformas e dos aparatos tecnológicos como parte integrante de uma fenomenologia de naturalização da vivência cibernética em nuvens[31], em que o tempo real e a comunicação eletrônica superam as fronteiras de tempo e espaço, recebem tratamento no ordenamento tratamento jurídico com o marco civil da internet[32] e, posteriormente, na Lei Geral de Proteção de Dados (LGPD, inspirada no General Data Protection Regulation -GDPR)[33], que representa um marco histórico e uma das mais avançadas legislações do mundo sobre a proteção de dados pessoais no país após a luta incansável do professor Danilo Doneda[34], pioneiro no Brasil no estudo e aprofundamento da proteção dos dados pessoais.

---

presentam o ser, e a titularidade é institucional, orgânica. Onde o objeto de tutela é a pessoa, a perspectiva deve mudar; torna-se necessidade lógica reconhecer, pela especial natureza do interesse protegido, que é justamente a pessoa a constituir ao mesmo tempo o sujeito titular do direito e o ponto de referência subjetivo da relação. A tutela da pessoa não pode ser fracionada em isoladas *fattispecie* concretas, em autônomas hipóteses não comunicáveis entre si, mas deve ser apresentada como problema unitário, dado o seu fundamento representado pela unidade do valor da pessoa.". (PERLINGIERI, Pietro. Perfis do direito civil. 3. ed. Trad. Maria Cristina De Cicco. Rio de Janeiro: Renovar, 2007, p. 155).

---

31 "Inerente às *em nuvens*, avança a economia digital, igualmente (co)existente à realidade física e materialmente experimentada, tiranizando a submissa e incauta civilização: em muitos pontos, transumana; fragmentada pela ciência; heterogênea pelas diferenças; desconfiada com os discursos universais e totalizantes; altamente capaz de pulverizar o coletivo na figura do indivíduo e na própria representação ideológica, o individualismo". MARTINS, Fernando Rodrigues; FERREIRA, Keila Pacheco. Verticalidade digital e direitos transversais: positivismo inclusivo na promoção dos vulneráveis. Revista de Direito do Consumidor. vol. 147. ano 32. p. 15-50. São Paulo: Ed. RT, mai./jun. 2023. Disponível em:http://revistadostribunais.com.br/maf/app/document?stid=st-rql&marg=DTR-2023-5259. Acesso em: 30 jul. 2023.

32 BRASIL. Lei nº 12.965, de 23 de Abril de 2014. Estabelece princípios, garantias, direitos e deveres para o uso da Internet no Brasil.

33 BRASIL. Lei nº 13.709, de 14 de agosto de 2018. Lei Geral de Proteção de Dados Pessoais (LGPD). Diário Oficial da União, Brasília, DF, 15 ago. 2018. Disponível em https://www.planalto.gov.br/ccivil_03/_ato2015-2018/2018/lei/l13709.htm. Acesso em: 30 agosto de 2023.

34 Dedico essa produção ao querido amigo, Professor Danilo, com profunda gratidão, admiração pela genialidade de suas obras e pelo afeto e generosidade de um ser humano tão iluminado, que fez de sua existência partilha e luta para fazer do Brasil um país compromissado com os avanços civilizatórios e a promoção dos direitos fundamentais.

A inserção expressa no rol de direitos e garantias fundamentais, com a promulgação da Emenda Constitucional 115/2022, que incluiu o inciso LXXIX ao artigo 5º[35] é conquista que reafirma o compromisso do país com os avanços civilizatórios e fortalece o estado democrático de direito, ampliando a segurança jurídica com a disciplina expressa, muito embora já se compreendesse a proteção de dados como pertencente ao núcleo de direitos humanos fundamentais. No inteiro teor do voto conjunto na ADI 6649 e ADPF 695[36], destacou-se a relevância do reconhecimento de um direito fundamental autônomo à proteção de dados pessoais no ordenamento do país sobre os mais variados aspectos, em especial pela contribuição para a construção de uma estrutura dogmática aplicável à sociedade de informação e comunicação, com fixação de vetores interpretativos e valorativos.

Nesse contexto, a identidade pessoal integra a máxima expressão da dignidade e livre exercício da personalidade,[37] justamente por representar o valor pela qual cada pessoa pode afirmar-se e desenvolver com plenitude suas plenas potencialidades. O maior desafio na contemporaneidade consiste na adoção de mecanismos efetivos de tutela das relações existenciais na ambiência digital, orientada pela verticalidade

35 (...) "é assegurado, nos termos da lei, o direito à proteção dos dados pessoais, inclusive nos meios digitais". O Conselho Nacional de Justiça (CNJ) editou a Recomendação 73/2020 e a Resolução 363/2021, que orientam os órgãos do Poder Judiciário na adoção de medidas para a adequação dos tribunais de todo o país à nova disciplina jurídica, instituindo um padrão nacional de proteção de dados pessoais.

36 No julgamento conjunto (de relatoria do Ministro Gilmar Mendes), o STF decidiu que órgãos e entidades da administração pública federal podem compartilhar dados pessoais entre si, *com a observância de alguns critérios*, considerando que permissão de acesso a dados pressupõe propósitos legítimos, específicos e explícitos para seu tratamento e deve ser limitada a informações indispensáveis ao atendimento do interesse público (finalidade informada), nos termos da passagem a seguir: "A decisão é importante por diversos aspectos. Primeiro, por contribuir para a construção de uma dogmática constitucionalmente adequada para o que se tem chamado de era digital, berço de uma sociedade fundada no desenvolvimento tecnológico e no intercâmbio de informações digitais. Segundo, pela enunciação dos vetores interpretativos e do substrato axiológico que devem orientar a compreensão e a aplicação de toda a legislação existente sobre o tema".

37 Canotilho defende que os direitos fundamentais relativos à livre manifestação do ser qualificam-se, igualmente, como direitos da personalidade. CANOTILHO, J.J. Gomes Direito Constitucional e Teoria da Constituição. Coimbra: Almedina, 7ª edição, p. 396.

e assimetrias[38] próprias da posição de superioridade das Big Techs, detentoras de todo o processo de concepção e gestão das redes por meio do uso de poderosas ferramentas, como os algoritmos, capazes de influenciar o comportamento social e até mesmo os destinos de uma nação, pondo em xeque a própria democracia se desapartadas do uso responsável, ético e transparente[39]. Questiona-se, inclusive, a utilidade da expressão "eficácia horizontal" neste cenário de assimetrias e verticalidades, ante a constatação de que as Big Techs titularizam um verdadeiro poder social[40] e não raro valem-se da superioridade, implementam condutas voltadas à logica mercadológica caracterizadoras de vieses e de abuso do poder econômico[41].

Gilmar Mendes[42], invocando ensinamento de Pieroth e Schlin, destaca que "a existência de forças sociais específicas, como os conglomerados econômicos, sindicatos e associações patronais, enfraquece sobremaneira o argumento da igualdade entre os entes privados, exigindo que se reconheça, em determinada medida, a aplicação dos direitos fundamentais também às relações privadas". Além disso, o diálogo das

---

38 MARTINS, Fernando Rodrigues; FERREIRA, Keila Pacheco. Op. cit.

39 Inteligência artificial: *Big techs* vão assumir compromisso com uso responsável da tecnologia. Disponível em https://oglobo.globo.com/economia/tecnologia/noticia/2023/07/21/ia-big-techs-vao-assumir-compromisso-com-uso-responsavel-da-tecnologia.ghtml. Acesso em: 30 jun. 2023.

40 Ingo Sarlet, citando preciso magistério de J.M.Bilbao Ubillos: "Mas também esse argumento e, portanto, a expressão "eficácia horizontal" têm sido rejeitados, principalmente em face da circunstância de que expressiva parcela da doutrina acabou aderindo à concepção segundo a qual, em se tratando de uma relação entre um particular e um detentor de poder social, isto é, uma relação caracterizada pela desigualdade, estar-se-ia em face de uma configuração similar que se estabelece entre os particulares e o Estado e, portanto, de natureza vertical, já que a existência de uma relação horizontal pressupõe tendencial igualdade" SARLET, Ingo Wolfgang. *Direitos fundamentais e direito privado: algumas considerações em torno da vinculação dos particulares aos direitos fundamentais.* In: Doutrinas essenciais de direito do consumidor. São Paulo: Ed. RT, 2011. v. 2, p. 227-285. Igualmente, MARTINS, Fernando Rodrigues; FERREIRA, Keila Pacheco, op. cit, p.4.

41 "Cade abre investigação contra Google e Meta para apurar abuso de posição dominante nas discussões sobre o PL das Fake News". Disponível em https://www.gov.br/cade/pt-br/assuntos/noticias/cade-abre-investigacao-contra-google-e-meta-para-apurar-abuso-de-posicao-dominante-nas-discussoes-sobre-o-pl-das-fake-news. Acesso em 10 de junho de 2023.

42 MENDES. Gilmar Ferreira. Direitos fundamentais e controle de constitucionalidade - Estudos de Direito Constitucional, 4. ed., p. 125. Saraiva Jur, 2012.

fontes[43] com o Código de Defesa do Consumidor possibilita a perfeita coordenação do arcabouço normativo digital com as normas protetivas do sistema consumerista nas hipóteses de sua incidência[44].

Assegurar o espaço de desenvolvimento pleno em um ambiente fluido e de relações quase que instantâneas implica na adoção de mecanismos contundentes contra a proteção insuficiente, a fim de evitar (ou menos reduzir) rupturas à autonomia existencial, especialmente nos inúmeros casos pessoas (ou grupos) em situação de vulnerabilidade e com variadas interseccionalidades, propensas a sofrerem de modo mais aprofundado os danos injustos neste cenário de grande desequilíbrio e uso de modelo de negócios estrategicamente retroalimentado pelo poderio econômico das grandes empresas de tecnologia .

Todos, em certa medida, são vulneráveis frente ao poderio econômico das big techs na economia movida a dados, porém, compreender a extensão do impacto, especialmente aos grupos vulneráveis e hipervulneráveis, (como as crianças e adolescentes, sujeitos em formação), reforça o compromisso estatal com a prioridade na preservação da autonomia privada, autonomia progressiva e preservação dos processos decisórios.

O fino ajuste das ferramentas na extensão das necessidades concretas e sob medida para um país plural e diverso como o Brasil, que conta com milhões de excluídos digitais[45] e tantos outros milhões vivendo abaixo da linha da pobreza[46] deve correlacionar uma série de princípios, como o da ampla informação e resguardo da autodeterminação informativa. O déficit informacional digital identificado em grande parte da população (que necessita do ambiente virtual para acessar vários direi-

43 Sobre diálogo das fontes e aplicação coerente das leis integrantes do sistema: MARQUES, Cláudia Lima. Diálogo das fontes. In: BENJAMIN, Antonio Herman V.; MARQUES, Claudia Lima; BESSA, Leonardo Roscoe. Manual de direito do consumidor. 5. ed. São Paulo: Revista dos Tribunais, 2013, p. 122.

44 Art. 45 da Lei Geral de Proteção de Dados (LGPD): "As hipóteses de violação do direito do titular no âmbito das relações de consumo permanecem sujeitas às regras de responsabilidade previstas na legislação pertinente."

45 "28,2 milhões de brasileiros não têm acesso à internet, diz IBGE". Disponível em https://www.infomoney.com.br/consumo/282-milhoes-de-brasileiros-nao-tem-acesso-a-internet-diz-ibge/. Acesso em maio de 2023.

46 Extrema pobreza cresce quase 50% e atinge 17,9 milhões de brasileiros em 2021, diz IBGE". Disponível em https://www.brasildefato.com.br/2022/12/02/extrema-pobreza-cresce-quase-50-e-atinge-17-9-milhoes-de-brasileiros-em-2021-diz-ibge. Acesso em maio de 2023.

tos básicos que compõem a estrutura dos direitos sociais), na prática, delineia uma espécie de morte civil, a capitis diminutio contemporânea. Por outro lado, garantir o alcance da informação em larga escala reduz os espaços de marginalização e deve ser disponibilizada a toda a população como parte do processo democrático de inclusão digital, que representa, inequivocamente, um direito social fundamental. A inclusão em currículos escolares mínimos e instituição de propagandas informativas massivas nos setores público e privado pode ser um passo importante para a democratização do acesso informado e igualitário.

Na jurisprudência, os Tribunais Superiores há muito reconhecem, expressamente, a tutela das situações subjetivas existenciais como consectário de um direito à identidade pessoal, como se observa, exemplificativamente, em julgados emblemáticos tratados no âmbito da Suprema Corte (com julgamento pendente ou já concluídos), como na ADI 4275/DF[47] e RE 670422 (direito fundamental subjetivo à alteração de seu prenome e de sua classificação de gênero no registro civil[48]); ADO 26

47 "A pessoa transgênero que comprove sua identidade de gênero dissonante daquela que lhe foi designada ao nascer por autoidentificação firmada em declaração escrita desta sua vontade dispõe do direito fundamental subjetivo à alteração do prenome e da classificação de gênero no registro civil pela via administrativa ou judicial, independentemente de procedimento cirúrgico e laudos de terceiros, por se tratar de tema relativo ao direito fundamental ao livre desenvolvimento da personalidade" Disponível em https://redir.stf.jus.br/paginadorpub/paginador.jsp?docTP=TP&docID=749297200. Acesso em julho de 2023. Atualmente, as alterações implementadas pela Lei 14.382/2022 à Lei de Registros Públicos possibilitam a alteração de prenome (por uma única vez de forma imotivada e pela via extrajudicial) e inclusão e sobrenomes de ascendentes diretamente em cartórios de registro civil de todo o Brasil, sem necessidade de expediente judicial. Recentemente, ao solucionar caso envolvendo o nome (um dos maiores atributos da personalidade, que permite a individualização e construção da identidade), o Superior Tribunal de Justiça entendeu não ser possível a completa substituição e supressão total do nome registral por pessoa auto identificada como indígena. A negativa teve como fundamento a ausência de previsão legal i observância à segurança jurídica: Retificação de registro civil. Supressão e substituição total. Alteração para nome étnico. Impossibilidade. Princípio da definitividade do registro civil. Segurança jurídica. Estabilidade das relações jurídicas. Resolução Conjunta CNJ/CNMP nº 3/2012. (REsp 1927090 / RJ, Rel. Ministro Luis Felipe Salomão, Rel. para acórdão Ministro Raul Araújo, Quarta Turma, por maioria, julgado em 21/3/2023)

48 Tese firmada no RE 670422: "I) O transgênero tem direito fundamental subjetivo à alteração de seu prenome e de sua classificação de gênero no registro civil, não se exigindo, para tanto, nada além da manifestação de vontade do indivíduo, o qual poderá exercer tal faculdade tanto pela via judicial como diretamente pela

(repressão às condutas homofóbicas e transfóbicas enquadradas como crime de racismo social); RE 845.779-SC[49] (utilização de banheiro feminino por pessoa transexual) e ADPF 787 (adequação das políticas públicas de saúde às pessoas trans, possibilitando acesso às especialidades médicas em conformidade com as necessidades biológicas e adequação da Declaração de Nascido Vivo e dos sistemas do SUS, com o reconhecimento da identidade de gênero declarada pelo cidadão)[50].

Em todos os casos relatados, identifica-se o respeito à identidade pessoal em consonância com o desenvolvimento de aspectos multifacetados da pessoa humana, protegida por ser exatamente quem é. Destaca-se recentíssima votação em que a Suprema Corte reconheceu a existência de um direito fundamental à identidade[51] e a relação entre o direito de

via administrativa; II) Essa alteração deve ser averbada à margem do assento de nascimento, vedada a inclusão do termo 'transgênero'; III) Nas certidões do registro não constará nenhuma observação sobre a origem do ato, vedada a expedição de certidão de inteiro teor, salvo a requerimento do próprio interessado ou por determinação judicial; IV) Efetuando-se o procedimento pela via judicial, caberá ao magistrado determinar de ofício ou a requerimento do interessado a expedição de mandados específicos para a alteração dos demais registros nos órgãos públicos ou privados pertinentes, os quais deverão preservar o sigilo sobre a origem dos atos". No mesmo sentido, tese 06 do ementário Jurisprudência em Teses do Superior Tribunal de Justiça – Direitos da Personalidade II (Rel. Ministro RICARDO VILLAS BÔAS CUEVA, TERCEIRA TURMA, julgado em 15/06/2018, publicado em 29/06/2018); e Jurisprudência em tese nº 80, tese 7: "A pessoa transgênero tem direito fundamental subjetivo à alteração de seu prenome e de sua classificação de gênero no registro civil independentemente da realização de cirurgia de transgenitalização." (REsp 1860649/SP, Rel. Ministro RICARDO VILLAS BÔAS CUEVA, TERCEIRA TURMA, julgado em 12/05/2020, DJe 18/05/2020).

49 Tema 778 - Leading Case: RE 845779 Recurso extraordinário em que se discute, à luz dos arts. 1º, III, 5º, V, X, XXXII, LIV e LV, e 93 da Constituição Federal, se a abordagem de transexual para utilizar banheiro do sexo oposto ao qual se dirigiu configura ou não conduta ofensiva à dignidade da pessoa humana e aos direitos da personalidade, indenizável a título de dano moral.

50 Para uma leitura temática aprofundada, valiosa compilação em Brasil. Supremo Tribunal Federal (STF). Direito das pessoas LGBTQQIAP+ [recurso eletrônico] / Supremo Tribunal Federal. – Brasília : STF : CNJ, 2022. eBook (138 p.) – (Cadernos de Jurisprudência do Supremo Tribunal Federal : concretizando direitos humanos). Disponível em https://www.cnj.jus.br/wp-content/uploads/2022/12/cadernos-stf-lgbtqia-3.pdf. Acesso em: 30 jul. 2023.

51 Por ocasião do julgamento da Medida Cautelar na ADPF 976/DF, Rel. Ministro Alexandre de Moraes.

existir e o acesso à identidade de pessoas ou mesmo de grupos (a exigir o uso de mecanismos próprios da tutela coletiva[52] nas ações identitárias).

---

c) O Direito Fundamental à Identidade: Em se tratando de direito à identidade da população em situação de rua, entende-se que este vai muito além da mera identificação. A dificuldade de traçar o perfil dessas pessoas, conforme observado acima, faz com que sejam construídas políticas públicas abaixo do padrão de eficiência necessário e muitas vezes esperado. Além do desafio de se obter informações e de ter acesso documentos de identificação e registro, dado que estima-se que cerca de três milhões de brasileiros não possuem certidão de nascimento e em torno de 50 milhões não têm CPF, muitas das políticas públicas destinadas a essa população não levam em conta essa vulnerabilidade para seu estabelecimento. Assim, é considerada a questão de como exercer cidadania sem acesso ao registro civil e a consequente invisibilidade diante de um rol de serviços básicos, como a utilização do SUS, retirada de auxílio etc. Ações ocasionais encabeçadas pela Polícia Civil, Defensoria Pública, cartórios, entre outras entidades, são relevantes para a diminuição de tal problema, mas ainda não tocam no cerne da questão. Dessa forma, em paralelo ao reconhecimento do direito à identidade não é viável limitar-se aos aspectos rígidos da identificação pessoal e da posse de registros e sim englobar toda a compreensão do indivíduo que está em situação de rua. Isto pois, até mesmo o direito de existir está ligado ao acesso à identidade, além disso, a própria conceituação de "pessoa em situação de rua" auxilia na construção da identidade desses grupos. Disponível em https://www.stf.jus.br/arquivo/cms/noticiaNoticiaStf/anexo/ADPF976MC1.pdf. Acesso em julho de 2023. Além de o recentíssimo julgado destacar a nota de fundamentalidade do direito à identidade pessoal, destacou-se, no inteiro teor, a proteção no âmbito coletivo (além do individual), como, aliás, já havia sido delineado em outras oportunidades pela Suprema Corte: (...) demanda de investigação de paternidade, realçou-se o status constitucional do direito à identidade, em especial pelo conhecimento da própria origem biológica." Recurso Extraordinário nº 248.869/SP, Rel. Min. Dias Toffoli.

52 Neste sentido, Flavia Zangerolame e Vitor Almeida: "Por isso, sob as lentes da vulnerabilidade e da interseccionalidade, os mecanismos de combate à discriminação devem ser efetivos por força de mandamento constitucional e os instrumentos hoje disponíveis no ordenamento devem ser massivamente utilizados de modo a atenuar tal situação de invisibilidade, que oprime e reforça as chagas da violência em nosso país. A responsabilidade civil em âmbito coletivo pode não ser o remédio mais adequado para tutelar de forma ampla a antidiscriminação à grupos historicamente vulneráveis e estigmatizados, mas definitivamente os danos morais coletivos se apresentam como importante instrumento de reparação às violações recorrentes que visam a apagar suas identidades e negar-lhes sua digna condição humana". ZANGEROLAME, Flavia; ALMEIDA, Vitor. *A seletividade sexual e a intolerância à diversidade: a silenciosa discriminação cotidiana como dano injusto.* Disponível em https://www.migalhas.com.br/coluna/migalhas-de-vulnerabilidade/348038/a-seletividade-sexual-e-a-intolerancia-a-diversidade. Acesso em 20 de maio de 2023.

O direito fundamental à identidade, tomado em acepção coletiva, possibilita, segundo o julgado, a construção de políticas públicas com o "padrão de eficiência necessário" para a tutela das vulnerabilidades e segundo a autonomia e no direito de ser visto como ser social"[53]. O outro lado da moeda - vedação à proteção insuficiente - implica na adoção de mecanismos orientados pela transparência, garantia da higidez do consentimento, autodeterminação informativa, como o sistema de governança digital e aprofundamento da ação constitucional do habeas data, como na Argentina.

3. Tempos modernos: novas tecnologias, identidade pessoal e debates éticos da atualidade: a questão dos neurodireitos

"Cérebro é terra que ninguém pisa". A fundamentalidade do direito à identidade pessoal lança luzes para o debate acerca da funcionalização das redes ao livre desenvolvimento da pessoa humana. A eficácia direta dos direitos fundamentais a tais relações[54] - naturalmente verticalizadas em virtude da disparidade de concentração do poder social e econômico das plataformas digitais[55] - importa, como decorrência lógica dessa magnitude, a proteção da pessoa em sua integridade psicofísica, um dos substratos materiais derivados da cláusula geral de tutela da pessoa humana[56].

A vida na sociedade de informação e comunicação representa um celeiro de exemplos instigantes, alimentados pela dopamina[57] que abastece a relação do ser humano no meio digital. Os exemplos da divulgação de desinformação em massa, abuso do poder econômico e episódios de discriminação algorítmica são categóricos do "poder de reprogramação"

---

53 STF, Medida Cautelar na ADPF 976/DF, op. cit.

54 SCHREIBER, Anderson; KONDER, Carlos Nelson. *Uma agenda para o direito civil-constitucional.* Disponível em https://rbdcivil.ibdcivil.org.br/rbdc/article/view/42. Acesso em: 30 set. 2021.

55 Característica presente também nas relações consumeristas, aplicável, em sua grande parte, nos casos envolvendo proteção de dados, por força do já citado artigo 45 da LGPD.

56 BODIN DE MORAES, Maria Celina. Danos à pessoa humana: uma leitura civil-constitucional dos danos morais. Rio de Janeiro. Renovar, 2003.

57 VARELLA. Drauzio. *As redes sociais, a dopamina e a dependência.* Disponível em https://www1.folha.uol.com.br/colunas/drauziovarella/2023/08/as-redes-sociais-a-dopamina-e-a-dependencia.shtml. Acesso em 25 de agosto de 2023.

das redes sociais[58], capaz de provocar todo o tipo de caos e desordem social decorrentes do espalhamento de mentiras em série. Há muitos outros episódios recentes, aqui exemplificativamente relacionados, como nos casos de proliferação de casos de phishing (furto de identidades nas redes e uso de identidades falsas em aplicativos de relacionamentos); de não ser "recriado" ou "replicado" por meio das técnicas da IA[59] ou através do uso desautorizado de deepfakes[60]; direito ao esquecimento[61] e a legítima pretensão de afastar imputações relacionadas com fatos do passado e que não convém mais ao titular[62]. Em todos os casos, a identidade (dinâmica) já não se encaixa à antiga moldura.

58 FISHER, Max. A máquina do caos: como as redes sociais reprogramaram nossa mente e nosso mundo. Editora: Todavia, 1ª edição, 2023.

59 Elis Regina aparece cantando ao lado da filha Maria Rita em campanha feita com inteligência artificial. Disponível em https://g1.globo.com/economia/midia-e-marketing/noticia/2023/07/04/elis-regina-aparece-cantando-ao-lado-da-filha-maria-rita-em-campanha-da-volkswagen-feita-com-inteligencia-artificial.ghtml. Acesso em: 30 jul. 2023.

60 Tom Hanks alerta sobre uso de IA para vender plano odontológico com sua imagem: 'não tenho nada a ver com isso'. Disponível em https://oglobo.globo.com/cultura/noticia/2023/10/01/tom-hanks-alerta-sobre-uso-de-ia-para-vender-plano-odontologico-com-sua-imagem-nao-tenho-nada-a-ver-com-isso.ghtml. Acesso em 01 de outubro de 2023.

61 Para Guilherme Martins, "o direito ao esquecimento se insere no campo do direito a identidade pessoal, desenvolvido pela doutrina italiana a partir da década de 1970, abrange na relação do nome com os diferentes traços pelos quais a pessoa vem representada no meio social. Trata se de um direito de "ser si mesmo" *(diritto ad essere se stesso),* compreendido como respeito à imagem uma pessoa participante na vida em sociedade, com a aquisição de ideias e experiências pessoais, com as convicções ideológicas, religiosas, Morais e sociais que diferenciem qualificam a pessoa. O direito à identidade pessoal protege a pessoa humana contra esses atos que a coloquem, na expressão italiana, sob falsa luz (sotto falsa luce), apresentou um de um modo errôneo no meio social.". MARTINS, Guilherme. O direito ao esquecimento na sociedade de informação. Rio de Janeiro: Revista dos Tribunais, p. 86.

62 Em sentindo contrário, a tese fixada pelo tema 786 do Supremo Tribunal Federal: "É incompatível com a Constituição a ideia de um direito ao esquecimento, assim entendido como o poder de obstar, em razão da passagem do tempo, a divulgação de fatos ou dados verídicos e licitamente obtidos e publicados em meios de comunicação social analógicos ou digitais. Eventuais excessos ou abusos no exercício da liberdade de expressão e de informação devem ser analisados caso a caso, a partir dos parâmetros constitucionais - especialmente os relativos à proteção da honra, da imagem, da privacidade e da personalidade em geral - e as expressas e específicas previsões legais nos âmbitos penal e cível." https://portal.stf.jus.br/jurispruden-

Nesse contexto, a rapidez dos avanços tecnológicos e das técnicas de inteligência artificial suscita o debate em torno da (falsa) compreensão de que o cérebro seria um campo impenetrável a repercussões externas. Stefano Rodotà há muito identificou a existência de um direito ao corpo eletrônico[63] e o transumanismo, que alcança "o pós-humano desencarnado", a possibilidade de realizar um personality download: recorrendo a implantes neuronais nanoeletrônicos (nanobionics) seria possível vincular as atividades cerebrais a sistemas de processamento de dados, tornando possível um verdadeiro e genuíno uploading, extraindo informações do cérebro humano e replicando-as em um computador".

Os relatos de episódios de mensagens subliminares nos cinemas remontam a 1955[64]. Nos anos 90[65], experimento médico deflagrou o mapeamento comportamental do consumidor com utilização de aparelhagem de ressonância magnética, detalhando as influências neurológicas no processo decisório de aquisição de produtos e serviços pelo consumidor. Neuromarketing e meurocapitalismo se encarregam do desenvolvimento de técnicas de construção de um desejo para o consumo, que apenas aparenta ser fruto do livre arbítrio, mas é resultado do uso de instrumentos psicológicos imperceptíveis ao usuário[66].

ciaRepercussao/verAndamentoProcesso.asp?incidente=5091603&numeroProcesso=1010606&classeProcesso=RE&numeroTema=786. Acesso em: 30 jan. 2023.

63 Stefano Rodotá desenvolveu o paradigma do corpo eletrônico, que representa o corpo físico no ambiente virtual e abrange o agrupamento de dados e informações que representam e comunicam a pessoa, assim como *piercings* e tatuagens representariam o corpo físico. Danilo Doneda, discorrendo sobre o tema, com acerto costumeiro, reflete sobre a irrelevância de setorizar as fronteiras entre os mundos real e digital para efeito da tutela nos casos concretos.

64 "Durante um mês e meio, os espectadores que assistiram ao longa-metragem no Fort Lee Theater, em Nova Jersey, foram supostamente bombardeados por mensagens invisíveis. Sobre os rostos de William Holden e Kim Novak teriam sido projetados, 12 vezes por minuto, anúncios com duração inferior a três milésimos de segundo. As propagandas, sorrateiras, ordenavam: "Coma pipocas", "beba Coca-Cola". In *Os primórdios da propaganda subliminar no Brasil.* ROQUE, Daniel Salomão. Disponível em https://www.vice.com/pt/article/a3a4jp/os-primordios-da-propaganda-subliminar-no-brasil. Acesso em 11 de maio de 2023.

65 In *Neuromarketing: estude a mente do seu consumidor*. Disponivel em https://ebdicorp.com.br/neuromarketing-estude-a-mente-do-seu-consumidor/. Acesso em agosto de 2023.

66 No Rio de Janeiro, em 2009, foi desenvolvida uma placa analógica de aquisição de dados capaz de realizar a aquisição e filtragem do sinal elétrico cerebral, oriun-

Os neurodireitos, inseridos recentemente no catálogo de direitos fundamentais na Constituição chilena[67], são definidos como «os princípios éticos, legais, sociais ou naturais de liberdade ou direito relacionados ao domínio cerebral e mental de uma pessoa; isto é, as regras normativas fundamentais para a proteção e preservação do cérebro e da mente humanos"[68]. Com o anúncio da testagem, em humanos, de equipamentos de leitores da mente (neuralinks[69]), por meio da implantação de chips cerebrais que permitem o controle de paralisias por pensamento, o admirável mundo novo dos neurodireitos acelera o debate a respeito dos limites éticos e a adequada salvaguarda protetiva.

A identidade pessoal, identificada como uma das bases dos neurodireitos[70] é revelada, especialmente, em dois dos seus quatro eixos fundamentais: o direito à integridade mental e à continuidade psicológica. Ao lado da liberdade cognitiva (liberdade de escolha na utilização do uso de equipamentos neuronais) e da privacidade mental (direito de resguardar a intimidade e intangibilidade da mente), a integridade mental consiste no direito de não sofrer manipulações mentais em decorrência do uso da neurotecnologias, enquanto o direito à continuidade psicológica diz respeito à preservação do senso de identidade em razão do

do de eletrodos fixados no escalpo do indivíduo, submetido a "treinamento das ondas cerebrais para melhor realização de tarefas "motoras", sem movimentação corporal, apenas por pensamento". ZANGEROLAME, Fernanda Maria. Monitoramento analógico e digital de sinais elétricos cerebrais. Dissertação (Mestrado) Centro Federal de Educação Tecnológica Celso Suckow da Fonseca, 2009. Bibliografia:f.49-53. Disponível em http://www.dominiopublico.gov.br/pesquisa/DetalheObraForm.do?select_action=&co_obra=183185. Acesso em maio de 2023.

67 Neurodireitos no Chile: consagração constitucional e regulação das neurotecnologias. Disponivel em https://www.somosiberoamerica.org/pt-br/tribunas/neurodireitos-no-chile-consagracao-constitucional-e-regulacao-das-neurotecnologias/. Acesso em maio de 2023.

68 Ienca, Marcelo. *On Neurorights*. Front. Hum. Neurosci., 24 September 2021. Sec. Brain-Computer Interfaces Volume 15 - 2021. Disponível em https://doi.org/10.3389/fnhum.2021.701258. Acesso em junho de 2023.

69 Neuralink: o que podem fazer os chips cerebrais da empresa de Elon Musk? Disponível em https://g1.globo.com/inovacao/noticia/2023/09/20/neuralink-o-que-podem-fazer-os-chips-cerebrais-da-empresa-de-elon-musk.ghtml

70 Destacam-se as provocações fundamentais lançadas no *podcast* Direito Digital, por Ana Frazão e Caitlin Mulholland, no Episódio 21 (neurodireitos).

uso de equipamentos neuronais[71]. Indaga-se se, com o passar dos anos, é possível assegurar a manutenção e o desenvolvimento da personalidade (compreendida, inclusive, pela alterabilidade), preservando-se memórias, desejos e liberdade de pensamento sem que o usuário vulnerável tenha sido submetido a manobras manipulatórias próprias da atuação (antiética) do mercado.

O direito à liberdade cognitiva reforça o aparato para a proteção de um bem da maior grandeza: os dados neurais. Integrante da cláusula geral de tutela da pessoa humana, o reconhecimento dos neurodireitos como categoria autônoma apenas reforça a superioridade valorativa da tutela das relações existenciais relacionadas à mente humana. O olhar para o futuro não dispensa o recurso às lições do passado, assentando-se as premissas de tutela nas bases éticas de proteção das liberdades fundamentais.

4. Eu vejo um novo começo de era: novas fronteiras de proteção da identidade pessoal. Desafios e possibilidades.

A incorporação das novas tecnologias e o uso massivo das plataformas digitais aprofunda os desafios de garantia de proteção da pessoa humana e dos vulneráveis. Evidentemente, a reflexão deve ser construída a partir de marcadores materiais mínimos, ancorados na teoria dos direitos fundamentais.

O "impulso expansivo" das redes[72] demanda o enfrentamento correspondente à capilaridade e velocidade dos acontecimentos, com

71 Caso curioso enfrentado pelo STJ envolveu o debate sobre danos injustos sofridos por paciente que adquiriu vício em apostas como decorrência do efeito colateral do uso contínuo de medicação. Identificou-se que a usuária desenvolveu compulsão por jogos e não foi alertada para possível efeito colateral do uso da medicação, cuja advertência só foi inserida na bula posteriormente. Embora não verse sobre implantação de neurodispositivos, o julgado pode funcionar como um farol para a construção da *ratio decidendi* também nessas hipóteses. REsp nº 1774372 / RS, Rel. Min. Nancy Andrighi. *Laboratório é condenado a indenizar espólio de paciente que desenvolveu jogo patológico após uso de medicamento.* Disponível em https://www.stj.jus.br/sites/portalp/Paginas/Comunicacao/Noticias/Laboratorio-e-condenado-a-indenizar-espolio-de-paciente-que-desenvolveu-jogo-patologico-apos-uso-de-medicamento.aspx. Acesso em maio de 2023.

72 Neste sentido, arremata Carlos Nelson Konder: "De fato, o ambiente virtual das redes sociais ressignificou a identidade, com uma nova miríade de possibilidades e desafios. Em um meio no qual toda informação divulgada se torna disponível não

"multiplicação de novos centros de interesses merecedores de tutela"[73] voltados ao resguardo da integridade dos centros decisórios da pessoa humana[74] ante as crescentes ameaças de violações cujo pano de fundo é o comprometimento da autonomia e vulneração da mente.

O poder geracional dos impactos na identidade pessoal pelas novas tecnologias assegura à pessoa natural, de forma ampla e irrestrita, o direito (fundamental) de construir e reconstruir a identidade, por intermédio das redes, como corolário da cláusula geral de tutela da pessoa humana. Neste sentido, a redação final do enunciado 677 da IX Jornada de Direito Civil, pioneira na temática digital[75]: "A identidade pessoal também encontra proteção no ambiente digital".[76]

---

só para a humanidade, como para a eternidade, ganhou renovada importância o chamado "direito ao esquecimento". (...) Nesse sentido, para além das controvérsias que o cercam, a referência a "um direito a não ser constantemente perseguido por fatos do passado, que já não mais refletem a identidade atual daquela pessoa", na expressão de Anderson Schreiber nos lembra a importância de garantir não apenas o direito a construir a própria identidade, mas também de reconstruí-la, já que a identidade é dinâmica e mutável."

---

73 MONTEIRO FILHO, Carlos Edison do Rêgo. "Diretrizes e parâmetros para o juízo de merecimento de tutela do pacto marciano à luz do princípio da solidariedade". Rio de Janeiro: Processo, 2017, 303p.

74 Danilo Doneda observa para os riscos que "ao mesmo tempo, por mais valiosos que sejam os seus resultados, os algoritmos são capazes de tirar os seres humanos do circuito de seus vários processos decisórios. DONEDA. DANILO; Almeida, Virgilio A.F. O que é a governança de algoritmos?. Disponível em https://politics.org.br/edicoes/o-que-%C3%A9-governan%C3%A7a-de-algoritmos. Acesso em: 29 mai. 2023.

75 Enunciado submetido e aprovado pela autora do texto, como parte integrante da pesquisa iniciada nos idos de 2002 (ainda na *vacatio legis* do Código Civil vigente), fruto da dissertação de mestrado defendida na Universidade do Estado do Rio de Janeiro em 2004, revisitada em 2021 sob o prisma da influência das novas tecnologias nas relações identitárias. Há décadas, portanto, é destacada a nota de fundamentalidade da identidade pessoal, que deriva da cláusula geral de tutela da pessoa humana.

76 Dada a pertinência temática, transcreve-se a justificativa do verbete 677: "O estudo do direito à identidade sob enfoque diverso das conceituações tradicionalmente apresentadas (que conferem ênfase na identificação) e da ressignificação contemporânea, baseada na identidade dinâmica, deve receber abordagem específica e aprofundada pela perspectiva da influência das novas tecnologias no Direito Privado e revela simbiose com a própria concepção da identidade pessoal. O Direito foi salvo pela tecnologia. Essa afirmação de Stefano Rodotà provoca reflexão a

A existência de instrumentos efetivos e eficientes para proteção de situações identitárias, com a fixação de parâmetros para contenção de externalidades negativas e possíveis danos resultantes do uso dos aparatos tecnológicos integra um conjunto de atos direcionados ao uso das redes segundo o viés emancipatório, equilibrando direito, tecnologia e política, conformando as liberdades civis e a liberdade de pensamento[77][78][79].

A reflexão ético-jurídica dos interesses merecedores de tutela deve pautar-se por instrumentos capazes de assegurar a tutela da pessoa humana no ambiente digital, tais como: elaboração de arcabouço legislativo que contenha instrumentos de vedação às leituras e codificações cerebrais, a fim de evitar a coisificação da pessoa humana mediante

respeito da utilização da internet e do ciberespaço e as inevitáveis influências na livre formação da personalidade e demanda análise aprofundada, de forma mais detida, em relação ao direito fundamental à identidade pessoal e as possíveis influências nas relações no meio virtual. A generalidade e amplitude dessa resumida conceituação compreende os complexos e multifacetados componentes do valor da personalidade em sua dimensão plural e existencial, cuja prevalência de tutela decorre de proclamação constitucional. Reconhecida a tutela da pessoa humana em todos os espectros e o correspectivo direito à diferença, e analisando o paralelismo com o conteúdo do direito à igualdade, exsurge, essencialmente, o direito de manifestar a singularidade inata em cada ser humano como valor inerente à personalidade, especialmente nas relações travadas em ambiente digital. O respeito à alteridade e às peculiaridades da relação entre o eu e o outro, exige, agora sob os contornos do componente tecnológico, tratamento conformado com os valores constitucionais". Disponível emhttps://www.cjf.jus.br/cjf/corregedoria-da-justica-federal/centro-de-estudos-judiciarios-1/publicacoes-1/jornadas-cej/enunciados-aprovados-2022-vf.pdf. Acesso em 02 de maio de 2023.

77 *Conversas com Stefano Rodotà.* Disponível em https://dcivil1.blogspot.com/2015/11/no-dia-7-de-novembro-sabado-partir-das.html. Acesso em: 10 jul. 2023.

78 DONEDA, Danilo; ZANATA, Rafael. Rodotà e equilíbrio entre direito, tecnologia e política. Jota Tecnologia, jun. 2017. Disponível https://www.researchgate.net/publication/335364455_Rodota_e_o_equilibrio_entre_direito_tecnologia_e_politica. Acesso em: 30 jun. 2023.

79 "Internet e o ciberespaço devem permanecer disponíveis para a livre formação da personalidade, para o exercício da liberdade de expressão e associação, realização de iniciativas cívicas, experimentação de novas formas de democracia". RODOTÀ, Stefano. *A vida na sociedade da vigilância: a privacidade hoje.* Org., sel. e apr. de Maria Celina Bodin de Moraes. Trad. Danilo Doneda e Luciana Cabral Doneda. Rio de Janeiro: Renovar, 2008, p. 169.

catalogação e escaneamento cerebral; instituição de controle rígido de publicidades direcionadas ao uso de neurotecnologias, com critérios de revisão regular; aprofundamento do habeas data como instrumento de promoção da autodeterminação informativa; imposição de responsabilização conjunta e promoção de educação digital, instituída como parte do currículo regular e obrigatório do ensino no país; instituição de mecanismos imediatos de checagem de fatos de forma simultânea ao lançamento de informações falsas; democratização do acesso aos bens digitais, eliminação de todas as formas de exclusão social como decorrência da promoção de uma sociedade livre, justa e solidária; universalização do acesso aos chips neuronais como decorrência da universalização do acesso e do princípio da igualdade substancial, de modo a evitar a criação de castas digitais, composta por pessoas ou grupos dotados de capacidade econômica de acesso a chips neuronais que permitam aumento das potencialidades humanas, em comparação aos excluídos sem acesso (os dalits digitais)[80]; imediata intervenção em matéria de saúde física e mental, além do aprofundamento dos mecanismos de governança algorítmica e boas práticas já instituídas pela LGPD.

Se o legislador constitucional, ao inaugurar uma nova ordem jurídica, recuperou o universo desfeito, reunificou sistema e conferiu primazia aos valores existenciais, o desafio da atualidade consiste na ampliação da tutela existencial especialmente voltada para a proteção no ambiente digital com a mesma velocidade das criações neuronais.

5. Eu vejo a vida melhor no futuro: considerações finais

"Há um desassossego no ar"[81]. A inquietação quanto aos novos rumos e modelos de vivência reflete a nova virada de Copérnico contemporânea, indicando um longo caminho para concretização dos direitos fundamentais da pessoa humana no ambiente digital, cujo desafio é

80 O Comitê Jurídico Interamericano sobre Neurociências, Neurotecnologias e Direitos Humanos da Organização dos Estados Americanos (OEA) publicou a Declaração sobre Neurociência, Neurotecnologias e Direitos Humanos: Novos Desafios Jurídicos para as Américas, destacando possíveis consequências envolvendo as neurotecnologias, destacando a preocupação com violações inerentes à identidade. Disponível em https://www.oas.org/en/sla/iajc/docs/CJI-DEC_01-XCIX-O-21_POR.pdf. Acesso em junho de 2023.

81 SANTOS, Boaventura de Sousa. *Crítica da razão indolente: contra o desperdício da experiência*. 7ª ed. São Paulo: Cortez, 2009.

altamente potencializado considerando todas as camadas inerentes à pluralidade da população brasileira, composta por milhões de excluídos digitais e sem acesso ao mínimo informacional, embora dependentes, na vida de relação, da tecnologia para a fruição de direitos básicos.

A construção de um arcabouço normativo e regulatório pautado em critérios éticos para utilização das redes e funcionalizado à proteção da verdade pessoal e construção dos espaços decisórios livres de manipulações ou apagamentos da própria verdade devem ser conformados à lógica da fluidez própria da ambiência digital. Sobressaem nessa equação a proteção da autonomia, autodeterminação, integridade psicofísica e a liberdade de pensamento.

A vida melhor no futuro, pautada em ambiente livre de toda sorte de violações éticas, jurídicas e políticas é a agenda dos tempos modernos, para que a proteção das situações subjetivas existenciais e da própria sobrevivência das liberdades democráticas não passe de mera retórica constitucional. Hoje o tempo voa, amor.

Referências

ALMEIDA, José Luiz Gavião de; VEDOVATO, Luis Renato; SILVA, Marcelo Rodrigues da. A identidade pessoal como direito fundamental da pessoa humana e algumas de suas manifestações na ordem jurídica brasileira. Revista de Direito Civil Contemporâneo. São Paulo: Ed. RT, 2018.

AMARAL, Francisco. Direito civil: introdução. 6. ed. Rio de janeiro: Renovar, 2006.

ARENDT, Hannah. A condição humana. 10. ed. Rio de Janeiro: Forense Universitária, 2004.

ASCENSÃO, José de Oliveira. Direito da Internet e da sociedade da informação: estudos. Rio de Janeiro: Forense, 2002, p. 71.

BARROSO, Luís Roberto. Interpretação e aplicação da Constituição: fundamentos de uma dogmática constitucional transformadora. 6. ed. Rev., atual. e ampl. São Paulo: Saraiva, 2004.

______________. A Dignidade da Pessoa Humana no Direito Constitucional Contemporâneo. Rio de Janeiro: Editora Fórum, 2012.

SANTOS, Boaventura de Sousa. Crítica da razão indolente: contra o desperdício da experiência. 7ª ed. São Paulo: Cortez, 2009.

BOBBIO, Norberto. A era dos direitos. Rio de Janeiro: Elsevier, 2004.

BRASIL. Conselho da Justiça Federal. IX Jornada de direito civil – Comemoração aos 20 anos da Lei 10.406/2002 e da Instituição da Jornada de Direito Civil. Brasília, 2022. Disponível em https://www.cjf.jus.br/cjf/corregedoria-da-justica-federal/centro-de-estudos-judiciarios-1/publicacoes-1/jornadas-cej/enunciados-aprovados-2022-vf.pdf. Acesso em: 20 mai. 2023.

______________.Lei nº 13.709, de 14 de agosto de 2018. Dispõe sobre a proteção de dados pessoais e altera a Lei nº. 12.965, de 23 de abril de 2014 (Marco Civil da Internet). Portal do Planalto, Brasília, mar. 2017. Disponív el em: http://www.planalto.gov.br/ccivil_03/_ato2015-2018/2018/lei/L13709.htm. Acesso em: 20 mai. 2023.

________________. Institui o Código Civil. Brasília, DF: Senado, 2002. Dispon ível em: http://www.planalto.gov.br/ccivil_03/leis/2002/l10406.htm. Acesso em: 20 abr. 2023.

________________. Lei nº 13.709, de 14 de agosto de 2018. Lei Geral de Proteçã o de Dados Pessoais (LGPD). Disponível em https://www.planalto.gov.br/ccivil_03/_ato2015-2018/2018/lei/l13709.htm. Acesso em: 30 jul. 2023.

________________. Lei nº 12.965, de 23 de Abril de 2014. Estabelece princípios, garantias, direitos e deveres para o uso da Internet no Brasil. Disponível em https://www.planalto.gov.br/ccivil_03/_ato2011-2014/2014/lei/l12965.htm. Acesso em: 30 jul. 2023.

________________.Cadernos de Jurisprudência do Supremo Tribunal Federal: concretizando direitos humanos. Disponível em https://www.cnj.jus.br/wp-content/uploads/2022/12/cadernos-stf-lgbtqia-3.pdf. Acesso em: 30 jul. 2023.

CANARIS, Claus-Wilhelm. Direitos Fundamentais e Direito Privado. Coimbra: Editora Almedina, 2006.

CANOTILHO, J.J. Gomes. Direito Constitucional e Teoria da Constituição. 7. ed. Coimbra: Almedina.

CAPELO DE SOUZA, V.A Rabindranath. O Direito Geral da Personalidade. Coimbra, Coimbra Editora, 1995.

CHOERI. Raul Cleber da Silva. O direito à Identidade na Perspectiva Civil-Constitucional. Rio de Janeiro: Renovar, 2010.

CORREA DE ANDRADE, Andre Gustavo. Fake news como risco para a democracia. Disponível em https://oglobo.globo.com/blogs/fumus-boni-iuris/post/2022/06/andre-gustavo-correa-de-andrade-fake-news-como-risco-para-democracia.ghtml. Acesso em: 19 jun. 2023.

CUEVA, Ricardo Villas Bôas. Há um direito à autodeterminação informativa no Brasil?. In: MUSSI, Jorge; SALOMÃO, Luis Felipe; MAIA FILHO, Napoleão Nunes (Org.). Estudos jurídicos em homenagem ao Ministro Cesar Asfor Rocha. Ribeirão Preto: Migalhas, 2012. v. 3, p. 220-241. (Cesar Asfor Rocha 20 anos de STJ). Disponível em https://core.ac.uk/download/pdf/16035618.pdf. Acesso em julho de 2023.

DE CICCO, Maria Cristina de. O "novo" perfil do direito à identidade pessoal: o direito à diversidade. Annali della Facoltà Giuridica dell'Università di Camerino. Disponível em https://afg.unicam.it/sites/afg.unicam.it/files/DeCicco_O%2520novo%2520perfil%2520do%2520direito%2520%25C3%25A0%2520identidade%2520pessoal_0.pdf. Acesso em 20 jul. 2023.

DE CUPIS, Adriano. Os Direitos da Personalidade. Trad. Afonso Celso Furtado R ezende. Campinas: Romana, 2004.

DONEDA, Danilo. A proteção dos dados pessoais como um direito fundamental. Revista Espaço Jurídico, Joaçaba, v. 12, nº 2, p. 91-108, jul./dez. 2011.

__________________. Da Privacidade À Proteção De Dados Pessoais. Renovar: Rio de Janeiro, 2006.

__________________. Os direitos da personalidade no novo Código Civil. Gustavo Tepedino. A parte Geral do Novo Código Civil: Estudos na perspectiva Civil-Constitucional. Rio de Janeiro – São Paulo: Renovar, 2002.

DONEDA, Danilo; ZANATA, Rafael. Rodotà e equilíbrio entre direito, tecnologia e política. Jota Tecnologia, jun. 2017. Disponível em https://www.researchgate.net/publication/335364455_Rodota_e_o_equilibrio_entre_direito_tecnologia_e_politica. Acesso em: 30 jun. 2023.

DONEDA. DANILO; Almeida, Virgílio A.F. O que é a governança de algoritmos?. Disponível em https://politics.org.br/edicoes/o-que-%C3%A9-governan%C3%A7a-de-algoritmos. Acesso em 01 de junho de 2023.

DÖPKE, Christian. The importance of big data for jurisprudence and legal practice. In: HOEREN, Thomas; KOLANY-RISER, Barbara. Big data in context: legal, social and technological insights. Münster: Springer Nature, 2018. Disponível em: https://link.springer.com/chapter/10.1007/978-3-319-62461-7_2. Acesso em: 13 jul. 2023.

IENCA, Marcelo; ANDORNO, Roberto. Towards new human rights in the age of neuroscience and neurotechnology. Life Sciences, Society and Policy, v. 13, nº 1, p. 5, dez. 2017. Disponível em: https://lsspjournal.biomedcentral.com/track/pdf/10.1186/s40504-017-0050-1.pdf. Acesso em junho de 2023.

________________. A new category of human rights: neurorights. In: Springer Nature. BioMed Central. 26 abr. 2017. Disponível em: https://blogs.biomedcentral.com/bmcblog/2017/04/26/new-category-human-rights-neurorights/. Acesso em 11 de maio de 2023.

FRAZÃO, Ana. "'Neurocapitalismo' e o negócio de dados cerebrais: Os nossos pensamentos e a nossa identidade pessoal estão em risco?. Disponível em https://www.jota.info/paywall?redirect_to=//www.jota.info/opiniao-e-analise/colunas/constituicao-empresa-e-mercado/neurocapitalismo-e-o-negocio-de-dados-cerebrais-25092019. Acesso em 11 de maio de 2023.

FRAZÃO, Ana; MULHOLLAND, Caitlin (Coordenadoras). Inteligência artificial e direito. São Paulo: Revista dos Tribunais, 2019.

FRAZÃO, Ana; MULHOLLAND, Caitlin. #Ep.21 Neurodireitos. Disponível em https://open.spotify.com/episode/0jWoGBcjcisQ13LNT2vQZM?si=fe98a305ce58454f. Acesso em maio de 2023.

GULYAEVA, Elena Evgenyevna; FARINELLA, Favio. Human Neuro-Rights, in Rev. Quaestio Iuris., Rio de Janeiro, Vol. 15, N.01., 2022, p. 278-299. (DOI: 10.12957/rqi.2022.64141).

HALL, Stuart. A identidade cultural na pós-modernidade. Rio de Janeiro: Editora Dp&A, 2011.

KONDER, Carlos Nelson de Paula. O alcance do direito à identidade pessoal no direito civil brasileiro. Revista Pensar, Fortaleza, v. 23, nº 1, p. 1-11, jan./mar. 2018.

LORENZETTI, Ricardo L. Comércio Eletrônico. Tradução: Fabiano Menke. São Paulo: Revista dos Tribunais, 2004.

MARQUES, Claudia Lima; BESSA, Leonardo Roscoe. Manual de direito do consumidor. 5. ed. São Paulo: Revista dos Tribunais, 2013.

MARTINS, Guilherme Magalhães; ROSENVALD, Nelson (Coord.). Responsabilidade civil e novas tecnologias. Indaiatuba: Foco, 2020.

MARTINS, Guilherme. O direito ao esquecimento na sociedade de informação. Rio de Janeiro: Revista dos Tribunais, 2022.

MARTINS, Fernando Rodrigues; FERREIRA, Keila Pacheco. Verticalidade digital e direitos transversais: positivismo inclusivo na promoção dos vulneráveis. Revista de Direito do Consumidor. São Paulo: Ed. RT, mai./jun. 2023. Disponível em:http://revistadostribunais.com.br/maf/app/document?stid=st-rql&marg=DTR-2023-5259. Acesso em 01 out. 2023.

MENDES, Laura Schertel. Privacidade, proteção de dados pessoais e defesa do consumidor: linhas gerais de um novo direito fundamental. São Paulo: Saraiva, 2014. (Série IDP: linha pesquisa acadêmica).

_______________. Habeas data e autodeterminação informativa: os dois lados de uma mesma moeda. Revista Brasileira de Direitos Fundamentais & Justiça. [S. l.], v. 12, nº 39, p. 185–216, 2019. DOI: 10.30899/dfj.v12i39.655. Disponível em: https://dfj.emnuvens.com.br/dfj/article/view/655. Acesso em julho de 2023.

MENDES, Laura Schertel; FONSECA, Gabriel Campos S. STF reconhece direito fundamental à proteção de dados. Comentários sobre o referendo da Medida Cautelar nas ADIs 6387, 6388, 6389, 6390 e 6393. Revista de Direito do Consumidor, São Paulo, v. 130, p. 471-478, 2020.

MENDES. Gilmar Ferreira. Direitos fundamentais e controle de constitucionalidade - Estudos de Direito Constitucional. 4. ed., p. 125. Saraiva Jur, 2012.

MORAES, Maria Celina Bodin de. Danos à pessoa humana: uma leitura civil-constitucional dos danos morais. 2. ed. Rio de Janeiro: Processo, 2017.

_______________. Na medida da pessoa humana: estudos de direito civil-constitucional. Rio de Janeiro: Renovar, 2010.

MORAES, Maria Celina; KONDER, Carlos Nelson. Dilemas do Direito Civil-Constitucional: casos e decisões. Rio de Janeiro: Renovar, 2012.

OEA–Organização dos Estados Americanos. Declaración del Comité Juridico Interamericano sobre Neurociencia, Neurotecnologías y Derechos Humanos: nuevos desafíos jurídicos para las américas. Disponível em (http://www.oas.org/es/sla/cji/docs/CJI-DEC_01_XCIX-O-21.pdf. Acesso em 11 de agosto de 2023.

ORTEGA Y GASSET, José. El hombre y la gente. Madrid: Alianza Editorial-Revista de Occidente, 1983. v. VII – de la Obras Completas.

_______________. Meditaciones del Quijote. Obras completas de José Ortega y Gasset. Madrid: Revista de Occidente, 7a ed., Vol. 1, p. 322.

PERLINGIEIRI, Pietro. O direito civil na legalidade constitucional. Rio de Janeiro: Renovar, 2008.

_______________. Perfis do direito civil. 3. ed. Trad. Maria Cristina De Cicco. Rio de Janeiro: Renovar, 2007.

Princípios De Yogyakarta: Princípios sobre a aplicação da legislação internacional de direitos humanos em relação à orientação sexual e identidade de gênero. Disponível em https://www.clam.org.br/uploads/conteudo/principios_de_yogyakarta.pdf. Acesso em: 10 mai. 2023.

RODOTÀ, Stefano. A vida na sociedade da vigilância: a privacidade hoje. Org., sel. e apr. de Maria Celina Bodin de Moraes. Trad. Danilo Doneda e Luciana Cabral Doneda. Rio de Janeiro: Renovar, 2008.

________________. El derecho a tener derechos. Tradução do italiano para o espanhol de Jose Manuel Revuelta López. Madri: Trotta, 2014. p. 296.

________________. Conversas com Stefano Rodotà. Disponível em https://dcivil1.blogspot.com/2015/11/no-dia-7-de-novembro-sabado-partir-das.html Acesso em: 10 jul. 2023.

________________. Pós-humano. Revista Brasileira de Direito Civil – RBDCivil | Belo Horizonte, v. 27, p. 113-144, jan./mar. 2021.

ROQUE, Daniel Salomão. Os primórdios da propaganda subliminar no Brasil. Disponível em https://www.vice.com/pt/article/a3a4jp/os-primordios-da-propaganda-subliminar-no-brasil. Acesso em maio de 2023.

SÁNCHEZ. Mário Luján. Derecho a la identidad personal: un concepto pionero y un aspecto problemático a la luz del pensamiento del maestro Carlos Fernández Sessarego. Disponível em https://lpderecho.pe/derecho-identidad-personal-concepto-pionero-aspecto-problematico-luz-pensamiento-carlos-fernandez-sessarego/. Acesso em 20 jun. 2023.

SANDEL, Michael. Contra a perfeição: ética na era da engenharia genética. Rio de Janeiro: Civilização Brasileira, 2013.

SARLET, Ingo Wolfgang. Direitos fundamentais e direito privado: algumas considerações em torno da vinculação dos particulares aos direitos fundamentais. In: Doutrinas essenciais de direito do consumidor. São Paulo: Ed. RT, 2011. v. 2, p. 227-285

SARMENTO, Daniel. Dignidade da pessoa humana: conteúdo, trajetórias e metodologia. 2. ed. Belo Horizonte: Fórum, 2016.

SCHREIBER, Anderson; DE MORAES, Bruno Terra; DE TEFFÉ, Chiara Spadaccini (Coord.). Direito e mídia: tecnologia e liberdade de expressão. Indaiatuba: Foco, 2020.

SCHREIBER, Anderson; KONDER, Carlos Nelson. Uma agenda para o direito civil-constitucional. Disponível em https://rbdcivil.ibdcivil.org.br/rbdc/article/view/42. Acesso em: 30 set. 2021.

TEPEDINO, Gustavo. A tutela da personalidade no ordenamento civil-constitucional brasileiro. Temas de Direito Civil Tomo I. Rio de Janeiro: Editora Renovar, pp.1-22.

________________. O Novo Código Civil: duro golpe na recente experiência constitucional brasileira. Rio de Janeiro: Editorial da Revista Trimestral de Direito Civil, nº 7, Padma, jul.-set. 2001, p. iv.

ZANGEROLAME, Fernanda Maria. Monitoramento analógico e digital de sinais elétricos cerebrais. Dissertação (Mestrado) Centro Federal de Educação Tecnológica Celso Suckow da Fonseca, 2009.Bibliografia:

f.49-53. Disponível em http://www.dominiopublico.gov.br/pesquisa/DetalheObraForm.do?select_action=&co_obra=183185. Acesso em maio de 2023.

ZANGEROLAME, Flavia Maria. Os direitos da personalidade e a tutela civil-constitucional: a identidade pessoal como direito fundamental. 2004. 2003 f. Dissertação (Mestrado em Direito Civil) - Faculdade de Direito, Universidade do Estado do Rio de Janeiro, Rio de Janeiro, 2004.

ZANGEROLAME, Flavia; ALMEIDA, Vitor. A seletividade sexual e a intolerância à diversidade: a silenciosa discriminação cotidiana como dano injusto. Disponível em https://www.migalhas.com.br/coluna/migalhas-de-vulnerabilidade/348038/a-seletividade-sexual-e-a-intolerancia-a-diversidade. Acesso em 20 de maio de 2023.

Discriminação algorítmica no direito brasileiro: violação do direito fundamental de proteção ao consumidor pela negação de acesso ao crédito

Jeniffer Gomes da Silva[1]

Introdução

São inegáveis os avanços e as vantagens atrelados à tecnologia, essencialmente quanto ao uso da inteligência artificial no tratamento de dados. Fala-se até mesmo em uma Quarta Revolução Industrial.[2] Essas vantagens se refletem especialmente no campo de mitigação de riscos nos negócios.[3] Todavia, não se pode perder de vista a observação feita por Stefano Rodotà, no sentido de que existe uma defasagem muito grande entre a rapidez do progresso técnico-científico e a lentidão com que amadurece a capacidade de controle dos processos sociais que acompanham esse progresso.[4]

---

1 Doutoranda e Mestre em Direito Civil pela Faculdade de Direito da Universidade do Estado do Rio de Janeiro (UERJ). Sócia do Escritório Galdino & Coelho, Pimenta, Takemi, Ayoub Advogados.

2 Sobre o tema, v. SCHWAB, Klaus. *The fourth industrial revolution*. Geneva: World Economic Forum, 2016.

3 Essa é a lição de Laura Schertel Mendes, à luz do direito do consumidor: "São inúmeras as situações em que o consumidor pode ter a sua privacidade violada na sociedade atual. Para se atingir a personalização da produção e do marketing e a diminuição dos riscos dos negócios, o setor privado armazena e processa grande quantidade de informação quase cotidiana dos consumidores e de seus hábitos de consumo, ampliando os riscos à violação da personalidade do consumidor" (MENDES, Laura Schertel. *Privacidade, proteção de dados e defesa do consumidor*: linhas gerais de um novo direito fundamental. São Paulo: Saraiva, 2014, p. 22).

4 Confira-se: "Hoje, essas secas contraposições podem soar meramente esquemáticas ou simplistas. Mas a nova angústia nasce da consciência da forte defasagem entre a rapidez do progresso técnico- científico e a lentidão com que amadurece a capacidade de controle dos processos sociais que acompanham tal progresso. E é exatamente neste terreno que é preciso trabalhar para preencher tal defasagem, projetando políticas conscienciosas, elaborando remédios institucionais" (RODOTÀ, Stefano. *A vida na sociedade da vigilância:* a privacidade hoje. Rio de Janeiro: Renovar, 2008, p. 42).

Justamente por essa razão, torna-se necessária a elaboração de "*remédios institucionais*"[5] para questões críticas como o sistema de manutenção de desigualdades sociais geradas por vieses na operação automatizada de coleta e processamento de dados pessoais.[6] Sob essa perspectiva, o presente trabalho visa analisar o tema referente à discriminação algorítmica sob a perspectiva do direito brasileiro, essencialmente pela violação ao direito fundamental de proteção ao consumidor pela negação de acesso ao crédito. Para isso, dividiu-se o desenvolvimento dessa empreitada em dois tópicos, cujos aspectos gerais se passa a esboçar. Em um primeiro momento será analisada a noção de discriminação, de forma ampla, e, na sequência, buscar-se-á delinear as principais características da discriminação algorítmica à luz da seara consumerista. Além disso, em um segundo momento, será desenvolvida a repercussão da violação do direito fundamental de proteção ao consumidor pela negação de acesso ao crédito no contexto de decisões automatizadas.

1. Da discriminação à discriminação algorítmica

Antes de tratar propriamente da discriminação algorítmica, é necessário abordar, ainda que de forma breve, alguns aspectos atinentes à discriminação. A discriminação possui uma pluralidade de conceitos normativos, abarcando as ideias de diferenciação admissível e de discriminação intolerável.[7] Essa última, por sua vez, subdivide-se em duas modalidades, quais sejam a discriminação direta *prima facie*, que se re-

5 A expressão é de Stefano Rodotà, vide RODOTÀ, Stefano. *A vida na sociedade da vigilância:* a privacidade hoje. Rio de Janeiro: Renovar, 2008, p. 42.

6 ZANATTA, Rafael A. F. *Perfilização, discriminação e direitos:* do Código de Defesa do Consumidor à Lei Geral de Proteção de Dados Pessoais. Disponível em: < https://www.researchgate.net/publication/331287708_Perfilizacao_Discriminacao_e_Direitos_do_Codigo_de_Defesa_do_Consumidor_a_Lei_Geral_de_Protecao_de_Dados_Pessoais>. Acesso em: 22 jan. 2021.

7 Nesse sentido: "O ordenamento jurídico brasileiro coíbe a discriminação injustificada, em qualquer de suas formas, mas autoriza o tratamento legitimamente diferenciado, fundado em lei, quando razoável diante do interesse tutelado ou das circunstâncias do caso concreto, e em consonância com os valores constitucionais" (TEPEDINO, Gustavo; SCHREIBER, Anderson. A discriminação no direito brasileiro (breve incursão pelo direito internacional privado). In: PEREIRA, Antônio Celso Alves; MELLO, Celso Renato Duvivier de Albuquerque (Coords.). Estudos em homenagem a Carlos Alberto Menezes Direito. Rio de Janeiro: Renovar, 2003, p. 283).

laciona com critérios tutelados pelo ordenamento como cor, gênero e religião,[8] e a discriminação indireta, vinculada ao uso de critérios neutros com repercussões discriminatórias.[9-10-11]

Ultrapassadas essas breves considerações, pode-se afirmar que a discriminação algorítmica consiste no resultado discriminatório gerado por decisão automatizada, cujo escopo é uma análise preditiva, baseada em informações e dados estatísticos. Tal tomada de decisão, direcionada a um indivíduo específico, pode impactar diretamente o acesso da pessoa a bens, serviços e ao próprio mercado de trabalho. Essas decisões, portanto, podem atingir de forma direta direitos individuais, notadamente os referentes à autonomia, igualdade e personalidade.[12]

Nesse cenário, a despeito de uma ideia de atuação objetiva gerada pelas decisões, que têm por base algoritmos,[13] as quais, por meio de aná-

---

8 A Constituição da República Federativa do Brasil (CRFB/1988) estabelece em seu art. 3º, inciso IV como objetivos fundamentais da República Federativa do Brasil a promoção do "bem de todos, sem preconceitos de origem, raça, sexo, cor, idade e quaisquer outras formas de discriminação." Merece menção, ainda, o art. 5º, inciso XLI da Constituição, o qual determina que "a lei punirá qualquer discriminação atentatória dos direitos e liberdades fundamentais".

9 A temática da discriminação é tratada com profundidade por JUNQUEIRA, Thiago. *Tratamento de dados pessoais e discriminação algorítmica nos seguros.* São Paulo: Revista dos Tribunais, 2020, pp. 80-106.

10 Sobre o tema da discriminação indireta, vide CORBO, Wallace. *Discriminação indireta*: conceito, fundamentos e uma proposta de enfrentamento à luz da Constituição de 1988. Rio de Janeiro: Lumen Juris, 2017.

11 Em outra sede, a autora já destacou que "[n]em toda discriminação é vedada pelo direito. Apenas quando se baseia em critérios ou fins ilegítimos, em violação à isonomia constitucionalmente assegurada, é que se torna ilícita. A discriminação pode ser ilícita por se basear diretamente em elementos vedados para certos fins, como a cor ou o gênero (discriminação direta), ou quando, embora com amparo em critérios aparentemente inofensivos, como o endereço residencial, acaba por atingir negativamente pessoas de determinada raça, por exemplo (discriminação indireta)". Seja consentido remeter a OLIVA, Milena Donato; SILVA, Jeniffer Gomes da. Discriminação algorítmica nas relações de consumo. In: *Migalhas.* Disponível em: < https://www.migalhas.com.br/depeso/340680/discriminacao-algoritmica-nas-relacoes-de-consumo>. Acesso em: 2 nov. 2022.

12 DONEDA, Danilo Cesar Maganhoto; SOUZA, Carlos Affonso Pereira de *et al.* Considerações iniciais sobre inteligência artificial, ética e autonomia pessoal. In: *Pensar,* v. 23, nº 4, pp. 1-17, out.-dez./2018, p. 4.

13 Especificamente quanto ao termo algoritmo, confira-se a lição de Bianca Kremer Nogueira Corrêa: "Algoritmos são dotados de um valor inescapável na sociedade

lises estatísticas, afastariam os riscos dos vieses típicos de decisões humanas, a literatura tem demonstrado que, na verdade, há o risco de discriminação atrelado à operação de tomada de decisão baseada em algoritmos.[14]

Tradicionalmente, são duas as explicações indicadas pela doutrina para essas ações discriminatórias geradas por algoritmos e que ocasionam danos. Em primeiro lugar, alude-se à qualidade dos dados pelos quais se baseia a decisão automatizada. Dito de outro modo, se o algoritmo tem por base dados preconceituosos, naturalmente ocorrerá a reprodução automatizada desses padrões carregados de preconceitos. Nessa direção, lecionam Danilo Cesar Maganhoto Doneda *et al*:

> "Primeiramente, qualquer algoritmo só é tão bom quanto os dados que lhe servem como base [...]. Isto é: a qualidade da decisão automatizada ("output"), baseada em um algoritmo, tem uma correlação direta com a qualidade dos dados que ele processa ("input"). Por isso, se o algoritmo se baseia em dados históricos repletos de preconceitos, ele reproduzirá, de forma automatizada, os mesmos padrões preconceituosos utilizados como base de seu processamento.
>
> Assim, é fácil perceber que, se forem utilizados no modelo estatístico dados com alto potencial discriminatório, tais como dados raciais, étnicos ou de orientação sexual, haverá um grande risco de que a decisão que resultará do processo automatizado (output) também seja discriminatória. Esses dados são os chamados dados sensíveis, cujo processamento é limi-

contemporânea, cada vez mais hiperconectada e movida a dados. Na computação, o algoritmo é qualquer sequência de instruções que comanda o computador, podendo ser conceituado como conjunto de instruções que explica detalhadamente como realizar uma tarefa qualquer." E a autora arremata: "Algoritmos são, em geral, toda e qualquer sequência de instruções que, uma vez seguidas passo-a-passo, permitem a solução de problemas ou a execução de tarefas. São exemplos de algoritmos as receitas de bolo, e os manuais de montagem de móveis" (CORRÊA, Bianca Kremer Nogueira. *Direito e tecnologia em perspectiva amefricana:* autonomia, algoritmos e vieses raciais. Tese de Doutorado. Rio de Janeiro: Pontifícia Universidade Católica do Rio de Janeiro – PUC Rio, 2021, p. 8 e nota de rodapé nº 3).

14 BAROCAS, Solon; SELBST, Andrew. Big Data's Disparate Impact. *California law review,* v. 104, pp. 671-732, 2016, p. 677-693.

tado pelas legislações de proteção de dados de vários países, assim como pelo Regulamento Europeu de Dados Pessoais."[15]

Além disso, uma outra razão para esse resultado discriminatório decorrente de decisões automatizadas é o método estatístico que diferencia indivíduos com base em características prováveis de um grupo.[16] Insere-se aqui a ideia de perfilização, de modo que essa forma de tratamento de dados automatizada se associa mais a grupos sociais do que ao indivíduo em si, o que gera um conflito na medida em que a proteção de dados pessoais possui uma matriz individualista.[17]

Nesse ponto se insere a temática dos dados sensíveis, previstos no art. 5º, inciso II da Lei Geral de Proteção de Dados Pessoais ("LGPD")[18-19],

---

15 DONEDA, Danilo Cesar Maganhoto; SOUZA, Carlos Affonso Pereira de *et al.* Considerações iniciais sobre inteligência artificial, ética e autonomia pessoal. In: *Pensar,* v. 23, nº 4, pp. 1-17, out.-dez./2018, p. 5.

16 DONEDA, Danilo Cesar Maganhoto; SOUZA, Carlos Affonso Pereira de *et al.* Considerações iniciais sobre inteligência artificial, ética e autonomia pessoal. In: *Pensar,* v. 23, nº 4, pp. 1-17, out.-dez./2018, p. 5.

17 ZANATTA, Rafael A. F. *Perfilização, discriminação e direitos:* do Código de Defesa do Consumidor à Lei Geral de Proteção de Dados Pessoais. Disponível em: <https://www.researchgate.net/publication/331287708_Perfilizacao_Discriminacao_e_Direitos_do_Codigo_de_Defesa_do_Consumidor_a_Lei_Geral_de_Protecao_de_Dados_Pessoais >. Acesso em: 30 dez. 2020.

18 Segundo o art. 5º, II da Lei Geral de Proteção de Dados Pessoais (LGPD), Lei nº 13.709/2018, dado sensível consiste em: "dado pessoal sobre origem racial ou étnica, convicção religiosa, opinião política, filiação a sindicato ou a organização de caráter religioso, filosófico ou político, dado referente à saúde ou à vida sexual, dado genético ou biométrico, quando vinculado a uma pessoa natural".

19 Defende-se em doutrina uma proteção especial aos dados sensíveis: "Daí, no sentido de analisar os contornos do mundo digital, adequado é partir da ideia de que dados pessoais são todas as informações de caráter personalíssimo caracterizadas pela identificabilidade e pela determinabilidade do seu titular, enquanto os dados sensíveis são aqueles que tratam sobre a origem racial e étnica, as convicções políticas, ideológicas, religiosas, as preferências sexuais, os dados sobre a saúde, os dados genéticos e os biométricos. (...)Tratando-se de dados sensíveis, reafirma-se a exigência de uma proteção especial alicerçada no princípio da dignidade da pessoa humana, cuja fundamentalidade radica e sustenta a democracia e o atual molde de Estado de Direito" (SARLET, Gabrielle Bezerra Sales. Notas sobre a proteção de dados pessoais na sociedade informacional na perspectiva do atual sistema normativo brasileiro. In: LIMA, Cíntia Rosa Pereira de. *Comentários à lei geral de proteção de dados.* São Paulo: Almedina, 2020, p. 19-20 e p. 22).

tais como dados raciais, étnicos, de orientação sexual ou de convicção religiosa. O processamento dessas informações é limitado pelas legislações de tratamento de dados justamente porque o seu uso é potencialmente discriminatório.[20] Isso, porque se insere nos dados sensíveis o denominado "núcleo duro da privacidade", de tal forma que o tratamento desses dados pode implicar em "discriminação ilícita ou abusiva de seu titular, devendo, por conseguinte, ser protegidos de forma mais rígida e específica".[21]

Cumpre salientar, contudo, que, como exposto anteriormente, a discriminação abarca as ideias de diferenciação admissível e diferenciação intolerável, sendo necessário investigar a configuração de cada uma dessas hipóteses. O presente trabalho utilizará como exemplos hipóteses da prática consumerista brasileira para distinguir esses dois cenários.

Com efeito, é possível identificar no Código de Defesa do Consumidor brasileiro ("CDC") instrumentos para a prevenção da discriminação no âmbito das relações contratuais de consumo, tais como o art. 6º, inciso II e o art. 39, incisos IX e X. O art. 6º, inciso II do CDC estabelece como direito básico do consumidor a liberdade de escolha quanto a serviços e produtos, bem como a "igualdade nas contratações".[22] O art. 39, incisos IX e X do CDC, por sua vez, veda ao fornecedor (i) a prática de recusa de alienação de bens ou prestação de serviços a quem se disponha a comprá-los[23] e (ii) a elevação de preço de produtos ou serviços sem uma justa causa.[24]

A análise desses dispositivos, à luz do contexto da tomada de decisão automatizada por meio de algoritmos, remete aos conceitos de *geopricing* e *geoblocking*, isto é, "discriminações injustificadas feitas a

20 A título exemplificativo, pode-se mencionar a Lei do Cadastro Positivo.

21 TEPEDINO, Gustavo; TEFFÉ, Chiara Spadaccini de. O consentimento na circulação de dados pessoais. In: *Revista Brasileira de Direito Civil – RBDCivil,* v. 25, pp. 83-116, jul.-set./2020, p. 104.

22 "Art. 6º São direitos básicos do consumidor: (...) II - a educação e divulgação sobre o consumo adequado dos produtos e serviços, asseguradas a liberdade de escolha e a igualdade nas contratações;".

23 "Art. 39. É vedado ao fornecedor de produtos ou serviços, dentre outras práticas abusivas: (...) IX - recusar a venda de bens ou a prestação de serviços, diretamente a quem se disponha a adquiri-los mediante pronto pagamento, ressalvados os casos de intermediação regulados em leis especiais;".

24 "Art. 39. É vedado ao fornecedor de produtos ou serviços, dentre outras práticas abusivas: (...) X - elevar sem justa causa o preço de produtos ou serviços".

consumidores por critérios geográficos para efeitos de diferenciação do preço"[25] do bem e para a negativa de oferta de produto ou de serviço. Tais repercussões se manifestam, dessa forma, em contratos eletrônicos.[26] Dessa forma, indaga-se: a coleta e tratamento de dados geográficos é realizada com a devida ciência do consumidor? Além disso, questiona-se: qualquer tipo de diferenciação de preço pautada na localização do consumidor seria reputado como uma discriminação intolerável?

Essas duas indagações se relacionam. De acordo com a doutrina, o problema "não está ligado essencialmente ao fato de a discriminação de preços ter como base a localização geográfica do consumidor", mas sim ao fato de o consumidor não ter ciência da prática do *geopricing*.[27]

---

25 Veja-se: "Por meio dele, cria-se um perfil do consumidor para direcionar preços de acordo com a sua respectiva capacidade econômica (*price-discrimination*). Um exemplo disso são as práticas que se tornaram conhecidas como *geo pricing* e *geo blocking*, que consistem em discriminações injustificadas feitas a consumidores por critérios geográficos para efeitos de diferenciação do preço das acomodações (*geo pricing*) e para a negativa de oferta de vagas (*geo blocking*)" (MEDON, Filipe. *Inteligência artificial e responsabilidade civil:* autonomia, riscos e solidariedade. Salvador: JusPodivm, 2020, p. 253-254).

26 Acerca do dinamismo dessa modalidade contratual, veja-se: "Há muitos anos, os contratos eletrônicos foram introduzidos na sistemática jurídica brasileira. O *e-commerce* já movimenta quantias de suma importância, condição que foi exponencialmente aumentada com a pandemia da Covid-19. O dinamismo desses novos modelos de negócio e a velocidade com que se transformam e atualizam traz, de um lado, inequívoco progresso para as relações comerciais, e, de outro, grandes desafios na análise jurídica desses instrumentos. Antes mesmo da democratização do acesso à internet, já se apontava que os contratos eletrônicos abalavam cinco referências fundamentais da disciplina jurídica dos contratos: quem contrata, onde contrata, quando contrata, como contrata e o que contrata. Embora muito já se tenha avançado nesse campo, é impossível que o Direito acompanhe as inovações na mesma velocidade que a tecnologia. Apesar de previsões legislativas para regulamentação dos contratos eletrônicos, ainda são relevantes as dificuldades enfrentadas pelos juristas para a interpretação e recepção, pelo ordenamento, dos efeitos desses instrumentos" (SILVA, Jeniffer Gomes da; SIQUEIRA, Mariana Ribeiro. Contratação eletrônica à luz da economia do compartilhamento. In: ROQUE, Andre Vasconcelos; OLIVA, Milena Donato (Coords.). *Direito na era digital:* aspectos negociais, processuais e registrais. São Paulo: JusPodivm, 2022, p. 429-430).

27 Confira-se: "Por outro lado, imagine-se que um determinado fornecedor queira aproveitar a data comemorativa do aniversário de um determinado município e lance promoção, ofertando preços mais baixos nesse dia para os moradores dessa cidade – na prática, para os consumidores que acessarem o site de um computador situado na cidade. Uma discriminação de preços como essa é comum e não é con-

Dessa maneira, a um só tempo, (i) deve-se garantir a informação ao consumidor acerca do uso, tratamento de dados geográficos e da consequente diferenciação de preços e (ii) devem ser estabelecidos critérios com a finalidade de perquirir se a diferenciação de preço é justificável. De modo geral, e não exclusivo a essa modalidade de contratação, a doutrina faz alusão à razoabilidade, a critérios objetivos[28] e à não incidência da arbitrariedade[29] como fatores necessários para justificar uma diferenciação na precificação.

Nesse cenário, seria possível afirmar que nem toda diferenciação de preço pautada na localização do consumidor consiste em discriminação intolerável. A título exemplificativo, imagine-se a hipótese em que a elevação do preço decorre do frete. Neste caso não haveria incidência da geodiscriminação,[30] uma vez que a diferenciação do preço seria pautada em um critério objetivo e razoável.

Outro campo da seara de contratação consumerista que também gera uma série de indagações relevantes é o do contrato de seguro. Sabe-

siderada abusiva. O problema, portanto, não está ligado essencialmente ao fato de a discriminação de preços ter como base a localização geográfica do consumidor. Antes é um problema que decorre principalmente do fato de o consumidor não saber que está ocorrendo o *geopricing*. Em observância ao direito básico do consumidor à informação, o fornecedor precisa informar os consumidores de que essa prática está sendo realizada. Sendo isso satisfeito, passa-se a analisar se há ou não justa causa para a sua realização (art. 39, X, do CDC. A solução para essa questão depende, no mais das vezes, de se, no caso concreto, há uma justificação objetiva para a discriminação de preços por localização geográfica que está sendo praticada98. Se houver fundamento objetivo, como é o caso do exemplo referido de promoção envolvendo o aniversário da cidade, haverá justa causa e a prática não será abusiva" (DIAS, Daniel; NOGUEIRA, Rafaela; QUIRINO, Carina de Castro. Vedação à discriminação de preços sem justa causa: uma interpretação constitucional e útil do art. 39, X, do CDC. In: *Revista de direito do consumidor,* v. 121, jan.-fev./2019, pp. 51-97).

28 JUNQUEIRA, Thiago. *Tratamento de dados pessoais e discriminação algorítmica nos seguros.* São Paulo: Revista dos Tribunais, 2020, p. 102-103.

29 DUBUISSON, Bernard. *Solidarité, segmentation et discrimination en assurances, nouveau débat, nouvelles questions.* Disponível em: < https://www.courdecassation.fr/venements_23/colloques_4/2008_2484/intervention_bernard_dubuisson_11742.html>. Acesso em: 31 dez. 2020.

30 O exemplo é desenvolvido por FALEIROS JÚNIOR, José Luiz de Moura; BASAN, Arthur Pinheiro. Desafios da predição algorítmica na tutela jurídica dos contratos eletrônicos de consumo. In: *Revista da Faculdade de Direito da UFRGS,* nº 44, pp. 131-153, dez./2020, p. 141.

se que é comum o uso de critérios como gênero e idade para fins de diferenciação da precificação do seguro de veículo, por exemplo.

Diferente do exemplo anterior, em que o critério utilizado na tomada de decisão automatizada era a localização do consumidor, aqui os critérios são o gênero e a idade do contratante, fatores considerados pela Constituição da República Federativa do Brasil (CRFB/1988) como não passíveis de preconceito, nos termos de seu art. 3º, inciso IV.[31] Sob essa perspectiva, seria admissível a diferenciação na precificação do seguro de automóvel considerando o gênero do consumidor?

A doutrina tem concluído que sim. Considera-se que, no caso concreto, tal diferenciação pode ser considerada legítima, desde que sejam considerados critérios objetivos e razoáveis, bem como haja a incidência do uso de dados "fiáveis e atualizados". Além disso, essa distinção pode ser reputada admissível com o oferecimento de condições mais benéficas às mulheres.[32]

Ainda no campo dos seguros, outra problemática expressiva diz respeito ao risco da supramencionada discriminação indireta. Com o avanço do uso do Big Data, observa-se verdadeira convergência entre as modalidades direta e indireta de discriminação, o que implica na necessidade de implementação de recursos preventivos à discriminação algorítmica.[33] Nessa direção, leciona Thiago Junqueira:

---

31 Veja-se: "Art. 3º Constituem objetivos fundamentais da República Federativa do Brasil: (...) IV - promover o bem de todos, sem preconceitos de origem, raça, sexo, cor, idade e quaisquer outras formas de discriminação."

32 Nesse sentido: "A utilização de critérios protegidos contra a discriminação, como o gênero, em um determinado tratamento, dá causa a uma discriminação *prima facie*, que, todavia, pode ser justificada *in concreto*, tornando-se uma diferenciação legítima. A tutela antidiscriminatória possui, em primeiro plano, as funções de prevenir e combater tratamentos diferenciados em prejuízo de grupos historicamente em desvantagem na sociedade ou que se encontram em situação de vulnerabilidade temporária. Tudo ponderado, conclui-se que, se objetivo e razoável, feito com dados fiáveis e atualizados, bem como oferecendo, no geral, melhores condições às mulheres, o uso do gênero na precificação do seguro de automóvel deveria, no contexto atual, prosseguir sendo considerado uma *diferenciação admissível*" (JUNQUEIRA, Thiago. *Tratamento de dados pessoais e discriminação algorítmica nos seguros.* São Paulo: Revista dos Tribunais, 2020, p. 381).

33 JUNQUEIRA, Thiago. *Tratamento de dados pessoais e discriminação algorítmica nos seguros.* São Paulo: Revista dos Tribunais, 2020, p. 381-382.

> "Impulsionado pelo estudo da economia comportamental e a acentuada evolução da geração de dados e métodos para extrair deles valor (*Big Data*, internet das coisas e inteligência artificial), o setor dos seguros vem se alterando e, ao que tudo indica, está na iminência de uma profunda transformação. No que aqui interessa, ao longo do período da 'era da ciência atuarial do seguro', a discussão acerca da privacidade centrou-se na amplitude do dever de informação pré-contratual inerente ao proponente e na modalidade direta da discriminação. *A expansão do uso de 'dados não tradicionais' pelos seguradores está começando a demandar o redirecionamento de ambas as questões: já não mais os dados fornecidos, mas os observados e inferidos passam a ameaçar a privacidade e as modalidades – indireta e por associação – ganham destaque no exame da discriminação.*" (grifos nossos).[34]

Observa-se, desse modo, que, com base em critérios razoáveis e objetivos, é possível a realização de uma diferenciação sem que tal medida seja reputada como diferenciação intolerável. Todavia, há casos nos quais determinada distinção caracteriza verdadeira discriminação algorítmica.

Nesse cenário, à luz do direito brasileiro, merece menção o caso da sociedade empresária Decolar.com. Constatou-se que a empresa ofereceu um preço de hospedagem 29% mais caro para usuários que acessassem o site por cidade do Brasil, quando comparado com o preço oferecido para acessos feitos em cidade da Argentina. Essa diferenciação, justamente por ser reputada como injusta, levou a Decolar.com a sofrer uma multa por uma entidade protetiva dos interesses do consumidor.[35]

Ao comentar o caso emblemático, Ana Frazão ressalta que, a despeito da livre precificação inerente ao regime capitalista, a livre iniciativa não pode ser considerada absoluta. Além disso, a autora evidencia que "sendo abusiva a coleta dos dados, a utilização superveniente de-

34 JUNQUEIRA, Thiago. *Tratamento de dados pessoais e discriminação algorítmica nos seguros.* São Paulo: Revista dos Tribunais, 2020, p. 381.

35 Departamento de Proteção e Defesa do Consumidor da Secretaria Nacional de Relações de Consumo do Ministério da Justiça.

les em prejuízo do consumidor passa a ter a sua licitude seriamente comprometida".[36]

Sendo assim, a supramencionada prática de *geopricing* realizada pela Decolar.com revela que, para além da diferenciação injustificada consubstanciada na decisão automatizada que promove discriminação geográfica, parte-se, ainda, da presunção de que um usuário estrangeiro teria maior poder de compra do que um consumidor nacional. [37] Veja-se que, neste caso, o uso do endereço do consumidor, como fator distintivo de precificação, não foi com um propósito objetivo e razoável devido ao cálculo de frete, como exemplificado anteriormente, o que implica na incidência da discriminação algorítmica. Ultrapassada a análise acerca do conceito amplo de discriminação e do conceito específico de discriminação algorítmica, passa-se ao exame da violação ao direito fundamental

36 Nesse sentido, afirma Ana Frazão: "Este ponto é interessante porque um dos pilares do regime capitalista é a livre precificação, consequência direta da livre iniciativa. Entretanto, como qualquer outro qualquer direito, a livre iniciativa não pode ser considerado absoluta, estando sujeita aos critérios do abuso de direito4, inclusive naquilo em que este é densificado por meio das condutas vedadas previstas no Código de Defesa do Consumidor e na Lei Antitruste, dentre outros diplomas legislativos". Na sequência, a autora complementa: "Desta maneira, sendo abusiva a coleta dos dados, a utilização superveniente deles em prejuízo do consumidor passa a ter a sua licitude seriamente comprometida, caso em que a racionalidade econômica da conduta deve ser contrastada com os parâmetros jurídicos que já definem os limites para a precificação de bens e serviços e para a diferenciação de consumidores, os quais obviamente podem e devem se aplicar também ao mundo virtual, ainda que com as adaptações necessárias" (FRAZÃO, Ana. *Geo pricing e geo blocking:* as novas formas de discriminação de consumidores e os desafios para o seu enfrentamento. Disponível em: < http://www.professoraanafrazao.com.br/files/publicacoes/2018-08-15-Geo_pricing_e_geo_blocking_As_novas_formas_de_discriminacao_de_consumidores_e_os_desafios_para_o_seu_enfrentamento.pdf> Acesso em: 3 nov. 2022).

37 Nessa direção, afirma-se que "[u]m exemplo disso são as práticas que se tornaram conhecidas como *geo pricing* e *geoblocking*, que consistem em discriminações injustificadas feitas a consumidores por critérios geográficos para efeitos de diferenciação do preço das acomodações (*geo pricing*) e para a negativa de oferta de vagas (*geo blocking*). (...) O caso escancara, ainda, um problema de preconceito algoritmo, uma vez que os algoritmos geram presunções discriminatórias, como o suposto maior poder de compra de um estrangeiro. Essa 'discriminação geográfica é implementada por intermédio de uma manipulação na própria estrutura do código do algoritmo utilizado para selecionar e disponibilizar ofertas aos consumidores'" (MEDON, Filipe. *Inteligência artificial e responsabilidade civil:* autonomia, riscos e solidariedade. Salvador: JusPodivm, 2020, p. 253 e p. 254).

de proteção ao consumidor pela negação de acesso ao crédito no contexto de decisões automatizadas.

2. Discriminação algorítmica e direito de acesso ao crédito: violação do direito fundamental de proteção ao consumidor

Os direitos fundamentais consistem em "direitos humanos incorporados ao ordenamento jurídico doméstico", isto é, expressam a "positivação pelo Estado dos direitos morais das pessoas".[38] Nessa ordem de ideias, o art. 5º da CRFB/1988 estabelece que todos "são iguais perante a lei, sem distinção de qualquer natureza, garantindo-se aos brasileiros e aos estrangeiros residentes no País a inviolabilidade do direito à vida, à liberdade, à igualdade, à segurança e à propriedade", nos termos de setenta e oito incisos e parágrafos em rol meramente exemplificativo.[39-40]

Com efeito, os direitos fundamentais são direitos subjetivos com caráter vinculante, os quais podem ser tutelados pelo Poder Judiciário, como leciona Luís Roberto Barroso:

> "Vale dizer: direitos fundamentais são vinculantes e podem ser tutelados pelo Poder Judiciário. Porém, a interpretação e aplicação de direitos subjetivos com caráter de direitos fundamentais podem envolver complexidades e sutilezas Normas de direito fundamental ora se apresentam com estrutura de regra, ora podem sofrer restrições, podem ter de ceder parcial

---

38 BARROSO, Luís Roberto. *Curso de direito constitucional contemporâneo:* os conceitos fundamentais e a construção do novo modelo. 9 ed. São Paulo: Saraiva Educação, 2020, p. 493.

39 Nesse sentido, leciona Pedro Lenza: "Trata-se de rol meramente exemplificativo, na medida em que os direitos e garantias expressos na Constituição não excluem outros decorrentes do regime e dos princípios por ela adotados, ou dos tratados internacionais em que a República Federativa do Brasil seja parte (§2º)" (LENZA, Pedro. *Direito Constitucional.* 21 ed. São Paulo: Saraiva, 2017, p. 1105).

40 A amplitude do rol estabelecido no art. 5º da Constituição da República Federativa do Brasil também é observada por Ingo Wolfgoang Sarlet: "A amplitude do catálogo dos direitos fundamentais, aumentando, de forma sem precedentes, o elenco dos direitos protegidos é outra característica preponderantemente positiva digna de referência. Apenas para exemplificar, o art. 5º possui 78 incisos, sendo que do que o art 7º consagra, em seus 34 incisos, um amplo rol de direitos sociais dos trabalhadores" (SARLET, Ingo Wolfgang. *A eficácia dos direitos fundamentais.* 5 ed. Porto Alegre: Livraria do Advogado, 2005, p. 77).

> ou inteiramente diante de certas situações fáticas ou jurídicas e estarão sujeitas à ponderação com outros direitos fundamentais ou interesses coletivos."[41]

Nesse cenário, convém ressaltar que dentre os direitos fundamentais expressamente elencados no mencionado rol do art. 5º da CRFB/1988 se insere a proteção do consumidor, uma vez que a Constituição determina que "o Estado promoverá, na forma da lei, a defesa do consumidor", em seu inciso XXXII. Ao lado desse dispositivo, deve ser analisado também a redação do art. 170, inciso V da CRFB/1988, o qual eleva a defesa do consumidor à condição de princípio da ordem econômica.[42] Assim, da leitura conjugada dessas previsões se depreende que o consumidor foi inserido na categoria de titular de direitos constitucionais fundamentais.[43]

Dessa forma, na hipótese em que um consumidor se vê impedido de ter acesso ao crédito em razão de uma análise de dados realizada por algoritmo, envolvendo vieses discriminatórios, constata-se uma violação a um direito fundamental por meio dessa negativa de acesso ao crédito. Como destaca Bianca Kremer, o crédito não consiste em uma "questão trivial na sociedade capitalista que herdamos". Pelo contrário, trata-se de meio pelo qual se possibilita a realização de compras, "sendo um elemento muito importante para financiar o consumo das pessoas e as atividades de produção das empresas, especialmente as de pequeno e médio porte". Confira-se:

> "O crédito não é uma questão trivial na sociedade capitalista que herdamos. Ele é responsável pelo poder de compra e possui relação direta com a qualidade de vida da população. O crédito é o meio que permite realizar a compra de mercadorias, serviços ou obter dinheiro através de pagamentos fu-

---

41 BARROSO, Luís Roberto. *Curso de direito constitucional contemporâneo:* os conceitos fundamentais e a construção do novo modelo. 9 ed. São Paulo: Saraiva Educação, 2020, p. 494.

42 "Art. 170. A ordem econômica, fundada na valorização do trabalho humano e na livre iniciativa, tem por fim assegurar a todos existência digna, conforme os ditames da justiça social, observados os seguintes princípios: (...) V - defesa do consumidor;".

43 SILVA, José Afonso da. *Curso de direito constitucional positivo.* 23 ed. São Paulo: Malheiros, 2004, p. 262.

> turos, sendo um elemento muito importante para financiar o consumo das pessoas e as atividades de produção das empresas, especialmente as de pequeno e médio porte. Nesse sentido, o crédito se mostra um importante diagnóstico da saúde financeira de um indivíduo ou empresa e o indicativo de equilíbrio entre receitas e despesas na vida pessoal, em torno do qual gravitam todas as demais esferas da vida do indivíduo."[44]

Nesse sentido, na seara consumerista, especificamente à luz dos sistemas de concessão de crédito, os quais, por vezes, levam em consideração dados como localidade, nacionalidade e gênero, observa-se que esses dados acabam se revestindo de peso fundamental na tomada de decisão automatizada.

Neste ponto, torna-se relevante destacar duas questões cruciais. Em primeiro lugar, estudos realizados no Brasil demonstram que o uso do endereço do indivíduo para fins de análise preditiva comporta um alto potencial discriminatório. Isso, porque existe uma relação considera íntima, pela doutrina, entre endereço e raça.

Nesse cenário, um exemplo indicado pela literatura é como o Estado de São Paulo, no Brasil, divide-se por classe social e por raça, na medida em que brancos de classes médias e superiores possuem residência nas áreas mais privilegiadas da cidade, de modo que se isolam de todas as outras classes, até mesmo de negros de classe média e alta.[45]

Por essa razão, em uma análise de crédito, por exemplo, a consideração do endereço de uma pessoa negra pode gerar discriminação porque o fato dessa pessoa ter residência em uma localidade considerada como não privilegiada pode levar à conclusão equivocada de que o seu poder aquisitivo é menor do que uma pessoa branca que reside em outro endereço considerado nobre.

Ainda à luz da concessão de crédito, há estudos que demonstram que até o nome do indivíduo é levado em consideração, de tal modo que pessoas que possuem nomes de origem africana se deparam com uma

---

44 KREMER, Bianca. Discriminações do sistema de pontuação de crédito: uma perspectiva de gênero e Raça. In: OMS, Juliana (Coord.). *O consumidor na era da pontuação de crédito* [livro digital]. São Paulo: IDEC, 2022.

45 JUNQUEIRA, Thiago. *Tratamento de dados pessoais e discriminação algorítmica nos seguros*. São Paulo: Revista dos Tribunais, 2020, p. 239.

dificuldade maior no acesso ao crédito, em razão das más interpretações feitas pelos algoritmos.[46]

Outro ponto importante revelado pela doutrina é o de que grupos marginalizados estão mais suscetíveis à coleta de dados pessoais. Isso, porque tais indivíduos recebem benefícios de políticas sociais e, por essa razão, ficam mais vulneráveis ao monitoramento feito pelo Estado. Por consequência, esses dados acabam reforçando a marginalidade de determinados grupos, que são alvos de algoritmos preditivos. [47]

Assim, verifica-se que a temática da discriminação algorítmica comporta elevada complexidade e relevância, sendo necessário ampliar o seu estudo e debate para que se promovam medidas preventivas eficazes contra essa discriminação.

3. À guisa de uma conclusão: pavimentando o caminho de mecanismos de prevenção à discriminação algorítmica

É possível identificar distintas soluções apontadas pela literatura para essa discriminação decorrente do tratamento automatizado de dados pessoais. Na doutrina estrangeira, especialmente a norte americana, há dois segmentos contrapostos. Para uma primeira corrente, apenas a transparência poderia eliminar esse resultado discriminatório das decisões automatizadas.[48] Uma segunda corrente, por outro lado, pautada

---

46 Veja-se: "Na concessão de crédito, nem mesmo o nome passa impune. Já há pesquisas que apontam que nomes de origem africana encontram maior dificuldade no acesso ao crédito, devido às más interpretações feitas pelos algoritmos" (MEDON, Filipe. *Inteligência artificial e responsabilidade civil:* autonomia, riscos e solidariedade. Salvador: JusPodivm, 2020, p. 228).

47 "A perfilização se beneficia daquilo que Eubanks chama de "*feedback looping de injustiça*": grupos marginalizados estão mais suscetíveis à coleta de dados pessoais pois são beneficiários de políticas sociais e estão mais vulneráveis ao monitoramento estatal. Esses dados servem para reforçar a marginalidade, quando tais grupos são alvo de algoritmos preditivos, análises de risco e sistemas automáticos de elegibilidade" (ZANATTA, Rafael A. F. *Perfilização, discriminação e direitos:* do Código de Defesa do Consumidor à Lei Geral de Proteção de Dados Pessoais. Disponível em: <https://www.researchgate.net/publication/331287708_Perfilizacao_Discriminacao_e_Direitos_do_Codigo_de_Defesa_do_Consumidor_a_Lei_Geral_de_Protecao_de_Dados_Pessoais>. Acesso em: 22 jan. 2021).

48 Veja-se: "Nevertheless, it is time for us as citizens to demand that important decisions about our financial and communication infrastructures be made intelligible, soon, to in de pen dent reviewers – and that, over the years and the de cades to

na ideia do sigilo empresarial entende que o melhor caminho seria o das ações afirmativas algorítmicas para o combate da discriminação de gênero e raça.[49]

Com efeito, para que se promova o combate à discriminação ilícita, em todas as suas modalidades, mostra-se essencial que a decisão algorítmica seja dotada de transparência. Dessa forma, apenas com o conhecimento dos dados coletados e dos critérios utilizados pela inteligência artificial será possível a realização do controle valorativo das suas decisões.

Ao lado da General Data Protection Regulation (GDPR), a qual dispõe sobre as normas de proteção de dados pessoais na União Europeia, a Lei Federal Brasileira 13.709/2018, a já mencionada Lei Geral de Proteção de Dados Pessoais, pavimenta importante "caminho em busca da accountability algorítmica".[50] Então, a transparência se torna pressuposto para que a decisão algorítmica possa ser considerada legítima,[51]

come, they be made part of a public record available to us all. Black box ser vices are often wondrous to behold, but our black box society has become dangerously unstable, unfair, and unproductive. Neither New York quants nor California engineers can deliver a sound economy or a secure society. Those are the tasks of a citizenry, which can perform its job only as well as it understands the stakes" (PASQUALE, Frank. *Black box:* the secret algorithms that control Money and information. Cambridge: Havard University Press, 2015, p. 218).

49 Nesse sentido: "This is why affirmative action is the right model for fashioning a remedy for algorithmic discrimination. Here, I mean 'affirmative action' in its broadest sense, as a set of proactive practices that recognize deficiencies in the equality of opportunity and act in a multiplicity of ways to seek to correct for those deficiencies. The Affirmative Action Review conducted during the Clinton Administration defined affirmative action as 'any effort taken to expand opportunity for women or racial, ethnic and national origin minorities by using membership in those groups that have been subject to discrimination as a consideration.' Affirmative action does not focus on identifying the how of discrimination, but on working to correct it, regardless of its source" (CHANDER, Anupam. The racist algorithm? In: *Michigan Law Review.* v. 115: 1023, abr./2017, p. 1040-1041).

50 FRAZÃO, Ana. Nova LGPD: ainda sobre a eficácia do direito à explicação e à oposição. In: *Jota.* Acesso em: 12 fev. 2021.

51 CALABRICH, Bruno Freire de Carvalho. Discriminação algorítmica e transparência na lei geral de proteção de dados pessoais. In: Revista de direito e as novas tecnologias, v. 8, jul.-set./2020, p. 9.

uma vez que permite o controle não apenas em relação à qualidade dos dados, como também à qualidade do processamento de dados.[52]

Pelo exposto, para que os algoritmos não reproduzam os preconceitos hoje existentes, constantes nos dados utilizados para treiná-los, que se refletem em diversas searas, especialmente no campo da aquisição de crédito, é imperioso que exista transparência sobre o processo de tomada de decisão pela inteligência artificial. Não se pretende, com isso, atravancar o salutar desenvolvimento tecnológico, mas preservar e promover a tábua axiológica constitucional, que estimula e protege a livre iniciativa que esteja alinhada com os princípios da Constituição da República.[53]

Referências

BAROCAS, Solon; SELBST, Andrew. Big Data's Disparate Impact. *California law review*, v. 104, pp. 671-732, 2016.

BARROSO, Luís Roberto. *Curso de direito constitucional contemporâneo:* os conceitos fundamentais e a construção do novo modelo. 9 ed. São Paulo: Saraiva Educação, 2020.

CALABRICH, Bruno Freire de Carvalho. Discriminação algorítmica e transparência na lei geral de proteção de dados pessoais. In: Revista de direito e as novas tecnologias, v. 8, jul.-set./2020.

CHANDER, Anupam. The racist algorithm? In: *Michigan Law Review.* v. 115: 1023, abr./2017.

CORBO, Wallace. *Discriminação indireta*: conceito, fundamentos e uma proposta de enfrentamento à luz da Constituição de 1988. Rio de Janeiro: Lumen Juris, 2017.

52 FRAZÃO, Ana. Fundamentos da proteção dos dados pessoais. Noções introdutórias para a compreensão da importância da Lei Geral de Proteção de Dados. In: TEPEDINO, Gustavo; FRAZÃO, Ana; OLIVA, Milena Donato (Coords.). Lei geral de proteção de dados pessoais: e suas repercussões no Direito brasileiro. São Paulo: Revista dos Tribunais, 2019, p. 38.

53 Seja consentido remeter a: OLIVA, Milena Donato; SILVA, Jeniffer Gomes da. Discriminação algorítmica nas relações de consumo. In: *Migalhas.* Disponível em: < https://www.migalhas.com.br/depeso/340680/discriminacao-algoritmica-nas-relacoes-de-consumo>. Acesso em: 2 nov. 2022.

CORRÊA, Bianca Kremer Nogueira. *Direito e tecnologia em perspectiva amefricana:* autonomia, algoritmos e vieses raciais. Tese de Doutorado. Rio de Janeiro: Pontifícia Universidade Católica do Rio de Janeiro – PUC Rio, 2021.

DIAS, Daniel; NOGUEIRA, Rafaela; QUIRINO, Carina de Castro. Vedação à discriminação de preços sem justa causa: uma interpretação constitucional e útil do art. 39, X, do CDC. In: *Revista de direito do consumidor,* v. 121, jan.-fev./2019.

DONEDA, Danilo Cesar Maganhoto; SOUZA, Carlos Affonso Pereira de *et al.* Considerações iniciais sobre inteligência artificial, ética e autonomia pessoal. In: *Pensar,* v. 23, nº 4, pp. 1-17, out.-dez./2018.

DUBUISSON, Bernard. *Solidarité, segmentation et discrimination en assurances, nouveau débat, nouvelles questions.* Disponível em: < https://www.courdecassation.fr/venements_23/colloques_4/2008_2484/intervention_bernard_dubuisson_11742.html>. Acesso em: 31 dez. 2020.

FALEIROS JÚNIOR, José Luiz de Moura; BASAN, Arthur Pinheiro. Desafios da predição algorítmica na tutela jurídica dos contratos eletrônicos de consumo. In: *Revista da Faculdade de Direito da UFRGS,* nº 44, pp. 131-153, dez./2020.

FRAZÃO, Ana. Fundamentos da proteção dos dados pessoais. Noções introdutórias para a compreensão da importância da Lei Geral de Proteção de Dados. In: TEPEDINO, Gustavo; FRAZÃO, Ana; OLIVA, Milena Donato (Coords.). Lei geral de proteção de dados pessoais: e suas repercussões no Direito brasileiro. São Paulo: Revista dos Tribunais, 2019.

FRAZÃO, Ana. *Geo pricing e geo blocking:* as novas formas de discriminação de consumidores e os desafios para o seu enfrentamento. Disponível em: < http://www.professoraanafrazao.com.br/files/publicacoes/2018-08-15-Geo_pricing_e_geo_blocking_As_novas_formas_de_discriminacao_de_consumidores_e_os_desafios_para_o_seu_enfrentamento.pdf> Acesso em: 3 nov. 2022.

FRAZÃO, Ana. Nova LGPD: ainda sobre a eficácia do direito à explicação e à oposição. In: *Jota.* Acesso em: 12 fev. 2021.

JUNQUEIRA, Thiago. *Tratamento de dados pessoais e discriminação algorítmica nos seguros.* São Paulo: Revista dos Tribunais, 2020.

KREMER, Bianca. Discriminações do sistema de pontuação de crédito: uma perspectiva de gênero e Raça. In: OMS, Juliana (Coord.). *O consumidor na era da pontuação de crédito* [livro digital]. São Paulo: IDEC, 2022.

LENZA, Pedro. *Direito Constitucional.* 21 ed. São Paulo: Saraiva, 2017.

MENDES, Laura Schertel. *Privacidade, proteção de dados e defesa do consumidor*: linhas gerais de um novo direito fundamental. São Paulo: Saraiva, 2014.

MEDON, Filipe. *Inteligência artificial e responsabilidade civil:* autonomia, riscos e solidariedade. Salvador: JusPodivm, 2020.

OLIVA, Milena Donato; SILVA, Jeniffer Gomes da. Discriminação algorítmica nas relações de consumo. In: *Migalhas.* Disponível em: < https://www.migalhas.com.br/depeso/340680/discriminacao-algoritmica-nas-relacoes-de-consumo>. Acesso em: 2 nov. 2022.

PASQUALE, Frank. *Black box:* the secret algorithms that control Money and information. Cambridge: Havard University Press, 2015.

RODOTÀ, Stefano. *A vida na sociedade da vigilância:* a privacidade hoje. Rio de Janeiro: Renovar, 2008.

SARLET, Gabrielle Bezerra Sales. Notas sobre a proteção de dados pessoais na sociedade informacional na perspectiva do atual sistema normativo brasileiro. In: LIMA, Cíntia Rosa Pereira de. *Comentários à lei geral de proteção de dados.* São Paulo: Almedina, 2020.

SARLET, Ingo Wolfgang. *A eficácia dos direitos fundamentais.* 5 ed. Porto Alegre: Livraria do Advogado, 2005.

SCHWAB, Klaus. *The fourth industrial revolution.* Geneva: World Economic Forum, 2016.

SILVA, Jeniffer Gomes da; SIQUEIRA, Mariana Ribeiro. Contratação eletrônica à luz da economia do compartilhamento. In: ROQUE, Andre Vasconcelos; OLIVA, Milena Donato (Coords.). *Direito na era digital:* aspectos negociais, processuais e registrais. São Paulo: JusPodivm, 2022.

SILVA, José Afonso da. *Curso de direito constitucional positivo.* 23 ed. São Paulo: Malheiros, 2004.

TEPEDINO, Gustavo; SCHREIBER, Anderson. A discriminação no direito brasileiro (breve incursão pelo direito internacional privado). In: PEREIRA, Antônio Celso Alves; MELLO, Celso Renato Duvivier de Albuquerque (Coords.). *Estudos em homenagem a Carlos Alberto Menezes Direito.* Rio de Janeiro: Renovar, 2003.

TEPEDINO, Gustavo; TEFFÉ, Chiara Spadaccini de. O consentimento na circulação de dados pessoais. In: *Revista Brasileira de Direito Civil – RBDCivil,* v. 25, pp. 83-116, jul.-set./2020.

ZANATTA, Rafael A. F. *Perfilização, discriminação e direitos:* do Código de Defesa do Consumidor à Lei Geral de Proteção de Dados Pessoais. Disponível em: <https://www.researchgate.net/publication/331287708_Perfilizacao_Discriminacao_e_Direitos_do_Codigo_de_Defesa_do_Consumidor_a_Lei_Geral_de_Protecao_de_Dados_Pessoais>. Acesso em: 22 jan. 2021.

A COMPATIBILIDADE ENTRE HERANÇA DIGITAL E PROTEÇÃO DE DADOS

Karina Nunes Fritz[1]

1. Introdução

Byung-Chul Han, filósofo coreano radicado na Alemanha, tem chamado atenção, de forma crítica e contundente, para o avanço (praticamente irreversível) da digitalização na vida cotidiana e suas consequências. Segundo ele, *"a digitalização descoisifica e desencorpora o mundo"*[2]. De fato, presenciamos na atual quadra da história o fenômeno da desmaterialização dos bens, uma espécie de transição da *era das coisas* para a *era das não-coisas*[3]. Característico desse período é o fato de que as atividades passaram a ser realizadas preponderantemente na internet e muitos bens, outrora corporificados, ganharam uma versão digital, sendo utilizados e guardados de forma online: contatos, fotos, cartas, diários, bibliotecas, coleção de músicas, vídeos, jogos, documentos, contratos, além de contas em redes sociais, sites, blogs etc. A rigor, quase tudo vem ganhando um formato digital, podendo ser utilizado, administrado e armazenado nos servidores de empresas privadas fornecedoras de produtos ou serviços digitais[4].

Nesse contexto de radical transformação tecnológica, até o patrimônio, antes essencialmente materializado, desmaterializa-se paulatinamente provocando reflexos imediatos(também)no plano sucessório. Com efeito, já se foi o tempo em que as pessoas guardavam em casa

---

1 Doutora (summa cum laude) pela Humboldt Universität de Berlim (Alemanha). Prêmio Humboldt de melhor tese de doutorado na área de Direito Civil (2018). LL.M na Friedrich-Alexander Universität Erlangen-Nürnberg (Alemanha). Mestre em Direito Civil pela PUCSP. Secretária-Geral da *Deutsch-lusitanischeJuristenvereinigung* (Associação Luso-alemã de Juristas), sediada em Berlim. Pesquisadora no *Bundesverfassungsgericht* (Tribunal Constitucional Alemão) e bolsista do *Max-Planck Institut fürausländischesundinternationalesPrivatrecht* (Hamburgo). Autora da coluna "German Report", no Portal Migalhas. Advogada, Professora e Parecerista. E-mail: contato@karinanunesfritz.adv.br.

2 *Não-coisas* – reviravoltas do mundo da vida, p. 9.

3 Op. cit., p. 12.

4 CUEVA, Ricardo Villas Bôas; NUNES FRITZ, Karina. Herança digital: controvérsias e desafios, p. 860.

seus documentos mais importantes, permitindo aos herdeiros tomar conhecimento facilmente dos bens a inventariar. Hoje, eles enfrentam enormes dificuldades em levantar o acervo hereditário do falecido por não disporem das informações necessárias sobre o ativo e passivo que compõem a herança. Muitos não sabem sequer onde o *de cujus* tinha conta, bens e/ou documentos digitais armazenados. Tendo em vista que o acervo hereditário compõe-se atualmente cada vez mais de bens digitais, armazenados nos servidores de empresas privadas, surge a questão de saber se todo esse acervo "digital" do *de cujus* deve ser transmitido aos herdeiros tal qual o acervo "analógico".

Uma das principais objeções ao reconhecimento da transmissibilidade da herança digital é que o acesso dos herdeiros à herança digital violaria a lei de proteção de dados pessoais. O tema, portanto, não poderia ser mais pertinente para prestar uma singela homenagem a Danilo Doneda, um dos mais renomados estudiosos da proteção de dados pessoais no Brasil, falecido precocemente em 2022. Percebendo desde cedo a relevância que a proteção de dados adquiria na Europa e assumiria tempos volvidos no Brasil, Doneda dedicou-se com afinco ao estudo dos impactos da tecnologia no direito, sobretudo com a proteção da liberdade e da autodeterminação do indivíduo diante das novas tecnologias e com a utilização massiva de dados pessoais por governos e empresas privadas.

Sua preocupação central era afirmar a autodeterminação informacional como um direito fundamental do indivíduo de controlar os dados que lhes dizem respeito diante da coleta e comercialização descontrolada de dados pessoais pelas grandes empresas de tecnologia[5].A discussão em torno da transmissibilidade da herança digital toca o cerne das inquietações de Doneda, pois relaciona-se intrinsecamente com a (re)afirmação da liberdade e da autodeterminação informacional do indivíduo na medida em busca impedir que empresas privadas com fins lucrativos se apropriem dos dados de seus usuários, monetizando-os mesmo após a morte.

5 Dentre outros estudos: DONEDA; Danilo. Da privacidade à protecao de dados pessoais. 2ª ed. Sao Paulo: RT, 2019 e A LGPD como elemento estruturante do modelo brasileiro de protecao de dados, 243-255.

2. O estado atual da discussão no Brasil

Em apertada síntese, pode-se dizer que duas correntes doutrinárias divergem sobre o tema. A primeira sustenta a intransmissibilidade parcial da herança digital, visto que, para seus adeptos, nem todo o acervo digital deve ser transferido aos herdeiros[6]. Partindo de uma distinção do acervo digital em bens de conteúdo patrimonial, bens de conteúdo existencial e bens de conteúdo híbrido, essa corrente afirma que – salvo autorização expressa ou comportamento concludente[7] do autor da herança – o chamado conteúdo existencial (composto sobretudo por e-mails e perfis em redes sociais) é insuscetível de transmissão *causa mortis* por configurar "extensões da personalidade" do morto[8], de modo

6 Um dos pioneiros na sistematização da teoria foi Thomas Hoeren, Professor da Universidade de Münster, na Alemanha, que em 2005, debruçou-se sobre a temática até então pouco discutida da herança digital. Cf. *Der Tod und das Internet – Rechtliche Fragen zur Verwendung von E-Mail- und www-Accounts nach dem Tode des Inhabers*, pp. 2113-2117.

7 Interessante notar que o ato do usuário de fornecer os dados de acesso às contas em redes sociais não tem sido valorado pelos tribunais brasileiros como comportamento concludente, mas como descumprimento contratual a justificar a apropriação pelas plataformas de todo o conteúdo armazenado na conta do falecido. Na Apelação Cível 1119688-66.2019.8.26.0100 julgada pela 31ª Câmara de Direito Privado do Tribunal de Justiça de São Paulo em 09/03/2021, a usuária forneceu em vida o login e senha do perfil do Facebook para a mãe, o que, à toda evidência, revela a clara intenção da titular da conta de transmitir seu acervo digital para a genitora. Nada obstante, a Corte bandeirante negou à mãe o direito de acessar a conta da filha, contrariando a vontade manifesta da falecida. Esse é um bom exemplo de como a adesão aos termos de uso pode aniquilar o exercício da autonomia privada do usuário, que tem sua liberdade de testar esvaziada pelas regras impostas unilateralmente pela plataforma. E nem se diga – como fez equivocadamente o TJSP – que a usuária descumpriu o contrato ao, primeiro, concordar com a proibição de transmissão da conta no momento da celebração e, depois, fornecer os dados de acesso à mãe, pois a própria plataforma se reserva o direito potestativo de mudar posteriormente as condições contratuais previamente acordadas. E se a plataforma tem o direito de modificar posteriormente o acordado, igual direito deve ser reconhecido à parte mais fraca da relação de consumo (usuário), sob pena de se chancelar um contrato desequilibrado, nos termos doart. 51, inc. XIII e § 1º, inc. II do CDC.Sobre a decisão do TJSP, seja consentido remeter a: NUNES FRITZ, Karina. *Heranca digital: comentário à decisão do TJ/SP sobre o caso do Facebook*, pp. 1-12, jul./set. 2022 e *Heranca digital: Corte alemã e TJ/SP caminham em direções opostas*. Migalhas, coluna German Report, 11/05/2021.

8 Nesse sentido: MALHEIROS. Pablo; AGUIRRE, João Ricardo Brandão e PEIXOTO, Maurício Muriack. *Transmissibilidade do acervo digital de quem falece: efeitos dos direitos da personalidade projetados post mortem*, pp. 598 ss; LEAL, Lívia. *Internet*

que sua transmissão configuraria uma inadmissível violação aos direitos de personalidade do titular, como privacidade e intimidade.

Além disso, o acesso dos herdeiros a esse material ofenderiaa proteção dos dados pessoais e o sigilo das comunicações, contrariando, ainda, os termos de uso e, logo, o princípio do *pacta sunt servanda*[9]. A consequência imediata dessa teoria, minoritária no direito comparado, é que o chamado conteúdo existencial acaba ficando na posse - ou, no mínimo, na esfera de domínio - das grandes plataformas digitais sem que os familiares e/ou herdeiros tenham qualquer controle sobre o uso *post mortem* desse material.

A segunda corrente defende, ao contrário, que toda herança (analógica e digital) deve ser transmitida aos herdeiros no momento da abertura da sucessão, salvo disposição expressa do falecido em sentido diverso, preservando-se, assim, a regra geral do direito sucessório e a integridade do sistema jurídico[10]. Isso ainda mais se justifica diante da

e morte do usuário: a necessária superação do paradigma da herança digital, p. 194; HONORATO, Gabriel e LEAL, Lívia Teixeira. *Exploração econômica de perfis de pessoas falecidas*, p. 151 e COLOMBO, Maici Barboza dos Santos. Tutela póstuma dos direitos da personalidade e herança digital, pp. 137 ss.

9 Nesse sentido, Lívia Teixeira Leal afirma que mesmo a manifestação de vontade do usuário em vida deve ser compatibilizada com os termos de uso "e os demais preceitos do ordenamento jurídico". Op. cit., p. 60. Para Maici Barboza dos Santos, ainda quando o titular da conta tenha deixado disposição expressa permitindo o acesso de terceiros, esse ato de autonomia existência ensejará controle de merecimento de tutela no caso concreto, pois "não se pode desconsiderar também os termos de uso de cada plataforma, que deve também ser respeitada (sic)". Op. cit., p. 138.

10 Permita-se remeter a NUNES FRITZ, Karina. A garota de Berlim e a herança digital, p. 233.Recentemente, Nancy Andrighi, em artigo sobre o tema, defendeu a transmissibilidade da herança digital observando que "há pouca diferença entre a herança digital e a analógica, porque não se pode fazer diferença entre herdeiro digital e o herdeiro analógico: a herança é apenas uma. Trata-se de uma universalidade de direito.". *A herança digital e os desafios da sucessão post mortem*, p. 440. No direito alemão afirma-se majoritariamente a transmissibilidade plena da herança digital em consonância com o princípio da sucessão universal, que vigora no mundo on-line da mesma forma que no mundo off-line. Cf., dentre outros, LEIPOLD, Dieter. *Erbrecht*, p. 262s. Outra não foi a razão pela qual o Parlamento alemão concluiu, pelo menos até o momento, pela desnecessidade de criar lei específica para regular a herança digital, tendo em vista que o instrumental do Código Civil alemão (BGB) mostra-se apto a solucionar a controvérsia, como atesta o *leading case* da garota de Berlim julgado pelo *Bundesgerichtshof*. Cf. o parecer: BT-Drs. 19/4207, Deutscher Bundestag, 19. Wahlperiode, de 10/09/2018.

crescente digitalização dos bens, inerente à era digital: se o bem materializado (carta em papel) é suscetível de transmissão *causa mortis*, sua versão desmaterializada e digitalizada (e-mail) também deve ser, pois o que importa, para fins de transmissibilidade, é o conteúdo, não o contingente. E, ademais, o direito não veda a hereditabilidade de bens com conteúdo íntimo e sigiloso, à exemplo das cartas e diários guardados em baú lacrado.

Aduz-se ainda, ao contrário do sustentado pela corrente oposta, que e-mails e perfis em redes sociais não são extensões da personalidade, mas sim *serviços digitais* oferecidos por empresas privadas na sociedade de informação e, portanto, *objeto de um contrato* – bilateral, oneroso, sinalagmático, de adesão e de consumo – *de uso da plataforma digital*. Esse contrato constitui uma relação jurídica obrigacional de cunho eminentemente patrimonial e, portanto, passível de sucessão universal, com o que os herdeiros passam a *ocupar a posição jurídica do usuário* perante a plataforma, podendo, consequentemente, ter acesso a todo o conteúdo lá armazenado, independente da natureza patrimonial, existencial ou híbrida desse conteúdo, tal como ocorre no mundo *offline*.

A corrente contrária à hereditabilidade do acervo digital sofreu recente revés após parecer da Autoridade Nacional de Proteção de Dados (ANPD) afirmando que os dados de pessoas falecidas perdem o caráter de dados pessoais e deixam de ser tutelados pela Lei Geral de Proteção de Dados (Lei 13.709/2018) com a morte do titular. Com isso, o órgão pôs por terra um dos principais argumentos contrários à transmissibilidade da herança digital aos herdeiros.

3. Herança digital e proteção dos dados pessoais do falecido

Até bem pouco tempo, um dos argumentos mais contundentes contra a transmissibilidade do acervo digital de usuários falecidos era que o acesso dos sucessores aos dados e informações constantes em e-mails e perfis de redes sociais violaria a proteção dos dados pessoais, imposta pela Lei nº 13.709/2018, que, ao contrário do Regulamento (EU) 2016/679 (Regulamento Geral sobre Proteção de Dados), não excluiu expressamente os dados de pessoas falecidas do âmbito de proteção da norma[11]. A Autoridade Nacional de Proteção de Dados, manifestando-se

11 O Considerando 27 do RGPD prevê expressamente que: "O presente regulamento não se aplica aos dados pessoais de pessoas falecidas. Os Estados-Membros poderão estabelecer regras para o tratamento dos dados pessoais de pessoas falecidas."

pela primeira vez sobre o tema, rejeitou, porém, o argumento afirmando que os dados de pessoas falecidas perdem o caráter de dados pessoais e deixam de ser tutelados pela LGPD após a morte do titular.

A consulta foi apresentada pela Polícia Rodoviária Federal, questionando se seria possível, face à lei da proteção de dados, criar no site da instituição um memorial para homenagear os servidores falecidos, onde constaria o nome, sobrenome, foto do servidor e tempo de serviço dedicado ao órgão. O objetivo era homenagear os funcionários que prestaram serviços à sociedade brasileira e salvaguardar a história da instituição.

Por meio da Nota Técnica 3/2023/CGF/ANPD, de 14/02/2023, a Autoridade Nacional de Proteção de Dados afirmou que o objetivo da LGPD é disciplinar o tratamento de dados pessoais para proteger os direitos fundamentais de liberdade e privacidade, bem como o livre desenvolvimento da personalidade da pessoa natural (art. 1º LGPD), cuja existência termina com a morte, nos termos do art. 6º do Código Civil[12]. Tendo em vista o escopo da norma, o órgão concluiu que *a lei tutela exclusivamente as pessoas vivas*, já que as falecidas não mais desenvolvem – pelo menos, no plano biológico e jurídico – sua personalidade.

Segundo a Autoridade Nacional de Proteção de Dados, a incidência da lei de proteção de dados *"se dá no âmbito do tratamento de dados pessoais de pessoas naturais, ou seja, vivas, já que, de acordo com o art. 6º do Código Civil, a existência da pessoa natural termina com a morte. A proteção post mortem dos direitos da personalidade dos titulares de dados pessoais não estaria, então, abarcada pela LGPD, pois não mais há desenvolvimento de personalidade. Dessa forma, a LGPD se aplica apenas a informações relacionadas a pessoas naturais, ou seja, vivas, identificáveis ou identificadas. Os dados relativos a uma pessoa falecida não constituem dados pessoais para fins de LGPD e, portanto, não estão sujeitos ao nível de proteção da LGPD."*[13]

Com isso, o órgão alinhou-se ao posicionamento vigente na Europa de que a lei de proteção de dados não tutela os dados de pessoas falecidas, como consta expressamente no Considerando 27 do Regulamento (EU) 2016/679, do Parlamento Europeu e do Conselho, de 27/04/2016, o qual não foi expressamente mencionado na lei brasileira. A omissão

---

12 Art. 6 º A existência da pessoa natural termina com a morte; presume-se esta, quanto aos ausentes, nos casos em que a lei autoriza a abertura de sucessão definitiva.

13 Nota Técnica nº 3/2023/CGF/ANPD, p. 1.

deu margem ao equivocado entendimento de que a LGPD tutelaria os dados da pessoa natural em vida e após a morte, impedindo, assim, o acesso dos herdeiros aos dados pessoais - muitos dos quais, sensíveis, nos termos do art. 5º II da LGPD, por dizerem respeito a convicções religiosas, opiniões políticas, vida sexual, dados genéticos, biométricos ou sobre a saúde, etc. - constantes de e-mails, perfis em redes sociais, smartphones ou em sistemas de armazenamento em nuvem, como iCloud ou Dropbox.

A boa técnica mostra, porém, que a discussão acerca da (in)aplicabilidade da LGPD aos dados de pessoas falecidas não é uma questão de *positivação*, mas de *finalidade* da norma: é inadequado aplicar a lei aos dados de pessoas mortas, pois, ao regular o tratamento dos dados pessoais e o livre comércio de dados, *a lei tem por escopo assegurar o exercício de direitos fundamentais e o pleno desenvolvimento da personalidade do indivíduo* e as pessoas falecidas não mais exercem direitos e liberdades fundamentais, nem desenvolvem sua personalidade. Por isso, os dados das pessoas falecidas não são protegidos pela LGPD, mas sim pelas regras do direito sucessório e dos direitos de personalidade, que conferem à família o poder de defender os direitos *post mortem* do ente querido.

Esse foi o entendimento esposado no *leading case* sobre herança digital na Alemanha, a primeira decisão de uma Corte superior sobre o tema. Com efeito, ao julgar o caso da garota falecida no metrô de Berlim, o *Bundesgerichtshof* (BGH) foi categórico ao afirmar que o acesso dos pais à conta da menor no Facebook não violava os dados pessoais da falecida, pois o Considerando nº 27 expressamente afirma que a normativa europeia- devido ao escopo da norma: fomentar o desenvolvimento da personalidade e o exercício de direitos fundamentais - só tutela os dados de pessoas vivas[14].

4. Herança digital e proteção dos dados pessoais dos interlocutores do falecido

Em relação aos dados pessoais dos interlocutores da falecida, a Corte afirmou que tanto o acesso dos herdeiros, quanto o tratamento desses dados pela plataforma são legitimados pelo art. 6º, inc. 1 b) e f) do RGPD. Primeiro, porque, com a morte do usuário, os herdeiros assumem a posição jurídica do falecido no contrato de uso da plataforma digital, adquirindo legitimidade para acessar seu conteúdo. Segundo,

14 BGH III ZR 183/17, j. 12/07/2018, Rn. 87, p. 31.

porque a plataforma pode legitimamente tratar os dados pessoais do interlocutor, armazenados na conta do falecido, para franquear acesso aos herdeiros. E terceiro, porque, na ponderação dos direitos fundamentais em colisão, os interesses dos familiares sobrepõem-se aos interesses do interlocutor[15].

Com efeito, não há dúvidas de que as mensagens, fotos, vídeos e demais conteúdos compartilhados na internet contém dados pessoais dos envolvidos na comunicação. Esses dados são tratados pela operadora da rede social, que se encontra vinculada ao processo comunicativo na medida em que assume as obrigações de disponibilizar a plataforma de comunicação aos usuários, de enviar as mensagens à conta receptora indicada pelo emissor e de viabilizar o acesso ao conteúdo compartilhado. Para cumprir essas obrigações – principalmente: enviar e disponibilizar o acesso a mensagens e conteúdos compartilhados – a empresa realiza necessariamente o tratamento dos dados pessoais dos envolvidos na comunicação, mas o faz de modo plenamente legítimo, pois o tratamento se dá no cumprimento de obrigações contratualmente assumidas, nos termos do art. 6, inc. 1 b) do RGPD[16], norma que se reflete no art. 7º V da LGPD[17].

De fato, a base legal para o tratamento dos dados pessoais é o contrato existente entre o usuário e a plataforma, qual seja, o *contrato de uso de serviços digitais*. E aqui adentra-se em um aspecto central para o deslinde da controvérsia em torno da herança digital que não tem sido devidamente levado em consideração. Com efeito, a *contratualidade da relação de base* estabelecida entre as partes tem um papel periférico para a corrente da intransmissibilidade parcial, que atribui pouca rele-

15 No mesmo sentido: LEIPOLD, Dieter. *Münchener Kommentar BGB*, Rn. 41.

16 Art. 6º.Licitude do tratamento.
1. O tratamento só é lícito se e na medida em que se verifique pelo menos uma das seguintes situações:
(...)
b) o tratamento for necessário para a execução de um contrato no qual o titular dos dados é parte, ou para diligências pré-contratuais a pedido do titular dos dados; (...).

17 Art. 7º. O tratamento de dados pessoais somente poderá ser realizado nas seguintes hipóteses:
(...)
V – quando necessário para a execução de contrato ou de procedimentos preliminares relacionados a contrato do qual seja parte o titular, a pedido do titular dos dados; (...).

vância ao fato de que, sob as vestes de uma despretensiosa "adesão" aos termos de uso de um serviço supostamente gratuito, existe um *contrato – atípico, bilateral, oneroso, sinalagmático, de adesão e de consumo – de uso da plataforma digital*, por meio do qual o titular concede à empresa uma licença gratuita de uso de seus dados pessoais (contraprestação) em troca da utilização da plataforma digital (prestação) com todas as suas funcionalidades, consistindo as obrigações principais da empresa em: (a) publicar conteúdos sob ordem do usuário; (b) enviar mensagens e/ou conteúdos para outras contas indicadas pelo usuário e (c) viabilizar, a qualquer tempo, acesso às mensagens e/ou conteúdos compartilhados com a respectiva conta[18].

No estado atual da ciência jurídica, não pairam dúvidas acerca do caráter oneroso do contrato de uso das plataformas, pois a disponibilização do espaço digital é remunerada através da cessão de uso dos dados pessoais do usuário[19], que permite à empresa coletar, armazenar, tratar e comercializar esses dados com terceiros (empresas anunciantes), que remuneram a plataforma para fazer publicidade personalizada de seus produtos e serviços aos usuários. Outro aspecto importante a ser considerado em relação aos contratos de uso de plataforma digital é que, ao contrário do que muitos afirmam, eles não são contratos personalíssimos.

Como há muito explica a doutrina civilista, contrato *intuito personae* é aquele cujo conteúdo tem caráter personalíssimo, o que significa que os direitos e deveres dele resultantes são talhados de tal forma à pessoa dos contratantes que uma alteração subjetiva no contrato provoca uma modificação essencial na prestação[20]. Mas, como bem observou

18 BGH III ZR 183/17, Rn. 35, p. 14.

19 SCHMIDT-KESSEL, Martin e GRIMM, Anna. *Unentgeltlich oder entgeltlich?: der vertragliche Austausch von digitalen Inhalten gegen personenbezogene Daten*. Zeitschriftfür die gesamtePrivatrechtswissenschaf (ZfPW), nº 1, 2017, p. 93.

20 Exemplos paradigmáticos são o contrato do artista e o contrato médico, que se extinguem com o falecimento de uma das partes. No caso do contrato de realização de obra artística, a obrigação assumida pelo artista não pode ser exigida de seus sucessores, da mesma forma que no contrato médico a obrigação assumida pelo profissional da saúde (tratar o paciente) não pode ser exigida de seus sucessores, nem estendida aos sucessores do falecido. pois o dever de prestação principal, de caráter personalíssimo, era dirigido exclusivamente ao morto. Nessesentido: LEIPOLD, Dieter, in: *Münchener Kommentar zum BGB*, Sibylle Kessal-Wulf (redatora), v. 10, 7ª ed., München: Beck, 2017, p. 96. Permita-se remeter a NUNES FRITZ, Karina e SCHERTEL MENDES, Laura. *Case Report: Corte alemã reconhece a transmissibilidade da herança digital*. Revista de Direito da Responsabilidade, Portugal, ano 1, 2019, p. 537.

o *Bundesgerichtshof* no julgamento do caso da garota morta no metrô em Berlim, os deveres de prestação decorrentes dos contratos de uso de plataforma digital não têm natureza personalíssima, porque as prestações devidas a um usuário – ou seja: publicar os conteúdos sob ordem do usuário, enviar e franquear a qualquer tempo o acesso às mensagens e/ou conteúdos compartilhados com outras contas – não diferem das prestações devidas aos demais usuários da rede, podendo, portanto, ser prestadas perante os herdeiros após a morte do titular[21].

Percebe-se, portanto, que a relação jurídica estabelecida entre a plataforma e o usuário tem natureza jurídica obrigacional, consistindo, a rigor, em contrato de consumo atípico, submetido às normas do Código de Defesa do Consumidor. Conquanto atípico no direito brasileiro, esse contrato foi recentemente positivado no § 327 do BGB sob a genérica denominação de "contratos de consumo sobre produtos digitais" (*Vebraucherverträgeüber digital e Produkte*). A alteração legislativa é fruto da transposição da Diretiva (UE) 2019/770, de 20/05/2019, que regulamentou alguns aspectos dos contratos de fornecimento de conteúdos e serviços digitais.

Na lei alemã, o termo *produtos digitais* vem empregado em sentido amplo de modo a abarcar tanto os chamados *conteúdos digitais*, assim entendidos os dados produzidos e fornecidos em formato digital aos usuários (ex: programas de computador, aplicativos, arquivos em vídeo, áudio ou música, jogos digitais, e-books, etc.) como os *serviços digitais*, que consistem, em suma, em serviços que permitem ao usuário-consumidor ter acesso a dados em formato digital(ex: serviços de software, de hospedagem de arquivos, *i-cloud computing*, redes sociais, portais de blog, plataformas de vendas, etc.).

Característico desses contratos é a oferta de conteúdos e/ou serviços digitais ao consumidor mediante o pagamento de preço (em dinheiro ou representação digital de valor) ou por meio do fornecimento de dados pessoais, como expressamente prevê o § 317, inc. 3 do BGB. Da extensa norma, merecem destaque, para o que aqui interessa, os seguintes dispositivos:

> § 317. Âmbito de aplicação. (1) As disposições do presente subtítulo aplicam-se aos contratos de consumo que tenham por objeto o fornecimento de conteúdos digitais ou serviços

21 BGH III ZR 183/17, Rn. 35, p. 14.

digitais (produtos digitais) pela empresa mediante o pagamento de um preço. Para os efeitos deste subtítulo, o preço consiste ainda em uma representação digital de valor.

(2) Os conteúdos digitais são dados produzidos e fornecidos em formato digital. Serviços digitais são serviços que permitem ao consumidor:

1. a criação, tratamento ou armazenamento de dados em formato digital ou o acesso a tais dados ou

2. o uso compartilhado dos dados, carregados ou criados em formato digital pelo consumidor ou outros utilizadores do serviço, ou outras interações com esses dados.

(3) As disposições do presente subtítulo aplicam-se igualmente aos contratos de consumo relativos ao fornecimento de produtos digitais em que o consumidor fornece ou se compromete a fornecer dados pessoais à empresa, salvo se preenchidos os pressupostos do § 312, inc. 1a, 2º período.

(4) As disposições deste subtítulo aplicam-se igualmente aos contratos de consumo que têm por objeto produtos digitais desenvolvidos de acordo com as especificações do consumidor.

(5) As disposições deste subtítulo aplicam-se – à exceção dos §§ 327b e 327c – igualmente aos contratos de consumo que têm por objeto a disponibilização de suportes de dados materiais utilizado exclusivamente como suporte de conteúdos digitais.[22]

---

22 § 327. Anwendungsbereich. (1) Die Vorschriften dieses Untertitels sind auf Verbraucherverträge anzuwenden, welche die Bereitstellung digitaler Inhalte oder digitaler Dienstleistungen (digitale Produkte) durch den Unternehmer gegen Zahlung eines Preises zum Gegenstand haben. Preis im Sinne dieses Untertitels ist auch eine digitale Darstellung eines Werts.
(2) Digitale Inhalte sind Daten, die in digitaler Form erstellt und bereitgestellt werden. Digitale Dienstleistungen sind Dienstleistungen, die dem Verbraucher
1. die Erstellung, die Verarbeitung oder die Speicherung von Daten in digitaler Form oder den Zugang zu solchen Daten ermöglichen, oder
2. die gemeinsame Nutzung der vom Verbraucher oder von anderen Nutzern der entsprechenden Dienstleistung in digitaler Form hochgeladenen oder erstellten Daten oder sonstige Interaktionen mit diesen Daten ermöglichen.
(3) Die Vorschriften dieses Untertitels sind auch auf Verbraucherverträge über die Bereitstellung digitaler Produkte anzuwenden, bei denen der Verbraucher dem Unternehmer personenbezogene Daten bereitstellt oder sich zu deren Bereitstellung verpflichtet, es sei denn, die Voraussetzungen des § 312 Absatz 1a Satz 2 liegen vor.

Como dito, a lei disciplina vários aspectos do contrato de consumo, como o dever de disponibilizar os produtos digitais imediatamente após a conclusão do contrato, salvo acordo diverso entre as partes (§ 327b, inc. 2 BGB); o dever de conformidade dos produtos digitais, impondo à empresa a obrigação de fornecer serviços e conteúdos digitais livres de vícios (§ 327d BGB); os direitos do consumidor em caso de vícios materiais (falta de conformidade, § 327i BGB) e jurídicos (evicção, § 327g BGB); o dever de atualização dos conteúdos e serviços digitais (§ 327f BGB); pressupostos e efeitos da resolução do contrato (§ 327m), dentre outros pontos.

A regulação desses contratos na Codificação alemã lança muitas luzes para a discussão acerca da herança digital no Brasil. Mas, em apertada síntese, a principal conclusão que se pode tirar é que e-mails e perfis em redes sociais não são extensões da personalidade, nem objeto de direitos da personalidade para serem dotados da característica da intransmissibilidade, mas sim serviços digitais oferecidos por empresas privadas e, portanto, objeto de um contrato de consumo oneroso, i.e., de uma relação jurídica obrigacional de cunho eminentemente patrimonial e, portanto, transmissível aos herdeiros com a abertura da sucessão.

E é em razão da *execução desse contrato*, mais precisamente do cumprimento de um *dever de prestação principal*, que a plataforma pode legitimamente realizar o tratamento dos dados pessoais dos interlocutores do falecido e o faz ao transmitir e disponibilizar para acesso – na conta destinatária – as mensagens e/ou os conteúdos compartilhados. Como demonstrado, essa é uma obrigação essencial do contrato de uso, devida perante o emissor e o receptor. E aqui vale observar, como atentamente salientou o BGH, que a obrigação da plataforma não consiste em transmitir – i.e., disponibilizar o acesso a – mensagens e conteúdos a *determinada pessoa*, mas sim a *determinada conta*, indicada pelo emissor.

Isso significa que as mensagens e conteúdos existentes na conta, armazenados no servidor da plataforma, poderão ser acessados a qualquer tempo por quem detiver legitimamente os dados de acesso à con-

(4) Die Vorschriften dieses Untertitels sind auch auf Verbraucherverträge anzuwenden, die digitale Produkte zum Gegenstand haben, welche nach den Spezifikationen des Verbrauchers entwickelt werden.
5) Die Vorschriften dieses Untertitels sind mit Ausnahme der §§ 327b und 327c auch auf Verbraucherverträge anzuwenden, welche die Bereitstellung von körperlichen Datenträgern, die ausschließlich als Träger digitaler Inhalte dienen, zum Gegenstand haben. (...)

ta receptora. Como os sucessores, por força do princípio da sucessão universal (art. 1.784 CC[23]),passam a ocupar a posição jurídica do falecido (titular inicial da conta) no contrato de uso da plataforma digital, eles podem acessar a qualquer tempo todo o conteúdo armazenado no servidor da plataforma digital. Assim, ao disponibilizar o conteúdo da conta – inclusive os dados pessoais do interlocutor lá armazenados – para acesso dos herdeiros, a plataforma nada mais faz do que cumprir uma das obrigações principais do contrato de uso da plataforma digital ainda em vigor.

Mas, como salientou a Corte alemã, o tratamento dos dados pessoais dos interlocutores do morto também se justifica em razão dos *interesses legítimos dos herdeiros*. De fato, o art. 6º, inc. 1 f) do RGPD, equivalente ao art. 7º IX da LGPD, considera lícito o tratamento dos dados quando necessário para atender interesses legítimos de terceiros (no caso: os herdeiros), salvo se, na ponderação dos interesses e direitos fundamentais em colisão, preponderarem os interesses ou direitos e liberdades do titular dos dados (no caso: os interlocutores).

A lei não define, evidentemente, o que significa "interesse legítimo" de terceiro. Esse é um conceito jurídico indeterminado, que só se deixar apurar no caso concreto, de acordo com as circunstâncias. Porém, entende-se majoritariamente que como tal podem ser compreendidos, *v.g.*, interesses jurídicos, econômicos ou ideais(extrapatrimoniais)[24]. Desse modo, o interesse em exigir e/ou defender direitos e pretensões decorrentes de um contrato pode ser qualificado como *interesse jurídico legítimo* para fins de licitude do tratamento dos dados pessoais, nos termos do art. 6º, inc. 1 f) do RGPD e do art. 7º IX da LGPD. Disso decorre que os herdeiros têm interesse legítimo em pleitear o acesso à conta do falecido, direito esse decorrente do contrato de uso da plataforma digital que lhes fora transmitido com a abertura da sucessão, o que lhes permite acessar legitimamente todo o material (patrimonial e existencial) lá armazenado.

Como salientou o *Bundesgerichtshof*, negar o acesso dos herdeiros à conta equivaleria a esvaziar, na prática, as posições jurídicas adquiridas com a transmissão *causa mortis* da relação contratual existente entre a plataforma e o usuário falecido, além de fazer *tabula rasa* do princípio

23 1.784. Aberta a sucessão, a herança transmite-se, desde logo, aos herdeiros legítimos e testamentários.

24 BGH III ZR 183/17, j. 12/07/2018, Rn. 76, p. 34, fazendo referência a farta doutrina.

da sucessão universal e do direito fundamental à herança. Nas palavras da Corte alemã:

> "A comunidade de herdeiros pode invocar o direito à herança protegido pelo art. 14, inc. 1, 1º período, da Lei Fundamental e reivindicar um interesse legítimo, porque – como exposto – a relação contratual existente com o réu foi transferida aos herdeiros, de acordo com a lei alemã aplicável e, por conseguinte, esses têm, enquanto parte contratual, um direito de prestação primário de acesso à conta do usuário falecido, bem como aos conteúdos (digitais) patrimoniais e personalíssimos nela contidos. O fato da parte poder fazer valer os direitos de prestação principal decorrentes dessa relação contratual já constitui, por si só, um interesse legítimo de peso. Se o acesso fosse negado aos herdeiros, estes seriam de fato privados das posições jurídicas decorrentes da transmissão sucessória de direitos e obrigações da relação contratual e o princípio da sucessão universal seria esvaziado."[25]

A Corte assinalou, por fim, que na ponderação dos direitos fundamentais em colisão – deum lado, a proteção dos dados pessoais, privacidade do interlocutor do falecido e sigilo das comunicações e, de outro, o direito fundamental à herança dos herdeiros –merece maior peso os interesses dos familiares herdeiros[26]. No processo de ponderação, previsto

25 No original: „Die Erbengemeinschaft kann sich auf das durch Art. 14 Abs. 1 Satz 1 GG geschützte Erbrecht berufen und ein berechtigtes Interesse geltend machen, weil - wie dargelegt - das mit der Beklagten bestehende Vertragsverhältnis nach dem anzuwendenden deutschen Recht auf die Erben übergegangen ist und diese deshalb als Vertragspartner einen Primärleistungsanspruch auf Zugang zu dem Benutzerkonto der Erblasserin sowie den darin enthaltenen vermögensrechtlichen und höchstpersönlichen (digitalen) Inhalten haben. Es stellt bereits für sich genommen ein gewichtiges berechtigtes Interesse eines Vertragspartners dar, die Hauptleistungsansprüche aus diesem Vertragsverhältnis auch geltend machen zu können. Würde den Erben der Zugang verweigert, würden ihnen die durch den erbrechtlichen Übergang von Rechten und Pflichten aus dem Vertragsverhältnis entstandenen Rechtspositionen faktisch entzogen und der Grundsatz der Universalsukzession ausgehöhlt.". BGH III ZR 183/17, j. 12/07/2018, Rn. 78, p. 35.

26 Alguns autores questionam a presunção legal, estabelecida nos parágrafos únicos dos arts. 12 e 20 do Código Civil, de que que seria a família quem teria melhores condições e maior interesse na proteção da memória do falecido, sustentando

no art. 6º, inc. 1 f) do RGPD e no art. 7º IX da LGPD, há de se considerar, inicialmente, que atualmente os herdeiros precisam ter acesso às contas do falecido para poder fazer um levantamento exato dos bens a inventariar, tendo em vista que, com o avanço da digitalização, as pessoas estão progressivamente amealhando um patrimônio desmaterializado e armazenando seus documentos em nuvem. E muitas das informações relativas aos direitos e obrigações do falecido, transmitidos aos sucessores no momento da morte, estão atualmente contidas em contas de e-mails e redes sociais, as quais, vale repisar, têm relevância não só existencial, mas também patrimonial.

Logo, o acesso ao acervo digital, sobretudo às contas do *de cujus*, tem por fim(também) permitir aos herdeiros verificar se desse material resultam direitos e pretensões contra terceiros que eles podem (ou devem) perseguir e/ou direitos e pretensões de terceiros contra o falecido que precisam ser respeitados, atendendo, portanto, ao legítimo interesse dos sucessores de – paralelamente a interesses afetivos– fazer um levantamento adequado do acervo hereditário, principalmente do conteúdo patrimonial (ativo e passivo). E, tendo em vista que os herdeiros não têm, em regra, conhecimento prévio do conteúdo das contas do falecido, não se pode impor elevados requisitos para a configuração do interesse legítimo no caso concreto, como sublinhou o BGH, atento à realidade da era digital[27].

que o legislador deveria ter, ao contrário, deixado a "porta aberta" à inciativa de qualquer pessoa com "interesse legítimo". Nesse sentido: HONORATO, Gabriel e LEAL, Livia Teixeira. Op. cit., p. 159.Esse argumento, contudo, deve ser rechaçado, pois parte da(duvidosa e perigosa) premissa de que terceiros estranhos ao morto devem terigual ou maior legitimidade que os familiares para defender os direitos de personalidade *post mortem* do falecido. Isso equivaleria, em última instância,àdecretação da falência da família enquanto instituição social e jurídica, fato que contrasta com a realidade histórico-cultural e com a tendência de se fortalecer a entidade familiar através do reconhecimento de outros núcleos "afetivos"como família, além do casamento e da união estável. A jurisprudência, tal como a doutrina amplamente majoritária, reconhece que os familiares são os que mais se abatem com as máculas à memória do ente querido, sendo atingidos – no mínimo, indiretamente – por violações aos direitos de personalidade póstumos do morto. Nesse sentido, confira-se: STJ, REsp. 512.697/RJ, Rel. Min. Cesar Asfor Rocha, j. 20/03/2006.

27 BGH III ZR 183/17, j. 12/07/2018, Rn. 79, p. 35 s. No caso específico da garota falecida no metrô em Berlim, o BGH afirmou existir ainda mais um legítimo interesse ideal dos pais – herdeiros únicos da menor: o de buscar esclarecer as cir-

De notar ainda, na ponderação dos interesses em conflito, que os dados pessoais do interlocutor não foram coletados pela plataforma, mas foram a ela transmitidos livre e conscientemente por seu titular a fim de serem colocados à disposição (i.e., ao acesso) de determinada conta, no caso, a conta do usuário falecido. Da mesma forma, o conteúdo e a extensão dos dados transmitidos foram determinados pelo próprio titular. Nessa toada, o emissor sabe - e deseja - que tais dados sejam transmitidos à conta destinatária. Ele tem consciência ainda que, uma vez enviados, não mais poderá controlar quem terá acesso a tais dados, afinal, depois de enviada a mensagem, o titular da conta destinatária pode mostrar ou reencaminhar a mensagem a terceiro ou compartilhar com este os dados de acesso à sua conta, permitindo ao terceiro acessar seu conteúdo.

Pode ocorrer, ainda, que a conta esteja sendo utilizada indevidamente em nome do destinatário, sendo acessada pelo falsário - hipótese não rara na prática, tendo em vista o elevado número de contas e perfis falsos de e-mails e redes sociais. De qualquer forma, forçoso concordar com o BGH quando afirma que - diante do fenômeno jurídico-cultural da sucessão *causa mortis* –é perfeitamente previsível para todo emissor que, após a morte do destinatário, seus herdeiros poderão ter acesso à mensagem enviada. Esse conhecimento geral vale para todos os usuários, adultos e menores, pois estes, em regra, conhecem bem as diversas maneiras de compartilhar ou liberar acesso a terceiros a mensagens e conteúdos compartilhados na internet, sublinhou a Corte alemã[28].

Por fim, o Tribunal afirmou que se deve levar em conta ainda a *finalidade específica do tratamento dos dados*, que, nesses casos, visa colocar os dados pessoais exclusivamente à disposição de determinada conta, escolhida pelo emissor (interlocutor), para o fim exclusivo de dar conhecimento aos herdeiros do falecido acerca do conteúdo. Os dados não serão, portanto, colocados à disposição de um círculo ilimitado e incontrolável de pessoas ou a terceiros estranhos, mas a um *círculo limitado de pessoas* composto, em primeira linha, pelos familiares mais próximos

cunstâncias da morte da filha (suspeita de suicídio) e de se defender em processo judicial de danos morais movido pelo condutor do trem. BGH III ZR 183/17, j. 12/07/2018, Rn. 80, p. 36 s.

28 BGH III ZR 183/17, j. 12/07/2018, Rn. 89-90., p. 40 s.

do falecido, o que reduz os riscos de danos oriundos do tratamento dos dados[29].

Assim, tendo em vista o fornecimento livre e consciente dos dados pelo titular, a categoria dos dados tratados (cujo conteúdo fora determinado pelo titular), a finalidade do tratamento, o círculo reduzido dos destinatários legitimados para acesso e o reduzido risco de dano, conclui-se, na esteira do *Bundesgerichtshof*, que os interesses dos interlocutores do falecido não justificam o esvaziamento do direito à herança dos herdeiros, não adquirindo peso maior do que este na ponderação dos interesses em colisão.

5. Panorama geral no direito europeu

Na Europa há consenso de que os dados de pessoas falecidas perdem o caráter de dados pessoais e a tutela conferida pelo Regulamento Geral de Proteção de Dados. E mais: entende-se majoritariamente que os familiares, os herdeiros ou as pessoas autorizadas pelo titular podem acessar seus dados pessoais após a morte. Na verdade, o debate lá encontra-se em estágio mais avançado, discutindo-se já a *hereditabilidade dos dados pessoais* pelos familiares e/ou herdeiros. Na Espanha, a *Ley Orgánica de Protección de Datos y de Garantías de los Derechos Digitales*, de 05/12/2018, permite expressamente no art. 96, inc. 1, alínea a) que as pessoas ligadas ao falecido por razões familiares ou de fato, bem como seus herdeiros, tenham acesso a todos os conteúdos do falecido geridos por prestadores de serviços digitais, salvo proibição expressa do *de cujus* ou da lei.

A lei espanhola segue a regra vigente no direito sucessório, estabelecendo a transmissão de todo o acervo digital (patrimonial e existencial), salvo disposição expressa em contrário do titular, que pode optar por fazer o chamado *testamento digital* definindo o fim a ser dado a seu acervo digital, disposições estas que têm eficácia vinculante para os sucessores. Porém, se o titular nada dispõe, os sucessores universais podem decidir por excluir ou manter as contas do falecido, como faculta expressamente o art. 96, inc. 2 da mencionada lei[30].

---

29 Nesse sentido: BGH III ZR 183/17, j. 12/07/2018, Rn. 92, p. 41 s.

30 Artículo 96. Derecho al testamento digital.
1. El acceso a contenidosgestionados por prestadores de servicios de lasociedad de lainformación sobre personas fallecidas se regirá por lassiguiesntesreglas:

Na Itália, o Decreto Legislativo 101, de 10/08/2018, atribui aos familiares e herdeiros o direito de proteger os dados pessoais de pessoas falecidas. O art. 2-*terdecies*, inc. 1 do Capítulo 3 do mencionado diploma dispõe que tais dados podem ser reivindicados por aqueles que têm interesse próprio ou agem para proteger o titular na condição de familiar ou mandatário - ressalvada, evidentemente, a hipótese em que o titular tenha expressamente proibido o acesso a seus dados. Essa vontade, porém, deve ser manifestada de forma *inequívoca, específica, livre e informada* através de declaração escrita apresentada e/ou comunicada ao responsável pelo tratamento dos dados, nos termos dos incisos 2 e 3 do referido dispositivo[31]. A doutrina fale em um *dirittoall´ereditàdel dato*[32]. Comentando o diploma, Giorgio Resta ressalta que uma das mais importantes inovações da lei foi *mitigar a vinculação dos termos de serviço*

---

a) Las personas vinculadas al fallecido por razones familiares o de hecho, así como sus herederospodrándirigirse a los prestadores de servicios de lasociedad de lainformación al objeto de acceder a dichoscontenidos e impartirleslasinstrucciones que estimen oportunas sobre suutilización, destino o supresión.
Como excepción, las personas mencionadas no podránacceder a loscontenidosdel causante, ni solicitar sumodificación o eliminación, cuandola persona fallecidalohubieseprohibidoexpresamente o asíloestablezca una ley. Dichaprohibición no afectará al derecho de losherederos a acceder a loscontenidos que pudiesen formar parte del caudal relicto.
2. Las personas legitimadas enel apartado anterior podrán decidir acerca delmantenimiento o eliminación de los perfiles personales de personas fallecidasen redes sociales o servicios equivalentes, a menos que elfallecidohubiera decidido acerca de esta circunstancia, encuyo caso se estará a sus instrucciones.

---

31 Art. 2-terdecies (Diritti riguardanti le persone decedute)
1. I diritti di cui agli articoli da 15 a 22 del Regolamento riferiti ai dati personali concernenti persone decedute possono essere esercitati da chi ha un interesse proprio, o agisce a tutela dell'interessato, in qualita' di suo mandatario, o per ragioni familiari meritevoli di protezione.
2. L'esercizio dei diritti di cui al comma 1 none' ammesso nei casi previsti dalla legge o quando, limitatamente all'offerta diretta di servizi della societa' dell'informazione, l'interessato lo ha espressamente vietato con dichiarazione scritta presentata al titolare del trattamento o a quest'ultimo comunicata.
3. La volonta' dell'interessato di vietare l'esercizio dei diritti di cui al comma 1 deve risultare in modo non equivoco e deve essere specifica, libera e informata; il divieto puo' riguardare l'esercizio soltanto di alcuni dei diritti di cui al predetto comma.

32 MARTINS, Guilherme Magalhães FALEIRO JÚNIOR, José Luiz. O planejamento sucessório da herança digital. In:*Arquitetura do planejamento sucessório*. Daniele Chaves Teixeira (coord.).. 2ª ed. Belo Horizonte: Fórum, 2020, p. 472s.

dos provedores digitais, principalmente quando neles constam cláusulas contratuais estabelecidas unilateralmente pelas empresas com o fim de– mediante simples adesão – restringir o exercício de direitos pelos usuários[33], o que, aliás, está em perfeita harmonia com a dogmática dos contratos de consumo e de adesão.

A exigência de que o usuário emita uma declaração inequívoca, específica para vetar a transmissibilidade da herança digital, informada e livre mostra que a lei italiana pretendeu *reforçar a autonomia de testar do sujeito no mundo virtual*, impedindo que as empresas de tecnologia – por meio de despretensiosas regras nos termos de uso, a exemplo do "contato herdeiro" do Facebook – obriguem (o que *per se* já interfere na liberdade de testar!)o usuário a nomear um testamenteiro virtual sob pena de, não o fazendo, todo o acervo digital lá armazenado ficar em poder das plataformas. *Mutatis mutandis* é como se o Estado obrigasse as pessoas a testar, sob pena de todo o patrimônio ser automaticamente arrecadado pelo Poder Público, sem observância sequer dos requisitos necessários para a decretação de vacância da herança (!), o que constitui, à toda evidência, uma inversão lógica e principiológica do sistema sucessório, construído a partir da ideia de que o acervo do morto pertence primordialmente à família.

Na França, a Lei nº 1.321, de 07/10/2016, alterou a *Loi Informatique et Libertés nº 78-17*, de 06/01/1978, para permitir ao usuário definir diretrizes relativas ao tratamento de seus dados após a morte, considerando nulas – da mesma forma que a lei italiana – as cláusulas contratuais que limitem essa prerrogativa do titular. Segundo o art. 85 I da *Loi* 1.321/2016, qualquer pessoa pode definir diretivas relativas à conservação, eliminação e comunicação dos seus dados pessoais após a morte, realizando o chamado testamento digital[34]. Essas diretivas po-

---

33 GONÇALVES, Laura Marques. *Transmissão post mortem de patrimônio digital em defesa da ampla sucessão*. Dissertação de Mestrado apresentada perante a Universidade Federal de Minas Gerais, 2021, p. 124.

34 Article 85. I - Toutepersonnepeutdéfinirdesdirectivesrelatives à laconservation, à l'effacement et à la communication de sesdonnées à caractèrepersonnelaprèssondécès. Cesdirectivessontgénérales ou particulières. (...)
Lesdirectivesmentionnéesau premier alinéaduprésent I peuventdésigner une personnechargée de leurexécution. Celle-ci a alorsqualité, lorsquelapersonne est décédée, pourprendreconnaissancedesdirectives et demanderleurmiseenœuvreauxresponsables de traitementconcernés. A défaut de désignation ou, saufdirectivecontraire, encas de décès de lapersonnedésignée, seshéritiersont-

dem ser gerais, relacionadas a todos os dados pessoais do titular, ou específicas, referentes apenas ao tratamento dos dados pessoais indicados pelo titular no documento. E o mais interessante: as regras relativas ao tratamento dos dados não podem resultar da mera aprovação - *rectius*: adesão - das condições gerais, constantes dos termos de uso pelo titular.

O titular pode designar uma pessoa responsável para cumprir o testamento digital, que adquire, então, o direito de tomar conhecimento de seu conteúdo e de solicitar sua observância pelos responsáveis pelo tratamento dos dados. Na ausência de designação ou em caso de morte da pessoa designada, cabe aos herdeiros exercer tal função. E caso o falecido nada tenha disposto, os herdeiros podem obter acesso aos dados e informações digitais do falecido a fim de obter as informações necessárias para o inventário e partilha da herança, sendo-lhes garantido, dentre outros, o direito de excluir as contas do *de cujus*, de se opor à continuidade do tratamento dos dados ou de exigir sua atualização, além de ter acesso aos dados e bens digitais referentes às memórias de famílias, conforme dispõe o art. 85 II do mencionado diploma legal[35].

Disso se conclui que também na França vale a regra geral do direito sucessório, podendo os herdeiros - salvo disposição em contrário - legitimamente acessar todo o acervo digital do familiar sem que isso confi-

qualitépourprendreconnaissancedesdirectivesaudécès de leurauteur et demanderleurmiseenœuvreauxresponsables de traitementconcernés.

Touteclausecontractuelledesconditionsgénérales d'utilisation d'untraitementportantsurdesdonnées à caractèrepersonnellimitantlesprérogativesreconnues à lapersonneenvertuduprésentarticle est réputée non écrite.

Tradução livre:

Art. 85. I. Qualquer pessoa pode definir diretivas relativas à conservação, eliminação e comunicação de seus dados pessoais após a sua morte. Estas diretivas podem ser gerais ou específicas. (...)

As diretivas mencionadas na primeira alínea podem designar uma pessoa responsável pela sua execução. Esta pessoa tem, então, o direito, quandoo usuário falecer, de tomar conhecimento das diretivas e de demandar sua aplicação aos responsáveis pelo tratamento de dados em questão. Na ausência dessa designação ou, salvo instruções em contrário, em caso de morte da pessoa designada, os seus herdeiros terão o direito de tomar conhecimento das diretivas sobre a morte do seu autor e de solicitar a sua aplicação aos responsáveis pelo tratamento de dados em causa.

Qualquer cláusula contratual das condições gerais de utilização de um tratamento de dados pessoais que limite as prerrogativas da pessoa, ao abrigo deste artigo, será considerada não escrita.

35 GONÇALVES, Laura Marques. Op. Cit., p. 122.

gure ofensa à proteção dos dados pessoais, aos direitos de personalidade ou ao sigilo das comunicações e independente do caráter patrimonial ou existencial desse material. Como exposto em outra sede, essa é uma clara tendência no plano internacional[36], pois impede, em última instância, que em um mundo cada vez mais digitalizado, i.e., descoisificado e desmaterializado, o patrimônio digital (principalmente aqueles dados e informações mais íntimos) do falecido fique em poder de empresas privadas de fins lucrativos pelo simples fato de estarem armazenados em seus servidores, esvaziando, sob o pálido (e hipócrita[37]) discurso da privacidade, o direito à herança dos familiares.

6. Conclusões

Do exposto, conclui-se que a transmissibilidade plena da herança digital não viola a proteção dos dados pessoais do falecido ou de seus interlocutores. A uma, porque a LGPD tem por escopo proteger o exercício de direitos e liberdades fundamentais e assegurar o pleno desenvolvimento da personalidade em face da nova economia de dados, destinando-se, portanto, exclusivamente à tutela de pessoas vivas. A duas, porque o tratamento dos dados pessoais dos interlocutores do morto, realizado para viabilizar o acesso dos herdeiros ao conteúdo armazenado na nuvem, é autorizado pelo art. 7º, incisos V e IX da LGPD, norma correspondente, respectivamente, ao art. 6, inc. 1 alíneas b) e f) do RGPD.

Enquanto no Brasil, doutrina e jurisprudência ainda estão vacilantes, na Europa tem-se assegurado a transmissão do acervo digital aos familiares e/ou herdeiros, independente do cunho patrimonial ou personalíssimo ("existencial") de seu conteúdo. E mais: em vários países, o legislador tem se preocupado em garantir expressamente aos familiares, herdeiros ou à pessoa indicada pelo titular o direito de acesso aos dados pessoais do falecido e de decidir seu destino, admitindo-se um direito à hereditabilidade dos dados.

Isso, por si só, mostra os equívocos dogmáticos e axiológicos da corrente da intransmissibilidade da herança digital, que, ao fim e ao

36 CUEVA, Ricardo Villas Bôas; NUNES FRITZ, Karina. Op. cit., p. 874s.

37 Basta lembrar que os grandes defensores da bandeira da privacidade e intimidade são justamente as *big techs*, que, invadindo a privacidade dos usuários e seus contatos, coletam e monetizam irregularmente seus dados pessoais, como atesta a moderna economia de dados.

cabo, deixa em poder das grandes plataformas de tecnologia justamente os dados e informações mais íntimos do falecido que pretende proteger contra um suposto acesso indevido dos familiares, que só almejam, em regra, guardar as últimas lembranças de seus entes queridos. E, dessa forma, acaba privilegiando os interesses patrimoniais das empresas em continuar monetizando *post mortem* os dados dos usuários falecidos em detrimento dos interesses não patrimoniais das pessoas mais próximas do morto. Pior: transforma, na prática, as grandes empresas de tecnologia em herdeiras de seus usuários pelo simples fato delas fornecerem o suporte técnico necessário ao acesso e armazenamento de dados e bens digitais importantes.

Em um mundo cada vez mais digitalizado, no qual as atividades cotidianas passam a ser realizadas progressivamente através da internet, no qual os objetos se desmaterializam paulatinamente e ganham formato digital, passando a ser utilizados e armazenados virtualmente, o que faz com que o próprio patrimônio também se desmaterialize, ganhando relevância o patrimônio digital, é imprescindível *reafirmar os princípios estruturantes do direito sucessório*, atento à regra de ouro da era digital: tudo o que vale no mundo real, vale, em princípio, no mundo virtual.

Dessa forma, é primordial garantir que *todo o acervo (digital ou analógico) do falecido seja automaticamente transmitido aos herdeiros* no momento da morte (princípio da sucessão universal) e, principalmente, que *todo o acervo hereditário seja efetivamente transferido* – salvo disposição expressa em sentido contrário – *para o núcleo familiar* e não caia, ao contrário, nas mãos de empresas privadas ou do Estado, como assegura o princípio da sucessão familiar, consagrado no art. 1.788 CC[38]. Do contrário, corre-se o risco de que empresas privadas com fins lucrativos passem a ocupar *de facto* a posição jurídica de herdeiro no ordenamento jurídico brasileiro.

Referência bibliográfica

ANDRIGHI, Nancy. A herança digital e os desafios da sucessão post mortem. In: Fabiano da Rosa Tesonli e André de Azevedo Machado (coord.). *Direito federal brasileiro – 15 anos de jurisdição no STJ dos ministros Og Fernandes,*

38 Art. 1.788. Morrendo a pessoa sem testamento, transmite a herança aos herdeiros legítimos; o mesmo ocorrerá quanto aos bens que não forem compreendidos no testamento; e subsiste a sucessão legítima se o testamento caducar, ou for julgado nulo.

Luís Felipe Salomão e Mauro Campbell Marques. Londrina: Thoth, 2022, pp. 431-450.

BEVILAQUA, Clovis. *Direito das sucessões*. 2ª ed. Rio de Janeiro: Freitas Bastos, 1932.

BRANCO, Sérgio. *Memória e esquecimento na internet*. Porto Alegre: Arquipélago Editorial, 2017.

COLOMBO, Maici Barboza dos Santos. Tutela póstuma dos direitos da personalidade e herança digital. In: *Herança digital*. Ana Carolina Brochado Teixeira e Livia Teixeira Leal (coord.). Indaiatuba (SP): Foco, 2022, pp. 123-142.

COULANGES, Fustel de. *A cidade antiga*: estudos sobre o culto, o direito e as instituições da grécia e de roma. 3ª ed. Tradução de Edson Bini. São Paulo – Bauru: Edipro, 2001.

CUEVA, Ricardo Villas Bôas; NUNES FRITZ, Karina. Herança digital: controvérsias e desafios. In: Fabiano da Rosa Tesonli e André de Azevedo Machado (coord.). *Direito federal brasileiro – 15 anos de jurisdição no STJ dos ministros Og Fernandes, Luís Felipe Salomão e Mauro Campbell Marques*. Londrina: Thoth, 2022, pp. 859-876.

DONEDA; Danilo. A LGPD como elemento estruturante do modelo brasileiro de proteção de dados. In: DONEDA, Danilo. MENDES, Laura Schertel. CUEVA, Ricardo Villas Bôas. *Lei geral de proteção de dados (Lei nº 13.709/2018): a caminho da efetividade – contribuições para a implementação da LGPD*. São Paulo: Thomson Reuters, 2020. Ebook.

DONEDA, Danilo. *Da privacidade à proteção de dados pessoais*. 2ª ed. Sao Paulo: RT, 2019.

DONEDA, Danilo. A proteção dos dados pessoais como um direito fundamental. *Espaço Jurídico*, v. 12, nº 2, jul-dez 2011.

GONÇALVES, Laura Marques. *Transmissão post mortem de patrimônio digital*: em defesa da ampla sucessão. Dissertação de Mestrado apresentada perante a Universidade Federal de Minas Gerais, 2021.

HAN, Byung-Chul. *Não-coisas– reviravoltas do mundo da vida*. Tradução de Rafael Rodrigues Garcia. Petrópolis (RJ): Vozes, 2022.

HOEREN, Thomas. Der Tod und das Internet – Rechtliche Fragen zur Verwendung von E-Mail- und www-Accounts nach dem Tode des Inhabers. *NJW*2005, pp. 2113-2117.

HONORATO, Gabriel e LEAL, Lívia Teixeira. Exploração econômica de perfis de pessoas falecidas. In: *Herança digital*. Ana Carolina Brochado Teixeira e Livia Teixeira Leal (coord.). Indaiatuba (SP): Foco, 2022, pp. 143-163.

KUNST, Lena. *Staudinger BGB – Einleitung zum Erbrecht*. Berlin: De Gruyter, 2016.

LEAL, Lívia. Internet e morte do usuário: a necessária superação do paradigma da herança digital. *Revista Brasileira de Direito Civil*, v. 16, abr-jun, pp. 181-197, 2018.

LEIPOLD, Dieter.In: *Münchener Kommentar zum BGB*, Sibylle Kessal-Wulf (redatora), v. 10, 7ª ed., München: Beck, 2017.

LEIPOLD, Dieter. *Erbrecht*. 23ª ed. Tübingen: MohrSiebeck, 2022.

MALHEIROS. Pablo; AGUIRRE, João Ricardo Brandão e PEIXOTO, Maurício Muriack. Transmissibilidade do acervo digital de quem falece: efeitos dos direitos da personalidade projetados post mortem. *Revista da Academia Brasileira de Direito Constitucional*, v. 10, nº 19, jul-dez, 2018.

MARTINI, Mario. Der digitale Nachlass und die Herausforderung postmortalen Persönlichkeitsschutzes im Internet.*Juristenzeitung*, 1145, pp. 1-18, 2012.

MARTINS, Guilherme Magalhães FALEIRO JÚNIOR, José Luiz. O planejamento sucessório da herança digital. In:Daniele Chaves Teixeira (coord.). *Arquitetura do planejamento sucessório*. 2ª ed. Belo Horizonte: Fórum, 2020.

NUNES FRITZ, Karina e SCHERTEL MENDES, Laura. Case Report: corte alemã reconhece a transmissibilidade da herança digital. *Revista de Direito da Responsabilidade*, ano 1, 2019, pp. 525-555.

NUNES FRITZ, Karina. Herança digital: quem tem legitimidade para ficar com o conteúdo digital do falecido? In: *Direito digital*. Guilherme Magalhães Martins e João Victor Rozatti Longhi (coord.), 3ª ed. Indaiatuba: Foco, 2020, pp. 193-210.

NUNES FRITZ, Karina. A garota de Berlim e a herança digital. In: *Herança digital* – controvérsias e alternativas. Ana Carolina Brochado Teixeira e Livia Teixeira Leal (coord.). Indaiatuba: Foco, 2021, pp. 227-244.

NUNES FRITZ, Karina. *Herança digital: Corte alemã e TJ/SP caminham em direções opostas*. Migalhas, coluna German Report, 11/05/2021.

NUNES FRITZ, Karina. *Herança digital: comentário à decisão do TJ/SP sobre o caso do Facebook*. RevistaPensar, Fortaleza, v. 27, nº 3, pp. 1-12, jul./set. 2022

SCHMIDT-KESSEL, Martin e GRIMM, Anna. Unentgeltlich oder entgeltlich? – Der vertragliche Austausch von digitalen Inhalten gegen personenbezogene Daten. *ZfPW*, pp. 84-108, 2017.

HERANÇA DIGITAL: PRÓXIMOS PASSOS DA REGULAÇÃO BRASILEIRA

Marcela Mattiuzzo
Paula Pedigoni Ponce

1. Introdução

A herança, embora conte com definição jurídica própria, é essencialmente um legado, algo que fica de alguém que faleceu. Um objeto deixado de herança – como uma penteadeira – pode ser uma lembrança de uma pessoa amada, bem como representar um valor pecuniário considerável. O mesmo pode ser dito de obras artísticas deixadas por pessoas que já se foram – temos notáveis exemplos na literatura mundial neste sentido, inclusive alguns de herdeiros que deram continuidade ao legado literário de pais e amigos, como é o caso de J. R. R. Tolkien, o famoso escritor de O Senhor dos Anéis, que deixou uma vasta coleção de textos inacabados, alguns dos quais foram então complementados e editados por seu filho Christopher.

Com a era digital, uma nova dimensão dessa questão se apresenta. Para além dos legados específicos deixados por meio de objetos, imóveis ou obras, passam a ter valor também os dados pessoais – conjunto composto por uma miríade de informações, como fotos, imagens, voz, entre outros. Tem se tornado "comum" (se é que podemos utilizar essa expressão) não apenas o debate sobre o que fazer e como lidar com esta herança tipicamente digital, que engloba por exemplo perfis em redes sociais deixados por pessoas falecidas, como também com o uso de informações destas pessoas para as mais diversas finalidades, incluindo para formas de reconstituição de sua presença entre nós.

Talvez o caso mais recente que demonstra de maneira cabal essa questão é o comercial divulgado pela Volkswagen, com "participação especial" de Elis Regina. A cantora brasileira, como se sabe, faleceu há muitos anos (mais precisamente em 1982), mas nesta propaganda aparece lado a lado com a filha Maria Rita, entoando uma canção. A reconstituição foi feita utilizando recursos de inteligência artificial. O caso específico de Elis gerou repercussão por uma série de motivos. Primeiro, porque a iniciativa incomodou algumas pessoas, que se perguntaram se seria ético associar a imagem da cantora, notória crítica da ditadura militar, a uma empresa que foi apoiadora declarada do regime. Segundo, porque houve questionamentos sobre se a iniciativa violaria alguma regra do Conselho Nacional de Autorregulação Publicitária, o Conar.[1] Terceiro, por conta do tema que pretendemos aqui debater, qual seja, quais seriam as normas jurídicas atinentes à proteção de dados pessoais que incidiram sobre a situação, o que por sua vez determinaria se uma autorização da filha de Elis seria suficiente para afastar qualquer questionamento sobre a legalidade da campanha.[2]

Responder a essa pergunta implica refletir sobre o que é um legado digital, quais "bens" fazem parte deste conjunto e, mais especificamente, quais normas incidem sobre ele. Implica também em debater, como pretendemos fazer nas páginas que seguem, se o conjunto normativo hoje existente no Brasil é suficiente para abarcar a completude e a complexidade desta situação, tendo em vista os novos desenvolvimentos tecnológicos e novos usos de dados pessoais que passaram a acontecer.

Para tanto, pretendemos, primeiramente, trazer uma breve explanação sobre a tutela da proteção de dados pessoais incidente sobre dados de pessoas falecidas, incluindo as manifestações da autoridade brasileira responsável pela regulamentação do tema. Em sequência, buscaremos abordar outras normas do ordenamento incidentes sobre a herança, a fim de avaliar como elas se aplicariam a este novo cenário. Por fim, traremos uma compilação do debate legislativo e das propostas hoje existentes que visam reformular o cenário normativo. Concluímos com considerações sobre o que entendemos serem os desafios ainda não devidamente superados e os prováveis próximos passos da discussão no Brasil.

2. A tutela a proteção de dados pessoais

Do ponto de vista da proteção de dados, vale ressaltar que a Lei nº 13.709/2018 (Lei Geral de Proteção de Dados Pessoais ou LGPD) não se aplica a dados pessoais de pessoas falecidas. Segundo a norma, a defini-

---

1 Cabe observar que a decisão do Conar foi no sentido de arquivar o procedimento. Segundo o Poder360, o arquivamento se deu porque de um lado houve consentimento dos herdeiros de Elis e, de outro, porque ela "aparece fazendo algo que fazia em vida". Vide: https://www.poder360.com.br/midia/conar-arquiva-acao-por-propaganda-que-recriou-elis-regina-com-ia/

2 Importante observar que há um conjunto de normas de direito autoral incidente sobre esta situação que, não obstante não seja o foco da discussão aqui empreendida, naturalmente é também afetada pelo debate sobre a transmissibilidade de direitos a herdeiros.

ção desse dado pessoal alcança: "informações relativas à pessoa natural identificada ou identificável" (art. 5º, I). De acordo com o artigo 6º do Código Civil Brasileiro, "a existência da pessoa natural termina com a morte", assim, o falecido não faz jus à tutela da LGPD, uma vez que não é considerado pessoa natural no direito brasileiro.

Vale ressaltar que o tema não chega a ser diretamente abordado pela LGPD, que não exclui ou diferencia explicitamente a disciplina de proteção de dados de pessoas vivas ou mortas. O Regulamento Geral sobre a Proteção de Dados europeu (GDPR), diferentemente, exclui expressamente a sua aplicação a pessoas falecidas e possibilita a cada País Membro a elaboração de regras de tratamento específicas para estas (Considerandos nº 27, 158 e 160).[3]

Ao menos onze países da União Europeia contam com regime específico aplicável aos dados pessoais de pessoas falecidas – englobando mais da metade da população do bloco. Embora esses países não tenham adotado um modelo comum de proteção a esses dados, nenhum deles replicou inteiramente as normas aplicáveis a dados pessoais de pessoas vivas para pessoas mortas. Diferentes modelos foram estabelecidos: alguns centrados na possibilidade de exercício de direitos dos titulares com relação a essas informações, incluindo o de acesso, (como França, Hungria, Portugal e Espanha) seja pelo próprio indivíduo pré-morte ou por herdeiro apto; outros foram além e incorporaram outras disposições do GDPR, como o dever de confidencialidade (como Bulgária, Dinamarca, Islândia e Portugal).[4]

Um dos elementos que impulsionou a inclusão dessas normas no arcabouço de proteção de dados desses países diz respeito ao caráter inter-relacional dos dados pessoais, isto é, a possibilidade de informações sobre um indivíduo falecido revelarem dados sobre seus descendentes.[5] O caso mais óbvio é o dos dados genéticos, mas o Working Party 29 chegou a indicar que informações sobre a trajetória de um indivíduo falecido igualmente poderiam afetar seus herdeiros, por exemplo, o dado

3 Enquanto regulamento, o GDPR é diretamente aplicável aos países membros da União Europeia, mas permite que temas sejam também abordados por leis de países nacionais.

4 ERDOS, David, Dead ringers? Legal persons and the deceased in European data protection law, **Computer Law & Security Review**, v. 40, p. 105495, 2021.

5 *Ibid.*

sobre sua participação em regime opressor.[6] Além disso, as normas representam sobretudo resposta à multiplicação de bens digitais à medida que a datificação atinge as mais diversas esferas da vida e os debates sobre a possibilidade de acesso a estes.

2.1. Manifestação da ANPD

A Autoridade Nacional de Proteção de Dados Pessoais (ANPD), indicada como órgão central de interpretação da LGPD, chegou a se manifestar sobre o tema. A Nota Técnica nº 3/2023/CGF/ANPD foi escrita para responder a uma consulta da Polícia Rodoviária Federal (PRF) sobre a possibilidade de criação de um memorial no Portal Web da PRF – mais especificamente, a PRF questionou se a LGPD se aplicaria ao tratamento de dados pessoais de pessoas falecidas, que seriam coletados para compor o memorial.

A ANPD concluiu que a LGPD não se aplica ao tratamento de dados pessoais de pessoas falecidas. Isso porque a lei, em seu artigo 1º, define dado pessoal como "informação relacionada a pessoa natural identificada ou identificável". Assim, reiterando o entendimento anteriormente exarado, uma pessoa falecida, segundo a regra do Código Civil de que a existência da pessoa natural termina com a morte, não teria seus dados pessoais abarcados pela norma.

A autoridade complementa seu posicionamento afirmando que os direitos de personalidade, como o direito à honra e à imagem, seriam os instrumentos adequados para proteger os interesses das pessoas falecidas. A proteção de dados pessoais, por outro lado, não seria a seara adequada para a defesa desses interesses.

Considerando o escopo da LGPD, a manifestação da ANPD localiza os debates sobre herança digital fora da tutela da proteção de dados pessoais. Vale questionar, assim, em que medida a tutela da personalidade dá conta dos desafios jurídicos colocados por temas relacionados à herança digital, ou em que medida existe vácuo normativo sobre o tema no país.

6 ARTICLE 29 DATA PROTECTION WORKING PARTY, Opinion 03/2013 on purpose limitation.

3. A proteção via outras normas do ordenamento jurídico

Um primeiro ponto a ser esclarecido é que o Código Civil Brasileiro prevê um direito geral dos indivíduos de disporem de seus bens (art. 1.857) – incluindo bens de caráter não patrimonial (art. 1.857, §2º). Assim, qualquer indivíduo poderá estabelecer qual o destino de seus bens digitais em geral.[7] A dificuldade permanece, entretanto, para casos em que não há manifestação de vontade – o que representa a grande maioria dos casos no Brasil.[8]

Para bens digitais de caráter exclusivamente patrimonial – por exemplo, livros digitais, músicas, moedas virtuais, entre outros bens patrimoniais que não possuam suporte físico – a sua transmissão segue a lógica usual do Direito das Sucessões, de modo que podem ser transmitidos a herdeiros[9], nos termos do art. 1.788 do Código Civil Brasileiro, seja nos termos da lei ou por meio de testamento.

Em paralelo, para os bens digitais existenciais, o cenário é diferente. Isso porque os direitos da personalidade têm caráter intransmissível (art. 11 do CC). Por exemplo, é o caso de uma conta pessoal em rede social e suas postagens, que revelam traços sobre a vida privada e imagem. Embora não sejam transmissíveis, vale ressaltar que o ordenamento jurídico garante algum nível de tutela sobre tais direitos para seus herdeiros.

Em concreto, o CC estabelece que qualquer ameaça ou violação de direito à personalidade poderá ser objeto de tutela protetiva, que se estende para além do falecimento (art. 12). De modo que terceiros – no caso, o cônjuge sobrevivente ou qualquer parente em linha reta, até o quarto grau – poderá requerer medida para cessar a violação e reclamar perdas e danos.[10]

---

7 TARTUCE, Flávio, Herança digital e sucessão legítima: primeiras reflexões, **Centro de Investigação de Direito Privado, ano**, v. 5, 2018.

8 A título de exemplo, no Estado de São Paulo foram registrados 9.210 testamentos no ano de 2021, mas cerca de 300 mil pessoas faleceram naquele ano. Dados disponíveis em: Estado de SP registra mortalidade 12% maior em 2020, aponta Seade, **G1**, disponível em: <https://g1.globo.com/sp/sao-paulo/noticia/2021/03/10/estado-de-sp-registra-mortalidade-12percent-maior-em-2020-aponta-seade.ghtml>. acesso em: 1 out. 2023; Registros de testamentos crescem no Brasil após pandemia; audiência sobre herança de Gugu será retomada nesta quarta, **G1**, 2023.

9 FUJITA, Jorge Shiguemitsu; SILVA, Victor Hugo Cunha, Herança digital na sociedade da informação, **civilistica.com**, v. 12, n. 1, p. 1–18, 2023.

10 Arte. 12. Pode-se exigir que a ameaça, ou a lesão, cesse o direito da personalidade, e reclamar perdas e danos, sem prejuízo de outras penas previstas em lei.

Tal como ressaltado por Cristiano Colombo e Guilherme Damasio Goulart, não se trata de transmissão dos direitos à personalidade, mas tão somente a legitimação processual para a defesa de tais direitos por terceiros.[11] Nesse sentido, pode-se imaginar cenário em que um indivíduo mantenha um diário em notas de seu celular, sem que qualquer um tenha ciência da existência de tais registros. Após sua morte, um terceiro que acaba tendo acesso a seu celular publica essas informações em um livro sem autorização do falecido ou de familiares, possivelmente violando a privacidade da pessoa falecida, ou mesmo sua honra, a depender se o conteúdo tenha impacto para a reputação do indivíduo.

De fato, o art. 20 do Código Civil exige, a menos que em hipóteses específicas (como necessidade para administração da justiça ou manutenção da ordem pública), a autorização prévia para divulgação de escritos ou transmissão da palavra ou publicação, exposição ou utilização da imagem de determinada pessoa, sem o que poderão ser proibidas, a requerimento do interessado, sem prejuízo da indenização cabível, se lhe atingirem a honra, a boa fama ou a respeitabilidade, ou se se destinarem a fins comerciais. No caso de uma pessoa falecida ou ausente, a tutela permanece disponível – e o cônjuge, ascendentes ou descendentes têm o direito de requerê-la.[12] Conforme destacado por

Parágrafo único. No caso de falecimento, o cônjuge sobrevivente, ou qualquer parente em linha reta, ou garantia até o quarto grau, terá direito de requerer a medida prevista neste artigo.

11 COLOMBO, Cristiano; GOULART, Guilherme Damasio, Direito póstumo à portabilidade de dados pessoais no ciberespaço à luz do Direito brasileiro, **Fabrício Bertini Pasquot Polido Lucas Costa dos Anjos**, p. 55, 2019.

12 O artigo, em conjunto com o art. 21, foi objeto de Ação Direta de Inconstitucionalidade (ADI) 4.815/DF no chamado caso das biografias não autorizadas. Neste, o Supremo Tribunal Federal julgou a ação procedente e deu interpretação conforme à Constituição do artigo, estabelecendo que obras biográficas (literárias ou audiovisuais) prescindiram de autorização da pessoa biografada (ou de seus familiares, em caso de pessoa falecida). A decisão buscou compatibilizar a tutela da intimidade, privacidade, honra e imagem com os direitos fundamentais à liberdade de pensamento e de expressão. Em resumo, a decisão veio na esteira de obras bibliográficas tiradas de circulação e de lançamentos proibidos – por exemplo, no caso de biografia de Lampião, em que seus descendentes foram contrários ao seu lançamento por violação da honra. O Tribunal entendeu que tais proibições representariam censura, que tem caráter inconstitucional, e prejudicariam a liberdade de expressão e de informação. Em paralelo, o STF ressaltou que, em caso de violação à honra e intimidade, o autor deveria responder pela violação a partir de indenização para reparação de danos.

Laura Schertel Ferreira Mendes e Karina Nunes Fritz, o artigo atribui legitimidade aos herdeiros para decisões quanto às eventuais projeções da personalidade após a morte.[13]

Diante desse cenário de intransmissibilidade, alguns desafios jurídicos permanecem para os bens extrapatrimoniais. Por exemplo, pode-se pensar na hipótese em que familiares gostariam de ter acesso às contas de seu ente querido para recolher imagens, comunicações e outras lembranças. Além disso, é perfeitamente possível o cenário em que os familiares optam pela exclusão da conta e de seus registros pelas plataformas, por exemplo, por qualquer razão que seja, inclusive caso entendam que esse caminho é preferível para lidar com o processo de luto.[14] Há ainda quem defenda que a herança digital que diz respeito à privacidade e à intimidade da pessoa deve necessariamente desaparecer a partir do momento da morte.[15]

O cerne da questão é a divisão entre bens digitais patrimoniais e bens digitais existenciais, que embora seja útil e didática, não parece ser suficiente para dar conta da complexidade do cenário. É preciso reconhecer que existem diversos bens de natureza existencial com implicações patrimoniais, situação que se não é específica do universo digital, certamente ganhou maior escala neste contexto. Por exemplo, é possível pensar em conta em rede social mantida por indivíduo com projeção nacional – ainda que represente um prolongamento de sua imagem e personalidade – que conte também com relevantes elementos patrimoniais. Pode ser do interesse dos herdeiros utilizar a conta para a divulgação de produtos e eventos pagos de homenagem ao indivíduo.[16] Nesses casos, há de se ressaltar que existe uma dificuldade prática na separação do que configuraria conteúdo patrimonial ou existencial – havendo questionamentos sobre a quem caberia fazer essa análise (e.g. juízes).[17]

---

13 MENDES, Laura Schertel Ferreira; FRITZ, Karina Nunes, Case report: Corte alemã reconhece a transmissibilidade da herança digital, **Direito Público**, v. 15, n. 85, 2019.

14 Nessa última hipótese, seria possível argumentar que os artigos 12 e 20 do CC garantiriam aos herdeiros a possibilidade de lidar com esses casos.

15 TARTUCE, Herança digital e sucessão legítima: primeiras reflexões.

16 Pode-se argumentar que para esses casos o art. 20 do CC garantiria aos herdeiros ou a pessoas próximas do falecido tomar decisões fundamentais quanto à sua identidade digital – seja pela exclusão da contas e perfis, seja pela sua manutenção.

17 FRITZ, Karina Nunes, Herança digital: Corte alemã e TJ/SP caminham em direções opostas, **Migalhas**, 2021.

Por fim, outro ponto que merece ser analisado é que o acesso a contas e outros bens digitais de falecidos pode implicar violação da privacidade e intimidade deste e de terceiros. E para as análises desses casos, parece claro que haverá uma variação a depender do conteúdo sob análise – por exemplo, o acesso a todas as conversas da pessoa teria maior impacto para sua privacidade (e de seus interlocutores) do que meramente o acesso a fotografias disponibilizadas no feed, disponível para visualização de todos seus amigos.

Caso recente foi analisado pela 31ª Câmara de Direito Privado do Tribunal de Justiça de São Paulo que, em 2021, decidiu que a transmissão de uma conta e conteúdo de perfil de rede social por sucessão causa mortis é impossível. No caso, a mãe de uma jovem falecida tentou acessar e utilizar a conta de Facebook de sua filha, mas o perfil foi excluído sem explicação pela rede social. O Tribunal utilizou a distinção já apresentada entre bens digitais patrimoniais e existenciais, concluindo que apenas os primeiros fazem parte da herança, enquanto os segundos estão ligados aos direitos da personalidade e, portanto, são intransmissíveis. Nesse caso, o Tribunal baseou sua decisão na validade das cláusulas contratuais dos Termos de Uso, os quais a jovem teria aceitado. A decisão, entretanto, não chegou a abordar outros debates relevantes – por exemplo, se o acesso a conversas privadas da jovem não representa violação à sua intimidade,[18] ainda que por sua mãe, além de ignorar que contas em redes sociais podem conter aspectos patrimoniais[19].

O caso ilustra que, por mais que o ordenamento jurídico conte com normas aplicáveis à herança digital, elas não endereçam todos os problemas que surgem com relação ao tema. Nesse sentido, é interessante olhar para as propostas legislativas sobre o tema para a avaliação sobre as diferentes opções disponíveis para a regulamentação do tema.

4. Vácuo normativo: debates legislativos sobre herança digital

Conforme discutido acima, são vários os pontos controvertidos quando se trata de herança digital. De fato, quando se encara o tema da perspectiva legislativa, fica claro que existem tanto pontos em aberto no ordenamento jurídico, quanto uma série de propostas distintas para a sua regulamentação. De modo geral, os projetos de lei que tratam do

18 FUJITA; SILVA, Herança digital na sociedade da informação, p. 16.

19 FRITZ, Herança digital.

assunto reconhecem a herança digital, mas variam em suas respostas à possibilidade de acesso ao conteúdo das contas por herdeiros, bem como as suas exclusões ou gerenciamento pós-morte. Com relação ao testamento, a maioria dos PLs estabelece a primazia da vontade comunicada pelo falecido (o que é alinhado aos debates doutrinários sobre o tema, conforme discutido na seção anterior) – e, interessantemente, mencionam a validade de testamento realizado por meio digital. Outros temas abordados pelos PLs incluem obrigações de armazenamento de dados após sua exclusão e normas de direito autoral.

Abaixo, buscamos trazer uma compilação dos principais projetos que tratam do assunto, indicando os temas abordados por cada um, as normas que pretendem alterar, e o status da proposta (em outubro de 2023, data de revisão final deste artigo).

Número do PL	Principais temas abordados	Normas alteradas	Status em Outubro/2023
PL do Senado nº 365/2022	Define herança digital; Estabelece a possibilidade de realização de testamento com relação a ela (e o modo); Veda a alteração ou remoção de conteúdo divulgado pelo falecido – a não ser em caso de autorização prévia; Estabelece que contas em sistema de mensageria privada não poderão ser acessadas, a não ser em hipótese de autorização ou para a apuração de crime; Garante que herdeiros poderão requerer os direitos dos titulares de dados pessoais estabelecidos na LGPD, a não o direito de acesso (exceto em caso de autorização prévia ou ordem judicial).	Inclui um artigo à Lei Geral de Proteção de Dados.	Apresentada no Senado em maio de 2022, aguardando indicação de relator na Comissão de Constituição, Justiça e Cidadania.

PL nº 1.144/2021	Altera o CC para incluir conteúdos, dados pessoais em aplicativos da Internet e contas com natureza econômica na herança Não transmite a herdeiros o conteúdo de conversas privadas Indica que herdeiros não poderão alterar o conteúdo de contas e poderão pleitear a sua exclusão Os provedores de aplicações de internet devem excluir as contas públicas de usuários brasileiros falecidos, a menos que haja manifestação do titular dos dados pela sua manutenção após a morte Indica que os provedores armazenem os dados e registros de contas por um ano a partir da data do óbito, a menos que haja um requerimento em sentido contrário.	Código Civil e Marco Civil da Internet	Apensado ao PL 3050/2020, pendente apreciação pela CCOM. Vide abaixo.
PL nº 410/2021	Dever de excluir as contas de usuários brasileiros falecidos imediatamente após a comprovação do óbito. A exclusão das contas dependerá de um requerimento feito aos provedores de aplicações de internet por herdeiros. Dever de armazenamento dos dados e registros das contas por um período de dois anos, a partir da data do óbito, a não ser em caso de requerimento cautelar da autoridade policial ou do Ministério Público. As contas podem ser mantidas após o falecimento do titular, desde que o titular da conta assim o decida em ato de última vontade, indicando quem deve gerenciá-la.	Marco Civil da Internet	Apensado ao PL 3050/2020, pendente apreciação pela CCOM.

PL nº 2.664/2021	Garante a todos os indivíduos o direito de dispor (por testamento ou outro meio) sobre o tratamento de seus dados pessoais após a morte Concede aos herdeiros o direito de acessar os dados do falecido para organizar e liquidar a herança, identificando informações úteis para o inventário e partilha do patrimônio; obter os dados relacionados às memórias familiares (fotos, vídeos e áudios), eliminar, retificar ou comunicar os dados, utilizar os dados para cumprir obrigações pendentes com terceiros e exercer os direitos autorais e industriais eventualmente transmitidos As disposições também se aplicam, no que couber, às pessoas declaradas incapazes.	Código Civil	Apensado ao PL 3050/2020, pendente apreciação pela CCOM. Vide abaixo.
PL nº 1.689/2021	Inclui na herança direitos autorais, dados pessoais e publicações e interações na Internet – indicando a possibilidade de dispor sobre estes em testamento, inclusive Direito de acesso do herdeiro à contas do falecido deve ser garantido com apresentação de atestado de óbito, caso não haja manifestação de vontade em contrário O sucessor pode manter e editar as informações digitais do falecido, inclusive podendo transformar o perfil em memorial Estabelece rito para indivíduos que faleceram sem herdeiros legítimos Autoriza o testamento eletrônico, desde assinado com certificado digital Indica que publicações em redes sociais poderão ser protegidas por direito de autor – com proteção de 70 anos após a morte	Código Civil e Lei de Direito Autoral	Apensado ao PL 3050/2020, pendente apreciação pela CCOM. Vide abaixo.

PL nº 3.050/2020	Estabelece que todos os conteúdos de qualidade patrimonial contas ou arquivos digitais serão transmitidos aos herdeiros	Altera o Código Civil	O PL será apreciado pelas Comissões da Câmara de Constituição e Justiça e de Cidadania (CCJC),Comissão de Cultura (CCULT) e Comissão de Comunicação (CCOM). Aguarda apreciação na CCOM, onde tem como relator Dep. Vinicius Carvalho.
PL nº 3.051/2020	Concede aos herdeiros o direito de requerer a exclusão de contas do falecido, mediante comprovação de óbito Dever de guarda de dados e registros da conta pelo prazo de 1 ano, ressalvados requerimentos de autoridade policial ou Ministério Público Contas de falecidos podem ser mantidas após a comprovação de óbito, desde que a plataforma o permita e se solicitado pelo herdeiro O gerenciamento da conta post mortem será bloqueado, exceto se o usuário falecido tiver autorizado expressamente indivíduo para seu gerenciamento	Marco Civil da Internet	Apensado ao PL 3050/2020, pendente apreciação pela CCOM. Vide acima.
PL nº 5.820/2019	Capacidade de testar sobre diferentes, bens, incluindo bens incorpóreos Possibilidade de testamento por meio digital – documento com certificado digital ou gravação com testemunhas atendendo alguns requisitos. Define herança digital (vídeos, fotos, senhas de redes sociais e e-maiL) e possibilita a gravação de vídeo	Código Civil	Aprovado pela Comissão de Constituição e Justiça e remetido para o Senado Federal

PL do Senado nº 6.468/2019	Transmite aos herdeiros todos os conteúdos de contas ou arquivos digitais	Código Civil	Aguardando relator na Comissão de Constituição, Justiça e Cidadania.
PL nº 7.742/2017	Mesmo conteúdo que PL nº 3.051/2020.	Marco Civil da Internet	O PL foi arquivado em 2019.
PL nº 8.562/2017	Mesmo conteúdo que PL nº 4.847/2012	Código Civil	O PL foi arquivado em 2019.
PL nº 4.847/2012	Define herança digital Reconhece possibilidade de testamento sobre herança digital Herança transmitidas aos herdeiros legítimos Estabelece que os herdeiros poderão definir o destino das contas do falecido (incluindo as possibilidades de transformá-las em memorial, apagar todos os dados do usuário ou remover a conta)	Código Civil	O PL foi arquivado em 2013.
PL nº 703/2022	Mesmo conteúdo que PL nº 2.664/2021.	Código Civil	Apensado ao PL nº 2.664/2021, por sua vez apensado ao PL 3050/2020, pendente apreciação pela CCOM. Vide acima.

Conclusão

O que podemos concluir com base nessa revisão da discussão sobre herança digital é, primeiramente, que o tema não se encontra pacificado no Brasil. A natureza dúplice de dados pessoais – enquanto uma expressão tanto de direitos patrimoniais quanto direito da personalidade – complexifica bastante o debate.

Na medida em que a Constituição hoje determina que dados pessoais são direito fundamental, é indiscutível que eles fazem parte deste núcleo de direitos atinentes à personalidade. Mas também é fato que dados pessoais igualmente possuem (ou podem possuir em muitos casos) expressão patrimonial. Reconhecer essa duplicidade é importante para que não analisemos de forma incorreta ou insuficiente a situação.

Um cenário simples pode ilustrar como tal duplicidade se mostra desafiadora. Suponhamos que uma empresa leve ao pé da letra a ideia de que dados pessoais de falecidos não ensejam qualquer proteção do ponto de vista de dados pessoais – dado que a ANPD manifestou-se no sentido de que a LGPD não é aplicável a estes casos e que não existiriam quaisquer outras normas que regulem o tema de forma específica. Neste contexto, a empresa resolve treinar um algoritmo única e exclusivamente com os dados de pessoas falecidas.

Imaginando que neste caso concreto não estaríamos diante de qualquer divulgação dos dados, a discussão sobre intimidade não seria pertinente. Mas algo nessa situação concreta parece "fora de lugar". Nos gera algum desconforto a hipótese de que a prática seja inteiramente legítima – enquanto tratamento equivalente com dados pessoais de indivíduos vivos contaria com uma série de regras sobre o tema, como a necessidade de base legal específica, adoção de medidas de segurança e garantia de direitos dos titulares. Essa é uma importante sinalização que indica onde está a lacuna do ordenamento jurídico hoje. Se, como visto, a LGPD não se aplica e o Código Civil aplica-se apenas a direitos efetivamente transmissíveis, e não a direitos da personalidade, mas temos uma expressão de direito de personalidade "corporificada" em dados pessoais, qual o caminho a seguir?

Há uma outra temática relevante, que coloca em dúvida a efetiva não aplicabilidade da LGPD. É notório que dados pessoais muitas vezes dizem respeito não só a uma pessoa física, mas a várias. Fotos e vídeos, por exemplo, geralmente figuram não apenas um titular de dados, e sim diversos. Dados genéticos ou de saúde podem revelar informações sobre seus familiares. O que fazer, portanto, quando o dado pessoal de uma pessoa falecida na realidade tem o potencial de revelar informações sobre outros titulares, aos quais a LGPD efetivamente se aplica?

A verdade é que o ordenamento jurídico não parece fornecer uma resposta clara e objetiva no momento. O que é possível concluir, e é de certa forma confirmado pelo caminho seguido por países membros na Europa, é que a lógica da LGPD parece ainda se justificar para o tratamento destes dados pessoais e que portanto faria sentido incorporá-la, ainda que em partes, numa proposta normativa, em especial tendo em vista o posicionamento já exarado pela ANPD de que a lei não pode ser aplicada a pessoas falecidas.

Em razão das inter-relações do tema, parece importante que soluções normativas dialoguem com a LGPD, sendo possível discutir, por exemplo, em que medidas os direitos dos titulares previstos nesta legislação poderiam ser exercidos por herdeiros. Além de a proteção de dados pessoais representar direito fundamental em si[20], fica claro que a sua proteção está intrinsecamente relacionada a outros direitos da personalidade – como privacidade, imagem, honra, entre outros.

Será importante acompanhar os desenvolvimentos do tema no Congresso Nacional, bem como as decisões judiciais sobre o assunto. O que parece claro é que o debate está longe de acabar.

20 E aqui é relevante mencionar o legado de Danilo Doneda. Danilo teve um papel central na promoção acadêmica do tema e defesa do caráter de direito fundamental da proteção de dados pessoais.

Inteligência artificial e intervenção humana: em busca da tutela da personalidade a partir das contribuições de Danilo Doneda

Maria Regina Rigolon Korkmaz[1]

1. Introdução

Nas lições do saudoso Professor Danilo Doneda, a tecnologia é um produto do ser humano destinado a relacionar-se com ele e não pertence a um universo alheio a uma determinada conjuntura político-social. Ao seu caráter intrínseco de imprevisibilidade, acrescentam-se o desprezo por limites extrínsecos e uma nova arquitetura informacional, que relaciona o controle de informações e o exercício de poder.[2]

No quadro contemporâneo da progressiva inserção das tecnologias digitais no tecido social, com uma pervasividade sem precedentes, uma de suas aplicações deve ser particularmente destacada: a utilização de sistemas automatizados para determinar questões que interferem na vida das pessoas, isto é, as decisões automatizadas significativas. Apesar das diversas limitações que vêm sendo identificadas pela literatura na utilização de tais decisões, referidas como mecanismos de "automatização da desigualdade" por Virginia Eubanks,[3] sua aplicação nos mais diversos setores da vida social, nas esferas públicas e privadas, bem como nas suas interfaces, ganha crescente ênfase.

Isso pode ser atribuído, de certa forma, a um cenário mais amplo de apelos de progresso que promoveram a técnica, alçando-a de um simples instrumento a um fim em si mesma, de forma a tornar-se um

1 Professora de Direito Civil e Novas Tecnologias da Universidade Federal de Juiz de Fora (UFJF). Doutora em Direito Civil pela Universidade do Estado do Rio de Janeiro (UERJ). Mestre em Direito e Inovação pela UFJF. Professora convidada da Pós-graduação *lato sensu* em Direito Digital do ITS Rio, em parceria com a UERJ e com o CEPED e da Pós-graduação em Direito Privado, Tecnologia e Inovação da Escola Brasileira de Direito (EBRADI). Membro do Instituto Brasileiro de Direito Civil (IBDCivil), do Núcleo Legalite da PUC-Rio e do Instituto Brasileiro de Estudos de Responsabilidade Civil (IBERC). Advogada.

2 DONEDA, Danilo. *Da Privacidade à Proteção de Dados Pessoais*. Rio de Janeiro: Renovar, 2006.

3 EUBANKS, Virginia. *Automating Inequality*: how high-tech tools profile, police, and punish the poor. New York: Picador, 2019.

sujeito impessoal, capaz de impor a sua lógica inerente à sociedade e constituir-se em um simulacro da vontade, como "a vontade da técnica, perdendo assim definitivamente o seu caráter instrumental e neutro", na advertência de Doneda. Historicamente, o desvirtuamento da ideia de progresso serviu ao integralismo científico identificado no código genético dos totalitarismos do século passado de maneira tal que não seria possível situar essa noção em uma perspectiva unívoca.[4] A associação da técnica a uma ideia progressista de busca por maior eficiência permanece, o que oculta a diversidade de interesses que se fazem presentes em suas implementações. O debate sobre as decisões automatizadas se insere nessa perspectiva, quando pretensas abordagens de neutralidade e de objetividade técnicas encobrem interesses econômicos e políticos que desconsideram ou instrumentalizam a pessoa humana.

Essas decisões são tomadas, de forma total ou parcial, com base em processamento automatizado de dados pessoais ou não pessoais, especialmente com a utilização de sistemas de inteligência artificial.[5] A coleta de informações para a vida em sociedade assume dimensão e granularidade crescentes, tendo por consequência a datificação dos mais ínfimos aspectos da vida humana, que alimentarão e ajudarão a desenvolver tais sistemas. Na observação de Danilo Doneda e Virgílio Almeida, a utilidade dos sistemas automatizados é crescente em função da maior disponibilidade de dados.[6] Atualmente, são decididas por intermédio da automatização questões como: mensuração de possibilidade de reincidência na esfera criminal; seleção profissional; definição de credibilidade para fins de recebimento de crédito; gestão da infraestrutura de recursos básicos; moderação de conteúdo; diagnósticos e definição de assistência no campo médico; seleção de alunos aptos a receber financiamento estudantil público; controle alfandegário; alocação de recursos públicos; definição de perfis; entre várias outras.

---

4 DONEDA, Danilo. *Da Privacidade à Proteção de Dados Pessoais*. Rio de Janeiro: Renovar, 2006.

5 Remeta-se a: DONEDA, Danilo Cesar Maganhoto; MENDES, Laura Schertel; SOUZA, Carlos Affonso Pereira de; ANDRADE, Norberto Nuno Martin Becerra Gomes de. Considerações iniciais sobre inteligência artificial, ética e autonomia pessoal. *Pensar - Revista de Ciências Jurídicas*, [S.L.], v. 23, nº 04, pp. 1-17, 2018. Fundação Edson Queiroz. http://dx.doi.org/10.5020/2317-2150.2018.8257.

6 DONEDA, Danilo; ALMEIDA, Virgílio A. F. *O que é a governança de algoritmos?* 2016. Disponível em: https://politics.org.br/edicoes/o-que-é-governança-de-algoritmos. Acesso em: 20 maio 2019.

Assim, em atenção à interface que se desenha entre proteção de dados pessoais e inteligência artificial, bem como às profundas contribuições do Professor Danilo Doneda para a proteção da pessoa humana, pretende-se traçar breves notas sobre a importância do mecanismo da intervenção humana em face das decisões automatizadas, considerando o seu valor para a promoção da dignidade humana e dos direitos fundamentais no contexto de progressiva automatização dos mais variados aspectos da vida em sociedade. Para tanto, após a presente introdução, o capítulo 2 volta-se para o tema da ditadura dos algoritmos, denunciada pelo Professor Stefano Rodotà, e a necessidade de se reforçar a centralidade da proteção da pessoa humana no cenário tecnológico. O capítulo 3 trata da apreensão da intervenção humana nesses sistemas por diferentes experiências jurídicas. O capítulo 4 aborda algumas disposições da construção jurídica brasileira acerca do tema. Por fim, serão apresentadas as considerações finais.

2. Da ditadura dos algoritmos à reafirmação da centralidade da pessoa humana: contribuições de Stefano Rodotà e Danilo Doneda

A noção de privacidade, enquanto direito dinâmico e complexo que inseriu entre as suas expressões a autodeterminação informativa, segundo Rodotà,[7] expressa um caráter relacional, na construção de Doneda, a partir do qual será determinado o nível de relação de cada personalidade com as demais no tecido social, a viabilizar uma modulação individual de inserção e de exposição da própria personalidade.[8] Conforme a definição de Pietro Perlingieri, considera-se que: "[...] La personalità è valore obiettivo, interesse, bene giuridicamente rilevante. Valore e bene che si attuano in forma dinamica dalla nascita alla morte della persona, la quale, a sua volta, si sviluppa con una propria formazione, con una propria educazione, con proprie scelte".[9]

7 RODOTÀ, Stefano. *A vida na sociedade da vigilância*. A privacidade hoje. Tradução: Danilo Doneda e Luciana Cabral Doneda. Rio de Janeiro: Renovar, 2008.

8 DONEDA, Danilo. *Da Privacidade à Proteção de Dados Pessoais*. Rio de Janeiro: Renovar, 2006.

9 "Tutto questo attiene alla dinamica della personalità, alla personalità come valore e non come capacità giuridica o soggettività" (PERLINGIERI, Pietro. *La persona e i suoi diritti*. Napoli: Edizioni Scientifiche Italiane, 2005. p. 13).

A relação que um estatuto forte de privacidade e de proteção de dados pessoais estabelece com o livre desenvolvimento da personalidade e, por conseguinte, com as escolhas de vida de cada um é direta. Vale dizer que, segundo Rodotà, "a privacidade pode ser identificada com a tutela das escolhas de vida contra toda forma de controle público e de estigmatização social, em um quadro caracterizado justamente pela liberdade das escolhas existenciais".[10]

Todavia, o direito de impedir a coleta de dados não poderia ser considerado a solução para uma das questões mais desafiadoras do nosso tempo: a desapropriação tecnológica das prerrogativas humanas, na "ditadura dos algoritmos", [11] na qual se esvaem garantias que deveriam proteger as pessoas em face do poder tecnológico e da expropriação da individualidade humana através da mediação das máquinas, na advertência de Rodotà.[12] Esse cenário se associa a uma incessante criação de perfis individuais, familiares e de grupos, através dos quais as identidades individuais e coletivas são construídas por algoritmos, de modo a implicar a delimitação do funcionamento de expressivas áreas de nossa organização social, a redistribuição de poderes e a criação de novas formas de sua expressão.[13] A "ditatura dos algoritmos" exprime uma socie-

---

10 RODOTÀ, Stefano. *A vida na sociedade da vigilância*. A privacidade hoje. Tradução: Danilo Doneda e Luciana Cabral Doneda. Rio de Janeiro: Renovar, 2008. pp. 92-93.

11 No presente artigo, adota-se um conceito amplo de algoritmos como construção matemática, bem como as suas implementações enquanto programas e configurações (aplicações) (TSAMADOS, Andreas; AGGARWAL, Nikita; COWLS, Josh; MORLEY, Jessica; ROBERTS, Huw; TADDEO, Mariarosaria; FLORIDI, Luciano. The ethics of algorithms: key problems and solutions. *AI & Society*, [S.L.], 20 fev. 2021. Springer Science and Business Media LLC. http://dx.doi.org/10.1007/s00146-021-01154-8).

12 RODOTÀ, Stefano. *Il mondo nella rete*: Quali i diritti, quali i vincoli. Roma: Laterza & Figli – Gruppo Editoriale L'Espresso, 2019. Adicionalmente, sobre o debate posto por Rodotà sobre as noções de sujeito e de pessoa, remeta-se a: RODOTÀ, Stefano. *Il diritto di avere diritti*. 8. Ed. Bari: Laterza, 2012; TEPEDINO, Gustavo. O papel atual da doutrina do direito civil entre o sujeito e a pessoa. In: TEPEDINO, Gustavo; TEIXEIRA, Ana Carolina Brochado; ALMEIDA, Vitor (Coords.). *O direito civil entre o sujeito e a pessoa:* estudos em homenagem ao professor Stefano Rodotá. Belo Horizonte: Fórum, 2016, pp. 17-35; NEGRI, Sergio Marcos Carvalho de Ávila. As razões da pessoa jurídica e a expropriação da subjetividade. *Civilistica.com*, v. 5, nº 2, pp. 1-18, 29 dez. 2016.

13 A propósito: "È questo il limite di tutte le tecniche di opting-out, del chiamarsi fuori, che affidano la garanzia dei dati personali alla sola vigilanza dell'interessato, tenuto a una indeterminata serie di atti difensivi, mentre dall'altra parte i signori

dade de despersonalização, de novas discriminações e de mitigação da liberdade humana, que demanda a construção de prerrogativas para a proteção da pessoa que está sujeita a mecanismos que não sabe ou não pode controlar:

> Quando la relazione tra i poteri pubblici e privati e le persone viene basata su di un ininterrotto data mining, sulla raccolta senza limiti di qualsiasi informazione che le riguardi, e affidata poi all'algoritmo, le persone sono trasformate in astrazioni, la costruzione delle loro identità viene sottratta alla loro consapevolezza, il loro futuro affidato al determinismo tecnologico. Tutto questo incidi sui diritti fondamentali, mette in discussione la libera costruzione della personalità e l'autodeterminazione, imponendo così di chiedersi se e come la società dell'algoritmo possa essere democratica.[14]

As distorções promovidas pela automatização, inclusive com associação à crise de 2008, desafiam o escopo de predição atribuído a tais sistemas, que, se já limitados ao lidar com o sistema financeiro internacional, tornam-se ainda mais diante das pessoas em sua diversidade e unicidade, irredutíveis a um esquema.[15]

Nessa direção, Brent Mittelstadt, Patrick Allo, Mariarosaria Taddeo, Sandra Wachter e Luciano Floridi sistematizaram um mapa de desafios éticos na utilização dos algoritmos.[16] A sistematização apresentada em 2016 pelo grupo de pesquisadores da Universidade de Oxford foi objeto

delle informazioni, già in condizione di esercitare sugli utenti varie forme di pressione, possono limitarsi a una attesa che consente loro di beneficiare di una situazione che, per ragioni di tempo o di insufficiente informazione, induce alla passività" (RODOTÀ, Stefano. *Il mondo nella rete*: Quali i diritti, quali i vincoli. Roma: Laterza & Figli – Gruppo Editoriale L'Espresso, 2019. pp. 34-35; 38).

14 RODOTÀ, Stefano. *Il mondo nella rete*: Quali i diritti, quali i vincoli. Roma: Laterza & Figli – Gruppo Editoriale L'Espresso, 2019. p. 40.

15 RODOTÀ, Stefano. *Il mondo nella rete*: Quali i diritti, quali i vincoli. Roma: Laterza & Figli – Gruppo Editoriale L'Espresso, 2019.

16 MITTELSTADT, Brent Daniel; ALLO, Patrick; TADDEO, Mariarosaria; WACHTER, Sandra; FLORIDI, Luciano. The ethics of algorithms: mapping the debate. *Big Data & Society*, [S.L.], v. 3, nº 2, pp. 1-21, dez. 2016. SAGE Publications. http://dx.doi.org/10.1177/2053951716679679.

de nova publicação no ano de 2021 com parte dos integrantes originários, quais sejam, Andreas Tsamados, Nikita Aggarwal, Josh Cowls, Jessica Morley, Huw Roberts, Mariarosaria Taddeo e Luciano Floridi, oportunidade na qual os avanços no estado da arte da tecnologia foram categorizados no mesmo eixo de desafios apresentados na primeira publicação.[17]

O primeiro desafio demarca que algoritmos podem gerar evidências inconclusivas, na medida em que os métodos estatísticos podem apresentar correlações significativas, mas que não necessariamente implicam existência de causalidade. O segundo desafio é a inescrutabilidade da evidência produzida, uma vez verificada a dificuldade de se saber quais dados foram efetivamente utilizados e qual peso foi atribuído a cada um deles para se chegar à conclusão esboçada na decisão. O fato de que o *output* não pode ir além do *input* de dados considerado pelo sistema contribui para um desafio que os autores chamam evidência mal-orientada ou equivocada. Estes desafios são categorizados como problemas epistêmicos no uso de algoritmos. Com relação aos desafios ético-normativos, destaca-se a possibilidade de resultados injustos – no sentido de que, embora um resultado se apresente como estatisticamente acurado, a sua aplicação pode promover discriminações –, bem como os efeitos transformativos dos algoritmos sobre a forma como conceituamos o mundo, com a capacidade de modificar a sua organização social ou política. O último desafio mapeado é o da rastreabilidade, compreendida como a dificuldade de identificação dos responsáveis pelos danos causados por algoritmos e de apuração dos próprios danos, o que teria, simultaneamente, natureza epistêmica e ético-normativa.[18]

---

17 Ressalvou-se, todavia, a crescente defesa da *AI for social good*, destacando-se que para esse objetivo devem igualmente ser tratados, de maneira satisfatória, os riscos que cada uma das seis categorias indicadas no mapa original apontou (TSAMADOS, Andreas; AGGARWAL, Nikita; COWLS, Josh; MORLEY, Jessica; ROBERTS, Huw; TADDEO, Mariarosaria; FLORIDI, Luciano. The ethics of algorithms: key problems and solutions. *AI & Society*, [S.L.], 20 fev. 2021. Springer Science and Business Media LLC. http://dx.doi.org/10.1007/s00146-021-01154-8).

18 MITTELSTADT, Brent Daniel; ALLO, Patrick; TADDEO, Mariarosaria; WACHTER, Sandra; FLORIDI, Luciano. The ethics of algorithms: mapping the debate. *Big Data & Society*, [S.L.], v. 3, nº 2, pp. 1-21, dez. 2016. SAGE Publications. http://dx.doi.org/10.1177/2053951716679679; TSAMADOS, Andreas; AGGARWAL, Nikita; COWLS, Josh; MORLEY, Jessica; ROBERTS, Huw; TADDEO, Mariarosaria; FLORIDI, Luciano. The ethics of algorithms: key problems and solutions. *AI & Society*, [S.L.], 20 fev. 2021. Springer Science and Business Media LLC. http://dx.doi.org/10.1007/s00146-021-01154-8.

Nesse cenário, a autonomização da proteção de dados pessoais, que surge da privacidade, mas não se limita a ela, representa o caminho através do qual a proteção da pessoa assume bases mais dinâmicas, objetivas e coletivas, na construção pioneiramente realizada no Brasil pelo Professor Danilo Doneda. Considera-se que as limitações inerentes aos poderes individuais nesse processo, seja pela inadequação, seja pelo seu caráter precário, indicam a necessidade de um controle institucional que assegure o respeito aos dados pessoais por parte daqueles que têm poder sobre eles e, por consequência, sobre as pessoas que tiveram os seus dados coletados.[19]

O recurso ao algoritmo não pode se apresentar como uma forma de desresponsabilização dos agentes que o adotam sob a opacidade que marca o funcionamento desses sistemas, razão pela qual Rodotà propôs o princípio da precaução e a criação de um contexto institucional adequado para evitar que a relação entre homem e máquina seja regulada pela lógica econômica.[20] Nessa direção, Doneda já advertia que "o direito é uma das estruturas responsáveis por disciplinar a realização das escolhas relacionadas à técnica", razão pela qual a ele cabe responder aos reflexos da dinâmica tecnológica com a reafirmação do seu valor fundamental – a pessoa humana –, fornecendo, simultaneamente, segurança e previsibilidade para que as estruturas econômicas se façam viáveis de acordo com os valores constitucionais.[21]

As tentativas de transformar a pessoa em um ponto de referência normativo que represente um valor em si, para além de sua concepção instrumental, ocorreram, em grande parte, a partir da categoria dos direitos da personalidade. A categoria assumiu a posição de centro de irradiação dessa nova dogmática voltada à proteção da pessoa, com base na perspectiva dos direitos subjetivos, instrumento existente então.[22]

---

19 RODOTÀ, Stefano. *Il mondo nella rete*: Quali i diritti, quali i vincoli. Roma: Laterza & Figli – Gruppo Editoriale L'Espresso, 2019.

20 RODOTÀ, Stefano. *Il mondo nella rete*: Quali i diritti, quali i vincoli. Roma: Laterza & Figli – Gruppo Editoriale L'Espresso, 2019.

21 DONEDA, Danilo. *Da Privacidade à Proteção de Dados Pessoais*. Rio de Janeiro: Renovar, 2006.

22 De acordo com Doneda, em sua estrutura clássica, o direito subjetivo (construído com o objetivo de garantir o patrimônio individual e, por consequência, ganhando peso nos regimes jurídicos dos estados liberais do século XIX, com o substrato ideológico do liberalismo) pressupõe a existência de um objeto externo ao sujeito, como o direito de propriedade. Tal não sucede com os direitos da personalidade,

No entanto, a personalidade humana não se realiza através de um esquema taxativo de situações jurídicas objetivas, mas de uma complexidade de situações jurídicas subjetivas, de forma que a existência de novas instâncias relativas à personalidade, não previstas e nem previsíveis pelo legislador, demanda uma normatização aberta, a ser limitada apenas quando em colisão com outras personalidades.[23] Em decorrência, com base na dignidade da pessoa humana, depreende-se a existência de uma cláusula geral de tutela, que deve ser aplicada a todas as situações que tenham a personalidade como elemento objetivo, como ensina Gustavo Tepedino.[24] Nessa diretriz, de acordo com Doneda:

> É inevitável que, no desenvolvimento de uma tradição hermenêutica que porte às devidas consequências os efeitos da cláusula geral da proteção da personalidade, tal operação tenda a absorver a própria ideia geratriz dos direitos da personalidade. Isto se justifica pelo abandono de um arcabouço teórico identificado com a categoria dos direitos subjetivos, como a subsunção e o sujeito de direito, em favor de instrumentos como a concreção e a própria pessoa humana, cuja ubiquidade como ponto de referência objetivo das relações jurídicas pode ao fim tornar desnecessário o recurso aos próprios direitos da personalidade.[25]

A cláusula geral de tutela da personalidade toma contornos ainda mais indispensáveis quando se consideram os progressivos avanços tecnológicos. A ampliação da tutela da pessoa não deve se restringir a novas hipóteses de ressarcimento, mas objetivar a promoção da personalidade, independentemente das situações patológicas, para que se estenda

na medida em que recaem em aspectos indissociáveis do seu titular (DONEDA, Danilo. *Da Privacidade à Proteção de Dados Pessoais*. Rio de Janeiro: Renovar, 2006).

23 MORAES, Maria Celina Bodin de. *Na medida da Pessoa Humana*: estudos de direito civil-constitucional. Rio de Janeiro: Renovar, 2010.

24 TEPEDINO, Gustavo. A tutela da personalidade no ordenamento civil-constitucional brasileiro. In: *Temas de Direito Civil*. Rio de Janeiro: Renovar, 2004, pp. 23-58.

25 DONEDA, Danilo. *Da Privacidade à Proteção de Dados Pessoais*. Rio de Janeiro: Renovar, 2006. p. 99.

a qualquer situação jurídica da qual a pessoa participe.[26] Isso porque, na legalidade constitucional, a tutela dos interesses fundados em valores existenciais não se restringe à repressão da lesão como uma tutela negativa, preventiva ou inibitória, para evitar situações potencialmente lesivas, mas abrange uma tutela positiva, para proteger o interesse e promover a sua máxima realização, de acordo com Anderson Schreiber.[27]

Além disso, na legalidade constitucional, a partir da experiência jurídica italiana, Perlingieri evidencia o processo de funcionalização dos interesses patrimoniais aos interesses existenciais. Como consequência, a iniciativa econômica privada e a propriedade devem ser endereçadas considerando a sua instrumentalidade para a realização da pessoa:

> Tale mutamento di funzioni – da una concezione semplicemente produttivistica (che poneva come massimo scopo della collettività la creazione del maggior reddito nazionale) ad una concezione che tende a realizzare il miglioramento della situazione dell'individuo e l'attribuzione allo stesso della libertà e della possibilità effettiva di sviluppare la propria personalità – si giustifica perché a base dell'ordinamento ci sono valori d'ordine morale ed umano che trascendono il momento economico.[28]

A centralidade da pessoa humana no ordenamento jurídico brasileiro, orientando-se pela cláusula geral de tutela da personalidade com fundamento na dignidade (art. 1º, III, da Constituição), e a sua força em condicionar o exercício da atividade econômica e da atuação estatal representam fortes balizas para se avaliar qualquer implementação técnica. É insuficiente, com efeito, discurso ou pretensão de neutralidade, mesmo porque, a partir de uma perspectiva constitucionalizada da pessoa, se não houver a promoção de seu livre desenvolvimento e a concretização de direitos fundamentais, *per se,* a implementação se revelará incompatível com a legalidade constitucional.

---

26 TEPEDINO, Gustavo. A tutela da personalidade no ordenamento civil-constitucional brasileiro. In: *Temas de Direito Civil.* Rio de Janeiro: Renovar, 2004. pp. 23-58.

27 SCHREIBER, Anderson. *Novos Paradigmas da Responsabilidade Civil.* 6. ed. São Paulo: Atlas, 2015.

28 PERLINGIERI, Pietro. *La persona e i suoi diritti.* Napoli: Edizioni Scientifiche Italiane, 2005.

Portanto, assumindo-se a necessidade da reafirmação do valor fundamental da pessoa humana em face da tecnologia, proposta por Doneda, bem como a advertência de Rodotà sobre a ditadura dos algoritmos, com a necessidade de construção de prerrogativas de proteção, traçar-se-ão breves considerações sobre o mecanismo de tutela consistente na garantia de intervenção humana diante de sistemas algorítmicos de tomada de decisão.

3. A intervenção humana diante da automatização: entre diferentes aproximações jurídicas

Sistemas algorítmicos de tomada de decisão podem servir de apoio a decisões nas quais a resolução final é adotada por um ser humano, ou podem produzir determinada decisão sem que se envolva a análise humana para a sua implementação. A suposta natureza objetiva desses sistemas, acrescentada ao fato de o agente humano ser, frequentemente, subordinado a uma determinada organização, apresenta questões críticas no que diz respeito ao papel desses tomadores de decisão humanos e à sua liberdade de escolha, no campo das decisões parcialmente automatizadas.[29] Em outros termos, ainda que valendo-se de variados graus de automação para produzir uma determinada decisão, a automatização exerce forte condicionamento dos resultados decisórios.

Apesar da pulverização contemporânea da utilização de decisões automatizadas e de maior sofisticação em suas implementações, levando-se em conta os avanços no campo da inteligência artificial e os progressivos e multifacetados mecanismos de datificação, elas não são um fenômeno recente. Por exemplo, nos Estados Unidos, agências federais e estaduais começaram a utilizar sistemas automatizados para auxiliar os tomadores de decisão humanos na década de 1970.[30]

Em que pesem os mapeados problemas epistêmicos e ético-normativos na utilização de algoritmos e, especificamente, de decisões automatizadas, a partir de uma breve digressão histórica, identificam-se duas tendências que se delineiam no panorama internacional. De um

---

29 MANTELERO, Alessandro. *Can a black box be trusted?* 2018. The Alexander von Humboldt Institute for Internet and Society (HIIG). Disponível em: https://www.hiig.de/en/can-we-trust-black-box/. Acesso em: 17 nov. 2020.

30 CITRON, Danielle Keats. Technological Due Process. *Washington University Law Review*, [s. l], v. 85, nº 6, pp. 1249-1313, 2008.

lado, a experiência europeia se expressa pela estipulação de fronteiras importantes sobre o que significa ser humano, notadamente sobre como as tecnologias computacionais devem aderir a certas restrições no processamento totalmente automatizado, principalmente para injetar o *human in the loop*.[31]

Contudo, nas primeiras apreensões do fenômeno, foram identificados posicionamentos de que máquinas não podiam apresentar os preconceitos das pessoas e que, portanto, seriam tomadoras de decisões neutras ideais, o que teve uma influência considerável em alguns casos envolvendo intermediários *online* e sua responsabilização por danos algorítmicos.[32] O processo de redação da Diretiva Europeia de Proteção de Dados 95/46/CE, precedente ao *General Data Protection Regulation* (doravante "GDPR"), ou Regulamento Europeu de Proteção de Dados -- 2016/679 do Parlamento Europeu e do Conselho da União Europeia, reconheceu esse entendimento de maneira explícita. Em 1992, a Comissão Europeia observou que o resultado produzido pela máquina teria um caráter aparentemente objetivo e incontestável, ao qual um tomador de decisão humano poderia atribuir muito peso, abdicando de sua responsabilidade.[33]

Porém, o amadurecimento do debate e diversas evidências se colocaram na contramão desse diagnóstico inicial. Assim, quase duas décadas após o posicionamento de 1992, a Comissão Europeia divulgou as "Diretrizes Éticas para Inteligência Artificial Confiável", estruturadas com centralidade no ser humano ante aos riscos que as tecnologias podem oferecer para a democracia, as garantias legais, a justiça distributiva e os direitos fundamentais. O documento destaca a relação entre supervisão humana e autonomia na esfera da inteligência artificial, distinguindo as noções de intervenção humana (*human-in-the-loop*), de fiscalização humana (*human-on-the-loop*) e de controle humano (*human-in-command*):

31 JONES, Meg Leta. Right to a Human in the loop: political constructions of computer automation & personhood from data banks to algorithms. *Soc. Stud. of Sci.*, v. 47, 2017.

32 EDWARDS, Lilian; VEALE, Michael. Slave to the algorithm: why a 'right to an explanation' is probably not the remedy you are looking for. *Duke Law and Technology Review*, [*s. l*], v. 16, nº 1, pp. 18-84, 2017.

33 EDWARDS, Lilian; VEALE, Michael. Slave to the algorithm: why a 'right to an explanation' is probably not the remedy you are looking for. *Duke Law and Technology Review*, [*s. l*], v. 16, nº 1, pp. 18-84, 2017.

> A supervisão humana ajuda a garantir que um sistema de IA não põe em causa a autonomia humana nem produz outros efeitos negativos. A supervisão pode ser realizada mediante mecanismos de governação como as abordagens de intervenção humana (*human-in-the-loop* — HITL), de fiscalização humana (*human-on-the-loop* — HOTL), ou de controlo humano (*human-in-command* — HIC). A abordagem HITL refere-se à capacidade de intervenção humana em todos os ciclos de decisão do sistema, a qual, em muitos casos, não é possível nem desejável. A abordagem HOTL refere-se à capacidade de intervenção humana durante o ciclo de conceção do sistema e de acompanhamento do funcionamento do sistema. A abordagem HIC refere-se à capacidade de supervisionar toda a atividade do sistema de IA (incluindo o seu impacto económico, societal, jurídico e ético mais geral) e de decidir quando e como utilizar o sistema em qualquer situação específica. Tal pode incluir a decisão de não utilizar um sistema de IA numa determinada situação, de estabelecer níveis de apreciação humana durante a utilização do sistema, ou de assegurar a capacidade de anular uma decisão tomada por um sistema. Além disso, deve ser garantido que as autoridades públicas responsáveis pela aplicação da lei têm a possibilidade de exercer a supervisão em conformidade com o seu mandato. Podem ser necessários mecanismos de supervisão em graus variáveis para apoiar outras medidas de segurança e controlo, dependendo do domínio de aplicação e do potencial risco do sistema de IA. Não havendo alteração das demais condições, quanto menor for a supervisão que um ser humano pode exercer sobre um sistema de IA, maior será a necessidade de sujeitar o mesmo a amplos testes e a uma governação rigorosa.[34]

Em outra direção, aproximações políticas nos Estados Unidos não pretenderam traçar claramente tal distinção entre o humano e a máquina. A ideia de que as pessoas precisam de proteção para não serem tratadas tão somente de maneira computacional foi refutada, em prol

34 COMISSÃO EUROPEIA. *Diretrizes Éticas Para Inteligência Artificial Confiável*. Bruxelas, 2019. Disponível em: https://ec.europa.eu/digital-single-market/en/news/ethics-guidelines-trustworthy-ai. Acesso em: 20 maio 2019. p. 19.

da noção de "plataforma neutra" e da projeção do "computável" e do "computacional" como aspirações a serem buscadas. Notáveis estudiosos norte-americanos divergiam dessa abordagem, como Alan Westin e Arthur Miller, ao enfatizarem o efeito "desumanizador" das Tecnologias da Informação e da Comunicação (TICs), porque incapazes de reconhecer a dignidade das pessoas e de grupos. Apesar disso, prosperou a apreensão do desenvolvimento tecnológico como indicativo do progresso e da "sobrevivência" norte-americanos, além da ênfase da "cibercultura" e da datificação enquanto a legitimação de uma estreita proximidade com o mundo como um universo informacional.[35]

A proteção da personalidade, no contexto norte-americano, foi atrelada à submissão de indivíduos e de grupos ao máximo possível de precisão, de equidade e de objetividade, com o propósito de protegê-los das falhas dos julgamentos humanos e atingir a neutralidade computacional, como destacado por Meg Leta Jones. Tal neutralidade seria apreendida como uma solução para as questões norte-americanas de informação e de privacidade, e não uma fonte de problemas, diferentemente da abordagem europeia, lastreada na categorização jurídica da proteção de dados pessoais e na garantia da intervenção humana enquanto direitos fundamentais. Apesar disso, a demarcação dessas abordagens jurídicas não significa a inexistência de movimentos em sentidos divergentes.[36]

Em última análise, o arranjo contemporâneo é marcado por diversas iniciativas regulatórias sobre decisões automatizadas, em sentido amplo. Em particular, na linha tendente a assegurar o componente

---

35 JONES, Meg Leta. Right to a Human in the loop: political constructions of computer automation & personhood from data banks to algorithms. *Soc. Stud. of Sci.*, v. 47, 2017. pp. 10-11.

36 "While the person and people of Europe may be legally constituted as entities protected from automated decision-making and deserving of a human in the loop, those in the US are protected from the flaws of humanity through the computational neutrality of information systems. This does not mean that lines will not be drawn or blurred in the future. In fact, on July 16, 2016, the Wisconsin Supreme Court took a step toward protecting individuals from computer-generated criminal risk scores by prohibiting judges from using the scores as a determinative factor in a defendants' confinement or release and that the scores must come to the judges with warnings about their potential inaccuracy. The decision effectively requires Wisconsin judges to maintain a human (judge) in the loop" (JONES, Meg Leta. Right to a Human in the loop: political constructions of computer automation & personhood from data banks to algorithms. *Soc. Stud. of Sci.*, v. 47, 2017. pp. 29-30).

humano no âmbito dessas decisões tomadas com base em sistemas automatizados, mapeiam-se prescrições direcionadas à promoção da dignidade humana e a uma tutela centrada na gramática de direitos fundamentais. Entre os diversos limites e disfuncionalidades associados à tomada automatizada de decisões, verifica-se a pertinência do diagnóstico de Stefano Rodotà sobre a ditadura dos algoritmos e a consequente necessidade de se desenvolverem prerrogativas para a proteção e a promoção da pessoa humana. À vista disso, devem ser assinalados alguns aspectos da construção normativa no Brasil sobre o tema.

4. Notas sobre a garantia da intervenção humana na experiência normativa brasileira

Historicamente, tomar decisões é algo visto como uma prerrogativa genuína do ser humano, diferentemente de outras funções mais facilmente visualizadas como executáveis por máquinas. Considerando os problemas apontados pela literatura quando decisões passam a ser delegadas a sistemas automatizados, assegurar a intervenção humana substancial diante do processo ou do resultado decisório assume a posição de mecanismo de proteção, conforme diversos diplomas normativos pelo mundo.[37] Além disso, em determinadas situações, quando se levam em conta os limites de um juízo automatizado, identificam-se previsões no sentido da inadmissão de que uma decisão automatizada seja adotada sem determinação humana final.

A título de exemplo, as decisões tomadas unicamente com base em tratamento automatizado de dados pessoais, incluindo a definição de perfis, que produzam efeitos na esfera jurídica ou que afetem o titular de dados de forma similarmente significativa, conforme o art. 22 do GDPR, são, de plano, vedadas. Todavia, o regulador europeu admite exceções, inclusive atribuindo abertura regulatória para a União ou os Estados-Membros estipularem exceções próprias. Se aplicáveis as hipóteses que excepcionam a regra da vedação previstas no GDPR, o direito de obter intervenção humana em face da decisão é previsto como uma das salvaguardas mínimas garantidas ao titular, juntamente com a prerrogativa de manifestar o seu ponto de vista e de contestar a decisão.

37 Cf. RIGOLON KORKMAZ, Maria Regina. *Decisões Automatizadas*: explicação, revisão e proteção na era da inteligência artificial. São Paulo: Revista dos Tribunais, 2023. No prelo.

De maneira relativamente paralela ao modelo europeu, porém menos rigorosa, os remédios estabelecidos na Lei Geral de Proteção de Dados Pessoais (Lei nº 13.709 de 2018, doravante "LGPD") se aplicam diante de "decisões tomadas unicamente com base em tratamento automatizado de dados pessoais que afetem seus interesses, incluídas as decisões destinadas a definir o seu perfil pessoal, profissional, de consumo e de crédito ou os aspectos de sua personalidade". No entanto, diversamente do GDPR, a LGPD não estabelece a vedação *ex ante* dessas decisões com expressas autorizações de quando elas poderão se dar e atrela seu regime protetivo à noção de "afetar interesses", o que indica uma exigência menor da intensidade das implicações jurídicas da decisão. No campo da explicação da decisão, o parágrafo 1º do art. 20 prescreve: "O controlador deverá fornecer, sempre que solicitadas, informações claras e adequadas a respeito dos critérios e dos procedimentos utilizados para a decisão automatizada, observados os segredos comercial e industrial".

Vale dizer, a LGPD não prevê a lógica da oposição com relação a tais decisões, mas assegura os direitos à revisão e à explicação. Não há, contudo, expressa exigência legal de que seja inserido um componente humano quando da disciplina de tais salvaguardas pela norma. Apesar de prevista, originariamente, na redação da LGPD, a revisão da decisão realizada "por pessoa natural" foi alterada pela Medida Provisória nº 869 de 2018. Posteriormente, a intervenção humana foi inserida pelo Congresso Nacional, conforme a Lei nº 13.853 de 2019, de forma a ser modulada pela Autoridade Nacional de Proteção de Dados (ANPD), considerando a importância de sua garantia. Contudo, foi objeto de veto presidencial de caráter político, o que não pôde ser revertido pela diferença de um voto no Senado Federal, pois se demandava maioria absoluta para tanto.

De acordo com Danilo Doneda e Miriam Wimmer, permanece o imperativo de suprir o "déficit de humanidade" desses sistemas, tanto no resultado da decisão automatizada, quanto em seus aspectos procedimentais, de modo a demandar a intervenção humana, sem desconsiderar que outros parâmetros de legitimação poderiam ser admitidos para relativizar a forma e a intensidade dessa intervenção, com a conjugação de diferentes instrumentos de "humanização", como o princípio da transparência ou os sistemas interativos com o *design* centralizado no usuário. Em caráter complementar:

> [...] pode-se trabalhar com uma matriz de risco na qual as decisões automatizadas podem ser classificadas em torno dos

> seus impactos potenciais aos direitos fundamentais, pela qual aquelas com menor potencial de impacto podem, em conjunto com outros fatores, justificar modelos mais genéricos de intervenção humana ou mesmo permitir que outros elementos, tal como a transparência, uma vez verificados a contento, possam mesmo eximir a necessidade de que esta intervenção seja direta. A partir desta métrica, o aumento potencial dos impactos aos direitos fundamentais presentes em decisões automatizadas pode ensejar a necessidade de que formas mais específicas de intervenção humana sejam observadas, compreendendo, inclusive, hipóteses nas quais o recurso às decisões automatizadas seja desaconselhado de todo.[38]

A ausência de expressa previsão da intervenção humana no texto da LGPD, todavia, não afasta a possibilidade de sua exigibilidade a partir de uma interpretação sistemática e constitucionalizada do marco regulatório brasileiro de proteção de dados pessoais, o que pôde ser desenvolvido em outra sede.[39]

Em outra abordagem está o Anteprojeto de Lei apresentado pela Comissão de Juristas Responsável por subsidiar a elaboração de Substitutivo para instruir a apreciação dos Projetos de Lei nº 5.051, de 2019, 21, de 2020, e 872, de 2021, que têm como objetivo estabelecer princípios, regras, diretrizes e fundamentos para regular o desenvolvimento e a aplicação da inteligência artificial no Brasil, criada pelo Ato do Presidente do Senado Federal nº 4, de 17 de fevereiro de 2022. O Anteprojeto foi convertido no Projeto de Lei de nº 2.338, em 03 de maio de 2023, por proposta do Senador Rodrigo Pacheco. Quando da instalação da Comissão de Juristas, Danilo Doneda, na condição de membro, enfatizou o propósito do marco regulatório da inteligência artificial no Brasil como ancorado na:

38 DONEDA, Danilo; WIMMER, Miriam. "Falhas de IA" e a Intervenção Humana em Decisões Automatizadas: parâmetros para a legitimação pela humanização. *Direito Público*, [S.L.], v. 18, nº 100, pp. 374-404, 27 jan. 2022. Instituto Brasiliense de Direito Público. http://dx.doi.org/10.11117/rdp.v18i100.6119. p. 397.

39 Cf. RIGOLON KORKMAZ, Maria Regina. *Decisões Automatizadas*: explicação, revisão e proteção na era da inteligência artificial. São Paulo: Revista dos Tribunais, 2023. No prelo.

> [...] centralidade do elemento humano [que] deve ser enfatizada em todos os seus aspectos, em todos os pontos necessários. Nossa missão certamente será propor e pesquisar instrumentos e soluções regulatórias que não contradigam e não impeçam a aplicação da inteligência artificial, que pode ser, inclusive, necessária, mas que facilitem e incentivem a sua adoção, diminuindo riscos e garantindo a segurança jurídica [...].[40]

No Capítulo II do Projeto de Lei 2.338 de 2023, destinado ao regramento dos direitos, a Seção II, denominada "Dos direitos associados à informação e compreensão das decisões tomadas por sistemas de inteligência artificial", enfatiza a relevância não apenas da centralidade humana e da informação, mas também da intervenção humana no âmbito dos processos decisórios. Estabelecendo um regime de acesso à informação, o art. 7º dispõe que pessoas afetadas por sistemas de inteligência artificial têm o direito de receber, de maneira prévia à contratação ou à utilização do sistema, informações claras e adequadas que envolvam: (i) o caráter automatizado da interação e da decisão; (ii) a descrição geral do sistema, dos tipos de decisões, recomendações ou previsões a que se destina e das consequências de sua utilização; (iii) a identificação de seus operadores e as medidas de governança adotadas em seu desenvolvimento e emprego; (iv) a gradação do papel do sistema e dos humanos envolvidos; (v) as categorias de dados pessoais utilizadas; (vi) as medidas de segurança, de não discriminação e de confiabilidade adotadas; e (vii) outras definidas em regulamento.

Por seu turno, o art. 8º garante à pessoa afetada o direito de solicitar explicação sobre a decisão, previsão ou recomendação, incluindo informações a respeito dos critérios e dos procedimentos utilizados, bem como sobre os principais fatores que a afetam. Em seu escopo, é

---

40 SENADO FEDERAL. *Relatório Final da Comissão de Juristas responsável por subsidiar a elaboração de Substitutivo sobre Inteligência Artificial no Brasil.* 2022. Comissão de Juristas instituída pelo Ato do Presidente do Senado nº 4, de 2022, destinada a subsidiar a elaboração de minuta de substitutivo para instruir a apreciação dos Projetos de Lei nº 5.051, de 2019, 21, de 2020, e 872, de 2021, que têm como objetivo estabelecer princípios, regras, diretrizes e fundamentos para regular o desenvolvimento e a aplicação da inteligência artificial no Brasil. Disponível em: https://www.stj.jus.br/sites/portalp/SiteAssets/documentos/noticias/Relatório%20final%20CJSUBIA.pdf. Acesso em: 10 dez. 2022. p. 15.

previsto o acesso a informações sobre: (i) a racionalidade e a lógica do sistema, assim como o significado e as consequências da decisão; (ii) o grau e o nível de contribuição do sistema de inteligência artificial para a tomada de decisões; (iii) os dados processados e a sua fonte, além dos critérios para a tomada de decisão e, quando cabível, a sua ponderação, aplicados à pessoa afetada; (iv) os mecanismos para contestar a decisão; e (v) a possibilidade de solicitar intervenção humana, nos termos da proposta.

A Seção III, intitulada "Do direito de contestar decisões e de solicitar intervenção humana", em seu art. 9º, dispõe que a pessoa afetada por tais sistemas terá o direito de contestar e de solicitar a revisão de decisões, recomendações ou previsões que produzam efeitos jurídicos relevantes ou que impactem de maneira significativa seus interesses. Para tanto, a norma reforça previsões da LGPD e elenca critérios de contestabilidade.

Em especial, o direito de solicitar a intervenção ou revisão humana é assegurado no art. 10 da proposta, quando a decisão, a previsão ou a recomendação desses sistemas de inteligência artificial produzir efeitos jurídicos relevantes ou impactar de maneira significativa os interesses da pessoa, inclusive quando envolver a geração de perfis e a realização de inferências. Não será exigível, porém, caso a interferência humana seja comprovadamente impossível, desde que o responsável pela operação do sistema implemente medidas alternativas eficazes para garantir a reanálise da decisão com consideração dos argumentos postos pela pessoa afetada, assim como para resguardar a reparação de danos. Vale destacar que a supervisão ou revisão humana, em caráter obrigatório, foi fortemente defendida pela sociedade civil quando da consulta pública promovida pela Comissão de Juristas.

A inadmissibilidade de decisões totalmente automatizadas em determinados casos é endereçada pelo art. 11 do Projeto. Cuida das situações nas quais decisões, previsões ou recomendações geradas por esses sistemas tenham um impacto irreversível ou de difícil reversão ou envolvam decisões que possam gerar riscos à vida ou à integridade física das pessoas, demandando-se, por consequência, envolvimento humano significativo no processo decisório e a determinação humana final.

Apesar da fase inicial do processo legislativo atinente ao Projeto de Lei nº 2.338 de 2023, com a consequente abertura para discussões e a possibilidade de alteração do teor regulatório proposto pela Comissão de Juristas, bem como a existência de indefinições sobre as sobreposições que se apresentam em face da LGPD,[41] certo é que ele representa um passo adiante para a proteção da pessoa humana, desafiando a consolidação da ditadura dos algoritmos, especialmente pelo expresso reconhecimento da importância da intervenção humana. As contribuições do Professor Danilo Doneda, para tanto, são imperecíveis. Não obstante as dificuldades de ordem social, política e econômica no cenário brasileiro, persevera o seu propósito de reafirmação da pessoa humana como valor fundamental, sobretudo em face dos avanços tecnológicos.

Considerações finais

É patente a pujança regulatória no campo das novas tecnologias que se desenha no Brasil. Verificam-se, porém, pretensões em sentidos diversos: de um lado, discursos de eficiência econômica para redução de custos e para facilitar entrantes no mercado; de outro, o reconhecimento de que, em se tratando da primazia da tutela da pessoa humana, não é possível ceder, especialmente considerando situações de vulnerabilidade. A garantia da intervenção humana, no âmbito das decisões automatizadas, exemplifica tal divergência.

Apesar dos desafios, são inegáveis os avanços no sentido de ser possível construir uma cultura forte de proteção de dados pessoais e buscar a promoção do livre desenvolvimento da personalidade diante dos progressivos avanços tecnológicos. Certamente, não fosse a pioneira e consistente atuação de Danilo Doneda na defesa da pessoa humana, estaríamos, na realidade brasileira, muito mais distantes do que determinam os imperativos constitucionais acerca do que Stefano Rodotà considerou o direito fundamental mais expressivo da condição humana contemporânea: a proteção de dados pessoais. Mais expressivo, segundo Rodotà, porque chave para o acesso a múltiplos direitos fundamentais.[42]

41 Em sua Análise Preliminar, a ANPD ressaltou a sua competência no campo das decisões automatizadas, quando se envolverem dados pessoais, e a necessidade do estabelecimento de compatibilidade jurídica pelo projeto diante da LGPD (AUTORIDADE NACIONAL DE PROTEÇÃO DE DADOS. *Análise preliminar do Projeto de Lei nº 2338/2023, que dispõe sobre o uso da Inteligência Artificial*. 2023. Disponível em: https://www.gov.br/anpd/pt-br/assuntos/noticias/analise-preliminar-do-pl-2338_2023-formatado-ascom.pdf. Acesso em: 10 jul. 2023).

42 RODOTÀ, Stefano. *A vida na sociedade da vigilância*. A privacidade hoje. Tradução: Danilo Doneda e Luciana Cabral Doneda. Rio de Janeiro: Renovar, 2008.

A advertência sobre a ditadura dos algoritmos alimentada por dados, considerando a ameaça aos valores democráticos e à pessoa humana, não deixa de assinalar aquilo sobre o que não transigimos enquanto sociedade. Entre apelos de automatização e de construção de padrões de normalidade pela lógica econômica, a obra do Professor Danilo Doneda, em continuidade à do Professor Stefano Rodotà, representa sólida diretriz na defesa do florescimento humano e da reafirmação do valor fundamental da pessoa na era da inteligência artificial.

Referências

AUTORIDADE NACIONAL DE PROTEÇÃO DE DADOS. *Análise preliminar do Projeto de Lei nº 2338/2023, que dispõe sobre o uso da Inteligência Artificial.* 2023. Disponível em: https://www.gov.br/anpd/pt-br/assuntos/noticias/analise-preliminar-do-pl-2338_2023-formatado-ascom.pdf. Acesso em: 10 jul. 2023.

CITRON, Danielle Keats. Technological Due Process. *Washington University Law Review*, [s. l], v. 85, nº 6, pp. 1249-1313, 2008.

COMISSÃO EUROPEIA. *Diretrizes Éticas Para Inteligência Artificial Confiável.* Bruxelas, 2019. Disponível em: https://ec.europa.eu/digital-single-market/en/news/ethics-guidelines-trustworthy-ai. Acesso em: 20 maio 2019.

DONEDA, Danilo; ALMEIDA, Virgílio A. F. *O que é a governança de algoritmos?* 2016. Disponível em: https://politics.org.br/edicoes/o-que-é-governança-de-algoritmos. Acesso em: 20 maio 2019.

DONEDA, Danilo Cesar Maganhoto; MENDES, Laura Schertel; SOUZA, Carlos Affonso Pereira de; ANDRADE, Norberto Nuno Martin Becerra Gomes de. Considerações iniciais sobre inteligência artificial, ética e autonomia pessoal. *Pensar - Revista de Ciências Jurídicas*, [S.L.], v. 23, nº 04, pp. 1-17, 2018. Fundação Edson Queiroz. http://dx.doi.org/10.5020/2317-2150.2018.8257.

DONEDA, Danilo. *Da Privacidade à Proteção de Dados Pessoais.* Rio de Janeiro: Renovar, 2006.

DONEDA, Danilo; WIMMER, Miriam. "Falhas de IA" e a Intervenção Humana em Decisões Automatizadas: parâmetros para a legitimação pela humanização. *Direito Público*, [S.L.], v. 18, nº 100, pp. 374-404, 27 jan. 2022. Instituto Brasiliense de Direito Público. http://dx.doi.org/10.11117/rdp.v18i100.6119.

EDWARDS, Lilian; VEALE, Michael. Slave to the algorithm: why a 'right to an explanation' is probably not the remedy you are looking for. *Duke Law and Technology Review*, [*s. l*], v. 16, nº 1, pp. 18-84, 2017.

EUBANKS, Virginia. *Automating Inequality*: how high-tech tools profile, police, and punish the poor. New York: Picador, 2019.

JONES, Meg Leta. Right to a Human in the loop: political constructions of computer automation & personhood from data banks to algorithms. *Soc. Stud. of Sci.*, v. 47, 2017.

MANTELERO, Alessandro. *Can a black box be trusted?* 2018. The Alexander von Humboldt Institute for Internet and Society (HIIG). Disponível em: https://www.hiig.de/en/can-we-trust-black-box/. Acesso em: 17 nov. 2020.

MITTELSTADT, Brent Daniel; ALLO, Patrick; TADDEO, Mariarosaria; WACHTER, Sandra; FLORIDI, Luciano. The ethics of algorithms: mapping the debate. *Big Data & Society*, [S.L.], v. 3, nº 2, pp. 1-21, dez. 2016. SAGE Publications. http://dx.doi.org/10.1177/2053951716679679.

MORAES, Maria Celina Bodin de. *Na medida da Pessoa Humana*: estudos de direito civil-constitucional. Rio de Janeiro: Renovar, 2010.

NEGRI, Sergio Marcos Carvalho de Ávila. As razões da pessoa jurídica e a expropriação da subjetividade. *Civilistica.com*, v. 5, nº 2, pp. 1-18, 29 dez. 2016.

PERLINGIERI, Pietro. *La persona e i suoi diritti*. Napoli: Edizioni Scientifiche Italiane, 2005.

RIGOLON KORKMAZ, Maria Regina. *Decisões Automatizadas*: explicação, revisão e proteção na era da inteligência artificial. São Paulo: Revista dos Tribunais, 2023. No prelo.

RODOTÀ, Stefano. *A vida na sociedade da vigilância*. A privacidade hoje. Tradução: Danilo Doneda e Luciana Cabral Doneda. Rio de Janeiro: Renovar, 2008.

RODOTÀ, Stefano. *Il diritto di avere diritti*. 8. Ed. Bari: Laterza, 2012.

RODOTÀ, Stefano. *Il mondo nella rete*: Quali i diritti, quali i vincoli. Roma: Laterza & Figli – Gruppo Editoriale L'Espresso, 2019.

SCHREIBER, Anderson. *Novos Paradigmas da Responsabilidade Civil*. 6. ed. São Paulo: Atlas, 2015.

SENADO FEDERAL. *Relatório Final da Comissão de Juristas responsável por subsidiar a elaboração de Substitutivo sobre Inteligência Artificial no Brasil*. 2022. Comissão de Juristas instituída pelo Ato do Presidente do Senado nº 4, de 2022, destinada a subsidiar a elaboração de minuta de substitutivo para instruir a apreciação dos Projetos de Lei nº 5.051, de 2019, 21, de 2020, e 872, de 2021, que têm como objetivo estabelecer princípios, regras, diretrizes e fundamentos para regular o desenvolvimento e a aplicação da inteligência artificial no Brasil. Disponível em: https://www.stj.jus.br/sites/portalp/SiteAssets/documentos/noticias/Relatório%20final%20CJSUBIA.pdf. Acesso em: 10 dez. 2022.

TEPEDINO, Gustavo. A tutela da personalidade no ordenamento civil-constitucional brasileiro. In: *Temas de Direito Civil*. Rio de Janeiro: Renovar, 2004. pp. 23-58.

TEPEDINO, Gustavo. O papel atual da doutrina do direito civil entre o sujeito e a pessoa. In: TEPEDINO, Gustavo; TEIXEIRA, Ana Carolina Brochado; ALMEIDA, Vitor (Coords.). *O direito civil entre o sujeito e a pessoa:* estudos em homenagem ao professor Stefano Rodotá. Belo Horizonte: Fórum, 2016, pp. 17-35.

TSAMADOS, Andreas; AGGARWAL, Nikita; COWLS, Josh; MORLEY, Jessica; ROBERTS, Huw; TADDEO, Mariarosaria; FLORIDI, Luciano. The ethics of algorithms: key problems and solutions. *AI & Society*, [S.L.], 20 fev. 2021. Springer Science and Business Media LLC. http://dx.doi.org/10.1007/s00146-021-01154-8.

NEURODIREITOS: INTELIGÊNCIAS ARTIFICIAIS E NOVOS DIREITOS DA PERSONALIDADE

Paloma Mendes Saldanha[1]

Introdução

Diante da complexidade inerente à compreensão e à evolução tecnológica frente a uma sociedade ladeada por um ordenamento jurídico em constante desconstrução, este artigo tem como objetivo compreender se existem ou não novos direitos a serem contemplados no rol dos direitos da personalidade a partir do novo contexto de utilização de tecnologias digitais de intervenção direta no cérebro humano. A hipótese trabalhada é a de que para além da estrutura exemplificativa disponível no código civil de 2002, novos direitos da personalidade surgem como forma de garantir os direitos fundamentais, bem como para tentar proteger o que ainda existe de diretamente inacessível no corpo humano: sua mente.

Em um primeiro momento, o artigo adota como premissa e recorte o conceito de direitos da personalidade delineado por Pontes de Miranda para examiná-lo na perspectiva da contemporaneidade, visando não apenas compreendê-los, mas também explorar a intersecção entre a concepção de personalidade, os direitos inerentes a ela e seu impacto na sociedade contemporânea. Em um segundo momento é analisada a condição e a dignidade humana em uma sociedade da técnica, onde o progresso tecnocientífico é impulsionado pela busca incessante da eficiência, trazendo impactos abrangentes sobre a vida social. Para esse momento, utiliza-se Jacques Ellul e Pierre Levy como referenciais teóricos delineando o desenvolvimento da sociedade da técnica até o cenário de uma hiperconexão digital.

---

1 Professora e Pesquisadora em Direito e Tecnologias na UNICAP. Doutora e Mestre em Direito e TI pela UNICAP. Especialista em Direito e Tecnologias pela UCAM/RJ. Especialista em Jurisdição Constitucional e Tutelas dos Direitos Fundamentais pela Universidade de Pisa/Itália. Convidada pelo Departamento de Estado Norte-Americano em 2018 como liderança em Legislação e regulação na era digital no Programa IVLP/EUA. Fundadora, Diretora e Consultora em privacidade e proteção de dados na PlacaMãe.Org_. Pesquisadora do grupo Direito e Inovação e do grupo LOGOS, ambos CAPES/UNICAP. Membro da govDados e do INPD. Presidente da Liga Pernambucana de Direito Digital. Advogada. Mãe.

No terceiro capítulo, fora abordada a temática do *profiling* como forma de construção atual do ser humano. Aqui, Danilo Doneda e Eli Pariser protagonizam a fundamentação ao perceberem em seus estudos que os avanços tecnológicos levantam sérias preocupações sobre a personalização excessiva de conteúdo e a manipulação comportamental que impactam a diversidade de informações, a liberdade de escolha individual e a autodeterminação informativa. Além disso, à medida que as tecnologias invasivas se tornam mais presentes na vida cotidiana, surgem mais questões voltadas aos direitos da personalidade como a honra, a privacidade e a integridade corporal.

O quarto capítulo aparece para demonstrar a ascensão da tecnologia e da neurociência também como geradora de desafios éticos e legais envolvendo o cérebro humano e seus processos cognitivos. O capítulo traz uma ideia do surgimento do termo "neurodireitos", bem como uma proposta de quais novos direitos poderiam ser acrescentados ao rol dos direitos da personalidade do código civil de 2002. Isto porque, em um contexto em que a privacidade e a autonomia mental estão sob constante ameaça, é imperativo que a sociedade considere cuidadosamente como proteger esses direitos fundamentais diante dos avanços tecnológicos.

Preocupação, essa, sempre presente em toda a atuação do Prof. Danilo Doneda que tinha como foco a garantia e a proteção dos direitos fundamentais, especialmente o direito à privacidade. Os autores utilizados neste texto conversam com a dinâmica e com os valores propostos e vividos por nosso homenageado, corroborando com o local que mais lhe representa: Professor visionário.

1. O que são e quais são os direitos da personalidade?

Existe uma complexidade intrínseca à conceituação, às características e à teorização ao longo da história quando o assunto é "direitos da personalidade". Sua origem e evolução está ligada não só ao mundo jurídico, mas principalmente a temas e preocupações da psicologia, da sociologia, da medicina e de outras ciências.

Apesar disso, para esse texto, será utilizado o conceito de Pontes de Miranda[2] como premissa e recorte para analisar os direitos da personalidade a partir da contemporaneidade, foco deste artigo. Ou seja,

2 MIRANDA, Pontes de. **Tratado de Direito Privado**. Campinas: Brookseller, 2000. p. 39

entenderemos os direitos da personalidade, como todos os direitos necessários ao ser humano para a realização de sua personalidade e à sua inserção nas relações jurídicas. É o direito que se irradia do fato jurídico da personalidade, mas que não se limita ao rol do Código Civil de 2002 estabelecido entre os artigos 11 e 21.

Dentro do ordenamento jurídico brasileiro, os direitos da personalidade estão divididos em três grupos: direitos à integridade física, direitos à integridade psíquica e direitos à integridade moral. A partir daí, entende-se por direitos da personalidade os direitos essenciais à dignidade da pessoa humana e a sua integridade, protegendo tudo o que lhe é próprio como a honra, a vida, a liberdade, a privacidade, a intimidade, o corpo dentre outros. São direitos considerados vitalícios, imprescritíveis, inalienáveis, absolutos, intransferíveis e indisponíveis.

Nas palavras de Simon Carrejo[3],

> En el lenguaje jurídico actual la expresión 'derechos de la personalidad' tiene significado particular, referido a algunos derechos cuya función se relaciona de modo más directo con la persona humana, pues se dirigen a la preservación de sus más íntimos e imprescindibles intereses. En efecto, esos derechos constituyen un mínimo para asegurar los valores fundamentales del sujeto de derecho: sin ellos, la personalidad quedaría incompleta e inperfecta, y el indivíduo, sometido a la incertidumbre en cuanto a sus bienes jurídicos fundamentales[4].

Assim, busca-se entender os direitos da personalidade a partir da compreensão do que significa personalidade e como esses termos se relacionam e atuam de forma a impactar uma sociedade. Venosa[5] já dizia

---

3 CARREJO, Simóm. **Derecho Civil**. Bogotá: Themis, 1972. p. 299

4 Tradução livre da autora: Na linguagem jurídica atual, a expressão "direitos da personalidade" tem um significado particular, referindo-se a alguns direitos cuja função está mais diretamente relacionada à pessoa humana, uma vez que visam à preservação de seus interesses mais íntimos e essenciais. Com efeito, esses direitos constituem um mínimo para assegurar os valores fundamentais do sujeito de direito: sem eles, a personalidade permaneceria incompleta e imperfeita, e o indivíduo, sujeito à incerteza quanto aos seus direitos jurídicos fundamentais.

5 VENOSA, Sílvio de Salvo. **Curso de direito civil brasileiro**.3. ed. São Paulo: Atlas, 2003. p.160

que "a personalidade não é exatamente um direito; é um conceito básico sobre o qual se apoiam os direitos e constituem o mínimo necessário da substância da própria personalidade". Daí o entendimento de Gonçalves[6] ao dizer que

> O conceito de personalidade está umbilicalmente ligado ao de pessoa. Todo aquele que nasce com vida torna-se uma pessoa, ou seja, adquire personalidade. Esta é, portanto, qualidade ou atributo do ser humano. Pode ser definida como aptidão genérica para adquirir direitos e contrair obrigações ou deveres na ordem civil. É pressuposto para a inserção e atuação da pessoa na ordem jurídica.

Como em nosso ordenamento jurídico inexiste valor superior ao da pessoa humana, o direito da personalidade se fundamenta como projeções físicas ou psíquicas, características importantes da pessoa que transmitem ou formam a sua personalidade. São traços irrepetíveis, exclusivos, que derivam de características que se tornam direitos.

A importância de tais direitos é tamanha que eles foram incluídos na Assembleia Geral da Organização das Nações Unidas de 1948 e na Convenção Europeia de 1950, após a segunda guerra, como forma de reação às agressões à dignidade humana. Existe, portanto, uma relação intrínseca entre o objeto e os direitos decorrentes que reclamam proteção. Ou seja, existe uma relação direta entre a dignidade da pessoa humana, as características da pessoa - sua personalidade - e os direitos que daí decorrem.

Então, as proteções aos direitos da personalidade surgem e são reclamadas a partir de cada alteração contextual. Novos contextos fazem nascer novas perspectivas, novas violações e, portanto, novos direitos da personalidade. Por isso, a necessidade de entender ou visualizar o rol do Código Civil como exemplificativo. Tartuce[7], enfatiza a existência de direitos da personalidade na Constituição Federal de 1988, e acompanha o entendimento de que o rol do Código Civil é meramente exemplificativo. Portanto, todos eles estão em pé de igualdade e importância, o que nos

6 GONÇALVES, Carlos Roberto. **Direito Civil Brasileiro**. 12 ed. São Paulo: Saraiva, 2014.p.107

7 TARTUCE, Flávio. Manual de Direito Civil. Volume único. 6 ed. São Paulo: Editora Forense, 2016. p.98.

leva a pensar que nos casos de colisão entre direitos da personalidade, será necessário utilizar a técnica da ponderação. Essa mesma postura é compartilhada por Borges[8] quando diz que a lista de direitos da personalidade é exemplificativa e reflete o momento histórico da sociedade que está em mutação constante. Vale, portanto, relembrar a regra do artigo 5º, §2º da Constituição Federal de 1988 que afirma que os direitos ali expressos e, portanto, garantidos, não excluem outros que venham a ser reconhecidos posteriormente.

Diante disso, é importante lembrar que o cenário contemporâneo é marcado pelo aproveitamento exacerbado da personalidade humana, especialmente no contexto da sociedade de risco, em que a exploração de experiências pessoais é utilizada no novo modelo capitalista baseado no extrativismo de dados pessoais. Dessa forma, entender os direitos da personalidade e estudá-los a partir do contexto da sociedade impactada por novas tecnologias torna-se algo importante, necessário e ensejador da problemática deste texto.

2. As características e o desenvolvimento da sociedade da técnica e a sua relação com os novos direitos

A partir de uma perspectiva de progresso tecnocientífico norteado, exclusivamente, pelo valor da eficiência e os diversos efeitos provocados na sociedade pela criação humana - a técnica - e a vida social propriamente dita, é que Jacques Ellul[9] se debruça no estudo da condição e dignidade humana numa sociedade tecnológica.

Para Ellul[10] uma civilização técnica é o acúmulo de meios e métodos absolutamente eficazes para concretizar toda ordem de coisas. Esse fenômeno, portanto, traz sete características da técnica moderna: racionalidade, artificialidade, automatismo da escolha técnica, autocrescimento, unicidade, universalismo técnico e autonomia.

A racionalidade aparece na divisão do trabalho e na elaboração de normas de produção que implicam dois movimentos: exclusão da espontaneidade e a redução de fatos e fenômenos no esquema lógico de-

8 BORGES, Roxana Cardoso Brasileiro. **Disponibilidade dos direitos da personalidade e autonomia privada**. São Paulo: Saraiva, 2005. p.25.

9 ELLUL, Jacques. **The technological Society.** New York: Alfred Knopf, 1964.

10 ELLUL, Jacques. **La techinique ou l'enjeu du siécle**. Paris: Armand Colin, 1954.

finido e utilizado. A artificialidade surge a partir da criação de sistemas artificiais que destroem, eliminam e subordinam o mundo natural. O automatismo reflete a impossibilidade de recusa da solução apresentada pelo sistema artificial, surgindo, então, um método que envolve maior racionalidade e eficácia, gerando submissão dos meios ao imperativo da eficácia – lema da sociedade da técnica.

O autocrescimento aparece em um estágio em que a técnica produz a si própria, sem intervenção humana. Isso gera problemas de natureza técnica que só a própria técnica pode resolver. Inicia, então, um progresso técnico geométrico sem limites. É aí que a unicidade se apresenta como técnica sem distinção entre o "ser" a técnica e o "utilizar" a técnica. Essas duas perspectivas se confundem, não cabendo, então, o julgamento a partir de critérios religiosos, morais ou estéticos daquilo que se está fazendo. A regra de ser e usar é técnica, racional e única. Daí pensar que a característica do universalismo técnico se refere ao encadeamento de fatos e a consequente evolução da técnica no âmbito geográfico. Todas as nações se utilizam da técnica e aquelas que ainda não utilizam, utilizarão ou pretendem utilizar em breve. Como exemplo clássico do encadeamento de fatos tem-se a invenção da lançadeira volante, em 1733, que exigiu uma maior produção de fio. Essa necessidade fez criar o tear a vapor e, assim, sucessivamente. Para cada nova máquina cria-se um desequilíbrio que desponta a necessidade de uma nova invenção técnica e novos sistemas de escoamento da produção – métodos comerciais, transporte rápido, força de trabalho etc.

É a técnica criando a sociedade ao seu redor. Para produzir e consumir os produtos advindos das máquinas, a força de trabalho precisa ser fortalecida. É aí que as pessoas passam a concentrar suas vidas nos grandes centros urbanos, surgindo a técnica do urbanismo. Ou seja, grandes centros urbanos foram criados a partir do crescente desenvolvimento industrial e comercial que garante a existência de bairros e cidades residenciais ao seu entorno, compostos por funcionários destas mesmas fábricas e indústrias. A rotina do trabalho exaustiva não gera empolgação ou dopamina o suficiente para manter o interesse do subordinado em sua atividade laborativa. É necessário, então, trazer lazer e movimento, além do trabalho, para tornar o ambiente urbano sórdido um pouco mais tolerável. É aí que surge a técnica do lazer e do divertimento a partir da entrega do cinema, dos restaurantes, dos teatros, das festas e de todos os demais itens que servem para anestesiar o corpo humano da sedenta rotina de trabalho.

É preciso lucro e para isso, é preciso trabalho. Para ter trabalho precisa ter gente, pessoas disponíveis. Para ter gente é preciso condições mínimas de sobrevivência naquele local. E para ter ou estabelecer condições mínimas de sobrevivência é preciso identificar os problemas físicos, psíquicos, mentais e morais que surgem a partir do contexto estabelecido, criado e disponibilizado àqueles que se dispuseram a estar ali. É necessário dopamina. É a completa existência de uma sociedade técnica fundada na necessidade técnica. Daí podermos dizer que a técnica é ambivalente. Ela libera, ao mesmo tempo que aliena, mas sempre terá um preço a ser pago: necessidade de ir cada vez mais rápido, alimentação rica em gorduras e calorias, esgotamento mental etc.

A autonomia, por sua vez, é uma característica que nos mostra uma técnica em que tudo é permitido, lícito e justificado. Pois, como disse Ellul[11], "a técnica não adora ninguém, não respeita nada; ela tem somente um rol: *dépouiller, mettre au clair*[12], depois, racionalizando, transforma tudo em meio".

É interessante pensar que todo esse desenho social foi criado por Ellul sem a perspectiva de uso da tecnologia digital, mas com a consciência de que a evolução da técnica nos levaria a algo superior ao que se vivenciava na época. Inclusive, é de fácil percepção como os direitos da personalidade foram sendo violados e modificados no decorrer da história.

Ao analisar essas características que demonstram uma sequência evolutiva da sociedade da técnica, percebe-se que a mesma coisa acontece no meio digital. É preciso lucro, trabalho, pessoas, lazer, distração e a identificação de questões mentais, principalmente, para fazer com que as pessoas permaneçam ali. Dessa forma, a economia da atenção surge de forma direta como mais uma evolução da sociedade da técnica.

Para que eu consiga o lucro desejado na sociedade hiperconectada, preciso que você me dê a sua atenção, mas eu não posso consegui-la se você souber todas as conexões, usos e motivos ligados esse processo. Então, é necessário gerar um meio de conseguir a sua atenção sem você, sequer, perceber. Gatilhos psicoemocionais são lançados e eu, empresa, consigo o que quero: atenção, dados e lucro. O usuário, aparentemente, também consegue o que quer: distração.

11 ELLUL, Jacques. **La techinique ou l´enjeu du siécle**. Paris: Armand Colin, 1954

12 Tradução livre da autora: despir, elucidar

Levy[13], ao destrinchar os filtros invisíveis da Internet, traz o círculo produtivo do lucro, atenção e dados como consequência da cibercultura e da mescla que hoje temos entre físico e virtual. Dois espaços extremamente reais que interagem de forma fluida e com intervenções diretas em nosso ser, estar e sentir[14].

Pensando nesse contexto evolutivo da sociedade da técnica e entrando numa perspectiva cibercultural, existe, aparentemente, uma certa flexibilização, por parte das pessoas que utilizam o ciberespaço, quanto à disposição do seu direito à honra, direito ao nome, direito à intimidade/privacidade e direito ao corpo. Flexibilização, talvez, muito bem articulada a partir do desconhecimento do funcionamento do mercado de dados, bem como do design do produto ou do serviço que é disponibilizado pelas empresas - *big techs* - que constroem a atual sociedade da técnica.

Nesse sentido, é importante lembrar que todo produto e serviço construído para o meio digital não possui qualquer interesse na inteligência completa do seu usuário ou cliente. O interesse está na utilização facilitada e frequente. Ou como diz Desmurget[15], "qualquer pateta é capaz, em poucos minutos, de utilizar essas ferramentas. Estas, por sinal, são elaboradas e concebidas para isso".

Esse movimento, portanto, desconsidera a personalidade pré-existente do ser humano e constrói uma nova personalidade alienada aos parâmetros de atenção, dados e lucro estabelecidos pela frenética evolução da sociedade da técnica.

3. Os dados, o *profiling* e a construção do ser humano

O fenômeno conhecido como *profiling*, conforme Doneda[16], envolve a criação de perfis comportamentais individuais ou de grupos a partir de dados pessoais, fornecidos voluntariamente ou não. Essa prática envolve a compilação de informações visando a classificação e agrupamen-

13 LEVY, Pierre. **Cibercultura**. São Paulo: Editora 34, 1999.

14 LEVY, Pierre. **O que é o virtual? 2.ed.** São Paulo: Editora 34, 2011.

15 DESMURGET, Michel. **A fábrica de cretinos digitais: os perigos das telas para nossas crianças**. Trad. Mauro Pinheiro. São Paulo: Vestígio, 2021. p.27

16 DONEDA, Danilo. **Da privacidade à proteção de dados pessoais**. Rio de Janeiro: Renovar, 2006

to de pessoas, utilizando-se de uma ampla gama de dados disponíveis ou fornecidos por indivíduos, organizações e entidades estatais.

Os perfis criados podem se tornar representações virtuais abrangentes das pessoas, possivelmente sendo seu aspecto mais visível para diversos observadores. Doneda também ilustra que o *profiling* pode ter aplicações como o controle de fronteiras alfandegárias e a segmentação de consumidores por empresas para fins publicitários. Ou seja, "além de modificar nossa experiência com as notícias, a personalização também altera a economia que determina quais matérias são produzidas"[17].

Para **Büchi, Fosch-Villaronga, Lutz, Tamò-Larrieux, Velidi & Viljoen**[18] **(2020)**, o *profiling* é caracterizado como "a coleta sistemática e intencional de dados relacionados a indivíduos". Mendes[19] destaca como os mercados de massa estagnados demandavam uma nova abordagem econômica, centrada na produção flexível e na individualização em massa, a fim de atender a nichos específicos de consumidores. Assim, duas práticas podem ser destacadas e devem ser observadas: a personalização e a manipulação comportamental.

A evolução do *profiling* emerge, portanto, como uma técnica que possibilita a massificação das relações, particularmente no contexto consumerista, sem renunciar à personalização. A última tendência no meio virtual é o acompanhamento de tráfego, que termina por definir quais notícias tiveram maior aceitação pública, ou quais notícias atingiram/despertaram maior interesse. Esse acompanhamento serve unicamente para dizer que melhor que desenvolver um artigo para uma pessoa específica é desenvolvê-lo para todo mundo. E aí é onde deve-se estar atento para o processo evolutivo de construção do ser humano e da sociedade como um todo. Pois, como já apontado no capítulo 2 deste artigo, a população está vivenciando a era da "economia da atenção" por causa da internet e de seus mais variados filtros que personalizam todo o conteúdo criado e solicitado, fazendo com que o usuário se equipare a um cavalo, cavalgando numa cidade grande, em que precisa utilizar um

17 PARISER, Eli. **O filtro invisível: o que a internet está escondendo de você**. Tradução Diego Alfaro. Rio de Janeiro: Zahar, 2012. p.65.

18 BÜCHI, Moritz et al. **The chilling effects of algorithmic profiling: Mapping the issues.** Computer law & security review, v. 36, p. 105367, 2020

19 MENDES, Laura Schertel. **Privacidade, proteção de dados e defesa do consumidor: linhas gerais de um novo direito fundamental**. 1. ed. São Paulo: Saraiva, 2014. Série IDP – Linha de Pesquisa Acadêmica. Vital Source Bookshelf Online.

redutor de campo de visão para não se distrair ou se assustar com as informações externas ou que façam o condutor sair do trajeto desejado. Ou seja, ao personalizar a informação reduz-se as interferências externas, a possibilidade de conhecer o novo e, principalmente, o ter acesso a conteúdo que mesmo não sendo da sua preferência, interferem diretamente em suas vidas[20].

Assim, da mesma maneira que o usuário possui o "direito" de acessar a informação que faz parte de um catálogo de preferências, ele também possui o "direito" de "olhar além da caixa". Pode-se, então, dizer que a personalização de conteúdo virtual tem impactos profundos na esfera de escolha individual, podendo influenciar comportamentos. A personalização excessiva, no entanto, levanta preocupações quanto à limitação da diversidade de informações e à perda da autodeterminação informativa. A capacidade de acesso a uma variedade de conteúdos, independentemente de preferências pessoais, é vital para uma sociedade informada.

Na prática, a tecnologia digital pode criar uma "bolha de filtros"[21], limitando o acesso do usuário a informações fora de suas preferências conhecidas. Essa personalização excessiva pode levar a um cenário de alienação e limitação da exposição a perspectivas diversas, o que desafia os princípios democráticos.

A supressão de interferências externas e a restrição da exposição a informações não preferenciais afetam negativamente a capacidade de tomada de decisão e a formação de opinião, em conflito com o direito à autodeterminação informativa. Isto porque, ao influenciar o poder de escolha do indivíduo, causando um direcionamento de comportamento do usuário, está-se diante de uma violação ao direito à Autodeterminação Informativa, reconhecido em 1983 pelo Tribunal Constitucional Federal Alemão[22] (PEREIRA, 2016) ao declarar a inconstitucionalidade parcial

---

20 SALDANHA, Alexandre Henrique Tavares; SALDANHA, Paloma Mendes. Desenvolvimento de uma cultura democrática na internet pelo princípio da autodeterminação informativa. **Revista Direito & Desenvolvimento da Unicatólica**, [S.l.], v. 2, nº 2, mar. 2020. ISSN 2674-7286.

21 SALDANHA, Alexandre Henrique Tavares; SALDANHA, Paloma Mendes. Desenvolvimento de uma cultura democrática na internet pelo princípio da autodeterminação informativa. **Revista Direito & Desenvolvimento da Unicatólica**, [S.l.], v. 2, nº 2, mar. 2020. ISSN 2674-7286.

22 PEREIRA, M. C. 2001. **O sistema de proteção de dados pessoais frente ao uso da informática e o papel o direito da autodeterminação informativa**. Dispo-

da Lei de Senso de População da Alemanha. Para Ana Rosa Gonzales Morua[23], a Autodeterminação Informativa é o:

> (...) derecho de todas as personas a controlar el flujo de informaciones que él le conciernem, – tanto em la recolección como el posterior tratamiento y uso de los datos personales – mediante uma série de derechos subjetivos como el consentimento, el derecho de acesso, retificacíon, etc[24].

Na Espanha, o direito à Autodeterminação Informativa é considerado um direito fundamental, segundo Vicente López-Ibor Mayor y Carmen Plaza[25]:

> El derecho a la autodeterminación informativa se configura, pues, como un derecho fundamental de la persona, que entendemos consagrado constitucionalmente en nuestro texto fundamental en el artículo 18.4 cuando se establece 'la necesidad de limitar el uso de la informática para garantizar el honor y la intimidad personal y familiar de los ciudadanos'[26].

---

nível em: https://jus.com.br/artigos/2266/o-sistema-de-protecao-de-dados-pessoais-frente-ao-uso-da-informatica-e-o-papel-do-direito-de-autodeterminacao-informativa.

---

23 MORUA, Ana Rosa Gonzales: **"Comentario a la S.T.C. 254/1993, de 20 de Julio. Algunas Reflexiones en torno al artigo 18.4 de la Constitución y la Protección de Datos Personales"**, *in* Informática y Derecho nºs 6 y 7, Aranzadi, Mérida, 1994. PP. 243-244.

24 Tradução livre da autora: direito de todas as pessoas a controlar o fluxo de informações que ele conhece, – tanto na coleta como no posterior tratamento e uso dos dados pessoais – por meio de uma série de direitos subjetivos como o consentimento, o direito de acesso, retificação etc.

25 LÓPEZ-IBOR MAYOR, Vicente e PLAZA, Carmen. **El Defensor del Pueblo: Derecho, tecnologías de la Información y Libertades** in Informática y Derecho nºs 6 y 7, Aranzadi, Mérida, 1994. P. 277.

26 Tradução livre da autora: O direito à autodeterminação informativa se configura, pode, como um direito fundamental da pessoa, que entendemos consagrado constitucionalmente em nosso texto fundamental no artigo 18.4 quando se estabelece a necessidade de limitar o uso da informática para garantir a honra e a intimidado pessoal e familiar dos cidadãos.

A cerca desenhada ao redor do usuário da internet que se permite seguir os caminhos descritos e organizados pelo meio virtual termina por ser conhecida como a personalização bajuladora. Ou seja, todo o empenho dos filtros virtuais para produzir um conteúdo personalizado resulta numa só frase "vou te dizer exatamente o que você quer ouvir". Quando na verdade deveria resultar num campo aberto de informações que traz a liberdade de escolha e o livre acesso a qualquer conteúdo, mesmo que o conteúdo não seja do interesse do usuário. Ou seja, "vou te dizer uma coisa ainda que você não queira ouvir, porque você precisa saber"[27].

Assim, em todos os momentos de escolha o algoritmo tem como trabalho/objetivo filtrar e organizar as preferências dos usuários. Ou seja, todo o controle que o usuário inicialmente tinha, passa a ser descartado pela algoritmo. Isto porque, a partir de determinado momento aquela tecnologia que era considerada totalmente *pull*[28] volta a ser considerada *push*[29] por não mais precisar da interferência humana para a execução do conteúdo ali disponibilizado. Há, portanto, uma personalização do conteúdo e o retorno da passividade na recepção das informações ali expostas.

O que pode ser questionado, por fim, é se a personalização excessiva poderia ser vista como uma espécie de alienação da construção do ser humano. E num contexto de manipulações virtuais de conteúdo e de utilização de tecnologias invasivas em prol do aprimoramento do cérebro humano, por exemplo, o princípio da autodeterminação informativa, unido ao direito fundamental ao acesso à informação e à privacidade, termina por sofrer limitações vez que o acesso à informação do meio virtual é restrito, bem como o conteúdo torna-se selecionado por tecnologias manuseadas por humanos que entendem ser melhor para o usuá-

27 PARISER, Eli. **O filtro invisível: o que a internet está escondendo de você**. Tradução Diego Alfaro. Rio de Janeiro: Zahar, 2012. p.68.

28 Tecnologias que possuem ou solicitam maior participação do usuário no seu uso, dando a impressão de se ter controle sobre o conteúdo acessado, vez que são os usuários que puxam as informações daquela tecnologia. PARISER, Eli. **O filtro invisível: o que a internet está escondendo de você**. Tradução Diego Alfaro. Rio de Janeiro: Zahar, 2012. p.63.

29 Tecnologia na qual as informações simplesmente chegam ao usuário sem qualquer tipo de solicitação, como é o caso, por exemplo, da televisão tradicional, em que o usuário apenas escolhe o canal, mas não escolhe o conteúdo. PARISER, Eli. **O filtro invisível: o que a internet está escondendo de você**. Tradução Diego Alfaro. Rio de Janeiro: Zahar, 2012. p.63.

rio a recepção de informações personalizadas a partir de indicações de ondas cerebrais diretas.

Ou seja,

> toda vez que esse princípio é ameaçado ou atingido por mecanismos que filtram ou restringem o acesso à informação, assistimos a uma violação do direito universal. Por esse motivo, se faz necessário estabelecer políticas públicas que possam garantir ao cidadão a possibilidade de acesso ao mundo digital de forma legítima e justa[30].

Dessa forma, é importante lembrar e estudar que "o surgimento da bolha dos filtros não afeta apenas o modo como processamos as notícias. Pode também afetar o modo como pensamos"[...] E no "fim das contas, a ideia de dar às pessoas o que elas querem é uma filosofia cívica frágil e rasteira"[31]. Isto porque, no âmbito do mundo digital, a manipulação não apenas engloba um aspecto técnico, que é a habilidade de personalizar o conteúdo de acordo com as características individuais, baseando-se em dados coletados e fazendo uso de avançadas ferramentas de análise de dados. Ela também apresenta uma dimensão psicológica ao explorar vulnerabilidades emocionais e mentais[32]. Essa forma de manipulação se manifesta de maneira sutil, exercendo influência sobre a capacidade de escolha e a agência, conforme já mencionado anteriormente. Assim, a proliferação das redes sociais, a ampla utilização do big data, a prática de *profiling* e o avanço da inteligência artificial geram um nível sem precedentes de mediação digital. Portanto, é crucial reconhecer que esse ambiente – caracterizado por sistemas eletrônicos direcionados por dados e gerenciados por IA – está longe de ser neutro e alheio à obediência de princípios éticos em sua construção e utilização.

A partir dessa reflexão é que surgem questionamentos e preocupações a respeito de notícias como: a) Neuralink: como e por que Elon

---

30 BURUNI, D. **Inclusão digital: O papel do Estado no acesso a informação.** Disponível em: http://www.reporterunesp.jor.br/inclusao-digital-o-papel-do-estado-no-acesso-a-informacao/.

31 PARISER, Eli. **O filtro invisível: o que a internet está escondendo de você**. Tradução Diego Alfaro. Rio de Janeiro: Zahar, 2012. p.71.

32 BÜCHI, Moritz et al. **The chilling effects of algorithmic profiling: Mapping the issues.** Computer law & security review, v. 36, p. 105367, 2020

Musk quer chips no cérebro de humanos já em 2022[33]; b) Implante ocular promete "realidade virtual definitiva"[34]; c) Cientistas criam óculos para restaurar a visão com chip instalado no cérebro de pacientes[35]; d) Metaverso do futuro terá cheiro, dor e sabor com implante neural[36]; e) Could hackers "brainjack" your memories in future?[37].

A partir da criação, da disponibilização e da utilização de artefatos tecnológicos desse patamar invasivo, o direito à honra, direito ao nome, direito à intimidade/privacidade e direito ao corpo, passam por uma remodelagem e pedem a inserção de novos apêndices que serão destrinchados no capítulos seguinte.

4. Neurodireitos: novos direitos a serem considerados

Liberdade Cognitiva ou determinação mental, Direito à privacidade mental, Direito à integridade mental, Direito à continuidade psicológica etc. Esses são apenas alguns exemplos do que hoje pode-se chamar de novos direitos a serem considerados a partir de uma perspectiva de utilização de tecnologias invasivas ao cérebro dos seres humanos. Neurodireitos.

Entretanto, falar sobre Neurodireitos não é algo novo. Em 2009, Jan Christoph Bublitz e Reinhard Merkel[38] publicaram um artigo em que

---

33 NETO, Neri. **Neuralink: como e por que Elon Musk quer chips no cérebro de humanos já em 2022.** 2021. Disponível em https://www.mundoconectado.com.br/tecnologia/neuralink-como-e-por-que-elon-musk-quer-chips-no-cerebro-de-humanos-ja-em-2022/ Acesso em 30 ago. 2023.

34 GUSMÃO, Isabela V. **Implante ocular promete "realidade virtual definitiva".** 2023. Disponível em https://olhardigital.com.br/2023/01/04/ciencia-e-espaco/implante-ocular-promete-realidade-virtual-definitiva/ Acesso em 30 ago. 2023.

35 O SUL. **Cientistas criam óculos para restaurar a visão com chip instalado no cérebro de pacientes.** 2022. Disponível em https://www.osul.com.br/cientistas-criam-oculos-para-restaurar-a-visao-com-chip-instalado-no-cerebro-de-pacientes/ Acesso em 30 ago. 2023.

36 SANCHEZ, Rick. **Metaverso do futuro terá cheiro, dor e sabor com implante neural.** 2022. Disponível em https://criptonizando.com/metaverso-do-futuro-tera-cheiro-dor-e-sabor-com-implante-neural/ Acesso em 30 ago. 2023.

37 UCHOA, Pablo. 2019. **Could hackers "brainjack" your memories in future?** Disponível em https://www.bbc.com/news/business-47277340 Acesso em 30 ago. 2023.

38 BUBLITZ, Jan Christoph; MERKEL, Reinhard. **Autonomy and authenticity of enhanced personality traits.** Bioethics, v. 23, nº 6, pp. 360-374, 2009.

discutiam melhorias e intervenções no cérebro a partir da perspectiva do direito à autonomia e o direito à autenticidade. A preocupação dos autores era direcionada aos produtos farmacêuticos e à publicidade subliminar. Ou seja, Bublitz e Merkel se preocupavam com as intervenções diretas e indiretas na mente humana a partir da utilização de medicamentos a serem ingeridos e propagandas a serem consumidas de modo a modificar o comportamento e o pensamento humano sem qualquer consentimento do titular daquele direito da personalidade. Os autores passaram, então, a questionar se era legítima a influência de terceiros e levaram isso como um fator a ser considerado nos julgamentos das cortes judiciais.

Em 2012, Nita Farahany[39] publicou artigo sobre os avanços da neurociência nos tribunais e destacou que, pelo fato de a proteção ao princípio da autoincriminação se dar por meio de palavras proferidas por pessoas, "uma sociedade interessada em uma liberdade cognitiva robusta provavelmente buscaria proteger seus cidadãos contra a detecção injustificada de evidências automáticas, memorizadas e proferidas no cérebro". Nesse sentido, questionando o risco de uma avaliação equivocada por parte do poder judiciário, ela sugeriu a necessidade de uma norma, uma "Lei da Tecnologia da Informação em Neurociências", que protegesse a privacidade mental e a liberdade cognitiva. Esse documento pode ser considerado um marco para o surgimento de um movimento em prol dos neurodireitos.

Em estudo realizado em 2014, os pesquisadores BUBLITZ e MERKEL[40] propuseram uma nova abordagem no campo do neurodireito, intitulada "O Direito Fundamental à Autodeterminação Cognitiva". De acordo com os autores, essa proposta tem como objetivo salvaguardar a integridade das faculdades mentais das pessoas, de forma análoga à proteção conferida pelo direito à integridade corporal contra danos físicos. Para eles, tal direito fundamental possui duas dimensões de escopo jurídico a serem consideradas: positiva e negativa. Na dimensão negativa, esse direito visa assegurar a salvaguarda contra interferências excessivas por parte do Estado e de terceiros, estabelecendo um escudo defensivo contra intrusões indesejadas através de intervenções práticas

39 FARAHANY, Nita A. **Incriminating thoughts**. Stan. L. Rev., v. 64, p. 351, 2012.

40 BUBLITZ, Jan Christoph; MERKEL, Reinhard. **Crimes against minds: on mental manipulations, harms and a human right to mental self-determination**. Criminal Law and Philosophy, v. 8, nº 1, pp. 51-77, 2014.

ou imposições normativas. Isso pode incluir medidas como regulamentações legais que governam o acesso a informações sobre os conteúdos mentais de um ser humano. Na dimensão positiva, esse direito oferece a liberdade de autodeterminação sobre o mundo interior do indivíduo, abrangendo a prerrogativa de qualquer ser humano poder controlar o teor de seus pensamentos, estados de consciência e outros fenômenos mentais. Essa dimensão também pode ter impactos relevantes em debates contemporâneos acerca de aprimoramentos neurocognitivos. Contudo, é crucial direcionar o foco para o âmbito da intervenção prática, deixando de lado, por ora, a dimensão positiva dessa prerrogativa.

Outra contribuição significativa para o campo foi apresentada por Marcello Ienca e Roberto Andorno[41] em 2017, com a publicação do artigo que explora os avanços da Eletroencefalografia Humana (EEG), a ressonância magnética funcional (fMRI), as interfaces cérebro-computador (BCIs) e os dispositivos de estimulação por corrente contínua transcraniana (tDCS) como exemplos proeminentes de Neurotecnologia generalizada. Eles delinearam uma série de conceitos que eles chamaram de Neurodireitos, os quais podem ser organizados da seguinte maneira: a) Liberdade Cognitiva ou autodeterminação mental, conforme proposto por Bublitz e Merkel em trabalhos anteriores; b) Direito à privacidade mental, cujo foco é preservar não somente os dados das ondas cerebrais, mas também considerar as próprias ondas cerebrais como geradoras de informações, independentemente de serem conscientes ou não; c) Direito à integridade mental, concebido para prevenir "alterações não autorizadas na computação neural de um indivíduo" que possam resultar em danos; d) Direito à continuidade psicológica, com a finalidade de salvaguardar a identidade pessoal e a coerência comportamental do indivíduo contra modificações não consensuais promovidas por terceiros.

A proposta apresentada pelos autores – neurodireitos – oferece uma perspectiva instigante para a proteção dos indivíduos em um cenário de avanços acelerados em neurociência e tecnologia cerebral. Entretanto, a implementação prática desses direitos enfrenta desafios complexos, incluindo a definição clara de limites e a adaptação das legislações existentes.

41 IENCA, Marcello; ANDORNO, Roberto. Towards new human rights in the age of neuroscience and neurotechnology. **Life Sciences, Society and Policy**, v. 13, nº 1, pp. 1-23, 2017

É crucial que a sociedade colabore ativamente nesse debate para garantir um equilíbrio adequado entre inovação científica e os princípios éticos que regem os direitos humanos fundamentais. Por isso que, ainda em 2017, Yuste e Goering[42] sugeriram quatro prioridades éticas para a neurotecnologia: a) privacidade e consentimento, b) agência e identidade, c) incrementos e d) vieses. Ressalta-se que "agência" aqui se refere ao verbo agir, atuar, ou melhor, se refere a "capacidade de influenciar intencionalmente o próprio funcionamento e as circunstâncias da vida", como entendeu Bandura[43] em trabalho que proporciona uma compreensão abrangente dos elementos fundamentais da agência humana, destacando a importância da intencionalidade, premeditação, autorregulação e autorreflexão. No entanto, como já levantado durante todo o texto, a ascensão das tecnologias neurais e da inteligência artificial introduz um dilema ético intrigante, uma vez que elas podem ser utilizadas para influenciar e até manipular esses componentes essenciais. Nesse contexto, é crucial que a sociedade considere cuidadosamente os impactos dessas inovações nas faculdades humanas e estabeleça salvaguardas adequadas para proteger a autonomia e a integridade individual.

Em 2019, o Comitê de Ministros da União Europeia[44] reconheceu os riscos do uso da IA, ao chamar a atenção para a crescente ameaça aos direitos humanos de formar opiniões e tomar decisões independentemente de sistemas automatizados, que resultam de tecnologias digitais avançadas. Segundo o Comitê:

> Níveis granulados finos, subconscientes e personalizados de persuasão algorítmica podem ter efeitos significativos sobre a autonomia cognitiva dos indivíduos e seu direito de formar opiniões e tomar decisões independentes. Esses efeitos permanecem subexplorados, mas não podem ser subestimados.

42 YUSTE, Rafael; GOERING, Sara; et. al. **Four ethical priorities for neurotechnologies and AI.** Nature, Londres, 8 nov 2017.

43 BANDURA, Albert. **Toward a psychology of human agency. Perspectives on psychological science**, v. 1, nº 2, pp. 164-180, 2006.

44 Committee of Ministers of the Council of Europe: **Declaration on the manipulative capabilities of algorithmic processes.** (Adopted by the Committee of Ministers on 13.2.2019 at the 1337th meeting of the Ministers' Deputies). Available at https://search.coe.int/cm/pages/result_details.aspx?ObjectId=090000168092dd4b

Shiner e O'Callaghan[45] (2021) ilustram diversas formas de manipulação que podem ser realizadas mediante a utilização de dados neurais ou dados convencionalmente coletados em plataformas de mídia social. Essa manipulação é explicada como resultado da análise desses dados por ferramentas de aprendizado de máquina, permitindo inferências detalhadas e possivelmente íntimas sobre os indivíduos, que por sua vez são empregadas para microdirecionar e otimizar processos que moldam as experiências online dos usuários. Isso pode levar à previsão de escolhas, influenciar emoções, opiniões e comportamentos, muitas vezes de maneira coerciva. O fenômeno do "hipernudging" é destacado como exemplo, onde técnicas algorítmicas direcionam a tomada de decisões em direções preferidas pelos "arquitetos de escolha" digitais. A crescente disponibilidade de informações online também pode levar a determinados conhecimentos sendo inacessíveis devido a algoritmos de classificação, contribuindo para a disseminação de desinformação. Além disso, a vigilância por meio da coleta em larga escala gera o "efeito inibidor", onde o medo de vigilância pode restringir as atividades online legais das pessoas, suprimindo assim a liberdade de pensamento e a expressão autêntica.

Dessa forma, com o objetivo de salvaguardar e assegurar os direitos inerentes à personalidade, explorados no primeiro capítulo, e em consonância com uma perspectiva atualizada da realidade e da evolução legislativa, emerge o conceito de neurodireitos como elucidado por Yuste, Genser e Herrmann[46].

Considerações finais

No contexto da evolução tecnológica e sua influência nos direitos da personalidade, buscou-se abordar uma série de desafios e mudanças significativas que afetam a maneira como as pessoas percebem e exercem esses direitos em um cenário de sociedade hiperconectada em constante transformação.

45 SHINER, Bethany; O'CALLAGHAN, Patrick. **The right to freedom of thought in the European Convention of Human Rights**. European Journal of Comparative Law and Governance, 2021.

46 YUSTE, Rafael; GENSER, Jared; HERRMANN, Stephanie. **It's Time for Neuro-Rights.** Horizons: Journal of International Relations and Sustainable Development, nº 18, pp. 154-165, 2021.

Fora analisada a trajetória da sociedade da técnica e como essa evolução se estendeu ao ambiente digital dando origem à economia da atenção. Esta demonstra que a captura da atenção do usuário é artifício necessário e principal para o funcionamento de grandes empresas de tecnologia. Entretanto, um funcionamento que reanalisa e, por vezes, flexibiliza os direitos da personalidade, especialmente no que diz respeito à privacidade e à intimidade no procedimento do *profiling* – fenômeno que envolve a criação de perfis comportamentais a partir de dados pessoais. Assim, à medida que a tecnologia neural e a inteligência artificial avançam, surgem preocupações éticas sobre a possibilidade de manipulação desses direitos.

Diante desse cenário, entendeu-se como essencial que a sociedade considere cuidadosamente os impactos das inovações tecnológicas nas faculdades humanas e estabeleça salvaguardas adequadas para proteger a autonomia e a integridade individual. Pois, em um mundo cada vez mais tecnológico, a proteção dos direitos da personalidade é fundamental para garantir a dignidade e a liberdade individuais.

Logo, como principal ponto, destacou-se a importância de reconhecer que os direitos da personalidade não se limitam ao rol estabelecido no código civil de 2002, pois a evolução tecnológica e a sociedade de risco trouxeram novos desafios. Ou seja, a introdução do conceito de "neurodireitos" e a proposta de enxergá-los como novos direitos da personalidade, representa um passo importante no sentido de salvaguardar a autonomia, a privacidade e a integridade mental humana.

Sobre isso, Nora Hertz[47] entende que

> o processo de reconhecimento legal de novos direitos humanos é complexo, e a introdução de novos direitos humanos não é per se mais vantajosa do que a interpretação dos direitos humanos existentes. Com relação ao direito humano à liberdade de pensamento e ao direito humano proposto à autodeterminação mental, é mais convincente evoluir a interpretação dos primeiros, por exemplo, através de um comentário geral, protocolo ou instrumento de soft law, do que introduzir um novo direito humano à autodeterminação mental.

47 HERTZ, Nora. **Neurorights–Do we Need New Human Rights? A Reconsideration of the Right to Freedom of Thought.** Neuroethics, v. 16, nº 1, p. 5, 2023.

Essencialmente, Yuste, Genser e Herrmann[48] trabalham com essa hipótese e delineiam que os neurodireitos estão vinculados aos seguintes aspectos: (1) o direito à identidade, que engloba o controle tanto da integridade física quanto mental; (2) o direito de ação, ou seja, a liberdade de pensamento e a autodeterminação para selecionar ações; (3) o direito à privacidade mental, traduzindo-se na capacidade de resguardar os pensamentos contra divulgação; (4) o direito ao acesso equitativo ao aprimoramento mental, compreendendo a garantia de que os benefícios dos avanços em capacidades sensoriais e mentais por meio de neurotecnologias sejam distribuídos justamente entre a população; e (5) o direito à proteção contra preconceitos algorítmicos, que assegura a não introdução de viés por parte das tecnologias.

A Carta de Direitos Digitais de Madri, escrita em 2020, mas com aplicabilidade prevista para 2025, traz um capítulo contendo objetivos de uso das neurotecnologias, corroborando com todo o aqui abordado, bem como deixa claro ser proibido o uso de sistemas de IA com o intuito de manipular psicologicamente ou perturbar pessoas acarretando violação aos seus direitos fundamentais[49].

Portanto, é fundamental que seja reconhecida a importância dos neurodireitos como uma resposta eficaz aos desafios crescentes da privacidade e da proteção de dados. A inclusão desses direitos, ou ao menos a percepção de que fazem parte do rol exemplificativo, busca garantir um equilíbrio adequado entre inovação científica e princípios éticos que regem os direitos humanos fundamentais e que deve ser uma prioridade para todos os envolvidos, como sempre foi para o nosso homenageado, nesse debate em constante evolução.

48 YUSTE, Rafael; GENSER, Jared; HERRMANN, Stephanie. **It's Time for Neuro-Rights**. Horizons: Journal of International Relations and Sustainable Development, nº 18, pp. 154-165, 2021.

49 CARTA de Derechos Digitales. Madrid: **Ministerio de Asuntos Económicos y Transformación Digital**, 2018. Disponível em: https://www.mincotur.gob.es/es-es/gabineteprensa/notasprensa/documents/2018/Carta_de_Derechos_Digitales.pdf . Acesso em: 11 abr. 2023.

Referências

BANDURA, Albert. **Toward a psychology of human agency. Perspectives on psychological science**, v. 1, nº 2, pp. 164-180, 2006.

BORGES, Roxana Cardoso Brasileiro. **Disponibilidade dos direitos da personalidade e autonomia privada.** São Paulo: Saraiva, 2005.

BRASIL. Escola Nacional de Defesa do Consumidor. **A proteção de dados pessoais nas relações de consumo: para além da informação creditícia.** Elaboração Danilo Doneda. Brasília: SDE/DPDC, 2010. Disponível em: <http://www.vidaedinheiro.gov.br/docs/Caderno_ProtecaoDadosPessoais.pdf>. Acesso em: 24 ago. 2023.

BUBLITZ, Jan Christoph; MERKEL, Reinhard. **Autonomy and authenticity of enhanced personality traits.** Bioethics, v. 23, nº 6, pp. 360-374, 2009

BUBLITZ, Jan Christoph; MERKEL, Reinhard. **Crimes against minds: on mental manipulations, harms and a human right to mental self-determination**. Criminal Law and Philosophy, v. 8, nº 1, pp. 51-77, 2014.

BÜCHI, Moritz et al. **The chilling effects of algorithmic profiling: Mapping the issues.** Computer law & security review, v. 36, p. 105367, 2020

CARREJO, Simóm. **Derecho Civil.** Bogotá: Themis, 1972.

CARTA de Derechos Digitales. Madrid: **Ministerio de Asuntos Económicos y Transformación Digital**, 2018. Disponível em: https://www.mincotur.gob.es/es-es/gabineteprensa/notasprensa/documents/2018/Carta_de_Derechos_Digitales.pdf. Acesso em: 11 abr. 2023.

Committee of Ministers of the Council of Europe: **Declaration on the manipulative capabilities of algorithmic processes**. (Adopted by the Committee of Ministers on 13.2.2019 at the 1337th meeting of the Ministers' Deputies). Available at https://search.coe.int/cm/pages/result_details.aspx?ObjectId=090000168092dd4b

DESMURGET, Michel. **A fábrica de cretinos digitais: os perigos das telas para nossas crianças**. Trad. Mauro Pinheiro. São Paulo: Vestígio, 2021.

DONEDA, Danilo. **Da privacidade à proteção de dados pessoais**. Rio de Janeiro: Renovar, 2006

ELLUL, Jacques. **The technological Society**. New York: Alfred Knopf, 1964.

ELLUL, Jacques. **La techinique ou l´enjeu du siécle**. Paris: Armand Colin, 1954

FARAHANY, Nita A. **Incriminating thoughts**. Stan. L. Rev., v. 64, p. 351, 2012.

GONÇALVES, Carlos Roberto. **Direito Civil Brasileiro**. 12 ed. São Paulo: Saraiva, 2014.

GUSMÃO, Isabela V. **Implante ocular promete "realidade virtual definitiva".** 2023. Disponível em https://olhardigital.com.br/2023/01/04/ciencia-e-espaco/implante-ocular-promete-realidade-virtual-definitiva/ Acesso em 30 ago. 2023.

HERTZ, Nora. **Neurorights–Do we Need New Human Rights? A Reconsideration of the Right to Freedom of Thought.** Neuroethics, v. 16, nº 1, p. 5, 2023.

IENCA, Marcello; ANDORNO, Roberto. **Towards new human rights in the age of neuroscience and neurotechnology.** Life sciences, society and policy, v. 13, nº 1, pp. 1-27, 2017.)

Jeffrey Rosen, **The Brain on the Stand**, N.Y. TIMES MAGAZINE. (Mar. 11, 2007) http://www.nytimes.com/2007/03/11/magazine/11Neurolaw.t.html

LEVY, Pierre. **Cibercultura**. São Paulo: Editora 34, 1999.

LEVY, Pierre. **O que é o virtual? 2.ed.** São Paulo: Editora 34, 2011

LÓPEZ–IBOR MAYOR, Vicente e PLAZA, Carmen. **El Defensor del Pueblo: Derecho, tecnologías de la Información y Libertades** *in* Informática y Derecho nºs 6 y 7, Aranzadi, Mérida, 1994. P. 277

MENDES, Laura Schertel. **Privacidade, proteção de dados e defesa do consumidor: linhas gerais de um novo direito fundamental**. 1. ed. São Paulo: Saraiva, 2014. Série IDP – Linha de Pesquisa Acadêmica. Vital Source Bookshelf Online

MIRANDA, Pontes de. **Tratado de Direito Privado**. Campinas: Brookseller, 2000.

MORUA, Ana Rosa Gonzales: **"Comentario a la S.T.C. 254/1993, de 20 de Julio. Algunas Reflexiones en torno al artigo 18.4 de la Constitución y la Protección de Datos Personales"**, *in* Informática y Derecho nºs 6 y 7, Aranzadi, Mérida, 1994. PP. 243-244.

NETO, Neri. **Neuralink: como e por que Elon Musk quer chips no cérebro de humanos já em 2022.** 2021. Disponível em https://www.mundoconectado.com.br/tecnologia/neuralink-como-e-por-que-elon-musk-quer-chips-no-cerebro-de-humanos-ja-em-2022/ Acesso em 30 ago. 2023.

O SUL. **Cientistas criam óculos para restaurar a visão com chip instalado no cérebro de pacientes.** 2022. Disponível em https://www.osul.com.br/cientistas-criam-oculos-para-restaurar-a-visao-com-chip-instalado-no-cerebro-de-pacientes/ Acesso em 30 ago. 2023.

PARISER, Eli. **O filtro invisível: o que a internet está escondendo de você.** Tradução Diego Alfaro. Rio de Janeiro: Zahar, 2012.

PEREIRA, M. C. **O sistema de proteção de dados pessoais frente ao uso da informática e o papel o direito da autodeterminação informativa.** Disponível em: https://jus.com.br/artigos/2266/o-sistema-de-protecao-de-dados-pessoais-frente-ao-uso-da-informatica-e-o-papel-do-direito-de-autodeterminacao-informativa. Acesso em: 30 ago. 2023.

SALDANHA, Alexandre Henrique Tavares; SALDANHA, Paloma Mendes. Desenvolvimento de uma cultura democrática na internet pelo princípio da autodeterminação informativa. **Revista Direito & Desenvolvimento da Unicatólica**, [S.l.], v. 2, nº 2, mar. 2020. ISSN 2674-7286. Disponível em: <http://publicacoesacademicas.unicatolicaquixada.edu.br/index.php/red/article/view/3230>. Acesso em: 30 Aug. 2023.

SANCHEZ, Rick. **Metaverso do futuro terá cheiro, dor e sabor com implante neural.** 2022. Disponível em https://criptonizando.com/metaverso-do-futuro-tera-cheiro-dor-e-sabor-com-implante-neural/ Acesso em 30 ago. 2023.

SHEN, Francis X. **Law and neuroscience** 2.0. Ariz. St. LJ, v. 48, p. 1043, 2016.

SHINER, Bethany; O'CALLAGHAN, Patrick. **The right to freedom of thought in the European Convention of Human Rights**. European Journal of Comparative Law and Governance, 2021.

TARTUCE, Flávio. **Manual de Direito Civil.** Volume único. 6 ed. São Paulo: Editora Forense, 2016.

UCHOA, Pablo. 2019. **Could hackers "brainjack" your memories in future?** Disponível em https://www.bbc.com/news/business-47277340 Acesso em 30 ago. 2023

YUSTE, Rafael; GENSER, Jared; HERRMANN, Stephanie. **It's Time for Neuro-Rights**. Horizons: Journal of International Relations and Sustainable Development, nº 18, pp. 154-165, 2021.

YUSTE, Rafael; GOERING, Sara; et. al. **Four ethical priorities for neurotechnologies and AI**. Nature, Londres, 8 nov 2017.

INTELIGÊNCIA ARTIFICIAL E OS DESAFIOS AO DIREITO DE HERANÇA E À IMAGEM *POST MORTEM*

Patrícia Corrêa Sanches[1]

SUMÁRIO: 1. Introdução. **2.** Direitos da Personalidade na era digital. **3.** Inteligência artificial e os desafios à imagem-atributo de pessoas falecidas. **4.** Inteligência artificial e herança. Nada será como antes? **5.** Contornos éticos. O que vem por aí? **6.** Conclusão. **7.** Referências bibliográficas

1. Introdução

O futuro é uma projeção do presente. Embora essa afirmação seja um tanto quanto lógica, seu impacto nunca foi tão contundente quanto agora, já que projetávamos o futuro como sendo um espaço-tempo longínquo e remoto. A alta velocidade com que as novas tecnologias são apresentadas como instrumento de utilidade globalizada, passou, como consequência, a impor rápidas – e constantes – modificações nas relações sociais cotidianas e, é aqui, nesse ponto, que encontramos importantes desafios impostos ao mundo jurídico.

A velocidade para o implemento de um instrumento jurídico eficaz às novas demandas sociais é naturalmente mais lenta, uma vez que a ciência jurídica se desenvolve a partir da atenção apurada e específica a diversos setores da sociedade, dentre outros, a política, a economia, a sociologia – considerando ainda, que seu resultado precisa propiciar o desenvolvimento social.

Diante dessas características tão particulares à ciência jurídica, nosso saudoso Danilo Doneda possuía uma perspicácia ímpar, pois era capaz de antever os impactos de tecnologias ainda embrionárias e, inquieto, chamava o mundo jurídico à discussão com a antecedência necessária – ainda que levássemos um tempo para processar, era ele quem apontava a direção. Ficamos órfãos e, como tais, com a responsabilidade

1 Patrícia Corrêa Sanches. Doutora em Ciências Jurídicas. Professora na EMERJ – Escola da Magistratura do Tribunal de Justiça do Estado do Rio de Janeiro, na Escola Superior da Advocacia – ESA/SP e ESA/RJ, e na Universidade de Coimbra nos cursos em convênio com o IBDFAM. Professora do Doutorado em Ciências Jurídicas da UMSA – Universidad del Museo Social Argentino. Presidente da Comissão de Tecnologia do IBDFAM – Instituto Brasileiro de Direito de Família.

de seguir o caminho delineado com a inquietude que nos foi legada e com a luz permanente de seus pensamentos inovadores e desafiadores.

As personalidades são eternizadas por seus feitos, suas obras e, agora, também o são através das redes sociais e tecnologias de inteligência artificial. Algumas celebridades do cinema vêm sugerindo que a tecnologia poderia dar continuidade à sua carreira, recriando a si próprios nas produções cinematográficas, mesmo após a morte; enquanto outras vêm a público para expressar sua vontade em sentido contrário. É fato que obras e imagens de pessoas famosas já vêm sendo reproduzidas pela inteligência artificial anos após o falecimento – sendo capaz de tornar a pessoa, e por que não, sua personalidade, atemporal.

Jorge Miranda, ilustre doutrinador português, em capítulo que escreve com Otavio Luiz Rodrigues Júnior e Gustavo Bonato Fruet, demonstra que a preocupação em posicionar os direitos da personalidade, inclusive no tocante à imagem de pessoas famosas, é atemporal e não é exclusivo do ordenamento brasileiro ao afirmar que a "esfera de iluminabilidade de políticos, artistas e jogadores de futebol e de membros de famílias nobres ou da alta burguesia é um ponto em permanente (re)discussão no Direito italiano, especialmente em face de iniciativas legislativas em ordem a aumentar o controle sobre os meios de comunicação."[2]

Se os meios de comunicação eram os maiores desafios à privacidade e à imagem, atualmente nos deparamos com duas questões desafiadoras trazidas pela IA relacionadas a pessoas falecidas e que serão abordadas neste artigo: uma é o fato de gerar condutas que jamais foram realizadas, abrindo a discussão sobre a proteção do direito à imagem *post mortem*; a outra é o fato de gerar condutas e obras novas envolvendo pessoas falecidas, abrindo a discussão sobre o direito de herança.

A preocupação com os limites éticos nos sistemas de Inteligência Artificial será abordada ao final, aliando princípios protetivos e responsabilidade.

Esse artigo tem por proposta, utilizar os nortes deixados por Danilo Doneda para esmiuçar os desafios acima expostos, trazendo à discussão jurídica seus impactos nos direitos da personalidade e das sucessões.

2 MIRANDA, Jorge. RODRIGUES JÚNIOR, Otávio Luiz. FRUET, Gustavo Bonato. Principais problemas dos direitos da personalidade e estado-da-arte da matéria no direito comparado. *In* MIRANDA, Jorge *et ali* (org). **Direitos da personalidade.** São Paulo : Atlas, 2012, p. 5.

2. Direitos da personalidade na era digital

O reconhecimento da pessoa enquanto valor jurídico a ser tutelado, encontrou históricas barreiras, porquanto a proteção da propriedade foi o norteador dos inúmeros regramentos ocidentais por séculos, o que se desenvolveu ao viés econômico de proteção. Porém, a Constituição de *Weimer* de 1919 na Alemanha, nas palavras de Danilo Doneda, "enfrentou esse problema, reconhecendo que a tutela dos interesses econômicos somente é legítima enquanto ela esteja vinculada aos direitos da pessoa"[3] – contribuindo como marco temporal de tutela do sujeito de direito, até a atual proteção constitucional dos direitos da personalidade.

Leonardo Mattietto facilita a nossa compreensão quanto à influência da citada Constituição alemã sobre a atual Constituição brasileira: enquanto a primeira criou um direito geral de personalidade, a nossa, estabeleceu uma cláusula geral de proteção.

> Diferentemente da Lei Fundamental alemã, que erigiu um direito geral de personalidade, a Constituição brasileira estabeleceu uma cláusula geral de proteção. Essa técnica jurídica propicia, em sistemas jurisprudenciais valorativos, conferir maleabilidade e versatilidade de aplicação a situações novas e complexas.[4]

O Código Civil brasileiro, em vigor desde 2003, timidamente dispõe sobre um rol de direitos inerentes à personalidade, como o direito ao nome, à honra, à imagem e à privacidade, e os descreve como intransmissíveis, irrenunciáveis e indisponíveis. Quanto a essa última característica, Carlos Nelson Konder parafraseando Gaston Morin, afirma que "nosso direito em vigor claramente se revoltou contra o disposto no artigo 11 do Código Civil, que determina que os direitos da personalidade são indisponíveis e não podem sofrer limitação voluntária"[5], e continua

3 DONEDA, Danilo. **Da privacidade à proteção de dados pessoais.** São Paulo : Thompson Reuters Brasil, 2021, 3ª. ed,. p.80.

4 MATTIETTO, Leonardo. Dos direitos da personalidade à cláusula geral de proteção da pessoa. *In* Revista de Direito da Procuradoria Geral, Rio de Janeiro, ed. Especial, 2017, pg. 228.

5 KONDER, Carlos Nelson. Eficácia dos direitos fundamentais nas relações contratuais. *In* SCHREIBER, Anderson. BEZERRA DE MELO, Marco Aurélio (coord). **Direito e transformação social.** Indaiatuba, SP : Editora Foco, 2023, p. 454.

ao afirmar que, tanto a imagem, quanto a privacidade podem ser objeto de disposição contratual no que denominou de "posição conciliatória", haja vista o Enunciado 139 da III Jornada de Direito Civil - CEJ/CJF:

> Os direitos da personalidade podem sofrer limitações, ainda que não especificamente previstas em lei, não podendo ser exercidos com abuso de direito de seu titular, contrariamente à boa-fé objetiva e aos bons costumes.

Outro fator relevante ao rol dos direitos que compõem a personalidade, é o fato de serem *erga omnes,* ou seja, seu exercício não pode sofrer limitação por terceiro, seja pessoa distinta, seja a coletividade ou o próprio Estado – restando-lhes, portanto, o dever de submeter-se ao livre exercício da personalidade.

A Constituição Federal brasileira traz, em seu conteúdo fundante, a tutela e a promoção da pessoa humana, através de garantias concebidas a partir do princípio da dignidade, em um rol protetivo aos direitos da personalidade.

A promoção do bem-estar através das garantias Constitucionais presentes, tanto na Carta Magna brasileira, quanto em diversas outras ao redor do mundo, tem como base a afirmação de que os direitos da personalidade são inerentes ao princípio da dignidade da pessoa humana – o que obriga o Estado a garanti-los – sedimentados pela origem teórica de tais direitos, constantes da Declaração Universal dos Direitos Humanos da ONU e do Pacto de São José da Costa Rica.

O desenho das modernas Constituições, incluindo a brasileira trazida em 1988, "representa uma inovação em relação à concepção liberal"[6] – nas palavras de Danilo Doneda, porque, segundo essa concepção, as restrições legais serviriam para restringir as ações do Estado sobre o indivíduo, como garantia da liberdade privada. No entanto, o eixo constitucional operou no sentido de que cabe ao Estado a garantia dos direitos fundamentais, inclusive limitando as atividades privadas que possam lesar terceiros. Enquanto os direitos são disposições declaratórias, as garantias fundamentais são disposições assecuratórias, que limitam o poder em defesa dos direitos.

---

6 DONEDA, Danilo. **Da privacidade à proteção de dados pessoais.** São Paulo : Thompson Reuters Brasil, 2021, 3ª. ed,. p.97.

No entanto, a realidade de um mundo globalizado tensiona a relação entre as garantias fundamentais da pessoa humana *versus* o desenvolvimento econômico com maximização dos lucros. As empresas denominadas de "big techs" exercem cada vez mais poder, diante da relevância de suas ferramentas digitais, a exemplo de empresas como a Meta e o Google, que passam a ditar comportamentos sociais e a direcionar direitos fundamentais – fazendo aumentar, ainda mais, a tensão dessa relação, ao impor novos desafios aos Estados além de convocar o posicionamento do jurista. Nesse ambiente, Danilo Doneda *et ali* demonstram que o avanço da tecnologia torna cada vez mais imperiosa a proteção dos direitos da personalidade:

> Desde as tecnologias que passaram a permitir um maior fluxo de informação e a ampliação das possibilidades de liberdade de expressão até o fortalecimento e objetivação de garantias referentes à privacidade, devido ao tratamento de dados pessoais, entre outras tantas situações, o diálogo constante e cada vez mais intenso entre tecnologia e proteção da personalidade é um dos temas fundamentais de que se ocupa, hoje, o jurista[7].

Sem qualquer pretensão de esgotar o tema, é imprescindível o aprofundamento do conceito de direito da personalidade. Segundo Miguel Reale, os princípios gerais de direito são normas de valor genérico que surgem para condicionar e orientar a compreensão da ordem jurídica[8]. Assim, se conjugarmos esses ensinamentos com aqueles basilares de Norberto Bobbio quanto à Teoria da Completude[9] do ordenamento jurídico, nota-se claramente que os princípios operam diretamente na integração do sistema normativo, pois na falta de um elemento legal, podem ser utilizados para evitar, assim, que ocorram lacunas normativas – o

7 DONEDA, Danilo Maganhoto. MENDES, Laura Schertel. SOUZA, Carlos Afonso Pereira de. ANDRADE, Norberto Nuno Gomes de. **Considerações iniciais sobre inteligência artificial, ética e autonomia pessoal.** *In* Pensar Revista de Ciências Jurídicas. Fortaleza : Pensar, 2018, out/dez, v. 23, n. 4, p. 2. Disponível em: < https://ojs.unifor.br/rpen/article/view/8257/pdf>. Acesso em agosto de 2023.

8 REALE, Miguel. **Lições Preliminares de Direito**. 21ªed. São Paulo : Editora Saraiva, 1994. p.299.

9 BOBBIO, Norberto. **Teoria do Ordenamento Jurídico.** São Paulo : Editora UnB.

que poderia causar absoluta insegurança jurídica e fraqueza da estrutura democrática.

Os princípios gerais de Direito concedem lastro aos direitos fundamentais e estes, aos direitos da personalidade, como assevera Carlos Alberto Bittar[10] ao afirmar que os direitos fundamentais protegidos constitucionalmente são direitos da personalidade, pois servem como escopo integrante de sua formação e desenvolvimento.

A partir dessa premissa, os direitos da personalidade possuem suas bases naqueles que lhes são fundamentais: dignidade, integridade física e moral, liberdade, igualdade, intimidade e vida privada, que são todos aqueles que lhes dão escopo e proteção. Danilo Doneda nos orienta ao citar Kant, "para quem a dignidade é um atributo do homem, enquanto este, dotado de um intelecto moral e prático, concebe a si próprio não somente como parte da natureza, mas como sujeito de autonomia prática"[11]. Podemos entender, portanto, que o ser humano digno possui o gerenciamento de sua existência, na construção de sua história e, para tanto, o Estado precisa garantir o respeito aos elementos fundamentais já descritos, considerados princípios a serem seguidos.

Pietro Perlingieri impõe, como essencial à manutenção da justa-medida na relação de poder-dever, o respeito e a valorização dos princípios jurídicos, quando afirma que "o respeito e a valorização dos princípios fundamentais da República representam a passagem essencial para estabelecer uma correta e rigorosa relação entre poder do Estado e o poder dos grupos, entre maioria e minoria, entre poder econômico e os direitos dos marginalizados, dos mais desfavorecidos."[12]

André Franco Montoro expõe o direito da personalidade como uma categoria dos direitos subjetivos, conceituando, em sentido estrito, que são "direitos sobre a própria pessoa (*in persona ipsa*), em seus múltiplos aspectos físicos, intelectuais, morais, etc., como direito à vida, à segurança, à liberdade, ao trabalho, à cultura, o direito de constituir família, de escolher sua profissão, de associação, etc."[13]

10 BITTAR, Carlos Alberto. **Os direitos da Personalidade**. 3ª ed. Revista e atualizada por Eduardo Carlos Bianca Bittar. São Paulo : Editora Forense Universitária, 1999.

11 DONEDA, Danilo. **Da privacidade à proteção dos dados pessoais**. 3ª. ed. São Paulo : Thomson Reuters Brasil, 2021. p.78

12 PERLINGIERI, Pietro. **Perfis do Direito Civil. Introdução ao Direito Civil Constitucional**. 3ª ed. Rio de Janeiro : Editora Renovar, 1997. p. 6.

13 MONTORO, André Franco. **Introdução à Ciência do Direito**. 23º Ed. São Paulo : Editora RT, 1995. p.481.

O termo "pessoa" recebeu valor jurídico a partir do século XVI, e o termo "direito da personalidade" surgiu no final do século XIX, utilizado por Gierke – e como bem expõe Sílvio Romero Beltrão citando Paolo Cendon em texto publicado na Revista do Instituto do Direito Brasileiro:

> Do ponto de vista do direito positivo, a individualização do fundamento real do conceito jurídico de pessoa natural reporta-se às experiências da vida que constituem a base de qualquer valor da realidade humana; contudo, põe-se imediatamente o problema da identificação da norma ou do princípio normativo, no qual atua a formalização do valor da pessoa, ou seja, a transformação do conceito do valor da pessoa natural na realidade da vida para um valor jurídico. [14]

A noção de direito da personalidade tem a ascendência das teorias do direito subjetivo de Windscheid, Ihering, Jellinek, Saileilles, dentre outros, onde a vontade e o interesse jurídico próprio passam a ter valor na ordem jurídica.

Dessa terminologia, o sujeito de direito adquire o direito de gozo das prerrogativas que existem independentes da intervenção sequer da própria ação do seu titular – apenas nos casos de violação, será necessária uma ação protetiva, no que Gustavo Tepedino denomina de "cláusula geral de tutela e promoção da pessoa humana"[15] e a aponta como elemento fundante dos valores constitucionais e, portanto, se projeta sobre toda a Constituição.

O citado doutrinador, nos traz uma importante distinção entre direitos humanos e direitos da personalidade ao citar Fabio De Mattia, que afirma que "os direitos humanos são, em princípio, os mesmos da personalidade; mas deve-se entender que quando se fala dos direitos humanos, referimo-nos aos direitos essenciais do indivíduo em relação ao direito público, quando desejamos protegê-los contra as arbitrariedades

14 BELTRÃO, Sílvio Romero. **Direito da personalidade – natureza jurídica, delimitação do objeto e relações com o direito constitucional**. In Revista do Instituto do Direito Brasileiro – RIDB, Ano 2 (2013), nº 1. Disponível em <http://www.idb-fdul.com/uploaded/files/2013_01_00203_00228.pdf>. Acesso agosto de 2023.

15 TEPEDINO. Gustavo. **A tutela da personalidade no ordenamento civil-constitucional brasileiro**. Disponível em<https://www.academia.edu/31740015/A_tutela_da_personalidade_no_ordenamento_civil_constitucional_brasileiro>. Acesso em agosto 2023.

do Estado. Quando examinamos os direitos da personalidade, sem dúvida nos encontramos diante dos mesmos direitos, porém sob o ângulo do direito privado, ou seja, relações entre particulares, devendo-se, pois, defendê-los frente aos atentados perpetrados por outras pessoas."[16]

A cláusula geral de personalidade concentra o arcabouço protetivo de tratamento prioritário da pessoa humana, como nos esclarece Danilo Doneda:

> Tal cláusula geral representa o ponto de referência para todas as situações nas quais algum aspecto ou desdobramento da personalidade esteja em jogo, estabelecendo com decisão a prioridade a ser dada à pessoa humana[17]

Buscando tecer distinções acerca dos direitos da personalidade, Gustavo Tepedino afirma que os civilistas buscam organizá-los em dois grupos de direitos: integridade física e integridade moral - neste último, encontra-se o direito à imagem.[18]

O Direito da Personalidade, nos ensinamentos de Limongi França, encerra três grupos distintos de direitos, a saber: a) direitos da integridade física; b) direitos da integridade psíquica; e c) direitos da integridade moral[19]. No primeiro grupo, dos direitos físicos (a), podemos elencar a vida, o próprio corpo e suas partes; nos direitos psíquicos (b), a liberdade, a intimidade, o credo, a integridade psíquica; e, nos direitos morais (c) podem ser elencados, a dignidade, a reputação, a imagem, o nome.

Assim, nota-se, que entre os autores citados, a imagem está relacionada como um direito da personalidade, inserida no grupo de direitos morais, com íntima relação à reputação e ao nome. Nesse contexto, pode-se chegar à conclusão de que, da união de todos os elementos que compõem o grupo de direitos morais, chega-se à imagem-atributo, que é, justamente, a construção do conjunto de atribuições cultivados pela pessoa e que foram reconhecidos socialmente durante todo o seu *iter* existencial e, daí, os termos "boa fama", "boa reputação", "bom nome" - valendo-se, também, de seus opostos.

---

16 Ibid., p. 9.

17 DONEDA, Danilo. Os direitos da personalidade no Código Civil. *In* Revista da Faculdade de Direito de Campos, Ano VI, nº 6, junho de 2005, p. 82.

18 Ibid., p.11

19 FRANÇA, Rubens Limongi. **Instituições de direito civil**. São Paulo: Saraiva, 1988, p. 1029

As novas tecnologias trazem impactos sociais de diversas ordens, principalmente no contexto dos direitos da personalidade, como ocorreu com o surgimento da máquina fotográfica – que passou a registrar o que, antes, era apenas retratado pelos pincéis dos artistas contratados; séculos depois, advindo da preocupação com a segurança, câmeras passaram a ser instaladas em locais cada vez mais privativos – atraindo a rediscussão sobre os valores e os limites desses direitos que, nota-se, não são absolutos na consideração espaço-tempo.

Na atualidade, a sociedade debruça-se sobre os desafios trazidos pela Inteligência Artificial (I.A.) ao moderno conceito de privacidade e do direito à imagem. O aprimoramento da I.A. é o resultado do desenvolvimento de outras tecnologias que envolvem *machine learning* (aprendizagem de máquina), *deep learning* (aprendizagem profunda) e, até da robótica, aparelhando e gerando ferramentas cada vez mais eficazes no ambiente social. É um caminho irreversível de dependência crescente das tecnologias de I.A. pela sociedade da era digital.

No entanto, na mesma medida em que a tecnologia avança, inúmeras e interessantes discussões são trazidas à área jurídica – e um de seus desafios é, justamente, no tocante ao uso pela I.A. da imagem de pessoas falecidas, quando conseguem criar cenas e fatos que jamais foram vivenciados – o que pode atingir a imagem-atributo, inserida, como vimos, por Limongi França e Gustavo Tepedino, no grupo dos direitos morais da personalidade.

3. Inteligência artificial e os desafios à imagem-atributo de pessoas falecidas

Ao expor sobre a tutela da privacidade, Danilo Doneda expande nossa compreensão inserindo a imagem no contexto de proteção da vida privada quando afirma que:

> Na menção feita pelo CC2002 à "vida privada", sente-se de imediato o eco da disposição constitucional de proteção à vida privada, presente no artigo 5º, X da Constituição Federal – que, literalmente, protege não somente esta como também a intimidade, a honra e a imagem.[20]

20 DONEDA, Danilo. A tutela da privacidade no Código Civil de 2002. Disponível em < https://www.opet.com.br/faculdade/revista-anima/pdf/anima1/artigo_Danilo_Doneda_a_tutela.pdf>. Acesso em agosto 2023.

Nos ensinamentos a que nos filiamos, o direito à imagem é um direito da personalidade, e inserido no rol de proteção dos direitos fundamentais e, como tal, é inviolável por atribuição própria dos direitos da personalidade – seja por particulares, seja pelo Estado. Porém, cabe enfrentarmos uma primeira indagação: se a morte põe fim ao desenvolvimento da personalidade, teria o efeito de encerrar o atributo da inviolabilidade? O parágrafo único do art. 12 do Código Civil nos responde que não, ao conceder ao cônjuge, a qualquer parente ou colateral até o quarto grau, a legitimidade para requerer que se faça cessar qualquer lesão a direito da personalidade. Entende-se, portanto, que a imagem continua a ser protegida mesmo após a morte de seu titular.

No mesmo sentido, Anderson Schreiber afirma que os "direitos da personalidade projetam-se para além da vida do seu titular", uma vez que faz gerar uma repercussão no meio social em que viveu e que construiu com sua história, sua reputação, ou seja, sua imagem. E, por essa razão, continua o mesmo doutrinador a dizer que:

> Daí a necessidade de se proteger *post mortem* a personalidade, como valor objetivo, reservando a outras pessoas uma extraordinária legitimidade para pleitear a adoção das medidas necessárias a inibir, interromper ou remediar a violação como autoriza o art. 12 do Código Civil.[21]

Uma vez que os direitos da personalidade "projetam-se para além da vida", podemos considerar que o fato jurídico "morte" não faz com que a personalidade deixe de existir, como faz crer uma rápida leitura do art. 6º do Código Civil, ao dizer que "a existência da pessoa natural termina com a morte". Em nosso sentir, a morte ocasiona a interrupção do desenvolvimento da personalidade – e não, sua inexistência ao colocar um termo final no *iter existencial* – esse fato altera o *status* da existência e gera uma série de consequências no âmbito do Direito, inclusive, chamando a tutela de terceiros.

Ou seja, no advento da morte, o cônjuge ou qualquer parente é chamado a tutelar a personalidade da pessoa falecida em caso de lesão. A questão em fomento é a hipótese de a imagem de uma pessoa falecida estar sendo violada com a autorização daqueles que têm a legitimida-

21 SCHREIBER, Anderson. Direitos da Personalidade. São Paulo : Ed. Atlas, 2011. p.24.

de de fazer cessar o dano, abrindo-se o debate sobre os limites a serem impostos ao direito dos herdeiros, uma vez que, definitivamente, pode atingir toda uma construção de vida. Filipe Medon também aborda os desafios trazidos pela I.A., justamente ao direito à imagem:

> Tal peculiaridade atrai maior sutileza na análise da questão. Será que os herdeiros teriam legitimidade para autorizar que a imagem de seus antecessores fosse criada à revelia de um consentimento jamais dado? E mais: seria possível que a imagem fosse utilizada para fins contrários à imagem-atributo do falecido?[22]

Para melhor entendermos o conceito de "imagem" a que estamos nos referindo, existem 3 diferentes dimensões relacionadas: retrato, voz e atributo. Na primeira, imagem-retrato, entende-se pela aparência, sua estrutura física, capaz de identificar uma pessoa – a exemplo da publicação de uma foto na rede social. O segundo atributo, refere-se à biometria da voz, também capaz de identificar como característica pessoal. A imagem-atributo é o conjunto de características e qualidades que são cultivados pela pessoa durante todo o caminho de sua existência e que passam a ser reconhecidos socialmente.

Embora faça uma importante distinção entre direito à imagem e direito à honra, professor Paulo Lôbo desenvolve a noção de diferentes dimensões relacionadas à imagem da pessoa humana, ao afirmar que "há quem sustente, de acordo com o uso linguístico, que o direito à imagem pode conter duas dimensões: a) a primeira é a imagem externa da pessoa (efígie), ou a externalidade física; b) a segunda é a imagem atributo, ou seja o conceito público que a pessoa desfruta, ou externalidade comportamental. Parece ter sido na primeira dimensão (efígie) a alusão que a Constituição faz à imagem no art. 5º, inciso X, e na segunda dimensão (atributo) a referência à imagem, no inciso V."[23]

O que o ilustre professor nos traz é o entendimento de que a Constituição Federal, ao assegurar o direito de indenização por dano à

---

22 MEDON, Filipe. Inteligência artificial e direito civil: desafios ao direito à imagem e à responsabilidade civil. *In* PINHO, Anna (coord) **Manual de direito na era digital**. Indaiatuba, SP : Foco, 2023, p. 556.

23 LÔBO, Paulo. **Direito à privacidade e sua autolimitação.** *In* EHRHARDT JR., Marcos. LOBO, Fabíola de Albuquerque (coord). Privacidade e sua compreensão no direito brasileiro. 1ª. ed. Belo Horizonte : Forum, 2019, p. 22.

imagem (inciso V), está garantindo proteção à imagem-atributo; enquanto ao dizer que é inviolável o direito à imagem, está a proteger a figura externa, ou a imagem efígie (inciso X). Outro dispositivo constitucional que preserva a imagem como direito fundamental, é o inciso XXVIII do mesmo art. 5º – que assegura a proteção à reprodução da imagem e da voz humana – aqui, no contexto das garantias de direitos autorais.

Importante destacar, é o desenvolvimento doutrinário do conceito da imagem, também, como construção pessoal durante a trajetória de vida (*iter existencial)* frente ao reconhecimento da sociedade em que está inserida – e não à toa, o direito à imagem, na visão de importantes doutrinadores, está inserido no grupo de ordem moral dos direitos da personalidade. Nessa direção também se posiciona o STJ, através da ementa à Súmula 403[24]:

> I - O direito à imagem reveste-se de duplo conteúdo: moral, porque direito de personalidade; patrimonial, porque assentado no princípio segundo o qual a ninguém é lícito locupletar-se à custa alheia.

Outras normativas importantes ratificam a proteção à imagem, como a LGPD (Lei nº 13.709/2018) que também disciplina a inviolabilidade da imagem (art. 2º, IV), e o Marco Civil da Internet (Lei nº 12.965/2014) ao disciplinar que cabe ao Estado-juiz a garantia da preservação da imagem (art. 23).

A Inteligência Artificial pode utilizar-se de técnicas de *deepfake,* que é a construção de uma realidade falsa (*fake*) utilizando aprendizagem profunda (*deep learning*), a exemplo de gerar fotografias, vídeos e cenas que descrevem fatos que nunca aconteceram, utilizando imagens de pessoas que jamais estiveram em determinados lugares ou em atividades que jamais realizaram. Essa técnica também é capaz de reproduzir a voz de uma pessoa, fazendo sua imagem articular e reproduzir palavras, falseando a verdade. Nota-se, a toda evidência, o grande potencial de dano.

Imaginemos que a imagem de uma pessoa que lutou uma vida pela democracia, seja inserida por *deepfake* em um contexto onde estaria fazendo apologia à tortura e à ditadura militar. A toda evidência, estamos

---

24 BRASIL. Superior Tribunal de Justiça - STJ. Disponível em: <https://www.stj.jus.br/docs_internet/revista/eletronica/stj-revista-sumulas-2014_38_capSumula403.pdf>. Acesso em agosto de 2023.

falando da imagem-retrato sendo utilizada para atingir a imagem-atributo. Os herdeiros têm o direito de exploração da imagem, mas, no nosso entender, esse direito deve estar subordinado à imagem que foi cultivada, de maneira que corresponda à construção de vida deixada pela pessoa falecida.

Segundo desafio que a tecnologia da I.A. nos envolve nessa temática, seria, portanto, a quem caberia a legitimidade para socorrer a proteção da imagem para fazer cessar a lesão. Danilo Doneda nos chama a atenção para a urgência do posicionamento jurídico acerca dos desafios constantes da tecnologia, quando diz que:

> A tecnologia, potente e onipresente, propõe questões e exige respostas do jurista. Os reflexos dessa dinâmica são imediatos para o direito, pois esse deve se mostrar apto a responder à novidade proposta pela tecnologia com a reafirmação de seu valor fundamental – a pessoa humana – ao mesmo tempo que fornece a segurança necessária para que haja a previsibilidade e segurança devidas para a viabilidade das estruturas econômicas dentro da tábua axiológica constitucional. O verdadeiro problema não é saber sobre o que o direito deve atuar, mas sim de como interpretar a tecnologia e suas possibilidades em relação aos valores presentes no ordenamento jurídico, mesmo que isso signifique uma mudança nos paradigmas do instrumental jurídico utilizado.[25]

Ou seja, a velocidade das mudanças proporcionadas pela tecnologia não é compatível com a velocidade de construção legislativa como nova via de regulação de casos inéditos. No entanto, cabe aos juristas buscarem as respostas dentro da estrutura existente, ainda que buscando a inovação, devendo, sempre, partir do valor primeiro: a pessoa humana.

A Sétima Câmara do Conselho de Ética do CONAR – Conselho Nacional de Autorregulamentação Publicitária, composto por 21 membros, recomendou o arquivamento da Representação nº 134/2023, que tratava da utilização de *deepfake* em anúncio publicitário, onde a imagem da cantora Elis Regina foi recriada, cantando e dirigindo um veículo 40 anos após o seu falecimento. O arquivamento se deu por unanimida-

---

25 DONEDA, Danilo. **Da privacidade à proteção dos dados pessoais**. 3ª. ed. São Paulo: Thomson Reuters Brasil, 2021. p.65

de, em razão de dois entendimentos sobrepostos: de que a imagem da artista não foi desrespeitada, uma vez que aparece fazendo o que fazia em vida; e que a imagem foi utilizada com o consentimento de todos os herdeiros. No tocante à omissão ao público de que técnicas de *deepfake* estavam sendo utilizadas, a denúncia foi arquivada por maioria de votos, pelo entendimento de que falta uma regulamentação da matéria, e pelo fato de que o uso da ferramenta tecnológica teria ficado evidente ao público.

Esse evento demonstra que a I.A. vem sendo utilizada, também no setor da publicidade e trouxe a discussão sobre os limites éticos para recriar ou mesmo "reviver" pessoas falecidas - gerando um forte apelo público. A discussão estaria aliada à outra situação: a de que a empresa que utilizou a imagem da cantora com autorização dos herdeiros, teria apoiado posição política divergente daquela apoiada por Elis Regina, o que, por si só, atingiria sua imagem-atributo.

Em situações análogas à exposta acima, na hipótese da imagem-atributo restar por violada com a autorização dos herdeiros, afinal, qual instituto jurídico poderia realizar a efetiva preservação da imagem da pessoa já falecida?

Como vimos inicialmente, a imagem é um direito da personalidade ao abrigo de ataques advindos de particulares e, também, é um direito fundamental por estar protegida frente a vilipêndios do Estado. Em ambos os abrigos, o direito à imagem é indisponível - ainda que não em absoluto.

Diante dessa análise, e sem propor encerrar a discussão, poderíamos entender que a I.A. inaugura uma outra realidade: a imagem-atributo *post mortem* considerada como vulnerabilidade, com tratamento protetivo especial de direito indisponível quando não encontra sua devida proteção. Nesse caso, fica a indagação, se caberia chamar a tutela do Estado, através da atuação do Ministério Público, frente à lesão sofrida por concurso direto ou indireto (ação ou omissão) daqueles que deveriam protegê-la, através do dever de ação em defesa do direito individual indisponível (art. 127 da Constituição Federal).

4. Inteligência artificial e herança. nada será como antes?

Como informamos no preâmbulo, o primeiro desafio a ser enfrentado nesse artigo é a proteção da imagem-atributo no *post mortem* para evitar lesão causada a partir de tecnologias de I.A.

O segundo desafio a ser enfrentado nesse artigo, é o fato da Inteligência Artificial ser capaz de criar obras novas a partir de atributos como a voz e a imagem de artistas, a exemplo de Kurt Cobain, cantor da banda Nirvana, que faleceu em 1994. Em 2021, foi noticiado que uma tecnologia de I.A. microfragmentou a voz e o som de todos os instrumentos da banda, isolando cada nota, cada nuance, além de criar, autonomamente, letra e música. O resultado foi a nova obra "Drowned in the sun", com a voz de Kurt e tocada pela banda que não existe há décadas – sem a participação de nenhum dos artistas, nem no passado, e nem agora.

O desafio que nos impõe, longe de ser o único, é responder a quem pertencem os frutos que surgem da obra criada pela I.A. em casos como esse. Quase que automaticamente, a resposta que nos vem à cabeça é: aos herdeiros, cabem os frutos dessas obras.

Mas vamos à análise: herança é o conjunto de direitos e obrigações deixado pela pessoa falecida, e que se transmite no momento da morte pelo princípio da *saisine*[26]. Embora o Código Civil brasileiro não conceitue "herança", podemos infirmar seu conceito do próprio sistema normativo, como sintetiza Luiz Paulo Vieira de Carvalho:

> Relativamente a tal patrimônio, agora convertido em favor dos sucessores da pessoa falecida, dá-se o nome de herança (*hereditas*), acervo hereditário, monte hereditário, monte mor, monte partível, acervo comum, que nada mais é do que o conjunto de bens, direitos, pretensões e obrigações de que o morto era titular (compreendendo o seu ativo e passivo), exceto os intransmissíveis, por força de sua morte, aos seus sucessores.[27]

Como se verifica, herança é o resultado do que foi construído em vida e deixado pela pessoa falecida. No entanto, a I.A. é capaz de gerar algo novo, que jamais foi criado antes e que não teve, portanto, qualquer concurso da inteligência (ou da sorte) da pessoa em vida.

---

26 Segundo o Dicionário de Direito de Família e Sucessões ilustrado, o princípio da saisine é "Princípio de origem francesa, pelo qual se estabelece que a propriedade dos bens do *de cujus* se transmite aos seus herdeiros de imediato no momento da morte." (PEREIRA. Rodrigo da Cunha. São Paulo : Saraiva, 2015, 1ª.ed, p. 583).

27 CARVALHO, Luiz Paulo Vieira de. **Direito das Sucessões.** São Paulo : Atlas, 2014, p. 23-24

Se formos à procura de uma resposta pelos direitos autorais, também iremos nos debater com seu próprio conceito, conforme definições da Lei 9.610/1998, senão, vejamos:

> Art. 7º São obras intelectuais protegidas as criações do espírito, expressas por qualquer meio ou fixadas em qualquer suporte, tangível ou intangível, conhecido ou que se invente no futuro, tais como:
>
> (...)

Definitivamente, e ao menos do prisma material, "Drowned in the sun" não foi criada pela expressão do espírito de Kurt Cobain, falecido quase 30 anos antes, não podendo, portanto, lhe ser imputada a autoria. No entanto, sua voz, ainda que masterizada[28], ainda que copiada, foi de alguma forma utilizada. Eis o desafio.

Como vimos anteriormente, a voz é um atributo da imagem e, portanto, ínsito no grupo dos direitos da personalidade, como nos confirma o STJ na edição nº 138 da Jurisprudência em Teses:

> 3) A voz humana encontra proteção nos direitos da personalidade, seja como direito autônomo ou como parte integrante do direito à imagem ou do direito à identidade pessoal.
>
> Julgados: REsp 1630851/SP, Rel. Ministro PAULO DE TARSO SANSEVERINO, TERCEIRA TURMA, julgado em 27/04/2017, DJe 22/06/2017; REsp 794586/RJ, Rel. Ministro RAUL ARAÚJO, QUARTA TURMA, julgado em 15/03/2012, DJe 21/03/2012. (Vide Informativo de Jurisprudência N. 606)

No entanto, ainda que a voz possa ser considerada a do falecido, a obra não foi criada por ele e não teve sua participação direta.

Voltemos a questão inicial deste item: se herança é algo deixado pela pessoa que faleceu, podemos destinar aos herdeiros a obra criada pela I.A. 30 anos depois da morte?

---

28 "Masterizar é o passo final no processo de pós-produção do áudio. O propósito da masterização é balancear os elementos em uma mix em estéreo e otimizar a reprodução em todo o tipo de sistema de som e formados de mídia." Segundo o site <https://www.landr.com/pt/o-que-e-masterizacao/>. Acesso em agosto de 2023.

Estamos diante do momento em que a tecnologia desafia o Direito à modernidade e, aqui, cabe a ousadia de uma sugestão legislativa, para que o conceito seja atualizado e ganhe um complemento: herança é o conjunto de bens e direitos deixados por uma pessoa falecida, incluindo aqueles gerados no futuro, advindos, de alguma forma, do seu concurso através da tecnologia.

Sugestão feita, a atualização passa a existir doutrinariamente. Ainda assim, aplicando a teoria da completude do ordenamento jurídico, tão divulgada por Norberto Bobbio[29], a lacuna é meramente aparente.

Para enfrentar esse desafio utilizando as ferramentas jurídicas existentes, partamos para a seguinte análise: os direitos da personalidade são intransmissíveis (art. 11, CC)[30], no entanto, os frutos de caráter patrimonial advindos de elementos da personalidade são hereditários; também podemos utilizar o princípio que rechaça o enriquecimento sem causa (art. 884, CC) – uma vez que fica obrigado a restituir, aquele que enriquecer sem justa causa. Nessa hipótese, cabe dizer que plataformas de streaming de música, emissoras de rádio e TV podem estar ganhando audiência, *likes* e seguidores, explorando economicamente a obra que contém, em alguma medida, atributos da personalidade da pessoa falecida.

Utilizando-se, portanto, das duas ferramentas jurídicas citadas – a) transmissibilidade dos frutos advindos de atributos da personalidade – como a voz, e b) princípio da vedação ao enriquecimento sem causa – é possível a construção de uma tese para conceder aos herdeiros, os frutos advindos de obras geradas pela I.A. que contenha atributos da personalidade da pessoa falecida.

Essa tese de defesa dos direitos hereditários, também serve à celeuma gerada pela I.A. com referência à utilização da imagem de atores em produções futuras, ainda que não mais existam. Enquanto alguns artistas vislumbraram a possibilidade de serem eternizados, permitindo a utilização de sua imagem, incluindo a voz, para sempre – ao serem rejuvenescidos ou envelhecidos, conforme a necessidade da indústria da arte – outros rechaçaram essa possibilidade, deixando expressa proibi-

29 BOBBIO, Norberto. **Teoria do ordenamento jurídico.** Brasília : UnB, 7ª. ed., 1996.

30 Art. 11. Com exceção dos casos previstos em lei, os direitos da personalidade são intransmissíveis e irrenunciáveis, não podendo o seu exercício sofrer limitação voluntária.

ção. A diferença está no fato de que essas pessoas estão vivenciando a tecnologia e, a partir dela, expressam sua vontade.

5. Contornos éticos. o que vem por aí?

As tecnologias de I.A. continuam a avançar e estão somente iniciando o rol de desafios ao atual direito posto. Apenas a título de demonstrar discussões jurídicas já abertas, existe o que se denomina "download de personalidade" em que, conscientemente, a pessoa treina a I.A. através de seus escritos, vídeos e fotos, a fim de criar um avatar a sua imagem e semelhança, que passará a reproduzir a expressão de seu pensamento – o que permitirá a interação com familiares e amigos mesmo após a morte. Outra situação refere-se à "tecnopessoa" ou "tecnopersona" que é a versão virtual da personalidade. O desenvolvimento dessa tecnologia está ancorado no direito ao livre desenvolvimento e expressão da personalidade, em que a pessoa escolhe se expressar, tão somente através de seu avatar – concedendo atributos da personalidade e da autonomia da vontade alimentados pela I.A. Imaginamos, a partir daí, as inúmeras consequências jurídicas que precisaremos enfrentar em um futuro próximo, em termos de relações negociais, familiares, responsabilidade parental e direito das sucessões, considerando ainda, a existência de personalidade *ad eternum* alimentada pela Inteligência Artificial.

Imprescindível, sem tecer a profundidade que merece, a discussão sobre os limites éticos na criação pela I.A. utilizando elementos da personalidade, inclusive de pessoas já falecidas. Ética está relacionada a regras que permeiam a livre escolha dos indivíduos. Nos ensina Zygmunt Bauman que a ética é capaz de nos fazer diferenciar as ações positivas, daquelas negativas ao contexto humano universal:

> De modo ideal, a ética é um código de leis que prescreve o comportamento "universalmente" correto, isto é, para todas as pessoas em todos os momentos. Trata-se daquele comportamento que separa o bem do mal para todos, de uma vez por todas.[31]

31 BAUMAN, Zygmunt. **Vida em fragmentos – sobre a ética pós-moderna.** São Paulo : Zahar, 2020, p.21

Esses contornos comportamentais foram o objeto da "Carta Europeia de Ética sobre o uso da Inteligência Artificial em Sistemas Judiciais e seu ambiente", adotada pela Comissão Europeia para a Eficácia da Justiça (CEPEJ), aprovada em Estrasburgo nos dias 3 e 4 de outubro de 2018. O documento descreveu como princípios a serem respeitados, dentre outros, os direitos fundamentais, a não-discriminação, qualidade e segurança, transparência, e controle pelo usuário[32].

Nessa mesma linha, Portugal aprovou a Lei nº 27/2021, denominada "Carta Portuguesa de Direitos Humanos na Era Digital", que trata, em seu artigo 9º, do uso da Inteligência Artificial e de robôs, destacando os mesmos princípios e a responsabilidade:

> 1. A utilização da inteligência artificial deve ser orientada pelo respeito dos direitos fundamentais, garantindo um justo equilíbrio entre os princípios da explicabilidade, da segurança, da transparência e da responsabilidade, que atenda às circunstâncias de cada caso concreto e estabeleça processos destinados a evitar quaisquer preconceitos e formas de discriminação.
>
> 2. As decisões com impacto significativo na esfera dos destinatários que sejam tomadas mediante o uso de algoritmos devem ser comunicadas aos interessados, sendo suscetíveis de recurso e auditáveis, nos termos previstos na lei.
>
> 3. São aplicáveis à criação e ao uso de robôs os princípios da beneficência, da não-maleficência, do respeito pela autonomia humana e pela justiça, bem como os princípios e valores consagrados no artigo 2º do Tratado da União Europeia, designadamente a não discriminação e a tolerância.[33]

32 UNIÃO EUROPEIA. Comissão Europeia para a Eficácia da Justiça. Disponível em <https://rm.coe.int/carta-etica-traduzida-para-portugues-revista/168093b7e0>. Acesso em agosto de 2023.

33 PORTUGAL. Legislação Federal. Disponível na Procuradoria-Geral Distrital de Lisboa <https://www.pgdlisboa.pt/leis/lei_busca_assunto_diploma.php?buscajur=artificial&artigo_id=&pagina=1&ficha=1&nid=3446&tabela=leis&diplomas=&artigos=&so_miolo=>. Acesso em agosto de 2023.

Nota-se que a legislação no país lusitano data de 2021 – tendo tido seu debate iniciado no parlamento após projeto apresentado em meados de 2020.

Ainda em termos de União Europeia, em abril de 2021 foi apresentado um primeiro regulamento visando que os sistemas de I.A. sejam analisados e classificados em razão do risco que possam oferecer. A partir dessa classificação, novas regulações vêm sendo desenvolvidas visando garantir sistemas seguros, rastreáveis, não discriminatórios e respeitadores do ambiente, ressaltando-se que "os sistemas de I.A. devem ser supervisionados por pessoas, em vez de serem automatizados, para evitar resultados prejudiciais."[34]

Exatamente nesse tom, Danilo Doneda e Miriam Wimmer chamam a atenção para a "impropriedade na tomada de decisões que dependem de percepções, valores ou comportamentos que são, a princípio, incognoscíveis ou impossíveis de serem metrificados e trabalhados por máquinas, a "humanização" de uma decisão pode tornar-se necessária como um componente ético em si mesmo, quando não também sob uma perspectiva de eficiência, baseada nas taxas de erros e acertos de determinado sistema."[35] Claramente nossos juristas posicionam-se pela imprescindibilidade da atuação humana direta para a fixação dos conceitos éticos.

Longe está de se querer comparar a autonomia da tecnologia com a autonomia da vontade. A uma, que não se concebe elemento volitivo à Inteligência Artificial; a duas, quando tratamos de pessoas falecidas que jamais poderiam supor o surgimento de tal tecnologia capaz de fazê-las ressurgir no futuro – caso contrário, até um testamento poderia nos apresentar soluções; a três, a concepção de que a reprodução da personalidade pela I.A., nada mais seria do que a expressão da vontade da pessoa reproduzida. Portanto, a tecnologia possui uma autonomia que precisa estar ao alcance da responsabilidade de seu desenvolvedor. Nesse prisma de discussão, Filipe Medon expõe:

---

34 UNIÃO EUROPEIA. Parlamento Europeu. Disponível em <https://www.europarl.europa.eu/news/pt/headlines/society/20230601STO93804/lei-da-ue-sobre-ia-primeira-regulamentacao-de-inteligencia-artificial>. Acesso em agosto de 2023.

35 DONEDA, Danilo. WIMMER, Miriam. "Falhas de IA" e a intervenção humana em decisões automatizadas: parâmetros para a legitimação pela humanização. *In* Revista de Direito Público – dossiê temático: Inteligência Artificial, Ética e Epistemologia. Brasília : IDP, vol. 18, n. 100, p.377

> A diferença entre a autonomia aqui retratada e aquela do direito civil clássico, então, é que a da Inteligência Artificial é puramente tecnológica: um agir independente dos humanos. Nada obstante, essa autonomia também produz impactos no Direito, principalmente na seara da responsabilidade civil.[36]

Na temática envolvendo a I.A., ao menos por enquanto, não se discute a "escolha" ou a "vontade" atribuída à tecnologia, mas sim, às pessoas que a desenvolvem. E daí, todo o corolário de exposições sobre ética e responsabilidade civil, buscando tecer uma limitação da "autonomia tecnológica" concedida à I.A. frente ao receio de se perder o controle sobre suas ações.

No Brasil, em agosto de 2020, o CNJ – Conselho Nacional de Justiça apresentou a Resolução nº 332[37], dispondo sobre a ética, a transparência e a governança na produção e no uso de Inteligência Artificial no Poder Judiciário. Foi a primeira normativa nessa temática no país, reproduzindo os princípios de preservação dos valores humanos no uso dessas tecnologias.

Em 2022, uma Comissão de Juristas, dentre eles, Danilo Doneda, instituída pelo Senado Federal, apresentou um substitutivo aos Projetos de Lei então existentes, voltado a regular o desenvolvimento e a utilização dos sistemas de I.A. no Brasil – PL 2338/2023. A proposta legislativa ressalta a vulnerabilidade da pessoa natural frente aos constantes impactos advindos dos sistemas de I.A.:

> Nessa quadra, esse novo marco legal tem um duplo objetivo. De um lado, estabelecer direitos para proteção do elo mais vulnerável em questão, a pessoa natural que já é diariamente impactada por sistemas de inteligência artificial, desde a recomendação de conteúdo e direcionamento de publicidade na Internet até a sua análise de elegibilidade para tomada de crédito e para determinadas políticas públicas. De outro lado, ao dispor de ferramentas de governança e de um arranjo

36 MEDON, Filipe. **Inteligência artificial e responsabilidade civil.** São Paulo : JusPodivm, 2022, 2ª. ed., p. 132.

37 BRASIL. CNJ - Conselho Nacional de Justiça. Disponível em <https://www.cnj.jus.br/pjecnj/Processo/ConsultaDocumento/listView.seam?x=20082411593911100000003701238> Acesso em agosto de 2023.

> institucional de fiscalização e supervisão, criar condições de previsibilidade acerca da sua interpretação e, em última análise, segurança jurídica para inovação e o desenvolvimento econômico-tecnológico.[38]

Essa importante iniciativa na formatação de uma norma brasileira, especial para a regulação do universo de possibilidades que envolvem a I.A., busca assegurar, através do viés ético e da responsabilidade, a dignidade da pessoa humana com uma "modelagem regulatória baseada em direitos"[39].

6. Conclusão

Os desafios apresentados neste artigo, partem da necessidade de uma continuidade, ou melhor, de um fortalecimento do arcabouço protetivo dos direitos da personalidade frente às novas tecnologias de Inteligência Artificial.

O desafio-primeiro demonstrado em relação ao sistema de I.A. é a geração de novas condutas, que jamais foram realizadas pela pessoa extinta, criando fato novo após o falecimento.

Surge, nesse ponto, a discussão quanto ao limite do direito dos herdeiros para a preservação da imagem-atributo no *post mortem* – nas hipóteses em que seja lesada – separando o direito que cabe aos herdeiros de perceberem os frutos advindos da exploração econômica da imagem, do dever dos herdeiros de proteção da imagem-atributo *post mortem*.

Na hipótese de descumprimento do dever de proteção por parte dos herdeiros, é pertinente a indagação se caberia ao Ministério Público proteger a imagem-atributo da pessoa falecida, porquanto, a nova conduta gerada pela tecnologia não deve se distanciar daquela imagem que

---

38 BRASIL. Senado Federal. Disponível em <https://www6g.senado.leg.br/sdleg-getter/documento?dm=9219958&>, pg 10. Acesso em agosto de 2023.

39 BRASIL. Senado Federal. Relatório Final da Comissão de Juristas instituída pelo Ato do Presidente do Senado nº 4, de 2022, destinada a subsidiar a elaboração de minuta de substitutivo para instruir a apreciação dos Projetos de Lei nºs 5.051, de 2019, 21, de 2020, e 872, de 2021, que têm como objetivo estabelecer princípios, regras, diretrizes e fundamentos para regular o desenvolvimento e a aplicação da inteligência artificial no Brasil. 2022, p. 10.

foi criada e cultivada pela pessoa durante sua vida, e que possui proteção constitucional.

Nosso ordenamento jurídico concede proteção da imagem, tanto como direito da personalidade, quanto como direito fundamental, conforme previsão do art. 5º, incisos V e X da Constituição Federal – tanto da imagem-atributo, quanto da imagem-retrato, e art. 12 do Código Civil – devendo ser respeitada mesmo após a morte.

A falta de legislação específica no tocante aos sistemas de I.A. no Brasil, não significa impossibilidade de se conceder a proteção jurídica quando necessária. A doutrina, a analogia e os princípios gerais de Direito servem como fundamento, ainda que para regular situação inédita e desafiadora.

Mesmo que o termo "herança" não esteja conceituado na legislação, encontra-se sedimentado na doutrina e na jurisprudência, como sendo o resultado dos bens e direitos que foram deixados pela pessoa falecida a seus sucessores. E esse foi o segundo desafio trazido, analisando o fato da I.A. criar obras novas após a morte, ou seja, sem que tenham sido deixadas e, portanto, sem que tenham sido recebidas pelos sucessores através do fenômeno jurídico da *saisine*. A questão enfrentada partiu da análise de que, ainda que tenha sido criada pela I.A., de alguma maneira, houve o concurso direto ou indireto da pessoa extinta ao utilizar-se de elemento de sua personalidade, como a voz ou a imagem.

Nesse tocante, entendemos que os herdeiros têm o direito a receber os frutos dessa criação, afastando-se, assim, o enriquecimento sem causa por parte dos desenvolvedores de I.A. ou de quaisquer outros, que poderiam explorar economicamente a obra criada. E, concluímos por sugerir uma alteração legislativa para fazer incluir o conceito de herança, como sendo o conjunto de bens e direitos deixados por uma pessoa falecida, incluindo aqueles gerados no futuro, advindos, de alguma forma, do seu concurso através da tecnologia.

A tecnologia de Inteligência Artificial vem sendo desenvolvida em velocidade compatível com as novas descobertas, inclusive da própria I.A., que se retroalimenta nas suas ferramentas. Essa intensidade de grandes novidades, vem desafiando o sistema jurídico que, por sua própria natureza e estrutura de criação e normatização, tem velocidade mais lenta, não conseguindo acompanhar o ritmo de desenvolvimento das novas tecnologias.

Indiscutível que os sistemas de I.A. geram benefícios incontáveis à sociedade, desde a área da saúde até a mobilidade urbana, e certa é a necessidade de regulação jurídica para que os limites éticos e de respeito aos direitos fundamentais sejam respeitados – sob pena desta tecnologia ser nociva ao desenvolvimento da sociedade.

Justamente nessa órbita, diversos ordenamentos mundo afora, incluindo o brasileiro, vêm gerando suas regulações, possuindo em comum a preocupação com a ética e com a responsabilização relativamente à proteção dos direitos da personalidade. Ressalte-se aqui o princípio da não-discriminação, a exemplo do Relatório sobre o Direito à Privacidade na era digital, realizado pelo Gabinete do Alto Comissariado das Nações Unidas para os Direitos Humanos, e apresentado em 2022, identificando tendências e desafios recentes com relação ao direito humano à privacidade, e que esclarece os princípios, salvaguardas e melhores práticas de direitos humanos pertinentes.

Referência bibliográfica

BAUMAN, Zygmunt. **Vida em fragmentos – sobre a ética pós-moderna.** São Paulo: Zahar, 2020, p.21

BELTRÃO, Sílvio Romero. Direito da personalidade – natureza jurídica, delimitação do objeto e relações com o direito constitucional. *In* Revista do Instituto do Direito Brasileiro – RIDB, Ano 2 (2013), nº 1. Disponível em < http://www.idb-fdul.com/uploaded/files/2013_01_00203_00228.pdf>.

BITTAR, Carlos Alberto. **Os direitos da Personalidade**. 3ª ed. Revista e atualizada por Eduardo Carlos Bianca Bittar. São Paulo: Editora Forense Universitária, 1999

BOBBIO, Norberto. **Teoria do Ordenamento Jurídico.** São Paulo : Editora UnB.

BRASIL. Conselho Nacional de Justiça. Disponível em <https://www.cnj.jus.br/pjecnj/Processo/ConsultaDocumento/listView.seam?x=20082411593911100000003701238> Acesso em agosto de 2023.

BRASIL. Senado Federal. Disponível em <https://www6g.senado.leg.br/sdleg-getter/documento?dm=9219958&> Acesso em agosto de 2023.

BRASIL. Senado Federal. Relatório Final da Comissão de Juristas instituída pelo Ato do Presidente do Senado nº 4, de 2022, destinada a subsidiar a elaboração de minuta de substitutivo para instruir a apreciação dos Projetos de Lei nº 5.051, de 2019, 21, de 2020, e 872, de 2021, que têm como objetivo estabelecer princípios, regras, diretrizes e fundamentos para regular o desenvolvimento e a aplicação da inteligência artificial no Brasil. 2022.

BRASIL. Superior Tribunal de Justiça - STJ. Disponível em: <https://www.stj.jus.br/docs_internet/revista/eletronica/stj-revista-sumulas-2014_38_cap-Sumula403.pdf>. Acesso em agosto de 2023.

CARVALHO, Luiz Paulo Vieira de. **Direito das Sucessões.** São Paulo: Atlas, 2014, p. 23-24

DONEDA, Danilo. **Da privacidade à proteção de dados pessoais.** 3ª. ed,. São Paulo: Thompson Reuters Brasil, 2021.

DONEDA, Danilo. Os direitos da personalidade no Código Civil. *In* Revista da Faculdade de Direito de Campos, Ano VI, nº 6, junho de 2005.

DONEDA, Danilo. WIMMER, Miriam. "Falhas de IA" e a intervenção humana em decisões automatizadas: parâmetros para a legitimação pela humanização. *In* Revista de Direito Público – dossiê temático: Inteligência Artificial, Ética e Epistemologia. Brasília: IDP, vol. 18, n. 100.

DONEDA, Danilo Maganhoto. MENDES, Laura Schertel. SOUZA, Carlos Afonso Pereira de. ANDRADE, Norberto Nuno Gomes de. Considerações iniciais sobre inteligência artificial, ética e autonomia pessoal. *In* Pensar Revista de Ciências Jurídicas. Fortaleza: Pensar, 2018, out/dez, v. 23, n. 4, p. 2. Disponível em: < https://ojs.unifor.br/rpen/article/view/8257/pdf>. Acesso em agosto de 2023.

DONEDA, Danilo. A tutela da privacidade no Código Civil de 2002. Disponível em < https://www.opet.com.br/faculdade/revista-anima/pdf/anima1/artigo_Danilo_Doneda_a_tutela.pdf>. Acesso em agosto 2023.

FRANÇA, Rubens Limongi. **Instituições de direito civil**. São Paulo: Saraiva, 1988.

KONDER, Carlos Nelson. Eficácia dos direitos fundamentais nas relações contratuais. *In* SCHREIBER, Anderson. BEZERRA DE MELO, Marco Aurélio (coord). **Direito e transformação social.** Indaiatuba, SP : Editora Foco, 2023, p. 454.

LÔBO, Paulo. Direito à privacidade e sua autolimitação. *In* EHRHARDT JR., Marcos. LOBO, Fabíola de Albuquerque (coord). **Privacidade e sua compreensão no direito brasileiro**. 1ª. ed. Belo Horizonte: Forum, 2019.

MATTIETTO, Leonardo. Dos direitos da personalidade à cláusula geral de proteção da pessoa. *In* Revista de Direito da Procuradoria Geral, Rio de Janeiro, ed. Especial, 2017.

MEDON, Filipe. **Inteligência artificial e responsabilidade civil.** São Paulo : JusPodivm, 2ª. ed., 2022.

MEDON, Filipe. Inteligência artificial e direito civil: desafios ao direito à imagem e à responsabilidade civil. *In* PINHO, Anna (coord). **Manual de direito na era digital**. Indaiatuba, SP : Foco, 2023.

MIRANDA, Jorge. RODRIGUES JÚNIOR, Otávio Luiz. FRUET, Gustavo Bonato. Principais problemas dos direitos da personalidade e estado-da-arte da matéria no direito comparado. *In* MIRANDA, Jorge *et ali* (org). **Direitos da personalidade.** São Paulo : Atlas, 2012.

MONTORO, André Franco. **Introdução à Ciência do Direito**. 23º ed., São Paulo : Editora RT, 1995.

PORTUGAL. Legislação Federal. Disponível na Procuradoria-Geral Distrital de Lisboa <https://www.pgdlisboa.pt/leis/lei_busca_assunto_diploma.php?buscajur=artificial&artigo_id=&pagina=1&ficha=1&nid=3446&tabela=leis&diplomas=&artigos=&so_miolo=>. Acesso em agosto de 2023.

PEREIRA. Rodrigo da Cunha. **Dicionário de Direito das Famílias e Sucessões Ilustrado**. 1ª. ed. São Paulo : Saraiva, 2015.

PERLINGIERI, Pietro. **Perfis do Direito Civil. Introdução ao Direito Civil Constitucional**. 3ª ed. Rio de Janeiro : Editora Renovar, 1997.

REALE, Miguel. **Lições Preliminares de Direito**. 21ªed. São Paulo: Editora Saraiva, 1994.

SCHREIBER, Anderson. Direitos da Personalidade. São Paulo: Ed. Atlas, 2011.

TEPEDINO. Gustavo. **A tutela da personalidade no ordenamento civil-constitucional brasileiro**. Disponível em<https://www.academia.edu/31740015/A_tutela_da_personalidade_no_ordenamento_civil_constitucional_brasileiro>. Acesso em agosto 2023.

UNIÃO EUROPEIA. Comissão Europeia para a Eficácia da Justiça. Disponível em <https://rm.coe.int/carta-etica-traduzida-para-portugues-revista/168093b7e0>. Acesso em agosto de 2023.

_____________Parlamento Europeu. Disponível em <https://www.europarl.europa.eu/news/pt/headlines/society/20230601STO93804/lei-da-ue-sobre-ia-primeira-regulamentacao-de-inteligencia-artificial>. Acesso em agosto de 2023.

Parte III

PROTEÇÃO DE DADOS: MEIOS E FINS DE SUA CONCRETIZAÇÃO

Proteção de dados pessoais e direitos da personalidade: a tutela integral da pessoa à luz das novas tecnologias

Carlos Edison do Rêgo Monteiro Filho[1]
Diana Loureiro Paiva de Castro[2]

SUMÁRIO: Introdução. **1.** Novas tecnologias e proteção de dados pessoais. **2.** A proteção da personalidade como fio condutor da disciplina aplicável. **3.** Aplicação prática das premissas assentadas à luz da disciplina da lgpd. **3.1.** A tutela preventiva na proteção da personalidade. **3.2.** A tutela emancipatória da pessoa humana. **3.3.** A tutela unitária da personalidade. Notas conclusivas. Referências bibliográficas.

Introdução

> *"A influência dos direitos da personalidade no marco regulatório de proteção de dados pessoais é uma das características que o diferenciam de outros modelos similares e que marcam decididamente o perfil da disciplina no Brasil".*
>
> *Danilo Doneda*[3]

A Constituição da República de 1988 contempla, como direito fundamental, o direito à proteção dos dados pessoais. O inciso LXXIX do artigo 5º da Carta Magna, incluído pela Emenda Constitucional nº 115, de 10 de fevereiro de 2022, prevê que "é assegurado, nos termos da lei, o direito à proteção dos dados pessoais, inclusive nos meios digitais".

Mesmo antes do advento da EC nº 115/2022, no entanto, a proteção de dados pessoais já era considerada um direito fundamental (im-

---

1 Professor Titular de Direito Civil da UERJ. Professor Permanente e Coordenador da Linha de Direito Civil do Programa de Pós-graduação stricto sensu (mestrado e doutorado) da UERJ. Procurador do Estado do Rio de Janeiro. Doutor em Direito Civil e Mestre em Direito da Cidade pela UERJ. Advogado, consultor e parecerista.

2 Mestre em Direito Civil pela UERJ. Procuradora do Estado de São Paulo.

3 DONEDA, Danilo. A proteção da personalidade no sistema brasileiro de proteção de dados pessoais. In: SCHREIBER, Anderson; MONTEIRO FILHO, Carlos Edison do Rêgo; OLIVA, Milena Donato (coords.). *Problemas de Direito Civil:* homenagem aos 30 anos de cátedra do professor Gustavo Tepedino. Rio de Janeiro: Forense, 2021, p. 150.

plícito). Deve-se a Danilo Doneda, de forma pioneira, a concepção da proteção de dados pessoais como direito fundamental, na obra "Da privacidade à proteção de dados pessoais",[4] fruto de sua tese de doutorado desenvolvida no âmbito do Programa de Pós-Graduação *Stricto Sensu* da Faculdade de Direito da Universidade do Estado do Rio de Janeiro – UERJ.[5]

À luz desse marco teórico, o objeto do presente trabalho recai sobre a relação entre direitos da personalidade e proteção de dados pessoais, tendo como contexto o contínuo e constante surgimento de novas tecnologias. Se é certo que os direitos da personalidade já encontram disciplina expressa no ordenamento desde o Código Civil de 2002, a proteção de dados pessoais, por outro lado, ganhou normativa específica mais recentemente, com o advento da Lei Geral de Proteção de Dados Pessoais em 2018. Novas tecnologias, por sua vez, surgem a todo tempo, havendo um natural lapso temporal entre o seu advento e a edição da regulação específica.[6]

Nada obstante a diferença de mais de 15 anos entre as normativas citadas, o presente trabalho objetiva investigar a interpenetração entre os temas da personalidade e da proteção de dados pessoais, sob o panorama das inovações digitais, na medida em que está em jogo, nesses casos, *a pessoa humana no centro do tabuleiro*, afetada pela crescente eclosão

---

4 DONEDA, Danilo. *Da privacidade à proteção de dados pessoais*: fundamentos da lei geral de proteção de dados. 3. ed. São Paulo: Thompson Reuters Brasil, 2021.

5 Na jurisprudência, em 2020, o Supremo Tribunal Federal reconheceu a autonomia desse, por assim dizer, novo direito fundamental, ao suspender a eficácia da Medida Provisória nº 954/2020, que, no contexto da pandemia da Covid-19, obrigava "as empresas de telecomunicação prestadoras do STFC e do SMP" a disponibilizarem à "Fundação IBGE, em meio eletrônico, a relação dos nomes, dos números de telefone e dos endereços de seus consumidores, pessoas físicas ou jurídicas" (artigo 2º). Nessa direção, cf. as Ações Diretas de Inconstitucionalidade nº 6.387, 6.388, 6.389, 6.390 e 6.393.

6 A respeito da regulação de novas tecnologias, cabe observar, por exemplo, que, no caso dos sistemas de inteligência artificial, foi recentemente instituída pelo Ato do Presidente do Senado nº 4, de 2022, Comissão de Juristas destinada a subsidiar a elaboração de minuta de substitutivo para instruir a apreciação dos Projetos de Lei nºs 5.051, de 2019, 21, de 2020, e 872, de 2021, que têm como objetivo estabelecer princípios, regras, diretrizes e fundamentos para regular o desenvolvimento e a aplicação da inteligência artificial no Brasil, cujo relatório final foi apresentado em dezembro de 2022. As conclusões alcançadas pela Comissão de Juristas embasaram o Projeto de Lei n° 2338, de 2023, ora em trâmite no Senado Federal.

de novas tecnologias a cada giro. O que une, portanto, os temas em análise é justamente a unidade valorativa promovida pela Constituição, ao prever a pessoa humana como vértice axiológico do ordenamento.

O roteiro deste ensaio inicia-se pelo exame da relação entre novas tecnologias e proteção de dados pessoais. Em seguida, passa-se à tutela da personalidade como fio condutor da normativa aplicável à proteção de dados pessoais em cenário das transformações decorrentes da eclosão de novas tecnologias. Por fim, examinam-se exemplos práticos das premissas assentadas, identificando-se na disciplina da LGPD previsões que concretizam os comandos de proteção da personalidade e que balizam juridicamente o tratamento de dados pessoais no âmbito da utilização de novas tecnologias.

1. Novas tecnologias e proteção de dados pessoais

A operacionalização de novas tecnologias envolve, frequentemente, o tratamento de conjunto relevante de dados pessoais.[7] Nessa toada, a adoção de tais tecnologias não poderá descurar do direito à proteção dos dados pessoais, que constitui, como visto, verdadeiro direito fundamental, agora positivado expressamente no inciso LXXIX do artigo 5º da Constituição da República de 1988. Como tal, é aplicado tanto na relação entre indivíduo e Poder Público quanto entre particulares. Assim, a atuação dos agentes sociais públicos e privados, na utilização de novas tecnologias, só terá lugar na medida em que for merecedora de tutela à luz da legalidade constitucional,[8] devendo respeitar, em qualquer hipótese, o direito fundamental à proteção dos dados pessoais.

7 "Há uma série de procedimentos referentes à utilização de dados pessoais, como, por exemplo, a coleta, a organização, a consulta, a interconexão, o bloqueio, a transmissão, a difusão e a destruição, dentre outros. Todos esses constituem modalidades de tratamento dos dados pessoais. Em linhas gerais, qualquer operação que tenha como objeto dados pessoais qualifica-se como tratamento e, como tal, deve ser avaliada em conformidade com as regras e princípios de proteção a esses dados" (DONEDA, Danilo; VIOLA, Mario. Risco e informação pessoal: o princípio da finalidade e a proteção de dados no ordenamento brasileiro. *Revista Brasileira de Risco e Seguro,* Rio de Janeiro, v. 5, nº 10, 2009, p. 94).

8 FACHIN, Luiz Edson. *Direito civil*: sentidos, transformações e fim. Rio de Janeiro: Renovar, 2014, p. 60-61.

Pode-se citar como exemplo significativo do advento de nova tecnologia os sistemas de inteligência artificial.[9] Ilustrando a interpenetração entre esse campo de estudo e o da proteção de dados pessoais, o Projeto de Lei n° 2338, de 2023, ora em trâmite no Senado Federal, embasado nas conclusões alcançadas pela Comissão de Juristas instituída pelo Ato do Presidente do Senado nº 4, de 2022, destinada a subsidiar a elaboração de minuta de substitutivo sobre inteligência artificial, prevê, exemplificativamente, como fundamentos do desenvolvimento, implementação e uso de sistemas de IA no Brasil a "privacidade, a proteção de dados e a autodeterminação informativa" (art. 2º, VIII), bem como, como direito das pessoas afetadas por sistemas de IA, o "direito à privacidade e à proteção de dados pessoais, nos termos da legislação pertinente" (art. 5º, VI).

Em essência, o direito à proteção dos dados pessoais é diretamente informado pelo princípio da dignidade da pessoa humana, fundamento do sistema jurídico.[10] Com efeito, constata-se que o desenvolvimento da personalidade na sociedade contemporânea se torna intrinsecamente vinculado à circulação de informações, de modo que a construção da identidade do sujeito passa a depender do modo como os dados o descrevem. O corpo se torna eletrônico e a percepção de si se opera de fora para dentro – a personalidade é aquela definida pelo conjunto de informações.[11]

A proteção dos dados de uma pessoa significa, em última análise, a garantia daquilo que forma sua própria identidade. Em outras palavras, trata-se de amparar e salvaguardar o livre desenvolvimento da personalidade da pessoa humana, reconhecendo e protegendo sua dignidade.

Nesse contexto, o tratamento de dados pessoais no bojo da operacionalização de novas tecnologias deverá guardar observância à Lei nº 13.709/2018 (Lei Geral de Proteção de Dados Pessoais – LGPD), que contempla disciplina específica para o tratamento de dados pessoais por pessoa natural ou por pessoa jurídica de direito público ou privado, tendo por objetivo "proteger os direitos fundamentais de liberdade e de

9 MONTEIRO FILHO, Carlos Edison do Rêgo; ROSENVALD, Nelson. Riscos e responsabilidades na inteligência artificial e noutras tecnologias digitais emergentes. In: TEPEDINO, Gustavo; SILVA, Rodrigo da Guia (coords.). *O direito civil na era da inteligência artificial.* São Paulo: Thomson Reuters Brasil, 2020, *E-book.*

10 BODIN DE MORAES, Maria Celina. *Na medida da pessoa humana.* Estudos de direito civil-constitucional. Rio de Janeiro: Processo, 2016, p. 21-22.

11 RODOTÀ, Stefano. *Dal soggetto alla persona.* Napoli: Editoriale Scientifica, 2007, p. 35.

privacidade e o livre desenvolvimento da personalidade da pessoa natural" (art. 1º, *caput*).[12]

Em sintonia com a axiologia constitucional, a Lei Geral de Proteção de Dados Pessoais apresenta como *fundamentos expressos* o respeito à privacidade, a autodeterminação informativa, a liberdade de expressão, de informação, de comunicação e de opinião, a inviolabilidade da intimidade, da honra e da imagem, o desenvolvimento econômico e tecnológico e a inovação, a livre iniciativa, a livre concorrência, a defesa do consumidor, os direitos humanos, o livre desenvolvimento da personalidade, a dignidade e o exercício da cidadania pelas pessoas naturais (art. 2º).

A Lei em comento conceitua dado pessoal como aquele titularizado por pessoa natural identificada ou identificável, excluindo de sua proteção a informação relativa à pessoa jurídica (art. 5º, I e V). Por outro lado, com relação ao dado pessoal sensível[13], a LGPD traz lista exemplificativa em seu artigo 5º, II: informação "sobre origem racial ou étnica, convicção religiosa, opinião política, filiação a sindicato ou a organização

12 "A LGPD, apesar de, como verificado, procurar sistematizar a problemática relacionada ao tratamento de dados pessoais e proporcionar um eixo em torno do qual a disciplina passa a se estruturar, não cumpre essa tarefa meramente com a absorção de elementos anteriormente presentes em nosso ordenamento. Na verdade, a lei apresenta diversos elementos novos que, por si só, causaram certo impacto, e o fato de consolidarem a matéria em uma normativa geral foi somente o primeiro deles: com a LGPD, passam a integrar o ordenamento toda uma nova série de institutos próprios da disciplina da proteção de dados, com conceitos e institutos próprios; uma série de princípios de proteção de dados; de direitos do titular; um enfoque novo de tutela dos titulares é proporcionado pelas regras de demonstração e prestação de contas (*accountability*); são considerados elementos que levam em conta o risco em atividades de tratamento de dados pessoais e muitas outras" (DONEDA, Danilo. Panorama histórico da proteção de dados pessoais. In: MENDES, Laura Schertel; DONEDA, Danilo; SARLET, Ingo Wolfgang; RODRIGUES JÚNIOR, Otavio Luiz; BIONI, Bruno (coords.). *Tratado de proteção de dados pessoais.* Rio de Janeiro: Forense, 2021, p. 37, *E-book*).

13 Como ensina Danilo Doneda, "a criação de uma categoria de dados sensíveis foi fruto de observação pragmática sobre a diferença dos efeitos do tratamento desta categoria de dados em relação aos demais", em particular porque os dados sensíveis "podem se prestar a uma potencial utilização discriminatória". De todo modo, é certo que "dados em princípio não qualificados como sensíveis podem revelar aspectos sensíveis quando sujeitos a um determinado tratamento, que pode conduzir a práticas discriminatórias. Daí se afirmar que 'um dado, em si, não é perigoso ou discriminatório – mas o uso que dele se faz pode sê-lo'" (DONEDA, Danilo. *Da privacidade à proteção de dados pessoais*: fundamentos da lei geral de proteção de dados. 3. ed. São Paulo: Thompson Reuters Brasil, 2021, p. 146-148).

de caráter religioso, filosófico ou político, dado referente à saúde ou à vida sexual, dado genético ou biométrico, quando vinculado a uma pessoa natural". A qualificação de determinado dado pessoal como sensível deve ocorrer concretamente, conforme a identificação da maior probabilidade de uso discriminatório por terceiros.

São denominadas de *bases legais* as hipóteses autorizativas de tratamento de dados pessoais elencadas na LGPD. O consentimento é apenas *uma das* bases legais de tratamento (arts. 7º, I, e 11, I), não sendo a única, tampouco hierarquicamente superior às demais.[14] Assim, quando o tratamento a ser realizado pelo agente se enquadrar em uma das hipóteses previstas na LGPD que autorizam operações com dados pessoais independentemente de consentimento, este estará dispensado[15].[16]

O artigo 7º da Lei Geral de Proteção de Dados Pessoais contempla como bases legais, em linhas gerais: (i) consentimento; (ii) cumprimento de obrigação legal ou regulatória; (iii) execução de políticas públicas; (iv) realização de estudos por órgão de pesquisa; (v) execução de contrato ou de procedimentos preliminares relacionados a contrato; (vi) exercício regular de direitos em processo judicial, administrativo ou arbitral; (vii) proteção da vida ou da incolumidade física do titular ou de terceiro; (viii) tutela da saúde; (ix) legítimo interesse e (x) proteção do crédito.

De outro giro, o artigo 11 da Lei nº 13.709/2018 fornece disciplina específica para os dados pessoais sensíveis, e prevê, resumidamente, as seguintes bases legais: (i) consentimento; (ii) cumprimento de obrigação legal ou regulatória; (iii) execução de políticas públicas; (iv) realização de estudos por órgão de pesquisa; (v) exercício regular de direitos, inclusive em contrato e em processo judicial, administrativo e arbitral; (vi) proteção da vida ou da incolumidade física do titular ou de terceiro; (vii) tutela da saúde; (viii) garantia da prevenção à fraude e à segurança

---

14 TEFFÉ, Chiara Spadaccini de. *Dados pessoais sensíveis*: qualificação, tratamento e boas práticas. Indaiatuba, SP: Editora Foco, 2022, p. 129.

15 VIOLA, Mario; DE TEFFÉ, Chiara Spadaccini. Tratamento de dados pessoais na LGPD: estudo sobre as bases legais dos artigos 7º e 11. In: MENDES, Laura Schertel; DONEDA, Danilo; SARLET, Ingo Wolfgang; RODRIGUES JÚNIOR, Otavio Luiz; BIONI, Bruno (coords.). *Tratado de proteção de dados pessoais.* Rio de Janeiro: Forense, 2021, p. 132-133, *E-book.*

16 A propósito, a ausência de hierarquia entre as bases legais foi objeto de enunciado aprovado na IX Jornada de Direito Civil do Conselho da Justiça Federal (CJF): "Não há hierarquia entre as bases legais estabelecidas nos arts. 7º e 11 da Lei Geral de Proteção de Dados (Lei nº 13.709/2018)" (Enunciado nº 689).

do titular, nos processos de identificação e autenticação de cadastro em sistemas eletrônicos.

No caso de tratamento de dados de crianças, coloca-se em questão a previsão do artigo 14, § 1º, da LGPD, que demanda a obtenção de consentimento específico e em destaque de um dos pais ou do responsável legal do menor. Todavia, não sendo, como visto, o consentimento a única base legal de tratamento, tampouco hierarquicamente superior às demais, a interpretação sistemática a ser dada à legislação é a de que também podem incidir, para dados de crianças, as bases legais previstas nos artigos 7º e 11, desde que respeitado o princípio do melhor interesse (art. 14, *caput*, LGPD).[17]

Postas as premissas relativas à relação entre novas tecnologias e proteção de dados pessoais e examinados os principais conceitos e bases legais previstos na LGPD, cabe examinar como o estudo dos direitos da personalidade influencia na matéria em exame.

2. A proteção da personalidade como fio condutor da disciplina aplicável

Como ensina Danilo Doneda, a "presença e influência dos direitos da personalidade na LGPD" pode ser empreendida por três principais vetores: "(i) estruturante; (ii) de fundamentação e legitimação e (iii) de utilização de técnicas e institutos de direitos da personalidade diretamente na estrutura da LGPD".[18]

---

17 Este entendimento foi, aliás, adotado no Enunciado CD/ANPD nº 1, de 22 de maio de 2023, editado pela Autoridade Nacional de Proteção de Dados: "O tratamento de dados pessoais de crianças e adolescentes poderá ser realizado com base nas hipóteses legais previstas no art. 7º ou no art. 11 da Lei Geral de Proteção de Dados Pessoais (LGPD), desde que observado e prevalecente o seu melhor interesse, a ser avaliado no caso concreto, nos termos do art. 14 da Lei". V. tb. o enunciado aprovado na IX Jornada de Direito Civil do Conselho da Justiça Federal (CJF): "O art. 14 da Lei nº 13.709/2018 (Lei Geral de Proteção de Dados – LGPD) não exclui a aplicação das demais bases legais, se cabíveis, observado o melhor interesse da criança" (Enunciado nº 684).

18 DONEDA, Danilo. A proteção da personalidade no sistema brasileiro de proteção de dados pessoais. In: SCHREIBER, Anderson; MONTEIRO FILHO, Carlos Edison do Rêgo; OLIVA, Milena Donato (coords.). *Problemas de direito civil:* homenagem aos 30 anos de cátedra do Professor Gustavo Tepedino. Rio de Janeiro: Forense, 2021, p. 150-151.

O primeiro vetor diz respeito à própria estruturação da LGPD como instrumento normativo protetivo da pessoa humana. Não por outra razão, como visto acima, o *caput* do artigo 1º da lei prevê como seu objetivo proteger o "livre desenvolvimento da personalidade da pessoa natural". O conceito de dado pessoal também se relaciona diretamente com esse vetor, ao excluir, como aludido, a informação relativa à pessoa jurídica da proteção da lei.[19] Tutela-se, assim, a noção de personalidade como valor, isto é, conjunto de predicados da pessoa humana, sempre concebida como fim em si mesma,[20] a qual se diferencia do conceito de subjetividade, que diz com a aptidão para ser sujeito de direito, e incide para a pessoa natural e para a pessoa jurídica[21].[22]

O segundo vetor versa sobre a fundamentação e legitimação da LGPD na proteção da personalidade. Como referido, o artigo 2º da lei, ao elencar os seus fundamentos expressos, menciona diversos direitos da personalidade, fazendo, ainda, referência mais ampla à tutela dos direitos humanos, do livre desenvolvimento da personalidade, da dignidade[23] e do exercício da cidadania pelas pessoas naturais.[24]

---

19 A premissa de inaplicabilidade da LGPD às pessoas jurídicas foi, aliás, consignada em enunciado aprovado na IX Jornada de Direito Civil do Conselho da Justiça Federal (CJF): "A proteção conferida pela LGPD não se estende às pessoas jurídicas, tendo em vista sua finalidade de proteger a pessoa natural" (Enunciado nº 693).

20 PERLINGIERI, Pietro. *O direito civil na legalidade constitucional*. Rio de Janeiro: Renovar, 2008, p. 764.

21 TEPEDINO, Gustavo. A tutela da personalidade no ordenamento civil-constitucional brasileiro. In: TEPEDINO, Gustavo. *Temas de direito civil*. Rio de Janeiro: Renovar, 1999, p. 60.

22 DONEDA, Danilo. A proteção da personalidade no sistema brasileiro de proteção de dados pessoais. In: SCHREIBER, Anderson; MONTEIRO FILHO, Carlos Edison do Rêgo; OLIVA, Milena Donato (coords.). *Problemas de direito civil:* homenagem aos 30 anos de cátedra do Professor Gustavo Tepedino. Rio de Janeiro: Forense, 2021, p. 150-151.

23 BARBOZA, Heloisa Helena. Proteção dos vulneráveis na Constituição de 1988: uma questão de igualdade. In: NEVES, Thiago (coord.). *Direito & justiça social*: por uma sociedade mais justa, livre e solidária: estudos em homenagem ao Professor Sylvio Capanema de Souza. São Paulo: Atlas, 2013, p. 109.

24 DONEDA, Danilo. A proteção da personalidade no sistema brasileiro de proteção de dados pessoais. In: SCHREIBER, Anderson; MONTEIRO FILHO, Carlos Edison do Rêgo; OLIVA, Milena Donato (coords.). *Problemas de direito civil:* homenagem aos 30 anos de cátedra do Professor Gustavo Tepedino. Rio de Janeiro: Forense, 2021, p. 151.

O terceiro vetor se refere à utilização de instrumentos típicos de tutela dos direitos da personalidade na disciplina da LGPD.[25] Sobressai aqui a lógica de "afetação" trazida pela lei: "não existe um bem jurídico com ampla possibilidade de utilização e fruição", sendo o tratamento de dados pessoais "impassível de ser autorizado de forma genérica, somente se justificando em vista de finalidades específicas, para cuja avaliação é preponderante considerar os interesses jurídicos da pessoa titular dos dados".[26]

Como se sabe, o Código Civil de 2002 trouxe previsões legais a respeito dos direitos da personalidade em seus artigos 11 a 21, cuja disciplina era ausente no Código Civil de 1916. Tratou a lei dos direitos à integridade física, ao nome, à honra, à imagem e à privacidade.[27]

Nesse contexto, a doutrina passou a indicar como características dos direitos da personalidade: (i) generalidade, por se estenderem a todas as pessoas humanas; (ii) extrapatrimonialidade, por não serem suscetíveis de apreciação econômica (ainda que da lesão possam surgir efeitos patrimoniais); (iii) caráter absoluto, por serem oponíveis *erga omnes*, impondo um dever geral de observá-los; (iv) inalienabilidade, pela limitação ao ato de dispor, do que resultaria também a irrenunciabilidade e a impenhorabilidade.[28]

---

25 Na realidade, "mais do que inaugurar" a disciplina da proteção de dados no Brasil, a LGPD estabeleceu "uma base normativa específica para que valores e princípios já presentes em nosso ordenamento se orientem em torno de uma disciplina de natureza geral e que proporcionasse uniformidade e padronização no encaminhamento das diversas situações relacionadas ao tratamento de dados pessoais, fornecendo instrumentos para a tutela dos direitos do cidadão e um patamar normativo mais claro e seguro para que as atividades de tratamento de dados se desenvolvam dentro de um patamar de licitude" (DONEDA, Danilo. A LGPD como elemento estruturante do modelo brasileiro de proteção de dados. In: DONEDA, Danilo; MENDES, Laura Schertel; CUEVA, Ricardo Villas Bôas (coords.). *Lei geral de proteção de dados* (lei nº 13.709/2018): a caminho da efetividade: contribuições para a implementação da LGPD. São Paulo: Thomson Reuters Brasil, 2020, p. 245).

26 DONEDA, Danilo. A proteção da personalidade no sistema brasileiro de proteção de dados pessoais. In: SCHREIBER, Anderson; MONTEIRO FILHO, Carlos Edison do Rêgo; OLIVA, Milena Donato (coords.). *Problemas de direito civil:* homenagem aos 30 anos de cátedra do Professor Gustavo Tepedino. Rio de Janeiro: Forense, 2021, p. 152.

27 TEPEDINO, Gustavo. A tutela da personalidade no ordenamento civil-constitucional brasileiro. In: TEPEDINO, Gustavo. *Temas de direito civil.* Rio de Janeiro: Renovar, 1999, p. 60.

28 TEPEDINO, Gustavo; OLIVA, Milena Donato. *Fundamentos do direito civil*: teoria geral do direito civil. 3. ed. Rio de Janeiro: Forense, 2022, p. 334-335. Como afirmam os autores: "Da indisponibilidade deriva o intenso debate sobre a licitude dos atos

Todavia, o Código de 2002, originado de projeto redigido a partir de 1969, acabou por nascer em descompasso com o estado da arte do tema dos direitos da personalidade na doutrina e na jurisprudência.[29] Desde a promulgação do Código, e no seu importante papel de elucidar os parâmetros de interpretação-aplicação dos institutos jurídicos[30], a doutrina bem delineou a necessidade de releitura das previsões sobre direitos da personalidade à luz da Constituição de 1988, que elegeu o princípio da dignidade da pessoa humana como fundamento do sistema, que previu como objetivo fundamental da República "erradicar a pobreza e a marginalização e reduzir as desigualdades sociais e regionais" e que contemplou que "os direitos e garantias expressos" na Constituição "não excluem outros decorrentes do regime e dos princípios por ela adotados". Dos comandos dos artigos 1º, III, 3º, III, e 5º, § 2º, da CRFB/88, extrai-se verdadeira cláusula geral de tutela da pessoa humana, que promove a proteção da personalidade independentemente do rol de direitos previsto em lei.[31]

À luz da cláusula geral de tutela da pessoa humana, supera-se tanto a discussão quanto a ser taxativo o rol de direitos da personalidade, quanto a de configuração de um direito subjetivo da personalidade. O comando constitucional de proteção à pessoa humana irradia por todo ordenamento, tutelando a pessoa como centro do tabuleiro em qualquer hipótese, sem que para isso seja necessária previsão legal específica, e podendo a personalidade humana se realizar através de qualquer situação jurídica subjetiva, para além do paradigma do direito subjetivo

lesivos aos direitos da personalidade praticados com o consenso do interessado". Todavia, não há que se falar em "um princípio geral de invalidade de tais atos, os quais, embora por vezes reprimidos pelo ordenamento, não necessariamente afetam a ordem pública, refletindo um aspecto particular e mais modesto da faculdade de dispor".

29 TEPEDINO, Gustavo *et al. Código civil interpretado conforme a constituição da república.* v. I. Rio de Janeiro: Renovar, 2007, p. 32.

30 A respeito do papel do doutrinador colaborativo, v. MONTEIRO FILHO, Carlos Edison do Rêgo. Reflexões metodológicas: a construção do observatório de jurisprudência no âmbito da pesquisa jurídica. *Revista Brasileira de Direito Civil*, v. 9, 2016, p. 8.

31 TEPEDINO, Gustavo. Cidadania e direitos da personalidade. *Cadernos da Escola de Direito e Relações Internacionais das Faculdades do Brasil*, 2003, p. 18.

(direito potestativo, poder jurídico, faculdades, enfim, sob qualquer configuração).[32]

Sob o comando de individuação da cláusula geral de tutela da pessoa humana, promove-se a superação do modelo de direito subjetivo, da lógica proprietária e do paradigma dos direitos patrimoniais. Como ensina Pietro Perlingieri, "nesta matéria não se pode aplicar o direito subjetivo elaborado com base na categoria do ter". Afinal, "na categoria do ser não existe dualidade entre sujeito e objeto, pois ambos representam o ser, e a titularidade é institucional, orgânica". Sendo o objeto de tutela a pessoa humana, a perspectiva deve se alterar: "torna-se uma necessidade lógica reconhecer, em razão da natureza especial do interesse protegido, que é exatamente a pessoa a constituir ao mesmo tempo o sujeito titular do direito e o ponto de referência objetivo da relação". Por isso, a bem da verdade, a personalidade "não é um direito, mas sim, um valor (o valor fundamental do ordenamento) e está na base de uma série aberta de situações existenciais, nas quais se traduz a sua incessantemente exigência mutável de tutela".[33]

A partir dessas premissas conceituais, três comandos interpretativos podem ser individuados, como resultados desta releitura dos direitos da personalidade à luz da metodologia civil-constitucional[34]: (i) a tutela preventiva na proteção da personalidade, em superação a técnicas meramente ressarcitórias e repressivas; (ii) a tutela emancipatória da pessoa humana, dotando-a de instrumental para o exercício pleno de sua autonomia e (iii) a proteção integral da personalidade, superando a lógica setorial e a dicotomia entre direito público e direito privado. Sendo a proteção da personalidade una, a tripartição aqui proposta se dá apenas para fins didáticos, sendo certo que, até pela unidade valorativa em questão, os três comandos se atravessam mutuamente, em uma relação imbricada e essencial.

---

32 BODIN DE MORAES, Maria Celina. *Danos à pessoa humana*: uma leitura civil-constitucional dos danos morais. Rio de Janeiro: Renovar, 2003, p.117-118.

33 PERLINGIERI, Pietro. *O direito civil na legalidade constitucional*. Rio de Janeiro: Renovar, 2008, p. 764.

34 MONTEIRO FILHO, Carlos Edison do Rêgo. Rumos cruzados do direito civil pós-1988 e do constitucionalismo de hoje. In: MONTEIRO FILHO, Carlos Edison do Rêgo. *Rumos contemporâneos do direito civil*: estudos em perspectiva civil-constitucional. Belo Horizonte: Fórum, 2017, p. 17-35.

Com relação ao primeiro aspecto, trata-se da superação de uma lente limitada ao momento patológico da relação jurídica, que, em lógica importada do direito penal, propugne a adoção de técnicas meramente ressarcitórias e repressivas. Para além do binômio lesão-sanção, a plena proteção da personalidade só poderá ocorrer se adotados mecanismos preventivos de tutela da pessoa humana, justamente com vistas a se evitar que, de antemão, ocorra a violação do direito.[35] Com efeito, é evidente que é mais protetivo e efetivo à tutela da personalidade a perspectiva que enfoca a adoção de medidas que evitem a ocorrência da lesão, do que aquela que se ocupe apenas da reparação do dano já causado e da sanção de seu autor.

No que tange ao segundo aspecto, trata-se de munir a pessoa humana com instrumental suficiente à sua emancipação, de modo que a tutela da personalidade não dependa exclusivamente da atuação de agentes externos, mas possa ser realizada pela própria pessoa, dotada de plena autonomia. A personalidade é, assim, protegida à luz da tutela constitucional emancipatória.[36]

Já no que se refere ao terceiro aspecto, há que se proceder à superação definitiva da dicotomia entre direito público e direito privado, proporcionando a interpenetração das searas e a tutela da pessoa humana em qualquer campo do direito. Para além da pretensa divisão entre direitos humanos no âmbito público e direitos da personalidade no âmbito privado, a personalidade deve ser tutelada como valor máximo do ordenamento em face de qualquer agente público ou privado, a partir da unidade do sistema jurídico promovida pelos valores constitucionais.[37]

Postas as transformações pelas quais passou o estudo dos direitos da personalidade,[38] há que se observar o contexto atual da sociedade tecnológica, no qual a informação assume protagonismo. Não se pode

35 TEPEDINO, Gustavo; OLIVA, Milena Donato. *Fundamentos do direito civil*: teoria geral do direito civil. 3. ed. Rio de Janeiro: Forense, 2022, p. 340.

36 TEPEDINO, Gustavo. Cidadania e direitos da personalidade. *Cadernos da Escola de Direito e Relações Internacionais das Faculdades do Brasil*, 2003, p. 20.

37 PERLINGIERI, Pietro. *O direito civil na legalidade constitucional*. Rio de Janeiro: Renovar, 2008, p. 54-55.

38 Nessa lógica, o ordenamento jurídico passa a ser visto sob a perspectiva mais ampla da sua função promocional. Sobre o tema, cf. BOBBIO, Norberto. A função promocional do direito. In: BOBBIO, Norberto. *Da estrutura à função*: novos estudos de teoria do direito. Rio de Janeiro: Manole, 2007, p. 13.

olvidar, com efeito, as mudanças empreendidas pelo advento de novas tecnologias, em cenário em que o fluxo de dados se intensifica e agiganta, em inimagináveis velocidade e volume de informações trocadas.[39] A resposta do ordenamento jurídico às mudanças tecnológicas não pode, contudo, ser realizada sob lentes ultrapassadas.

Com efeito, a individuação da solução jurídica aplicável aos novos problemas que surgem no bojo da sociedade tecnológica deve partir de todo o estudo construído a respeito dos direitos da personalidade, sob o fio condutor da cláusula geral de tutela da pessoa humana. O surgimento de novas tecnologias traz, sem dúvidas, novas questões. As respostas a serem dadas, todavia, hão de advir do arcabouço já concebido a respeito da proteção da personalidade.

Ainda que a pessoa humana seja submetida a novas e inéditas situações fáticas, a proteção da personalidade como valor máximo do ordenamento continuará a guiar a normativa do caso concreto, sob a unidade valorativa dos comandos constitucionais. A elasticidade da proteção da personalidade[40] implica a sua abrangência, portanto, para novas situações não previstas e mesmo antes inimagináveis, como ocorre com o avanço da tecnologia.

O fio condutor da disciplina aplicável para o tratamento de dados pessoais no bojo da operacionalização de novas tecnologias estará, portanto, (sempre) na proteção da personalidade. No início deste fio, a proteção da personalidade estrutura e fundamenta toda a legislação de dados pessoais. Ao longo deste fio, é fornecido o instrumental para a tu-

39 "O desenvolvimento de novas tecnologias capazes de potencializar a comunicação, e de reproduzir e disponibilizar a informação em volume inédito acabou por aumentar a exposição da pessoa a práticas que também seriam, eventualmente, potencialmente lesivas a aspectos não-patrimoniais de sua vida" (DONEDA, Danilo. A proteção da personalidade no sistema brasileiro de proteção de dados pessoais. In: SCHREIBER, Anderson; MONTEIRO FILHO, Carlos Edison do Rêgo; OLIVA, Milena Donato (coords.). *Problemas de direito civil:* homenagem aos 30 anos de cátedra do Professor Gustavo Tepedino. Rio de Janeiro: Forense, 2021, p. 145).

40 "Tais situações subjetivas não assumem necessariamente a forma do direito subjetivo e não devem fazer com que se perca de vista a unidade do valor envolvido. Não existe um número fechado de hipóteses tuteladas: tutelado é o valor da pessoa sem limites, salvo aqueles colocados no seu interesse e naqueles de outras pessoas. A elasticidade da tutela se torna instrumento para realizar formas de proteção também atípicas, fundadas no interesse à existência e no livre desenvolvimento da vida de relação" (PERLINGIERI, Pietro. *O direito civil na legalidade constitucional.* Rio de Janeiro: Renovar, 2008, p. 764-765).

tela da pessoa concretamente considerada. Como ponto de chegada do fio condutor, qualquer interpretação-aplicação dos institutos jurídicos pertinentes deverá ter como norte a cláusula geral de tutela da pessoa humana.

Portanto, a individuação da normativa incidente para o tratamento de dados pessoais no âmbito da utilização de novas tecnologias também se guiará pelo três comandos interpretativos referidos acima, concebidos a partir do estudo dos direitos da personalidade sob a metodologia civil-constitucional, referentes à tutela preventiva na proteção da personalidade, à tutela emancipatória da pessoa humana e à proteção integral da personalidade. É o que se passa a ver, à luz da disciplina da Lei Geral de Proteção de Dados Pessoais.

3. Aplicação prática das premissas assentadas à luz da disciplina da LGPD

Se é certo que a disciplina da LGPD não pode ser interpretada de forma tão estrita que paralise ou impeça a regular utilização das tecnologias emergentes, também é verdade que não há um "salvo-conduto" para o desrespeito ao direito à proteção dos dados pessoais. A via hermenêutica a ser seguida deve ser, sempre, a de viabilizar o desenvolvimento econômico e tecnológico e a inovação, mas com balizamentos jurídicos fundamentais que vão moldar a atuação do agente de tratamento.

3.1. A tutela preventiva na proteção da personalidade

Iniciando-se pelo comando de tutela preventiva na proteção da personalidade, há que se observar a previsão do princípio da prevenção no artigo 6º, VIII, da LGPD, que exige a adoção de providências que evitem a ocorrência de danos. De forma conectada e na mesma lógica de se evitar, de antemão, a violação do direito, o artigo 6º, VII, da lei, prescreve o princípio da segurança, determinando que a operação com dados pessoais seja efetuada de acordo com medidas técnicas e administrativas que protejam os dados de acessos não autorizados e de situações acidentais ou ilícitas de destruição, perda, alteração, comunicação ou difusão. Ademais, o artigo 6º, X, da LGPD, contempla o princípio da responsabilização e prestação de contas, determinando aos agentes de tratamento a demonstração do implemento das normas de proteção e da eficácia das medidas adotadas.[41]

41 "A lei prevê que dados pessoais e sensíveis precisam ser tratados de forma legal, justa e transparente com relação aos titulares dos dados, em decorrência dos po-

No tratamento de dados pessoais no âmbito da utilização de novas tecnologias, a perspectiva deve ser, portanto, a de enfoque na adoção de medidas capazes de antecipar e mitigar riscos, indo além da ótica tradicional, vinculada ao modelo de direito subjetivo, à lógica proprietária e ao paradigma dos direitos patrimoniais, que mira a reparação de danos já causados e a sanção de seu autor. Com efeito, deve ser perseguida a tutela efetiva do direito à proteção dos dados pessoais, e, consequentemente, da cláusula geral de proteção da personalidade, como fio condutor da disciplina aplicável.

Nessa toada, importante instrumental previsto na LGPD consiste na elaboração de relatório de impacto à proteção de dados pessoais (RIPD), descrevendo os processos que podem gerar riscos às liberdades civis e aos direitos fundamentais e as providências que visam a mitigar os riscos envolvidos (artigo 5º, XVII, da LGPD). A elaboração do RIPD é recomendada "em todo contexto em que as operações de tratamento de dados pessoais possam gerar alto risco à garantia dos princípios gerais de proteção de dados pessoais previstos na LGPD e às liberdades civis e aos direitos fundamentais do titular de dados", o que "deverá ser avaliado pelo agente de tratamento". A LGPD prevê expressamente como hipóteses em que o RIPD pode ser exigido pela Autoridade Nacional de Proteção de Dados: (i) tratamento realizado para fins exclusivos de segurança pública, defesa nacional, segurança do Estado ou atividades de investigação e repressão de infrações penais (art. 4º, § 3º);[42] (ii) trata-

tenciais riscos a respeito de seus direitos e liberdades. Portanto, a conformidade com a lei exige que os responsáveis pelo tratamento dos dados pessoais organizem e mantenham registros claros e seguros acerca de qualquer atividade relacionada ao processamento desses dados sob sua responsabilidade, pois os titulares devem ter acesso facilitado às informações sobre qualquer tratamento pelos quais seus dados passem" (BARRETO, Mauricio L.; ALMEIDA, Bethânia; DONEDA, Danilo. Uso e proteção de dados pessoais na pesquisa científica. In: MENDES, Laura Schertel; DONEDA, Danilo; SARLET, Ingo Wolfgang; RODRIGUES JÚNIOR, Otavio Luiz; BIONI, Bruno (coords.). *Tratado de proteção de dados pessoais*. Rio de Janeiro: Forense, 2021, p. 533, *E-book*).

42 Nesse caso, dispõe, ainda, a LGPD: "Art. 4º Esta Lei não se aplica ao tratamento de dados pessoais: (...) III - realizado para fins exclusivos de: a) segurança pública; b) defesa nacional; c) segurança do Estado; ou d) atividades de investigação e repressão de infrações penais. (...) § 1º O tratamento de dados pessoais previsto no inciso III será regido por legislação específica, que deverá prever medidas proporcionais e estritamente necessárias ao atendimento do interesse público, observados o devido processo legal, os princípios gerais de proteção e os direitos do titular

mento fundamentado no legítimo interesse (art. 10, § 3º); (iii) tratamento de dados pessoais pelo Poder Público (art. 32, LGPD); (iv) para os controladores, quanto às operações em geral, inclusive o tratamento de dados pessoais sensíveis (art. 38).[43]

Também na lógica de se evitar a ocorrência de danos, destaca-se a referida "afetação" descrita por Danilo Doneda. Toda a estruturação da LGPD dá-se com vistas a limitar a possibilidade de tratamento de dados pessoais a finalidades específicas e devidamente informadas ao titular, as quais precisam corresponder a uma base legal prevista. Assim, a impossibilidade de utilização ampla e irrestrita dos dados pessoais e a inadmissibilidade de autorizações genéricas, desde a origem, conflui para a tutela efetiva da personalidade como valor máximo do ordenamento, indo além do binômio lesão-sanção.

Aqui, destacam-se os princípios da finalidade, adequação e necessidade previstos no artigo 6º, I, II e III da LGPD. De acordo com tais previsões, o tratamento de dados pessoais deve ser realizado para finalidade legítima, específica, explícita e devidamente informada, sem possibilidade de tratamento posterior de modo incompatível com esses propósitos (princípio da finalidade). Faz-se mister que a operação prevista seja compatível com o propósito aventado e que o procedimento ocorra sem excessos, na exata medida para se alcançar tal objetivo. Com efeito, o tratamento de dados pessoais deve ocorrer conforme sua razão justifi-

previstos nesta Lei. § 2º É vedado o tratamento dos dados a que se refere o inciso III do caput deste artigo por pessoa de direito privado, exceto em procedimentos sob tutela de pessoa jurídica de direito público, que serão objeto de informe específico à autoridade nacional e que deverão observar a limitação imposta no § 4º deste artigo (...) § 4º Em nenhum caso a totalidade dos dados pessoais de banco de dados de que trata o inciso III do caput deste artigo poderá ser tratada por pessoa de direito privado, salvo por aquela que possua capital integralmente constituído pelo poder público".

43 Como se extrai das "Perguntas e Respostas sobre o Relatório de Impacto à Proteção de Dados Pessoais" disponibilizadas pela ANPD em https://www.gov.br/anpd/pt-br/canais_atendimento/agente-de-tratamento/relatorio-de-impacto-a-protecao-de-dados-pessoais. Acesso em 28.9.2023. Nos termos do artigo 55-J, XIII, da LGPD: "Compete à ANPD: (...) editar regulamentos e procedimentos sobre proteção de dados pessoais e privacidade, bem como sobre relatórios de impacto à proteção de dados pessoais para os casos em que o tratamento representar alto risco à garantia dos princípios gerais de proteção de dados pessoais previstos nesta Lei".

cadora e no limite desse escopo, encerrando-se a operação tão logo haja seu cumprimento (princípios da adequação e da necessidade).[44] Além disso, nos termos do artigo 6º, IX, da lei, o tratamento de dados pessoais não pode se dar para fins discriminatórios ilícitos ou abusivos (princípio da não discriminação).

Na disciplina da LGPD, e dialogando com o princípio da finalidade, o tratamento de dados pessoais só pode ocorrer se estiver fundamentado em uma base legal. Desse modo, para a operacionalização de novas tecnologias que envolvam o tratamento de dados pessoais, a atuação do agente de tratamento precisará estar respaldada em uma das hipóteses autorizativas previstas nos artigos 7º e 11 da Lei nº 13.709/2018. Deve-se buscar, em cada caso concreto, a base legal mais adequada e segura para a finalidade pretendida, sendo certo, inclusive, que, como visto no item 1 deste trabalho, o consentimento do titular poderá ser dispensado.

Dessa forma, resta evidenciada a perspectiva adotada pela Lei Geral de Proteção de Dados Pessoais de, para além de um enfoque na reparação do dano causado e na sanção de seu autor, adotar mecanismos que visem a evitar, por todas as perspectivas, a ocorrência de danos, de forma a tutelar de modo efetivo a proteção da pessoa humana.

3.2. A tutela emancipatória da pessoa humana

De outra parte, com relação à tutela emancipatória da pessoa humana, a adequada promoção do direito à proteção dos dados pessoais depende essencialmente da efetividade do que se denomina de *direitos do titular na LGPD (Capítulo III)*.[45] De fato, escanteado do controle dos dados que lhe pertencem, o titular é impossibilitado de exercer livremente a sua personalidade. Os direitos do titular se traduzem, assim, em pedra angular para a proteção da pessoa humana em perspectiva emancipatória.[46]

44 PERLINGIERI, Pietro. La pubblica amministrazione e la tutela della *privacy*. In: PERLINGIERI, Pietro. *La persona e i suoi diritti*: problemi del diritto civile. Napoli: Edizioni Scientifiche Italiane, 2005, p. 259.

45 MENDES, Laura Schertel; DONEDA, Danilo. Reflexões iniciais sobre a nova lei geral de proteção de dados. *Revista de Direito do Consumidor* (Revista dos Tribunais Online), v. 120, 2018, p. 3.

46 MONTEIRO FILHO, Carlos Edison do Rêgo; CASTRO, Diana Paiva de. Potencialidades do direito de acesso na nova Lei Geral de Proteção de Dados

O tratamento de dados pessoais no bojo da utilização de tecnologias emergentes deverá, portanto, respeitar os direitos do titular previstos na LGPD. Nessa direção, o artigo 6º, IV, da lei, assegura ao titular do dado pessoal acesso facilitado e gratuito à forma, à duração do tratamento e à integralidade das informações pessoais (princípio do livre acesso). O artigo 6º, VI, da LGPD, estipula que são garantidas ao titular informações claras, precisas e facilmente acessíveis a respeito dos tratamentos realizados e dos agentes que os promovem, respeitados os segredos comercial e industrial (princípio da transparência). O artigo 6º, V, da LGPD, assegura, ainda, aos titulares, que os dados estejam exatos, claros, atualizados e se afigurem relevantes para o atendimento do objetivo da operação (princípio da qualidade dos dados).

Nessa direção, e tomando-se os direitos do titular como instrumentos de efetividade da tutela da personalidade (garantindo a sua emancipação), cabe destacar a gama de direitos previstos na LGPD, como: (i) confirmação da existência de tratamento; (ii) acesso aos dados; (iii) correção de dados incompletos, inexatos ou desatualizados; (iv) anonimização, bloqueio ou eliminação de dados desnecessários, excessivos ou tratados em desconformidade com o disposto na lei; (v) portabilidade dos dados a outro fornecedor de serviço ou produto, mediante requisição expressa, de acordo com a regulamentação da autoridade nacional, observados os segredos comercial e industrial;[47] (vi) eliminação dos dados pessoais tratados com o consentimento do titular, exceto nas hipóteses previstas no artigo 16 da lei; (vii) informação das entidades públicas e privadas com as quais o controlador realizou uso compartilhado de dados; (viii) informação sobre a possibilidade de não fornecer consentimento e sobre as consequências da negativa; (ix) revogação do consentimento, nos termos do § 5º do artigo 8º da lei[48] (art. 18, incisos

(Lei 13.709/2018). In: TEPEDINO, Gustavo; FRAZÃO, Ana; OLIVA, Milena Donato (coords.). *Lei Geral de Proteção de Dados Pessoais e suas repercussões no direito brasileiro*. 3 ed. São Paulo: Thomson Reuters Brasil, 2023, p. 315-336.

47 A esse respeito, dispõe o artigo 18, § 7º, da LGPD: "A portabilidade dos dados pessoais a que se refere o inciso V do *caput* deste artigo não inclui dados que já tenham sido anonimizados pelo controlador".

48 "Art. 8º, § 5º. O consentimento pode ser revogado a qualquer momento mediante manifestação expressa do titular, por procedimento gratuito e facilitado, ratificados os tratamentos realizados sob amparo do consentimento anteriormente manifestado enquanto não houver requerimento de eliminação, nos termos do inciso VI do caput do art. 18 desta Lei".

I a IX[49]); (x) informação a respeito de seus dados contra o controlador perante a autoridade nacional, bem como em face dos organismos de defesa do consumidor (art. 18, §§ 1º e 8º); (xi) oposição a tratamento realizado com fundamento em uma das hipóteses de dispensa de consentimento, em caso de descumprimento ao disposto na lei (art. 18, § 2º) e (xii) quando o tratamento tiver origem no consentimento do titular ou em contrato, solicitação de cópia eletrônica integral dos dados pessoais, observados os segredos comercial e industrial, nos termos de regulamentação da autoridade nacional, em formato que permita a sua utilização subsequente, inclusive em outras operações de tratamento (art. 19, § 3º).[50]

Para fins de assegurar a efetividade da tutela, o legislador contemplou a gratuidade, a facilidade e a possibilidade de tutela individual e coletiva dos direitos do titular. Nesse sentido, o artigo 18, § 5º, da LGPD, estipula que o requerimento do titular deve ser atendido sem custos para o solicitante. Outrossim, visando a assegurar a facilitação no exercício do direito de acesso, demanda o artigo 9º da lei que as informações sejam disponibilizadas de forma clara, adequada e ostensiva. O artigo 19 da LGPD disciplina o atendimento ao requerimento do titular,[51] preconizando que os dados pessoais devem ser armazenados em formato que favoreça o exercício do direito de acesso (§ 1º). A lei ainda prevê, em seu artigo 22, que "a defesa dos interesses e dos direitos dos titulares de dados poderá ser exercida em juízo, individual ou coletivamente, na forma

---

49 Ademais, consoante o artigo 18, § 6º, da LGPD: "O responsável deverá informar, de maneira imediata, aos agentes de tratamento com os quais tenha realizado uso compartilhado de dados a correção, a eliminação, a anonimização ou o bloqueio dos dados, para que repitam idêntico procedimento, exceto nos casos em que esta comunicação seja comprovadamente impossível ou implique esforço desproporcional".

50 Ainda, segundo o artigo 21 da LGPD: "Os dados pessoais referentes ao exercício regular de direitos pelo titular não podem ser utilizados em seu prejuízo".

51 "Art. 19. A confirmação de existência ou o acesso a dados pessoais serão providenciados, mediante requisição do titular: I - em formato simplificado, imediatamente; ou II - por meio de declaração clara e completa, que indique a origem dos dados, a inexistência de registro, os critérios utilizados e a finalidade do tratamento, observados os segredos comercial e industrial, fornecida no prazo de até 15 (quinze) dias, contado da data do requerimento do titular. (...) § 2º As informações e os dados poderão ser fornecidos, a critério do titular: I - por meio eletrônico, seguro e idôneo para esse fim; ou II - sob forma impressa. (...) § 4º A autoridade nacional poderá dispor de forma diferenciada acerca dos prazos previstos nos incisos I e II do caput deste artigo para os setores específicos".

do disposto na legislação pertinente, acerca dos instrumentos de tutela individual e coletiva".[52]

A disciplina da LGPD assegura que o controle do titular sobre seus dados pessoais seja exercido de modo efetivo, alcançando as informações onde quer que estejam, no bojo do processo dinâmico de uso e compartilhamento dos dados. Nesse sentido, o artigo 9º da LGPD garante o direito de acesso do titular a informações como finalidade específica, forma e duração do tratamento, observados os segredos comercial e industrial, identificação e informações de contato do controlador, informações acerca do uso compartilhado de dados pelo controlador e finalidade, responsabilidades dos agentes que realizarão o tratamento e direitos do titular, com menção explícita aos direitos contidos no artigo 18 da lei.

Portanto, os direitos do titular se mostram marcados pela busca por efetividade. Trata-se de produto da concepção de uma tutela emancipatória da personalidade, estando associado à transparência que permeia grande parte das relações sociais na contemporaneidade. Nesse cenário, a Lei Geral de Proteção de Dados Pessoais incorporou poderoso cabedal de ferramentas, ora postas à disposição das pessoas, convidando-as, então, ao exercício do direito de controle de suas informações pessoais, como verdadeira expressão de sua autonomia plena.

3.3. A tutela unitária da personalidade

Já quanto ao comando de proteção integral da personalidade, evidencia-se que a atuação dos agentes sociais públicos e privados, na hipótese de utilização de novas tecnologias, precisará observar o direito fundamental à proteção dos dados pessoais. Assim, a proteção dos dados pessoais (e, em última análise, da personalidade) deverá ser tutelada em face da sociedade, do mercado e do Estado, isto é, sem que existam searas sociais imunes à cláusula geral de tutela da pessoa humana.

Por essa razão, a LGPD contempla, logo em seu artigo 1º, a sua incidência para o tratamento realizado "por pessoa natural ou por pessoa jurídica de direito público ou privado". A lei, além de tratar da atuação

52 Ademais, nos termos do artigo 18, § 3º, da LGPD: "Os direitos previstos neste artigo serão exercidos mediante requerimento expresso do titular ou de representante legalmente constituído, a agente de tratamento".

dos agentes privados, trouxe, em seu Capítulo IV, disciplina específica para o "Tratamento de Dados Pessoais pelo Poder Público".

Destaca-se a previsão do artigo 23 da LGPD. A norma exige que o tratamento de dados pessoais atenda a uma finalidade pública e que sejam observadas as competências legais dos órgãos administrativos. Demanda a observância do dever de publicidade por parte do Poder Público, informando, de modo claro e atualizado, em veículo de fácil acesso, preferencialmente por meio de seus sítios eletrônicos, a respeito dos tratamentos realizados. Prevê, ainda, a indicação de encarregado, que atuará "como canal de comunicação entre o controlador, os titulares dos dados e a Autoridade Nacional de Proteção de Dados" (art. 5º, VIII, LGPD).

Em diálogo com o aludido comando de *tutela preventiva* na proteção da personalidade (item 3.1, *supra*), a LGPD ainda prevê, na Seção "Da Responsabilidade" do Capítulo destinado ao "Tratamento de Dados Pessoais pelo Poder Público" (Seção II do Capítulo IV), regras próprias para a atuação da Autoridade Nacional de Proteção de Dados (ANPD)[53] nessa seara, atribuindo-lhe competência para, além de enviar informe com providências cabíveis para pôr fim a uma eventual violação, sugerir, ao Poder Público, a adoção de padrões e de boas práticas, bem como solicitar a publicação de relatórios de impacto à proteção de dados pessoais (arts. 31 e 32).[54]

E em sintonia com o referido comando de *tutela emancipatória* da pessoa humana (item 3.2, *supra*), os direitos do titular também poderão ser exercidos perante o Poder Público,[55] o que traduz verdadeira

53 LUCCA, Newton de; LIMA, Cíntia Rosa Pereira de. Autoridade Nacional de Proteção de Dados Pessoais (ANPD) e Conselho Nacional de Proteção de Dados Pessoais e da Privacidade. In: LIMA, Cíntia Rosa Pereira de (coord.). *Comentários à lei geral de proteção de dados*: Lei nº 13.709/2018, com alteração da lei nº 13.853/2019. Coimbra: Almedina, 2020, p. 373-397.

54 TERRA, Aline de Miranda Valverde; CASTRO, Diana Paiva de. A responsabilidade do Poder Público no tratamento de dados pessoais: análise dos artigos 31 e 32 da LGPD. In: MULHOLLAND, Caitlin (org.). *A LGPD e o novo marco normativo no Brasil*. Porto Alegre: Arquipélago, 2020, p. 290-294, *E-book*.

55 A esse respeito, dispõe o artigo 23, § 3º, da LGPD: "Os prazos e procedimentos para exercício dos direitos do titular perante o Poder Público observarão o disposto em legislação específica, em especial as disposições constantes da Lei nº 9.507, de 12 de novembro de 1997 (Lei do Habeas Data) , da Lei nº 9.784, de 29 de janeiro de 1999 (Lei Geral do Processo Administrativo) , e da Lei nº 12.527, de 18 de novembro de 2011 (Lei de Acesso à Informação)".

redefinição da ótica de controle da atuação estatal. Tais diretrizes se conectam, como seria mesmo natural, com o núcleo axiológico do regime democrático. Como conquista essencial do regime implantado a partir de 1988 no Brasil, tem-se verdadeira mudança de paradigma de atuação estatal, passando-se da lógica do segredo para a de transparência. Isso porque, como aponta a doutrina especializada, sem acesso aos atos praticados pelo Poder Público, tornar-se-ia impossível controlar a ação estatal, o que, em última análise, acabaria por inviabilizar "a sustentação dos direitos fundamentais" e tornar "uma falácia o próprio Estado Democrático de Direito".[56]

Em diálogo com essa premissa, identifica-se, na Constituição, além do já referido direito fundamental à proteção dos dados pessoais (art. 5º, LXXIX), que, em enunciação exemplificativa: (i) o artigo 5º, XIV, garante o acesso à informação e resguarda o sigilo da fonte, quando essencial ao exercício profissional; (ii) o artigo 5º, XXXIII, contempla o direito de acesso às informações de interesse particular, coletivo ou geral, perante órgãos públicos, ressalvadas aquelas cujo sigilo seja imprescindível à segurança da sociedade e do Estado; (iii) o artigo 37 estabelece, no *caput*, que a administração pública obedecerá aos princípios da legalidade, impessoalidade, moralidade, publicidade e eficiência e assegura, em seu § 3º, II, o acesso dos usuários a registros administrativos e a informações sobre atos de governo, observado o previsto no artigo 5º, X e XXXIII.

Portanto, o direito à proteção dos dados pessoais deve ser tutelado em toda e qualquer relação intersubjetiva, tanto em face de agentes particulares quanto de agentes públicos, inclusive quando se tratar da utilização de novas tecnologias. Afasta-se, assim, a concepção do estudo do direito por setores pré-constituídos, tendo como premissa básica a superação das divisões estanques entre as disciplinas jurídicas envolvidas (direito civil, administrativo e constitucional). Defende-se visão unitária do ordenamento, e, particularmente, o rompimento dos lindes entre o público e o privado. Com efeito, como sintetiza Pietro Perlingieri, "abandonada a contraposição nítida entre privado e público, o problema da personalidade deve ser apresentado em relação ao ordenamento globalmente considerado e aos valores protegidos pelo mesmo".[57]

---

56 MOREIRA NETO, Diogo de Figueiredo. *Curso de direito administrativo.* Rio de Janeiro: Forense, 2014, p. 152.

57 PERLINGIERI, Pietro. *O direito civil na legalidade constitucional.* Rio de Janeiro: Renovar, 2008, p. 762.

Notas conclusivas

Na atual sociedade tecnológica, a tutela do dado pessoal, como extensão da personalidade para além da materialidade corpórea, adquire papel central na promoção da dignidade da pessoa humana. Como se pode perceber, tal fenômeno decorre da tutela, mais ampla, que se irradia diretamente da Constituição à pessoa humana.

Em outras palavras, na ordem constitucional vigente, em que a pessoa e sua plena realização existencial foram alçadas a valor supremo, demanda-se a proteção da personalidade nas múltiplas situações em que se apresenta. Configura-se, desta feita, linha de ruptura com o sistema patrimonialista e individualista de outrora, e se abre espaço à definição de novos bens jurídicos que se desenvolvem céleres no contexto da sociedade tecnológica, como ocorre com o direito fundamental à proteção dos dados pessoais (que se autonomiza da tutela da privacidade).

A cláusula geral de tutela da personalidade, como valor máximo do sistema jurídico, guiará a disciplina aplicável a qualquer campo de estudo, estando a pessoa humana no centro do tabuleiro. Se é verdade que as consequências dessa premissa já estão há mais tempo assentadas no estudo dos direitos da personalidade, positivados desde o Código Civil de 2002, também é certo que o estudo da proteção dos dados pessoais, objeto de disciplina específica desde o advento da LGPD em 2018, e o das tecnologias emergentes em geral, ainda por vezes sem regulação editada, deverão partir de todo o arcabouço já construído a respeito da proteção da personalidade, sempre resguardando a unidade da tábua axiológica constitucional.

Assim, a individuação da normativa incidente ao tratamento de dados pessoais na utilização de novas tecnologias terá como fio condutor a proteção da personalidade, que, desde o início, estrutura e fundamenta a legislação protetiva, e, ao longo do trajeto, fornece o instrumental para a tutela da pessoa concretamente considerada, para, ao fim e ao cabo, determinar que toda e qualquer interpretação-aplicação dos institutos jurídicos pertinentes à espécie tenha como norte a cláusula geral de tutela da pessoa humana.

Referências bibliográficas

BARBOZA, Heloisa Helena. Proteção dos vulneráveis na Constituição de 1988: uma questão de igualdade. In: NEVES, Thiago (coord.). *Direito & justiça social*: por uma sociedade mais justa, livre e solidária: estudos em homenagem ao Professor Sylvio Capanema de Souza. São Paulo: Atlas, 2013.

BARRETO, Mauricio L.; ALMEIDA, Bethânia; DONEDA, Danilo. Uso e proteção de dados pessoais na pesquisa científica. In: MENDES, Laura Schertel; DONEDA, Danilo; SARLET, Ingo Wolfgang; RODRIGUES JÚNIOR, Otavio Luiz; BIONI, Bruno (coords.). *Tratado de proteção de dados pessoais*. Rio de Janeiro: Forense, 2021, *E-book*.

BOBBIO, Norberto. A função promocional do direito. In: ________. *Da estrutura à função*: novos estudos de teoria do direito. Rio de Janeiro: Manole, 2007.

BODIN DE MORAES, Maria Celina. *Na medida da pessoa humana*. Estudos de direito civil-constitucional. Rio de Janeiro: Processo, 2016.

________. *Danos à pessoa humana*: uma leitura civil-constitucional dos danos morais. Rio de Janeiro: Renovar, 2003.

DONEDA, Danilo. *Da privacidade à proteção de dados pessoais*: fundamentos da lei geral de proteção de dados. 3. ed. São Paulo: Thompson Reuters Brasil, 2021.

________. A proteção da personalidade no sistema brasileiro de proteção de dados pessoais. In: SCHREIBER, Anderson; MONTEIRO FILHO, Carlos Edison do Rêgo; OLIVA, Milena Donato (coords.). *Problemas de direito civil:* homenagem aos 30 anos de cátedra do Professor Gustavo Tepedino. Rio de Janeiro: Forense, 2021.

________. Panorama histórico da proteção de dados pessoais. In: MENDES, Laura Schertel; DONEDA, Danilo; SARLET, Ingo Wolfgang; RODRIGUES JÚNIOR, Otavio Luiz; BIONI, Bruno (coords.). *Tratado de proteção de dados pessoais.* Rio de Janeiro: Forense, 2021.

________. A LGPD como elemento estruturante do modelo brasileiro de proteção de dados. In: DONEDA, Danilo; MENDES, Laura Schertel; CUEVA, Ricardo Villas Bôas (coords.). *Lei geral de proteção de dados* (lei nº 13.709/2018): a caminho da efetividade: contribuições para a implementação da LGPD. São Paulo: Thomson Reuters Brasil, 2020.

________; VIOLA, Mario. Risco e informação pessoal: o princípio da finalidade e a proteção de dados no ordenamento brasileiro. *Revista Brasileira de Risco e Seguro,* Rio de Janeiro, v. 5, nº 10, 2009.

FACHIN, Luiz Edson. *Direito civil*: sentidos, transformações e fim. Rio de Janeiro: Renovar, 2014.

LUCCA, Newton de; LIMA, Cíntia Rosa Pereira de. Autoridade Nacional de Proteção de Dados Pessoais (ANPD) e Conselho Nacional de Proteção de Dados Pessoais e da Privacidade. In: LIMA, Cíntia Rosa Pereira de (coord.).

Comentários à lei geral de proteção de dados: Lei nº 13.709/2018, com alteração da lei nº 13.853/2019. Coimbra: Almedina, 2020.

MENDES, Laura Schertel; DONEDA, Danilo. Reflexões iniciais sobre a nova lei geral de proteção de dados. *Revista de Direito do Consumidor* (Revista dos Tribunais Online), v. 120, 2018.

MONTEIRO FILHO, Carlos Edison do Rêgo. Rumos cruzados do direito civil pós-1988 e do constitucionalismo de hoje. In: ________. *Rumos contemporâneos do direito civil*: estudos em perspectiva civil-constitucional. Belo Horizonte: Fórum, 2017.

________. Reflexões metodológicas: a construção do observatório de jurisprudência no âmbito da pesquisa jurídica. *Revista Brasileira de Direito Civil*, v. 9, 2016.

________; CASTRO, Diana Paiva de. Potencialidades do direito de acesso na nova Lei Geral de Proteção de Dados (Lei 13.709/2018). In: TEPEDINO, Gustavo; FRAZÃO, Ana; OLIVA, Milena Donato (coords.). *Lei Geral de Proteção de Dados Pessoais e suas repercussões no direito brasileiro*. 3 ed. São Paulo: Thomson Reuters Brasil, 2023.

________; ROSENVALD, Nelson. Riscos e responsabilidades na inteligência artificial e noutras tecnologias digitais emergentes. In: TEPEDINO, Gustavo; SILVA, Rodrigo da Guia (coords.). *O direito civil na era da inteligência artificial*. São Paulo: Thomson Reuters Brasil, 2020, *E-book*.

MOREIRA NETO, Diogo de Figueiredo. *Curso de direito administrativo*. Rio de Janeiro: Forense, 2014.

PERLINGIERI, Pietro. *O direito civil na legalidade constitucional*. Rio de Janeiro: Renovar, 2008.

________. La pubblica amministrazione e la tutela della *privacy*. In: ________. *La persona e i suoi diritti*: problemi del diritto civile. Napoli: Edizioni Scientifiche Italiane, 2005.

RODOTÀ, Stefano. *Dal soggetto alla persona*. Napoli: Editoriale Scientifica, 2007.

TEFFÉ, Chiara Spadaccini de. *Dados pessoais sensíveis*: qualificação, tratamento e boas práticas. Indaiatuba, SP: Editora Foco, 2022.

TEPEDINO, Gustavo. Cidadania e direitos da personalidade. *Cadernos da Escola de Direito e Relações Internacionais das Faculdades do Brasil*, 2003.

________. A tutela da personalidade no ordenamento civil-constitucional brasileiro. In: TEPEDINO, Gustavo. *Temas de direito civil*. Rio de Janeiro: Renovar, 1999.

________ *et al. Código civil interpretado conforme a constituição da república*. v. I. Rio de Janeiro: Renovar, 2007.

________; OLIVA, Milena Donato. *Fundamentos do direito civil*: teoria geral do direito civil. 3. ed. Rio de Janeiro: Forense, 2022.

TERRA, Aline de Miranda Valverde; CASTRO, Diana Paiva de. A responsabilidade do Poder Público no tratamento de dados pessoais: análise dos artigos 31 e 32 da LGPD. In: MULHOLLAND, Caitlin (org.). *A LGPD e o novo marco normativo no Brasil*. Porto Alegre: Arquipélago, 2020, *E-book*.

VIOLA, Mario; DE TEFFÉ, Chiara Spadaccini. Tratamento de dados pessoais na LGPD: estudo sobre as bases legais dos artigos 7º e 11. In: MENDES, Laura Schertel; DONEDA, Danilo; SARLET, Ingo Wolfgang; RODRIGUES JÚNIOR, Otavio Luiz; BIONI, Bruno (coords.). *Tratado de proteção de dados pessoais*. Rio de Janeiro: Forense, 2021, *E-book*.

Dados pessoais biométricos: uma análise crítica acerca de seu tratamento e aplicações

Chiara Spadaccini de Teffé[1]

SUMÁRIO: Introdução. **1.** Biometria e qualificação dos dados pessoais biométricos. **2.** Aplicações e tratamento de dados biométricos. **3.** Proteção de dados pessoais sensíveis biométricos. Considerações finais.

Introdução

O uso de dados pessoais biométricos com o objetivo de identificar, autenticar ou verificar uma pessoa vem se tornando cada vez mais frequente, especialmente em contextos que exigem maior segurança, controle e prevenção de fraudes, tanto em âmbito público quanto privado. A partir da análise de características específicas relativas a aspectos físicos, fisiológicos ou comportamentais do corpo humano, técnicas biométricas permitem medir e inferir condições e padrões que caracterizam um indivíduo específico. Paralelamente, a sensibilidade em torno do tratamento desses dados e os riscos associados encontram-se em larga discussão, influenciando alterações legislativas e políticas em vários países.

---

1 Doutora e mestre em Direito Civil pela Universidade do Estado do Rio de Janeiro (UERJ), tendo sido aprovada com distinção, louvor e recomendação para publicação. Graduada em Direito pela Universidade Federal do Rio de Janeiro (UFRJ), quando foi bolsista de iniciação científica do CNPq e da FAPERJ. Atualmente, é coordenadora de pesquisa e publicações da pós-graduação em Direito Digital do Instituto de Tecnologia e Sociedade do Rio (ITS Rio), em parceria com a UERJ, e professora de Direito Civil e Direito Digital na faculdade de Direito do IBMEC. Leciona em cursos específicos de pós-graduação e extensão do CEPED-UERJ, da PUC-Rio, da EMERJ e do ITS Rio. Membro da Comissão de Proteção de Dados e Privacidade da OAB/RJ. Membro da Comissão de Direito Civil do Conselho Seccional do Rio de Janeiro da OAB (2022/2024). Membro do Fórum Permanente de Liberdade de Expressão, Liberdades Fundamentais e Democracia da EMERJ. Membro do Fórum permanente de inovações tecnológicas no Direito da EMERJ. Foi professora substituta de Direito Civil na UFRJ. Associada ao Instituto Brasileiro de Estudos em Responsabilidade Civil (IBERC). Membro Titular do Conselho Municipal de Proteção de Dados Pessoais e Privacidade do Rio de Janeiro. Atua como advogada em áreas do Direito Civil e do Direito Digital e como consultora em proteção de dados pessoais. Autora do livro "Dados pessoais sensíveis: qualificação, tratamento e boas práticas".

Diante de potenciais usos indevidos, erros de análise e processos discriminatórios, eventual regulação a respeito do desenvolvimento e uso de tecnologias biométricas deverá considerar possíveis riscos e danos em sua aplicação e mitigá-los da melhor maneira possível. Cabe também discutir áreas legítimas para o seu emprego e sua efetiva necessidade em situações concretas, além de medidas técnicas e jurídicas hábeis para a proteção dos dados pessoais envolvidos, inferidos ou revelados, a partir do tratamento implementado.

No presente artigo, busca-se analisar a categoria dos dados pessoais sensíveis biométricos, considerando sua qualificação jurídica e interação com as demais ferramentas e aplicações tecnológicas. Não obstante a intensa demanda prática pelo tratamento desses dados e os avanços significativos nas tecnologias biométricas, percebe-se a necessidade em âmbito nacional de políticas e normas mais robustas acerca de sua regulação e contornos, que considerem os diferentes tipos de análises possíveis, a partir da biometria, e seus graus de risco a indivíduos e grupos.

Para tanto, inicialmente, haverá a definição de dados biométricos e o estudo de seu tratamento em contextos específicos. Em seguida, serão apresentadas boas práticas e normas para a proteção desta categoria de dados, a partir de orientações doutrinárias e guias de instituições especializadas em proteção de dados pessoais.

1. Biometria e qualificação dos dados pessoais biométricos

A biometria permite estabelecer a identidade de alguém, a partir da medição e análise de seus atributos fisiológicos e comportamentais mensuráveis. No primeiro caso, são exemplos a impressão digital, as características da arcada dentária, da íris e da retina de uma pessoa, a definição dos traços do rosto, a geometria específica da mão e a altura exata do indivíduo. As medidas fisiológicas ou características biológicas oferecem o benefício de permanecer mais estáveis ao longo da vida de um indivíduo.

Já as características comportamentais envolvem a análise de movimentos, gestos ou habilidades motoras, incluindo, portanto, a caligrafia ou o método de digitação de uma pessoa, sua marcha ao caminhar ou correr, movimentos dos olhos, gestos característicos, dinâmica da assinatura, a altura que o indivíduo costuma segurar o celular[2], a forma com

2 Um importante elemento – conjugado com outros dados pessoais, como localização – para identificar a real identidade de um usuário é o seu comportamento du-

que ele movimenta o *mouse* do computador, a pressão que ele exerce no teclado ou na tela e, até mesmo, como corrige as palavras. Técnicas de reconhecimento biométrico comportamental envolvem, por exemplo, análises sobre teclas digitadas, assinatura manuscrita, marcha e rastreamento ocular.

Vale lembrar que tecnologias mais recentes incluem sensores que permitem, por exemplo, a captura de tipos inteiramente novos de biossinais, como batimentos cardíacos e ondas cerebrais através de EEG ou ECG, e o desenvolvimento de interfaces de computação cerebral (BCI). [3] Os BCIs medem a atividade neurológica e podem traduzir a atividade cerebral em informações compreensíveis por máquina, promovendo a detecção de pensamentos e intenções, podendo até mesmo influenciar as operações do cérebro humano. Cenário que mostra o acelerado desenvolvimento de tecnologias que mapeiam de forma cada vez mais intrusiva nossos corpos e mentes. [4]

rante o uso do celular pessoal. Busca-se analisar onde o sujeito costuma passar a maior parte de seu tempo, locais que frequenta regularmente, onde passa a maior parte do horário comercial e onde costuma permanecer durante a maior parte da noite (provavelmente este local será o seu domicílio pessoal). Dessa forma, eventual atividade realizada em modo ou localização diferente da padrão poderá trazer um sinal de alerta de fraude à aplicação.

3 WENDEHORST, Christiane; DULLER, Yannic. Biometric Recognition and Behavioural Detection. União Europeia, 2021. Disponível em: http://www.europarl.europa.eu/supporting-analyses . Acesso em: 11 set. 2023. P.12.

4 "À medida que, através de sensores biométricos, cada vez mais dados fluírem de seu corpo e seu cérebro para máquinas inteligentes, será fácil para corporações e agências do governo conhecer você, manipular você e tomar decisões por você. Mais importante ainda, eles serão capazes de decifrar os mecanismos profundos de todos os corpos e cérebros, e com isso adquirir o poder de fazer a engenharia da vida. Se quisermos evitar que uma pequena elite monopolize esses poderes, que parecem divinos, e se quisermos impedir que a humanidade se fragmente em castas biológicas, a questão chave é: quem é dono dos dados? Os dados de meu DNA, meu cérebro e minha vida pertencem a mim, ao governo, a uma corporação ou ao coletivo humano?" (HARARI, Yuval Noah. *21 lições para o século 21.* 1ª ed. Companhia das Letras: 2018, pp. 94-95) Harari prossegue: "Num nível ainda mais profundo, sensores biométricos e interfaces cérebro-computador diretas visam a erodir a fronteira entre máquinas eletrônicas e corpos orgânicos e, literalmente, entrar debaixo de nossa pele. Quando os gigantes de tecnologia adquirirem compreensão completa do corpo humano, poderão acabar manipulando todo o nosso corpo da mesma maneira que manipulam nossos olhos, dedos e cartões de crédito." (HARARI, Yuval Noah. *21 lições para o século 21.* 1ª ed. Companhia das Letras: 2018, p. 105)

No Brasil, a Lei Geral de Proteção de Dados (LGPD) qualifica expressamente dados biométricos como dados pessoais sensíveis (Art. 5º, II, LGPD)[5]. A lei oferece proteção e garantias ampliadas aos dados sensíveis, reconhecendo que se trata de categoria especial de informações, fundamentada nos princípios do livre desenvolvimento da personalidade e da não discriminação. Diante do conteúdo e da natureza da informação que os dados sensíveis trazem, entende-se que eles apresentam dados cujo tratamento pode ensejar discriminações ilícitas ou abusivas de seu titular, devendo, portanto, ser protegidos de forma ampliada. Nesse sentido, em sua obra de referência, já pontuava o professor Danilo Doneda:

> A criação de uma categoria de dados sensíveis foi fruto da observação pragmática sobre a diferença dos efeitos do tratamento desta categoria de dados em relação aos demais. E foi este idêntico impulso pragmático que fez com que se percebesse mais claramente a necessidade de exorbitar os cânones tradicionais ligados à privacidade, ao revelar a presença de um outro valor digno de tutela como fundamento da tutela da pessoa neste caso, que é o princípio da igualdade material. A própria seleção de quais seriam estes dados considerados sensíveis provém da constatação de que a circulação de determinadas espécies de informação apresentariam um elevado potencial lesivo aos seus titulares, em uma determinada configuração social. (...) é necessário ter em conta que a diferenciação conceitual dos dados sensíveis atende a uma necessidade de estabelecer uma área na qual a probabilidade de utilização discriminatória da informação é potencialmente maior - sem deixarmos de reconhecer que há situações nas quais a discriminação pode advir sem que sejam utilizados dados sensíveis, ou então que a utilização destes dados se preste a fins legítimos e lícitos.[6]

5 TEFFÉ, Chiara Spadaccini de. *Dados pessoais sensíveis*: qualificação, tratamento e boas práticas. São Paulo: Foco, 2022.

6 DONEDA, Danilo. *Da privacidade à proteção de dados pessoais*: elementos da formação da Lei geral de proteção de dados. 2ª ed. São Paulo: Thomson Reuters Brasil, 2019. pp.143-144.

A LGPD apresentou rol de dados assim considerados, bem como estabeleceu margem para a proteção de inferências sensíveis e proibiu tratamentos discriminatórios abusivos ou ilícitos com informações pessoais. A preocupação com processos discriminatórios, danos, lesões ao titular e decisões equivocadas a partir da análise de dados permeia todo o conteúdo e estrutura da norma. Sabe-se que "definir antecipadamente os efeitos do tratamento de uma informação, seja ela da natureza que for" nem sempre será algo simples e objetivo. Doneda afirmava que:

> (...) cada vez mais é patente que mesmo dados não qualificados como sensíveis, quando submetidos a um determinado tratamento, podem revelar aspectos considerados sensíveis sobre a personalidade de alguém, podendo levar a práticas discriminatórias. (...) um dado, em si, não é perigoso ou discriminatório – mas o uso que dele se faz pode sê-lo.[7]

Ainda que a LGPD não conceitue expressamente dados biométricos, no Decreto nº 10.046/19[8], em seu Art. 2º, II, é possível encontrar uma definição para "atributos biométricos" como sendo: "características biológicas e comportamentais mensuráveis da pessoa natural que podem ser coletadas para reconhecimento automatizado, tais como a palma da mão, as digitais dos dedos, a retina ou a íris dos olhos, o formato da face, a voz e a maneira de andar."

No Regulamento Europeu de Proteção de Dados (GDPR), em seu artigo 4º, 14, afirma-se que são dados biométricos "dados pessoais *resultantes* de um *tratamento técnico específico* relativo às características físicas, fisiológicas ou comportamentais de uma pessoa singular que *permitam ou confirmem a identificação única dessa pessoa singular*, nomeadamente imagens faciais ou dados dactiloscópicos".[9] De forma se-

---

7 DONEDA, Danilo. *Da privacidade à proteção de dados pessoais*: elementos da formação da Lei geral de proteção de dados. 2ª ed. São Paulo: Thomson Reuters Brasil, 2019. pp.143-144.

8 Dispõe sobre a governança no compartilhamento de dados no âmbito da administração pública federal e institui o Cadastro Base do Cidadão e o Comitê Central de Governança de Dados.

9 Disponível em: https://eur-lex.europa.eu/legal-content/PT/TXT/?uri=celex%3A32016R0679 . Acesso em: 27.07.23. Encontramos a mesma definição no art. 3º, 13, da Diretiva (UE) 2016/680 do Parlamento Europeu e do Conselho.

melhante, é possível encontrar definições em estudos publicados por grupos específicos[10-11] e normas estrangeiras de proteção de dados.

Os dados pessoais biométricos se relacionam com o comportamento, a aparência e as características observáveis de alguém.[12] Essas informações, uma vez extraídas e analisadas por meio de processamento técnico específico, permitem ou podem ser tratadas para identificar, verificar[13], reconhecer ou categorizar, de forma única, a pessoa natural com quem se relacionam[14].

Pelas características da definição europeia, nem todos os dados biométricos serão automaticamente tratados como dados de categoria especial. Eles só se tornarão dados de categoria especial se o sujeito os tratar de uma determinada forma e sua finalidade for identificar alguém de maneira exclusiva e única. Assim, o que importa é o propósito e a finalidade do sujeito ao usar os dados biométricos. Havendo o propósito, você já estará processando dados biométricos de categoria especial a

---

10 ARTICLE 29 DATA PROTECTION WORKING PARTY. Working document on biometrics. 01/08/2003 Disponível em: https://ec.europa.eu/justice/article-29/documentation/opinion-recommendation/files/2003/wp80_en.pdf . Article 29 Data Protection Working Party. Opinion 02/2012 on facial recognition in online and mobile services. 22/03/2012. Disponível em: https://ec.europa.eu/justice/article-29/documentation/opinion-recommendation/files/2012/wp192_en.pdf . Article 29 Data Protection Working Party. Opinion 3/2012 on developments in biometric technologies. Adotada em 27 de abril de 2012. Disponível em: https://ec.europa.eu/justice/article-29/documentation/opinion-recommendation/files/2012/wp193_en.pdf. Acesso em: 27.07.23.

11 PARLAMENTO EUROPEU. Person identification, human rights and ethical principles Rethinking biometrics in the era of artificial intelligence. Dezembro de 2021.

12 TEFFÉ, Chiara Spadaccini de. *Dados pessoais sensíveis*: qualificação, tratamento e boas práticas. São Paulo: Foco, 2022.

13 Segundo estudo da *Information Commissioner's Office* (ICO), em tradução livre, a *identificação* refere-se a um processo de correspondência de um para muitos (1:N). Os dados biométricos de uma pessoa são comparados com os de muitas outras para encontrar uma correspondência. Ele faz a pergunta "Quem é essa pessoa?". Já a *verificação* refere-se a um processo de correspondência um para um (1:1). Uma pessoa fornece dados biométricos que são comparados com seu registro biométrico armazenado. Ele faz a pergunta "Essa pessoa é quem afirma ser?". Fonte: https://ico.org.uk/for-organisations/uk-gdpr-guidance-and-resources/guidance-on-biometric-data/biometric-recognition/ Acesso em: 30.08.23.

14 Fonte: https://ico.org.uk/for-organisations/uk-gdpr-guidance-and-resources/guidance-on-biometric-data/key-data-protection-concepts/#biometric . Acesso em: 30 de agosto de 2023

partir do momento em que coletar os dados, e não a partir do momento em que tentar qualquer comparação para fins de identificação. A noção, aqui, é um pouco diversa da apresentada em outras espécies de dados sensíveis. Por exemplo, as opiniões políticas ou a origem racial referem-se apenas à natureza das informações, e não a qualquer consideração adicional sobre as finalidades do tratamento de dados pelo agente. É importante lembrar que o sujeito estará tratando dados biométricos de categoria especial mesmo que ele não encontre uma correspondência ou, ainda, que seu propósito geral não exija a identificação única de pessoas.

Nesse sentido, de acordo com o considerando 51 do GDPR[15] e orientações do *Information Commissioner's Office* (ICO), se você processar fotografias digitais de pessoas, esses dados não serão automaticamente biométricos, mesmo que sejam usados para fins de identificação. Embora uma imagem digital possa permitir a identificação por meio de características físicas, ela só se tornará um dado biométrico se você realizar um "processamento técnico específico". Normalmente, isso envolve o uso dos dados da imagem para criar um modelo digital individual ou

15 "Personal data which are, by their nature, particularly sensitive in relation to fundamental rights and freedoms merit specific protection as the context of their processing could create significant risks to the fundamental rights and freedoms. Those personal data should include personal data revealing racial or ethnic origin, whereby the use of the term 'racial origin' in this Regulation does not imply an acceptance by the Union of theories which attempt to determine the existence of separate human races. The processing of photographs should not systematically be considered to be processing of special categories of personal data as they are covered by the definition of biometric data only when processed through a specific technical means allowing the unique identification or authentication of a natural person. Such personal data should not be processed, unless processing is allowed in specific cases set out in this Regulation, taking into account that Member States law may lay down specific provisions on data protection in order to adapt the application of the rules of this Regulation for compliance with a legal obligation or for the performance of a task carried out in the public interest or in the exercise of official authority vested in the controller. In addition to the specific requirements for such processing, the general principles and other rules of this Regulation should apply, in particular as regards the conditions for lawful processing. Derogations from the general prohibition for processing such special categories of personal data should be explicitly provided, inter alia, where the data subject gives his or her explicit consent or in respect of specific needs in particular where the processing is carried out in the course of legitimate activities by certain associations or foundations the purpose of which is to permit the exercise of fundamental freedoms."

perfil, que, por sua vez, você usará para correspondência automática de imagens e identificação.[16]

Em outro exemplo[17], o ICO coloca a seguinte situação: um empregador pode conseguir identificar um membro de seu pessoal a partir de uma gravação de áudio, mesmo que não esteja indicado ali o seu nome. A gravação inclui, portanto, dados pessoais sobre esse indivíduo. No entanto, isso não torna a gravação de áudio um dado biométrico, pois ela não resulta de um processamento técnico específico das características do colaborador (por exemplo, a sua voz) e, por si só, não permite nem confirma a identificação única dessa pessoa. A mesma organização compra, então, uma solução de reconhecimento de voz para transcrever gravações de áudio e para atribuir o que foi dito em reuniões aos seus titulares. Isso envolve inscrever todos os participantes das reuniões no sistema para criar um modelo biométrico de seus padrões de fala e comparar as gravações com esses modelos armazenados. Esses serão considerados dados biométricos, por resultarem de processamento técnico específico das características de alguém e permitirem ou confirmarem a identificação única dessa pessoa. Como o empregador processa os dados biométricos com a finalidade de identificar exclusivamente os participantes, eles também serão compreendidos como dados biométricos de categoria especial.

Nos Estados Unidos, o *California Consumer Privacy Act* (CCPA) entende informação biométrica como as características fisiológicas, biológicas ou comportamentais de um indivíduo, incluindo o ácido desoxirribonucléico (DNA) de um indivíduo, que podem ser usadas, isoladamente ou em combinação umas com as outras ou com outros dados de identificação, para estabelecer a identidade individual. As informações biométricas incluem, entre outras, imagens da íris, retina, impressão digital, face, mão, palma da mão, padrões de veias e gravações de voz, das quais um modelo de identificador, como uma impressão facial, um modelo de minúcias ou uma impressão de voz, podem ser extraídos, e

16 Disponível em: https://ico.org.uk/for-organisations/guide-to-data-protection/guide-to-the-general-data-protection-regulation-gdpr/special-category-data/what-is-special-category-data/#scd4 . Acesso em: 27.07.23.

17 Fonte: https://ico.org.uk/for-organisations/uk-gdpr-guidance-and-resources/guidance-on-biometric-data/biometric-recognition/ Acesso em: 30.08.23.

padrões ou ritmos de digitação, padrões ou ritmos de marcha e dados de sono, saúde ou exercícios que contenham informações de identificação.[18]

Havendo a coleta e o registro de dados biométricos desde o nascimento de uma pessoa – o que, em verdade, já ocorre[19] [20]– mostra-se possível realizar o seu rastreio e monitoramento. Mais do que unificar documentos, a depender das informações tratadas, será possível implementar sistemas sofisticados de vigilância e controle sob a população, bem como desenvolver perfis e analisar emoções. Dependendo dos tipos de dados biométricos coletados, informações sobre o sujeito poderão ser diretamente obtidas ou inferidas, como dados sobre origem racial ou gênero, estado emocional, possíveis doenças, características genéticas e eventual consumo de substâncias. Com base na análise comportamental, tecnologias dotadas de inteligência artificial são capazes de interpretar dados capturados a partir de rastreamento de olhar, batimentos cardíacos, análise de marcha, expressões faciais e umidade da pele para estimar e classificar o estado emocional de alguém.

O corpo torna-se a senha, meio único e exclusivo de individualização da pessoa. Ao contrário dos dados sensíveis mais voltados à ex-

---

18 Disponível em: https://www.termsfeed.com/blog/ccpa-biometrics/ . Acesso em: 27.07.23.

19 A Portaria nº 248, de 2 de fevereiro de 2018, do Ministério da Saúde, dispõe que: "As Declarações de Nascidos Vivos – DNV, a que se refere a alínea "h" do inciso XIX do caput, deverão ser vinculadas ao registro biométrico do recém-nascido e de sua mãe, na forma de ato conjunto das Secretarias de Vigilância em Saúde e de Atenção à Saúde." A referida portaria vem sendo adotada nos ambientes de saúde.

20 A respeito da discussão, vale lembrar recente decisão do STF acerca do tratamento de dados genéticos de mães e bebês. No caso, a lei estadual do Rio de Janeiro nº 3.990/02 – que obriga a adoção de medidas de segurança que evitem, impeçam ou dificultem a troca de recém-nascidos nas dependências de hospitais públicos ou privados, casas de saúde e maternidades, no âmbito do estado do rio de janeiro, que possibilitem a posterior identificação através de exame de DNA – foi considerada inconstitucional no STF em abril de 2023. O Tribunal concluiu que seria inconstitucional a coleta compulsória de material genético de mães e bebês no momento do parto e a manutenção dos dados à disposição da justiça, para eventual dúvida sobre troca de recém-nascidos. A decisão, unânime, foi tomada no julgamento da Ação Direta de Inconstitucionalidade (ADI) 5545, ajuizada pela Procuradoria-Geral da República (PGR). Por unanimidade, o Plenário entendeu que os dispositivos que tratam da coleta de material genético sem autorização são desproporcionais e violam o princípio constitucional da proteção à privacidade. O relator da ADI, ministro Luiz Fux, observou que a legislação brasileira classifica os dados genéticos como sensíveis e exige que sua guarda seja a mais cuidadosa possível.

pressão da pessoa na esfera pública, os dados biométricos não advém, como regra, de escolhas pessoais dos indivíduos. A confiabilidade das informações e sistemas biométricos vem sendo incrementada, sendo a biometria geralmente considerada forte e valiosa para fins de autenticação. Inclusive, sistemas de identificação multibiométrica vêm sendo amplamente adotados.[21]

Em termos de estabilidade, cabe ressaltar que há dados biométricos de natureza fisiológica, como impressões digitais, padrões de orelha, padrões faciais e análise de vasos, que não mudam com a idade, exceto se ocorrer, por exemplo, alguma lesão significativa ao titular. Por outro lado, alguns dados biométricos referentes a aspectos fisiológicos e psicológicos de uma pessoa podem mudar dependendo do tempo e/ou da circunstância. Isso inclui comportamentos e emoções, bem como modalidades como marcha e análise facial, em que questões como idade, lesões ou doenças podem alterar os dados fornecidos.[22] Justamente por isso, multimodalidades de processos biométricos vêm sendo implantadas, conforme expõe relatório do *Information Commissioner's Office* (ICO) em dois exemplos[23]:

a) Uma única modalidade biométrica, como reconhecimento de marcha, pode ser usada para extrair ou inferir múltiplos dados pessoais. Por exemplo, o reconhecimento da marcha pode fornecer um meio de individualização, identificação, inferências comportamentais ou emocionais ou mesmo dados de saúde, dependendo de quais ferramentas forem usadas para capturá-lo e a que processamento for submetido.

b) A partir de um único ponto de coleta de dados é possível realizar vários processos biométricos. Por exemplo, o uso do rastreamento do olhar ao lado de reconhecimento facial ao vivo para fornecer segurança adicional a um processo de verificação.

Algumas normas vêm limitando o escopo da "biometria" à identificação e verificação/autenticação de um indivíduo específico. Contudo,

21 Sobre questões relacionadas à biometria e seu vocabulário, recomenda-se a leitura de: ISO/IEC 2382-37:2022 Information technology — Vocabulary — Part 37: Biometrics

22 ICO. Information Commissioner's Office. *Biometrics*: insight. Versão 1.0. p. 6.

23 ICO. Information Commissioner's Office. *Biometrics*: insight. Versão 1.0. p.7

há quem argumente[24] que a estrutura existente deveria ser expandida para englobar outras aplicações tecnológicas com dados, como ferramentas de detecção e caracterização, tendo em vista que o uso delas poderia representar riscos aos indivíduos, aumentando processos de discriminação. Ao contrário da identificação e verificação, as tecnologias de detecção e caracterização visam especialmente a detectar e/ou inferir a presença de características corporais ou comportamentais num dado ambiente, mas o sujeito em si não é identificado, a não ser que haja a vinculação de seus dados a uma identidade conhecida.

Enquanto as tecnologias de identificação, verificação e rastreamento estariam diretamente ligadas à identidade ou ao perfil exclusivo de um indivíduo, trazendo assim preocupações específicas de privacidade, as tecnologias de detecção e caracterização não necessariamente carregariam tais riscos se não empregadas contra indivíduos conhecidos. Diante disso, há quem afirme que a implementação de um padrão geral normativo para a biometria, com proibições gerais e restritas, poderia causar consequências negativas, sendo necessário, portanto, trazer delimitações e especificações em relação à tecnologia empregada e ao seu uso.[25]

O tratamento de dados biométricos acerca do movimento realizado com o mouse pode ter como fim apenas determinar se um robô está buscando acessar um website ou se se trata de um ser humano, independentemente de quem ele seja. O tratamento de dados biométricos também pode ser realizado para determinar se um intruso humano ou animal se encontra em um espaço restrito ou para diferenciar homens, mulheres e crianças num determinado ambiente. Contudo, ainda assim, existiria o risco de ocorrer um tratamento de informações para além da finalidade original, havendo a identificação e análise de um titular individualizado.[26]

---

24 Disponível em: https://fpf.org/blog/when-is-a-biometric-no-longer-a-biometric/. Acesso em: 27.07.23.

25 Alguns exemplos apresentados de casos de uso de menor risco para detecção e caracterização corporal incluem: detecção de rosto para uma câmera para fornecer recursos de foco automático; caracterização da pele para diagnosticar condições de pele a partir de imagens; análise de vídeo para determinar o número de humanos em uma loja para cumprir as restrições do COVID; e tecnologia assistiva, como ferramentas de transcrição de fala ou legendas automáticas. Disponível em: https://fpf.org/blog/when-is-a-biometric-no-longer-a-biometric/ . Acesso em: 27.07.23.

26 Em apertada síntese, haveria ao menos duas correntes para a definição de dados biométricos: a) os dados biométricos deveriam ser definidos pela fonte dos

Não obstante o tipo de atividade empregada, todas as tecnologias baseadas no tratamento de dados derivados de nossos corpos apresentam algum tipo de risco a direitos. A depender do tipo de aplicação, podem ocorrer formas invasivas de criação de perfis ou discriminações abusivas. A referida discussão mostra-se valiosa para o cenário brasileiro, uma vez que nosso sistema jurídico ainda carece de definições mais específicas para conceitos importantes como: "dados pessoais sensíveis" e "dados pessoais biométricos", assim como para termos correlatos como "técnicas biométricas", "tecnologias biométricas", "sistemas de categorização biométrica" e "sistemas de identificação biométrica". Adicionalmente, encontram-se em pauta no país projetos de lei para regular aplicações de reconhecimento facial e usos de inteligência artificial (*Projeto de Lei* n° 2.338/23).

2. Aplicações e tratamento de dados biométricos

Verifica-se um interesse crescente, a nível global, em tecnologias de reconhecimento biométrico em vários setores. O número de novas patentes relacionadas a essas tecnologias vem aumentando anualmente[27]. Do reconhecimento de digitais até a análise de comportamentos, aplicações de reconhecimento biométrico vêm sendo inseridas em nosso dia a dia por meio de dispositivos conectados e ferramentas dotadas de inteligência artificial.

Conforme a tecnologia avança, o uso de características humanas como informação apresenta cada vez mais riscos e desafios para as noções de privacidade, proteção de dados e transparência, demandando regulações específicas. Nesse cenário, tecnologias de reconhecimento

dados em si - ou seja, são biométricos porque são dados derivados do corpo de um indivíduo - portanto, qualquer atividade de processamento dependente de dados do corpo de um indivíduo, incluindo detecção e caracterização, deveria ser regulamentada pelas leis de privacidade biométrica; e b) os dados biométricos devem ser definidos pela atividade de processamento, ou seja, é biométrico porque são dados físicos únicos usados para identificar ou verificar indivíduos - portanto, apenas esses usos deveriam ser regulamentados pelas leis de privacidade biométrica. Uma vez que a detecção e a caracterização não são utilizadas para a identificação, não devem ser abrangidas pelo âmbito de aplicação da lei. Disponível em: https://fpf.org/blog/when-is-a-biometric-no-longer-a-biometric/ . Acesso em: 27.07.23.

27 ICO. Information Commissioner's Office. *Biometrics*: insight. Versão 1.0. p. 9.

de emoções[28] e de vigilância biométrica de massa em espaços públicos encontram-se seriamente questionadas, especialmente por grupos organizados da sociedade civil e do terceiro setor.

Em âmbito público, além de questões relacionadas à segurança e persecução criminal, vem crescendo o debate acerca do estabelecimento de bancos de dados biométricos para a identificação dos cidadãos e facilitação da concessão de benefícios e auxílios governamentais. Recorda-se, aqui, a Lei n° 13.444/2017, que criou a Identificação Civil Nacional

28 Tecnologias que permitem o reconhecimento de emoções faciais (*Facial Emotion Recognition* – FER) são usadas para analisar sentimentos de pessoas naturais, a partir de diferentes fontes, como fotos e vídeos. As expressões faciais são formas de comunicação não verbal, fornecendo importantes recursos para a análise das emoções humanas. Há anos, decodificar tais expressões de emoção tem sido um interesse de pesquisa no campo da psicologia. Recentemente, a elevada difusão de câmeras, os avanços tecnológicos no campo do tratamento de dados biométricos e a ampliação do uso de inteligência artificial e *machine learning* têm desempenhado um papel de destaque no refinamento da mencionada tecnologia. Entretanto, a complexidade das expressões faciais e as amplas possibilidades de uso da tecnologia aumentam cada vez mais os riscos de lesão à privacidade e aos dados sensíveis. A fonte das imagens que servem como entrada para os algoritmos varia de câmeras de vigilância até câmeras colocadas perto de telas de publicidade em lojas ou inseridas em dispositivos pessoais (como celulares). O reconhecimento de emoções faciais pode ser combinado com identificação biométrica. Sua precisão é ampliada quando conjugado com tecnologia que analisa diferentes tipos de fontes, como voz, texto, dados de saúde e/ou padrões de fluxo sanguíneo inferidos da imagem. Verifica-se uma ampla gama de aplicações para as referidas tecnologias: prestação de serviços personalizados; análise do comportamento do cliente e direcionamento de publicidade; cuidados de saúde, como detectar autismo ou doenças neurodegenerativas, prever transtornos psicóticos e observar as condições dos pacientes durante o tratamento; ajudar na tomada de decisões de recrutadores em processos seletivos; monitorar o humor e a atenção dos funcionários; monitorar a atenção dos alunos; e detectar envolvimento na aprendizagem online. No campo da segurança pública, por exemplo, podem ser utilizadas em detectores de mentira e no controle inteligente de fronteiras, para analisar imagens de cenas de um crime e para detectar e reduzir reclamações de seguros fraudulentas. Cf. VEMOU, Konstantina; HORVATH, Anna. TechDispatch #1/2021 – *Facial Emotion Recognition*. Publicado em 26 de maio de 2021. Disponível em: https://edps.europa.eu/data-protection/our-work/publications/techdispatch/techdispatch-12021-facial-emotion-recognition_en . Acesso em: 05.08.23. Janette Vazquez, Samir Abdelrahman, Chris Wasden, Stuart Jardine, Colby Judd, Matthew Davis, Julio C. Facelli. Using Biometric Data to Measure and Predict Emotional Engagement of Video Games. *BioRxiv.* Publicado em 02 de março de 2022. Disponível em: https://www.biorxiv.org/content/10.1101/2022.02.28.482337v2 Acesso em: 10 set.2023.

(ICN), "com o objetivo de identificar o brasileiro em suas relações com a sociedade e com os órgãos e entidades governamentais e privados." A base de dados da Identificação Civil Nacional (BDICN) conta com bases como o Cadastro Nacional de Eleitores e as biometrias coletadas pela Justiça Eleitoral. Busca-se facilitar o acesso aos serviços públicos antes disponíveis apenas no atendimento presencial de órgãos públicos federais, a exemplo do serviço de conferência de dados da BDICN e a prova de vida do INSS por biometria facial na plataforma gov.br.[29] O registro de dados biométricos em cadastros de órgãos públicos vem se mostrando uma tendência,[30] sendo possível mencionar exemplos na Índia[31], China, Filipinas (PhilSys) e Estados Unidos. Além disso, a Lei nº 13.964/19, conhecida como lei anticrime, em seu art. 12, autorizou a criação, no Ministério da Justiça e Segurança Pública, do Banco Nacional Multibiométrico e de Impressões Digitais.

O tratamento de dados biométricos apresenta também expressivo crescimento no setor privado, como aponta o estudo *Biometrics: foresight*, produzido pelo ICO, abaixo analisado.[32] Nos setores financeiro e bancário, tais recursos vêm sendo especialmente utilizados para fins de identificação e segurança. Busca-se aplicar tecnologias biométricas comportamentais e de autenticação de dois fatores para promover, por exemplo, transações mais seguras. É possível aprimorar a segurança de aplicativos incorporando análise comportamental dos titulares, como rastreamento de padrão e ângulo do telefone. Implantações biométricas de baixa fricção, como reconhecimentos faciais, podem oferecer meios de pagamento mais rápidos e higiênicos dentro das lojas sem contato físico ou uso de dinheiro.

O setor comercial mostra-se bastante aberto ao uso de tecnologias como reconhecimento de voz, reconhecimento de marcha e análise de vasos para melhorar a identificação dos clientes e ampliar as funcionalidades de dispositivos de IoT. Além dos sistemas de pagamento, este

29 Disponível em: https://www.justicaeleitoral.jus.br/identificacao-civil-nacional/ . Acesso em: 05.08.23.

30 Cf. DOERING, Victor; SILVA, Alexandre Pacheco da. O tratamento de dados biométricos na LGPD: dilemas jurídicos e políticos de seu processamento. In: FILHO, Francisco; RAIS, Diogo (Coord.). *Direito público digital*. São Paulo: Thomson Reuters Brasil, 2020. pp. 99-113.

31 Disponível em: https://uidai.gov.in/ . Acesso em 01.03.21.

32 Fonte: https://ico.org.uk/media/4021971/biometrics-foresight-report.pdf Acesso em: 16.09.23

tratamento de dados pode incluir o rastreamento do cliente e o monitoramento de suas preferências e interesses, por exemplo, por meio de rastreamento de olhar. Por sua vez, esse recurso poderá fornecer ofertas personalizadas, bem como dados agregados do consumidor. Outras abordagens podem incluir menus inteligentes em estabelecimentos oferecendo ofertas especiais personalizadas e acesso rápido a itens reconhecidos como favoritos. Dispositivos podem fazer análise vocal não apenas para identificar usuários e convidados nos sistemas, mas também para oferecer respostas personalizadas aos estados emocionais e comportamentais percebidos.

Os setores fitness e da área da saúde vêm expandindo a gama de dados biométricos que eles coletam, com dispositivos eletrônicos sendo direcionados a tratar dados de saúde. Busca-se que os cuidados médicos se tornem ainda mais personalizados e adaptados às necessidades específicas das pessoas. Adicionalmente, a análise biométrica comportamental ou emocional pode se relacionar com dispositivos de realidade aumentada para apoiar pessoas com deficiência em suas interações diárias.

Na temática da saúde suplementar, o uso de biometria facial na validação de identidade de usuários de planos de saúde vem sendo bastante discutido.[33] Sua adoção apresenta uma série de riscos e questionamentos, especialmente por envolver também o tratamento de dados sensíveis de saúde e envolver diretamente grupos de pessoas hipervulneráveis, como idosos, crianças e adolescentes.

O rastreamento de funcionários em determinados contextos vem ocorrendo, embora controverso. Nesta análise, mostra-se possível conjugá-la com dados comportamentais ou de sentimentos. Além disso, novas técnicas para análise de entrevistas e treinamento virtual de pessoal provavelmente serão discutidas nos próximos anos. Em âmbito educacional, já se mostra possível realizar o monitoramento on-line de alunos, o uso de métodos de verificação para garantir o acesso seguro a instituições de ensino e o rastreamento detalhado das aulas para analisar as respostas dos alunos às abordagens pedagógicas. Usos bastante questionáveis especialmente diante de dados sensíveis de crianças e de adolescentes.

No setor do entretenimento, as empresas vêm demonstrando grande interesse em desenvolver técnicas biométricas ligadas a tecnologias

33 IDEC. Biometria facial, acesso à saúde e direito fundamental à proteção de dados pessoais. *Nota técnica sobre o uso de dados biométricos em estabelecimentos de saúde suplementar.* Julho de 2023.

imersivas, para ambientes de realidade virtual, e a tecnologias assistivas. Na área da segurança privada, tratamentos de dados biométricos vêm ocorrendo para acesso em portaria e domicílios, além de grandes prédios comerciais. Há ainda intenso estudo de softwares de reconhecimento facial para embarques em voos[34].

O uso da biometria é tema cada vez mais recorrente no âmbito de grandes estádios de futebol, como forma de evitar crimes cometidos neste ambiente, ações indevidas de cambistas e identificar determinados torcedores, em situações específicas. O time de futebol brasileiro Palmeiras instalou o sistema no Allianz Parque. Assim, a entrada ocorre por reconhecimento facial, ou seja, o torcedor registrará a sua face no sistema, comprará o ingresso e se dirigirá à catraca. O equipamento de reconhecimento facial identificará a sua face associada a um ingresso e liberará a sua entrada.[35] No mesmo sentido, o Athletico-PR utiliza tratamento de dado biométrico na Arena da Baixada. A Arena MRV, casa do Atlético-MG, conta com tecnologia de reconhecimento facial para controle de acesso. Já no Ceará o projeto para implementação do equipamento na Arena Castelão começa a tomar forma.

Acompanhando esta movimentação nos estádios, foi publicada a lei nº 14.597/23 que institui a Lei Geral do Esporte. Em seu artigo 148, ela dispõe que o controle e a fiscalização do acesso do público a arenas esportivas com capacidade para mais de 20.000 pessoas deverão contar com meio de monitoramento por imagem das catracas e com identificação biométrica dos espectadores. Deverá haver também central técnica de informações, com infraestrutura suficiente para viabilizar o monitoramento por imagem do público presente e o cadastramento biométrico dos espectadores. O disposto deverá ser implementado no prazo máximo de até 2 anos a contar da entrada em vigor desta Lei. Em seguida, coloca-se no artigo 158 que são condições de acesso e de permanência do espectador no recinto esportivo, independentemente da forma de seu ingresso, sem prejuízo de outras condições previstas em lei, para espectador com mais de 16 anos de idade, estar devidamente cadastrado no sistema de controle biométrico para efeito do art. 148 desta Lei.

34 Disponível em: https://www.nist.gov/news-events/news/2021/07/nist-evaluates-face-recognition-softwares-accuracy-flight-boarding . Acesso em: 09.08.23.

35 Disponível em: https://www.palmeiras.com.br/noticias/perguntas-e-respostas-sobre-o-sistema-de-reconhecimento-facial/ . Acesso em: 09.08.23.

O não cumprimento das condições estabelecidas neste artigo implicará a impossibilidade de acesso do espectador ao recinto esportivo ou, se for o caso, o seu afastamento imediato do recinto, sem prejuízo de outras sanções administrativas, civis ou penais eventualmente cabíveis, segundo a lei.[36] Faleiros Júnior questiona os custos sociais e éticos da referida prática, pois, se de um lado, oferece um reforço da segurança e do controle do ambiente, de outro, "Não há dúvidas de que o impedimento de acesso do torcedor restringe seu direito social ao lazer (art. 6º, caput, CF) e limita o exercício de sua autodeterminação informativa (art. 2º, II, LGPD) em prol da almejada segurança."[37]

Em nota técnica[38] direcionada ao setor farmacêutico, a Autoridade Nacional de Proteção de Dados (ANPD) brasileira trouxe importantes considerações sobre aplicações envolvendo dados biométricos:

---

36 Dentro da presente temática, cabe recordar a Nota Técnica nº 175/2023/CGF/ANPD acerca do Acordo de Cooperação entre o Ministério da Justiça e Segurança Pública (MJSP) e a Confederação Brasileira de Futebol (CBF) para compartilhamento de dados pessoais visando ao aprimoramento do Projeto Estádio Seguro. O projeto prevê ações de combate ao racismo e à violência nos estádios brasileiros, com a aplicação do uso de tecnologias que permitam identificar torcedores que tenham se envolvido em ilícitos e possam, porventura, causar problemas nas praças esportivas. A nota também aborda a importância do Relatório de Impacto à Proteção de Dados (RIPD). Parte do referido acordo envolve capturar, no momento da venda (on-line e física) ou repasse do bilhete, ainda que nos casos de cortesia, o registro facial do comprador ou beneficiário, ou associados e membros, ou sócio torcedores, membros de torcidas organizadas, havendo obrigatoriedade disso para indivíduos com idades entre 18 e 80 anos. Os estádios, então, devem encaminhar os dados, via API, para o Ministério da Justiça. A ANPD solicita que, dentre outras questões, no que se refere à captura do registro facial do comprador ou beneficiário e envio pelo estádio, o MJ acrescente que serão tratados dados biométricos e explique como eles serão tratados. Disponível em: https://www.gov.br/anpd/pt-br/documentos-e-publicacoes/documentos-de-publicacoes/nota-tecnica-no-175-2023-cgf-anpd-acordo-de-cooperacao-mjsp-e-cbf.pdf Acesso em: 29.11.23.

37 FALEIROS JÚNIOR, José. Reconhecimento facial em estádios e responsabilidade civil na Lei Geral do Esporte (lei 14.597/2023). *Migalhas*, 5 de setembro de 2023. Disponível em: https://www.migalhas.com.br/coluna/migalhas-de-responsabilidade-civil/393045/reconhecimento-facial-em-estadios . Acesso em: 06.09.23.

38 Nota Técnica nº 4/2023/CGTP/ANPD - Manifestação técnica da Coordenação-Geral de Tecnologia e Pesquisa acerca do alinhamento de conformidade com a LGPD e sua aplicação no varejo farmacêutico. Disponível em: https://www.gov.br/anpd/pt-br/documentos-e-publicacoes/nota-tecnica-no-4-2022-cgtp-anpd-farmacia.pdf . Acesso em: 09.08.23.

> O tratamento de dados biométricos envolve a autenticação de identidade de indivíduos por meio de características físicas e biológicas personalíssimas, como o reconhecimento de digitais, da voz, da face, da íris e até mesmo de DNA. (...) Na prática, o uso da biometria reduz a fricção de transações e aplicações do cotidiano, podendo ser aplicadas em sistemas de acesso de smartphones (biometria digital e da face, por exemplo) e de espaços físicos (como no controle de fluxos de pessoas em fronteiras), bem como em sistemas de autenticação de identidade em caixas rápidos (prevenção a fraudes financeiras), em aplicativos (confirmação de identidade de passageiros em aplicações de transporte individual), consultórios e laboratórios médicos, além de urnas eletrônicas eleitorais. 24.2. A biometria pode ser considerada uma parte do tripé de identificação de um titular de dados, que consiste em saber i) o que o usuário tem (chave, token, cartão, crachá etc.); ii) o que o usuário sabe (nome ou ID de usuário, senha etc.); e iii) o que o usuário é (dados biométricos). O uso dos fatores deste tripé costuma ser proporcional às necessidades de autenticação de identidade do titular. Ou seja, quanto mais imprescindível for a acurácia de sua identificação, (para fins de prevenção de uma fraude financeira, por exemplo), mais fatores costumam ser empregados. Como consequência dessa utilização de múltiplos fatores de autenticação de identidade, as medidas de segurança necessárias à salvaguarda dos dados dos titulares também devem acompanhar o uso desses fatores.

Se utilizadas indevidamente, porém, tecnologias de reconhecimento de dados biométricos podem servir como ferramentas de controle e promover cenários de discriminação, resultando em práticas abusivas, ilícitas e violadoras de direitos.[39] Questões como precisão das

39 No Brasil, caso paradigmático sobre o tratamento de dados sensíveis e de imagens para fins comerciais foi discutido em Ação Civil Pública proposta, em 2018, em face da empresa ViaQuatro, concessionária da Linha Amarela do metrô de São Paulo, devido à coleta de dados pessoais pelas "portas interativas" das estações. O projeto "Portas Digitais" filmava as reações dos passageiros à publicidade veiculada nas portas dos vagões, coletando as emoções, sem prévio consentimento dos consumidores, com o objetivo de vender anúncios de forma mais eficiente. A empresa promoveu a implantação de portas interativas em algumas das estações de metrô,

análises, discriminação (direta, indireta, ilegal e/ou abusiva) e segurança necessitam ser seriamente discutidas. Antes da implantação de um sistema de reconhecimento biométrico, mostra-se necessário compreender profundamente as implicações potenciais desse tipo de tecnologia, considerando seu impacto nas pessoas que o usarão e que serão submetidas a ele.

---

buscando reconhecer o gênero, a faixa etária e as emoções dos usuários expostos à publicidade veiculada (inclusive comercial). Em 07 de maio de 2021, foi proferida sentença de mérito sobre o caso, em que se afirmou ser inegável que a conduta da requerida violava, patentemente, o direito à imagem dos consumidores usuários do serviço público, as disposições acerca da proteção especial conferida aos dados pessoais sensíveis, além dos direitos básicos do consumidor, notadamente à informação e à proteção com relação às práticas comerciais abusivas. Diante disso, o pedido para a ré não utilizar dados biométricos ou qualquer outro tipo de identificação dos usuários do transporte público, sem a comprovação do devido consentimento do consumidor, foi julgado procedente. A magistrada destacou que, caso desejasse readotar as práticas tratadas nos autos, a empresa deveria obter o consentimento prévio dos usuários, mediante informação clara e específica sobre a captação e o tratamento dos dados, com adoção das ferramentas pertinentes. A possibilidade de reconhecimento facial e de detecção facial e a utilização – com finalidade comercial – das imagens captadas dos usuários do metrô sem o consentimento ou cientificação dos usuários mostram-se, segundo a magistrada, bastante reprováveis, atingindo a moral e os valores coletivos. Levou-se em conta também as garantias adicionais que a LGPD oferece aos dados sensíveis, bem como o fato de na estação circularem, além de adultos, crianças e adolescentes. (TJSP. Processo nº 1090663-42.2018.8.26.0100 da 37ª Vara Cível do Foro Central Cível da Comarca de São Paulo. Julgado em 07 de maio de 2021.) Mais recentemente, em 2023, a 8ª Câmara de Direito Público do Tribunal de Justiça de São Paulo manteve a condenação da Via Quatro por utilizar indevidamente o sistema de câmeras de segurança para captação de imagens de usuários com fins comerciais e publicitários. O órgão colegiado votou pelo aumento do valor do dano moral coletivo, que foi fixado em R$ 500 mil e será revertido para o Fundo de Defesa de Direitos Difusos (FDD). O relator do recurso, desembargador Antonio Celso Faria, classificou a conduta da empresa como reprovável e ofensiva à moral coletiva, ressaltando que é praticamente impossível calcular o número de passageiros que utilizam a plataforma da ré diariamente, fato que caracteriza o dano moral coletivo. Além disso, o julgador destacou que os passageiros dos trens da concessionária tiveram sua intimidade invadida com fins lucrativos, sem autorização e sem controle adequado sobre a captação de imagens. "À ré, na condição de concessionária de serviço público, incumbe arcar com o risco das atividades econômicas que explora, especialmente por envolver os direitos fundamentais à intimidade, à privacidade, à imagem e à honra dos usuários consumidores, o que não ocorreu", frisou. (Apelação nº 1090663-42.2018.8.26.0100)

Os sistemas de reconhecimento biométrico utilizam correspondência probabilística para determinar se dois valores são "suficientemente semelhantes" entre si. Dessa forma, é possível que interferências prejudiquem a correspondência, como a quantidade de luz no local, mudanças físicas nos titulares das informações[40] ou a passagem do tempo entre a inscrição original e a reapresentação posterior. Os processos de correspondência apresentam o potencial para os seguintes tipos de equívocos: a) falso positivo: quando um sistema observa incorretamente um caso como positivo quando não deveria (uma correspondência é sugerida, mas a imagem não corresponde à pessoa em questão); e b) falso negativo: quando um sistema acusa incorretamente um caso como negativo quando deveria ser positivo (a imagem corresponde à pessoa, mas o sistema não a reconhece).

Conforme estudo desenvolvido pela Agência Espanhola de Proteção de Dados (AEPD)[41], ao contrário dos processos baseados em senha ou certificados, que são 100% precisos, a identificação/autenticação biométrica depende da probabilidade, havendo uma certa taxa de falsos positivos e falsos negativos. Os equívocos serão mais elevados quanto menos preciso for o equipamento de captura de dados e dependerão das condições de captura (por exemplo, luminosidade da sala ou limpeza do sensor). A precisão de alguns dados biométricos, como as impressões digitais, depende da idade do indivíduo e é afetada pelo seu envelhecimento. O referido estudo destaca que semelhanças biométricas entre irmãos ou parentes pode confundir sistemas biométricos. Além disso, condições ambientais em locais não controlados (ou seja, o reconhecimento facial em espaços públicos ou a utilização de pintura facial ou máscaras antivirais) poderiam levar a um aumento das taxas de erros.

Os equívocos também podem ocorrer diante da aplicação de procedimentos e técnicas que permitam enganar sistemas de autenticação,

40 Segundo o ICO, o reconhecimento de impressões digitais mostra-se menos preciso para adultos com mais de 70 anos e crianças com menos de 12 anos. Isso ocorre porque as impressões digitais dos adultos mais velhos são menos distintas e as impressões digitais das crianças ainda estão em desenvolvimento, por isso mudam rapidamente. Como resultado, a tecnologia terá um desempenho sistematicamente pior para os adultos mais velhos e as crianças pequenas. Fonte: https://ico.org.uk/for-organisations/uk-gdpr-guidance-and-resources/guidance-on-biometric-data/data-protection-requirements-when-using-biometric-data/ Acesso em: 09 set. 23.

41 AEPD. *14 Misunderstandings with regard to biometric identification and authentication.* Junho de 2020.

fazendo com que um terceiro assuma a identidade de outra pessoa. Isso pode ocorrer havendo o uso de máscaras ou reproduções de pegadas. "Sistemas adversários" são especificamente projetados para enganar o reconhecimento de imagem e podem ser usados para contornar a identificação biométrica. Informações biométricas armazenadas permitem que os dados biométricos originais (por exemplo, um rosto) sejam parcialmente reconstruídos. Essa reconstrução parcial, a depender da quantidade de informações biométricas coletadas, pode ser precisa o suficiente para que outro sistema biométrico a reconheça como original.

No mesmo estudo da AEPD[42], destaca-se que algumas pessoas não podem utilizar determinados tipos de biometria porque suas características físicas não são reconhecidas pelo sistema. Em caso de lesões, acidentes e questões de saúde (como uma paralisia), esta incompatibilidade pode ser temporária. Contudo, uma incompatibilidade biométrica permanente pode ser um fator que gere uma exclusão social em certos casos.[43]

Em determinados contextos, falhas técnicas e falsos positivos mostraram-se capazes de reforçar discriminações graves em face de pessoas negras e determinados grupos, o que consequentemente pode vir a aumentar abordagens policiais e encarceramentos indevidos. Como já apontado em estudo desenvolvido pela autora e Eleonora Ceia,

> Além das questões relacionadas à proteção das liberdades fundamentais, existe uma grande preocupação de que os sistemas de reconhecimento facial sejam imprecisos e perpetuem cenários de preconceito, estigmatização e discriminação racial. A relação desenvolvida entre reconhecimento facial, segurança pública e policiamento gera profundas preocupações quanto aos riscos de uma aplicação ampla e generalizada de tal ferramenta. Diferenças na taxa de acerto no reconhecimento de pessoas de diferentes raças (sendo os falsos positivos mais comuns em rostos de negros), gêneros e idades já foram demonstradas. O viés é especialmente agravado no

42 AEPD. 14 Misunderstandings with regard to biometric identification and authentication. Junho de 2020.

43 Relatório da Privacy International expõe riscos de exclusão social em sistemas biométricos de cartões de identificação: UK Identity Cards and Social Exclusion (maio de 2005). Disponível em: https://privacyinternational.org/sites/default/files/2017-12/UK%20Identity%20Cards.pdf. Acesso em: 10 set.2023.

> campo da segurança pública, devido às relações históricas de desigualdade e discriminação contra populações socialmente vulneráveis. Sem os devidos cuidados, os algoritmos podem aprofundar as desigualdades e fazer com que medidas coercitivas sejam tomadas de forma equivocada.[44]

Diante das possibilidades de aplicação de tecnologias de identificação biométrica e dos elevados riscos a direitos envolvidos, resta evidente que a temática demanda análises multissetoriais e regulações tanto nacionais quanto de caráter internacional que considerem, inclusive, as implicações éticas[45][46] e sociais dos tratamentos de dados realizados e, consequentemente, dos resultados e inferências obtidas.[47]

3. Proteção de dados pessoais sensíveis biométricos

Em todo contexto, o tratamento de dados sensíveis biométricos deverá ser proporcional, destinado a uma finalidade legítima, determinada e específica e ocorrer quando estritamente necessário à atividade em questão, havendo amplo respeito aos direitos humanos e a princípios éticos.

---

44 TEFFÉ, Chiara Spadaccini de; CEIA, Eleonora Mesquita. Reconhecimento facial e segurança pública nas cidades: uma análise crítica na perspectiva das competências federativas e dos direitos fundamentais. In: Reinaldo J. Themoteo (Coord.). *Tecnologia e Direitos Humanos*: Os usos e riscos de sistemas de reconhecimento facial. Rio de Janeiro: Konrad Adenauer Stiftung, 2023.

45 Cf. WENDEHORST, Christiane; DULLER, Yannic. Biometric Recognition and Behavioural Detection. União Europeia, 2021. Disponível em: http://www.europarl.europa.eu/supporting-analyses . Acesso em: 11 set. 2023.

46 Cf. DONEDA et al. Considerações iniciais sobre inteligência artificial, ética e autonomia pessoal. *Pensar*, Fortaleza, v. 23, nº 4, pp. 1-17, 2018. Disponível em: https://ojs.unifor.br/rpen/article/view/8257/ Acesso em: 16 set. 23.

47 Em estudo publicado em novembro de 2023, a Agência Espanhola de Proteção de Dados (AEPD) publicou Guia acerca de Tratamentos de dados envolvendo Controle de Presença através de Sistemas Biométricos (*Tratamientos de control de presencia mediante sistemas biométricos*). O documento estabelece critérios de utilização da biometria para controle de acesso, tanto para fins profissionais quanto não profissionais, estabelecendo medidas a serem tomadas para que o tratamento de dados pessoais que utiliza esta tecnologia esteja em conformidade com o Regulamento Geral de Proteção de Dados (RGPD). Disponível em: https://www.aepd.es/prensa-y-comunicacion/notas-de-prensa/la-aepd-publica-una-guia-sobre-la-utilizacion-de-datos Acesso em: 29.11.23.

Deverão ser estabelecidas salvaguardas para garantir que as decisões tomadas com base em dados sejam transparentes, passíveis de explicação e auditáveis, havendo mecanismos efetivos para a sua revisão e mitigação de vieses, assim como para a responsabilização dos sujeitos envolvidos. No que tange aos aspectos tecnológicos, cabe ao controlador conhecer amplamente seu algoritmo, o sistema biométrico utilizado, a qualidade e a diversidade dos dados tratados e seu ambiente operacional, para que minimize vulnerabilidades e riscos.[48]

No caso de uma violação ou incidente de segurança envolvendo dados biométricos, isso criará uma situação bastante grave: atributos físicos ou comportamentais não podem ser substituídos de forma automática como códigos ou senhas numéricas. Justamente por isso, os recursos de segurança deverão ser ampliados e garantidos, sendo incluídos meios como criptografia, avaliações de impacto e auditorias técnicas independentes. Nesse sentido, a ANPD[49] já se manifestou no sentido de que:

> Tendo em vista que dados biométricos não constituem a única forma de verificação de identidade, é importante ressaltar que poderiam sem empregadas também outras ferramentas de tratamento de dados, menos gravosas em relação à utilização de dados tão sensíveis quanto as biometrias digitais ou até mesmo faciais. Na eventualidade de a verificação da identidade de cadastros de clientes poder ser realizada por meio

48 Com base nas três leis da robótica de Asimov, o Instituto da Biometria elaborou três leis da biometria para estimular as pessoas que usam a biometria a lembrar dos fundamentos da aplicação da tecnologia de forma responsável e ética. São elas: 1) Política – vem em primeiro lugar: qualquer uso de biometria deve ser proporcional, tendo como cerne os direitos humanos básicos, a ética e a privacidade. 2) Processo – segue a política: devem existir salvaguardas para garantir que as decisões sejam rigorosamente revisadas, as operações sejam justas e os operadores sejam responsáveis. 3) Tecnologia – guiada por políticas e processos: dispõe sobre a necessidade de o sujeito conhecer seu algoritmo, sistema biométrico, a qualidade dos dados e o ambiente operacional. Além disso, deverão ser mitigadas vulnerabilidades, limitações e riscos. Disponível em: https://www.biometricsinstitute.org/the-three-laws-of-biometrics/ Acesso em: 09.08.23.

49 Nota Técnica nº 4/2023/CGTP/ANPD - Manifestação técnica da Coordenação-Geral de Tecnologia e Pesquisa acerca do alinhamento de conformidade com a LGPD e sua aplicação no varejo farmacêutico. Disponível em: https://www.gov.br/anpd/pt-br/documentos-e-publicacoes/nota-tecnica-no-4-2022-cgtp-anpd-farmacia.pdf Acesso em: 09.08.23.

> de dados pessoais não sensíveis, pondera-se se há justificativa e contrapartida adequada em termos de segurança da informação para a coleta de dados biométricos para os mesmos fins. 24.10. A título de exemplo, um nome de usuário (ID de usuário único, gerado pela controladora) e uma senha fornecidos pelo controlador a seus clientes poderiam ser utilizados para verificar a identidade de titulares de dados participantes em seus programas de fidelização, sem a necessidade de vulnerabilizá-los por meio de tratamentos desnecessários e, por vezes, desproporcionais às demandas de segurança da informação que a finalidade de identificação exige. Em caso de comprometimento, como um compartilhamento ou exfiltração de base de dados, os dados biométricos têm o potencial de representar grave prejuízo aos titulares e à sua privacidade, considerando que não podem ser substituídos ou alterados de forma a preservar sua identidade. 24.11. Além disso, importa verificar se as medidas de segurança informadas são suficientes (criptografia e não compartilhamento com terceiros) para a proteção de mais esses dados sensíveis, bem como se os direitos dos titulares podem ser exercidos de forma simples e acessível. Dados pessoais sensíveis, sejam eles biométricos ou referentes à saúde e à vida sexual de usuários de serviços farmacêuticos, necessitam de salvaguardas adicionais em seu tratamento, como determina o art. 11 da LGPD.

O tratamento de dados sensíveis biométricos deverá ocorrer para fins legítimos, a partir de bases legais específicas e mais restritas, conforme o artigo 11 da LGPD. Recomenda-se o desenvolvimento contínuo de relatórios de impacto à proteção de dados pessoais (RIPD)[50], de medidas de prestação de contas e de análises de risco que considerem, entre outras questões, as circunstâncias do tratamento e as prováveis ameaças, vulnerabilidades e danos que possam ocorrer se os dados biométricos forem de alguma forma comprometidos. Para adicionar segurança ao tratamento de informações biométricas, recomenda-se remover o

50 É possível encontrar orientação da ANPD sobre o RIPD aqui: https://www.gov.br/anpd/pt-br/canais_atendimento/agente-de-tratamento/relatorio-de-impacto-a-protecao-de-dados-pessoais-ripd Acesso em: 10 set. 23.

padrão biométrico do qual o hash ou biohash fora obtido, bem como garantir ampla segurança ao segredo da chave utilizada para gerar o hash.

Ressalta-se também a grande importância do desenvolvimento de legislação de âmbito federal sobre a matéria, que aborde aspectos tanto de IA quanto de proteção de dados sensíveis. Vale lembrar que, na forma do Art. 4º, par. 1º, da LGPD, ainda deverá ser desenvolvida lei específica acerca do tratamento de dados, inclusive sensíveis, que verse sobre segurança pública, defesa nacional, segurança do Estado ou atividades de investigação e repressão de infrações penais.

Ações alinhadas à metodologia do *Privacy by Design*[51] deverão ser efetivamente tomadas no desenvolvimento de tecnologias de identificação de pessoas e análise de dados. Busca-se, assim, incorporar proativamente a privacidade na tecnologia da informação, nas práticas de negócios e nas infraestruturas de rede. Medidas de *Privacy by Design* são projetadas para antecipar e prevenir eventos invasivos de privacidade. Isso significa que você deverá considerar questões de proteção de dados e privacidade na fase de design e durante todo o ciclo de vida do seu sistema, assim como a aplicação de *Privacy Enhancing Technologies* (PETs) em seus processos. PETs têm como escopo minimizar o uso de informações pessoais, maximizar a segurança da informação e empoderar as pessoas.

PETs podem ser compreendidos como soluções de software e hardware, ou seja, sistemas que abrangem processos técnicos, métodos ou conhecimentos que visam a garantir privacidade, proteção de dados e confidencialidade a informações sensíveis, assim como proteger um indivíduo ou grupo contra riscos de privacidade.[52] Conforme o *Centre for*

51 Cf. Ann Cavoukian; Claudiu Popa. *Privacy by ReDesign*: A Practical Framework for Implementation. 2011. Disponível em: https://lnkd.in/da83-Gm6 . Agência espanhola de proteção de dados. A Guide to Privacy by Design. 2019. Disponível em: https://lnkd.in/dRDGF-ye . Christina Michelakaki; Sebastião Barros Vale. Unlocking Data Protection By Design & By Default: Lessons from the Enforcement of Article 25 GDPR. Future of Privacy Forum. Maio de 2023. Disponível em: https://lnkd.in/dAN8KirW . ISO 31700-1:2023, sobre Privacidade desde a concepção para bens e serviços de consumo.

52 Fonte: https://ico.org.uk/for-organisations/uk-gdpr-guidance-and-resources/data-sharing/privacy-enhancing-technologies/how-can-pets-help-with-data-protection-compliance/#what Acesso em: 10 set.23. Conforme o estudo "From privacy to partnership: the role of privacy enhancing technologies in data governance and collaborative analysis", publicado em 2023 pelo The Royal Society: "Privacy Enhancing Technologies (PETs) are a suite of tools that can help maximise the

Data Ethics and Innovation's (CDEI) são exemplos de PETs: esquemas de criptografia que protejam informações em trânsito e em repouso; técnicas de desidentificação, como tokenização e k-anonimato; criptografia homomórfica; ambientes de execução confiáveis; computação multipartidária segura; privacidade diferencial; e sistemas para análise federada.[53]

Adicionalmente, em termos de boas práticas para o tratamento e proteção de dados biométricos, é possível elencar medidas como: I) uso de autenticação multifator: embora a autenticação biométrica seja segura, ainda é importante usá-la em conjunto com outras formas de autenticação, como senhas ou tokens de segurança, para fornecer uma camada adicional de segurança;[54] II) garantia de precisão na análise de dados biométricos: os sistemas biométricos devem ser testados e constantemente aprimorados para garantir que reconheçam com precisão os usuários e não ofereçam falsos positivos ou negativos; III) estabelecimento de políticas e de procedimentos claros e transparentes para a coleta, uso e armazenamento de dados biométricos; IV) realização de auditorias independentes e regulares para garantir que os sistemas biométricos estejam sendo usados adequadamente e que os protocolos de segurança estejam sendo seguidos; V) aplicação de treinamento adequado aos profissionais envolvidos no processo de tratamento de dados; VI) desenvolvimento de política e respostas eficazes para incidentes de segurança; VII) responsabilização efetiva dos agentes por erros, excessos e tratamentos indevidos de informações; VIII) supervisão humana na aplicação e uso das tecnologias[55]; e IX) uma vez assumindo a posição de

use of data by reducing risks inherent to data use. Some PETs provide new techniques for anonymisation, while others enable collaborative analysis on privately-held datasets, allowing data to be used without disclosing copies of data. PETs are multi-purpose: they can reinforce data governance choices, serve as tools for data collaboration or enable greater accountability through audit. For these reasons, PETs have also been described as 'Partnership Enhancing Technologies' or 'Trust Technologies'." Disponível em: royalsociety.org/privacy-enhancing-technologies . Acesso em: 10 set. 23.

53 Fonte: https://cdeiuk.github.io/pets-adoption-guide/what-are-pets Acesso em: 10 set. 23.

54 "Por definição, um sistema de autenticação forte é aquele que exige pelo menos dois dos seguintes itens: algo que você conhece, algo que você tem ou algo que você é (biometria)." (AEPD. 14 Misunderstandings with regard to biometric identification and authentication. Junho de 2020)

55 Determinados usos de sistemas de reconhecimento biométrico envolvem a tomada de decisões exclusivamente automatizadas sobre pessoas. Dependendo das

controlador ou de co-controlador, o sujeito deve garantir que os titulares de dados possam exercer seus direitos e entender como seus dados serão tratados, bem como orientar adequadamente seus operadores sobre como tratar eventuais dados sensíveis coletados.

Considerações finais

O tratamento de dados sensíveis biométricos deve ser desenvolvido de forma ética, legítima, transparente e responsável. Há, atualmente, uma vasta gama de recursos que visam a mensurar e analisar atributos comportamentais, físicos e fisiológicos do ser humano, promovendo informações e perfis bastante minuciosos sobre cada indivíduo. Como explorado no artigo, tecnologias biométricas apresentam múltiplas aplicações, facilitando o reconhecimento, a verificação e a autenticação de pessoas em sistemas e ambientes. No entanto, a sua utilização inadequada pode fazer com que indivíduos e grupos enfrentem discriminações ilícitas e causar violações à privacidade e liberdade. Diferentes técnicas permitem exames e inferências por vezes bastante intrusivas sobre nossos corpos e mentes.

Diante disso, promover um debate multissetorial acerca da definição dos dados pessoais biométricos e sua regulação mostra-se fundamental, para que sejam alcançadas propostas e políticas equilibradas que tenham a pessoa humana e toda a sua diversidade como centro de referência e proteção. Devem ser observadas as necessidades específicas de comunidades e grupos, tendo seus membros voz e atenção neste debate.

Como bem apontou Danilo Doneda, "O problema da proteção de dados, mais do que uma questão individual, possui implicações sociais profundas, que vão desde questões atinentes ao gozo de direitos por coletividades até a viabilidade de modelos de negócios que podem ser intrinsecamente contraditórios com o efetivo controle dos próprios dados pessoais, e mesmo o balanço de poderes no sistema democrático."[56]

especificidades da sua implantação, tais decisões podem ter efeitos significativos sobre as pessoas (por exemplo, negação de um serviço). Fonte: https://ico.org.uk/for-organisations/uk-gdpr-guidance-and-resources/guidance-on-biometric-data/data-protection-requirements-when-using-biometric-data/ Acesso em: 10 set. 23.

56 Citação apresentada em: https://doneda.net/frases-de-danilo-doneda/ Acesso em: 16 set.23.

Referências

AEPD. *14 Misunderstandings with regard to biometric identification and authentication*. Junho de 2020.

AEPD. Agência espanhola de proteção de dados. A Guide to Privacy by Design. 2019. Disponível em: https://lnkd.in/dRDGF-ye .

ANPD. Nota Técnica n° 4/2023/CGTP/ANPD - Manifestação técnica da Coordenação-Geral de Tecnologia e Pesquisa acerca do alinhamento de conformidade com a LGPD e sua aplicação no varejo farmacêutico. Disponível em: https://www.gov.br/anpd/pt-br/documentos-e-publicacoes/nota-tecnica-no-4-2022-cgtp-anpd-farmacia.pdf Acesso em: 09.08.23.

ANPD. Nota Técnica n° 4/2023/CGTP/ANPD - Manifestação técnica da Coordenação-Geral de Tecnologia e Pesquisa acerca do alinhamento de conformidade com a LGPD e sua aplicação no varejo farmacêutico. Disponível em: https://www.gov.br/anpd/pt-br/documentos-e-publicacoes/nota-tecnica-no-4-2022-cgtp-anpd-farmacia.pdf . Acesso em: 09.08.23.

ANPD. Contribuições da Coordenação-Geral de Fiscalização à minuta de Acordo de Cooperação entre o MJSP e a CBF para compartilhamento de dados pessoais visando ao aprimoramento do Projeto Estádio Seguro. Disponível em: https://www.gov.br/anpd/pt-br/documentos-e-publicacoes/documentos-de-publicacoes/nota-tecnica-no-175-2023-cgf-anpd-acordo-de-cooperacao-mjsp-e-cbf.pdf Acesso em: 29.11.23

ARTICLE 29 DATA PROTECTION WORKING PARTY. Opinion 02/2012 on facial recognition in online and mobile services. 22/03/2012. Disponível em: https://ec.europa.eu/justice/article-29/documentation/opinion-recommendation/files/2012/wp192_en.pdf .

ARTICLE 29 DATA PROTECTION WORKING PARTY. Opinion 3/2012 on developments in biometric technologies. Adotada em 27 de abril de 2012. Disponível em: https://ec.europa.eu/justice/article-29/documentation/opinion-recommendation/files/2012/wp193_en.pdf . Acesso em: 27.07.23.

ARTICLE 29 DATA PROTECTION WORKING PARTY. Working document on biometrics. 01/08/2003 Disponível em: https://ec.europa.eu/justice/article-29/documentation/opinion-recommendation/files/2003/wp80_en.pdf .

CAVOUKIAN, Ann; POPA, Claudiu. *Privacy by ReDesign*: A Practical Framework for Implementation. 2011. Disponível em: https://lnkd.in/da83-Gm6

DOERING, Victor; SILVA, Alexandre Pacheco da. O tratamento de dados biométricos na LGPD: dilemas jurídicos e políticos de seu processamento. In:

FILHO, Francisco; RAIS, Diogo (Coord.). *Direito público digital*. São Paulo: Thomson Reuters Brasil, 2020.

DONEDA et al. Considerações iniciais sobre inteligência artificial, ética e autonomia pessoal. *Pensar*, Fortaleza, v. 23, nº 4, pp. 1-17, 2018. Disponível em: https://ojs.unifor.br/rpen/article/view/8257/ Acesso em: 16 set. 23.

DONEDA, Danilo. *Da privacidade à proteção de dados pessoais*: elementos da formação da Lei geral de proteção de dados. 2ª ed. São Paulo: Thomson Reuters Brasil, 2019.

FALEIROS JÚNIOR, José. Reconhecimento facial em estádios e responsabilidade civil na Lei Geral do Esporte (lei 14.597/2023). *Migalhas*, 5 de setembro de 2023. Disponível em: https://www.migalhas.com.br/coluna/migalhas-de-responsabilidade-civil/393045/reconhecimento-facial-em-estadios . Acesso em: 06.09.23.

HARARI, Yuval Noah. *21 lições para o século 21*. 1ª ed. Companhia das Letras: 2018.

ICO. Information Commissioner's Office. *Biometrics*: insight. Versão 1.0.

IDEC. Biometria facial, acesso à saúde e direito fundamental à proteção de dados pessoais. *Nota técnica sobre o uso de dados biométricos em estabelecimentos de saúde suplementar.* Julho de 2023.

MICHELAKAKI, Christina; VALE, Sebastião Barros. Unlocking Data Protection By Design & By Default: Lessons from the Enforcement of Article 25 GDPR. Future of Privacy Forum. Maio de 2023. Disponível em: https://lnkd.in/dAN8KirW

PARLAMENTO EUROPEU. Person identification, human rights and ethical principles Rethinking biometrics in the era of artificial intelligence. Dezembro de 2021.

TEFFÉ, Chiara Spadaccini de. *Dados pessoais sensíveis*: qualificação, tratamento e boas práticas. São Paulo: Foco, 2022.

TEFFÉ, Chiara Spadaccini de; CEIA, Eleonora Mesquita. Reconhecimento facial e segurança pública nas cidades: uma análise crítica na perspectiva das competências federativas e dos direitos fundamentais. In: Reinaldo J. Themoteo (Coord.). *Tecnologia e Direitos Humanos*: Os usos e riscos de sistemas de reconhecimento facial. Rio de Janeiro: Konrad Adenauer Stiftung, 2023.

VEMOU, Konstantina; HORVATH, Anna. TechDispatch #1/2021 – *Facial Emotion Recognition*. Publicado em 26 de maio de 2021. Disponível em: https://edps.europa.eu/data-protection/our-work/publications/techdispatch/techdispatch-12021-facial-emotion-recognition_en . Acesso em: 05.08.23.

WENDEHORST, Christiane; DULLER, Yannic. Biometric Recognition and Behavioural Detection. União Europeia, 2021. Disponível em: http://www.europarl.europa.eu/supporting-analyses . Acesso em: 11 set. 2023.

Os contornos do direito à explicação no contexto da inteligência artificial

Filipe Fonteles Cabral[1]

I. Introdução

Os estudos sobre inteligência artificial remontam à década de 1950, protagonizados pelo matemático britânico Alan Turing[23], que defendia a possibilidade de se programar um computador para realizar atividades até então restritas a seres vivos. Em 1959, Arthur L. Samuel inaugura a ramificação da inteligência artificial denominada *machine learning*[4], conceituada como a capacidade de um computador definir ou modificar regras de tomada de decisão de forma autônoma.[5]

Fora da área acadêmica, as aplicações comerciais da inteligência artificial só ganharam escala décadas depois. Fenômenos conhecidos como *big data*[6]

---

1 Advogado, agente da propriedade industrial e sócio do Dannemann Siemsen, é graduado em Direito pela Universidade Federal do Rio de Janeiro (UFRJ), pós-graduado em Propriedade Intelectual pela Pontifícia Universidade Católica do Rio de Janeiro (PUC-Rio), mestre e doutorando em Direito pela Universidade Estadual do Rio de Janeiro (UERJ), e professor da Escola Superior de Direito (ESA São Paulo). Autor do livro Proteção de Dados Pessoais na Atividade Empresarial, publicado pela Lumen Juris (2019).

2 TURING, Alan M. *Computing Machinery and Intelligence*, 1950. Disponível em https://www.csee.umbc.edu/courses/471/papers/turing.pdf.

3 A autoria da expressão "inteligência artificial" é atribuída ao Professor John McCarthy, quem, em 1955, utilizou o termo publicamente ao convidar especialistas para uma pesquisa conjunta na Universidade Darmounth (New Hampshire, EUA). O convite pode ser acessado em http://www-formal.stanford.edu/jmc/history/dartmouth/dartmouth.html.

4 SAMUEL, Arthur L. *Some studies in machine learning using game of checkers*, 1959. Disponível em https://ieeexplore.ieee.org/document/5389202?arnumber=5389202.

5 MITTELSTADT, Brent Daniel; ALLO, Patrick; TADDEO, Mariarosaria; WACHTER, Sandra; and FLORIDI, Luciano. *The ethics of algorithms: Mapping the debate* (November 1, 2016). In Big Data & Society, vol. 3(2), p. 10. Disponível em https://papers.ssrn.com/sol3/papers.cfm?abstract_id=2909885.

6 European Data Protection Supervisor. *Artificial Intellegence, Robotics, Privacy and Data Protection*, p. 4. Disponível em https://edps.europa.eu/sites/edp/files/publication/16-10-19_marrakesh_ai_paper_en.pdf.

e Web 3.0[7] proveem insumo e impulsionam os investimentos e usos comerciais de *machine learning*.[8]

Os sistemas de inteligência artificial não apenas superam e substituem os humanos em tarefas complexas, mas fazem parte de nosso cotidiano[9]. De drones militares a aplicações medicinais e corporativas, a participação da inteligência artificial em nossas vidas cresce diariamente, aumentando os riscos da aposta na tecnologia.[10]

O uso indiscriminado da inteligência artificial e, em especial, os riscos derivados de suas aplicações, provocam reações polarizadas. Cathy O'Neil[11] destaca os efeitos potencialmente danosos do uso de algoritmos de inteligência artificial em áreas como educação, finanças pessoais, processo penal e até mesmo sobre a democracia.

A preocupação com os algoritmos de inteligência artificial decorre não só da opacidade[12] em relação aos critérios de programação, mas também dos efeitos colaterais derivados de vieses de parcialidade[13], vez que dados estatísticos, mesmo corretos, têm o potencial de propagar a discriminação que advém de injustiças históricas.[14]

---

7 "Enquanto a web 2.0 permitia a interação de pessoas, a web 3.0 usará a internet para cruzar dados" (MAGRANI, Eduardo. *A internet das coisas*. Rio de Janeiro: FGV Editora, 2018, p. 68).

8 ASSUNÇÃO, Luís. *Machine learning, big data e inteligência artificial: qual o benefício para empresas e aplicações no Direito?* Disponível em https://www.lexmachinae.com/2017/12/08/machine-learning-big-data-e-inteligencia-artificial-qual-o-beneficio-para-empresas-e-aplicacoes-no-direito/.

9 SAMEK, Wojciech; MÜLLER, Klaus-Robert. *Towards Explainable Artificial Intelligence. In Explainable AI: Interpreting, Explaining and Visualizing Deep Learning. Lecture Notes in Computer Science*, vol. 11700, pp. 5-22. Springer, Cham (2019), p. 5.

10 PASQUALE, Frank. *News Laws of Robotics: defending human expertise in the age of AI*. Cambridge, Massachusetts: The Belknap Press of Harvard University Press, 2020, p. 1.

11 O'NEIL, Cathy. *Weapons of Math Destruction: how big data increases inequality and threatens democracy*. New York: Crown Publishers, 2016, p. 199.

12 PASQUALE, Frank. *The block box society: The Secret Algorithms That Control Money and Information*. Harvard University press, 2015.

13 KEHL, Danielle; GUO, Priscilla; KESSER, Samuel (2017). *Algorithms in the Criminal Justice System: Assessing the Use of Risk Assessments in Sentencing*. Responsive Communities Initiative, Berkman Klein Center for Internet & Society, Harvard Law School, pp. 28 e 34. Disponível em https://dash.harvard.edu/handle/1/33746041.

14 BAROCAS, Solon; SELBST, Andrew D. *Big Data's Disparate Impact*, 104 CALIF. L. REV. 671 (2016), p. 671.

Para endereçar as inseguranças decorrentes da opacidade de algoritmos de inteligência artificial e a imprevisibilidade inerente ao *machine leaning*, estudiosos do tema e defensores de direitos humanos clamam por transparência e explicações.

Enquanto as iniciativas de regulação da inteligência artificial ainda são embrionárias, tais exigências de transparência e explicação germinam nas já maduras leis de proteção de dados pessoais[15]. De forma geral, as leis de proteção de dados pessoais exigem cuidados no *design* de sistemas informáticos para atender a regras de não-discriminação e transparência.[16]

As soluções encontradas no campo da proteção de dados pessoais, embora sejam importantes fontes de pesquisa, não necessariamente abarcam todas as preocupações derivadas do uso da inteligência artificial. A tecnologia baseada em IA poderá se revelar uma importante aliada em questões atuais como a preservação do meio ambiente e o combate à pobreza, dentre outros temas de grande impacto socioeconômico que podem demandar explicação, mas que não envolvem dados pessoais.

O presente ensaio visa explorar os contornos do dever de explicação imposto aos responsáveis por sistemas de inteligência artificial. Serão analisados os contornos epistemológicos do dever de explicação, incluindo o surgimento da demanda por esclarecimentos sobre sistemas de IA, suas justificativas e seus fundamentos jurídicos. Na sequência, serão identificados parâmetros práticos do dever de explicação, isto é, quando, a quem e como oferecer a explicação. Conclui-se o trabalho com apontamentos sobre os benefícios de uma abordagem metodológica para o cumprimento do dever de explicação, considerando, em especial, a necessidade de balanceamento com a proteção ao segredo de negócio.

II. Os contornos teóricos do dever de explicação no contexto da inteligência artificial

II.I. A demanda por uma explicação

A necessidade da "explicação", no âmbito da inteligência artificial, surge a partir da falta de compreensão sobre o funcionamento dos algo-

15 WIMMER, Miriam; DONEDA, Danilo. *"Falhas de IA" e a Intervenção Humana em Decisões Automatizadas: Parâmetros para a Legitimação pela Humanização.* In Revista de Direito Público, vol. 18, no. 100, 374-406, out/dez 2021, p. 376.

16 GOODMAN, Bryce; FLAXMAN, Seth. *European Union Regulations on Algorithmic Decision-Making and a "Right to Explanation"*. AI Magazine, vol. 38, nº 3, 2017, p. 53.

ritmos, tanto em relação à lógica da programação quanto em relação à previsão dos resultados (*outputs*).

No caso de programas de computador, até mesmo os técnicos no assunto podem desconhecer seu funcionamento, seja por razões técnicas ou circunstanciais. Burrell[17] identifica três tipos de opacidade em relação a algoritmos: intencional, derivada de interesses corporativos como a proteção ao segredo de negócio; analfabetismo técnico, decorrente da falta de instrução (conhecimento) de linguagens de programação; e operacional, relacionada à lógica de diferentes classes de algoritmos, em especial, *machine learning*.

Adaptando e evoluindo o trabalho de Burrell, Selbst e Barocas desenvolvem e distinguem os conceitos de *inescrutabilidade* (inscrutability) e *não-intuitividade* (nonintuitivity). A inescrutabilidade sugere que as informações disponíveis para a inspeção direta de um sistema de IA impedem ou dificultam a compreensão, enquanto a não-intuitividade sugere que as informações disponíveis desafiam a intuição, mesmo que sejam compreensíveis.[18]

Para que se compreenda a opacidade operacional, seja por inescrutabilidade ou não-intuitividade, é necessário desvendar duas formas distintas de programação de IA. A programação linear implementa um conjunto de regras, ou algoritmos, análogas a instruções "se X então Y". A partir desse modelo básico de programação, esses conjuntos de regras resultam em uma árvore de decisão com um único caminho entre o estímulo e o resultado.

Há, contudo, uma outra forma de programação, não linear, caracterizada pela correspondência de padrões, que identificam e combinam padrões para induzir resultados a partir de probabilidades. No modelo de correspondência de padrões, a IA aprende a tomar suas decisões analisando um grande e abrangente conjunto de dados de treinamento e, em seguida, é testada em um conjunto substancial de dados do mundo real, até que alcance uma taxa satisfatória de sucesso. [19]

---

17 BURRELL, Jenna. *How the machine 'thinks': Understanding opacity in machine learning algorithms.* In Big Data & Society, Jan-Jun 2016, 1-12, DOI: 10.1177/2053951715622512.

18 SELBST, Andrew D.; BAROCAS, Solon. *The Intuitive Appeal of Explainable Machines.* In FORDHAM L. REV. vol. 87 (2018), p 1091.

19 REED, Chris; GRIEMAN, Keri; EARLY, Joseph. *Non-Asimov Explanations Regulating AI Through Transparency* (November 24, 2021). Queen Mary Law Research Paper Nº 370/2021, Disponível em https://ssrn.com/abstract=3970518, p. 10.

Tal modelo de correspondência de padrões não toma decisões seguindo um caminho por meio de uma árvore de decisão, mas a partir do grau de proximidade entre características da informação inserida e aquelas que constam em sua base de dados. No exemplo de Reed e outros, o resultado não seria *"esta imagem é de um alce"*, mas *"é mais provável que essa imagem seja um alce do que qualquer outro animal"*.[20]

Os primeiros sistemas de IA eram facilmente interpretáveis para um técnico no assunto, pois seguiam uma programação linear de algoritmos[21]. Todavia, os últimos anos testemunharam o surgimento de sistemas de decisão extremamente complexos, derivados de *machine learning*, como as *Deep Neural Networks*, que compreendem centenas de camadas de programação e milhões de parâmetros, o que faz com que sejam inteligíveis.[22]

Quando a ignorância do resultado é combinada com a ignorância da lógica, surge o anseio pela explicação. No campo emocional, essa combinação provoca angústias, e, na seara jurídica, pode dar origem a direitos subjetivos.

Considerando sua faceta emocional, o endereçamento adequado da explicação vai além de obrigações legais ou regulatórias. A literatura identifica a explicabilidade como uma das grandes barreiras a serem enfrentadas para o desenvolvimento da inteligência artificial e sua acei-

---

20 REED, Chris; GRIEMAN, Keri; EARLY, Joseph. Ob. cit., p. 10.

21 *"In recent years, technologies capable of coping with more input data and highly non-linear correlations have been developed, allowing the modelling of social phenomena at a level of accuracy that is considerably more operationally useful. For a large part, this has been due to the move away from manually specified rule-based algorithms (such as the early legal systems noted above) to ML. In rule-based systems, explicitly defined logics turn input variables, such as credit card transaction information, into output variables, such as a flag for fraud. Complex ML algorithms are different: output variables and input variables together are fed into an algorithm theoretically demonstrated to be able to "learn" from data. This process trains a model exhibiting implicit, rather than explicit, logics, usually not optimised for human-understanding as rule-based systems are."* EDWARDS, Lilian; VEALE, Michael. *Slave to the Algorithm? Why a Right to Explanationn is Probably Not the Remedy You are Looking for*. SSRN Electronic Journal. 16. 10.2139/ssrn.2972855, 2017, p. 25.

22 ARRIETA, Alejandro Barredo; DÍAZ-RODRÍGUEZ, Natália; SER, Javier del; BENNETOT, Adrien; TABIK, Siham; BARBADO, Alberto; GARCIA, Salvador; GIL-LOPEZ, Sergio; MOLINA, Daniel; BENJAMINS, Richard; Chatila, Raja; HERRERA, Francisco. *Explainable Artificial Intelligence (XAI): Concepts, taxonomies, opportunities and challenges toward responsible AI*. Information Fusion Volume 58, p. 82-115, 2020. P. 83.

tação social[23], ao lado da demanda por recursos e a necessidade de segurança cibernética.[24]

II.II. A justificativa da explicação

Os algoritmos produzem resultados (*outputs*) que podem ter impactos positivos e negativos sobre a vida de um indivíduo, incluindo seus direitos, ou sobre a sociedade. Em relações jurídicas regidas por leis especiais (como as relações de consumo ou que envolvem o tratamento de dados pessoais), assim como em fatos jurídicos amparados por regras gerais de direito civil (como responsabilidade contratual ou responsabilidade civil por atos ilícitos), os indivíduos ou grupos (difusos) que vivem no ecossistema de influência dos sistemas de IA possuem interesse e legitimidade para reivindicar explicações sobre seu funcionamento.

O interesse e a legitimidade tornam-se inquestionáveis quando se constata que os sistemas de IA estão sujeitos a falhas de diversas naturezas. Mittelstadt et al identificam seis pontos de preocupação em relação ao funcionamento de sistemas de IA: i) os sistemas podem ser alimentados por evidências ou dados inconclusivos; ii) os sistemas podem ser alimentados por dados inescrutáveis; iii) os sistemas podem ser alimentados por dados enviesados; iv) os sistemas podem gerar resultados injustos (antiéticos); v) os sistemas podem ter efeitos transformativos no comportamento de indivíduos ou da sociedade; e vi) no caso de eventuais falhas, independente da natureza, será difícil a rastreabilidade para a identificação de causa e responsabilidade.[25]

Wimmer e Doneda ponderam que, além das falhas decorrentes de erros de programação e vieses decorrentes de bases de dados inadequadas, sistemas de IA também podem gerar decisões inadequadas em decorrência de valores éticos incognoscíveis para máquinas. Os autores indicam parâmetros para atrair ou atenuar a necessidade de intervenção humana em sistemas de IA, com o objetivo de que decisões auto-

23 VILLANI, Cédric. *Donner uns sens à li'intelligence artificielle: pour une stratégie nationale et européenne.* 2019, pp. 141-142.

24 SAMEK, Wojciech; MÜLLER, Klaus-Robert, ref. 8, p. 5.

25 MITTELSTADT, Brent Daniel; ALLO, Patrick; TADDEO, Mariarosa; WACHTER, Sandra; FLORIDI, Luciano, ref. 4, p. 4.

matizadas sejam submetidas a um controle de legitimidade que envolve critérios conhecidos e contestáveis.[26]

II.III. Os fundamentos jurídicos da explicação

A doutrina em torno do direito à explicação foi construída principalmente sobre os pilares da proteção aos dados pessoais. Os dados pessoais compõem grande parte (se não a maior parte) dos insumos tratados por sistemas de IA. Ademais, como mencionado, as leis de proteção a dados pessoais se encontram em avançado estágio de maturidade, enquanto a regulação da inteligência artificial ainda é objeto de debates e iniciativas embrionárias.

Sob a ótica da legislação nacional de proteção aos dados pessoais[27], Renato Leite Monteiro observa que o direito à explicação deriva do princípio da transparência, em conjunto com critérios de legitimidade e justiça[28]. Ana Frazão relembra outros princípios que, em conjunto, fixam os contornos do direito à explicação: (i) o livre acesso (art. 6º, IV); (ii) a qualidade e a clareza dos dados (art. 6º, V); (iii) a transparência dos dados, o que requer "informações claras, precisas e facilmente acessíveis" (art. 6º, VI); (iv) a prevenção de danos (art. 6º, VII); (v) a não discriminação (art. 6º, IX); e (vi) a responsabilização e prestação de contas (art. 6º, X).[29]

No âmbito das decisões automatizadas, o direito à explicação é composto por uma série de direitos individuais de notificação e acesso à informação[30]. Carlos Affonso Souza, Christian Perrone e Eduardo

---

26 WIMMER, Miriam; DONEDA, Danilo, ref. 14, p. 400.

27 Lei no. 13.709/18, a Lei Geral de Proteção de Dados Pessoais – LGPD.

28 MONTEIRO, Renato Leite. *Existe um Direito à Explicação na Lei Geral de Proteção de Dados do Brasil?* In Artigo Estratégico 39. Rio de Janeiro: Instituto Igarapé, dezembro de 2018, p. 5.

29 FRAZÃO, Ana. *O Direito à Explicação e à Oposição Diante das Decisões Totalmente Automatizadas.* In Revista JOTA, 05 de dezembro de 2018, disponível em https://www.jota.info/opiniao-e-analise/colunas/constituicao-empresa-e-mercado/o-direito-a-explicacao-e-a-oposicao-diante-de-decisoes-totalmente-automatizadas-05122018.

30 KAMINSKI, Margot E. *Right to Explanation, Explained.* In Berkeley Technology Law Journal, nº 34, nº 1, 2019, p. 199. Disponível em https://papers.ssrn.com/sol3/papers.cfm?abstract_id=3196985.

Magrani[31] ressaltam que o direito à explicação é um pressuposto para o exercício de outros direitos, particularmente o direito de requerer a revisão de decisões automatizadas[32], entendimento também é defendido por Selbst e Powles.[33]

Nessa direção, é possível afirmar que a falibilidade dos sistemas de IA, o possível impacto sobre direitos fundamentais e a opacidade da programação são pedras fundamentais do direito à explicação. O princípio da transparência e a proteção aos direitos fundamentais são preceitos jurídicos tutelados pelo direito à explicação.

A função jurídica da explicação, contudo, vai além da tutela a direitos subjetivos. Autoridades públicas também se beneficiam da explicação, no exercício de prerrogativas de regulação, fiscalização ou sanção. O próprio detentor do sistema de IA, assim como terceiros interessados, têm na explicação uma excelente ferramenta para atividades de correção, aperfeiçoamento ou inovação.

Em perspectiva macro, portanto, a explicação atende a três propósitos: i) empoderar aqueles que são afetados pela decisão, permitindo que

---

31 SOUZA, Carlos Affonso; PERRONE, Christian; MAGRANI, Eduardo. *O Direito à Explicação entre a Experiência Europeia e a Sua Positivação na LGPD.* In Tratado de Proteção de Dados Pessoais, Danilo Doneda, Ingo Wolfgang Sarlet, Laura Schertel Mendes, Otavio Luiz Rodrigues Junior (coord.). Rio de Janeiro: Forense, 2021, p. 263.

32 A LGPD dispõe sobre o direito à revisão de decisões automatizadas no artigo 20 e parágrafos:
Art. 20. O titular dos dados tem direito a solicitar a revisão de decisões tomadas unicamente com base em tratamento automatizado de dados pessoais que afetem seus interesses, incluídas as decisões destinadas a definir o seu perfil pessoal, profissional, de consumo e de crédito ou os aspectos de sua personalidade.
§ 1º O controlador deverá fornecer, sempre que solicitadas, informações claras e adequadas a respeito dos critérios e dos procedimentos utilizados para a decisão automatizada, observados os segredos comercial e industrial.
§ 2º Em caso de não oferecimento de informações de que trata o § 1º deste artigo baseado na observância de segredo comercial e industrial, a autoridade nacional poderá realizar auditoria para verificação de aspectos discriminatórios em tratamento automatizado de dados pessoais.

33 *"We believe that the right to explanation should be interpreted functionally, flexibly, and should, at a minimum, enable a data subject to exercise his or her rights under the GDPR and human rights law".* (SELBST, Andrew D.; POWLES, Julia. *Meaningful information and the Right to Explanation.* International Data Privacy Law, vol. 7(4), 233-242, 2017, p. 20).

exerçam seus direitos; ii) viabilizar correções e fomentar aperfeiçoamentos ou inovações; e iii) propiciar controle protetivo e regulatório.[34]

No campo da ética, a explicação também aparece como um elemento indispensável para a IA. Ao desenvolver o conceito de Inteligência Artificial Responsável, Arrieta et al.[35] sustentam que a explicabilidade, justiça (*fairness*), responsabilização (*accountability*) e privacidade devem ser princípios norteadores do desenvolvimento e da implementação da inteligência artificial em harmonia com os anseios sociais.

Em suma, o direito à explicação é um mecanismo legal que possui múltiplas facetas. Além de viabilizar a transparência, o controle e a responsabilização, também atende a propósitos técnicos e sociais.

III. Contornos práticos do dever de explicação

III.I. Quando oferecer a explicação

Não obstante a utilidade da explicação para fins jurídicos, técnicos e sociais, o funcionamento dos algoritmos pode ser irrelevante em diversas situações. A explicação não deve ser considerada um pré-requisito genérico para a implementação de IA.

Primeiro, porque o sistema dotado de inteligência artificial pode não produzir impacto sobre humanos ou sobre a sociedade. Segundo, porque seus riscos podem já ser conhecidos ou certificados de forma que explicações não atenderiam aos propósitos que se destinam.[36]

É correto afirmar, portanto, que a necessidade da explicação depende do impacto da tecnologia na esfera de direito de terceiros ou da coletividade. A depender das circunstâncias, a explicação poderá ser providenciada após a ocorrência do fato jurídico que a justifica.

A explicação deve ser, portanto, oportuna.

---

34 HACKER, Philipp; PASSOT, Jan-Hendrik. *Varieties of AI Explanations under the Law. From the GDPR to AIA, and Beyond.* In xxAI Beyond Explainable AI, Andreas HOLZINGER, Randy Goebel et al (eds), Springer, 2020, p. 345.

35 ARRIETA, Alejandro Barredo; DÍAZ-RODRÍGUEZ, Natália; SER, Javier del; BENNETOT, Adrien; TABIK, Siham; BARBADO, Alberto; GARCIA, Salvador; GIL-LOPEZ, Sergio; MOLINA, Daniel; BENJAMINS, Richard; Chatila, Raja; HERRERA, Francisco, ref. 21, p. 84.

36 NICHOLAS, Gabriel. *Explaining Algorithmic Decisions.* In GEORGETOWN LAW TECHNOLOGY REVIEW vol 4.2, 711 (2020), p. 717.

III.II. A quem oferecer a explicação

"Explicar" um evento é o ato de fornecer informação sobre o histórico causal de tal evento[37]. Para que a explicação seja efetiva, é necessário que o destinatário e o propósito sejam identificados e categorizados, de forma que a linguagem e o conteúdo sejam adequados ao interlocutor e ao objetivo.

O direito à explicação não se confunde com a transparência pura e simples[38]. A explicação deverá ser suficiente, em linguagem e em conteúdo, para que o titular compreenda os efeitos da decisão automatizada em sua esfera de direitos.

Kim e Routledge identificam três categorias de titulares de dados pessoais que podem ser detentores do direito à explicação. A primeira categoria seria a de pessoas que sofreram danos decorrentes de uma atividade de tratamento de dados. A segunda seria a de pessoas que não necessariamente sofreram danos, mas que tiveram seu comportamento afetado por uma atividade de tratamento de dados (como, por exemplo, uma publicidade dirigida). Por último, há a categoria de indivíduos cujos dados são utilizados para beneficiar terceiros, mas que não sofrem qualquer tipo de dano ou influência em decorrência do tratamento de dados.[39]

A categorização de Kim e Routledge é centrada na proteção de dados pessoais, cuja normatização prevê salvaguardas contra decisões automatizadas[40]. Não obstante, pessoas jurídicas também podem ser titulares de direito à explicação, vez que potencialmente

---

37 LEWIS, David. *Causal explanation*. In Philosophical Papers Vol. II. Oxford University Press. pp. 214-240 (1986), p. 217.

38 BIONI, Bruno Ricardo; LUCIANO, Maria. *O princípio da Precaução na Regulação da Inteligência Artificial: seriam as leis de proteção de dados seu portal de entrada?*. In Inteligência Artificial e Direito: ética, regulação e responsabilidade. Ana Frazão e Caitlin Mulholland (coord.). São Paulo: Thomson Reuters Brasil, 2019, p. 220.

39 KIM, Tae Wan; ROUTLEDGE, Bryan R. *Why a Right to an Explanation of Algorithmic Decision-Making Should Exist: A Trust-Based Approach* (October 21, 2020), p. 32. Disponível em https://ssrn.com/abstract=3716519.

40 A LGPD brasileira e o GDPR europeu são exemplos de leis que possuem salvaguardas contra decisões automatizadas tomadas a partir do tratamento de dados pessoais e que possam impactar na esfera de direitos do titular dos dados. A lei brasileira prevê o direito de revisão, enquanto a lei europeia dispõe sobre mecanismos de notificação e de não submissão às decisões automatizadas.

sofrem danos materiais ou reputacionais bem como a influência de decisões automatizadas.

É o caso, por exemplo, dos algoritmos de investimentos amplamente utilizados para operações em bolsas de valores. Nessas situações o eventual direito à explicação não terá por base a aplicação de leis de proteção de dados pessoais, vez que não há o tratamento de *dado pessoal*[41], mas isso não afasta a incidência de regras gerais de responsabilidade contratual ou extracontratual oriundas da legislação civil.

Pode-se identificar, ainda, três outras categorias de destinatários de explicação, formados por programadores e auditores. Como visto, além de empoderar aqueles que são afetados pela decisão, a explicação também atende aos propósitos de viabilizar correções, aperfeiçoamentos ou inovações, e propiciar controle protetivo e regulatório.

São destinatários interessados em explicações técnicas aprofundadas, portanto, programadores de *software* agindo por conta e ordem do titular do sistema, terceiros desenvolvedores de obras derivadas[42], auditores, certificadores, autoridades com poderes de fiscalização, sanção ou normatização.

A explicação será diferente na forma e no conteúdo para cada uma dessas categorias de destinatários. Titulares impactados buscam respostas a perguntas como *"estou sendo tratado de forma justa?"* ou *"o que eu poderia fazer para obter um resultado diferente da próxima vez?"*. Programadores e autoridades, por sua vez, investigam se o sistema está funcionando como esperado e se os resultados estão em conformidade com normas jurídicas.[43]

Por fim, em um nível maior de abstração, as leis de proteção de dados podem ser consideradas um caso de metarregulação, em que diversos atores contribuem para a normatização de comportamentos no campo da proteção de dados[44]. Propondo um novo conceito que deno-

---

41 Dado pessoal: informação relacionada a pessoa natural identificada ou identificável (Art. 5º, I, da LGPD).

42 Para este público, o direito à explicação pode ser impactado ou pode simplesmente não existir, em razão da proteção ao segredo de negócio.

43 MITTELSTADT, Brent; RUSSELL, Chris; WACHTER, Sandra. *Explaining Explanations in AI*. In FAT* '19: Conference on Fairness, Accountability, and Transparency (FAT* '19), January 29–31, 2019, Atlanta, GA, USA. ACM, New York, NY, USA, 10 pages. https://doi.org/10.1145/3287560.3287574, p. 1.

44 BIONI, Bruno Ricardo. *Regulação e Proteção de dados pessoais: o princípio da accountability*. Rio de Janeiro: Forense, 2022, p. 128.

mina "codeliberação informacional", Bioni defende a tese de que a prestação de contas não é um ato singular e isolado, mas um processo que reúne múltiplos atores que se alternam no polo ativo e passivo, com o fim de moldar um fluxo de dados íntegro de justo.[45]

Neste raciocínio, todos os múltiplos atores do ecossistema de uma aplicação de inteligência artificial seriam destinatários da explicação. A receptividade de usuários, autoridades, concorrentes e entidades setoriais contribuiria para a moldagem e eventual revisão da explicação.

III.III. Como fornecer a explicação

A explicação é infinitamente variável, comportando diversas versões válidas para um mesmo evento[46]. Uma lista exaustiva ou mesmo exemplificativa de elementos que devem constar em uma explicação correria o risco de engessá-la e afastá-la do seu propósito ou contexto.

Delineando parâmetros para a explicação, convém resgatar importantes distinções doutrinárias sobre as diferenças entre *interpretabilidade* e *explicabilidade*, bem como entre *explicabilidade* e *explicação*. Por vezes tais expressões se apresentam de forma intercambiável na literatura, mas os conceitos por trás dos termos são úteis para apontar os elementos que devem constar (ou não) nos esclarecimentos sobre sistemas de IA.

A *interpretabilidade*, ou *transparência*, se refere ao nível em que determinado modelo de esclarecimento faz sentido para um observador humano, sendo uma característica passiva de tal modelo[47]. De forma simplória, é a facilidade com que o modelo de explicação pode ser lido e compreendido.

A *explicabilidade*, em contraposição, constitui qualquer ação realizada por um modelo de esclarecimento com a intenção de esclarecer ou detalhar suas funções internas, sendo, portanto, uma característica ati-

45 BIONI, Bruno Ricardo. Ob. cit., p. 240.

46 SELBST, Andrew D.; BAROCAS, Solon, ref. 17, p 1088.

47 ARRIETA, Alejandro Barredo; DÍAZ-RODRÍGUEZ, Natália; SER, Javier del; BENNETOT, Adrien; TABIK, Siham; BARBADO, Alberto; GARCIA, Salvador; GIL-LOPEZ, Sergio; MOLINA, Daniel; BENJAMINS, Richard; Chatila, Raja; HERRERA, Francisco, ref. 21, p. 84.

va[48]. Representa, assim, o nível de informação que será fornecido sobre determinado objeto, seja em quantidade ou profundidade.

A *explicação*, por sua vez, representa o ato de explicar explicitamente as decisões aos interlocutores[49], isto é, o resultado tangível do cumprimento do dever juridico no caso concreto. A explicação pode variar em níveis de *interpretabilidade* e *explicabilidade*, a depender do contexto de sua apresentação.

Sobre o contexto, Miller sustenta que as explicações não se resumem à apresentação de associações e causas (atribuição causal), mas são contextuais. Embora um evento possa ter muitas causas, o destinatário se preocupa apenas com um pequeno subconjunto relevante para o seu interesse. O explicador seleciona um subconjunto desse subconjunto, com base em vários critérios, e fornece a explicação.[50]

Assim, delineando parâmetros e contornos da explicação, amarrando os tópicos debatidos nos itens anteriores, pode-se afirmar que a explicação deve ser oportuna, deve ser adequada em linguagem e conteúdo ao destinatário e deve considerar o impacto da tecnologia sobre indivíduos e grupos sociais.

Lançando mão da metodologia contrafactual, cabe abordar, ainda, o que não deve ser endereçado ou incluído na explicação de sistemas de IA. Em contraste à variedade de métodos e formas para que a explicação alcance seu propósito, determinados tipos de conteúdo não se mostram convenientes.

Primeiramente, a explicação deve ser um ponto de partida para a prestação de contas, não um destino[51]. Não cabe à explicação apontar, portanto, responsáveis por eventuais danos ou efeitos colaterais do funcionamento do sistema de IA, o que deve ser averiguado pela autoridade sancionadora se e quando for o caso.[52]

---

48 ARRIETA, Alejandro Barredo; DÍAZ-RODRÍGUEZ, Natália; SER, Javier del; BENNETOT, Adrien; TABIK, Siham; BARBADO, Alberto; GARCIA, Salvador; GIL-LOPEZ, Sergio; MOLINA, Daniel; BENJAMINS, Richard; Chatila, Raja; HERRERA, Francisco, ref. 21, p. 84.

49 MILLER, Tim. *Explanation in artificial intelligence: Insights from the social sciences.* In Artificial Intelligence, vol 267. ELSEVIER, 2019, p. 1.

50 MILLER, Tim, ref. 48, p. 3.

51 NICHOLAS, Gabriel, ref. 35, p. 730.

52 A responsabilidade civil sobre o funcionamento de sistemas de inteligência artificial é tema de alta complexidade, objeto de profundos estudos doutrinários, e ainda carente de regulamentação.

A explicação deve se concentrar no funcionamento do sistema de IA em geral, ao invés de focar em resultados específicos[53]. A tutela vislumbrada pelo direito à explicação não implica em explicações individualizadas[54], embora deva fornecer subsídios para análises e conclusões sobre resultados concretos.

Ademais, a explicação não pode nem deve violar segredo de negócio. O sigilo é um requisito legal para a constituição e manutenção dos direitos sobre informações confidenciais[55], incluindo códigos-fonte e os modelos de negócio por trás da programação.

Como mencionado[56], a explicação deverá ser adequada ao propósito e ao destinatário. A explicação não depende necessariamente do entendimento público geral sobre como os sistemas algorítmicos funcionam[57], mas devem habilitar o destinatário a agir dentro de sua esfera de interesses.

No caso de titulares de direitos afetados pelo sistema de inteligência artificial, sejam pessoas físicas ou jurídicas, a explicação tem a função de empoderar o usuário para que verifique se o resultado não contém vieses, se está funcionando como esperado, além de permitir a identificação de fatores que possam influenciar ou alterar o resultado em futuras interações. O conteúdo da explicação, portanto, dispensa informações técnicas detalhadas.

Já os destinatários interessados em explicações técnicas, como programadores, auditores, certificadores ou autoridades (públicas), podem demandar acesso a camadas mais densas ou profundas de informações sobre a programação e seus parâmetros. Todavia, a fim de manter a integridade do direito à informação confidencial, tal revelação deve neces-

---

53 SELBST, Andrew D.; BAROCAS, Solon, ref. 17, p 1107.

54 CASEY, Bryan; FARHANGI, Ashkon; VOGL, Roland. *Rethinking Explainable Machines: The GDPR's 'Right to Explanation' Debate and the Rise of Algorithmic Audits in Enterprise* (February 19, 2018). Berkeley Technology Law Journal, Vol. 34, 2019, Available at SSRN: https://ssrn.com/abstract=3143325, p. 188.

55 Conforme Artigo 39, item 2, do Tratado TRIPs – Trade Related Aspects of Intellectual Property Rights, internalizado pelo Decreto no. 1.355/94.

56 Veja item III.II *supra*.

57 WACHTER, Sandra; MITTELSTADT, Brent; RUSSELL, Chris. *Counterfactual Explanations Without Opening The Black Box: Automated Decisions And The GDPR*. In Harvard Journal of Law & Technology Volume 31, Number 2 Spring 2018, p. 843.

sariamente encontrar meios de preservar o sigilo sobre a programação e sobre o modelo de negócio.

III.IV. Subsídios para preparar a explicação

Para que a explicação esteja adequada em linguagem e conteúdo ao propósito que se presta e ao destinatário, o titular do sistema de IA deve considerar o contexto de sua aplicação bem como os impactos sobre indivíduos e sobre a coletividade.[58]

Para esses fins, o Relatório de Impacto à Proteção de Dados Pessoais (RIPD)[59] é uma ferramenta poderosa[60]. Os estudos que levam ao RIPD devem contemplar não apenas o impacto do algoritmo sobre direitos individuais, mas também sobre grupos sociais porventura discriminados por vieses da decisão automatizada.

Partindo dos *Data Protection Impact Assessments* - DPIAs, KAMINSKI e MALGIERO propõem uma Análise de Impacto Algorítmico Modelo (*Model Algorithmic Impact Assessment*)[61]. Para os autores, a análise de impacto deve avançar ao ponto de envolver e engajar os indivíduos afetados por meio de conselhos representativos, além de especialistas externos em direito e ética para ajudar a estruturar discussões sobre "discriminação".[62]

---

58 LESLIE, David. *Explaining decision made with AI*, 2020, p. 38. Disponível em https://ssrn.com/abstract=4033308.

59 Relatório de impacto à proteção de dados pessoais: documentação do controlador que contém a descrição dos processos de tratamento de dados pessoais que podem gerar riscos às liberdades civis e aos direitos fundamentais, bem como medidas, salvaguardas e mecanismos de mitigação de risco (LGPD, art. 5º, XVII).

60 *Cf.* CABRAL, Filipe Fonteles. *Proteção de Dados Pessoais na Atividade Empresarial: gerenciamento de riscos e o Relatório de Impacto à Proteção de Dados*. Rio de Janeiro: Lumen Juris, 2019.

61 KAMINSKI, Margot E.; MALGIERI, Gianclaudio. *Algorithmic Impact Assessments under the GDPR: Producing Multi-layered Explanations*. International Data Privacy Law, 2020, forthcoming., U of Colorado Law Legal Studies Research Paper No. 19-28, Available at SSRN: https://ssrn.com/abstract=3456224 or http://dx.doi.org/10.2139/ssrn.3456224.

62 *"To begin this conversation, we suggest that a Model Algorithmic Impact Assessment process should do at least the following. It should contemplate the involvement of civil society as a form of underused oversight. It should better involve and engage impacted individuals, not just through surveys but through representative boards, before an algorithm is deployed. It should contemplate requiring companies, or regulators, to help fund the involvement of both of the above, and provide technical ex-*

Independente dos meios ou ferramentas adotados pelo titular do sistema de IA, é incontroverso que o direito à explicação cria deveres de precaução. Além de disponibilizar as explicações pertinentes, o titular do sistema de IA deve documentar as análises de impacto e medidas de mitigação adotadas para fins de gerenciamento de riscos e comprovação de conformidade perante as autoridades, se necessário.[63]

III.V. Formas de explicação

A literatura especializada identifica dois tipos de explicação: centradas em modelos ou centradas em sujeitos. As explicações centradas em modelos devem incluir: a família do modelo, dados de entrada, métricas de desempenho e como um modelo foi testado. As explicações centradas em sujeitos devem incluir informações contrafactuais, as características de indivíduos classificados de forma semelhante e a confiança que um sistema tem em um resultado.[64]

As informações contrafactuais (ou explicações contrafactuais) são propostas por Wachter et al[65] como uma forma superficial de fornecer esclarecimentos, pois esse método não tenta esclarecer como as decisões são tomadas internamente. Em vez disso, as explicações contrafactuais fornecem informações sobre quais fatos externos podem ser diferentes para chegar a um resultado desejado, isto é, quais mudanças no estímulo alterariam o resultado de uma decisão individual. Parece o método adequado, portanto, para as explicações centradas em sujeitos, em especial usuários do sistema de IA.

Os métodos centrados em modelos, em contraposição, contêm dados técnicos, que tendem a ser mais palatáveis e úteis para destinatários mais qualificados, com diferentes propósitos.

Cabe mencionar, ainda, os métodos conhecidos como *Explainable Artificial Intelligence*, conhecidos pela sigla XAI. Trata-se de uma inicia-

pertise or the resources for obtaining technical expertise. It should involve not just external technical experts, but external experts in law and ethics to help define, or at least frame discussions of, what we mean by terms like 'discrimination' or 'bias'.". KAMINSKI, Margot E.; MALGIERI, Gianclaudio, ref. 60, p. 21.

63 CASEY, Bryan; FARHANGI, Ashkon; VOGL, Roland, ref. 53, p. 180.

64 EDWARDS, Lilian; Veale, Michael, ref. 20, p. 55.

65 WACHTER, Sandra; MITTELSTADT, Brent; RUSSELL, Chris, ref. 56, p. 880.

tiva da agência norte-americana DARPA – *Defense Advanced Research Projects Agency*, lançada em 2016, que consiste em métodos para explicar como um modelo de *machine learning* executa ações e faz previsões[66]. A XAI se propõe a explicar, de maneira apropriada a um ser humano, a lógica interna de sua predição: o que foi feito, o que está fazendo agora e o que acontecerá a seguir.[67]

A XAI é uma área de pesquisa em crescimento e está rapidamente se tornando um dos subtópicos mais pertinentes da Inteligência Artificial[68]. Contudo, a iniciativa não está isenta de críticas, pois o recurso pode ser utilizado para manipular a credulidade de usuários e seu alto custo pode comprometer a eficiência econômica do sistema de IA.[69]

IV. Considerações finais

O direito à explicação no âmbito da IA apresenta múltiplas facetas, que atendem a propósitos técnicos e sociais perante os usuários, os responsáveis pelo algoritmo e entidades certificadoras, fiscalizadoras ou sancionadoras.

Se a existência de um "direito à explicação" é ponto pacífico na doutrina, as formas de atender ao "dever de explicação", por parte dos responsáveis pelos sistemas de Inteligência Artificial, ainda geram dúvidas e desafios. Modelos para o exercício do dever de explicação, como a iniciativa *Explainable AI*, são objeto de amplas pesquisas nos âmbitos técnico e jurídico.

66 KALYANATHAYA, Krishna Prakash; PRASAD K, Krishna (2022). *A Literature Review and Research Agenda on Explainable Artificial Intelligence (XAI)*. International Journal of Applied Engineering and Management Letters (IJAEML), 6(1), 43-59. DOI: https://doi.org/10.5281/zenodo.5998488, p. 49.

67 ALVES, Marco Antonio Souza; ANDRADE, Otávio Morato de. *Da "Caixa-Preta" à "Caixa de Vidro": o Uso da Explainable Artificial Intelligence (XAI) para Reduzir a Opacidade e Enfrentar o Enviesamento em Modelos Algorítmicos*. Revista Direito Público, Brasília, Volume 18, nº 100, 374-405, out./dez. 2021, p. 361.

68 WELLS, Lindsay; BEDNARZ, Tomasz. *Explainable AI and Reinforcement Learning—A Systematic Review of Current Approaches and Trends*. Frontiers in Artificial Intelligence, vol. 4, maio 2021. DOI: 10.3389/frai.2021.550030, p. 1.

69 BAUER, Kevin; VON ZAHN, Moritz; HINZ, Oliver. *Expl(AI)ned: The Impact of Explainable Artificial Intelligence on Cognitive Processes*. SAFE Working paper nº 315, 2021, p. 25. Disponível em https://ssrn.com/abstract=3872711.

De maneira geral, a explicação deve ser oportuna, deve ser adequada em linguagem e conteúdo ao destinatário e deve considerar o impacto da tecnologia sobre indivíduos e grupos sociais.

Ademais, não cabe à explicação em si apontar responsáveis por eventuais danos, tampouco fornecer decisões individualizadas. A explicação deve, ainda, considerar a necessidade de preservação do sigilo sobre informações confidenciais, incluindo códigos-fonte e os modelos de negócio por trás da programação.

O estudo dos contornos do direito à explicação propõe uma abordagem metodológica para que tais modelos alcancem as finalidades a que se destinam, provendo informações adequadas em conteúdo e forma aos múltiplos *stakeholders*.

Referências bibliográficas

ALVES, Marco Antonio Souza; ANDRADE, Otávio Morato de. *Da "Caixa-Preta" à "Caixa de Vidro": o Uso da Explainable Artificial Intelligence (XAI) para Reduzir a Opacidade e Enfrentar o Enviesamento em Modelos Algorítmicos.* Revista Direito Público, Brasília, Volume 18, nº 100, 374-406, out./dez. 2021.

ARRIETA, Alejandro Barredo; DÍAZ-RODRÍGUEZ, Natália; SER, Javier del; BENNETOT, Adrien; TABIK, Siham; BARBADO, Alberto; GARCIA, Salvador; GIL-LOPEZ, Sergio; MOLINA, Daniel; BENJAMINS, Richard; Chatila, Raja; HERRERA, Francisco. *Explainable Artificial Intelligence (XAI): Concepts, taxonomies, opportunities and challenges toward responsible AI.* Information Fusion Volume 58, pp. 82-115, 2020.

ASSUNÇÃO, Luís. *Machine learning, big data e inteligência artificial: qual o benefício para empresas e aplicações no Direito?* Disponível em https://www.lexmachinae.com/2017/12/08/machine-learning-big-data-e-inteligencia-artificial-qual-o-beneficio-para-empresas-e-aplicacoes-no-direito/.

BAROCAS, Solon; SELBST, Andrew D. *Big Data's Disparate Impact*, 104 CALIF. L. REV. 671 (2016).

BAUER, Kevin; VON ZAHN, Moritz; HINZ, Oliver. *Expl(AI)ned: The Impact of Explainable Artificial Intelligence on Cognitive Processes.* SAFE Working paper no. 315, 2021. Disponível em https://ssrn.com/abstract=3872711.

BIONI, Bruno Ricardo. *Regulação e Proteção de dados pessoais: o princípio da accountability.* Rio de Janeiro: Forense, 2022.

BIONI, Bruno Ricardo; LUCIANO, Maria. *O princípio da Precaução na Regulação da Inteligência Artificial: seriam as leis de proteção de dados seu portal de entrada?*. In Inteligência Artificial e Direito: ética, regulação e responsabilidade. Ana Frazão e Caitlin Mulholland (coord.). São Paulo: Thomson Reuters Brasil, 2019.

BURRELL, Jenna. *How the machine 'thinks': Understanding opacity in machine learning algorithms.* In Big Data & Society, Jan-Jun 2016, 1-12, DOI: 10.1177/2053951715622512.

CABRAL, Filipe Fonteles. *Proteção de Dados Pessoais na Atividade Empresarial: gerenciamento de riscos e o Relatório de Impacto à Proteção de Dados.* Rio de Janeiro: Lumen Juris, 2019.

CASEY, Bryan; FARHANGI, Ashkon; VOGL, Roland. *Rethinking Explainable Machines: The GDPR's 'Right to Explanation' Debate and the Rise of Algorithmic Audits in Enterprise* (February 19, 2018). Berkeley Technology Law Journal, Vol. 34, 2019, Available at SSRN: https://ssrn.com/abstract=3143325.

EDWARDS, Lilian; VEALE, Michael. *Slave to the Algorithm? Why a Right to Explanationn is Probably Not the Remedy You are Looking for.* SSRN Electronic Journal. 16. 10.2139/ssrn.2972855, 2017.

EUROPEAN DATA PROTECTION SUPERVISOR. *Artificial Intellegence, Robotics, Privacy and Data Protection*, p. 4. Disponível em https://edps.europa.eu/sites/edp/files/publication/16-10-19_marrakesh_ai_paper_en.pdf.

FRAZÃO, Ana. *O Direito à Explicação e à Oposição Diante das Decisões Totalmente Automatizadas.* In Revista JOTA, 05 de dezembro de 2018, disponível em https://www.jota.info/opiniao-e-analise/colunas/constituicao-empresa-e-mercado/o-direito-a-explicacao-e-a-oposicao-diante-de-decisoes-totalmente-automatizadas-05122018.

GOODMAN, Bryce; FLAXMAN, Seth. European Union Regulations on Algorithmic Decision-Making and a "Right to Explanation". AI Magazine, vol. 38, Nº 3, 2017.

HACKER, Philipp; PASSOT, Jan-Hendrik. *Varieties of AI Explanations under the Law. From the GDPR to AIA, and Beyond.* In xxAI Beyond Explainable AI, Andreas HOLZINGER, Randy Goebel et al (eds), Springer, 2020.

KALYANATHAYA, Krishna Prakash; PRASAD K, Krishna (2022). *A Literature Review and Research Agenda on Explainable Artificial Intelligence (XAI).* International Journal of Applied Engineering and Management Letters (IJAEML), 6(1), 43-59. DOI: https://doi.org/10.5281/zenodo.5998488.

KAMINSKI, Margot E. *Right to Explanation, Explained.* In Berkeley Technology Law Journal, nº 34, no. 1, 2019, p. 199. Disponível em https://papers.ssrn.com/sol3/papers.cfm?abstract_id=3196985.

KAMINSKI, Margot E.; MALGIERI, Gianclaudio. *Algorithmic Impact Assessments under the GDPR: Producing Multi-layered Explanations.* International Data Privacy Law, 2020, forthcoming., U of Colorado Law Legal Studies Research Paper No. 19-28, Available at SSRN: https://ssrn.com/abstract=3456224 or http://dx.doi.org/10.2139/ssrn.3456224.

KEHL, Danielle; GUO, Priscilla; KESSER, Samuel (2017). *Algorithms in the Criminal Justice System: Assessing the Use of Risk Assessments in Sentencing.* Responsive Communities Initiative, Berkman Klein Center for Internet & Society, Harvard Law School. Disponível em https://dash.harvard.edu/handle/1/33746041.

KIM, Tae Wan; ROUTLEDGE, Bryan R. *Why a Right to an Explanation of Algorithmic Decision-Making Should Exist: A Trust-Based Approach* (October 21, 2020). Available at SSRN: https://ssrn.com/abstract=3716519.

LESLIE, David. *Explaining decision made with AI*, 2020, p. 38. Disponível em https://ssrn.com/abstract=4033308.

LEWIS, David. *Causal explanation.* In Philosophical Papers Vol. II. Oxford University Press. pp. 214-240 (1986).

MAGRANI, Eduardo. *A internet das coisas.* Rio de Janeiro: FGV Editora, 2018.

MILLER, Tim. *Explanation in artificial intelligence: Insights from the social sciences.* In Artificial Intelligence, vol 267. ELSEVIER, 2019.

MITTELSTADT, Brent Daniel; ALLO, Patrick; TADDEO, Mariarosaria; WACHTER, Sandra; and FLORIDI, Luciano. *The ethics of algorithms: Mapping the debate* (November 1, 2016). In Big Data & Society, vol. 3(2), p. 10. Disponível em https://papers.ssrn.com/sol3/papers.cfm?abstract_id=2909885.

MITTELSTADT, Brent D.; RUSSELL, Chris; WACHTER, Sandra. *Explaining Explanations in AI.* In FAT* '19: Conference on Fairness, Accountability, and Transparency (FAT* '19), January 29–31, 2019, Atlanta, GA, USA. ACM, New York, NY, USA, 10 pages. https://doi.org/10.1145/3287560.3287574.

MONTEIRO, Renato Leite. *Existe um Direito à Explicação na Lei Geral de Proteção de Dados do Brasil?* In Artigo Estratégico 39. Rio de Janeiro: Instituto Igarapé, dezembro de 2018.

NICHOLAS, Gabriel. *Explaining Algorithmic Decisions.* In GEORGETOWN LAW TECHNOLOGY REVIEW vol 4.2, 711 (2020).

O'NEIL, Cathy. *Weapons of Math Destruction: how big data increases inequality and threatens democracy.* New York: Crown Publishers, 2016.

PASQUALE, Frank. News Laws of Robotics: defending human expertise in the age of AI. : Cambridge, Massachusetts : The Belknap Press of Harvard University Press, 2020.

PASQUALE, Frank. *The block box society: The Secret Algorithms That Control Money and Information*. Harvard University press, 2015.

REED, Chris; GRIEMAN, Keri; EARLY, Joseph. *Non-Asimov Explanations Regulating AI Through Transparency* (November 24, 2021). Queen Mary Law Research Paper No. 370/2021, Disponível em https://ssrn.com/abstract=3970518.

SAMEK, Wojciech; MÜLLER, Klaus-Robert. *Towards Explainable Artificial Intelligence. In Explainable AI: Interpreting, Explaining and Visualizing Deep Learning. Lecture Notes in Computer Science*, vol. 11700, pp. 5-22. Springer, Cham (2019).

SAMUEL, Arthur L. *Some studies in machine learning using game of checkers*, 1959. Disponível em https://ieeexplore.ieee.org/document/5389202?arnumber=5389202.

SELBST, Andrew D.; BAROCAS, Solon. *The Intuitive Appeal of Explainable Machines*. In FORDHAM L. REV. vol. 87 (2018).

SELBST, Andrew D.; POWLES, Julia. *Meaningful information and the Right to Explanation*. International Data Privacy Law, vol. 7(4), 233-242, 2017.

SOUZA, Carlos Affonso; PERRONE, Christian; MAGRANI, Eduardo. *O Direito à Explicação entre a Experiência Europeia e a Sua Positivação na LGPD*. In Tratado de Proteção de Dados Pessoais, Danilo Doneda, Ingo Wolfgang Sarlet, Laura Schertel Mendes, Otavio Luiz Rodrigues Junior (coord.). Rio de Janeiro: Forense, 2021.

TURING, Alan M. *Computing Machinery and Intelligence* (1950). Disponível em https://www.csee.umbc.edu/courses/471/papers/turing.pdf.

VILLANI, Cédric. *Donner uns sens à li'intelligence artificielle: pour une stratégie nationale et européenne*. 2019.

WACHTER, Sandra; MITTELSTADT, Brent; RUSSELL, Chris. *Counterfactual Explanations Without Opening The Black Box: Automated Decisions And The GDPR*. In Harvard Journal of Law & Technology Volume 31, Number 2 Spring 2018.

WELLS, Lindsay; BEDNARZ, Tomasz. Explainable AI and Reinforcement Learning—A Systematic Review of Current Approaches and Trends. Frontiers in Artificial Intelligence, vol. 4, maio 2021. DOI: 10.3389/frai.2021.550030.

WIMMER, Miriam; DONEDA, Danilo. *"Falhas de IA" e a Intervenção Humana em Decisões Automatizadas: Parâmetros para a Legitimação pela Humanização*. In Revista de Direito Público, vol. 18, nº 100, 374-406, out/dez 2021.

Proteção de dados pessoais como direito fundamental autônomo na Constituição Brasileira de 1988 – a contribuição de Danilo Doneda[1]

Ingo Wolfgang Sarlet[2]
Gabrielle Bezerra Sales Sarlet[3]

1. Introdução

A proteção dos dados pessoais alcançou uma dimensão sem precedentes no âmbito da assim chamada sociedade tecnológica, notadamente a partir da introdução do uso da tecnologia da informática e da ampla digitalização que já assumiu um caráter onipresente e afeta todas as esferas da vida social, econômica, política, cultural contemporânea no Mundo.

No que diz respeito à esfera do Direito, que tem sido convocado a regular também essa matéria, a despeito de a instituição e subsequente ampliação em termos quantitativos e qualitativos da proteção jurídica de dados pessoais ter iniciado no limiar da Década de 1970, reconhecimento de um direito humano e fundamental à proteção dos dados pessoais, contudo, teve de esperar ainda um tempo considerável para ser incorporado de modo abrangente à gramática jurídico-constitucional,

---

1 O presente texto não é propriamente inédito e corresponde à versão atualizada e, em diversos pontos relevantes ora ajustada e reescrita em coautoria, em especial para efeitos de render homenagem ao saudoso Professor Danilo Doneda, de trabalhos (ou parte de textos) anteriores publicados pelo primeiro autor em outras obres coletivas e periódicos.

2 Advogado. Professor Titular da Escola de Direito da PUCRS, onde coordena o Programa de Pós-Graduação em Direito e atua também como docente permanente no Programa de Pós-Graduação em Ciências Criminais, ambos em nível de Mestrado e Doutorado. Doutor e Pós-Doutor em Direito pela Universidade de Munique. Membro Catedrático da ABDCONST. Membro da Comissão Especial de Proteção de Dados do CFOAB. Pesquisador Produtividade CNPQ 2. Desembargador aposentado do TJRS e ex-Juiz do TRE/RS.

3 Advogada. Professora Adjunta da Escola de Direito e do Programa de Pós-Graduação em Direito (Mestrado e Doutorado) da PUCRS. Graduada e Mestre em Direito pela Universidade Federal do Ceará – UFC. Doutora em Direito pela Universidade de Augsburgo, Alemanha. Pós-Doutorado em Direito pela Universidade de Hamburgo, Alemanha, e pelo PPGD da PUCRS. Especialista em neurociências pela PUCRS. Pesquisadora Produtividade CNPQ 2.

à exceção dos paradigmáticos exemplos da Constituição da República Portuguesa de 1976[4] e da Constituição Espanhola de 1978[5].

Nesse sentido, note-se que mesmo já no limiar da terceira Década do Século XXI, ainda existem Estados constitucionais onde um direito fundamental à proteção de dados não é reconhecido, pelo menos na condição de direito expressamente positivado na Constituição, muito embora tal direito seja, em vários casos, tido como implicitamente positivado, sem prejuízo de uma mais ou menos ampla regulação legislativa e administrativa, ademais de significativo desenvolvimento na esfera jurisprudencial.

No caso do Brasil, a Constituição Federal de 1988 (CF) não contemplou no seu texto original um direito fundamental autônomo à proteção de dados pessoais, que veio a ser reconhecido como direito implicitamente positivo pelo STF somente em maio de 2020, por ocasião do julgamento do mérito da ADI 6387-DF, relatada pela Ministra Rosa Weber. Como consequência dessa importante e paradigmática decisão da Corte Suprema brasileira, mas também por influência da aprovação e entrada em vigor, em duas etapas, da primeira Lei Geral de Proteção de Dados (LGPD) – Lei nº 13.709/2018, foi acelerado o processo de tramitação, no Congresso Nacional, de uma proposta de emenda à constituição (PEC nº 17/2019), que, oriunda do Senado Federal, sofreu ajustes na Câmara dos Deputados e acabou sendo, com esta mesma redação, aprovada pelo Senado em 20.10.2021 e promulgada em 10.02.2022, inserindo um direito fundamental à proteção de dados pessoais no artigo 5º, da CF, ademais de dispor sobre as competências da União na matéria.

4 A proteção dos direitos fundamentais no campo da informática está detalhadamente prevista no artigo 35 da Constituição Portuguesa, aqui transcrito na sua versão inicial: "(utilização da informática) 1. Todos os cidadãos têm o direito de tomar conhecimento do que constar de registos mecanográficos a seu respeito e do fim a que se destinam as informações, podendo exigir a rectificação dos dados e a sua actualização. 2. A informática não pode ser usada para tratamento de dados referentes a convicções políticas, fé religiosa ou vida privada, salvo quando se trate do processamento de dados não identificáveis para fins estatísticos. 3. É proibida a atribuição de um número nacional único aos cidadãos". Note-se que tal dispositivo foi alterado três vezes por leis de revisão constitucional de 1982, 1989 e 1997, tendo sido substancialmente atualizado e ampliado.

5 Art. 18, nº 4. La ley limitará el uso de la informática para garantizar el honor y la intimidad personal y familiar de los ciudadanos y el pleno ejercicio de sus derechos. Cuida-se aqui, na versão original de 1978, de uma proteção indireta dos dados pessoais, visto que não há menção expressa aos mesmos.

De acordo com a redação dada pela PEC 17/2019, o caput do art. 5º da CF passa a vigorar acrescido do seguinte inciso LXXIX: "é assegurado, nos termos da lei, o direito à proteção dos dados pessoais, inclusive nos meios digitais". No que diz respeito ao sistema de repartição de competências, o caput do art. 21 da Constituição Federal passa a vigorar acrescido do seguinte inciso XXVI: "organizar e fiscalizar a proteção e o tratamento de dados pessoais, nos termos da lei", ao passo que o caput do art. 22 da Constituição Federal passa a vigorar acrescido do seguinte inciso XXX: "proteção e tratamento de dados pessoais".

À vista disso, o que aqui se pretende, é tecer algumas considerações acerca dos fundamentos e do conteúdo, na condição de direito fundamental autônomo, do direito à proteção de dados pessoais na ordem constitucional brasileira, de modo a demonstrar o acerto da tese de que o âmbito de proteção de tal direito vai além da proteção à vida privada e mesmo da livre autodeterminação informacional.

Além disso, o texto, na sua versão ora revista e atualizada, tem por intento render justa e merecida homenagem ao saudoso Professor Doutor DANILO DONEDA, precocemente falecido, e que dedicou toda a sua trajetória acadêmica e atuação como advogado e consultor jurídico à causa da proteção de dados pessoais, não apenas sendo um dos primeiros, no Brasil, a tratar da matéria com criatividade e densidade científica, do que dá conta sua vasta produção bibliográfica e técnica sobre o tema, mas também pelo impacto social de sua obra, que serviu – e segue servindo – de inspiração e fonte de conhecimento e aperfeiçoamento para estudantes de todos os níveis de ensino, professores, pesquisadores e profissionais das carreiras jurídicas da matéria no Brasil e no exterior. Da mesma forma, não poderia deixar de ser referida a fecunda atuação do homenageado na esfera da produção legislativa (destacando-se a própria Lei Geral de Proteção de Dados) e sua influência sobre o desenvolvimento, em termos quantitativos e qualitativos, da jurisprudência dos tribunais sobre o tema, inclusive e em especial no que diz respeito ao STF, a começar pelo paradigmático julgado, acima referido, que deu ensejo ao reconhecimento de um direito fundamental à proteção de dados pessoais implicitamente positivado na ordem constitucional brasileira.

A escolha do tema do presente texto, aliás, deve-se ao fato de que uma de tantas contribuições de Danilo Doneda para o reconhecimento de um direito fundamental à proteção de dados no Brasil reside justamente na sua defesa pioneira, acolhida pelo STF e pela doutrina majoritária, de uma autonomia – ainda que relativa, como a de todos os direitos –, da proteção de dados, relativamente a outros direitos fundamentais, em especial, o direito à privacidade e o direito à autodeterminação informacional.

2. A fundamentalidade material e formal do direito à proteção de dados pessoais – sentido e alcance

Como já adiantado, um direito humano e fundamental autônomo na esfera do direito constitucional positivo e do direito internacional dos direitos humanos ainda não é de longe onipresente nos textos de boa parte das constituições (em especial as mais antigas) e dos tratados internacionais de direitos humanos.

Ao nível do direito internacional público, tanto no âmbito do sistema universal de proteção da ONU, quanto na esfera do direito europeu, um direito à proteção de dados tem sido deduzido em especial do direito à privacidade, embora com este não se confunda. Nesse sentido, a orientação adotada pela Comissão da ONU para Direitos Humanos, interpretando o alcance do artigo 17 do Pacto Internacional de Direitos Civis e Políticos, assim como a jurisprudência da Corte Europeia de Direitos Humanos (CEDH) e do Tribunal de Justiça da União Europeia (TJUE), forte no artigo 8º da Convenção Europeia[6].

Foi somente na Convenção nº 108 para a Proteção de Indivíduos com Respeito ao Processamento Automatizado de Dados Pessoais (1981)[7], comumente intitulada de Convenção de Estrasburgo, bem como, quase vinte anos mais tarde, no artigo 8 da Carta de Direitos Fundamentais da União Europeia (doravante CDFUE), do ano 2000[8] – que o direito à proteção de dados finalmente alçou a condição de direito fundamental de natureza autônoma, mas vinculando, como tal, apenas os estados inte-

6 Cf., por todos, SCHIEDERMAIR, Stephanie. Einleitung. *In*: SIMITIS, Spiros; HORNUNG, Gerrit; SPIECKER GENANNT DÖHMANN, Indra (Coord.). *Datenschutzrecht*. Baden-Baden: Nomos, 2019. p. 201.

7 CONSELHO DA EUROPA. *Convenção para a Proteção de Indivíduos com Respeito ao Processamento Automatizado de Dados Pessoais*, de 28 de janeiro de 1981. Disponível em: https://www.cnpd.pt/bin/legis/internacional/Convencao108.htm. Acesso em: 15 nov. 2019.

8 PARLAMENTO EUROPEU. *Carta de Direitos Fundamentais da União Europeia*, de 7 de dezembro de 2000. Disponível em: https://eur-lex.europa.eu/legal-content/PT/TXT/PDF/?uri=CELEX:12016P/TXT&from=EN Acesso em: 15 nov. 2019.

grantes da União Europeia, o que se deu apenas com a entrada em vigor do Tratado de Lisboa, em 2009[9].

No caso do Brasil, como já antecipado, a CF, embora faça referência, no art. 5.º, XII, ao sigilo das comunicações de dados (além do sigilo da correspondência, das comunicações telefônicas e telegráficas), não contemplou, no seu texto originário, expressamente um direito fundamental à proteção e livre disposição dos dados pelo seu respectivo titular, sendo o reconhecimento de tal direito algo ainda relativamente recente na ordem jurídica brasileira.

A proteção dos dados pessoais, por outro lado – para além da referência ao sigilo da comunicação de dados – também encontrou, desde o início, salvaguarda parcial e indireta mediante a previsão da ação de habeas data (art. 5.º, LXXII, da CF), ação constitucional, com status de direito-garantia fundamental autônomo, que precisamente busca assegurar ao indivíduo o conhecimento e mesmo a possibilidade de buscar a retificação de dados constantes de registros ou bancos de dados de entidades governamentais ou de caráter público, ao mesmo tempo em que se trata de uma garantia procedimental do exercício da autodeterminação informacional[10].

Com relação ao sigilo da comunicação de dados, contudo, há que ter cautela, razão pela qual se impõe o registro, com base na lição de Danilo Doneda, nosso homenageado, de que não se trata, neste caso, do direito à proteção de dados pessoais em si e nem de seu fundamento direto. Para melhor compreensão da assertiva, valemo-nos aqui da própria fala do autor:

> [Se,] por um lado, a privacidade é encarada como um direito fundamental, as informações pessoais em si parecem, a uma parte da doutrina, serem protegidas somente em relação à sua "comunicação", conforme art. 5, XII, que trata da inviolabilidade da comunicação de dados. Tal interpretação traz consigo o

9 DONEDA, Danilo. A proteção dos dados pessoais como um direito fundamental. Joaçaba, *Espaço Jurídico Journal of Law*, v. 12, nº 2, pp. 91-108, jul./dez. 2011. Disponível em: https://portalperiodicos.unoesc.edu.br/espacojuridico/article/view/1315. Acesso em: 15 nov. 2019.

10 MENDES, Laura Schertel. Habeas Data e autodeterminação informativa: dois lados da mesma moeda. *Revista Direitos Fundamentais & Justiça*, a. 12, nº 39, pp. 185-216, jul./dez. 2018.

> risco de sugerir uma grande permissividade em relação à utilização de informações pessoais. Nesse sentido, uma decisão do STF, relatada pelo Ministro Sepúlveda Pertence, reconheceu expressamente a inexistência de uma garantia de inviolabilidade sobre dados armazenados em computador com fulcro em garantias constitucionais...O sigilo, no inciso XII do art. 5º, está referido à comunicação, no interesse da defesa da privacidade.... Obviamente o que se regula é comunicação por correspondência e telegrafia, comunicação de dados e telefônica... A distinção é decisiva: o objeto protegido no direito à inviolabilidade do sigilo não são os dados em si, mas a sua comunicação restringida (liberdade de negação). A troca de informações (comunicação) privativa é que não pode ser violada por sujeito estranho... A decisão tem sido, desde então, constantemente mencionada como precedente em julgados nos quais o STF identifica que a natureza fundamental da proteção aos dados está restrita ao momento de sua comunicação[11].

À míngua, portanto, de expressa previsão de tal direito, pelo menos na condição de direito fundamental explicitamente autônomo, no texto originário da CF, e a exemplo do que ocorreu em outras ordens constitucionais, o direito à proteção dos dados pessoais acabou sendo associado e reconduzido a alguns princípios e direitos fundamentais de caráter geral e especial, como é o caso do princípio da dignidade da pessoa humana, do direito fundamental (também implicitamente positivado) ao livre desenvolvimento da personalidade, do direito geral de liberdade, bem como dos direitos especiais de personalidade mais relevantes no contexto, quais sejam – aqui nos termos da CF – os direitos à privacidade e à intimidade[12], no sentido do que alguns também chamam de uma "intimidade informática"[13].

---

11 DONEDA, Danilo. *Da privacidade à proteção dos dados pessoais*. Rio de Janeiro: Renovar, 2006. p. 262

12 Cf. por todos DONEDA, Danilo. *Da privacidade à proteção de dados pessoais*: elementos da formação da Lei geral de proteção de dados. 2. ed. São Paulo: Thomson Reuters Brasil, 2019.

13 Cf., por exemplo, entre nós, SAMPAIO, José Adércio Leite. A suprema inviolabilidade: a intimidade informática e o sigilo bancário. *In*: SARMENTO, Daniel; SARLET, Ingo Wolfgang (Coord.). *Direitos fundamentais no Supremo Tribunal Federal*: balanço e crítica, Rio de Janeiro: Lumen Juris, 2011. pp. 531 e ss.

Mas, possivelmente, o fundamento constitucional direto mais próximo de um direito fundamental à proteção de dados seja mesmo o direito ao livre desenvolvimento da personalidade, radicado diretamente no princípio da dignidade da pessoa humana e no direito geral de liberdade, o qual também assume a condição de uma cláusula geral de proteção de todas as dimensões da personalidade humana[14], que, de acordo com tradição jurídica já consolidada no direito constitucional estrangeiro e no direito internacional (universal e regional) dos direitos humanos, inclui o (mas não se limita ao!) direito à livre disposição sobre os dados pessoais, o assim designado direito à livre autodeterminação informativa[15].

A doutrina especializada brasileira, a exemplo e por influência do que se deu em outras ordens jurídicas, também já vinha de há muito tempo e com crescente intensidade, advogando a necessidade de, mediante uma leitura harmônica e sistemática do texto constitucional de 1988, se reconhecer um direito fundamental autônomo implicitamente positivado à proteção de dados pessoais[16], o que veio a ser confirmado, em abril e maio de 2020, pelo STF, em histórico e paradigmático julgado, tal como já referido.

No citado julgamento, da ADI 6387-DF, Relatora Ministra Rosa Weber, foi discutida a constitucionalidade da Medida Provisória 954, de 17.04.20, da Presidência da República, que atribuiu às empresas de telecomunicações (fixas e móveis) o dever de disponibilizar os nomes

---

14 Cf. por todos, MOTA PINTO, Paulo. *Direitos de Personalidade e Direitos Fundamentais*: Estudos, Coimbra: Gestlegal, 2018, em especial, pp. 33 e ss.

15 MOTA PINTO, Paulo. *Direitos de Personalidade e Direitos Fundamentais*: Estudos, op. cit., pp. 642 e ss.

16 Cf., em especial, o já referido DONEDA, Danilo. *Da privacidade à proteção dos dados pessoais*, op. cit, 2006, mas também, na sequência, entre outros, LIMBERGER, Têmis. *O Direito à Intimidade na Era da Informática*. Porto Alegre: Livraria do Advogado, 2007; RUARO, Regina Linden; RODRIGUEZ, Daniel Piñeiro. O direito à proteção de dados pessoais na sociedade de informação. *Direito, Estado Sociedade*, nº 36, jan/jun. 2010, MENDES, Laura Schertel. *Privacidade, Proteção de Dados e Defesa do Consumidor*. São Paulo: Saraiva, 2013, BIONI, Bruno Ricardo. *Proteção de Dados Pessoais:* A Função e os Limites do Consentimento. Rio de Janeiro: Forense, 2019. pp. 90 e ss.; SARLET, Proteção de dados como direito fundamental na Constituição Federal Brasileira de 1988, Direitos Fundamentais & Justiça | Belo Horizonte, ano 14, nº 42, pp. 175-214, jan./jun. 2020. Por último, v. RODRIGUEZ, Daniel Piñeiro. *O Direito Fundamental à Proteção de Dados. Vigilância, Privacidade e Regulação*. Rio de Janeiro: Lumen Juris, 2021.

completos, endereços e números de telefone dos usuários PN e PJ para o IBGE durante a pandemia do COVID 19 para efeitos de uso direto e exclusivo de produção de estatísticas oficiais mediante entrevistas domiciliares. O STF, acolhendo a tese da inconstitucionalidade da exigência feita pela Medida Provisória impugnada, reconheceu a ocorrência de violação, pela desproporcionalidade da medida, do direito fundamental à proteção de dados pessoais, na condição de direito autônomo implicitamente positivado, seguindo, no que diz respeito à fundamentação, a orientação geral protagonizada pela doutrina jurídica acima referida.

Além disso, é de sublinhar que o STF já proferiu diversas decisões relevantes relativas à proteção de dados pessoais. Para além do caso do IBGE, o tema foi tratado, entre outros exemplo passíveis de serem colacionados, na ADPF 695 (Caso Abin/Denatran), na ADI 656 (Cadastros de dependentes químicos) e na ADI 6.529 (Caso Sisbin). Nesse último caso, a Corte decidiu que os órgãos componentes do Sistema Brasileiro de Inteligência (Sisbin) somente podem fornecer dados e conhecimentos específicos à Agência Brasileira de Inteligência (Abin) quando for comprovado o interesse público da medida, afastando qualquer possibilidade desses dados atenderem a interesses pessoais ou privados

À vista disso, é de se acompanhar o entendimento de Carlos Alberto Molinaro e Gabrielle Bezerra S. Sarlet, no sentido de que a proteção de dados pessoais – e o reconhecimento de um direito fundamental correspondente –, de certo modo, "confere um novo e atual sentido à proteção da pessoa humana e da dignidade, da autonomia e das esferas de liberdade que lhes são inerentes"[17].

Com a promulgação da EC 115/2022 e a inserção, pelo Congresso Nacional, de um direito fundamental autônomo na CF, inclusive, diversamente da redação inicial da PEC, contemplando-o com um inciso próprio, acrescido ao artigo 5º, da CF, a própria decisão do STF acabou sendo não somente chancelada, mas também saiu fortalecida pela expressiva legitimação democrática de uma emenda constitucional. Outrossim, independentemente aqui de se aprofundar a discussão sobre a conveniência, necessidade e bondade intrínseca de uma consagração textual de um direito fundamental autônomo à proteção de dados na CF, ou mesmo

17 MOLINARO, Carlos Alberto; SARLET, Gabrielle Bezerra Sales. *Questões tecnológicas, éticas e normativas da proteção de dados pessoais na área da saúde em um contexto de big data.* Direitos Fundamentais & Justiça, a. 13, nº 41, pp. 183-212, jul./dez. 2019.

adentrar a querela sobre se tratar, ou não, de um direito "novo", o fato é que cerramos aqui fileiras com os que saúdam como benfazeja a opção do Congresso Nacional.

Dentre as razões que aqui poderiam ser colacionadas, destacam-se:

a) a despeito das interseções e articulações com outros direitos, fica assegurada - do ponto de vista também formal (textual) - à proteção de dados a condição de direito fundamental autônomo, com âmbito de proteção próprio;

b) ao direito à proteção de dados passa a ser atribuído de modo inquestionável o pleno regime jurídico-constitucional relativo ao seu perfil de direito fundamental em sentido material e formal já consagradas no texto da CF, bem como na doutrina e na jurisprudência constitucional brasileira, ou seja:

1) como parte integrante da constituição formal, os direitos fundamentais possuem status normativo superior em relação a todo o restante do ordenamento jurídico nacional;

2) na condição de direito fundamental, assume a condição de limite material à reforma constitucional, devendo, ademais disso, serem observados os assim chamados limites formais, circunstanciais e temporais, nos termos do artigo 60, parágrafos 1 a 4º, da CF[18];

3) também as normas relativas ao direito à proteção de dados são - nos termos do artigo 5º, º 1º, CF - dotadas de aplicabilidade imediata (direta) e vinculam diretamente todos os atores públicos, bem como - sopesadas as devidas ressalvas- os atores privados.

4) A existência de importantes lacunas em termos de regulação infraconstitucional, visto que a LGPD não se aplica, dentre outros, aos domínios da segurança nacional, segurança pública, investigação criminal, persecução penal, faz com que o reconhecimento de um direito fundamental à proteção de dados pessoais permita suprir tais déficits, visto que imediatamente aplicável, de

---

18 Destaque-se, contudo, que inexiste unanimidade respeitante à possibilidade de se atribuir a condição de "cláusula pétrea" quando se tratar de direito incluído por emenda constitucional. De todo modo, adere-se aqui ao entendimento favorável quando a inserção por emenda apenas formalizar o que pode ser tido como um direito fundamental implícito, caso precisamente da proteção de dados pessoais.

modo a evitar zonas livres da proteção de dados, sem prejuízo da ação do legislador ordinário na concretização do marco jurídico constitucional.

Acrescente-se, outrossim, que, a teor do artigo 5º, §§ 2º e 3º, CF, o marco normativo que concretiza e formata o âmbito de proteção e as funções e dimensões do direito (fundamental) à proteção de dados, é também integrado – embora tal circunstância seja usualmente negligenciada – pelos tratados internacionais de direitos humanos ratificados pelo Brasil –, destacando-se, para o efeito da compreensão adequada e manejo correto em nível doméstico – a Convenção Americana de São José da Costa Rica e o Pacto Internacional de Direitos Civis e Políticos, incluindo a sua interpretação pelas instâncias judiciárias e não judiciárias respectivas.

Tal fato assume uma dimensão particularmente relevante, à vista do atual posicionamento do STF sobre o tema, dada a atribuição, aos tratados de direitos humanos devidamente ratificados, hierarquia normativa supra legal, de modo que, ao menos assim o deveria ser, o marco normativo nacional infraconstitucional não apenas deve guardar consistência formal e material com a CF, mas também estar de acordo com os parâmetros de tais documentos internacionais, sendo passível do que se tem designado de um controle jurisdicional de convencionalidade. Além disso, convém lembrar que em se cuidando de tratados internacionais de direitos humanos aprovados pelo rito agravado previsto no § 3º do artigo 5º da CF o seu valor normativo na esfera nacional será equivalente ao das emendas constitucionais.

Nesse contexto, embora não exista (ainda) tratado internacional de direitos humanos específico sobre proteção de dados (ou mesmo tratado geral com referência direta e expressa a um direito humano correspondente) ratificado mediante tal procedimento, o fato é que tal circunstância não tem levado a um isolamento político-legislativo-jurídico do Brasil nessa matéria, do que dá conta, em caráter ilustrativo, a substancial recepção, pela LGPD, do Regulamento Geral Europeu, mas também, na esfera doutrinária e jurisprudencial, de parâmetros dogmáticos e interpretativos, como é o caso, já referido, de um direito à autodeterminação informativa, dentre tantos exemplos que poderiam ser colacionados.

Para encerrar essa primeira etapa do texto e dada a sua relevância não apenas para a compreensão do conteúdo e alcance do direito fundamental à proteção de dados na CF, mas também para efeitos de seu diálogo com a legislação, jurisprudência e mesmo doutrina sobre o tema, importa sublinhar que diversos diplomas legais em vigor já dispõe sobre aspectos relevantes da proteção de dados, destacando-se aqui a Lei de Acesso à Informação (Lei 12.527/2011) e o assim chamado Marco Civil da Internet (Lei 12.965/2014) e o respectivo Decreto que o regulamentou (Decreto 8.771/2016), mas especialmente a Lei Geral de Proteção de Dados (Lei 13.709, de 2018).

Assim, uma compreensão/interpretação/aplicação constitucionalmente adequada do direito fundamental à proteção de dados deverá sempre ser pautada por uma perspectiva sistemática, que, a despeito do caráter autônomo (sempre parcial), desse direito, não pode prescindir do diálogo e da interação (por vezes marcada por concorrências, tensões e colisões) com outros princípios e direitos fundamentais, que, dentre outros pontos a considerar, auxiliam a determinar o seu âmbito de proteção, inclusive mediante o estabelecimento de limites diretos e indiretos.

3. A autonomia do direito fundamental à proteção de dados pessoais – para além da privacidade e da autodeterminação informativa

Como já adiantado, o conteúdo (no sentido do âmbito de proteção normativo) de um direito fundamental à proteção de dados pessoais, embora fortemente articulado com o princípio da dignidade da pessoa humana e de outros direitos fundamentais, em especial o direito ao livre desenvolvimento da personalidade e alguns direitos especiais de personalidade, como é o caso, entre outros, do direito à privacidade e do assim chamado direito à autodeterminação informativa, não se confunde com o do objeto da proteção de tais direitos.

É por tal razão, aliás, que a própria opção terminológica pela proteção de dados pessoais assume uma importância que vai muito além da mera novidade representada pela terminologia em si, porquanto, radica numa viragem concepcional, visto que parte do pressuposto de que dados, para efeitos de sua proteção jurídico-constitucional, devem ser compreendidos em sentido amplo, no sentido da inexistência de dados pessoais irrelevantes em face do processamento eletrônico na sociedade de informação, notadamente pelo fato de que, sendo os dados projeções da personalidade, o seu tratamento, seja qual for, potencialmente pode violar direitos fundamentais[19].

---

19 Cf., por todos, MENDES, Laura Schertel; DONEDA, Danilo. Comentário à Nova Lei de Proteção de Dados (Lei 13.709/2018): O Novo Paradigma da Proteção de Da-

De todo modo, a compreensão do âmbito de proteção de um direito fundamental à proteção de dados pessoais envolve sempre um contraste com o de outros direitos, destacando-se, nesse contexto, o direito à privacidade e o direito à autodeterminação informativa, os quais, por seu turno, embora também autônomos entre si, também apresentam zonas de contato importantes.

Pela sua relevância para o desenvolvimento do direito à proteção de dados pessoais, calha retomar, em rápidas pinceladas, o caso da Alemanha, porquanto é lá que se costuma situar o reconhecimento, pela primeira vez, do assim chamado direito à autodeterminação informativa, não no texto constitucional, mas por conta de paradigmática decisão do Tribunal Constitucional Federal, de 15.12.1983, sobre a constitucionalidade de aspectos da lei do censo aprovado pelo Parlamento Federal, cuja realização foi suspensa liminarmente pela Corte em 13.04.1983, muito embora a existência de decisões anteriores envolvendo, ao fim e ao cabo, a proteção de dados pessoais[20].

Na sua multicitada decisão, o Tribunal Constitucional Federal alemão, contudo, não reconheceu diretamente um direito fundamental à proteção de dados pessoais, mas sim, deduziu, numa leitura conjugada do princípio da dignidade da pessoa humana e do direito ao livre desenvolvimento da personalidade, um direito fundamental implícito à autodeterminação informativa, que, consiste, em suma e de acordo com o Tribunal, na prerrogativa de cada indivíduo decidir em princípio e substancialmente sobre a divulgação e utilização de seus dados pessoais[21].

O próprio Tribunal Constitucional, contudo, na mesma decisão, alertou para o fato de que o direito à autodeterminação informativa não assegura a cada cidadão um controle absoluto sobre os seus dados, visto que, dada a inserção e responsabilidade comunitária e social do ser hu-

dos. *Revista de Direito do Consumidor*, v. 120, nov./dez. 2018. p. 22. Para maior desenvolvimento, v., em especial. BIONI, Bruno Ricardo. *Proteção de Dados Pessoais:* A Função e os Limites do Consentimento, op. cit., pp. 59 e ss.

20 Aqui costuma ser referida, dentre outras, decisão de 16.07.1969 ("Mikrozensus-Entscheidung"), na qual o Tribunal Constitucional assentou que a Lei Fundamental proíbe que o ser humano tenha sua inteira personalidade registrada e catalogada compulsoriamente (v. *BVerfGE* 27, p. 6).

21 Cf., *BVerfG* 65, pp. 42 e ss.

mano, este deve tolerar eventuais limitações do direito quando em prol do interesse geral[22].

De acordo com Hans-Peter Bull, primeiro encarregado da agência federal de proteção de dados alemã, o cerne moral e político das preocupações do Tribunal Constitucional foi (e é) o da garantia da liberdade dos cidadãos em face da repressão por parte do Estado, de modo que a argumentação deduzida na decisão foi orientada de acordo com o objetivo da proteção da liberdade de ação do ser humano, sendo a transparência da coleta de informações um meio para alcançar tal finalidade[23].

Na condição de direito de defesa (direito à não intervenção arbitrária) o direito à autodeterminação informativa consiste em um direito individual de decisão, cujo objeto (da decisão) são dados e informações relacionados a determinada pessoa-indivíduo[24].

A relação do direito à autodeterminação informativa com o princípio da dignidade da pessoa humana, portanto, é, em certo sentido, dúplice, pois se manifesta, tanto pela sua vinculação com a noção de autonomia, quanto com a do livre desenvolvimento da personalidade e de direitos especiais de personalidade conexos, de tal sorte que a proteção dos dados pessoais envolve também a salvaguarda da possibilidade concreta de tal desenvolvimento, para o qual a garantia de uma esfera privada e íntima são indispensáveis.

Não há sobreposição, contudo, entre autodeterminação informativa e proteção de dados, nem privacidade e outros direitos de personalidade. Isso já se dá – mas não exclusivamente – pelo fato de o direito à autodeterminação informativa apresentar uma dupla dimensão individual e coletiva, no sentido de que garantida constitucionalmente não é apenas (embora possa ser, como direito subjetivo individual, o mais importante) a possibilidade de cada um decidir sobre o acesso, uso e difusão dos seus dados pessoais, mas também – e aqui a dimensão metaindividual (coletiva) – se trata de destacar que a autodeterminação

22 Cf. *BVerfGE* 65, p. 44.

23 Sobre a dedução interpretativa do direito pelo Tribunal Constitucional, v., por todos, a síntese de BULL, Hans-Peter. *Informationelle Selbstbestimmung* – Vision oder Illusion?. Tübingen: Mohr Siebeck, 2009. pp. 29 e ss.

24 Cf. ALBERS, Marion. Umgang mit personenbezogenen Informationen und Daten. *In*: HOFMANN-RIEM, Wolfgang; SCHMIDT-ASSMANN, Eberhard; VOSSKUHLE, Andrea (Coord.). *Grundlagen des Verwaltungsrechts*. 2. ed. München: C.H. Beck, 2012. v. 2. pp. 146-47.

informativa constitui precondição para uma ordem comunicacional livre e democrática, distanciando-se, nessa medida, de uma concepção de privacidade individualista e mesmo isolacionista à feição de um direito a estar só (right to be alone)[25].

Dito de outro modo, "a proteção de dados é, enquanto proteção de direitos fundamentais, espinha dorsal de uma democracia liberal"[26].

No concernente às suas interfaces com o direito à privacidade, também inexiste, como já adiantado, superposição completa dos respectivos âmbitos de proteção. Proteção de dados pessoais e, da mesma forma, autodeterminação informativa, vão além da privacidade e de sua proteção, ao menos no sentido tradicional do termo, caracterizado por uma lógica de "recolhimento" e "exposição"[27].

Nessa perspectiva, é crucial que se tenha presente, que embora a proteção de dados tenha sido deduzida (associada), em diversos casos, do direito à privacidade (v.g., nos EUA, o conceito de informational privacy) ou, pelo menos, também do direito à privacidade, como no caso da Convenção Europeia de Direitos Humanos (nos termos da exegese do artigo 8º levada a efeito pela CEDH), o fato é que o objeto (âmbito de proteção) do direito à proteção de dados pessoais é mais amplo, porquanto, com base num conceito ampliado de informação, abarca todos os dados que dizem respeito a uma determinada pessoa natural, sendo irrelevante à qual esfera da vida pessoal se referem (íntima, privada, familiar, social), descabida qualquer tentativa de delimitação temática[28].

O que se pode afirmar, sem temor de incorrer em erro, é que seja na literatura jurídica, seja na legislação e jurisprudência, o direito à proteção de dados vai além da tutela da privacidade, cuidando-se, de tal sorte, de um direito fundamental autônomo, diretamente vinculado à prote-

25 Cf. HORNUNG, Gerrit; SCHNABEL, Christoph. Data protection in Germany I: The populational census decision and the right to informational self-determination. *Computer Law & Security Report*, v. 25, i. 1, 2009. pp. 85-86.

26 Cf. SPIECKER GENANNT DÖHMANN, Indra. Kontexte der Demokratie: Parteien, Medien und Sozialstrukturen (1. Referat). *VVDStRL*. Berlin: De Gruyter, 2018. v. 77. pp. 55-56.

27 RUARO, Regina Linden; RODRIGUEZ, Daniel Piñeiro. O direito à proteção de dados pessoais na sociedade de informação, op. cit., p. 189.

28 Cf., por todos, KARG, Moritz. Artikel 4, Nr. 1. *In*: SIMITIS, Spiros; HORNUNG, SPIECKER GENANNT DÖHMANN, Indra. *Datenschutzgesetz*. Baden-Baden: Nomos, 2019. pp. 287-290.

ção da personalidade. Aliás, não é à toa que Bruno Ricardo Bioni alertou para o fato de que o entendimento, hoje amplamente superado, de que o direito fundamental à proteção de dados consiste em mera evolução do direito à privacidade, é uma "construção dogmática falha"[29].

4. Considerações finais

Como se pode verificar, a despeito da sua bem-vinda inserção no texto constitucional, a autonomia do direito fundamental à proteção de dados pessoais não decorre necessariamente dessa circunstância, o que se deve ao fato de que, independentemente de sua previsão textual, se trata de um direito implicitamente positivado, de acordo com o que de há muito sustenta a doutrina nacional e estrangeira e foi também reconhecido pelo STF.

Além disso, é possível reafirmar, também aqui, que mediante a sua incorporação ao catálogo constitucional de direitos, o direito fundamental à proteção de dados pessoais assegura maior sustentação ao marco regulatório infraconstitucional, bem como fortalece a sua aplicação pelos órgãos do poder judiciário, dentre outras vantagens já apontadas.

Particularmente relevante é o fato de que a condição de direito fundamental autônomo vem acompanhada de um conjunto de prerrogativas traduzidas por um regime jurídico reforçado e uma dogmática sofisticada, mas que deve ser, em especial no caso brasileiro, desenvolvida e traduzida numa práxis que dê ao direito à proteção de dados pessoais a sua máxima eficácia e efetividade, notadamente na esfera da articulação da proteção de dados com outros direitos e garantias fundamentais e bens jurídicos e interesses de estatura constitucional, sempre salvaguardada sua autonomia e seu respectivo núcleo essencial.

Por derradeiro, fechando o texto, retorna-se a Danilo Doneda, repisando aquilo que é amplamente reconhecido e aclamado, mas que sempre há de ser relembrado, designadamente – entre outras tantas virtudes do homenageado como jurista e ser humano – a circunstância de que o estado atual da proteção dados no Brasil e mesmo os seus desenvolvimentos futuros muito devem ao por todas e todos estimado e admirado Danilo.

---

29 Cf. BIONI, Bruno Ricardo. *Proteção de Dados Pessoais:* A Função e os Limites do Consentimento, op. cit., p. 95.

Referências bibliográficas

ALEXY, Robert. Theorie der Grundrechte. 2. ed. Frankfurt a.M. Suhrkamp, 1994.

ANDRADE, Fábio Siebeneichler de. Notas sobre a aplicabilidade dos direitos da personalidade à pessoa jurídica como evolução da dogmática civil. RJLB, a. 4, nº 5, pp. 806-837, 2018.

ANDRADE, José Carlos Vieira de. Os Direitos Fundamentais na Constituição Portuguesa de 1976. Coimbra: Almedina, 1987.

BILBAO UBILLOS, Juan Maria. Los derechos fundamentales en la frontera entre lo público y lo privado. La noción de "state action" en la jurisprudencia norteamericana. Madrid: McGraw-Hill, 1997.

BIONI, Bruno Ricardo. Proteção de Dados Pessoais: A Função e os Limites do Consentimento. Rio de Janeiro: Forense, 2019.

BULL, Hans-Peter. Informationelle Selbstbestimmung – Vision oder Illusion?. Tübingen: Mohr Siebeck, 2009.

CANARIS, Claus-Wilhelm. Considerações a respeito da posição de proibições de discriminação no Sistema de Direito Privado. Revista Direitos Fundamentais e Justiça, a. 7, nº 22, jan./mar. 2013.

CANARIS, Claus-Wilhelm. Grundrechte und Privatrecht. Berlin-New York: Walter de Gruyter, 1999.

CONSELHO DA EUROPA. Convenção para a Proteção de Indivíduos com Respeito ao Processamento Automatizado de Dados Pessoais, de 28 de janeiro de 1981. Disponível em: https://www.cnpd.pt/bin/legis/internacional/Convencao108.htm. Acesso em: 15 nov. 2019.

DIMOULIS, Dimitri; MARTINS, Leonardo. Teoria Geral dos Direitos Fundamentais. São Paulo: RT, 2007.

DONEDA, Danilo. A proteção dos dados pessoais como um direito fundamental. Joaçaba, Espaço Jurídico Journal of Law, v. 12, nº 2, pp. 91-108, jul./dez. 2011. Disponível em: https://portalperiodicos.unoesc.edu.br/espacojuridico/article/view/1315. Acesso em: 15 nov. 2019.

DONEDA, Danilo. Da privacidade à proteção de dados pessoais: elementos da formação da Lei geral de proteção de dados. 2. ed. São Paulo: Thomson Reuters Brasil, 2019.

DONEDA, Danilo. Da privacidade à proteção dos dados pessoais. Rio de Janeiro: Renovar, 2006.

DREIER, Horst. Art. 2 I – allgemeines Persönlichkeitsrecht. In: DREIER, Horst (Coord.). Grundgesetz Kommentar. 3. Auf. Tübingen: Mohr Siebeck, 2013.

DREIER, Horst. Subjektiv-rechtliche und objektiv-rechtliche Grundrechtsgehalte. JURA, 1994.

DUQUE, Marcelo Schenk. Direito Privado e Constituição. Drittwirkung dos Direitos Fundamentais. Sâo Paulo: Revista dos Tribunais, 2013.

FACHIN, Luiz Edson; RUZYK, Carlos Eduardo Pianovski. Direitos fundamentais, dignidade da pessoa humana e o novo código civil: uma análise crítica. In: SARLET, Ingo Wolfgang (Coord.). Constituição, direitos fundamentais e direito privado. Porto Alegre: Livraria do Advogado, 2003.

GOMES CANOTILHO, José Joaquim; MOREIRA, Vital. Constituição da República Portuguesa anotada, 4. ed. Coimbra: Coimbra Editora, 2007.

GOMES CANOTILHO, José Joaquim. Omissões normativas e deveres de proteção. In: DIAS, Jorge de Figueiredo (Coord.). Estudos em homenagem a Cunha Rodrigues Coimbra: Coimbra Editora, 2001. v. II.

GRIMM, Dieter. A função protetiva do Estado. In: SOUZA NETO, C. P.; SARMENTO, D. A Constitucionalização do Direito. Rio de Janeiro: Lumen Juris, 2007.

HARTMANN, Ivar. Liberdade de expressão e capacidade comunicativa: um novo critério para resolver conflitos entre direitos fundamentais informacionais. Direitos Fundamentais & Justiça, a. 12, nº 39, pp. 145-183, jul./dez. 2018.

HESSE, Konrad. Grundzüge des Verfassungsrechts der Bundesrepublik Deutschland. 20. ed. Heidelberg: C. F. Müller, 1995.

HILGENDORF, Eric; FELDLE, Jochen (Ed.). Digitalization and the Law. Baden-Baden: Nomos, 2018.

HOFFMANN, Christian; LUCH, Anika; SCHULZ, Sönke E.; BORCHERS, Kim Corinna. Die digitale Dimension der Grundrechte. Das Grundgesetz im digitalen Zeitalter. Baden-Baden: Nomos, 2015.

HOFMANN-RIEM, Wolfgang. Reclaim Autonomy: Die Macht digitaler Konzerne. In: AUGSTEIN, Jakob (Coord.). Reclaim Autonomy. Selbstermächtigung in der digitalen Weltordnung. Frankfurt am Main: Suhrkamp, 2017.

HORNUNG, Gerrit; SCHNABEL, Christoph. Data protection in Germany I: The populational census decision and the right to informational self-determination. Computer Law & Security Report, v. 25, i. 1, 2009.

IPSEN, Jörn. Staatsrecht II – Grundrechte. 17. Auf. Vahlen, 2014.

JARASS, Hans; PIEROTH, Bodo. Grundgezetz fur die Bundesrepublik Deutschland: Kommentar. München: C. H. Beck. 13. Auf. 2014.

KARG, Moritz. Artikel 4, Nr. 1. In: SIMITIS, Spiros; HORNUNG, SPIECKER GENANNT DÖHMANN, Indra. Datenschutzgesetz. Baden-Baden: Nomos, 2019.

KLOEPFER, Michael. Verfassungsrecht II. München: C. H. Beck. 13. Auf. 2010.

KÜHLING, Jürgen. Datenschutz und die Rolle des Rechts. In: STIFTUNG FÜR DATENSCHUTZ (Ed). Die Zukunft der informationellen Selbstbestimmung. Berlin: Erich Schmidt Verlag, 2016.

LEONARDI, Marcel. Fundamentos de Direito Digital. São Paulo: Revista dos Tribunais, 2019.

LIMBERGER, Têmis. O Direito à Intimidade na Era da Informática. Porto Alegre: Livraria do Advogado, 2007.

MANSSEN, Gerrit. Staatsrecht I Grundrechtsdogmatik. München: Verlag Franz Vahlen, 1995.

MARINONI, Luiz Guilherme. Técnica processual e tutela dos direitos. 4. ed. São Paulo: Revista dos Tribunais, 2013.

MENDES, Laura Schertel. Habeas Data e autodeterminação informativa: dois lados da mesma moeda. Revista Direitos Fundamentais & Justiça, a. 12, nº 39, pp. 185-216, jul./dez. 2018.

MENDES, Laura Schertel. Privacidade, Proteção de Dados e Defesa do Consumidor. São Paulo: Saraiva, 2013.

MENDES, Laura Schertel; DONEDA, Danilo. Comentário à Nova Lei de Proteção de Dados (Lei 13.709/2018): O Novo Paradigma da Proteção de Dados. Revista de Direito do Consumidor, v. 120, nov./dez. 2018.

MIRANDA, Jorge; MEDEIROS, Rui. Constituição Portuguesa Anotada. 1. ed. Coimbra: Coimbra Editora, 2006.

MOLINARO, Carlos Alberto; SARLET, Gabrielle Bezerra Sales. Questões tecnológicas, éticas e normativas da proteção de dados pessoais na área da saúde em um contexto de big data. Direitos Fundamentais & Justiça, a. 13, nº 41, pp. 183-212, jul./dez. 2019.

MOTA PINTO, Paulo. Direitos de Personalidade e Direitos Fundamentais: Estudos, Coimbra: Gestlegal, 2018.

MURSWIEK, Dietrich; RIXEN, Stephan. Persönliche Freiheitsrechte. In: SACHS, Michael. Grundgesetz Kommentar. 8. ed. München: C.H.Beck, 2018.

PARLAMENTO EUROPEU. Carta de Direitos Fundamentais da União Europeia, de 7 de dezembro de 2000. Disponível em: https://eur-lex.europa.eu/legal-content/PT/TXT/PDF/?uri=CELEX:12016P/TXT&from=EN. Acesso em: 15 nov. 2019.

PIEROTH, Bodo; SCHLINK, Bernhard. Grundrechte. Staatsrecht II. 11. ed. Heidelberg: C. F. Müller, 1995.

REINHARDT, Jörn. Conflitos de direitos fundamentais entre atores privados: "efeitos horizontais indiretos" e pressupostos de proteção de direitos fundamentais. Direitos Fundamentais & Justiça, ano 13, nº 41, pp. 59-91, jul./dez. 2019.

RODRIGUES JÚNIOR, Otávio Luís. Direito Civil Contemporâneo: Estatuto Epistemológico, Constituição e Direitos Fundamentais. 2. ed. São Paulo: GEN, 2019.

RODRIGUEZ, Daniel Piñeiro. O Direito Fundamental à Proteção de Dados. Vigilância, Privacidade e Regulação. Rio de Janeiro: Lumen Juris, 2021.

ROSSNAGEL, Alexander; WEDDE, Peter; HAMMER, Volker; PORDESCH, Ulrich. Digitalisierung der Grundrechte? Zur Verfassungsverträglichkeit der Informations-und Kommunikationstechnik. Opladen: Westdeutscher Verlag, 1990.

RUARO, Regina Linden; RODRIGUEZ, Daniel Piñeiro. O direito à proteção de dados pessoais na sociedade de informação. Direito, Estado Sociedade, nº 36, jan/jun. 2010.

RUFFERT, Matthias. Privatrechtswirkung der Grundrechte. Von Lüth zum Stadionverbot – und darüber hinaus?. nº 1, Jus 2020.

SAMPAIO, José Adércio Leite. A suprema inviolabilidade: a intimidade informática e o sigilo bancário. In: SARMENTO, Daniel; SARLET, Ingo Wolfgang (Coord.). Direitos fundamentais no Supremo Tribunal Federal: balanço e crítica, Rio de Janeiro: Lumen Juris, 2011.

SARLET, Ingo Wolfgang. A Eficácia dos Direitos Fundamentais: uma teoria geral dos direitos fundamentais na perspectiva constitucional. 13. ed. Porto Alegre: Livraria do Advogado, 2018.

SARLET, Ingo Wolfgang. Direitos Fundamentais e Direito Privado, algumas considerações em torno da vinculação dos particulares aos direitos fundamentais. In: SARLET, Ingo Wolfgang (Coord.). A Constituição Concretizada: Construindo Pontes para o Público e o Privado. Porto Alegre: Livraria do Advogado, 2000.

SARLET, Ingo Wolfgang. Proteção de dados como direito fundamental na Constituição Federal Brasileira de 1988, Direitos Fundamentais & Justiça | Belo Horizonte, ano 14, nº 42, pp. 175-214, jan./jun. 2020.

SARLET, Ingo Wolfgang; FERREIRA NETO, Arthur M. O Direito ao "Esquecimento" na Sociedade de Informação. Porto Alegre: Livraria do Advogado, 2018.

SARLET, Ingo Wolfgang; MARINONI, Luiz Guilherme; MITIDIERO, Daniel. Curso de Direito Constitucional. 3. ed. São Paulo: Revista dos Tribunais, 2014.

SARMENTO, Daniel. Direitos Fundamentais e Relações Privadas. Rio de janeiro: Lumen Juris, 2003.

SCHIEDERMAIR, Stephanie. Einleitung. In: SIMITIS, Spiros; HORNUNG, Gerrit; SPIECKER GENANNT DÖHMANN, Indra (Coord.). Datenschutzrecht. Baden-Baden: Nomos, 2019.

SCHLIESKY, Utz; HOFFMANN, Christian; LUCH, Anika D.; SCHULZ, Sönke E.; BORCHERS, Kim Corinna. Schutzpflichten und Drittwirkung im Internet. Das Grundgesetz im digitalen Zeitalter. Baden-Baden: Nomos, 2014.

SILVA, Virgílio Afonso da. A Constitucionalização do Direito. Os direitos fundamentais nas relações entre particulares. São Paulo: Malheiros, 2005.

SPIECKER GENANNT DÖHMANN, Indra. Kontexte der Demokratie: Parteien, Medien und Sozialstrukturen (1. Referat). VVDStRL. Berlin: De Gruyter, 2018.

____O direito à proteção de dados na internet em casos de colisão, in: Revista Direitos Fundamentais & Justiça, a. 12, nº 38, pp. 17-33, jan./jun. 2018.

STARCK, Christian. Art. 2 Abs. 1 – Schutz des Art. 2 Abs. 1 vor Eingriffen durch die öffentliche Gewalt. In: VON MANGOLDT; KLEIN; STARCK. Grundgesetz Kommentar, v. 1, 7. Auf. München: C.H.Beck, 2018.

STEINMETZ, Wilson. A vinculação dos particulares a direitos fundamentais. São Paulo: Malheiros, 2004.

STERN, Klaus. Idee und Elemente eines Systems der Grundrechte. In: KIRCHHOF, J. Isensee-P. (Coord.). Handbuch des Staatsrechts der Bundesrepublik Deutschland. Heidelberg: C. F. Müller, 1992. v. 5.

WOLFF, Heinrich Amadeus. Schutz personenbezogener Daten. In: PECHSTEIN, Matthias; NOWAK, Carsten; HÄDE, Ulrich (Coord.). Frankfurter Kommentar EUV – GRC – AEUV. Tübingen: Mohr Siebeck, 2017. v. 1.

Controle e transparência no tratamento dos dados pessoais: uma análise sobre o direito à autodeterminação informativa e sobre o direito à plena informação

Juliana Oliveira Domingues[1]
Pietra Quinelato[2]

SUMÁRIO: Introdução; 1. Breve perspectiva histórica sobre a proteção de dados pessoais; 2. Notas sobre a Lei Geral de Proteção de Dados Pessoais; 3. A autodeterminação informativa; 4. A plena informação sobre o tratamento dos dados pessoais; Considerações finais; Referências.

"Torture os dados, e eles confessarão qualquer coisa."
Ronald Coase

Introdução

Ao longo dos últimos anos, grande parte dos dados processados virtualmente destinam-se a viabilizar mecanismos que afetam diretamente os consumidores. Com a maximização da utilização dos mecanismos de publicidade direcionada, aumentou o interesse dos consumidores em conhecer (e entender): i) quais são seus dados compartilhados, ii) como estão sendo fornecidos esses dados, e iii) qual a destinação dessas informações.

---

1 Professora Doutora de Direito Econômico da FDRP/USP, com pesquisa de pós-doutorado na Gerogetown University. Procuradora Chefe do CADE. Foi Secretária Nacional do Consumidor e Presidente do Conselho Nacional de Defesa do Consumidor e Conselho Nacional de Combate à Pirataria (2020/2022). E-mail: julianadomingues@usp.br

2 Pesquisadora do Institute de Recherche Juridique de la Sorbonne na Université Paris 1 – Panthéon Sorbonne. Doutoranda em Direito Civil pela Universidade de São Paulo. Mestre e Bacharel em Direito pela Universidade de São Paulo. LLM em Direito e Prática Empresarial pelo CEU Law School. Especialista em Direito Digital pela EBRADI e ESA-OAB-SP. Professora efetiva no curso de Direito das Faculdades Integradas Campos Salles. Certificada CIPM e CDPO pela IAPP. E-mail: pietraquinelato@gmail.com.

Não há dúvidas que os dados são elementos importantes para a análise de conceitos caros ao consumidor, a exemplo da privacidade, da liberdade de escolha e da igualdade nas contratações. É, de fato, um fenômeno jurídico e social que toca muitas competências e aspectos. Assim, a barreira da assimetria de informações (que envolve o problema da recorrente ausência de transparência ao consumidor) deve ser superada.

Do ponto de vista econômico, é tarefa relevante remediar também as falhas do mercado, especialmente aquelas que decorrem da qualidade da informação, além de trabalhar a racionalidade dos consumidores.

Ao acessarmos nossas redes sociais, somos bombardeados com anúncios de produtos ou serviços que procurávamos momentos atrás. Damos a esta estratégia o nome de publicidade comportamental, decorrente do avanço das tecnologias que permite que nossos dados pessoais sejam tratados para serem aferidas nossas preferências. Essa ferramenta permite que recebamos exatamente aquilo que temos tendência a comprar. Mas esse é apenas um exemplo do poder que a informação proporciona às empresas atualmente.

É certo que o desenvolvimento tecnológico causou alterações na dinâmica social culminando em uma economia impulsionada cada vez mais pela informação. Trata-se da "quarta era dos direitos", expressão cunhada por Norberto Bobbio[3], que também pode ser denominada "era da revolução tecnológica", como afirma Chinellato[4]. Em troca, dados pessoais passaram a ser coletados e processados, transformados em informações valiosas aos interessados.

Esses dados expõem a identidade da pessoa natural, que passa a ser composta não apenas pelo *corpus* físico, mas por um corpo eletrônico, como define Stefano Rodotà[5], abrangendo a dimensão digital. É nesse contexto que Susanne Lace nos conceitua como consumidores de vidro[6], pois é possível ver através de nós pelos dados pessoais compartilhados, voluntariamente ou não. Posto isso, é certo que, em tempos atuais, a

---

3 BOBBIO, Norberto. **A era dos direitos**. Tradução de Carlos Nelson Coutinho do original L'età di diritti, 1909. 7 reimp. Rio de Janeiro: Elsevier, 2004.

4 CHINELLATO, Silmara J. A. A pessoa natural na quarta era dos direitos: o nascituro e o embrião pré-implantatório. **Revista Brasileira de Direito Comparado,** nº 32, pp. 79-129, 2007. p. 79.

5 RODOTÀ, Stefano. **Intervista su privacy e libertà**. Roma/Bari: Laterza, 2005.

6 LACE, Susanne (Ed.). **The glass consumer**: life in a surveillance society. Bristol: The Policy Press, 2005.

privacidade e a proteção de dados pessoais devem ser analisadas sob o prisma de que a Internet, na vida do indivíduo, permite que uma massiva quantidade de informações seja compartilhada instantaneamente e sem fronteiras espaciais.

A evolução dos meios de comunicação, algoritmos, tratamento de dados pessoais em larga escala e ferramentas tecnológicas não é ruim em si. Ou seja, não estamos tratando de um ilícito per se. Pelo contrário, visto que, na maioria das vezes, estas tecnologias facilitam nossas vidas.

Contudo, existem algumas premissas que devem estar atendidas para que estas operações com dados pessoais não sejam ilícitas[7] e seus efeitos não sejam prejudiciais aos indivíduos. É fundamental – especialmente em um país que busca zelar pela dignidade da pessoa humana - que titulares de dados pessoais tenham controle e ciência sobre as operações que vêm sendo realizadas com suas informações, tendo a possibilidade de exercer alguns direitos.

Dados pessoais, de acordo com o artigo 5°, I da Lei Geral de Proteção de Dados Pessoais (LGPD), são "informação relacionada à pessoa natural identificada ou identificável". Já a Lei de Acesso à Informação (LAI) conceitua informação como "dados, processados, ou não, que podem ser utilizados para produção e transmissão de conhecimento, contidos em qualquer meio, suporte ou formato", e informação pessoal "aquela relacionada à pessoa natural identificada ou identificável" (art. 4º, incisos I e IV, respectivamente).

Apesar de ambas as definições não estarem perfeitamente alinhadas, para o presente, considera-se que dados pessoais estão associados "a uma espécie de "pré-informação", anterior à interpretação e a um processo de elaboração", enquanto a informação "alude a algo além da representação contida no dado, chegando ao limiar da cognição", tal como explica Danilo Doneda[8], homenageado nessa obra.

Atualmente, existem regulações que dispõem sobre o tratamento de dados pessoais, impondo obrigações e responsabilidades aos agen-

---

7 Sobre limites do tratamento de dados pessoais e a publicidade abusiva, recomendamos a leitura de BASAN, Arthur Pinheiro; FALEIROS JUNIOR, José de Moura. A proteção de dados pessoais e a concreção do direito ao sossego no mercado de consumo. **Civilística.com**. Rio de Janeiro, ano 9, nº 3, 2020.

8 DONEDA, Danilo. **Da privacidade à proteção de dados pessoais**: elementos da formação da lei geral de proteção de dados. São Paulo: Thomson Reuters Brasil, 2019.

tes de tratamento, que devem obedecer a princípios e garantir direitos aos titulares. Sem prejuízo das demais, destacamos o Regulamento sobre Proteção de Dados Pessoais da União Europeia (GDPR), que inspirou nossa Lei Geral de Proteção de Dados Pessoais (LGPD).

O presente artigo, sem intuito de esgotar o tema, pretende abordar dois temas relacionados à proteção de dados pessoais, quais sejam, a autodeterminação informativa[9] e o direito à informação sobre a finalidade do tratamento. Para tanto, serão brevemente percorridos o histórico do direito à proteção de dados pessoais e a LGPD, abrindo espaço para discorrermos sobre mencionados direitos.

Por fim, concluímos sobre a importância do cumprimento das exigências trazidas no diploma legal para atingir à autodeterminação informativa de forma plena, que inclui a transparência e informação sobre a finalidade da operação.

1. Breve perspectiva histórica sobre a proteção de dados pessoais

Apesar das atuais e calorosas discussões sobre o direito à proteção de dados pessoais, o tema não é recente. Historicamente, a origem das leis gerais sobre proteção de dados pessoais remonta a esforços conjuntos de organizações internacionais[10]. Conforme leciona Tomasevicius Filho[11], a preocupação efetiva com a privacidade surgiu no século XIX, com a transformação das sociedades agrário-manufatureiras em urbano-industriais, quando a imprensa e a fotografia ganhavam espaço. Nessa época, iniciou-se a teorização dos direitos de personalidade, notadamente na doutrina alemã.

Se colocarmos sob uma perspectiva linear o direito à privacidade, em 1890, Samuel Warren e Louis Brandeis publicaram na Harvard Law

9 A expressão se traduz em português como autodeterminação informativa ou autodeterminação informacional. Optamos por utilizar a primeira conforme LGPD.

10 CARVALHO, Angelo; FRAZÃO, Ana; MILANEZ, Giovanna. **Curso de proteção de dados pessoais** – fundamentos da LGPD. Rio de Janeiro: Ed. Forense, 2022.

11 TOMASEVICIUS FILHO, Eduardo. Em direção a um novo 1984? A tutela da vida privada entre a invasão de privacidade e a privacidade renunciada. **Revista da Faculdade de Direito,** Universidade de São Paulo, dez. 2014, 109, 129-169. Disponível em: <https://www.revistas.usp.br/rfdusp/article/view/89230>. Acesso em: 17 jul. 2021.

Review o artigo *The Right to Privacy,*[12] com constatações sobre o direito a ser deixado em paz e desafios do avanço das tecnologias e da proteção da privacidade, sustentando a necessidade de tutela a certas situações por meio da responsabilidade civil.

No século seguinte, houve o fortalecimento do Estado e a utilização de dados pessoais para finalidades reprovável, tal como o lamentável extermínio dos judeus no regime nazista, com utilização do censo de 1939, conhecido como "Registro dos Judeus", pelo oficial Adolf Eichmann. Encerrada a guerra, foi promulgada a Declaração Universal dos Direitos do Homem contemplando a proteção contra a interferência na vida privada (art. 12) e, em 1950, a Organização das Nações Unidas dispôs em sua Declaração Universal dos Direitos Humanos e na Convenção Europeia de Direitos Humanos do Conselho da Europa sobre o direito à privacidade.

Dados também permitiram ao Estado um maior controle sobre a vida privada das pessoas, quando a Guerra Fria permitiu o desenvolvimento de grampos telefônicos, espionagem, câmeras e as pessoas passaram a abdicar da sua privacidade em nome da sua segurança[13].

Já em 1973, o Departamento de Saúde, Educação e Bem-Estar dos Estados Unidos da América propuseram Fair Information Practice Principles (FIPPS), princípios para o tratamento legal da informação, notadamente em decorrência da utilização de dados pessoais para vigilância por órgãos do governo[14].

Voltando à Europa, legislações nacionais foram se desenvolvendo sobre o tema. Como exemplo, houve promulgação de lei na Suécia criminalizando o furto de dados e criando o direito de acesso (1973), leis na Alemanha (1977) e na França (1978) sobre proteção de dados pessoais, com criação da CNIL, autoridade francesa competente. Em 1981,

12 WARREN, S.; BRANDEIS, L. The Right to Privacy. **civilistica.com**, v. 2, nº 3, pp. 1-22, 14 out. 2013.

13 TOMASEVICIUS FILHO, Eduardo. Em direção a um novo 1984? A tutela da vida privada entre a invasão de privacidade e a privacidade renunciada. **Revista da Faculdade de Direito,** Universidade de São Paulo, dez. 2014, 109, 129-169. Disponível em: <https://www.revistas.usp.br/rfdusp/article/view/89230>. Acesso em: 17 jul. 2021.

14 ROTENBERG, M. Preserving privacy in the information society. In: INFOETHICS 1998: ETHICAL, LEGAL AND SOCIETAL CHALLENGES OF CYBERSPACE, 2., 1998, Monte Carlo. *Anais eletrônicos...* Monte Carlo: Unesco, 1998. p.167-182.

a Convenção 108 do Conselho da Europa vinculou diversos Estados às normas sobre proteção de dados pessoais, representando o primeiro tratado internacional juridicamente vinculativo que trata da privacidade e proteção de dados. Ainda na União Europeia, foi editada a Diretiva 95/46/CE, em 1995[15], determinando a adoção de obrigações relativas ao tema, até a vigência do Regulamento Europeu sobre Proteção de Dados Pessoais, promulgado em 2016 na União Europeia (GDPR), aplicável a partir de maio de 2018.

Neste contexto, é como referenciar a tutela jurídica dos dados pessoais no ordenamento nacional ligada ao modelo regulatório europeu. Isto, de modo geral, permite uma harmonização internacional, ao reproduzir alguns de seus aspectos centrais, tais como: i) determinação de bases legais para o tratamento de dados pessoais, ii) responsabilização de agentes de tratamento, iii) hipossuficiência dos titulares e a existência de uma entidade central de fiscalização.

Contudo, vale ressaltar que a proteção de dados pessoais e a proteção da privacidade no Brasil não surgiram com a promulgação da Lei Geral de Proteção de Dados Pessoais (LGPD), em agosto de 2018.

Quando analisamos a legislação vigente, a Constituição Federal de 1988, prevê a intimidade e privacidade como direitos fundamentais (art. 5º, X, XI, XII), além de dispor sobre o direito do indivíduo ao habeas data (art. 5º, LXXII). Em termos infraconstitucionais, o Código Penal de 1940 dispõe sobre o sigilo dos registros sobre processos e condenações para a reabilitação do condenado (art. 93).

Em adição, vale lembrar que o Código de Defesa do Consumidor de 1990, trouxe considerações sobre utilização de dados pessoais dos consumidores, bases de dados e, inclusive, sobre o direito de acesso e correção (art. 43)[16]. O Código Civil de 2002 consagrou os direitos de

---

15 PARLAMENTO EUROPEU. **Directiva 95/46/CE de 24 de outubro de 1995. Relativa à proteção das pessoas singulares no que diz respeito ao o tratamento de dados pessoais e à livre circulação desses dados.** Disponível em: https://eur-lex.europa.eu/legal- content/PT/TXT/PDF/?uri=CELEX: 31995L0046&from=PT >. Acesso em: 20 de outubro 2023.

16 Para exemplos, vejam-se os casos de geoblocking e geopricing: se um site de compra online quiser realizar diferenciação de preços com base na localização ou outras informações relacionadas ao consumidor, esse consumidor deve ser informado sobre a existência de coleta e tratamento dos dados e a sua finalidade. É necessário analisar se o fator de modulação de preços é legítimo à luz da igualdade de contratação, que é um direito básico do consumidor (CDC, art. 6º, II). O CDC

personalidade, com destaque ao art. 21 que dispõe sobre proteção da vida privada. Ainda, foram promulgadas a Lei do Cadastro Positivo e a Lei de Acesso à Informação, ambas de 2011, bem como a Lei Carolina Dieckmann, de 2012, inserindo o art. 154-A no Código Penal quanto à invasão de dispositivos eletrônicos e, não menos importante, o Marco Civil da Internet, em 2014, garantindo privacidade, proteção de dados pessoais, neutralidade da rede, entre outros direitos e princípios no universo online.

Diante de novas tendências no mercado de consumo, os conflitos consumeristas tomam outros contornos. Foi por este motivo que vimos a necessidade de incluir no Conselho Nacional de Defesa do Consumidor, recriado em 2020 uma relatoria dedicada a inaugurar um diálogo voltado à defesa do consumidor com a ANPD.

O Conselho teve como finalidade assessorar o ministro da Justiça na formulação e na condução da Política Nacional de Defesa do Consumidor e a necessidade de incluir a privacidade e o uso de dados como agenda do dia na defesa do consumidor motivou a criaç˜ao do núcleo de proteção de dados que teve como um de seus membros o homenageado Danilo Doneda.

2. Notas sobre a Lei Geral de Proteção de Dados Pessoais

A LGPD foi discutida por pelo menos oito anos antes da sua promulgação, passando a viger de forma escalonada. Em resumo, em dezembro de 2018, entraram em vigor os artigos que cuidam da estruturação da ANPD, ente público responsável pela elaboração de diretrizes para a Política Nacional de Proteção de Dados Pessoais e da Privacidade e aplicação de sanções administrativas em caso de tratamento de dados que violem as regras da LGPD. A ANPD passou a atuar em 2020, com exceção da aplicação de suas sanções previstas na LGPD, que passaram a ser aplicáveis em agosto do ano seguinte (2021).

poderia entender geoblocking como uma prática abusiva. Então, os consumidores precisam de mecanismos para minimizar essa assimetria de informação sobre a relação entre certos tipos de dados coletados e a formação de preços individualizados. Podemos ver a preocupação com a imposição de requisitos para o tratamento de dados pessoais, que vão além da boa-fé, princípios como finalidade, adequação e transparência.

Esse avanço era esperado e necessário diante dos novos modelos de negócios digitais, do aumento do fluxo e consumo de dados e da rapidez das informações transmitidas nos últimos anos, com o auxílio da Internet e tecnologias.

O objetivo da lei é proteger os direitos fundamentais de liberdade e de privacidade e o livre desenvolvimento da personalidade da pessoa natural. Seus fundamentos são o respeito à privacidade, a autodeterminação informativa, a liberdade de expressão, de informação, de comunicação e de opinião, a inviolabilidade da intimidade, da honra e da imagem, o desenvolvimento econômico e tecnológico e a inovação, a livre iniciativa, a livre concorrência e a defesa do consumidor e os direitos humanos, o livre desenvolvimento da personalidade, a dignidade e o exercício da cidadania pelas pessoas naturais. Ou seja, trata-se de arcabouço jurídico vocacionado a reforçar os princípios fundamentais e os valores da ordem econômica constitucional brasileira.

Essa normativa tem base principiológica, dispondo de um rol expresso de princípios. Como norteador, está o princípio da boa-fé, no caput do seu art. 6º, seguido pelos princípios da finalidade, adequação, necessidade, livre acesso, qualidade, transparência, segurança, prevenção, não discriminação e responsabilização e prestação de contas[17].

---

17 Art. 6º As atividades de tratamento de dados pessoais deverão observar a boa-fé e os seguintes princípios:
I - Finalidade: realização do tratamento para propósitos legítimos, específicos, explícitos e informados ao titular, sem possibilidade de tratamento posterior de forma incompatível com essas finalidades; II - Adequação: compatibilidade do tratamento com as finalidades informadas ao titular, de acordo com o contexto do tratamento; III - Necessidade: limitação do tratamento ao mínimo necessário para a realização de suas finalidades, com abrangência dos dados pertinentes, proporcionais e não excessivos em relação às finalidades do tratamento de dados; IV - Livre acesso: garantia, aos titulares, de consulta facilitada e gratuita sobre a forma e a duração do tratamento, bem como sobre a integralidade de seus dados pessoais; V - Qualidade dos dados: garantia, aos titulares, de exatidão, clareza, relevância e atualização dos dados, de acordo com a necessidade e para o cumprimento da finalidade de seu tratamento; VI - Transparência: garantia, aos titulares, de informações claras, precisas e facilmente acessíveis sobre a realização do tratamento e os respectivos agentes de tratamento, observados os segredos comercial e industrial; VII - Segurança: utilização de medidas técnicas e administrativas aptas a proteger os dados pessoais de acessos não autorizados e de situações acidentais ou ilícitas de destruição, perda, alteração, comunicação ou difusão; VIII - Prevenção: adoção de medidas para prevenir a ocorrência de danos em virtude do tratamento de dados pessoais; IX - Não discriminação: impossibilidade de realização do tratamen-

Ainda, estão previstas obrigações e responsabilidades às organizações que tratam dados pessoais, garantindo aos indivíduos, denominados titulares, o exercício de direitos que lhes permitam controle e poder de decisão sobre seus dados pessoais.

Claro que devemos relembrar de 2022 como um ano muito importante para a proteção de dados no Brasil, especialmente com a aprovação da Emenda Constitucional nº. 115/2022, em 10 de fevereiro de 2022. Referida emenda incluiu a proteção aos dados pessoais (inclusive nos meios digitais) aos direitos fundamentais previstos na Constituição Federal de 1988.[18] Em adição, a Medida Provisória nº 1.124/2022 garantiu o regime autárquico especial e maior autonomia para a promoção a proteção de dados pessoais à ANPD.[19]

Portanto, o problema que vemos, neste momento, não se refere a garantia constitucional e, muito menos, às previsões legais e estruturantes voltadas à proteção de dados no Brasil, tal como explorado por Domingues e Nasaret[20] ao resgatar o movimento crescente na última década em torno da proteção de dados a partir do CDC, do Marco Civil da Internet (Lei nº. 12.965/2014) e, mais recentemente, com a entrada em vigor na LGPD.

Nem é preciso dizer que o tema adquiriu novos contornos com o Covid-19 e com as medidas de isolamento social e consequente uso maior da internet para as transações diárias de consumidores do mundo todo (isto é, ao menos aqueles quer tem acesso à internet). Nesse con-

to para fins discriminatórios ilícitos ou abusivos; X - Responsabilização e prestação de contas: demonstração, pelo agente, da adoção de medidas eficazes e capazes de comprovar a observância e o cumprimento das normas de proteção de dados pessoais e, inclusive, da eficácia dessas medidas. (BRASIL. Lei nº 13.709, de 14 de agosto de 2018. **Lei Geral de Proteção de Dados Pessoais (LGPD)**. Brasília, DF, 2018).

18 Constituição Federal de 1988, art. 5º [...] (...) LXXIX - é assegurado, nos termos da lei, o direito à proteção dos dados pessoais, inclusive nos meios digitais."

19 BRASIL, Autoridade Nacional de Proteção de Dados. ANPD torna-se autarquia de natureza especial. Disponível em: <https://www.gov.br/anpd/pt-br/assuntos/noticias/anpd-torna-se-autarquia-de-natureza-especial>

20 DOMINGUES, Juliana Oliveira; ZILIO, Mariana Nasaret S. **Cooperação Interadministrativa: O Papel da Senacon na Agenda de Proteção de Dados do Consumidor no Brasil.** In. Proteção de Dados Pessoais e Compliance Digital. Coord. FERRAZ, Sergio; VENTURINI, Otavio; GIL, Gustavo G. Cuiaba: Umanos Editora, 2022, pp. 473-492.

texto, o movimento do Congresso Nacional em reconhecer a relevância dos dados pessoais tornou-se fundamental, na medida em que os dados pessoais se consolidam cada vez mais em ativos econômicos[21].

Assim, neste artigo em homenagem, de forma objetiva, destacaremos a autodeterminação informativa e o direito de pleno acesso à finalidade do tratamento, cujas considerações serão feitas a seguir.

3. A autodeterminação informativa

A autodeterminação informativa representa a possibilidade de o indivíduo controlar seus dados pessoais, garantindo poder de escolha e decisão sobre suas informações. Contudo, não havia menção a este termo expressamente em âmbito nacional. Acima, percorremos brevemente o histórico da tutela da proteção de dados pessoais no mundo para destacar que o tema já vinha sido debatido há anos, notadamente nos Estados Unidos e na União Europeia.

Nesse contexto, a autodeterminação informativa foi considerada como um direito autônomo na Alemanha, em seu Tribunal Constitucional, ao julgar a Lei do Censo em 1983, ancorada em um direito geral de personalidade[22] (BVerfGE 65, 1). Conhecido como "caso do censo", no processo judicial foi discutida a licitude do tratamento de dados dos cidadãos alemães, como moradia, profissão e local de trabalho para fins estatísticos de crescimento populacional, distribuição espacial da população, características demográficas e sociais, cruzando informações com demais bancos de dados nacionais.

A histórica decisão consagrou que o livre desenvolvimento da personalidade pressupõe, sob as tecnológicas condições do processamento de dados, a proteção do indivíduo contra levantamento, armazenagem, uso e transmissão irrestritos de seus dados pessoais. Como consequência, com respaldo na Lei Fundamental de Bonn, assegura-se a proteção à

---

21 MIRAGEM, Bruno. A Lei Geral de Proteção de Dados (Lei 13.709/2018) e o direito do consumidor. *Revista dos Tribunais,* v. 1009, pp. 173-222, São Paulo, nov. 2019.

22 Com caráter aberto e dinâmico, o direito geral da personalidade alemão visa proteger a personalidade contra ameaças inesperadas. Surgido na Lei Fundamental de Bonn, trata do direito à dignidade e ao livre desdobramento da personalidade, não havendo unicidade em seu conceito, mas servindo para suprir eventuais lacunas. AZEVEDO, Antonio Junqueira de. **Novos estudos e pareceres de Direito Privado**. São Paulo : Saraiva, 2009.

autodeterminação informativa. Também se extrai do julgado o princípio da especificação de propósitos, orientando e limitando a coleta e a utilização dos dados pessoais[23]. Portanto, o Tribunal contemplou um direito autônomo, destacado da privacidade, para concluir pela inconstitucionalidade parcial da Lei.

A partir dessa decisão, observou-se uma convergência de legislações voltadas à proteção de dados pessoais nos Estados-Membros da então Comunidade Europeia. Assim, o direito à autodeterminação informativa passou a receber proteção jurídica eficiente, pois as posteriores Diretivas da Comunidade Europeia e decorrentes legislações nacionais se preocuparam em criar instrumentos para proteção de dados pessoais, intrinsicamente ligados à autodeterminação informativa. Como exemplo, cita-se a Carta de Direitos Fundamentais da União Europeia de 2000, que destaca a independência da proteção de dados pessoais e da privacidade ao dispor sobre os temas em seus artigos 7º e 8º independentemente, já visando dar ao titular maior controle sobre suas informações.

Portanto, a autodeterminação informativa surge como um direito de defesa e de prevenção para usos indevidos de dados pessoais, inclusive em relação a desvios de finalidade no tratamento. Traduz-se, assim, na faculdade de o titular determinar e/ou controlar a utilização de seus dados por terceiros, inclusive pelo Estado. Nesse sentido, leciona Canotilho que "[...] contrapondo-se à ideia de *arcana praxis*, tende hoje a ganhar contornos um direito geral à autodeterminação informativa que se traduz, fundamentalmente, na faculdade de o particular determinar e controlar a utilização dos seus dados pessoais"[24].

Doneda explica que a sua fundamentação reside "na possibilidade de autodeterminação em relação aos dados pessoais, e que esta autodeterminação deve ser o elemento principal a ser levado em conta para caracterizarmos tanto a natureza jurídica bem como os efeitos deste consentimento"[25].

Em tal contexto, vale mencionar decisão em apreciação de medida cautelar na Ação Direta de Inconstitucionalidade de relatoria da

---

23 BIONI, Bruno Ricardo. **Proteção de dados pessoais**: a função e os limites do consentimento. Rio de Janeiro: Forense, 2019. p. 105.

24 CANOTILHO, J.J. Gomes. **Direito Constitucional e Teoria da Constituição.** 7ª ed.. Coimbra: Ed. Almedina, 2003, p. 515.

25 DONEDA, Danilo. **Da privacidade à proteção de dados pessoais**. Rio de Janeiro: Renovar, 2006. p. 377.

Ministra Rosa Weber[26] no Supremo Tribunal de Federal. Até então, a autodeterminação informativa não havia ganhado relevo notório em terras nacionais.

A ADI 6389/DF foi proposta pelo Conselho Federal da Ordem dos Advogados do Brasil em face da Medida Provisória 954/2020, que determinava que as empresas de telecomunicações compartilhassem dados pessoais de seus clientes com o IBGE para fins de pesquisas estatísticas no contexto da pandemia de coronavírus[27]. A decisão, além de reconhecer o direito à autodeterminação informativa, reafirmou o direito à proteção de dados pessoais como um direito fundamental autônomo.

O entendimento da Suprema Corte foi seguido na esfera legislativa, com a Emenda Constitucional 115/2022, que alterou a Constituição Federal para incluir a proteção de dados pessoais entre os direitos e garantias fundamentais e para fixar a competência privativa da União para legislar sobre proteção e tratamento de dados pessoais. Assim, seu art. 5º passa a vigorar acrescido do inciso LXXIX dispondo que "é assegurado, nos termos da lei, o direito à proteção de dados pessoais, inclusive nos meios digitais".

Na LGPD, a autodeterminação informativa ganha destaque, mencionada em seu art. 2º, II não como direito, mas como fundamento. Portanto, seu alcance se aproximará à medida que a normativa for contemplada. Como exemplo, vemos algumas disposições que reiteram o poder de escolha do indivíduo sobre seus dados pessoais. Cita-se o art. 8º, parágrafo 5º, que dispõe sobre o direito de revogação do consentimento de forma facilitada e gratuita. Ainda, o art. 6º, IV, ao dispor sobre livre acesso, garante ao titular o direito de consulta facilitada e gratuita sobre a forma e a duração do tratamento, bem como sobre a integralidade de seus dados pessoais, assim como o art. 6º, V, garantindo ao titular o direito à exatidão, clareza, relevância e atualização dos dados, de acordo com a necessidade e para o cumprimento da finalidade de seu tratamento.

---

26 BRASIL. Supremo Tribunal Federal. **Ação Direta de Inconstitucionalidade 6.389/DF**. Brasília, DF, 07 de maio de 2020. Disponível em: < http://redir.stf.jus.br/paginadorpub/paginador.jsp?docTP=TP&docID=754358482>. Acesso em 20 fev. 2021.

27 O Partido da Social Democracia Brasileira (PSDB), o Partido Socialista Brasileiro (PSB), o Partido Socialismo e Liberdade (PSOL) e o Partido Comunista do Brasil (PCB) também ajuizaram ações no mesmo sentido, para questionar a constitucionalidade da Medida Provisória - ADI 6388; 6389; 6390; 6393.

Não obstante, estão os direitos dispostos no art. 18 da LGPD, garantindo ao titular a possibilidade de acesso; correção; anonimização, bloqueio ou eliminação (desde que para dados desnecessários, excessivos ou tratados em desconformidade com a lei); portabilidade; eliminação quando o tratamento for baseado no consentimento; revogação do consentimento; e informação. Ainda, o art. 20 prevê o direito de solicitar a revisão de decisões tomadas unicamente com base em tratamento automatizado de dados pessoais que afetem seus interesses.

Portanto, sem intuito de exaurir a discussão sobre a autodeterminação informativa, vimos linhas do seu percurso histórico e posterior consolidação tanto jurisprudencial como legislativa. Com a LGPD, espera-se que haja uma transformação cultural para que o cenário de dados pessoais coletados a todo momento e utilizados para diversas finalidades sem conhecimento do titular seja a exceção. Assim, o indivíduo terá maior controle sobre seus dados pessoais, podendo fazer escolhas e tomar decisões com mais informação, garantindo a autodeterminação informativa, buscada como fundamento.

4. Plena informação sobre o tratamento de dados pessoais

Há diversas decorrências da autodeterminação informativa, inclusive o direito à plena informação sobre o tratamento de dados pessoais. A informação de qualidade e transparente é fundamental para o controle e poder de decisão do indivíduo, permitindo a prevenção e defesa sobre eventuais operações de tratamento que não estejam em consonância com suas escolhas.

O direito à plena informação sobre o tratamento engloba algumas disposições específicas da LGPD, notadamente os princípios da finalidade, livre acesso e transparência, previstos no art. 6º, I, IV e VI, respectivamente.

O primeiro dispõe expressamente que as operações de tratamento devem ser realizadas para propósitos legítimos, específicos, explícitos e informados ao titular, sem possibilidade de tratamento posterior de forma incompatível com as finalidades informadas. Remete-se, assim, à boa-fé no tratamento de dados pessoais.

Sua construção histórica resultou de regras procedimentais na década de 1980, com a adoção das Diretrizes para a Proteção da Privacidade e o Fluxo de Dados Pessoais Transfronteiriços pela OCDE, dispondo sobre os FIPPS. Dentro destes, dois princípios ganham destaque: (i) princípio da limitação para fins de tratamento ou especificação da finalidade e (ii) princípio da limitação do uso. Nesse sentido, também foi prevista na Convenção 108 a necessidade de tratamento de dados pessoais para fins legítimos e específicos[28].

Portanto, do princípio da finalidade, extrai-se que os agentes de tratamento deverão informar a operação realizada aos titulares, garantir sua legitimidade e especificidade e, ainda, restringir-se ao propósito especificado. Há, dessa forma, ligação direta com as bases legais previstas no art. 7º e art. 11 da LGPD, cuja aplicação está associada à finalidade da operação de tratamento.

O princípio do livre acesso visa garantir aos titulares a consulta gratuita e facilitada sobre a forma e duração do tratamento e a integridade dos seus dados. Para tanto, o art. 9º complementa ao reiterar quais informações o titular deve ter acesso em tais termos, notadamente sobre a finalidade específica do tratamento; sua forma e duração; informações sobre o controlador, inclusive dados de contato; informações sobre eventual compartilhamento de dados e a finalidade; responsabilidades dos agentes envolvidos no tratamento; e seus direitos, principalmente aqueles previstos no art. 18.

Logo, o titular terá acesso às informações sobre o tratamento e poderá exercer seus direitos. Assim, por meio do princípio do livre acesso, os titulares terão controle sobre as operações de tratamento com seus dados pessoais, assegurando sua autodeterminação informativa.

Já o princípio da transparência garante aos titulares informações claras, precisas e facilmente acessíveis sobre a realização do tratamento, bem como informações sobre os agentes de tratamento – controladores e operadores, ainda que observados os segredos de negócio da organização. A obediência a este princípio deve ocorrer não apenas no momento da coleta, mas durante toda a operação de tratamento realizada.

A LGPD faz menção direta à transparência em alguns de seus dispositivos, como no art. 9, parágrafo 1º, que menciona a nulidade do consentimento se obtido sem transparência; no art. 10, parágrafo 2º, que reitera a obrigação de o controlador adotar medidas de transparência quando a operação ocorrer com base no legítimo interesse e no art. 20, parágrafo 1º, ressaltando a importância de informações claras e

28 CARVALHO, Angelo; FRAZÃO, Ana; MILANEZ, Giovanna. **Curso de proteção de dados pessoais** – fundamentos da LGPD. Rio de Janeiro: Ed. Forense, 2022, p. 77.

adequadas sobre procedimentos e critérios quando tomadas decisões automatizadas.

Ao tratar de dados pessoais de crianças e adolescentes, a LGPD também ressalta a importância de transparência quanto ao tipo de dados coletados, sua forma de utilização e procedimentos para exercício de direitos, além da sua acessibilidade considerando características físico-motoras, perceptivas, sensoriais, intelectuais e mentais do usuário (art. 14, parágrafos 2º e 6º). Isso porque a transparência depende da compreensão do destinatário, não sendo suficiente a disponibilização da informação de maneira inacessível ou inadequada ao entendimento do receptor.

Uma das exceções trazidas na lei é a proteção do segredo de negócios – também conhecido como *know how* da organização. Já dizia Fekete que o segredo de negócio se define como "qualquer informação que possa ser usada na condução de uma atividade comercial ou em outro empreendimento e que seja suficientemente valiosa e secreta para propiciar uma vantagem econômica real ou potencial em relação a terceiros"[29].

Vimos a proteção do segredo de negócio como uma exceção mencionada em algumas ocasiões na LGPD, como o art. 10, III, parágrafo 3º e art. 38 (solicitação de relatório de impacto pela Autoridade Nacional de Proteção de Dados - ANPD), art. 17, V (direito à portabilidade), art. 19, II e parágrafo 3º (confirmação da existência do tratamento e cópia de dados pessoais), art. 20, parágrafo 1º (decisões automatizadas), art. 48, III (comunicação de incidente de segurança à ANPD) e art. 55-J (zelo da ANPD pelo segredo comercial e industrial).[30]

Como exemplo da importância da discussão entre transparência e segredo de negócio, destacamos Ação Civil Pública, proposta em janeiro de 2018 (antes da promulgação da LGPD), pelo Ministério Público do Estado do Rio de Janeiro, tendo como objeto a licitude da prática de diferenciação de preços aos consumidores durante as Olimpíadas de 2016, no Rio de Janeiro, pela Decolar.com.

29 FEKETE, Elizabeth. **O regime jurídico do segredo de indústria e comércio no direito brasileiro.** Rio de Janeiro: Ed. Forense, 2003.

30 SCHAAL, Flavia M. M. Segredo industrial e seu impacto em tecnologias da informação, inteligência artificial e algorítmicas. In: FERNANDES, Marcia; CALDEIRA, Cristina. **Propriedade Intelectual, Sociedade da Informação e Inteligência Artificial.** Editora GZ, 2022. No prelo.

A perícia deveria analisar o algoritmo da empresa e, como entendeu a ré, isso tangenciaria seu segredo de negócio. Assim, a Decolar.com requereu segredo de justiça, concedido em decisão monocrática do Ministro Luis Felipe Salomão no Recurso Especial em Mandado de Segurança nº 61.306 RJ). A decisão prezou pelo sigilo empresarial, sem prejudicar o interesse público, o direito à informação e à publicidade:

> [...] 7. Por fim, conforme requerido pelo próprio Ministério Público do Estado do Rio de Janeiro (fls. 169 e 175) e com o escopo de, a um só tempo, resguardar o interesse público e preservar direitos de propriedade intelectual, considero razoável a manutenção do segredo de justiça tão somente no que diz respeito ao algoritmo adotado pela Decolar.com Ltda. e à eventual perícia de informática relativa a tal algoritmo e toda a base de dados adotada para a operação do sistema de reservas eletrônicas[31].

---

31 STJ. Recurso Especial em Mandado de Segurança nº 61306 RJ. RECURSO ORDINÁRIO EM MANDADO DE SEGURANÇA. AÇÃO CIVIL PÚBLICA. DECRETAÇÃO DE SEGREDO DE JUSTIÇA. ILEGALIDADE. EXISTÊNCIA. GEODISCRIMINAÇÃO. GEO-PRICING. GEO-BLOCKING. PROCESSO COLETIVO. PUBLICIDADE. NECESSIDADE, COM RESGUARDO APENAS DOS DIREITOS DE PROPRIEDADE INTELECTUAL. 1. As práticas de "geodiscriminação" - discriminação geográfica de consumidores -, como o geo-pricing e o geo-blocking, desenvolvem-se no contexto da sociedade de risco e da informação, por intermédio de algoritmos computacionais, e - se comprovados - possuem a potencialidade de causar danos a número incalculável de consumidores, em ofensa ao livre mercado e à ordem econômica. 2. O processo coletivo, instrumento vocacionado à tutela de situações deste jaez, é moldado pelo princípio da informação e publicidade adequadas (fair notice), segundo o qual a existência da ação coletiva deve ser comunicada aos membros do grupo. 3. A publicidade, erigida a norma fundamental pelo novo Código de Processo Civil (Art. 8º), garante transparência e torna efetivo o controle da atividade jurisdicional, motivo pelo qual também representa imperativo constitucional conforme se depreende do caput do art. 37 e do inciso IX do art. 93. 4. Não se desconhece que, em hipóteses excepcionais, é possível a decretação de sigilo de processos judiciais, conforme dispõe o art. 189 do CPC/2015. No entanto, na hipótese, tendo em vista os princípios que informam o processo coletivo e as garantias constitucionais e legais que socorrem os consumidores, o que na verdade atende o interesse público ou social é a publicidade do processo, que versa sobre possível prática de "geodiscriminação". 5. Outrossim, conforme requerido pelo próprio Ministério Público do Estado do Rio de Janeiro e com o escopo de, a um só tempo, resguardar o interesse público e preservar direitos de propriedade intelectual, considero razoável a manutenção do segredo de justiça tão somente no que diz respeito ao algoritmo adotado pela

Vale mencionar que não há, no ordenamento jurídico nacional, disposição expressa sobre a proteção de algoritmos por segredo de negócio. Este, por sua vez, encontra proteção na Lei da Propriedade Industrial, Lei 9.279/1996, notadamente no artigo 195 sobre concorrência desleal, e na Convenção da União de Paris para a Proteção da Propriedade Industrial (art. 10bis), enquanto programas de computador e bases de dados estão protegidos pelo direito autoral, Lei 9.609/1998 e Lei 9.610/1998. Trata-se de um tema que levantará calorosas discussões, visto que plataformas digitais exploram cada vez mais algoritmos para a prestação de seus serviços[32]-[33] e seu funcionamento, com tecnologia e inteligência artificial, pode se tornar obscuro e indecifrável a olhos humanos.

Desse modo, o direito à plena informação sobre a finalidade do tratamento de dados pessoais deve ser contemplado com qualidade pelos agentes de tratamento, com olhar direto ao receptor da mensagem, seja ele um homem médio, uma criança ou um deficiente visual. A mensagem deve ser compreensível, caso contrário o princípio da transparência também restaria prejudicado. Poderão existir entraves na quantidade de informação disponibilizada, mas o titular, ao menos, deve ter ciência da finalidade para a qual seus dados estão sendo tratados.

Considerações finais

A tutela jurídica da proteção de dados pessoais em nosso ordenamento nacional consagrou-se com a LGPD, que trouxe em seus fundamentos a autodeterminação informativa do indivíduo. O titular de dados tem o direito de controlar suas informações reafirmado, com medidas de *enforcement* rígidas e fiscalização de uma autoridade competente

Decolar.com Ltda. e à eventual perícia de informática relativa a tal algoritmo em toda a base de dados adotada para a operação do sistema de reservas eletrônicas. 6. Recurso ordinário em mandado de segurança conhecido e parcialmente provido. Rel. Min. Luis Felipe Salomão. Dj. 04 dez. 2019. Brasília, DF.

32 Para a discussão dos limites da proteção de segredos de negócio, recomendamos a leitura de MOORE, Taylor. Trade Secrets and Algorithms as Barriers to Social Justice. Center for Democracy and Technology, ago. 2017. Disponível em: <https://cdt.org/insights/trade-secrets-and-algorithms-as-barriers-to-social-justice/>. Acesso em 15 jun. 2022.

33 QUINELATO, Pietra D. **Preços personalizados à luz da Lei Geral de Proteção de Dados**. Indaiatuba: São Paulo, 2022.

(sem prejuízo das demais nas suas esferas de atuação, como Secretaria Nacional do Consumidor, PROCONs etc.).

Nesse contexto, não se pode negar a natural interdisciplinaridade na proteção do consumidor. Ainda que não tivéssemos a criação da ANPD, ou a entrada em vigor do Marco Civil e da LGPD, as relações de consumo que envolvem os dados pessoais de consumidores já atraiam o CDC, o CC e a CF/88. Essa característica tende a atrair muitos órgãos competentes para analisar os fenômenos jurídicos sob diversas lentes. Por esse motivo, também é importante melhor compreensão sobre o tema para uma atuação coordenada de agências, autarquias e autoridades que possuem competências distintas e complementares.

Em tal contexto, as organizações, como agentes de tratamento de dados pessoais, devem responder às exigências legais, pois lhes são impostas obrigações e responsabilidades, como a obediência a princípios, notadamente o da boa-fé, da transparência, da necessidade e da finalidade, e o respaldo em uma base legal para a operação realizada.

Caso contrário, o titular pode pleitear a reparação pela violação de seus direitos, destacando-se o fato de que o direito à proteção de dados pessoais galgou um patamar constitucional. Não apenas o titular, mas autoridades e associações competentes também estabelecer sanções e pleitear indenizações, respectivamente, pela violação à LGPD.

Nesse sentido, apesar da recente aplicação da LGPD pelo Judiciário nacional, alguns casos já condenaram empresas e organizações ao pagamento de indenizações aos titulares de dados pessoais pela violação de princípios e direitos, notadamente da autodeterminação informativa e do desvio da finalidade do tratamento, como a decisão sobre medida cautelar na ADI 6387 e em ação movida contra o SERASA S.A., por desvio da finalidade do tratamento de dados pessoais, cuja sentença transitada em julgado condenou a empresa à cessação do envio de mensagens sobre ofertas de serviços e campanhas promocionais para o número telefônico do autor em cinco dias, sob pena de multa de R$ 200,00 para cada importunação (processo nº 1039362-51.2021.8.26.0100 na 31ª Vara Cível do Foro Central Cível da Comarca de São Paulo).

Os precedentes internacionais, por sua vez, apenas no âmbito administrativo, já são vários. Ao procurar por descumprimento do dever de informação no âmbito do GDPR, são encontradas condenações em diversos países, destacando-se multa da Autoridade de Proteção de Dados Irlandesa ao WhatsApp Ireland Inc., em setembro de 2021, por falta de transparência aos usuários, no valor de 225 milhões de euros[34].

Por fim, ressaltamos que a chave para cumprir com a autodeterminação informativa do titular está no cumprimento das exigências trazidas no diploma legal, incluindo o acesso à informação sobre características das operações de tratamento com seus dados pessoais, com destaque à ciência sobre a finalidade da sua utilização.

Referências

AZEVEDO, Antonio Junqueira de. **Novos estudos e pareceres de Direito Privado**. São Paulo: Saraiva, 2009.

BIONI, Bruno Ricardo. **Proteção de dados pessoais**: a função e os limites do consentimento. Rio de Janeiro: Forense, 2019.

BOBBIO, Norberto. **A era dos direitos**. Tradução de Carlos Nelson Coutinho do original L'età di diritti, 1909. 7 reimp. Rio de Janeiro: Elsevier, 2004.

BRASIL. Lei nº 13.709, de 14 de agosto de 2018. **Lei Geral de Proteção de Dados Pessoais (LGPD)**. Brasília, DF, 2018.

BRASIL. Supremo Tribunal Federal. **Ação Direta de Inconstitucionalidade 6.389/DF**. Brasília, DF, 07 de maio de 2020. Disponível em: < http://redir.stf.jus.br/paginadorpub/paginador.jsp?docTP=TP&docID=754358482>. Acesso em 20 fev. 2021.

CANOTILHO, J.J. Gomes. **Direito Constitucional e Teoria da Constituição.** 7ª ed. Coimbra: Ed. Almedina, 2003.

CARVALHO, Angelo; FRAZÃO, Ana; MILANEZ, Giovanna. **Curso de proteção de dados pessoais** – fundamentos da LGPD. Rio de Janeiro: Ed. Forense, 2022.

34 **DATA Protection Commission announces decision in WhatsApp inquiry**, set. 2021. Disponível em: edpb.europa.eu/system/files/2021-09/dpc_final_decision_redacted_for_issue_to_edpb_01-09-21_en.pdf; https://www.enforcementtracker.com/ETid-820 e https://dataprotection.ie/en/news-media/press-releases/data-protection-commission-announces-decision-whatsapp-inquiry. Acesso em: 26 jun. 2022.

CHINELLATO, Silmara J. A. A pessoa natural na quarta era dos direitos: o nascituro e o embrião pré-implantatório. **Revista Brasileira de Direito Comparado,** nº 32, pp. 79-129, 2007.

DATA Protection Commission announces decision in WhatsApp inquiry, set. 2021. Disponível em: edpb.europa.eu/system/files/2021-09/dpc_final_decision_redacted_for_issue_to_edpb_01-09-21_en.pdf; https://www.enforcementtracker.com/ETid-820 e https://dataprotection.ie/en/news-media/press-releases/data-protection-commission-announces-decision-whatsapp-inquiry. Acesso em: 26 jun. 2022.

DOMINGUES, Juliana Oliveira; ZILIO, Mariana Nasaret S. **Cooperação Interadministrativa: O Papel da Senacon na Agenda de Proteção de Dados do Consumidor no Brasil.** In. Proteção de Dados Pessoais e Compliance Digital. Coord. FERRAZ, Sergio; VENTURINI, Otavio; GIL, Gustavo G. Cuiaba: Umanos Editora, 2022, pp. 473-492.

DOMINGUES, Juliana Oliveira; MIRANDA, I. D.; SILVA, B. F. M. E. . **Compliance de dados no setor de publicidade e digital: em busca das melhores práticas.** In: FRAZÃO, Ana; CUEVA, Ricardo Villas Bôas. (Org.). Compliance e Políticas de Proteção de Dados. 1ed. 2021, v. 1, pp. 1017-1040.

DOMINGUES, Juliana Oliveira; SILVA, A. A. B.; SOUZA, H. M. **A. Inteligência Artificial nas Relações de Consumo: Reflexões à luz do histórico recente**. In: ANDRIEI GUTIERREZ; RONY VAINZOF. (Org.). Inteligência Artificial (IA) Sociedade, Economia e Estado. 1ed.: 2021, v. 1, pp. 315-338.

DONEDA, Danilo. **Da privacidade à proteção de dados pessoais**: elementos da formação da lei geral de proteção de dados. São Paulo: Thomson Reuters Brasil, 2019.

FEKETE, Elizabeth. **O regime jurídico do segredo de indústria e comércio no direito brasileiro**. Rio de Janeiro: Ed. Forense, 2003.

LACE, Susanne (Ed.). **The glass consumer**: life in a surveillance society. Bristol: The Policy Press, 2005.

QUINELATO, Pietra D. **Preços personalizados à luz da Lei Geral de Proteção de Dados**. Indaiatuba: São Paulo, 2022.

RODOTÀ, Stefano. **Intervista su privacy e libertà**. Roma/Bari: Laterza, 2005.

SCHAAL, Flavia M. M. Segredo industrial e seu impacto em tecnologias da informação, inteligência artificial e algorítmicas. In: FERNANDES, Marcia; CALDEIRA, Cristina. **Propriedade Intelectual, Sociedade da Informação e Inteligência Artificial.** Editora GZ, 2022. No prelo.

ROTENBERG, M. Preserving privacy in the information society. In: INFOETHICS 1998: ETHICAL, LEGAL AND SOCIETAL CHALLENGES OF CYBERSPACE,

2., 1998, Monte Carlo. *Anais eletrônicos...* Monte Carlo: Unesco, 1998. p.167-182.

TOMASEVICIUS FILHO, Eduardo. Em direção a um novo 1984? A tutela da vida privada entre a invasão de privacidade e a privacidade renunciada. **Revista da Faculdade de Direito,** Universidade de São Paulo, dez. 2014, 109, 129-169. Disponível em: <https://www.revistas.usp.br/rfdusp/article/view/89230>. Acesso em: 17 jul. 2021.

WARREN, S.; BRANDEIS, L. The Right to Privacy. **civilistica.com**, v. 2, nº 3, pp. 1-22, 14 out. 2013.

UNIÃO EUROPEIA. Parlamento Europeu e Conselho da União Europeia. **Regulamento 2016/679 de 27 de abril de 2016**. Relativo à proteção das pessoas singulares no que diz respeito ao tratamento de dados pessoais e à livre circulação desses dados e que revoga a Diretiva 95/46/CE (Regulamento Geral sobre a Proteção de Dados – GDPR). *[s. l.]*, 2016. Disponível em: <https://publications.europa.eu/pt/publication-detail/-/publication/3e485e15-11bd-11e6-ba9a-01aa75ed71a1>. Acesso em: 15 maio 2020.

____. PARLAMENTO EUROPEU. **Directiva 95/46/CE de 24 de outubro de 1995. Relativa à proteção das pessoas singulares no que diz respeito ao o tratamento de dados pessoais e à livre circulação desses dados.** Disponível em: https://eur-lex.europa.eu/legal- content/PT/TXT/PDF/?uri=CELEX:31995L0046&from=PT >. Acesso em: 20 de outubro 2023.

INTELIGÊNCIA ARTIFICIAL E PROTEÇÃO DE DADOS PESSOAS: UM DIÁLOGO NECESSÁRIO

Mário Viola[1]
Vinicius Padrão[2]

I. Contornos Iniciais sobre a Regulamentação dos Sistemas de Inteligência Artificial

A partir do contexto econômico-social verificado nas últimas décadas, tornou-se usual discutir, a cada surgimento ou desdobramento de nova tecnologia, a necessidade de aprovação de arcabouço regulatório específico para lidar com as características e repercussões particulares de cada um desses novos momentos tecnológicos[3]. Esse fenômeno é observado também no Brasil, onde o legislador é frequentemente demandado a endereçar e qualificar as diversas repercussões jurídicas inauguradas por novas tecnologias[4]. Trata-se, todavia, de tarefa de difícil

---

1 Doutor em Direito pelo Instituto Universitario Europeu (Italia) e Mestre em Direito Civil pela Universidade do Estado do Rio de Janeiro. Advogado especialista em protecao de dados pessoais.

2 Mestre em Direito Civil pela Universidade do Estado do Rio de Janeiro (UERJ). Bacharel em Direito pela UERJ. Pesquisador associado ao Instituto de Tecnologia e Sociedade do Rio de Janeiro (ITS-Rio). Professor nos cursos de pós-graduação da UERJ, IBMEC e ITS-Rio. Advogado na área de Tecnologia e Propriedade Intelectual do Rennó Penteado Advogados.

3 No ponto, relembra-se a lição de Danilo Doneda: "Nas relações jurídicas mais estritamente ligadas à tecnologia, o grau de indeterminação presente em toda tentativa de regulação feita pelo direito é sensivelmente alto, o que potencializa situações de risco. Portanto, a metodologia utilizada pelo jurista deve levar em consideração as novas variáveis introduzidas, de forma a refletir na modeladgem de institutos adaptados a essa realidade. A abordagem do desenvolvimento tecnológico pelo jurista ainda passa pela conscientização sobre seus efeitos, chegando à reflexão sobre o papel do ordenamento jurídico na promoção e defesa de seus valores fundamentais, em um cenário em boa parte determinado pela tecnologia – o que pode implicar, inclusive, reconhecer a insuficiência dos recursos jurídicos tradicionais para tal fim". DONEDA, Danilo. Da Privacidade à Proteção de Dados Pessoais: elementos da formação da Lei Geral de Proteção de Dados. São Paulo: Thomson Reuters Brasil, 2020, p. 49.

4 "O saudoso professor Stefano Rodotà observou, em síntese tornada célebre, que a tecnologia salvou o Direito Civil assim como a ética salvara, no passado, a filosofia. Anunciava, com isso, que as grandes questões do Direito contemporâneo integram

concretização, em especial porque o processo legislativo não acompanha, em termos de celeridade, o desenvolvimento tecnológico.

Com efeito, esse debate regulatório não é inaugurado pelos recentes e cada vez mais comuns sistemas de inteligência artificial. Ao contrário, foi verificado, dentre outros, com o advento da internet[5],no combate ao envio de spams[6] e com a proliferação das técnicas de tratamento de dados pessoais[7]. No entanto, em todas essas hipóteses, uma premissa não foi e não poderia ter sido desconsiderada: antes de qualquer regulamentação específica, é imprescindível compreender como as normativas já vigentes no ordenamento jurídico são capazes de lidar com os efeitos da nova tecnologia em questão. Como pontuado por Danilo Doneda, "os reflexos dessa dinâmica são imediatos para o direito, pois esse deve se mostrar apto a responder à novidade proposta pela tecnologia com a reafirmação de seu valor fundamental – a pessoa humana"[8].

---

a agenda atual do Direito Civil. (...) De fato, a revolução tecnológica suscitou uma multidão de controvérsias no âmbito do Direito Civil. Bastaria lembrar, nos últimos 20 anos, o impacto da engenheira genética e do surgimento do exame de DNA no Direito de Família e Sucessório; ou o potencial danoso extraordinário aportado pelos meios de transporte e de comunicação de massa. A tais transformações sociais acresça-se, para nós, advogados, a repercussão profunda, ainda não de todo dimensionada, causada por dois fenômenos. O primeiro deles é a circulação de dados pessoais, cuja indispensável proteção foi objeto da recente Lei 13.709/2018, a Lei Geral de Proteção de Dados". TEPEDINO, Gustavo. As tecnologias e a renovação do Direito Civil. Rio de Janeiro: OAB/RJ, Jun. 2019. Disponível em: <https://www.oabrj.org.br/colunistas/gustavo-tepedino/as-tecnologias-renovacao-direito-civil>. Acesso em 29.09.2023.

5 Dentre tantos, cf. LEMOS, Ronaldo; SOUZA, Carlos Affonso. Marco Civil da Internet: construção e aplicação. Juiz de fora: Editar Editora Associada Ltda, 2016.

6 Dentre tantos, cf. DONEDA, Danilo; LEMOS, Ronaldo; SOUZA, Carlos Affonso; ROSSINI, Carolina. Estudo sobre a regulamentação jurídica do spam no Brasil. Rio de Janeiro: Fundação Getúlio Vargas, 2007.

7 Para uma discussão em detalhe sobre a regulamentação da proteção de dados pessoais, ver: DONEDA, Danilo. Da privacidade à proteção de dados pessoais: elementos da formulação da Lei geral de proteção de dados. São Paulo: Thomson Reuters Brasil, 2019.

8 DONEDA, Danilo. Da privacidade à proteção de dados pessoais: elementos da formulação da Lei geral de proteção de dados. 2 ed. São Paulo: Thomson Reuters Brasil, 2019, p. 64.

No âmbito dos sistemas de inteligência artificial, algumas legislações já aprovadas e atualmente em vigor no Brasil estabelecem um ponto de partida com diretrizes mínimas que devem, desde a largada, ser observadas não só por aqueles que desenvolvem e comercializam as tecnologias de inteligência artificial, mas também por aqueles que as utilizam na ponta. Nessa direção, a Lei Geral de Proteção de Dados (Lei Federal nº 13.709/18, ou "LGPD") estabelece, ainda anteriormente à aprovação de regulação específica, obrigações em diversos momentos, que incluem, dentre outras, requisitos para a utilizacao de dados pessoais para fins de treinamento de sistemas de inteligência artificial, obrigações de não discriminação e a necessidade de adoção de medidas de segurança da informação.

Antes de adentrar nas obrigações já positivadas pela LGPD, ressalta-se que o tema da Inteligência Artificial está sendo discutido no âmbito do Congresso Nacional, assumindo maior notoriedade o PL 21/2020[9], já aprovado na Câmara dos Deputados e de autoria do Deputado Eduardo Bismarck, e o PL 2338/2023[10], cuja minuta inicial foi desenvolvida por comissão de juristas destacada para essa finalidade[11], que contou com a participacao do saudoso Professor e amigo Danilo Doneda, homenageado nesta obra. Evidenciando essa aproximação entre os temas, ambos os projetos de lei fazem menções à temática de proteção de dados e à própria LGPD em diversos momentos.

O PL 21/2020, por exemplo, estabelece que tem como objetivo a "harmonização com as Leis nºs 13.709, de 14 de agosto de 2018 (Lei Geral de Proteção de Dados Pessoais) (...)" (art. 3º, XV)[12]. Por sua vez, o

9 Disponível em: <https://www.camara.leg.br/propostas-legislativas/2236340>. Acesso em 29.09.2023.

10 Disponivel em: <https://www25.senado.leg.br/web/atividade/materias/-/materia/157233>. Acesso em 29.09.2023.

11 A comissão temporária de juristas tinha por finalidade "Subsidiar a elaboração de minuta de substitutivo para instruir a apreciação dos Projetos de Lei nºs 5.051, de 2019, 21, de 2020, e 872, de 2021, que têm como objetivo estabelecer princípios, regras, diretrizes e fundamentos para regular o desenvolvimento e a aplicação da inteligência artificial no Brasil." Mais informações em: <https://legis.senado.leg.br/comissoes/comissao?codcol=2504>. Acesso em 29.09.2023.

12 Confira-se o dispositivo na íntegra:"Art. 4º O desenvolvimento e a aplicação da inteligência artificial no Brasil têm como fundamentos: (...) XV – a harmonização com as Leis nºs 13.709, de 14 de agosto de 2018 (Lei Geral de Proteção de Dados Pessoais), 12.965, de 23 de abril de 2014, 12.529, de 30 de novembro de 2011, 8.078,

PL 2338/2023 estabelece, como direito das "pessoas afetadas", "direito à privacidade e à proteção de dados pessoais, nos termos da legislação pertinente" (art. 5º, VI), bem como dispõe que as mesmas "pessoas afetadas por sistemas de inteligência artificial" teriam direito, dentre outras, às seguintes informações: "categorias de dados pessoais utilizados no contexto do funcionamento do sistema de inteligência artificial" (art. 7º, V).

Assim, em que pese as discussões ainda estarem ocorrendo no Congresso Nacional, eventual legislação sobre sistemas de IA precisará endereçar questões específicas sobre o tratamento de dados pessoais, promovendo a harmonia entre os sistemas e aparando arestas que eventualmente não tenham sido identificadas quando da elaboração da LGPD. De fato, as propostas de regulamentação de inteligência artificial usualmente contemplam essa interseção com o tema de proteção de dados, estabelecendo obrigações adicionais que não poderiam ter sido antecipadas pelo legislador em momento anterior.

De todo modo, até que sobrevenha legislação específica sobre o tema e certamente também após eventual aprovação, os sistemas de inteligência artificial precisarão ser pensados, desenvolvidos e utilizados em estrita observância aos preceitos estabelecidos pela Lei Geral de Proteção de Dados. Isso porque parte significativa dos sistemas de inteligência artificial depende hoje do tratamento de um grande volume de informações pessoais, seja em sua etapa de treinamento seja na utilização da tecnologia propriamente dita. Reconhece-se, com frequência, os dados pessoas como premissa-chave para a autonomia nas decisões dos sistemas de IA[13].

Nesse contexto, o presente artigo busca, sem pretensão de esgotar a matéria, expor breves pontos de convergência entre os temas, indicando, desde já, cuidados e ações que deverão ser adotados pelos desenvolvedores, provedores e usuários dos sistemas de inteligência artificial. Notadamente, pretende-se discorrer sobre a transparência e os requisi-

de 11 de setembro de 1990 (Código de Defesa do Consumidor), e 12.527 de 18 de novembro de 2011".

13 EDPB-EDPS Joint Opinion 5/2021 on the proposal for a Regulation of the European Parliament and of the Council laying down harmonised rules on artificial intelligence (Artificial Intelligence Act), p. 17. Disponível em: <https://edpb.europa.eu/our-work-tools/our-documents/edpbedps-joint-opinion/edpb-edps-joint-opinion-52021-proposal_en>. Acesso em 29.09.2023.

tos legais a serem observados quando do treinamento, da comercialização e do uso propriamente dito desses sistemas.

II. Lei Geral de Proteção de Dados e os Sistemas de Inteligência Artificial

A Lei Geral de Proteção de Dados Pessoais define a atividade de tratamento de dados pessoais como "toda operação realizada com dados pessoais, como as que se referem a coleta, produção, recepção, classificação, utilização, acesso, reprodução, transmissão, distribuição, processamento, arquivamento, armazenamento, eliminação, avaliação ou controle da informação, modificação, comunicação, transferência, difusão ou extração" (Art. 5º, X). Dessa forma, o legislador optou por colocar, sob o guarda-chuva do gênero "tratamento", uma série de operações envolvendo dados pessoais.

Em seguida, a LGPD consolida os requisitos que devem ser respeitados para que o tratamento de dados pessoais não sensíveis ocorra de forma lícita. Isto é, de acordo com o art. 7º da LGPD, controladores[14] somente poderão tratar os dados se pelo menos uma dessas hipóteses autorizativas for preenchida[15]. Os requisitos para tratamento, cujo descumprimento pode resultar em sanções de até cinquenta milhões de reais por infração, são os seguintes:

> Art. 7º O tratamento de dados pessoais somente poderá ser realizado nas seguintes hipóteses:
>
> I - mediante o fornecimento de consentimento pelo titular;
>
> II - para o cumprimento de obrigação legal ou regulatória pelo controlador;
>
> III - pela administração pública, para o tratamento e uso compartilhado de dados necessários à execução de políticas públicas previstas em leis e regulamentos ou respaldadas em contratos, convênios ou instrumentos congêneres, observadas as disposições do Capítulo IV desta Lei;

---

14 Segundo a LGPD, em seu artigo 5º, VI, controlador é a "pessoa natural ou jurídica, de direito público ou privado, a quem competem as decisões referentes ao tratamento de dados pessoais".

15 VIOLA, Mario; TEFFE, Chiara. Tratamento de dados pessoais na LGPD: estudo sobre as bases legais. Civilistica.com, v. 9, 2020.

> IV - para a realização de estudos por órgão de pesquisa, garantida, sempre que possível, a anonimização dos dados pessoais;
>
> V - quando necessário para a execução de contrato ou de procedimentos preliminares relacionados a contrato do qual seja parte o titular, a pedido do titular dos dados;
>
> VI - para o exercício regular de direitos em processo judicial, administrativo ou arbitral, esse último nos termos da Lei nº 9.307, de 23 de setembro de 1996 (Lei de Arbitragem);
>
> VII - para a proteção da vida ou da incolumidade física do titular ou de terceiro;
>
> VIII - para a tutela da saúde, em procedimento realizado por profissionais da área da saúde ou por entidades sanitárias;
>
> IX - quando necessário para atender aos interesses legítimos do controlador ou de terceiro, exceto no caso de prevalecerem direitos e liberdades fundamentais do titular que exijam a proteção dos dados pessoais; ou
>
> X - para a proteção do crédito, inclusive quanto ao disposto na legislação pertinente.

A hipótese autorizativa de tratamento mais usual é o consentimento do titular. Nesses casos, o titular autoriza que o agente utilize os seus dados pessoais após ser devidamente informado, dentre outros, da finalidade do tratamento. Como se depreende da leitura do artigo 7º da LGPD, o consentimento não é a única hipótese autorizativa e não tem posição privilegiada em relação às demais situações previstas no artigo[16]. No contexto do tratamento de dados para fins de treinamento dos sistemas de inteligência artificial, cumpre destacar que a exigência da obtenção do consentimento de todos os titulares cujos dados estariam envolvidos nessa atividade seria, em última instância, inviável. Afinal, o treinamento de sistemas de grande porte, por exemplo, poderia implicar o tratamento de milhões de titulares.

16 SOUZA, Carlos Affonso; VIOLA, Mario; PADRÃO, Vinicius. Considerações Iniciais sobre os Interesses Legítimos do Controlador na Lei Geral de Proteção de Dados Pessoais. Revista Direito Público, Brasília, Vol. 16, No. 90, pp. 109-131, Nov 2019.

Isso não significa, porém, que a atividade não possa ser realizada. Em alguns casos, notadamente em estudos e treinamentos de menor porte, o consentimento poderá se mostrar a hipótese mais viável. Em outros, os desenvolvedores dos sistemas de IA precisarão recorrer a alguma outra base legal prevista na LGPD, como, por exemplo, a base legal de legítimo interesse[17].

Os controladores, responsáveis pelas atividades de tratamento de dados, podem ainda trabalhar com os chamados dados pessoais sensíveis, os quais são, à luz da LGPD, definidos como aqueles dados pessoais "sobre origem racial ou étnica, convicção religiosa, opinião política, filiação a sindicato ou a organização de caráter religioso, filosófico ou político, dado referente à saúde ou à vida sexual, dado genético ou biométrico, quando vinculado a uma pessoa natural" (Art. 5º, II). Nesses casos, são previstos requisitos mais restritos para o uso dos dados. Veja-se:

> Art. 11. O tratamento de dados pessoais sensíveis somente poderá ocorrer nas seguintes hipóteses:
>
> I - quando o titular ou seu responsável legal consentir, de forma específica e destacada, para finalidades específicas;
>
> II - sem fornecimento de consentimento do titular, nas hipóteses em que for indispensável para:
>
> a) cumprimento de obrigação legal ou regulatória pelo controlador;
>
> b) tratamento compartilhado de dados necessários à execução, pela administração pública, de políticas públicas previstas em leis ou regulamentos;

17 Em outra oportunidade, esclarecemos que: "o conceito de interesse legítimo é hipótese autorizativa criada justamente para dar cabo de situações em que a busca pelo consentimento do titular poderia se transformar até mesmo em um óbice para a exploração regular de dados pessoais que, atendendo aos princípios legais, favorecem o seu titular e atendem aos interesses (legítimos) do controlador ou de terceiros. Trata-se de um requisito para tratamento de dados que se encontra em sintonia com os tempos de big data e de negócios ancorados no tratamento de dados. O desafio é não transformar os "interesses legítimos" em uma cláusula vazia de conteúdo, que passaria a autorizar toda e qualquer operação de tratamento, sem o devido cuidado em se analisar o cumprimento dos princípios e o atendimento dos direitos previstos na LGPD. De acordo com o art. 7º, inciso IX, é desnecessário o consentimento do titular nas situações em que o tratamento de seus dados pessoais atenda aos interesses legítimos do controlador ou de terceiros". *Ibidem.*

> c) realização de estudos por órgão de pesquisa, garantida, sempre que possível, a anonimização dos dados pessoais sensíveis;
>
> d) exercício regular de direitos, inclusive em contrato e em processo judicial, administrativo e arbitral, este último nos termos da Lei nº 9.307, de 23 de setembro de 1996 (Lei de Arbitragem);
>
> e) proteção da vida ou da incolumidade física do titular ou de terceiro;
>
> f) tutela da saúde, em procedimento realizado por profissionais da área da saúde ou por entidades sanitárias; ou
>
> g) garantia da prevenção à fraude e à segurança do titular, nos processos de identificação e autenticação de cadastro em sistemas eletrônicos, resguardados os direitos mencionados no art. 9º desta Lei e exceto no caso de prevalecerem direitos e liberdades fundamentais do titular que exijam a proteção dos dados pessoais.

Nesse sentido, considerando que o tratamento de dados pessoais será necessário para realizar o treinamento – e, na sequência, permitir o uso propriamente dito – de sistemas de inteligência, os agentes responsáveis estarão, desde já, sujeitos às obrigações previstas na LGPD. Em outras palavras, deverão sempre identificar se as atividades de tratamento de dados pessoais que realizam estão enquadradas em pelo menos uma hipótese autorizativa prevista na LGPD em seus artigos 7º ou 11 a depender da natureza do dado.[18] Não se trata de tarefa trivial, sobretudo porque os agentes deverão mapear – e posteriormente monitorar - todas as fontes de coleta de dados, entendendo suas particularidades e as adequando ao exigido pela legislação aplicável.

18 Sobre a possibilidade de identificar mais de uma base legal aplicável a um tratamento de dados específico ver VIOLA, Mario; TEFFÉ, Chiara Spadaccini de. Tratamento de Dados Pessoais na LGPD: estudo sobre as bases legais dos artigos 7º e 11. In: BIONI, Bruno Ricardo; DONEDA, Danilo; SARLET, Ingo Wolfgang; MENDES, Laura Schertel; RODRIGUES JR, Otavio Luiz. (Org.). Tratado de Proteção de Dados. 1ed.São Paulo: Editora Forense, 2021, pp. 117-148.

III. Hipóteses de tratamento de dados e transparência com os titulares

Como mencionado, no âmbito do desenvolvimento, treinamento e utilização de sistemas de inteligência artificial, caso essas atividades dependam do uso de dados pessoais, os desenvolvedores precisarão legitimá-las a partir de pelo menos uma das bases legais previstas na LGPD. Ressalta-se que essa obrigação já está positivada no ordenamento jurídico e seu descumprimento poderá sujeitar o agente à aplicação de sanções administrativas[19]. Há, assim, requisitos legais que devem ser observados no contexto de sistemas de IA.

Na Europa, onde a normativa de proteção de dados serviu de base para a construção da LGPD, o *European Data Protection Board* afirma, na *Joint Opinion 5/2021 on the proposal for a Regulation of the European Parliament and of the Council laying down harmonised rules on artificial intelligence (Artificial Intelligence Act)*, que os titulares devem ser sempre informados quando os seus dados são utilizados para treinamento de sistemas de IA, inclusive sobre a base legal utilizada para tanto[20]. O

---

19 As sanções administrativas por descumprimento estão previstas no art. 52 da LGPD. Confira-se: "Art. 52. Os agentes de tratamento de dados, em razão das infrações cometidas às normas previstas nesta Lei, ficam sujeitos às seguintes sanções administrativas aplicáveis pela autoridade nacional: I - advertência, com indicação de prazo para adoção de medidas corretivas; II - multa simples, de até 2% (dois por cento) do faturamento da pessoa jurídica de direito privado, grupo ou conglomerado no Brasil no seu último exercício, excluídos os tributos, limitada, no total, a R$ 50.000.000,00 (cinquenta milhões de reais) por infração; III - multa diária, observado o limite total a que se refere o inciso II; IV - publicização da infração após devidamente apurada e confirmada a sua ocorrência; V - bloqueio dos dados pessoais a que se refere a infração até a sua regularização; VI - eliminação dos dados pessoais a que se refere a infração; X - suspensão parcial do funcionamento do banco de dados a que se refere a infração pelo período máximo de 6 (seis) meses, prorrogável por igual período, até a regularização da atividade de tratamento pelo controlador; XI - suspensão do exercício da atividade de tratamento dos dados pessoais a que se refere a infração pelo período máximo de 6 (seis) meses, prorrogável por igual período; XII - proibição parcial ou total do exercício de atividades relacionadas a tratamento de dados".

20 "Data subjects should always be informed when their data is used for AI training and / or prediction, of the legal basis for such processing, general explanation of the logic (procedure) and scope of the AI-system. In that regard, individuals' right of restriction of processing (Article 18 GDPR and Article 20 EUDPR) as well as deletion / erasure of data (Article 16 GDPR and Article 19 EUDPR) should always be guaranteed in those cases. Furthermore, the controller should have explicit obligation to inform data subject of the applicable periods for objection, restric-

posicionamento internacional caminha, pois, em sentido convergente: as obrigações de proteção de dados devem ser respeitadas no âmbito de sistemas de IA.

A LGPD, seguindo a mesma linha adotada pelo *European Data Protection Board,* além de garantir que os tratamentos de dados pessoais sejam realizados de forma lícita, tambem impõe deveres de transparência aos desenvolvedores, provedores e usuários de sistemas de inteligência artificial. Em seu artigo 6º, a LGPD dispõe que as atividades de tratamento deverão respeitar o princípio da transparência, que prevê "garantia, aos titulares, de exatidão, clareza, relevância e atualização dos dados, de acordo com a necessidade e para o cumprimento da finalidade de seu tratamento" (art. 6º, V). Especificando ainda mais as informações que devem ser disponibilizadas aos titulares, o artigo 9º apresenta os seguintes critérios:

> Art. 9º O titular tem direito ao acesso facilitado às informações sobre o tratamento de seus dados, que deverão ser disponibilizadas de forma clara, adequada e ostensiva acerca de, entre outras características previstas em regulamentação para o atendimento do princípio do livre acesso:
>
> I - finalidade específica do tratamento;
>
> II - forma e duração do tratamento, observados os segredos comercial e industrial;
>
> III - identificação do controlador;
>
> IV - informações de contato do controlador;
>
> V - informações acerca do uso compartilhado de dados pelo controlador e a finalidade;
>
> VI - responsabilidades dos agentes que realizarão o tratamento; e

---

tion, deletion of data etc. The AI system must be able to meet all data protection requirements through adequate technical and organizational measures. A right to explanation should provide for additional transparency". *EDPB-EDPS Joint Opinion 5/2021 on the proposal for a Regulation of the European Parliament and of the Council laying down harmonised rules on artificial intelligence (Artificial Intelligence Act)*, p. 17. Disponível em: <https://edpb.europa.eu/our-work-tools/our-documents/edpbedps-joint-opinion/edpb-edps-joint-opinion-52021-proposal_en>. Acesso em 29.09.2023.

VII - direitos do titular, com menção explícita aos direitos contidos no art. 18 desta Lei.

Assim, além de garantir que as atividades estão amparadas em pelo menos uma das bases legais previstas na Lei Geral de Proteção de Dados, os responsáveis pelos sistemas de IA deverão adotar os mecanismos necessários para garantir que os titulares sejam devidamente informados do tratamento. A dificuldade reside, no entanto, em como garantir a satisfação desses requisitos, uma vez que, além do treinamento contar com um conjunto extenso de dados que envolve não raramente milhões de titulares, os titulares em regra sequer terão um relacionamento prévio com o agente de tratamento. Essas obrigações não dependem da aprovação de legislação específica e são atualmente impostas aos provedores de IA que coletam, classificam e tratam dados pessoais.

IV. A suspensão do CHATGPT na Itália

O diálogo entre os temas é vivenciado também na experiência internacional. Em decisão de março de 2023, a Autoridade Italiana de Proteção de Dados, a *Garante Per La Protezione Dei Dati Personali* ("GPDP"), determinou a suspensão temporária dos serviços do ChatGPT[21] em território italiano, tornando-se o primeiro país no ocidente a interromper e bloquear os serviços do chatbot online de inteligência artificial (IA) desenvolvido pela OpenAI[22]. Na decisão emitida pela GPDP, foram apresentados três motivos que levaram a solicitação de suspensão dos serviços em território italiano[23].

O primeiro motivo estava relacionado à ausência de transparência da Open IA e às bases legais aplicáveis aos tratamentos de dados necessários para o funcionamento e treinamento da tecnologia. Em curta síntese, a GPDP alegou que a OpenAI não apresentou os níveis necessários de transparência aos usuários do ChatGPT, na medida em que os titulares não são suficientemente informados quanto às finalidades em-

21 Para mais informações sobre a tecnologia, confira: <https://chat.openai.com/auth/login>. Acesso em 29.09.2023.

22 Disponível em: <https://www.garanteprivacy.it/web/guest/home/docweb/-/docweb-display/docweb/9870847#english>. Acesso em 29.09.2023.

23 Disponível em: <https://www.garanteprivacy.it/web/guest/home/docweb/-/docweb-display/docweb/9870832>. Acesso em 29.09.2023.

pregadas ao tratamento de seus dados pessoais decorrentes do uso dos serviços. Em mesma direção, a empresa realizou a coleta e o tratamento de um acentuado volume de dados pessoais no processo de treinamento do algoritmo utilizado pelo ChatGPT, sem, no entanto, apresentar bases legais aplicáveis para legitimar o tratamento dos dados para a referida finalidade.

Ademais, de acordo com a Autoridade, ainda que a OpenAI tenha estabelecido a restrição de idade mínima dos usuários para 13 (treze) anos, conforme indicado em seus termos de uso, o ChatGPT não dispunha de mecanismos que pudessem verificar e/ou confirmar a idade de seus usuários. Dessa forma, a empresa expôs potenciais usuários menores de 13 (treze) anos a respostas inadequadas à idade e ao grau de consciência dos usuários.

Por fim, a suspensão também foi justificada por uma suposta dissonância entre os dados coletados e as informações geradas pela tecnologia. Conforme indicado pela GPDP, a Autoridade constatou, através de testes realizados no ChatGPT, que em diversas ocasiões os serviços apresentaram inconsistências entre as informações fornecidas pelo usuário e os dados pessoais utilizados para que a resposta fosse gerada. Nestas hipóteses, a inexatidão no serviço poderia promover o tratamento de dados pessoais errados ou imprecisos, aumentando os riscos aos titulares.

Para suspender o bloqueio e demonstrar a observância da legislação de dados pessoais aplicável, a GPDP estabeleceu que algumas medidas deveriam ser adotadas pela OpenAI[24].

Além de medidas sobre transparência e verificação de idade dos usuários, cumpre destacar a obrigação de a OpenAI elaborar e disponibilizar, em seus sítios eletrônicos, um aviso de privacidade informando aos titulares de dados pessoais quais dados foram coletados e tratados no processo de treinamento dos algoritmos do ChatGPT. Determinou-se que o aviso fosse disponibilizado de forma transparente a todos, ainda que não fossem usuários dos serviços do ChatGPT, informando: **(i)** como as atividades de tratamento são realizadas; **(ii)** a "lógica" aplicada 'a atividade de tratamento e as razões pelas quais o tratamento é necessário para garantir o funcionamento dos serviços; e **(iii)** os direitos assegurados aos titulares de dados pessoais e outras formas de garantir

24 A decisão encontra-se disponível em: <https://www.garanteprivacy.it/web/guest/home/docweb/-/docweb-display/docweb/9874702#english>. Acesso em 29.09.2023.

a transparência aos titulares, em conformidade com o art. 12 da *General Data Protection Regulation*, legislação europeia de proteção de dados[25].

Ademais, a Autoridade exigiu que a OpenAi disponibilizasse, em seus *sites*, mecanismos e/ou canais para que os titulares de dados pessoais pudessem exercer seus direitos previstos na legislação aplicável, em especial: **(i)** o direito de se opor ao tratamento de seus dados pessoais pela empresa com a finalidade de treinar o algoritmo do ChatGPT e fornecer seus serviços com base em dados pessoais coletados de terceiros; e **(ii)** o direito de retificação aos dados pessoais incorretos que tenham sido coletados e sejam objeto de tratamento pelo ChatGPT.

Em relação ao tema das bases legais que justificariam o tratamento dos dados, requereu-se que a base legal empregada ao tratamento de dados pessoais dos usuários para a finalidade de treinamento algorítmico fosse alterada, de forma que as atividades de tratamento não fossem consubstanciadas na base legal de execução de contrato (art. 6, "b", GDPR), mas se fundassem nas bases legais do consentimento (art. 7, GDPR) ou no legítimo interesse do controlador (art. 6, "f", GDPR).

Após a adoção de medidas pela OpenAI, a GDPD revogou a suspensão do ChatGPT e determinou o retorno dos serviços na Itália. As discussões sobre a licitude dos serviços oferecidos pela OpenAI através do ChatGPT à luz da legislação de proteção de dados não é exclusividade do território Europeu. Em nota sobre o tema, a Autoridade Nacional de Proteção de Dados (ANPD) destacou a existência de procedimentos relacionados ao tema e ratificou sua legitimidade em relação ao tema:

Conforme analisado em estudo preliminar sobre o PL 2338, a LGPD confere à ANPD a competência de zelar pela proteção de dados pessoais com prevalência, no que se refere à proteção de dados pessoais, sobre as competências correlatas de outros órgãos. Nesse sentido, a utilização de dados pessoais pelo ChatGPT atrai a competência da ANPD para apreciar as petições dos titulares e avaliar a regularidade do tratamento dos dados pessoais. Diante disso, a fiscalização realizada se alinha ao

25 GDPR. Art. 12 "The controller shall take appropriate measures to provide any information referred to in Articles 13 and 14 and any communication under Articles 15 to 22 and 34 relating to processing to the data subject in a concise, transparent, intelligible and easily accessible form, using clear and plain language, in particular for any information addressed specifically to a child. The information shall be provided in writing, or by other means, including, where appropriate, by electronic means. When requested by the data subject, the information may be provided orally, provided that the identity of the data subject is proven by other means."

posicionamento da Autoridade quanto ao uso de dados pessoais em plataformas de inteligência Artificial e a ANPD seguirá acompanhando os debates sobre o tema, sem prejuízo de novas contribuições e posicionamentos.[26]

A inexistência de regulamentação específica sobre inteligência artificial não isenta, portanto, os desenvolvedores e provedores dessas tecnologias de observarem a regulamentação de proteção de dados aplicável. Em especial, no contexto da LGPD, aqueles que oferecem essas tecnologias no Brasil deverão, desde a largada, garantir que as atividades de tratamento de dados pessoais estejam fundamentadas nos requisitos legais impostos pela legislação. Além disso, o agente de tratamento deverá, por força do princípio da transparência, fornecer informações claras, precisas e facilmente acessíveis sobre a realização do tratamento.

V. Conclusão

Conforme destacamos nesse artigo, a utilização de sistemas de IA implica, em grande parte dos casos, o tratamento de dados pessoais, o que acaba por atrair a incidência da Lei Geral de Proteção de Dados, já que referida lei se aplica ao "tratamento de dados pessoais, inclusive nos meios digitais, por pessoa natural ou por pessoa jurídica de direito público ou privado" (art. 1º). Esse fato reforça a necessidade de que não apenas se observe referida lei no âmbito de desenvolvimento, treinamento e uso de sistemas de IA, independente da aprovação de qualquer legislação especifica sobre o tema, mas, também, de que qualquer lei que venha a ser aprovada para regular IA no Brasil seja alinhada com as previsões da LGPD.

Não por acaso escolhemos a interseção entre proteção de dados e IA para homenagear o saudoso professor e querido amigo Danilo Doneda, que foi um dos principais atores no processo de elaboração do anteprojeto de lei que deu origem ao que veio a ser a LGPD e. também, um dos integrantes da comissão de juristas criadas pelo Senado Federal e que deu redigiu o anteprojeto de lei que deu origem ao PL 2338/2023, e uma das mais respeitadas vozes sobre esses temas tanto no Brasil quanto mundialmente.

26 A íntegra da manifestação da ANPD encontra-se em: <https://www.gov.br/anpd/pt-br/composicao-1/coordenacao-geral-de-fiscalizacao/processos-de-fiscalizacao>. Disponível em 29.09.2023.

O debate sobre esses temas perdeu seu principal ator, mas suas lições continuarão a influenciar e guiar as discussões sobre esses temas por muitas décadas.

Referências

DONEDA, Danilo. Da Privacidade à Proteção de Dados Pessoais: elementos da formação da Lei Geral de Proteção de Dados. São Paulo: Thomson Reuters Brasil, 2020.

DONEDA, Danilo; LEMOS, Ronaldo; SOUZA, Carlos Affonso; ROSSINI, Carolina. Estudo sobre a regulamentação jurídica do spam no Brasil. Rio de Janeiro: Fundação Getúlio Vargas, 2007.

EDPB-EDPS Joint Opinion 5/2021 on the proposal for a Regulation of the European Parliament and of the Council laying down harmonised rules on artificial intelligence (Artificial Intelligence Act), p. 17. Disponível em: <https://edpb.europa.eu/our-work-tools/our-documents/edpbedps-joint-opinion/edpb-edps-joint-opinion-52021-proposal_en>. Acesso em 29.09.2023.

LEMOS, Ronaldo; SOUZA, Carlos Affonso. Marco Civil da Internet: construção e aplicação. Juiz de fora: Editar Editora Associada Ltda, 2016.

SOUZA, Carlos Affonso; VIOLA, Mario; PADRÃO, Vinicius. Considerações Iniciais sobre os Interesses Legítimos do Controlador na Lei Geral de Proteção de Dados Pessoais. Revista Direito Público, Brasília, Vol. 16, No. 90, pp. 109-131, Nov 2019.

TEPEDINO, Gustavo. As tecnologias e a renovação do Direito Civil. Rio de Janeiro: OAB/RJ, Jun. 2019. Disponível em: <https://www.oabrj.org.br/colunistas/gustavo-tepedino/as-tecnologias-renovacao-direito-civil>. Acesso em 29.09.2023.

VIOLA, Mario; TEFFE, Chiara. Tratamento de dados pessoais na LGPD: estudo sobre as bases legais. Civilistica.com, v. 9, 2020.

VIOLA, Mario; TEFFÉ, Chiara Spadaccini de. Tratamento de Dados Pessoais na LGPD: estudo sobre as bases legais dos artigos 7º e 11. In: BIONI, Bruno Ricardo; DONEDA, Danilo; SARLET, Ingo Wolfgang; MENDES, Laura Schertel; RODRIGUES JR, Otavio Luiz. (Org.). Tratado de Proteção de Dados. 1ed.São Paulo: Editora Forense, 2021, pp. 117-148

Cláusulas limitativas do dever de indenizar nos contratos entre controlador e operador de dados pessoais[1]

Milena Donato Oliva[2]
Vladimir Mucury Cardoso[3]
Diana Loureiro Paiva de Castro[4]

SUMÁRIO: Introdução; **1.** Os agentes de tratamento e sua relação contratual; **2.** As cláusulas limitativas do dever de indenizar e seus requisitos de validade; **3.** A limitação convencional da reparação civil nos contratos entre agentes de tratamento; Conclusão; Referências bibliográficas.

Introdução

A proteção de dados pessoais,[5] no direito brasileiro, tem como importante marco normativo a Lei 13.709/2018 (Lei Geral de Proteção de Dados Pessoais – LGPD), que previu a figura dos agentes de tratamento, controlador e operador. Na disciplina da lei, o controlador é aquele que detém o poder decisório acerca do tratamento de dados pessoais, ao passo que o operador atua em nome do controlador. Como sói ocorrer em relações contratuais, também nos ajustes firmados entre os agentes

---

1 Texto redigido em homenagem ao Professor Doutor Danilo Doneda, com quem tivemos o privilégio de conviver e aprender preciosas lições. Embora sua brilhante trajetória tenha sido prematuramente interrompida, suas palavras, seu exemplo e seus ensinamentos ficarão eternamente em nossas memórias e corações.

2 Professora Associada de Direito do Consumidor e de Direito Civil da Universidade do Estado do Rio de Janeiro – UERJ. Doutora e Mestre em Direito Civil pela UERJ.

3 Professor de Direito Civil da Pontifícia Universidade Católica do Rio de Janeiro – PUC-Rio. Doutorando e Mestre em Direito Civil pela UERJ.

4 Mestre em Direito Civil pela Universidade do Estado do Rio de Janeiro – UERJ. Procuradora do Estado de São Paulo.

5 O direito à proteção de dados pessoais é direito fundamental constante no art. 5º, LXXIX, da Constituição da República. No Brasil, de forma pioneira, o Professor Danilo Doneda tratou da proteção de dados pessoais como verdadeiro direito fundamental em sua tese de doutorado, publicada em 2006, com o título "Da privacidade à proteção de dados pessoais", desenvolvida sob orientação do Professor Gustavo Tepedino, no âmbito do Programa de Pós-Graduação *Stricto Sensu* da Faculdade de Direito da Universidade do Estado do Rio de Janeiro – UERJ.

de tratamento a discussão sobre a matriz de riscos pode ganhar destaque na mesa de negociações.

Os contratos, ao darem roupagem jurídica a interesses particulares, estabelecem as regras para a relação negocial e equacionam os riscos econômicos entre as partes. Na celebração do ajuste, os contratantes preveem os infortúnios que podem atingir aquela relação e alocam entre si as consequências de tais eventos.[6] Um dos principais instrumentos para essa gestão contratual de riscos consiste na pactuação de cláusula limitativa do dever de indenizar.[7]

Nesse contexto, o objeto deste trabalho recai sobre a estipulação de cláusula limitativa do dever de indenizar[8] nos contratos entre controlador e operador, com vista a investigar as balizas a serem fixadas para a aferição da validade da convenção nessa hipótese. A análise se inicia pelo estabelecimento de premissas sobre a relação contratual entre controlador e operador, à luz da disciplina da LGPD. Em seguida, examinam-se, em perspectiva funcional, os parâmetros de validade das cláusulas limitativas do dever de indenizar nas relações contratuais em geral. Por fim, avalia-se a interpretação-aplicação de tais parâmetros de validade no caso específico dos contratos entre agentes de tratamento. Naturalmente – e delimite-se desde já –, se trata aqui da alocação de riscos entre os contratantes (controlador e operador), que não será oponível ao titular dos dados pessoais, a quem estará sempre assegurada a reparação integral dos danos sofridos.

1. Os agentes de tratamento e sua relação contratual

Com o advento da Lei 13.709/2018, sedimentou-se o entendimento segundo o qual os dados pessoais pertencem às pessoas naturais às

6 TERRA, Aline de Miranda Valverde; BANDEIRA, Paula Greco. A cláusula resolutiva expressa e o contrato incompleto como instrumentos de gestão de risco nos contratos. *Revista Brasileira de Direito Civil,* v. 6, 2015, pp. 10-14.

7 GHESTIN, Jacques. Préface. In: GHESTIN, Jacques (Coord.). *Les clauses limitatives ou exonératoires de responsabilité en Europe*: actes du colloque des 13 et 14 décembre 1990. Paris: L.G.D.J, 1998. p. 1.

8 Não será analisada, neste trabalho, a exclusão da reparação por perdas e danos nos contratos entre agentes de tratamento por meio da pactuação de cláusula de exoneração do dever de indenizar.

quais se referem (titulares[9]) e não àqueles que efetuam o tratamento[10] (agentes de tratamento[11]). A realização de operações com dados pessoais vem acompanhada de uma série de deveres a serem permanentemente observados pelos agentes de tratamento, que vão desde a coleta até a eliminação dos dados.[12]

Tal se dá em razão do potencial lesivo do tratamento de dados pessoais, notadamente dos dados sensíveis.[13] Embora o desenvolvimento

---

9 Art. 5º, LGPD: "Para os fins desta Lei, considera-se: V – titular: pessoa natural a quem se referem os dados pessoais que são objeto de tratamento".

10 Art. 5º, LGPD: "Para os fins desta Lei, considera-se: X – tratamento: toda operação realizada com dados pessoais, como as que se referem a coleta, produção, recepção, classificação, utilização, acesso, reprodução, transmissão, distribuição, processamento, arquivamento, armazenamento, eliminação, avaliação ou controle da informação, modificação, comunicação, transferência, difusão ou extração". Sobre o tema, cf. a doutrina especializada: "Há uma série de procedimentos referentes à utilização de dados pessoais, como, por exemplo, a coleta, a organização, a consulta, a interconexão, o bloqueio, a transmissão, a difusão e a destruição, dentre outros. Todos esses constituem modalidades de tratamento dos dados pessoais. Em linhas gerais, qualquer operação que tenha como objeto dados pessoais qualifica-se como tratamento e, como tal, deve ser avaliada em conformidade com as regras e princípios de proteção a esses dados" (DONEDA, Danilo; VIOLA, Mario. Risco e informação pessoal: o princípio da finalidade e a proteção de dados no ordenamento brasileiro. *Revista Brasileira de Risco e Seguro,* Rio de Janeiro, v. 5, nº 10, 2009, p. 94).

11 Art. 5º, LGPD: "Para os fins desta Lei, considera-se: IX – agentes de tratamento: o controlador e o operador".

12 A LGPD traz diversos princípios e parâmetros interpretativos, que devem permear todo o tratamento de dados, como dispõem, a título ilustrativo, os seus artigos 2º e 6º. Na realidade, "mais do que inaugurar" a disciplina da proteção de dados no Brasil, a LGPD estabeleceu "uma base normativa específica para que valores e princípios já presentes em nosso ordenamento se orientem em torno de uma disciplina de natureza geral e que proporcionasse uniformidade e padronização no encaminhamento das diversas situações relacionadas ao tratamento de dados pessoais, fornecendo instrumentos para a tutela dos direitos do cidadão e um patamar normativo mais claro e seguro para que as atividades de tratamento de dados se desenvolvam dentro de um patamar de licitude" (DONEDA, Danilo. A LGPD como elemento estruturante do modelo brasileiro de proteção de dados. In: DONEDA, Danilo; MENDES, Laura Schertel; CUEVA, Ricardo Villas Bôas (Coords.). *Lei geral de proteção de dados* (lei nº 13.709/2018): a caminho da efetividade: contribuições para a implementação da LGPD. São Paulo: Thomson Reuters Brasil, 2020, pp. 243-255, p. 245).

13 Art. 5º, LGPD: "Para os fins desta Lei, considera-se: II – dado pessoal sensível: dado pessoal sobre origem racial ou étnica, convicção religiosa, opinião política, filiação

econômico e tecnológico, a inovação, a livre iniciativa e a livre concorrência sejam salutares, buscou a LGPD harmonizá-los com os direitos fundamentais das pessoas naturais, que, com balizas normativas claras, podem ser mais adequadamente tutelados.[14] Por isso, os agentes de tratamento – controlador e operador – devem agir com transparência e prestar contas das atividades que realizam com dados pessoais,[15] res-

a sindicato ou a organização de caráter religioso, filosófico ou político, dado referente à saúde ou à vida sexual, dado genético ou biométrico, quando vinculado a uma pessoa natural". Como ensina Danilo Doneda, "a criação de uma categoria de dados sensíveis foi fruto de observação pragmática sobre a diferença dos efeitos do tratamento desta categoria de dados em relação aos demais", em particular porque os dados sensíveis "podem se prestar a uma potencial utilização discriminatória". De todo modo, é certo que "dados em princípio não qualificados como sensíveis podem revelar aspectos sensíveis quando sujeitos a um determinado tratamento, que pode conduzir a práticas discriminatórias. Daí se afirmar que 'um dado, em si, não é perigoso ou discriminatório – mas o uso que dele se faz pode sê-lo'" (DONEDA, Danilo. *Da privacidade à proteção de dados pessoais*: fundamentos da lei geral de proteção de dados. 3. ed. São Paulo: Thompson Reuters Brasil, 2021, pp. 146-148). Acerca dos dados pessoais sensíveis no regime da LGPD, cf. TEFFÉ, Chiara Spadaccini de. *Dados pessoais sensíveis*: qualificação, tratamento e boas práticas. Indaiatuba, SP: Editora Foco, 2022. V. tb. KONDER, Carlos Nelson. O tratamento de dados sensíveis à luz da lei 13.709/2018. In: TEPEDINO, Gustavo; FRAZÃO, Ana; OLIVA, Milena Donato (Coords.). *Lei geral de proteção de dados pessoais e suas repercussões no direito brasileiro*. 3 ed. São Paulo: Thomson Reuters Brasil, 2023, pp. 435-452.

14 V. BARRETO, Mauricio L.; ALMEIDA, Bethânia; DONEDA, Danilo. Uso e proteção de dados pessoais na pesquisa científica. In: MENDES, Laura Schertel; DONEDA, Danilo; SARLET, Ingo Wolfgang; RODRIGUES JÚNIOR, Otavio Luiz; BIONI, Bruno (Coords.). *Tratado de proteção de dados pessoais*. Rio de Janeiro: Forense, 2021, p. 533, *E-book*; FRAZÃO, Ana. Fundamentos da proteção dos dados pessoais: noções introdutórias para a compreensão da importância da lei geral de proteção de dados. In: TEPEDINO, Gustavo; FRAZÃO, Ana; OLIVA, Milena Donato (Coords.). *Lei geral de proteção de dados pessoais e suas repercussões no direito brasileiro*. 3 ed. São Paulo: Thomson Reuters Brasil, 2023, pp. 21-49.

15 Art. 6º, LGPD: "As atividades de tratamento de dados pessoais deverão observar a boa-fé e os seguintes princípios: (...) VI – transparência: garantia, aos titulares, de informações claras, precisas e facilmente acessíveis sobre a realização do tratamento e os respectivos agentes de tratamento, observados os segredos comercial e industrial; (...) X – responsabilização e prestação de contas: demonstração, pelo agente, da adoção de medidas eficazes e capazes de comprovar a observância e o cumprimento das normas de proteção de dados pessoais e, inclusive, da eficácia dessas medidas".

pondendo, observados os pressupostos legais, pelos danos causados aos titulares no caso de violação à legislação de proteção de dados.[16]

Consoante se destacou, o controlador é aquele que detém o poder de decisão sobre o tratamento de dados pessoais.[17] Não necessariamente, contudo, o controlador fará, por si mesmo, todo o tratamento. Além do controlador, pode haver a figura do operador, que trata os dados pessoais por determinação do controlador e de acordo com as orientações dele recebidas.[18]

Estabelece-se, usualmente, nesses casos, relação contratual entre os agentes, por meio da qual o operador se compromete a prestar ao controlador serviços que envolvem o tratamento de dados pessoais, de acordo com as instruções (lícitas) recebidas daquele. Como em qualquer relação contratual, é possível que o devedor (operador) incorra em inadimplemento das obrigações assumidas, de forma relativa ou

16 DONEDA, Danilo. Panorama histórico da proteção de dados pessoais. In: MENDES, Laura Schertel; DONEDA, Danilo; SARLET, Ingo Wolfgang; RODRIGUES JÚNIOR, Otavio Luiz; BIONI, Bruno (Coords.). *Tratado de proteção de dados pessoais.* Rio de Janeiro: Forense, 2021, p. 37, *E-book.*

17 Art. 5º, LGPD: "Para os fins desta Lei, considera-se: VI – controlador: pessoa natural ou jurídica, de direito público ou privado, a quem competem as decisões referentes ao tratamento de dados pessoais". Extrai-se o seguinte exemplo de controlador do Guia Orientativo da ANPD: "Uma médica, profissional liberal, armazena os prontuários e os demais dados pessoais de seus pacientes no computador de seu consultório. A médica, pessoa natural, é a controladora dos dados pessoais" (Autoridade Nacional de Proteção de Dados. Guia orientativo para definições dos agentes de tratamento de dados pessoais e do encarregado, versão 2, 2022, p. 12. Disponível em https://www.gov.br/anpd/pt-br/documentos-e-publicacoes/. Acesso em: 27 set. 2023).

18 Art. 5º, LGPD: "Para os fins desta Lei, considera-se: VII – operador: pessoa natural ou jurídica, de direito público ou privado, que realiza o tratamento de dados pessoais em nome do controlador". Eis exemplo de operador constante do Guia Orientativo da ANPD: "Em um canal de venda online de livros, que conta com diversas formas de pagamento, o canal que realiza a venda é o controlador dos dados pessoais, enquanto cada serviço de pagamento disponível será um operador diferente, como, por exemplo, a empresa de cartão de crédito, uma fintech, o banco em caso de transferência bancárias, dentre outros. O operador dessa transação, seja ele qual for, não poderá utilizar os dados fornecidos para novas finalidades que não aquelas determinadas pelo controlador" (Autoridade Nacional de Proteção de Dados. Guia orientativo para definições dos agentes de tratamento de dados pessoais e do encarregado, versão 2, 2022, p. 18. Disponível em https://www.gov.br/anpd/pt-br/documentos-e-publicacoes/. Acesso em: 27 set. 2023).

absoluta, a acarretar, dentre outras consequências, o dever de reparar o dano causado.

Numerosas são, com efeito, as possibilidades: o operador pode, simplesmente, não executar o serviço a que se obrigou, ou o fazer de forma inadequada, de modo a não atingir o resultado legitimamente esperado pelo controlador. Pode haver o desrespeito às instruções do controlador no tocante ao tratamento dos dados pessoais, o descumprimento do dever de sigilo, dentre uma enorme variedade de outras situações imagináveis. Se o inadimplemento do operador resultar em danos ao controlador, este fará jus à indenização correspondente, na forma do artigo 389 do Código Civil,[19] como ocorre nas relações contratuais em geral.

Por outro lado, considerando a hipótese prevista no inciso I do § 1º do artigo 42 da LGPD de solidariedade entre controlador e operador, eventual inadimplemento do operador pode implicar a responsabilidade (solidária) do controlador perante o titular dos dados (terceiro), o que, por consequência, poderá outorgar ao controlador direito de regresso em face do operador, uma vez tendo o controlador reparado o dano ao titular dos dados pessoais.

Ponha-se entre parênteses que o *caput* do artigo 42 da LGPD estipula que "o controlador ou o operador que, em razão do exercício de atividade de tratamento de dados pessoais, causar a outrem dano patrimonial, moral, individual ou coletivo, em violação à legislação de proteção de dados pessoais, é obrigado a repará-lo". O inciso I do § 1º deste dispositivo prevê a responsabilidade solidária do operador "pelos danos causados pelo tratamento quando descumprir as obrigações da legislação de proteção de dados ou quando não tiver seguido as instruções lícitas do controlador", hipótese na qual o operador se equipara ao controlador, com exceção dos "casos de exclusão previstos no art. 43" da lei. O inciso II do § 1º do dispositivo estipula, ainda, que "os controladores que estiverem diretamente envolvidos no tratamento do qual decorreram danos ao titular dos dados respondem solidariamente, salvo nos casos de exclusão previstos no art. 43" da lei. Por fim, o § 4º do artigo 42 da LGPD preconiza que "aquele que reparar o dano ao titular tem direito de

19 Art. 389, CC: "Não cumprida a obrigação, responde o devedor por perdas e danos, mais juros e atualização monetária segundo índices oficiais regularmente estabelecidos, e honorários de advogado".

regresso contra os demais responsáveis, na medida de sua participação no evento danoso".[20]

Nesses cenários, é de se cogitar se seria legítimo que as partes estipulassem cláusula limitativa do dever de reparar no contrato celebrado entre controlador e operador, para fins de fixação de valor máximo de indenização a que estaria sujeito o operador: (i) na hipótese de danos causados diretamente ao controlador em razão do inadimplemento do operador, ou mesmo (ii) na hipótese de direito de regresso do controlador em face do operador, causador do dano, diante da reparação civil satisfeita pelo controlador em favor do titular dos dados pessoais, em razão da previsão legal de solidariedade entre os agentes de tratamento. Para fins de exame da viabilidade da alocação negocial de riscos nessas situações, cabe, primeiramente, a análise acerca dos requisitos de validade das cláusulas limitativas do dever de indenizar nas relações contratuais em geral.

20 "O regime prevê ainda especificações quanto à responsabilidade de determinados agentes. No caso, o operador somente será responsabilizado por atos que cometa e que sejam contrários à Lei ou às instruções que lhe sejam fornecidas pelo controlador, casos nos quais aplica-se o regime de responsabilidade solidária entre controlador e operador. Ao controlador, portanto, cabe a responsabilidade nas demais hipóteses. Eventualmente, em caso de haver mais de um controlador ('controladores conjuntos'), ambos respondem solidariamente perante o titular a fim de assegurar a indenização (art. 42, § 1º, II). São essas, aliás as duas únicas hipóteses de solidariedade previstas na LGPD, que não têm a solidariedade como regra (...)" (MENDES, Laura Schertel; DONEDA, Danilo. Reflexões iniciais sobre a nova lei geral de proteção de dados. *Revista de Direito do Consumidor* (Revista dos Tribunais Online), v. 120, 2018, pp. 5-6). V. tb. "(...) a responsabilidade solidária estabelecida pelo inciso I, § 1º do art. 42 da LGPD, prevista para os casos de danos causados em razão do tratamento irregular realizado por operador (por descumprir as obrigações da legislação ou por não observar as instruções do controlador), pode ser considerada como uma excepcionalidade, já que em regra a responsabilidade é do controlador. Em princípio, essa é a única hipótese em que o operador é equiparado ao controlador" (Autoridade Nacional de Proteção de Dados. Guia orientativo para definições dos agentes de tratamento de dados pessoais e do encarregado, versão 2, 2022, p. 18. Disponível em https://www.gov.br/anpd/pt-br/documentos-e-publicacoes/. Acesso em: 27 set. 2023). Cf., ainda, sobre o tema da responsabilidade solidária entre os agentes de tratamento de dados, GUEDES, Gisela Sampaio da Cruz; TEPEDINO, Gustavo; TERRA, Aline de Miranda Valverde. Responsabilidade civil dos agentes de tratamento de dados. In: FRAZÃO, Ana; CUEVA, Ricardo Villas Bôas (Coords.). *Compliance e políticas de proteção de dados.* São Paulo: Revista dos Tribunais, 2021, pp. 741-770.

2. As cláusulas limitativas do dever de indenizar e seus requisitos de validade

Passa-se a analisar a gestão de riscos contratuais pelas partes mediante a inserção de cláusula que limita a reparação por perdas e danos decorrentes do inadimplemento (cláusula limitativa do dever de indenizar). Tradicionalmente, foram concebidos, em doutrina, como requisitos de validade das cláusulas de não indenizar:[21] (i) a não incidência da convenção sobre a obrigação principal do negócio jurídico; (ii) a impossibilidade de referência ao dolo e à culpa grave; e (iii) o respeito à ordem pública.

De acordo com o primeiro requisito, o ajuste só poderia dizer respeito a obrigações acessórias, sob pena de privar o negócio jurídico de efeitos. Conforme o segundo requisito, considerar-se-ia inaplicável o pacto relativo ao inadimplemento doloso ou gravemente culposo, diante do perigo de desnaturação do ajuste em condição puramente potestativa. Consoante o terceiro requisito, não se admitiria que as partes estipulassem a exclusão ou a limitação da reparação por perdas e danos diante de direitos indisponíveis.[22]

No entanto, tais pressupostos, como idealizados, acabam por constranger demasiadamente o espectro de incidência das cláusulas de não indenizar. Denota-se excessiva desconfiança em face de tais convenções, que resulta em desapreço à sua relevância para a gestão de riscos e previsibilidade na dinâmica negocial.

Como observado em outra sede,[23] faz-se necessário passo adiante no sentido de se reconhecer a efetiva (e não retórica) licitude das cláusulas de não indenizar, cujas potencialidades funcionais devem ser prestigiadas. Ao distribuírem os riscos atinentes à reparação por perdas e danos, tais convenções exercem importante função de assegurar às partes a previsibilidade no que tange aos efeitos de eventual descumprimento, em relevante garantia de segurança jurídica. Além disso, considerando-se que risco e preço são fatores relacionados, a redução do primeiro tem o potencial de gerar, em consequência, a diminuição do segundo.

21 A expressão "cláusulas de não indenizar" é utilizada comumente para se referir conjuntamente às cláusulas limitativas e excludentes do dever de indenizar.

22 Sobre o tema, cf. AVELAR, Letícia Marquez de. *A cláusula de não indenizar*: uma exceção do direito contratual à regra da responsabilidade civil. Curitiba: Juruá, 2012, pp. 165-227.

23 CASTRO, Diana Loureiro Paiva de. *Potencialidades funcionais das cláusulas de não indenizar*: releitura dos requisitos tradicionais de validade. Dissertação (Mestrado em Direito). Faculdade de Direito. Universidade do Estado do Rio de Janeiro, Rio de Janeiro, 2018.

As convenções, em sua função de gestão contratual de riscos, viabilizam operações econômicas que poderiam não ser exequíveis sem a sua inclusão; facilitam a contratação de seguros por prêmios menos custosos e permitem ao credor a obtenção de vantagem em contrapartida, não arcando este (ou arcando em menor extensão) com o impacto no preço causado pelo grau de assunção de riscos pelo devedor.[24] Nesse cenário, permite-se a ampliação do acesso a bens e serviços e o desenvolvimento da atividade no bojo do sistema econômico, com participação de novos agentes e incentivo à livre concorrência.[25] Nessa toada, sustenta-se a releitura dos requisitos tradicionais de validade das cláusulas de não indenizar em perspectiva de valorização das potencialidades funcionais de tais ajustes.

O pano de fundo de tal releitura se traduz na trajetória trifásica das cláusulas de não indenizar. No momento inicial, tais ajustes foram condenados à invalidade, sob o fundamento de necessidade de preservação do vínculo obrigacional.[26] Em seguida, identificou-se importante reação doutrinária à coibição das convenções, de modo a admitir sua validade.[27] Tal reação, ainda tímida no Brasil, foi acompanhada de simultâneo processo de elaboração de requisitos tradicionais de validade dos ajustes. A licitude das convenções, assim, embora reconhecida, se afigurava demasiadamente limitada: apenas se admitiam as cláusulas que não violassem a ordem pública, que se referissem a obrigações acessórias e ao inadimplemento por culpa leve, a impedir sua pactuação justamente para as hipóteses de maior utilidade prática.

A aludida revisitação dos requisitos de validade se insere, desta feita, no contexto do desenvolvimento de um terceiro momento da trajetória trifásica, em que, em reconhecimento das potencialidades funcionais das cláusulas de não indenizar,[28] sejam retiradas as amarras excessivas que lhes foram impostas, sem se descurar, por outro lado, da importância do controle funcional de tais ajustes.

---

24 Registre-se que o desconto no preço constitui apenas um exemplo de vantagem que pode ser obtida em contrapartida ao ajuste de não indenizar. Sobre o tema, v. BANDEIRA, Luiz Octávio Villela de Viana. *As cláusulas de não indenizar no direito brasileiro.* Coimbra: Almedina, 2016, p. 157.

25 A respeito das vantagens decorrentes da estipulação de cláusula de não indenizar, cf. STARCK, Boris. *Droit civil:* obligations. Paris: Librairies Techniques, 1972, p. 634.

26 A respeito do tema, v. PRATA, Ana. *Cláusulas de exclusão e de limitação da responsabilidade contratual.* Coimbra: Almedina, 1985, pp. 453-668.

27 MONTEIRO, António Pinto. *Cláusulas limitativas e de exclusão de responsabilidade civil.* Coimbra: Almedina, 2003, pp. 245-255.

28 MALINVAUD, Philippe; FENOUILLET, Dominique; MEKKI, Mustapha. *Droit des obligations.* Paris: LexisNexis, 2014, p. 620.

Nesse panorama, no que concerne ao objeto deste trabalho (cláusulas limitativas do dever de indenizar), o requisito da obrigação principal deve ser afastado,[29] uma vez que a limitação do dever de indenizar não gera a frustração de efeitos do negócio. Cuida-se da limitação de apenas um dos efeitos do inadimplemento contratual, relativo à reparação por perdas e danos, permanecendo hígidos os demais direitos do credor. Na hipótese de mora do devedor, o credor terá direito à exata prestação devida, além da reparação por perdas e danos até o teto fixado no ajuste.[30] Por outro lado, se verificado o inadimplemento absoluto, o credor fará jus à restituição da prestação por ele cumprida, além da reparação por perdas e danos até o limite previsto na convenção.[31] De uma forma ou de outra, portanto, o negócio jurídico não deixa de produzir efeitos.[32]

No que tange ao requisito da culpa grave,[33] este também deve ser afastado.[34] Nesta hipótese, a validade da cláusula limitativa do dever de

29 CASTRO, Diana Loureiro Paiva de. Cláusulas limitativas e excludentes do dever de indenizar: espécies, efeitos e controle valorativo. In: TERRA, Aline de Miranda Valverde; GUEDES, Gisela Sampaio da Cruz (Coords.). *Inexecução das obrigações*: pressupostos, evolução e remédios. v. 1. Rio de Janeiro: Processo, 2020, pp. 339-368.

30 VINEY, Geneviève; JOURDAIN, Patrice. *Traité de droit civil*: les effets de la responsabilité. Paris: L.G.D.J, 2001, p. 29.

31 CHEVALLIER, Jean; BACH, Louis. *Droit civil.* t. 1. Paris: Sirey, 1995, pp. 532-533.

32 PERES, Fábio Henrique. *Cláusulas contratuais excludentes e limitativas do dever de indenizar.* São Paulo: Quartier Latin, 2009, p. 171.

33 No direito brasileiro, a diferenciação entre dolo e culpa grave, em tema de requisitos de validade das cláusulas de não indenizar, é sustentada por TEPEDINO, Gustavo; TERRA, Aline de Miranda Valverde; GUEDES, Gisela Sampaio da Cruz. *Fundamentos de direito civil.* v. 4. Rio de Janeiro: Forense, 2020, pp. 283-285; DIAS, José de Aguiar. *Cláusula de não indenizar.* Rio de Janeiro: Forense, 1980, pp. 95-124; PERES, Fábio Henrique. *Cláusulas contratuais excludentes e limitativas do dever de indenizar.* São Paulo: Quartier Latin, 2009, pp. 176-179; PEREIRA, Vinicius. *Cláusula de não indenizar*: entre riscos e equilíbrio. Rio de Janeiro: Lumen Juris, 2015, pp. 50-53. Por outro lado, propugnam a identidade entre os regimes AZEVEDO, Antonio Junqueira de. Nulidade de cláusula limitativa de responsabilidade em caso de culpa grave. Caso de equiparação entre dolo e culpa grave. Configuração da culpa grave em caso de responsabilidade profissional. *Novos estudos e pareceres de direito privado.* São Paulo: Saraiva, 2009, pp. 427-441; BANDEIRA, Luiz Octávio Villela de Viana. *As cláusulas de não indenizar no direito brasileiro.* Coimbra: Almedina, 2016, p. 165; FERNANDES, Wanderley. *Cláusulas de exoneração e de limitação de responsabilidade.* São Paulo: Saraiva, 2013, pp. 209-230.

34 Como analisado em CASTRO, Diana Loureiro Paiva de. Potencialidades funcionais das cláusulas de não indenizar: releitura do requisito tradicional de invalidade referente ao dolo e à culpa grave do devedor. In: SCHREIBER, Anderson; MONTEIRO FILHO, Carlos Edison do Rêgo; OLIVA, Milena Donato (Coords.). *Problemas de di-*

indenizar se fundamenta, essencialmente, na irrelevância dos graus de culpa e na ausência de função punitiva da responsabilidade civil no direito brasileiro (art. 944, *caput*, CC[35]), bem como na diferenciação substancial entre dolo e culpa grave, em virtude da ausência de má-fé nesta última, a impedir a equivalência entre ambos.[36] A dessemelhança entre culpa e dolo no ordenamento pátrio é reconhecida pelo legislador que, em diversos momentos, distancia a disciplina da culpa da normativa do dolo (v., p.ex., arts. 392[37], 400[38], 762[39], CC). Registre-se que, no próprio direito romano, de onde se extrai o brocardo *culpa lata dolo aequiparatur*, reconhecia-se a validade da cláusula de não indenizar na hipótese de culpa grave.[40] Não se pode olvidar, ainda, que a tese de invalidade da cláusula referente à culpa grave conduz a uma injustificada restrição à aplicabilidade prática da convenção e à autonomia das partes na gestão de riscos contratuais, sobretudo diante do inadimplemento de profissionais.[41]

---

reito civil: homenagem aos 30 anos de cátedra do Professor Gustavo Tepedino. Rio de Janeiro: Forense, 2021, pp. 362-367.

35 Art. 944, CC: "A indenização mede-se pela extensão do dano".

36 JOSSERAND, Louis. *Cours de droit civil positif français.* t. II. Paris: Librairie du Recueil Sirey société anonyme, 1939, nº 612; DESMAZIÈRES, Albert. *Des clauses d'irresponsabilité dans le contrat de transport*: commentaire de la loi du 17 mars 1905. Poitiers: Imprimerie Blais et Roy, 1909, pp. 25-26; GONTIER, Yannick. *Plaidoyer pour une révision judiciaire des clauses limitatives de responsabilité.* Paris: s.n., 2005, pp. 210-212; ANTONINI, Antoine. *Les clauses d'irresponsabilité dans le contrat de transport de marchandises.* Paris: Arthur Rousseau, 1907, p. 15.

37 Art. 392, CC: "Nos contratos benéficos, responde por simples culpa o contratante, a quem o contrato aproveite, e por dolo aquele a quem não favoreça. Nos contratos onerosos, responde cada uma das partes por culpa, salvo as exceções previstas em lei".

38 Art. 400, CC: "A mora do credor subtrai o devedor isento de dolo à responsabilidade pela conservação da coisa, obriga o credor a ressarcir as despesas empregadas em conservá-la, e sujeita-o a recebê-la pela estimação mais favorável ao devedor, se o seu valor oscilar entre o dia estabelecido para o pagamento e o da sua efetivação".

39 Art. 762, CC: "Nulo será o contrato para garantia de risco proveniente de ato doloso do segurado, do beneficiário, ou de representante de um ou de outro".

40 Conforme aduz DIAS, José de Aguiar. *Cláusula de não indenizar.* Rio de Janeiro: Forense, 1980, pp. 99-100. V. tb. PEREIRA, Caio Mário da Silva. *Responsabilidade civil.* Rio de Janeiro: Forense, 2016, p. 396.

41 Sobre o tema, cf. TOURNEAU, Philippe le. *Droit de la responsabilité et des contrats. Régimes d'indemnisation.* Paris: Dalloz, 2014, p. 537; PLANIOL, Marcel; RIPERT, Georges. *Traité pratique de droit civil français.* t. VI. Paris: Librairie générale de droit et de jurisprudence, 1952, p. 547.

Isso posto, cabe observar que, no direito civil brasileiro, para além da culpa grave, também o dolo se afigura irrelevante, de uma maneira geral, no inadimplemento contratual. Tanto na configuração da mora do devedor (art. 394, CC[42]) quanto na liquidação de danos decorrentes do descumprimento (art. 403, CC[43]), "o legislador não se preocupa com a intenção do devedor inadimplente". Os efeitos do descumprimento "independem da intenção do agente". A rigor, pouco importa "se o inadimplemento decorreu da má intenção do contratante ou de insuficiente gestão de sua equipe, subcontratado ou preposto". Nenhum desses fatos "reduzirá ou ampliará os efeitos jurídicos do inadimplemento".[44]

Nessa linha, o requisito tradicional de validade relativo ao dolo e à culpa grave deve ser relido[45] como referente ao dolo *específico* do devedor. O adjetivo "específico" se refere, aqui, ao giro necessário no estudo do tema, passando-se da análise da culpa *lato sensu* (dolo e culpa em sentido estrito) do devedor ao inadimplir para a aferição de sua patente conduta abusiva com a finalidade de fazer incidir a cláusula de não indenizar.[46]

Ilustração do parâmetro do dolo específico diz respeito ao momento de pactuação da cláusula de não indenizar, consistindo no aproveitamento pelo devedor da assimetria informacional entre os contratantes. A conduta vedada se refere à violação do dever de informação por parte do devedor que, ocultando do credor o real risco do negócio, maliciosamente o distribui em prejuízo aos interesses do *accipiens*, por meio de

42 Art. 394, CC: "Considera-se em mora o devedor que não efetuar o pagamento e o credor que não quiser recebê-lo no tempo, lugar e forma que a lei ou a convenção estabelecer".

43 Art. 403, CC: "Ainda que a inexecução resulte de dolo do devedor, as perdas e danos só incluem os prejuízos efetivos e os lucros cessantes por efeito dela direto e imediato, sem prejuízo do disposto na lei processual".

44 TEPEDINO, Gustavo. Autonomia privada e cláusulas limitativas de responsabilidade. Editorial. *Revista Brasileira de Direito Civil – RBDCivil*, v. 23, 2020, p. 11.

45 Como examinado em CASTRO, Diana Loureiro Paiva de. Potencialidades funcionais das cláusulas de não indenizar: releitura do requisito tradicional de invalidade referente ao dolo e à culpa grave do devedor. In: SCHREIBER, Anderson; MONTEIRO FILHO, Carlos Edison do Rêgo; OLIVA, Milena Donato (Coords.). *Problemas de direito civil:* homenagem aos 30 anos de cátedra do Professor Gustavo Tepedino. Rio de Janeiro: Forense, 2021, pp. 368-370.

46 TEPEDINO Gustavo, Autonomia privada e cláusulas limitativas de responsabilidade, Editorial. *Revista Brasileira de Direito Civil – RBDCivil*, v. 23, 2020, p. 11.

declaração falsa ou de omissão de dados relevantes, em descumprimento aos ditames da boa-fé objetiva.

Já quanto ao requisito da ordem pública, o parâmetro deve ser revisitado como referente às hipóteses de (i) patente vulnerabilidade do credor, como nas relações de consumo, e (ii) violação à cláusula constitucional de tutela da pessoa humana.[47]

Iniciando-se por este último pressuposto, não se admite a limitação da reparação de danos de natureza existencial, por violação à cláusula constitucional de tutela da pessoa humana (art. 1º, III, CF[48]). Nessa direção, é, por exemplo, vedada a pactuação de cláusula limitativa do dever de indenizar para restrição do direito do paciente à reparação integral em contrato para prestação de serviços médicos.[49]

Já nas relações de consumo, o legislador previu as cláusulas limitativas do dever de indenizar como abusivas, com exceção daquelas pactuadas diante de consumidor pessoa jurídica em "situações justificáveis" (arts. 6º, VI,[50] 25[51] e 51, I,[52] CDC). Assim, tratando-se de cláusula limita-

---

47 O requisito da ordem pública também preconiza a averiguação de se há vedação legal à pactuação da cláusula no ordenamento pátrio, como ocorre na normativa do contrato de transporte de pessoas, para a cláusula excludente do dever de indenizar. Nessa direção, confira-se a previsão do artigo 734 do Código Civil: "O transportador responde pelos danos causados às pessoas transportadas e suas bagagens, salvo motivo de força maior, sendo nula qualquer cláusula excludente da responsabilidade. Parágrafo único. É lícito ao transportador exigir a declaração do valor da bagagem a fim de fixar o limite da indenização".

48 Art. 1º, CF: "A República Federativa do Brasil, formada pela união indissolúvel dos Estados e Municípios e do Distrito Federal, constitui-se em Estado Democrático de Direito e tem como fundamentos: (...) III – a dignidade da pessoa humana".

49 BIANCA, C. Massimo. *Diritto civile.* v. V. Milano: Dott. A. Giuffrè, 1994, p. 70.

50 Art. 6º, CDC: "São direitos básicos do consumidor: (...) VI – a efetiva prevenção e reparação de danos patrimoniais e morais, individuais, coletivos e difusos". Na doutrina, cf. BENJAMIN, Antonio Herman de Vasconcellos. O código brasileiro de proteção do consumidor. *Revista de Direito do Consumidor*, v. 7, 1993, p. 269.

51 Art. 25, CDC: "É vedada a estipulação contratual de cláusula que impossibilite, exonere ou atenue a obrigação de indenizar prevista nesta e nas seções anteriores".

52 Art. 51, CDC: "São nulas de pleno direito, entre outras, as cláusulas contratuais relativas ao fornecimento de produtos e serviços que: I – impossibilitem, exonerem ou atenuem a responsabilidade do fornecedor por vícios de qualquer natureza dos produtos e serviços ou impliquem renúncia ou disposição de direitos. Nas relações de consumo entre o fornecedor e o consumidor pessoa jurídica, a indenização poderá ser limitada, em situações justificáveis".

tiva em face de consumidor pessoa física, o ajuste é *a priori* vedado, independentemente da existência de negociação ou de concordância por parte do consumidor ou de má-fé do fornecedor. De outro giro, se o consumidor for pessoa jurídica, abre-se espaço à autonomia negocial, mas acompanhado de rigoroso controle a respeito do equilíbrio da relação contratual.[53] Deverá ocorrer, então, a apreciação concreta da equânime repartição de riscos no bojo da relação complexa,[54] atentando-se para o grau de vulnerabilidade daquela pessoa jurídica.[55]

Nos contratos de adesão em relação civil,[56] por sua vez, a inexistência de vulnerabilidade apta a caracterizar como consumidor o aderente afasta a vedação apriorística da cláusula limitativa do dever de indenizar. Seja o aderente pessoa física, seja pessoa jurídica, não há fundamento para se impedir, em abstrato, o exercício da autonomia negocial. Dito diversamente, deve-se franquear ao aderente a possibilidade de concordar com a cláusula limitativa aposta pela contraparte.[57]

---

53 Como examinado em OLIVA, Milena Donato; CASTRO, Diana Loureiro Paiva de. As cláusulas de não indenizar nas relações de consumo e nos contratos de adesão nas relações civis. *Revista de Direito do Consumidor* (Revista dos Tribunais Online), v. 129, 2020, pp. 2-7.

54 CAMILLETTI, Francesco. *Profili del problema dell'equilibrio contrattuale*. Milano: Giuffrè Editore, 2004, p. 163.

55 LÔBO, Paulo Luiz Netto. Contratante vulnerável e autonomia privada. In: NEVES, Thiago (Coord.). *Direito & justiça social*: por uma sociedade mais justa, livre e solidária: estudos em homenagem ao Professor Sylvio Capanema de Souza. São Paulo: Atlas, 2013, p. 159.

56 Sustentando a validade das cláusulas de não indenizar em contratos de adesão em relações civis, v. MARTINS-COSTA, Judith. *Comentários ao novo código civil*. v. V. t. II. Rio de Janeiro: Forense, 2009. pp. 318-319; PEREIRA, Vinicius. *Cláusula de não indenizar*: entre riscos e equilíbrio. Rio de Janeiro: Lumen Juris, 2015. pp. 102-118. Em sentido diverso, cf. AVELAR, Letícia Marquez de. *A cláusula de não indenizar*: uma exceção do direito contratual à regra da responsabilidade civil. Curitiba: Juruá, 2012. p. 160; PERES, Fábio Henriques. *Cláusulas contratuais excludentes e limitativas do dever de indenizar*. São Paulo: Quartier Latin, 2009. pp. 137-138.

57 Na lição de Caio Mário da Silva Pereira, "a cláusula de não indenizar pode ser estipulada bilateralmente, ou vir adjecta a um contrato de adesão", uma vez que "a justaposição das vontades geradoras do negócio jurídico pode ocorrer momentaneamente, mediante aceitação manifestada ao que é previamente assentado pelo proponente". Deve, contudo, ser inadmitida "quando violadora da vontade do aceitante, porque, assim, reveste a forma de uma imposição" (PEREIRA, Caio Mário da Silva. *Responsabilidade civil*. Rio de Janeiro: Forense, 2016, pp. 396-397).

Observe-se que a estipulação de cláusula limitativa do dever de indenizar em contrato de adesão em relação civil não significa violação da previsão do artigo 424 do Código Civil,[58] porquanto a reparação por perdas e danos não constitui "direito resultante da natureza" de determinado negócio, mas um dos efeitos do inadimplemento de qualquer contrato.[59] Além disso, como já anteriormente analisado, a pactuação de cláusula limitativa gera como efeito a restrição de apenas um dos efeitos do inadimplemento contratual, relativo à reparação por perdas e danos, permanecendo hígidos os demais direitos do credor, como à exata prestação devida, à restituição da prestação já cumprida e à própria indenização, até o teto estipulado no ajuste.

Conquanto não seja aprioristicamente vedada a previsão de cláusula limitativa em contrato de adesão em relação civil, o merecimento de tutela da convenção deverá ser analisado em cada caso concreto. Considerando-se a natureza desse método de contratação, em que apenas uma das partes elabora o instrumento negocial, não se pode olvidar o risco de que o ajuste se traduza em imposição do estipulante sobre o aderente que desequilibra a relação jurídica. Note-se, portanto, que, se de um lado, a autonomia negocial deve ser tutelada, permitindo-se às partes o manejo de instrumento útil para fins de previsibilidade e de gestão de infortúnios que podem atingir aquela relação, de outro, existe perigo evidente de que a vontade do estipulante se sobreponha à do aderente e ameace o equilíbrio contratual.

Na ponderação entre esses dois fatores, a solução que se afigura mais adequada aos valores do sistema consiste na admissibilidade da

58 Art. 424, CC: "Nos contratos de adesão, são nulas as cláusulas que estipulem a renúncia antecipada do aderente a direito resultante da natureza do negócio".

59 Com efeito, analisar a admissibilidade de um negócio à luz dos expedientes legais relativos à sua coercibilidade – *i.e.*, sob o paradigma do momento patológico – acaba por descurar da essência do próprio ajuste – *i.e.*, de sua configuração fisiológica. Afinal, os direitos resultantes da natureza do contrato de compra e venda, por exemplo, dizem com a entrega da coisa em contrapartida ao pagamento do preço. Essas prestações (configuração fisiológica) não se relacionam com a reparação por perdas e danos (configuração patológica). O direito à reparação por perdas e danos surge a partir do dano provocado pelo descumprimento de obrigação, o que pode se verificar em toda e qualquer espécie negocial e em toda e qualquer relação (paritária, de consumo, de adesão), não constituindo direito resultante da natureza de determinado contrato. Vale dizer, a possibilidade de ocorrência do inadimplemento é inerente a todo negócio (OLIVA, Milena Donato. *Do negócio fiduciário à fidúcia*. São Paulo: Atlas, 2014, pp. 11-16).

pactuação de cláusula limitativa do dever de indenizar em contrato de adesão em relação civil, apreciando-se, em cada hipótese fática, se a relação jurídica se revela equilibrada, como por meio da verificação de benefício em contrapartida para o credor.[60]

É possível, em conclusão, a partir da releitura dos requisitos tradicionais de validade acima sintetizados, dizer que a cláusula limitativa do dever de indenizar será lícita, nas relações contratuais em geral, se (i) não houver violação à cláusula constitucional de tutela da pessoa humana; (ii) não se tratar de relação de consumo diante de consumidor pessoa física; (iii) no caso de relação de consumo com consumidor pessoa jurídica ou de contrato de adesão em relação civil, for apurado o equilíbrio da relação, atentando-se para o grau de vulnerabilidade do credor; e (iv) não ter havido dolo específico do devedor na estipulação contratual respectiva.

Uma vez fixados os parâmetros de validade das cláusulas limitativas do dever de indenizar nas relações contratuais em geral, cabe analisar a interpretação-aplicação desses requisitos no caso de convenção prevista em contrato entre controlador e operador. Passa-se, assim, a examinar a possibilidade de os agentes de tratamento inserirem no negócio jurídico entre eles firmado cláusula limitativa do dever de indenizar, com relação aos danos experimentados pelo controlador na hipótese de inadimplemento do operador, ou com relação a eventual direito de regresso que o controlador tenha em face do operador, causador do dano, como consequência da solidariedade legalmente prevista entre ambos, uma vez tendo o controlador reparado o dano sofrido pelo titular dos dados pessoais.

3. A limitação convencional da reparação civil nos contratos entre agentes de tratamento

Esclareça-se que as cláusulas em análise não se prestam a limitar a reparação por perdas e danos a que têm direito os titulares dos dados pessoais. Circunscrevem-se à reparação a que faz jus o controlador, no âmbito do negócio jurídico firmado entre os agentes de tratamento, sem afetar os legítimos interesses dos titulares dos dados pessoais, aos

60 Como analisado em OLIVA, Milena Donato; CASTRO, Diana Loureiro Paiva de. As cláusulas de não indenizar nas relações de consumo e nos contratos de adesão nas relações civis. *Revista de Direito do Consumidor* (Revista dos Tribunais Online), v. 129, 2020, pp. 2-9.

quais a LGPD assegura o direito à reparação integral dos danos sofridos, inclusive prescrevendo, em determinadas hipóteses, a responsabilidade solidária dos agentes de tratamento perante o titular. A cláusula limitativa do dever de indenizar será, portanto, inoponível ao titular dos dados pessoais, que figura como terceiro em relação ao contrato celebrado entre controlador e operador.

Por outro lado, nada obsta, em princípio, a limitação convencional da reparação civil no que tange à esfera de interesses dos agentes de tratamento, na alocação contratual de riscos entre ambos, seja no que se refere aos prejuízos causados diretamente ao controlador, seja no que tange a eventual direito de regresso do controlador em face do operador, nos termos já analisados.

Como examinado no tópico anterior deste trabalho, nas relações contratuais em geral, a admissibilidade da cláusula limitativa do dever de indenizar condiciona-se à observância de quatro requisitos de validade (relidos em perspectiva funcional). O primeiro deles diz respeito à impossibilidade de violação da cláusula constitucional de tutela da pessoa humana.

No tema vertente, embora o cotejo entre este requisito de validade e a natureza do objeto do contrato possa suscitar dúvidas, ao menos à primeira vista, por envolver o tratamento de dados pessoais,[61] a cláusula limitativa em análise versa, como já mencionado, sobre a alocação de riscos na relação contratual entre controlador e operador, sem oponibilidade ao titular dos dados pessoais. Assim, é possível concluir que se trata da gestão de direitos disponíveis no bojo da relação contratual, não estando em jogo violação à cláusula constitucional de tutela da pessoa

61 "A proteção do titular dos dados pessoais é bem mais que elemento formal necessário à implementação das regras e deveres de conduta previstos na LGPD – esta proteção atrai para si o arcabouço da proteção da personalidade, que encontra espaço para concretizar novos espaços e possibilidades para a proteção da pessoa a partir do instrumental disponibilizado pela nova lei. (...) Desta forma, resta claro o objetivo da LGPD de funcionalizar a cláusula geral de proteção da personalidade no cenário do tratamento de informações pessoais e com as ferramentas específicas proporcionadas pela LGPD" (DONEDA, Danilo. A proteção da personalidade no sistema brasileiro de proteção de dados pessoais. In: SCHREIBER, Anderson; MONTEIRO FILHO, Carlos Edison do Rêgo; OLIVA, Milena Donato (Coords.). *Problemas de direito civil:* homenagem aos 30 anos de cátedra do Professor Gustavo Tepedino. Rio de Janeiro: Forense, 2021, pp. 150-151).

humana, uma vez que será de qualquer forma assegurado o direito do titular dos dados pessoais à reparação integral.

Posta a ausência de violação à cláusula geral de tutela da pessoa humana, a admissibilidade da limitação convencional da reparação civil nos contratos entre agentes de tratamento dependerá da observância dos outros três parâmetros de validade (aplicáveis a todo e qualquer contrato), a saber: (i) não se tratar de relação de consumo diante de consumidor pessoa física; (ii) no caso de relação de consumo com consumidor pessoa jurídica ou de contrato de adesão em relação civil, for apurado o equilíbrio da relação, atentando-se para o grau de vulnerabilidade do credor; e (iii) não ter havido dolo específico do devedor na estipulação contratual respectiva.

Veja-se que os dois primeiros parâmetros dizem respeito ao concreto controle de merecimento de tutela da cláusula limitativa do dever de indenizar pactuada, de acordo com o grau de vulnerabilidade dos contratantes, a exigir aferição qualitativamente distinta do equilíbrio contratual, conforme se trate de contrato em relação de consumo, de contrato de adesão em relação civil ou de contrato livremente negociado em relação paritária. Além disso, o último parâmetro, referente ao dolo específico, dialoga com os demais, e preconiza o afastamento das cláusulas limitativas em face de riscos não levados em consideração na gestão negocial, à luz do princípio do equilíbrio contratual, quando o risco foi previsto por um dos contratantes e ocultado do outro, que o desconhecia. De fato, apenas podem ser considerados geridos os riscos de que tinham conhecimento as partes na celebração do ajuste.

Na interpretação-aplicação desses parâmetros ao caso concreto, especial cuidado deve existir quando não se está diante de sociedades de porte similar, no âmbito de relação empresarial ou civil, em igualdade de condições. O controlador pode ser, por exemplo, microempresa, empresa de pequeno porte, associação civil ou mesmo pessoa física, como um profissional liberal. Nesses e em outros casos, pode ocorrer de o operador se encontrar em posição de superioridade econômica capaz de impor ao controlador regulamento contratual que este não tenha condições de discutir ou mesmo de compreender completamente. Além disso, a superioridade do operador sobre o controlador pode não se limitar à dimensão econômica, mas se estender também para a esfera técnica, configurando-se a vulnerabilidade técnica do controlador, na hipótese de este não dispor do instrumental necessário para compreender adequadamente as atividades desempenhadas pelo operador ou os riscos efetivamente envolvidos.

Pense-se, por exemplo, em um dentista que tenha contratado empresa para o armazenamento, em nuvem, dos dados dos seus pacientes, não tendo, porém, conhecimentos técnicos suficientes para avaliar o grau de segurança do sistema empregado (confiando, deste modo, na orientação do prestador do serviço). O caso possivelmente levaria à configuração de relação de consumo, ao menos à luz da teoria do finalismo aprofundado adotada jurisprudencialmente.[62] Assim sendo, seria aplicada a disciplina prevista no CDC para as cláusulas limitativas do dever de indenizar, que preconiza, como visto, a sua invalidade diante de consumidor pessoa física, bem como diante de consumidor pessoa jurídica, se não verificado o equilíbrio da relação jurídica, rigorosamente aferido ("situação justificável").

Por outro lado, em caso distinto que verse sobre a pactuação de cláusula limitativa do dever de indenizar entre duas empresas de similar porte em relação civil, ainda que mediante contrato de adesão, a cláusula limitativa será admitida, uma vez verificada a equânime repartição de riscos no bojo da relação contratual. Nessa linha de raciocínio, e sob a perspectiva de superação do referido requisito tradicional de validade relativo à obrigação principal do negócio jurídico, pode ser mencionado o paradigmático caso *Faurecia v. Oracle France,* de número 732, enfrentado pela Corte de Cassação Francesa em dois momentos, o primeiro em 2007 e o segundo em 2010,[63] os quais foram denominados doutrinariamente de *Faurecia I* e *Faurecia II.*[64]

---

62 O Superior Tribunal de Justiça, que já decidiu à luz dos critérios maximalistas (REsp 208.793, REsp 286.441 e REsp 263.229), a partir do julgamento do Recurso Especial 541.867, em 2004, alterou sua orientação para, a partir dos parâmetros do finalismo, aplicar o CDC apenas quando a aquisição do produto ou serviço não se relacionar ao uso profissional. Além disso, instituiu o que se tem chamado de finalismo aprofundado, segundo o qual, uma vez configurada a vulnerabilidade, ainda que ausente a destinação final sob a perspectiva finalista, seria aplicável o CDC. Nessa direção, o STJ entendeu que "é relação de consumo a estabelecida entre o caminhoneiro que reclama de defeito de fabricação do caminhão adquirido e a empresa vendedora do veículo, quando reconhecida a vulnerabilidade do autor perante a ré" (STJ, AgRg no AREsp 426.563/PR, 4ª T., Rel. Min. Luis Felipe Salomão, julg. 3.6.2014).

63 Como se extrai de CISG-AC Opinion No. 17, Limitation and Exclusion Clauses in CISG Contracts, Rapporteur: Prof. Lauro Gama Jr., Pontifical Catholic University of Rio de Janeiro, Brazil. Adopted by the CISG-AC following its 21st meeting in Bogotá, Colombia, on 16 October 2015, pp. 57-58.

64 MALINVAUD, Philippe; FENOUILLET, Dominique; MEKKI, Mustapha. *Droit des obligations.* Paris: LexisNexis, 2014, p. 622.

Na espécie, a empresa *Oracle*, que havia se obrigado a entregar para a sociedade *Faurecia* licença e manutenção de um *software* e prover o treinamento relacionado, não conseguiu honrar com sua obrigação, incorrendo em inadimplemento. Diante do descumprimento, a *Faurecia* ingressou em juízo pleiteando a reparação dos prejuízos sofridos. Constava do contrato cláusula limitativa do dever de indenizar que fixava como teto de reparação montante de 200 mil euros. O Tribunal de Versalhes, ao julgar a hipótese em 2005, considerou válida a cláusula limitativa ajustada. Em 2007, no entanto, a Corte de Cassação Francesa cassou a decisão, afastando a cláusula limitativa pactuada, por entender que tais espécies de convenções seriam inválidas no caso de inadimplemento de obrigação principal, que, na espécie, consistia na entrega do *software* contratado (*Faurecia I*).

O caso foi remetido, então, ao Tribunal de Paris. O Tribunal rejeitou a decisão da Corte de Cassação e considerou que a cláusula limitativa pactuada seria válida. Em 29 de junho de 2010, a Corte de Cassação, ao apreciar a hipótese novamente, alterou seu posicionamento original e concordou com o entendimento dos Tribunais de Versalhes e de Paris, considerando válida a convenção limitativa do dever de indenizar (*Faurecia II*). Como argumentos, valeu-se a Corte da apreciação concreta do equilíbrio da relação jurídica, considerando que a limitação do dever de indenizar correspondeu a uma vantagem no preço para o credor, e, ainda, da aferição da natureza paritária da relação (inexistência de vulnerabilidade do credor), havendo posição privilegiada da *Faurecia* no contrato.

À luz dessas premissas, a licitude da limitação convencional da reparação civil nos contratos entre agentes de tratamento dependerá das circunstâncias concretas, submetendo-se o controle de merecimento de tutela das cláusulas limitativas ao grau de vulnerabilidade dos contratantes.

Nesta perspectiva, havendo a equânime repartição de riscos em relação contratual paritária, não haverá que se cogitar de invalidade da cláusula limitativa sob o argumento de "culpa grave" do operador, que é comumente pessoa especialista no serviço contratado, titular da expertise respectiva. A questão se torna especialmente relevante nesses casos de inadimplemento de profissionais, uma vez que a expertise inerente ao exercício da função faz com que o inadimplemento acabe por ser considerado gravemente culposo, ou, no mínimo, dificulta sobremaneira a diferenciação dos graus de culpa do especialista. A problemática é reportada, em doutrina, por Philippe le Tourneau. Retomando a célebre frase de Pothier com relação aos artesãos, segundo a qual *spondet peri-*

tiam artis, isto é, "que se garanta a perícia da arte", o autor relata a prática judicial de se equiparar culpa simples e culpa grave, em presença de profissionais, afigurando-se os magistrados mais inclinados a qualificar a culpa como grave na hipótese.[65]

Imagine-se, nessa direção, a pactuação de cláusula limitativa do dever de indenizar entre empresas de porte similar, em relação paritária, para o caso de descumprimento do dever de segurança pelo operador, empresa especializada no fornecimento deste serviço. Uma vez verificado o inadimplemento, não poderia o controlador buscar o afastamento da cláusula limitativa e a persecução da reparação para além do teto fixado no ajuste, sob o fundamento de que o descumprimento do dever de segurança pela empresa especializada configuraria culpa grave, a gerar a invalidade da cláusula pactuada.

Além dos argumentos já aludidos sobre a validade das cláusulas limitativas diante de culpa grave, a admissibilidade da aludida convenção decorre, essencialmente, do raciocínio de que, se os contratantes, na gestão de riscos negociais, em relação paritária, pactuaram a convenção em comum acordo, a boa-fé objetiva deve se orientar no sentido da preservação da matriz de riscos delineada pelas partes.[66] Caso contrário, se teria total desapreço à equação de riscos negociada, deixando-se o cumprimento do contrato e de suas cláusulas ao alvedrio do credor. Corrobora este raciocínio a inserção do artigo 421-A, II, no Código Civil, pela Lei nº 13.874/2019 (Lei de Liberdade Econômica), segundo o qual "a alocação de riscos definida pelas partes deve ser respeitada e observada", a traduzir importante comando normativo para o deslinde das situações concretas no tema objeto deste trabalho.

Conclusão

No regime da LGPD, entende-se por tratamento uma ampla gama de operações com dados pessoais, desde a sua coleta até a sua eliminação. São, neste contexto, agentes de tratamento o controlador - pessoa física ou jurídica que tem o poder de decisão sobre o tratamento –, e o operador - pessoa física ou jurídica que executa o tratamento por determinação do controlador e sob as suas instruções. A relação entre os

---

65 TOURNEAU, Philippe le. *Droit de la responsabilité et des contrats. Régimes d'indemnisation.* Paris: Dalloz, 2014, p. 537.

66 BARCELLONA, Pietro. *Diritto privato e società moderna.* Napoli: Jovena, 1996, p. 360.

agentes de tratamento será, usualmente, contratual, visando à prestação de um serviço que envolve o tratamento de dados pessoais pelo operador para o controlador.

Indaga-se, neste panorama, a respeito da possibilidade de o regulamento contratual que disciplina a relação entre os agentes de tratamento conter cláusula limitativa do dever de indenizar que restrinja: (i) o valor referente à indenização a que o operador possa se ver obrigado a satisfazer em favor do controlador, por danos sofridos por este último em razão do inadimplemento contratual do primeiro; (ii) o montante pertinente ao direito de regresso do controlador em face do operador, no caso em que o controlador tenha reparado os danos sofridos pelos titulares dos dados pessoais submetidos a tratamento, em virtude da solidariedade legalmente prevista, mas o operador tenha sido o responsável pelos prejuízos causados.

A natureza pessoal dos dados sujeitos a tratamento, no âmbito da execução do contrato entre controlador e operador, poderia, à primeira vista, pôr em dúvida a validade da cláusula limitativa pactuada. Todavia, a limitação do dever de indenizar em análise não se estenderá à esfera de direitos dos titulares dos dados pessoais, atuando, exclusivamente, no que diz respeito à relação contratual entre controlador e operador. Tratando-se, assim, de direitos disponíveis, no âmbito da legítima gestão dos riscos negociais entre partes contratantes, será válida a cláusula limitativa estipulada. Ao titular dos dados pessoais, a cláusula limitativa não será oponível, assegurando-se a este a reparação integral dos danos sofridos, à luz da cláusula constitucional de tutela da pessoa humana.

Será preciso, contudo, para fins de admissibilidade da limitação convencional da reparação civil na relação entre os agentes de tratamento, a avaliação concreta acerca dos demais parâmetros de validade das cláusulas limitativas do dever de indenizar (aplicáveis a qualquer contrato), quais sejam: (i) não se tratar de relação de consumo diante de consumidor pessoa física; (ii) no caso de relação de consumo envolvendo consumidor pessoa jurídica ou de contrato de adesão em relação civil, for apurado o equilíbrio da relação, atentando-se para o grau de vulnerabilidade do credor e (iii) não ter havido dolo específico do devedor na estipulação contratual respectiva.

O concreto controle de merecimento de tutela da cláusula limitativa do dever de indenizar será efetuado, portanto, de acordo com o grau de vulnerabilidade dos contratantes, a exigir aferição qualitativamente distinta do equilíbrio contratual, de modo a se apreciar se se trata de contrato em relação de consumo, de contrato de adesão em relação civil ou de contrato livremente negociado em relação paritária. Sob outro prisma, deverá ser afastada a cláusula limitativa em face de riscos não levados em consideração na gestão negocial, quando o risco foi previsto por um dos contratantes e ocultado do outro, que o desconhecia.

Especial cautela deve-se ter diante de relação não-paritária entre os agentes de tratamento, com superioridade econômica do operador que lhe permita impor ao controlador regime de limitação do dever de indenizar de forma iníqua, ou mesmo em casos de vulnerabilidade técnica do controlador, que não compreenda adequadamente as atividades desempenhadas e os riscos envolvidos. Outrossim, também deverá ser afastada a cláusula limitativa diante de dolo específico do operador, quando ciente, desde a pactuação, que eventual inadimplemento provocaria danos muito superiores àqueles que o controlador, no momento da contratação, estava em condições de prever.

Em linhas gerais, desse modo, o ordenamento jurídico pátrio admite a estipulação de cláusula limitativa do dever de indenizar em favor do operador, no contexto dos contratos pactuados entre agentes de tratamento, seja no que se refere aos prejuízos sofridos diretamente pelo controlador, seja no que tange a eventual direito de regresso do controlador em face do operador, devendo, contudo, ser concretamente analisados os parâmetros de validade de tais cláusulas, referentes ao respeito à ordem pública e à inexistência de dolo específico do devedor na estipulação contratual respectiva.

Referências bibliográficas

ANTONINI, Antoine. *Les clauses d'irresponsabilité dans le contrat de transport de marchandises.* Paris: Arthur Rousseau, 1907.

AVELAR, Letícia Marquez de. *A cláusula de não indenizar*: uma exceção do direito contratual à regra da responsabilidade civil. Curitiba: Juruá, 2012.

AZEVEDO, Antonio Junqueira de. Nulidade de cláusula limitativa de responsabilidade em caso de culpa grave. Caso de equiparação entre dolo e culpa grave. Configuração da culpa grave em caso de responsabilidade profissional. *Novos estudos e pareceres de direito privado.* São Paulo: Saraiva, 2009.

BANDEIRA, Luiz Octávio Villela de Viana. *As cláusulas de não indenizar no direito brasileiro.* Coimbra: Almedina, 2016.

BARCELLONA, Pietro. *Diritto privato e società moderna*. Napoli: Jovena, 1996.

BARRETO, Mauricio L.; ALMEIDA, Bethânia; DONEDA, Danilo. Uso e proteção de dados pessoais na pesquisa científica. In: MENDES, Laura Schertel; DONEDA, Danilo; SARLET, Ingo Wolfgang; RODRIGUES JÚNIOR, Otavio Luiz; BIONI, Bruno (Coords.). *Tratado de proteção de dados pessoais.* Rio de Janeiro: Forense, 2021, *E-book.*

BENJAMIN, Antonio Herman de Vasconcellos. O código brasileiro de proteção do consumidor. *Revista de Direito do Consumidor*, v. 7, 1993.

BIANCA, C. Massimo. *Diritto civile.* v. V. Milano: Dott. A. Giuffrè, 1994.

CAMILLETTI, Francesco. *Profili del problema dell'equilibrio contrattuale.* Milano: Giuffrè Editore, 2004.

CASTRO, Diana Loureiro Paiva de. Potencialidades funcionais das cláusulas de não indenizar: releitura do requisito tradicional de invalidade referente ao dolo e à culpa grave do devedor. In: SCHREIBER, Anderson; MONTEIRO FILHO, Carlos Edison do Rêgo; OLIVA, Milena Donato (Coords.). *Problemas de direito civil:* homenagem aos 30 anos de cátedra do Professor Gustavo Tepedino. Rio de Janeiro: Forense, 2021.

________. Cláusulas limitativas e excludentes do dever de indenizar: espécies, efeitos e controle valorativo. In: TERRA, Aline de Miranda Valverde; GUEDES, Gisela Sampaio da Cruz (Coords.). *Inexecução das obrigações*: pressupostos, evolução e remédios. v. 1. Rio de Janeiro: Processo, 2020.

________. *Potencialidades funcionais das cláusulas de não indenizar*: releitura dos requisitos tradicionais de validade. Dissertação (Mestrado em Direito). Faculdade de Direito. Universidade do Estado do Rio de Janeiro, Rio de Janeiro, 2018.

CHEVALLIER, Jean; BACH, Louis. *Droit civil.* t. 1. Paris: Sirey, 1995.

DESMAZIÈRES, Albert. *Des clauses d'irresponsabilité dans le contrat de transport*: commentaire de la loi du 17 mars 1905. Poitiers: Imprimerie Blais et Roy, 1909.

DIAS, José de Aguiar. *Cláusula de não indenizar.* Rio de Janeiro: Forense, 1980.

DONEDA, Danilo. *Da privacidade à proteção de dados pessoais*: fundamentos da lei geral de proteção de dados. 3. ed. São Paulo: Thompson Reuters Brasil, 2021.

________. A proteção da personalidade no sistema brasileiro de proteção de dados pessoais. In: SCHREIBER, Anderson; MONTEIRO FILHO, Carlos Edison do Rêgo; OLIVA, Milena Donato (Coords.). *Problemas de direito civil:* homenagem aos 30 anos de cátedra do Professor Gustavo Tepedino. Rio de Janeiro: Forense, 2021.

________. Panorama histórico da proteção de dados pessoais. In: MENDES, Laura Schertel; DONEDA, Danilo; SARLET, Ingo Wolfgang; RODRIGUES

JÚNIOR, Otavio Luiz; BIONI, Bruno (Coords.). *Tratado de proteção de dados pessoais.* Rio de Janeiro: Forense, 2021.

________. A LGPD como elemento estruturante do modelo brasileiro de proteção de dados. In: DONEDA, Danilo; MENDES, Laura Schertel; CUEVA, Ricardo Villas Bôas (Coords.). *Lei geral de proteção de dados* (lei nº 13.709/2018): a caminho da efetividade: contribuições para a implementação da LGPD. São Paulo: Thomson Reuters Brasil, 2020.

________; VIOLA, Mario. Risco e informação pessoal: o princípio da finalidade e a proteção de dados no ordenamento brasileiro. *Revista Brasileira de Risco e Seguro,* Rio de Janeiro, v. 5, nº 10, 2009.

FERNANDES, Wanderley. *Cláusulas de exoneração e de limitação de responsabilidade.* São Paulo: Saraiva, 2013.

FRAZÃO, Ana. Fundamentos da proteção dos dados pessoais: noções introdutórias para a compreensão da importância da lei geral de proteção de dados. In: TEPEDINO, Gustavo; FRAZÃO, Ana; OLIVA, Milena Donato (Coords.). *Lei geral de proteção de dados pessoais e suas repercussões no direito brasileiro.* 3 ed. São Paulo: Thomson Reuters Brasil, 2023.

GHESTIN, Jacques. Préface. In: GHESTIN, Jacques (Coord.). *Les clauses limitatives ou exonératoires de responsabilité en Europe*: actes du colloque des 13 et 14 décembre 1990. Paris: L.G.D.J, 1998.

GONTIER, Yannick. *Plaidoyer pour une révision judiciaire des clauses limitatives de responsabilité.* Paris: s.n., 2005.

GUEDES, Gisela Sampaio da Cruz; TEPEDINO, Gustavo; TERRA, Aline de Miranda Valverde. Responsabilidade civil dos agentes de tratamento de dados. In: FRAZÃO, Ana; CUEVA, Ricardo Villas Bôas (Coords.). *Compliance e políticas de proteção de dados.* São Paulo: Revista dos Tribunais, 2021.

JOSSERAND, Louis. *Cours de droit civil positif français.* t. II. Paris: Librairie du Recueil Sirey société anonyme, 1939.

KONDER, Carlos Nelson. O tratamento de dados sensíveis à luz da lei 13.709/2018. In: TEPEDINO, Gustavo; FRAZÃO, Ana; OLIVA, Milena Donato (Coords.). *Lei geral de proteção de dados pessoais e suas repercussões no direito brasileiro.* 3 ed. São Paulo: Thomson Reuters Brasil, 2023.

LÔBO, Paulo Luiz Netto. Contratante vulnerável e autonomia privada. In: NEVES, Thiago (Coord.). *Direito & justiça social*: por uma sociedade mais justa, livre e solidária: estudos em homenagem ao Professor Sylvio Capanema de Souza. São Paulo: Atlas, 2013.

MALINVAUD, Philippe; FENOUILLET, Dominique; MEKKI, Mustapha. *Droit des obligations.* Paris: LexisNexis, 2014.

MARTINS-COSTA, Judith. *Comentários ao novo código civil.* v. V. t. II. Rio de Janeiro: Forense, 2009.

MENDES, Laura Schertel; DONEDA, Danilo. Reflexões iniciais sobre a nova lei geral de proteção de dados. *Revista de Direito do Consumidor* (Revista dos Tribunais Online), v. 120, 2018.

MONTEIRO, António Pinto. *Cláusulas limitativas e de exclusão de responsabilidade civil.* Coimbra: Almedina, 2003.

OLIVA, Milena Donato. *Do negócio fiduciário à fidúcia.* São Paulo: Atlas, 2014.

________; CASTRO, Diana Loureiro Paiva de. As cláusulas de não indenizar nas relações de consumo e nos contratos de adesão nas relações civis. *Revista de Direito do Consumidor* (Revista dos Tribunais Online), v. 129, 2020.

PEREIRA, Caio Mário da Silva. *Responsabilidade civil.* Rio de Janeiro: Forense, 2016.

PEREIRA, Vinicius. *Cláusula de não indenizar*: entre riscos e equilíbrio. Rio de Janeiro: Lumen Juris, 2015.

PERES, Fábio Henrique. *Cláusulas contratuais excludentes e limitativas do dever de indenizar.* São Paulo: Quartier Latin, 2009.

PLANIOL, Marcel; RIPERT, Georges. *Traité pratique de droit civil français.* t. VI. Paris: Librairie générale de droit et de jurisprudence, 1952.

PRATA, Ana. *Cláusulas de exclusão e de limitação da responsabilidade contratual.* Coimbra: Almedina, 1985.

STARCK, Boris. *Droit civil:* obligations. Paris: Librairies Techniques, 1972.

TEFFÉ, Chiara Spadaccini de. *Dados pessoais sensíveis*: qualificação, tratamento e boas práticas. Indaiatuba, SP: Editora Foco, 2022.

TEPEDINO, Gustavo. Autonomia privada e cláusulas limitativas de responsabilidade. Editorial. *Revista Brasileira de Direito Civil – RBDCivil,* v. 23, 2020.

________; TERRA, Aline de Miranda Valverde; GUEDES, Gisela Sampaio da Cruz. *Fundamentos de direito civil.* v. 4. Rio de Janeiro: Forense, 2020.

TERRA, Aline de Miranda Valverde; BANDEIRA, Paula Greco. A cláusula resolutiva expressa e o contrato incompleto como instrumentos de gestão de risco nos contratos. *Revista Brasileira de Direito Civil,* v. 6, 2015.

TOURNEAU, Philippe le. *Droit de la responsabilité et des contrats. Régimes d'indemnisation.* Paris: Dalloz, 2014.

VINEY, Geneviève; JOURDAIN, Patrice. *Traité de droit civil*: les effets de la responsabilité. Paris: L.G.D.J, 2001.

A VANGUARDA DA PROTEÇÃO DE DADOS NAS APLICAÇÕES DE INTELIGÊNCIA ARTIFICIAL

Patricia Peck Pinheiro[1]

> *"O principal inimigo da criatividade é o bom senso."*
>
> *Pablo Picasso*

Em uma sociedade onde a informação se tornou um dos ativos mais valiosos, e cujo nível de qualidade e de acesso aos dados passou a ser determinante para garantir o próprio desenvolvimento econômico e social dos países, por certo, regulamentar o tratamento de dados pessoais pode ser considerado um dos desafios mais audaciosos do século XXI. Afinal, por que restringir ou limitar o tratamento de dados pessoais?

---

1 Patricia Peck é advogada especialista em Direito Digital, Propriedade Intelectual, Proteção de Dados e Cibersegurança com mais de 20 anos de atuação no Brasil. Graduada e Doutorada pela Universidade de São Paulo, PhD em Direito Internacional. Professora de Direito Digital da ESPM. Conselheira titular nomeada para o Conselho Nacional de Proteção de Dados (CNPD/ANPD) de 2021-2023. Membro do Comitê Consultivo do Movimento Transparência 100% do Pacto Global da ONU. Membro do Conselho da Iniciativa Smart IP Latin America do Max Planck Munique para o Brasil. Pesquisadora convidada do Instituto Max Planck de Hamburgo e Munique, e da Universidade de Columbia de NYC nos EUA. Professora convidada da Universidade de Coimbra em Portugal e da Universidade Central do Chile. Professora convidada de Cibersegurança da Escola de Inteligência do Exército Brasileiro. Foi Presidente da Comissão Especial de Privacidade e Proteção de Dados da OAB-SP. Advogada Mais Admirada em Propriedade Intelectual pela Análise Editorial de 2007 a 2023. Recebeu o prêmio Chambers 2023, Best Lawyers 2022/2021/2020, Leaders League 2023/2022/2021/2020/2019, Compliance Digital pelo LEC em 2018, Security Leaders em 2012 e 2015, a Nata dos Profissionais de Segurança da Informação em 2006 e 2008, o prêmio Excelência Acadêmica – Melhor Docente da Faculdade FIT Impacta em 2009 e 2010. Condecorada com 6 medalhas militares, sendo a Medalha do Mérito Marechal Cordeiro de Farias da Escola Superior de Guerra em 2023, a Medalha da Ordem do Mérito Ministério Público Militar em 2019, Ordem do Mérito da Justiça Militar em 2017, Medalha Ordem do Mérito Militar pelo Exército em 2012, a Medalha Tamandaré pela Marinha em 2011, a Medalha do Pacificador pelo Exército em 2009. Árbitra do Conselho Arbitral do Estado de São Paulo – CAESP. Autora/co-autora de 45 livros de Direito Digital. CEO e sócia fundadora do Peck Advogados. Presidente do Instituto iStart de Ética Digital. Programadora desde os 13 anos. Certificada em Privacy e Data Protection pela EXIN.

Para responder a esta pergunta, dentro de um contexto de livre economia, é preciso considerar que, se por um lado, há a necessidade de se acelerar a inovação tecnológica, por outro lado, no entanto, também é extremamente importante estabelecer requisitos mínimos para resguardar garantias fundamentais, de modo a evitar excessos e abusos que possam violar direitos humanos.

Tendo em vista que a história nos ensina, que informação é poder, ainda mais sobre pessoas, como mitigar riscos e efeitos colaterais que podem estar relacionados às práticas de concentração excessiva de mercado, manipulação, uso indevido e até discriminação no uso de informações sobre indivíduos, tudo isso por quem detém o domínio dos dados?

Portanto, alcançar um modelo de equilíbrio é o que tem sido o grande desafio dos Mercados, das Autoridades Reguladoras e Fiscalizadoras, assim como do Legislativo e do próprio Sistema Judiciário. E é neste momento, que um novo paradigma se forma, o da inteligência artificial, e que exige a todos elevar a discussão para um outro patamar.

Esta é a proposta deste artigo, provocar uma visão de vanguarda sobre a proteção de dados pessoais diante do novo contexto trazido pelas aplicações de inteligência artificial.

1. Introdução: a sociedade dos dados abertos

Tudo começa com os dados. E tudo são dados. A realidade atual é complexa, e não há uma solução simples ou única para endereçar adequadamente todas as necessidades que se apresentam quando estamos diante da análise dos mais variados tipos de ecossistemas de negócios. Mas assim como a água e a energia se tornaram essenciais para o crescimento dos grandes centros urbanos, sem informação não é possível realizar as interações entre indivíduos e instituições.

Por este motivo, a legislação de proteção de dados pessoais traz em seus fundamentos[2] o respeito à privacidade e à autodeterminação in-

2 Lei 13.709/2018 (LGPD):
Art. 2º A disciplina da proteção de dados pessoais tem como fundamentos:
I - o respeito à privacidade;
II - a autodeterminação informativa;
III - a liberdade de expressão, de informação, de comunicação e de opinião;
IV - a inviolabilidade da intimidade, da honra e da imagem;
V - o desenvolvimento econômico e tecnológico e a inovação;

formativa junto com a liberdade de expressão, a livre iniciativa, a livre concorrência, o desenvolvimento econômico, tecnológico e a inovação. Mas como isso é possível?

Primeiro, é primordial considerar que o grande princípio a sedimentar toda a estrutura que viabiliza o tratamento legítimo de dados pessoais é o da transparência. E isso será de suma importância para compreender como aplicar a lei nos modelos de aprendizado da inteligência artificial, que exige um grande volume de dados.

Além disso, todo o mecanismo trazido pela legislação tem como prerrogativa exigir medidas técnicas e administrativas de proteção de dados pessoais e não de proibição de uso de dados pessoais. Isso quer dizer que o cerne da lei, em seu mais profundo espírito legislativo, foi o de abraçar o conceito basilar de sociedade de dados abertos. Até porque, sem acesso à informação, não há que se falar no desenvolvimento de políticas públicas, ou ainda, de estímulo à inovação.

Mas isso não quer dizer que possa ser feito de qualquer maneira, ao contrário, é preciso seguir um protocolo de conformidade que se resume no seguinte tripé: transparência – finalidade específica – base legal adequada. Além disso, aplicar segurança da informação durante todo o ciclo de vida da informação.

Independente de qual seja o resultado a ser alcançado, devemos lembrar que a vida humana deve sempre vir em primeiro lugar, não faz sentido proteger dados pessoais e colocar em risco a segurança, saúde, bem-estar do ser humano. Portanto, a lógica da legislação estaria comprometida se isso viesse a ocorrer.

Nas palavras do professor Danilo Doneda "*de fato, o aumento exponencial no volume, na intensidade e mesmo na complexidade nos tratamentos de dados pessoais desde a fundação da disciplina fez com que ela fosse, constantemente, incorporando novos elementos para garantir a tutela integral da pessoa*"[3].

VI - a livre iniciativa, a livre concorrência e a defesa do consumidor; e

VII - os direitos humanos, o livre desenvolvimento da personalidade, a dignidade e o exercício da cidadania pelas pessoas naturais.

---

3 DONEDA, Danilo. Panorama Histórico da Proteção de Dados Pessoais. *In* MENDES, Laura Schertel.; DONEDA, Danilo; SARLET, Ingo Wolfgang.; RODRIGUES, Otavio Luiz Jr.; BIONI, Bruno; Tratado de Proteção de Dados Pessoais. Ed. Gen. Rio de Janeiro, 2021. P. 4.

Assim, em uma situação de conflito, deve-se sempre ponderar sobre o que deve prevalecer, ou seja, o que for mais favorável ao cumprimento do propósito de proteção do bem maior. Esta também é uma premissa a ser considerada nos modelos de Inteligência Artificial, que vão, cada vez mais, exigir tratamento contínuo de dados pessoais.

Logo, é fundamental ter uma interpretação holística da legislação de proteção de dados pessoais de maneira que ela possa se harmonizar com demais legislações, como a Lei de Acesso à Informação (12.527/2011), o Estatuto da Criança e do Adolescente, o Estatuto do Idoso, bem como regulamentações setorizadas, como do Bacen, para compartilhamento de dados com o objetivo de combate à fraude.

2. Inteligência Artificial e o modelo de aprendizagem algorítmica

Por que os avanços recentes da Inteligência Artificial têm causado tanto desconforto? Talvez porque conforme bem relatado por Lucia Santaella *"não somos mais individualidades, no sentido de identidade espacial e temporalmente uniforme. Ao contrário, perfis se constituem, de um lado, em fragmentos de comportamentos registrados que são avaliados na base de buscas particulares que não podem prometer nos representar como um todo"*[4].

Na evolução dos modelos de IA, os algoritmos estão sempre a aprender. A medida que aprendem com as preferências dos usuários e com os dados, conseguem refinar as recomendações. E desta premissa advém uma provocação muito interessante feita por Marcus Du Sautoy:

> *"Essa torrente de dados é o principal catalisador da nova era de aprendizagem automática. Antes não havia um ambiente suficientemente grande para um algoritmo vaguear de um lado para o outro e aprender. Era como ter uma criança e negar-lhe a sua interação sensorial (...)*
>
> *É por isso que o acesso a dados é tão importante: com quantos mais exemplos esses algoritmos inteligentes possam treinar, mais experientes se tornarão e mais refinados cada ajustamento os tornará. Os programadores estão basicamente a criar um*

4 SANTAELLA, Lucia. Inteligência Artificial é inteligente? Ed. Almedina, 2023. P, 17.

> *meta-algoritmo que cria novos algoritmos com base nos dados com que se depara"*[5].

Ou seja, na mesma medida em que buscamos um desenvolvimento tecnológico capaz de atender as expectativas sociais atuais e reduzir a margem de risco relacionada à possíveis vieses, nos deparamos com problemas matemáticos que mostram que, diferente do que imaginamos inicialmente, apenas atingindo o máximo alcance da base de dados, que a aprendizagem de máquina tende a se estabilizar, ou seja, alcançar um resultado satisfatório.

O que isso pode significar para o futuro? Provavelmente uma revisitação da legislação de proteção de dados pessoais. Em um primeiro momento, entendeu-se que a limitação de acesso e a aplicação do princípio da minimização seriam abordagens que garantiriam maior proteção ao titular, mas, com a chegada da inteligência artificial, isso pode não se mostrar mais tão eficiente. Especialmente em aplicações que necessitam proteger o próprio titular, como em casos de combate à fraude, frente à novos tipos de ameaças, como as trazidas nos ataques baseados em "*deepfake*".

Por isso, a observação feita por Wolfgang Riem-Hoffmann é tão assertiva, visto que quando tratamos de regulamentar sobre tecnologia é fundamental compreender melhor o contexto, ou em suas palavras "*na maioria dos casos não é suficiente desenvolver regras para o uso de tecnologias digitais desligadas das condições contextuais de suas áreas de aplicação, e acima de tudo, de seus usos concretos.*"[6]

A esta característica de se saber mais sobre os dados dá-se o nome de princípio da exaustividade, como bem explica Rafael Garofano "*outra característica apontada como crucial do Big Data é o da exaustividade. Essa dimensão explica como o Big Data é definido pela coleta do máximo de dados possíveis, tanto dados estruturados quanto não estruturados*".[7]

Um outro exemplo que isso também é observado é quando há necessidade de tratamento contínuo de dados pessoais, como ocorre no

---

5 DU SAUTOY, Marcus. O Código da Criatividade: Como a Inteligência Artificial está a aprender, a escrever, a pintar e a pensar. Ed. Temas e Debates. Lisboa, 2020. pp. 76 e 77.

6 RIEM-HOFFMANN, Wolfgang. Teoria Geral do Direito Digital: Transformação Digital desafios para o direito. Ed. Gen. Rio de Janeiro, 2020. p 129.

7 GAROFANO, Rafael R. Limitação de Finalidade no Tratamento de dados pessoais pelo poder público. Ed. Lumen Juris, Rio de Janeiro, 2022. p, 46

caso da saúde. Isso também gera a necessidade do "máximo conhecimento" para garantir maior taxa de acurácia.

Ou seja, toda vez que é possível a manutenção de uma base de dados histórica (legado), como ocorre com o prontuário de um paciente, bem como também pode-se aplicar a ela análises que registrem uma continuidade (aprendizagem evolutiva), o resultado será melhor, mais rápido, menos custoso, com menos chance de erro (mais eficiente).

Esta hipótese é facilmente aplicável a outras situações similares, cujo modelo também reflita as mesmas condições: necessidade de tratamento de dados contínuo (longo prazo) e de acesso à máxima informação disponível para garantir acurácia (taxa de assertividade e qualidade do resultado).

O tratamento de dados pessoais no formato sintéticos ou anonimizados só atende alguns tipos de situações ou cenários, mas quando entramos nos modelos de aprendizagem de máquina (*"machine learning" e "deep learning")* tudo muda. Ainda mais se estivermos diante de modelos de aplicação de IA voltados para saúde, educação, justiça, combate à fraude, segurança pública.

3. Conclusão

Estamos sendo digitalmente modelados, isso é a melhor síntese da condição humana na sociedade digital. Dificilmente conseguiremos controlar ou compreender completamente como o modelo de aprendizagem de IA irá impactar nossa forma de viver, trabalhar e nos relacionar.

A proteção do ser humano neste novo contexto de sociedade robótica vai passar pelo fortalecimento do princípio da transparência, para que se torne um dever, uma obrigação de fábrica à todo modelo de inteligência artificial, que precisa nascer *"ethics by design"*.

O amadurecimento da regulamentação da proteção de dados pessoais mostra que vivemos o grande paradigma do consentimento. Como já escreveu Laura Schertel a respeito *"não obstante, parcela significativa da literatura tem ressaltado as insuficiências do consentimento na tarefa de tutelar a privacidade e proteger os dados pessoais dos cidadãos diante dos desafios contemporâneas trazidos, por exemplo, pela ascensão do Big Data."*[8]

8 MENDES, Laura Schertel; Gabriel Campos Soares da; "Proteção de Dados para além do Consentimento: tendências de Materialização. *In* MENDES, Laura Scher-

Na mesma linha entende Bruno Bioni, *"logo, não se trata de limitar todo e qualquer tipo de tratamento de dados ou de simplesmente abandonar o consentimento individual como instrumento protetivo. Ao contrário, cuida-se de avaliar sua capacidade para efetivar essa proteção a partir do contexto particular em que inserido. Em um mundo marcado pela tecnologia do Big Data, muitas inovações tecnológicas positivas decorrem justamente dessa habilidade de "reutilizar uma mesma base de dados para propósitos diferentes"*[9].

Muito provavelmente, em breve, vamos compreender que a maximização pode proteger mais que a minimização, assim como é fundamental a garantia de acesso da base legada, assim como o tratamento contínuo dos dados pessoais, para que prevaleça sempre a proteção do bem maior, que é o resultado em benefício do ser humano.

Portanto, se estamos diante de um salto evolutivo trazido pela inovação tecnológica, devemos novamente atualizar a regulamentação para que acompanhe as mudanças da sociedade.

Referências

BIONI, Bruno. Proteção de Dados Pessoais: a função e os limites do consentimento. Rio de Janeiro: Forense, 2019, p. 317

DONEDA, Danilo. Panorama Histórico da Proteção de Dados Pessoais. *In* MENDES, Laura Schertel.; DONEDA, Danilo; SARLET, Ingo Wolfgang.; RODRIGUES, Otavio Luiz Jr.; BIONI, Bruno; Tratado de Proteção de Dados Pessoais. Ed. Gen. Rio de Janeiro, 2021. p. 4.

DU SAUTOY, Marcus. O Código da Criatividade: Como a Inteligência Artificial está a aprender, a escrever, a pintar e a pensar. Ed. Temas e Debates. Lisboa, 2020. pp. 76 e 77.

GAROFANO, Rafael R. Limitação de Finalidade no Tratamento de dados pessoais pelo poder público. Ed. Lumen Juris, Rio de Janeiro, 2022. p, 46

MENDES, Laura Schertel; Gabriel Campos Soares da; "Proteção de Dados para além do Consentimento: tendências de Materialização. *In* MENDES, Laura

tel.; DONEDA, Danilo; SARLET, Ingo Wolfgang.; RODRIGUES, Otavio Luiz Jr.; BIONI, Bruno; Tratado de Proteção de Dados Pessoais. Ed. Gen. Rio de Janeiro, 2021. p, 74.

9 BIONI, Bruno. Proteção de Dados Pessoais: a função e os limites do consentimento. Rio de Janeiro: Forense, 2019, p. 317

Schertel.; DONEDA, Danilo; SARLET, Ingo Wolfgang.; RODRIGUES, Otavio Luiz Jr.; BIONI, Bruno; Tratado de Proteção de Dados Pessoais. Ed. Gen. Rio de Janeiro, 2021. p, 74.

RIEM-HOFFMANN, Wolfgang. Teoria Geral dc Direito Digital: Transformação Digital desafios para o direito. Ed. Gen. Rio de Janeiro, 2020. p 129.

SANTAELLA, Lucia. Inteligência Artificial é inteligente? Ed. Almedina, 2023. p, 17.

As implicações de novas tecnologias como o *ChatGPT* na proteção de dados pessoais

Paula Greco Bandeira[1]
Camila Helena Melchior Baptista de Oliveira[2]
Bruna Vilanova Machado[3]

1. Introdução: a Sociedade Tecnológica e a inteligência artificial

Assiste-se, na contemporânea Sociedade Tecnológica, ao surgimento crescente de novas tecnologias, que reduzem o espaço de intervenção humana,[4] em favor da automação, a partir de linguagem computacional pautada em algoritmos, de modo a simplificar as relações sociais. Tal fenômeno, típico da Era Digital, permite que as pessoas ao redor do mundo se mantenham conectadas, com intenso fluxo de informações, e levem a cabo seus propósitos em âmbito inteiramente digital, a partir de tais recursos tecnológicos.[5]

---

1 Professora Adjunta de Direito Civil da Universidade do Estado do Rio de Janeiro (UERJ). Sócia do Escritório Gustavo Tepedino Advogados.

2 Mestre em Direito Civil pela Universidade do Estado do Rio de Janeiro (UERJ). Advogada.

3 Mestre em Direito Civil pela Universidade do Estado do Rio de Janeiro (UERJ). Advogada.

4 A redução da intervenção humana é sublinhada por Gustavo Tepedino e Rodrigo da Guia Silva: "A inteligência artificial é usualmente compreendida a partir de características como autonomia, habilidade social, cooperação, proatividade e reatividade. Tais atributos põem-se a indicar, em síntese essencial, a aptidão de algoritmos à atuação sem (ou com diminuta) intervenção humana, em interação tanto reativa quanto proativa com o ambiente e com outros agentes (humanos ou não)" (TEPEDINO, Gustavo; SILVA, Rodrigo da Guia. Desafios da inteligência artificial em matéria de responsabilidade civil. *Revista Brasileira de Direito Civil*, v. 21, pp. 61-86, jul./set. 2019).

5 Patrícia Peck Pinheiro anota que "a Internet hoje tem mais de 800 mil websites e são criadas mais de mil homepages por dia. Estamos falando não apenas de uma

Nos últimos anos, novos recursos digitais se desenvolveram e atuaram decisivamente para incrementar as repercussões da tecnologia nas relações sociais. Destaca-se, nesse cenário, o surgimento da inteligência artificial como ferramenta disseminada nos mais diversos ramos econômicos, comerciais e financeiros. Segundo a doutrina especializada, a inteligência artificial se refere à reprodução, em âmbito digital, de estruturas de decisão semelhantes às humanas, permitindo que uma máquina possa processar os problemas que lhe são submetidos da maneira mais independente possível.[6]

Trata-se, portanto, de ferramenta que busca responder satisfatoriamente a questões formuladas por seus usuários, simulando a capacidade humana de raciocinar, com alta probabilidade estatística de acerto. Na alegoria de Alan Turing, citada por Brad Smith e Harry Shum, "uma máquina poderia ser considerada inteligente se a pessoa que com ela interage não for capaz de distinguir se se trata de um ser humano ou de um computador".[7]

---

comunidade virtual, mas de várias comunidades virtuais que se aglomeram em torno de objetivos comuns, várias tribos com participantes de vários pontos do Planeta, de diversas culturas, sujeitos cada um a princípios de valor e normas distintas. A globalização da economia e da sociedade exige a globalização do pensamento jurídico, de modo a encontrar mecanismos de aplicação de normas que possam extrapolar os princípios da territorialidade, principalmente no tocante ao Direito Penal e ao Direito Comercial" (PINHEIRO, Patrícia Peck. *Direito Digital*. 6. ed. São Paulo: Saraiva, 2016, pp. 68-69). V. tb. FIOROLLO, Celso Antonio Pacheco. *Princípios Constitucionais do Direito da Sociedade da Informação*: a tutela jurídica do meio ambiente digital. São Paulo: Saraiva, 2015, pp. 17-18.

---

6 Sobre a inteligência artificial, pontua Wolfgang Hoffmann-Riem: "Atualmente, as capacidades computacionais e de análise dos computadores estão sendo expandidas e as possibilidades de aplicação e desempenho com algoritmos estão crescendo e mudando rapidamente. A chamada inteligência artificial é particularmente importante para isso. Esse termo refere-se em particular ao esforço de reproduzir digitalmente estruturas de decisão semelhantes às humanas, ou seja, de projetar um computador de tal forma e, em particular, de programá-lo usando as chamadas redes neurais de tal forma que possa processar os problemas da maneira mais independente possível e, se necessário, desenvolver ainda mais os programas utilizados" (HOFFMANN-RIEM, Wolfgang. *Teoria Geral do Direito Digital*: transformação digital; desafios para o Direito. Rio de Janeiro: Forense, 2021, e-book).

7 Confira-se: "In the summer of 1956, a team of researchers at Dartmouth College met to explore the development of computer systems capable of learning from experience, much as people do. But, even this seminal moment in the development of AI was preceded by more than a decade of exploration of the notion of machine

Do ponto de vista de sua estrutura, a inteligência artificial funciona por meio de algoritmos, ou seja, de "sequências finitas de instruções precisas implementadas em sistemas de computação".[8] Embora o nome dado à tecnologia possa gerar a percepção de que se trata de ferramenta inteiramente autônoma, a inteligência artificial não possui, em seu atual estágio de desenvolvimento, capacidade de agir com intencionalidade própria.[9] Trata-se, ao contrário, de mecanismo que atua a partir de dados computacionais previamente inseridos em sua estrutura por seres humanos.

A despeito de se tratar de tecnologia de sofisticado desenvolvimento, a inteligência artificial, atualmente, não tem sua utilização restrita a ambientes que abrangem complexas operações digitais, como o mercado financeiro ou as rebuscadas transações de comércio internacional. Ao contrário, a ferramenta passou a fazer parte da rotina de todos os cidadãos, atuando no sentido de facilitar as mais diversas espécies de relações jurídicas e sociais.

Com efeito, desde o início da pandemia do novo coronavírus, se verifica o crescimento da utilização de ferramentas pautadas em inte-

intelligence, exemplified by Alan Turing's quintessential test: a machine could be considered "intelligent" if a person interacting with it (by text in those days) could not tell whether it was a human or a computer" (SMITH, Brad; SHUM, Harry. *The future computed*: artificial intelligence and its role in Society. Redmond: Microsoft Corporation, 2018, p. 28).

8 MARQUES, Elaine Cristina; SILVA, Victor Hugo Cunha. Vieses algorítmicos nas aplicações de inteligência artificial: uma análise dos projetos de lei brasileiros. In: VIGLIAR, José Marcelo Menezes (Coord.). *Inteligência artificial*: aspectos jurídicos. São Paulo: Almedina, 2023, e-book.

9 Nesse sentido: "Para além de enfatizar que não se trata de um conceito pacificado pela doutrina, é de se ponderar que as linhas de código que perfazem as IAs carecem de nuances, de subjetividade e de autocrítica. Não possuem, em seu atual estado, a capacidade para produzir juízos de valor, e, nessa medida, agir de modo completamente autônomo e com intencionalidade própria. Tem, em razão disso, a natureza de agente, isto é, são criadas e atuam de forma emulatória em função de problemas que lhes são propostos, engendrando soluções tecnológicas de caráter matemático e discursivo, tomando, em regra, dados como matéria prima" (SARLET, Ingo Wolfgang; SARLET, Gabrielle B. Sales. Algumas notas sobre a relação entre inteligência artificial, proteção de dados pessoais e os direitos fundamentais na ordem constitucional brasileira. In: SARLET, Ingo Wolfgang; SARLET, Gabrielle B. Sales; BITTAR, Eduardo C. B. *Inteligência artificial, Proteção de dados pessoais e Responsabilidade na Era Digital*: Coleção Direito, Tecnologia, Inovação e Proteção de Dados num Mundo em Transformação. São Paulo: ExpressaJur, 2022, e-book).

ligência artificial como meios alternativos à presencialidade, seja no âmbito da educação, seja no contexto da prestação de serviços, por exemplo. O uso da inteligência artificial também é uma realidade no âmbito do Poder Judiciário. Cite-se, exemplificativamente, a ferramenta *Radar*, utilizada pelo Tribunal de Justiça do Estado de Minas Gerais com o escopo de agrupar recursos com idênticos pedidos, trazendo maior celeridade e eficiência aos julgamentos virtuais pautados pelos órgãos desse Tribunal.[10] Até mesmo as áreas que têm como base a criatividade humana já são dominadas por ferramentas digitais que empregam inteligência artificial. É o caso, por exemplo, do recurso computacional denominado *Dall-E 2*, que vem revolucionando o campo do *design*, ao criar, via inteligência artificial, imagens a partir das descrições oferecidas em linguagem natural por seus usuários.[11]

Uma das ferramentas de inteligência artificial que mais aproximou essa tecnologia do cotidiano dos seus usuários nos últimos anos – e que vem sendo responsável pelo desenvolvimento de relevantes debates jurídicos – é o *ChatGPT*. Desenvolvido pela empresa americana *OpenAI*, a ferramenta consiste em algoritmo capaz de responder perguntas que seus usuários formulam em linguagem natural, simulando de maneira surpreendentemente convincente interação humana.

Assim como todas as ferramentas pautadas em inteligência artificial, devido a seu caráter inovador e disruptivo, o *ChatGPT* motiva a efervescência de diversos debates éticos e jurídicos, como aqueles relacionados ao preconceito algorítmico e à eventual responsabilização do desenvolvedor da tecnologia por danos causados aos usuários.

10 Sobre a ferramenta, confira-se: "E, mais recentemente, o Tribunal de Justiça do Estado de Minas Gerais utilizou inteligência artificial para julgamento virtual. Trata-se da ferramenta *Radar*, que identifica e separa recursos com idênticos pedidos, com o objetivo de trazer maior celeridade, segurança e economia ao Judiciário" (WAMBIER, Luiz Rodrigues. Inteligência artificial e sistema multiportas: uma nova perspectiva do acesso à justiça. *Revista dos Tribunais*, v. 100, pp. 301-307, fev. 2019). Mais informações podem ser encontradas em: Notícias. Plataforma Radar aprimora prestação jurisdicional. In: Tribunal de Justiça do Estado de Minas Gerais. Disponível em https://www.tjmg.jus.br/portal-tjmg/noticias/plataforma-radar-aprimora-a-prestacao-jurisdicional.htm# Acesso em 26 set. 2023.

11 Nas palavras de seu desenvolvedor: "DALL·E 2 is an AI system that can create realistic images and art from a description in natural language" (DALL-E 2. In: *OpenAI*. Disponível em https://openai.com/dall-e-2 Acesso em 27 set. 2023).

Existe, porém, campo de estudo específico do Direito que se tornou especialmente vulnerável a partir do desenvolvimento de ferramentas como o *ChatGPT*, qual seja, a Proteção de Dados Pessoais, estritamente relacionada à privacidade e à dignidade da pessoa humana. Isso ocorre pois o algoritmo que orienta o *ChatGPT*, como se dá no mais das vezes em ferramentas de inteligência artificial, se alimenta, dentre outras fontes, a partir das próprias informações fornecidas pelos usuários, o que gera indagações acerca da possibilidade (e limites) de utilização dos seus dados pessoais. Questiona-se, portanto, acerca do cumprimento, pelo desenvolvedor da ferramenta, das normas relativas à privacidade e à proteção de dados e da própria compatibilidade do *ChatGPT* com os princípios do ordenamento jurídico brasileiro.

2. Principais tecnologias empregadas no *ChatGPT*

O *ChatGPT* consiste em ferramenta disponível na rede mundial de computadores e, para acessá-la, basta a realização de simples cadastro. A partir de então, o usuário passa a ter contato com o robô inteligente em interface de conversação semelhante aos *chats* virtuais, também chamados *chatbots*. Nessa janela, o usuário é livre para digitar qualquer pergunta e receberá a resposta desenvolvida pela inteligência artificial em linguagem natural, como se de fato travasse diálogo com um ser humano.[12]

Em seu portal, o *ChatGPT* se apresenta como ferramenta capaz de responder perguntas, ajudar o usuário a aprender, escrever códigos e promover debate de ideias (*brainstorm*),[13] evidenciando a amplitude de funcionalidades da ferramenta e a diversidade de objetivos que podem ser alcançados com a sua utilização. Em resumo: praticamente qualquer questão humana pode ser formulada pelo usuário ao *ChatGPT*,

12 Na síntese da doutrina: "Em novembro de 2022, a OpenAI apresentou o ChatGPT, uma ferramenta de inteligência artificial que oferece uma interface de conversação para perguntas feitas em linguagem natural. O sistema responde com precisão e em questão de segundos, o que despertou grande interesse nos usuários" (BARONOVSKY, Thainá. A Web3 e o seu impacto no Direito. *Revista dos Tribunais*, v. 1051, pp. 163-179, maio 2023).

13 Alguns exemplos dados pela própria plataforma de perguntas que podem ser formuladas pelos usuários são: "Brainstorm names for my fantasy football team", "Give me ideas for what to do with my kids' art" "Write a thank you note for my baby-sitter for the last-minute help" (ChatGPT: get started. In: *OpenAI*. Disponível em https://chat.openai.com/auth/login Acesso em 25 set. 2023).

que responderá por meio da aparição de textos em uma simples janela de conversação.

O principal diferencial do *ChatGPT*, em contraposição aos demais instrumentos digitais de finalidade semelhante, consiste na união, em apenas um mecanismo, de diversas tecnologias inovadoras que, em conjunto, atuam no sentido de garantir o fornecimento de resultados extremamente precisos. Nesse sentido, o *ChatGPT* une interface simples a tecnologia extremamente sofisticada, garantindo a eficiência da plataforma ao mesmo tempo em que confere experiência agradável e intuitiva ao usuário.

Tais fatores contribuíram decisivamente para a rápida disseminação da plataforma, que vem registrando recordes de crescimento em sua base de usuários. Em janeiro de 2023, o *ChatGPT* registrou a marca de 100.000.000 (cem milhões) de usuários ativos mensais, se tornando o aplicativo de crescimento mais rápido da história.[14]

Dentre os conceitos tecnológicos mais relevantes para a compreensão do funcionamento do *ChatGPT*, situa-se o "*LLM – Large Language Models*", ou Grandes Modelos de Linguagem, em português. O conceito serve para designar modelos de linguagem que utilizam estatísticas para prever palavras em um discurso com base em seu contexto. Essa previsão se dá por meio de processamentos probabilísticos que permitem a indicação da palavra mais apropriada a um texto com base em suas acepções semânticas. A partir desse mapeamento, a ferramenta consegue gerar respostas a questões formuladas como se tivesse real conhecimento sobre o assunto.[15]

---

14 InfoMoney. *ChatGPT atinge 100 milhões de usuários ativos mensais em janeiro e vira o app de crescimento mais rápido da história*. Disponível em: https://www.infomoney.com.br/negocios/chatgpt-atinge-100-milhoes-de-usuarios-ativos-mensais-em-janeiro-e-vira-o-app-de-crescimento-mais-rapido-da-historia/ Acesso em 26 set. 2023.

15 Sobre o tema, confira-se: "Quando falamos de alguns conceitos básicos que se referem à febre do GPT, talvez o mais importante deles para o Direito seja "LLM" (Large Language Models, em português, grandes modelos de linguagem). Trata-se de modelos de linguagem preditivos que utilizam estatísticas e probabilidade para prever a próxima palavra com base no contexto. Esses modelos valem-se de uma janela de contexto e uma janela de previsão, e com base em seu conhecimento sobre a "localização das palavras em um mapa contextual", conseguem gerar respostas como se tivessem conhecimento real sobre um assunto" (MARINHO, Mariana Soares. O que são os Large Language Models e por que é tão importante entendê-los? *Jota*. Disponível em https://www.jota.info/opiniao-e-analise/artigos/o-que-sao-os-large-language-models-e-por-que-e-tao-importante-entende-los-09072023#_ftnref2 Acesso em 26 set. 2023)

A efetividade desse mecanismo é garantida a partir dos processos de *"Machine Learning"* e *"Deep Learning"*, duas outras tecnologias fundamentais ao *ChatGPT*, que podem ser traduzidas, respectivamente, como "aprendizado da máquina" e "aprendizado profundo". Esses conceitos designam as tecnologias que permitem que os algoritmos sejam programados para evoluírem, angariando conhecimento a partir de seu próprio uso. Especificamente no caso do *Deep Learning*, tal aprendizado é permitido a partir de redes neurais, que têm funcionamento muito próximo ao dos neurônios humanos.[16]

Por sua vez, a tradução das informações retidas pelo *ChatGPT* em texto claro, preciso e escrito em linguagem adequada é possibilitada a partir da tecnologia denominada Processamento de Linguagem Natural (ou *NLP*, sigla em inglês para *"Natural Language Processing"*). Trata-se do uso de redes neurais profundas para entender, interpretar e gerar textos em linguagem humana da forma mais eficaz e precisa possível. Esse mecanismo é o responsável por permitir que máquinas lidem com tarefas que devem ser processadas em linguagem natural.[17]

Note-se que a espinha dorsal que une todas essas ferramentas tecnológicas é o aprendizado da máquina. Esse mecanismo traz o relevante benefício de permitir que a inteligência artificial esteja constante e automaticamente se desenvolvendo e aprimorando, sendo alimentada pelas

---

16 Nesse sentido: "Deep learning is a branch of machine learning that tries to model high-level abstractions of data using multiple layers of neurons consisting of complex structures or non-liner transformations" (HAO, Xing; ZHANG, Guigang; MA, Shang. Deep Learning. *International Journal of Semantic Computing*, v. 10, nº 3, pp. 417-439, 2016).

17 Sobre o ponto: "Outro emprego relevante da inteligência artificial é o processamento de linguagem natural. Por meio de técnicas de machine learning é possível encontrar padrões nos dados dispostos e reconhecer a linguagem natural. Um dos exemplos de aplicação do processamento de linguagem natural é a análise de sentimentos, em que os algoritmos vasculham padrões de mensagens em redes sociais para compreender a satisfação ou não de clientes em relação a marcas e produtos" (SOARES, Marcos José Porto. Impacto da evolução tecnológica no reconhecimento de novos direitos: proteção dos dados pessoais e uso adequado da inteligência artificial. *Revista de Direito e Novas Tecnologias*, v. 15, abr./jun. 2022). V. tb. na doutrina especializada: "Natural Language Processing is a theoretically motivated range of computational techniques for analyzing and representing naturally occurring texts at one or more levels of linguistic analysis for the purpose of achieving human-like language processing for a range of tasks or applications" (LIDDY, Elizabeth D. Natural Language Processing. In: *Encyclopedia of Library and Information Science*. Nova York: Marcel Decker, 2001).

próprias informações que circulam em sua plataforma.[18] Por meio da inserção desses instrumentos no algoritmo que compõe a inteligência artificial, se permite que a máquina melhore sua performance com base em sua própria experiência.[19]

Para que essas ferramentas atuem de forma satisfatória e, em última análise, para que a inteligência artificial dotada desses atributos seja completa e eficiente, é fundamental que a tecnologia seja alimentada com a maior gama possível de informações. Especificamente sobre a utilização da tecnologia "*Large Language Models*" no *ChatGPT* e sobre a necessidade de sua alimentação com informações, anota a doutrina: "[o] GPT é um LLM que possui uma enorme capacidade de processamento e compreensão de textos. Ele foi treinado em um grande volume de dados da internet, o que o torna capaz de gerar respostas coerentes e contextualizadas sobre temas diversos".[20] Já acerca do "*Machine Learning*" e do fornecimento de dados à máquina, tem-se que "[a] base de funcionamento é estabelecida a partir de uma enorme quantidade de dados e de cruzamentos estabelecidos entre eles. Com o tempo e utilização, a ferramenta ganha "percepção" e "entendimento" próprios levando à sua evolução".[21]

Portanto, a despeito de a sua denominação sugerir uma capacidade autônoma de aprendizado, a inteligência artificial funciona principalmente a partir do processamento de dados previamente inseridos em seus sistemas.[22] Mais do que um facilitador, a inserção de informações

---

18 Conforme anota Andressa Tomazini: "A partir do Deep Learning e da OpenAI, desenvolveu-se o ChatGPT que, em breves palavras, é um modelo de linguagem projetado para responder a perguntas de modo coerente e relevante e realizar tarefas em texto natural, sendo o aprendizado contínuo através da inserção de novos dados de treinamento um dos brilhantismos da ferramenta" (TOMAZINI, Andressa. Diálogos entre o direito e a tecnologia: *Chat GPT* e *fakenews*. *Boletim Revista dos Tribunais Online*, v. 40, jun. 2023).

19 RUSSEL, Stuart. *Q & A: The future of artificial intelligence*. Disponível em https://people.eecs.berkeley.edu/~russell/research/future/q-and-a.html Acesso em 25 set. 2023.

20 MARINHO, Mariana Soares. O que são os Large Language Models e por que é tão importante entendê-los? *Jota*. Disponível em https://www.jota.info/opiniao-e-analise/artigos/o-que-sao-os-large-language-models-e-por-que-e-tao-importante--entende-los-09072023#_ftnref2 Acesso em 26 set. 2023.

21 TAMER, Maurício. Comentários à decisão do TSE com relação ao uso do *ChatGPT*. *Boletim Revista dos Tribunais Online*, v. 39, maio 2023.

22 Confira-se o exemplo fornecido pela própria *OpenAI*, desenvolvedora do *ChatGPT*: "As an example, during the model learning process (called "training"), we might

favorece o bom funcionamento dessa forma de tecnologia, na medida em que a ferramenta recebe dados para seu treinamento e aprimora a sua capacidade de identificar padrões de linguagem, de se antecipar às questões que receberá a partir do contexto e, finalmente, de formular respostas em textos plausíveis e em linguagem natural.[23]

O principal questionamento jurídico que advém desse sistema diz respeito à origem dos dados utilizados pela tecnologia para sua alimentação e treinamento, especialmente no caso dos assistentes virtuais que funcionam por meio de *chats* com linguagem natural. Via de regra, as ferramentas de desenvolvimento da inteligência artificial não se restringem às informações previamente disponibilizadas ao algoritmo por seus desenvolvedores. Ao contrário, no mais das vezes, os dados obtidos a partir dos *inputs* feitos pelos usuários durante a utilização dos sistemas também alimentam as ferramentas e passam a fazer parte da base de dados da inteligência artificial.

Trata-se, portanto, de sistema retroalimetado, para cujo desenvolvimento os usuários contribuem indiretamente, na medida em que disponibilizam informações que irão compor a base de dados da inteligência artificial e contribuirão para o aprimoramento das redes neurais que orientam os resultados da plataforma. Tudo isso é possível, pois, como visto, alguns dos principais mecanismos tecnológicos utilizados nos assistentes virtuais são o *Machine Learning* e o *Deep Learning*, que permitem que os robôs transformem suas próprias experiências em ferramentas de aprendizagem para aprimorar os resultados subsequentes.

have a model try to complete the sentence: "instead of turning left, she turned ___." Before training, the model will respond with random words, but as it reads and learns from many lines of text, it better understands this type of sentence and can predict the next word more accurately. It then repeats this process across a very large number of sentences" (SCHADE, Michael. How ChatGPT and Our Language Models are developed. In: *OpenAI*. Disponível em https://help.openai.com/en/articles/7842364-how-chatgpt-and-our-language-models-are-developed Acesso em 27 set. 2023).

23 É o que explica o Professor Uri Gal da cadeira de *Business Information Systems* da Universidade de Sydney. Confira-se em: GAL, Uri. ChatGPT is a data privacy nightmare. If you've ever posted online, you ought to be concerned. *The Conversation*. Disponível em https://theconversation.com/chatgpt-is-a-data-privacy-nightmare-if-youve-ever-posted-online-you-ought-to-be-concerned-199283 Acesso em 27 set. 2023.

Embora sob a perspectiva tecnológica esse mecanismo permita a constante evolução das ferramentas de inteligência artificial, o sistema gera preocupações do ponto de vista jurídico, relacionadas notadamente à Proteção de Dados Pessoais e ao Direito à Privacidade.

3. Implicações do *ChatGPT* na proteção de dados pessoais

A proteção dos dados pessoais associa-se ao direito à privacidade, objeto de estudo pioneiro no Brasil pelo Professor Danilo Doneda. Como se sabe, o direito à privacidade, que surgiu inicialmente com a garantia do direito de estar só (*right to be let alone*), ganha progressivamente conotação mais ampla e dinâmica, vinculada à proteção da dignidade da pessoa humana.[24] As novas tecnologias, incluindo o *ChatGPT*, renovam o debate acerca da proteção à privacidade, a partir da utilização crescente dos dados pessoais, atribuindo-lhe, assim, novos contornos.

No Brasil, o mais relevante instrumento legislativo sobre o tratamento de dados pessoais é a recente Lei n.º 13.709/2018, Lei Geral de Proteção de Dados Pessoais ou simplesmente LGPD. O diploma traz diretrizes para as operações envolvendo dados pessoais desenvolvidas por

24 Nas palavras do Professor Doneda: "Frente aos novos desafios, é cada vez mais claro que o sentido de isolamento predominante na doutrina do direito à privacidade do tempo de Brandeis e Warren está superado. Neste novo panorama, a privacidade deixa de ser um meio de garantir o isolamento de alguns para cumprir também uma outra função, que é reagir contra políticas de discriminação baseadas em opiniões e opções religiosas, políticas e sexuais, bem como de toda sorte de informações privadas (...) A proteção da privacidade, elemento indissolúvel da personalidade, merece esta tutela integrada, sendo provavelmente um dos casos em que ela é mais necessária. A cotidiana redefinição de forças e meios que possibilitam a intromissão na esfera privada dos indivíduos demanda uma tutela de caráter incessantemente mutável. Face a miríade de possibilidades de manipulação de informações pessoais em bancos de dados informatizados, muitas delas originando alguma espécie de desnudamento de assuntos privados, sequer se pode pretender possuir a noção exata de seus efeitos quanto à privacidade. A única tutela eficaz é a dinâmica e integral" (DONEDA, Danilo Cesar Maganhoto. Considerações iniciais sobre os bancos de dados informatizados e o direito à privacidade. In: TEPEDINO, Gustavo (Coord.). *Problemas de Direito Civil-Constitucional.* Rio de Janeiro: Renovar, 2000, pp. 119-126). V. tb.: DONEDA, Danilo. *Da privacidade à proteção de dados pessoais.* 3. ed. São Paulo: Thomson Reuters, 2021, *passim*.

pessoas físicas ou jurídicas, de direito público ou privado, realizadas em qualquer meio, inclusive o digital.[25]

A LGPD foi inspirada no Regulamento Europeu de Proteção de Dados, de 2016, que teve por objetivo reforçar os direitos fundamentais dos sujeitos na era digital, conferindo nível uniforme de proteção de dados pessoais em toda a União Europeia. Na esteira do que já dispunha a Carta dos Direitos Fundamentais da União Europeia, o Regulamento prevê textualmente que todas as pessoas têm direito à proteção dos dados de caráter pessoal que lhes digam respeito. Acerca do tratamento desses dados, a Carta internacional determina que essa operação deve ser feita de forma "leal, para fins específicos e com o consentimento da pessoa interessada ou com outro fundamento legítimo previsto por lei".[26]

No Brasil, após a edição da LGPD, questionou-se, perante o Supremo Tribunal Federal, a constitucionalidade da Medida Provisória n.º 954/2020, que dispunha sobre o compartilhamento de dados pessoais de usuários por empresas de telecomunicações prestadoras de Serviço Telefônico Fixo Comutado e de Serviço Móvel Pessoal com a Fundação Instituto Brasileiro de Geografia e Estatística (IBGE), para fins de suporte à produção estatística oficial durante à pandemia do novo coronavírus.

No julgamento conjunto de diversas Ações Diretas de Inconstitucionalidade sobre o diploma normativo, a relatora Ministra Rosa Weber concluiu que a emergência sanitária decorrente da Covid-19

---

25 "Art. 1º. Esta Lei dispõe sobre o tratamento de dados pessoais, inclusive nos meios digitais, por pessoa natural ou por pessoa jurídica de direito público ou privado, com o objetivo de proteger os direitos fundamentais de liberdade e de privacidade e o livre desenvolvimento da personalidade da pessoa natural".
"Art. 3º Esta Lei aplica-se a qualquer operação de tratamento realizada por pessoa natural ou por pessoa jurídica de direito público ou privado, independentemente do meio, do país de sua sede ou do país onde estejam localizados os dados, desde que: [...]"

26 Confira-se a íntegra do dispositivo: "Artigo 8. Proteção de dados pessoais
1. Todas as pessoas têm direito à proteção dos dados de caráter pessoal que lhes digam respeito.
2. Esses dados devem ser objeto de um tratamento leal, para fins específicos e com o consentimento da pessoa interessada ou com outro fundamento legítimo previsto por lei. Todas as pessoas têm o direito de aceder aos dados coligidos que lhes digam respeito e de obter a respetiva retificação.
3. O cumprimento destas regras fica sujeito a fiscalização por parte de uma autoridade independente".

e a pandemia global "não podem ser invocadas como pretextos para justificar investidas visando ao enfraquecimento de direitos e atropelo de garantias fundamentais consagradas na Constituição".[27] Em seu voto, o Min. Luiz Fux afirmou, ainda, que "[a] proteção de dados pessoais e a autodeterminação informativa são direitos fundamentais autônomos, que envolvem uma tutela jurídica e âmbito de incidência específicos".[28]

Mais tarde, em 10 de fevereiro de 2022, foi promulgada a Emenda Constitucional n.º 115/2022, que alterou a Carta Maior para incluir, no rol dos direitos fundamentais, a proteção de dados pessoais. Com a alteração, passou a constar no art. 5º, que trata sobre os direitos e garantias fundamentais, o disposto no inciso LXXIX: "é assegurado, nos termos da lei, o direito à proteção dos dados pessoais, inclusive nos meios digitais".[29]

Esse breve histórico normativo e jurisprudencial demonstra que o ordenamento jurídico brasileiro, seguindo a positiva tendência dos demais países ocidentais, elevou a proteção de dados pessoais ao patamar de direito fundamental, de modo que ofensas a essa garantia representarão violação direta à Constituição Federal. É precisamente nesse contexto de renovada proteção à privacidade e à autodeterminação informativa que deve ser analisado o tratamento de dados por ferramentas de inteligência artificial como o *ChatGPT*.

A preocupação é relevante, pois, como visto, o *ChatGPT* traduz ferramenta de inteligência de artificial que faz uso de redes neurais e aprendizado de máquina para desenvolver respostas às questões formu-

---

27 STF. Medida Cautelar em ADI nº 6.393/DF. Plenário. Rel. Min. Rosa Weber. Julg. 07.05.2020.

28 STF. Medida Cautelar em ADI nº 6.393/DF. Plenário. Rel. Min. Rosa Weber. Julg. 07.05.2020.

29 Acerca da constitucionalização do direito: "Mesmo que se pudesse, como já o fizera o STF, reconhecer a proteção de dados como um direito fundamental implícito, daí extraindo todas as consequências atinentes à tal condição, o fato é que sua positivação formal, em sendo o caso, carrega consigo uma carga positiva adicional, ou seja, agrega (ou, ao menos, assim o deveria) valor positivo substancial em relação ao atual estado da arte no Brasil". (SARLET, Ingo Wolfgang; SARLET, Gabrielle B. Sales. Algumas notas sobre a relação entre Inteligência Artificial, Proteção de Dados Pessoais e os Direitos Fundamentais na Ordem Constitucional Brasileira. In: SARLET, Ingo Wolfgang; SARLET, Gabrielle B. Sales; BITTAR, Eduardo C. B. *Inteligência artificial, Proteção de Dados Pessoais, Responsabilidade na Era Digital*: Coleção Direito, Tecnologia, Inovação e Proteção de Dados num Mundo em Transformação. São Paulo: ExpressaJur, 2022, e-book).

ladas por seus usuários em linguagem natural, a partir notadamente dos dados pessoais inseridos por seus usuários. Significa dizer que o aprimoramento e o desenvolvimento dessa tecnologia ocorrem por meio do "treino" do sistema, que faz uso de numerosa quantidade de textos e informações para tornar mais eficiente sua linguagem natural. Conforme adiantado, trata-se de plataforma que se retroalimenta, de modo que os dados recebidos no decorrer de seu próprio uso são, via de regra, utilizados para melhorar a tecnologia.

Nesse contexto, e à luz da proteção constitucional aos dados pessoais e à autodeterminação informativa, questiona-se se o uso de dados pelo *ChatGPT* se dá de forma consentânea com o ordenamento jurídico brasileiro, seja em relação aos dados pessoais dos usuários, seja em relação às informações por eles introduzidas na plataforma de "bate-papo" estabelecida com a inteligência artificial.

Em relação aos dados pessoais, o portal do *ChatGPT* elucida que coleta informações primordialmente de duas fontes. Em primeiro lugar, o sistema guarda informações fornecidas pelo próprio usuário, como aquelas referentes ao contato, credenciais da conta e informações de pagamento.[30] Além disso, o *ChatGPT* retém informações recebidas automa-

30 "We collect personal information relating to you ("Personal Information") as follows:
Personal Information You Provide: We collect Personal Information if you create an account to use our Services or communicate with us as follows:
Account Information: When you create an account with us, we will collect information associated with your account, including your name, contact information, account credentials, payment card information, and transaction history, (collectively, "Account Information").
User Content: When you use our Services, we collect Personal Information that is included in the input, file uploads, or feedback that you provide to our Services ("Content").
Communication Information: If you communicate with us, we collect your name, contact information, and the contents of any messages you send ("Communication Information").
Social Media Information: We have pages on social media sites like Instagram, Facebook, Medium, Twitter, YouTube and LinkedIn. When you interact with our social media pages, we will collect Personal Information that you elect to provide to us, such as your contact details (collectively, "Social Information").
In addition, the companies that host our social media pages may provide us with aggregate information and analytics about our social media activity" (OpenAI. Privacy Policy. Disponível em https://openai.com/policies/privacy-policy Acesso em 27 set. 2023).

ticamente pelo uso da plataforma, como as relativas ao local de acesso do usuário, ao aparelho usado para conexão, configurações do navegador usado, dentre outras.[31]

Sobre os usos que o *ChatGPT* faz dessas informações, o site institucional esclarece que os dados podem ser utilizados, dentre outras finalidades, para (i) fornecer, administrar, manter e/ou analisar os seus serviços; (ii) melhorar os serviços prestados; (iii) se comunicar com os usuários; e (iv) desenvolver novos programas e serviços.

Em sua Política de Privacidade, o *ChatGPT* se reserva ao direito de agregar e desidentificar informações pessoais dos seus usuários e utilizar tais dados com o intuito de analisar a eficácia dos serviços prestados pela plataforma, melhorar e adicionar funcionalidades ao *chatbot* e realizar pesquisas, por exemplo. Além disso, de tempos em tempos, o sistema poderá analisar o comportamento geral e as características dos

31 "We collect personal information relating to you ("Personal Information") as follows: (...)
Personal Information We Receive Automatically From Your Use of the Services: When you visit, use, or interact with the Services, we receive the following information about your visit, use, or interactions ("Technical Information"):
Log Data: Information that your browser automatically sends when you use our Services. Log data includes your Internet Protocol address, browser type and settings, the date and time of your request, and how you interact with our website.
Usage Data: We may automatically collect information about your use of the Services, such as the types of content that you view or engage with, the features you use and the actions you take, as well as your time zone, country, the dates and times of access, user agent and version, type of computer or mobile device, and your computer connection.
Device Information: Includes name of the device, operating system, device identifiers, and browser you are using. Information collected may depend on the type of device you use and its settings.
Cookies: We use cookies to operate and administer our Services, and improve your experience. A "cookie" is a piece of information sent to your browser by a website you visit. You can set your browser to accept all cookies, to reject all cookies, or to notify you whenever a cookie is offered so that you can decide each time whether to accept it. However, refusing a cookie may in some cases preclude you from using, or negatively affect the display or function of a website or certain areas or features of a website. For more details on cookies, please visit All About Cookies.
Analytics: We may use a variety of online analytics products that use cookies to help us analyze how users use our Services and enhance your experience when you use the Services" (OpenAI. Privacy Policy. Disponível em https://openai.com/policies/privacy-policy Acesso em 27 set. 2023).

usuários dos seus serviços, compartilhando as informações agregadas, como estatísticas gerais de usuários, com terceiros.[32]

Em relação aos dados inseridos pelos usuários na plataforma no curso da ordinária utilização da ferramenta, tem-se que a própria Política de Privacidade do *ChatGPT* alerta que esse conteúdo pode ser utilizado para alimentar e treinar seus sistemas.[33] Segundo dados fornecidos pela própria desenvolvedora *OpenAI*, o *ChatGPT* usa, em linhas gerais, dados de três ordens para desenvolver seu modelo de linguagem: (i) informações que estão disponíveis publicamente na internet; (ii) informações licenciadas de terceiros; e (iii) informações que os usuários ou os treinadores humanos fornecem.[34]

Dito por outras palavras, o *ChatGPT* se aprimora por meio da análise das "conversas" que o robô trava com seus usuários. Diante da relevância do processo, vale conferir a explicação fornecida pela *OpenAI* no próprio sítio eletrônico do *ChatGPT*:

32 "Aggregated or De-Identified Information. We may aggregate or de-identify Personal Information so that it may no longer be used to identify you and use such information to analyze the effectiveness of our Services, to improve and add features to our Services, to conduct research and for other similar purposes. In addition, from time to time, we may analyze the general behavior and characteristics of users of our Services and share aggregated information like general user statistics with third parties, publish such aggregated information or make such aggregated information generally available. We may collect aggregated information through the Services, through cookies, and through other means described in this Privacy Policy. We will maintain and use de-identified information in anonymous or de-identified form and we will not attempt to reidentify the information, unless required by law" (OpenAI. Privacy Policy. Disponível em https://openai.com/policies/privacy-policy Acesso em 27 set. 2023).

33 "As noted above, we may use Content you provide us to improve our Services, for example to train the models that power ChatGPT. See here for instructions on how you can opt out of our use of your Content to train our models" (OpenAI. Privacy Policy. Disponível em https://openai.com/policies/privacy-policy Acesso em 27 set. 2023).

34 "OpenAI's large language models, including the models that power ChatGPT, are developed using three primary sources of information: (1) information that is publicly available on the internet, (2) information that we license from third parties, and (3) information that our users or our human trainers provide" (SCHADE, Michael. How ChatGPT and our Language Models are developed. In: *OpenAI*. Disponível em https://help.openai.com/en/articles/7842364-how-chatgpt-and-our-language-models-are-developed Acesso em 27 set. 2023).

> One of the most useful and promising features of AI models is that they can improve over time. We continuously improve our models through research breakthroughs as well as exposure to real-world problems and data. When you share your data with us, it helps our models become more accurate and better at solving your specific problems and it also helps improve their general capabilities and safety. We don't use data for selling our services, advertising, or building profiles of people – we use data to make our models more helpful for people. ChatGPT, for instance, improves by further training on the conversations people have with it, unless you choose to disable training. (...)
>
> What the process looks like.
>
> We retain certain data from your interactions with us, but we take steps to reduce the amount of personal information in our training datasets before they are used to improve our models. This data helps us better understand user needs and preferences, allowing our model to become more efficient over time.[35]

Nota-se, portanto, que o *ChatGPT* realiza o tratamento de grande volume de dados em sua operação, o que engloba tanto o armazenamento de dados pessoais de seus usuários, com a finalidade de analisar seus serviços, quanto a utilização das informações expostas no uso ordinário da plataforma, para aprimorar o treinamento da inteligência artificial.

Tal circunstância levanta questionamentos jurídicos relevantes acerca da segurança desses dados e da conformidade do tratamento dessas informações com as normas legais e regulatórias aplicáveis. A preocupação se mostra relevante e atual, pois o *ChatGPT* já demonstrou vulnerabilidades em seus sistemas informacionais em diversos incidentes, a despeito de seu curto tempo de existência.

Em março de 2023, a Agência de Proteção de Dados da Itália (*Garante per la Protezione dei Dati Personali*) baniu temporariamente o *ChatGPT*, se tornando o primeiro país do Ocidente a tomar medidas

35 SCHADE, Michael. How your data is used to improve model performance. In: *OpenAI.* Disponível em https://help.openai.com/en/articles/5722486-how-your-data-is-used-to-improve-model-performance Acesso em 26 set. 2023.

contra um *chatbot* alimentado por inteligência artificial. A suspensão se deu em razão de suspeita de violação das regras de coletas de dados pessoais no país.

Segundo a Agência italiana, não havia clareza acerca de quais dados eram coletados pela ferramenta, que supostamente armazenava dados pessoais em massa e sem base legal justificadora, com o objetivo de alimentar os algoritmos da plataforma. Além disso, o aplicativo também estaria falhando na verificação da idade de seus usuários, que deveriam ter ao menos 13 (treze) anos, e, com isso, o público infantil estaria tendo acesso a conteúdo inadequado disponibilizado pela plataforma.[36]

Após quase 1 (um) mês de suspensão, a plataforma foi reativada no país europeu. Segundo a Agência de Proteção de Dados italiana, a *OpenAI*, sociedade empresária que gere o *ChatGPT*, apresentou esclarecimentos acerca das indagações apresentadas pela autoridade italiana e implementou medidas no sentido de proteger a privacidade dos usuários.[37]

Na mesma época, surgiu outra preocupação envolvendo a segurança dispensada pelo *ChatGPT* aos dados pessoais dos usuários. A *OpenAI*, empresa administradora do aplicativo, confirmou, em março de 2023, que um erro em uma biblioteca de código aberto permitiu que certos usuários do *ChatGPT* tivessem acesso ao histórico do "bate-papo" de outros usuários ativos com o robô. A falha chegou a expor dados sensíveis dos utilizadores, como nome, endereço, endereço eletrônico e dados parciais de cartões de crédito.[38]

O erro fez com que diversas organizações proibissem a utilização do *ChatGPT* por seus colaboradores, em razão do temor de que informações relacionadas à operação da empresa fossem armazenadas e utilizadas pela plataforma, comprometendo segredos industriais e comerciais, por exemplo. Foi o caso da Samsung, que, temendo a ocorrência de novas

---

36 A íntegra da reportagem pode ser acessada em: G1. *Itália bane ChatGPT por possíveis ameaças à privacidade*. Disponível em https://g1.globo.com/mundo/noticia/2023/03/31/italia-bane-chatgpt-por-possiveis-ameacas-a-privacidade.ghtml Acesso em 27 set. 2023.

37 Veja-se: UOL. *ChatGPT volta a funcionar na Itália após quase um mês*. Disponível em: https://noticias.uol.com.br/ultimas-noticias/ansa/2023/04/28/chatgpt-volta-a-funcionar-na-italia-apos-quase-um-mes.htm Acesso em 27 set. 2023.

38 Infomoney. *ChatGPT confirma vazamento de dados de cartão de usuários; empresa afirma que bug foi corrigido*. Disponível em https://www.infomoney.com.br/negocios/chatgpt-confirma-vazamento-de-dados-de-cartao-de-usuarios-empresa-afirma-que-bug-foi-corrigido/ Acesso em 27 set. 2023

falhas de segurança no *ChatGPT*, impediu funcionários de usarem a ferramenta de inteligência artificial após descobrir que uma equipe havia inserido um código confidencial na plataforma.[39]

Embora ambas as falhas registradas tenham sido alegadamente sanadas, permanece a preocupação sobre o respeito da *OpenAI* – e das demais empresas gestoras de soluções tecnológicas envolvendo inteligência artificial – em relação à proteção dos dados inseridos pelos usuários nessas plataformas. Nesse sentido, a vulneração, pelo sistema informacional do *ChatGPT*, dos dados pessoais dos usuários pode representar violação frontal aos diversos ordenamentos jurídicos que tutelem, em alguma medida, o direito à privacidade e à autodeterminação informativa dos sujeitos, a ensejar dúvida sobre a compatibilidade da plataforma com as garantias asseguradas pelo Estado Democrático de Direito.

Especialmente no Brasil, onde a autodeterminação informativa e a proteção de dados pessoais foram recentemente erigidas à categoria de direitos fundamentais, mostra-se imprescindível que a manipulação de dados por sistemas como o *ChatGPT* seja realizada em observância aos ditames da LGPD e aos princípios constitucionais.

4. Diretrizes principiológicas para a adequação das plataformas de inteligência artificial ao ordenamento jurídico brasileiro

A LGPD, em seu art. 6º,[40] elenca diversos princípios que devem orientar qualquer atividade de tratamento de dados pessoais. Segundo

39 Exame. *Samsung proíbe uso de IA após vazamento de dados com ChatGPT*. Disponível em https://exame.com/tecnologia/samsung-proibe-uso-de-ia-apos-vazamento-de-dados-com-chatgpt/ Acesso em 27 set. 2023.

40 "Art. 6º As atividades de tratamento de dados pessoais deverão observar a boa-fé e os seguintes princípios:
I - finalidade: realização do tratamento para propósitos legítimos, específicos, explícitos e informados ao titular, sem possibilidade de tratamento posterior de forma incompatível com essas finalidades;
II - adequação: compatibilidade do tratamento com as finalidades informadas ao titular, de acordo com o contexto do tratamento;
III - necessidade: limitação do tratamento ao mínimo necessário para a realização de suas finalidades, com abrangência dos dados pertinentes, proporcionais e não excessivos em relação às finalidades do tratamento de dados;
IV - livre acesso: garantia, aos titulares, de consulta facilitada e gratuita sobre a forma e a duração do tratamento, bem como sobre a integralidade de seus dados pessoais;

o diploma normativo, tais atividades devem sempre ser realizadas para propósitos legítimos e explicitamente informados ao titular dos dados, limitando-se o tratamento ao mínimo necessário para a realização desses objetivos. Em regra, o tratamento de dados não prescinde do consentimento informado e prévio dos titulares dos dados (art. 7, I, LGPD)[41], nos limites da finalidade legítima e especificamente informada pelos agentes de tratamento, reputando-se inválida qualquer autorização genérica, nos termos do art. 8º, §4º, LGPD.[42]

Além disso, os operadores devem adotar medidas de prevenção para evitar a ocorrência de danos em virtude do tratamento de dados pessoais, buscando, com segurança, proteger os dados pessoais de acessos não autorizados e de situações acidentais ou ilícitas de destruição, perda, alteração, comunicação ou difusão.

Nos termos da LGPD, todo tratamento de dados deve ser realizado de maneira consentânea com o princípio da boa-fé, garantindo-se a responsabilização e a prestação de contas pelos agentes acerca do cumprimento das normas legais e da eficácia das medidas tomadas para esse fim. Outra diretriz fundamental nessas operações é a transparência, que

V - qualidade dos dados: garantia, aos titulares, de exatidão, clareza, relevância e atualização dos dados, de acordo com a necessidade e para o cumprimento da finalidade de seu tratamento;
VI - transparência: garantia, aos titulares, de informações claras, precisas e facilmente acessíveis sobre a realização do tratamento e os respectivos agentes de tratamento, observados os segredos comercial e industrial;
VII - segurança: utilização de medidas técnicas e administrativas aptas a proteger os dados pessoais de acessos não autorizados e de situações acidentais ou ilícitas de destruição, perda, alteração, comunicação ou difusão;
VIII - prevenção: adoção de medidas para prevenir a ocorrência de danos em virtude do tratamento de dados pessoais;
IX - não discriminação: impossibilidade de realização do tratamento para fins discriminatórios ilícitos ou abusivos;
X - responsabilização e prestação de contas: demonstração, pelo agente, da adoção de medidas eficazes e capazes de comprovar a observância e o cumprimento das normas de proteção de dados pessoais e, inclusive, da eficácia dessas medidas".

41 "Art. 7º O tratamento de dados pessoais somente poderá ser realizado nas seguintes hipóteses: I - mediante o fornecimento de consentimento pelo titular".

42 "Art. 8º. O consentimento previsto no inciso I do art. 7º desta Lei deverá ser fornecido por escrito ou por outro meio que demonstre a manifestação de vontade do titular. (...) § 4º. O consentimento deverá referir-se a finalidades determinadas, e as autorizações genéricas para o tratamento de dados pessoais serão nulas".

consiste na garantia, aos titulares, de informações claras, precisas e facilmente acessíveis sobre a realização do tratamento e os respectivos agentes envolvidos na operação, observados os segredos comercial e industrial.

Esses princípios consubstanciam verdadeiros mandamentos normativos que devem ser observados pelas pessoas físicas e jurídicas, que, por meio de ferramentas de inteligência artificial, têm acesso aos dados fornecidos por seus usuários e utilizam tais informações em seus sistemas. Mas não é só: além das normas previstas na LGPD, impõe-se o respeito aos princípios constitucionais que orientam todo o ordenamento jurídico, como a proporcionalidade, a solidariedade social e a dignidade da pessoa humana. É dizer: o direito digital não se encontra apartado do sistema jurídico e a utilização de ferramentas de inteligência artificial deve se submeter aos princípios e regras que regem todo o ordenamento. Anota, ao propósito, a doutrina:

> Sistemas de IA devem ser projetados para garantir que seus objetivos estejam alinhados aos valores humanos, e devem ser concebidos e operados em respeito à dignidade humana, direitos, liberdades e diversidade cultural. A privacidade pessoal deve ser preservada, pois as pessoas devem ter o direito de acessar, gerenciar e controlar os dados que geram.[43]

Revela-se natural que, diante do caráter disruptivo de plataformas como o *ChatGPT*, ainda existam ajustes a serem feitos no sentido de conferir adequado tratamento jurídico às mais diversas ferramentas de inteligência artificial. A intensa velocidade de desenvolvimento de novos dispositivos tecnológicos na sociedade contemporânea não permite que o Direito confira, em tempo real, exaustiva disciplina a cada uma das inovações digitais de nosso tempo.

De todo modo, mostra-se fundamental que as empresas de tecnologia gestoras de ferramentas de inteligência artificial como o *ChatGPT* estejam em constante adequação para garantir o estrito cumprimento das normas legais e dos princípios gerais que orientam a sua atuação. Devem, por exemplo, garantir, na maior medida possível, transparência em relação à forma de tratamento de dados, respeitando o consentimento dos usuários quanto ao uso dos seus dados, à luz das finalidades a

43 BARCAROLLO, Felipe. *Inteligência artificial*: aspectos ético-jurídicos. São Paulo: Almedina, 2021, p. 263.

que se destinam as atividades. Ademais, devem garantir a segurança dos seus usuários quanto a falhas e vazamentos, desenvolvendo uma plataforma confiável e sólida. Em síntese, "erigir um sistema desse porte, passa pela garantia da transparência, da auditabilidade, do escrutínio e da aferição dos impactos de riscos algorítmicos".[44]

Vale destacar, nesse contexto, a iniciativa do *ChatGPT* no sentido de permitir maior controle do titular dos dados acerca do seu tratamento pela plataforma: desde abril de 2023, tornou-se possível ao usuário a desativação do histórico de bate-papos, vetando que as conversas travadas com o robô sejam usadas para o treinamento da inteligência artificial.[45] A desativação é feita de maneira simplificada por meio de simples configuração na plataforma. Segundo Mira Murati, diretora de tecnologia da *OpenAI*, a ideia da corporação com o novo mecanismo é "avançar nessa direção onde as pessoas que usam nossos produtos possam decidir como seus dados são usados, se estão sendo usados para treinamento ou não".[46]

Pode-se, em princípio, afirmar que a iniciativa, em tese, vai na direção de assegurar o direito à autodeterminação informativa dos usuários da inteligência artificial, ao privilegiar a transparência, permitindo que o utilizador do *ChatGPT* escolha quais questões vai submeter à plataforma a depender do regime escolhido acerca do tratamento de suas informações.[47] Nesse

---

44 SARLET, Ingo Wolfgang; SARLET, Gabrielle B. Sales. Algumas notas sobre a relação entre Inteligência Artificial, Proteção de Dados Pessoais e os Direitos Fundamentais na Ordem Constitucional Brasileira. In: SARLET, Ingo Wolfgang; SARLET, Gabrielle B. Sales; BITTAR, Eduardo C. B. *Inteligência artificial, Proteção de Dados Pessoais, Responsabilidade na Era Digital*: Coleção Direito, Tecnologia, Inovação e Proteção de Dados num Mundo em Transformação. São Paulo: ExpressaJur, 2022, e-book.

45 Segundo a *OpenAI*: "When you use our non-API consumer services ChatGPT or DALL-E, we may use the data you provide us to improve our models. You can switch off training in ChatGPT settings (under Data Controls) to turn off training for any conversations created while training is disabled or you can submit this form. Once you opt out, new conversations will not be used to train our models" (SCHADE, Michael. How your data is used to improve model performance. In: *OpenAI*. Disponível em https://help.openai.com/en/articles/5722486-how-your-data-is-used-to-improve-model-performance Acesso em 27 set. 2023).

46 Confira-se: O Globo. *Dona do ChatGPT vai permitir que usuário vete uso de suas conversas para treinar robô*. Disponível em https://oglobo.globo.com/economia/tecnologia/noticia/2023/04/dona-do-chatgpt-vai-permitir-que-usuario-vete-uso-de-suas-conversas-para-treinar-robo.ghtml Acesso em 27 set. 2023.

47 Nesse sentido: "Considerando isso, devemos nos perguntar se o tratamento de dados pessoais feito pela IA seria compatível com os princípios da finalidade, da

sentido, sujeitos que pretendem utilizar a inteligência artificial para resolver questões sensíveis ou desenvolver projetos empresariais podem optar por desativar a aprendizagem da plataforma e ter a segurança de que o seu histórico de bate-papo não será utilizado pelo algoritmo para esse fim.

Por outro lado, a forma pela qual o titular dos dados concede o seu consentimento constitui importante parâmetro para aferir se este se deu de forma livre, expressa, inequívoca e informada, a legitimar o tratamento efetuado. Avalia-se, para tanto, se o usuário, dispondo de informações claras e objetivas acerca do tratamento a ser realizado, exerceu, indubitavelmente, a sua liberdade de escolha quanto à aceitação ou recusa da captação e uso de seus dados, como manifestação inerente à sua personalidade. Nessa esteira, afirma-se que a normativa prevista na LGPD não acolhe políticas dos agentes de tratamento que adotam o chamado modelo *opt-out*, como ocorre especificamente em relação ao *ChatGPT*, por meio do qual se presume o consentimento dos usuários quanto ao uso de dados pessoais, salvo manifestação em contrário.

Com efeito, para que os dados fornecidos pelos usuários não sejam utilizados para aprimorar os modelos da plataforma, o usuário deverá preencher, individualmente, formulário específico denominado "*User Content Opt Out Request*", a fim de retirar a autorização no que tange ao tratamento dos seus dados para tal finalidade,[48] presumindo-se o consentimento daqueles que tão somente concordam com a política de privacidade e os termos de uso atinentes à plataforma.

---

necessidade e da transparência previstos não apenas na LGPD, mas na vasta maioria das legislações de privacidade e proteção de dados ao redor do mundo. (...) A complexidade desse debate destaca a importância da compatibilização da IA com os princípios da LGPD, bem como da necessidade de transparência e revisão das decisões tomadas por esses sistemas. Assim, é necessário que os operadores da IA sejam capazes de fornecer informações claras e compreensíveis sobre a lógica geral do funcionamento de suas aplicações" (ALENCAR, Ana Catarina de. *Inteligência artificial, ética e direito*: guia prático para entender o novo mundo. São Paulo: Expressa, 2022, e-book).

48 Assim indica a plataforma: "We understand that in some cases you may not want your data used to improve model performance. You can opt out of having your data used to improve our models by filling out this form. Please note that in some cases this will limit the ability of our models to better address your specific use case" (OpenAI. *User Content Opt Out Request*. Disponível em: https://docs.google.com/forms/d/e/1FAIpQLScrnC-_A7JFs4LbIuzevQ_78hVERlNqqCPCt3d8XqnKOfdRdQ/viewform. Acesso em 2 out. 2023).

Exige-se, todavia, pela LGPD, a conduta ativa do titular, vale dizer, ato positivo do usuário, que deve manifestar a sua vontade de forma expressa e inequívoca quanto a determinado tratamento, nos termos do modelo *opt-in*,[49] evitando-se que o seu silêncio implique consentimento para os fins previstos na LGPD.[50] Notadamente na seara consumerista tem-se adotado, inclusive, procedimento de *double opt-in*,[51] por meio

---

49 Nas lições de Laura Schertel Mendes: "Nesse sentido, cabe aqui o questionamento sobre qual a forma que o consentimento deve assumir: se o modelo opt out, que pressupõe o consentimento do titular se este não se manifestar de forma contrária ou o modelo opt in, que exige uma postura ativa da pessoa, declarando a sua vontade de realizar o tratamento de dados. Como visto acima, um dos requisitos para a validade do consentimento é que ele seja expresso. Isso implica a necessidade de que a declaração de vontade seja manifesta e clara, não podendo ser oculta, subentendida ou implícita. Dessa forma, compreendemos que, em regra, somente o modelo de consentimento opt in confere validade ao consentimento e torna legítimo o tratamento de dados. Como exemplo, entende-se que caixas previamente assinaladas em uma página na internet, configurações de browser que são instaladas por default, ou cláusula de autorização em contrato de adesão sem o devido destaque não constituem um consentimento válido. Já uma assinatura adicional em um contrato acerca da autorização do processamento de dados pode ser considerada uma manifestação de vontade clara" (MENDES, Laura Schertel. O diálogo entre o marco civil da internet e o código de defesa do consumidor. *Revista de Direito do Consumidor*, v. 106, pp. 37-69, jul./ago. 2016. Disponível em: https://www.revistadostribunais.com.br/maf/app/resultList/document?&src=rl&srguid=i0ad6adc50000017892239b534c9c9c7c&docguid=Iea2a93a05eb111e6b21d010000000000&hitguid=Iea2a93a05eb111e6b21d010000000000&spos=1&epos=1&td=1&context=12&crumb-action=append&crumb-label=Documento&isDocFG=false&isFromMultiSumm=&startChunk=1&endChunk=1. Acesso em 2 out. 2023).

50 Nesse sentido, Ana Frazão destaca que, "embora a vontade não precise necessariamente estar consubstanciada em declaração escrita, jamais pode ser extraída da omissão do titular de dados, mas tão somente de atos positivos que revelem claramente o seu consentimento. Por outro lado, mesmo a declaração escrita não necessariamente atenderá, por si só, aos requisitos legais do consentimento, pois deverá ser contextualizada diante dos demais critérios atestadores da formação livre e informada da vontade, dentre os quais o previsto no § 1º do art. 8º da LGPD" (FRAZÃO, Ana. A nova Lei Geral de Proteção de Dados: repercussões para a atividade empresarial: a importância do consentimento para o tratamento dos dados pessoais, parte III. *Jota*. Disponível em: http://www.professoraanafrazao.com.br/files/publicacoes/2018-09-12-A_nova_Lei_Geral_de_Protecao_de_Dados_Repercussoes_para_a_atividade_empresarial_a_importancia_do_consentimento_para_o_tratamento_dos_dados_pessoais_Parte_III.pdf. Acesso em 4 out. 2023).

51 Sobre o modelo de *double opt-in*, vale frisar que na "primeira etapa, o titular dos dados adiciona suas informações nos campos de um site, demonstrando seu interesse em receber *newsletter*, comunicados em geral, realizar compras ou consentir

do qual o controlador de dados confirma o consentimento especifico do usuário por duas vezes e em vias distintas (por exemplo, *site* e e-mail), de modo a comprovar, de modo mais seguro, a manifestação de vontade dos consumidores – ônus que lhe recai, nos termos do art. 8º, §2º, LGPD.[52]

Note-se que a plataforma do *ChatGPT* também informa que "we remove any personally identifiable information from data we intend to use to improve model performance".[53] Tal alternativa por meio da técnica de anonimização dos dados pode legitimar o tratamento de dados dos usuários, a despeito da ausência de consentimento específico, desde que não seja possível identificar, em concreto, o titular dos dados, nem mesmo por meio de reversão dos processos de *machine learning* e *deep learning*, segundo os meios técnicos razoáveis e disponíveis na ocasião de seu tratamento (art. 5º, III, LGPD)[54]. Nessa hipótese, a LGPD expressamente considera que dados anonimizados não serão considerados dados pessoais e, portanto, estão fora do seu âmbito de proteção (art. 12, LGPD)[55].

Por fim, não parece adequado justificar a coleta e uso de dados pelo *ChatGPT* em razão do interesse legítimo do provedor da plataforma (art. 7º, IX, LGPD). Conforme observado em outra sede, o dispositivo legal "demonstra que a LGPD também se volta à promoção do livre desenvol-

com termos de uso, por exemplo. Na segunda, o participante recebe *e-mail* de verificação contendo *link* personalizado que precisa seguir para finalizar seu consentimento, reafirmando pela segunda vez seu interesse em receber tais comunicações. Assim, o controlador pode comprovar que obteve o consentimento do titular dos dados" (TEPEDINO, Gustavo; TEFFÉ, Chiara Spadaccini de. O consentimento na circulação de dados pessoais. *Revista Brasileira de Direito Civil – RBDCivil*, v. 25, nº 03, 2020. Disponível em: https://rbdcivil.ibdcivil.org.br/rbdc/article/view/521. Acesso em 2 out. 2023).

52 "Art. 8º. (...) § 2º. Cabe ao controlador o ônus da prova de que o consentimento foi obtido em conformidade com o disposto nesta Lei".

53 OpenAI. *User Content Opt Out Request*. Disponível em: https://docs.google.com/forms/d/e/1FAIpQLScrnC-_A7JFs4LbIuzevQ_78hVERlNqqCPCt3d8XqnKOfdRdQ/viewform. Acesso em 4 out. 2023.

54 "Art. 5º. Para os fins desta Lei, considera-se: (...) III - dado anonimizado: dado relativo a titular que não possa ser identificado, considerando a utilização de meios técnicos razoáveis e disponíveis na ocasião de seu tratamento".

55 "Art. 12. Os dados anonimizados não serão considerados dados pessoais para os fins desta Lei, salvo quando o processo de anonimização ao qual foram submetidos for revertido, utilizando exclusivamente meios próprios, ou quando, com esforços razoáveis, puder ser revertido".

vimento econômico e tecnológico e da livre iniciativa, hoje indissociáveis do tratamento de dados pessoais, resguardando-se, sempre que possível, os interesses dos agentes de tratamento (art. 2º, V e VI, LGPD)".[56]

Embora não se pretenda esmiuçar o intenso debate havido quanto à conceituação do interesse legítimo do controlador, vale ressaltar que o art. 10, I e II, LGPD,[57] determina parâmetros exemplificativos para sua aferição em concreto, ao prever que haverá interesse legítimo do controlador quando o tratamento se voltar a finalidades de (i) apoio e promoção de suas atividades; e (ii) proteção do titular dos dados em relação ao exercício regular dos seus direitos ou à prestação de serviços que o beneficiem, à de seus direitos e liberdades fundamentais e das legítimas expectativas nele despertadas.

Ocorre que tal dispositivo não pretende conferir ao controlador carta branca para justificar *a posteriori* o tratamento de dados com base no seu legítimo interesse. De fato, desde a coleta dos dados, deve o controlador garantir a transparência do tratamento fundado no legítimo interesse, apresentando informações claras, precisas e facilmente acessíveis (arts. 6º, VI; e 9, art. 10, §2º, LGPD), inclusive acerca dos dados pessoais restritivamente tratados e da finalidade legítima e específica que o fundamenta (art. 6º, I, LGPD).

Para além disso, não sendo o tratamento de dados fornecidos pelos usuários imprescindível à prestação do serviço e desenvolvimento da atividade econômica pelo *ChatGPT* – o qual, como visto, possui outras fontes de dados que não dependem dos *inputs* dos usuários –, voltando-se meramente ao aprimoramento da inteligência artificial, pode-se compreender que a coleta e uso de dados pessoais para tal finalidade, sem consentimento específico, extrapola a expectativa legitimamente suscitada no usuário.

---

56 TEPEDINO, Gustavo; OLIVEIRA, Camila Helena Melchior Baptista de. Contratos Eletrônicos de Licença em Serviço de Streaming. In: ROQUE, Andre Vasconcellos; OLIVA, Milena Donato (Coords.). *Direito na Era Digital*: aspectos negociais, processuais e registrais. São Paulo: JusPodivm, 2022.

57 "Art. 10. O legítimo interesse do controlador somente poderá fundamentar tratamento de dados pessoais para finalidades legítimas, consideradas a partir de situações concretas, que incluem, mas não se limitam a: I - apoio e promoção de atividades do controlador; e II - proteção, em relação ao titular, do exercício regular de seus direitos ou prestação de serviços que o beneficiem, respeitadas as legítimas expectativas dele e os direitos e liberdades fundamentais, nos termos desta Lei".

Tanto é assim que a própria plataforma do *ChatGPT* indica que, caso o usuário preencha o formulário de *opt out* para não compartilhar seus dados, a consequência seria a possível limitação da habilidade dos modelos de melhor endereçar a demanda específica do usuário,[58] não já a ausência ou prestação inadequada do serviço. A própria opção do *ChatGPT* de disponibilizar modelos de *opt out* aos usuários demonstra a preocupação da plataforma com a manifestação de vontade dos usuários quanto ao compartilhamento de seus dados, que não resta afastada com fundamento no interesse legítimo do controlador.

Diante do exposto, conclui-se que, embora não existam respostas para todas as questões jurídicas que surgem no contexto da aplicação de ferramentas de inteligência artificial, mostra-se imprescindível que as empresas gestoras e programadoras dessas tecnologias que operam no Brasil adequem suas práticas ao ordenamento jurídico pátrio, observando-se os princípios e regras aplicáveis.[59] Máxime ao se constatar que os direitos à proteção de dados pessoais e à autodeterminação informativa constituem direitos fundamentais, de sorte que não se admite, na legalidade constitucional, qualquer iniciativa que viole tais garantias.

5. Conclusão

Com a Revolução Tecnológica, a inteligência artificial assume protagonismo em diversos setores da sociedade, permitindo o surgimento de ferramentas postas à disposição de seus usuários, dentre as quais o *ChatGPT.*

Como visto, o *ChatGPT* consiste em ferramenta de inteligência de artificial que faz uso de redes neurais e aprendizado de máquina para

58 "We understand that in some cases you may not want your data used to improve model performance. You can opt out of having your data used to improve our models by filling out this form. Please note that in some cases this will limit the ability of our models to better address your specific use case" (OpenAI, User Content Opt Out Request. Disponível em: https://docs.google.com/forms/d/e/1FAIpQLScrnC-_A7J-Fs4LbIuzevQ_78hVERlNqqCPCt3d8XqnKOfdRdQ/viewform. Acesso em 4 out. 23).

59 Na síntese da doutrina: "Ainda que não existam respostas claras e definitivas para todos os questionamentos trazidos pela IA no atual momento, é fundamental estabelecer o diálogo entre as novas tecnologias e as salvaguardas trazidas pela legislação, a fim de que as empresas possam atuar com ética e transparência projetando um futuro sustentável aos direitos de todos. (ALENCAR, Ana Catarina de. *Inteligência artificial, ética e direito*: guia prático para entender o novo mundo. São Paulo: Expressa, 2022, e-book).

desenvolver respostas às questões formuladas por seus usuários em linguagem natural. O aprimoramento e o desenvolvimento dessa tecnologia ocorrem por meio do "treino" do sistema, que faz uso de numerosa quantidade de textos e informações para tornar mais eficiente sua linguagem natural. Trata-se de plataforma que se retroalimenta, de modo que os dados recebidos no decorrer de seu próprio uso são, via de regra, utilizados para melhorar a tecnologia. Forma-se, assim, grande base de dados, que se aprimora por diversos meios, dentre os quais os dados pessoais incluídos pelos seus usuários no sistema.

Surge, a partir daí, a preocupação com o tratamento dos dados pessoais dos usuários do *ChatGPT*, considerando que os direitos à proteção de dados pessoais e à autodeterminação informativa consubstanciam direitos fundamentais insculpidos no art. 5º, LXXIX, C.R. Indaga-se, assim, quais as medidas que devem ser adotadas pelos controladores das plataformas de inteligência artificial para garantir a sua proteção, impedindo o mau uso destes dados a partir de medidas preventivas e reprimindo eventual violação.

Mostra-se fundamental, nessa direção, o consentimento livre e informado do usuário da plataforma quanto ao uso dos seus dados pessoais (modelo *opt-in*), não se admitindo que, na omissão do usuário, se presuma a possibilidade de utilização de tais dados. Além disso, o uso dos dados, se autorizados, deve se destinar à realização de finalidades legítimas e específicas, a partir de tratamento adequado e necessário, em observância ao princípio da razoabilidade, sem extrapolar a finalidade expressamente declarada ao titular dos dados. Incidem, ainda, os demais princípios estabelecidos pelo art. 6º, LGPD, sempre tendo em mira a proteção do valor constitucional da dignidade da pessoa humana, cujos dados pessoais são acessados, e que reclama ampla proteção por parte do ordenamento jurídico brasileiro.

6. Referências bibliográficas

ALENCAR, Ana Catarina de. *Inteligência artificial, ética e direito*: guia prático para entender o novo mundo. São Paulo: Expressa, 2022, e-book.

BARCAROLLO, Felipe. *Inteligência artificial*: aspectos ético-jurídicos. São Paulo: Almedina, 2021.

BARONOVSKY, Thainá. A Web3 e o seu impacto no Direito. *Revista dos Tribunais*, v. 1051, pp. 163-179, maio 2023.

BRASIL. STF. Medida Cautelar em ADI nº 6.393/DF. Plenário. Rel. Min. Rosa Weber. Julg. 07.05.2020.

ChatGPT: get started. In: *OpenAI*. Disponível em https://chat.openai.com/auth/login Acesso em 25 set. 2023.

DALL-E 2. In: *OpenAI*. Disponível em https://openai.com/dall-e-2 Acesso em 27 set. 2023.

Exame. *Samsung proíbe uso de IA após vazamento de dados com ChatGPT*. Disponível em https://exame.com/tecnologia/samsung-proibe-uso-de-ia-apos-vazamento-de-dados-com-chatgpt/ Acesso em 27 set. 2023.

DONEDA, Danilo Cesar Maganhoto. Considerações iniciais sobre os bancos de dados informatizados e o direito à privacidade. In: TEPEDINO, Gustavo (Coord.). *Problemas de Direito Civil-Constitucional*. Rio de Janeiro: Renovar, 2000.

DONEDA, Danilo. *Da privacidade à proteção de dados pessoais*. 3. ed. São Paulo: Thomson Reuters, 2021.

FIOROLLO, Celso Antonio Pacheco. *Princípios Constitucionais do Direito da Sociedade da Informação*: a tutela jurídica do meio ambiente digital. São Paulo: Saraiva, 2015.

FRAZÃO, Ana. A nova Lei Geral de Proteção de Dados: repercussões para a atividade empresarial: a importância do consentimento para o tratamento dos dados pessoais, parte III. *Jota*. Disponível em: http://www.professoraanafrazao.com.br/files/publicacoes/2018-09-12-A_nova_Lei_Geral_de_Protecao_de_Dados_Repercussoes_para_a_atividade_empresarial_a_importancia_do_consentimento_para_o_tratamento_dos_dados_pessoais_Parte_III.pdf. Acesso em 4 out. 2023.

G1. *Itália bane ChatGPT por possíveis ameaças à privacidade*. Disponível em https://g1.globo.com/mundo/noticia/2023/03/31/italia-bane-chatgpt-por-possiveis-ameacas-a-privacidade.ghtml Acesso em 27 set. 2023.

GAL, Uri. ChatGPT is a data privacy nightmare. If you've ever posted online, you ought to be concerned. *The Conversation*. Disponível em https://theconversation.com/chatgpt-is-a-data-privacy-nightmare-if-youve-ever-posted-online-you-ought-to-be-concerned-199283 Acesso em 27 set. 2023.

HAO, Xing; ZHANG, Guigang; MA, Shang. Deep Learning. *International Journal of Semantic Computing*, v. 10, nº 3, pp. 417-439, 2016.

HOFFMANN-RIEM, Wolfgang. *Teoria Geral do Direito Digital*: transformação digital; desafios para o Direito. Rio de Janeiro: Forense, 2021, e-book.

InfoMoney. *ChatGPT atinge 100 milhões de usuários ativos mensais em janeiro e vira o app de crescimento mais rápido da história*. Disponível em: https://

www.infomoney.com.br/negocios/chatgpt-atinge-100-milhoes-de-usuarios-ativos-mensais-em-janeiro-e-vira-o-app-de-crescimento-mais-rapido-da-historia/ Acesso em 26 set. 2023.

Infomoney. *ChatGPT confirma vazamento de dados de cartão de usuários; empresa afirma que bug foi corrigido*. Disponível em https://www.infomoney.com.br/negocios/chatgpt-confirma-vazamento-de-dados-de-cartao-de-usuarios-empresa-afirma-que-bug-foi-corrigido/ Acesso em 27 set. 2023

LIDDY, Elizabeth D. Natural Language Processing. In: *Encyclopedia of Library and Information Science*. Nova York: Marcel Decker, 2001.

MARINHO, Mariana Soares. O que são os Large Language Models e por que é tão importante entendê-los? *Jota*. Disponível em https://www.jota.info/opiniao-e-analise/artigos/o-que-sao-os-large-language-models-e-por-que-e-tao-importante-entende-los-09072023#_ftnref2 Acesso em 26 set. 2023.

MARQUES, Elaine Cristina; SILVA, Victor Hugo Cunha. Vieses algorítmicos nas aplicações de inteligência artificial: uma análise dos projetos de lei brasileiros. In: VIGLIAR, José Marcelo Menezes (Coord.). *Inteligência artificial*: aspectos jurídicos. São Paulo: Almedina, 2023, e-book.

MENDES, Laura Schertel. O diálogo entre o marco civil da internet e o código de defesa do consumidor. *Revista de Direito do Consumidor*, v. 106, pp. 37-69, jul./ago. 2016. Disponível em: https://www.revistadostribunais.com.br/maf/app/resultList/document?&src=rl&srguid=i0ad6adc50000017892239b534c9c9c7c&docguid=Iea2a93a05eb111e6b21d010000000000&hitguid=Iea2a93a05eb111e6b21d010000000000&spos=1&epos=1&td=1&context=12&crumb-action=append&crumb-label=Documento&isDocFG=false&isFromMultiSumm=&startChunk=1&endChunk=1. Acesso em 2 out. 2023.

Notícias. Plataforma Radar aprimora prestação jurisdicional. In: Tribunal de Justiça do Estado de Minas Gerais. Disponível em https://www.tjmg.jus.br/portal-tjmg/noticias/plataforma-radar-aprimora-a-prestacao-jurisdicional.htm# Acesso em 26 set. 2023.

O Globo. *Dona do ChatGPT vai permitir que usuário vete uso de suas conversas para treinar robô*. Disponível em https://oglobo.globo.com/economia/tecnologia/noticia/2023/04/dona-do-chatgpt-vai-permitir-que-usuario-vete-uso-de-suas-conversas-para-treinar-robo.ghtml Acesso em 27 set. 2023.

OpenAI. *Privacy Policy*. Disponível em https://openai.com/policies/privacy-policy Acesso em 27 set. 2023.

OpenAI. *User Content Opt Out Request*. Disponível em: https://docs.google.com/forms/d/e/1FAIpQLScrnC-_A7JFs4LbIuzevQ_78hVERlNqqCPCt3d8XqnKOfdRdQ/viewform. Acesso em 2 out. 2023.

PINHEIRO, Patrícia Peck. *Direito Digital*. 6. ed. São Paulo: Saraiva, 2016.

RUSSEL, Stuart. *Q & A: The future of artificial intelligence*. Disponível em https://people.eecs.berkeley.edu/~russell/research/future/q-and-a.html Acesso em 25 set. 2023.

SARLET, Ingo Wolfgang; SARLET, Gabrielle B. Sales. Algumas notas sobre a relação entre inteligência artificial, proteção de dados pessoais e os direitos fundamentais na ordem constitucional brasileira. In: SARLET, Ingo Wolfgang; SARLET, Gabrielle B. Sales; BITTAR, Eduardo C. B. *Inteligência artificial, Proteção de dados pessoais e Responsabilidade na Era Digital*: Coleção Direito, Tecnologia, Inovação e Proteção de Dados num Mundo em Transformação. São Paulo: ExpressaJur, 2022, e-book.

SCHADE, Michael. How ChatGPT and Our Language Models are developed. In: *OpenAI*. Disponível em https://help.openai.com/en/articles/7842364-how-chatgpt-and-our-language-models-are-developed Acesso em 27 set. 2023.

SCHADE, Michael. How your data is used to improve model performance. In: *OpenAI*. Disponível em https://help.openai.com/en/articles/5722486-how-your-data-is-used-to-improve-model-performance Acesso em 26 set. 2023.

SMITH, Brad; SHUM, Harry. *The future computed*: artificial intelligence and its role in Society. Redmond: Microsoft Corporation, 2018.

SOARES, Marcos José Porto. Impacto da evolução tecnológica no reconhecimento de novos direitos: proteção dos dados pessoais e uso adequado da inteligência artificial. *Revista de Direito e Novas Tecnologias*, v. 15, abr./jun. 2022.

SOUZA, Eduardo Nunes de. Ensino jurídico e inteligência artificial: primeiro esboço de uma abordagem civil-constitucional. *Pensar Revista de Ciências Jurídicas*, Fortaleza, v. 28, nº 2, pp. 1-22, abr./jun. 2023.

TAMER, Maurício. Comentários à decisão do TSE com relação ao uso do *ChatGPT*. *Boletim Revista dos Tribunais Online*, v. 39, maio 2023.

TEPEDINO, Gustavo; OLIVEIRA, Camila Helena Melchior Baptista de. Contratos Eletrônicos de Licença em Serviço de Streaming. In: ROQUE, Andre Vasconcellos; OLIVA, Milena Donato (Coords.). *Direito na Era Digital*: aspectos negociais, processuais e registrais. São Paulo: JusPodivm, 2022.

TEPEDINO, Gustavo; SILVA, Rodrigo da Guia. Desafios da inteligência artificial em matéria de responsabilidade civil. *Revista Brasileira de Direito Civil*, v. 21, pp. 61-86, jul./set. 2019.

TEPEDINO, Gustavo; TEFFÉ, Chiara Spadaccini de. O consentimento na circulação de dados pessoais. *Revista Brasileira de Direito Civil – RBDCivil*, v. 25, nº 03, 2020. Disponível em: https://rbdcivil.ibdcivil.org.br/rbdc/article/view/521. Acesso em 2 out. 2023.

TOMAZINI, Andressa. Diálogos entre o direito e a tecnologia: *Chat GPT* e *fake-news*. *Boletim Revista dos Tribunais Online*, v. 40, jun. 2023.

UOL. *ChatGPT volta a funcionar na Itália após quase um mês*. Disponível em: https://noticias.uol.com.br/ultimas-noticias/ansa/2023/04/28/chatgpt-volta-a-funcionar-na-italia-apos-quase-um-mes.htm Acesso em 27 set. 2023.

WAMBIER, Luiz Rodrigues. Inteligência artificial e sistema multiportas: uma nova perspectiva do acesso à justiça. *Revista dos Tribunais*, v. 100, pp. 301-307, fev. 2019.

Parte IV
USO E TRATAMENTO DE DADOS PESSOAIS PELA ADMINISTRAÇÃO PÚBLICA

O TRATAMENTO DE DADOS PESSOAIS PELO PODER PÚBLICO

Caitlin Mulholland
Rodrigo Dias de Pinho Gomes

1. Introdução

A Lei Geral de Proteção de Dados Pessoais (LGPD) confere tutela aos dados pessoais que são objeto de tratamento tanto por agentes constituídos por pessoas físicas e pessoas jurídicas de direito privado, quanto por agentes do setor público, havendo entre estes uma abordagem distinta, em alguns aspectos, quanto à forma de sua regulação, especialmente devido à finalidade concedida ao tratamento dos dados.

A Lei Geral de Proteção de Dados Pessoais destaca um capítulo específico destinado ao tratamento de dados pelo Poder Público, distinguindo-o do tratamento dispensado às pessoas de direito privado e desta forma revelando a importância e as especificidades da matéria. Por outro lado, os conceitos, fundamentos e princípios da LGPD aplicam-se indistintamente aos diferentes tipos de agentes de tratamento de dados, demonstrando a unidade sistemática da Lei.

Esse capítulo da lei é dividido em duas seções, as quais tratam, respectivamente (i) das regras aplicáveis ao tratamento dos dados pessoais pelo poder público, e (ii) da responsabilidade do órgão público pelos danos ocasionados ao titular de dados no seu tratamento. A primeira seção, por sua vez, sofre uma subdivisão – apesar de não expressamente prevista. Num primeiro momento, os artigos 23 e 24 da LGPD trazem regras e definições sobre (i) quais são as pessoas jurídicas que atuam no âmbito público autorizadas a realizar o tratamento de dados pessoais, (ii) como elas o realizarão e (iii) quais são os limites legais para o tratamento. Posteriormente, os artigos 25 a 30, da LGPD, tratam das normas referentes (i) ao uso compartilhado, (ii) às formas admitidas de compartilhamento de dados e (iii) aos limites legais do compartilhamento dos dados pessoais por essas pessoas jurídicas.

2. Os agentes de tratamento de dados pessoais pelo poder público

A primeira parte do artigo 23, o qual inaugura a seção, faz referência ao artigo 1º da Lei de Acesso à Informação (Lei nº 12.527/2011) para delimitar quais as pessoas jurídicas submetidas às normas desse capítulo, sendo elas: (i) os órgãos públicos integrantes da administração direta dos Poderes Executivo, Legislativo, incluindo as Cortes de Contas, o Judiciário e o Ministério Público; (ii) as autarquias e as fundações públicas e (iii) as empresas públicas, as sociedades de economia mista e demais entidades controladas direta ou indiretamente pela União, Estados, Distrito Federal e Municípios.

Em relação ao item (i), considera-se órgão público "a unidade de atuação integrante da estrutura da Administração direta e da estrutura da Administração indireta" (art. 1, paragrafo 2, da Lei 9.784/1999). Estes órgãos não possuem personalidade jurídica própria, mas integram a estrutura da Administração pública direta ou indireta. Neste sentido, quando a LGPD se refere ao tratamento de dados realizado por pessoas jurídicas de direito público, a partir de uma interpretação teleológica e sistemática das leis mencionadas, deve-se entender que todos os órgãos públicos integrantes das pessoas jurídica de direito público interno - i.e. União, Estados, Municípios - estarão sujeitos ao regramento específico desse capítulo da LGPD. São exemplos de órgãos públicos as Delegacias de Polícia, as Secretarias Municipais, os Tribunais de Justiça, dentre outros.

No tocante ao item (iii), deve-se atentar que as empresas públicas e as sociedades de economia mista são pessoas jurídicas dotadas de personalidade jurídica de direito privado, não de direito público. Estas pessoas jurídicas possuem regramento próprio, sendo tuteladas tanto na Constituição Federal de 1988 - artigos 173 e inciso XIX do artigo 37 - como na lei nº 13.303/2016, que dispõe sobre o estatuto jurídico da empresa pública, da sociedade de economia mista e de suas subsidiárias, no âmbito da União, dos Estados, do Distrito Federal e dos Municípios. Devido à sua natureza de pessoa jurídica de direito privado, a princípio, a elas não seria aplicável o regramento jurídico do tratamento de dados pelo poder público, dada a natureza de sua personalidade. Daí o reconhecimento no *caput* do artigo 24, da LGPD, de que as empresas públicas e as sociedades de economia mista que estiverem atuando em regime de concorrência terão o mesmo tratamento dispensado às pessoas jurídicas de "direito privado particulares», sendo a elas aplicadas as regras gerais relativas ao tratamento de dados pessoais, afastando, assim, as regras específicas sobre tratamento de dados prevista neste capítulo.

De outro lado, o parágrafo único do artigo 24 da LGPD estabelece que quando estas empresas estatais e sociedades de economia mista estiverem operacionalizando políticas públicas - e no âmbito exclusivo de sua execução – terão o mesmo tratamento conferido às entidades do Poder Público. Logo, também sofrem a incidência desse mesmo capítulo quando atuarem nesse regime delimitado pela LGPD. Entende-se por políticas públicas "um conjunto de atos unificados por ato condutor que os reuniria ao objetivo, meta ou alvo comum de realizar um projeto de governo para o país"[1]. Em sentido semelhante entende Bucci, para quem as políticas públicas são constituídas pelo "processo de escolha dos meios para a realização dos objetivos do governo com a participação dos agentes públicos e privados"[2]. Para a autora, "políticas públicas são os programas de ação do governo para a realização de objetivos determinados num espaço de tempo certo"[3]. Bucci afirma que as políticas públicas se destinam à "coordenação dos meios à disposição do Estado, harmonizando as atividades estatais e privadas para a realização de objetivos socialmente relevantes e politicamente determinados"[4].

Por fim, a Lei Geral de Proteção de Dados reconhece em seu artigo 23, § 4º, que os serviços notariais e de registro exercidos em caráter privado, por delegação do Poder Público, terão o mesmo tratamento dispensado às pessoas jurídicas de direito público, no que tange às regras referentes ao tratamento de dados pelo Poder Público, sendo certo que aqueles órgãos devem fornecer acesso aos dados por meio eletrônico para a administração pública (art. 23, § 5º, da LGPD), desde que para o atendimento dos objetivos previstos no *caput* do artigo 23, da LGPD, quais sejam: (i) para finalidade pública; e (ii) na persecução do interesse público.

1 BANDEIRA DE MELLO, Celso Antônio. Curso de Direito Administrativo, São Paulo: Malheiros, 2013. pp. 830-831.

2 BUCCI, Maria P. D. Políticas públicas e direito administrativo, Brasília, Revista de Informação Legislativa, 1997. p. 93. (Disponível em http,//ftp.unisc.br/portal/upload/com_arquivo/politi cas_publ icas_e_direito_administrativo.pdf. Acesso em 28/09/2023).

3 BUCCI, Maria P. D. Políticas públicas e direito administrativo, Brasília, Revista de Informação Legislativa, 1997. p. 93. (Disponível em http,//ftp.unisc.br/portal/upload/com_arquivo/politi cas_publ icas_e_direito_administrativo.pdf. Acesso em 28/09/2023).

4 BUCCI, Maria P. D. Políticas públicas e direito administrativo, Brasília, Revista de Informação Legislativa, 1997. pp. 91. (Disponível em http,//ftp.unisc.br/portal/upload/com_arquivo/politi cas_publ icas_e_direito_administrativo.pdf. Acesso em 28/09/2023).

Em breve síntese, vale destacar que a LGPD, ao versar sobre o "Poder Público", o define de maneira ampla, contemplando órgãos ou entidades dos entes federativos (União, Estados, Distrito Federal e Municípios) e dos três Poderes (Executivo, Legislativo e Judiciário), incluindo Cortes de Contas e até mesmo o Ministério Público. Igualmente estão inseridos serviços notariais e de registro (art. 23, § 4º); as empresas públicas e as sociedades de economia mista (art. 24), estes desde que não estejam atuando em regime de concorrência ou operacionalizem políticas públicas, no âmbito da execução destas.[5]

3. Propósito do tratamento de dados pessoais pelo poder público

Na parte final do artigo 23, da LGPD, delimitam-se os propósitos da coleta de dados pela Administração Pública, quais sejam (i) para o atendimento de sua finalidade pública, (ii) na persecução do interesse público, e (iii) com o objetivo de executar as competências legais ou cumprir as atribuições legais do serviço público. O item (i) restringe o tratamento de dados pessoais pelo poder público, sob a lógica do princípio da legalidade e da finalidade da administração pública. Significa dizer que somente será admitido o tratamento de dados caso este seja realizado no âmbito de atuação da pessoa jurídica e desde que respeitada a finalidade para a qual esta foi constituída. Assim, não será considerado legítimo o tratamento de dados pessoais pelo poder público se fugir ao escopo da atuação pública daqueles legitimados. Pode-se pensar num exemplo em que seja realizado o tratamento de dados pessoais de natureza financeira pela secretaria de saúde de um determinado município. Considera-se que a secretaria de saúde, "atendendo à sua finalidade pública", não estaria legitimada – *a priori* – para tratar dados pessoais de natureza financeira, considerando que a sua constituição não visa a proteção, tutela e promoção destes interesses, mas sim aqueles referentes à saúde da população.

Em relação ao item (ii), qual seja a "persecução do interesse público", a lei se vale de conceito jurídico indeterminado – interesse público –

5 LANDERDAHL, Cristiane; MAIOLINO, Isabela; BARBOSA, Jeferson Dias; CARVALHO, Lucas Borges de. Guia orientativo: tratamento de dados pessoais pelo Poder Público. Brasília: ANPD, 2023. p. 7. Disponível em: https://www.gov.br/anpd/pt-br/documentos-e-publicacoes/guia-poder-publico-anpd-versao-final.pdf. Acesso em: 22 set. 2023.

caracterizado por sua fluidez[6], levando à necessidade de preenchimento de seu conteúdo em busca da finalidade do tratamento, por meio da interpretação da lei, tanto pela doutrina, quanto pela jurisprudência[7]. Em crítica ao uso do termo cujo conteúdo é indefinido, Daniel Sarmento afirma que há uma "(...) profunda crise no contexto de fragmentação e pluralismo que caracteriza as sociedades contemporâneas, nas quais se torna por vezes impossível extrair, à moda de Rousseau, uma noção homogênea de bem comum ou vontade geral"[8]. Os institutos do Direito Administrativo, por sua vez, auxiliam na busca de um conteúdo apropriado para o termo, pois possuem como seus pilares justamente a persecução do interesse público e sua supremacia sobre os interesses privados. Em definição consagrada na doutrina brasileira, Celso Antônio Bandeira de Mello afirma que o "interesse público deve ser conceituado como o interesse resultante do conjunto dos interesses que os indivíduos pessoalmente têm quando considerados em sua qualidade de membros da Sociedade e pelo simples fato de o serem"[9]. Indo além, o administrativista leciona que o reconhecimento da dimensão pública do conjunto de interesses individuais não coincide necessariamente com o

6 BANDEIRA DE MELLO, Celso Antônio. Discricionariedade e controle jurisdicional. São Paulo: Malheiros, 2007. p. 29.

7 "Com muita freqüência se percebe a rápida obsolescência das soluções jurídicas que se referem a um único e isolado dado técnico ou problema. Adverte-se desta forma para a necessidade de individualizar princípios, de associá-los a tendências de longo prazo. Essa é certamente a lição proveniente de uma reflexão sobre o primeiro período de planejamento e de aplicação das leis sobre o tratamento eletrônico das informações. [...] Diante da multiplicação de situações trazidas pelas novas tecnologias, muda-se radicalmente a técnica legislativa, valendo-se o legislador de inúmeras cláusulas gerais – as quais permitem ao intérprete amoldar as previsões normativas às peculiaridades do caso concreto –, e os princípios, dotados de força normativa, tornam-se fundamentais para determinação dos ordenamentos aplicáveis aos casos concretos, cada vez mais inusitados." TEPEDINO, Gustavo. Normas constitucionais e direito civil na construção unitária do ordenamento. In: Temas de direito civil. Rio de Janeiro: Renovar, 2009. Tomo III. p. 17.

8 SARMENTO, Daniel e SOUZA NETO, Cláudio Pereira de. Direito Constitucional: Teoria, História e Métodos de Trabalho. 2ª ed. Belo Horizonte: Fórum, 2014. p. 27.

9 BANDEIRA DE MELLO, Celso Antônio. Curso de Direito Administrativo, São Paulo: Malheiros, 2013. p. 62.

interesse do Estado e demais pessoas de Direito Público[10], concretizando, desta forma, a separação entre interesse público primário[11] e secundário.

Por fim, no item (iii), a LGPD afirma que o tratamento de dados pessoais somente poderá ser realizado dentro das competências legais ou para cumprir as atribuições legais do serviço público, restringindo a atividade de tratamento às hipóteses previstas em lei para a atuação dos entes públicos. Confira-se singelo exemplo trazido pela Autoridade Brasileira:

> *Processo legislativo. Assembleia Legislativa trata dados pessoais contidos em documentos relacionados ao processo legislativo, tais como atas de reunião, pareceres e projetos de lei. Os dados pessoais em questão se referem, entre outros, a parlamentares, servidores públicos, membros da sociedade civil e especialistas ouvidos em audiências públicas. O tratamento dos dados pessoais é legítimo, na medida em que diretamente vinculado ao cumprimento de obrigações e à execução de competências típicas do órgão legislativo, que decorrem de normas de organização previstas na Constituição Estadual, em conformidade com a base legal prevista no art. 7º, ii, e com o disposto no art. 23, da LGPD.*[12]

10 BANDEIRA DE MELLO, Celso Antônio. Curso de Direito Administrativo, São Paulo: Malheiros, 2013. p. 66.

11 O interesse público primário consiste na "razão de ser do Estado e sintetiza-se nos fins que cabe a ele promover: justiça, segurança e bem-estar social" (BARROSO, Luís Roberto. Prefácio. In: SARMENTO, Daniel (organizador). Interesses Públicos versus Interesses Privados: desconstruindo o princípio de Supremacia do Interesse Público, Rio de Janeiro: Lumen Juris, 2007, p. vii). Por sua vez, o interesse público secundário refere-se aos próprios anseios do Estado na condição de pessoa jurídica de direito público que "jamais desfrutará de supremacia a priori e abstrata em face do interesse do particular (BARROSO, Luís Roberto. Prefácio. In: SARMENTO, Daniel (organizador). Interesses Públicos versus Interesses Privados: desconstruindo o princípio de Supremacia do Interesse Público, Rio de Janeiro: Lumen Juris, 2007, p.ix)". Como aponta Barroso: "o problema ganha complexidade quando há o confronto entre o interesse público consubstanciado em uma meta coletiva e o interesse público primário que se realiza mediante a garantia de um direito fundamental (BARROSO, Luís Roberto. Prefácio. In: SARMENTO, Daniel (organizador). Interesses Públicos versus Interesses Privados: desconstruindo o princípio de Supremacia do Interesse Público, Rio de Janeiro: Lumen Juris, 2007, p.x)". Para preencher o conteúdo desta cláusula geral necessário será identificar concretamente quando a atividade de tratamento de dados é direcionada a uma destas finalidades.

12 LANDERDAHL, Cristiane; MAIOLINO, Isabela; BARBOSA, Jeferson Dias; CARVALHO, Lucas Borges de. Guia orientativo: tratamento de dados pessoais pelo Poder

Trata-se de hipótese respaldada no princípio da legalidade, que limita as competências, atribuições e atividades desenvolvidas pelo poder público à expressa previsão e autorização legal. Esse princípio, típico do direito público, é uma garantia ao cidadão de que a atuação administrativa se pautará não só pelos estritos termos da lei, mas também a possibilidade da sociedade controlar os limites dos atos dos administradores públicos. Nessa lógica, pode-se concluir que "havendo dissonância entre a conduta e a lei, deverá aquela ser corrigida para eliminar-se a ilicitude"[13]. Complementa este entendimento Di Pietro, que sustenta que o princípio da legalidade, ao lado do princípio de controle da Administração pelo Poder Judiciário, constitui uma das principais garantias de respeito aos direitos individuais[14].

4. Princípios e limitação ao tratamento de dados pelo poder público

Prevê o inciso I do artigo 23 da LGPD uma condição para o tratamento de dados pelo poder público. De acordo com a norma, somente estará autorizado o tratamento previsto no *caput* do artigo 23, da LGPD, quando forem "informadas as hipóteses em que, no exercício de suas competências, realizam o tratamento de dados pessoais, fornecendo informações claras e atualizadas sobre a previsão legal, a finalidade, os procedimentos e as práticas utilizadas para a execução dessas atividades, em veículos de fácil acesso, preferencialmente em seus sítios eletrônicos".

Tal inciso prevê expressamente o cumprimento do princípio da finalidade (art. 6º. I) como condição para o exercício do tratamento de dados. O princípio da finalidade tem como objetivo, essencialmente, que a utilização de dados pessoais tratados obedeça estritamente ao escopo informado pelo agente de tratamento e que ele seja legítimo, lícito e não abusivo. O desafio gira em torno da necessidade de que o

Público. Brasília: ANPD, 2023. p. 18. Disponível em: https://www.gov.br/anpd/pt-br/documentos-e-publicacoes/guia-poder-publico-anpd-versao-final.pdf. Acesso em: 22 set. 2023.

13 CARVALHO Filho, José dos Santos. Manual de Direito Administrativo. São Paulo: Atlas, 2017. p. 20.

14 DI PIETRO, Maria Sylvia Zanella. Direito Administrativo. Rio de Janeiro: Forense, 2019. p. 214.

tratamento de dados pessoais seja realizado conforme as especificações devidamente informadas ao titular dos dados, decorrente do princípio da transparência (art. 6º. VI). Assim, o princípio da finalidade em questão possui um caráter limitativo para o tratamento de dados. Neste sentido, sustentam Danilo Doneda e Mário Viola que:

> o motivo da coleta ou fornecimento de uma informação pessoal deve ser compatível com o objetivo final do tratamento ao qual esta informação está submetida. Desta forma, seja quando a informação for coletada diretamente do seu titular ou quando houver a consulta a um repositório de dados, a sua utilização sempre estará vinculada ao motivo que fundamentou esta coleta. Cria-se, desta forma, uma ligação entre a informação e a sua origem, vinculando-a ao fim de sua coleta de modo que esta deva ser levada em consideração em qualquer tratamento ulterior.[15]

De outro lado, tal princípio está ligado umbilicalmente ao princípio da necessidade (art. 6º. III), justificado pela restrição de tratamento de dados que sejam suficientes - para outros, mínimos - para alcançar o objetivo almejado pelo tratamento.

Também deve ser respeitada a transparência (art. 6º. VI), que se relacionada com o princípio da publicidade dos atos públicos, ao se exigir do poder público o dever de informar - preferencialmente, em sítios eletrônicos - de forma clara e atualizada as características e requisitos acerca do tratamento desses dados. O princípio da publicidade dos atos públicos deriva do texto constitucional, mais especificamente do art. 37, *caput*. Através deste princípio, que exige a ampla divulgação dos atos emanados pela Administração Pública, é possível que se realize um controle de legalidade e legitimidade desses atos, partindo do pressuposto de que os atos realizados buscam o bem comum, ao invés de interesses individuais. Esta imposição é de extrema importância para realizar o controle da legitimidade, licitude e não abusividade das finalidades elencadas por essas instituições públicas. Neste sentido:

15 DONEDA, Danilo; VIOLA, Mário. Proteção de dados pessoais como limite ao acesso à informação e seu tratamento posterior. In: Ingor Wolfgang, José Antônio Montilla, Regina Liden Ruaro. (coord). Acesso à informação como direito fundamental e dever estatal. Porto Alegre: Livraria do Advogado, 2016. p. 129.

> *Para viabilizar o monitoramento de suas atividades e evitar o desvio de sua função, é dever do Estado guarnecer os cidadãos de informações suficientes para que estes possam exercer a função de controle popular da atividade pública. Este dever de prestação de contas e informações aos administrados é consagrado na Constituição Federal em seu art. 5º, XIV, XXXIII, XXXIV, LXXII, bem como no art. 37, na forma do direito fundamental à transparência. Este direito fundamental é concretizado no ordenamento jurídico infraconstitucional pelas normas integrantes do Sistema Brasileiro de Proteção e Acesso a Dados Pessoais, composto da Lei de Acesso à Informação (Lei n° 58 12.527/2011), do Marco Civil da Internet (Lei n° 12.965/2014) e da LGPD, todas referenciadas pelo Decreto em sua epígrafe.* [16]

Ou seja, espera-se que a publicidade dos atos estatais crie na sociedade brasileira uma espécie de cidadania ativa, própria dos modelos republicanos, uma vez que propicia aos cidadãos o controle da atividade pública, supervisionando, sobretudo, a gestão da coisa pública. Neste sentido, Daniel Sarmento afirma que "o republicanismo enfatiza a importância da esfera pública como local de troca de razões, exercendo importante papel de supervisão sobre o funcionamento concreto das instituições políticas formais"[17].

5. Conformidade do poder público à Lei Geral de Proteção de Dados

Dados sobre movimentações e ativos financeiros, deslocamento e transportes, comunicações eletrônicas, saúde, educação e outros são essenciais ao próprio funcionamento da máquina administrativa na sociedade da informação. No reconhecimento deste fenômeno, a Autoridade Nacional de Proteção de Dados publicou Guia Orientativo versando sobre orientações para o tratamento de dados pessoais pelo Poder Público.[18]

---

16 LAPIN. Manifestação na qualidade de Amicus Curiae junto ao Supremo Tribunal Federal. Arguição de Descumprimento de Preceito Fundamental nº 695/DF. 2020. p. 39.

17 SARMENTO, Daniel e SOUZA NETO, Cláudio Pereira de. Direito Constitucional: Teoria, História e Métodos de Trabalho. 2ª ed. Belo Horizonte: Fórum, 2014. p. 217.

18 LANDERDAHL, Cristiane; MAIOLINO, Isabela; BARBOSA, Jeferson Dias; CARVA-

Em artigo elaborado em novembro de 2016, Bruno Bioni e Jorge Machado[19], a partir de evidências empíricas, procuraram demonstrar como a administração pública é, cada vez mais, dependente das informações pessoais dos cidadãos para promover políticas públicas. Para chegar a esta conclusão, os autores avaliaram os Programas de Notas Fiscais Estaduais no que tange à proteção conferida aos dados pessoais dos participantes por meio da "análise de transparência ativa, ou seja, com base nas informações que são publicadas proativamente pelas Secretarias Estaduais da Fazenda através dos portais do programa". Os resultados foram surpreendentes – e desanimadores -, demonstrando que o poder público terá um longo caminho e muito trabalho até que a LGPD entre em vigor para adequar as práticas de coleta dos dados pessoais realizadas por esses programas às exigências dessa lei.

Inicialmente, os autores reportam que 11 dos 12 Estados pesquisados não fazem qualquer menção "à privacidade ou à proteção de dado pessoal" no tratamento de dados pelas secretarias de fazenda. Além disso, o único estado – Rio de Janeiro – que prevê norma relacionada à tutela da privacidade somente assegura o sigilo das informações relacionadas às relações de consumo. Os autores concluem que o princípio da finalidade é simplesmente desconsiderado, uma vez que o tratamento dos dados pessoais na hipótese não está concretamente atrelado a um propósito específico. Observa-se, de outro lado, que os dados são tratados de maneira indiscriminada, pois não há esclarecimentos quanto a quais dados pessoais são efetivamente necessários para a consecução dos objetivos do programa fiscal. Por fim, concluem os autores: "não há qualquer tipo de informação sobre as políticas de proteção de dados pessoais adotados para garantir a privacidade do cidadão. O foco das informações consiste apenas em demonstrar as vantagens e o funcionamento do sistema para torná-lo atraente aos cidadãos"[20].

LHO, Lucas Borges de. Guia orientativo: tratamento de dados pessoais pelo Poder Público. Brasília: ANPD, 2023. Disponível em: https://www.gov.br/anpd/pt-br/documentos-e-publicacoes/guia-poder-publico-anpd-versao-final.pdf. Acesso em: 22 set. 2023.

---

19 BIONI, Bruno Ricardo; Machado, Jorge. A proteção de dados pessoais nos programas de Nota Fiscal: um estudo de caso da "Nota Fiscal paulista". Liinc em Revista, Rio de Janeiro, v.12, n.2, p.350-364, novembro 2016.

20 BIONI, Bruno Ricardo; Machado, Jorge. A proteção de dados pessoais nos programas de Nota Fiscal: um estudo de caso da "Nota Fiscal paulista". Liinc em Revista, Rio de Janeiro, v.12, n.2, p.350-364, novembro 2016. p. 361.

Em outro exemplo sobre a atuação do poder público no tratamento de dados pessoais, recentemente, a Concessionária da Linha 4 – Amarela do Metrô de São Paulo – a ViaQuatro – instalou na plataforma de embarque câmeras capazes de realizar reconhecimento facial dos usuários do serviço. O objetivo de tal instalação era a de coletar as reações faciais dos passageiros quando da exibição de comunicados ou informes publicitários. Felizmente, o Tribunal de Justiça de São Paulo concedeu liminar a qual determinou a interrupção da coleta dos dados dos passageiros.[21]

Imagine-se, num terceiro exemplo, que em um determinado Município, um órgão público destinado ao controle de tráfego e trânsito tenha instalado câmeras com a finalidade de agilizar, monitorar e melhorar a mobilidade urbana. Contudo, esse equipamento possibilita não só a fotografia para posterior reconhecimento do motorista, como também capta outras informações sobre o automóvel, como, por exemplo, a má conservação do pneu do carro. Em tempo real, o sistema de monitoramento de mobilidade urbana envia ao celular do motorista – previamente inserido no sistema de cadastro do órgão público – uma propaganda paga de uma borracharia da região ou até mesmo indique a contratação de um seguro de carro ou de vida. Observa-se que a conduta do órgão se distanciou da finalidade anteriormente proposta, que era a coleta de dados para agilizar, monitorar e melhorar a mobilidade urbana.

Por outro lado, a coleta e tratamento de dados pessoais no âmbito da administração pública também possibilitará, ao menos em tese, a maior transparência na motivação, no que tange à tomada de decisão dos administradores nas escolhas administrativas. Ao formar um grande banco de dados com as informações pessoais dos integrantes da sociedade, o administrador conseguirá tomar decisões a partir de critérios mais objetivos e cada vez menos discricionários ou subjetivos.

21 A fundamentação da decisão liminar no processo nº 1010667-97.2022.8.26.0053, movido pela Defensoria Pública e outras entidades contra a Companhia do Metropolitano de São Paulo, concentra-se primariamente na urgência de proteger os direitos dos cidadãos quanto ao tratamento de dados biométricos. A decisão determina a imediata suspensão de quaisquer atividades relacionadas à coleta e ao processamento de dados biométricos para reconhecimento facial no contexto do Sistema de Monitoração Eletrônica – SME Etapa 3, oriundo do processo licitatório LPI nº 10014557. Outro aspecto crucial da decisão é a proibição imediata da instalação de novos equipamentos que facilitam o tratamento desses dados sensíveis. (BRASIL. Tribunal de Justiça do Estado de São Paulo. 6ª Vara de Fazenda Pública. Processo nº 1010667-97.2022.8.26.0053. Juíza: Cynthia Thomé, São Paulo, 22 de março de 2022.)

Trata-se de um aspecto que poderá ser crucial na tomada de decisão nas políticas públicas a fim de alcançar as exigências do bem comum na maior amplitude possível, permitindo, por outro lado, uma maior transparência e fiscalização por parte da sociedade.

Nesse quesito, devemos ressaltar a Lei de Acesso à Informação, pois esta importante norma teve como finalidade dar efetividade ao "dever constitucional de a Administração Pública agir com máxima transparência, adotar a postura do modo de ser democrático do Estado"[22]. Logo, essa lei em conjunto com a LGPD pode representar marcos normativos destinados ao amadurecimento da república brasileira, na medida em que se possa conferir um maior controle social dos atos dos administradores. Entretanto, é necessário também que os próprios gestores da coisa pública acolham essa cultura da transparência e atuem de maneira a conferir publicidade aos seus atos. Leonel Pires Ohlweiler destaca a importância na Lei de Acesso à Informação para criar uma cultura do que o autor denominou de "(...) obsessão de impregnar o cotidiano das práticas administrativas (...) no intuito de aprofundar o próprio controle, detectar os problemas de funcionamento e melhorar a qualidade da gestão, fatores imprescindíveis de desenvolvimento"[23].

Desse modo, a própria população também conseguirá fiscalizar melhor os atos dos administradores e reforçará os princípios republicanos que movem esse Estado Democrático de Direito. Nesse sentido também afirma Stefano Rodotà: "as tecnologias da informação e da comunicação podem tornar mais transparentes todas as atividades públicas, abrindo uma "janela eletrônica" sobre o governo e administração[24].

Importante ressaltar, por fim, que segundo a própria Autoridade Nacional de Proteção de Dados, o servidor público que eventualmen-

22 OHLWEILER, Leonel Pires. A efetividade do acesso às informações administrativas e o direito à boa administração pública: questões hermenêuticas sobre a transparência na administração pública e a lei no 12.527/2011. In: Ingor Wolfgang, José Antônio Montilla, Regina Liden Ruaro. (coord). Acesso à informação como direito fundamental e dever estatal. Porto Alegre: Livraria do Advogado, 2016, p. 42.

23 OHLWEILER, Leonel Pires. A efetividade do acesso às informações administrativas e o direito à boa administração pública: questões hermenêuticas sobre a transparência na administração pública e a lei no 12.527/2011. In: Ingor Wolfgang, José Antônio Montilla, Regina Liden Ruaro. (coord). Acesso à informação como direito fundamental e dever estatal. Porto Alegre: Livraria do Advogado, 2016, pp. 29-30.

24 RODOTÀ, Stefano. A vida na sociedade de vigilância: privacidade hoje. Rio de Janeiro: Renovar, 2008. p. 159.

te vier a infringir a LGPD (*v.g.* vendendo banco de dados, alterando ou suprimindo cadastros de forma inadequada ou usando dados pessoais para fins ilegítimos) poderá ser responsabilizado, no âmbito administrativo, de maneira pessoal e autônoma, nos termos do art. 28 do Decreto-Lei n° 4.657/42 (Lei de Introdução às normas do Direito Brasileiro).[25]

6. Compartilhamento de dados pessoais no âmbito da administração pública

A partir do artigo 25, da LGPD, encontramos as regras sobre o compartilhamento de dados pessoais no âmbito da Administração Pública. Os artigos 25 e 26, *caput*, do referido diploma tratam exclusivamente do uso compartilhado de dados entre pessoas jurídicas de direito público. Percebemos que há um estímulo ao uso compartilhado dos dados entre essas pessoas, uma vez que os bancos de dados devem ser formatados em uma estrutura interoperável. Neste sentido:

> *Respeitando a ideia de uma norma geral, a LGPD busca garantir que o tratamento de dados pessoais pelas entidades públicas seja feito de forma interoperável e racional e para fundamentar a realização de políticas públicas, mas reforçando a ideia de respeito ao princípio da finalidade. Essa construção reforça o modelo ex-ante de proteção, ao estipular que o tratamento de dados pelo Estado deve ser feito desde que fundamentado em uma das hipóteses legais, tenha o interesse público como objetivo e apresente informações claras a respeito de para qual finalidade os dados serão tratados (art. 23, I, LGPD). Vale ressaltar que a importância de o setor público cumprir com esses comandos se expressa principalmente ao se considerar a grande quantidade de dados que é tratada pelo Estado*[26].

25 LANDERDAHL, Cristiane; MAIOLINO, Isabela; BARBOSA, Jeferson Dias; CARVALHO, Lucas Borges de. Guia orientativo: tratamento de dados pessoais pelo Poder Público. Brasília: ANPD, 2023. Disponível em: https://www.gov.br/anpd/pt-br/documentos-e-publicacoes/guia-poder-publico-anpd-versao-final.pdf. Acesso em: 22 set. 2023.

26 LAPIN. Manifestação na qualidade de Amicus Curiae junto ao Supremo Tribunal Federal. Arguição de Descumprimento de Preceito Fundamental nº 695/DF. 2020. pp. 9-10.

De acordo com a página do Governo Digital, do site do Ministério da Economia, "a interoperabilidade pode ser entendida como uma característica que se refere à capacidade de diversos sistemas e organizações trabalharem em conjunto (interoperar) de modo a garantir que pessoas, organizações e sistemas computacionais interajam para trocar informações de maneira eficaz e eficiente". Ainda, conforme a página indicada, "os recursos de informação do governo constituem valiosos ativos econômicos. Ao garantir que a informação governamental possa ser rapidamente localizada e transmitida entre os diversos órgãos públicos, mantidas as obrigações de privacidade e segurança, o governo auxilia no aproveitamento máximo deste ativo, melhorando a prestação de serviços públicos no país".

O legislador deixou claro que devem ser observados dois mandamentos no compartilhamento de dados: (i) que o uso seja feito de maneira a promover e integrar a execução de políticas públicas e, ao mesmo tempo, (ii) que devem ser respeitados os princípios da proteção de dados elencados pelo artigo 6º, da LGPD. Ao mesmo tempo, deve ser garantido o "acesso das informações pelo público em geral". Entretanto, o legislador não especificou quais informações devem ser consideras de caráter público. Assim, caberá à Autoridade Nacional de Proteção de Dados – fazendo valer os seus poderes conferidos pela legislação – na identificação de quais as informações serão de livre acesso pelo público. É importante ressaltar que este órgão público realizará uma ponderação entre a transparência, própria dos regimes republicanos, e gestão da Administração Pública.

No âmbito da Administração Pública Federal foi editado o Decreto nº 8.789/2016, o qual dispõe sobre o compartilhamento de bases de dados entre os órgãos e entidades da administração pública federal direta e indireta e as demais entidades controladas direta ou indiretamente pela União, que forem detentoras ou responsáveis pela gestão de dados oficiais. Estes órgãos disponibilizarão aos órgãos e entidades da administração pública federal direta, autárquica e fundacional interessados, o acesso aos dados sob sua gestão. O conteúdo do artigo 6º desse diploma afirma: "fica dispensada a celebração de convênio, acordo de cooperação técnica ou ajustes congêneres para a efetivação do compartilhamento das bases de dados". Tal regulação faz parte do plano de governo, sob supervisão do Ministério do Planejamento, Desenvolvimento e Gestão, implementado pela Política de Governança Digital no âmbito Federal instituída pelo Decreto nº 8.638/2016. Nesse último decreto foi instituída a "governança digital", a qual foi definida como: "a utilização pelo setor público de recursos de tecnologia da informação e comunicação com o objetivo de melhorar a disponibilização de informação e a prestação de serviços públicos, incentivar a participação da sociedade no processo de tomada de decisão e aprimorar os níveis de responsabilidade, transparência e efetividade do governo" (art. 2º, II).

A sistemática do compartilhamento de dados pessoais entre as pessoas jurídicas de direito público e de direito privado se submete a um outro regime, mais restritivo. O parágrafo 1º, do artigo 26, da LGPD afirma que é vedado ao Poder Público transferir os dados pessoais constantes em suas bases para entidades privadas. Trata-se, portanto, de uma regra proibitiva de caráter geral. Soma-se a esta regra o disposto no artigo 27, da LGPD, que requer que seja obtido o consentimento do titular dos dados pessoais para que seja permitido o tratamento e uso compartilhado. O referido consentimento será expresso nos mesmos moldes do artigo 5º, inciso XXII, da LGPD: livre, informado e inequívoco. A exigência de consentimento do titular de dados para o compartilhamento de dados entre órgãos públicos e entidades privadas somente poderá ser dispensada, dentre outras hipóteses, no caso das exceções indicadas no parágrafo primeiro, do artigo 26, da LGPD, conforme enumerados abaixo. O parágrafo único, do artigo 27, da LGPD, explicita que a informação à Autoridade Nacional de que trata o *caput* deste artigo será objeto de regulamentação própria.

Em algumas situações excepcionais e expressamente previstas na lei – tanto no artigo 26, quanto no artigo 27, da LGPD – serão permitidas a transferência dos dados pessoais entre órgãos públicos e entidades de direito privado. Ao longo dos incisos do parágrafo 1º do artigo 26, da LGPD, encontramos as mencionadas exceções. Em primeiro lugar, o inciso I desse dispositivo prevê que a transferência de dados entre as pessoas públicas e as entidades privadas pode ocorrer, caso haja a execução descentralizada de atividade pública, desde que sejam observados os fins a que se destina a atividade pública a ser realizada. O princípio da finalidade é a baliza para o compartilhamento de dados nesse caso, na medida em que essa transferência será limitada exclusivamente ao necessário – e desde que atendida a finalidade – para consecução da atividade pública em questão. Por sua vez, o inciso III, do artigo 26, parágrafo único, incluído via Medida Provisória 869/2018, é um acréscimo muito positivo ao artigo, porque passa a ser obrigatória a indicação de um encarregado para essas operações de compartilhamento e transferência de dados entre as pessoas públicas e as entidades privadas. A pessoa indicada será responsável pela comunicação entre os titulares, o controlador, do qual é subordinado, e a Autoridade Nacional de Proteção de Dados.

No inciso IV do mesmo artigo – art. 26, parágrafo único, da LGPD -, a lei prevê que a transferência de dados pessoais entre a pessoa pública e privada será permitida, desde que encontre respaldo em lei, contrato, convênio ou instrumentos congêneres. A título exemplificativo, no ano de 2017, a Procuradoria Geral da Fazenda Nacional (PGFN) firmou um acordo de cooperação técnica com a pessoa jurídica de direito privado Serasa Experian, o qual deverá ser posto em prática ao longo do ano de 2019. Nesse acordo ficou estabelecido que será permitido o compartilhamento de bancos de dados entre as partes do acordo, obrigando-se a Serasa a informar os endereços e telefones dos devedores da União, além de comunicar quais são os contribuintes que têm registrado falência ou recuperação judicial. O objetivo é promover a classificação dos devedores da dívida ativa da União de acordo com propensão de pagamento do devedor através da ferramenta desenvolvida pela Serasa, denominada *Collection Scorings,* auxiliando a entidade pública na análise do perfil dos devedores do fisco. Em contrapartida, a Procuradoria Geral da Fazenda Nacional fornecerá seu banco de dados das inscrições em dívida ativa da União para que a empresa as utilize no desempenho de suas atividades dentre as quais a proteção dos créditos na realização dos negócios.

No bojo da Ação Direta de Inconstitucionalidade nº 6.649 e a Ação de Descumprimento de Preceito Fundamental nº 649, que se insurgiram contra o compartilhamento de dados no âmbito da administração pública federal e pela criação do Cadastro Base do Cidadão e do Comitê Central de Governança de Dados diante do Decreto nº 10.046/2019, o Ministro Gilmar Mendes asseverou que no debate acerca do respeito à privacidade e da proteção de dados no âmbito da administração pública, não se deve pensar nem agir de forma dicotômica, a partir de uma visão de que o interesse público deve ser atendido em detrimento da proteção constitucional dada a privacidade e à proteção dos dados pessoais. Assim sendo, no voto do Ministro, afirmou-se que o poder público deve promover a compatibilização do princípio da eficiência com "as garantias de autodeterminação informativa e de proteção dos dados pessoais (art. 5º, caput e incisos X, XII e LXXIX, da Constituição Federal)." [27]

27 SANTOS, Pedro Henrique; CRUZ, Sinuhe. Análise de Decisões #3. Estabelecendo parâmetros para o compartilhamento de dados no Poder Público: ADI 6.649, ADPF

Outra questão que ensejará muita atenção e atuação preventiva das autoridades públicas em relação aos dados pessoais coletados é a sua vulnerabilidade e segurança em face aos ataques contra os sistemas dos bancos de dados que armazenam essas informações de toda uma população, conforme o artigo 26, parágrafo 1°, V. Apesar de parecer óbvio, vivemos em um país marcado por profundas desigualdades entre as mais diversas regiões em que estados e municípios possuem realidades financeiras completamente diferentes. Nesse contexto, montar uma infraestrutura informacional que seja capaz de lidar com esses ataques representa um desafio para promover a efetiva segurança dos titulares de dados.[28]

Por fim, o inciso VI, do parágrafo único, do artigo 26, da LGPD, excepciona a proibição de compartilhamento de dados entre o poder público e entidades privadas "nos casos em que os dados forem acessíveis publicamente, observadas as disposições desta Lei". Para conceituar dados públicos, remete-se à Lei 9.507/97, que regula o direito de acesso a informações e disciplina o rito processual do *habeas data.* Em seu artigo 1º, parágrafo único, reconhece, como possuindo caráter público "todo registro ou banco de dados contendo informações que sejam ou que possam ser transmitidas a terceiros ou que não sejam de uso privativo do órgão ou entidade produtora ou depositária das informações". Assim sendo, toda informação que não seja de uso privativo do órgão público será considerada como dado público, sendo permitida a sua transferência a terceiros, inclusive pessoas jurídicas de direito privado.

8. A Autoridade Nacional de Proteção de Dados Pessoais – ANPD – e sua função fiscalizatória

De acordo com o artigo 29, da LGPD, "a autoridade nacional poderá solicitar, a qualquer momento, aos órgãos e às entidades do Poder Público a realização de operações de tratamento de dados pessoais,

695 e o Cadastro Base do Cidadão. 2023. Data Privacy Brasil. Documento não paginado.

28 "Duas semanas após o ataque hacker ao Database da prefeitura, na madrugada do último dia 15, o sistema ainda não voltou a operar integralmente. Por medida de segurança, todos os serviços do portal da prefeitura foram retirados do ar e o site prefeitura.rio passou a ser o endereço principal de informações oficiais do município. O crime é investigado pela Delegacia de Repressão aos Crimes de Informática."(Disponível em https://oglobo.globo.com/rio/noticia/2022/08/ataque-hacker-sistema-da-prefeitura-ainda-opera-com-restricoes.ghtml. Acesso em: 22 set. 2023.)

as informações específicas sobre o âmbito e a natureza dos dados e outros detalhes do tratamento realizado e poderá emitir parecer técnico complementar para garantir o cumprimento desta Lei". Além disso, a Autoridade Nacional - ANPD - "poderá estabelecer normas complementares para as atividades de comunicação e de uso compartilhado de dados pessoais".

A Autoridade Nacional tem papel de destaque e de relevância no tema de tratamento de dados pessoais pelo poder público, pois responsável não só por editar normas complementares para regular as atividades de comunicação e uso compartilhado de dados pessoais, como já o fez através do Guia Orientativo mencionado anteriormente, mas também por exercer um papel fiscalizatório, além de técnico, sobre o uso e o compartilhamento de dados realizado por essas pessoas jurídicas de direito público. É necessário que essa Autoridade Nacional exercite suas funções de maneira independente e autônoma para garantir a imparcialidade de sua atuação.

Em maio de 2023, a Coordenação-Geral de Fiscalização da Autoridade Nacional de Proteção de Dados divulgou uma lista contendo menção a 16 processos administrativos e 27 instituições públicas e privadas atualmente sob investigação por alegadas violações à LGPD. A maioria dos procedimentos são direcionados em torno de agentes de tratamento do setor público, dentre eles o Ministério da Justiça e Segurança Pública, Instituto Nacional do Seguro Social (INSS) e Dataprev.[29]

Em que pese a autoridade ter aplicado a sua primeira sanção administrativa, esta ocorreu em face de uma agente privado[30], inexistindo,

---

29 Disponível em https://www.gov.br/anpd/pt-br/assuntos/noticias/anpd-divulga-lista-de-processos-de-fiscalizacao-em-andamento. Acesso em: 22 set. 2023.

30 "A fiscalização foi iniciada a partir de denúncia de que a empresa Telekall Infoservice estaria ofertando uma listagem de contatos de WhatsApp de eleitores para fins de disseminação de material de campanha eleitoral. Os fatos denunciados foram relativos à eleição municipal de 2020, em Ubatuba/SP. A ANPD verificou que o tratamento de dados pessoais denunciado estava ocorrendo sem respaldo legal. Foi apurada ainda a falta de comprovação da indicação de encarregado pelo tratamento de dados pessoais pela empresa.
Embora seja uma microempresa, a Telekall não comprovou que não fazia tratamento de alto risco, condição necessária para excepcionalizar a exigência de designação do encarregado. Diante dos indícios de infração à LGPD e do não atendimento de determinações da equipe de fiscalização pela empresa, a CGF/ANPD lavrou Auto de Infração, iniciando o Processo Administrativo Sancionador. A Telekall Infoservice foi notificada da lavratura de Auto de Infração e apresentou

até o momento, qualquer medida efetiva aplicada em face de agentes do setor público.

Espera-se que a Autoridade Nacional de Proteção de Dados Pessoais em nosso país realize suas funções fiscalizatórias e sancionatórias de forma a atender aos princípios da imparcialidade, da independência e da neutralidade, impondo, concretamente, o atendimento de exigências de tutela efetiva dos direitos dos titulares de dados pessoais.

9. Conclusão

Em conclusão, pretendeu-se demonstrar de forma breve que o tratamento de dados pelo Poder Público não só deve atender aos princípios e normas gerais de proteção de dados pessoais presentes na LGPD, mas também respeitar demais normas que possuem uma especialidade no que diz respeito à finalidade – limitada pelo interesse público e pelo princípio da legalidade – e à transparência – exigida em decorrência da obrigação constitucional da administração pública de dar publicidade aos atos que realiza.

Referências

ABRANCHES, Sérgio. **Presidencialismo de Coalizão: raízes e evolução do modelo político brasileiro**. São Paulo: Companhia das Letras, 2018

BANDEIRA DE MELLO, Celso Antônio. Discricionariedade e controle jurisdicional. São Paulo: Malheiros, 2007.

BANDEIRA DE MELLO, Celso Antônio. **Curso de Direito Administrativo**, São Paulo: Malheiros, 2013.

BARROSO, Luís Roberto. Prefácio. In: SARMENTO, Daniel (organizador). **Interesses Públicos versus Interesses Privados: desconstruindo o princípio de Supremacia do Interesse Público**, Rio de Janeiro: Lumen Juris, 2007, pp. vii-xvi.

sua defesa. Encerrada a instrução, a CGF/ANPD concluiu pela ocorrência de infração ao art. 7º e ao art. 41 da LGPD, e art. 5º da Resolução CD/ANPD nº 1/2021, aplicando as sanções acima descritas. O mesmo regulamento prevê a possibilidade de recurso da decisão ao Conselho Diretor da Autoridade." (Disponível em: https://www.gov.br/anpd/pt-br/assuntos/noticias/anpd-aplica-a-primeira-multa-por-descumprimento-a-lgpd. Acesso em: 22 set. 2023.)

BIONI, Bruno Ricardo. **Proteção de dados pessoais: a função e os limites do consentimento**. Rio de Janeiro: Forense, 2019.

BIONI, Bruno Ricardo; Machado, Jorge. **A proteção de dados pessoais nos programas de Nota Fiscal: um estudo de caso da "Nota Fiscal paulista"**. Liinc em Revista, Rio de Janeiro, v.12, n.2, p.350-364, novembro 2016.

BUCCI, Maria P. D., Políticas públicas e direito administrativo, Brasília, Revista de Informação Legislativa, 1997, pp. 89-98. (Disponível em: http.//ftp.unisc.br/portal/upload/com_arquivo/politicaspublicas_e_direito_administrativo.pdf, acesso em 28/09/2023).

CARVALHO Filho, José dos Santos. **Manual de Direito Administrativo**. São Paulo: Atlas, 2017.

DE ARAGÃO, Alexandre Santos. A "Supremacia do Interesse Público" no Advento do Estado de Direito e na Hermenêutica do Direito Público Contemporâneo. In: SARMENTO, Daniel (organizador). **Interesses Públicos versus Interesses Privados: desconstruindo o princípio de Supremacia do Interesse Público**, Rio de Janeiro: Lumen Juris, 2007, pp. 1-22.

DONEDA, Danilo. **Privacidade e Transparência no Acesso à Informação Pública**. Zaragoza: Prensas Universitárias de Zaragoza, 2010. Disponível em: http:// www.egov.ufsc.br/portal/sites/default/files/lefis11-09.pdf>. Acesso em 01/03/2019.

DONEDA, Danilo; VIOLA, Mário. Proteção de dados pessoais como limite ao acesso à informação e seu tratamento posterior. In: Ingor Wolfgang, José Antônio Montilla, Regina Liden Ruaro. (coord). **Acesso à informação como direito fundamental e dever estatal**. Porto Alegre: Livraria do Advogado, 2016, pp. 117-131.

DI PIETRO, Maria Sylvia Zanella. **Direito Administrativo**. Rio de Janeiro: Forense, 2019.

HARARI, Yuval Noah. **21 lições para o século 21**; tradução Paulo Geiger, São Paulo: Companhia das Letras, 2018.

LANDERDAHL, Cristiane; MAIOLINO, Isabela; BARBOSA, Jeferson Dias; CARVALHO, Lucas Borges de. Guia orientativo: tratamento de dados pessoais pelo Poder Público. Brasília: ANPD, 2023. Disponível em: https://www.gov.br/anpd/pt-br/documentos-e-publicacoes/guia-poder-publico-anpd-versao-final.pdf. Acesso em: 22 set. 2023.

LAPIN. Manifestação na qualidade de Amicus Curiae junto ao Supremo Tribunal Federal. Arguição de Descumprimento de Preceito Fundamental nº 695/DF. 2020.

OHLWEILER, Leonel Pires. A efetividade do acesso às informações administrativas e o direito à boa administração pública: questões hermenêuticas sobre a transparência na administração pública e a lei nº 12.527/2011. In: Ingor Wolfgang, José Antônio Montilla, Regina Liden Ruaro. (coord). **Acesso à informação como direito fundamental e dever estatal**. Porto Alegre: Livraria do Advogado, 2016, pp. 27-52.

RODOTÀ, Stefano. **A vida na sociedade de vigilância: privacidade hoje**. Rio de Janeiro: Renovar, 2008.

SANTOS, Pedro Henrique; CRUZ, Sinuhe. Análise de Decisões #3. Estabelecendo parâmetros para o compartilhamento de dados no Poder Público: ADI 6.649, ADPF 695 e o Cadastro Base do Cidadão. 2023. Data Privacy Brasil. Documento não paginado.

SARMENTO, Daniel e SOUZA NETO, Cláudio Pereira de. **Direito Constitucional: Teoria, História e Métodos de Trabalho**. 2ª ed. Belo Horizonte: Fórum, 2014.

SARMENTO, Daniel. Interesses Públicos versus Interesses Privados na Perspectiva da Teoria e da Filosofia Constitucional. In: SARMENTO, Daniel (organizador). **Interesses Públicos versus Interesses Privados: desconstruindo o princípio de Supremacia do Interesse Público**, Rio de Janeiro: Lumen Juris, 2007, pp. 23-117.

TEPEDINO, Gustavo. Normas constitucionais e direito civil na construção unitária do ordenamento. In: Temas de direito civil. Rio de Janeiro: Renovar, 2009. Tomo III.

O DIREITO À PROTEÇÃO DE DADOS PESSOAIS E O USO DO RECONHECIMENTO FACIAL NA SEGURANÇA PÚBLICA: DESAFIOS JURÍDICOS

Lucia Maria Teixeira Ferreira[1]

Introdução

Com a constatação de que a proteção das pessoas na sociedade da informação depende da "centralidade do controle sobre as próprias informações para a proteção da personalidade no contexto do tratamento automatizado de dados"[2] e da vinculação da matéria aos direitos fundamentais, a Constituição da República brasileira passou a estabelecer expressamente o direito à proteção de dados pessoais no rol de direitos fundamentais do art. 5º (inciso LXXIX) através da Emenda Constitucional nº 115/2022, nos seguintes termos: "*é assegurado, nos termos da lei, o direito à proteção de dados pessoais, inclusive nos meios digitais*".

A Lei Geral de Proteção de Dados Pessoais – Lei 13.709/2018 (LGPD) – dispõe sobre o tratamento de dados pessoais, inclusive nos meios digitais, por pessoa natural ou por pessoa jurídica, de direito público ou privado, com o objetivo de proteger os direitos fundamentais de liberdade e de privacidade e o livre desenvolvimento da personalidade da pessoa natural. Nos termos do art. 5º, inciso I, da LGPD, considera-se *dado pessoal* toda "informação relacionada a pessoa natural identificada ou identificável. De acordo com o inciso II do mesmo artigo, *dado pessoal sensível* é todo dado pessoal sobre "origem racial ou étnica, convicção religiosa, opinião política, filiação a sindicato ou a organização de caráter

---

1 Membra da Comissão Especial de Proteção de Dados do CFOAB. Coordenadora de Estudos e Pareceres da Comissão de Proteção de Dados e Privacidade da OAB/RJ. Doutoranda em Direito Constitucional no Instituto Brasileiro de Ensino, Desenvolvimento e Pesquisa (IDP). Mestre em Direito Civil pela Universidade do Estado do Rio de Janeiro (UERJ). Pós-Graduada em Sociologia Urbana pelo Departamento de Ciências Sociais da UERJ. Procuradora de Justiça aposentada do Ministério Público do Rio de Janeiro. Advogada.

2 DONEDA, Danilo. Fundamentos históricos e teóricos da proteção de dados pessoais. In: DONEDA, Danilo; SARLET, Ingo Wolfgang; MENDES, Laura Schertel; RODRIGUES JR, Otávio Luiz (Coord.). BIONI, Bruno (Coord. Executivo). *Tratado de Proteção de Dados Pessoais*. Rio de Janeiro: Forense, 2021, p. 43.

religioso, filosófico ou político, dado referente à saúde ou à vida sexual, dado genético ou biométrico, quando vinculado a uma pessoa natural".

Diferentemente de um sistema simples de monitoramento por vídeo, no sistema de reconhecimento facial, quando uma ou mais câmeras capturam a imagem de um rosto, esta imagem é convertida em dados que correspondem a várias características específicas da face de uma pessoa (elementos físicos, fisiológicos, comportamentais etc.), o que permite a sua identificação. Por conseguinte, os recursos de reconhecimento facial envolvem uma tecnologia de monitoramento de *dados biométricos*, que são considerados *dados pessoais sensíveis* pela LGPD e recebem, pela lei, uma regulação específica, haja vista que os dados biométricos são permanentemente vinculados às nossas identidades e, caso sejam tratados de forma indevida ou irregular, podem ensejar tratamento discriminatório e ilegal, especialmente quando se trata de grupos vulneráveis.[3]

Embora a LGPD se aplique para situações em que os dados pessoais são coletados e tratados pelo Poder Público, existe, no art. 4º, inciso III da lei, uma exceção determinando que lei específica regule o tratamento de dados pessoais em atividades de *segurança pública, defesa nacional, segurança do Estado ou atividades de investigação e repressão penais*. Trata-se de matérias que *"deverão ser regidas por legislação específica, que deverá prever medidas proporcionais e estritamente necessárias ao atendimento do interesse público, observados o devido processo legal, os princípios gerais de proteção e os direitos do titular previstos nesta Lei"* (§ 1º do art. 4º da LGPD).

Lamentavelmente, essa legislação específica ainda não foi editada pelo Congresso Nacional, em que pese o excelente trabalho desenvolvido pela Comissão de Juristas que elaborou o anteprojeto de LGPD Penal,[4] presidida pelo ex-Ministro do Superior Tribunal de Justiça, Nefi Cordeiro, e da qual participou Danilo Doneda.

---

3 COSTA, Ramon Silva; KREMER, Bianca. Inteligência artificial e discriminação: desafios e perspectivas para a proteção de grupos vulneráveis frente às tecnologias de reconhecimento facial. *Revista Brasileira de Direitos Fundamentais & Justiça*, [S. l.], v. 16, nº 1, 2022, *passim*.

4 Para maiores detalhes do Anteprojeto de Lei de Proteção de Dados para segurança pública e persecução penal, na versão apresentada pela Comissão de Juristas: https://www2.camara.leg.br/atividadelegislativa/comissoes/gruposdetrabalho/56alegislatura/comissaodejuristas-dados-pessoais-seguranca-publica. Acesso em: 7 out. 2023.

O país atravessa uma grave crise de segurança pública, notadamente diante da crescente violência urbana, da criminalidade organizada e de diversos outros problemas, como se pode verificar nos dados apresentados pelo Anuário Brasileiro de Segurança Pública.[5] É fundamental o manejo legítimo de ferramentas e plataformas tecnológicas para o enfrentamento da crise na segurança pública, dentro da estrita legalidade. Como destaca a exposição de motivos do anteprojeto de LGPD Penal, precisamos de uma legislação moderna que ofereça

> balizas e parâmetros para operações de tratamento de dados pessoais no âmbito de atividades de segurança pública e de persecução criminal, equilibrando tanto a proteção do titular contra mau uso e abusos como acesso de autoridades a todo potencial de ferramentas e plataformas modernas para segurança pública e investigações.[6]

Diante da crise na segurança pública, é importante que se discutam soluções tecnológicas que auxiliem as autoridades no enfrentamento dos problemas. Neste contexto, alguns municípios brasileiros começaram a instalar câmeras com sistemas de reconhecimento facial em vias públicas e o andamento de alguns desses projetos tem sido acompanhado pelo projeto "O Panóptico: monitor do reconhecimento facial no Brasil",[7] cujos números revelam a crescente utilização dessas tecnologias em diversos estados da federação. Além das vias públicas, também estão sendo implantados sistemas de reconhecimento facial em escolas públicas[8] e em outros equipamentos públicos.

---

5 FORUM BRASILEIRO DE SEGURANÇA PÚBLICA. *Anuário brasileiro de segurança pública 2020*. Ano 14, 2020, Disponível: https://forumseguranca.org.br/wp-content/uploads/2020/10/anuario-14-2020-v1-interativo.pdf. Acesso: 7 out. 2023.

6 Trecho retirado Exposição de Motivos do Anteprojeto de Lei de Proteção de Dados para segurança pública e persecução penal, apresentada à Câmara dos Deputados em 5 de novembro de 2020.

7 O projeto "O Panóptico: monitor do reconhecimento facial no Brasil" realiza o mapeamento de "casos de uso de reconhecimento facial pelas instituições de segurança pública", examinando "projetos em execução, finalizados ou ainda em testes. Para maiores detalhes acerca do projeto: https://opanoptico.com.br/. Acesso em 7 out. 2023.

8 TAVARES, Clarice.; SIMÃO, Bárbara.; MARTINS, Fernanda K..; SANTOS, Blenda; ARAÚJO, Ana Martha. *Tecnologias de vigilância e educação*: um mapeamento

Entretanto, esse uso indiscriminado e crescente do reconhecimento facial deve ser avaliado cuidadosamente, pois, além dos riscos de tratamento discriminatório e ilegal, existem severos riscos de segurança. Na ocorrência de falhas de segurança nos bancos de dados e nos sistemas de reconhecimento facial e uma vez *hackeados*, os dados biométricos da face nunca mais poderão ser redefinidos ou reconfigurados.

Recentemente, uma reportagem do Jornal O Globo expôs a insegurança dos bancos de dados oficiais do governo do Estado do Rio de Janeiro. Uma investigação feita pelo Ministério Público do Estado do Rio de Janeiro revelou que milicianos têm acesso a bancos de dados oficiais, tanto através da compra de dados ilegalmente comercializados, como através de acessos não autorizados. Um dos objetivos desses criminosos seria o planejamento de ataques a desafetos e homicídios de inimigos.[9]

A ausência de regulação da LGPD Penal evidencia um assombroso vácuo normativo na legislação infraconstitucional, especialmente quanto ao uso de câmeras de reconhecimento facial para fins de segurança pública e persecução penal. Tal omissão legislativa, associada à adoção crescente desses sistemas nas cidades brasileiras, tem suscitado uma série de inquietações no que diz respeito à proteção da privacidade, à limitação do poder estatal e ao potencial impacto sobre os direitos fundamentais dos cidadãos.

Entendemos que a implantação de tecnologias de reconhecimento facial em milhares de vias públicas de cidades brasileiras demanda um debate amplo e transparente, à luz de normas constitucionais e infraconstitucionais.

Devem ser considerados aspectos jurídicos e técnicos que denotam inconsistências, discriminações e riscos relacionados ao uso de sistemas de reconhecimento facial em monitoramento de áreas públicas, cabendo destacar que esta é uma das facetas mais controversas na utilização das tecnologias de inteligência artificial. Recentemente, na Argentina, foi de-

das políticas de reconhecimento facial em escolas públicas brasileiras". São Paulo: InternetLab, 2023. Disponível em: https://internetlab.org.br/wpcontent/uploads/2023/06/Educacao-na-mira-PT_06.pdf. Acesso em: 7 out. 2023.

9 SOUSA, Rafael Nascimento. Milícia de Zinho usa bancos de dados do governo do estado para planejar ataques e homicídios contra desafetos afirma MP. O Globo, 26 ago. 2022. Disponível em: https://oglobo.globo.com/rio/noticia/2022/08/miliciadezinhousabancosdedadosdogovernodoestadoparaplanejarataquesehomicidioscontradesafetosafirmamp.ghtml. Acesso em 20 set. 2023.

clarada inconstitucionalidade de um sistema de reconhecimento facial utilizado para busca de foragidos em Buenos Aires. A decisão ressalta a importância de estabelecer mecanismos robustos de supervisão e garantias de direitos.[10] O sistema obteve dados de aproximadamente 10 milhões de cidadãos argentinos.

Analisaremos esse polêmico tema à luz do art. 5º, inciso X, da Constituição Federal, que garante o direito à privacidade, e do art. 5º, inciso LXXI, que assegura, "nos termos da lei, o direito à proteção dos dados pessoais, inclusive nos meios digitais", bem como em face de duas das ações diretas de inconstitucionalidade mais importantes no campo da privacidade e da proteção de dados pessoais: a ADI nº 6.387/DF[11] e a ADI nº 6.649/DF,[12] esta última julgada conjuntamente com a ADPF nº 695/DF.

No âmbito da jurisdição constitucional, Danilo Doneda participou de ambas as ações, propostas pelo Conselho Federal da Ordem dos Advogados do Brasil perante o Supremo Tribunal Federal. A ADI 6.387 teve um papel fundamental ao consolidar o reconhecimento do direito fundamental autônomo à proteção de dados pessoais. Já a ADI 6.649, sob a relatoria do Ministro Gilmar Mendes, se destaca como um *leading case* que estabeleceu critérios constitucionais relativos à atuação do Estado na coleta e no tratamento de dados dos cidadãos, bem como definiu e no tocante aos parâmetros para compartilhamento de dados pessoais entre órgãos públicos e entre os entes estatais e os agentes privados.

Sendo a proteção de dados e a privacidade direitos fundamentais previstos nos artigos 5º, incisos X e LXXIX, da Constituição Federal, opera-se a eficácia direta desses direitos fundamentais. Na ausência de regulação específica sobre o uso de reconhecimento facial para segurança pública nas cidades brasileiras e a proteção de dados na segurança pú-

10 REVÉS para el gobierno porteño: la Justicia declaró inconstitucional el sistema de reconocimiento facial. *Perfil*, 7 set. 2022. Disponível em: https://www.perfil.com/noticias/actualidad/revesparaelgobiernoportenolajusticia-declaro-inconstitucional-el-sistema-de-reconocimiento-facial-de-profugos.phtml. Acesso em: 20 set. 2023.

11 BRASIL. Supremo Tribunal Federal. Tribunal Pleno. Referendo na Medida Cautelar na Ação Direta de Inconstitucionalidade n.º 6.387 Distrito Federal. Relatora: Ministra Rosa Weber. Brasília, 7 maio 2020.

12 BRASIL. Supremo Tribunal Federal. Tribunal Pleno. Ação Direta de Inconstitucionalidade n.º 6.649 Distrito Federal. Relator: Ministro Gilmar Mendes. Brasília, 15 set. 2019.

blica, é necessário que sejam observadas as balizas estabelecidas pelas decisões do Supremo Tribunal Federal. Tal tarefa demanda a adoção de parâmetros éticos e de governança a fim de que sejam instalados apenas os sistemas biométricos compatíveis com as garantias das liberdades públicas e direitos fundamentais, sopesando-se com os pressupostos da segurança pública, bem como para que se implementem salvaguardas e medidas de mitigação de risco nos casos do seu uso excepcional.

1. Do Homem De Vidro À Cidadania Eletrônica

A luta contra a violência urbana no Brasil tem justificado os planos de expansão dos sistemas de vigilância e a implantação de sistemas de reconhecimento facial, tanto em áreas públicas como privadas, o que provoca uma sensação de supervigilância contínua. Isso evoca a metáfora do "homem de vidro" (tradução da expressão alemã *Gläserner Mensch)*, cuja imagem, segundo Stefano Rodotà, "provém diretamente do tempo do nazismo" e "propõe uma forma de organização social profundamente alterada, uma espécie de transformação irrefreável da 'sociedade da informação' em 'sociedade da vigilância'".[13]

A consolidação da sociedade de vigilância é apresentada no panorama traçado por Frank Pasquale no livro *"The Black Box Society: the secret algorithms that control money and information"*,[14] ao demonstrar que os dados pessoais dos cidadãos têm sido utilizados através de nebulosas parcerias entre empresas e governos para a criação do chamado *one-way-mirror*, possibilitando que esses agentes saibam tudo dos cidadãos, sem qualquer transparência, em um sistema obsessivo de monitoramento e vigilância de cada passo (físico ou digital).

No século XXI, a privacidade e a proteção de dados pessoais estão sob a pressão das tecnologias da informação e da comunicação, das técnicas de monitoramento e das políticas de segurança pública pós 11 de setembro de 2001.[15] Após os terríveis atentados terroristas ocorridos

13 RODOTÀ, Stefano. A vida na sociedade de vigilância. MORAES, Maria Celina Bodin de (org.). Tradução: Danilo Doneda e Luciana Cabral Doneda. Rio de Janeiro: Renovar, 2008, p. 113.

14 PASQUALE, Frank. *The black box society*: the secret algorithms that control money and information. Cambridge: Harvard University Press, 2015, p. 9.

15 GUTWIRTH, Serge.; DE HERT, Paul. Privacy, Data Protection and Law Enforcement. Opacity of the Individual and Transparency of Power. *Direito Público*, [S. l.], v. 18, nº 100, 2022, *passim*.

na cidade de Nova York, foi estabelecido, no campo da segurança, um determinado padrão de fluxos, "com um grande acréscimo nos valores despendidos e uma ênfase bem marcada na aquisição de tecnologias da informação e comunicação (TICs), voltadas ao estabelecimento de infraestruturas de comando e controle, usadas também para vigilância e monitoramento".[16]

Aquilo que Zygmunt Bauman chama de "vigilância líquida" é um sentimento dual; para enfrentar o medo dos perigos e da insegurança, vivemos com novos medos:

> Tentamos desesperadamente tornar mais suportável viver com medo, porém, cada tentativa produz outros riscos, novos medos. Disso são sintomáticos os horrores do 11 de Setembro e suas consequências, mas não apenas isso. Pessoas categorizadas como inocentes agora correm risco e estão amedrontadas, numa irônica paródia do terrorismo.[17]

Nesse cenário de combate ao terrorismo, como destaca Samuel de Oliveira, estabeleceu-se a ideia de que é necessário um *tradeoff* entre proteção de dados e segurança; ou seja, é feita a escolha de uma em detrimento da outra. Na prática, a escolha da segurança pública é feita em detrimento da proteção de dados:

> "os governos passaram a coletar mais dados sobre as pessoas e a se engajar em mais atividades de vigilância, lançando mão de inéditas ferramentas de coleta e armazenamento de dados, que tornaram basicamente impossível viver nos dias de hoje sem gerar milhares de registros sobre as mais diversas atividades cotidianas".[18]

16 CARDOSO, Bruno. Estado, Tecnologias de segurança e normatividade neoliberal. In: BRUNO, Fernanda *et al.* (org.). Tecnopolíticas *da vigilância*: perspectivas da margem. 1. ed. São Paulo: Boitempo, 2018, pp. 93-94.

17 BAUMAN, Zygmunt. *Vigilância líquida*: diálogos com David Lyon. Rio de Janeiro: Zahar, 2014, p. 71.

18 OLIVEIRA, Samuel R. de. *Sorria, você está sendo filmado!*: repensando direitos na era do reconhecimento facial. São Paulo: Thomson Reuters Brasil, 2021, p. 130.

Em 2013, quando o norte-americano Edward Snowden divulgou informações altamente confidenciais da Agência Nacional de Segurança dos EUA (NSA), revelando que os serviços de inteligência dos EUA estavam coletando dados de cidadãos de várias nacionalidades em todo o mundo[19], por meio de empresas como a Microsoft, Google e Facebook,[20] estas notícias trouxeram tamanho impacto que ampliaram o debate público sobre as questões de privacidade e proteção de dados, bem como auxiliaram na aprovação do Regulamento Geral de Proteção de Dados da União Europeia (GDPR), que atualizou e substituiu a Diretiva de Proteção de Dados de 1995 (Diretiva 46/95/CE),[21] e posteriormente, no Brasil, em 2018, na aprovação da Lei Geral de Proteção de Dados Pessoais.

Entre os anos de 2020 e 2022, todo o planeta viveu um cenário frenético de combate ao terrível flagelo que se abateu sobre a humanidade, a COVID-19. Foram utilizadas diversas técnicas de vigilância e monitoramento de pessoas. Algumas dessas técnicas foram desenvolvidas durante crises de saúde anteriores, em especial, durante as epidemias da SARS, MERS e H1N1. Outras técnicas também já eram utilizas, mas em contextos diversos, como no combate ao terrorismo, notadamente no tocante às técnicas adotadas no pós 11 de setembro.

É natural que, em momentos de anormalidade, os Estados fiquem autorizados a adotar medidas preventivas e repressivas para superar a crise ou para mitigar seus impactos.[22] O Poder Público é desafiado a adotar condutas excepcionais e temporárias para solução de problemas

---

19 Em um período de 30 dias começando em março de 2013, a NSA coletou quase 3 bilhões de ligações telefônicas e e-mails que passaram diretamente pelas redes de telecomunicações dos Estados Unidos.

20 NICOLÁS, Elena Sánchez. *2013*: Snowden was 'wake-up call' for GDPR. *Euobserver*, 29 dez. 2020. Disponível em: https://euobserver.com/20th-anniversary/150050. Acesso em: 07 set. 2023.

21 O *General Data Protection Regulation* (GDPR) – Regulamento 2016/679 do Parlamento Europeu e do Conselho Europeu, de 27 de abril de 2016 – é a regulação de proteção de dados do direito comunitário europeu (da União Europeia) que disciplina a proteção dos dados pessoais e estabelece normas para que as empresas e os Estados promovam a livre circulação de dados conforme as finalidades da lei. A GDPR entrou em vigor em maio de 2018 e substituiu a Diretiva de Proteção de Dados Pessoais 95/46/CE.

22 COVID-19: states should not abuse emergency measures to suppress human rights. *United Nation Human Rights Office of the High Commissioner*, 16 mar. 2020. Disponível em: https://www.ohchr.org/EN/NewsEvents/Pages/DisplayNews.aspx?-NewsID=25722&LangID=E. Acesso em: 7 set. 2023.

extraordinários,[23] havendo uma multiplicidade de formas legais de se executar as ações administrativas.[24] Entretanto, merece especial atenção o risco de que medidas excepcionais sirvam para a implantação de um novo e aprimorado estado de vigilância diante da gravidade dos problemas de segurança pública e do *tradeoff* com a privacidade e proteção de dados.

Essa temática foi amplamente debatida pelo STF no exame do referendo das medidas cautelares nas ADIs 6.387/DF, 6.388/DF, 6.389/DF, 6.390/DF e 6.393/DF, em que o Plenário da Corte confirmou a suspensão da Medida Provisória 954/2020, que determinava o compartilhamento de dados dos usuários de serviço telefônico comutado fixo e de serviço móvel pessoal com o Instituto Brasileiro de Geografia e Estatística (IBGE). A Corte compreendeu que dados de tamanha sensibilidade para a identificação pessoal, tais como nomes, telefones e endereços, quando cruzados com outros dados, seriam potencialmente danosos para os indivíduos, sendo, pois, indispensável a existência de mecanismos de proteção e de segurança. Além disso, a normativa prevista na Medida Provisória 954/2020 desatendia a garantia do devido processo legal (art. 5º, LIV, da CF), na dimensão substantiva, por não oferecer condições de avaliação quanto à sua adequação e necessidade, assim entendidas como a compatibilidade do tratamento com as finalidades informadas e sua limitação ao mínimo necessário para alcançar suas finalidades.

O controle sobre a informação sempre foi um elemento essencial na definição de poderes dentro de uma sociedade, mas a tecnologia proporcionou a intensificação dos fluxos de informação e a multiplicação de suas fontes e de seus destinatários. A mudança, que é a princípio *quantitativa*, acaba sendo *qualitativa*, visto que cria uma estrutura de poder,

---

23 Rafael Carvalho Rezende Oliveira destaca que, em situação de anormalidade (estado de necessidade administrativo), o próprio ordenamento jurídico reconhece medidas excepcionais (legalidade extraordinária) para o atendimento do interesse público (Direito Administrativo e coronavírus. *Migalhas*, 17 mar. 2020. Disponível em: https://www.migalhas.com.br/depeso/321892/direitoadministrativoecoronavirus. Acesso em: 7 set. 2023).

24 CALIL, Ana Luíza. GOMES, Leonardo Parizotto. Covid-19: estado de calamidade pública ou situação de emergência? *Diferenças* entre os instrumentos de contenção da pandemia. *Jota*, 28 mar. 2020 Disponível em: https://www.jota.info/opiniao-e-analise/colunas/reg/covid-19-calamidade-publica-emergencia-28032020. Acesso em: 7 set. 2023.

ligada a esta nova arquitetura informacional: mudam-se "os eixos de equilíbrio na equação poder – informação – pessoa – controle".[25]

A garantia da cidadania depende que os cidadãos tenham efetivamente um poder social – o de controlar diretamente quem trata os dados pessoais – entidades públicas ou privadas. A tutela da privacidade e da proteção de dados contribui de forma decisiva para o equilíbrio dos poderes e para a consecução do princípio da separação informacional de poderes como uma atualização do princípio da *separação de poderes na era informacional* e como uma exigência do Estado Democrático de Direito.[26]

Neste sentido, defende-se que a "consolidação de um direito da personalidade à tutela dos dados – voltada aos poderes público e privado – converte-se em pré-condição da cidadania na era eletrônica".[27]

2. Da privacidade à proteção de dados pessoais

A concepção atual de privacidade tem o seu marco a partir da segunda metade do século XIX, com a publicação do artigo "*The Right to Privacy*", escrito por Samuel Brandeis e Louis Warren. Nesta obra seminal, a privacidade é erigida como um direito subjetivo, não por outra razão senão em decorrência do desenvolvimento tecnológico, com o surgimento das máquinas fotográficas de captura instantânea de imagens.[28]

Compreendido como "o direito de ser deixado só" (*the right to be let alone*), o direito à privacidade, em sua gênese, caracterizava-se por um intenso individualismo, representando a fronteira entre o indivíduo e a sociedade. Por esse motivo, ao ser inserido em ordenamentos jurídi-

25 DONEDA, Danilo. *Da Privacidade à Proteção de Dados Pessoais*. Rio de Janeiro: Renovar, 2006, p. 16.

26 SARLET, Ingo Wolfgang; SALES SARLET, Gabrielle. *Separação informacional de poderes no direito constitucional brasileiro*. São Paulo: Associação Data Privacy Brasil de Pesquisa, 2022, 28. Disponível em: https://www.dataprivacybr.org/documentos/separacaoinformacionaldepoderesnodireitoconstitucionalbrasileiro/. Acesso em: 3 out. 2023.

27 MONTEIRO FILHO, Carlos Edison do Rêgo. Breve ensaio em tema dos fundamentos do direito civil-constitucional e a concepção do direito fundamental à proteção de dados pessoais. In: MENEZES, Joyceane Bezerra; CICCO, Maria Cristina de; RODRIGUES, Francisco Luciano Lima (Coord.). *Direito civil na legalidade constitucional*: algumas aplicações. 1 ed. Indaiatuba: Foco, 2021, p. 55.

28 WARREN, Samuel D.; BRANDEIS, Louis D. The right to privacy. *Harvard Law Review*, v. 4, nº 5, pp. 193- 220, Dec. 1890.

cos de forte feição patrimonialista, o direito à privacidade era retratado como uma prerrogativa destinada unicamente a determinados setores da sociedade, conservando, assim, a sua índole burguesa.

Tempos depois, em resposta às atrocidades experimentadas na 2ª Guerra Mundial em razão do nazifascismo, a dignidade da pessoa humana passa a ocupar lugar de destaque nas cartas de declaração de direitos, constituições e codificações a partir da segunda metade do século XX.

No Brasil, tanto o constituinte de 1988 quanto o legislador do Código Civil de 2002 definiram o direito à privacidade como um direito basilar para a concretização da personalidade humana,[29] adotando o paradigma da dignidade da pessoa humana como princípio e valor central do ordenamento jurídico.

Ao longo das últimas décadas, com o incremento das tecnologias na sociedade da informação, foi-se construindo, paulatinamente, a configuração do *direito à proteção de dados* como um *novo direito fundamental, destacado e independente do direito à privacidade;* ou seja, o direito à privacidade não é a mesma coisa que o direito à proteção de dados. Há uma série de liberdades individuais, atreladas ao direito à proteção de dados pessoais que não são abraçadas pelo direito à privacidade. E o "centro gravitacional da proteção dos dados pessoais é diferente do direito à privacidade – *i.e.*, a percepção de que a sua tutela jurídica opera fora da dicotomia do público e do privado".[30]

À vista disso, a proteção de dados pessoais descola-se do direito à privacidade, ganhando contornos de um direito autônomo. A *privacidade*, fundamentada na divisão entre os domínios *público e privado*, consiste em uma *liberdade negativa* pela qual o indivíduo resguarda-se da interferência alheia. Em contrapartida, a *proteção de dados* apresen-

29 Nas palavras de Bruno Bioni: "seria na esfera privada que as pessoas refletiriam e pensariam criticamente para voltar a público e discutir os mais variados assuntos. Esse refúgio evitaria que os indivíduos sofressem um nivelamento social e, em última análise, a instalação de visões totalitárias. Portanto, o direito à privacidade é basilar à própria democracia e, ao mesmo tempo, condição essencial ao livre desenvolvimento da personalidade dos cidadãos. Somente com a fuga da "pressão social", os indivíduos conseguiriam desenvolver cada qual a sua subjetividade para, posteriormente, projetá-la em meio à sociedade" (*Proteção de dados pessoais*: a função e os limites do consentimento. 2. ed. Rio de Janeiro: Forense, 2020, p. 91) .

30 BIONI, Bruno Ricardo. *Proteção de dados pessoais*: a função e os limites do consentimento, cit., p. 99.

ta uma característica *dinâmica*, proporcionando uma *liberdade positiva*, por meio da qual o indivíduo detém o controle das suas informações, ainda que disponibilizadas em ambiente público.[31]

Tanto a LGPD quanto o GDPR assentam-se na autodeterminação informacional ou informativa, que visa a conceder aos titulares dos dados pessoais um real poder sobre as suas próprias informações e um efetivo controle sobre os seus dados. A autodeterminação informativa, ao lado do respeito à privacidade e de outros paradigmas normativos, está prevista como um dos fundamentos da LGPD, no inciso II do seu art. 2º.

A concepção desse conceito foi marcada fortemente pelo debate dogmático da proteção de dados, no qual foi formulado, pela primeira vez, o conceito de autodeterminação informativa, que teve seu marco jurisprudencial determinado a partir da famosa decisão do Tribunal Constitucional da então Alemanha Ocidental, em 1983, na qual foi declarada inconstitucional uma lei que criava um censo estatal que determinava a coleta de dados pessoais dos cidadãos para a otimização de políticas públicas.[32] Nessa decisão histórica, o Tribunal Constitucional alemão fundamentou e formulou o direito à autodeterminação informativa, mas também consolidou o direito geral da personalidade como um conceito efetivo, flexível e de grande aplicação prática para múltiplos casos concernentes à coleta, processamento ou transmissão de dados ou informações pessoais.

De acordo com Laura Schertel Mendes, "o ponto de partida do acórdão é o processamento eletrônico de dados que, em virtude do moderno desenvolvimento tecnológico, possibilitou o processamento ilimitado, o armazenamento e a transmissão de dados pessoais em proporções até então desconhecidas".[33] Essa decisão pioneira apontou para a necessidade de reconceituação da divisão de poderes na nascente sociedade de informação da época. A referida lei do censo alemão previa que cada cidadão deveria responder a 160 perguntas, a serem posteriormente

31 BIONI, Bruno Ricardo. *Proteção de dados pessoais*: a função e os limites do consentimento, cit., p. 96-97.

32 FERREIRA, Lucia Maria Teixeira. Direito fundamental à proteção de dados pessoais. In: SCHREIBER, Anderson; MARTINS, Guilherme Magalhães; CARPENA, Heloisa (coord.). *Direitos fundamentais e sociedade tecnológica*. Indaiatuba, SP: Editora Foco, 2022, p. 248.

33 MENDES, Laura Schertel. Autodeterminação informativa: a história de um conceito. *Pensar*, Fortaleza, v. 25, nº 4, pp. 1-18, out./dez. 2020, p. 11.

submetidas a tratamento informatizado. Como elucida Danilo Doneda, alguns pontos da lei geraram controvérsia e "fomentaram um sentimento generalizado de insegurança, aliado à impressão de que o governo poderia se valer dos dados obtidos - que a princípio serviriam a finalidades estatísticas - para realizar um controle capilar das atividades e da condição pessoal dos cidadãos".[34]

Entidades da sociedade civil organizada e alguns comissários de proteção de dados pessoais iniciaram um intenso debate e chamaram a atenção para os problemas que o censo poderia acarretar aos cidadãos.

> "Este protesto deu origem ao processo que provocou a sentença da Corte Constitucional, suspendendo provisoriamente o censo e declarando que a lei que o instituía era inconstitucional em relação aos artigos 1.1 e 2.1 da Lei Fundamental, exatamente a base sobre a qual se estrutura o direito geral da personalidade - *allgemeines Persönlichkeitsrecht*.[35]

À semelhança da decisão alemã, o Supremo Tribunal Federal brasileiro também apreciou um caso que envolvia um censo populacional e reconheceu o direito à proteção de dados pessoais como um direito fundamental *autônomo*, na ADI 6.387/DF, quando o Plenário da Corte referendou a medida cautelar deferida para suspender a eficácia da Medida Provisória 954/2020, que cuidava acerca do compartilhamento de dados de milhões de usuários brasileiros de telefonia fixa e móvel com o IBGE.[36]

Nesta decisão histórica da Corte Constitucional, consolidou-se um novo paradigma, reconhecendo-se o direito à proteção de dados pessoais como um novo direito fundamental, *destacado e independente do*

---

34 DONEDA, Danilo. Da Privacidade à Proteção de Dados Pessoais. Rio de Janeiro: Renovar, 2006. p. 193.

35 DONEDA, Danilo. Da Privacidade à Proteção de Dados Pessoais. Rio de Janeiro: Renovar, 2006. p. 194.

36 Inicialmente, a medida cautelar fora deferida em decisão monocrática, proferida em 24 de abril de 2020, de autoria da Rel. Min. Rosa Weber, não se destinando apenas à ADI 6.387/DF, proposta pelo Conselho Federal da Ordem dos Advogados do Brasil, mas alcançando também as ADIs 6.388, 6.389, 6.390 e 6.393, que ilgualmente impugnavam a validade constituicional da Medida Provisória 954/2020. Posteriomente, em 7 de maio de 2020, a decisão foi referendada pelo Plenário da Corte.

direito à privacidade, o qual se consistia, na sua concepção tradicional, como uma garantia de abstenção do Estado na esfera privada individual.

No julgamento da medida cautelar da ADI 6.387/DF, o Supremo Tribunal Federal afirmou que a autonomia do direito fundamental à proteção de dados deriva do direito fundamental à dignidade da pessoa humana e da proteção constitucional à intimidade, à honra, à imagem e ao sigilo dos dados, principalmente diante do aumento de novos riscos aos direitos humanos resultantes do avanço tecnológico. Este novo direito fundamental deriva, ainda, do reconhecimento do *habeas data* enquanto instrumento de tutela material do direito à autodeterminação informativa.

A decisão ratificada pela Suprema Corte parte da premissa de que, na era informacional, não existem mais dados triviais ou insignificantes, uma vez que todo dado que possa conduzir à identificação efetiva ou potencial de uma pessoa poderá ser utilizado para a elaboração de minuciosos perfis informacionais. Por conseguinte, todo dado que possa eventualmente identificar um indivíduo merece tutela constitucional.

3. O Uso De Câmeras De Reconhecimento Facial Nas Vias Públicas

De acordo com notícias publicadas pela imprensa, a Prefeitura de São Paulo[37] e a Prefeitura do Rio de Janeiro[38] estariam firmando contratos com concessionárias para a instalação de milhares de câmeras de segurança nas vias públicas das duas cidades brasileiras mais populosas.[39] Tais câmeras terão, além dos mecanismos de monitoramento por vídeo e gravação, recursos de *reconhecimento facial*.

37 BOND, Letycia. Capital paulista deve receber 20 mil câmeras com reconhecimento facial. *Agência Brasil*, 7 ago. 2023. Disponível em: https://agenciabrasil.ebc.com.br/geral/noticia/2023-08/capital-paulista-deve-receber-20-mil-cameras-com-reconhecimento-facial. Acesso em: 20 set. 2023.

38 VIALLI, Andrea. Contratos de PPPs em iluminação pública avançam. *Valor Econômico*, 21 dez. 2021. Disponível em: https://valor.globo.com/publicacoes/suplementos/noticia/2021/12/21/contratosdepppsemiluminacao-publica-avancam.ghtml. Acesso em 20: set. 2023.

39 IBGE. De 2010 a 2022, população brasileira cresce 6,5 % e chega a 203,1 milhões. *Agência IBGE Notícias*, 28 jun. 2023. Disponível em: https://agenciadenoticias.ibge.gov.br/agencianoticias/2012agenciadenoticias/noticias/37237de2010a2022populacaobrasileiracresce65echegaa2031milhoes . Acesso em 20 set. 2023.

Considerado "o maior programa de videomonitoramento da cidade" de São Paulo, o *Smart Sampa* prevê a instalação inicial de 20 mil câmeras até 2024, podendo chegar a 40 mil. Em agosto de 2023, o prefeito da cidade, Ricardo Nunes, assinou um contrato para iniciar as instalações.[40]

Em janeiro de 2023, o Ministério Público do Estado de São Paulo instaurou inquérito civil público com a finalidade de investigar o programa *Smart Sampa* e possíveis violações de direitos humanos dele decorrentes. A Promotoria de Direitos Humanos solicitou ao Município de São Paulo que, num prazo de 30 dias, informasse, dentre outros pontos, "quais bancos de dados serão utilizados para a realização do reconhecimento facial". Os principais objetivos da investigação do *parquet* paulista eram garantir que o projeto não violasse direitos fundamentais, como intimidade, privacidade e proteção de dados, bem como impedir a discriminação algorítmica em relação às pessoas em situação de rua.[41]

Vereadoras da bancada feminista do Partido Socialismo e Liberdade (PSOL) ingressaram com uma ação popular junto à 3ª Vara da Fazenda Pública da Comarca de São Paulo (Proc. nº 1027876-45.2023.8.26.0053 – A) questionando a legalidade do Programa *Smart Sampa*, que pretende implementar um sistema de monitoramento com a utilização de tecnologia de reconhecimento facial no âmbito da política de segurança pública. As autoras sustentaram que o sistema promoverá discriminações raciais e de gênero.

Em 18 de maio de 2023, foi deferida a suspensão provisória do pregão indicado na petição inicial em face da ausência de uma regulação legal prévia à implementação do projeto almejado e diante da verossimilhança do direito postulado e de grave ameaça a direitos fundamentais.[42]

40 SECRETARIA ESPECIAL DE COMUNICAÇÃO. Prefeito assina contrato para o início do Smart Sampa, maior programa de videomonitoramento da cidade com até 40 mil câmeras. *Cidade de São Paulo*, 7 ago. 2023. Disponível em: https://www.capital.sp.gov.br/noticia/prefeitoassinacontratoparaoiniciodosmartsampamaiorprogramadevideomonitoramentodacidadecomate40milcameras2. Acesso em 20 set. 2023.

41 PROMOTOR de Direitos Humanos da Capital instaura inquérito civil sobre Smart Sampa - Ministério Público do Estado de São Paulo. MPSP, 17 jan. 2023. Disponível em: https://mpsp.mp.br/w/promotor-de-direitos-humanos-da-capital-instaura-inqu%C3%A9rito-civil-sobre-smart-sampa. Acesso em: 20 set. 2023.

42 SÃO PAULO. Tribunal de Justiça. Ação Popular, n.º 1027876-45.2023.8.26.0053, 3ª Vara de Fazenda Pública, Juiz de Direito Luis Manuel Fonseca Pires, julg. 18 maio 2023.

Dias depois, a decisão liminar foi revogada pelo Tribunal de Justiça de São Paulo e a Prefeitura foi autorizada a remarcar o pregão.[43]

Posteriormente, foi proposta a ação civil pública nº 1030471-17.2023.8.26.0053 pelo Laboratório de Políticas Públicas e Internet – Lapin,[44] que foi distribuída por dependência à aludida ação popular para julgamento conjunto dos feitos em razão da conexão/continência. Ambos os pedidos pretendem a nulidade da contratação dos serviços de reconhecimento facial.

As iniciativas de tutela coletiva acima referidas (o inquérito civil público do MPSP, a ação popular e a ação civil pública) demonstram que os sistemas de reconhecimento facial suscitam inúmeros questionamentos e desafios jurídicos e regulatórios. É essencial, também, ponderar o quanto esses sistemas reforçam o grau de vulnerabilidade e a assimetria dos cidadãos do ponto de vista técnico, em razão do desconhecimento desses sistemas e dos problemas de racionalidade limitada dos usuários em face do caráter quase impenetrável e incompreensível de certas tecnologias.

Ao mencionar as assimetrias que a tecnologia provoca, Danilo Doneda evidencia que,

> na perspectiva da proteção da pessoa humana como valor máximo do ordenamento jurídico, não levar em conta essas variáveis significa subtrair o direito ao seu próprio tempo, tornando-o incapaz de conciliar os interesses da pessoa com a velocidade característica da tecnologia, o que é fundamental.[45]

O uso da inteligência artificial tem sido objeto de discussão na União Europeia há mais de 6 anos[46] e, no projeto de lei da União (*Artificial*

---

43 FREITAS, Hyndara. Smart Sampa: Justiça autoriza compra de câmeras com reconhecimento facial. *Veja São Paulo*, 23 maio 2023. Disponível em: https://vejasp.abril.com.br/cidades/smart-sampa-justica-autoriza-compra-de-cameras-com-reconhecimento-facial. Acesso em: 7 out. 2023.

44 SÃO PAULO. Tribunal de Justiça. Ação Civil Pública n.º 1030471-17.2023.8.26.0053, 3ª Vara de Fazenda Pública, Juiz de Direito Luis Manuel Fonseca Pires.

45 DONEDA, Danilo. *Da Privacidade à Proteção de Dados Pessoais*. Rio de Janeiro: Renovar, 2006. p. 40.

46 UNIÃO EUROPEIA. Parlamento Europeu. *Artificial intelligence act* (EU Legislation in Progress). Disponível em: https://www.europarl.europa.eu/RegData/etudes/BRIE/2021/698792/EPRS_BRI(2021)698792_EN.pdf. Acesso em: 7 out. 2023.

Intelligence Act) existe uma previsão de níveis distintos de riscos, inclusive com a classificação de riscos inaceitáveis. Entre os riscos inaceitáveis, encontra-se, no artigo 5º, dentre as práticas proibidas, *a identificação biométrica remota em espaços públicos, com as exceções previstas no próprio AI Act.*[47]

Além de ter participado da Comissão de Juristas que elaborou o anteprojeto de LGPD Penal, Danilo Doneda também participou da Comissão de Juristas – nomeada pelo Senado Federal e presidida pelo Ministro Ricardo Villas Bôas Cueva – para subsidiar a elaboração de uma minuta de substitutivo para instruir os projetos de lei que se encontravam em tramitação no Senado e que regulavam o desenvolvimento e a aplicação da inteligência artificial no Brasil (PLs 5.051/2019, 21/2020 e 872/2021). Em 2022, a Comissão de Juristas liderou intensos estudos e inúmeros debates acerca da regulação jurídica do uso e dos impactos das tecnologias de inteligência artificial e sobre a utilização do reconhecimento facial para monitoramento da segurança pública, dentre outros temas relacionados à inteligência artificial. O anteprojeto elaborado pela Comissão de Juristas foi entregue ao Presidente do Senado Federal, Senador Rodrigo Pacheco, que apresentou formalmente o texto através do Projeto de Lei 2.338/2023, que se encontra em debate no Senado Federal.

Nos últimos anos, surgiram inúmeras iniciativas de organizações não governamentais contra o uso do reconhecimento facial em lugares públicos. A Anistia Internacional lançou uma campanha global para proibir o uso de sistemas de reconhecimento facial ("*Ban the Scan*") que se iniciou com a cidade de Nova York. Para a campanha, o uso do reconhecimento facial é "uma forma de vigilância em massa que amplifica o policiamento racista e ameaça o direito de protestar." [48] A campanha ressalta os riscos da vigilância em massa e do racismo algorítmico:

47 UNIÃO EUROPEIA. Comissão Europeia. COM/2021/206. Proposal for a Regulation of the European Parliament and of the Council Laying Down Harmonised Rules on Artificial Intelligence (Artificial Intelligence Act) And Amending Certain Union Legislative Acts. Disponível em: https://eur-lex.europa.eu/legal-content/EN/TXT/?uri=CELEX%3A52021PC0206. Acesso em 7 out. 2023.

48 BAN The Scan Hyderabad: Do you want your face to be used to track you? *Amnesty International*. Disponível em: https://banthescan.amnesty.org/hyderabad/. Acesso em 7 out. 2023.

> Os sistemas de reconhecimento facial são uma forma de vigilância em massa que violam o direito à privacidade e ameaçam os direitos à liberdade de reunião e expressão pacíficas. O reconhecimento facial corre o risco de ser transformado em arma pela aplicação da lei contra comunidades marginalizadas em todo o mundo. De Nova Delhi a Nova York, essa tecnologia invasiva vira nossas identidades contra nós e prejudica os direitos humanos... A tecnologia exacerba o racismo sistêmico, pois pode impactar desproporcionalmente pessoas, que já estão sujeitas à discriminação e violações de seus direitos humanos por parte dos encarregados da aplicação da lei. Os não brancos também correm o maior risco de serem identificados incorretamente pelos sistemas de reconhecimento facial.[49]

O estado da arte do desenvolvimento dessas tecnologias não foi capaz de reduzir os vieses de discriminação ilegal ou racismo. Isto é constatado pelas próprias empresas de tecnologia que desenvolvem esses sistemas. Após um intenso debate público sobre a existência de vieses discriminatórios, a Microsoft e a Amazon anunciaram em 2020 que suspenderiam a venda de soluções de reconhecimento facial para o uso policial, indicando a necessidade de uma regulamentação em torno da tecnologia nos Estados Unidos para evitar que esses sistemas, de alguma forma, favoreçam abusos policiais e outras violações de direitos humanos.

Por essas razões, algumas localidades nos Estados Unidos já possuem legislação de banimento e moratória do uso dessa tecnologia. Em junho de 2019, São Francisco proibiu o uso de reconhecimento facial pela polícia, tornando-se a primeira grande cidade a fazê-lo nos Estados Unidos.[50] Em junho de 2020, Boston tornou-se a segunda maior cidade estadunidense a seguir o exemplo. Em setembro de 2020, a cidade de Portland, Oregon, instituiu a proibição mais ampla até hoje, proibindo a polícia, departamentos municipais e empresas públicas de usar a

49 BAN The Scan Hyderabad: Do you want your face to be used to track you? *Amnesty International*, cit. (tradução livre).

50 BIONI, Bruno Ricardo; RIELLI, Mariana; LUCIANO, Maria. Regulação de reconhecimento facial em São Francisco: não se trata de frear o uso da tecnologia, mas, pelo contrário, adotá-la com prudência. *Jota*, 25 jun. 2019. Disponível em: https://www.jota.info/opiniao-e-analise/colunas/agenda-da-privacidade-e-da-protecao-de-dados/regulacao-de-reconhecimento-facial-em-sao-francisco-25062019. Acesso em: 7 out. 2023.

tecnologia. Em dezembro de 2020, o estado de Nova York proibiu o reconhecimento facial nas escolas, assim como ocorreu em cidades como Alameda, CA, Berkeley, CA, Cambridge, MA, Oakland, CA, Somerville, MA, entre outras.

4. A eficácia direta do direito fundamental à proteção de dados pessoais e o uso de câmeras de reconhecimento facial nas vias públicas

Após a decisão histórica do Supremo Tribunal Federal na ADI 6.387 e a efetiva introdução da proteção de dados pessoais no art. 5º (inciso LXXIX) da Constituição Federal, ganham relevo as análises acerca da *dupla dimensão do direito à proteção de dados: subjetiva e objetiva.* De acordo com Ingo Sarlet, na sua condição de *direito subjetivo* e considerado como um direito em sentido amplo, "o direito à proteção de dados pessoais se decodifica em um conjunto heterogêneo de posições subjetivas de natureza defensiva (negativa)".[51]

Na *dimensão objetiva* do direito à proteção de dados pessoais, são exigidas do Estado obrigações positivas para a garantia desse direito, tanto nas relações com o poder público, quanto nas relações interprivadas; ou seja, assume-se a "condição de direito a prestações, cujo objeto consiste em uma atuação do Estado mediante a disponibilização de prestação de natureza fática ou normativa".[52]

As decisões do STF na ADI 6.387 e na ADI 6.649 foram decisivas para sedimentar os contornos do direito fundamental à proteção de dados. No tocante à suposta dicotomia interesse público versus interesse privado, o Ministro Gilmar Mendes, Relator da ADI 6.649/DF, ressaltou que a questão não pode ser resumida a um aspecto dual, de um lado, o interesse público e, de outro, os direitos fundamentais à privacidade e à proteção de dados pessoais. Exige-se um tratamento institucional e

---

51 SARLET, Ingo Wolfgang. Fundamentos Constitucionais: o direito fundamental à proteção de dados pessoais. In: DONEDA, Danilo; SARLET, Ingo Wolfgang; MENDES, Laura Schertel; RODRIGUES JR, Otávio Luiz (Coord.). BIONI, Bruno (Coord. Executivo). *Tratado de Proteção de Dados Pessoais.* Rio de Janeiro: Forense, 2021, p. 41.

52 SARLET, Ingo Wolfgang. Fundamentos Constitucionais: o direito fundamental à proteção de dados pessoais. In: DONEDA, Danilo; SARLET, Ingo Wolfgang; MENDES, Laura Schertel; RODRIGUES JR, Otávio Luiz (Coord.). BIONI, Bruno (Coord. Executivo). *Tratado de Proteção de Dados Pessoais*, cit., 41.

coletivo, a fim de que tais direitos fundamentais não sucumbam diante da alegação de interesse público primário.[53]

A demora legislativa no tocante à edição da LGPD Penal é extremamente onerosa para o direito fundamental à proteção de dados, haja vista que, nas atividades de segurança pública, inteligência do Estado e persecução penal, existe um sopesamento em função da segurança pública e uma restrição a determinados direitos fundamentais. Como destaca Laura Schertel Mendes:

> Quanto mais incisiva e danosa for a restrição ao direito fundamental à proteção de dados pessoais, maiores devem ser os requisitos para a intervenção nesse direito e mais específica deve ser a lei que prevê essa intervenção, mostrando-se indispensável, para constitucionalidade do ato normativo, que o legislador atenda ao princípio da proporcionalidade e estabeleça medidas organizatórias e preventivas, de modo a proteger o indivíduo contra os riscos à violação da sua personalidade.[54]

Em face da dimensão objetiva do direito à proteção de dados pessoais, compete ao Poder Público atuar de maneira mais firme e interventiva, com a finalidade de assegurar a efetividade e eficácia do direito fundamental em questão, notadamente para salvaguardá-lo da indevida ingerência proveniente do próprio Poder Público e de agressões oriundas de particulares.

Nessa ordem de ideias, compete ao Estado legislar e criar a normativa necessária em termos da proteção de dados na área penal, a fim de sejam normatizados os procedimentos e a mitigados os efeitos da restrição ao direito fundamental à proteção de dados pessoais e à privacidade em hipóteses de uso de câmeras de reconhecimento facial em

53 Confira-se, nessa direção, o trecho do voto do Relator Ministro Gilmar Mendes: "(...) a discussão sobre a privacidade nas relações com a Administração Estatal não deve partir de uma visão dicotômica que coloque o interesse público como bem jurídico a ser tutelado de forma totalmente distinta e em confronto com o valor constitucional da privacidade e proteção de dados pessoais" (BRASIL. Supremo Tribunal Federal. Tribunal Pleno. Ação Direta de Inconstitucionalidade n.º 6.649 Distrito Federal. Relator: Ministro Gilmar Mendes. Brasília, 15 set. 2019).

54 MENDES, Laura Schertel. *Privacidade, proteção de dados e defesa do consumidor*: linhas gerais de um novo direito fundamental. São Paulo: Saraiva, 2014, pp. 188-189.

espaços públicos, quando extremamente necessário o uso desse tipo de tecnologia.

Tanto no caso de São Paulo quanto no caso do Rio de Janeiro, ainda não estão totalmente claras as finalidades do emprego das câmeras de reconhecimento facial nas vias públicas municipais, o que já seria impeditivo ao regular uso dessa tecnologia em face do direito fundamental à proteção de dados pessoais, previsto no art. 5º, inciso LXXIX, da Constituição Federal, e regulamentado pela LGPD.

Nas hipóteses excepcionais em que sejam empregados com a finalidade de segurança pública, o uso dos sistemas de reconhecimento facial deverá respeitar a norma contida no §1º do art. 4º da LGPD,[55] com ênfase para os princípios da lei: finalidade, adequação, necessidade, livre acesso, qualidade dos dados, transparência, segurança, prevenção, não discriminação e responsabilização e prestação de contas.

Ademais, nos termos do § 3º do art. 4º da LGPD, caberá à Autoridade Nacional de Proteção de Dados (ANPD) emitir opiniões técnicas ou recomendações referentes às exceções previstas no inciso III do art. 4º, bem como solicitar aos responsáveis relatórios de impacto à proteção de dados pessoais.

Em hipóteses de uso excepcional e justificado, o uso de câmeras de reconhecimento facial nas vias públicas deverá ser precedido por uma avaliação de impacto, através da produção de relatórios de impacto à proteção de dados pessoais – que são documentos elaborados pelos controladores contendo a descrição dos processos de tratamento de dados pessoais que podem gerar riscos às liberdades civis e aos direitos fundamentais, bem como indicando as medidas, salvaguardas e mecanismos de mitigação de risco (art. 5º, XVII, da LGPD).

Considerações finais

A expansão dos sistemas de vigilância e de coleta de dados pessoais faz o tenebroso cenário traçado por George Orwell no clássico romance

55 De acordo com o art. 4º § 1º, da LGPD, o tratamento de dados pessoais previsto no inciso III do art. 4º (segurança pública, defesa nacional, segurança do Estado ou atividades de investigação e repressão de infrações penais) será regido por legislação específica, que deverá prever medidas proporcionais e estritamente necessárias ao atendimento do interesse público, observados o devido processo legal, os princípios gerais de proteção e os direitos do titular previstos na lei.

1984 parecer iminente. Nesta obra distópica, publicada pela primeira vez em 1949, é descrito um mundo futurista, ambientado na província de um superestado, em guerra perpétua, com uma supervigilância governamental onipresente e com total manipulação pública.

Na sociedade da informação, a coleta e o tratamento de dados sensíveis tornaram-se, ao mesmo tempo, "solução e problema" para fatos há muito tempo conhecidos pela sociedade e que causam grande inquietação, como a violência urbana. E os debates acerca das esferas pública e privada ressurgiram diante da exponencialidade do desenvolvimento tecnológico.

Esses debates não são novos, pois remontam ao artigo seminal de Warren e Brandeis (*The Right to Privacy*) – que discutia os efeitos de uma nova tecnologia (a fotografia) e a invasão da privacidade – mas tornam-se cada vez mais complexo. E no século XXI, ganham ainda mais atualidade as palavras de Rodotà: "a proteção de dados constitui não apenas um direito fundamental entre outros: é o mais expressivo da condição humana contemporânea".[56]

Daniel Solove enfatiza que a proteção da privacidade e dos dados pessoais é uma salvaguarda contra prejuízos a atividades que são importantes tanto para os indivíduos quanto para a sociedade. Por conseguinte, a privacidade e a proteção de dados pessoais são direitos fundamentais que não são apenas direitos individuais ou contrapostos ao interesse público, mas são também direitos coletivos que são essenciais para a vida democrática.[57]

O Brasil possui uma legislação avançada no tocante à tutela coletiva dos direitos transindividuais. O nosso direito dispõe de um conjunto de normas processuais e materiais acerca da tutela coletiva, positivadas nos vários diplomas jurídicos que integram o ordenamento jurídico.[58] Dentre os diplomas normativos que compõem o chamado microssistema de tutela coletiva, destacam-se diversas normas jurídicas que disciplinam o processo civil coletivo, tais como a própria Constituição da República, a Lei da Ação Civil Pública, a Lei da Ação Popular, a Lei de

56 RODOTÀ, Stefano. *A vida na sociedade de vigilância*, cit., p. 21.

57 SOLOVE, Daniel J. *Understanding privacy*. Cambrigde: Harvard University Press, 2008.

58 BASTOS, Fabrício Rocha. Do microssistema da tutela coletiva e a sua interação com o CPC/2015. *Revista do Ministério Público do Estado do Rio de Janeiro*, n.º 68, abr./jun., 2018, p. 58.

Improbidade Administrativa, o Código de Defesa do Consumidor, a Lei Geral de Proteção de Dados Pessoais e a Lei do Mandado de Segurança.

A ação civil pública e a ação popular tornaram-se os instrumentos processuais mais relevantes na tutela dos interesses difusos e coletivos, cuja "principal funcionalidade é a de permitir a solução de contendas que interessam a um elevado quantitativo de interessados e que poderiam ser pulverizadas em inúmeras ações individuais".[59]

Na tutela coletiva, ao longo de mais de 30 anos foram alcançadas relevantes conquistas em relação a direitos fundamentais como educação, saúde e proteção à infância que

> encontraram na via das ações civis públicas o canal para a proteção de bens jurídicos primários, que até então dependiam exclusivamente de iniciativas políticas, não raro frustradas pela baixíssima participação da sociedade através de associações que ainda não tinham voz na jovem democracia brasileira.[60]

A proteção de dados pessoais vêm sendo objeto de ações de tutela coletiva que discutem a violação ao conteúdo desse direito fundamental, como foi o caso das ações mencionadas no item 3 *supra*. Não se trata de estimular a litigiosidade, mas sim de fazer o uso correto de um instrumento de tutela coletiva. Enquanto os debates legislativos acerca da LGPD Penal não avançam no Brasil, é necessário que as entidades legitimadas, nos termos do art. 5º da Lei da Ação Civil Pública, continuem a atuar em relação à temática do uso do reconhecimento facial em vias públicas, a fim de que se garantam tutelas preventivas e pedidos reparatórios de danos morais e patrimoniais causados a interesses difusos ou coletivos na esfera da privacidade e da proteção de dados pessoais.

Provavelmente, as ações de tutela coletiva propostas na Comarca de São Paulo – que requerem a nulidade da contratação dos serviços

---

59 GARCIA, Emerson. Instrumentos de defesa dos direitos fundamentais de terceira dimensão: a funcionalidade da ação popular e da ação civil pública. *Revista do Ministério Público do Estado do Rio de Janeiro*, n.º 59, jan./mar., 2016, p. 146.

60 CARPENA, Heloisa. SOS Ações Civis Públicas. In: MIRAGEM, Bruno; MARQUES, Claudia Lima; OLIVEIRA, Amanda Flávio (coord.). *25 Anos de Código de Defesa do Consumidor*: Trajetórias e Perspectivas. São Paulo: Editora vista dos Tribunais, 2016, p. 309.

de reconhecimento facial – serão encaminhadas ao Superior Tribunal de Justiça e ao Supremo Tribunal Federal, em grau de recurso. Na ausência de regulação específica sobre o uso de reconhecimento facial nas áreas públicas no Brasil, ganham relevância os próprios parâmetros estabelecidos pelo Supremo Tribunal Federal em diversos precedentes relacionados à proteção de dados pessoais, à privacidade e aos temas relacionados à segurança pública.

É necessária a adoção de parâmetros jurídicos e de governança para impedir a instalação de sistemas biométricos incompatíveis com as garantias das liberdades públicas e direitos fundamentais, sopesando-se com os pressupostos da segurança pública, bem como para que se implementem salvaguardas e medidas de mitigação de risco nos casos do seu uso, dentro dos critérios de finalidade e proporcionalidade.

Por derradeiro, enaltecemos o imenso legado de Danilo Doneda na construção do marco normativo da privacidade e da proteção de dados pessoais, tanto na esfera legislativa, quanto no campo doutrinário e na jurisdição constitucional. Danilo nos deixou um legado permanente e continuará sendo inspiração e motivação para a luta pela cidadania e pelo exercício dos direitos e liberdades fundamentais.

Referências

BAN The Scan Hyderabad: Do you want your face to be used to track you? *Amnesty International*. Disponível em: https://banthescan.amnesty.org/hyderabad/. Acesso em 7 out. 2023.

BASTOS, Fabrício Rocha. Do microssistema da tutela coletiva e a sua interação com o CPC/2015. *Revista do Ministério Público do Estado do Rio de Janeiro*, nº 68, abr./jun., 2018.

BAUMAN, Zygmunt. *Vigilância líquida*: diálogos com David Lyon. Rio de Janeiro: Zahar, 2014.

BIONI, Bruno Ricardo. *Proteção de dados pessoais*: a função e os limites do consentimento. 2. ed. Rio de Janeiro: Forense, 2020.

BIONI, Bruno Ricardo; RIELLI, Mariana; LUCIANO, Maria. Regulação de reconhecimento facial em São Francisco: não se trata de frear o uso da tecnologia, mas, pelo contrário, adotá-la com prudência. *Jota*, 25 jun. 2019. Disponível em: https://www.jota.info/opiniao-e-analise/colunas/agenda-da-privacidade-e-da-protecao-de-dados/regulacao-de-reconhecimento-facial-em-sao-francisco-25062019. Acesso em: 7 out. 2023.

BOND, Letycia. Capital paulista deve receber 20 mil câmeras com reconhecimento facial. *Agência Brasil*, 7 ago. 2023. Disponível em: https://agenciabrasil.ebc.com.br/geral/noticia/2023-08/capital-paulista-deve-receber-20-mil-cameras-com-reconhecimento-facial. Acesso em: 20 set. 2023.

CALIL, Ana Luíza. GOMES, Leonardo Parizotto. Covid-19: estado de calamidade pública ou situação de emergência? Diferenças entre os instrumentos de contenção da pandemia. *Jota*, 28 mar. 2020 Disponível em: https://www.jota.info/opiniao-e-analise/colunas/reg/covid-19-calamidade-publica-emergencia-28032020. Acesso em: 7 set. 2023.

CARDOSO, Bruno. Estado, Tecnologias de segurança e normatividade neoliberal. In: BRUNO, Fernanda *et al.* (org.). Tecnopolíticas *da vigilância*: perspectivas da margem. 1. ed. São Paulo: Boitempo, 2018.

CARPENA, Heloisa. SOS Ações Civis Públicas. In: MIRAGEM, Bruno; MARQUES, Claudia Lima; OLIVEIRA, Amanda Flávio (coord.). *25 Anos de Código de Defesa do Consumido*r: Trajetórias e Perspectivas. São Paulo: Editora vista dos Tribunais, 2016.

COSTA, Ramon Silva; KREMER, Bianca. Inteligência artificial e discriminação: desafios e perspectivas para a proteção de grupos vulneráveis frente às tecnologias de reconhecimento facial. *Revista Brasileira de Direitos Fundamentais & Justiça*, [S. l.], v. 16, nº 1, 2022.

COVID-19: states nível em: https://www.ohchr.org/EN/NewsEvents/Pages/DisplayNews.aspx?NewsID=25722&LangID=E. Acesso em: 7 set. 2023.

DONEDA, Danilo. *Da privacidade à proteção de dados pessoais*: elementos da formação da lei geral de proteção de dados. 1. ed. São Paulo: Thomson Reuters Brasil, 2006.

DONEDA, Danilo. Fundamentos históricos e teóricos da proteção de dados pessoais. In: DONEDA, Danilo; SARLET, Ingo Wolfgang; MENDES, Laura Schertel; RODRIGUES JR, Otávio Luiz (Coord.). BIONI, Bruno (Coord. Executivo). *Tratado de Proteção de Dados Pessoais*. Rio de Janeiro: Forense, 2021, pp. 33-66.

FERREIRA, Lucia Maria Teixeira. Direito fundamental à proteção de dados pessoais. In: SCHREIBER, Anderson; MARTINS, Guilherme Magalhães; CARPENA, Heloisa (coord.). *Direitos fundamentais e sociedade tecnológica*. Indaiatuba, SP: Editora Foco, 2022, pp. 241-256.

FORUM BRASILEIRO DE SEGURANÇA PÚBLICA. *Anuário brasileiro de segurança pública 2020*. Ano 14, 2020, Disponível: https://forumseguranca.org.br/wp-content/uploads/2020/10/anuario-14-2020-v1-interativo.pdf. Acesso: 7 out. 2023.

FREITAS, Hyndara. Smart Sampa: Justiça autoriza compra de câmeras com reconhecimento facial. *Veja São Paulo*, 23 maio 2023. Disponível em: https://vejasp.abril.com.br/cidades/smart-sampa-justica-autoriza-compra-de-cameras-com-reconhecimento-facial. Acesso em: 7 out. 2023.

GARCIA, Emerson. Instrumentos de defesa dos direitos fundamentais de terceira dimensão: a funcionalidade da ação popular e da ação civil pública. *Revista do Ministério Público do Estado do Rio de Janeiro*, nº 59, jan./mar., 2016.

GUTWIRTH, Serge.; DE HERT, Paul. Privacy, Data Protection and Law Enforcement. Opacity of the Individual and Transparency of Power. *Direito Público*, [S. l.], v. 18, nº 100, 2022.

IBGE. De 2010 a 2022, população brasileira cresce 6,5 % e chega a 203,1 milhões. *Agência IBGE Notícias*, 28 jun. 2023. Disponível em: https://agenciadenoticias.ibge.gov.br/agencianoticias/2012agenciadenoticias/noticias/37237de2010a2022populacaobrasileiracresce65echegaa2031milhoes . Acesso em 20 set. 2023.

MENDES, Laura Schertel. Autodeterminação informativa: a história de um conceito. *Pensar*, Fortaleza, v. 25, nº 4, p. 1-18, out./dez. 2020.

MENDES, Laura Schertel. *Privacidade, proteção de dados e defesa do consumidor*: linhas gerais de um novo direito fundamental. São Paulo: Saraiva, 2014.

MONTEIRO FILHO, Carlos Edison do Rêgo. Breve ensaio em tema dos fundamentos do direito civil-constitucional e a concepção do direito fundamental à proteção de dados pessoais. In: MENEZES, Joyceane Bezerra; CICCO, Maria Cristina de; RODRIGUES, Francisco Luciano Lima (Coord.). *Direito civil na legalidade constitucional*: algumas aplicações. 1 ed. Indaiatuba: Foco, 2021.

NICOLÁS, Elena Sánchez. *2013*: Snowden was 'wake-up call' for GDPR. *Euobserver*, 29 dez. 2020. Disponível em: https://euobserver.com/20th-anniversary/150050. Acesso em: 07 set. 2023.

OLIVEIRA, Rafael Carvalho Rezende. Direito Administrativo e coronavírus. *Migalhas*, 17 mar. 2020. Disponível em: https://www.migalhas.com.br/depeso/321892/direitoadministrativoecoronavirus. Acesso em: 7 set. 2023.

OLIVEIRA, Samuel R. de. *Sorria, você está sendo filmado!*: repensando direitos na era do reconhecimento facial. São Paulo: Thomson Reuters Brasil, 2021.

PASQUALE, Frank. *The black box society*: the secret algorithms that control money and information. Cambridge: Harvard University Press, 2015.

PROMOTOR de Direitos Humanos da Capital instaura inquérito civil sobre Smart Sampa - Ministério Público do Estado de São Paulo. MPSP, 17 jan.

2023. Disponível em: https://mpsp.mp.br/w/promotor-de-direitos-humanos-da-capital-instaura-inqu%C3%A9rito-civil-sobre-smart-sampa. Acesso em: 20 set. 2023.

REVÉS para el gobierno porteño: la Justicia declaró inconstitucional el sistema de reconocimiento facial. *Perfil*, 7 set. 2022. Disponível em: https://www.perfil.com/noticias/actualidad/revesparaelgobiernoportenolajusticiadeclaroinconstitucionalelsistemadereconocimientofacialdeprofugos.phtml. Acesso em: 20 set. 2023.

RODOTÀ, Stefano. A vida na sociedade de vigilância. MORAES, Maria Celina Bodin de (org.). Tradução: Danilo Doneda e Luciana Cabral Doneda. Rio de Janeiro: Renovar, 2008.

SARLET, Ingo Wolfgang. Fundamentos Constitucionais: o direito fundamental à proteção de dados pessoais. In: DONEDA, Danilo; SARLET, Ingo Wolfgang; MENDES, Laura Schertel; RODRIGUES JR, Otávio Luiz (Coord.). BIONI, Bruno (Coord. Executivo). *Tratado de Proteção de Dados Pessoais*. Rio de Janeiro: Forense, 2021.

SARLET, Ingo Wolfgang; SALES SARLET, Gabrielle. *Separação informacional de poderes no direito constitucional brasileiro*. São Paulo: Associação Data Privacy Brasil de Pesquisa, 2022, 28. Disponível em: https://www.dataprivacybr.org/documentos/separacaoinformacionaldepoderesnodireitoconstitucionalbrasileiro/. Acesso em: 3 out. 2023.

SECRETARIA ESPECIAL DE COMUNICAÇÃO. Prefeito assina contrato para o início do Smart Sampa, maior programa de videomonitoramento da cidade com até 40 mil câmeras. *Cidade de São Paulo*, 7 ago. 2023. Disponível em: https://www.capital.sp.gov.br/noticia/prefeitoassinacontratoparaoiniciodosmartsampamaiorprogramadevideomonitoramentodacidadecomate40milcameras2. Acesso em 20 set. 2023.

SOUSA, Rafael Nascimento. Milícia de Zinho usa bancos de dados do governo do estado para planejar ataques e homicídios contra desafetos afirma MP. O Globo, 26 ago. 2022. Disponível em: https://oglobo.globo.com/rio/noticia/2022/08/miliciadezinhousabancosdedadosdogovernodoestadoparaplanejarataquesehomicidioscontradesafetosafirmamp.ghtml. Acesso em 20 set. 2023.

SOLOVE, Daniel J. *Understanding privacy*. Cambrigde: Harvard University Press, 2008.

TAVARES, Clarice.; SIMÃO, Bárbara.; MARTINS, Fernanda K..; SANTOS, Blenda; ARAÚJO, Ana Martha. *Tecnologias de vigilância e educação*: um mapeamento das políticas de reconhecimento facial em escolas públicas brasileiras". São Paulo: InternetLab, 2023. Disponível em: https://internetlab.org.

br/wpcontent/uploads/2023/06/Educacao-na-mira-PT_06.pdf. Acesso em: 7 out. 2023.

UNIÃO EUROPEIA. Comissão Europeia. COM/2021/206. Proposal for a Regulation of the European Parliament and of the Council Laying Down Harmonised Rules on Artificial Intelligence (Artificial Intelligence Act) And Amending Certain Union Legislative Acts. Disponível em: https://eur-lex.europa.eu/legal-content/EN/TXT/?uri=CELEX%3A52021PC0206. Acesso em 7 out. 2023.

UNIÃO EUROPEIA. Parlamento Europeu. *Artificial intelligence act* (EU Legislation in Progress). Disponível em: https://www.europarl.europa.eu/RegData/etudes/BRIE/2021/698792/EPRS_BRI(2021)698792_EN.pdf. Acesso em: 7 out. 2023.

VIALLI, Andrea. Contratos de PPPs em iluminação pública avançam. *Valor Econômico,* 21 dez. 2021. Disponível em: https://valor.globo.com/publicacoes/suplementos/noticia/2021/12/21/contratosdepppsemiluminacao-publica-avancam.ghtml. Acesso em 20: set. 2023.

WARREN, Samuel D.; BRANDEIS, Louis D. The right to privacy. *Harvard Law Review*, v. 4, nº 5, p. 193- 220, Dec. 1890.

Parte V
TRANSAÇÕES COMERCIAIS NO AMBIENTE DIGITAL

Notas sobre a contratação eletrônica na economia do compartilhamento[1]

Gustavo Tepedino[2]
Jeniffer Gomes da Silva[3]
Mariana Ribeiro Siqueira[4]

SUMÁRIO: 1. Noções introdutórias; **2.** A economia do compartilhamento; **3.** As inovações trazidas pelos contratos eletrônicos de economia compartilhada e o regime jurídico aplicado; **3.1.** Os contratos com viés econômico; **4.** À guisa de conclusão.

1. Noções introdutórias

Há muitos anos, os contratos eletrônicos foram introduzidos na sistemática jurídica brasileira. O *e-commerce*[5] já movimenta quantias formidáveis, cenário hiperbolizado com a pandemia de Covid-19. Nessa direção, dados do Observatório de Comércio Eletrônico do Ministério do Desenvolvimento, Indústria, Comércio e Serviços ("MDIC") revelam que o comércio eletrônico brasileiro movimentou R$ 450 bilhões em operações de compra e venda nos últimos três anos. Tal montante representa

1 Trabalho escrito em homenagem ao saudoso jurista e amigo Prof. Danilo Doneda, para esta obra coletiva elaborada em seu tributo

2 Professor Titular e ex Diretor da Faculdade de Direito da Universidade do Estado do Rio de Janeiro (UERJ). Sócio fundador do escritório Gustavo Tepedino Advogados.

3 Doutoranda e Mestre em Direito Civil pela Universidade do Estado do Rio de Janeiro (UERJ). Sócia do Escritório Galdino & Coelho, Pimenta, Takemi, Ayoub Advogados.

4 Doutoranda e Mestre em Direito civil pela Universidade do Estado do Rio de Janeiro. Mestre em Direito Privado pela Paris II - Panthéon-Assas. Sócia do escritório SBS Advogados.

5 Sobre o conceito de comércio eletrônico, dispõe Danilo Doneda: A profusão de transações realizadas por estes e por outros meios semelhantes justificou que a este complexo de relações viesse a se denominar como "comércio eletrônico" ou e-commerce. De uma forma geral, o comércio eletrônico se refere às relações comerciais de venda de informações, bens ou serviços através de redes de computadores. (Danilo Doneda, Apontamentos sobre a informação no contrato eletrônico. In: *Revista da Faculdade de Direito de Campos*, v. 9, 2006, pp. 67-84).

mais do que o dobro da soma dos valores registrados no período compreendido anteriormente à pandemia da Covid-19.[6]

O dinamismo desses novos modelos de negócio e a velocidade com que se transformam e atualizam trazem, de um lado, inequívoco progresso para as relações comerciais, e, de outro, enormes desafios na análise jurídica desses instrumentos[7]. Antes mesmo do crescimento do acesso à internet no Brasil, já se observava que os contratos eletrônicos abalaram cinco referências fundamentais da disciplina jurídica dos contratos: quem contrata, onde contrata, quando contrata, como contrata e o que contrata[8]. Embora muito já se tenha avançado nesse campo, é impossível que o Direito acompanhe as inovações na mesma velocidade que a tecnologia[9]. Apesar de previsões legislativas para regulamentação

6 Confira-se: Ministério lança plataforma de acompanhamento do comércio eletrônico. *gov.br.* Disponível em: https://www.gov.br/mdic/pt-br/assuntos/noticias/2023/maio/em-3-anos-e-commerce-no-pais-movimentou-quase-meio-trilhao-de-reais-1. Acesso em: 13.12.2023.

7 Dentre tais desafios, Danilo Doneda expõe o seguinte acerca do comércio massificado: "A rápida difusão das plataformas digitais e interativas como meio para a realização de contratos proporcionou grande impulso ao comércio eletrônico. Por outro lado, ressaltou uma assimetria que já era típica do comércio massificado, que diz respeito à definição unilateral do conteúdo contratual, motivada pela ausência de uma real e efetiva interação entre as partes negociantes. A isto veio se somar o desnível em que se encontram fornecedores e consumidores nas relações de consumo, que é relevante a tal ponto que justifica a existência de normas especialmente formuladas para a proteção do consumidor, procurando remediar essa assimetria - mormente a Lei Federal nº 8.078, de 11 de setembro de 1990, o Código de Defesa do Consumidor". (Danilo Doneda; José Renato Gaziero Cella, Lógica, inteligência artificial e comércio eletrônico. In: *Anais do XVIII Congresso Nacional do CONPEDI*, São Paulo, 2009).

8 Anderson Schreiber, Contratos eletrônicos e consumo. In: *Revista Brasileira de Direito Civil - RBDCivil*, vol. 1, jul.-set./2014, p. 91. A anotação remonta à feliz síntese de Luiz Edson Fachin, na análise da teoria contratual contemporânea: "Quem contrata não mais contrata apenas com quem contrata, eis aí o móvel que sinaliza, sob uma ética contratual contemporânea, para a solidariedade social" (Tribuna do Paraná, 11.04.2017. No mesmo sentido, Questões do Direito Civil Brasileiro Contemporâneo. Rio de Janeiro: Renovar, 2008, p. 24; e ainda in Direito Civil: sentido, transformações e fim. Rio de Janeiro: Renovar, 2015, p. 106.

9 Nesse contexto, mostra-se atual a lição de Stefano Rodotà: "Hoje, essas secas contraposições podem soar meramente esquemáticas ou simplistas. Mas a nova angústia nasce da consciência da forte defasagem entre a rapidez do progresso técnico- científico e a lentidão com que amadurece a capacidade de controle dos processos sociais que acompanham tal progresso. E é exatamente neste terreno

dos contratos eletrônicos, persistem as dificuldades enfrentadas pelos juristas para a interpretação e recepção, pelo ordenamento, dos efeitos desses instrumentos.

Além das vendas de produtos por meio do *e-commerce,* crescem significativamente os contratos de economia compartilhada, que, por meio de plataformas online, são celebrados de forma eletrônica. As relações constituídas por meio da internet instituíram, para além dos modelos tradicionais entre empresa e consumidor (B2C - *business to consumer*), ou entre empresas (B2B - *business to business*), a modalidade identificada como C2C (*consumer to consumer*)[10] ou P2P (*peer to peer*). A nova modalidade difere dos modelos contratuais tradicionais, não só por abranger enorme gama de possibilidades de contratações, mas também por comportar, dentro de cada uma delas, ao menos três relações jurídicas. Como será abordado ao longo do trabalho, a economia compartilhada acaba por lançar novas luzes sobre os aspectos jurídicos da contratação eletrônica, notadamente no que se refere à qualificação desses contratos e às normas a eles aplicáveis.

2. A economia do compartilhamento

A economia do compartilhamento, em suas diversas denominações, tais como *sharing economy*, *collaborative economy*, *peer-production economy* ou *peer-to-peer economy*[11-12], pode ser compreendida como a

que é preciso trabalhar para preencher tal defasagem, projetando políticas conscienciosas, elaborando remédios institucionais" (Stefano Rodotà, *A vida na sociedade da vigilância:* a privacidade hoje, Rio de Janeiro: Renovar, 2008, p. 42).

10 Amanda Flávio de Oliveira, Economia colaborativa e desafios ao ordenamento jurídico brasileiro: primeiras reflexões. In: *Revista de Direito do Consumidor,* vol. 115, jan.-fev./2018, p.480.

11 Christopher Koopman; Matthew Mitchell; Adam Thierer, The sharing economy and consumer protection regulation. The case for policy change. In: *The Journal of Business, Entrepreneurship & the Law,* vol. 8, maio/2015, p. 531.

12 Para além da pluralidade de denominações que a ideia de consumo colaborativo comporta, Eduardo Nunes de Souza e Cássio Monteiro Rodrigues alertam para a ausência de consenso quanto ao seu conceito: "Tão vertiginoso foi o crescimento do setor da economia compartilhada nos últimos anos que a dogmática jurídica ainda não foi capaz de aquilatar seu conceito (desconhecido, em larga medida, até mesmo pelos próprios agentes de mercado que dela se utilizam)" (Eduardo Nunes de Souza; Cássio Monteiro Rodrigues, Tutela da vulnerabilidade contratual nas re-

concepção de novos modelos de contratação baseados no uso em comum, isto é, em uma pluralidade de indivíduos sobre determinado bem ou serviço, afastando-se assim a ideia de aquisição da propriedade e de formação de patrimônio individual[13]. Justamente por essa razão, alude-se ao rompimento do paradigma tradicional segundo o qual é necessário possuir o bem para usufruí-lo[14]. Além disso, conforme será exposto adiante, essa passagem do individual para o coletivo implica verdadeiro – e necessário – diálogo das fontes, cuja harmonização se alcança mediante a incorporação dos princípios e valores constitucionais a cada uma das normas infraconstitucionais aplicáveis[15]

Nessa ordem de ideias, associa-se o surgimento do consumo compartilhado à atividade "sustentável das sociedades de hiperconsumo", que evoluiu para um sistema negocial de consumo pautado na trans-

---

lações de economia do compartilhamento. In: *Pensar. Revista de Ciências Jurídicas,* vol. 25, 2020, p. 2).

---

13 Bruno Miragem; Claudia Lima Marques, Economia do compartilhamento deve respeitar os direitos do consumidor. In: *Consultor Jurídico.* Disponível em: https://www.conjur.com.br/2015-dez-23/garantias-consumo-economia-compartilhamento-respeitar-direitos-consumidor. Acesso em: 22.02.2021.

14 Nesse sentido: "Em adição, parece haver um movimento no sentido de tornar mais barato compartilhar do que ser proprietário, o que leva alguns a afirmarem a existência de verdadeiro rompimento do paradigma clássico de que seria necessário possuir – em termos de direitos de propriedade – um determinado bem ou serviço para poder usufruir do mesmo" (Raphael Andrade Silva; Matheus Silva de Paiva; Gustavo Saad Diniz, Desafios jurídico-regulatórios e economia compartilhada: elementos para uma reflexão crítica. In: *Scientia Iuris,* Londrina, vol. 21, nº 2, jul./2017, p. 102).

15 Nessa direção, Claudia Lima Marques, A nova noção de fornecedor no consume compartilhado: um estudo sobre as correlações do pluralismo contratual e o acesso ao consumo. In: *Revista de Direito do Consumidor*, vol. 111, a. 26, maio-jun./2017, p. 250). De forma mais ampla, fora do contexto da economia do compartilhamento, Pietro Perlingieri leciona que "Sotto questo profilo, che è quello che realmente conta, in una scienza giuridica che è scienza pratica, l'ordinamento, per quanto complesso sia, di qualsiasi complessità si caratterrizi, non può che essere uno, anche se risultante de una pluralità di fonti e componenti" (Pietro Perlingieri, Complessità e unitarierà dell'ordinamento giudirico vigente. In: *Rassegna di direito civile.* Napoli. 2005, v. 1, p. 196). Ainda sobre o tema, seja consentido remeter a Gustavo Tepedino, Premissas metodológicas para a constitucionalização do direito civil. In: *Temas de direito civil.* 4 ed. Rio de Janeiro: Renovar, 2008, *passim.*

parência[16] Em tal perspectiva, afirma-se que o consumo colaborativo pressupõe dois elementos, quais sejam "a existência de bens compartilháveis que sistematicamente possuam excesso de capacidade e uma atitude ou motivação de compartilhamento"[17]. Dessa forma, tal figura possui o escopo de promover "a cooperação entre indivíduos autônomos a fim de assegurar o aproveitamento mais eficiente e racional de bens ociosos"[18-19]. Neste ponto, cumpre ressaltar que a compreensão de

16 Assim Claudia Lima Marques, que resume: "Posso definir a economia do compartilhamento, de forma simples, como um sistema "negocial" de consumo (*collaborative consumption*), no qual pessoas alugam, usam, trocam, doam, emprestam e compartilham bens, serviços, recursos ou *commodities*, de propriedade sua, geralmente com a ajuda de aplicativos e tecnologia online móvel, com a finalidade de economizar dinheiro, cortar custos, reduzir resíduos, dispêndio de tempo, ou a imobilização de patrimônio ou melhorar as práticas sustentáveis e a qualidade de vida em sua região" (A nova noção de fornecedor no consume compartilhado: um estudo sobre as correlações do pluralismo contratual e o acesso ao consumo. In: *Revista de Direito do Consumidor*, vol. 111, a. 26, maio-jun./2017, p. 249).

17 Confira-se: "In the last couple of years, the popularity and business of the sharing economy has increased tremendously. Uber, Airbnb, Lyft, and other forms of the sharing economy are innovative forms of sharing underused facilities. The sharing economy presupposes two elements: the existence of physical 'shareable goods that systematically have excess capacity,' and a sharing attitude or motivation. The idea behind the sharing economy is simple: consumers will share goods when transaction costs related to the coordination of economic activities within specific communities are low. Sharing practices have become a widespread phenomenon with the development of information and communication social technology that easily connects strangers, supports peer-to-peer collaboration, increases incentives to cooperate, acquires information about the past and present, and predicts future behavior of participants involved in sharing practices.10 In addition, the price of sharing is significantly lower than the price of owning" (Sofia Ranchordás, Does sharing mean caring? Regulating innovation in the sharing economy. In: *Minnesota Journal of Law, Science and Technology*, vol. 16, n.1, 2015, pp. 4-5. Tradução livre).

18 Ana Frazão, Economia do compartilhamento e tecnologias disruptivas. In: *Jota*. Disponível em: https://www.jota.info/opiniao-e-analise/colunas/constituicao-empresa-e-mercado/economia-do-compartilhamento-e-tecnologias-disruptivas-14062017. Acesso em: 22.02.2021.

19 Em sentido semelhante, manifestam-se Eduardo Nunes de Souza e Cássio Monteiro Rodrigues: "A nota característica da *sharing economy*, assim, parece estar na busca pelo compartilhamento ou pela utilização racional dos bens, para a qual a construção de um forte sistema jurídico de tutela da confiança tem sido considerada essencial" (Eduardo Nunes de Souza; Cássio Monteiro Rodrigues, Tutela da vulnerabilidade contratual nas relações de economia do compartilhamento. In: *Pensar. Revista de Ciências Jurídicas*, vol. 25, 2020, p. 3).

uso comum do bem não se confunde com o conceito de bem comum[20]. Isso, porque bens comuns consistem no "conjunto de bens essenciais cujo acesso deve ser garantido a todos, independentemente do título proprietário, superando-se, assim, a lógica da apropriação (privada ou pública) que se apresenta como obstáculo à efetividade dos direitos fundamentais"[21]. O uso comum do bem, ao seu turno, especialmente no contexto de economia do compartilhamento, possui ligação com a "ampliação do uso eficiente dos bens e o consequente atendimento de sua função social"[22].

É possível atribuir à economia do compartilhamento conotação plural, uma vez que são distintos os sistemas socioeconômicos de cooperação e compartilhamento viabilizados por recursos tecnológicos. Tal realidade incentiva, assim, o uso da denominação "economias do compartilhamento"[23]. Essas economias do compartilhamento, segundo lição de Rafael A. F. Zanatta, diferenciam-se com base no tipo de recurso compartilhado e na finalidade do compartilhamento.[24] No que tange às

20 A distinção foi evidenciada por Camila Ferrão e Filipe Medon em Seminário sobre "A caracterização do consumidor e a qualificação contratual nas relações da economia do compartilhamento", apresentado no âmbito do Programa de Pós-Graduação *Stricto Sensu* da Universidade do Estado do Rio de Janeiro – UERJ, em 2020.

21 Gustavo Tepedino, Acesso aos direitos fundamentais, bens comuns e unidade sistemática do ordenamento. In: Ana Carla Harmatiuk Matos; Ana Carolina Brochado Teixeira; Gustavo Tepedino (orgs.), *Direito civil, Constituição e unidade do sistema:* Anais do Congresso de Direito Civil Constitucional – V Congresso do IBDCivil, Belo Horizonte: Fórum, 2019, p. 19.

22 Carlos Affonso Pereira de Souza; Ronaldo Lemos, Aspectos jurídicos da economia do compartilhamento: função social e tutela da confiança. In: *Revista de Direito da Cidade,* vol. 8, nº 4, 2016, p. 1765.

23 Nesse sentido, cf. Rafael A. F. Zanatta, Economias do compartilhamento: superando um problema conceitual. In: Rafael A. F. Zanatta; Pedro C. B. de Paula; Beatriz Kira (orgs.), *Economias do compartilhamento e o direito.* Curitiba: Juruá, 2017, p. 99.

24 Rafael A. F. Zanatta, para o qual, "em termos analíticos, as diversas economias podem ser diferenciadas a partir da análise *do tipo de recurso compartilhado* e a *finalidade do compartilhamento.* Os recursos, ou bens, podem ser materiais ou imateriais. As finalidades, por outro lado, podem ser diferenciadas claramente entre (i) atos de compartilhamento voltados à satisfação de uma necessidade de consumo ou (ii) atos de compartilhamento voltados à satisfação de uma ação produtiva. O que há de comum nessas economias – e isso é fundamental nas economias digitais – é a existência de um *médium* humanamente construído, uma plataforma que reduz custos de transação e cria um arranjo institucional facilitador dessas relações sociais por atos comunicacionais." Economias do compartilhamento: superando um problema conceitual (In: Rafael A. F. Zanatta; Pedro C. B. de Paula; Beatriz Kira (orgs.), *Economias do compartilhamento e o direito.* Curitiba: Juruá, 2017, p. 99).

formas de organização e à estrutura da economia do compartilhamento, deve-se partir, em primeiro lugar, da elaboração de uma plataforma de compartilhamento, a qual, "costuma ser detentora da tecnologia da informação que permite conectar os demais agentes que serão integrados à relação, sendo encarregada, na maioria das vezes, do papel de intermediária e organizadora do compartilhamento"[25]. Nessa mesma esteira, enunciam-se, como supramencionados, os conceitos de B2C (*business to consumer*), B2B (*business to business*) e C2C (*consumer to consumer*) ou P2P (*peer to peer*). Trata-se de modalidades de negociações estabelecidas em meio virtual. O primeiro modelo, *business to consumer*, afigura-se nos casos em que empresas fornecedoras oferecem produtos ou serviços em ambiente virtual a consumidores[26]. O segundo, por sua vez, estabelece-se "entre pessoas não profissionais e entre empresários"[27], fora da seara consumerista. Por fim, o modelo *peer to peer,* detentor de inúmeras controvérsias doutrinárias, resta configurado no estabelecimento de "cooperação direta entre indivíduos"[28-29]. Neste último caso,

---

25 Eduardo Nunes de Souza; Cássio Monteiro Rodrigues, Tutela da vulnerabilidade contratual nas relações de economia do compartilhamento. In: *Pensar. Revista de Ciências Jurídicas,* vol. 25, 2020, p. 3.

26 Amanda Flávio de Oliveira, Economia colaborativa e desafios ao ordenamento jurídico brasileiro: primeiras reflexões. In: *Revista de Direito do Consumidor,* vol. 115, jan.-fev./2018, pp. 479-495.

27 Bruno Miragem; Claudia Lima Marques, Economia do compartilhamento deve respeitar os direitos do consumidor. In: *Consultor Jurídico.* Disponível em: https://www.conjur.com.br/2015-dez-23/garantias-consumo-economia-compartilhamento-respeitar-direitos-consumidor. Acesso em: 22.02.2021.

28 Carlos Affonso Pereira de Souza; Ronaldo Lemos, Aspectos jurídicos da economia do compartilhamento: função social e tutela da confiança. In: *Revista de Direito da Cidade,* vol. 8, nº 4, 2016, p. 1759.

29 Sobre o tema, afirma Claudia Lima Marques: "P2P – Peer to Peer – é, em verdade, uma tecnologia de *blend*, que os especialistas em Internet definem como aquela 'que possibilita aos pontos da rede atuarem como 'cliente' e 'servidor', o que resulta na aptidão para compartilhar informações sem a necessidade de um servidor central.' Logo, seria uma relação direta entre dois consumidores ou dois empresários, negócio que só interessaria ao direito civil, o primeiro, e ao empresarial, o segundo. Na sociedade de consumo de massas e democratização do digital, a vulgarização do contato direto (e procura direta de possibilidades de compartilhamento) transformou o que deveria ser um contato direto entre civis em um negócio (*business*) novo para intermediários e *start-ups*, oferecido no mercado de consumo para consumidores!" (Claudia Lima Marques, A nova noção de fornecedor no consume compartilhado: um estudo sobre as correlações do pluralismo

em última análise, verifica-se relação triangular inovadora entre a plataforma – que pode assumir a posição de intermediária ou de fornecedora – e os usuários[30].

Ainda à luz do modelo *peer to peer* (P2P), vale destacar que, embora o intermediário da relação triangular "desapareça", tal ente "está muito presente na 'reputação' e nas avaliações dos consumidores, no local do encontro e na negociação digital/*locus* e na imposição das regras sobre este 'encontro/negócio'[31]. Isso se justifica na medida em que a reputação e a tutela da confiança afiguram-se como efeitos da transparência gerada pelo sistema de avaliação.

Dito de outro modo, no âmbito da economia do compartilhamento, cabe às empresas o fornecimento do maior número de informações possível para que os usuários da plataforma concluam a negociação[32]. Trata-se, com efeito, da transparência, que "pode não apenas humanizar a relação de natureza patrimonial que se busca desenvolver, como também fornecer os elementos necessários para a vontade do usuário da plataforma"[33-34]. Assim, a transparência viabiliza dois efeitos, quais

---

contratual e o acesso ao consumo. In: *Revista de Direito do Consumidor*, vol. 111, a. 26, maio-jun./2017, p. 252).

---

30 Cf. Eduardo Nunes de Souza; Cássio Monteiro Rodrigues, Tutela da vulnerabilidade contratual nas relações de economia do compartilhamento. In: *Pensar. Revista de Ciências Jurídicas*, vol. 25, 2020, p. 3.

31 Claudia Lima Marques, A nova noção de fornecedor no consume compartilhado: um estudo sobre as correlações do pluralismo contratual e o acesso ao consumo. In: *Revista de Direito do Consumidor*, vol. 111, a. 26, maio-jun./2017, p. 252.

32 Carlos Affonso Pereira de Souza; Ronaldo Lemos, Aspectos jurídicos da economia do compartilhamento: função social e tutela da confiança. In: *Revista de Direito da Cidade*, vol. 8, nº 4, 2016, p. 1759.

33 Carlos Affonso Pereira de Souza; Ronaldo Lemos, Aspectos jurídicos da economia do compartilhamento: função social e tutela da confiança. In: *Revista de Direito da Cidade*, vol. 8, nº 4, 2016, p. 1759.

34 Em sentido semelhante: "As plataformas atuam como verdadeiros catalizadores na relação entre o usuário e aquele que oferece o produto ou serviço. Não se trata, no mais das vezes, apenas de facilitar a comunicação entre eles, mas sim de criar a confiança necessária para que a relação entre eles exista e se desenvolva. As plataformas estabelecem condições mais previsíveis e uniformes para ambas as partes, que fazem com que a relação seja possível. A diferença reside justamente nesse ponto: eliminar os riscos envolvidos no compartilhamento com alguém que não se conhece e de quem não se tem nenhuma referência" (José Mauro Decoussau Ma-

sejam o implemento da reputação daquele que compartilha um bem ou realiza um serviço e o estímulo da confiança do consumidor.[35]

A despeito dessas características favoráveis, não se pode perder de vista a necessidade de reflexão no que diz respeito à possibilidade, ou não, e aos efeitos de compartilhamento dos dados referentes à reputação, da parte que compartilha o bem ou elabora determinada atividade, com outras plataformas[36]. Tal reflexão se coloca ao lado de inúmeras questões jurídicas controversas no contexto do consumo colaborativo, tais como trabalho, propriedade e contrato. Considerando-se a inviabilidade de análise exaustiva dessas questões, optou-se por suscitar as prin-

---

chado; Pamela Gabrielle Meneguetti, A responsabilidade civil dos intermediários na economia do compartilhamento. In: Rafael A. F. Zanatta; Pedro C. B. de Paula; Beatriz Kira (orgs.), *Economias do compartilhamento e o direito.* Curitiba: Juruá, 2017, p. 200).

35 Como asseveram Carlos Affonso Pereira de Souza e Ronaldo Lemos: "A transparência gerada pelo aplicativo cria assim não apenas um ambiente no qual a reputação é o ativo mais importante para quem disponibiliza um bem ou presta uma atividade, ao mesmo tempo em que gera o efeito de estimular a confiança no sentido de que a atividade será bem desempenhada, reduzindo riscos e aumentando o cuidado com a outra parte contratante."Carlos Affonso Pereira de Souza; Ronaldo Lemos, Aspectos jurídicos da economia do compartilhamento: função social e tutela da confiança. In: *Revista de Direito da Cidade,* vol. 8, nº 4, 2016, p. 1771.

36 Sobre o tema, observam Carlos Affonso Pereira de Souza e Ronaldo Lemos: "Nesse sentido, um detalhe que não deve passar desapercebido é o fato de que, quanto mais dependente se torna essa economia do conhecimento de avaliações e reputações alheias, mais parece estranho que a reputação até então fique adstrita aos confins do site ou da aplicação na qual a mesma foi realizada. Um dos próximos passos que começa a ser dado, é refletir sobre a reputação alcançada em determinada plataforma como uma característica que integra o patrimônio do usuário e, sendo assim poderia ser compartilhada entre diferentes plataformas. Esse passo não apenas poderia evitar a compartimentalização de tão relevante informação, como também servir de base para uma nova plataforma quando o usuário procurasse ingressar na mesma. Os limites deste texto não permitem aqui alongar sobre os paralelos entre reputação na economia do compartilhamento e cadastros de restrição ao crédito, ou mesmo na eventual 'portabilidade' da reputação e os impactos na tutela da privacidade e dos dados pessoais, mas servem essas considerações para evidenciar o seu papel em todas as empresas dedicadas à chamada economia do compartilhamento" (Carlos Affonso Pereira de Souza; Ronaldo Lemos, Aspectos jurídicos da economia do compartilhamento: função social e tutela da confiança. In: *Revista de Direito da Cidade,* vol. 8, nº 4, 2016, p. 1773).

cipais controvérsias relativas à seara contratual, notadamente quanto ao regime jurídico aplicável a essas hipóteses.

3. As inovações trazidas pelos contratos eletrônicos de economia compartilhada e o regime jurídico aplicado

Como se expôs acima, sob o manto da "economia do compartilhamento" encontram-se diferentes interações humanas e variadas configurações contratuais[37]. Além da diversidade de situações jurídicas a serem tuteladas e reguladas, a economia do compartilhamento ainda traz inúmeros desafios jurídicos decorrentes das inovações em diferentes campos[38].

Não há regulamentação específica para disciplinar os contratos de economia compartilhada, que, inclusive, se diferem muito entre si. No entanto, apesar de se defender a necessidade de regime especial para esses casos, o ordenamento já dispõe de regras aplicáveis a tais contratos, efetuando-se indispensável leitura funcional das novas relações contratuais desenvolvidas [39]. Conforme observado em doutrina, "por mais desafiador que possa parecer este fenômeno de consumo compartilhado, juridicamente, a *sharing economy* utiliza contratos clássicos, intermediados por profissionais, organizados em aplicativos de celulares ou na Internet, e deve ser respondida pela nova teoria contratual"[40].

37 Ana Frazão, Economia do compartilhamento e tecnologias disruptivas. In: *Jota.* Disponível em: https://www.jota.info/opiniao-e-analise/colunas/constituicao-empresa-e-mercado/economia-do-compartilhamento-e-tecnologias-disruptivas-14062017. Acesso em: 22.02.2021.

38 Assim, Amanda Flávio de Oliveira, Economia colaborativa e desafios ao ordenamento jurídico brasileiro: primeiras reflexões. In: *Revista de Direito do Consumidor,* vol. 115/2018, jan-fev./2018, p. 481.

39 Sobre o ponto, afirma-se: "a teoria geral da responsabilidade civil assim como determinados dispositivos do Código de Defesa do Consumidor (em especial aqueles que tratam da vinculação da oferta, a responsabilidade pelo fato ou vício do produto ou serviço e excludentes de responsabilidade do fornecedor por ausência de defeito no serviço ou culpa exclusiva do consumidor ou de terceiro), são perfeitamente aplicáveis a modelos de negócio inseridos na economia do compartilhamento" (José Mauro Decoussau Machado; Pamela Gabrielle Meneguetti, A responsabilidade civil dos intermediários na economia do compartilhamento. In: Rafael A. F. Zanatta; Pedro C. B. de Paula; Beatriz Kira (orgs.), *Economias do compartilhamento e o direito,* Curitiba: Juruá, 2017, p. 205.

40 Claudia Lima Marques, A nova noção de fornecedor no consumo compartilhado: um estudo sobre as correlações do pluralismo contratual e o acesso ao consumo.

Em cada um desses contratos, verificam-se três partes: a plataforma digital, o prestador e o tomador dos serviços, ambos usuários da plataforma. Não só o papel das próprias partes contratantes, mas o da plataforma na qual se conclui o negócio jurídico pode variar de acordo com o tipo de serviço prestado[41]. Mostra-se induvidoso que "as plataformas atuam como verdadeiros catalizadores na relação entre o usuário e aquele que oferece o produto ou serviço" e de que "não se trata, no mais das vezes, apenas de facilitar a comunicação entre eles, mas sim de criar a confiança necessária para que a relação entre eles exista e se desenvolva", eliminando "os riscos envolvidos no compartilhamento com alguém que não se conhece e de quem não se tem nenhuma referência"[42].

Note-se que, a depender da natureza do contrato celebrado, do tipo de serviço oferecido por determinada plataforma, das partes em negociação, do objeto da relação, serão diferentes as normas aplicáveis e os interesses tutelados[43]. A responsabilidade das plataformas pode variar

---

In: *Revista de Direito do Consumidor*, vol. 111, a. 26, maio-jun./2017, p.256. Conclusão semelhante, em matéria de *smart contracts* é ressaltada em Gustavo Tepedino; Rodrigo da Guia Silva, *Smart contracts e as novas perspectivas de gestão do risco contratual.* In: *Pensar – Revista de Ciências Jurídicas.* v. 6, nº 1, 2021, p. 6. V. também, sobre o ponto, Ana Frazão, O que são contratos inteligentes ou *smart contracts?* In: *Jota.* Disponível em: https://www.jota.info/paywall?redirect_to=//www.jota.info/opiniao-e-analise/colunas/constituicao-empresa-e-mercado/o-que-sao-contratos-inteligentes-ou-smart-contracts-10042019. Acesso em: 13.12.2023).

41 Confira-se: "A economia do compartilhamento tem suscitado inúmeras controvérsias de natureza jurídica, especialmente no que se refere à responsabilidade civil dos intermediários. Discute-se, por exemplo, se as normas legais existentes são ou não aplicáveis e/ou suficientes para tutelar os direitos dos usuários. E mais do que isso: qual é o nível de responsabilidade que deve ser atribuído aos intermediários?" (José Mauro Decoussau Machado; Pamela Gabrielle Meneguetti, A responsabilidade civil dos intermediários na economia do compartilhamento. In: Rafael A. F. Zanatta; Pedro C. B. de Paula; Beatriz Kira (orgs.), *Economias do compartilhamento e o direito,* Curitiba: Juruá, 2017, p. 202.

42 José Mauro Decoussau Machado; Pamela Gabrielle Meneguetti, A responsabilidade civil dos intermediários na economia do compartilhamento. In: Rafael A. F. Zanatta; Pedro C. B. de Paula; Beatriz Kira (orgs.), *Economias do compartilhamento e o direito,* Curitiba: Juruá, 2017, p.200.

43 "Disciplinar as novas relações que se estabelecem por meio da economia do compartilhamento é um grande desafio. É importante considerar a peculiaridade da relação jurídica que se estabelece entre os envolvidos para que se possa estipular a extensão da responsabilidade de cada um. Daí porque não é possível tratar o tema da responsabilidade civil a partir de uma única regra geral, pois as normas e

a depender se o negócio jurídico ali celebrado tem fins lucrativos ou não. Também o regime aplicável às relações jurídicas será diverso em casos de relações em que figurem vulneráveis[44] ou naquelas entre partes paritárias. Ao propósito, tem-se destacado, em doutrina, ao menos, três grandes modelos de interações humanas: aqueles em que não há natureza lucrativa nem econômica; aqueles com natureza econômica e lucrativa, celebrados entre partes paritárias, por intermédio de uma plataforma virtual; e aqueles com natureza econômica e lucrativa, possibilitados por uma plataforma virtual que atue como agente empresarial, ou seja, que possui atuação mais ativa do que aquele simples facilitador [45].

---

os limites variarão conforme o papel desempenhado pelas diferentes plataformas de compartilhamento disponíveis. Também é relevante considerar, em matéria de responsabilidade, a maneira com que cada plataforma oferta o seu serviço e a extensão das informações que disponibiliza a seus usuários. Diferentemente daquelas que se estabelecem mediante o uso dos serviços tradicionais, as relações de economia compartilhada ocorrem entre três envolvidos, sendo o papel, as obrigações e responsabilidades de cada um essencialmente diversas. Aquele que decide se hospedar em uma acomodação compartilhada, por exemplo, estará estabelecendo relações jurídicas de natureza diversa com o proprietário do imóvel e com a plataforma escolhida. Da mesma forma, aquele que opta por utilizar um aplicativo que conecta usuários e motoristas estará estabelecendo relações de natureza diversa com o motorista que se cadastrou no aplicativo e com a plataforma utilizada" (José Mauro Decoussau Machado; Pamela Gabrielle Meneguetti, A responsabilidade civil dos intermediários na economia do compartilhamento. In: Rafael A. F. Zanatta; Pedro C. B. de Paula; Beatriz Kira (orgs.), Economias do compartilhamento e o direito, Curitiba: Juruá, 2017, pp. 209-210.

44 "Nesse cenário de inúmeras incertezas acerca do regime jurídico aplicável às plataformas e seus usuários, os mecanismos legais de tutela específica de contratantes vulneráveis já existentes podem e devem ser estendidos às partes que integram relações de *sharing economy* – para controlar, por exemplo, eventual abusividade de cláusulas dos respectivos contratos ou, ainda, fornecer regras de responsabilidade civil que podem nortear o regime jurídico de eventuais danos causados aos usuários das plataformas" (Eduardo Nunes de Souza; Cássio Monteiro Rodrigues, Tutela da vulnerabilidade contratual nas relações de economia do compartilhamento. In: *Pensar. Revista de Ciências Jurídicas*, vol. 25, 2020, pp. 6-7).

45 "Sem nenhuma pretensão de esgotar ou sistematizar o problema, podem ser vistos ao menos três importantes modelos: 1. Aqueles que têm no seu núcleo relações sem natureza lucrativa nem econômica, baseados normalmente na possibilidade de cooperação para troca de favores ou mesmo para ações solidárias, sem que haja trocas monetárias; 2. Aqueles que têm no seu núcleo interações econômicas entre pares – partes em igual posição de poder de barganha – que são intermediadas e facilitadas por uma plataforma ou meio virtual que possibilite o *networking*,

Não se pretende, evidentemente, exaurir nesta sede as relações contratuais de economia compartilhada, o que, dada a sua natureza dinâmica, seria mesmo impossível diante das inovações e evoluções cada vez mais frequentes. No entanto, serão analisadas, a seguir, determinadas hipóteses nas quais sobressai o papel da responsabilidade civil de cada uma das partes, seja da plataforma em que a atividade contratual se desenvolve, seja de seus usuários, o prestador e o tomador dos serviços ofertados.

3.1. Os contratos com viés econômico

No âmbito de contratos com viés econômico na economia do compartilhamento, isto é, aqueles que visam à obtenção de lucro, poderiam ser citados, a título exemplificativo: *Uber, Airbnb, Yelow, Enjoei, AlugueTemporada, viagogo, QuintoAndar,* entre outros. Se, de um lado, todas essas plataformas têm em comum a facilitação da negociação entre as partes e a confiança que acabam por gerar em seus usuários, de outro, é possível perceber que as relações entabuladas entre as partes e entre as partes e a plataforma podem variar bastante, mesmo entre os negócios jurídicos celebrados com o intuito de gerar renda.

Há, entre as plataformas listadas, aquelas que exercem papel de mero facilitador da celebração do negócio jurídico, em que as próprias partes estabelecem as condições do serviço ofertado. Há, ainda, aquelas em que, apesar de as partes fixarem o preço, são cobradas taxas pela utilização da plataforma, vinculando-se os usuários aos seus termos e condições, como, por exemplo, o *Airbnb*. Há, também, aquelas em que são as plataformas que determinam as especificidades do contrato, in-

o *matchmaking* e, consequentemente, o negócio jurídico; 3. Aqueles que têm no seu núcleo interações econômicas protagonizadas por um agente empresarial, cujo papel vai muito além de apenas possibilitar os negócios jurídicos por meio da plataforma ou meio virtual por ele criado e mantido. Nesses casos, o referido agente controla o conteúdo dos negócios jurídicos e, em muitos casos, suprime a possibilidade real de negócio jurídico direto entre os usuários, tornando-se, mais do que um intermediador, o verdadeiro contratante entre as distintas pontas do *networking*" (Ana Frazão, Economia do compartilhamento e tecnologias disruptivas. In: *Jota.* Disponível em: https://www.jota.info/opiniao-e-analise/colunas/constituicao-empresa-e-mercado/economia-do-compartilhamento-e-tecnologias-disruptivas-14062017. Acesso em: 22.02.2021).

clusive o preço, como o caso da *Uber*[46]. A identificação das partes, de forma funcionalizada, mostra-se especialmente importante, máxime quando se está diante das chamadas relações P2P, para fins, inclusive, de eleição do regime aplicável[47]. Com efeito, embora celebrados entre pares ou parceiros, nos quais, a princípio, não se estaria diante de hipótese de vulnerabilidade de um dos contratantes, nem sempre essa presunção se confirma. A depender do negócio entabulado, pode-se estar diante de situação em que ambos os contratantes se encontram em situação de vulnerabilidade. [48]

A título ilustrativo, convém mencionar hipótese emblemática acerca dessa matéria, atinente ao transporte por *Uber*. Em setembro do corrente ano, o juízo da 4ª Vara do Trabalho de São Paulo condenou a plataforma ao pagamento do montante de R$ 1 bilhão, a título de danos

---

46 "As partes usuárias da plataforma não têm propriamente liberdade sobre os elementos centrais do contrato, como é o caso do preço e das condições do serviço, fixados exclusivamente pelo agente empresarial detentor da plataforma. Assim, esse tipo de negócio costuma envolver uma interferência direta no serviço ofertado tanto pela ótica dos prestadores – que ficam sujeitos aos aspectos da qualidade, padronização e preço impostos pelo agente empresarial detentor da plataforma -, como pela ótica dos usuários – que não têm outra opção senão aceitar a oferta de serviço predeterminado, tal como proposta pelo detentor da plataforma. É fácil observar, portanto, que o terceiro modelo, longe da cooperação que seria ínsita à economia do compartilhamento, normalmente se baseia na centralidade de determinados agentes empresariais, que podem impor o seu poder diretivo e hierárquico aos prestadores de serviços – terreno fértil para o surgimento de relações de trabalho, autônomo ou subordinado –, ao mesmo tempo em que podem ofertar um serviço padronizado aos usuários por meio de contrato de adesão – terreno fértil para o surgimento da relação de consumo" (Ana Frazão, Economia do compartilhamento e tecnologias disruptivas. In: *Jota.* Disponível em: https://www.jota.info/opiniao-e-analise/colunas/constituicao-empresa-e-mercado/economia-do-compartilhamento-e-tecnologias-disruptivas-14062017. Acesso em: 22.02.2021).

47 Heloisa Carpena, AIRBNB e a responsabilidade por danos causados aos consumidores na economia compartilhada. In: *Revista de Direito do Consumidor,* vol. 129, maio-jun./2020, p. 2.

48 Conforme ressaltam Eduardo Nunes de Souza e Cassio Monteiro Rodrigues "Dos diversos problemas jurídicos que podem exsurgir da *sharing economy*, merecem particular destaque as dificuldades de tutela da vulnerabilidade contratual dos usuários. E não apenas o usuário-consumidor pode demandar mecanismos particulares de proteção: também o usuário-fornecedor pode se encontrar em uma situação de disparidade." (Eduardo Nunes de Souza; Cássio Monteiro Rodrigues, Tutela da vulnerabilidade contratual nas relações de economia do compartilhamento. In: *Pensar. Revista de Ciências Jurídicas,* vol. 25, 2020, p. 2).

morais coletivos suportados por motoristas registrados no aplicativo.[49] Na origem, trata-se de Ação Civil Pública ("ACP") ajuizada pelo Ministério Público do Trabalho, após o recebimento de denúncia realizada pela Associação dos Motoristas Autônomos de Aplicativos ("AMAA") sobre as condições de trabalho dos motoristas junto à plataforma. Na análise do caso, entendeu-se não ser admissível "que as relações de emprego em seu âmbito coletivo, mesmo ante ao poder diretivo, ultrapassem o limite do razoável, afinal a dignidade da pessoa humana, o valor social do trabalho", compreendidos como *"objetos primordiais de qualquer sistema jurídico democrático, devem ser observados no decorrer de todo o contrato de trabalho"*. Por esse motivo, uma vez reconhecido o dano moral coletivo, além da citada indenização, a *Uber* foi condenada à obrigação de fazer, consubstanciada na observância da legislação aplicável aos contratos firmados com seus motoristas, sendo obrigada a efetivar os registros em carteira de trabalho e previdência social ("CTPS") digital na condição de empregados, de todos os motoristas ativos, bem como daqueles que vierem a ser contratados a partir da decisão, sob pena de multa diária de R$ 10.000,00 para cada motorista não registrado.

Ainda sobre o mesmo julgamento, registre-se que a decisão se mostra contrária à orientação jurisprudencial no sentido da constitucionalidade de formas alternativas à relação de emprego.[50] Não obstante, o caso também revela que essa modalidade de contratação pode se mostrar particularmente sensível quando presentes fatores de vulnerabilidade.

Desse modo, ainda em relação à responsabilidade da plataforma, há a necessidade da análise das especificidades daquela relação de economia compartilhada, uma vez que "se um agente empresarial é apenas plataforma, conector ou *matchmaker,* ele pode ter relação de consumo com os usuários das pontas, mas isso não afasta a possibilidade de haver

49 TRT2. ACPCiv nº 1001379-33.2021.5.02.0004. Juiz: Mauricio Pereira Simoes. 4ª Vara do Trabalho de São Paulo. Julgamento em 14.09.2023. Na sequência, houve interposição de recurso pelas duas partes. O andamento processual, datado de 12 de dezembro de 2023, indica que o processo de recurso ordinário trabalhista se encontra suspenso em razão de convenção das partes (TRT2. ROT nº 1001379-33.2021.5.02.0004).

50 Nessa direção, em caráter ilustrativo, confira-se, no STF: (i) STF. ADPF nº 324. Relator: Min. Roberto Barroso. Tribunal Pleno. Julgamento em 30.08.2018. DJ em 06.09.2019; (ii) STF. RE nº 958.252. Relator: Min. Luiz Fux. Tribunal Pleno. Julgamento em 30.08.2018. DJ em 13.09.2019; e (iii) STF. Rcl nº 59.795. Relator: Min. Alexandre de Moraes. Decisão Monocrática em 19.05.2023. DJ em 24.05.2023.

relação jurídica direta entre os usuários, até porque estes têm autonomia para decidir se, quando e como querem contratar. Por mais que haja regras a serem cumpridas pelos usuários da plataforma, estes mantêm a autonomia privada em relação aos aspectos centrais do contrato, incluindo o preço"[51]. Identifica-se, na mesma linha analítica, a "direção do agente empresarial detentor do meio virtual ou da plataforma, que normalmente exerce nítida atividade empresarial sobre o serviço ofertado, estabelecendo as regras e as cláusulas dos contratos, a forma como o serviço será prestado e, o mais importante, o preço dos serviços"[52].

Há de ser investigada, ainda, a presença de relação de consumo, ou de contrato de adesão, e se a relação jurídica estabelece-se entre partes paritárias. Há quem defenda que em qualquer dessas hipóteses estaria a plataforma obrigada perante os seus usuários, em razão da tutela da confiança. Nessa linha de raciocínio, sustenta-se que "na economia digital e na economia do compartilhamento, sem exceções, gratuita ou onerosa, a palavra-chave é confiança e haverá responsabilidade pela confiança criada"[53]. De todo modo, quer pela aplicação do Código de Defesa do Consumidor ("CDC"), quer pela legislação civil, a legítima confiança deve ser preservada, por força da imperatividade do princípio da boa-fé objetiva. Por esse motivo, o comportamento que viola tais preceitos deverá ser repelido pelo ordenamento, com a condenação do autor pelos danos daí decorrentes.

Hipótese bastante difundida de contratação eletrônica na economia de compartilhamento diz respeito ao *Airbnb,* plataforma de grande capilaridade na sociedade contemporânea. O *Airbnb* é plataforma em que o usuário anunciante oferece seu espaço por meio do cadastro do imóvel. Já o usuário tomador do serviço, também por meio de cadastro no *Airbnb,* tem à sua disposição a busca por milhares de imóveis espa-

51 Ana Frazão, Economia do compartilhamento e tecnologias disruptivas. In: *Jota.* Disponível em: https://www.jota.info/opiniao-e-analise/colunas/constituicao--empresa-e-mercado/economia-do-compartilhamento-e-tecnologias-disruptivas-14062017. Acesso em: 22.02.2021.

52 Ana Frazão, Economia do compartilhamento e tecnologias disruptivas. In: *Jota.* Disponível em: https://www.jota.info/opiniao-e-analise/colunas/constituicao--empresa-e-mercado/economia-do-compartilhamento-e-tecnologias-disruptivas-14062017. Acesso em: 22.02.2021.

53 Claudia Lima Marques, A nova noção de fornecedor no consumo compartilhado: um estudo sobre as correlações do pluralismo contratual e o acesso ao consumo. *Revista de Direito do Consumidor,* vol. 111, a. 26, maio-jun./2017, p.252-253.

lhados em diversos países. Note-se que a plataforma oferece acomodações no mundo inteiro sem ser proprietária de nenhuma delas. Apesar de serem os anunciantes os estipulantes do preço da diária dos imóveis anunciados, o *Airbnb* cobra taxa para a utilização, tanto dos hóspedes quanto dos proprietários, em cada um dos contratos ali firmados. Além disso, todos os pagamentos são processados pela plataforma[54].

Na análise da relação jurídica gerada por meio do *Airbnb*, conforme pontuado pela doutrina, torna-se possível identificar, ao menos, três contratos: aquele firmado entre o anfitrião e a plataforma; o estipulado entre a plataforma e hóspede; e o celebrado entre o anfitrião e o hóspede[55]. Com base na primeira relação, entabulada entre o anfitrião e a plataforma, entende-se que, em não se tratando o fornecedor dos serviços de empresa especializada em negociações imobiliárias ou até mesmo empresas do ramo hoteleiro, o anfitrião se caracterizaria como parte vulnerável nesse contrato.

A posição de vulnerabilidade do anfitrião, no entanto, se enquadraria no âmbito da legislação civil, por meio dos contratos de adesão, ou seria ela relação de consumo? [56] Em favor desta última posição, afirma-

---

54 "Pagamentos são realizados através do website do Airbnb, e a companhia cobra tanto os anfitriões quanto os hóspedes pelo uso de sua plataforma online. Ambas as taxas são calculadas como uma porcentagem da taxa de acomodação aplicável: é cobrada dos hóspedes uma taxa de serviço de 6 a 12% sobre o valor total toda vez que uma reserva é realizada" (Ricardo Santos Folgueira; Ana Lucia P. Silva; Carlos Eduardo Carvalho, Economia do compartilhamento e custos de transação: os casos uber e airbnb. In: *Revista Pesquisa e Debate,* vol. 31, nº 1(55), 2019, p. 114).

55 "Note-se que esta modalidade de operação negocial envolve, a rigor, três contratos distintos: (a) o contrato celebrado entre o potencial usuário do imóvel e a plataforma, normalmente regulado pelos termos de serviço da empresa; (b) o contrato celebrado entre o proprietário do imóvel e a plataforma, também normalmente regulado pelos termos de serviço; e, finalmente, (c) o contrato celebrado diretamente entre usuário e proprietário para viabilizar a utilização do bem imóvel. É, contudo, na qualificação deste último contrato que os tribunais brasileiros têm enfrentado dificuldade, pois, enquanto algumas decisões afirmam se tratar de contrato de locação por temporada,11 outras sustentam que se está diante de contrato de hospedagem" (Anderson Schreiber, Impactos da economia compartilhada nos contratos imobiliários, no prelo).

56 Veja-se nesse sentido, interessante reflexão: "Todas essas vulnerabilidades podem (e costumam) ocorrer, em maior ou menor medida, tanto com o usuário-consumidor quanto com o usuário-fornecedor da economia compartilhada. Na maioria dos casos, ambos se enquadram como aderentes aos contratos estipulados pelas plataformas. E ainda que, ordinariamente, não se qualifiquem como consumidores,

-se que "hóspede e anfitrião são consumidores dos serviços do Airbnb e, portanto, todas as demandas por eles propostas que versem sobre os serviços prestados pela plataforma, seja por vícios de qualidade ou de informação, como no controle das cláusulas contratuais ou qualquer outra questão que envolva a proteção de expectativas legítimas, serão decididas com fundamento no CDC"[57]. No que toca à relação entre o hóspede e a plataforma, parece não haver divergências quanto à aplicação do Código de Defesa do Consumidor, registrando-se: "É inegável que as plataformas de compartilhamento respondem por defeitos e vícios estritamente relacionados ao serviço que prestam, ou seja, respondem por eventual falha no processamento de um pagamento realizado através de seus sistemas, por exemplo, mas não pela conduta inadequada de um usuário" [58].

Controvérsia maior parece residir na análise da relação contratual entre anfitrião perante o hóspede. Qual seria a sua natureza? Seria o anfitrião um fornecedor, nos termos do art. 3º do CDC? Poderia ele ser solidariamente responsável à plataforma por quaisquer vícios porventura existentes nos serviços prestados? Incidiria sobre a relação o Código de Defesa do Consumidor ou se estaria diante de relação entre partes paritárias? Incialmente, no que se refere à qualificação do contrato celebrado entre as partes, afirma-se que cabe ao intérprete aferir

ostentam vulnerabilidades típicas dessa categoria. O hospedeiro da Airbnb tem, provavelmente, menos experiência para litigar em juízo do que a plataforma; o passageiro da 99 costuma ser economicamente mais frágil do que ela; os usuários da Bliive, por sua vez, embora detenham conhecimentos técnicos sobre os serviços que prestam, podem não ter informações suficientes sobre os serviços que recebem ou sobre a própria plataforma" (Eduardo Nunes de Souza; Cássio Monteiro Rodrigues, Tutela da vulnerabilidade contratual nas relações de economia do compartilhamento. In: *Pensar. Revista de Ciências Jurídicas*, vol. 25, 2020, pp. 6-7).

57 Heloisa Carpena, AIRBNB e a responsabilidade por danos causados aos consumidores na economia compartilhada. In: *Revista de Direito do Consumidor*, vol. 129, maio-jun./2020, pp. 6-7.

58 José Mauro Decoussau Machado; Pamela Gabrielle Meneguetti, A responsabilidade civil dos intermediários na economia do compartilhamento. In: Rafael A. F. Zanatta; Pedro C. B. de Paula; Beatriz Kira (orgs.), *Economias do compartilhamento e o direito*, Curitiba: Juruá, 2017, p.213-214. No mesmo sentido, Claudia Lima Marques, A nova noção de fornecedor no consumo compartilhado: um estudo sobre as correlações do pluralismo contratual e o acesso ao consumo. In: *Revista de Direito do Consumidor*, vol. 111, a. 26, maio-jun./2017, p. 255).

funcionalmente, no caso concreto, "se os contratantes buscam primordialmente a cessão do bem, a que se podem somar serviços adicionais de modo pontual - caso em que se estará diante de locação -", ou, por outro lado, " buscam uma conjugação indissociável entre cessão do bem e serviços, atribuindo-lhes igual peso na contratação - hipótese em que se terá contrato de hospedagem"[59].

Definida a sua natureza jurídica, deve-se analisar, em seguida, se a relação entre as partes pode ser considerada paritária ou, ao contrário, trata-se de contrato consumerista. Afirma-se, nesse debate, ser o Código de Defesa do Consumidor "insuficiente para as novas relações estabelecidas no mercado virtual (online Market), em especial para regular aquelas criadas na economia compartilhada, que se formam P2P isto é, entre parceiros"[60]. Segundo a autora, o anfitrião não poderia ser qualificado como consumidor, uma vez que não estaria presente um dos requisitos do art. 3º do Código de Defesa do Consumidor, qual seja, o profissionalismo da atividade ofertada. [61]

Para essa corrente, portanto, fornecedor e consumidor seriam iguais juridicamente e deveriam ter suas relações regidas pela lei civil. Posição contrária, no entanto, entende que as relações seriam, sim, de consumo, e que "apesar de poderem estar sendo realizadas entre duas pessoas leigas e não em forma profissional, deixam-se contaminar por

59 Anderson Schreiber, Impactos da economia compartilhada nos contratos imobiliários, no prelo. Ao analisar o contrato celebrado entre os usuários do *Airbnb*, ou seja, entre o anfitrião e o hóspede, aduz: "[A] causa do contrato, nestas hipóteses, continua a ser dominada pela cessão do espaço, que é o elemento principal e frequentemente exclusivo da relação contratual viabilizada pela plataforma dirigida precisamente àqueles que buscam alojamento de modo mais informal, sem o aparato de serviços profissionais que as redes hoteleiras oferecem

60 Heloisa Carpena, AIRBNB e a responsabilidade por danos causados aos consumidores na economia compartilhada. In: *Revista de Direito do Consumidor*, vol. 129, maio-jun./2020, p. 2.

61 Heloisa Carpena, AIRBNB e a responsabilidade por danos causados aos consumidores na economia compartilhada. In: *Revista de Direito do Consumidor*, vol. 129, maio-jun./2020, p. 5: "O prestador ou vendedor que está no mercado de consumo de forma episódica ou eventual, ainda que ofereça bens e serviços, não se caracteriza como fornecedor e não se submete à disciplina da lei protetiva. (...) Assim, embora seja o prestador direto do serviço, pois é ele quem fornece informações, antes e durante a estadia, prepara, guarnece e disponibiliza o espaço, podendo até mesmo agregar outros fatores esta prestação, o Anfitrião não é fornecedor, nos termos da lei consumerista, e não possui, portanto, deveres apenas por este titularizado."

este outro fornecedor, o fornecedor principal da economia do compartilhamento, que é organizada e remunerada: o guardião do acesso, o *gatekeeper*"[62]. Segundo a autora, "não há mais 'ingenuidade' naquele que compartilha por dinheiro o serviço ou produto na economia do compartilhamento" e seus deveres, notadamente os concernentes à informação, à cooperação, bem como ao cuidado com a saúde e com os dados do destinatário final, "devem ser semelhantes aos exigidos por um fornecedor na outra economia e aquele que organiza o *locus* de compartilhamento não é um terceiro, é sempre um fornecedor, o guardião do acesso, e como fornecedor será por isso responsabilizado"[63].

Todas essas controvérsias, como se verifica, mostram-se complexas e merecem análise de acordo com as circunstâncias fáticas de cada hipótese em concreto, de acordo com o nível de intervenção e participação que a plataforma exerça em determinado negócio. Da mesma forma, deverão ser investigadas as características das partes usuárias, o tomador e o prestador do serviço, naquele contrato específico, de forma a atrair a responsabilidade prevista no Código Civil ou no Código de Defesa do Consumidor.

4. À guisa de conclusão

O presente artigo se propôs a analisar a contratação eletrônica na economia do compartilhamento, passando em revista seu conceito, bem como as principais repercussões jurídicas relacionadas ao regime jurídico aplicável, no âmbito dos contratos com viés econômico. Embora se trate de figura jurídica sem regramento legislativo próprio, sua leitura realizada sob a ótica do direito civil-constitucional, e dos influxos da boa-fé objetiva, indicam a necessidade de diálogo e harmonização das fontes, com o escopo de solucionar a diversidade de casos que se colocam em evidência.

Como se viu, no âmbito do consumo colaborativo, diante de modalidades tão distintas, torna-se inútil a tentativa de estabelecimento de regras estáticas para os contratos eletrônicos, sendo certo que, por meio

62 Claudia Lima Marques, A nova noção de fornecedor no consumo compartilhado: um estudo sobre as correlações do pluralismo contratual e o acesso ao consumo. In: *Revista de Direito do Consumidor*, vol. 111, a. 26, maio-jun./2017, p. 253.

63 Claudia Lima Marques, A nova noção de fornecedor no consumo compartilhado: um estudo sobre as correlações do pluralismo contratual e o acesso ao consumo. In: *Revista de Direito do Consumidor*, vol. 111, a. 26, maio-jun./2017, p.253-254.

da análise funcional e sistemática da nova relação contratual, poderão ser encontradas as normas aplicáveis a essas novas contratações no âmbito dos princípios e regras da teoria contratual, a partir do conjunto de instrumentos disponíveis no ordenamento jurídico brasileiro e em respeito à legalidade constitucional.

Referências

CARPENA, Heloisa, AIRBNB e a responsabilidade por danos causados aos consumidores na economia compartilhada. In: *Revista de Direito do Consumidor*, vol. 129, maio-jun./2020.

DONEDA, Danilo, Apontamentos sobre a informação no contrato eletrônico. In: *Revista da Faculdade de Direito de Campos*, v. 9, 2006, pp. 67-84.

DONEDA, Danilo Doneda; CELLA, José Renato Gaziero, Lógica, inteligência artificial e comércio eletrônico. In: *Anais do XVIII Congresso Nacional do CONPEDI*, São Paulo, 2009.

FACHIN, Luis Edson. Questões do Direito Civil Brasileiro Contemporâneo. Rio de Janeiro: Renovar, 2008, p. 24

FACHIN, Luis Edson. Direito Civil: sentido, transformações e fim. Rio de Janeiro: Renovar, 2015, p. 106.

FOLGUEIRA, Ricardo Santos; SILVA, Ana Lucia P.; CARVALHO, Carlos Eduardo, Economia do compartilhamento e custos de transação: os casos uber e airbnb. In: *Revista Pesquisa e Debate*, vol. 31, nº 1(55), 2019, pp. 87-135.

FRAZÃO, Ana, Economia do compartilhamento e tecnologias disruptivas. In: *Jota*. Disponível em: https://www.jota.info/opiniao-e-analise/colunas/constituicao-empresa-e-mercado/economia-do-compartilhamento-e-tecnologias-disruptivas-14062017. Acesso em: 22.02.2021.

FRAZÃO, Ana, O que são contratos inteligentes ou *smart contracts?* In: *Jota*. Disponível em: https://www.jota.info/paywall?redirect_to=//www.jota.info/opiniao-e-analise/colunas/constituicao-empresa-e-mercado/o-que-sao-contratos-inteligentes-ou-smart-contracts-10042019. Acesso em: 13.12.2023.

KOOPMAN, Christopher; MITCHELL, Matthew; THIERER, Adam, The sharing economy and consumer protection regulation. The case for policy change. In: *The Journal of Business, Entrepreneurship & the Law*, vol. 8, maio/2015.

MACHADO, José Mauro Decoussau; MENEGUETTI, Pamela Gabrielle, A responsabilidade civil dos intermediários na economia do compartilhamento. In: ZANATTA, Rafael A. F.; PAULA, Pedro C. B. de; KIRA, Beatriz (orgs.),

Economias do compartilhamento e o direito, Curitiba: Juruá, 2017, pp. 199-215.

MARQUES, Claudia Lima, A nova noção de fornecedor no consume compartilhado: um estudo sobre as correlações do pluralismo contratual e o acesso ao consumo. In: *Revista de Direito do Consumidor*, vol. 111, a. 26, maio-jun./2017.

MIRAGEM, Bruno; MARQUES, Claudia Lima, Economia do compartilhamento deve respeitar os direitos do consumidor. In: *Consultor Jurídico*. Disponível em: https://www.conjur.com.br/2015-dez-23/garantias-consumo-economia-compartilhamento-respeitar-direitos-consumidor. Acesso em: 22. 02.2021

OLIVEIRA, Amanda Flávio de, Economia colaborativa e desafios ao ordenamento jurídico brasileiro: primeiras reflexões. In: *Revista de Direito do Consumidor*, vol. 115, jan.-fev./2018, p.479-495.

PERLINGIERI, Pietro, Complessità e unitarierà dell'ordinamento giudirico vigente. In: *Rassegna di direito civile*. Napoli. 2005, v. 1.

RANCHORDÁS, Sofia, Does sharing mean caring? Regulating innovation in the sharing economy. In: *Minnesota Journal of Law, Science and Technology*, vol. 16, n.1, 2015.

RODOTÀ, Stefano, *A vida na sociedade da vigilância:* a privacidade hoje, Rio de Janeiro: Renovar, 2008.

SCHOR, Juliet, Debatendo a economia do compartilhamento. In: ZANATTA, Rafael A. F.; PAULA, Pedro C. B. de; KIRA, Beatriz (orgs.), *Economias do compartilhamento e o direito*, Curitiba: Juruá, 2017, pp. 21-40.

SCHREIBER, Anderson, Contratos eletrônicos e consumo. In: *Revista Brasileira de Direito Civil - RBDCivil*, vol. 1, jul.-/set./2014, p.88-110.

SCHREIBER, Anderson, Impactos da economia compartilhada nos contratos imobiliários, no prelo.

SILVA, Raphael Andrade; PAIVA, Matheus Silva de; DINIZ, Gustavo Saad, Desafios jurídico-regulatórios e economia compartilhada: elementos para uma reflexão crítica. In: *Scientia Iuris*, Londrina, vol. 21, nº 2, jul./2017.

SOUZA, Carlos Affonso Pereira de; LEMOS, Ronaldo, Aspectos jurídicos da economia do compartilhamento: função social e tutela da confiança. In: *Revista de Direito da Cidade*, vol. 8, nº 4, 2016.

SOUZA, Eduardo Nunes de; RODRIGUES, Cássio Monteiro, Tutela da vulnerabilidade contratual nas relações de economia do compartilhamento. In: *Pensar. Revista de Ciências Jurídicas*, vol. 25, 2020.

TEPEDINO, Gustavo, Acesso aos direitos fundamentais, bens comuns e unidade sistemática do ordenamento. In: MATOS, Ana Carla Harmatiuk; TEIXEIRA, Ana Carolina Brochado; TEPEDINO, Gustavo (orgs.), *Direito civil, Constituição e unidade do sistema:* Anais do Congresso de Direito Civil Constitucional – V Congresso do IBDCivil, Belo Horizonte: Fórum, 2019.

TEPEDINO, Gustavo, Premissas metodológicas para a constitucionalização do direito civil. In: *Temas de direito civil.* 4 ed. Rio de Janeiro: Renovar, 2008.

TEPEDINO; Gustavo; SILVA, Rodrigo da Guia, *Smart contracts e as novas perspectivas de gestão do risco contratual.* In: *Pensar – Revista de Ciências Jurídicas.* v. 6, nº 1, 2021.

ZANATTA, Rafael A. F., Economias do compartilhamento: superando um problema conceitual. In: ZANATTA, Rafael A. F.; PAULA, Pedro C. B. de; KIRA, Beatriz (orgs.), *Economias do compartilhamento e o direito*, Curitiba: Juruá, 2017.

Panorama regulatório dos ativos virtuais no Direito Brasileiro

Pablo Renteria[1]

Júlia Dantas Saavedra[2]

1. Introdução

O presente trabalho é oferecido aos leitores em homenagem ao saudoso amigo e jurista Professor Danilo Doneda, de quem se recebeu muitos exemplos e inspirações, em especial o seu rigor acadêmico e a sua inabalável sinceridade intelectual, qualidades que só se encontram em pessoas virtuosas.

O Professor Danilo Doneda, como se sabe, dedicou-se ao estudo dos impactos das novas tecnologias nas relações privadas e, por essa razão, escolheu-se abordar, neste estudo, o atual panorama regulatório dos ativos virtuais no direito brasileiro, tema que se justifica pela sua relevância para o processo de virtualização do tráfego financeiro. Assiste-se, atualmente, ao extraordinário desenvolvimento de produtos e serviços baseados na tecnologia de registro descentralizado ("Distributed Ledger Technology" – DLT), que apresentam elevado grau de complexidade e

---

1 Professor de Direito Civil da Pontifícia Universidade Católica do Rio de Janeiro – PUC-Rio. Mestre e Doutor em Direito Civil pela Universidade do Estado do Rio de Janeiro – UERJ. Mestre em direito internacional pela Universidade Paris II – *Panthéon-Assas*. Ex-diretor e superintendente de processos sancionadores da Comissão de Valores Mobiliários. E-mail: pwr@renteria.adv.br.

2 Mestre em Direito pela FGV. Visiting scholar no Max Planck Institute for Comparative Public Law and International Law, com Grant Fellowship da Max-Planck-Society e Bolsa de Excelência FGV – Max Planck Institute. Graduada pela Universidade Federal do Estado do Rio de Janeiro – UNIRIO. Vencedora do XVII Prêmio ANBIMA de Mercado de Capitais e do XIII Prêmio Imprensa de Educação ao Investidor da Comissão de Valores Mobiliários. E-mail: juliad.saavedra@gmail.com.

riscos ainda não totalmente compreendidos por reguladores nacionais e estrangeiros.[3]

A escolha do tema também se justifica em razão da recente evolução normativa. Seguindo as diretrizes do Grupo de Ação Financeira (GAFI),[4] o legislador brasileiro promulgou, em 2022, a Lei nº 14.478, conhecida como o Marco Legal dos Ativos Virtuais, a qual foi, posteriormente, regulamentada pelo Decreto Federal nº 11.563, de 2023 ("Decreto"). Esses dois diplomas normativos formam, hoje, a base legal dos ativos virtuais.

O presente estudo encontra-se organizado em três seções, além desta introdução e da conclusão. Na primeira seção, averígua-se o que se entende por 'ativos virtuais', haja vista a profusão de nomenclaturas utilizadas nessa área. Em seguida, expõe-se o modelo regulatório que se consolidou no direito brasileiro com a promulgação do Marco Legal e do Decreto, destacando-se a divisão de competências entre os entes reguladores em conformidade com a natureza jurídica do bem ou serviço a ser regulado. No entanto, ainda persistem zonas cinzentas e lacunas no perímetro regulatório de cada ente, em particular do que diz respeito à competência para impor a segregação patrimonial dos ativos e recursos pertencentes aos clientes dos prestadores de serviços. Além disso, certas oportunidades de investimento baseadas em ativos virtuais escapam à regulação da Comissão de Valores Mobiliários. Por fim, examina-se o atual regramento aplicável à realização de investimento em ativos virtuais por parte de fundos de investimento.

2. O que são ativos virtuais?

As terminologias nessa área sofrem constantes transformações, o que torna desafiadora a formalização de definições consensuais.[5] Ao

---

3 O avanço das tecnologias tende a impulsionar mudanças e a criar zonas cinzentas na regulação. YAZBEK, Otavio. *Regulação do Mercado Financeiro e de Capitais.* Rio de Janeiro: Elsevier, 2009, p. 150.

4 O Grupo de Ação Financeira foi criado em 1989, em Paris, por influência do G7 e com a finalidade inicial de se implementar as deliberações decorrentes da Convenção de Viena Contra o Tráfico Ilícito de Entorpecentes e Substâncias Psicotrópicas de 20 de dezembro de 1988. Ao longo do tempo, foi expandindo sua atuação. Há alguns anos, tal organismo internacional vem emitindo diretrizes para a regulação de ativos virtuais.

5 WORLD BANK GROUP. *Distributed Ledger Technology (DLT) and Blockchain*: FinTech Note

longo dos anos, verificou-se o uso de uma multiplicidade de termos por diversas entidades reguladoras ao redor do mundo, tais como moeda virtual, criptomoeda, moeda digital, ativo DLT, ativo virtual, criptoativo, ativo financeiro digital, ativo digital, entre outros.[6]

Alguns fatores ajudam a explicar essa variedade de nomenclaturas. As diferentes nuances que um mesmo instrumento pode ter, o uso de uma mesma palavra para instrumentos de natureza distinta e a aplicação de termos com significados diversos como sinônimos tendem a acarretar dúvidas e incertezas.[7] Assim, a definição da taxinomia mais adequada para os objetivos regulatórios representa um primeiro desafio para o desenvolvimento de estratégias regulatórias.[8]

Tal preocupação também se mostra pertinente no direito brasileiro, observando-se, por aqui também, o uso de nomenclaturas distintas para descrever fenômenos tecnológicos semelhantes. Diante disso, assistiu-se, mais recentemente, a um processo de uniformização dos termos empregados a partir das definições que foram adotadas pelo legislador no Marco Legal dos Ativos Virtuais, que, por sua vez, inspirou-se nos trabalhos desenvolvidos pelo GAFI.

O apuro terminológico não é apenas um cuidado formal, mas algo importante para o ambiente de negócios, visto que a ausência de consenso acerca da taxinomia a ser empregada pode representar uma bar-

No. 1. International Bank for Reconstruction and Development, 2017, p. 3. Disponível em: https://documents1.worldbank.org/curated/en/177911513714062215/pdf/122140-WP-PUBLIC-Distributed-Ledger-Technology-and-Blockchain-Fintech-Notes.pdf. Acesso em: 28 ago. 2023.

6 BLANDIN, Apolline; CLOOTS, Ann Sofie; HUSSAIN, Hatim; RAUCHS, Michel; SALEUDDIN, Rasheed; ALLEN, Jason Grant; ZHANG, Bryan; CLOUD, Katherine. *Global Cryptoasset Regulatory Landscape Study*. Cambridge: Cambridge Centre for Alternative Finance, 2019. P. 36. Disponível em: https://papers.ssrn.com/sol3/Delivery.cfm/SSRN_ID3456540_code1562417.pdf?abstractid=3379219&mirid=1. Acesso em: 07 ago. 2023.

7 SCHECHTMAN, David Casz; SAAVEDRA, Júlia Dantas. Criptoativos, Lavagem de Dinheiro e Financiamento do Terrorismo: Perspectivas Regulatórias. In: HANSZMANN, Felipe. *Atualidades Em Direito Societário e Mercado de Capitais Vol. IV*. Rio de Janeiro: Lumen Juris, 2019. P. 177.

8 BLANDIN; CLOOTS; HUSSAIN; RAUCHS; SALEUDDIN; ALLEN; ZHANG; CLOUD, op. cit., p. 15.

reira para o desenvolvimento de um arcabouço regulatório eficiente e, ainda mais, para a convergência regulatória com outras jurisdições.[9]

Como ativos virtuais são comumente utilizados em transações transfronteiriças,[10] a falta de uma abordagem uniforme tende a facilitar lacunas e assimetrias regulatórias, que podem ser exploradas em detrimento da segurança e da integridade dos mercados financeiros. Daí o empenho do GAFI em liderar os esforços – que vêm sendo seguidos em diferentes jurisdições, inclusive no Brasil – de promoção de uma base conceitual comum para o desenvolvimento de políticas públicas e regulações sobre os ativos virtuais e seus prestadores de serviços.

Assim, seguindo a proposta do GAFI, o legislador brasileiro adotou, no Marco Legal dos Ativos Virtuais, uma definição ampla de ativo virtual, que a princípio, abarca qualquer representação digital de valor que possa *"ser negociada ou transferida por meios eletrônicos e utilizada para realização de pagamentos ou com propósito de investimento"*.[11] Ressalva-se, no entanto, que as representações digitais de moedas soberanas, os valores mobiliários e ativos financeiros sujeitos à disciplina legal específica foram expressamente afastados do campo operativo dessa definição, em linha com a proposta do GAFI.

Embora tenha se popularizado o emprego de expressões como 'criptomoedas' ou 'moedas digitais', a rigor, na ordem pública constitucional, tais bens não possuem natureza jurídica de moeda. Isso porque, nos termos do art. 21, inciso VII da Constituição da República, a moeda é pública, sendo a sua emissão exclusiva da União, não se admitindo, por consequência, "moedas" emitidas por agentes privados.

Desse modo, ainda que sejam utilizados para facilitar a circulação de produtos e serviços entre particulares, os ativos virtuais não são moedas,[12] mas bens que assumem diferentes naturezas conforme as suas características estruturais e funcionais – valor mobiliário, ativo fi-

9 Ibid., p. 54.

10 Id.

11 A definição de ativo virtual consta do art. 3º da Marco Legal dos Ativos Virtuais.

12 SAAVEDRA, Júlia Dantas. O grupo de ação financeira e a regulação de ativos virtuais e prestadores de serviços no Brasil. In: LEAL, Fernando; MENDONÇA, José Vicente Santos de. *Transformações do direito administrativo*: controle de Administração Pública: diagnósticos e desafios. Rio de Janeiro: FGV Direito Rio, 2022, p. 85. Disponível em: https://direitorio.fgv.br/conhecimento/transformacoes-do-direito-administrativo-controle-de-administracao-publica. Acesso em: 30 ago. 2023.

nanceiro, título de crédito, mercadoria, título de propriedade, título de participação etc.[13] Disso segue que ativos virtuais não têm os atributos próprios da moeda, vale dizer, não possuem curso legal nem poder liberatório e, por consequência, somente podem ser utilizados como meio de pagamento quando aceitos *voluntariamente* pelas partes.[14]

De outra parte, o legislador brasileiro também seguiu de perto as orientações do GAFI no que diz respeito à definição dos prestadores de serviços de ativos virtuais, tema de grande importância, haja vista ser utilizado para determinar quais agentes se situam debaixo das competências atribuídas ao Banco Central do Brasil.

O Marco Legal dos Ativos Virtuais, no seu art. 5º, definiu tal prestador de serviço como qualquer pessoa jurídica que "executa, em nome de terceiros, pelo menos um dos serviços de ativos virtuais, entendidos como: (i) troca entre ativos virtuais e moeda nacional ou moeda estrangeira; (ii) troca entre um ou mais ativos virtuais; (iii) transferência de ativos virtuais; (iv) custódia ou administração de ativos virtuais ou instrumentos que possibilitem controle sobre ativos virtuais; e (v) participação em serviços financeiros relacionados à oferta por um emissor ou venda de ativos virtuais". A definição do GAFI é semelhante, porém ainda mais ampla, por abarcar, igualmente, pessoas naturais.[15]

---

13 Para uma abordagem sistemática sobre a regulação em diferentes países, consultar: ESTADOS UNIDOS DA AMÉRICA. Library of the Congress. *Regulation of Cryptocurrency around the World*: November 2021 Update. Disponível em: https://tile.loc.gov/storage-services/service/ll/llglrd/2021687419/2021687419.pdf. Acesso em: 30 ago. 2023. O país El Salvador, por exemplo, adotou o Bitcoin como moeda.

14 Conforme art. 1º, caput e § 1º da Lei nº 8.880, de 1994, assim como arts. 1º e 2º da Lei nº 9.069, de 1995. Sobre o tema, destaca-se o que se segue: "Enquanto meio de troca, a moeda é meio de pagamento, dotada de poder liberatório de quaisquer dívidas, tanto no sistema de curso legal (cours légal ou Zahlungsmittel), que admite sua convertibilidade vinculada a qualquer outro bem, como ouro, prata, etc., como no sistema de curso forçado (cours forcé ou Zwangskurs), que determina sua inconvertibilidade e, em consequência, torna sua aceitação obrigatória, como único meio liberatório possível sob uma ordem jurídica" (MOREIRA NETO, Diogo de Figueiredo. Estabilização monetária, *Revista de Direito Administrativo*, Rio de Janeiro, vol. 196, pp. 7-19, abr./jun. 1994, p. 8).

15 O GAFI definiu tais prestadores como qualquer pessoa natural ou jurídica que não esteja contemplada de outra forma em suas Recomendações, e que conduza, como parte de seus negócios, uma ou mais atividades ou operações para ou em nome de outra pessoa natural ou jurídica que inclua: (i) troca entre ativos virtuais e moedas soberanas; (ii) troca entre uma ou mais formas de ativos virtuais; (iii) trans-

3. A distribuição de competências no Marco Legal dos Ativos Virtuais e as suas limitações

O Marco Legal dos Ativos Virtuais veio complementar as regulações já existentes no âmbito dos mercados financeiros – entendidos aqui, em sentido amplo, como compreendendo não apenas os mercados bancários e de outros serviços sob supervisão do Banco Central do Brasil, mas também os mercados de valores mobiliários.

Previamente à promulgação da referida lei, cada ente regulador e autoridade pública – como o Banco Central, a CVM e a Receita Federal – já procurava normatizar os serviços baseados em ativos virtuais nos limites de suas competências legais. Assim, por exemplo, a CVM já dispunha de pronunciamentos acerca dos ativos virtuais que, por terem natureza de valor mobiliário, deveriam observar a regulamentação própria do mercado de valores mobiliários.[16] A autarquia também já estabelecia orientações acerca da aquisição de ativos virtuais por parte de fundos de investimentos.[17]

Além disso, a Estratégia Nacional de Combate à Corrupção e à Lavagem de Dinheiro – Enccla[18] já vinha se destacando como o principal fórum para os diferentes entes públicos desenvolverem ações coordenadas no que diz respeito à prevenção à lavagem de dinheiro por meio de ativos virtuais.

---

ferência de ativos virtuais; (iv) custódia e/ou administração de ativos virtuais ou instrumentos que possibilitam o controle sobre ativos virtuais; e (v) participação em prestação de serviços financeiros relacionados à oferta por um emissor e/ou à venda de ativos virtuais. Conforme esclarecido pelo GAFI, a definição é propositadamente ampla, a fim de abranger qualquer serviço com ativo virtual atinente aos mercados financeiros. FINANCIAL ACTION TASK FORCE. *Update Guidance for a Risk Based Approach of Virtual Assets and Virtual Asset Service Providers.* FATF: Paris, 2021, p. 5.

16 Parecer de Orientação CVM nº 40, de 2022.

17 Ofício Circular nº 11/2018/CVM/SIN.

18 A Enccla foi criada em 2003, sendo responsável por formular políticas públicas voltadas à prevenção e ao combate dos crimes de corrupção e lavagem de dinheiro. Ela é o principal fórum de debates e definição de estratégias sobre o tema no país, composto por entes das diferentes esferas do Poderes Executivo, Legislativo e Judiciário e do Ministério Público. Desse modo, a Enccla funciona como um ambiente voltado para a articulação das ações de todos esses entes, visando à criação de sinergia entre eles.

Nada obstante, esse quadro normativo não se mostrava suficiente para o desenvolvimento de uma regulação abrangente sobre ativos virtuais, tendo em vista não apenas a fragmentação das competências regulatórias entre diferentes reguladores, como também as lacunas do arcabouço legislativo, que poderiam deixar de fora da supervisão estatal ativos virtuais que não fossem ativos financeiros nem valores mobiliários.

Tal cenário alterou-se com a edição do Marco Legal dos Ativos Virtuais, que estabeleceu as diretrizes gerais para a disciplina legal dos prestadores de serviços de ativos virtuais e reservou, a alguma entidade da administração pública federal, amplas competências para a regulação desses prestadores. Tal entidade, como definido no Decreto, é o Banco Central do Brasil.[19] Por outro lado, em linha com o Marco Legal, o Decreto resguardou as competências do Banco Central definidas na legislação especial em relação aos ativos financeiros e as da CVM com relação aos ativos representativos de valores mobiliários, sujeitos ao regime da Lei nº 6.385/1976.

Assim, à semelhança do que já ocorre na regulação dos mercados tradicionais, o Decreto consolidou, no âmbito dos ativos virtuais, um regime dualista de regulação, baseada na divisão de atribuições (e na cooperação) entre o BCB e a CVM, dependendo da natureza jurídica que determinado instrumento assuma. Os ativos virtuais representativos de valores mobiliários permanecem sob a alçada da CVM enquanto todos os demais - inclusive os representativos de ativos financeiros - se encontram debaixo da supervisão do BCB.

Como já ressaltado, as competências atribuídas ao BCB no Marco Legal dos Ativos Virtuais e no Decreto são bastante amplas, permitindo alcançar, inclusive, os mais diferentes aspectos referentes ao regime jurídico dos prestadores de serviços de ativos virtuais. No entanto, a redação final do Marco Legal dos Ativo Virtuais, contrariamente às expectativas, não tratou da segregação patrimonial dos recursos e ativos dos clientes que se encontram sob a custódia dos prestadores de serviços, como intermediários e plataformas de negociação de ativos virtuais (comumente denominadas *exchanges*).

A custódia é um tema caro aos investidores, que confiam os seus recursos nas mãos dos prestadores de serviços com a expectativa de que os bens detidos por sua conta e ordem sejam mantidos em segurança. Por

19 Arts. 1º e 2º do Decreto.

essa razão, a solidez da custódia se mostra fundamental para a confiabilidade do mercado de ativos virtuais e, portanto, deveria ser uma das prioridades na regulação das prestadoras de serviços que atuam nesse mercado. Inclusive, nesse sentido, o Marco Legal e o Decreto conferem, expressamente, ao BCB, a competência para regular os prestadores de serviços que atuam com a "custódia ou administração de ativos virtuais ou de instrumentos que possibilitem controle sobre ativos virtuais".[20]

No entanto, foram excluídos, em votação na Câmara dos Deputados, os dispositivos legais que propunham estabelecer a segregação patrimonial dos recursos financeiros e ativos virtuais de cada cliente em relação ao patrimônio da prestadora de serviço. A separação patrimonial é uma técnica amplamente utilizada pelo legislador brasileiro em vários domínios, inclusive no depósito centralizado de ativos financeiros e valores mobiliários, e, caso tivesse sido adotada, os bens detidos pelas *exchanges*, por conta e ordem de terceiros, não responderiam pelas dívidas desses prestadores de serviço, nem seriam arrecadados em caso de liquidação ou falência dessas últimas. [21] Desse modo, a segregação patrimonial serviria para blindar os clientes contra o risco de insolvência dessas instituições, o que mitigaria eventuais prejuízos financeiros por má gestão patrimonial dessas prestadoras, como os ocorridos em decorrência da falência da FTX.[22]

Segundo o noticiado na imprensa especializada,[23] a Câmara dos Deputados teria sido sensível ao argumento de que a segregação pa-

20 Art. 5º, inciso IV do Marco Legal, e arts. 1º e 2º do Decreto.

21 Acerca da técnica da segregação patrimonial, cf. OLIVA, Milena Donato. *Patrimônio separado*: herança, massa falida, securitização de créditos imobiliários, incorporação imobiliária, fundos de investimento imobiliário, trust. Rio de Janeiro: Renovar, 2009, em especial pp. 217-239 e p 279 e seguintes.

22 A FTX era uma das mais relevantes plataformas de intermediação de ativos virtuais, que faliu em 2022, levando consigo bilhões de dólares e criando um forte abalo nos mercados de ativos virtuais ao redor do mundo. Segundo o apurado pelas autoridades americanas, o fundador e principal executivo da FTX, Sam Bankman-Fried, teria, entre outros ilícitos, direcionado os recursos recebidos de clientes para pagar dívidas da FTX e financiar a sua empresa pessoal, a Alameda Research, especializada em estratégias quantitativas de negociação de ativos virtuais, conforme notícia disponível em: https://www.reuters.com/legal/sam-bankman-fried-s-trial-test-dueling-explanations-collapse-crypto-exchange-2023-09-26/. Acesso em: 29 set. 2023.

23 Conforme disponível em: https://valor.globo.com/financas/criptomoedas/noticia/2022/11/29/camara-aprova-pl-cripto-sem-segregacao-patrimonial.ghtml.

trimonial engessaria a realização de operações por conta e ordem dos clientes. Todavia, a proposta legislativa pretendia proibir, precisamente, que os recursos e ativos fossem dados em garantia de obrigações pessoais das *exchanges*, sendo, portanto, uma regra destinada a evitar que bens detidos por conta e ordem fossem utilizados para atender aos interesses particulares das prestadoras de serviços. Todas as demais operações - vale frisar - poderiam ser realizadas, a despeito da existência da segregação patrimonial.

Não obstante as amplas competências atribuídas ao BCB, não se pode esperar que a separação patrimonial seja introduzida na regulamentação infralegal. A adoção dessa técnica jurídica requer autorização em lei em sentido estrito, já que implica a alteração do regime da responsabilidade patrimonial fixado no Código Civil e no Código de Processo Civil - notadamente da regra geral segundo a qual o devedor responde por suas dívidas com todos os seus bens (CC, art. 391; CPC; art. 789).[24] Desse modo, a menos que surja uma nova iniciativa legislativa, os investidores que atuam no território nacional poderão ser diretamente prejudicados por eventual insolvência dos prestadores de serviços de ativos virtuais.

4. A competência da Comissão de Valores Mobiliários

Como mencionado acima, o Marco Legal e o Decreto consolidaram, no âmbito dos ativos virtuais, um modelo regulatório dual baseado na divisão de atribuições e na cooperação entre BCB e CVM. Esse dualismo, em alguma medida, justifica-se ante a natureza jurídica variada dos instrumentos que podem ser desenvolvidos, que ora se aproximam mais do perfil de atuação do BCB - como, por exemplo, a supervisão de *tokens* utilizados para fins de pagamento -, ora se associam à regulação relativa aos valores mobiliários, desempenhada pela CVM, como no caso dos chamados *security tokens*.[25]

24 Na mesma direção, OLIVA, Milena Donato, op. cit., pp. 275-278.

25 De forma geral, os chamados *tokens* podem ser entendidos como a representação digital de um ativo ou de sua propriedade. INTERNATIONAL ORGANIZATION OF SECURITIES COMMISSIONS. *IOSCO Research Report on Financial Technologies (Fintech)*, p. 51. Madrid, 2017. Disponível em: https://www.iosco.org/library/pubdocs/pdf/IOSCOPD554.pdf. Acesso em: 30 ago. 2023.

Em termos gerais, as competências regulatórias da CVM têm por objetivo proteger os investidores de práticas irregulares e promover o funcionamento eficiente dos mercados de valores mobiliários, inclusive por meio de regras destinadas a assegurar a transparência acerca dos emissores e dos valores mobiliários negociados (Lei nº 6.385/1976, art. 4º).

No entanto, a lei brasileira não atribui, à CVM, a competência exclusiva para regular todas as oportunidades de investimento que são ofertadas ao público. Ao contrário, diversas modalidades de investimento escapam à sua supervisão – como, por exemplo, os títulos de dívida de responsabilidade bancária —,[26] o que faz com que algumas questões relacionadas à proteção de investidores tenham de ser enfrentadas também no âmbito da regulação do BCB. Essa observação é especialmente importante para a regulação dos ativos virtuais, uma vez que muitos deles constituem *commodities* que, apesar de desempenharem uma função de investimento, ficam de fora da atuação da CVM.

A atuação da CVM depende de o *token* qualificar-se como valor mobiliário, nos termos do art. 2º da Lei nº 6.385, de 1976. Nessa direção, a CVM já esclareceu, no Parecer de Orientação CVM nº 40, de 2022, que *"embora a tokenização em si não esteja sujeita a prévia aprovação ou registro na CVM, caso venham a ser emitidos valores mobiliários com fins de distribuição pública, tanto os emissores quanto a oferta pública de tais tokens estarão sujeitos à regulamentação aplicável"*.

Assim, já se observou que "os criptoativos representativos de valores mobiliários (*security tokens*) são valores mobiliários no direito brasileiro".[27] Por exemplo, o *token* representativo de ações de emissão de uma companhia aberta consubstanciaria um *direito* sobre as referidas, na linha do previsto no art. 2º, II, da Lei nº 6.385, de 1976,[28] ou então

26 Conforme previsão constante do art. 2º, § 1º, inciso II da Lei nº 6.385, de 1976.

27 GUERREIRO, José Alexandre Tavares; BUSCHINELLI, Gabriel Saad Kik. ICOs (Initial Coin Offerings) e a disciplina dos valores mobiliários. In: PINTO, Alexandre Evaristo; EROLES, Pedro; MOSQUERA, Roberto Quiroga. Criptoativos - Estudos Regulatórios e Tributários. Quartier Latin: São Paulo, 2021, p. 481.

28 De acordo com o referido dispositivo, "[s]ão valores mobiliários sujeitos ao regime desta Lei: (...) II – os cupons, direitos, recibos e certificados de desdobramento relativos aos valores mobiliários referidos no inciso II" (grifou-se). Não obstante o erro material, o dispositivo faz referência ao inciso I, que determina serem valores mobiliários "ações, debêntures e bônus de subscrição".

um *certificado de depósito das ações*, nos termos do inciso III do mesmo dispositivo.[29]

Há, ainda, *tokens* representativos de "título e contrato de investimento coletivo", definido como valor mobiliário nos termos do inciso IX do art. 2º da Lei nº 6.385/1976. O conceito de 'título ou contrato de investimento coletivo' é manifestamente inspirado no teste *Howey*, desenvolvido pelos tribunais norte-americanos, a partir do célebre precedente da Suprema Corte dos Estados dos Unidos, *SEC v. W.J. Howey Co.*,[30] para verificar se determinado ativo é um "contrato de investimento".

De acordo com o teste, o ativo é um contrato de investimento (sujeito à regulação estatal) quando 1) o investidor tenha aportado capital; 2) que o tenha feito em um empreendimento coletivo; 3) com a expectativa de obter lucros; e 4) lucros esses derivados preponderantemente dos esforços de terceiros.

Justamente em razão dessa influência do direito norte-americano, a CVM tem se servido da jurisprudência dos tribunais daquele país como subsídio para decidir se os ativos virtuais oferecidos ao público ou negociados publicamente no Brasil são valores mobiliários, nos termos do inciso IX do art. 2º da Lei nº 6.385, de 1976.[31] No entanto, a lei brasileira deu contornos próprios ao conceito de 'título ou contrato de investimento coletivo', que só se configura quando são ofertados publicamente e gerem direito de participação, de parceria ou de remuneração, inclusive resultante de prestação de serviços, cujos rendimentos advêm do esforço do empreendedor ou de terceiros.

Por meio da análise casuística das características de cada *token*, a autarquia já concluiu que alguns eram contratos de investimento coletivo enquanto outros não preenchiam os requisitos legais.[32] A conclusão

29 Nesse sentido, v. GUERREIRO, José Alexandre Tavares; BUSCHINELLI, Gabriel Saad Kik, op. cit., pp. 480-481.

30 *U.S. Securities and Exchange Commission v. W. J. Howey Co., 328 U.S. 293 (1946).*

31 Como pode ser observado, entre outros precedentes, no Processo Administrativo Sancionador CVM nº 19957.003406/2019-91, julgado em 26 out. 2020.

32 Pode-se destacar os seguintes casos: (i) Processo Administrativo CVM nº 19957.011454/2017-91, com a Deliberação CVM nº 785, de 19 dez. 2017; (ii) Processo Administrativo CVM nº 19957.011238/2018-27, com a Deliberação CVM nº 821, de 2 jul. 2019; (iii) Processo Administrativo CVM nº 19957.006966/2019-06, com a Deliberação CVM nº 826, de 13 ago. 2019; (iv) Processo Administrativo CVM nº 19957.006056/2018-34, com a Deliberação CVM nº 828, de 10 set. 2019; (v) Processo Administrativo CVM nº 19957.006645/2019-01, com a Deliberação CVM

depende, fundamentalmente, do exame da função desempenhada pelo ativo, que pode servir de meio de pagamento, para a aquisição de um produto ou serviço, ou, ainda, para a participação em um empreendimento coletivo – neste último caso, sendo considerado valor mobiliário.

Em algumas decisões, seguindo o exemplo norte-americano, a CVM adotou uma interpretação ampliada, sustentando que a expectativa de ganho com base na valorização do respectivo ativo poderia, a depender das circunstâncias, fazer com que ele fosse considerado um título de investimento coletivo.[33] No entanto, essa interpretação não parece ser compatível com o texto da lei brasileira, que, repita-se, exige um efetivo *direito* de participação, parceria ou remuneração para a caracterização do investimento coletivo.

Essa é uma diferença marcante em relação ao direito norte-americano. A jurisprudência desse país reputa configurado o contrato de investimento quando presente a *expectativa* de lucro,[34] a qual, contudo, não se confunde com o direito subjetivo a que se refere a lei brasileira. A *expectativa*, também chamada de *mera* ou *simples expectativa* para diferenciá-la da *expectativa de direito (direito expectativo)*, denota a espe-

nº 830, de 1º out. 2019; (vi) Processo Administrativo CVM nº 19957.011236/2018-38, com a Deliberação CVM nº 831, de 1º out. 2019); (vii) Processo Administrativo CVM nº 19957.002336/2019-54, com a Deliberação CVM nº 837, de 10 dez. 2019; (viii) Processo Administrativo CVM nº 19957.005770/2019-96, com a Deliberação CVM nº 839, de 17 dez. 2019; (ix) Processo Administrativo CVM nº 199957.010938/2017-13, julgado em 30 jan. 2018; (x) Processo Administrativo Sancionador CVM nº 19957.003406/2019-91, julgado em 26 out. 2023; (xi) Processo Administrativo Sancionador CVM nº 19957.007994/2018-51, julgado em 9 jun. 2020.

33 Cf. notadamente Processo Administrativo Sancionador CVM nº 19957.003406/2019-91, julgado em 26 out. 2023.

34 "An evaluation of the digital asset should also consider whether there is a reasonable expectation of profits. Profits can be, among other things, capital appreciation resulting from the development of the initial investment or business enterprise or a participation in earnings resulting from the use of purchasers' funds. Price appreciation resulting solely from external market forces (such as general inflationary trends or the economy) impacting the supply and demand for an underlying asset generally is not considered "profit" under the *Howey* test." UNITED STATES SECURITIES AND EXCHANGE COMMISSION. *Framework for "Investment Contract" Analysis of Digital Assets*. Washington, 03.04.2019. Disponível em: https://www.sec.gov/corpfin/frameworkinvestment-contract-analysis-digital-assets. Acesso em: 29 set. 2023.

rança de determinado acontecimento vir a ocorrer, como, por exemplo, a valorização do seu imóvel em razão da recuperação da econômica e das melhorias realizadas na vizinhança pela prefeitura. Na lição de Pontes de Miranda, "expectativa é fato fora do mundo jurídico",[35] ao passo que o direito subjetivo supõe um dever jurídico contraposto, cujo cumprimento satisfaz o interesse do titular. Quem tem direito tem mais que uma mera expectativa, já que lhe cabe o poder de exigir, inclusive pelas vias jurisdicionais, que o outro cumpra o que deve.

Desse modo, não constituem valores mobiliários e, portanto, não se sujeitam à regulação da CVM, os *tokens* que não atribuem direito algum à participação, parceria ou remuneração, adquiridos em razão da expectativa do investidor de conseguir revendê-los por valor superior ao de aquisição.

5. Investimento em criptoativos por meio de fundos de investimento

O fundo de investimento é comumente retratado como veículo de investimento, destinado a reunir os recursos de investidores sob os cuidados de um gestor profissional, que, em conformidade com o regulamento aprovado, se encarrega de aplicá-los em determinados bens, com vistas a proporcionar rendimento ao capital investido.[36]

Nos termos do artigo 1.368-C do Código Civil, o fundo é uma "comunhão de recursos", termo que remete ao conceito de 'universalidade de direito' de que trata o artigo 91 da mesma codificação. Quando há mais de um cotista, forma-se, então, na dicção do referido dispositivo legal, um "condomínio de natureza especial", voltado a organizar as relações

35 MIRANDA, Pontes de. *Tratado de direito privado*. 4. ed. São Paulo: Revista dos Tribunais, 1983. v.V. P. 291. Ao diferenciar a mera expectativa do direito expectativo (por vez também chamado de expectativa de direito), Marcos Bernado de Mello ressalta que a expectativa "não merece proteção jurídica, porque no mundo jurídico não é. O filho tem expectativa de herdar de seu pai, mas essa situação não lhe dá qualquer segurança de que herdará, porque, inclusive, poderá ocorrer que, ao falecer, não haja herança" (BERNADES DE MELLO, Marcos. Contribuição ao estudo da eficácia do negócio pendente conditione. *Revista de direito da Procuradoria Geral do Estado do Rio de Janeiro*, nº 32, 1977, p. 79).

36 RENTERIA, Pablo; OLIVA, Milena Donato. Notas sobre o regime jurídico dos fundos de investimento. In: Felipe Hanszmann; Lucas Hermetto. (Org.). *Atualidades em Direito Societário e Mercado de Capitais* - Fundos de Investimento. 1ed. Rio de Janeiro: Lumen Juris, 2021, v. 5, p. 13.

entre cotistas e desses frente aos prestadores de serviço que cuidam do funcionamento do fundo.

Trata-se de importante instrumento de intermediação financeira, responsável por facilitar o encontro entre poupadores e tomadores de recursos, tendo se desenvolvido amplamente no Brasil e se tornado uma das mais importantes indústrias no cenário internacional.[37] Tendo em vista a sua relevância para a formação da poupança privada, os fundos se submetem à regulação da CVM (Código Civil, art. 1.368, § 2º) e à autorregulação da Associação Brasileira das Entidades dos Mercados Financeiro e de Capitais (ANBIMA).

Os fundos são organizados em classes de cotas, cada qual destinada a reunir recursos dos cotistas em patrimônio segregado específico, que é funcionalizado à perseguição de determinada política de investimento, tal como previsto no respectivo no respectivo anexo ao regulamento do fundo.[38]

A regulamentação editada pela CVM prevê diferentes categorias de fundos de investimento conforme a espécie de bens e direitos que caracterizam a sua política de investimento, de que são exemplos os fundos de investimento imobiliário, os fundos de direitos creditórios, os fundos de investimento em participações e os fundos de investimento financeiro.

Por sua vez, cada categoria compreende distintos tipos de fundos de investimento, que são classificados segundo principal fator de risco a ser incorrido pelos investidores. Assim, no âmbito dos fundos de investimento financeiro, a regulamentação identifica os fundos de investimento em ações, em renda fixa, os fundos cambiais, e, por fim, os fundos multimercado, nos quais o gestor goza de maior liberdade para aplicar os recursos dos cotistas em ativos expostos a diferentes fatores de risco.

37 Conforme notícia disponível em: https://www.anbima.com.br/ pt_br/imprensa/industria-de-fundos-alcanca-r-6-trilhoes-de-patrimonio-liquido.htm. Acesso em: 29 set. 2023.

38 Cada fundo de investimento possui regulamento próprio, tratando dos aspectos gerais e comuns às classes de cotas, sendo as particularidades de cada classe tratadas em um anexo próprio e específico, conforme disposto nos arts. 5º e 48 da Resolução CVM nº 175, de 2022. Os cotistas, por sua vez, podem ser organizados em diferentes subclasses, cujas informações encontram-se previstas nos apêndices aos respectivos anexos, conforme o caso, de acordo com o previsto no art. 5º, § § 3º, 4º, 5º e 6º da mesma norma.

Desde que os ativos virtuais se popularizaram, em especial os mais conhecidos como *Bitcoin*, *Ethereum* etc., suscitou-se um amplo debate sobre a possibilidade e a conveniência de se autorizar os gestores a aplicarem recursos dos fundos de investimento na aquisição desses ativos. Em um primeiro momento, a CVM entendeu, à luz da regulamentação vigente, que somente seria possível o investimento indireto.[39] Vale dizer, os fundos somente poderiam ter exposição em ativos virtuais por meio da aquisição de participação de veículos de investimento constituídos no exterior que, por sua vez, aplicassem seus recursos nesses ativos, nos termos da regulação aplicável naquele país.[40] O investimento direto, contudo, não seria possível, uma vez que os ativos virtuais não figurariam na lista de ativos financeiros passíveis de investimento por parte dos fundos (Instrução CVM nº 555/2014, art. 2º, V, já revogada).[41]

Com o advento da Resolução CVM nº 175, de 2022, a autarquia alterou seu posicionamento e passou a permitir tanto o investimento indireto como o direto em "criptoativos" negociados no Brasil,[42] os quais são definidos, no inciso X do art. 2º do Anexo Normativo I da referida Resolução como:

> ativo representado digitalmente, devendo possuir no mínimo as seguintes características: a) sua existência, integridade e titularidade são protegidas por criptografia; e b) suas transações são executadas e armazenadas utilizando tecnologia de registro distribuído;[43]

---

39 Cf. Ofício Circular nº 1/2018/CVM/SIN e Ofício Circular nº 11/2018/CVM/SIN.

40 Ofício Circular nº 11/2018/CVM/SIN condicionava o investimento indireto a que o veículo constituído no exterior fosse autorizado a funcionar, regulado e fiscalizado por uma entidade no respectivo país de constituição.

41 Caso se decidisse por esse tipo de investimento, para fins de cumprimento dos deveres que são impostos pela regulamentação, a CVM havia explicitado que havia determinadas diligências que deveriam ser observadas na sua aquisição, inclusive no que diz respeito à escolha do ativo objeto do investimento.

42 Em 13 de julho de 2023, a ANBIMA emitiu documento intitulado de Regras e Procedimentos para Investimentos em Criptoativos nº 19.

43 Pode-se dizer que a opção pela adoção de uma nomenclatura específica, diferente daquela sugerida pelo GAFI, sugere uma preocupação da CVM em não seguir o termo definido pela lei. SAAVEDRA, Júlia, op. cit., p. 91.

Cumpre destacar que as carteiras dos fundos de investimento devem observar limites de composição e concentração por emissor e por ativo, sendo que tais limites também variam conforme o público investidor da classe de cotas. Classes de cotas abertas ao público em geral se submetem a maiores restrições, ao passo que as classes restritas a investidores qualificados ou profissionais se sujeitam a regras mais flexíveis, reservando-se, ao regulamento do fundo, maior liberdade para definir o percentual da carteira que pode ser alocado em criptoativos.

6. Conclusão: perspectivas regulatórias

Em um contexto de forte impacto das novas tecnológicas baseadas em DLT no mercado financeiro, o Marco Legal dos Ativos Virtuais e o Decreto estabeleceram um arcabouço legislativo abrangente para a regulação os prestadores de serviços relativos a ativos virtuais, suprindo uma lacuna legal que se tornava cada vez mais preocupante em razão dos riscos que trazia para a higidez do mercado e a proteção da poupança popular. Tal arcabouço endossou diversas diretrizes emitidas pelo GAFI, sendo um marco importante também para fins de alinhamento às melhores práticas internacionais e um passo na direção da mitigação dos riscos de arbitragem regulatória.

Não obstante, ainda há pontos sensíveis a serem enfrentados. Mesmo com a delimitação expressa das competências do BCB e da CVM, subsistem lacunas a serem supridas, notadamente a ausência de previsão legislativa quanto à segregação dos ativos e recursos dos clientes dos prestadores de serviços, o que aumenta o risco de os investidores saírem prejudicados em caso de insolvência desses prestadores.

Também há zonas cinzentas a serem esclarecidas, como se verifica, por exemplo, com relação aos *tokens* que não atribuem ao investidores um direito à participação, remuneração ou parceria, mas uma expectativa de lucro, baseada, por vezes, nos esforços do empreendedor ou de terceiros. Embora a CVM já tenha manifestado o entendimento de que tais *tokens* seriam contratos ou títulos de investimento coletivo e, por consequência, valores mobiliários sujeitos à sua regulação, mostra-se mais correto, à luz do dado normativo, entender, em sentido diverso, que, na verdade, tais ativos virtuais se situam sob a supervisão do BCB.

De outra parte, no plano da regulamentação editada pela CVM, observa-se a paulatina evolução do conceito de "ativo financeiro", de maneira a ampliar a possibilidade de fundos de investimento aplicarem seus recursos em criptoativos. Tal evolução reflete a preocupação do ente regulador de permitir o acesso a esses ativos por meio de ambientes regulados, sob os cuidados de gestores profissionais.

Referências

BERNADES DE MELLO, Marcos. Contribuição ao estudo da eficácia do negócio pendente conditione. *Revista de direito da Procuradoria Geral do Estado do Rio de Janeiro*, nº 32, 1977.

BLANDIN, Apolline; CLOOTS, Ann Sofie; HUSSAIN, Hatim; RAUCHS, Michel; SALEUDDIN, Rasheed; ALLEN, Jason Grant; ZHANG, Bryan; CLOUD, Katherine. *Global Cryptoasset Regulatory Landscape Study*. Cambridge: Cambridge Centre for Alternative Finance, 2019. Disponível em: https://papers.ssrn.com/sol3/Delivery.cfm/SSRN_ID3456540_code1562417.pdf?abstractid=3379219&mirid=1. Acesso em: 07 ago. 2023.

EIZIRIK, Nelson; GAAL, Ariádna B.; PARENTE, Flávia; HENRIQUES, Marcus de Freitas. *Mercado de Capitais* – Regime Jurídico. 3 ed. Rio de Janeiro: Renovar, 2011.

ESTADOS UNIDOS DA AMÉRICA. Library of the Congress. *Regulation of Cryptocurrency around the World*: November 2021 Update. Disponível em: https://tile.loc.gov/storage-services/service/ll/llglrd/2021687419/2021687419.pdf. Acesso em: 30 ago. 2023.

FINANCIAL ACTION TASK FORCE. *Update Guidance for a Risk Based Approach of Virtual Assets and Virtual Asset Service Providers*. FATF: Paris, 2021.

GUERREIRO, José Alexandre Tavares; BUSCHINELLI, Gabriel Saad Kik. ICOs (Initial Coin Offerings) e a disciplina dos valores mobiliários. In: PINTO, Alexandre Evaristo; EROLES, Pedro; MOSQUERA, Roberto Quiroga. *Criptoativos* - Estudos Regulatórios e Tributários. Quartier Latin: São Paulo, 2021.

INTERNATIONAL ORGANIZATION OF SECURITIES COMMISSIONS. *IOSCO Research Report on Financial Technologies (Fintech)*, p. 51. Madrid, 2017, disponível em: https://www.iosco.org/library/pubdocs/pdf/IOSCOPD554.pdf. Acesso em: 30 ago. 2023.

MACVIVEN, Brian. Initial Coin Offerings: Striking a Balance between Protecting Investors and Fostering Growth. *Rutgers Business Law Review*, v. 14, 2018-2019, pp. 1-32.

MOREIRA NETO, Diogo de Figueiredo. Estabilização monetária, *Revista de Direito Administrativo*, Rio de Janeiro, vol. 196, pp. 7-19, abr./jun. 1994, p. 8.

MIRANDA, Pontes de. *Tratado de direito privado*. 4. ed. São Paulo: Revista dos Tribunais, 1983. v.V.

OLIVA, Milena Donato. *Patrimônio separado*: herança, massa falida, securitização de créditos imobiliários, incorporação imobiliária, fundos de investimento imobiliário, trust. Rio de Janeiro: Renovar, 2009.

RENTERIA, Pablo; OLIVA, Milena Donato. Notas sobre o regime jurídico dos fundos de investimento. In: Felipe Hanszmann; Lucas Hermetto. (Org.). *Atualidades em Direito Societário e Mercado de Capitais* - Fundos de Investimento. 1ed. Rio de Janeiro: Lumen Juris, 2021, v. 5.

RENTERIA, Pablo. Regulamentação da lei de ativos virtuais expõe limites da CVM. *Capital Aberto*, 2023. Disponível em: https://capitalaberto.com.br/secoes/colunistas/regulamentacao-da-lei-de-ativos-virtuais-expoe-limites-da-cvm/. Acesso em: 30 ago. 2023.

RENTERIA, Pablo. Uma falha grave na regulação dos criptoativos. *Capital Aberto*, 2022. Disponível em: https://capitalaberto.com.br/secoes/colunistas/uma-falha-grave-na-regulacao-dos-criptoativos/. Acesso em: 30 ago. 2023.

SAAVEDRA, Júlia Dantas. O grupo de ação financeira e a regulação de ativos virtuais e prestadores de serviços no Brasil. In: LEAL, Fernando; MENDONÇA, José Vicente Santos de. *Transformações do direito administrativo*: controle de Administração Pública: diagnósticos e desafios. Rio de Janeiro: FGV Direito Rio, 2022. Disponível em: https://direitorio.fgv.br/conhecimento/transformacoes-do-direito-administrativo-controle-de-administracao-publica. Acesso em: 30 ago. 2023.

SCHECHTMAN, David Casz; SAAVEDRA, Júlia Dantas. Criptoativos, Lavagem de Dinheiro e Financiamento do Terrorismo: Perspectivas Regulatórias. In: HANSZMANN, Felipe. *Atualidades Em Direito Societário e Mercado de Capitais Vol. IV.* Rio de Janeiro: Lumen Juris, 2019.

UNITED STATES SECURITIES AND EXCHANGE COMMISSION. *Framework for "Investment Contract" Analysis of Digital Assets*. Washington, 03.04.2019. Disponível em: https://www.sec.gov/corpfin/frameworkinvestment-contract-analysis-digital-assets. Acesso em: 29 set. 2023.

WORLD BANK GROUP. *Distributed Ledger Technology (DLT) and Blockchain*: FinTech Note | No. 1. International Bank for Reconstruction and Development, 2017, p. 2. Disponível em: https://documents1.worldbank.org/curated/en/177911513714062215/pdf/122140-WP-PUBLIC-Distributed-Ledger-Technology-and-Blockchain-Fintech-Notes.pdf. Acesso em: 28 ago. 2023.

YAZBEK, Otavio. *Regulação do Mercado Financeiro e de Capitais.* Rio de Janeiro: Elsevier, 2009.

Parte VI
LIBERDADE DE EXPRESSÃO, PLATAFORMAS E REGULAÇÃO DA INTERNET

Regulamentação de plataformas e moderação de conteúdo: uma análise do Online Safety Act 2023 do Reino Unido[1]

Beatriz Kira[2]
Laura Schertel Mendes[3]

1. Introdução

Após mais de quatro anos de debate, foi promulgada a Lei de Segurança Online (*Online Safety Act 2023* – OSA) no Reino Unido, no dia 26 de outubro de 2023. A legislação insere o país no grupo de jurisdições que adotaram normas com um novo paradigma para a garantia da segurança online e da responsabilidade das plataformas digitais. A lei introduz novas obrigações para as plataformas, como a adoção de medidas para identificar e mitigar riscos de danos causados por conteúdo e atividades ilegais online, e riscos para crianças, abrangendo exploração sexual infantil, fraude e terrorismo.

Apesar da promulgação da norma, aspectos cruciais precisarão ser esclarecidos ainda pelo órgão supervisor designado, a Ofcom. O detalhamento sobre as ações que as redes sociais e as ferramentas de busca deverão adotar para cumprir a lei ainda dependem de especificações que serão incluídas em códigos de conduta e diretrizes publicadas pela Ofcom, bem como em legislação secundária que ainda será aprovada.

---

1 Uma versão anterior dessa pesquisa foi publicada na Revista de Direito do Consumidor (nov/dez 2023).

2 Professora de direito na Universidade de Sussex, no Reino Unido. Pesquisadora associada do Digital Speech Lab, da UCL, e do programa Global Economic Governance da Blavatnik School of Government. Doutora em direito econômico pela Universidade de São Paulo e mestra em ciências sociais da internet pela Universidade de Oxford. E-mail: b.kira@sussex.ac.uk.

3 Professora da Universidade de Brasília (UnB) e do Instituto Brasileiro de Ensino, Desenvolvimento e Pesquisa (IDP) e pesquisadora de pós-doutorado na Universidade Goethe, Frankfurt am Main. Presidente da Comissão de Direito Digital da OAB Federal e diretora do Centro de Direito, Internet e Sociedade (CEDIS/IDP). Foi relatora da Comissão da Juristas do Senado Federal para a regulação da inteligência artificial. Doutora em direito privado pela Universidade Humboldt de Berlim.

Essa abordagem legislativa deixa muitos pontos em aberto, trazendo complexidades para a implementação da lei.

Neste capítulo, analisamos os principais aspectos da estrutura da nova lei do Reino Unido, traçando comparações entre a lei britânica e legislações semelhantes, incluindo a Lei de Serviços Digitais da União Europeia (*Digital Services Act* - DSA). Essa análise possui relevância também para o debate brasileiro acerca da regulamentação de plataformas e a moderação de conteúdo, um tema tão caro ao saudoso professor Danilo Doneda. Danilo desempenhou um papel crucial na elaboração e aprovação do Marco Civil da Internet (MCI), Lei 12.965/2014 e sempre será referência no campo do direito digital.[4] Após quase 10 anos da aprovação do MCI, o modelo de responsabilização de plataformas digitais retorna à agenda legislativa brasileira, e a compreensão dos desafios enfrentados e das escolhas refletidas na nova lei do Reino Unido pode enriquecer o debate sobre um futuro modelo de governança para a moderação de conteúdo no Brasil.

2. O escopo da lei britânica: intermediários e serviços de busca

A definição das plataformas incluídas no escopo do OSA, sujeitas às suas obrigações, depende da natureza do serviço que oferecem. Os serviços abrangidos pela lei incluem i) plataformas de usuário para usuário (*user to user platforms*), nas quais usuários podem carregar e compartilhar conteúdo (por exemplo, mensagens, imagens, vídeos, comentários) para torná-lo acessível a outros usuários, e ii) mecanismos de busca. Em comparação com a legislação europeia, o DSA, o escopo da lei britânica é mais restrito. O DSA se aplica a diferentes tipos de plataformas, além das cobertas pelo OSA, incluindo também lojas de aplicativos.

Notavelmente, as obrigações substantivas baseadas em conteúdo descritas no OSA estão relacionadas predominantemente a conteúdo ilegal, bem como ao conteúdo prejudicial às crianças. Em contrapartida,

4 Exemplos de contribuições feitas por Doneda ao debate acerca de regulação de plataformas incluem ALMEIDA, Virgilio; FILGUEIRAS, Fernando; DONEDA, Danilo, The Ecosystem of Digital Content Governance, **IEEE Internet Computing**, v. 25, n. 3, pp. 13–17, 2021; ALMEIDA, Virgilio A.F.; DONEDA, Danilo; CORDOVA, Yasodara, Whither Social Media Governance?, **IEEE Internet Computing**, v. 20, n. 2, pp. 82–84, 2016; ROSSINI, Carolina; CRUZ, Francisco Brito; DONEDA, Danilo, **The strengths and weaknesses of the Brazilian Internet bill of rights: Examining a human rights framework for the Internet**, CIGI, 2015.

o DSA consiste em uma regulação abrangente de plataformas, com obrigações sistêmicas e com um espectro mais amplo de conteúdo, incluindo temas como *dark patterns*, violação de propriedade intelectual e direito do consumidor.

3. Deveres de cuidado das plataformas: diferentes obrigações de acordo com o risco e o alcance da plataforma

A Lei de Segurança Online britânica é estruturada em torno do conceito de "dever legal de cuidado", um modelo regulatório proposto pelo Carnegie UK Trust com base nas normas de segurança e saúde do Reino Unido.[5] A premissa subjacente é que a estrutura e a gestão das plataformas resultam de decisões corporativas, que moldam o que os usuários veem e como interagem com o conteúdo. Portanto, as empresas que controlam as plataformas são consideradas os agentes mais adequados e moralmente responsáveis por considerar os possíveis danos aos usuários associados aos serviços oferecidos, e devem, portanto, tomar medidas para evitar ou mitigar danos potenciais.

A lei adota esse modelo e estabelece deveres que exigem que todas as plataformas abrangidas pela lei gerenciem proativamente o risco de danos online relacionados a seus serviços.[6] No entanto, nem todas as plataformas (ou "provedores de serviços regulados", nos termos da lei) estão sujeitas às mesmas obrigações. O OSA estabelece um modelo de regulação assimétrica, no qual os deveres de cuidado e as responsabilidades que os acompanham devem ser proporcionais ao nível de risco apresentado pelas plataformas, considerando duas dimensões principais.

A primeira dimensão refere-se ao provedor de serviços. As obrigações do OSA levam em consideração o tamanho e o alcance do provedor de serviços, ecoando a abordagem do DSA europeu. Embora todas as plataformas sejam obrigadas a priorizar a proteção do usuário e incorporar considerações de segurança em suas tomadas de decisão, obriga-

5 WOODS, Lorna; PERRIN, William, *Online harm reduction – a statutory duty of care and regulator*. Disponível em: <https://carnegieuktrust.org.uk/publications/online-harm-reduction-a-statutory-duty-of-care-and-regulator/>. Acesso em: 30 Out. 2023.

6 WOODS, Lorna, The duty of care in the Online Harms White Paper, **Journal of Media Law**, v. 11, n. 1, pp. 6–17, 2019.

ções mais exigentes são reservadas para as maiores plataformas, devido ao seu maior alcance e às funcionalidades de maior risco, bem como aos maiores recursos de que dispõem para gerenciar esses riscos.

Os provedores de serviços são categorizados em três grupos: Categoria 1, que consiste em plataformas de alto risco e alto impacto de usuário para usuários, submetidas às obrigações mais rigorosas; Categoria 2a, que engloba os serviços de busca de maior alcance; e Categoria 2b, que abrange outros serviços *user-to-user* com funcionalidades ou características com potencial de causar risco. O OSA também prevê regras para os provedores de material pornográfico, impondo a eles a obrigação de garantir que crianças não possam acessar seus serviços. Diferentemente da legislação europeia, que especifica critérios para definir as *Very Large Online Platforms* (VLOPs) e os *Very Large Online Search Engines* (VLOSEs) que estarão sujeitos a obrigações mais exigentes, o OSA se abstém de estabelecer limites ou critérios explícitos quantitativos para cada categoria. Em vez disso, a lei estabelece que o governo do Reino Unido, em consulta com a Ofcom, estabelecerá esses critérios por meio de legislação secundária, levando em conta fatores como o tamanho da plataforma e as funcionalidades oferecidas.

A segunda dimensão é baseada no conteúdo, resultando em um "dever de cuidado diferenciado".[7] O OSA cria obrigações relacionadas a dois tipos principais de conteúdo: obrigações relacionadas a conteúdo ilegal e obrigações relacionadas a conteúdo prejudicial a crianças, uma diferenciação que introduz complexidade na legislação e apresenta desafios significativos de implementação. Toda plataforma tem o dever de avaliar os riscos associados ao conteúdo ilegal e tomar medidas proporcionais para atenuar esses riscos. Os serviços que podem ser acessados por crianças, por sua vez, devem também avaliar os riscos específicos de danos às crianças e tomar medidas proporcionais para mitigar esses riscos. Além disso, todas as plataformas devem estabelecer processos e sistemas eficazes para que os usuários denunciem conteúdos ilegais e implementem procedimentos para reclamações e reparações. Adicionalmente, as plataformas de usuário para usuário também são obrigadas a agir prontamente para remover rapidamente o conteúdo ilegal assim que tomarem conhecimento dele.

7 TAMBINI, Damian, The differentiated duty of care: a response to the Online Harms White Paper, **Journal of Media Law**, v. 11, n. 1, pp. 28–40, 2019.

Isso significa que as obrigações do OSA dependem não apenas do tipo e do tamanho da plataforma, mas também da avaliação se o conteúdo é ilegal e se é provável que seja acessado por crianças. A falta de clareza em relação à forma como as plataformas devem verificar a idade de usuários e lidar com conteúdo prejudicial às crianças gerou controvérsia por conta dos possíveis riscos à privacidade e à liberdade de expressão de usuários.[8] No entanto, é provável que a incerteza mais substancial que afeta todos os serviços no escopo gire em torno da determinação da legalidade do conteúdo.

4. Identificação de conteúdo ilegal e conteúdo ilegal prioritário

A lei britânica define conteúdo ilegal como "conteúdo que equivale a uma ofensa relevante". Essa definição abrange situações em que o uso de palavras, imagens, fala ou sons constitui um delito, ou em que a posse, visualização ou acesso a esse conteúdo constitui um delito, ou em que a publicação do conteúdo em si constitui um delito.

A legislação introduziu novos tipos penais relacionados à comunicação online, como o tipo de comunicação falsa, que torna ilegal o envio de uma mensagem por uma pessoa que transmita informações que ela sabe serem falsas e que tenham a intenção de causar danos psicológicos ou físicos não triviais a um público provável.

No entanto, o conteúdo ilegal também abrange qualquer conteúdo ou atividade que já seja um delito ou que se torne um delito após a aprovação do OSA. Apesar da extensa lista de ofensas, ainda é controverso se a lei abordará os danos políticos que não se enquadram no escopo da ofensa de comunicação falsa, incluindo extremismo, abuso e misoginia. Isso gera incerteza sobre a eficácia do OSA na proteção do discurso político antes das próximas eleições gerais do Reino Unido.[9]

---

8 OPEN RIGHTS GROUP, *UK Online Safety Bill will mandate dangerous age verification for much of the web.* Disponível em: <https://www.openrightsgroup.org/publications/uk-online-safety-bill-will-mandate-dangerous-age-verification-for-much-of-the-web/>. Acesso em 30 Out. 2023.

9 DEMOS, *Voting online: How would the Online Safety Bill affect harms arising from political discourse?* Disponível em: <https://demos.co.uk/research/voting-online-how-would-the-online-safety-bill-affect-harms-arising-from-political-discourse/>. Acesso em: 30 Out. 2023.

Embora a responsabilidade de avaliar o que deve ser classificado como conteúdo ilegal recaia sobre as próprias plataformas, as definições fornecidas pelo OSA para orientar a avaliação das plataformas sobre a legalidade do conteúdo são vagas. Para determinar a ilegalidade do conteúdo, as plataformas devem ter "motivos razoáveis para inferir" que o conteúdo é ilegal. Isso, por sua vez, exige que as plataformas determinem se todos os elementos necessários para a prática do delito, inclusive os elementos mentais (*mens rea*), estão presentes ou satisfeitos, e se não há defesas que possam ser invocadas no caso em questão. No entanto, não está claro como e se os sistemas de moderação de conteúdo automatizados que utilizam IA para determinar a remoção de conteúdo serão capazes de realizar essa avaliação.

Outro ponto no qual o OSA adiciona complexidade diz respeito ao conceito de "conteúdo ilegal prioritário", o qual impõe obrigações específicas adicionais para as plataformas. Por exemplo, todas as plataformas de usuário para usuário devem adotar "medidas proporcionais" para evitar que os usuários encontrem conteúdo ilegal prioritário e para minimizar sua disponibilidade em suas plataformas. O OSA define "conteúdo ilegal prioritário" como aquele relacionado a terrorismo, exploração e abuso sexual de crianças, ou outros crimes prioritários especificados em uma lista presente em um anexo da lei. A lista de outros conteúdos ilegais prioritários pode ser modificada pelo governo do Reino Unido, uma regra que tem enfrentado críticas por conceder ao governo poder excessivo sobre o discurso, conforme ilustrado pela inclusão do polêmico delito prioritário "auxílio à imigração ilegal".

Navegar pela intrincada rede de definições de conteúdo e as correspondentes obrigações estabelecidas pelo OSA será um desafio significativo para as plataformas. Os documentos que serão publicados pela Ofcom, incluindo um código de conduta referente a obrigações de conteúdo ilegal e orientações sobre a avaliação dos riscos desse conteúdo, oferecerão mais detalhes. Embora as minutas iniciais já tenham sido disponibilizados e estejam atualmente sob consulta, os códigos de prática sobre mitigação de danos ainda precisam ser apresentados ao Parlamento, o que significa que não está claro quando eles estarão totalmente em vigor. A promulgação da lei marca apenas a fase inicial do extenso roteiro de implementação pela Ofcom. Com a orientação e os códigos de conduta a serem definidos pelo regulador desempenhando um papel fundamental, os detalhes atuais ainda são relativamente escassos, e um trabalho não trivial ainda precisa ser feito para estabelecer a estrutura de conformidade operacional do OSA.

5. Impacto da nova lei nas práticas de moderação de conteúdo

Uma questão fundamental que surge em decorrência do escopo da lei britânica é em que medida ela afetará as práticas de moderação de conteúdo além do conteúdo ilegal. Isso ocorre porque a maior parte das obrigações substantivas, no que diz respeito a conteúdo para adultos, diz respeito apenas a conteúdo ilegal – uma escolha de foco que está relacionada ao processo legislativo da lei e às disputas que moldaram a legislação aprovada.

Versões anteriores do OSA incluíam uma terceira categoria de conteúdo no escopo da proposta: "conteúdo legal, mas prejudicial" para adultos, que abrangia conteúdo legal, mas considerado potencialmente prejudicial, como misoginia, promoção explícita de automutilação e representações de distúrbios alimentares. De acordo com essa versão mais antiga do projeto de lei, as plataformas não eram obrigadas a remover esse conteúdo prejudicial, mas tinham que realizar e publicar avaliações de risco relacionadas a ele. No entanto, essa categoria atraiu críticas consideráveis devido à ambiguidade na definição de conteúdo nocivo, porém legal.[10]

Também surgiram preocupações com relação à intervenção do governo na regulação do discurso legal e o possível efeito inibidor sobre a liberdade de expressão resultante das avaliações de risco obrigatórias para essa categoria. Como resultado, o governo do Reino Unido removeu totalmente a categoria "conteúdo legal, mas prejudicial", reduzindo o escopo do OSA e sua autoridade sobre a moderação de conteúdo.

No lugar das obrigações removidas, o OSA passou a incluir obrigações que exigem que as plataformas da Categoria 1 ofereçam ferramentas de "empoderamento do usuário", visando dar mais controle aos usuários sobre a experiência online deles. No entanto, essas ferramentas não são sofisticadas, espelhando essencialmente o que a maioria das principais plataformas de mídia social já oferece, incluindo ferramentas que permitem que os usuários limitem sua exposição a determinados tipos de conteúdo e alertas sobre a presença de conteúdo de um tipo específico (por exemplo, telas de filtragem). Além disso, o conteúdo coberto por essas obrigações se sobrepõe, em grande parte, ao que já

10 HARBINJA, Edina, *The UK's Online Safety Bill: Safe, Harmful, Unworkable?* Verfassungsblog. Disponível em: <https://verfassungsblog.de/uk-osb/>. Acesso em: 30 Out. 2023.

é proibido nas principais plataformas, como conteúdo que promove a automutilação, conteúdo abusivo que visa características protegidas e conteúdo que incita o ódio logo abaixo do limite do discurso de ódio. Também permanecem dúvidas sobre se essas ferramentas de empoderamento do usuário definem o padrão corretamente (ao determinarem que o default é a disponibilização de conteúdo nocivo) e se elas evitarão efetivamente danos indiretos decorrentes de conteúdo online, incluindo o impacto sobre indivíduos que não estão gerenciando as configurações da plataforma.

Importante ressaltar, além disso, que a abordagem do OSA, focada em tipos específicos de conteúdo, limita a capacidade da lei de obrigar as plataformas a abordar riscos sistêmicos em seus sistemas de moderação de conteúdo. Isso contrasta com a abordagem da lei europeia, que exige que as VLOPs e VLOSEs realizem uma avaliação mais abrangente de seus sistemas de moderação de conteúdo, englobando não apenas riscos de disseminação de conteúdo ilegal, mas também ameaças a direitos fundamentais, processos políticos, saúde pública, violência baseada em gênero e impactos sobre o bem-estar físico e mental dos indivíduos, entre outros.

Em contraste, o OSA exige que as plataformas avaliem apenas os riscos relacionados ao conteúdo ilegal e ao conteúdo prejudicial às crianças, enquanto as plataformas da Categoria 1 são obrigadas a avaliar adicionalmente os efeitos de suas políticas sobre a privacidade e a liberdade de expressão dos usuários. O OSA também não possui o mecanismo de resposta a crises que existe no DSA, restringindo assim a capacidade da Ofcom de supervisionar diretamente os sistemas de moderação de conteúdo durante períodos críticos.

6. Desafios na implementação e adaptabilidade da lei para lidar com desafios futuros

Dessa forma, a promulgação da lei *Online Safety Act 2023,* após quatro anos de debate, não encerra as discussões sobre a regulação de plataformas no Reino Unido. A estrutura da lei, que exige uma atuação considerável da Ofcom para que as obrigações sejam definidas, juntamente com a inclusão de artigos polêmicos, garante que o debate persistirá. Um dos pontos mais polêmicos, por exemplo, foi a inclusão de uma exigência para que as plataformas usem "tecnologia credenciada" para detectar material de abuso sexual infantil (*child sexual abuse material* - CSAM), dispositivo que gera preocupações sobre o comprometimento da criptografia de ponta a ponta, mas que o governo disse que, por enquanto, não será aplicado.[11]

Há ainda escolhas legislativas que serão testadas com a implementação da lei. Dois aspectos cruciais merecem atenção. O primeiro diz respeito à abordagem regulatória híbrida do OSA, que combina elementos de governança pública e privada, e à compreensão de como isso será colocado em prática. A Ofcom não se envolverá em decisões individuais de verificação ou remoção de conteúdo, deixando uma parte considerável da tarefa de policiamento de conteúdo para as plataformas. Por outro lado, as plataformas não terão mais carta branca para elaboração de seus sistemas de moderação de conteúdo sem qualquer tipo de restrição.

Esse modelo visa garantir que nem o Estado nem as empresas detenham o controle exclusivo sobre o conteúdo online. Ele procura abordar as preocupações sobre a intervenção estatal que afeta os direitos fundamentais dos usuários e, ao mesmo tempo, reconhece que a responsabilização das plataformas é crucial para uma democracia resiliente.

A segunda questão diz respeito à capacidade de adaptação da lei e até que ponto o OSA está equipada para enfrentar os desafios decorrentes da proliferação de novas formas de comunicação. Uma questão crítica continua sendo se o OSA abrange serviços mais recentes, como chatbots de LLM, como o ChatGPT, que não estão explicitamente incluídos nem excluídos.[12] Na Europa, especialistas argumentam que o escopo do DSA precisará ser expandido para abranger os LLMs.[13]

No Reino Unido, o governo sugeriu que certas funções dos chatbots de LLM se enquadram na nova legislação, argumentando que o conteúdo gerado por bots de IA estaria no escopo "quando interage com conteúdo gerado pelo usuário, como no Twitter" e que "os serviços de pesquisa que usam recursos alimentados por IA também estarão no escopo das

11 GUEST, Peter, *Britain Admits Defeat in Controversial Fight to Break Encryption*, **WIRED**, 2023. Disponível em: <https://www.wired.co.uk/article/britain-admits--defeat-in-online-safety-bill-encryption>. Acesso em 30 Out. 2023.

12 HOWARD, Jeffrey; KIRA, Beatriz, *How should we regulate LLM chatbots? Lessons from content moderation*. Disponível em: <https://digi-con.org/how-should-we-regulate-llm-chatbots-lessons-from-content-moderation/>. Acesso em 30 Out. 2023.

13 HACKER, Philipp; ENGEL, Andreas; LIST, Theresa, *Understanding and Regulating ChatGPT, and Other Large Generative AI Models*. Disponível em: <https://verfassungsblog.de/chatgpt/>. Acesso em 30 Out. 2023.

obrigações de pesquisa".[14] No entanto, é incerto se o OSA oferece mecanismos adequados para proteger os usuários, especialmente crianças, de conteúdo potencialmente prejudicial gerado diretamente por esses serviços. Por exemplo, chatbots de conversação usados para apoio emocional ou como espaços para compartilhar pensamentos e sentimentos podem representar riscos significativos para usuários mais vulneráveis, o que pode prejudicar o objetivo principal da nova lei.

Nas palavras do próprio regulador, a rápida adoção da IA generativa mostra que "os setores que a lei incumbe a Ofcom de regular são dinâmicos e de ritmo acelerado", o que significa que a resposta do regulador terá que evoluir constantemente.[15] Resta saber se a abordagem menos prescritiva do OSA proporcionará à lei a flexibilidade necessária para se adaptar aos avanços tecnológicos e se a futura regulação de IA no Reino Unido dará conta dos pontos cegos do OSA.

7. Considerações finais e reflexões para o Brasil

Apesar dos desafios mencionados, é possível concluir que o OSA representa um passo significativo na construção de mecanismos para a supervisão pública das decisões corporativas que influenciam as experiências online dos usuários. A lei britânica estabelece regras que enfatizam a proteção das crianças, a necessidade de normas diferenciadas para protegê-las, obrigações de mitigação da exposição a conteúdo ilícito online, mecanismos que garantem aos usuários certo controle sobre a experiência online e obrigações de respeito à liberdade de expressão e à privacidade dos usuários. O OSA destaca, assim, a natureza pública da comunicação digital e como os espaços e interações possibilitados pelas novas tecnologias devem estar sujeitos a regras de governança estabelecidas democraticamente, e não apenas a regras privadas.[16]

A aprovação da lei britânica, e a existência de instrumentos normativos análogos como o DSA, apontam para uma nova fase na regulação

14 UK GOVERNMENT, *Artificial Intelligence: Safety, Department for Science, Innovation and Technology*, 2023. Disponível em: <https://questions-statements.parliament.uk/written-questions/detail/2023-02-08/hl5570>. Acesso em 30 Out. 2023.

15 OFCOM, *Ofcom's approach to implementing the Online Safety Act*, 2023. Disponível em: <https://www.ofcom.org.uk/__data/assets/pdf_file/0017/270215/10-23-approach-os-implementation.pdf>. Acesso em 30 Out. 2023.

16 ALMEIDA; FILGUEIRAS; DONEDA, The Ecosystem of Digital Content Governance.

de plataformas digitais, e com isso oferece insights valiosos para outras jurisdições que exploram caminhos legislativos semelhantes, inclusive o Brasil. Atualmente, no Brasil, não há uma lei que regula a moderação de conteúdo pelos provedores de conteúdo. O Marco Civil da Internet, Lei 12.965/2014, foi importante marco regulatório que avançou na regulação da internet no Brasil ao estabelecer princípios, garantias, direitos e deveres para o uso da internet no Brasil, mas foi adotado em outro contexto e não abordou essa temática.[17] Especificamente, o artigo 19 estabelece que as plataformas só podem ser responsabilizadas por conteúdo após receberem uma ordem judicial, determinando sua remoção (com exceção de material protegido por direitos autorais e imagens íntimas não consensuais, que estão sujeitas a um mecanismo de aviso e retirada) – dispositivo que tem sido utilizado para bloquear o debate em torno de modelos de governança para plataformas digitais no Brasil.[18] O Projeto de Lei 2630/2020, em discussão no Congresso Nacional no momento da redação deste capítulo, busca mudar esse cenário ao estabelecer obrigações de transparência e mecanismos de responsabilização de plataformas no Brasil, fundamentadas pelo dever de cuidado, mas a sua aprovação ainda é incerta.

A nova lei do Reino Unido evidencia como o debate não termina com a criação de um dever legal de cuidado, sendo, porém, um ponto de partida importante para a construção de mecanismos híbridos de governança democrática da esfera pública digital.[19] De maneira crucial, o OSA e o papel relevante atribuído à Ofcom evidenciam a importância de definir um órgão regulador bem capacitado e com experiência na regulação de temas complexos relacionados às liberdades fundamentais, como a liberdade de expressão.

No Reino Unido, a Ofcom é um regulador de mídia que construiu legitimidade e experiência para regular temas relacionados à liberdade

17 ROSSINI; CRUZ; DONEDA, **The strengths and weaknesses of the Brazilian Internet bill of rights: Examining a human rights framework for the Internet**.

18 KELLER, Clara Iglesias; MENDES, Laura Schertel; FERNANDES, Victor, Moderação de conteúdo em plataformas digitais: caminhos para a regulação no Brasil, *in*: CZYMMECK, Anja; THEMOTEO, Reinaldo J. (Orgs.). **Cem dias de Lula III**, Rio de Janeiro, RJ: Fundação Konrad Adenauer, 2023. Disponível em: <https://www.kas.de/documents/265553/19294631/Ka+Cad+2023-1+web.pdf/c63e6216-6a9e-9017-f32c-1d72565189ba?t=1683831213969>. Acesso em 30 Out. 2023.

19 Sobre a relação entre regulação publica e privada de plataformas, ver ALMEIDA; DONEDA; CORDOVA, Whither Social Media Governance?

de expressão e de acesso à informação ao longo de anos de atuação no setor. O órgão não é apenas um regulador econômico; a Ofcom tem um mandato que vai além da promoção da concorrência, incluindo também o dever estatutário de representar os interesses dos cidadãos e consumidores e proteger o público de material nocivo ou ofensivo. Além disso, mesmo com toda essa experiência, para adquirir novas atribuições e tornar-se também o regulador de plataformas digitais, a Ofcom contou com investimentos na construção de capacidade, incluindo a contratação de profissionais com experiência no setor digital e treinamento.

No Brasil, o debate sobre o desenho institucional e o órgão responsável por fiscalizar e implementar uma futura lei é um dos pontos mais debatidos no PL 2630/2020.[20] No entanto, diferentemente do Reino Unido, não existe no país uma única entidade com experiência e capacidade comparável à Ofcom, que possua a mesma expertise acumulada em regulação de mídia e esteja preparada para lidar com a complexidade das discussões sobre moderação de conteúdo e seu impacto nos direitos fundamentais.

Alguns dos modelos de desenho institucional atualmente em discussão, como a proposta elaborada por uma comissão da Ordem dos Advogados do Brasil (OAB) para a criação de um sistema colegiado, evidenciam a natureza transversal da regulação de plataformas de internet.[21] O desenho institucional proposto pela OAB é tripartite, composto por um conselho de agências reguladoras e membros do executivo, judiciário e legislativo, com o poder de julgar sanções contra as plataformas por descumprimento das grandes obrigações previstas na lei. Além disso, o modelo abre espaço para uma entidade de autorregulação certificada, que auxiliaria as empresas a tomar decisões adequadas em cada caso, e reconhece um papel para o CGI.br (Comitê Gestor da Internet), uma entidade multissetorial encarregada de elaborar estudos e recomendações com respaldo técnico sobre temas de internet.

---

20 KIRA, Beatriz; BRITO CRUZ, Francisco, *Qual o melhor modelo para fiscalizar plataformas digitais?*. Disponível em: <https://www.nexojornal.com.br/ensaio/2023/08/21/Qual-o-melhor-modelo-para-fiscalizar-plataformas-digitais>. Acesso em: 30 Out. 2023.

21 OAB. Ofício Sistema brasileiro de regulação de plataformas. Disponível em: <https://static.poder360.com.br/2023/05/proposta-pl-fake-news-oab.pdf>. Acesso em: 30 Out. 2023.

Em conclusão, a adoção do OSA, após um longo processo legislativo, evidencia os desafios da regulação de plataformas digitais e os múltiplos interesses envolvidos. Apesar da dificuldade em equilibrá-los e em construir uma estrutura regulatória inovadora capaz de lidar com as especificidades da comunicação digital, trata-se de um marco normativo indispensável para promover a proteção de indivíduos e das instituições democráticas.

Lista de Referências

ALMEIDA, Virgilio A.F.; DONEDA, Danilo; CORDOVA, Yasodara. Whither Social Media Governance? **IEEE Internet Computing**, v. 20, n 2, pp. 82–84, 2016.

ALMEIDA, Virgilio; FILGUEIRAS, Fernando; DONEDA, Danilo. The Ecosystem of Digital Content Governance. **IEEE Internet Computing**, v. 25, n. 3, pp. 13–17, 2021.

DEMOS. Voting online: How would the Online Safety Bill affect harms arising from political discourse? Disponível em: <https://demos.co.uk/research/voting-online-how-would-the-online-safety-bill-affect-harms-arising-from-political-discourse/>. Acesso em: 30 out. 2023.

GUEST, Peter. Britain Admits Defeat in Controversial Fight to Break Encryption. **WIRED**, 2023. Disponível em: <https://www.wired.co.uk/article/britain-admits-defeat-in-online-safety-bill-encryption>. Acesso em: 30 out. 2023.

HACKER, Philipp; ENGEL, Andreas; LIST, Theresa. Understanding and Regulating ChatGPT, and Other Large Generative AI Models. **Verfassungsblog**, 2023. Disponível em: <https://verfassungsblog.de/chatgpt/>. Acesso em: 30 out. 2023.

HARBINJA, Edina. The UK's Online Safety Bill: Safe, Harmful, Unworkable? **Verfassungsblog**, 2023. Disponível em: < https://verfassungsblog.de/uk-osb/>. Acesso em: 20 nov. 2023.

HOWARD, Jeffrey; KIRA, Beatriz. How should we regulate LLM chatbots? Lessons from content moderation. **The Digital Constitutionalist**, 2023. Disponível em: <https://digi-con.org/how-should-we-regulate-llm-chatbots-lessons-from-content-moderation/>. Acesso em: 30 out. 2023.

KELLER, Clara Iglesias; MENDES, Laura Schertel; FERNANDES, Victor. Moderação de conteúdo em plataformas digitais: caminhos para a regulação no Brasil. *In*: CZYMMECK, Anja; THEMOTEO, Reinaldo J. (Orgs.). **Cem dias de Lula III**. Rio de Janeiro, RJ: Fundação Konrad Adenauer, 2023. (Cadernos Adenauer).

OFCOM. **Ofcom's approach to implementing the Online Safety Act**. [s.l.: s.n.], 2023. Disponível em: <https://www.ofcom.org.uk/__data/assets/pdf_file/0017/270215/10-23-approach-os-implementation.pdf>. Acesso em: 30 out. 2023.

OPEN RIGHTS GROUP. UK Online Safety Bill will mandate dangerous age verification for much of the web. Disponível em: <https://www.openrightsgroup.org/publications/uk-online-safety-bill-will-mandate-dangerous-age-verification-for-much-of-the-web/>. Acesso em: 30 out. 2023.

ROSSINI, Carolina; CRUZ, Francisco Brito; DONEDA, Danilo. **The strengths and weaknesses of the Brazilian Internet bill of rights: Examining a human rights framework for the Internet**. CIGI, 2015. Disponível em: <https://www.cigionline.org/publications/strengths-and-weaknesses-brazilian-internet-bill-rights-examining-human-rights/>. Acesso em: 6 dez. 2023.

TAMBINI, Damian. The differentiated duty of care: a response to the Online Harms White Paper. **Journal of Media Law**, v. 11, n. 1, pp. 28–40, 2019.

UK GOVERNMENT. **Artificial Intelligence: Safety**. Department for Science, Innovation and Technology, 2023. Disponível em: <https://questions-statements.parliament.uk/written-questions/detail/2023-02-08/hl5570>. Acesso em: 30 out. 2023.

WOODS, Lorna. The duty of care in the Online Harms White Paper. **Journal of Media Law**, v. 11, n. 1, pp. 6–17, 2019.

WOODS, Lorna; PERRIN, William. Online harm reduction – a statutory duty of care and regulator. Carnegie UK Trust. Disponível em: <https://carnegieuktrust.org.uk/publications/online-harm-reduction-a-statutory-duty-of-care-and-regulator/>. Acesso em: 30 out. 2023.

Impactos da inteligência artificial na tutela da liberdade de expressão nas redes sociais: memes e *posts* políticos

Cássio Monteiro Rodrigues[1]

Introdução

Nas últimas décadas, as novas Tecnologias da Informação e Comunicação, comumente chamadas de "TIC's", são representativas de inovações tecnológicas aptas a compartilhar e a distribuir conteúdo, bem como a facilitar a interlocução entre os usuários, tais como *websites*, *e-mail*, redes sociais etc. A sociedade de consumo atual foi extremamente impactada pelo uso crescente das novas tecnologias, principalmente em ambiente digital, com novas formas de organização e interações tecnológicas nunca vistas (talvez apenas em telas de cinema).

A sociedade contemporânea experimenta outra revolução industrial – denominada de Revolução 4.0[2] – que altera totalmente a forma e aquilo que fazemos e produzimos, por meio das novas tecnologias, tais como o *big data*, armazenamento em nuvem, e, especialmente, da inteligência artificial ("IA"), que permite que máquinas e robôs aprendam, coletem e armazenam dados em quantidade impensável, e realizem operações em velocidades impossíveis para o ser humano, apresentando um cenário de possibilidades inimagináveis.[3]

A título ilustrativo, uma pesquisa da PWC[4] afirma que a IA irá impactar a economia mundial, até 2030, em expressivos 15,7 trilhões de

---

1 Doutorando e Mestre em Direito Civil pela Universidade do Estado do Rio de Janeiro (UERJ). Professor Substituto de Direito Civil da Faculdade Nacional de Direito (UFRJ). Advogado.

2 BBC. *O que é a 4ª revolução industrial – e como ela deve afetar as nossas vidas*. Disponível em: [https://www.bbc.com/portuguese/geral-37658309]. Acesso em: 09.09.2023.

3 PORCEL Y GABRIEL, Gabriela. SOUZA, Iasmin Fausto Cavalcanti de. FUMAGALLI, Luis André Wernecke. A economia criativa e a criação de valor compartilhado: o papel destes modelos frente ao atual momento econômico-social. *Revista da FAE*. v. 1, nº 4 (2019), pp. 168-184, p. 174.

4 PWC. *Sizing the prize What's the real value of AI for your business and how can you capitalise?* Disponível em: [https://www.pwc.com/gx/en/issues/data-and-analytics/publications/artificial-intelligence-study.html]. Acesso em: 13.09.2023.

dólares, notadamente pelos aspectos de ganhos de produtividade e aumento da demanda de consumo que a IA proporciona, devido ao constante aprimoramento de produtos e serviços. Em paralelo, na edição de 17 de março de 2011, a revista *Time,* em atenção aos reflexos do avanço tecnológico na economia e mercado de consumo, incluiu a prática do compartilhamento na sua lista das *10 ideias que iriam mudar o mundo.* Quase uma década depois, ao que tudo indica, a previsão não falhou.

Nos últimos anos, ferramentas que se utilizam de IA para capturar dados pessoais dos usuários, a fim de atender diversas demandas humanas, principalmente aquelas voltadas ao lazer e manifestação do pensamento, ganham espaço nos mais variados setores.

Dos diversos problemas jurídicos que podem exsurgir dessa ainda não totalmente explorada forma de tecnologia, chama atenção como se dará a tutela da pessoa no ambiente digital, principalmente no tocante àquelas aplicações de IA que se valem da utilização de imagem do usuário ou de terceiros, ou de dados pessoais sensíveis, diante de casos de manifestação de pensamento produzidas com auxílio dessa tecnologia, muitas das vezes para auxiliar em crítica ou opinião política, como na criação de um meme que se vale da imagem de um político, ou mesmo com base em busca ou análise algorítmica de postagens para realização de controle de informação ou de (supostas) *fake news.*

De certo, é a ponderação concreta dos interesses jurídicos discutidos representará caminho adequado e coerente à ordem constitucional a fim de se identificar a ocorrência ou não de exercício abusivo de liberdade, pois a autonomia privada também não é um valor absoluto[5] e não pode ser exercida de maneira irrestrita, muito menos diante de argumentos de que eventual expressão de pensamento foi criada por uma máquina ou robô.

---

5 PERLINGIERI afirma que "a autonomia privada não é um valor em si e, sobretudo, não representa um princípio subtraído ao controle de sua correspondência e funcionalização ao sistema das normas constitucionais". (*Perfis do direito civil,* Introdução ao Direito Civil Constitucional. Rio de Janeiro: Renovar, p. 277); Ainda, V. TEPEDINO, Gustavo. Notas sobre a função social do contrato. In FACHIN, Luiz Edson; e TEPEDINO, Gustavo (Orgs.). *O direito e o tempo*: embates jurídicos e utopias contemporâneas. Rio de Janeiro: Renovar, 2008, p. 155.

1. Mecanismos de IA nas redes sociais: cuidados com a tutela da personalidade dos usuários

A inteligência artificial é um tema que fascina o ser humano e é abordado em diversas áreas do conhecimento, principalmente em obras de ficção científica.[6] Hoje em dia, é uma tecnologia que se faz presente em diversos aplicativos e programas de uso cotidiano das pessoas, tais como o Google, o Instagram, a Netflix, dentre outros, que nos últimos anos experimentaram grande melhora no fornecimento de seus produtos e serviços devido ao uso da inteligência artificial.

Pode-se atribuir ao surgimento do estudo do tema a Alan Turing, na década de 1950, com sua obra *Computing Machinery and Intelligence,*[7] dando origem ao procedimento até hoje chamando de "Teste de Turing", cujo objetivo é testar a capacidade de um robô ou de uma máquina de se comportar tal como um ser humano (leia-se, pensar como um ser humano).

Pode-se dizer que a inteligência artificial é representada por máquinas que possuem sistemas de inteligência e habilidades necessárias para realizar tarefas que exigem, normalmente, o uso e a aptidão inerentes à inteligência humana.[8] Em descrição mais objetiva, remeteria à capacidade de máquinas ou computadores aprenderem, se comunicarem e tomarem decisões como se humanos fossem. Para Barr & Feigenbaum a inteligência artificial é "a parte da ciência da computação que compreende o projeto de sistemas computacionais que exibam características associadas, quando presentes no comportamento humano, à inteligência".[9]

As máquinas e os computadores dotados de inteligência artificial possuem como missão procurar, compreender e prever padrões ao analisar dados disponíveis, de modo a encontrar os respectivos resultados ou tomar decisões com base neles.[10] Assim, a inteligência artificial é

---

6 Destaca-se, brevemente, os filmes que marcaram época como *"A.I. Artificial Intelligence"* (Steven Spilberg), *"I, Robot"* (Isaac Asimov) e *"O Exterminador do Futuro"* (James Cameron).

7 TURING, Alan M. (1950). Computing machinery and intelligence. *Mind 59* (October). pp. 433-460. Disponível em: [https://philpapers.org/rec/TURCMA]. Acesso em: 13.09.2023.

8 KURZWEIL, Ray. The Age of Intelligent Machines. Cambridge: Mit Press, 1990.

9 BARR, Avron. FEIGENBAUM, Edward A. *The Handbook of artificial intelligence.* v. 1. Front Cover: Addison-Wesley. 1986.

10 ROCHA, Leonel Severo. TACCA, Adriano. Inteligência artificial: reflexos no sistema do direito. Revista do Programa de Pós-Graduação em Direito da UFC. v. 38.2, jul./dez. 2018, pp. 53-68, p.59.

responsável por verdadeira mudança de compreensão e percepção da relação entre o ser humano e a tecnologia, permitindo à raça humana executar tarefas antes nunca imaginadas.

A inteligência artificial possui três grandes áreas: *Machine Learning,*[11] *Deep Learning e Natural Language Processing,* sendo a primeira a mais utilizada em geral, principalmente pelos aplicativos de economia compartilhada, pois é aquela que possibilita que a máquina se desenvolva com aprendizado por meio das experiências próprias em análise de dados, sem que haja programação específica para tanto, ou seja, são computadores ou sistemas capazes de entender e se adaptar aos dados que analisa.[12]

A facilidade e precisão das tomadas de decisões provenientes da inteligência artificial são de grande valia às relações socioeconômicas contemporâneas, mitigando riscos possíveis de prever, pois a quantidade de dados e informações é cada vez maior, sendo impossível de a mente humana processar no tempo necessário. Essa característica sobressai em setores de mercado em que a assimetria de informação é elevada, sendo útil o processamento de dados veloz por algoritmos capazes de simplificar as decisões econômicas, aumentar a eficiência ou "ampliar as possibilidades de monetização de serviços digitais a partir da personalização do conteúdo e do marketing digital", nas palavras de Danilo Doneda et al.[13]

Essas estratégias de personalização do conteúdo e de *marketing* direcionado, somada às técnicas de *data mining* e ao *big data*, podem ser de grande valia às redes sociais na função de monetizar relações com e entre os usuários, permitindo levar ao usuário produtos ou serviços que ele têm buscado, mas que não conseguia encontrar ou sequer sabia que existia.

Para além da utilização publicitária da inteligência artificial, aplicação interessante dessas ferramentas no âmbito digital é feita por conhecida empresa de transporte por aplicativo de mobilidade urbana. A

11 SURDEN, H. Machine Learning and Law. *Washington Law Review.* v. 89, 2014, p. 89. Ainda, MATTHIAS, Andreas. The responsibility gap: ascribing responsibility for the actions of learning automata. *Ethics and Information Technology*, v. 6, issue 3, set. 2004. item 2.

12 ROCHA, Leonel Severo. TACCA, Adriano. *Inteligência artificial*, cit., p. 60.

13 MENDES, Laura Schertel. DONEDA, Danilo. SOUZA, Carlos Affonso Pereira; ANDRADE, Norberto Nuno Gomes de. Considerações iniciais sobre inteligência artificial, ética e autonomia pessoal. *Pensar – Revista De Ciências Jurídicas.* v. 23, pp. 1-17, 2018, p. 4.

plataforma faz utilização de inteligência artificial para o monitoramento do perfil das solicitações de corrida feitas pelo aplicativo e detecta eventuais incidentes durante as corridas, por meio de câmeras de alta definição, além de viabilizar que usuárias mulheres peçam corridas apenas de motoristas do sexo feminino, mapeando horários e trajetos de cada pedido das usuárias, para encontrar motoristas mulheres e bem avaliadas, incrementando a segurança e confiança na contratação da plataforma.[14]

A inteligência artificial possibilita que as redes sociais, em curtíssimo período de tempo, investiguem todos os seus dados e informações na busca de padrões de comportamento e eventos associados a incidentes de segurança, interesses próprios, e o histórico de compra dos usuários, para mapear potenciais consumidores e direcionar links e ofertas específicas que tenham maior suscetibilidade de serem acessadas e aceitas.

Por óbvio, é um método que depende da alimentação de dados pelo próprio usuário e provedor. Apesar do tratamento de dados pessoais dos usuários, essa sistemática visa à proteção e à segurança destes, sejam consumidores ou fornecedores, incentivando cada vez mais as contratações dentro do ambiente digital criado.

Isso chama a atenção para o fato de que o uso das tecnologias de inteligência artificial carrega consigo tanto riscos quanto benefícios.[15] Caberá à rede social respeitar a coleta e tratamento lícito dos dados obtidos de seus usuários, sensíveis ou não, que devem ser limitados à quantidade e finalidade necessárias para o devido incremento da confiança no ambiente digital das plataformas. Para se ter noção do risco do tratamento de dados pelas plataformas de mobilidade urbana, veja-se o exemplo dado por Chiara de Teffé e Anderson Gabriel, no qual a análise contínua dos dados de geolocalização dos usuários pode "facilmente

14 Reportagem disponível em: [https://www.acritica.com/channels/manaus/news/app-de-transporte-investe-em-inteligencia-artificial-para-maior-seguranca-dos-passageiros]. Acesso em: 14.09.2023.

15 "Conquanto passem a atuar sem o aval e, muitas vezes, sem o conhecimento de seus programadores, as ações praticadas pela IA, por óbvio, acarretam repercussões jurídicas e, portanto, demandam soluções de forma premente. Sobretudo no âmbito da Internet, a IA já está presente nos provedores de aplicação de comércio eletrônico, de redes sociais e das principais plataformas de busca e de compartilhamento de dados" (PIRES, Thatiane Cristina Fontão; SILVA, Rafael Peteffi da. A responsabilidade civil pelos atos autônomos da inteligência artificial: notas iniciais sobre a resolução do Parlamento Europeu. *Revista Brasileira de Políticas Públicas*, v. 7, nº 3, dez. 2017, p. 240).

revelar não só a identidade de cada 'ponto anonimizado' do mapa, mas também gostos, rotinas, preferências sexuais e até expor infidelidades conjugais".[16]

Como se sabe, ao proceder à análise de dados, com ou sem o emprego de inteligência artificial, a plataforma de compartilhamento também estará sujeita aos mais variados regimes jurídicos além daquele da proteção de dados (que aguarda, ansiosamente, a entrada em vigor da Lei Geral de Proteção de Dados – Lei nº 13.709/2018),[17] tais como o da responsabilidade civil, da propriedade intelectual, da concorrência desleal e do direito do consumidor, com normativas específicas de proteção da informação, as quais deverá estar atenta para não violar deveres legais que lhes são atribuídos por estas legislações.

Por fim, apesar da ausência de vigência da Lei Geral de Proteção de Dados, deve-se destacar que o ordenamento jurídico brasileiro é voltado para a proteção da pessoa humana, possuindo disposições específicas de tutela da privacidade e dos dados pessoais (em âmbito constitucional e infraconstitucional, podendo-se falar, inclusive, na existência de um princípio autônomo da proteção de dados pessoais,[18] sendo "possível ex-

16 GABRIEL, Anderson de Paiva. TEFFÉ, Chiara Spadaccini de. Ferramentas tecnológicas e controle da pandemia. *JOTA*. Disponível em: [https://www.jota.info/opiniao-e-analise/colunas/juiz-hermes/ferramentas-tecnologicas-e-controle-da-pandemia-14062020]. Acesso em: 14.06.2020. Ainda nesse sentido, vide SCHNEIER, Bruce. Data and Goliath: *The Hidden Battles to Collect Your Data and Control Your World*. Nova Iorque: W. W. Norton & Company, 2016.

17 HOFFMANN-RIEM, Wolfgang. Inteligência Artificial Como Oportunidade para a Regulação Jurídica. *RDU*, Porto Alegre, Volume 16, nº 90, 2019, 11-38, nov-dez 2019, p. 13.

18 Nesse sentido, vale destacar que O Plenário do Supremo Tribunal Federal, em decisão histórica, no âmbito de cinco ações diretas de inconstitucionalidade (ADI nº 6.387, ADI nº 6.388, ADI nº 6.389, ADI nº 6.390 e ADI nº 6393), suspendeu a eficácia da MP nº 954/2020, que prevê o compartilhamento de dados de usuários de telefônicas com o IBGE, para a produção de estatística oficial durante a pandemia do Covid-19. "(...) Significa dizer que a proteção de dados pessoais se constitui, em si mesma, em princípio autônomo, capaz de deflagrar o controle de constitucionalidade. Com tal decisão, reafirma-se no direito brasileiro a urgência na entrada em vigor da Lei nº 13.709/18 (Lei Geral de Proteção de Dados), que proteja a privacidade dos indivíduos, evitando captura, compartilhamentos e transferências desproporcionais de informações por parte do Poder Público e das empresas privadas." (TEPEDINO, Gustavo. Editorial da Revista Brasileira de Direito Civil. *Revista Brasileira de Direito Civil*. v. 24, nº 02, 2020. Disponível em: [https://rbdcivil.ibdcivil.org.br/rbdc/article/view/587/358]. Acesso em: 14.09.2023.)

trair princípios essenciais para a proteção de dados pessoais, que são de observância obrigatória, quais sejam: a minimização dos dados, finalidade, transparência, informação, qualidade dos dados, não discriminação, adequação, prevenção e segurança."[19]

Desse modo, importante que as redes sociais ofereçam tanto aos usuários quanto aos órgãos de fiscalização a transparência necessária para a compreensão do modo de processamento dos dados coletados e a finalidade para a qual são utilizados, de modo a tornar compreensível e minimamente controlável a sua destinação.[20]

Não se ignora que a coleta e tratamento de dados dos usuários é essencial à atividade e melhoramento da experiência do usuário de determinada rede social, sendo indispensável ao seu crescimento perante o público. Contudo, importa ressaltar que a transparência adequada e razoável funcionará não apenas para incremento da confiança na própria rede social, como fará vias de "prestação de contas", auxiliando em eventuais casos de responsabilidade civil,[21] inclusive como prova ou excludente do dever de indenizar.

2. Limites do exercício da liberdade de expressão nas redes sociais

A tendência a uma tutela desmesurada, à outrance, da liberdade de expressão parece ignorar que a garantia de uma liberdade a qualquer preço implica, não raro, a supressão ilegítima de diversas outras liberdades com ela colidentes. Para além das liberdades, por assim dizer, nominadas (como as liberdades de expressão, imprensa, religião e associação), existe um sem-número de liberdades individuais cotidianas, tão ou mais representativas da autonomia privada quanto as primeiras, que,

19 GABRIEL, Anderson de Paiva. TEFFÉ, Chiara Spadaccini de. Ferramentas tecnológicas e controle da pandemia. *JOTA*. Disponível em: [https://www.jota.info/opiniao-e-analise/colunas/juiz-hermes/ferramentas-tecnologicas-e-controle-da-pandemia]. Acesso em: 13.09.2023.

20 HOFFMANN-RIEM, Wolfgang. Inteligência Artificial Como Oportunidade para a Regulação Jurídica, cit., p. 29.

21 Acerca do regime e implicações de responsabilidade civil pelo uso da Inteligência artificial, veja-se, por todos, TEPEDINO, Gustavo; SILVA, Rodrigo da Guia. Desafios da inteligência artificial em matéria de responsabilidade civil. *Revista Brasileira de Direito Civil – RBDCivil*, Belo Horizonte, v. 21, pp. 61-86, jul./set. 2019. Disponível em: [https://rbdcivil.ibdcivil.org.br/rbdc/article/view/465]. Acesso em: 14.09.2023.

na tendência do atual cenário jurisprudencial brasileiro, têm perdido reiteradamente na ponderação em face daquelas. A rigor, como já se observou, o próprio exercício dos direitos da personalidade, tantas vezes sacrificados em nome da liberdade de expressão, são também expressões da autonomia privada – ou, em outros termos, de uma liberdade.[22]

Exemplo eloquente foi fornecido pelo legislador ordinário, por ocasião da edição do Marco Civil da Internet. Como se sabe, o controverso art. 19 do diploma legislativo, que está para ter sua constitucionalidade analisada pelo Supremo Tribunal Federal, impôs uma série de entraves à responsabilização civil dos provedores de internet pela não retirada de conteúdos ofensivos a pedido da vítima.[23]

Afirma-se amplamente que as várias restrições à responsabilização dos provedores, privilegiando a manutenção de eventual conteúdo ofensivo no ar, buscam tutelar a liberdade de expressão do autor do conteúdo.[24] Não se comenta, porém, o cerceamento de autonomia acarretado, na prática, à vítima: a lesão à sua privacidade ou à sua imagem restringe, sem dúvida, não apenas o seu uso das aplicações de internet como, ainda, implica seu afastamento de atividades sociais, profissionais e familiares.

No entanto, esta, como tantas outras liberdades "anônimas", por assim dizer, têm sido suprimidas em nossa ordem jurídica em nome de outras, formalmente reconhecidas e nomeadas, como a liberdade de expressão.[25]

---

22 Ilustrativamente, leciona Maria Celina BODIN DE MORAES a respeito da privacidade: "Dizer que ninguém pode determinar a vida alheia é o mesmo que dizer que só a pessoa tem o poder de se autodeterminar no que se refere à sua vida privada" (Uma aplicação do princípio da liberdade. *Na medida da pessoa humana*: estudos de direito civil constitucional. Rio de Janeiro: Renovar, 2010, pp. 190-191).

23 Registre-se, por oportuno, que se encontram pendentes de apreciação pelo Supremo Tribunal Federal recursos que versam sobre a (in)constitucionalidade do art. 19 do Marco Civil da Internet (RE 1.037.396/SP e RE 1.057.258/RJ).

24 Nesse sentido, SOUZA, Carlos Affonso Pereira de. As cinco faces da proteção à liberdade de expressão no Marco Civil da Internet. In: LUCCA, Newton de; SIMÃO FILHO, Adalberto; LIMA, Cíntia Rosa Pereira de. *Direito & Internet III*. Tomo II: Marco Civil da Internet (Lei nº 12.965/2014). São Paulo: Quartier Latin, 2015. Mencione-se, aliás, que tal linha de raciocínio restou positivada na própria redação do art. 19 do Marco Civil da Internet, que enuncia "o intuito de assegurar a liberdade de expressão e impedir a censura".

25 Crítica formulada originariamente em SOUZA, Eduardo Nunes de. Qual liberdade tutelar na era da opinião irresponsável? Apresentação a QUEIROZ, João Quinelato de. *Responsabilidade civil na rede*: danos e liberdade à luz do marco civil da internet. Rio de Janeiro: Processo, 2019.

Indaga-se: o que autoriza o intérprete a conferir prevalência a priori a certas liberdades em detrimento de outras, se o constituinte não disciplinou nenhuma liberdade específica de modo privilegiado?[26] A prevalência absoluta da liberdade de expressão sobre todos os outros valores do ordenamento parece corresponder a um projeto constitucional diverso daquele pretendido pelo constituinte de 1988. Por que não trazer todas as liberdades em jogo para uma ponderação realizada, comme il faut, à luz dos elementos do caso concreto?[27] Por trás da preferência apriorística à liberdade de expressão se oculta, não raro, uma indevida prevalência das partes mais fortes de certas relações jurídicas, normalmente agentes econômicos de grande porte, que talvez não necessitassem de uma tutela privilegiada.

Em termos simples, cumpre indagar: seria a liberdade de expressão o único interesse da pessoa humana impassível de um controle funcional? E, se negativa a resposta a essa questão, como parece, impende questionar: não são justamente os demais interesses decorrentes da cláusula geral de tutela da pessoa humana os mais relevantes para a valoração, em concreto, do merecimento de tutela do exercício dessa liberdade? Nesse sentido, a hipertrofia da liberdade de expressão em contraposição a outros interesses da pessoa humana não apenas gera uma contradição com o próprio sistema como, ainda, acarreta um indesejável efeito colateral: uma vez que se reconhece a existência de um espaço de prerrogativa tão absoluta quanto a chamada "posição preferencial" da liberdade de expressão, passa-se a querer inserir toda sorte

26 Nesse sentido, "o legislador constituinte não realizou uma ponderação *a priori* em favor de qualquer direito fundamental, e sim direcionou a interpretação e aplicação da norma à condição que garanta a maior tutela à dignidade da pessoa humana. Dessa forma, se uma lei infraconstitucional arbitrar uma colisão de direitos fundamentais de forma rígida e abstrata, ela enfrentará dois relevantes óbices: a unidade da Constituição e a ausência de hierarquia entre os direitos fundamentais, os quais impedem que haja fundamento de validade para preferências atribuídas em caráter geral e permanente" (TEFFÉ, Chiara Spadaccini de; BODIN DE MORAES, Maria Celina. Redes sociais virtuais, privacidade e responsabilidade civil: análise a partir do Marco Civil da Internet. *Pensar*, vol. 22, nº 1. Fortaleza, jan.-abr./2017, p. 115).

27 A doutrina especializada registra que a decisão oriunda da ponderação deve respeitar o núcleo dos direitos fundamentais envolvidos, embora persista controvérsia quanto à existência *a priori* de um núcleo duro e intangível ou a flexibilidade desse núcleo, definido apenas após ponderação em concreto (BARCELLOS, Ana Paula de. *Ponderação, racionalidade e atividade jurisdicional*. Rio de Janeiro: Renovar, 2005, pp. 139-146).

de problema no campo dessa liberdade, convertida em argumento infalível para evitar a (sempre necessária) ponderação de interesses. Nesse diapasão, interesses que muitas vezes dizem respeito mais ao mercado do que a pessoas concretas passam a ser considerados problemas de liberdade de expressão.

Prospectivamente, seria possível até mesmo questionar se a maior parte dos conteúdos ofensivos que podem ensejar a aplicação do art. 19 do Marco Civil da Internet correspondem a efetivas manifestações do direito fundamental à liberdade de expressão. Como se sabe, as redes sociais e os sites de hospedagem de vídeos, talvez os principais campos de aplicação do dispositivo, tornaram-se reinos de manifestações irresponsáveis, veiculando, com frequência, comentários ofensivos, opiniões discriminatórias, conteúdos humilhantes e expressões de ódio.

A falta de amadurecimento da sociedade para o uso de ferramentas ainda historicamente recentes tornou o ambiente virtual e, em especial, a chamada social media uma espécie de dimensão paralela, na qual muitos usuários se comportam de modo agressivo e incivilizado, impensável nos espaços de relações humanas presenciais. Postar, comentar ou responder de modo ofensivo tornou-se um hábito banal para muitos frequentadores de redes sociais, que se sentem confortáveis para tanto em um espaço sem ostensiva regulamentação jurídica e para cuja utilização não há, ainda, regras sociais ou culturais consolidadas.

Os exemplos, se necessários, não são poucos. Recente estudo realizado junto à Universidade de Columbia identificou que cerca de 60% dos links de notícias compartilhados por usuários do Twitter jamais foram abertos: comenta-se e compartilha-se um conteúdo que sequer foi visto, muito menos analisado criticamente pelo usuário.[28] Nesse cenário, tem-se notícia de iniciativas como a do site jornalístico norueguês NRK, que passou a elaborar um questionário curto sobre cada matéria veiculada, que o usuário deve responder para ser autorizado a comentar.[29]

O procedimento, embora rápido (o questionário pode ser respondido em cerca de 15 segundos), visa justamente a evitar comentários maldosos ou totalmente estranhos ao assunto da matéria, bem como

28 GABIELKOV, Maksym; RAMACHANDRAN, Arthi; CHAINTREAU, Augustin; LEGOUT, Arnaud. Social Clicks: What and Who Gets Read on Twitter?. *ACM SIGMETRICS / IFIP Performance 2016*. Antibes Juan-les-Pins, France, jun./2016.

29 O'REILLY, Lara. A news site is making readers take a quiz about its articles before they start ranting in the comment section. *Business Insider*, 2.3.2017.

busca permitir ao usuário um pequeno tempo de reflexão, que já se mostrou suficiente para reduzir drasticamente a incidência de ofensas e manifestações de ódio nos comentários. Em iniciativa similar, a holding Alphabet, à qual se encontra vinculado o Google, tem desenvolvido uma ferramenta voltada especificamente a filtrar comentários "tóxicos" ou ofensivos em plataformas online.[30]

O Google afirma que começará a oferecer às redes sociais uma ferramenta de inteligência artificial projetada para eliminar comentários "incendiários" em seus sites. A ferramenta de programação, chamada Perspective, tem como objetivo ajudar os usuários moderadores, sujeitos que tentam tutelar as discussões em fóruns e chats online, filtrando comentários abusivos de "trolls",[31] que, segundo o Google, podem minar discussões online úteis e promissoras.

Tais notícias, além de revelarem como a inteligência artificial pode auxiliar na construção de um ambiente digital saudável, também indicam uma possibilidade, caso seu uso se dê de maneira impensada, de que algumas manifestações exercidas na rede, a depender de termos e caracteres, ou por tratar de determinado tema, possam ser mapeadas e, quando muito, excluídas sumariamente. O próprio Twitter, agora X, se envolveu em diversos casos de exclusão de perfis (notadamente, de políticos ou de pessoas públicas no geral) ou de posts pelo seu conteúdo político ou por, alegadamente, difundirem desinformação, contado, inclusive, com ferramenta para checagem de fatos de uma postagem e, assim, informar ao usuário se se trata de algo verdadeiro ou deturpado.[32]

Não se discute a utilidade de ferramentas de IA, tais como o Periscope da X, ou outros softwares em desenvolvimento pela Clarifai e Dextro,[33] que identificam conteúdos abusivos ou ilícitos, como vídeos

---

30 GHOSH, Shona. Google's new tool will tell you if you're being an online troll. *Business Insider*, 24.2.2017.

31 Segundo a Wikipedia, "Um trol ou troll, na gíria da Internet, designa uma pessoa cujo comportamento tende sistematicamente a desestabilizar uma discussão e a provocar e enfurecer as pessoas nela envolvidas."; Sobre a prática, vide as seguintes matérias explicativas: (i) https://www.tecmundo.com.br/1730-o-que-e-trolll-.htm; e (ii) https://www.techtudo.com.br/noticias/2013/06/o-que-sao-trolls-e-o--que-e-trollagem.ghtml. Acesso em 30.09.2023.

32 https://help.twitter.com/pt/resources/addressing-misleading-info. Acesso em 30.09.2023.

33 "Empresas como Clarifai e Dextro também têm feito grandes avanços no desenvolvimento destes programas sofisticados. Dextro, uma startup sediada em Nova

que reproduzam, até mesmo ao vivo, a prática de crimes ou divulguem nudez. Contudo, a expansão do uso de tais ferramentas de IA para controle de postagens (sejam no formato de vídeo ou de texto), de maneira pouco criteriosa, pode acender o alerta para o debate de como resguardar a liberdade de expressão do usuário frente a tal avanço tecnológico – e como os usuários da IA deverão lidar com isso, principalmente no tocante a definição do que deve ou não deve ser excluído, ou seja, tirado do ar.

Nesse contexto, vale perguntar: faz sentido equiparar comentários e postagens em redes sociais a obras artísticas, notícias jornalísticas, produções literárias, manifestações políticas ou qualquer forma tradicional de veiculação de ideias ou opiniões? Ao que tudo indica, está-se diante de um fenômeno novo, de um novo fórum de atuação humana, e talvez fosse recomendável dispensar a tais hipóteses uma tutela de ordem diversa. Evitar-se-ia, assim, associar o direito fundamental à liberdade de expressão, cuja tutela foi consagrada pelo constituinte, a um duvidoso "direito fundamental de postar e

York, usa uma inteligência artificial capaz de fazer o reconhecimento de vídeos para fazer facilmente buscas pelo conteúdo transmitido ao vivo. Neste momento, o programa não busca por conteúdo inapropriado – sua missão é procurar vídeos que possam ser interessantes e relevantes para a marca de uma companhia. Mas a mesma tecnologia ou softwares semelhantes podem ser usados para banir imagens pornográficas ou violentas. O co-fundador da Dextro, David Luan, afirma que o desafio é criar um programa capaz de interpretar não só imagens estáticas, mas aquelas em movimento, além de áudio e outras coisas que ajudam a demonstrar o que está acontecendo no vídeo. "É quase como tentar recriar a experiência humana de assistir a esses vídeos", afirma Luan. Companhias tradicionalmente recorrem a palavras-chave (tags, no termo em inglês) para indicar a um sistema de computador a natureza do vídeo, mas Luan lembra que reduzir o significado de um vídeo a alguns poucos termos não necessariamente captura todo o escopo do conteúdo. O software da Dextro pode reconhecer objetos e outros elementos significativos em um frame sem a necessidade de intervenção humana, como uma arma em um vídeo potencialmente violento. E a velocidade da inteligência artificial responsável por reconhecimento é uma "mão na roda" para os analistas humanos. O programa da startup pode analisar um vídeo a menos de 300 milissegundos da postagem." https://www.gazetadopovo.com.br/economia/inteligencia-artificial/facebook-e-twitter-vao-usar-programas-para-tirar-videos-do-ar-57angavj3fzp0i8kgfjhusu8f/. Acesso em 30.09.2023.

comentar", cujo reconhecimento, neste momento histórico, ainda parece bastante frágil.[34]

Mais do que isso, em um momento tão politicamente conturbado do país e do mundo, no qual a liberdade de imprensa (até pouco tempo considerada uma conquista definitiva e consolidada em nossa ordem jurídica)[35] tem sido perigosamente questionada, associar a tutela da livre expressão e informação à disciplina jurídica de postagens e comentários em redes sociais, na maior parte dos casos, parece apenas debilitar e banalizar o próprio argumento da liberdade.

Parece, de fato, haver um razoável espaço de certeza acerca das manifestações mais corriqueiras de usuários em redes sociais – sobretudo quando certa manifestação, dirigida diretamente contra um indivíduo, não envolve agentes públicos ou questões ideológicas ou partidárias e atinge a dignidade de pessoas específicas –, em que não se afigura jus-

34 Sobre o conceito contemporâneo de direitos fundamentais, vale lembrar a sempre imprescindível lição de Stefano RODOTÀ, que esclarece tratar-se de direitos que "*individuano un fondamento del sistema politico-istituzionale, un insieme di fini non negoziabili né tra le forze politiche,* [...] *né da parte delle persone titolari di tali diritti, che non possono ridurne la portata neppure se reputano che ciò sia conforme a un loro interesse*". Os direitos fundamentais, assim, pertencem a uma área de *indecidibilità*. Prossegue o autor: "*La ricostruzione di un fine del diritto intorno ai diritti fondamentali si presenta così come una guida quotidiana, come un test permanente al quale sottoporre anzitutto le scelte giuridicamente rilevanti.* [...] *Il diritto, non più vuoto di fini, ma strettamente vincolato a un sistema di valori, dunque in grado di offrire una guida pur per le scelte tecnologiche*". Não se pense, porém, que essa concepção transforma os direitos fundamentais em uma categoria imutável, uma espécie de "*fine della storia*". Ao contrário, "*il sistema dei diritti fondamentali deve divenire parte della realtà e rimanere parte della vicenda storica, in una continua costruzione*" (*La vita e le regole*. Roma: La Feltrinelli, 2012, pp. 36-37).

35 Parece mesmo surpreendente que, no início dos anos 1990, Norberto BOBBIO tenha proclamado, no magnífico ensaio intitulado "Presente e futuro dos direitos do homem", "que o problema grave de nosso tempo, com relação aos direitos do homem, não era mais o de fundamentá-los, e sim o de protegê-los" (*A era dos direitos*. Rio de Janeiro: Elsevier, 2004, p. 17). O momento mundial atual parece, por vezes, pôr em xeque a acalentadora crença na natureza inegociável dos direitos fundamentais – mas, talvez, na realidade, apenas confirme a constatação da premente de protegê-los, já que, como lecionava BOBBIO, "nos encontramos aqui numa estrada desconhecida; e, além do mais, numa estrada pela qual trafegam, na maioria dos casos, dois tipos de caminhantes, os que enxergam com clareza mas têm os pés presos, e os que poderiam ter os pés livres mas têm os olhos vendados" (Ibid., p. 22).

tificável a impossibilidade de responsabilização do provedor pelo longo período de espera, verdadeira tortura para a vítima, até que se obtenha uma ordem judicial de remoção, conforme preceitua o art. 19 do Marco Civil da Internet.

Por outro lado, evidentemente, sempre haverá zonas gríseas na qualificação de certos conteúdos digitais como exercícios efetivos de liberdade de expressão nas redes sociais, a demandarem um tratamento particular e ainda mais cauteloso, mesmo que, porventura, sua identificação se torne – e se tornará – mais facilitada pelo uso de ferramentas de IA.

Particularmente nesse contexto se situam alguns desafios atuais, sobretudo em hipóteses fáticas nas quais a opinião sob exame – considerada ilegítima pela plataforma ou por parcela de seus usuários – traduz, a bem da verdade, autêntica convicção política do seu emissor. O dilema se torna ainda mais sensível quando tal opinião é manifestada na rede social por um líder político, titular ou não de cargo público, ou mesmo quando um usuário cria um meme com a imagem de uma pessoa pública, notadamente com o intuito de satirizar ou expor manifestação política legítima por meio da arte.

Como se sabe, no que tange a embates políticos, muito já se criticou sobre os problemas em se conceder a qualquer pessoa (ou mesmo a um robô de inteligência artificial) o poder de realizar a retirada de conteúdos online, ainda que por curtos lapsos temporais, suficientes para influenciar decisivamente a opinião pública (fala-se, por exemplo, no chamado *chilling effect*).

O problema se agrava quando, em vez de se examinar o poder diluído entre a comunidade de usuários, passa-se a focar a atenção no poder concentrado – e tendencialmente ilimitado (ao menos, no que tange a aspectos tecnológicos) – das próprias redes sociais. Trata-se de questão que merece atenção redobrada da doutrina, a fim de que se logre desenvolver critérios idôneos à valoração da legitimidade da conduta da plataforma vis à vis da devida investigação das potencialidades e limites da liberdade de expressão quando estiver em jogo o respeito ao valor da democracia.

3. Fenômenos contemporâneos das redes sociais e a tutela da personalidade dos usuários: casos de memes imagéticos e de manifestações políticas em postagens

A indicação de algumas situações concretas ilustra bem a importância da reflexão ora propugnada, bem como suscita o reconhecimento de alguns possíveis critérios para o equacionamento da questão. Em um primeiro grupo de casos, pense-se na hipótese fática em que certo agente político – em especial, se titular de cargo público –, insatisfeito com mensagens publicadas na sua conta em certa rede social, decide bloquear o acesso de alguns cidadãos à sua conta, em que pese tratar-se de perfil público e, portanto, em regra, acessível pela generalidade dos usuários da plataforma. Coloca-se, então, o questionamento: tal conduta poderia ser considerada um instrumento legítimo de repressão a um exercício alegadamente ilegítimo da liberdade de expressão dos usuários críticos ao agente político titular da conta?

A realidade contemporânea revela um sem-número de exemplos práticos, muitos dos quais ensejaram o ajuizamento de ações pendentes de apreciação pelos Tribunais pátrios. Por exemplo, o jornalista William de Lucca teve o seu perfil no Twitter bloqueado pelo Presidente da República (i.e., foi impedido de acessar a conta do Presidente da República) após publicar comentário crítico à atuação presidencial.[36] Situação similar se verificou com o advogado Leonardo Medeiros de Magalhães, que igualmente teve bloqueado o seu acesso à conta do Presidente da República no Instagram após registrar comentário crítico em resposta a uma postagem.[37]

Os casos concretos se espraiam para além das fronteiras restritas da Presidência da República. Por exemplo, a antropóloga Débora Diniz teve o seu perfil no Twitter bloqueado pelo Ministro da Educação após publicar comentário crítico à atuação do líder da referida pasta ministerial.[38]

---

36 Conforme relato contido na petição inicial da ação movida pelo jornalista (STF, MS 36.666/DF), o bloqueio teria sido uma represália ao seguinte comentário: "Pra alguém que presta continência a bandeira de outro país, que diz que os americanos deveriam vir tomar posse da Amazônia e que tem uma política externa subserviente aos interesses dos estadunidenses, você está bem preocupado com 'interesses externos', né?".

37 Conforme relato contido na petição inicial da ação movida pelo advogado (STF, MS 37.132/DF), o bloqueio teria sido uma represália aos comentários no sentido de que o Presidente da República "queria e quer, sim, intervir na Polícia judiciária Federal para interesse próprio e de seus filhos, o que por si só é um absurdo".

38 Conforme relato contido na petição inicial da ação movida pela antropóloga (STJ, MS 25.290/DF), o bloqueio teria sido uma represália aos seguintes comentários: "Se o Ministro da Educação não conhece o Código de Conduta da Administração Federal, essa será uma oportunidade de ler para aprender como se comporta um representante do Estado. Twitter não é reunião de confraria onde se falam impropérios, mas esfera pública para a democracia"; "Ministro, isso se chama balbúrdia. Dada sua idade, balbúrdia colegial, de meninos no pátio da escola. No seu caso, há mais do que falta de modos, há desrespeito à liturgia do cargo".

Em outro caso, o advogado Giovani dos Santos Ravagnani teve o seu perfil bloqueado no Instagram pela Agência Nacional de Transportes Terrestres (ANTT) após publicar comentários críticos a agentes públicos da referida agência reguladora.[39]

Como sói acontecer em situações tão complexas, parece possível cogitar de critérios favoráveis e contrários a cada uma das pretensões conflitantes. Por um lado, poder-se-ia supor que o caráter aparentemente não oficial da conta na rede social justificaria um entendimento no sentido da plena liberdade do titular do perfil para determinar os usuários aptos a acessar o conteúdo por ele produzido. Por outro lado, a análise atenta das circunstâncias do caso concreto pode vir a revelar que, a despeito do caráter supostamente não oficial, é possível – e cada vez mais comum – que a conta seja utilizada pelo agente político como autêntico mecanismo de veiculação de comunicados oficiais à população em geral, o que sinalizaria para a impossibilidade de bloqueio de usuários por mera divergência política.

Diante de hipóteses em que o perfil na rede social é utilizado por agente público como instrumento para o exercício de autêntica função política, tem-se difundido o entendimento de que "a atuação em rede social de acesso público, na qual veiculado conteúdo de interesse geral por meio de perfil identificado com o cargo ocupado (...) revela ato administrativo praticado no exercício do Poder Público", raciocínio com base no qual o Min. Marco Aurélio concluiu, ao apreciar um caso concreto de bloqueio de usuário, que "não cabe, ao Presidente da República, avocar o papel de censor de declarações em mídia social, bloqueando o perfil do impetrante, no que revela precedente perigoso".[40]

Segundo se argumentou na ocasião, as redes sociais constituiriam as praças públicas da realidade contemporânea, a justificar redobrada cautela ao se cogitar de eventual limitação à liberdade de

39 A ação tramita perante a Justiça Federal da 1ª Região (TRF1, processo nº. 1058557-79.2020.4.01.3400).

40 STF, MS 37.132/DF, Rel. Min. Marco Aurélio, voto proferido em 13.11.2020. Disponível em: <https://www.conjur.com.br/>. Acesso em 17.09.2023).

expressão.[41] Por outro lado, não se pode ignorar que o bloqueio do perfil de um usuário por outro não equivale à supressão completa da manifestação de opiniões do bloqueado naquela específica rede social, que poderá continuar a exprimir suas opiniões em seu próprio perfil, simplesmente ficando impedido de comentar as postagens de quem realiza o bloqueio.

Em um segundo grupo de casos, pense-se na hipótese fática, por assim dizer, "inversa", em que um agente político – em especial, uma vez mais, se titular de cargo público –, após publicar postagens com conteúdo considerado impróprio pela rede social, vem a ter a referida postagem ou mesmo seu inteiro perfil bloqueado temporariamente (quiçá excluído) por iniciativa da plataforma. O exemplo reveste-se de contornos mais drásticos, já que, neste caso, a repressão é feita pela própria plataforma, implicando uma restrição mais severa (por vezes completa) das manifestações do usuário naquela rede; além disso, o usuário bloqueado em questão é quem exerce uma função pública, a qual pode vir a ser, em maior ou menor medida, obstada ou prejudicada com o bloqueio. Renova-se, então, o questionamento: tal espécie de conduta poderia ser considerada um instrumento legítimo de repressão a um exercício alegadamente ilegítimo da liberdade de expressão do usuário que se manifesta na qualidade de agente político?

A atualidade e a premência dessa reflexão são confirmadas por algumas situações concretas verificadas tanto na experiência nacional quanto na experiência estrangeira. Por exemplo, repercutiu em todo o mundo a decisão do Twitter no sentido de bloquear temporariamente, em janeiro de 2021, a conta do então Presidente dos Estados Unidos da América em razão de postagens que, segundo

41 Assim se manifestou a Min. Cármen Lúcia ao votar no âmbito do MS 36.666/DF (ainda pendente de julgamento final): "A questão é nova e põe-se pela transformação dos meios de comunicação social. Por ela se promove, de um lado, a democratização pelos instrumentos tecnológicos postos à disposição das pessoas, que mune todos e cada qual dos cidadãos de voz e vez na participação política direta, possibilitada pelo uso de ferramentas das 'redes sociais'. De outro lado, inventada a praça virtual tecnológica, há que se transferir a esse espaço virtual o reconhecimento de que 'a praça é do povo'. Não há como cercear ou limitar o acesso de um a outro que nela se tenha resolvido acessar" (STF, MS 36.666/DF, Rel. Min. Cármen Lúcia, voto proferido em 27.11.2020. Disponível em: <https://images.jota.info/ >. Acesso em 17.09.2023).

compreendeu a rede social, teriam induzido ou estimulado a invasão do prédio do Capitólio por manifestantes que não reconheciam a legitimidade das eleições presidenciais de 2020.[42] Também na Alemanha verificou-se situação similar quando o Facebook e o Twitter bloquearam temporariamente a Deputada Beatrix von Storch, integrante do partido nacionalista Alternativa para a Alemanha (tradução livre de Alternative für Deutschland – AfD), em razão de a parlamentar ter criticado a polícia de Colônia por publicar um tweet de felicitação de Ano Novo em árabe.[43]

A realidade brasileira não passa imune a esse fenômeno. Ilustram tal circunstância as sucessivas intervenções do Twitter sobre postagens publicadas pelo Presidente da República em relação à pandemia da COVID-19. A plataforma adotou medidas como exclusão de algumas publicações do Presidente da República[44] e, mais recentemente, a inclusão de uma mensagem de advertência sobre certas postagens,[45] em ambos os casos sob a alegação de que o conteúdo ali veiculado teria violado as regras e políticas de uso da rede social. Em muitas hipóteses, a tênue distinção, em concreto, entre opiniões e informações inverídicas acrescentou um elemento a mais de complexidade ao debate, na medida em que se questionou a possível veiculação de fake news pelo próprio

---

42 Ao propósito, remete-se à análise de SCHREIBER, Anderson. Twitter bloqueia Trump: há limites para a liberdade de expressão?. *O Globo*, 8.1.2021. V., ainda, MARTINS, Guilherme Magalhães; LONGHI, João Victor Rozatti. Liberdade de expressão e redes sociais: a que ponto chegaremos?. *Consultor Jurídico*, 13.1.2021.

43 Assim teria se pronunciado a congressista: "Vocês acham que isto irá apaziguar as hordas bárbaras e violentas de homens muçulmanos?". Nesse sentido relata, em análise crítica à luz da teoria da comunicação, ANJOS, Júlia Cavalcanti Versiani dos. *Megeras (in)domadas*: discurso de ódio antifeminista nas redes sociais. Dissertação de Mestrado. Universidade Federal do Rio de Janeiro. Rio de Janeiro, 2019, pp. 18 e ss.

44 Notícia relatada em: Twitter apaga publicações de Jair Bolsonaro por violarem regras da rede. *G1*, 29.3.2020. Disponível em: <https://g1.globo.com/>. Acesso em 17.09.2023.

45 Notícia relatada em: Twitter diz que post de Bolsonaro sobre "tratamento precoce" da Covid viola regras da plataforma, mas mantém a mensagem no ar. *G1*, 15.1.2021. Disponível em: <https://g1.globo.com/>. Acesso em 17.1.2021. Prática semelhante foi implementada pelo Twitter em relação a algumas postagens dos Deputados Federais Carla Zambelli e Daniel Silveira (Depois de alerta em publicação de Bolsonaro, Twitter notifica post de Carla Zambelli e Daniel Silveira. *G1*, 16.1.2021. Disponível em: <https://g1.globo.com/>. Acesso em 17.1.2021).

Presidente – ou, ao menos, de convicções pessoais deste que poderiam ser interpretadas como notícias stricto sensu pelo grande público.

As reflexões suscitadas por ambos os grupos de casos indicados acima conduzem ao reconhecimento de que a preservação do próprio Estado Democrático de Direito (a rigor, um corolário ou, ao menos, um pressuposto para a garantia da dignidade humana como valor máximo do ordenamento brasileiro)[46] constitui um dos valores que, cuidadosamente levados em consideração no processo de ponderação, pode sinalizar para a necessidade de maior deferência à liberdade de expressão. Tal fundamento pode vir a sinalizar, à luz do caso concreto, tanto em favor da tutela da liberdade de expressão de particulares quanto de agentes políticos, uma vez que, como visto acima, o imperativo de tutela desse valor pode, de um lado, demonstrar a eventual ilegitimidade da conduta do agente político que bloqueia o acesso de cidadãos à sua conta utilizada para fins públicos, e, de outro lado, demonstrar a possível irregularidade da conduta da rede social que bloqueia a conta de agentes políticos.

O reconhecimento da importância da promoção da democracia para a garantia da dignidade humana constitui, assim, passo importante na contínua busca por critérios idôneos a nortear a árdua tarefa de se valorar, à luz das circunstâncias de cada caso, a legitimidade do concreto exercício da liberdade de expressão. Não se trata de afirmar-se, por via transversa, um inadequado caráter absoluto ou preferencial da liberdade de expressão no contexto das manifestações de cunho político, mas tão somente de reconhecer que o caráter político da opinião e

46 De fato, a construção coletiva de mecanismos de promoção e acesso à verdade considera-se cada vez mais imprescindível tanto à preservação do regime democrático quanto à garantia dos direitos fundamentais da pessoa, a evidenciar a íntima relação entre democracia e dignidade humana. A respeito, leciona Stefano RODOTÀ: "A obrigação de verdade por parte das instituições torna-se direito de informação na perspectiva dos cidadãos. No art. 19 da Declaração Universal dos Direitos Humanos da ONU afirma-se que 'cada indivíduo tem direito de buscar, receber e difundir informações e ideias por todos os meios e independentemente de fronteiras'. Este direito individual à investigação da verdade por meio de informações esclarece bem qual seja o significado da verdade nas sociedades democráticas, que se apresenta como o resultado de um processo aberto de conhecimento, que o distancia radicalmente daquela produção de verdade oficial, típica do absolutismo político, que quer na verdade excluir a discussão, o confronto, a expressão de opiniões divergentes, as posições minoritárias" (RODOTÀ, Stefano. O direito à verdade. Trad. Maria Celina Bodin de Moraes e Fernanda Nunes Barbosa. *Civilistica.com*. Rio de Janeiro, a. 2, nº 3, jul.-set./2013, pp. 15-16).

o interesse público à informação verídica devem ser levados em consideração como relevantes fatores na ponderação. Tais elementos hão de ser acompanhados, por certo, de outros fatores relevantes que podem, a depender das circunstâncias de cada caso concreto, conduzir ao reconhecimento da necessidade de limites à liberdade de expressão, de que constituem bons exemplos os critérios paulatinamente desenvolvidos para a repressão ao discurso de ódio e às *fake news*, bem como a vedação constitucional ao anonimato.

Em uma palavra, o interesse público na atuação de um agente político em redes sociais, se, por um lado, confere maior peso à necessidade de tutela da sua liberdade, por outro, demanda maior responsabilidade e compromisso com a verdade[47] desse agente em relação à comunidade de usuários. De fato, se talvez não seja correto afirmar que todo cidadão teria um direito fundamental e inalienável a postar e comentar o que bem entender em redes sociais (ou, ao menos, se for necessário reconhecer que essa prerrogativa constitui um fenômeno novo, não plenamente abrangido pela garantia constitucional à liberdade de expressão), de outra parte não há dúvidas quanto à necessidade de se garantir o direito fundamental do cidadão a ter acesso a informações de interesse público, notadamente aquelas emanadas de autoridades e agentes políticos, bem como o de que tais informações preservem seu compromisso com a veracidade – uma verdade coletiva e democraticamente construída.

47 Vale reproduzir, ainda uma vez, a lição de Stefano RODOTÀ: "Na democracia, a verdade é filha da transparência. Como já foi recordado, Louis Brandeis escreveu que "a luz do sol é o melhor desinfetante". Avalie-se como se quiser esta informação, mas é certo que cada mobilização de luta contra a corrupção, cada ação voltada para o controle de legalidade das ações individuais e coletivas exige, como condição preliminar, a criação de um ambiente dentro do qual não existam barreiras protetivas ao abrigo das quais a possibilidade do segredo favoreça a fraude. Mas até que ponto a irrenunciável transparência sobre a vertente pública pode se transformar para qualquer cidadão em uma obrigação absoluta de verdade, em um dever de desnudar-se em público? Aqui as respostas são diversas conforme os papéis sociais, e estamos diante de novos entrelaçamentos, como aqueles entre verdade e confiança. [...] É a importância que, gradualmente, vêm assumindo as figuras públicas que faz com que seus comportamentos devam ser acompanhados de menor "expectativa de privacidade", [...] estabelecendo, assim, a premissa de que todos os cidadãos estejam em condições de dispor de todas as informações necessárias para aferir se aquele dever foi respeitado" (RODOTÀ, Stefano. O direito à verdade, cit., p. 17).

Essa perspectiva também se observa quando falamos de manifestações de pensamento, inclusive político, por meio do fenômeno dos memes.[48] De um lado, os memes são apresentados conceitualmente como fenômeno humano: ideias ou comportamentos replicados através de gerações; de outro, aparecem como artefatos empíricos, conteúdos midiaticamente articulados, produzidos e circulados na Internet.[49] Importa-nos, nesse viés, mais a diretriz com suporte nas redes sociais *online,* definidos justamente como um acervo de conteúdos que, ao se espalharem, ganham versões diversas, tendo o seu significado alterado e/ou reapropriado, a depender de um repertório cultural extraído das relações sociais, memórias, referências históricas, econômicas e aspectos conjunturais específicos.

Próprios do universo das comunidades virtuais, os memes são comumente compreendidos como conteúdos efêmeros, vulgarmente encarados como "besteirol" ou "cultura inútil", fruto da utilização, em regra, da linguagem do humor, termos que não os reconhecem na plenitude de seu valor cultural, manifestações características da Internet, mas capazes de influenciar inclusive os meios de comunicação mais tradicionais. Outrossim, muitas das vezes mesmo sem o apelo ao risível, funcionam como instrumento publicitário, de engajamento político-social, de atuação popular para grupos militantes e charges políticas, inclusive como termômetros eleitorais, ou seja, ferramenta legítima de manifestação da liberdade de expressão e de opinião forjada nos tempos atuais e que pode aproximar o cidadão de temas essenciais da sociedade.[50]

---

48 Sobre o conceito de memes, permita-se referir a: (i) RODRIGUES, C. M.; BRAINER ANDRE, Diego. Memes e direito autoral: da superação da lógica proprietária à tutela do elemento cultural. In: Anderson Schreiber; Bruno Terra de Moraes; Chiara Spadaccini de Teffé. (Org.). *Direito e Mídia*: tecnologia e liberdade de expressão. 1ed.: , 2020, v. 1, pp. 125-146; e (ii) RODRIGUES, Cássio Monteiro; BRAINER ANDRE, Diego. Memes imagéticos e 'pessoas públicas': um exame funcional e de merecimento de tutela. In: Maria Celina Bodin de Moraes; Caitlin Mulholland. (Org.). *Privacidade hoje*: Anais do I Seminário de Direito Civil da PUC-Rio. 1ed. Rio de Janeiro: Independent Publisher, 2018, pp. 252-282.

49 Sobre a segunda acepção indicam-se os estudos do professor de estudos culturais e mídias Viktor Chagas, inspirada na construção de Limor Shifman, notadamente de sua obra apresentada no Intercom, obtida no link: http://portalintercom.org.br/anais/nacional2015/resumos/R10-3314-1.pdf. Acesso em 17.09.2023.

50 A importância do meme pode ser vislumbrada em vários nichos, a despeito de também necessitar de certa problematização. Aplicado à política e às campanhas eleitorais, como exemplo, verifica-se uma ênfase dada às estratégias de cativação

Interessa aos fins deste trabalho a análise exclusiva dos memes imagéticos, de modo que o ponto fulcral no tocante ao direito civil perpassa tanto o direito autoral[51] quanto o direito de imagem. Acontece que os memes, especialmente os difundidos na Internet, e agora criados por técnicas de IA com maior facilidade e velocidade,[52] costumam se utilizar de obras de alguém ou da imagem de pessoas, fundamentalmente associando esses dois elementos (obras e imagens) com outros conteúdos, utilizando-se do humor ou não.

Destaca-se, inicialmente, nada obstante ainda desconhecidas as razões que fazem com que um conteúdo viralize, à evidência, ganham maior notoriedade os memes que se valem da figura de pessoas que exerçam função pública ou sejam, de modo geral, famosas,[53] uma vez que

do eleitorado com as novas dinâmicas interativas, incluindo os memes. Sobre o tema, amplo estudo objeto de dissertação de mestrado na Uerj, do PPGD da Faculdade de Comunicação Social, foi realizado pela professora Fernanda Freire, com o título *ELEIÇÕES DA ZUEIRA*: *Memes, humor e política nas eleições presidenciais de 2014.* Ver em: https://figshare.com/articles/Elei_es_da_Zueira_memes_humor_e_pol_tica_nas_elei_es_presidenciais_de_2014/5221411. A respeito dos memes como objeto de ação popular, remete-se ao texto da mesma autora: http://www.museudememes.com.br/meu amigosecreto. A título de curiosidade, ainda, reporta-se à matéria sobre a profissão de gerenciador de memes nos EUA: https://www.tecmundo.com.br/curiosidade/22401-gerenciar-memes-vira-profissao-lucrativa-nos-eua.htm. Todos os acessos em 17.09.2023.

51 Aponta-se que o escopo do presente trabalho não é a relação entre a criação de memes e suas qualificações e implicações de direito autoral, mas sim entre o meme e a imagem da figura retratada, estando adstrito ao seu merecimento de tutela funcionalizada ao combate do abuso da liberdade de expressão e de informar que podem deles surgir. A temática dos memes em cotejo com o direito autoral será objeto de trabalho específico pelos presentes autores, a ser oportunamente divulgado pelos meios de publicação acadêmicos, eis que demanda análise criteriosa específica.

52 https://www.mundoconectado.com.br/noticias/inteligencia-artificial-cria-memes-sozinha-e-ate-que-sao-engracados/. Acesso em 30.09.2023.

53 SILVA JUNIOR, Alcides Leopoldo e. *A pessoa pública e o seu direito de imagem: políticos, artistas, modelos, personagens históricos...* São Paulo: Juarez de Oliveira, 2002, p.89. Define pessoa pública como "*aquela que se dedica à vida pública ou que a ela está ligada, ou exerce cargos políticos, ou cuja atuação dependa do sufrágio popular ou do reconhecimento das pessoas ou a elas é voltado, ainda que para entretenimento ou lazer, mesmo que sem objetivo de lucro ou com caráter eminentemente social, como são por exemplo, os políticos, artistas, modelos e outras pessoas notórias.*"; *vide* também a lição de Enéas Garcia que "pessoa pública é toda aquela que, devido à

naturalmente despertam interesse na maioria dos usuários da rede e produzem maior compartilhamento. Isso, porém, não significa que, por causa dessa vinculação entre a pessoa pública e a exposição de sua imagem, seus direitos da personalidade podem ser lesados por mera curiosidade ou sensacionalismo de expor a intimidade da pessoa retratada.[54]

Tal como no caso das postagens de políticos ou famosos, aqui o critério de proteção também comporta relativização[55], no limite da atividade exercida pela pessoa pública, pois o que lhe é estranho não pode ser, a princípio, de interesse público, de modo a ceder apenas caso haja real interesse social atrelado à veiculação da imagem ou notícia, sem chance de exposição irrestrita.

É nesse contexto que ganham especial destaque as facetas da imagem potencialmente violadas pelo fenômeno dos memes, tipicamente levados a efeito por meio de apropriações e ressignificações de imagens. E quais seriam os parâmetros para a tutela da imagem da pessoa pública retratada em um meme? Há que se falar em maior flexibilização da proteção da imagem e privacidade? Não poderia ser diferente com o fenômeno dos memes, que, como já enfatizado, por um lado não podem ser tornados ilícitos, mas, por outro, não implicam em abdicação da pro-

---

sua atividade ou fatos marcantes de sua vida, passa a desfrutar de notoriedade, despertando a atenção generalizada do público, sofrendo uma limitação ao seu direito à vida privada.", *in* GARCIA, Enéas Costa. *Responsabilidade civil dos meios de comunicação.* São Paulo: Juarez de Oliveira, 2002.

---

54 Relembre-se o notório caso da modelo Daniela Cicarelli, que teve vídeo íntimo seu divulgado amplamente pela mídia, em famosa praia espanhola. Frise-se, assim, a decisão do TJSP ao julgar o agravo nº 472.738-4 e reafirmar a proteção da imagem e privacidade da autora, inclusive ao destacar (i) a tutela desses direitos pela CRFB/88 e pelo Código Civil e (ii) a ausência de consentimento do casal quando da captura do vídeo e (iii) não haver interesse público na divulgação, realizada em clara ofensa à privacidade e honra do casal.

55 Ainda quanto à relativização, destaque-se a importância de se preservar a esfera da intimidade do retratado e sua confidencialidade, conforme ressalta Carlos Alberto Bittar: "*Excepciona-se da proteção à pessoa dotada de notoriedade e desde que no exercício de sua atividade, podendo ocorrer a revelação de fatos de interesse público, independentemente de sua anuência. (...) Mas o limite da confidencialidade persiste preservado: (...). Isso significa que existem graus diferentes na escala de valores comunicáveis ao público, em função exatamente da posição do titular* (...)", *in* BITTAR, Carlos Alberto. *Os direitos da personalidade.* 5ª. ed. Rio de Janeiro: Forense Universitária, 2001, p. 108.

teção da imagem de potenciais abusos. Sejam bem-humorados ou não, há casos em que apenas rir não será o melhor remédio.

Muito pelo quadro atual de crise política brasileira, tornou-se costumeira e diária a criação de memes com uso de imagem de pessoas que permeiam os debates populares, com o objetivo, na maioria dos casos, de construir uma crítica bem-humorada, funcionando como instrumento de fomento, aproximação e engajamento na discussão política.

Pois bem. Censura, proteção da imagem ou do direito do autor? E para os casos nos quais é a própria ferramenta de IA que captura a imagem de pessoas famosas e elabora memes em tom de sátira ou crítica conforme dados inseridos por um usuário, ou mesmo coletado automaticamente?[56] Já se tem notícia de iniciativa, por parte do grupo Meta (Facebook), para detectar "memes de ódio", utilizando inteligência artificial[57] e retirá-los de circulação, além de outras iniciativas para conter a disseminação de *deepfakes* com figuras notórias, como a imagem do Papa Francisco com um casacão branco estiloso que gerou diversos memes nas redes sociais, inclusive comparando o pontífice ao DJ Pedro Sampaio, devido à vestimenta que utilizou para se apresentar no Lollapalooza 2023.[58]

56 https://towardsdatascience.com/meme-text-generation-with-a-deep-convolutional-network-in-keras-tensorflow-a57c6f218e85. Segundo o artigo, o treino da IA utilizou cerca de 48 dos memes mais frequentes da internet e 20 mil diferentes frases para cada um deles. Portanto, a IA do Imgflip avaliou um total de 960 mil casos para proporcionar uma ferramenta extremamente versátil na confecção de memes. Acesso em 30.09.2023.

57 Em 2020, o Facebook divulgou que havia criado um banco de dados com 10 mil memes - imagens misturadas com texto - para intensificar os esforços contra discursos mal-intencionados, e que os dados estavam sendo compartilhados com pesquisadores no "desafio dos memes de ódio", um incentivo ao desenvolvimento de algoritmos capazes de detectar estes tipos de mensagens, com um prêmio total de US$ 100.000. A iniciativa é divulgada em um momento de grande apoio à IA para filtrar conteúdos questionáveis que driblaram grande parte dos moderadores humanos durante a pandemia do novo coronavírus. Seu relatório trimestral de transparência indicou que o Facebook removeu cerca de 9,6 milhões de postagens por violar políticas de "discurso de ódio" nos três primeiros meses deste ano, incluindo 4,7 milhões de peças de conteúdo "ligadas ao ódio organizado". (https://www.diariodepernambuco.com.br/ultimas/2020/05/facebook-esta-preparando-inteligencia-artificial-contra-memes-de-odio.html. Acesso em 30.09.2023)

58 https://www1.folha.uol.com.br/blogs/hashtag/2023/03/montagem-do-papa-francisco-vestindo-jaqueta-branca-viraliza-e-vira-meme.shtml. Acesso em 30.09.2023.

Como já defendido anteriormente, um critério para avaliar a licitude da divulgação (ou até proibição), a despeito de quem criou o meme, se usuário ou software de IA, perfectibiliza-se com a análise do conteúdo exposto, visto retrospectivamente dentro de sua concepção significativa (memes não são conteúdos individuais e isolados, mas complexos informacionais que só significam conjunturalmente), para, em um momento inicial, perquirir-se a função que desempenha dentro do contexto comunicativo. Assim, se utilizado o meme como crítica social, com algum fim público e promocional ou qualquer outro conteúdo, em rol aberto, que seja merecedor de tutela do ordenamento vigente, faz jus a maior grau de proteção quando em cotejo com a imagem. Quando não, o contrário, deve ceder em prol da tutela da personalidade (vê-se, por exemplo, muitos memes que escondem no humor discursos de ódio ou *fake news*).

Note-se que se trata apenas de um critério, sem exclusão de outros, que deve ser levado em consideração quando da aplicação do postulado da proporcionalidade (e seus elementos constitutivos: adequação, necessidade e proporcionalidade em sentido estrito),[59] uma vez que em colisão normas de hierarquia sobreposta no ordenamento, a indicar a aplicação na maior medida do possível (funcionando como verdadeiro mandado de otimização).[60] Nesse viés, longe de ser ilícito por si só, apenas a análise de significado do meme, valoroso instrumento de divulgação e compartilhamento de informações atualmente, permite a conclusão de sua licitude e juridicidade, notadamente quando em questão a imagem de pessoas públicas.

Por tudo exposto, conclui-se que o exercício da liberdade de expressão em redes sociais, mesmo diante do confronto com direitos da personalidade de demais usuários, deve ser criteriosamente sopesado diante do caso concreto, a fim de se evitar que manifestações legítimas sejam relegadas à ilicitude de maneira descabida.

Os exemplos de exclusões de postagens de usuários realizadas por redes sociais, muitas das vezes utilizando ferramentas de IA, revelam que nem todo conteúdo que trate de um determinado assunto específico que esteja em alta, marcado com uma "hashtag relevante", que re-

59 ÁVILA, Humberto. *Teoria dos Princípios – da definição à aplicação dos princípios jurídicos*. São Paulo: Malheiros, 2013. p. 204.

60 ALEXY, Robert. *Colisão e ponderação como problema fundamental da dogmática dos direitos fundamentais*. Palestra proferida na casa Rui Barbosa, em 10.12.1998. Tradução de Gilmar Ferreira Mendes, p. 1.

trate ou tenha sido postado por certa pessoa pública, como um meme, deve implicar em presunção de não juridicidade, mas pode representar legítimo exercício de liberdade de expressão política, de modo que demandará sempre criteriosa análise de seu teor. Como o uso de novas tecnologias traz ônus e bônus à humanidade, espera-se que as palavras do robô Ameca[61] se façam verdadeiras e que os mecanismos de IA possam ajudar no aperfeiçoamento da segurança do ambiente digital e na identificação de verdadeiros conteúdos ilícitos, a fim de facilitar seu correto tratamento, evitando-se, cada vez mais, proibições infundadas, censura, ou exclusão de manifestações legítimas.

Conclusão

Por certo, o uso de novas tecnologias não vem desacompanhado de riscos e deveres. O desafio, então, está na adoção da inteligência artificial de maneira adequada pelas redes sociais, com transparência e razoabilidade, para realização de tratamento de dados dos usuários na exata medida necessária ao fomento ou incremento da liberdade de expressão e do respectivo sistema de avaliação de postagens e de conteúdo, a fim de que legítimas manifestações políticas e de pensamento não fiquem, *a priori*, relegadas ao campo da ilicitude, apenas por criticar um político específico ou tratar de um assunto sensível à parte da população.

Embora a enunciação de critérios abstratos de ponderação seja, inevitavelmente, insuficiente, parece adequado afirmar que um prestígio maior à liberdade de expressão se faz necessário em casos específicos, que digam respeito ao exercício efetivo de funções públicas por governantes, agentes políticos, entidades estatais e assim por diante, ou à circulação de informações de interesse público, e deve ser o valor a guiar a discussão acerca da possibilidade de exclusão de postagens de usuários que versem sobre assuntos relevantes ou sensíveis, de bloqueio de acessos aos perfis de figuras públicas, bem como de permissibilidade de circulação de memes com tom de sátira ou de discurso político.

Em qualquer caso, a garantia da liberdade de expressão deve figurar como pressuposto, não como antagonista, à tutela da dignidade humana, cabendo a esta, como valor máximo do ordenamento jurídico brasileiro, o papel de nortear a ponderação de todos os valores que dela

61 https://g1.globo.com/inovacao/noticia/2022/09/16/robos-nunca-vao-dominar-o-mundo-diz-inteligencia-artificial.ghtml. Acesso em 30.09.2023.

decorrem – desde os mais clássicos direitos, ditos da personalidade, até a proteção da ordem pública, da veracidade das informações e do regime democrático.

Portanto, o uso de ferramentas de inteligência artificial, como nos exemplos narrados de iniciativas voltadas a retirar "memes de ódio" ou posts com temática sensível de circulação, é bem-vindo (e, devido ao imenso número de dados, necessário), mas deve ser feito com parcimônia e de forma criteriosa, para conferir maior segurança aos usuários e representar um fortalecimento chave do exercício das liberdades constitucionais e da autonomia privada no ambiente digital.

Referências bibliográficas

ALEXY, Robert. *Colisão e ponderação como problema fundamental da dogmática dos direitos fundamentais.* Palestra proferida na casa Rui Barbosa, em 10.12.1998. Tradução de Gilmar Ferreira Mendes.

ALMADA, Giovana Michelato; FREITAS, Cinthia Obladen de Almendra. A governança da internet e o Comitê Gestor da Internet do Brasil: o papel educacional no combate às *fake news. Civilistica.com.* Rio de Janeiro, a. 9, nº 3, 2020.

ANJOS, Júlia Cavalcanti Versiani dos. *Megeras (in)domadas*: discurso de ódio antifeminista nas redes sociais. Dissertação de Mestrado. Universidade Federal do Rio de Janeiro. Rio de Janeiro, 2019.

ÁVILA, Humberto. *Teoria dos Princípios – da definição à aplicação dos princípios jurídicos.* São Paulo: Malheiros, 2013.

BARCELLOS, Ana Paula de. *Ponderação, racionalidade e atividade jurisdicional.* Rio de Janeiro: Renovar, 2005.

BARR, Avron. FEIGENBAUM, Edward A. *The Handbook of artificial intelligence.* v. 1. Front Cover: Addison-Wesley. 1986.

BARROSO, Luís Roberto. "Aqui, lá e em todo lugar": a dignidade humana no direito contemporâneo e no discurso transnacional. Revista dos Tribunais, vol. 919. São Paulo: Revista dos Tribunais, mai./2012.

BARROSO, Luís Roberto. Colisão entre liberdade de expressão e direitos da personalidade. Critérios de ponderação. Interpretação constitucionalmente adequada do Código Civil e da Lei de Imprensa. *Revista Trimestral de Direito Civil,* vol. 16. Rio de Janeiro: Padma, out.-dez./2003.

BARROSO, Luís Roberto. Liberdade de expressão *versus* direitos da personalidade. *Temas de direito constitucional,* t. 3. Rio de Janeiro: Renovar, 2005.

BITTAR, Carlos Alberto. *Os direitos da personalidade*. 5ª. ed. Rio de Janeiro: Forense Universitária, 2001.

BOBBIO, Norberto. *A era dos direitos*. Rio de Janeiro: Elsevier, 2004.

BODIN DE MORAES, Maria Celina. *Na medida da pessoa humana*: estudos de direito civil constitucional. Rio de Janeiro: Renovar, 2010.

CHAGAS, Viktor. *Entre criadores e criaturas: uma análise sobre a relação entre memes de Internet e propriedade intelectual*. In: CONGRESSO BRASILEIRO DE CIÊNCIAS DA COMUNICAÇÃO, 38., 2015, Rio de janeiro. Anais... Rio de Janeiro: Intercom, 2015.

FREIRE, Fernanda Alcântara. *Eleições da zueira: memes, humor e política nas eleições presidenciais de 2014*. Disponível em: <https://figshare.com/articles/Elei_es_da_Zueira_memes_humor_e_pol_tica_nas_elei_es_presidenciais_de_2014/5221411>. Acesso em: 13.09.2023.

GABIELKOV, Maksym; RAMACHANDRAN, Arthi; CHAINTREAU, Augustin; LEGOUT, Arnaud. Social Clicks: What and Who Gets Read on Twitter?. *ACM SIGMETRICS / IFIP Performance 2016*. Antibes Juan-les-Pins, France, jun./2016.

GABRIEL, Anderson de Paiva. TEFFÉ, Chiara Spadaccini de. Ferramentas tecnológicas e controle da pandemia. *JOTA*. Disponível em: [https://www.jota.info/opiniao-e-analise/colunas/juiz-hermes/ferramentas-tecnologicas-e-controle-da-pandemia]. Acesso em: 14.09.2023

GARCIA, Enéas Costa. *Responsabilidade civil dos meios de comunicação*. São Paulo: Juarez de Oliveira, 2002.

GHOSH, Shona. Google's new tool will tell you if you're being an online troll. *Business Insider*, 24.2.2017.

GODOY, Cláudio Luiz Bueno de. *A liberdade de imprensa e os direitos da personalidade*. São Paulo: Atlas, 2001.

HOFFMANN-RIEM, Wolfgang. Inteligência Artificial Como Oportunidade para a Regulação Jurídica. *RDU*, Porto Alegre, Volume 16, nº 90, 2019, 11-38, nov-dez 2019.

KURZWEIL, Ray. The Age of Intelligent Machines. Cambridge: Mit Press, 1990.

MARTINS, Guilherme Magalhães; LONGHI, João Victor Rozatti. Liberdade de expressão e redes sociais: a que ponto chegaremos?. *Consultor Jurídico*, 13.1.2021.

MARTINS, Sérgio Ludovico. *Critérios para identificação do núcleo indevassável do direito de imagem, partindo da análise de recentes decisões judiciais*. Revista de Direito Privado: RDPriv, São Paulo, v. 18, nº 74, pp. 93-115, fev. 2017.

MENDES, Laura Schertel; DONEDA, Danilo. Comentário à nova Lei de Proteção de Dados (Lei 13.709/2018): o novo paradigma da proteção de dados no Brasil. *Revista de Direito do Consumidor*, v. 120, pp. 555-570, 2018.

MENDES, Laura Schertel. DONEDA, Danilo. SOUZA, Carlos Affonso Pereira; ANDRADE, Norberto Nuno Gomes de. Considerações iniciais sobre inteligência artificial, ética e autonomia pessoal. *Pensar – Revista De Ciências Jurídicas.* v. 23, pp. 1-17, 2018.

O'REILLY, Lara. A news site is making readers take a quiz about its articles before they start ranting in the comment section. *Business Insider*, 2.3.2017.

PERLINGIERI, Pietro. *Perfis do direito civil*, Introdução ao Direito Civil Constitucional. Rio de Janeiro: Renovar, 2007.

PIRES, Thatiane Cristina Fontão; SILVA, Rafael Peteffi da. A responsabilidade civil pelos atos autônomos da inteligência artificial: notas iniciais sobre a resolução do Parlamento Europeu. *Revista Brasileira de Políticas Públicas*, v. 7, nº 3, dez. 2017.

PORCEL Y GABRIEL, Gabriela. SOUZA, Iasmin Fausto Cavalcanti de. FUMAGALLI, Luis André Wernecke. A economia criativa e a criação de valor compartilhado: o papel destes modelos frente ao atual momento econômico-social. *Revista da FAE.* v. 1, nº 4 (2019), pp. 168-184.

PWC. *Sizing the prize What's the real value of AI for your business and how can you capitalise?* Disponível em: [https://www.pwc.com/gx/en/issues/data-and-analytics/publications/artificial-intelligence-study.html]. Acesso em: 13.09.2023.

ROCHA, Leonel Severo. TACCA, Adriano. Inteligência artificial: reflexos no sistema do direito. *Revista do Programa de Pós-Graduação em Direito da UFC.* v. 38.2, jul./dez. 2018, pp. 53-68.

RODOTÀ, Stefano. *La vita e le regole*. Roma: La Feltrinelli, 2012.

RODOTÀ, Stefano. O direito à verdade. Trad. Maria Celina Bodin de Moraes e Fernanda Nunes Barbosa. *Civilistica.com*. Rio de Janeiro, a. 2, nº 3, jul.-set./2013.

RODRIGUES, Cássio Monteiro; BRAINER ANDRE, Diego. Memes imagéticos e 'pessoas públicas': um exame funcional e de merecimento de tutela. In: Maria Celina Bodin de Moraes; Caitlin Mulholland. (Org.). *Privacidade hoje*: Anais do I Seminário de Direito Civil da PUC-Rio. 1ed. Rio de Janeiro: Independent Publisher, 2018, v., pp. 252-282.

RODRIGUES, Cássio Monteiro; BRAINER ANDRE, Diego. Memes e direito autoral: da superação da lógica proprietária à tutela do elemento cultural. In: Anderson Schreiber; Bruno Terra de Moraes; Chiara Spadaccini de Teffé.

(Org.). *Direito e Mídia*: tecnologia e liberdade de expressão. 1ed.: , 2020, v. 1, pp. 125-146.

SARLET, Ingo. Liberdade de expressão e biografias não autorizadas — notas sobre a ADI 4.815. *Consultor Jurídico*, 19.6.2015.

SCHNEIER, Bruce. Data and Goliath: *The Hidden Battles to Collect Your Data and Control Your World*. Nova Iorque: W. W. Norton & Company, 2016.

SCHREIBER, Anderson. *Direitos da Personalidade*. São Paulo, Atlas: 2011.

SCHREIBER, Anderson. Twitter bloqueia Trump: há limites para a liberdade de expressão?. *O Globo*, 8.1.2021.

SILVA, Rodrigo da Guia. Um olhar civil-constitucional sobre a "inconstitucionalidade no caso concreto". *Revista de Direito Privado*, a. 18, vol. 73, jan./2017.

SILVA JUNIOR, Alcides Leopoldo e. *A pessoa pública e o seu direito de imagem: políticos, artistas, modelos, personagens históricos*. São Paulo: Juarez de Oliveira, 2002.

SOUZA, Carlos Affonso Pereira de. As cinco faces da proteção à liberdade de expressão no Marco Civil da Internet. In: LUCCA, Newton de; SIMÃO FILHO, Adalberto; LIMA, Cíntia Rosa Pereira de. *Direito & Internet III*. Tomo II: Marco Civil da Internet (Lei nº 12.965/2014). São Paulo: Quartier Latin, 2015.

SOUZA, Eduardo Nunes de. Abuso do direito: novas perspectivas entre a ilicitude e o merecimento de tutela. *Revista Trimestral de Direito Civil*, vol. 50. Rio de Janeiro: Padma, abr.-jun./2012.

SOUZA, Eduardo Nunes de. Merecimento de tutela: a nova fronteira da legalidade no direito civil. *Revista de Direito Privado*, a. 15, vol. 58. São Paulo: Revista dos Tribunais, abr.-jun./2014.

SOUZA, Eduardo Nunes de. Qual liberdade tutelar na era da opinião irresponsável? Apresentação a QUEIROZ, João Quinelato de. *Responsabilidade civil na rede*: danos e liberdade à luz do marco civil da internet. Rio de Janeiro: Processo, 2019.

SOUZA, Eduardo Nunes de. *Teoria geral das invalidades do negócio jurídico*. São Paulo: Almedina, 2017.

SURDEN, H. Machine Learning and Law. *Washington Law Review*. v. 89, 2014, p. 89. Ainda, MATTHIAS, Andreas. The responsibility gap: ascribing responsibility for the actions of learning automata. *Ethics and Information Technology*, v. 6, issue 3, set. 2004. item 2.

TEFFÉ, Chiara Spadaccini de; BODIN DE MORAES, Maria Celina. Redes sociais virtuais, privacidade e responsabilidade civil: análise a partir do Marco Civil da Internet. *Pensar*, vol. 22, nº 1. Fortaleza, jan.-abr./2017.

TEPEDINO, Gustavo. Editorial da Revista Brasileira de Direito Civil. *Revista Brasileira de Direito Civil*. v. 24, nº 02, 2020. Disponível em: [https://rbdcivil.ibdcivil.org.br/rbdc/article/view/587/358]. Acesso em: 14.09.2023.

TEPEDINO, Gustavo. Notas sobre a função social do contrato. In FACHIN, Luiz Edson; e TEPEDINO, Gustavo (Orgs.). *O direito e o tempo*: embates jurídicos e utopias contemporâneas. Rio de Janeiro: Renovar, 2008.

TEPEDINO, Gustavo; SILVA, Rodrigo da Guia. Desafios da inteligência artificial em matéria de responsabilidade civil. *Revista Brasileira de Direito Civil – RBDCivil*, Belo Horizonte, v. 21, pp. 61-86, jul./set. 2019. Disponível em: [https://rbdcivil.ibdcivil.org.br/rbdc/article/view/465]. Acesso em: 14.09.2023.

TURING, Alan M. (1950). Computing machinery and intelligence. *Mind 59* (October). pp. 433-460. Disponível em: [https://philpapers.org/rec/TURCMA]. Acesso em: 13.09.2023.

VIEIRA, Tatiana Malta. *O direito à privacidade na sociedade da informação:* efetividade desse direito fundamental diante dos avanços da tecnologia da informação. Brasília, 2007. 296 ps. Dissertação (Mestrado em Direito, Estado e Sociedade). Universidade de Brasília, Brasília, 2007.

A NECESSÁRIA CONVIVÊNCIA DO DIREITOS DA PERSONALIDADE E DA LIBERDADE DE EXPRESSÃO

José Roberto de Castro Neves[1]

Na capa da Revista Exame de 24.7.2013, de grande circulação, havia estampada uma fotografia do empresário Eike Batista, com a seguinte manchete, em letras garrafais: "Colapso". Em destaque menor, ainda na capa, a revista prometia informar aos seus leitores: "Como Eike se tornou um pesadelo para os investidores da Bovespa".

Seguramente, o empresário não autorizou essa utilização de sua imagem, muito menos com a evidente conotação negativa da reportagem, que difama a sua honra e afronta o seu negócio. Poderia o bilionário (ou milionário) tomar alguma medida para proteger sua imagem e sua honra, mormente num país, como o nosso, no qual esses bens são protegidos, inclusive na Constituição Federal?

A resposta não é simples. Há, claramente, um conflito de dois valores relevantes para o estado democrático. De um lado, a proteção aos Direitos da Personalidade e sua crescente importância. De outro, a relevância da informação e a liberdade de expressão.

Os Direitos Fundamentais e os Direitos da Personalidade

O homem saiu da 2ª Grande Guerra Mundial com uma crise de identidade. Não apenas a bomba atômica, mas, principalmente, o holocausto. Era difícil compreender como a Alemanha, orgulho da civilização ocidental, berço dos maiores filósofos, músicos e juristas da Idade Moderna, havia permitido uma atrocidade dessa magnitude. Em que medida o Direito havia contribuído para isso?

O Direito positivista, patrimonialista e racional teria sido o vilão? Como o Direito não conseguiu evitar as atrocidades da guerra? Que valores o sistema jurídico deveria proteger?

---

1 Doutor em Direito Civil pela Universidade do Estado do Rio de Janeiro. Mestre em Direito pela Universidade de Cambridge, Inglaterra. Professor de Direito Civil da Pontifícia Universidade Católica – RJ e da FGV-RJ. Membro da Academia Brasileira de Letras Jurídicas. Advogado.

Segundo o conceito Kantiano, há duas categorias de valor no mundo social: o preço ("Preis") e a dignidade ("Würden").[2] O preço é um valor exterior, ao passo que a dignidade interior. Coisas têm preço enquanto as pessoas dignidade.

Numa sociedade muito apegada aos valores materiais, o Direito poderá ter uma acepção patrimonialista, reduzindo tudo a uma quantificação pecuniária. Se, de outra forma, a finalidade maior da sociedade é a de proteger o ser humano na sua dignidade, a solução do ordenamento jurídico pode ser distinta.

Com a crise pós-guerra de identidade da civilização ocidental, foi necessário à humanidade promover uma autorreflexão.

Essa revisão afetou fundamentalmente o Direito.

O Direito deveria ser uma ferramenta mais construtiva, proativa. Não caberia ao Direito apenas manter a tranquilidade social, mas atuaria também como transformador da civilização, numa função promocional, a fim de atingir certos valores e conquistas. O jurista não deveria contentar-se em ser apenas um intérprete da lei, mas o construtor de um ordenamento jurídico atento aos valores caros ao homem.

No cume desses valores, a sociedade contemporânea elegeu prestigiar a dignidade da pessoa humana. O ser humano merece receber a proteção de sua essencialidade, sendo essa tutela o vértice do ordenamento jurídico.[3]

Nesse sentido, a Declaração Universal dos Direitos Humanos de 1948, aprovada pela Assembleia Geral da ONU, registra no seu primeiro considerando:

> "o reconhecimento da dignidade inerente a todos os membros da família humana e de seus direitos iguais e inalienáveis é o fundamento da liberdade, da justiça e da paz no mundo".

2 Immanuel KANT, *Metafísica dos Costumes*, Parte I, Edições 70, Lisboa, 2004, pp. 16 e seguintes.

3 Ver Jeanne HERSCH, *Le Droit* d'être *um Homme*, Tournai, Unesco, 1968.

Adiante, a Declaração Universal dos Direitos Humanos diz:

> "Artigo XII - Ninguém será sujeito a interferências na sua vida privada, na sua família, no seu lar ou na sua correspondência, nem a ataques à sua honra e reputação. Toda pessoa tem direito à proteção da lei contra tais interferências ou ataques."

Nesse passo, vale identificar três conceitos, que ganharam musculatura na segunda metade do século passado: Direitos Humanos, Direitos Fundamentais e Direitos da Personalidade.

Muitas vezes, esses termos são usados indistintamente e de forma vaga, tratando genericamente de proteções e garantias mínimas do ser humano. Noutras vezes, são empregados como formadores de três círculos concêntricos.

Direitos Humanos é um termo internacionalmente conhecido. O tema, "Human Rights", é recorrente e não sai de pauta. Seguramente, trata-se do mais amplo dos três conceitos. Ao se falar em Direitos Humanos refere-se às conquistas da civilização relativas às garantias mínimas do ser humano e de sua vida mais digna.[4] São exemplos, entre muitos outros, a proibição de escravidão e tortura, o repúdio ao preconceito, o acesso ao trabalho e o direito de expressão.

Direitos Fundamentais, por sua vez, embora se relacionem diretamente aos Direitos Humanos, tratam daquelas garantias legais positivadas numa Constituição, na viga mestra de um determinado ordenamento jurídico.

No nosso ordenamento, os direitos e garantias individuais, arrolados no artigo 5º da Constituição Federal, gozam de proteção especial. São, inclusive, consideradas cláusulas pétreas da Constituição, não admitindo sequer alguma forma de emenda, como se vê do artigo 60, § 4º, IV. Daí porque considerados Direitos Fundamentais.

Direitos da Personalidade, por fim, são aqueles direitos referentes à essencialidade do ser humano, sua honra, sua imagem, seu nome. Sua dignidade.

4 Sobre o tema, Fábio Konder COMPARATO, *A Afirmação Histórica dos Direitos Humanos*, 7ª ed., São Paulo, Saraiva, 2010, e Lynn HUNT, *A Invenção dos Direitos Humanos*, São Paulo, Companhia da Letras, 2009.

Embora os Direitos da Personalidade estejam contidos nos Direitos Fundamentais, com estes não se confundem. Tome-se, por exemplo, do Direito à Propriedade. Na Constituição Brasileira, ele consta como um Direito Fundamental, como se vê do artigo 5º, XXII, mas certamente não se inclui entre os Direitos da Personalidade.

Não existe uma definição precisa do que sejam os Direitos de Personalidade. Diante da natureza de tais direitos, soluções legislativas fechadas e definitivas não são apropriadas. Vale, aqui, repetir a lição do jurista Sergio Cavalieri: "São direitos inatos, reconhecidos pela ordem jurídica e não outorgados, atributos inerentes à personalidade, tais como o direito à vida, à liberdade, à saúde, à honra, ao nome, à imagem, à intimidade, à privacidade, enfim à própria dignidade da pessoa humana.". Em seguida, o Professor registra: "Temos hoje o que pode ser chamado direito subjetivo constitucional à dignidade."[5]

O professor Danilo Doneda apresenta um breve histórico dos Direitos da Personalidade. Doneda destaca que, entre o final do século XIX e o início do XX, o Direito Privado desenvolveu institutos voltados à proteção da personalidade, como o direito moral de autor. O Professor atribui à Constituição de Weimar, bem como ao movimento de gradual aproximação dos direitos privado e público, responsabilidade significativa no desenvolvimento do conceito de Direitos da Personalidade.[6]

A Constituição Federal de 1988 cuidou da proteção dos Direitos da Personalidade. Estabeleceu a dignidade humana como princípio fundamental da República, consoante o artigo 1º, III, da Constituição.

O artigo 5º da Constituição, em vários incisos, trata desses Direitos da Personalidade, sendo o inciso X o mais emblemático deles:

> "X – são invioláveis a intimidade, a vida privada, a honra e a imagem das pessoas, assegurado o direito à indenização pelo dano material ou moral decorrente de sua violação;"

Por definição, os Direitos da Personalidade são intransmissíveis, inalienáveis, irrenunciáveis e não admitem limitação voluntária ao seu

5 Sergio CAVALIERI FILHO, *Programa de Responsabilidade Civil*, 10ª ed., São Paulo, Atlas, 2012, p. 88.

6 Danilo Doneda, *Da privacidade à proteção de dados pessoais*, Rio de Janeiro, Renovar, 2006, p. 74-78.

exercício, salvo muito excepcionalmente. Tal interpretação advêm do artigo 11 do Código Civil[7]. Nada obstante, os enunciados n°s 4 e 139 da I e III Jornadas de Direito Civil do CJF, respectivamente, trataram dessa limitação voluntária, indicando os contornos de sua interpretação.[8][9]

Ademais, o STJ já decidiu que o exercício dos direitos da personalidade pode ser objeto de disposição voluntária, desde que não permanente nem geral, estando condicionado à prévia autorização do titular e devendo sua utilização estar de acordo com o contrato estabelecido entre as partes. Esse entendimento mereceu destaque no Informativo nº 606/2017 da Corte. Naquela ocasião, o STJ entendeu que o simples fato de se tratar de direito da personalidade não afastaria a possibilidade de exploração econômica da voz. Nesse sentido, reputou-se como válido o negócio jurídico que tenha por objeto a gravação de voz, devendo-se averiguar apenas se foi ela gravada com autorização do seu titular e se sua utilização ocorreu dentro dos limites contratuais.[10]

O Código Civil tratou de cinco Direitos da Personalidade: o direito ao corpo (artigos 13 ao 15); direito ao nome (artigos 16 ao 19); direito à honra; direito à imagem (estes referidos no artigo 20); e direito à privacidade (artigo 21).

Acerca desse tema, vale retomar à lição de Danilo Doneda, que, embora reconhecendo a importância da positivação conferida pelo Código Civil, entendia que os Direitos da Personalidade previstos na Lei Civil deveriam ser compreendidos como meio de otimizar a interpretação e aplicação de alguns direitos que, por sua natureza, gozam de amplo reconhecimento social e mereceram maior atenção por parte do legislador. Para Doneda, o rol referido do Código Civil seria meramente exemplificativo.[11] Eis a lição de Danilo Doneda:

---

7 "Art. 11. Com exceção dos casos previstos em lei, os direitos da personalidade são intransmissíveis e irrenunciáveis, não podendo o seu exercício sofrer limitação voluntária."

8 Enunciado nº 4 da I Jornada de Direito Civil: "O exercício dos direitos da personalidade pode sofrer limitação voluntária, desde que não seja permanente nem geral."

9 Enunciado nº 139 da III Jornada de Direito Civil: "Os direitos da personalidade podem sofrer limitações, ainda que não especificamente previstas em lei, não podendo ser exercidos com abuso de direito de seu titular, contrariamente à boa-fé objetiva e aos bons costumes."

10 STJ, REsp nº 1.630.851/SP, 3ª Turma, Rel. Min. Paulo de Tarso Sanseverino, j. 27/4/2017, DJe 22/6/2017.

11 Sobre o tema, a IV Jornada de Direito Civil elaborou o Enunciado nº 274: "Os direitos da personalidade, regulados de maneira não-exaustiva pelo Código Civil, são expressões

> "Esta cláusula, da qual a doutrina brasileira tratou pela primeira vez e com inegável felicidade no trabalho dos professores Francisco José Ferreira Muniz e José Lamartine Correa de Oliveira torna necessária a verificação de compatibilidade com o valor representado pela pessoa humana de todas as relações jurídicas, patrimoniais ou extrapatrimoniais. Ela deve ser levada em consideração não somente em determinadas situações cuja descrição deva conferir com uma hipótese prevista de direito da personalidade, porém em todas as situações que tenham a personalidade como elemento objetivo, visto que "*não há negócio jurídico que não tenha seu conteúdo redesenhado pelo texto constitucional*". Com ela, fecha-se um processo no qual a Constituição assumiu a função de ordenar os valores de todo o ordenamento para então irradiar o valor da pessoa do alto desta hierarquia."[12]

Inicialmente, o respeito aos Direitos da Personalidade era suscitado como um dever de abstenção. Um direito subjetivo absoluto, oponível a um sujeito passivo universal. Seguia o modelo da propriedade. Hoje, entretanto, admite-se uma postura ativa dos titulares dos Direitos Personalíssimos.

Giovanni Ettore Nanni aponta a relação intrínseca entre os direitos da personalidade e o instituto da responsabilidade civil, destacando que o segundo garante a efetividade dos primeiros.[13]

Direitos da Personalidade em espécie

Pode-se definir a honra como o conceito que se tem de si próprio e o apreço que se recebe no meio social. Há, portanto, uma honra interna (subjetiva) e outra externa (objetiva). Essa distinção é relevante na iden-

da cláusula geral de tutela da pessoa humana, contida no art. 1º, inc. III, da Constituição (princípio da dignidade da pessoa humana). Em caso de colisão entre eles, como nenhum pode sobrelevar os demais, deve-se aplicar a técnica da ponderação."

12 Danilo Doneda, *Da privacidade à proteção de dados pessoais*, Rio de Janeiro, Renovar, 2006, p. 96-97.

13 NANNI, Giovanni. *Comentários ao Código Civil*, São Paulo, Editora Revista dos Tribunais, 2023.

tificação dos crimes contra a honra, na medida em que a injúria (artigo 140 do Código Penal[14]) protege a honra subjetiva, enquanto a calúnia e a difamação (artigos 138[15] e 139[16], respectivamente) a honra objetiva. Ao se proteger a honra, quer-se amparar a autoestima do ser humano e a sua reputação perante a sua comunidade.

Neste particular, os conceitos de privacidade e intimidade muitas vezes se confundem. Intimidades são os fatos ou qualidades próprias de uma pessoa que, numa concepção aceita pela sociedade, é natural que se deseje proteger de uma exposição pública. Numa acepção subjetiva: intimidade é um fato ou característica de uma pessoa que ela não quer expor publicamente.

Intimidade é um conceito carregado de subjetivismo. Dependendo da pessoa, o mesmo fato pode ou não integrar a sua intimidade. Para uns, a doença sofrida constitui um ato íntimo, enquanto outras têm até certo prazer em divulgar tal fato.

Privacidade opõe-se ao público. Privado é aquilo que não se expõe abertamente. A privacidade é a garantia de que as suas intimidades não serão reveladas. O direito à privacidade consiste na proteção da intimidade.

O direito à privacidade encontra-se em absoluta ebulição. De um lado algo paradoxal, a exposição pessoal passa, cada vez mais, a ser um valor social. Ser "popular" é um valor aos jovens e, por vezes, uma necessidade comercial. Há até a qualificação de "celebridade", pessoas cujo atributo – por vezes, o único atributo – consiste em ser conhecida pelo público. Ser conhecido e popular, portanto, passou a ser um valor por si mesmo.

Na mesma linha, a facilidade tecnológica de comunicação, com o envio de mensagens e imagens em tempo real, por meio de redes sociais, transformou a sociedade. Não há local no mundo imune à câmera de um telefone celular. Isso relativizou o conceito de local privado, já que, hoje, onde houver um ser humano, haverá um telefone celular e sua inseparável câmera fotográfica.

Além disso, há, hoje, uma capacidade aparentemente infinita de armazenagem de dados. As nossas identificações, com todo tipo de informação a nosso respeito, encontram-se armazenadas num computador, numa rede, que, se não é totalmente aberta, admite violação.

14 "Art. 140. Injuriar alguém, ofendendo-lhe a dignidade ou decoro:"

15 "Art. 138. Caluniar alguém, imputando-lhe falsamente fato definido como crime:"

16 "Art. 139. Difamar alguém, imputando-lhe fato ofensivo à sua reputação:"

Somos infestados de "spam" pela internet, de pessoas ligando para os nossos celulares buscando vender algum produto ou serviço. Nossas imagens são capturadas por uma câmera de vigilância ou pela foto colhida de um celular. Tudo sem a nossa autorização. Vale questionar se ainda existe privacidade, ou se a privacidade dos nossos dias é outra, distinta daquele conceito clássico.

Ao respondermos formulários, somos indagados acerca de religião, salário e opção sexual. Evidentemente, trata-se de uma invasão da privacidade. O Grande Irmão nos assiste.

Com o advento da Lei Geral de Proteção de Dados (LGPD), o Brasil deu um importante passo rumo ao objetivo de obter uma maior normatização acerca da proteção de dados pessoais. Danilo Doneda destaca que o texto original da Constituição Federal de 1988 já previa garantias à liberdade de expressão e do direito à informação, além de disposições salvaguardando a intimidade e a inviolabilidade do sigilo das comunicações, bem como o mecanismo do *habeas data*.

Trocando em miúdos, apesar de Danilo Doneda reconhecer que antes da LGPD já havia disposições legais protegendo os dados pessoais, o autor pontuou que faltavam iniciativas mais específicas. Confira algumas reflexões de Danilo Doneda sobre o tema:

> "A promulgação do primeiro marco regulatório sobre proteção de dados pessoais no Brasil, em agosto de 2018, procura dotar o ordenamento jurídico pátrio de instrumentos capazes de fornecer a base jurídica necessária para que o cidadão possa exercer controle efetivo sobre o uso, cada vez mais intenso, de seus dados pessoais. (...)
>
> Por esse motivo a proteção de dados pessoais é tida em diversos ordenamentos jurídicos como um instrumento essencial para a proteção da pessoa humana e é considerada como um direito fundamental. (...)
>
> Através da proteção de dados pessoais, garantias a princípio relacionadas à privacidade passam a ser vistas em uma ótica mais abrangente, pela qual diversos interesses devem ser considerados, abarcando as formas de controle e monitoramento tornadas possíveis com o tratamento de dados pessoais. Para uma completa apreciação do problema, esses interesses devem ser levados em consideração pelo operador do direito

> pelo que representam, e não somente pelo seu traço visível - a violação da privacidade."[17]

A Emenda Constitucional nº 115/2022[18] introduziu efetivamente na Constituição Federal o direito à proteção de dados pessoais. Ingo Wolfgang Sarlet reforçou a importância dessa medida e apontou que, mediante a aprovação de normas infraconstitucionais, tal como a LGPD, bem como as recentes mudanças promovidas pela Emenda Constitucional nº 115/2022, cumpre ao Estado promover a harmonização destas normas e assegurar o seu cumprimento.[19] A proteção à privacidade foi examinada num único artigo do Código Civil:

> "Art. 21. A vida privada da pessoa natural é inviolável, e o juiz, a requerimento do interessado, adotará as providências necessárias para impedir ou fazer cessar ato contrário a esta norma."

Na proteção à imagem impede-se a exposição física de certa pessoa, ou mesmo de partes de seu corpo. Trata-se do controle que cada pessoa humana detém sobre o aspecto audiovisual ou tátil da sua individualidade. O uso não consentido da representação externa da figura configura violação.

---

17 Danilo Doneda, *A Autonomia do Direito Fundamental de Proteção de Dados*, in Caderno especial: Lei Geral de Proteção de Dados (LGPD), Thomson Reuters Brasil, São Paulo, 2019, páginas 15-33.

18 Emenda Constitucional nº 115/2022:
Art. 1º O caput do art. 5º da Constituição Federal passa a vigorar acrescido do seguinte inciso LXXIX:
"Art. 5º.
LXXIX - é assegurado, nos termos da lei, o direito à proteção dos dados pessoais, inclusive nos meios digitais."
Art. 2º O caput do art. 21 da Constituição Federal passa a vigorar acrescido do seguinte inciso XXVI:
"Art. 21.
XXVI - organizar e fiscalizar a proteção e o tratamento de dados pessoais, nos termos da lei.»
Art. 3º O caput do art. 22 da Constituição Federal passa a vigorar acrescido do seguinte inciso XXX:
"Art. 22.
XXX - proteção e tratamento de dados pessoais."

19 Ingo Wolfgang Sarlet, *A EC 115/22 e a proteção de dados pessoais como Direito Fundamental I*, in Revista do Consultor Jurídico, 2022.

Sobre esse ponto, o Tribunal de Justiça do Estado do Rio Grande do Sul julgou caso em que houve filmagem indevida e sem autorização da parte autora. Naquela ocasião, o Tribunal entendeu que a violação ao direito da personalidade, consistente na indevida invasão da privacidade, ensejaria a reparação mediante fixação de danos morais.[20]

Ainda, veda-se que se façam referências a aspectos físicos de uma pessoa que permitam a sua identificação.

O direito à imagem constitui direito diverso do direito à honra. Há uma autonomia entre eles. A imagem é defendida autonomamente. Com efeito, a tutela da imagem independe do direito à honra. A rigor, tem-se a prerrogativa de impedir a divulgação de sua própria imagem se a publicação tiver fins econômicos ou comerciais, ainda que tal divulgação seja feita com intuito elogioso, como aponta a Súmula nº 403 do STJ:

> "Independe de prova do prejuízo a indenização pela publicação não autorizada de imagem de pessoa com fins econômicos ou comerciais."

O consentimento com o uso da imagem pode ser tácito ou implícito, porém a regra deve ser o consentimento inequívoco do retratado. Evidentemente, o consentimento deve ser interpretado de forma restritiva, especificamente ao uso pontual e específico a que se destina a veiculação autorizada.

Ainda que haja autorização de veiculação da imagem, o uso dessa imagem continua sob controle. Quer-se evitar o abuso. Interpreta-se a autorização sempre condicionada ao contexto.

Ademais, o uso da imagem pode revelar algo diverso da expectativa do retratado no momento da autorização. Nesses casos, conceitualmente, protege-se a justa expectativa do dono da imagem.

Veja-se, a propósito, o seguinte caso, examinado pelo STJ:

> "DIREITO CIVIL. DIREITO DE IMAGEM. REPRODUÇÃO NÃO AUTORIZADA DE FOTOGRAFIA DO AUTOR, NA PASSEATA LGBT, EM SÃO PAULO. PEDIDO DE INDENIZAÇÃO. PROCEDÊNCIA. RECURSO NÃO PROVIDO.

20 TJRS, AC nº 70082130246, 10ª Câmara Cível, Rel. Des. MARCELO CEZAR MULLER, j. 31/10/2019.

> 1. A ausência de juntada, com a inicial, da reportagem publicada em portal de Internet na qual consta fotografia dos autores na manifestação popular favorável à causa LGBT, na Avenida Paulista, não impede o conhecimento da ação que pleiteia indenização, desde que demonstrada a repercussão social do fato.
>
> 2. A Internet é um veículo de comunicação fluído. Uma página acessível em um dia pode perfeitamente ser irrecuperável pelo cidadão no dia seguinte. Para o administrador do Portal que a publicou, contudo, tanto a matéria quanto a foto são sempre perfeitamente recuperáveis. Assim, ainda que, pelo critério de distribuição estática, o ônus da prova quanto à existência e o conteúdo da reportagem seja do autor, na hipótese dos autos é admissível promover-se uma distribuição dinâmica desse ônus, de modo que a juntada da reportagem seja dispensada.
>
> 3. É lícito a uma pessoa se autodeterminar, apoiando a causa LGBT ou mantendo-se neutro. Se os autores optam por manterem-se neutros, sua foto relacionada à passeata LGBT dá lugar a reparação por dano moral.
>
> 4. O valor da indenização por dano moral só comporta revisão nesta sede em situações de claro exagero ou excessiva modicidade.
>
> 5. Recurso especial não provido." (STJ, REsp 1135543, 3º Turma, Rel. Min. Nancy Andrighi, v.m., j. 22.05.2012)

Registre-se, na oportunidade, o direito ao esquecimento. Greta Garbo, em "Grande Hotel", filme de 1932, proferiu a célebre frase: "I want to be alone".

Aos 36 anos, em 1942, no auge do sucesso, Greta Garbo desistiu do cinema, para recolher-se à estrita privacidade. Não deu mais nenhuma entrevista até sua morte, em 1990, aos 84 anos. Queria ser esquecida. Ela chegou até a receber um Oscar pelo conjunto da obra, em 1954, mas sequer foi receber a homenagem.

Essa opção deve, na medida do possível, ser respeitada.

Será que determinado fato, associado à vida de uma pessoa, pode ser ressuscitado eternamente? Alguém que cometeu um crime no passado e pagou sua pena à sociedade tem como evitar que a sua história seja recontada?

Na VI Jornada de Direito Civil, promovida pelo STJ, elaborou-se o Enunciado nº 531, incluindo o direito ao esquecimento à tutela da dignidade da pessoa humana: "Art. 11. A tutela da dignidade da pessoa humana na sociedade da informação inclui o direito ao esquecimento."

Principalmente com os sites de busca, nada mais fica totalmente escondido. O passado retorna. A facilidade de armazenagem de informações e do seu acesso tornou quase impossível esconder um fato. "O que não está no Google não está no mundo", sendo que, aparentemente, quase nada escapa dele.

O dano moral representa a agressão a um Direito da Personalidade, uma lesão à dignidade.[21]O grau de dor, humilhação e sofrimento daquele que teve lesado seu Direito da Personalidade serão bases de que se valerá para apurar o *quantum* da indenização por esse dano.

Se uma pessoa teve sua imagem usada indevidamente, houve lesão a um Direito da Personalidade. Se esse dano for reclamado, o juiz, ao apreciar o caso, examinará se o fato trouxe sofrimento, vexame, humilhação à pessoa exposta para que, a partir daí (e de outros fatores, como o padrão de vida dos envolvidos), possa quantificar a indenização.

Numa sociedade democrática e livre, tais Direitos da Personalidade, garantias fundamentais, comumente são colocadas em conflito com a liberdade de expressão e o direito à informação.

Liberdade de Informação e Direito à informação

Eis duas verdades indisputáveis: não há democracia sem imprensa e o ser humano não é feliz se não puder exprimir suas ideias e sentimentos. Essas grandes verdades devem ser protegidas pelo ordenamento jurídico.

Com esse propósito, a primeira emenda da Constituição americana, de 1791, tem a seguinte redação:

> "O congresso não deve fazer leis a respeito de se estabelecer uma religião, ou proibir o seu livre exercício; ou diminuir a liberdade de expressão, ou da imprensa; ou sobre o direito das pessoas de se reunirem pacificamente, e de fazerem pedidos ao governo para que sejam feitas reparações por ofensas".

21 Ver Maria Celina Bodin de Moraes, *Danos à Pessoa Humana*, Rio de Janeiro, Renovar, 2003.

Elaborada na França, a declaração do Homem e do Cidadão, de 1789, tratava da liberdade de imprensa, embora mencionasse seus limites:

> "Art. 11º. A livre comunicação dos pensamentos e opiniões é um dos direitos mais preciosos do homem: todo cidadão pode, portanto, falar, escrever, imprimir livremente, embora deva responder pelo abuso dessa liberdade nos casos determinados pela lei."

Nessa mesma linha, a Declaração de Direitos da ONU de 1948:

> "Artigo XIX. Toda pessoa tem direito à liberdade de opinião e expressão; este direito inclui a liberdade de, sem interferência, ter opiniões e de procurar, receber e transmitir informações e idéias por quaisquer meios e independentemente de fronteiras."

Vale, nesse ponto, distinguir a liberdade de expressão e a liberdade de informação. A liberdade de expressão consiste numa importante forma de desenvolvimento da personalidade. As pessoas devem ter a liberdade de dizer o que pensam, externar seus sentimentos e convicções.

Na liberdade de informação, diferentemente, verifica-se um viés objetivo. Deseja-se informar aquilo que objetivamente é verdade e corresponde aos fatos. No limite, uma suspeita justificada, exposta de forma responsável, também se insere no conceito de liberdade de informação.

Em acórdão lavrado pelo Ministro Luis Felipe Salomão, o STJ reforçou a diferenciação entre a liberdade de expressão e informação. Resumidamente, entendeu-se que a liberdade de informação diz respeito ao direito individual de comunicar livremente fatos e ao direito difuso de ser deles informado e, por outro lado, a liberdade de expressão destina-se a tutelar manifestações do pensamento humano.

Merece destaque a ressalva feita pelo acórdão quanto ao fato dos direitos à liberdade de informação e de expressão não serem absolutos, a despeito de não se sujeitarem à censura prévia. Ou seja, limitações ao exercício desses direitos devem ser analisadas com cuidado. Caso essas liberdades não sejam manejadas adequadamente, de modo que haja violação a direitos da personalidade de terceiros, caberá responsabilização civil e fixação de danos morais.[22]

---

22 STJ, REsp nº 1897338/DF, 4ª Turma, Rel. Min. LUIS FELIPE SALOMÃO, j. 24/11/2020, DJe 05/02/2021.

Embora o conceito de liberdade de expressão seja abrangente a ponto, inclusive, de conter a liberdade de informação, há uma peculiaridade importante nesta última. A liberdade de expressão admite o lirismo, a poesia, a imaginação. Isso não ocorre na liberdade de informação.

A primeira página de um jornal sério não pode dizer, por exemplo, que um certo político se alimenta de capim. Entretanto, a parte destinada ao humor, quando está claro esse viés, poderia ter a mesma menção. Neste caso, os leitores sabem que a informação tem o propósito de entreter, de fazer rir, de criticar a sociedade por meio do humor.

Cumpre, ainda, falar da liberdade de imprensa, que acaba por abarcar a liberdade de expressão e à liberdade de informação.

A liberdade de imprensa se relaciona ao direito à informação, na medida em que as pessoas têm o direito de se inteirar dos fatos, de conhecer a situação. Para que as pessoas possam ter ciência dos fatos, necessário que exista uma imprensa livre.

Na liberdade de imprensa também se insere o direito de as pessoas se manifestarem, expondo seus pensamentos e sentimentos, expressando-se livremente. Conceitualmente, devem indicar o autor da opinião, para que o ato seja responsável.

A liberdade da imprensa é um importante componente de uma sociedade democrática, até mesmo pela possibilidade de expressar uma crítica.[23] Aliás, a imprensa tem status de serviço de utilidade pública, o

---

23 "A liberdade de imprensa, enquanto projeção das liberdades de comunicação e de manifestação do pensamento, reveste-se de conteúdo abrangente, por compreender, entre outras prerrogativas relevantes que lhe são inerentes, o direito de informar, o direito de buscar a informação, o direito de opinar, e o direito de criticar. A crítica jornalística, desse modo, traduz direito impregnado de qualificação constitucional, plenamente oponível aos que exercem qualquer atividade de interesse da coletividade em geral, pois o interesse social, que legitima o direito de criticar, sobrepõe-se a eventuais suscetibilidades que possam revelar as pessoas públicas ou as figuras notórias, exercentes, ou não, de cargos oficiais. A crítica que os meios de comunicação social dirigem às pessoas públicas, por mais dura e veemente que possa ser, deixa de sofrer, quanto ao seu concreto exercício, as limitações externas que ordinariamente resultam dos direitos de personalidade. Não induz responsabilidade civil a publicação de matéria jornalística cujo conteúdo divulgue observações em caráter mordaz ou irônico ou, então, veicule opiniões em tom de crítica severa, dura ou, até, impiedosa, ainda mais se a pessoa a quem tais observações forem dirigidas ostentar a condição de figura pública, investida, ou não, de autoridade governamental, pois, em tal contexto, a liberdade de crítica qualifica-se como verdadeira excludente anímica, apta a afastar o intuito doloso

que majora a sua responsabilidade. Afinal, a responsabilidade está sempre a altura do poder.

A consequência disso é o direito à informação, numa outra faceta do mesmo fenômeno. Ou seja, as pessoas têm direito a receber uma informação verdadeira, fidedigna, honesta, livre de propósitos ocultos.

Haverá uma relação de consumo entre a imprensa jornalística e o consumidor. Quem compra o jornal quer saber o fato, não ser induzido ou enganado.

O direito à informação e a proteção aos Direitos da Personalidade convergem no direito de resposta. Este, também, uma garantia constitucional:

> "V – é assegurado o direito de resposta, proporcional ao agravo, além da indenização por dano material, moral ou à imagem;"

A Constituição Federal, também na parte em que tratou das garantias fundamentais, cuidou dessas liberdades, como se vê dos incisos IV e IX do artigo 5º:

> "IV – é livre a manifestação do pensamento, sendo vedado o anonimato;"
>
> "IX – é livre a expressão da atividade intelectual, artística, científica ou de comunicação, independentemente de censura ou licença;"

de ofender. Jurisprudência. Doutrina. O STF tem destacado, de modo singular, em seu magistério jurisprudencial, a necessidade de preservar-se a prática da liberdade de informação, resguardando-se, inclusive, o exercício do direito de crítica que dela emana, por tratar-se de prerrogativa essencial que se qualifica como um dos suportes axiológicos que conferem legitimação material à própria concepção do regime democrático. Mostra-se incompatível com o pluralismo de ideias, que legitima a divergência de opiniões, a visão daqueles que pretendem negar, aos meios de comunicação social (e aos seus profissionais), o direito de buscar e de interpretar as informações, bem assim a prerrogativa de expender as críticas pertinentes. Arbitrária, desse modo, e inconciliável com a proteção constitucional da informação, a repressão à crítica jornalística, pois o Estado – inclusive seus Juízes e Tribunais – não dispõe de poder algum sobre a palavra, sobre as ideias e sobre as convicções manifestadas pelos profissionais da Imprensa." (AI 705.630-AgR, Rel. Min. Celso de Mello, julgamento em 22-3-2011, Segunda Turma, DJE de 6-4-2011.) No mesmo sentido: AI 690.841-AgR, Rel. Min. Celso de Mello, julgamento em 21-6-2011, Segunda Turma, DJE de 5-8-2011; AI 505.595, Rel. Min. Celso de Mello, decisão monocrática, julgamento em 11-11-2009, DJE de 23-11-2009.

Nesse passo, vale citar também o inciso XIV do artigo 5º:

> "XIV – é assegurado a todos o acesso à informação e resguardado o sigilo da fonte, quando necessário ao exercício profissional;"

A Lei da Imprensa, Lei nº 5.250, de 9.2.1967, também trata do assunto:

> "Art. 1º É livre a manifestação do pensamento e a procura, o recebimento e a difusão de informações ou idéias, por qualquer meio, e sem dependência de censura, respondendo cada um, nos têrmos da lei, pelos abusos que cometer."
>
> "Art. 21. (...)
>
> § 2º Constitui crime de difamação a publicação ou transmissão, salvo se motivada por interêsse público, de fato delituoso, se o ofendido já tiver cumprido pena a que tenha sido condenado em virtude dêle."
>
> "Art. 24. São puníveis, nos têrmos dos arts. 20 a 22, a calúnia, difamação e injúria contra a memória dos mortos."

Esse precioso tema já foi examinado diversas vezes pelo STF. Conceitualmente, garante-se a plena liberdade de imprensa, que apenas será tolhida se a divulgação tiver um viés de propaganda política:

> "Não cabe ao Estado, por qualquer dos seus órgãos, definir previamente o que pode ou o que não pode ser dito por indivíduos e jornalistas. Dever de omissão que inclui a própria atividade legislativa, pois é vedado à lei dispor sobre o núcleo duro das atividades jornalísticas, assim entendidas as coordenadas de tempo e de conteúdo da manifestação do pensamento, da informação e da criação lato sensu. Vale dizer: não há liberdade de imprensa pela metade ou sob as tenazes da censura prévia, pouco importando o poder estatal de que ela provenha. Isso porque a liberdade de imprensa não é uma bolha normativa ou uma fórmula prescritiva oca. Tem conteúdo, e esse conteúdo é formado pelo rol de liberdades que se lê a

> partir da cabeça do art. 220 da CF: liberdade de 'manifestação do pensamento', liberdade de 'criação', liberdade de 'expressão', liberdade de 'informação'. Liberdades constitutivas de verdadeiros bens de personalidade, porquanto correspondentes aos seguintes direitos que o art. 5º da nossa Constituição intitula de 'Fundamentais': 'livre manifestação do pensamento' (inciso IV); 'livre (...) expressão da atividade intelectual, artística, científica e de comunicação' (inciso IX); 'acesso a informação' (inciso XIV). (...) Programas humorísticos, charges e modo caricatural de pôr em circulação ideias, opiniões, frases e quadros espirituosos compõem as atividades de 'imprensa', sinônimo perfeito de 'informação jornalística' (§ 1º do art. 220). Nessa medida, gozam da plenitude de liberdade que é assegurada pela Constituição à imprensa. (...) A liberdade de imprensa assim abrangentemente livre não é de sofrer constrições em período eleitoral. Ela é plena em todo o tempo, lugar e circunstâncias. (...) Suspensão de eficácia do inciso II do art. 45 da Lei 9.504/1997 e, por arrastamento, dos § 4º e § 5º do mesmo artigo, incluídos pela Lei 12.034/2009. Os dispositivos legais não se voltam, propriamente, para aquilo que o TSE vê como imperativo de imparcialidade das emissoras de rádio e televisão. Visa a coibir um estilo peculiar de fazer imprensa: aquele que se utiliza da trucagem, da montagem ou de outros recursos de áudio e vídeo como técnicas de expressão da crítica jornalística, em especial os programas humorísticos. Suspensão de eficácia da expressão 'ou difundir opinião favorável ou contrária a candidato, partido, coligação, a seus órgãos ou representantes', contida no inciso III do art. 45 da Lei 9.504/1997. Apenas se estará diante de uma conduta vedada quando a crítica ou a matéria jornalísticas venham a descambar para a propaganda política, passando nitidamente a favorecer uma das partes na disputa eleitoral. Hipótese a ser avaliada em cada caso concreto." (ADI 4451 MC-REF, Tribunal Pleno, Rel. Min. Ayres Britto, j. 02.09.10, DJE. 01.07.11)

Tome-se o seguinte exemplo: não raro, há interesse legítimo da comunidade em conhecer fatos de determinado crime. Contudo, ainda não se tem certeza da autoria do ilícito. Nesses casos, revelam-se os nomes dos suspeitos porque essa informação interessa legitimamente à sociedade. Aliás, até mesmo os julgamentos, em regra, são públicos, o que se permitiria identificar os fatos e as pessoas envolvidas.

Com efeito, nesses casos, havendo uma suspeita razoável, não haverá como deixar de expor a situação, inclusive revelando os nomes.

Especificamente em relação à liberdade de imprensa, a Constituição Federal ainda tratou do tema em dispositivo específico:

> "Art. 220. A manifestação do pensamento, a criação, a expressão e a informação, sob qualquer forma, processo ou veículo, não sofrerão qualquer restrição, observado o disposto nesta Constituição.
>
> § 1º. Nenhuma lei conterá dispositivo que possa constituir embaraço à plena liberdade de informação jornalística em qualquer veículo de comunicação social, observado o disposto no art. 5º, IV, V, X, XIII e XIV.
>
> § 2º. É vedada toda e qualquer censura de natureza política, ideológica e artística."

Como a própria letra da Constituição indica, a liberdade de expressão não é um poder absoluto. O dispositivo acima transcrito remete ao inciso V do artigo 5º, segundo o qual são invioláveis a vida privada, a honra e a imagem. Logo, não haveria como aplicar os dispositivos legais mencionados sem se valer da ponderação.

Da subsunção à ponderação

A tradicional análise de uma situação, vista por um operador do Direito, iniciaria com a apreciação do fato, para, em seguida, enquadrá-lo a alguma norma. Preferencialmente, o fato estaria descrito na norma, sendo esse exame apenas um exercício de lógica, um encaixe, numa relação de causa e efeito. A "solução jurídica" do caso adviria dessa subsunção.

Com efeito, classicamente, essa subsunção deveria dar-se de forma perfeita, com a regra jurídica, embora conceitualmente abstrata, enquadrando-se com o fato concreto, como se tratasse de uma operação matemática.

Dessa forma, haveria pouco espaço para qualquer subjetivismo por parte do julgador, que atuaria apenas como um autômato, reunindo mecanicamente o fato à norma.

No sonho positivista, isso seria possível, porque a suprema razão humana seria capaz de antever todas as situações da vida e apontar a sua solução.

O artigo 3º, I, do Código Civil diz que são absolutamente incapazes de exercer pessoalmente os atos da vida civil os menores de 16 anos. Os atos realizados pelas pessoas nessa condição são nulos. Imagine-se, contudo, que um menor de, digamos, 10 anos, assina pessoalmente a transferência de um imóvel, sem que seus pais o representem. Não é difícil, adequando o fato à norma, concluir que o tal menor não tinha capacidade para realizar o ato e caracterizar como nulo o referido negócio.

Nesse modelo da subsunção, o juiz não é um criador do direito. Ele conhece a norma e a aplica.

Dentro desse sistema, os princípios atuariam apenas nas raras situações nas quais não houvesse uma lei escrita tratando da matéria.

Uma boa expressão desse conceito se vê na Lei de Introdução ao Código Civil, Decreto-Lei nº 4.657, de 4.9.1942, depois rebatizada Lei de Introdução às Normas do Direito Brasileiro (na redação dada pela Lei nº 12.376, de 2010). O seu artigo 4º reflete bem o seu tempo:

> "Art. 4º Quando a lei for omissa, o juiz decidirá o caso de acordo com a analogia, os costumes e os princípios gerais de direito."

Os princípios apenas seriam aplicados nos casos de omissão da lei, após recorrer-se à analogia e aos costumes.

Mais recentemente, compreendeu-se que a completude do sistema fundado em regras escritas era uma ficção. Verificou-se a conveniência de legislar fazendo referência a conceitos mais abstratos. Registram-se princípios em leis positivadas. Mas os princípios são vetores. Conceitos abertos como função social, boa-fé objetiva e proteção à honra necessitam do caso concreto e da análise do julgador para ganhar a plena forma.

Quando o legislador fala em boa-fé objetiva, função social do contrato, intimidade, vida privada, honra, não há uma definição absolutamente precisa do seu alcance, nem das situações nas quais esses conceitos vão incidir. Caberá ao aplicador da regra, portanto, indicar qual o contorno desses conceitos abertos, o que apenas deverá ocorrer quando aplicados ao caso concreto.

O direito à intimidade e à honra, por exemplo, são garantias constitucionais, como consta no inciso X, do artigo 5º. Todavia, caberá ao intérprete indicar a extensão desses conceitos, apreciando a situação concreta.

Hart sustentava que apenas as "rules" são juridicamente obrigatórias. Se houvesse um conflito ou não houvesse uma perfeita adequação do fato à norma, haveria um "hard case", e o juiz poderia julgar pela razoabilidade.

Dworkin analisou a aplicação das regras escritas num aspecto de "tudo ou nada", enquanto os princípios admitiam gradação na sua aplicação.

Vale, aqui, observar a relevante alteração da perspectiva: o julgador, antes apenas um conhecedor da lei, passa a ter outro e mais relevante papel. Afinal, diante das normas abertas, o julgador deve, analisado o caso concreto, indicar a solução posicionando-se, adotando uma posição crítica.

Cumpre ao julgador explicitar a sua compreensão da situação concreta, para, então, chegar a alguma conclusão.

O inciso XXIII do artigo 5º da Constituição Federal informa que a propriedade atenderá à sua função social. Embora existam parâmetros, em grande parte caberá ao juiz, numa valoração particular, apreciar se uma determinada propriedade estará, em concreto, cumprindo esse fim.

Assim, o juiz passa a ter um papel valorativo de enorme relevância. Essa função não pode ser dada a um robô, mas a um ser humano sensível e responsável.

A situação ainda ganha complexidade ao reconhecer que, não raro, essas regras abertas, princípios de Direito, podem entrar em conflito entre si. Nos casos de direitos fundamentais, situações nas quais os princípios têm natureza constitucional, não há, a priori, um princípio mais relevante do que outro. Justo, aliás, dizer que não existe direito fundamental absoluto.

De acordo com o "princípio da unidade da Constituição, inexiste hierarquia jurídica entre normas constitucionais."[24] Caberá ao intérprete, apreciado o caso específico, indicar qual princípio deva preponderar. Eis a ponderação.

24 Luís Roberto Barroso, *Colisão entre Liberdade de Expressão e Direitos da Personalidade. Critérios de Ponderação. Interpretação constitucionalmente adequada do Código Civil e da Lei da Imprensa, in* Revista de Direito Privado, nº 18, 2004, p. 107.

Havendo colisão de dois princípios, analisa-se qual o valor mais relevante em jogo, para que este possa prevalecer. Trata-se de uma técnica de decidir e oferecer a solução mais conforme o Direito em vigor.

Nessa tarefa, exige-se uma orientação valorativa do julgador. Sua atuação é sensivelmente mais relevante. Não se trata, como se disse, de uma operação ideologicamente neutra.

Nas regras jurídicas clássicas, havia o preceito e a sanção. Idealmente, era simples ao julgador, por meio da subsunção, indicar qual a solução jurídica, pois a regra era ou não aplicável ao caso. Não havia gradação nessa incidência. Cabia ao julgador apenas indicar "sim" ou "não", sem espaço para ponderar.

Com os princípios a situação é distinta. Essa aplicação admite uma gradação.

A ponderação tampouco se dá de forma binária. Não se trata apenas de indicar qual princípio deva preponderar num determinado caso específico, porém de apreciar em que grau deve ocorrer essa predominância.

Neste particular, é necessária a contextualização dos artigos 20 e 21 do Código Civil. Eis, transcrito literalmente, o artigo 20 do Código Civil:

> "Art. 20. Salvo se autorizadas, ou se necessárias à administração da justiça ou à manutenção da ordem pública, a divulgação de escritos, a transmissão da palavra, ou a publicação, a exposição ou a utilização da imagem de uma pessoa poderão ser proibidas, a seu requerimento e sem prejuízo da indenização que couber, se lhe atingirem a honra, a boa fama ou a respeitabilidade, ou se se destinarem a fins comerciais.
>
> Parágrafo único. Em se tratando de morto ou de ausente, são partes legítimas para requerer essa proteção o cônjuge, os ascendentes ou os descendentes."

Seguindo a interpretação literal do dispositivo, admite-se a proibição da exposição e da imagem de uma pessoa, a requerimento desta, salvo três exceções: (a) se houver autorização do dono da imagem; (b) se interessar à administração da justiça; e (c) se a publicação da imagem contribuir para a manutenção da ordem pública.

Ainda segundo a regra, a pessoa terá direito a reclamar uma indenização pela exposição da imagem, se: (a) atingir-lhe a honra; (b) macular sua boa fama; (c) afetar-lhe a respeitabilidade; e (d) se o uso da imagem se destinar a fins comerciais.

A deficiência da regra salta aos olhos.

Atente-se que essa redação era exatamente a que constava do anteprojeto do Código Civil de 1975 e foi reproduzida, em 2002, na forma publicada no Código Civil vigente.

Para começar, a letra da lei transmite a ideia de que apenas se admite a divulgação da imagem de uma pessoa com o seu consentimento, se isso interessar à administração da justiça ou favorecer a manutenção da ordem pública. Contudo, há, evidentemente, um número muito maior de exceções a que se permita a divulgação da imagem sem o consentimento da pessoa.

A maior exceção deriva precisamente da ponderação decorrente da liberdade de imprensa e do direito à informação.

Também é difícil imaginar esses conceitos "interesse da ordem pública" e "administração da justiça". São genéricos em demasia. Há uma dificuldade, até mesmo, em imaginar quais seriam, em concreto, essas situações.

Da mesma forma, a indenização não deveria ficar restrita às hipóteses mencionadas na lei. O direito à imagem é autônomo.[25] Independe de qualquer outro elemento. O dano decorre da mera exposição da imagem – embora, claro, essa violação deva ser ponderada com outros valores, notadamente o da informação.

Diante da omissão do dispositivo legal quanto à liberdade de informação e seus consectários, há quem defenda a sua inconstitucionalidade. Grandinetti registra a necessidade de interpretação conforme a Constituição, que alberga a liberdade de informação, expressão e opinião como direitos fundamentais, não havendo prevalência apriorística entre o direito à imagem sobre o direito à informação.[26]

Há, ainda, outra deficiência na lei tratando da reparação do dano moral. Veja-se o artigo 953 do Código Civil:

25 Nesse sentido Andrea BARROSO SILVA: "Entende-se que o direito à imagem é autônomo em relação aos demais direitos da personalidade, especialmente o direito à honra e à reserva sobre a intimidade da vida privada, não obstante o direito à imagem possa proteger tais bens, como acima já explicitado." (*Direito à imagem: o delírio da redoma protetora, in Direitos da Personalidade*, Atlas, São Paulo, 2013, p. 290).

26 Ver L.G. Grandinetti Castanho de Carvalho, *Liberdade de Informação e o Direito Difuso à Informação Verdadeira*, 2ª ed., Rio de Janeiro, Renovar, 2003.

> "Art. 953. A indenização por injúria, difamação ou calúnia consistirá na reparação do dano que delas resulte ao ofendido.
>
> Parágrafo único. Se o ofendido não puder provar prejuízo material, caberá ao juiz fixar, eqüitativamente, o valor da indenização, na conformidade das circunstâncias do caso."

A rigor, como salienta Anderson Schreiber, "melhor seria que tratasse simplesmente da violação à honra, não se justificando, no atual contexto, a restrição aos tipos penais mencionados."[27]

O dispositivo limita-se a repetir a regra do Código Civil de 1916, sem atentar aos novos tempos.

A citada regra, na sua literalidade, dá a ideia de que o dano moral apenas poderia ser arbitrado quando fosse impossível ao lesado demonstrar o prejuízo material. Isso não faz sentido, pois o juiz pode fixar por arbitramento o dano moral mesmo diante da prova de prejuízo material.

Por fim, o referido dispositivo legal é omisso também em relação às formas de reparação, pois se limita a falar em "indenização", quando deveria mencionar ainda, por exemplo, a retratação pública ou outras obrigações de fazer.

Nesse sentido, já a Lei de Imprensa (Lei nº 5.250, de 9.2.1967) cuidava do tema:

> "Art. 75. A publicação da sentença cível ou criminal, transitada em julgado, na íntegra, será decretada pela autoridade competente, a pedido da parte prejudicada, em jornal, periódico ou através de órgão de radiodifusão de real circulação, ou expressão, às expensas da parte vencida ou condenada."

O STF entendeu que a referida Lei de Imprensa não foi recepcionada pela Constituição Federal de 1988 (ADPF 130-7, julgada em 30.4.2009, relator Ministro Ayres Britto). Isso, contudo, não impede que os julgadores se valham do conceito. Muitas vezes, o desejo do lesado consiste precisamente num esclarecimento, pelo autor da afronta, dos fatos, a fim de restabelecer a verdade (e, com isso, sua honra).

27 Anderson Schreiber, *Direitos da Personalidade*, São Paulo, Atlas, 2011, p. 73.

Veja-se o antes citado artigo 21 do Código Civil:

> "Art. 21. A vida privada da pessoa natural é inviolável, e o juiz, a requerimento do interessado, adotará as providências necessárias para impedir ou fazer cessar ato contrário a esta norma."

Em muitos casos, quando confrontado com outros valores, a vida privada pode ser exposta.

Caso, por exemplo, certo político use um avião da força aérea brasileira para uma viagem particular, é razoável que o fato seja publicado.

Evidentemente, o dispositivo deve ser lido em conjunto com a Constituição e ponderado, como, aliás, registra o Enunciado nº 279 da IV Jornada de Direito Civil:

> "Art. 20: A proteção à imagem deve ser ponderada com outros interesses constitucionalmente tutelados, especialmente em face do direito de amplo acesso à informação e da liberdade de imprensa. Em caso de colisão, levar-se-á em conta a notoriedade do retratado e dos fatos abordados, bem como a veracidade destes e, ainda, as características de sua utilização (comercial, informativa, biográfica), privilegiando-se medidas que não restrinjam a divulgação de informações".

O consentimento da pessoa

Nas hipóteses nas quais houver consentimento da pessoa cuja imagem ou informação é divulgada, o conflito social é em grande parte esvaziado.

Discussão haverá se se entender que, no caso específico, aquela imagem e informação agrida de tal forma os direitos da personalidade que se considere irrenunciável a proteção.

Tome-se o caso de um menor. Imagine que ele tenha cometido um ato ilícito e seus pais queiram divulgar o fato. Isso seria lícito?

Segundo o Estatuto da Criança e do Adolescente, Lei nº 8.069, de 13.7.1990, não, como se vê abaixo:

> "Art. 143. E vedada a divulgação de atos judiciais, policiais e administrativos que digam respeito a crianças e adolescentes a que se atribua autoria de ato infracional."

Cuidando especificamente da limitação voluntária dos direitos da personalidade, é fundamental apreciar o artigo 11 do Código Civil:

> "Art. 11. Com exceção dos casos previstos em lei, os direitos da personalidade são intransmissíveis e irrenunciáveis, não podendo o seu exercício sofrer limitação voluntária."

Quando a autolimitação do direito da personalidade atenda a propósito genuíno do titular, essa restrição pode ser admitida, desde que não seja permanente, nem generalizada.

Pode-se defender que o participante de um *reality show* renuncia a sua privacidade e intimidade. Contudo, essa renúncia é admitida pela nossa sociedade, seguramente porque se pondera o valor da liberdade de contratar, entendendo-se que este último deva preponderar.

Nesse sentido, o Enunciado nº 4 da I Jornada de Direito Civil promovida pelo STJ:

> "Art. 11. O exercício dos direitos da personalidade pode sofrer limitação voluntária, desde que não seja permanente nem geral."

Também nessa mesma linha, o Enunciado nº 139 da III Jornada de Direito Civil:

> "Art. 11: Os direitos da personalidade podem sofrer limitações, ainda que não especificamente previstas em lei, não podendo ser exercidos com abuso de direito de seu titular, contrariamente à boa-fé objetiva e aos bons costumes."

Veja-se ainda, da IV Jornada de Direito Civil, o Enunciado nº 274:

> "Art. 11: Os direitos da personalidade, regulados de maneira não-exaustiva pelo Código Civil, são expressões da cláusula

> geral de tutela da pessoa humana, contida no art. 1º, inc. III, da Constituição (princípio da dignidade da pessoa humana). Em caso de colisão entre eles, como nenhum pode sobrelevar os demais, deve-se aplicar a técnica da ponderação".

De fato, como se registrou no Enunciado acima transcrito, nos casos nos quais esses direitos fundamentais entram em conflito, deve-se valer da ponderação.

Parâmetros para a ponderação entre a liberdade de expressão e a proteção aos direitos personalíssimos

Delineiam-se alguns parâmetros que podem orientar o intérprete na ponderação. A primeira dessas balizas é o conceito de interesse e utilidade da informação. O binômio acima é conhecido do Direito Civil. Indaga-se se existe um interesse público na divulgação do fato e a utilidade da informação. Aqui, mostra-se relevante diferir o interesse público do interesse "do" público.

Muitas vezes, a massa tem curiosidades frívolas, cruéis e mórbidas. A ciência da intimidade de algumas pessoas, por vezes fatos tristes e desgraçados, não possui interesse público (embora "venda jornal"). Esse elemento tem particular importância ao apreciar o direto ao esquecimento.

Diversamente, caso haja fatores políticos envolvidos, parece mais fácil defender o interesse e a utilidade da informação. Afinal, a divulgação possivelmente permitirá aos eleitores tomar ciência de fatos que potencialmente orientarão os seus futuros votos.

O mesmo se pode dizer se o fato se relacionar à coisa pública. Aqui há interesse legítimo em dar-se conhecimento do ocorrido.

Sobre a necessidade, outro ponto a se aferir consiste em saber se a divulgação da imagem é fundamental para a informação. Por vezes, embora seja interessante o fato, como, por exemplo, a divulgação de um acidente numa via pública, a publicação da imagem, na qual haverá a cena do acidentado, pode não ser fundamental para dar a informação (e sobressaia apenas um ânimo sensacionalista e apelativo). Ou seja, a informação tem interesse, mas a exposição da foto do sinistro, com o registro do acidentado, pode agredir, sem maiores propósitos, o direito de imagem.

Um segundo importante fator é a veracidade do fato divulgado. Se houve negligência, ou mesmo má-fé, como o espírito oportunista da publicação, mais condenável será o ato.

Por outro lado, a publicação honesta, guiada pelos bons propósitos, buscando a verdade, merece consideração e respeito.

Como a vida ensina, a verdade nem sempre se revela objetiva. O importante é que o referido seja crível e exista, por assim dizer, uma honestidade de propósitos, ausente o *animus injuriandi*. Ademais, há o cunho investigativo em muitas matérias jornalísticas, de sorte que, nem sempre, o informante tem plena certeza do que alega. Releva, nesse particular, a sua boa-fé. Atente-se que a boa-fé aqui também é a objetiva, isto é, aferir se o autor da informação se cercou dos cuidados necessários, procurou fontes fidedignas e confiáveis, verificou a credulidade dos fatos e, apenas então, deu publicidade à informação.

Em suma, a verdade (ou, ao menos, a verossimilhança) do fato publicado é um fator que merece consideração no momento de ser ponderado.

Lembre-se, a propósito, do caso do Dominique Strauss-Kahn, ex-ministro da Economia da França e ex-diretor geral do Fundo Monetário Internacional, preso em Nova York, acusado de tentativa de estupro da camareira de seu luxuoso hotel. Culpado ou inocente? Independentemente dessa resposta, sua foto e a acusação foram veiculadas pelo mundo inteiro. Na época, DSK, como é conhecido, era considerado um fortíssimo candidato à presidência de seu país.

Se o fato – a tentativa de estupro – era real, não se sabe. Mas eram verdadeiras a prisão e a acusação. A suspeita era enorme.

A jurisprudência entende que a imprensa se exime da culpa se buscou fontes fidedignas e exerce a atividade investigativa, ouvindo as partes interessadas, sem o desejo primordial de prejudicar alguém.[28]

---

28 "RECURSO ESPECIAL. CIVIL. DANOS MORAIS. MATÉRIA JORNALÍSTICA OFENSIVA. LEI DE IMPRENSA (LEI 5.250/67). ADPF N. 130/DF. EFEITO VINCULANTE. OBSERVÂNCIA. LIBERDADE DE IMPRENSA E DE INFORMAÇÃO (CF, ARTS. 5º, IV, IX E XIV, E 220, CAPUT, §§ 1º E 2º). CRÍTICA JORNALÍSTICA. OFENSAS À IMAGEM E À HONRA DE MAGISTRADO (CF, ART. 5º, V E X). ABUSO DO EXERCÍCIO DA LIBERDADE DE IMPRENSA NÃO CONFIGURADO. RECURSO PROVIDO.

1. Na hipótese em exame, a Lei de Imprensa foi utilizada como fundamento do v. acórdão recorrido e o recurso especial discute sua interpretação e aplicação. Quando o v. acórdão recorrido foi proferido e o recurso especial foi interposto, a

Inserido nesse tema, sobre a veracidade da informação, há os casos nos quais se tira a imagem do contexto.

Lei 5.250/67 extravasando normalmente aplicada às relações jurídicas a ela subjacentes, por ser existente e presumivelmente válida e, assim, eficaz.
2. Deve, pois, ser admitido o presente recurso para que seja aplicado o direito à espécie, nos termos do art. 257 do RISTJ, sendo possível a análise da controvérsia com base no art. 159 do Código Civil de 1916, citado nos acórdãos trazidos como paradigmas na petição do especial.
3. A admissão do presente recurso em nada ofende o efeito vinculante decorrente da ADPF 130/DF, pois apenas supera óbice formal levando em conta a época da formalização do especial, sendo o mérito do recurso apreciado conforme o direito, portanto, com base na interpretação atual, inclusive no resultado da mencionada arguição de descumprimento de preceito fundamental. Precedente: REsp 945.461/MT, Rel. Ministra NANCY ANDRIGHI, TERCEIRA TURMA, j.15/12/2009, DJe de 26/5/2010.
4. O direito à imagem, de consagração constitucional (art. 5º, X), é de uso restrito, somente sendo possível sua utilização por terceiro quando expressamente autorizado e nos limites da finalidade e das condições contratadas.
5. A princípio, a simples utilização de imagem da pessoa, sem seu consentimento, gera o direito ao ressarcimento das perdas e danos, independentemente de prova do prejuízo (Súmula 403/STJ), exceto quando necessária à administração da justiça ou à manutenção da ordem pública (CC/2002, art. 20).
6. Tratando-se de imagem de multidão, de pessoa famosa ou ocupante de cargo público, deve ser ponderado se, dadas as circunstâncias, a exposição da imagem é ofensiva à privacidade ou à intimidade do retratado, o que poderia ensejar algum dano patrimonial ou extrapatrimonial. Há, nessas hipóteses, em regra, presunção de consentimento do uso da imagem, desde que preservada a vida privada.
7. Em se tratando de pessoa ocupante de cargo público, de notória importância social, como o é o de magistrado, fica mais restrito o âmbito de reconhecimento do dano à imagem e sua extensão, mormente quando utilizada a fotografia para ilustrar matéria jornalística pertinente, sem invasão da vida privada do retratado.
8. Com base nessas considerações, conclui-se que a utilização de fotografia do magistrado adequadamente trajado, em seu ambiente de trabalho, dentro da Corte Estadual onde exerce a função judicante, serviu apenas para ilustrar a matéria jornalística, não constituindo, per se, violação ao direito de preservação de sua imagem ou de sua vida íntima e privada. Não há, portanto, causa para indenização por danos patrimoniais ou morais à imagem.
9. Por sua vez, a liberdade de expressão, compreendendo a informação, opinião e crítica jornalística, por não ser absoluta, encontra algumas limitações ao seu exercício, compatíveis com o regime democrático, quais sejam: (I) o compromisso ético com a informação verossímil; (II) a preservação dos chamados direitos da personalidade, entre os quais incluem-se os direitos à honra, à imagem, à privacidade e à intimidade; e (III) a vedação de veiculação de crítica jornalística com intuito de difamar, injuriar ou caluniar a pessoa (*animus injuriandi vel diffamandi*).

Um bom exemplo ocorreu na visita do Papa Francisco I ao Brasil, em julho de 2013. Na ocasião, o então Ministro Presidente do STF, Joaquim Barbosa, foi convidado para a cerimônia de boas-vindas ao Sumo Pontífice. O Ministro chegou cedo ao encontro e, então, conversou com a Presidente Dilma. Depois, no momento das apresentações formais e cumprimento oficial ao Papa, o Ministro Joaquim saudou o convidado, mas não cumprimentou novamente a Presidente. Como, na frente das câmaras, não houve a saudação, as redes sociais explodiram com a cena, que parecia ser uma descortesia pública do Ministro do Supremo com a Presidente da República. Dessa publicação sucederam uma avalanche de comentários. Dizia-se que o Ministro humilhara publicamente a Presidente Dilma, ao deixar de saudá-la.

A imagem, fora de seu contexto, poderia de fato transmitir essa ideia. O STF emitiu uma nota explicando o que ocorreu.

---

10. Assim, em princípio, não caracteriza hipótese de responsabilidade civil a publicação de matéria jornalística que narre fatos verídicos ou verossímeis, embora eivados de opiniões severas, irônicas ou impiedosas, sobretudo quando se trate de figuras públicas que exerçam atividades tipicamente estatais, gerindo interesses da coletividade, e a notícia e crítica referirem-se a fatos de interesse geral relacionados à atividade pública desenvolvida pela pessoa noticiada. Nessas hipóteses, principalmente, a liberdade de expressão é prevalente, atraindo verdadeira excludente anímica, a afastar o intuito doloso de ofender a honra da pessoa a que se refere a reportagem. Nesse sentido, precedentes do egrégio Supremo Tribunal Federal: ADPF 130/DF, de relatoria do Ministro CARLOS BRITTO; AgRg no AI 690.841/SP, de relatoria do Ministro CELSO DE MELLO.
11. A análise relativa à ocorrência de abuso no exercício da liberdade de expressão jornalística a ensejar reparação civil por dano moral a direitos da personalidade depende do exame de cada caso concreto, máxime quando atingida pessoa investida de autoridade pública, pois, em tese, sopesados os valores em conflito, mostra-se recomendável que se dê prevalência à liberdade de informação e de crítica, como preço que se paga por viver num Estado Democrático.
12. Na espécie, embora não se possa duvidar do sofrimento experimentado pelo recorrido, a revelar a presença de dano moral, este não se mostra indenizável, por não estar caracterizado o abuso ofensivo na crítica exercida pela recorrente no exercício da liberdade de expressão jornalística, o que afasta o dever de indenização. Trata-se de dano moral não indenizável, dadas as circunstâncias do caso, por força daquela "imperiosa cláusula de modicidade" subjacente a que alude a eg. Suprema Corte no julgamento da ADPF 130/DF.
13. Recurso especial a que se dá provimento, julgando-se improcedentes os pedidos formulados na inicial." (STJ, REsp nº 801119, 4ª Turma, Rel. Min. RAUL ARAÚJO, j. 12.06.2012.)

Evidentemente, mais grave de que retirar a imagem do seu contexto, ou modificar o contexto é o ato de alterar a imagem. Neste caso, não haverá verdade e, logo, o ato é mais condenável.

Dentro desse ponto, não se pode esquecer da peculiaridade da sátira. *Ridendo castigat mores*, diziam os antigos. Com o riso, castigam-se os costumes (e os corrigem). O senso de humor e a sátira como crítica dos costumes são conquistas da civilização. Nesses casos, as informações e imagens são deturpadas, mas porque não há o objetivo direto de informar, porém simplesmente de fazer rir e, por vezes e a partir daí, despertar um senso crítico.

Evidentemente, é condenável o interesse oculto na sátira. Lamenta-se quando a referência tem o propósito de agredir, travestida como uma manifestação humorística. Caberá ao intérprete separar o joio do trigo.

Ainda sob o tema da sátira, deve-se ter presente o limite mínimo do bom gosto. O humorista deve velar minimamente pela dignidade do objeto de sua "piada".

Num caso bastante conhecido, o comediante Rafinha Bastos disse, num programa de humor, que "comeria" a cantora Wanessa Camargo e o seu bebê. A "piada", com as aspas necessárias, gerou polêmica. A cantora acionou o comediante. Ganhou a ação e uma indenização de R$ 150 mil reais, exatamente porque se entendeu que a tirada avançava largamente sobre o bom gosto e tratava-se de uma grosseria extremamente agressiva. Neste caso, a liberdade de expressão deveria ceder à proteção da honra.

Muitas vezes se questiona se há, de fato, necessidade de utilizar a imagem, ou se basta informar o fato.

Vale citar o ocorrido com a menina brasileira Victoria Striegler, em meados de 2013. A criança estava de férias com a sua família, viajando na classe econômica de um avião de carreira, quando encontrou o primeiro-ministro britânico, David Cameron, que, por sua vez, também viajava de férias com família dele. A menina tirou uma foto no celular com o político inglês e a imagem correu mundo.

Não há dúvida da veracidade do fato. Não houve montagem na foto. Também é claro que o primeiro-ministro britânico é uma pessoa pública. Pela pose (na qual o político aparece sorrindo ao lado da menina e olhando fixo para a câmera), não há dúvidas de que Cameron consentiu com a fotografia. Inicialmente, a foto tinha um propósito privado, porém acabou circulando na internet.

A imagem ganhou um cunho político. Isso porque se fez uma comparação entre o primeiro-ministro inglês, viajando com a sua família na classe econômica de um avião de carreira, com o hábito distinto de alguns políticos brasileiros.

Os pais da menina poderiam vetar o uso da imagem de sua filha? Talvez. Todavia, há, de outro lado, interesse e utilidade nessa divulgação. Mormente num momento político no qual a sociedade brasileira esteja particularmente indignada com certos comportamentos da classe política. A situação do Cameron, primeiro-ministro de um país rico e civilizado, viajando na classe econômica ganha uma repercussão maior.

Entretanto, se a mesma imagem começasse a ser utilizada em programas políticos, sem a autorização dos pais da menor, possivelmente a resposta fosse diferente. Já não haveria apenas o interesse de informar, mas um outro propósito, estritamente político, e, nesse caso, seria mais fácil aos pais da menor impedir a divulgação da imagem de sua filha.

Ainda sobre a necessidade de exposição da imagem, pode-se citar a referência pela imprensa da descoberta da terapia cromossômica, que poderia "apagar" os efeitos da trissomia no cromossoma 21, e, com isso, evitar os efeitos da conhecida Síndrome de Down. Com essa notícia, vieram, acompanhando a publicação, diversas fotos de crianças portadoras da referida síndrome. Se houve autorização para a exposição da imagem, nesse caso específico, parece não haver problema. Afinal, trata-se de um tema relevante, com inequívoco interesse. Contudo, possivelmente, não houve autorização de uma boa parte dessas divulgações de imagem. Elas foram colhidas de algum banco de dados qualquer. Se a imagem de uma pessoa fosse exposta, poderia reclamar. Afinal, havia necessária a exposição da imagem? Parece que não.

Um terceiro aspecto digno de nota nessa ponderação entre a liberdade de expressão e os Direitos da Personalidade é a situação da pessoa objeto da divulgação. Cabe averiguar se se trata de personalidade pública ou não.

Admite-se definir as pessoas públicas como aquelas que, em função de determinado cargo público que ocupam, são expostas à apreciação constante da sociedade. Um político deve contas à sociedade. Evidentemente, sua vida pessoal deve ser protegida, porém até certo ponto. Caso, por exemplo, o governador de um Estado passe a frequentar todas as noites bares e festas, isso, claro, interessa à população. Se um determinado deputado ingere com frequência bebidas alcoólicas, a ponto de perder o controle sobre seus atos, o fato também é justamente de interesse público. Não será, de outro lado, interesse da população se essa pessoa pública tem que comparecer ao colégio de seu filho para discutir, digamos, uma repreensão sofrida pela criança.

A pessoa notória, por sua vez, é aquela que, de alguma forma, se beneficia da sua exposição na mídia. São, em regra, os artistas e alguns empresários que tiram proveito desse tipo de publicidade.

Ambas, as pessoas públicas e as notórias, têm uma personalidade pública.

De outro lado, não se pode perder de vista que toda pessoa é, por definição, privada. Entretanto, a proteção que as pessoas célebres ou notórias recebem pode ser de menor intensidade do que à reservada as demais, embora seja importante aferir, no caso concreto, como a pessoa, mesmo a notória, trate de suas questões privadas.

Um bom exemplo ocorreu no caso do Roberto Carlos e sua biografia feita por Paulo Cesar de Araújo. Roberto Carlos, o mais popular cantor brasileiro, é conhecido por ser uma pessoa extremamente reservada. Quando foi lançada a sua biografia, o "Rei", como é carinhosamente conhecido por seus fãs, buscou judicialmente evitar a divulgação do livro. Isso se deu antes de se entender pela impossibilidade da censura prévia das biografias. O caso acabou em acordo, mas o fato de que Roberto Carlos guarda cuidadosamente os aspectos privados de sua vida deveria ser levado em consideração.

A situação fatalmente seria distinta para os muitos artistas que se destacam por dividir qualquer detalhe de sua intimidade abertamente.

Veja-se a situação concreta pela qual passou a dançarina Sheila Carvalho, que ganhou certa notoriedade por participar do grupo "É o Tchan". Até mesmo revistas reputadas como "sérias", como a "Veja" e "IstoÉ", noticiaram um suposto *affair* amoroso extraconjugal do Sr. Tony Salles, marido de Sheila Carvalho. Essa notícia foi veiculada enquanto a dançarina encontrava-se confinada num *reality show*. Essa informação partiu da "postagem" na rede de uma certa senhorita Kamyla Simioni, a suposta amante do marido da dançarina, que circulou fotos comprometedoras.

A divulgação dessa informação trouxe evidentes danos à Sheila Carvalho, ao seu marido e à recém-nascida filha do casal. De outro lado, o fato parece verossímil. Atente-se também que a informação foi obtida licitamente, externada pela própria pessoa que tirou a foto.

Qual o interesse e a utilidade dessa informação? Para muitas pessoas, nenhum. Para outras, há uma curiosidade sobre a vida alheia. Um interesse vazio, mas que move muito dinheiro no mercado da mídia, onde isso passa a ser notícia e, como se diz, "vende o jornal".

Dir-se-á que a dançarina admitiu participar de um *reality show*, no qual ela se expôs completamente. Contudo, ela não admitiu que informações de sua vida conjugal fossem veiculadas.

Uma quarta baliza, que pode servir de parâmetro nessa ponderação entre a liberdade de expressão e a proteção aos Direitos de Personalidade, encontra-se na fonte da informação.

Se a informação foi obtida livremente porque franqueada pela pessoa, objeto da notícia, é mais difícil imputar a violação aos Direitos da Personalidade. Da mesma forma, se a informação já era de conhecimento público, também a divulgação do fato pode ter menor nocividade.

Muitas vezes, a imagem da pessoa é colhida em "Lugar Público" – como praças, praias, vias públicas. Hodiernamente, há enorme facilidade em obter a imagem com máquinas fotográficas pequenas, muitas vezes acopladas em telefones celulares.

Indaga-se se a imagem captada em lugar público necessitaria de autorização. Em regra, não. Afinal, a imagem foi obtida livremente.

De outra forma, haveria agressão ao direito de imagem se essa fosse colhida por meio ilícito. Há muitos casos nos quais a informação é obtida clandestinamente: por meio de grampos telefônicos não autorizados, em violação ao segredo de justiça, com a imagem colhida em locais privados.

Uma situação concreta se deu quando os jornais do país noticiaram a possibilidade de o então Ministro da Saúde, Alexandre Padilha, não ter o curso de infectologista, como ele anunciava. Havia uma sindicância em curso no Conselho Regional de Medicina - CRM do Pará, onde o Ministro era inscrito. Lá, não constava o registro de infectologista.

Não há dúvida de que se trata de uma pessoa pública, pois é um Ministro de Estado. Também há um claro interesse de se saber se os Ministros de Estado estão qualificados formalmente a desempenhar um cargo público.

A informação foi obtida de forma correta? Segundo a assessoria do Ministério da Saúde houve um indevido vazamento da informação na medida em que o inquérito para apurar eventual irregularidade no registro do CRM do Pará é sigiloso.

Poderia isso ser fundamento para que o Ministro impedisse a divulgação do fato? Seria o caso de ponderar, mas possivelmente preponderaria o interesse legítimo em ter ciência da situação correta de um servidor público que desempenha um cargo de tanta importância.

Por fim, outro fator a ser levado em consideração é a característica da utilização da informação. Se a imagem e a informação são utilizadas para fins científicos ou artísticos, há de se ter outra análise se o uso dessa mesma informação tem um propósito comercial. Também devem ser vistos com melhores olhos o uso das informações com objetivo biográfico ou jornalístico.

Assim, cabe ao intérprete apreciar qual o destino daquele uso, para verificar o proveito.

A Associação dos Advogados Criminalistas de São Paulo queixou-se à Rede Globo de a advogada de uma determinada novela ("Amor à Vida"), interpretada pela artista Carol Castro, orientar seus clientes, no folhetim, a mentir em juízo. Isso afetaria a "honra coletiva" da classe.

O tema desafia a liberdade de expressão. A novela, como se sabe, é uma manifestação artística. Um teatro. Uma ficção. Embora não muito desgarrados da realidade, os personagens são fictícios. Pode haver um advogado canalha, um médico negligente, um engenheiro relapso ou um político corrupto, sendo todos personagens de um romance. Não há a generalização em função de um único personagem. Todavia, acima de tudo, essa é uma ficção, uma manifestação artística e como tal deve ser percebida.

No começo deste trabalho, chamou-se atenção para a manchete da Revista Exame de 24.7.2013, na qual constava a foto do empresário Eike Batista, com os dizeres: "Como Eike se tornou um pesadelo para os investidores da Bovespa".

Eike Batista é um empresário conhecido também por seu estilo midiático. Depois de um sucesso retumbante em seus negócios, que fez ele conhecido como o homem mais rico do Brasil, o conglomerado de Eike passou a sofrer revezes. As sociedades que ele controla receberam severo abalo e a cotação das ações despencou, afetando os muitos milhares de acionistas que investiram nos negócios do Grupo X, como se notabilizou o grupo de empresas de Eike.

As matérias jornalísticas não enfrentam diretamente a situação das sociedades, mas optam por direcionar o foco à pessoa do empresário.

Pode haver o interesse na situação. Utilidade para os acionistas e eventuais investidores também. Cuidando-se de empresário que sempre fez questão de levar seus negócios de forma personalista, parece correto dizer que ele se expôs a esse tipo de situação. Ademais, há um interesse legítimo nos investidores e potenciais investidores de tomar conhecimento da situação das empresas com cotação na bolsa de valores.

Contudo, seguramente o empresário não autorizou a exposição de sua imagem. A exigência da autorização somente pode ser afastada diante de situação em que outros interesses constitucionais sejam preponderantes (liberdade de informação e de expressão). Mais uma vez, não é possível oferecer uma solução sem ponderar os valores em jogo.

Conclusão

O Papa Francisco visitou o Brasil em julho de 2013. Ao deixar a Itália rumo ao nosso país, circulou na imprensa uma foto do santo padre subindo as escadas do avião, carregando a sua própria mala. De fato, foi notícia o fato de o Papa carregar sua própria bagagem. Pode-se dizer que haveria uma invasão à privacidade de uma pessoa ao se publicar o tamanho de sua bagagem. Algumas pessoas poderiam incomodar-se com isso.

O Papa, contudo, é uma pessoa notória. Tudo em sua vida é publicado. O Papa, ao dar um passo fora de seus aposentos, vive cercado de jornalistas e a Igreja se beneficia dessa mídia (que, para muitas pessoas, poderia ser sufocante).

Porém, há uma mensagem muito forte nessa imagem, de enorme utilidade. O Papa carrega a sua própria bagagem. Não precisa de um serviçal. Isso porque a sua bagagem é leve. Certamente, o santo padre se preocupa apenas com o essencial.

Num mundo tomado pelo supérfluo, a chamada para a essência revela-se fundamental. Na análise do embate entre direitos da personalidade e liberdade de expressão, também o julgador deve buscar a essência (e caminhar leve, como o Papa).

Deve haver uma humildade, como a de Francisco I, do analista dessa ponderação, na qual se confrontam a liberdade de expressão e os Direitos da Personalidade. Apenas com humildade se reconhecerá que não existem respostas prontas. Ao contrário, os casos nos quais haja um conflito entre, de um lado, o direito de proteção aos Direitos da Personalidade e, de outro, a liberdade de expressão e o direito à informação, merece uma apreciação sem preconceitos, com a mente aberta, num constante reinício.

Cada caso terá as suas peculiaridades. O julgador não pode estar insensível à humanidade presente em cada situação. Apenas compreendendo a situação do ser humano em jogo será possível oferecer a resposta mais adequada. Sempre em mente uma orientação maior: quais os valores que se pretende amparar?

Bibliografia

André Gustavo de ANDRADE, *Dano Moral & Indenização Punitiva*, 2ª ed., Rio de Janeiro, Lumen Juris, 2009.

Andrea BARROSO SILVA, *Direito à imagem: o delírio da redoma protetora, in Direitos da Personalidade*, Atlas, São Paulo, 2013.

Luís Roberto BARROSO, *Colisão entre Liberdade de Expressão e Direitos da Personalidade. Critérios de Ponderação. Interpretação constitucionalmente adequada do Código Civil e da Lei da Imprensa, in* Revista de Direito Privado, nº 18, 2004.

Maria Celina BODIN DE MORAES, *O Princípio da Dignidade Humana, in Princípios do Direito Civil Contemporâneo*, Rio de Janeiro, Renovar, 2006.

- *Danos à Pessoa Humana*, Rio de Janeiro, Renovar, 2003.

Thiago Ferreira CARDOSO NEVES, *A Dignidade da Pessoa Humana e os Direitos da Personalidade, in Direito e Justiça Social*, São Paulo, Atlas, 2013.

Sergio CAVALIERI FILHO, *Programa de Responsabilidade Civil*, 10ª ed., São Paulo, Atlas, 2012.

Fábio Konder COMPARATO, *A Afirmação Histórica dos Direitos Humanos*, 7ª ed., São Paulo, Saraiva, 2010.

Marcus Eduardo de Carvalho DANTAS, *Princípios e Regra: Entre Alexy e Dworkin, in Princípios do Direito Civil Contemporâneo*, Rio de Janeiro, Renovar, 2006.

Danilo DONEDA, *Da privacidade à proteção de dados pessoais*, Rio de Janeiro, Renovar, 2006.

L. G. GRANDINETTI CASTANHO DE CARVALHO, *Liberdade de Informação e o Direito Difuso à Informação Verdadeira*, 2ª ed., Rio de Janeiro, Renovar, 2003.

Jeanne HERSCH, *Le Droit d'être um Homme*, Unesco, Tournai, 1968.

Lynn HUNT, *A Invenção dos Direitos Humanos*, São Paulo, Companhia da Letras, 2009.

Immanuel KANT, *Metafísica dos Costumes*, Parte I, Edições 70, Lisboa, 2004.

Bruno LEWICKI, *A Privacidade da Pessoa Humana no Ambiente de Trabalho*, Rio de Janeiro, Renovar, 2003.

Giovanni NANNI, *Comentários ao Código Civil*, São Paulo, Editora Revista dos Tribunais, 2023.

Anderson SCHREIBER, *Direitos da Personalidade*, São Paulo, Atlas, 2011.

Parte VII
CRIANÇAS E O MUNDO DIGITAL

Crianças e adolescentes influenciadores digitais: A proteção na Lei Geral de Proteção de Dados

Ana Carla Harmatiuk Matos[1]
Bianca Ketlyn Anderle Correia[2]

Introdução

Com a invenção da *internet*, as relações pessoais e de interação se transformaram. Nasceu um novo espaço para o compartilhamento de informações, comunicação e interação. É nesse contexto que, em meados de 2000, surgiu o influenciador digital, pessoa que produz conteúdo nas redes sociais, influenciando o comportamento de quem lhe acompanha, podendo exercer certo poder de decisão na aquisição de produtos e estilo de vida. Contemporaneamente são considerados importantes figuras para o "marco digital", alcançando milhares de seguidores em plataformas como o *Youtube, Instagram, Facebook, Twitter, Snapchat e Tik Tok*.

Não demorou muito para que as crianças e adolescentes também entrassem nesse universo. Atualmente, quando reproduzimos aquele antigo hábito de perguntar às crianças sobre o que elas gostariam de ser profissionalmente, comumente podemos escutar como uma entusiasmada resposta: "*youtuber*" e "*tiktoker*"! Muitas vezes "brincam" de criar conteúdos e se inspiram em outras crianças que seguem nas mídias sociais, geradoras de "identificação" e "representatividade".

Conforme lista apresentada pela revista Forbes em 2.021, entre os dez *youtubers* mais bem pagos do mundo, dois são crianças. O sexto lugar da lista é preenchido por Anastasia Radzinskaya, mais conhecida

1 Mestre e Doutora em Direito pela UFPR e mestre em Derecho Humano pela Universidad Internacional de Andalucía. Tutora Diritto na Universidade di Pisa - Italia. Professora Titular em Direito Civil da UFPR. Diretora da Região Sul do IBDFAM. Vice-Presidente do IBDCivil. Advogada. Conselheira Estadual da OAB-PR. Membro Consultora da Comissão Especial de Direito das Sucessões do Conselho Federal da Ordem dos Advogados do Brasil.

2 Pós-graduanda em Direito das Famílias e Sucessões pela Academia Brasileira de Direito Constitucional. Bacharela em Direito pela Universidade Federal do Paraná. Integrante do Núcleo de Sistemas Internacionais de Direitos Humanos (NESIDH-UFPR) e do Jogo do Acesso à Justiça: Direitos em Movimento: espaços, corpos e conflitos.

como Nastya, uma criança de sete anos que conta com cerca de 107 milhões de inscritos no *YouTube*. Semanalmente, ela realiza *vlogs* que relatam o seu cotidiano, tendo arrecadado cerca de 28 milhões de dólares no período de um ano.

Logo em seguida, em sétimo lugar, está Ryan Kaji, um *youtuber* que desde os quatro anos de idade produz resenhas de brinquedos e vídeos com os familiares para seu canal denominado *"Ryan Toys Review"*, sob a supervisão de seus pais, que atuam também como seus empresários. Com dez anos, chegou a faturar 27 milhões de dólares somente em 2.021.[3]

Os números no Brasil impressionam. De acordo com um estudo divulgado na Folha de S.Paulo, entre os cem canais com maior audiência no *YouTube* brasileiro, quarenta e oito abordam conteúdo consumido por crianças de até 12 anos. Entre outubro de 2.015 e setembro de 2.016, os canais voltados para o público infantil conquistaram juntos mais de 50 bilhões de visualizações.[4]

Essa crescente participação nas mídias sociais também traz consigo um conjunto único de desafios e preocupações contemporâneas, que vão desde o risco de exposição infantil excessiva até a violação ao direito à imagem e à privacidade, que pode ocasionar óbices ao seu desenvolvimento saudável.

O uso abusivo de dados pessoais e o seu tratamento inadequado, risco cada vez mais presente no ambiente virtual, são ainda mais gravosos quando referem-se a crianças e adolescentes. Conforme apontam Negri, Fernandes e Korkmaz, "a bolha dos filtros presente na *internet*, advinda da extrema personalização do conteúdo por meio de algoritmos, pode ter efeitos geracionais nunca antes imaginados".[5]

---

3 BROWN, Abram; FREEMAN, Abigail. **Conheça os YouTubers dos EUA mais bem pagos de 2021**. Forbes. Disponível em: https://forbes.com.br/forbes-money/2022/01/conheca-youtubers-dos-eua-mais-bem-pagos-2021/. Acesso em: 25 jul. 2023.

4 MARIANI, Cristiana; MARTINS, Daniela; FROTA, Etel. *Quase metade dos cem canais mais vistos tem conteúdo para criança.* Folha de São Paulo, 2016. Disponível em: http://temas.folha.uol.com.br/influenciadores-digitais/a-sociedade/quase-metade-dos-cem-canais-mais-vistos-tem-conteudo-para-crianca.shtml. Acesso em: 28 set. 2023.

5 NEGRI, Sergio Marcos Carvalho de Ávila; FERNANDES, Elora Raad; KORKMAZ, Maria Regina Detoni Cavalcanti Rigolon. A proteção integral de crianças e adolescentes: desafios jurídicos de uma sociedade hiperconectada. In: SOARES, Fabiana de

No entanto, diante da carência de legislação específica que regulamente a proteção, dos influenciadores mirins, busca-se verificar a aplicação e alcance na Lei Geral de Proteção de Dados na salvaguarda dos direitos dos infantes que produzem conteúdo para as redes sociais, considerando também o papel familiar na proteção dessas garantias e as hipóteses de responsabilização dos pais e responsáveis legais quando não o fizerem.

1. Os influenciadores digitais mirins: desafios e preocupações

Os influenciadores digitais mirins podem ser definidos como aqueles que embora muito jovens, possuem a capacidade de influenciar pessoas através da produção de conteúdo em redes sociais, formando opiniões e exercendo certo poder de decisão na aquisição de produtos ou no tocante ao estilo de vida, preferências e bens culturais de seu público.

O cotidiano deles não é nada comum. Vídeos, reuniões de negócios demoradas, entrevistas com direito a "*stories*", eventos, presença VIP, sessões de fotos para marcas de roupas, inclusive em finais de semana, interfaces com TV, embaixadores de marca, encontros com fãs, modelagem, campanhas publicitárias e permutas. Além disso, algum familiar administrando contas de redes sociais (funcionando como empresário/assessor) e perfil "artístico" da criança estimulado. Ainda verifica-se mensalidade de escola privada ofertada em compensação à publicidade e tempo dedicado "ao trabalho" maior daquele dedicado às brincadeiras, entre outros fatores que chamam a atenção por destoarem do universo comumente atribuído para a fase em que se encontram de desenvolvimento da sua personalidade.

Por vezes, tornam-se criadores de conteúdo digital antes mesmo de nascer ou com idade tenra, sobretudo quando são filhos de celebridades. Como ocorreu com Beatriz Estaniecki Cocielo, que já possuía uma conta no *instagram* com mais de um milhão de seguidores desde os três meses de gravidez de sua mãe.

O perfil administrado por seus genitores Thayane Estaniecki Cocielo e Júlio Cocielo - criadores de conteúdo que possuem mais de 12 milhões e 40 milhões de seguidores, respectivamente, em variadas plataformas digitais - foi utilizado, por exemplo, para divulgar marcas de enxoval previamente ao nascimento da criança.

Atualmente, Beatriz possui três anos de idade e seus telespectadores crescem a cada dia. Com mais de dois milhões seguidores em seu *instagram* pessoal, são divulgados inúmeros vídeos e fotos de sua rotina e momentos importantes, tais como seus primeiros passos, primeiras palavras e aniversários. Além de parcerias com empresas de moda, fraldas, brinquedos, decoração de casa, eventos, produtos de banho e alimentação, dentre outros segmentos.

Caso semelhante é o de Alice, bebê de quatro anos que passou a fazer sucesso durante a pandemia, em razão dos vídeos, em que pronuncia frases consideradas difíceis, divulgados na conta do *Instagram* de sua mãe, Morgana Secco, a qual conta com mais de quatro milhões de seguidores.[6] O sucesso foi tanto que a criança estrelou um comercial do banco Itaú com a atriz Fernanda Montenegro, fomentando os debates sobre o uso da imagem infantil como ferramenta para a lucratividade e a possibilidade de ofensa à privacidade da pessoa em desenvolvimento.

Recentemente, a atriz e influenciadora Larissa Manoela denunciou seu descontentamento com a administração, realizada por seus pais, do patrimônio que adquiriu durante a infância. Conforme relatado em entrevista para a rede globo, ela não possuía acesso e tampouco autonomia para utilizar os valores frutos de seu trabalho de atuação, modelagem e publicidade.[7] Contudo, para além da discussão acerca da exploração comercial e do limite da autoridade parental nas situações em que os pais ou responsáveis agenciam a carreira dos filhos, narrativas como essas chamam à atenção para a superexposição infantil.

Em meados de 2.020, a mãe da *youtuber* e influenciadora digital Isabel Magdalena - conhecida pelo seu canal no Youtube "Bel para Meninas", que conta com mais de 7,5 milhões de inscritos – foi acusada de colocar sua filha em situações vexatórias, obrigá-la a vestir-se e agir

---

6 FONSECA, Thais. *Saiba quem é a 'menina do comercial do Itaú' que irá apresentar quadro no 'Domingão com Huck'*. ISTOÉ Gente, 2023. Disponível em: https://istoe.com.br/saiba-quem-e-a-menina-do-comercial-do-itau-que-ira-apresentar-quadro-no-domingao-com-huck/. Acesso em: 20 set. 2023.

7 VIEIRA, Diego Fernandes; OLIVEIRA, Ligia Ziggiotti de. *O caso Larissa Manoela e os paradoxos entre autonomia e proteção de crianças e adolescentes*. Migalhas, 2023. Disponível em: https://www.migalhas.com.br/coluna/migalhas-de-vulnerabilidade/392756/os-paradoxos-entre-autonomia-e-protecao-de-criancas-e-adolescentes. Acesso em: 29 set. 2023.

de forma infantilizada e de abusar psicologicamente da mesma em troca de fama e ibope na internet, gerando até mesmo a criação da hashtag denominada "#SalvemBelParaMeninas".

Em alguns vídeos publicados no canal, a genitora realiza atitudes desagradáveis, como quebrar um ovo na cabeça da jovem e a gravar vomitando após experimentar líquido fruto de um desafio lançado nas redes sociais. Somado a isso, tornou-se recorrente a criação de enquetes no *instagram* para que os seguidores da "Bel" escolhessem as roupas e acessórios que ela deveria usar. Em decorrência, o setor de defesa dos direitos da criança do município de Maricá ficou responsável por averiguar as inúmeras denúncias de violência psicológica, abuso e tratamento vexatório. Mas desde então, não houve atualizações sobre o caso.[8]

Igualmente alarmante a situação sofrida por Gabriela de Abreu, cantora e influenciadora cujo nome artístico é *Melody*. Com apenas 9 anos de idade, ela cantava músicas com letras que provocam sua erotização precoce, como "Agora chora, A menina cresceu, Agora chora, Tu viu que me perdeu", entre outras, com palavrões de conotação sexual. Seu pai, Thiago de Abreu, conhecido como "MC Belinho", era responsável por produzir os vídeos, vestir a filha com roupas tidas como adultas e inseri-la em casas noturnas para que realizasse performances de suas canções, que possuíam coreografias tidas como excessivamente sensuais.

À vista disso, foi elaborado abaixo assinado, solicitando que o Conselho Tutelar realizasse alguma medida. Em 2.015, foi aberto um inquérito pelo Ministério Público de São Paulo, que realizou uma investigação acerca da conduta dos pais de *Melody*, sob a suspeita de que violaram o direito à dignidade da influenciadora, em razão da produção de conteúdo com cunho sexual, que nada condizem com sua idade.

Contudo, até hoje a jovem de 16 anos é empresariada pelo seu genitor e suas músicas mais recentes continuam sendo apontadas como inadequadas. Na canção "Barbie de Chapéu", lançada em julho de 2.023 em conjunto com a cantora Paula Guilherme, de 15 anos, as adolescentes aduzem: "Barbie de chapéu, princesa da galopada. O seu coração eu prendo na laçada. Pode admirar, mas não se apaixona. Sou uma boneca

8 WANDERLEY, Ed. MP é acionado após público denunciar mãe youtuber do canal 'Bel para meninas'. Estado de Minas, 2020. Disponível em: https://www.em.com.br/app/noticia/nacional/2020/05/21/interna_nacional,1149452/mp-acionado-publico-denunciar-mae-youtuber-canal-bel-para-meninas.shtml. Acesso em: 29 set. 2023.

muito malvadona". Seguiram-se, assim, os debates sobre exposição excessiva, com conteúdo de conotação erotizada, em desencontro ao interesse das jovens.

Nesse sentido, é relevante a discussão atinente ao *sharenting*, expressão advinda da língua inglesa que "representa a combinação das palavras "share" (compartilhar) e "parenting" (parentalidade; poder familiar)".[9] Consoante aponta Stacey B. Steinberg, essa prática refere-se ao fenômeno de "compartilhamento *online,* de detalhes da vida dos filhos por parte dos pais, que deve ser um assunto discutido frequentemente na criação da prole, tendo em vista que isto traz à tona o embate entre os direitos dos filhos e dos pais".[10]

A superexposição não é tão recente, uma vez que ocorria antes da existência da *internet,* sobretudo na televisão. Todavia, no ambiente virtual possui uma proporção maior, abarcando também os influenciadores digitais mirins, seja naqueles casos em que os responsáveis administram seus perfis ou até mesmo naqueles em que os pais tão somente autorizam a divulgação dos conteúdos produzidos pelas crianças e adolescentes.

O *sharenting* pode impor vários riscos ao infante, podendo violar seu direito à imagem, dignidade, personalidade e privacidade. Afinal de contas, os direitos da personalidade, de acordo com os ensinamentos de Rubens Limongi França, consistem nas "faculdades jurídicas cujo objeto são os diversos aspectos da própria pessoa do sujeito, bem assim as suas emanações e prolongamentos".[11] Destarte, possuem como finalidade garantir os direitos indispensáveis à dignidade e integridade da pessoa humana, sendo que a imagem pode ser interpretada como a personalidade exteriorizada pelo indivíduo na sociedade.

O artigo 20 do Código Civil preconiza que a exposição ou a utilização da imagem de uma pessoa poderão ser proibidas, a seu requerimento e sem prejuízo da indenização que couber, se lhe atingirem a honra, a boa fama ou a respeitabilidade, ou se destinarem a fins comerciais, com

9 FERREIRA, Lucia Maria Teixeira. *A superexposição dos dados e da imagem de crianças e adolescentes na Internet e a prática de Sharenting: reflexões iniciais.* Revista do Ministério Público do Estado do Rio de Janeiro no 78, out./dez. 2020, p. 165).

10 STEINBERG, S. B. *Sharenting*: Children"s Privacy in the Age of Social Media. Emory Law Journal. Atlanta, v. 66, pp. 839-889, 2017.

11 FRANÇA, Rubens Limongi. *Direitos da personalidade.* Rio de Janeiro: Editora Revista dos Tribunais, 1993, p. 28

exceção das hipóteses em que houve autorização ou se são necessárias à administração da justiça ou à manutenção da ordem pública.

Especificamente em relação aos infantes, o artigo 15 estabelece que a criança e o adolescente possuem o "direito à liberdade, ao respeito e à dignidade como pessoas humanas em processo de desenvolvimento e como sujeitos de direitos civis, humanos e sociais garantidos na Constituição e nas leis". Ainda, o artigo 17 esclarece que o direito ao respeito compreende a "inviolabilidade da integridade física, psíquica e moral da criança e do adolescente, abrangendo a preservação da imagem, da identidade, da autonomia, dos valores, idéias e crenças, dos espaços e objetos pessoais".

Com base nisso, Grazielle Bomfim e Gabriel Elder elucidam que a exposição excessiva pode acarretar diversos impactos, como "a violação da privacidade da experiência individual, a perda da autonomia e espontaneidade infantil, a datificação, adultização precoce, e dentre outros".[12]

Tais efeitos atingem não somente a criança ou adolescente criadora de conteúdo digital, mas também os infantes que lhe acompanham, influenciando seu comportamento e, inclusive, o consumo. Embora o Código de defesa do consumidor e a 163/2014 do Conselho Nacional dos Direitos da Criança e do Adolescente (CONANDA) proíbam a publicidade direcionada para o público infantil, os próprios influenciadores mirins divulgam produtos e serviços, até mesmo de forma velada.

Além disso, os infantes criadores de conteúdo podem estimular crianças a desenvolver maus hábitos alimentares. É o que alertam cientistas da Universidade de Nova York, nos Estados Unidos, em um novo estudo publicado na revista *Pediatrics.* De acordo com a publicação, quase metade (42,8%) dos vídeos de maior audiência publicados pelos jovens influenciadores mais populares do *Youtube* promoveram algum tipo de comida ou bebida. Dentre esses alimentos, mais de 90 % eram considerados não saudáveis.[13]

12 SANTOS, Grazielle Bomfim; EDLER, Gabriel Octacilio Bohn. *Oversharenting*: A superexposição da imagem das crianças e adolescentes nas redes sociais e a responsabilidade civil dos pais. Revista Ibero-Americana de Humanidades, Ciências e Educação. São Paulo, v.8.n.06. jun. 2022, p. 857.

13 CURSINO, Frederico. *Influenciadores mirins incentivam crianças à má alimentação, alerta estudo.* Uol, 2020. Disponível em: https://www.uol.com.br/vivabem/noticias/redacao/2020/11/11/influenciadores-mirins-incentivam-criancas-a-ma-alimentacao-alerta-estudo.htm. Acesso em: 28 set. 2023.

Em decorrência, mostra-se como relevante que os pais sejam prudentes quando autorizarem ou compartilharem conteúdo de seus filhos e, ao mesmo tempo, devem monitorar os conteúdos assistidos por eles, observando o melhor interesse da criança e do adolescente.

2. Os direitos das crianças e adolescentes influenciadores digitais mirins

A partir da segunda metade do século XX, as crianças e adolescentes passaram a ser reconhecidas como sujeitos de direito dotados de dignidade humana. Com base nesse pressuposto, surge um novo ramo do direito para protegê-las, composto por um conjunto de normas jurídicas que fixam as relações sociais entre os infantes e adultos, consagrando os direitos dos primeiros e os deveres dos familiares, representantes das instituições estatais ou integrantes da sociedade civil.[14]

No âmbito internacional, os infantes estão inclusos no rol de direitos destinados à proteção dos Direitos Humanos. Sendo que há legislação exclusiva para abordar as garantias deste grupo vulnerável. A Convenção sobre os Direitos da Criança, tratado de direitos humanos mais aceito no mundo ao ter sido ratificado por 196 países, consagra que as crianças possuem inerentemente como garantias a igualdade, desenvolvimento saudável, alimentação, saúde, educação, vida, identidade, nacionalidade, nome e relações familiares.

Da mesma forma, no direito interno, são previstos amplos direitos fundamentais a este grupo vulnerável. Com o advento da Constituição Federal de 1988 surge um novo marco no Brasil: crianças e adolescentes, antes vistos como "objetos tutelados" pelo antigo Código de Menores, passam a ser vistas como sujeitos de direitos.

A Carta Magna adotou a doutrina da Proteção Integral, reconhecendo que a família, sociedade e Estado possuem a obrigação de assegurar, com prioridade absoluta, às garantias fundamentais destes indivíduos dispostos nos artigos 227 a 229, tais como o direito à vida, à saúde, à alimentação, à educação, ao lazer, à profissionalização, à cultura, à dignidade, ao respeito, à liberdade e à convivência familiar e comunitária. Assim como protegê-los de toda forma de negligência, discriminação, exploração, violência, crueldade e opressão.

14 ZAPATER, Maíra. **Direito da criança e do Adolescente**. São Paulo: Editora Saraiva, 2019, p. 15.

Com a promulgação do Estatuto da Criança e do Adolescente, em 1990, tais direitos foram ampliados. Estes indivíduos passaram a ser encarados como pessoas em desenvolvimento. Igualmente, foram concretizados o princípio da prioridade absoluta, proteção integral e do superior interesse da criança e do adolescente.[15] Desse modo, lhes é conferida uma especial proteção por parte do direito nacional e internacional.

Nessa senda, em aplicação à teoria do duplo controle cunhada por André de Carvalho Ramos[16] - ou seja, o exercício do controle de constitucionalidade e do controle de convencionalidade simultaneamente - o Estado brasileiro deve observar os direitos dos infantes, de forma a aplicar leis internas e tratados internacionais.

Em relação às crianças e adolescentes influenciadores digitais, suas especificidades demandam um marco característico de proteção, uma vez que estão vulneráveis a diversos riscos, tais como trabalho infantil, superexposição, exploração de sua imagem, violação de seus direitos de personalidade e dados pessoais. Ainda assim, há poucas regras específicas sobre criadores de conteúdo digital no mundo.

De forma inédita, foi promulgada na França a Lei nº 2020-1266, intitulada "*Exploitation de l'image d'enfants sur les plateformes en ligne*", adotada para regular a exploração comercial da imagem de menores de dezesseis anos em plataformas online. Tal normativa é um marco, que pode dar espaço a futuras regulamentações acerca da temática em outros ordenamentos jurídicos. Apesar da relevância da iniciativa, seus dispositivos são controvertidos.

Seu conteúdo dispõe que as crianças e adolescentes que produzem conteúdo no ambiente virtual deverão ter como jornada de trabalho o máximo de 8 horas diárias e 35 horas semanais, a qual deve ser aprovada pelo Estado, com a finalidade de não prejudicar sua educação escolar. Ainda que limitar o máximo de horas é proteção relevante, o parâmetro colocado parece não levar em consideração a especial fase do desenvolvimento, mas sim, ter perfil "adultocentrico".

---

15 COSTA, Dorival da; SIEG, Fábio; TOMÉ, Maria Dolores Perisão. *Os direitos das crianças e adolescentes no Brasil:* conjunturas e doutrinas nessa consolidação. 2018, p. 350.

16 RAMOS, A. DE C. .; GAMA, M. F. L. . CONTROLE DE CONVENCIONALIDADE, TEORIA DO DUPLO CONTROLE E O PACTO NACIONAL DO JUDICIÁRIO PELOS DIREITOS HUMANOS: AVANÇOS E DESAFIOS. Revista Direitos Culturais, v. 17, nº 41, pp. 283-297, 5 maio 2022.

Os vídeos atinentes a acontecimentos e exposições da vida cotidiana em família serão reconhecidos como trabalho quando exceder uma quantidade de conteúdo e acarretar algum ganho financeiro direto ou indireto ao autor ou autora. Assim, no tocante aos infantes que produzem conteúdo no *Youtube*, a autorização possui como requisito a elaboração de um contrato que elenca a remuneração, o tempo e as condições de trabalho da criança com a plataforma. Tal regramento de certo modo "legitima" a exposição da vida privada.

Nos casos em que os responsáveis legais não requererem autorização administrativa, eles podem ser responsabilizados com privação de liberdade até cinco anos e € 75.000 de multa, por trabalho infantil. Além disso, a lei prevê como obrigatória a abertura de uma conta bancária destinada aos depósitos advindos de 90% das receitas das atividades digitais, que não pode ser movimentada até o indivíduo atingir dezesseis anos.[17]

Por outro lado, não existe no Brasil regulamento destinado a delimitar especificamente os direitos dos influenciadores digitais mirins. Há alguns anos, houveram duas tentativas de normatização da profissão *Youtuber*, no entanto, nenhuma delas foi aprovada no Congresso Nacional. O projeto de lei nº 4.289/2016 hoje encontra-se arquivado na Câmara dos Deputados e o projeto de lei nº 10.938/2018 foi retirado de pauta. Embora relevantes, ambas as iniciativas possuem um recorte ainda mais particular, sem referir-se a criadores de conteúdo das demais plataformas digitais e redes sociais em que é possível identificar relações de trabalho.

Em 11 de agosto de 2022, foi proposto o projeto de lei nº 2.259/22, a qual estabelece regras para o exercício da atividade de crianças e adolescentes que atuam como influenciadores digitais em qualquer tipo de plataforma virtual. A proposta está em análise na Câmara, e pode trazer inúmeras mudanças, caso aprovada.

Através de seu artigo segundo, define-se influenciador digital mirim como "a pessoa com até dezesseis anos de idade que obtém seguidores nas redes sociais ou sítios eletrônicos por apresentar algum conteúdo, inclusive por meio de vídeos, *blogs* ou outra forma audiovisual, em qualquer tipo de plataforma virtual". É estabelecido que o exercício dessa

17 FERRO, Salus Henrique Silveira. A regulamentação de crianças e adolescentes influencers: a busca por uma proteção global. **Revista Jus Navigandi**, ISSN 1518-4862, Teresina, ano 25, nº 6327, 27 out. 2020. Disponível em: https://jus.com.br/artigos/86283. Acesso em: 12 ago. 2023.

atividade deve ser realizada apenas com prévia autorização expressa dos pais ou responsáveis, frequência escolar regular e realização da atividade em horário compatível com o da escola.

De forma similar a lei francesa, o projeto consagra que o dinheiro adquirido através das atividades deverão ser depositadas em conta a ser aberta em nome do influenciador mirim, a qual só pode ser levantada após este completar dezesseis anos, salvo as quantias necessárias ao pagamento de suas despesas com educação, alimentação e saúde, que poderão ser sacadas mensalmente. A desobediência a esta norma por parte dos patrocinadores e demais anunciantes, que se negarem a depositar os valores em conta especifica, pode ensejar em multa. Ainda, o artigo sexto consagra que "o exercício da atividade de influenciador digital mirim não fere o direito à imagem da criança e do adolescente desde que seja expressamente autorizado pelos pais ou responsáveis".

Em que pese trata-se de uma normatização de importância, estão ausentes algumas disposições relevantes, tais como a carga horária das atividades, o limite da exposição infantil, a salvaguarda do direito de personalidade e autonomia da criança, os requisitos para configurar abusos em detrimento da criança ou adolescente e, respectiva responsabilização por parte dos pais ou empresas. Relevante também a elaboração de normas que versam especificamente a respeito de crianças e adolescentes, as quais possuem distinto grau de desenvolvimento.

Especialistas apontam que quando há obrigação em gravar vídeos, exposição da intimidade da criança e recebimento de produtos enviados por marcas há relação trabalhista. Consoante prevê as Convenções da OIT nº 138 e nº 182, considera-se trabalho infantil aquele realizado por indivíduos abaixo da idade mínima de admissão ao mercado de trabalho estabelecida na legislação em vigor no país. No Brasil, a Constituição Federal proíbe qualquer trabalho a menores de dezesseis anos, exceto na condição de aprendiz, a partir de quatorze anos, desde que observadas as exigências previstas em seu artigo 7° XXXIII, atinente à vedação de trabalho noturno, perigoso ou insalubre.

Similarmente, o artigo 67 do Estatuto da Criança e do Adolescente coíbe ao adolescente empregado, aprendiz e aluno de escola técnica, o trabalho noturno, perigoso, insalubre ou penoso, bem como aquele realizado em locais prejudiciais à sua formação e ao seu desenvolvimento físico, psíquico, moral e social; e realizado em horários e locais que não permitam a frequência à escola.

Diante disso, há um grande debate contemporâneo se as atividades realizadas pelos influenciadores digitais consistem em uma profissão propriamente dita e, por conseguinte, se os influenciadores mirins menores de 16 anos realizam trabalho infantil. Para Fabrício da Mota Alves, influenciador não é uma atividade regulamentada, por isso não pode ser considerado um trabalho propriamente dito.[18]

De acordo com Sóstenes Marchezine, no final de fevereiro de 2022, o Brasil passou a reconhecer a atividade do influenciador digital como uma profissão, devidamente registrada na Classificação Brasileira de Ocupações (CBO) sob o nº 2.534-10. Tal reconhecimento "não se confunde com a regulamentação da profissão – que se dá por lei, após tramitação no Congresso Nacional e sanção presidencial".[19] Ainda assim, alerta o autor que isso não limita e tampouco desqualifica o reconhecimento, pois a própria CBO classifica as ocupações existentes em todo o país, sem diferenciar as regulamentadas e as de livre exercício profissional.

Nesse diapasão, se considerarmos que a produção de conteúdo digital é uma profissão, presume-se que todas as crianças e adolescentes menores de dezesseis anos que exercem esta atividade estão submetidas ao trabalho infantil. Não obstante, o direito brasileiro permite que o poder judiciário autorize o trabalho artístico infantil, desde que a representação tenha fim educativo ou a peça de que participe não possa ser prejudicial à sua formação moral, bem como que a ocupação do infante seja indispensável à própria subsistência ou a de seus familiares, não ocasionando nenhum prejuízo à sua formação moral, nos termos do artigo 406 da Consolidação das Leis do Trabalho.

Nas palavras de Sandra Regina Cavalcante, o trabalho artístico infantil compreende "toda prestação de serviço apropriada economicamente por *outrem*, remunerada ou não, realizada antes da idade mínima para o trabalho – que no Brasil é de 16 anos –, envolvendo a manifestação artística".[20]

---

18 CAVALCANTE, Isabella; MENDES, Tatyane. *Influenciador mirim:* entenda os benefícios e perigos da profissão. Metrópoles, 2019. Disponível em: https://www.metropoles.com/vida-e-estilo/comportamento/influenciador-mirim-entenda-os-beneficios-e-perigos-da-profissao. Acesso em: 29 set. 2023.

19 MARCHEZINE, Sóstenes. *Influenciadores digitais:* reconhecimento da profissão e fomento ao empreendedor. Consultório Jurídico, 2022. Disponível em https://www.conjur.com.br/2022-abr-25/sostenes-marchezine-fase-influenciadores-digitais. Acesso em: 12 set. 2023.

20 CAVALCANTE, Sandra. *Seminário do Pacto Nacional pela Primeira Infância Região Sudeste.* Apresentação de PowerPoint. Disponível em: https://www.cnj.jus.br/wp-

Essa definição abarca atividades como a representação, canto, dança, atuação em fotos e vídeos, desfiles de moda e apresentação de programas. Incluindo, portanto, as atividades empreendidas pelos influenciadores mirins. Contudo, a divulgação de produtos com o objetivo de promover o consumo não se enquadra nesse rol.[21]

Ressalta-se que o trabalho artístico infantil é permitido para menores de dezesseis anos, contanto que haja autorização judicial, o que não é a realidade da maior parte das crianças e adolescentes que atuam como influenciadoras.[22] Considerando que a análise do magistrado visa examinar se a atividade artística pode causar algum prejuízo ao infante, a sua ausência pode ensejar em abusos, prática facilitada pela falta de fiscalização dos órgãos públicos.

Adicionalmente, em que pese a Constituição Federal proíba o trabalho infantil, também não há legislação especialmente atinente ao desenvolvimento de atividades artísticas por crianças e adolescentes.[23]

Não obstante a falta de regras específicas, há importantes reflexões advindas na da Lei Geral de Proteção de Dados para as relações às quais os criadores de conteúdo digital mirins estão submetidos.

3. A lei geral de proteção de dados como marco regulatório para a proteção dos direitos das crianças e adolescentes influenciadores digitais

Partimos da constatação que as crianças e adolescentes estão tendo seus dados pessoais coletados e tratados sem que elas próprias, suas

-content/uploads/2019/09/Trabalho-infantil-artístico-e-as-novas-tecnologias_o-caso-dos-influenciadores-digitais-mirins-Sandra-Regina.pdf. Acesso em: 15 set. 2023.

21 DIAS, Guilherme Soares. *Youtubers e influenciadores mirins*: quando a diversão vira trabalho infantil. Criança livre de Trabalho Infantil, 2020. Disponível em: https://livredetrabalhoinfantil.org.br/noticias/reportagens/youtubers-e-influenciadores-mirins-quando-a-diversao-vira-trabalho-infantil/#:~:text=O%20trabalho%20art%C3%ADstico%20%C3%A9%20permitido,mas%20%C3%A9%20f%C3%A1cil%20de%20identifica. Acesso em: 29 set. 2023.

22 DIAS, Maria Berenice. *Manual de direito das famílias*. São Paulo: Revista dos Tribunais, 2016.

23 DANTAS e DENSA. *Regulamentação sobre o trabalho dos youtubers mirins na França e no Brasil*. Migalhas, 2020. Disponível em: https://www.migalhas.com.br/coluna/migalhas-de-responsabilidade-civil/337127/regulamentacao-sobre-o-trabalho-dos-youtubers-mirins-na-franca-e-no-brasil. Acesso em: 13 set. 2023.

famílias, a sociedade e mesmo os Estados tenham a real dimensão de como estão sendo exploradas comercialmente.

Certas combinações de dados pessoais, incluindo dados biométricos, podem identificar exclusivamente uma criança. Práticas digitais, como processamento automatizado de dados, criação de perfis, segmentação comportamental, verificação de identidade obrigatória, filtragem de informações e vigilância em massa estão se tornando rotina. Isto posto, podem levar a interferência arbitrária ou ilegal no direito dos infantes à privacidade e causar consequências adversas, o que pode continuar a afetá-las em fases posteriores de suas vidas.

Como nos ensina Danilo Doneda, a utilização ampla dos dados pessoais em diversas atividades, como identificação, classificação e autorização, converte tais dados em elementos essenciais para que o indivíduo possa se mover com autonomia e liberdade na Sociedade da Informação.[24]

Com efeito, o tratamento de dados pessoais constitui uma atividade de risco, que pode resultar em exposição indevida ou abusiva, sendo necessária a instituição de mecanismos que possibilitem à pessoa deter conhecimento e controle sobre seus próprios dados, os quais consistem na expressão direta de sua própria personalidade.[25]

No ambiente virtual tais perigos ficam ainda maiores, pois o uso da *internet* permite acesso a suas "preferencias, perfis de consumo, interesses, estado de saúde e outras tantas informações que podem ser danosas para as pessoas, especialmente em inicio da vida, uma vez que os dados podem ser utilizados de forma a prejudicá-los ou para influenciar e manipular o seu comportamento e conduta".[26] Ademais, os dados pessoais ficam disponíveis mesmo anos depois da publicação.[27]

---

24 DONEDA, Danilo. Dados Pessoais e Direitos Fundamentais. In: MATOS, Ana Carla Harmatiuk. *A Construção dos Novos Direitos.* 1. ed. Porto Alegre: Núria Fabris, 2008, p. 46.

25 Ibidem.

26 MACIEL, Fernanda Maggi Salvia; ELDER, Gabriel Octacilio Bohn. *Redes Sociais*: o direito de acesso da criança e do adolescente e a necessidade de sua regulamentação específica. Revista Ibero-Americana de Humanidades, Ciências e Educação. São Paulo, v.8.n.05. maio. 2022.

27 ROSA, Conrado Paulino da; PAULO; Lucas Moreschi; BURILLE, Cíntia. *(Over)Sharenting: entre a hipervulnerabilidade e a expansão dos influenciadores digitais mirins.* Pensar, Fortaleza, v. 28, nº 2, pp. 1-10, abr./jun. 2023, p. 6.

À vista disso, foi promulgada a Lei nº 12.965/2014, também conhecida como Marco Civil da *internet,* que em seu artigo 3 consagra a proteção da privacidade e dos dados pessoais como um dos princípios norteadores. Em adição, elenca como direito dos usuários o não fornecimento a terceiros de seus dados pessoais, exceto mediante consentimento livre, expresso e informado.

Também determina, em seu artigo 7, que a coleta, uso, armazenamento e tratamento desses dados podem ser utilizados apenas quando justificada sua coleta, nas hipóteses não vedadas pelo ordenamento jurídico interno e quando especificadas nos contratos de prestação de serviços ou em termos de uso de aplicações de internet.

Complementarmente, a Lei Geral de Proteção de Dados Pessoais dispõe, no seu artigo 14, que o tratamento de dados pessoais das crianças e adolescentes deverá ser realizado em observância ao seu melhor interesse, devendo ser destinado maior cuidado com os dados tidos como sensíveis. Assim, harmoniza-se com o Estatuto da Criança e do Adolescente, a Constituição Federal do Brasil e com a Convenção sobre os Direitos das Crianças.[28]

Nesse sentido, importa destacar que, em 2023, a ANPD editou enunciado indicando que o tratamento de dados infantis pode ser realizado com base na LGPD:

> O tratamento de dados pessoais de crianças e adolescentes poderá ser realizado com base nas hipóteses legais previstas no art. 7o ou no art. 11 da Lei Geral de Proteção de Dados Pessoais (LGPD), desde que observado e prevalecente o seu melhor interesse, a ser avaliado no caso concreto, nos termos do art. 14 da Lei.

Contudo, verifica-se o uso exacerbado da *internet* e plataformas digitais. De acordo com pesquisa conduzida em 2.022 pela *TIC Kids Online* Brasil, cerca de 24 milhões de brasileiros de 9 a 17 anos são usuários

---

28 ANGELINI, Kelli; BARBOSA, Alexandre; SENNE, Fabio; DINO, Luísa Adib. Privacidade e Proteção aos dados pessoais de crianças e adolescentes na internet: marco legal e ações estratégicas para prover direitos na era digital. In: LATERÇA, Priscilla Silva; FERNANDES, Elora; TEFFÉ, Chiara Spadaccini de; BRANCO, Sérgio (Coords.). *Privacidade e Proteção de Dados de Crianças e Adolescentes.* Rio de Janeiro: Instituto de Tecnologia e Sociedade do Rio de Janeiro; Obliq, 2021, p. 20.

de *internet*, sendo que 86%, isto é, 21 milhões deles possuem perfil em redes sociais. O aplicativo *WhatsApp* reúne 78% desses usuários, o *Instagram* 64%, o *TikTok* 60% e o *Facebook* 47%.[29]

O cadastro em redes sociais digitais, como F*acebook, Instagram, Youtube, Twitte*r, *Snapchat* e *Tik Tok*, possibilita que tais empresas coletem e tratem os dados pessoais, com o consentimento do usuário, mediante a anuência dos termos de uso e de privacidade. Embora delimitem idade mínima para seu uso, verifica-se que há grande parcela de crianças e adolescentes que criam perfis nesses sítios eletrônicos sem, no entanto, possuir a idade permitida. Consoante demonstrado pela pesquisa, a plataforma mais utilizada entre a faixa etária de 9 a 12 anos é o *TikTok,* apesar de suas diretrizes indicarem 13 anos como a idade mínima para uso. Tal prática é facilitada pela ausência de fiscalização pelo Estado, pelas próprias redes sociais e pelos pais ou responsáveis, bem como pela promoção e monetização dos conteúdos produzidos pelos influenciadores digitais mirins.

Destarte, a resolução 163/2014 do CONANDA vetou a publicidade feita por criança e para a criança. O instrumento disciplina que o tratamento de dados pessoais infantis para fins publicitários, com a finalidade de persuadir crianças a consumir qualquer produto ou serviço, é considerado abusivo e, portanto, ilegal. Essa determinação considera a vulnerabilidade particular desses indivíduos, a qual se agrava no ambiente virtual, em razão dos efeitos causados pela influencia mercadológica em pessoas em desenvolvimento.

Ainda assim, o *marketing* infantil é uma prática recorrente, especialmente através das plataformas digitais, que utilizam algoritmos para coletar dados e monitorar o conteúdo acompanhado pelos indivíduos com a finalidade de aumentar a lucratividade.

Nesse contexto, é imperiosa a atuação por parte do CONANDA e da Autoridade Nacional de Proteção de Dados (ANPD), para a efetiva proteção de dados pessoais de crianças e adolescentes, tanto por meio de atos normativos e boas práticas quanto por uma fiscalização mais efetiva.

Relevante também o papel dos demais órgãos que atuam na garantia dos direitos das crianças e adolescentes. No ano de 2.016, o Ministério

29 BUTCHER, Isabel. *86% de crianças e adolescentes usuários de Internet possuem perfil em redes sociais*. Terra, 2023. Disponível em: https://www.mobiletime.com.br/noticias/03/05/2023/86-de-criancas-e-adolescentes-usuarios-de-internet-possuem-perfil-em-redes-sociais/. Acesso em: 25 set. 2023.

Público de Minas Gerais investigou eventuais regularidades no tocante às publicidades infantis veiculadas no canal "Bel para meninas", mediante inquérito civil público. Posteriormente, o Ministério Público Federal ajuizou Ação Civil Pública em face da *Google* Brasil Internet LTDA e da União, enquanto CONANDA, para apurar eventual irregularidade nas campanhas publicitárias realizadas nos vídeos de "Bel", sob a justificativa de que poderiam violar a privacidade das pessoas em desenvolvimento. Em que pese, o poder judiciário tenha reconhecido a abusividade na publicidade destinada ao público infantil, decidiu pela ausência de responsabilidade do *Google*, o que gera debate sobre a preferência pela manutenção do poder do setor privado em detrimento do melhor interesse dos infantes.[30]

Além disso, o consentimento para o tratamento de dados pessoais das crianças e adolescentes também é motivo de preocupação. Para a inclusão digital infantil, o artigo 29 do Marco Civil da *internet* consagra que cabe aos pais ou responsáveis a avaliação do conteúdo exibido aos infantes. Por outro lado, o artigo 14, § 1º da LGPD prevê o prévio consentimento para tratamento de dados pessoais de crianças, omitindo-se quanto aos adolescentes, o que suscita dúvida sobre a necessidade e validade do consentimento daqueles que possuem mais de doze anos. Nas palavras de Teffé e Tepedino:

> Todavia, ao não mencionar o adolescente (pessoa entre doze e dezoito anos de idade), o §1º do art. 14 não deixou claro se, neste caso, o consentimento manifestado por ele sem assistência ou representação deveria ser considerado válido, como hipótese de capacidade especial, ou se simplesmente o legislador teria optado por não tratar do tema, por já existir legislação geral sobre a matéria no Código Civil (arts. 3º, 4º e 1.634, VII, por exemplo). Ao que parece, o legislador pretendeu reconhecer a validade do consentimento manifestado pelo adolescente. Tomando-se como base a realidade da utilização da internet e das mídias sociais, que têm entre seus

30 NEGRI, Sergio Marcos Carvalho de Ávila; FERNANDES, Elora Raad; KORKMAZ, Maria Regina Detoni Cavalcanti Rigolon. A proteção integral de crianças e adolescentes: desafios jurídicos de uma sociedade hiperconectada. In: SOARES, Fabiana de Menezes et al. (Org.). Ciência, tecnologia e inovação: políticas e leis. Florianópolis: Editora Tribo da Ilha, 2019. pp. 283-305.

> usuários milhares de adolescentes, é possível que se tenha optado por considerar jurídica hipótese fática dotada de ampla aceitação social.[31]

No Reino Unido, o ICO, autoridade britânica de proteção de dados, ressalta que o tratamento de dados pessoais infantil deve considerar sempre o melhor interesse da criança. O órgão, inclusive, criou um código de conduta para serviços online (*Age Appropriate Design Code*) que ajuda a parametrizar a aplicação desse princípio.

Nos Estados Unidos, a Lei de Proteção à Privacidade Online para crianças - *The Children's Online Privacy Protection Act (COPPA)* - restringe o acesso à *internet* para pessoas abaixo de 13 anos e preconiza ferramentas para o consentimento parental, como:

> (I) o preenchimento de um formulário de consentimento pelos pais, enviado ao operador por e-mail; (II) a exigência de número de telefone para o qual o responsável possa ligar, de forma gratuita, e conceder o consentimento; (III) a realização de videoconferência com o responsável ou, até mesmo, (IV) a permissão do consentimento via e-mail, desde que sejam postula- das outras etapas que permitam confirmar a identidade daquele que dá o consentimento, tal como a confirmação posterior via carta ou ligação.[32]

Tais diretrizes, como indica Ana Frazão, podem servir como inspiração para o direito brasileiro, em que há ausência de políticas públicas e esclarecimento em relação ao adequado consentimento, o que dificulta a compreensão dos responsáveis acerca dos direitos dos infantes.[33]

---

31 DE TEFFÉ, C. A. S.; TEPEDINO, G. *O consentimento na circulação de dados pessoais.* Revista Brasileira de Direito Civil, [S. l.], v. 25, n. 03, p. 83, 2020. Disponível em: https://rbdcivil.ibdcivil.org.br/rbdc/article/view/521. Acesso em: 29 set. 2023.

32 ROSA, Conrado Paulino da; PIN, Luiza Rodrigues. *A proteção de dados pessoais de crianças e adolescentes: um debate sobre o direito à privacidade a partir da obra 1984 de George Orwell.* Revista Brasileira de Direito Civil – RBDCivil, Belo Horizonte, v. 31, nº 4, pp. 333-351, out./dez. 2022. DOI: 10.33242/rbdc.2022.04.013.

33 FRAZÃO, Ana. Proteção de dados, inteligência artificial e crianças. In: LATERÇA, Priscilla Silva; FERNANDES, Elora; TEFFÉ, Chiara Spadaccini de; BRANCO, Sérgio (Coords.). *Privacidade e Proteção de Dados de Crianças e Adolescentes.* Rio de Janeiro: Instituto de Tecnologia e Sociedade do Rio de Janeiro; Obliq, 2021. E-book.

Além disso, como sabido, a Política de Privacidade e Termos e Condições das redes sociais, por vezes, são muito extensas e possuem linguagem técnica, dificultando enormemente o acesso e a compreensão sobre seu conteúdo.

Ana Carolina Brochado Teixeira e Anna Cristina de Carvalho Rettore ressaltam que os pais, detentores do dever de cuidado e responsáveis pela assistência, criação e educação dos filhos, devem agir com especial atenção para garantir que as crianças e adolescentes estejam seguras no ambiente virtual.[34] Dessa maneira, a autoridade parental, isto é, "o exercício dos direitos e deveres dos pais em relação aos filhos, no interesse destes",[35] deve ser realizado com cautela.

A titularidade da autoridade parental está prevista no artigo 229 da Constituição Federal, que estabelece que devem os pais assistir, criar e educar os filhos menores. Assim como no artigo 22 do Estatuto da Criança e do Adolescente, o qual prevê que cabe aos pais o dever de sustento, guarda e educação dos filhos e o artigo 1.634 do Código Civil, que preconiza que os pais devem, entre outros direitos, prover aos filhos menores criação e educação, conceder-lhes ou negar-lhes consentimento para casarem, representá-los judicial e extrajudicialmente até os dezesseis anos, nos atos da vida civil, e assisti-los, após essa idade, nos atos em que forem partes, suprindo-lhes o consentimento.

A família consiste no primeiro instituto em que a criança possui acesso, devendo, assim, assegurar seus direitos visando o melhor interesse do infante. Contudo, quando não o fazem, seja pelo abuso de sua autoridade e/ou pela ausência de efetivação de seus deveres ao seu ofício parental ou arruinando os bens dos filhos, podem estar sujeitos à suspensão do poder familiar, nos termos do artigo 1.637 do Código Civil.

No contexto digital, o Marco Civil da Internet e a Lei Geral de Proteção de Dados Pessoais exigem que os responsáveis protejam as crianças e adolescentes de toda forma de negligência, discriminação, exploração, violência, crueldade e opressão. De modo que cabe aos pais não suspender a privacidade de seus filhos, mas limitá-la com vistas a

34 TEIXEIRA, Ana Carolina Brochado; RETTORE, Anna Cristina de Carvalho. *O princípio do melhor interesse no ambiente virtual.* In: LATERÇA, Priscilla Silva; FERNANDES, Elora; TEFFÉ, Chiara Spadaccini de; BRANCO, Sérgio (Coords.). Privacidade e Proteção *de Dados de Crianças e Adolescentes.* Rio de Janeiro: Instituto de Tecnologia e Sociedade do Rio de Janeiro; Obliq, 2021. E-book, p. 266.

35 LÔBO, Paulo Luiz Netto. Direito Civil: famílias. São Paulo: Saraiva, 2011, p. 141.

protegê-los dos possíveis abusos na *internet,* concedendo o consentimento do tratamento de dados pessoais com parcimônia. Ressalta-se que devem os pais além de proteger os filhos de terceiros, promover o seu desenvolvimento e respeitar sua autonomia.

No entanto, nem sempre os responsáveis legais exercem o poder parental de forma adequada. Na Itália, um jovem de 16 anos interpôs uma ação contra sua genitora, pela postagem de suas fotos sem o seu consentimento. Em análise, o judiciário determinou a exclusão das imagens e a fixação de multa de 10 mil euros em caso de reincidência.[36]

Importante ressaltar que a *internet* e, sobretudo, as redes sociais, não são, em si, maléficas. Pelo contrário, podem ser utilizadas como instrumentos de inclusão social e de fomento à pluralidade, promovendo a tolerância e o respeito às demais formas de olhar e agir. Conforme apontado no Comentário geral nº 25 sobre os direitos das crianças em relação ao ambiente digital, as crianças relataram que a internet lhes proporcionou oportunidades cruciais para que suas vozes fossem ouvidas em assuntos que as afetaram.[37]

Isto posto, privar o acesso às tecnologias não observa o melhor interesse da criança e do adolescente. O que se espera é que os pais e responsáveis garantam o acesso seguro e oportunizem que seus filhos se beneficiem do envolvimento com o ambiente digital, isto é, que tenham acesso a uma ampla diversidade de informações sobre cultura, esportes, artes, saúde, assuntos civis e políticos e acerca de suas próprias garantias, emponderando-as como defensoras de seus direitos.[38] De modo a consagrar a capacidade progressiva da criança e do adolescente como um princípio que aborda o processo de sua aquisição gradual de competências, compreensão e agência.

Estas responsabilidades, no entanto, não incumbem apenas aos pais, mas também aos provedores de serviços digitais, os quais devem aplicar as salvaguardas apropriadas ao desenvolver produtos e serviços, informando de forma clara a adequação de idade e confiabilidade do conteúdo.

---

36 Postar foto de filhos sem autorização gera multa na Itália. *Estadão*, 2018. Disponível em: https://www.estadao.com.br/emais/comportamento/postar-foto-de-filhos-sem-autorizacao-gera-multa-na-italia/. Acesso em: 25 set. 2023.

37 COMITÊ DOS DIREITOS DA CRIANÇA. *Comentário geral nº 25 (2021) sobre os Direitos das Crianças em relação ao ambiente digital*, 2021.

38 Ibidem.

Considerações finais

Com o avanço das tecnologias e uso cada vez mais comum da *internet* e das redes sociais, surgiu uma nova figura: os influenciadores digitais mirins, isto é, crianças e adolescentes que possuem a capacidade de influenciar pessoas mediante a produção de conteúdo em redes sociais, tais como *Twitter, Instagram, Youtube, Snapchat, Tik Tok*, podendo exercer certo poder de decisão de aquisição de produtos ou no tocante ao estilo de vida, moda, preferências e bens culturais de seu público.

Considerando as atividades realizadas no âmbito da produção de conteúdo, surgem novos desafios e preocupações em relação às garantias desse grupo vulnerável, especialmente em função dos riscos que estão submetidos, tais como trabalho infantil, superexposição, violação dos direitos à imagem, privacidade e aos dados pessoais.

Contudo, sabe-se que, por vezes, o direito não consegue acompanhar efetivamente o desenvolvimento ininterrupto das pessoas e suas relações. Não é à toa que no direito brasileiro inexiste legislação específica acerca da temática, havendo tão somente projeto de lei, que embora importante para os avanços na proteção das crianças e adolescentes que atuam como influenciadoras, carece de disposições essenciais atinentes à exposição e autonomia do infante.

Evidente que a carência de normativas próprias dificulta a proteção dos criadores de conteúdo mirins que sejam vítimas de violações, sobretudo aqueles ligados ao exercício do poder parental. Contemporaneamente os relatos de condutas abusivas e omissivas por parte dos familiares de crianças e adolescentes influenciadores digitais ganham cada vez mais notoriedade, casos como o da "Bel para meninas", "Melody" e "Larissa Manoela" são apenas exemplos notórios.

Sob essa perspectiva, tais problemáticas estão no âmbito da aplicação da Lei Geral de Proteção de Dados no sentido de proteção dos infantes inseridos no ambiente virtual, isto é, que utilizam a *internet* e redes sociais como forma de trabalho artístico, bem como os que acompanham esse conteúdo. Isso se coaduna com o enunciado adotado pelo ANPD, que consolida que o tratamento de dados pessoais de crianças e adolescentes pode ser realizado com base nas hipóteses legais previstas na LGPD, em consideração ao melhor interesse da criança e do adolescente, que deve prevalecer em qualquer circunstância.

Somado a isso, é necessária a adoção de políticas públicas, criação de órgãos de monitoramento e fiscalização. E, claro, a cooperação entre os pais, sociedade, Estado, com participação e representatividade de crianças e adolescentes (num sentido autonomia progressiva) e as empresas, tanto aquelas que prestam serviços atinentes aos servidores da *internet* quanto as que firmam parcerias e negócios jurídicos com os infantes e jovens, para promover seu desenvolvimento saudável, bem como sua segurança e autonomia.

Referências

ALVES e FRANCO. *A autoridade parental e limites dos direitos da personalidade no contexto tecnológico.* Revista Jurídica Cesumar, 2020. Disponível em: https://periodicos.unicesumar.edu.br/index.php/revjuridica/article/view/9007. Acesso em: 13 set. 2023.

ANGELINI, Kelli; BARBOSA, Alexandre; SENNE, Fabio; DINO, Luísa Adib. Privacidade e Proteção aos dados pessoais de crianças e adolescentes na internet: marco legal e ações estratégicas para prover direitos na era digital. In: LATERÇA, Priscilla Silva; FERNANDES, Elora; TEFFÉ, Chiara Spadaccini de; BRANCO, Sérgio (Coords.). *Privacidade e Proteção de Dados de Crianças e Adolescentes.* Rio de Janeiro: Instituto de Tecnologia e Sociedade do Rio de Janeiro; Obliq, 2021, p. 20.

BARROS, Bibiana La-Rocca; BENITEZ, Luiz Braulio Farias. *A Proteção da Criança e do Adolescente: Os limites da suspensão e a perda do poder-dever familiar.* Revista Eletrônica de Iniciação Científica. Itajaí, Centro de Ciências Sociais e Jurídicas da UNIVALI. v. 5, n.1, pp. 90-117, 1o Trimestre de 2014. Disponível em: www.univali.br/ricc - ISSN 2236-5044.

BEL PARA MENINAS PASSA MAL E VOMITA EM VÍDEO. [S.I.], 2020. (2 mi.), son., color. Canal no YouTube: Lu Agnelly. Disponível em: https://www.youtube.com/watch?v=ERoze9kNKDA. Acesso em: 20 set. 2023.

BORELLI, Alessandra. *Influencers mirins:* uma infância muito diferente da sua. Opice Blum Academy, 2021. Disponível em: https://opiceblumacademy.com.br/influencers-mirins-uma-infancia-muito-diferente-da-sua/. Acesso em: 13 set. 2023.

BROWN, Abram; FREEMAN, Abigail. *Conheça os YouTubers dos EUA mais bem pagos de 2021.* Forbes. Disponível em: https://forbes.com.br/forbes-money/2022/01/conheca-youtubers-dos-eua-mais-bem-pagos-2021/. Acesso em: 25 set. 2023.

BUTCHER, Isabel. *86% de crianças e adolescentes usuários de Internet possuem perfil em redes sociais.* Terra, 2023. Disponível em: https://www.mobiletime.com.br/noticias/03/05/2023/86-de-criancas-e-adolescentes-usuarios-de-internet-possuem-perfil-em-redes-sociais/. Acesso em: 25 set. 2023.

CARVALHO, Renan Silva de. *Análise da responsabilidade civil dos influenciadores digitais pelo conteúdo produzido.* Escola da Magistratura do Estado do Rio de Janeiro, 2019.

CAVALCANTE, Sandra. *Seminário do Pacto Nacional pela Primeira Infância Região Sudeste.* Apresentação de PowerPoint. Disponível em: https://www.cnj.jus.br/wp-content/uploads/2019/09/Trabalho-infantil-artístico-e-as-novas-tecnologias_o-caso-dos-influenciadores-digitais-mirins-Sandra-Regina.pdf. Acesso em: 15 set. 2023.

COMITÊ DOS DIREITOS DA CRIANÇA. *Comentário geral n° 25 (2021) sobre os Direitos das Crianças em relação ao ambiente digital*, 2021.

COSTA, Dorival da; SIEG, Fábio; TOMÉ, Maria Dolores Perisão. *Os direitos das crianças e adolescentes no Brasil:* conjunturas e doutrinas nessa consolidação, 2018.

CURSINO, Frederico. *Influenciadores mirins incentivam crianças à má alimentação, alerta estudo.* Uol, 2020. Disponível em: https://www.uol.com.br/vivabem/noticias/redacao/2020/11/11/influenciadores-mirins-incentivam-criancas-a-ma-alimentacao-alerta-estudo.htm. Acesso em: 28 set. 2023.

DANTAS e DENSA. *Regulamentação sobre o trabalho dos youtubers mirins na França e no Brasil.* Migalhas, 2020. Disponível em: https://www.migalhas.com.br/coluna/migalhas-de-responsabilidade-civil/337127/regulamentacao-sobre-o-trabalho-dos-youtubers-mirins-na-franca-e-no-brasil. Acesso em: 13 set. 2023.

CAVALCANTE, Isabella; MENDES, Tatyane. *Influenciador mirim:* entenda os benefícios e perigos da profissão. Metrópoles, 2019. Disponível em: https://www.metropoles.com/vida-e-estilo/comportamento/influenciador-mirim-entenda-os-beneficios-e-perigos-da-profissao. Acesso em: 29 set. 2023.

DEREVECKI, Raquel. *Caso "Bel para Meninas" e o perigo da exposição infantil exagerada na internet.* Gazeta do Povo, 2020. Disponível em: https://www.semprefamilia.com.br/comportamento/caso-bel-para-meninas-e-o-perigo-da-exposicao-infantil-exagerada-na-internet/. Acesso em: 13 set. 2023.

DE TEFFÉ, C. A. S.; TEPEDINO, G. *O consentimento na circulação de dados pessoais.* Revista Brasileira de Direito Civil, [S. l.], v. 25, nº 03, p. 83, 2020. Disponível em: https://rbdcivil.ibdcivil.org.br/rbdc/article/view/521. Acesso em: 29 set. 2023.

DIAS, Guilherme Soares. *Youtubers e influenciadores mirins*: quando a diversão vira trabalho infantil. Criança livre de Trabalho Infantil, 2020. Disponível em: https://livredetrabalhoinfantil.org.br/noticias/reportagens/youtubers-e-influenciadores-mirins-quando-a-diversao-vira-trabalho-infantil/#:~:text=O%20trabalho%20art%C3%ADstico%20%C3%A9%20permitido,mas%20%C3%A9%20f%C3%A1cil%20de%20identifica. Acesso em: 29 set. 2023.

DIAS, Maria Berenice. *Manual de direito das famílias.* São Paulo: Revista dos Tribunais, 2016.

DONATTI, Sabrina. *Filhos nas redes sociais: crianças devem ter autorização judicial para fazer publicidade em mídias digitais.* São Paulo para Crianças, 2022. Disponível em: https://saopauloparacriancas.com.br/criancas-e-redes-sociais/. Acesso em: 13 set. 2023.

DONEDA, Danilo. Dados Pessoais e Direitos Fundamentais. In: MATOS, Ana Carla Harmatiuk. *A Construção dos Novos Direitos.* 1. ed. Porto Alegre: Núria Fabris, 2008, p. 46.

ESPM MEDIA LAB. *Seminário crianças e tecnologias: publicidade em ambientes digitais.* [S.I.]: Luciana Corrêa, 2016. 44 slides, color. Geração Youtube: um mapeamento sobre o consumo e a produção de vídeos por crianças.

FERREIRA, GRANDELLE, HERINGER e SÁ. *MC Melody, cantora de 11 anos, gera debate sobre erotização precoce.* O Globo, 2019. Disponível em: https://oglobo.globo.com/brasil/mc-melody-cantora-de-11-anos-gera-debate-sobre-erotizacao-precoce-23381302. Acesso em: 06 set. 2023.

FERREIRA, Lucia Maria Teixeira. *A superexposição dos dados e da imagem de crianças e adolescentes na Internet e a prática de Sharenting:* reflexões iniciais. Revista do Ministério Público do Estado do Rio de Janeiro no 78, out./dez. 2020, p. 165).

FERRO, Salus Henrique Silveira. *A regulamentação de crianças e adolescentes influencers: a busca por uma proteção global.* Revista Jus Navigandi, ISSN 1518-4862, Teresina, ano 25, nº 6327, 27 out. 2020.

FONSECA, Thais. *Saiba quem é a 'menina do comercial do Itaú' que irá apresentar quadro no 'Domingão com Huck'.* ISTOÉ Gente, 2023. Disponível em: https://istoe.com.br/saiba-quem-e-a-menina-do-comercial-do-itau-que-ira-apresentar-quadro-no-domingao-com-huck/. Acesso em: 20 set. 2023.

FRANÇA, Rubens Limongi. *Direitos da personalidade.* Rio de Janeiro: Editora Revista dos Tribunais, 1993, p. 28.

FRAZÃO, Ana. Proteção de dados, inteligência artificial e crianças. In: LATERÇA, Priscilla Silva; FERNANDES, Elora; TEFFÉ, Chiara Spadaccini de; BRANCO, Sérgio (Coords.). *Privacidade e Proteção de Dados de Crianças e Adolescentes.* Rio de Janeiro: Instituto de Tecnologia e Sociedade do Rio de Janeiro; Obliq, 2021. E-book.

JACOBS e SANTOS. *O influenciador digital mirim: trabalho ou diversão? A experiência da lei francesa.* Jacobs Consultoria, 2021. Disponível em: https://www.jacobsconsultoria.com.br/post/o-influenciador-digital-mirim-trabalho-ou-diversão-a-experiência-da-lei-francesa. Acesso em: 13 set. 2023.

LÔBO, Paulo Luiz Netto. *Direito Civil:* famílias. São Paulo: Saraiva, 2011.

MACIEL, Fernanda Maggi Salvia; ELDER, Gabriel Octacilio Bohn. *Redes Sociais:* o direito de acesso da criança e do adolescente e a necessidade de sua regulamentação específica. Revista Ibero-Americana de Humanidades, Ciências e Educação. São Paulo, v.8.n.05. maio. 2022.

MACIEL, Kátia Regina Ferreira Lobo A. *Curso de Direito da Criança e do Adolescente.* São Paulo: Editora Saraiva, 2021.

MADALENO, Rolf. Direito de Família. São Paulo: Grupo GEN, 2021.

MANDELLI, Mariana. *Caso 'Bel para Meninas' e a exposição infantil nas redes.* Folha de S.Paulo, 2020. Disponível em: https://www1.folha.uol.com.br/educacao/2020/05/caso-bel-para-meninas-e-a-exposicao-infantil-nas-redes.shtml. Acesso em: 13 set. 2023.

MARCHEZINE, Sóstenes. *Influenciadores digitais:* reconhecimento da profissão e fomento ao empreendedor. Consultório Jurídico, 2022. Disponível em https://www.conjur.com.br/2022-abr-25/sostenes-marchezine-fase-influenciadores-digitais. Acesso em: 12 set. 2023.

MARIANI, Cristiana; MARTINS, Daniela; FROTA, Etel. *Quase metade dos cem canais mais vistos tem conteúdo para criança.* Folha de São Paulo, 2016. Disponível em: http://temas.folha.uol.com.br/influenciadores-digitais/a-sociedade/quase-metade-dos-cem-canais-mais-vistos-tem-conteudo-para-crianca.shtml. Acesso em: 28 set. 2023.

MEDON e TEIXEIRA. *A hipersexualização infanto-juvenil na internet e o exercício da autoridade parental na era da superexposição.* Editora Fórum, 2021.

NEGRI, Sergio Marcos Carvalho de Ávila; FERNANDES, Elora Raad; KORKMAZ, Maria Regina Detoni Cavalcanti Rigolon. A proteção integral de crianças e adolescentes: desafios jurídicos de uma sociedade hiperconectada. In: SOARES, Fabiana de Menezes et al. (Org.). *Ciência, tecnologia e inovação: políticas e leis.* Florianópolis: Editora Tribo da Ilha, 2019. pp. 283-305.

PONTES, Luis Paulo dos. *Entre o dever de vigilância e o direito à privacidade da criança e adolescente.* Revista Brasileira de Direito Civil em Perspectiva, v. 1. nº 2. pp. 106-121, dez. 2015.

Postar foto de filhos sem autorização gera multa na Itália. *Estadão,* 2018. Disponível em:. https://www.estadao.com.br/emais/comportamento/postar-foto-de-filhos-sem-autorizacao-gera-multa-na-italia/. Acesso em: 25 set. 2023.

RAMOS, A. DE C. .; GAMA, M. F. L. CONTROLE DE CONVENCIONALIDADE, TEORIA DO DUPLO CONTROLE E O PACTO NACIONAL DO JUDICIÁRIO PELOS DIREITOS HUMANOS: AVANÇOS E DESAFIOS. Revista Direitos Culturais, v. 17, nº 41, pp. 283-297, 5 maio 2022.

ROSA, Conrado Paulino da; PAULO; Lucas Moreschi; BURILLE, Cíntia. *(Over) Sharenting:* entre a hipervulnerabilidade e a expansão dos influenciadores digitais mirins. Pensar, Fortaleza, v. 28, nº 2, pp. 1-10, abr./jun. 2023, p. 6.

SANTOS, Grazielle Bomfim; EDLER, Gabriel Octacilio Bohn. *Oversharenting:* A superexposição da imagem das crianças e adolescentes nas redes sociais e a responsabilidade civil dos pais. Revista Ibero-Americana de Humanidades, Ciências e Educação. São Paulo, v.8.n.06. jun. 2022, p. 857.

STEINBERG, S. B. *Sharenting*: Children"s Privacy in the Age of Social Media. Emory Law Journal. Atlanta, v. 66, pp. 839-889, 2017.

TEIXEIRA, Ana Carolina Brochado; RETTORE, Anna Cristina de Carvalho. O princípio do melhor interesse no ambiente virtual. In: LATERÇA, Priscilla Silva; FERNANDES, Elora; TEFFÉ, Chiara Spadaccini de; BRANCO, Sérgio (Coords.). *Privacidade e Proteção de Dados de Crianças e Adolescentes.* Rio de Janeiro: Instituto de Tecnologia e Sociedade do Rio de Janeiro; Obliq, 2021. E-book, p. 266.

UNICEF. *Convenção sobre os Direitos da Criança:* Instrumento de direitos humanos mais aceito na história universal.

VIEIRA, Diego Fernandes; OLIVEIRA, Ligia Ziggiotti de. *O caso Larissa Manoela e os paradoxos entre autonomia e proteção de crianças e adolescentes.* Migalhas, 2023. Disponível em: https://www.migalhas.com.br/coluna/migalhas-de-vulnerabilidade/392756/os-paradoxos-entre-autonomia-e-protecao-de-criancas-e-adolescentes. Acesso em: 29 set. 2023.

WANDERLEY, Ed. *MP é acionado após público denunciar mãe youtuber do canal 'Bel para meninas'.* Estado de Minas, 2020. Disponível em: https://www.em.com.br/app/noticia/nacional/2020/05/21/interna_nacional,1149452/mp-acionado-publico-denunciar-mae-youtuber-canal-bel-para-meninas.shtml. Acesso em: 29 set. 2023.

ZAPATER, Maíra. *Direito da criança e do Adolescente.* São Paulo: Editora Saraiva, 2019.

ONLINE ANTES DO NASCIMENTO: COMO A INTERNET INVADE O ÚTERO

Anna Ascenção Verdadeiro de Figueiredo[1]

1. Introdução

As primeiras imagens de ultrassom fetal foram publicadas em 7 de junho de 1958, na revista *The Lancet*.[2]

Desde então, e especialmente após a década de 70[3], a ultrassonografia obstétrica – um exame seguro e não invasivo - rompeu com os antigos paradigmas de tratamento ao inaugurar a possibilidade de conhecimento de dados clínicos do feto (ou, na linguagem jurídica, nascituro) que, do contrário, só se saberiam após o seu nascimento.

A propagação dessa tecnologia se deu de tal forma que, hoje, o exame de ultrassom é rotina mandatória do pré-natal e, sem dúvida nenhuma, um dos momentos mais aguardados pelas famílias e pessoas que as acompanham.

Número de fetos, sexo biológico, estimativa de peso e comprimento, idade gestacional, vitalidade, alterações e malformações e, mais modernamente, até feições do rosto. Informações preciosas sobre uma vida que se inicia e que, se bem utilizadas, podem garantir, além das óbvias intervenções médicas essenciais, também vínculo entre o futuro bebê e as pessoas de seu convívio, que nutrem seu imaginário afetivo com os achados obstétricos de ultrassom.

---

1 Doutoranda e Mestre em Direito Civil pela Universidade de São Paulo (São Paulo, Estado de São Paulo, Brasil). Advogada e sócia-fundadora da Fenda Consultoria em Maternidade e Infância.annaverdadeiro@gmail.com

2 DONALD, Ian; MACVICAR, J.; BROWN, T.G. *Investigation of Abdominal Masses by Pulsed Ultrasound*. The Lancet, Vol. 271, nº 7032, 1958, pp. 1188-1195. Disponível em https://www.sciencedirect.com/science/article/pii/S0140673658919056. Acesso em 12.out.2023.

3 CAMPBELL, S. *A short history of sonography in obstetrics and gynaecology*. Facts Views Vis Obgyn, v. 5, nº 3, 2013, pp. 213-229, p. 218. Disponível em https://www.ncbi.nlm.nih.gov/pmc/articles/PMC3987368/pdf/FVVinObGyn-5-213-229.pdf. Acesso em 12.out.2023.

Contudo, há que se questionar se o compartilhamento desses dados, quando feito no ambiente digital, é isento de riscos. Ou, mais especificamente, será mesmo que o compartilhamento dessas informações, em suas mais variadas formas, garante a efetiva proteção dos direitos de personalidade do nascituro?

É essa a pergunta que norteia o presente trabalho. É preciso esclarecer que não se pretende, aqui, lançar pânico ou coibir todo tipo de compartilhamento, mas esmiuçar o problema com vistas a permitir que as famílias possam tomar decisões informadas acerca do uso desses dados e tenham consciência sobre quando, como e, principalmente, com quem os estão compartilhando.

A escolha de fazer a referida análise através da ótica dos direitos da personalidade é, como pontuado pelo saudoso homenageado desta coletânea, Danilo Doneda, uma estratégia de lidar com a dificuldade jurisprudencial brasileira de se entender o direito à privacidade como direito fundamental.[4]

Nesse sentido, e especificamente no que toca ao nascituro, é através da doutrina dos direitos da personalidade que se consegue alcançar uma maior compreensão do papel do direito privado em assegurar maneiras adequadas de coleta e utilização de dados no ambiente digital.[5]

Ademais, outra vantagem desta escolha metodológica é a distinção entre os conceitos de privacidade e intimidade, o que pode ajudar a nor-

---

4 O Supremo Tribunal Federal, no âmbito da Medida Cautelar nas ADIs nº 6.387, 6.388, 6.389, 6.390 e 6.393, deu sinais de que se está trilhando o caminho de um direito fundamental à proteção de dados pessoais autônomo ao direito à privacidade e intimidade. Considerando que o âmbito e efeitos dessa proteção merecem maior discussão doutrinária e jurisprudencial (cf. Mendes, Laura Schertel; Rodrigues Júnior, Otavio Luiz; Fonseca, Gabriel Campos Soares da. *O Supremo Tribunal Federal e a proteção constitucional dos dados pessoais: rumo a um direito fundamental autônomo.* In Doneda, Danilo; et. al. (coord.) *Tratado de proteção de dados pessoais*, 2ª reimp., Rio de Janeiro: Forense: 2021, pp. 61-71), optamos por manter a análise do presente trabalho com base na doutrina tradicional.

5 Doneda, Danilo; Zanatta, Rafael Augusto Ferreira. *Personality Rights in Brazilian Data Protection Law: A Historical Perspective.* In Albers, Marion; Sarlet, Ingo Wolfgang (ed.). In *Personality and Data Protection Rights on the Internet: Brazilian and German Approaches*, Ius Gentium: Comparative Perspectives of Law and Justice, Springer, 2022, v. 96, p. 35-53, p. 51. A Lei Geral de Proteção de Dados Pessoais, inclusive, tem como preocupação e objetivo de desenvolvimento da personalidade da pessoa natural (Art. 1º da Lei nº 13.709/2018).

tear o como, quando e com quem do compartilhamento de dados obtidos nos exames de ultrassonografia.

É o que se passa a explorar.

2. Tutela civil do nascituro

Antes de se adentrar ao mérito específico deste trabalho, hão de ser lembradas as três correntes de pensamento sobre o início da personalidade jurídica das pessoas naturais, quais sejam, a teoria natalista, a teoria concepcionista e a teoria da personalidade condicional.

Para os adeptos da corrente natalista, a personalidade jurídica tem início quando do nascimento com vida, cabendo ao nascituro mera expectativa de direito. A corrente concepcionista, por sua vez, considera o nascituro pessoa natural, ou seja, sujeito de direito e de obrigações. Esta corrente se afasta da teoria da personalidade condicional na medida em que não exige que o nascimento se dê com vida para que se adquira a personalidade, a qual já é garantida desde a concepção.

O Código Civil brasileiro, em seu artigo 2º, estabelece que "*a personalidade civil do homem começa do nascimento com vida; mas a lei põe a salvo desde a concepção os direitos do nascituro*".

Para SILMARA CHINELLATO, a existência dessa segunda parte no artigo e, mais, o fato de a redação ser explícita com relação a "direitos" e não "expectativa de direitos" já seriam suficientes para que se entendesse que o ordenamento jurídico nacional é pautado pela teoria concepcionista.[6]

Assim, havendo personalidade, existem também os respectivos direitos, que na lição tradicional de RUBENS LIMONGI FRANÇA são entendidos como "*as faculdades jurídicas cujo objeto são os diversos aspectos da própria pessoa do sujeito, bem assim as suas emanações e prolongamentos*"[7] e

6 CHINELATO E ALMEIDA, Silmara Juny de Abreu. *Direito do nascituro a alimentos: uma contribuição do direito romano*. Doutrinas Essenciais Família e Sucessões, v. 5, ago 2011, pp. 935-946. A autora pontua, ainda, a origem romana da personalidade e os vários direitos garantidos ao nascituro ao longo da legislação civil, dentre eles o de ser adotado.

7 LIMONGI FRANÇA, Rubens. *Direitos da personalidade: coordenadas fundamentais. In* MENDES, Gilmar Ferreira; STOCO, Rui (org.). *Coleção doutrinas essenciais: direito civil, parte geral*, v. 3, Pessoas e domicílio, São Paulo: Editora Revista dos Tribunais, 2011, pp. 653-667, p. 654.

podem ser divididos em três esferas fundamentais, quais sejam, as esferas de integridade física, intelectual e moral.[8]

Para os fins do presente trabalho, interessam especialmente os direitos morais à privacidade e à intimidade, que, coincidentemente, também são direitos fundamentais previstos na Constituição Federal, art. 5º, X (*"são invioláveis a intimidade, a vida privada, a honra e a imagem das pessoas, assegurado o direito a indenização pelo dano material ou moral decorrente de sua violação"*).[9]

Ao contrário da doutrina norte-americana, a doutrina brasileira tradicional faz interessante distinção entre os conceitos de privacidade e intimidade, a qual se revela muito útil para a problematização sobre o que, quando e com quem compartilhar dados dos nascituros.

3. Privacidade e intimidade

A doutrina norte-americana prevê o "right to privacy" sem distinguir privacidade e intimidade. A bem da verdade, o "right to privacy" faz referência a um vasto número de situações, o que se relaciona com a própria origem deste direito, que visava inicialmente a proteção da propriedade privada.

No que tange à proteção de dados no ambiente digital, Danilo Doneda considera que a distinção entre privacidade e intimidade é não só desnecessária como também indesejada, na medida em que os valores expressos pelos termos intimidade e vida privada devem ser unificados.[10]

---

8 *Idem*, pp. 662-664.

9 Insiste-se que os direitos da personalidade são assim considerados dentro da esfera do direito privado. Para alguns autores, quando esses mesmos direitos são encarados sob a ótica do direito público, deve-se denominá-los direitos humanos ou fundamentais. Cf. Mattia, Fábio Maria. *Direitos da personalidade: aspectos gerais.* Disponível em: https://www2.senado.leg.br/bdsf/bitstream/handle/id/181045/000360913.pdf?sequence=3&isAllowed=y. Acesso em 12.out.2023.

10 Doneda, Danilo. *Privacidade, vida privada e intimidade no ordenamento jurídico brasileiro. Da emergência de uma revisão conceitual e da tutela de dados pessoais.* In Âmbito Jurídico, v. 52, 2008. Disponível em https://ambitojuridico.com.br/cadernos/direito-civil/privacidade-vida-privada-e-intimidade-no-ordenamento-juridico-brasileiro-da-emergencia-de-uma-revisao-conceitual-e-da-tutela-de-dados-pessoais/#_ftnref31. Acesso em 12.out.2023. O autor se vale de outros dois argumentos para sustentar essa defesa: (i) o fato de o tema ter encontrado inaugu-

A nomenclatura "right to privacy" foi também escolhida pelo Comentário Geral nº 25 da Organização das Nações Unidas sobre os direitos da criança em relação ao ambiente digital[11].

Contudo, como já se adiantou, para os fins da análise aqui proposta, a distinção entre privacidade e intimidade costumeiramente apresentada pela doutrina brasileira pode ser muito útil para se atingir o objetivo de conscientização de famílias e outros cuidadores sobre os dados digitais de crianças, em especial das ainda não nascidas.

Com efeito, costuma-se conceituar a intimidade como uma esfera ainda mais restrita e particular dentro da esfera da privacidade, ou seja, que é de ordem ainda mais exclusiva, reservada totalmente para si.

Assim, enquanto a vida privada de um indivíduo comporta também o seu viver com outros (em especial, seus familiares), a vida íntima é ainda mais particular, até revestida, em certos momentos, pelo pudor.[12] Essa distinção parece ter sido aplicada pela Lei Geral de Proteção de Dados Pessoais, que tem como fundamentos o respeito à privacidade (art. 2º, I) e a inviolabilidade da intimidade (art. 2º, IV).

É com base nessa premissa de que a intimidade exige um cuidado ainda maior do que a privacidade que se analisam os casos reais relatados a seguir.

---

ração constitucional justamente na Constituição Federal de 1988, motivo pelo qual o constituinte teria pecado pelo excesso e feito uso dos vocábulos "privacidade" e "intimidade" a fim de não reduzir a aplicabilidade da norma; bem como (ii) o alto grau de subjetividade para distinção entre os conceitos, que desviaria a atenção do problema principal que é a efetivação do direito fundamental ali consubstanciado.

11 Organização das Nações Unidas (ONU). *Comentário Geral nº 25 sobre os direitos da criança em relação ao ambiente digital.* 2021, p. 11. Disponível em https://digitallibrary.un.org/record/3906061#record-files-collapse-header. Acesso em 14.out.2023. Ao contrário do Estatuto da Criança e do Adolescente, o marco legal brasileiro na defesa dos direitos de crianças e adolescentes, segundo o qual criança é a pessoa até 12 (doze) anos incompletos e adolescente aquela entre 12 (doze) e 18 (dezoito) anos (art. 2º da Lei Federal nº 8.069, de 1990), a nomenclatura "criança" utilizada pela Organização das Nações Unidas engloba ambos os grupos. Aqui, estamos aplicando as disposições do comentário também aos nascituros, em interpretação extensiva.

12 Ferraz Júnior, Tércio Sampaio. *Sigilo de dados: o direito à privacidade e os limites à função fiscalizadora do Estado.* Revista Da Faculdade De Direito, Universidade De São Paulo, v. 88, 1993, pp. 439-459, p. 442. Disponível em https://www.revistas.usp.br/rfdusp/article/view/67231. Acesso em 18.out.2023.

4. Imagem do nascituro: o compartilhamento em redes sociais

Como visto, a ultrassonografia obstétrica inaugurou uma fonte impressionante de dados sobre o nascituro que só se conheceriam com o seu nascimento. Esses dados são costumeiramente compartilhados através das redes sociais, para um maior ou menor público, a depender das configurações de privacidade de quem os compartilha - e que, obviamente, não é o nascituro.

A título de curiosidade sobre o tamanho do fenômeno que aqui se descreve e, tomando-se por inspiração a metodologia de pesquisa utilizada por Tama Leaver e Tim Highfield[13], foram pesquisadas as *hashtags* #ultrassomobstetrico e #ultrassommorfologico no aplicativo de fotos e vídeos Instagram. Até a data de 14 de outubro de 2023, o aplicativo retornava para os termos pesquisados cerca de 18.000 (dezoito mil) e 24.200 (vinte e quatro mil e duzentas) publicações, respectivamente.[14]

Uma rápida olhada nessa entrega e as preocupações com a segurança digital dos nascituros saltam aos olhos. Selecionamos alguns exemplos mais marcantes a seguir.

4.1. Genitália e intimidade

Inicialmente, chama atenção a quantidade incalculável de resultados em que se focam os genitais dos nascituros, especialmente os do sexo masculino, quase sempre acompanhados por uma seta.

Um dos primeiros resultados, disponibilizado em co-autoria por médica (43.000 seguidores) e a clínica onde ela atende (3.082 seguidores), é um vídeo focado na genitália de nascituro do sexo masculino que urina no útero materno. No próprio registro foi incluída a frase "momento íntimo do baby", seguida de uma figura de macaco sorrindo e tapando os olhos com as mãos, além de trilha sonora denominada "funny song". Desde 29 de setembro de 2022, quando foi disponibilizado na rede, o

13 Leaver, Tama; Highfield, Tim. *Visualising the ends of identity: pre-birth and post-death on Instagram.* In *Information, Communication & Society*, v. 21, 2018, pp. 30-45. Disponível em https://www.tandfonline.com/doi/epdf/10.1080/1369118X.2016.1259343?needAccess=true. Acesso em 14.out.2023.

14 É forçoso observar, no entanto, que a possibilidade de aplicação de múltiplas hashtags a uma mesma foto pode significar que algumas dessas fotos tenham sido incluídas em ambos os grupos de resultados.

vídeo já foi reproduzido 101.000 (cento e uma mil) vezes. Não está claro se a família autorizou a referida publicação.

A fixação no falo do nascituro já não era despercebida por esta autora em sua vida pessoal. "Essa aqui é a foto para mandar para toda a família" disse, rindo, a médica que lhe fazia uma ultrassonografia obstétrica de rotina. A imagem em questão, em 3D, focava na genitália do nascituro e veio acompanhada, no laudo do exame, de uma seta que apontava para a palavra "pênis!!!", assim mesmo, seguida de três pontos de exclamação.

E, embora seja evidente que a imagem amparava o laudo de que os órgãos sexuais do feto eram compatíveis com um indivíduo de sexo masculino, é preciso indagar se esta imagem específica deveria ser objeto de compartilhamento (ainda que familiar) e, em especial, sob a sua forma digital.

Cumpre notar que outro uso culturalmente comum das imagens de ultrassom da genitália de nascituros é o de adorno em decorações dos denominados "chás-revelação", ocasião em que os genitores se reúnem com amigos e familiares para descobrir e anunciar o sexo do bebê – e que, com o advento da pandemia do coronavírus, passaram a ser transmitidas também *online* via chamada de vídeo ou reprodução ao vivo.

Ora, o compartilhamento das imagens da genitália, em especial quando realizado em publicações de perfil aberto, fere a esfera mais restrita da privacidade do nascituro, qual seja, a sua intimidade – a qual, como visto acima, deve ser protegida inclusive frente a atos da própria família.

Aliás, sendo a intimidade o que há de mais sensível ao ser humano, há dúvidas se outras pessoas, ainda que sejam os genitores, possam manifestar consentimento sobre a sua exposição pública, haja vista o seu caráter personalíssimo.

Além disso, considerando que o anúncio do sexo do nascituro (reitera-se, culturalmente relevante em nossa sociedade) independe da necessária vinculação à imagem da genitália, entende-se que tal prática deveria ser mais contundentemente desencorajada, na medida em que expõe informações bastante gráficas do nascituro e que podem, infelizmente, ser utilizadas para fins de aproveitamento sexual, de maneira que cabe, inclusive, a retirada desse tipo de conteúdo pelos próprios provedores de redes sociais quando notificados.[15]

15 O PL 2.628/2022, de autoria do Senador Alessandro Vieira, com disposições específicas sobre a proteção de crianças e adolescentes em ambientes digitais e recentemente aprovado pela Comissão de Direitos Humanos, traz essa previsão expressa em seu art. 16. O texto agora aguarda análise da Comissão de Constituição e Justiça.

Vale lembrar, ainda, que as imagens de ultrassonografia são comumente acompanhadas de outros dados sensíveis, tais como o nome da gestante, idade, data provável do parto, todas elas informações que permitiriam a identificação do nascituro após o seu nascimento (e, ainda, o seu monitoramento e até contato).

Assim, com base no direito de personalidade à intimidade, bem como no princípio do melhor interesse da criança, referendado pelo art. 14 da Lei Geral de Proteção de Dados (que aqui se aplica extensivamente ao nascituro), é forçoso concluir que o compartilhamento de imagens da genitália do nascituro deve ser comparado ao compartilhamento de imagens da genitália de crianças e, portanto, somente permitido em situações absolutamente excepcionais, para desenvolvimento da ciência e com total anonimização dos dados que porventura permitam a identificação de seu titular.

E, mesmo nestes casos, eventual compartilhamento deve respeitar limites éticos profissionais, que sabidamente impedem que se trate o tema com o tom jocoso da médica que capturou a imagem do nascituro urinando.[16]

Essa restrição de compartilhamento parece ser o mais adequado, também, para que se efetive o princípio da proteção integral da criança previsto no art. 227, da Constituição Federal de 1988, que exige assegurar a criança respeito e proteção contra violências, bem como as exigências da Convenção sobre os Direitos da Criança da Organização das Nações Unidas.

4.2. Outras imagens e privacidade

Outra prática que se repetiu bastante nos resultados observados foi o compartilhamento de imagens do rosto dos nascituros (e, após o seu nascimento, de montagens comparativas entre o ultrassom fetal e a fotografia do recém-nascido nos primeiros dias de vida).

---

16 A Resolução CFM nº 1.974/11, atualmente em vigor, veda totalmente aos médicos a exposição da figura de seus pacientes (art. 3º, g) fora de trabalhos e eventos científicos (art. 10), ainda que autorizada. A Resolução CFM nº 2.336/2023, que a substitui, só entrará em vigor em abril de 2024. De qualquer forma, de acordo com esta última resolução, o uso da imagem de pacientes está limitado à finalidade educativa e jamais poderá identificá-los, devendo, ainda, "respeitar o pudor e a privacidade do paciente para o uso de sua imagem" (art. 14, "e" e "i. 2").

Em sendo da ordem do privado, mas fora do contexto da intimidade, entende-se que seu compartilhamento pela família ou com autorização desta é lícito e razoável, desde que não viole limites ético-profissionais.

Cumpre notar, a alimentação desmedida de bancos de dados virtuais publicações recorrentes tornou-se conhecida como "sharenting", prática que vem sendo objeto de preocupação da Sociedade Brasileira de Pediatria desde 2021.[17] Já são feitos alertas, embora tímidos, para o perigo de compartilhamento de imagens e fotos sem os devidos cuidados de segurança e privacidade, cujos danos na saúde psíquica da futura geração são incertos.

Mas, apesar do nome "sharenting" indicar uma ação que partiria dos pais da criança[18], o certo é que o material amplamente descrito neste artigo tem como autores não só os responsáveis legais, mas também médicos, clínicas e hospitais onde se realizam os exames.

Ou seja, a preocupação aqui descrita vai muito além do "sharenting" (ou "oversharenting", como propõem alguns autores), dizendo respeito muito mais a uma necessidade urgente de educação social sobre o uso de dados pessoais. Repise-se: como, quando e com quem compartilhá-los. Amparo e conscientização devem ser estendidos a todo e qualquer profissional que atue diretamente com a infância.

O já citado Comentário nº 25 sugere que famílias e cuidadores devem ser amparados pelos Estados-membros a criar ampla conscientização e entendimento do ambiente tecnológico para que tenham capacidade e ferramentas adequadas para ajudar as crianças no ambiente digital, de forma a garantir plena ciência sobre os riscos e sobre as maneiras de proteção das crianças.[19]

Nunca é exaustivo relembrar que toda imagem disponibilizada digitalmente torna-se parte do arsenal de informações armazenadas

---

17 Sociedade Brasileira de Pediatria. *#Sem Abusos #Mais Saúde*, nº 2, 2021. Disponível em https://www.sbp.com.br/fileadmin/user_upload/_22969c-GPA-_SemAbusos__MaisSaude.pdf. Acesso em 18.out.2023.

18 A expressão "sharenting" tem origem na junção dos termos do inglês "share" e "parenting", que significam, respectivamente, a ação de compartilhar e a parentalidade.

19 Organização das Nações Unidas (ONU). *Comentário Geral nº 25 sobre os direitos da criança em relação ao ambiente digital*. 2021, pp. 14-15. Disponível em https://digitallibrary.un.org/record/3906061#record-files-collapse-header. Acesso em 14.out.2023.

a respeito de um indivíduo, de maneira que se recomenda cautela nas publicações, seja no tocante à frequência, seja no tocante ao tipo de informação retratada via imagem ou legenda que a acompanha, como por exemplo outros dados disponíveis no ultrassom (como nome da gestante, data provável do parto e localização).

Além disso, a impressionante semelhança nos comparativos entre fotos de ultrassom e fotos de recém-nascidos levanta ainda uma óbvia preocupação sobre o seu uso para fins de futuro reconhecimento facial daquele indivíduo.

E, porque no tema da privacidade algo sempre pode ser mais grave, algumas imagens de ultrassonografia obstétrica (hoje realizada em 5D) nos pareceram mais nítidas do que outras. Ao analisar estas publicações, descobrimos que profissionais de saúde estavam fazendo uso de aplicativos para aperfeiçoamento das imagens que obtinham nos exames.

Tais aplicações utilizam inteligência artificial para transformar as fotos que lhe são disponibilizadas através da sua restauração e aumento de resolução. Essa tecnologia ficou famosa no cenário do ultrassom porque é capaz de tirar o embaçamento que naturalmente acompanha as imagens. Ocorre que, segundo os termos de uso e privacidade destes aplicativos, as fotos e mídias apresentadas são processadas para aprimoramento e podem ser compartilhadas com empresas parceiras, como provedores de armazenamento, de serviço de marketing e plataformas de publicidade.

É preciso, portanto, que a decisão de aperfeiçoar a imagem de ultrassom considere toda a extensão de como e com quem esses dados são compartilhados e nunca seja realizada sem o devido consentimento informado da família do nascituro.

Os aplicativos, no entanto, estão buscando mais dados do nascituro do que apenas esses.

4.3. Os aplicativos de gestação

Enquanto se escrevem estas linhas, o aplicativo Gravidez+ está em segundo lugar na categoria brasileira "top grátis - medicina" da Apple Store, atrás apenas do aplicativo Conecte SUS[20].

20 Este ranking está disponível em https://apps.apple.com/br/charts/iphone/medicina-apps/6020. Acesso em 18.out.2023. No Google Play, esses aplicativos são classificados na categoria "parenting".

Ao acessar a política de privacidade desta aplicação, somos informados de que há coleta dos seguintes dados sensíveis do nascituro: data estimada de parto e data de efetivo nascimento, gênero, localidade, fotos de ultrassom, notas semanais sobre o desenvolvimento do bebê, data de consultas médicas, nome do profissional de saúde responsável, ritmo cardíaco do bebê, número de chutes (sim, o aplicativo disponibiliza um contador de chutes). Esses dados coletados e armazenados podem ser compartilhados com terceiros, dentre eles plataformas e canais externos de mídia, parceiros de propaganda e parceiros de negócios, que poderão realizar "ofertas personalizadas".[21]

De maneira similar, todos os aplicativos de gestação acabam compartilhando com terceiros os dados sensíveis do nascituro, conforme análise de VERONICA BARASSI, responsável por cunhar o termo "BabyVeillance".[22]

Como nota a autora, as políticas de privacidade das aplicações analisadas não são específicas ou transparentes sobre quem são esses terceiros com os quais os dados são compartilhados, o que impede um consentimento verdadeiramente informado do usuário e levanta preocupações sobre como dados tão importantes de uma vida que se inicia – inclusive de saúde clínica - poderão ser utilizados no futuro.

Ou seja, há uma grave preocupação de que estes dados sejam compartilhados com empresas do ramo da saúde e de seguros e que depois possam ser utilizados para discriminar as futuras gerações, como, por exemplo, ao oferecer condições diferenciadas de contratação para pessoas cujos sinais vitais dentro do útero não sejam considerados desejáveis.

---

21 PHILIPS CONSUMER LIFESTYLE B. V. *Nota de Privacidade GRAVIDEZ+ e BEBÊ+*, atualizada em 9 de maio de 2022. Disponível em https://info.philips-digital.com/PrivacyNotice?locale=pt&country=BR. Acesso em 18.out.2023.

22 BARASSI, Veronica. *BabyVeillance? Expecting Parents, Online Surveillance and the Cultural Specificity of Pregnancy Apps*. In *Social Media + Society*, v. 3, nº 2, 2017. Disponível em https://journals.sagepub.com/doi/epub/10.1177/2056305117707188. Acesso em 18.out.2023.

5. Conclusão

De tudo quanto exposto, concluímos que do mesmo modo que crianças e adolescentes merecem uma proteção digital ainda mais cuidadosa, é imperativo que se comece a considerar também o nascituro nessa perspectiva.

A agenda jurídica deve ser acompanhada de um movimento de conscientização por parte de todos aqueles que porventura tenham contato com o nascituro, não se restringindo tão somente aos familiares, mas abraçando amplamente toda e qualquer pessoa que faça parte dos cuidados de saúde fetal e que possam, inadvertidamente, contribuir para a formação da identidade digital de uma pessoa antes mesmo do seu nascimento.

Para tanto, é necessário criar uma cultura social que consegue identificar o que são dados sensíveis e como eles podem ser usados, a fim de que se possa, então, responder às perguntas quando, como e, especialmente, com quem compartilhá-los.

E, para ajudar todas essas pessoas nessa perspectiva, parece-nos muito importante distinguir privacidade de intimidade. Enquanto a vida privada comporta consentimento, a vida íntima é personalíssima.

Referências

BARASSI, Veronica. *BabyVeillance? Expecting Parents, Online Surveillance and the Cultural Specificity of Pregnancy Apps*. In *Social Media + Society*, v. 3, nº 2, 2017. Disponível em https://journals.sagepub.com/doi/epub/10.1177/2056305117707188. Acesso em 18.out.2023.

CAMPBELL, S. *A short history of sonography in obstetrics and gynaecology*. Facts Views Vis Obgyn, v. 5, nº 3, 2013, pp. 213-229, p. 218. Disponível em https://www.ncbi.nlm.nih.gov/pmc/articles/PMC3987368/pdf/FVVinObGyn-5-213-229.pdf. Acesso em 12.out.2023.

CHINELATO E ALMEIDA, Silmara Juny de Abreu. *Direito do nascituro a alimentos: uma contribuição do direito romano*. Doutrinas Essenciais Família e Sucessões, v. 5, ago. 2011, pp. 935-946

DONALD, Ian; MACVICAr, J.; BROWN, T.G. *Investigation of Abdominal Masses by Pulsed Ultrasound*. The Lancet, v. 271, nº 7032, 1958, pp. 1188-1195. Disponível em https://www.sciencedirect.com/science/article/pii/S0140673658919056. Acesso em 12.out.2023.

DONEDA, Danilo; ZANATTA, Rafael Augusto Ferreira. *Personality Rights in Brazilian Data Protection Law: A Historical Perspective.* In Albers, Marion; Sarlet, Ingo Wolfgang (ed.). In *Personality and Data Protection Rights on the Internet: Brazilian and German Approaches*, Ius Gentium: Comparative Perspectives of Law and Justice, Springer, 2022, v. 96, pp. 35-53

DONEDA, Danilo. *Privacidade, vida privada e intimidade no ordenamento jurídico brasileiro. Da emergência de uma revisão conceitual e da tutela de dados pessoais.* In Âmbito Jurídico, v. 52, 2008. Disponível em https://ambitojuridico.com.br/cadernos/direito-civil/privacidade-vida-privada-e-intimidade-no-ordenamento-juridico-brasileiro-da-emergencia-de-uma-revisao-conceitual-e-da-tutela-de-dados-pessoais/#_ftnref31. Acesso em 12.out.2023.

FERRAZ JÚNIOR, Tércio Sampaio. *Sigilo de dados: o direito à privacidade e os limites à função fiscalizadora do Estado.* Revista Da Faculdade De Direito, Universidade De São Paulo, v. 88, 1993, pp. 439-459. Disponível em https://www.revistas.usp.br/rfdusp/article/view/67231. Acesso em 18.out.2023.

LEAVER, Tama; HIGHFIELD, Tim. *Visualising the ends of identity: pre-birth and post-death on Instagram.* In *Information, Communication & Society*, v. 21, 2018, pp. 30-45. Disponível em https://www.tandfonline.com/doi/epdf/10.1080/1369118X.2016.1259343?needAccess=true. Acesso em 14.out.2023.

LIMONGI FRANÇA, Rubens. *Direitos da personalidade: coordenadas fundamentais. In* MENDES, Gilmar Ferreira; STOCO, Rui (org.). *Coleção doutrinas essenciais: direito civil, parte geral*, v. 3, Pessoas e domicílio, São Paulo: Editora Revista dos Tribunais, 2011, pp. 653-667

MATTIA, Fábio Maria. *Direitos da personalidade: aspectos gerais.* Disponível em: https://www2.senado.leg.br/bdsf/bitstream/handle/id/181045/000360913.pdf?sequence=3&isAllowed=y. Acesso em 12.out.2023.

MENDES, Laura Schertel; RODRIGUES JÚNIOR, Otavio Luiz; FONSECA, Gabriel Campos Soares da. *O Supremo Tribunal Federal e a proteção constitucional dos dados pessoais: rumo a um direito fundamental autônomo.* In DONEDA, Danilo; et. al. (coord.) *Tratado de proteção de dados pessoais*, 2ª reimp., Rio de Janeiro: Forense: 2021, pp. 61-71

ORGANIZAÇÃO DAS NAÇÕES UNIDAS (ONU). *Comentário Geral nº 25 sobre os direitos da criança em relação ao ambiente digital.* 2021. Disponível em https://digitallibrary.un.org/record/3906061#record-files-collapse-header. Acesso em 14.out.2023.

Sociedade Brasileira de Pediatria. *#Sem Abusos #Mais Saúde*, nº 2, 2021. Disponívelemhttps://www.sbp.com.br/fileadmin/user_upload/_22969c--GPA-_SemAbusos__MaisSaude.pdf. Acesso em 18.out.2023.

Philips Consumer Lifestyle B. V. *Nota de Privacidade GRAVIDEZ+ e BEBÊ+*, atualizada em 9 de maio de 2022. Disponível em https://info.philips-digital.com/PrivacyNotice?locale=pt&country=BR. Acesso em 18.out.2023.

Coleta e arquivamento de material genético de recém-nascidos e parturientes sem prévio consentimento

Carlos Nelson Konder[1]
Cíntia Muniz de Souza Konder[2]

1. Introdução

A troca de bebês em maternidades é um fato que gera grande impacto na sociedade civil. Recentemente a mídia divulgou caso de enorme repercussão, ocorrido na Paraíba, que só foi descoberto quase trinta anos após os nascimentos e representou uma troca tripla de bebês: três mães que deram à luz no dia 05 de agosto de 1994 saíram do hospital com as filhas trocadas.[3]

Na busca por evitar ou dificultar a troca de bebês, o Estado do Rio de Janeiro editou a L. 3.990/2002, que, dentre outras medidas, previa, compulsoriamente e sem prévio consentimento do titular e dos representantes, a coleta de material genético de todas as parturientes e recém-nascidos. O material deveria ser retirado na sala de parto para arquivamento na unidade de saúde, à disposição da Justiça.

A colisão da medida com a tutela da personalidade dos envolvidos deu origem à ADI 5545, cujos fundamentos o presente artigo pretende examinar. Trata-se de um caso extremamente ilustrativo de sacrifício da privacidade e da proteção dos dados pessoais, especialmente tendo em vista dados genéticos que compõem o chamado "corpo eletrônico", cujo

---

1 Professor Titular do Departamento de Direito Civil da Universidade do Estado do Rio de Janeiro (UERJ). Professor do Departamento de Direito da Pontifícia Universidade Católica do Rio de Janeiro (PUC-Rio). Doutor e mestre em direito civil pela UERJ. Especialista em direito civil pela Universidade de Camerino (Itália). Consultor, parecerista e árbitro.

2 Professora do Departamento de Direito Civil da Universidade Federal do Rio de Janeiro (UFRJ) e do Ibmec. Professora dos cursos de Pós-graduação *lato sensu* da UERJ e da PUC-Rio. Doutora em direito civil pela UERJ. Mestre em direito e sociologia pela Universidade Federal Fluminense (UFF). Advogada.

3 FANTÁSTICO. *Troca tripla de bebês em maternidade da Paraíba é descoberta por acaso quase 30 anos depois*. Disponível em <https://g1.globo.com/fantastico/noticia/2023/04/23/troca-tripla-de-bebes-em-maternidade-da-paraiba-e-descoberta-por-acaso-quase-30-anos-depois.ghtml>, acesso em 12/09/2023.

debate traz à tona a relevância desses conceitos, tais como desenvolvidos na doutrina nacional a partir da obra de Danilo Doneda.

2. O caso

O Estado do Rio de Janeiro publicou, em 23 de outubro de 2002, a L. 3.990, que "obriga a adoção de medidas de segurança que evitem, impeçam ou dificultem a troca de recém-nascidos nas dependências de hospitais públicos ou privados, casas de saúde e maternidades, que possibilitem posterior identificação através de exame de DNA". Ocorre que dentre as medidas de segurança previstas na lei, estava a coleta de material genético de todas as parturientes e recém-nascidos, que deveriam ser retirados na sala de parto para arquivamento na unidade de saúde, à disposição da Justiça, sem prévio consentimento dos titulares e representantes dos titulares. A ideia era permitir a identificação posterior, através de exame de DNA comparativo em casos de dúvida.

A lei deu origem à Ação Direta de Inconstitucionalidade nº 5.545, proposta pelo Procurador-geral da República em 13 de junho de 2016, quatorze anos após a sua publicação. Entendeu-se ter ocorrido a violação à privacidade e à intimidade, bem como ao devido processo legal, em sua acepção substantiva de proteção da proporcionalidade. Não houve pedido de medida liminar.

O Governador do Estado do Rio de Janeiro entendeu não existir ofensa à intimidade, pelo fato de o material genético coletado permanecer armazenado na unidade de saúde e somente ser utilizado por decisão judicial. A Assembleia Legislativa reforçou que a confidencialidade dos bancos de dados genéticos já é garantida pela Leinº 11.105, de 24 de março de 2005, defendendo a constitucionalidade da norma.

A Advocacia-Geral da União entendeu que o Estado do Rio de Janeiro editou a norma em questão de acordo com a competência concorrente dos entes federativos para legislar sobre infância e juventude, na forma do art. 24, XV da Constituição da República, o que tornaria a norma formalmente constitucional. No aspecto material, defendeu que a norma protege a intimidade e a privacidade, observando as diretrizes do Estatuto da Criança e do Adolescente.

O parecer da Procuradoria-geral da República foi no sentido de que a norma, ao estabelecer a coleta compulsória e sem prévio consentimento de DNA da parturiente e do recém-nascido, sem veicular disposição relativa à manutenção de sigilo e do risco de usos diversos deste material, viola a intimidade, a vida privada e o devido processo legal na vertente substantiva.[4]

Ao final, o Supremo Tribunal Federal julgou procedente a ação direta, para declarar a inconstitucionalidade dos artigos 1º, parte final, e 2º, inciso III, da Lei nº 3.990, de 11 de outubro de 2002, fixando a seguinte tese: "É inconstitucional a lei estadual que preveja o arquivamento de materiais genéticos de nascituros e parturientes, em unidades de saúde, com o fim de realizar exames de DNA comparativo em caso de dúvida".[5]

3. "Da privacidade à proteção de dados pessoais"

O caso relatado demonstra a relevante passagem analisada por Danilo Doneda como a transição "da privacidade à proteção de dados pessoais": "a disciplina da proteção de dados pessoais engloba temas relacionados ao direito à privacidade, seu porto de origem, porém acaba por extrapolar este âmbito".[6]

Com efeito, o direito à privacidade nasce sob o estigma da imagem de um "direito ser deixado só".[7] Trata-se da concepção formulada por Warren e Brandeis, a partir do caso da atriz que se viu fotografada em trajes íntimos durante uma peça de teatro, para defender a existência de uma prerrogativa de evitar intrusões na esfera íntima de cada pessoa.

Sob essa formulação, a privacidade é um reflexo do contexto histórico em que foi formulada. Invocada principalmente contra atividades de imprensa e de vigilância, funciona como um instrumento de defesa quando as informações sobre a vida privada do sujeito encontram-se sob seu domínio, dentro de seu domicílio e sua propriedade privada, individualmente considerada. Por isso, traz marcas bastante individualistas e patrimonialistas.[8]

---

4 DODGE, Raquel Elias Ferreira. Manifestação da Procuradoria-Geral da República. Disponível em < https://portal.stf.jus.br/processos/detalhe.asp?incidente=4998973>, acesso em 25/09/2023.

5 STF, Pleno, ADI 5545, Rel. Min. Luiz Fux, julg. 13/04/2023, publ. 16/06/2023.

6 DONEDA, Danilo. *Da privacidade à proteção de dados pessoais*. Rio de Janeiro: Renovar, 2006, p. 403.

7 BRANDEIS, Louis D.; WARREN, Samuel D.. The right to privacy. *Harvard Law Review*, vol. IV, nº 5, December 15, 1890, disponível em <http://migre.me/ciKpZ>, acesso em 20/08/2013.

8 SCHREIBER, Anderson. *Direitos da personalidade*. São Paulo: Atlas, 2011, p. 129.

A tecnologia, contudo, reformulou esse cenário, uma vez que as informações privadas sobre a pessoa deixaram de estar sob seu domínio e passaram a ficar em bancos de dados de terceiros, sejam eles órgãos públicos ou privados. Para viver em sociedade e fruir de serviços, a pessoa se vê obrigada a entregar seus dados pessoais, de modo que a perspectiva puramente defensiva da privacidade se torna ineficaz: ser deixado só não é mais suficiente para proteger a privacidade.[9]

A privacidade passa a associar-se então menos a segredo e mais a controle.[10] A garantia de livre desenvolvimento da personalidade e autodeterminação passa a envolver, portanto, não mais evitar que seus dados sejam alcançados, mas sim assumir o controle da transferência deles. Formula-se, assim, um direito ao controle de seus dados pessoais.[11]

No contexto do *big data*, isto é, do processamento por algoritmos de quantidades incomensuráveis de dados, a proteção dos dados pessoais ganha mesmo autonomia. Torna-se um direito de natureza instrumental, apto a tutelar a privacidade como um todo, mas por vezes também outros aspectos da personalidade.[12] A segurança sobre o acesso a esses dados e as formas de sua utilização torna-se, então, objeto de necessária atenção ao direito, uma vez que o tratamento de dados pessoais, em particular por processos automatizados, é uma atividade de risco.[13]

Observa-se essa releitura da privacidade como premissa ao julgado, na medida em que define a privacidade originalmente como a "prer-

9 Nas palavras de Stefano Rodotà: "Tudo isso é apresentado como um preço compulsório para fruir das crescentes oportunidades oferecidas pela sociedade da informação. Concretamente, isso significa que a contrapartida necessária para se obter um bem ou um serviço não se limita mais à soma de dinheiro solicitada, mas é necessariamente acompanhada por uma cessão de informações. Nessa troca, então, não é mais somente o patrimônio de uma pessoa que está envolvido. A pessoa é obrigada a expor seu próprio eu, sua própria persona, com consequências que vão além da simples operação econômica e criam uma espécie de posse permanente da pessoa por parte de quem detém as informações a seu respeito" (*A vida na sociedade da vigilância*. Rio de Janeiro: Renovar, 2008, p. 113).

10 RODOTÀ, Stefano. *A vida na sociedade da vigilância*. Rio de Janeiro: Renovar, 2008, p. 17.

11 RODOTÀ, Stefano. *A vida na sociedade da vigilância*. Rio de Janeiro: Renovar, 2008, p. 15.

12 SCHREIBER, Anderson. *Direitos da personalidade*. São Paulo: Atlas, 2011, p. 132.

13 DONEDA, Danilo. A proteção dos dados pessoais como um direito fundamental. *Espaço Jurídico Joaçaba*, v. 12, nº 2, pp. 91-108, jul./dez. 2011, p. 92.

rogativa de exigir do Estado e dos demais sujeitos particulares uma abstenção da intervenção em sua intimidade e em sua vida privada", mas a complementa como abrangendo também "medidas de segurança a respeito de dados que incidam diretamente na esfera privada dos indivíduos, assumindo caráter preventivo, a fim de se evitar acessos não autorizados a essas informações". Concluiu-se que a lei atinge os dois aspectos, já que, além de não permitir a intromissão "naquilo que cabe aos sujeitos decidir", além de deixar de tomar as medidas de proteção cabíveis, especialmente ante os interesses de particulares envolvidos.

4. O "corpo eletrônico" como "nova camada de complexidade na proteção da pessoa"

Novos desafios à proteção da privacidade se colocam pela conjugação do trinômio dados pessoais, tecnologia e corpo. O estatuto jurídico do corpo sempre foi objeto de alguma controvérsia, em virtude do influxo também de questões sociais, morais e religiosas por trás dessa regulação. No expressivo questionamento de Rodotà:

> "De quem é o corpo? Da pessoa interessada, dos familiares que a cercam, de um Deus que lhe há doado, de uma natureza que o quer inviolável, de um poder social que de mil formas dele se apossa, de um médico ou de um magistrado que estabelecem o seu destino?".[14]

Assim, de um lado, o direito ao corpo como um mecanismo de defesa contra intervenções externas era veiculado pela criminalização de lesões corporais e atentados à saúde, bem como pela responsabilização civil de médicos e agressores, mas excepcionado por medidas de saúde pública, como a vacinação compulsória e práticas sociais religiosas (como a circuncisão). De outro lado, também os atos de disposição do corpo, embora praticados desde a antiguidade como o *Kisedjê*, o *padaung* e a escarificação são vedados pelo legislador civil até hoje quando

14 RODOTÀ, Stefano. *La vita e le regole: tra diritto e non diritto*. Milano: Feltrinelli, 2006, p. 73.

causarem diminuição permanente ou violarem os bons costumes, salvo em caso de exigência médica.[15]

O conflito em torno do controle do corpo se aguça também em razão da tecnologia. O corpo sempre esteve associado à privacidade, em virtude justamente desse conflito entre a intimidade individual e o interesse da comunidade.[16] Entretanto, novas técnicas permitem modificações corporais mais incisivas, que geram repercussões em variadas esferas. A utilização de óculos de grau, bengalas, andadores e cadeiras de roda, próteses dentárias, médicas e estéticas alcança um novo nível diante de drogas inteligentes, chips oculares, "clorina e6" e "CRISPR", contexto no qual o embate entre bioconservadores e transumanistas levanta questões sobre isonomia, dignidade e consentimento livre e esclarecido.[17]

Mais do que isso, o próprio conceito de corpo se reformula. Os dados biológicos são digitalizados, e conformam então um "corpo eletrônico": "um conjunto de dados, um sistema informativo".[18] Esse corpo eletrônico pode ser então dissociado da pessoa, distribuído no espaço, virtualizado digitalmente e disponibilizado na rede.[19] As informações desse corpo podem deslocar-se livremente, de forma instantânea, integrar bancos de dados, serem analisadas e processadas, manipuladas

---

15 Sobre o tema, v. BARBOZA, Heloísa Helena. A pessoa na era da biopolítica: autonomia, corpo e subjetividade. *Cadernos IHU ideias*, nº 194, 2013, pp. 1-27; TEIXEIRA, Ana Carolina Brochado. *Saúde, corpo e autonomia privada*. Rio de Janeiro: Renovar, 2010; STANCIOLI, Brunello; CARVALHO, Nara Pereira. Da integridade física ao livre uso do corpo: releitura de um direito da personalidade. *In* TEIXEIRA, Ana Carolina Brochado; RIBEIRO, Gustavo Pereira Leita (coord.). *Manual de teoria geral do direito civil*. Belo Horizonte: Del Rey, 2011.

16 SOLOVE, Daniel J.. Conceptualizing privacy. *California law review*, vol. 90, 2002, p. 1135. Entre nós, v. KONDER, Carlos Nelson. Privacidade e corpo: convergências possíveis. *Pensar (UNIFOR)*, v. 18, pp. 352-398, 2013.

17 RODOTÀ, Stefano. Post-umano. In *Il diritto di avere diritti*. Bari: Laterza, 2012, pp. 370-371. Sobre o tema, v. SILVA, Denis Franco. *Do humano ao pós-humano: pessoa e autonomia privada no contexto do aperfeiçoamento biônico*. Tese de doutorado. Rio de Janeiro: PUC-Rio, maio de 2009, e seja consentido remeter também a KONDER, Carlos Nelson; KONDER, Cíntia Muniz de Souza. Transumanismo e inteligência artificial. In: TEPEDINO, G.; SILVA, R. G. (coord.). *O direito civil na era da inteligência artificial*. São Paulo: Thompson Reuters Brasil, 2020, pp. 103-120.

18 RODOTÀ, Stefano. Transformações do corpo. *Revista trimestral de direito civil*, vol. 19. Rio de Janeiro, jul./set. 2004, p. 91.

19 RODOTÀ, Stefano. *La vita e le regole*: tra diritto e non diritto. Milano: Feltrinelli, 2009, p. 73.

para formar perfis.[20] A proteção dos dados pessoais desse corpo eletrônico constitui, portanto, nova perspectiva fundamental de um renovado direito ao corpo.

5. A "genetização da vida"

Em meio ao corpo eletrônico, ganham especial relevância os dados genéticos. Entre os dados que compõem esse corpo eletrônico, os dados genéticos apresentam dois elementos distintivos de significativa relevância.[21] Em primeiro lugar, são dados estruturais, isto é, compõem de forma única e indissociável a identificação da estrutura física daquela pessoa. Portanto, em princípio não se alteram nem se vinculam a ela de forma transitória. A identidade genética é o que (quem) a pessoa é, e, em princípio, o que ela sempre será.

Em segundo lugar, são dados geracionais. Portanto, identificam e vinculam-se não só aquele sujeito, mas a todos seus parentes biológicos, especialmente os mais próximos. Pais, filhos e irmãos são potencialmente atingidos de imediato pelo tratamento desses dados. Em maior medida, a depender do grau de isolamento, toda uma comunidade de origem comum pode ser abarcada.

Em terceiro lugar, são dados com potencial preditivo. Servem a identificar características e tendências ainda não manifestadas, como o potencial desenvolvimento de doenças. Trazem em si a perspectiva de transformar a incerteza em fatalidade – ou, ao menos, em probabilidade – e, dessa forma, gerarem significativa repercussão para o exercício genuinamente autônomo do livre desenvolvimento da personalidade.

Por isso tudo são amplamente reconhecidos como dados sensíveis.[22] Como já se indicou em outra sede, os dados sensíveis são "dados pessoais especialmente suscetíveis de utilização para fins discriminatórios, como estigmatização, exclusão ou segregação, de modo que seu

20 DONEDA, Danilo. *Da privacidade à proteção de dados pessoais*. Rio de Janeiro: Renovar, 2006, pp. 173-180.

21 TEFFÉ, Chiara Spadaccini. *Dados pessoais sensíveis - qualificação, tratamento e boas práticas*. Indaiatuba, SP: Foco, 2022, pp. 105-106.

22 SCHIOCCHET, Taysa. Acesso às informações genéticas humanas e direitos da personalidade: impactos sobre o consentimento informado. *In* TEPEDINO, G.; FACHIN, L. E. (coord.). *Diálogos sobre direito civil*, vol. III. Rio de Janeiro: Renovar, 2012, p. 410.

tratamento atinja a dignidade de seu titular, lesionando sua identidade pessoal ou privacidade".[23] Em realidade, destaca-se que "um dado, em si, não é perigoso ou discriminatório – mas o uso que dele se faz pode sê-lo".[24]

Essa peculiaridade dos dados genéticos, a exigir regime normativo especial, é destacada no julgado, que afirma:

> A informação genética própria da pessoa e a de seus pais biológicos contém conhecimento sobre vulnerabilidades, resistências a agentes químicos e físicos, reações a medicamentos e, possivelmente, inferências sobre comportamento. O código genético possui o condão de identificar individualmente alguém e, assim, fornecer informações pessoais relevantes sobre sua saúde e até mesmo, por via indireta, sobre a saúde de seus familiares, como possíveis doenças ou características passíveis de ser transmitidas geneticamente. Dados genéticos são dados sensíveis ou supersensíveis, revelando-se de real poder científico, político, estratégico e bélico.[25]

Diante disso, ressalva o julgado as "profundas questões bioéticas relacionadas à posse e ao processamento de DNA de terceiros" e aponta os perigos envolvidos no cenário de "genetização da vida":

---

23 KONDER, Carlos Nelson. O tratamento de dados sensíveis à luz da Lei nº 13.709/2018 In: TEPEDINO, G.; FRAZÃO, A.; OLIVA, M. (coord.). *Lei geral de proteção de dados pessoais e suas repercussões no direito brasileiro*. São Paulo: Thompson Reuters Brasil, 2019, pp. 445-463. Sobre o tema v. MULHOLLAND, Caitlin Sampaio. Dados pessoais sensíveis e a tutela de direitos fundamentais: uma análise à luz da lei geral de proteção de dados (Lei 13.709/18). *R. Dir. Gar. Fund.*, Vitória, v. 19, nº 3, pp. 159-180, set./dez. 2018, p. 170; MENDES, Laura Schertel; DONEDA, Danilo. Marco jurídico para a cidadania digital: uma análise do projeto de lei 5.276/2016. *Revista de direito civil contemporâneo*, vol. 9. São Paulo: out.-dez./2016, pp. 35-48; FRAZÃO, Ana. Nova LGPD: o tratamento dos dados pessoais sensíveis. *Jota*, 19 set. 2018. Disponível em: <https://www.jota.info/opiniao-e-analise/colunas/constituicao-empresa-e-mercado/nova-lgpd-o-tratamento-dos-dados-pessoais-sensiveis-26092018>, acesso em 15 fev. 2019; e, especialmente, TEFFÉ, Chiara Spadaccini. *Dados pessoais sensíveis - qualificação, tratamento e boas práticas*. Indaiatuba, SP: Foco, 2022.

24 DONEDA, Danilo. A proteção de dados pessoais nas relações de consumo: para além da informação creditícia. *Escola nacional de defesa do consumidor.* Brasília: SDE/DPC, 2010, p. 26.

25 STF, Pleno, ADI 5545, Rel. Min. Luiz Fux, julg. 13/04/2023, publ. 16/06/2023.

"fenômeno que reduz o indivíduo à sua dimensão exclusivamente genética, do qual resulta, a partir deste conhecimento, discriminação de determinadas pessoas denominados sadias-doentes, vale dizer, pessoas que potencialmente são capazes de desenvolver uma doença genética, configurando uma nova categoria social para a conduta de seguradoras de saúde e ambientes de trabalho".[26]

6. Segurança e razoabilidade: o desafio de "legislar sobre tecnologia"

A força mais ameaçadora à privacidade ainda parece residir no medo. Embora, como já destacado, muitos sacrifiquem seus dados pessoais em troca de conveniências, serviços e mercadorias, a renúncia à proteção de dados pessoais para ser mais comum e mais intensa quando é feita em troca da promessa de segurança. A perspectiva de uma vigilância total, mais completa e absoluta graças à tecnologia, é frequentemente a razão para que a privacidade seja abandonada.

Esse movimento é alimentado pela multiplicação midiática de ameaças: doenças novas, possíveis golpes, catástrofes iminentes, as notícias que mais atraem – e, portanto, mais vendem – são aquelas que cultivam o medo. Fala-se, assim, de uma "arquitetura do medo e da intimidação", pela qual o espaço de convivência torna-se espaço de vigilância.[27]

Nesse contexto, aquele que não se dispõe a expor seus dados é visto com preocupação, já que tem algo a esconder. A privacidade perde o status de direito e vira um obstáculo à segurança, a ser superado pela legislação de emergência.[28] Entretanto, como direito fundamental, a privacidade e a proteção de dados pessoais devem ser trunfos de uma minoria perante a maioria, sopesados com proporcionalidade em uma ponderação à luz do caso concreto.

A conclusão do julgado foi justamente nesse sentido. Partindo da excepcionalidade e da necessidade de rigoroso controle de qualquer interferência do Estado na vida privada, o julgado invoca em primeiro o aspecto substantivo do devido processo legal, consistente em "proteger

26 STF, Pleno, ADI 5545, Rel. Min. Luiz Fux, julg. 13/04/2023, publ. 16/06/2023.

27 BAUMAN, Zygmunt. *Confiança e medo na cidade*. Rio de Janeiro: Zahar, 2009, p. 63.

28 RODOTÀ, Stefano. *A vida na sociedade da vigilância*. Rio de Janeiro: Renovar, 2008, p. 14.

os indivíduos contra a atuação governamental e o processo legislativo majoritário que excedam os limites oriundos da autoridade estatal legítima". Nesse sentido, a medida adotada foi reputada "excessivamente restritiva a direitos fundamentais ao impor a coleta de material genético à revelia da vontade da parturiente", especialmente ante a falta de previsão de pedido de exclusão das informações, bem como de impedimento de utilização do DNA para outras finalidade.

Invocou-se, anda, os princípios da razoabilidade e da proporcionalidade.[29] Constatou-se que a medida não é idônea a resolver o problema da troca de bebês, já que apenas o substituiria pela troca do próprio material genético coletado, enquanto há outros meios eficazes e menos restritivos para isso, como pulseiras de identificação e grampo umbilical. Concluiu-se, com isso, que "a lei fluminense impõe uma restrição desproporcional à privacidade genética, porquanto excessiva frente aos fins visados".[30]

7. Considerações finais

A pretexto de combater o risco de troca de bebês nas maternidades, o Estado do Rio de Janeiro editou legislação que prevê a coleta de DNA de recém-nascidos e das mães, sem consentimento prévio dos envolvidos e sem previsão de prazo de armazenamento, pedido de exclusão de informações do banco de dados ou sequer impedimento de uso para outras finalidade. O diploma legislativo, como observado, colide com o desenvolvimento da tutela da privacidade e dos dados pessoais.

A expansão tecnológica impôs a reformulação da tutela da privacidade para permitir a autodeterminação da pessoa no que tange ao controle da circulação dos próprios dados. Esse direito fundamental que foi profundamente sacrificado pela legislação em questão, não somente pela intrusão na esfera privada dos envolvidos, mas pela falta de medidas adequadas de proteção e segurança.

Os dados referentes ao corpo da pessoa merecem proteção especial, já que tocam aspectos mais íntimos de sua identificação pessoal. Nesse sentido, uma vez digitalizados esses dados biológicos, constituem

29 Sobre o tema, em doutrina, v. TEPEDINO, Gustavo. A razoabilidade na experiência brasileira. *In* TEPEDINO, G.; TEIXEIRA, A. C. B.; ALMEIDA, V. (coord.). *Da dogmática à efetividade*, 2. ed.. Belo Horizonte, Fórum, 2019, pp. 29-40.

30 STF, Pleno, ADI 5545, Rel. Min. Luiz Fux, julg. 13/04/2023, publ. 16/06/2023.

verdadeiro "corpo eletrônico", que foi justamente ameaçado pela coleta não consentida de DNA imposta pelo diploma legal em questão.

Em particular, dados genéticos são dados sensíveis, uma vez que especialmente idôneos a serem utilizados para fins discriminatórios. São dados estruturais, geracionais e preditivos e, por isso, devem seguir regime jurídico próprio, diante dos riscos envolvidos em seu tratamento.

Diante disso, a Lei estadual nº 3.990/2002(RJ) foi declarada inconstitucional em juízo de ponderação que conclui pela violação do devido processo legal em seu aspecto substantivo e da razoabilidade e da proporcionalidade, já que a medida nela prevista sacrificava excessivamente a privacidade, sem as medidas de segurança adequadas, inidônea a alcançar o resultado pretendido, e com a possibilidade de resolver o problema por outros meios mais eficazes.

Referências

BARBOZA, Heloísa Helena. A pessoa na era da biopolítica: autonomia, corpo e subjetividade. *Cadernos IHU ideias*, nº 194, 2013, pp. 1-27.

BAUMAN, Zygmunt. *Confiança e medo na cidade*. Rio de Janeiro: Zahar, 2009.

BRANDEIS, Louis D.; WARREN, Samuel D.. The right to privacy. *Harvard Law Review*, vol. IV, nº 5, December 15, 1890, disponível em <http://migre.me/ciKpZ>, acesso em 20/08/2013.

BRASIL. STF, Pleno, ADI 5545, Rel. Min. Luiz Fux, julg. 13/04/2023, publ. 16/06/2023.

DODGE, Raquel Elias Ferreira. Manifestação da Procuradoria-Geral da República. Disponível em <https://portal.stf.jus.br/processos/detalhe.asp?incidente=4998973>, acesso em 25/09/2023.

DONEDA, Danilo. A proteção de dados pessoais nas relações de consumo: para além da informação creditícia. *Escola nacional de defesa do consumidor*. Brasília: SDE/DPC, 2010.

DONEDA, Danilo. A proteção dos dados pessoais como um direito fundamental. *Espaço Jurídico Joaçaba*, v. 12, nº 2, pp. 91-108, jul./dez. 2011.

DONEDA, Danilo. *Da privacidade à proteção de dados pessoais*. Rio de Janeiro: Renovar, 2006.

FANTÁSTICO. *Troca tripla de bebês em maternidade da Paraíba é descoberta por acaso quase 30 anos depois*. Disponível em <t.ly/xUGmL>, acesso em 12/09/2023.

FRAZÃO, Ana. Nova LGPD: o tratamento dos dados pessoais sensíveis. *Jota*, 19 set. 2018. Disponível em: <t.ly/JllsN>, acesso em 15 fev. 2019.

KONDER, Carlos Nelson. O tratamento de dados sensíveis à luz da Lei 13.709/2018 In: TEPEDINO, G.; FRAZÃO, A.; OLIVA, M. (coord.). *Lei geral de proteção de dados pessoais e suas repercussões no direito brasileiro*. São Paulo: Thompson Reuters Brasil, 2019, pp. 445-463.

KONDER, Carlos Nelson. Privacidade e corpo: convergências possíveis. *Pensar (UNIFOR)*, v. 18, pp. 352-398, 2013.

KONDER, Carlos Nelson; KONDER, Cíntia Muniz de Souza. Transumanismo e inteligência artificial. In: TEPEDINO, G.; SILVA, R. G. (coord.). *O direito civil na era da inteligência artificial*. São Paulo: Thompson Reuters Brasil, 2020, pp. 103-120.

MENDES, Laura Schertel; DONEDA, Danilo. Marco jurídico para a cidadania digital: uma análise do projeto de lei 5.276/2016. *Revista de direito civil contemporâneo*, vol. 9. São Paulo: out.-dez./2016, pp. 35-48.

MULHOLLAND, Caitlin Sampaio. Dados pessoais sensíveis e a tutela de direitos fundamentais: uma análise à luz da lei geral de proteção de dados (Lei 13.709/18). *R. Dir. Gar. Fund.*, Vitória, v. 19, nº 3, pp. 159-180, set./dez. 2018, pp. 159-180.

RODOTÀ, Stefano. *A vida na sociedade da vigilância*. Rio de Janeiro: Renovar, 2008.

RODOTÀ, Stefano. *Il diritto di avere diritti*. Bari: Laterza, 2012.

RODOTÀ, Stefano. *La vita e le regole: tra diritto e non diritto*. Milano: Feltrinelli, 2006.

RODOTÀ, Stefano. Transformações do corpo. *Revista trimestral de direito civil*, vol. 19. Rio de Janeiro, jul./set. 2004, pp. 65-107.

SCHIOCCHET, Taysa. Acesso às informações genéticas humanas e direitos da personalidade: impactos sobre o consentimento informado. *In* TEPEDINO, G.; FACHIN, L. E. (coord.). *Diálogos sobre direito civil*, vol. III. Rio de Janeiro: Renovar, 2012, pp. 401-426.

SCHREIBER, Anderson. *Direitos da personalidade*. São Paulo: Atlas, 2011.

SILVA, Denis Franco. *Do humano ao pós-humano: pessoa e autonomia privada no contexto do aperfeiçoamento biônico*. Tese de doutorado. Rio de Janeiro: PUC-Rio, maio de 2009.

SOLOVE, Daniel J.. Conceptualizing privacy. *California law review*, vol. 90, 2002, pp. 1087-1155.

STANCIOLI, Brunello; CARVALHO, Nara Pereira. Da integridade física ao livre uso do corpo: releitura de um direito da personalidade. *In* TEIXEIRA, Ana Carolina Brochado; RIBEIRO, Gustavo Pereira Leita (coord.). *Manual de teoria geral do direito civil.* Belo Horizonte: Del Rey, 2011, pp. 267-285.

TEFFÉ, Chiara Spadaccini. *Dados pessoais sensíveis - qualificação, tratamento e boas práticas.* Indaiatuba, SP: Foco, 2022.

TEIXEIRA, Ana Carolina Brochado. *Saúde, corpo e autonomia privada.* Rio de Janeiro: Renovar, 2010.

TEPEDINO, Gustavo. A razoabilidade na experiência brasileira. *In* TEPEDINO, G.; TEIXEIRA, A. C. B.; ALMEIDA, V. (coord.). *Da dogmática à efetividade*, 2. ed. Belo Horizonte, Fórum, 2019, pp. 29-40.